Karl Philipp Moritz (1756-1793), der ›jüngste‹ deutsche Klassiker, ist zugleich der untypischste. Zwar hat er mit dem Essay *Über die bildende Nachahmung des Schönen* die radikalste Programmschrift zur Weimarer Autonomieästhetik vorgelegt, aber schon sein größter Wurf – der autobiographisch-psychologische Roman *Anton Reiser* – setzt der harmonisierenden Tendenz eines *Wilhelm Meister* den unbestechlichen Blick auf die Aporien der Aufklärung entgegen.

Der sorgfältig edierte und umfassend kommentierte Band bietet einen repräsentativen Querschnitt aus dem dichterischen Werk des Autors und aus den Schriften zur Erfahrungsseelenkunde: Zum ersten Mal seit 1781 werden die *Sechs deutschen Gedichte* wieder abgedruckt. Die Abteilung *Dramatisches* enthält neben den beiden *Blunt*-Fassungen auch sämtliche überlieferten Dramenfragmente. Die Prosa ist vertreten durch den *Anton Reiser*, die beiden Romane *Andreas Hartknopf. Eine Allegorie* und *Andreas Hartknopfs Predigerjahre* sowie die *Fragmente aus dem Tagebuche eines Geistersehers*. Neben Moritz' ›letzten Blättern‹, der *Neuen Cecilia*, wird ein vergessenes Erzählungsfragment ediert, das auch als aufschlußreiche Studie zum *Anton Reiser* zu verstehen ist: *Aus K...s Papieren*.

Der Ausschnitt aus dem Themenbereich Erfahrungsseelenkunde umfaßt neben programmatischen Texten Moritz' charakteristische Beiträge zu den unterschiedlichen Schwerpunkten des *Magazins zur Erfahrungsseelenkunde*.

DEUTSCHER KLASSIKER VERLAG
IM TASCHENBUCH
BAND 8

KARL PHILIPP MORITZ
DICHTUNGEN UND SCHRIFTEN ZUR ERFAHRUNGSSEELENKUNDE

Herausgegeben von
Heide Hollmer und Albert Meier

DEUTSCHER
KLASSIKER
VERLAG

Dieser Titel entspricht der Ausgabe *Karl Philipp Moritz, Werke*, Band 1,
herausgegeben von Heide Hollmer und Albert Meier,
Frankfurt am Main 1999

Umschlagabbildung: Karl Philipp Moritz,
Gemälde von Christian Friedrich Rehberg, um 1790,
Nationalgalerie Berlin, Foto: akg-images

2. Auflage 2020

Erste Auflage 2006
Deutscher Klassiker Verlag
im Taschenbuch · Band 8

Vertrieb durch den Suhrkamp Taschenbuch Verlag
Satz: Libro Satz, Kriftel
Druck: CPI – Ebner & Spiegel, Ulm
Printed in Germany
ISBN 978-3-618-68008-6

DICHTUNGEN UND SCHRIFTEN
ZUR ERFAHRUNGSSEELENKUNDE

INHALT

LYRIK

SECHS
DEUTSCHE GEDICHTE,

DEM KÖNIGE VON PREUSSEN
GEWIDMET VON C. P. MORITZ.

I.

GEMÄLDE VON SANSSOUCI. 1779.

Jüngst, als des Himmels Phantasie
Den ersten Kuß mir gab,
Blickt' ich vom hohen Sanssouci
Voll stiller Lust herab.

Schon dämmerte das weite Tal
Ringsum vor meinem Blick,
Und zog im Abendsonnenstrahl
Sich unvermerkt zurück,

Als eine süße Wehmut mich
Mit einemmal durchdrang,
Da um mich her so schauerlich
Der Abend niedersank.

Und FRIEDRICH, dacht' ich, ganz entzückt,
Als ich mich nun so nah,
Vom sanften Himmel angeblickt,
Bei Seinem Tempel sah,

Und FRIEDRICH hat den Sitz der Lust
Auf diesem Berg' erbaut!
So sagt' ich, hoch schwoll meine Brust
Empor, ich weinte laut,

Daß jetzt mein Fuß den Ort betrat
Und auf dem Berge stand,
Wo oft Sein Fuß gewandelt hat,
Froh, daß ich unbekannt

Und unbemerkt den süßen Zoll
Der Ehrfurcht Ihm geweint,
Die Zähre, die dem Aug' entquoll,
Das nun erweitert scheint,

Da jetzt in seinem Kreise sich
Die Abendröte malt,
Die lieblichdämmernd, rings um mich,
Den Horizont umstrahlt,

Und diese Flur, die FRIEDRICH schuf,
Als schwesterlich gepaart,
Natur und Kunst auf Seinen Ruf
Zum Paradiese ward.

Im sanften Nebel eingehüllt,
Lag auch vor Ihm die Stadt,
Die jetzt in meinem Aug' ihr Bild
So schön entworfen hat.

Hier, wo Er Seiner Völker Glück
Tiefdenkend übersann,
Sah Er, mit einem Götterblick,
Rings Seine Schöpfung an.

Er sah die Sonne untergehn
Von Seinem hohen Sitz,
Und in der Ferne dämmerten
Die Berg' im sanften Blitz

Aurorens, wenn sie königlich
Am Horizont sich wies,

Und von des Königs Auge sich
Sanftlächelnd schauen ließ.

In feierlicher Stille ruhn,
Jetzt Wald und Flur umher,
Und trauren, doch sie trauren nun   5
Gewiß nicht lange mehr.

Bald ist der Himmel aufgeklärt,
Dann lacht mit heiterm Blick
Die ganze Flur, denn FRIEDRICH kehrt
In ihren Schoß zurück.   10

II.

AN DEN MAI. 1779.

Warum hast du dein Haupt in Wolken eingehüllet,
Und blickst so trüb' auf unsre Erd' herab?
Hat Wehmut jetzt dein glänzend Aug' erfüllet,   15
Und weinst du auf das Grab

Der Redlichen, die vor dem Schwert des Stärkern fielen,
Und nie dein holdes Antlitz wiedersehn,
Und nicht das Fächeln deiner Weste fühlen,
Die ihren Staub umwehn?   20

Die Sonne bricht hervor, und ach, in ihrem Glanze,
Durchzittern deine Silbertropfen schon
Die Luft, und sind, im leichten Reihentanze,
Sich folgend, schnell entflohn.

Du traurest, und da dir kein froher Blick gelinget,   25
So weinet dein mitleidig Angesicht,
Wie aus dem Aug', das sich zu lächeln zwinget,
Die helle Träne bricht.

Enthüll', o schöner Mai, die trübe Stirne wieder,
Die du mit schwarzen Wolken überziehst,
Und weine nicht mehr über unsre Brüder,
Wenn du ihr Grabmal siehst!

5   Wir klagen nicht, wenn wir den Staub der Edlen sehen,
Wir preisen ihr beneidenswert Geschick,
Und schauen ihre glänzenden Trophäen
Mit Wonnetrunknem Blick.

Drum weine nicht auf ihre Urnen, sie erwarben
10   Den Lorbeer, der ihr sinkend Haupt umwand:
Beklage nicht die Edlen, denn sie starben
Den Tod fürs Vaterland!

III.
DAS MANÖWER.

15   Dort glänzen schon die Waffen, dämmernd streuet
Die Morgenröte sanften Schimmer drauf,
Bis sich umher der ganze Himmel bläuet,
Nun steigt die Sonn' am Horizont herauf.

Den Anblick kann das Auge kaum ertragen,
20   Wie sich ihr Bild in jedem Harnisch malt,
Und hoch, in ihrem Glanz, emporgetragen,
Des Adlers Silber, wie vom Blitze, strahlt.

Wer fühlt nicht einen wunderbaren Schauer,
Mit Lust vermischt, durch seine Seele gehn,
25   Wenn dort, in Reihn, so fest wie eine Mauer,
Die mächtgen Legionen FRIEDRICHS stehn?

Doch was verkündigt diese bange Stille,
Die auf der ganzen weiten Ebne ruht?
Noch schläft der nahe Sturm in seiner Hülle,
30   Und majestätisch glänzt die Silberflut.

Horch auf! Dort unten stampfen schon die Rosse,
Horch! wie der Sturm noch in der Ferne brüllt!
Sieh da! Schon ist, vom donnernden Geschosse,
Die ganze Luft mit schwarzem Dampf erfüllt.

Der Sonne mildes Antlitz ist verdecket,   5
Verschwunden ist ihr sanfter stiller Schein;
Schnell ist er von der Flur hinweggeschrecket
Und hüllt sich nun in Nacht und Dunkel ein.

Im trüben Nebel dämmern noch die Fahnen,
Und flattern in der dickbewölkten Luft,   10
Dem Auge eine sichern Weg zu bahnen,
Wohin des Feldherrn Wink den Krieger ruft.

Zehntausend fallen auf die Knie nieder,
Sobald ihr Ohr der Führer Stimme hört:
Sie folgen ihrem Wink, und stehen wieder,   15
Geschwinder, als der Blitz vom Himmel fährt.

Geschwinder als die eilenden Gedanken
Das flügelschnelle Wort erreichen kann,
Erheben sich zehntausend Mann, und wanken
Nicht mehr, und stehen wie ein einzger Mann.   20

Welch prächtig Schauspiel! wenn aus Feuerschlünden
Auf jeden Blitz ein neuer Schlag entsteht,
Daß Erd' und Himmel rund umher verschwinden
Und jeder Sinn dem Hörenden vergeht.

Soll dies Geschoß den Donner überhallen,   25
Der kaum so schrecklich in den Lüften rollt,
Wenn hohe Tannen splittern, Eichen fallen,
Ists sein Gebrüll, das ihr betäuben wollt?

Und doch ist gegen einer Feldschlacht Schrecken,
Und gegen jenes tobende Gewühl,   30

Und jene Leichen, die die Erde decken,
Selbst dieser große Auftritt nur ein Spiel.

Ihr aber, die ihr fernher zu uns kamet,
Zu sehn, was FRIEDRICHS Volk, durch Ihn, vermag,
5   Sagt, welches unter allen Völkern ahmet,
Wohl ganz dies wunderbare Schauspiel nach?

IV.
SONNENAUFGANG ÜBER BERLIN.
Auf dem Tempelhoffschen Berge, am 10. August 1780.

10   Die Sonne, die den goldumsäumten Fächer
Des Morgenrots entfaltet hat,
Vergüldet nun mit ihrem Strahl die Dächer
Und grüßt, mit Lächeln, unsre Königsstadt.

Aus grauer Dämmrung wälzen hohe Erker,
15   Besonnte Gipfel sich hervor,
Des blaugewölbten Tages Glanz wird stärker
Und majestätisch steigt Berlin empor.

Mit seiner Häuser und Paläste Menge
Hat es die ganze Flur bedeckt:
20   Dort dehnt es sich in ungeheurer Länge
Und hat die weiten Arme ausgestreckt:

Von da, wo seiner Dächer helles Schimmern
Sich in des Waldes Grün verliert,
Bis an die Wiesen, deren sanftes Flimmern,
25   Im Sonnenglanz, die Morgenseite ziert.

Schon seh' ich hier Paläste an Palästen,
Die ihre stolzen Häupter blähn,
Und, wie an einer graden Schnur, in festen,
Geschloßnen Reihn, gleich unsern Kriegern, stehn.

Wie eine Stadt, erhebt in ihrer Mitte
Der Königssitz sein Haupt, und ragt
Hoch über Sie, wie über eine Hütte
Das kleinste unsrer Felsenhäuser ragt.

Rund, um die hohe Königsburg zu schmücken,
Im Kreis', erheben überall
Paläst' und Tempel sich vor meinen Blicken,
Und wie ein Fels das mächtge Arsenal.

Wie in dem Ofen goldne Feuergluten,
Wie Tröpfchen, die der Morgen taut,
So glänzt der ganze Strom, in dessen Fluten
Der Städte Königin ihr Antlitz schaut.

Nun strömt das Licht herab wie Flammenbäche,
Und alle Gipfel sind besonnt,
Unübersehbar ist die weite Fläche
Der Stadt, und reicht bis an den Horizont.

Und Türme dämmern noch in weiter Ferne;
Und sind beinah dem Aug' entrückt,
Das dennoch, voll von süßer Sehnsucht, gerne
In diesen Dämmerschein hinüber blickt.

Wer mit der Morgenröt' erwacht, den lohnet
Sie mit aller Fülle jeder Lust,
Und Heiterkeit und süßer Friede wohnet
Dann einen ganzen Tag in seiner Brust.

Du aber, träger Schlummrer, o erröte
Vor ihrem holden Angesicht,
Das dich so freundlichlächelnd weckt, und töte
Die besten Stunden deines Lebens nicht!

V.
DIE SPRACHE.

Laß mich aus deinem reinsten Quelle trinken,
Du, meines Liedes Schöpferin,
Bis, freudetaumelnd, meine Knie sinken
Und ich von dir durchglühet bin!

Dann schmücke den Gedanken, den, im Dunkeln,
Dein milder Lichtstrahl, schlummernd, fand,
Und laß ihn einst in deiner Krone funkeln,
Wie einen hellen Diamant!

Du, deren Schall mit tausend Farben malet,
Durch die der Schwerbetrübte klagt,
Der Fromme, jauchzend, seinen Dank bezahlet,
Der Säugling, stammelnd, Mutter, sagt;

Durch die sich Seelen ineinander schmelzen,
Wenn deine sanften Töne sich
Durch alle Fibern ihrer Herzen wälzen,
Und du vereinigst sie, durch dich;

Von Gottes Ruf, der durch die Himmel schallet,
Und Welten, aus dem Dunkeln, schafft,
Bis auf des Kindes Worte, das noch lallet,
Erstreckt sich deine Wunderkraft.

Wenn Nächte den Gedanken noch umhüllen,
Und deine Zauberstimme spricht,
So muß er, wie ein Blitzstrahl, sich enthüllen,
Und in der Seele wird es Licht.

Du lässest auf der unumgrenzten Fläche
Des innern Sinnes, Tal und Höhn,
Beblümte Wiesen, Büsche, Silberbäche,
In einem Augenblick entstehn.

Du kannst dich in des Freundes Busen schleichen,
Und allen Kummer, den er fühlt,
Weißt du, gleich einem lauen Zephir, zu verscheuchen,
Der die noch offnen Wunden kühlt.

Dein Balsam, den du in die Seele gießest,   5
Ist lindernder, als Öl und Wein,
Wenn du von eines Freundes Lippen fließest,
Um des Betrübten Trost zu sein.

Oft schlängelst du dich erst durch Blumenbeete,
Bald schwellen deine Fluten an,   10
Schon wälzen sie, im Glanz der Morgenröte,
Sich, schimmernd, in den Ocean.

Du stürmst daher, wenn deine Wellen steigen,
Als ob der Ewge donnerte:
Sanft rieselst du, und alle Stürme schweigen,   15
Still, wie auf einem Sommersee.

Die du Gedanken ihren Schmuck verleihest,
Nach deiner holden Phantasie,
Und sie, wie Perlen, aneinander reihest,
Der Sprache süße Melodie.   20

Bist du's, zu welcher sich mein Ohr gewöhnte,
Und war es reiner Silberklang,
Der jetzt durch deine vollen Saiten tönte,
So sei mein Lied dein Lobgesang!

VI.   25

FRIEDRICH.

Ich will an deines Altars Marmor knien,
Du Göttin der Unsterblichkeit,
Und meinen Fuß nicht ehr von dannen ziehen,
Bis deiner Stimme Klang mein Herz erfreut.   30

Erhebe dich, o Bild, vor meinen Blicken,
Aus dem ich süßen Taumel trank!
Des frohen Dichters heiliges Entzücken,
Sei du mein Lohn, und FRIEDRICH mein Gesang!

Er trat hervor, so wie die Morgensonne,
Wenn noch der halbe Himmel graut:
O gebt mir einen Tropfen von der Wonne,
Womit Er jetzt Sein Leben überschaut!

So soll mein Lied bis in die Zukunft schallen,
Die, wie ein Phönix, sich enthüllt,
Und unser Enkel soll einst niederfallen
Und sagen staunend: das ist FRIEDRICHS Bild!

Er hat mit Seinem Arm die Welt erschüttert,
Bis sie im Gleichgewichte stand:
Den ersten Zug entwerf' ich, und schon zittert
Mein kühner Pinsel unter meiner Hand!

Doch will ich singen, wie Sein Mut die Waage
Von unserm Schicksal niederzog,
Und oft ein einzger Seiner Königstage
Jahrhunderte der Vorwelt überwog.

Und wie die Zeit, die Er durchleben sollte,
Den Geist, wie ein Gemäld', entzückt,
Das immer mehr sich auseinander rollte,
Bis es die Nachwelt, ganz enthüllt, erblickt.

Er Selbst, o daß ich jetzt in Glut zerflösse!
Durchschauet Seine Heldenbahn,
Er bebt zurück vor Seiner eignen Größe,
Und staunet über das, was er getan.

Weh mir! ich kann das Bildnis nicht vollenden,
Das noch vor meiner Seele glüht:
Schon zag' ich, mir entreißt mit raschen Händen
Mein Genius den Pinsel und entflieht.

DRAMATISCHES

BLUNT
ODER
DER GAST.

FRAGMENT.

(Mitternacht. Eine düstre Lampe brennt auf einem Tische. Blunt und sein Weib Gertrude, in alte Decken gehüllt, sitzen am Tische. Adelheid, ihre Tochter, ein Kind von sechs Jahren, schläft auf einem Stuhle.)

GERTRUDE. Was sitzest du da, Mann, und siehest aus, als ob deine Seele mit Mord umginge?

BLUNT. Stille, liebes Weib, stille! – wecke mich noch nicht auf – ich habe dir eben einen herrlichen Traum gehabt, aber – hin ist er!

GERTR. Gott, steh mir bei, seine böse Stunde kömmt!

BL. Hin ist er – und, Fluch dir, daß du es mir entrissest, das süße Blendwerk, das meiner Seelen ein Labsal reichte, das sie in zehn Jahren nicht geschmeckt hat!

GERTR. Er schläft und träumt mit offnen Augen – Gott, mach' unserm Leiden ein Ende!

BL. So recht! – Bete, Weib, immer bete! Ich will nachbeten: Gott mach unserm Leiden ein Ende!

GERTR. Erweiche sein hartes Herz, und gib ihm Tränen!

BL. Erweiche mein hartes Herz – nicht! und gib mir – keine Tränen! – – Höre auf zu beten, Weib! Ich will keine Tränen, ich will Blut! Blut!

GERTR. Morde mich, Mörder, und stille deinen Blutdurst!

BL. Dich nicht, liebes Weib, dich nicht – du sollst noch an meiner Glückseligkeit Teil nehmen – und überdem sollte es ja auch ein Mann sein, den ich ihm opferte – Laß das gut sein! – Sieh wie der Mond durch unsre alten zerbrochnen Fenster scheint – So schien er auch einst, als ich noch der

feurige Jüngling war, mein edles Roß bestieg, und zu dir
flog in die Arme der Liebe, – und alle deine Anverwandten
wünschten dir Glück, daß Blunt dich zum Weibe nahm –
aber dein alter Vater sah dich an, und sagte –

5   GERTR. Es wird ein Schwert durch deine Seele gehn – –

BL. Recht, so wars. Was es doch für eine herrliche Sache
ums Gedächtnis ist, daß einem die Sachen, und sogar die
Worte wieder beifallen – Und als du mir einen Sohn gebarst –

10 GERTR. Ach zum Elende hab' ich ihn geboren.

BL. Noch kann ich mir ihn vorstellen, wie er in seinem
Husarenhabit vor mir stand, und blühte wie eine Rose –
Wo liegt er begraben, Weib?

GERTR. In den Wellen des Meeres, Bösewicht, du verstie-
15 ßest ihn – weil du arm wurdest – Armut und Not hätte er
gerne mit uns getragen, und du hast ihn verstoßen! –

BL. Gott hat mich ja verstoßen, Weib, und er ist doch auch
mein Vater –

GERTR. O fliehe zu –

20 BL. Störe mich nicht! – Jetzt halte ich mich wieder an einer
süßen Erinnerung – weißt du noch wohl, wie wir einmal
ein herrliches Gastmahl gaben, wo alle unsre reiche Nachbarn versammlet waren, die sich nicht genug über unsre
Tapeten und Schildereien verwundern konnten, und sag-
25 ten, daß sie im churfürstlichen Schloß nicht schöner wären – Stopfe doch einen Lumpen in die Fensterscheibe,
daß die Luft nicht so hereingeht! – Und wie da mein hochtrabender Bruder, der kriechende Bürgermeister hereintrat, und ich konnte zu ihm sagen: setz dich, iß und trink,
30 und sei guter Dinge! aber das soll er nicht zu mir sagen,
sowahr ich lebe, das soll er nicht!

GERTR. Warum nicht stolzer, barbarischer Mann? – Weißt
du nicht, daß wir gestern unsern letzten Bissen verzehrt
haben, und morgen verschmachten müssen, wenn er sich
35 unsrer Not nicht annimmt?

BL. Er soll sich unsrer Not nicht annehmen! – Fluchen will
ich ihm, so lange meine Zunge noch stammeln kann, dem

niederträchtigen, hohnlächelnden Verräter, der meiner im
Unglück spotten, und sagen konnte: Blunt, du bist tief
gesunken! – Aber höre Weib, Gefährtin meines kummervollen Lebens, ich will dir ein Geheimnis entdecken –
wenn du schweigen und gehorchen kannst – Mein Dämon,
wie du weißt, der mich oft des Nachts aus dem Schlafe
schüttelt, und mir zuruft: Blunt, Blunt, du sollst noch einmal reich werden, reicher wie zuvor! – der führte mich
eben itzt, da ich hier sitze, und träume, auf eine steile
Anhöhe, und zeigte mir unsägliche Schätze, und einen Palast, der von Golde flimmerte, daß mir die Augen dunkel
wurden, – und dies alles soll dein sein, sagte er, wenn du
mir das Blut eines Mannes opferst, den ich dir senden
will! – Und ich schwur, die Haut schauderte mir, aber ich
schwur: Sende mir den Mann, und ich will ihn opfern! bei
allen Teufeln, ich will ihn opfern! *(Die Lampe verlischt.)*
GERTR. Ich bitte dich, Mann, höre auf – mir wird der Kopf
schwer – Gönne mir doch eine Viertelstunde Schlaf!
BL. Ja! – leg du dich mit dem Kopf auf den Tisch, und ich
will mich hier auf diese beiden Stühle legen, und meine
müden Glieder erquicken. Hätten wir den Fremden nicht
beherbergt, so könnten wir im Bette schlafen; doch ists
auch recht gut, daß wir den Fremden beherbergt haben –
Wie mir das im Kopf herumgeht – halb bin ich schon im
Schlafe, und immer gehts mir noch im Kopf herum – Gute
Nacht, Gertrude!
GERTR. Gib ihm Schlaf, gütiger Gott, daß seine zerrütteten
Sinne sich wieder sammlen, und bewahre ihn vor gottlosen
Gedanken, und lästerlichen Träumen! Ich will doch versu-
chen, ob ich einschlafen kann – wenn auch nicht – der
Fremde wird uns sein Nachtlager wohl gut bezahlen! *(legt
sich mit dem Kopf auf den Tisch.)*
ADELHEID. *(springt vom Stuhl auf, und läuft ihrer Mutter in die
Arme)* Mutter! Mutter!
GERTR. Was ist dir, Kind?
ADELH. Ach siehst du ihn nicht, siehst du ihn nicht?
GERTR. Wen?

ADELH. Den Mann mit dem blanken Schwert und mit den glühenden Augen – wie er auf mich zukömmt! – O hülle mich in deine Decke!

GERTR. Das ist ein Leiden mit dir, daß du immer Gesichte siehst! – Komm hierher ans Fenster, und reibe dir die Augen aus!

ADELH. Das ist ja auf einmal so helle, Mutter, und ist doch kein Licht in der Stube.

GERTR. Siehst du nicht, daß der Mond scheint?

ADELH. Ach ja! wie er da so hell und klar am Himmel steht! Aber ganz klar ist er doch nicht. Das Schwarze ist ja wohl der Mann im Monde, nicht wahr, Mutter?

GERTR. O schweig, Mädchen, und setze dich wieder auf den Stuhl hin! Oben auf dem Boden liegt noch ein Bund Heu, da hättest du dich gleich hinlegen sollen, so hättest du ruhig geschlafen. – Setz dich hin! –

ADELH. Aber liebe Mutter, schläft denn der fremde Herr noch in unserm Bette?

GERTR. Freilich.

ADELH. O ich bin ihm recht gut! Es ist auch ein hübscher Herr – er sagte so freundlich gute Nacht zu mir – Wenn er nur gut in unserm Bett schläft, so will ich gern auf den Stühlen liegen! – Da hängt noch sein Überrock auf meinem Stuhle. Was das für goldne Tressen sind, und die Knöpfe, ach die blitzen! Ich muß ihn nur da wegnehmen, daß er nicht herunterfällt – weiß ich doch nicht, was unten oder oben ist – Ach, was fällt da aus der Tasche heraus? wenn es nur nicht entzwei geht! – Ich wills geschwinde wieder aufheben – Hab' ich doch in meinem Leben so eine schöne Dose noch nicht gesehn – Da oben steht gar ein Bild – ich kanns nur nicht recht erkennen –

GERTR. Was hast du vor, Mädchen, kannst du nicht ruhig sein, und schlafen?

ADELH. Ach Mutter, sieh einmal! *(zeigt ihr die Dose.)*

GERTR. *(die sie nimmt, und aufmerksam betrachtet)* Das muß ein reicher Gast sein, den wir beherbergen – Wo hast du die Dose her?

ADELH. Als ich den Überrock weghängen wollte, fiel sie aus
der Tasche. Nun? – wenn wir sie besehn haben, so wollen
wir sie gleich wieder hineinstecken!

GERTR. *(betrachtet noch immer die Dose. Adelheid steht neben ihr.*
Eine Pause.)

BL. *(erwacht.)* Bei allen Teufeln, ich will ihn opfern!

GERTR. *(fährt zusammen)* Wen?

BL. Unsern Gast!

GERTR. Was sagst du?

BL. Nichts! – Zeig, was hast du in der Hand, das mir so in
die Augen blitzt?

GERTR. *(gibt ihm die Dose)* Sieh!

BL. Ei sieh! – Eine goldne Dose mit Brillanten besetzt? Was
meinst du wohl, wieviel die wert wäre? – Höre, du Mädchen, auf dem Boden liegt noch ein Bund Heu – da leg dich
hin und schlaf! – Du magst ja sonst gern im Heu schlafen.

ADELH. Ach Vater, laßt mich doch unten bleiben! Auf dem
Boden steht die Luke offen, da können ja Eulen und Fledermäuse hereinkommen.

BL. Du kannst die Luke zumachen – Geh hinauf, sag' ich! –
(Adelh. geht.) Komm, Gertrude! – nimm die eiserne Schaufel und den Spaden, die da hinterm Ofen stehn, und folge
mir!

GERTR. Was willst du machen?

BL. Folge mir!

(Eine Kammer.)

(Der Fremde, halbangezogen, sitzt auf dem Bette.)

Schon ein Uhr – Müde bin ich, daß mir die Augen zufallen
möchten, und doch kann ich nicht einschlafen – Wie mir
das Herz schlägt! – ist es Freude, ist es Furcht, die mich
nicht schlafen läßt? – Es ist so totenstill, so eng' um mich
her – Aber was fürcht' ich denn, bin ich nicht in dem Hause
meiner Eltern, und so nahe bei ihnen? – Schlaft wohl, gute
Eltern, noch diese Nacht, auf euren harten Betten, und in
eurer schlechten Wohnung! bald sollt ihr besser schlafen,
und besser wohnen – Sind nun nicht alle, alle die Wünsche

meines Herzens erfüllt? – Mariane! du willst die Gefährtin meines Lebens werden, und meine Eltern leben beide
noch, das war ja alles, was ich während meiner langen
Wanderschaft wünschte und hoffte – O es gibt doch noch
frohe Tag' im Leben, und nun fängt es erst an, mir wieder
lieb zu werden – Wie manchen Kummer, wie manche
ängstliche Besorgnis wird mir der morgende Tag belohnen?
Wenn er doch schon anbräche! – – Aber horch! was war
das für ein dumpfes Geräusch, als ob einer mit einer eisernen Schaufel in ein steinigtes Erdreich grübe – das ist
mir doch von Jugend auf ein widriger Ton gewesen – Noch
immer währt es fort, krusch, krusch – wie mir's durch Mark
und Bein fuhr! – Nun ists vorbei – Nun will ich doch
versuchen, ob ich einschlafen kann – Vorher aber will ich
noch Marianens Bild betrachten – aber ich finde die Dose
nicht? – Sollt' ich sie vielleicht im Überrock gelassen haben? – o wie unangenehm ist mir das, kostbares Geschenk,
auch nur auf eine kurze Zeit, dich zu entbehren – – Doch
ich will einschlafen, damit ich desto heitrer wieder erwachen kann! – Aber warum hab' ich mich meinen Eltern
nicht entdeckt? – wunderbar! was schadet's denn? Wie
kann ich mir darüber Vorwürfe machen? – Als ob es nicht
Morgen – Morgen eben so gut geschehn könnte, wenn
diese ängstliche Nacht vorüber ist – und warum wäre sie
denn ängstlich? – – Krusch, krusch – schon wieder hebt
das fatale Geräusch an – Ich muß doch sehn, was da für ein
Nachtgeist ist, der so spät vielleicht noch einen Schatz
graben will – Hier seh' ich nichts, als eine Mauer, die so
dicht am Fenster ist, daß der Mond kaum dazwischen
scheinen kann – Wie enge wird es hier um mich her, Gott!
wie enge! wie enge! – Welch eine Angst, welch ein Toben in
meiner Brust! – O ich kann nicht hier bleiben, ich will
meine Eltern aus dem Schlafe wecken, und ihnen zurufen:
Ich bin eur Sohn, ich bin eur Sohn! – Aber würde ich nicht
dadurch ihre erste Freude in Schrecken verwandeln? – Und
soll ich den Eingebungen einer törichten Furcht gehorchen, die ganz gewiß bloß ein Werk meiner erhitzten Ein-

bildungskraft ist? – Nun hat ja das Graben aufgehört –
Aber hört' ich nicht jemand gehen? – es kömmt immer
näher – gerade auf meine Kammer zu – ob ich die Türe
verrammle? – –

(Adelheid stürzt wild herein.)

DER FREMDE. *(betroffen)* Was ich doch für ein Tor war! – Was
willst du, liebes Kind?

ADELH. Ach, lassen Sie mich doch hier bei Ihnen in der
Kammer bleiben. Ich will mich neben Ihrem Bette auf die
Erde legen, und will ganz stille liegen!

DER FR. Was fehlt dir? Du siehst so wild, so verstört aus,
warum bist du denn aufgestanden?

ADELH. Ach, ich lag auf dem Heuboden, und wollte schlafen, aber ich konnte nicht – Da war es immer, als ob einer
grübe, und dann kam ein gräßlicher Vogel in die Luke
herein, und gerade auf mich zugeflogen. Da fürchtete ich
mich, und lief herunter.

DER FR. Warum hast du denn aber nicht im Bette geschlafen?

ADELH. Ja wir haben keins mehr, wie dies eine. Die andern
sind uns weggeholt worden, weil sie Vater verkauft hat.

DER FR. Wo schlafen denn itzt deine Eltern?

ADELH. Auf den Stühlen.

DER FR. *(für sich)* Entsetzlich! So gar weit konntet ihr herabsinken von eurer vorigen Größe, wovon mir noch ein
dunkles Bild aus den Jahren meiner Kindheit vor den
Augen dämmert. Und ich machte euch eine schlaflose
Nacht? – Aber ich wollte auch von einem der frohesten
Tage in eurem Leben gern von seinem Anfang an ein Zeuge sein. – Wollte eure ganze Not selbst kennen lernen, weil
ihr zu stolz dachtet, sie jemanden zu entdecken. – Wollte –
ja was wollt' ich? – und wenn es auch Grille wäre. Warum
sollte ich denn gerade diese unschuldige Grille unterdrükken, eine Nacht unerkannt in dem Hause meiner Eltern
zuzubringen? – Wem schadet sie? – Zwar Mariane riet es
mir ab – aber doch wollte sie mir auch nicht mein Vergnügen rauben, wie sie sahe, daß ich darauf bestand. – *(zu*

Adelheid) Hör' einmal, sähest du es wohl gerne, wenn ich
hier bei deinen Eltern bliebe? –

ADELH. O, wenn Sie doch bei uns blieben, – Ich wollte Sie
so lieb haben, als ob Sie mein Bruder wären –

5 DER FR. Hast du denn einen Bruder, daß du weißt, wie lieb
man einen Bruder hat?

ADELH. Ach nein! – Ich habe einen gehabt – den hab' ich
aber gar nicht gekannt und der soll auch schon lange tot
sein, sagen meine Eltern – er soll im Wasser ertrunken
10 sein – ich habe oft geweint, wenn ichs gehört habe – denn
da ist unsers Nachbars Tochter, die hat einen Bruder, den
hat sie so lieb – ich aber bin ganz allein, und habe weder
Bruder noch Schwester.

DER FR. Gehst du denn nicht zuweilen zu deinem Onkel,
15 der am andern Ende der Stadt wohnt?

ADELH. O ja, da geh ich wohl zuweilen hin. Der Onkel
spricht auch eben so freundlich mit mir, wie Sie, und
manchmal schenkt er mir auch was. Das darf aber mein
Vater nicht wissen, sonst wär' ich ein unglückliches Kind.

20 DER FR. Warum darf das dein Vater nicht wissen?

ADELH. Ja der mag den Onkel gar nicht leiden, und sagt
immer, wenn ich zu ihm ginge, so wollte er mich totschlagen.

DER FR. Kennst du denn auch des Onkels seine Tochter
25 wohl?

ADELH. Marianen? – o ja! kennen Sie die auch? – o der bin
ich recht gut, und sie ist mir auch gut – sie nimmt mich
immer auf den Schoß, und erzählt mir allerlei schöne Geschichten, und sagt, ich soll meinen Eltern hübsch gehor-
30 sam sein.

DER FR. Bist du denn das auch?

ADELH. Ach nicht immer – denn ich gehe ja doch zuweilen
zum Onkel hin, ob es Vater gleich verboten hat – Ach der
Onkel ist immer so gut – aber mein Vater sieht manchmal
35 den ganzen Tag über so böse aus, und spricht kein Wort mit
mir, und dann ist er oft sehr zornig, und schlägt mich. – –
Aber sagen Sie mir doch einmal, warum wohnt denn Onkel

in so einem großen schönen Hause, und in einer Straße, wo
lauter schöne Häuser stehn, und wir müssen hier draußen
wohnen, in so einem kleinen Hause, das halb in die Erde
gebaut ist.

DER FR. Das macht, weil dein Onkel reich ist, und dein Vater   5
nicht.

ADELH. Warum ist denn aber mein Vater nicht reich?
          (Blunt mit einem Licht tritt herein.)

BL. Was machst du hier, Mädchen, und störst den Herrn in
seiner Ruhe?   10

DER FR. Lassen Sie's immer gut sein! Wir plaudern ein wenig
zusammen, und ich konnte ohnedem nicht einschlafen.

BL. Wenn Sie noch nicht geschlafen haben, so werden Sie
nun gewiß müde sein. Komm Mädchen – sag dem Herrn
Gutenacht!   15

ADELH. O schlafen Sie recht wohl! *(gibt ihm die Hand.)*

DER FR. *(drückt sie fest an seine Brust und küßt sie)* Schlaf auch
du wohl, liebes Mädchen, schlaf sanft und wohl, bis ich
dich Morgen wiedersehe! – dann wollen wir noch mehr
miteinander sprechen.   20

BL. Komm, Adelheid! – Schlafen Sie wohl, mein Herr! – Wir
sind arme Leute – Sie müssen schon einmal eine Nacht so
mit uns vorlieb nehmen! *(geht ab.)*

DER FR. Mein Vater! – wie mir das Wort auf der Zunge
erstarb, als ich es aussprechen wollte – Mein Vater! – Wel-   25
che Güte! welche Besorgnis für einen Fremden! – o sein
Herz ist gut, wenn gleich das Alter ihn mürrisch gemacht,
und der Kummer seine Stirn in düstre Falten gezogen
hat. – Itzt hätte ich mich ihm entdecken sollen – aber warum denn itzt? – – Ich will nun mit den fröhlichen Gedan-   30
ken einschlafen, wie ich mich morgen meinen Eltern nach
und nach zu erkennen geben werde – erstlich will ich ihnen
den Irrtum zu benehmen suchen, als ob ihr Sohn tot wäre;
dann will ich sie allmählich auf seine Ankunft vorbereiten,
und ihnen zuletzt zu verstehn geben, daß er in der Nähe   35
sei – bis sie endlich fragen, wo ist unser Sohn, wo ist unser
Wilhelm? und ich ihnen dann um den Hals falle, und sage:

ich bins! ich bins! – – Wie ruhig ist nun meine Seele! – alle
Schreckenbilder meiner Einbildungskraft sind verschwunden – und sanfter, stiller Friede kehrt wieder in meine Brust
zurück – Aber noch hab' ich meine Schuld nicht abgetra-
gen – noch hab' ich nicht dem Geber meines Daseins für
die mannigfaltigen Freuden gedankt, die er mir heute gewährt hat, – das will ich erst tun, und dann will ich
einschlafen – Vernimm denn meinen Dank, Allgütiger, daß
du mich nun an das Ziel meiner Wünsche gebracht, und
meinen Eltern ihre Tage gefristet hast, um mich noch durch
ihren Anblick wieder zu erfreuen. – Vernimm meinen
Dank, daß du mich so reichlich gesegnet hast, damit ich
diejenigen glücklich machen kann, die meinem Herzen so
nahe sind. – Vernimm meinen heißesten Dank, daß du mir
eine Gattin gibst, wie ich sie oft von dir erbat, die mir nun
die kummervollen Tage des Lebens durch treue ehliche
Liebe versüßen wird. – Vernimm meinen Dank für alle die
süßen Erinnerungen an die Vergangenheit, die mich heute
mit wunderbarem Entzücken durchströmten, als ich den
Ort wieder betrat, wo ich die unschuldigen Jahre meiner
frühesten Kindheit verlebte, und mich mit meinen Gespielen ergötzte – bis hieher hast du mich väterlich geleitet –
und nach so manchem Kummer, nach so mancher ängstlichen Besorgnis, hast du mir doch nun endlich meinen
heißen Wunsch gewährt – – Siehe, ich habe nun ein festes
Zutrauen zu dir gefaßt, – und will mich ganz in die Arme
deiner Liebe werfen – wie sanft werde ich da ruhen – wie
sanft – –

Blunts Wohnstube.

Gertrude. Blunt.

GERTR. Du siehst starr aus den Augen – Deine Miene ist
schrecklich – Blunt, Blunt, was willst du tun? – Wozu soll
die Grube?

BL. Laß mich zufrieden, Gertrude! Nichts will ich tun, gar
nichts! Hernach will ich dir's sagen – Du weißt ja wohl, an
dem Orte, wo wir gruben, liegt der Schatz verborgen, wo-

von ich schon so lange geträumt, und wovon ich dir schon
so lange gesagt habe – Jetzt will ich hin, und Bretter und
Steine drüber legen, damit niemand die Grube sieht – und
morgen Nacht wollen wir tiefer graben! – Sei du nur ganz
ruhig und unbekümmert! – Ich hoffe, nun soll alles noch 5
ein gutes Ende nehmen. *(geht ab)*

GERTR. Diese Sprache hör' ich itzt von ihm zum erstenmale! – Gott, was mag er im Sinne haben! – Erst sprach er
noch von Blut und Tod – und auf einmal scheint er nun so
ruhig zu sein, und doch ist seine Miene so fürchterlich – 10
das bedeutet nichts Gutes – Seine Sinne sind zerrüttet –
Welche Angst! – als ob mir das Herz zerspringen wollte –
Sollt' er wohl? – schrecklicher Gedanke! – o ich muß ihm
nach! ich muß ihm nach! wenns nur nicht schon zu spät
ist – Herr Gott, sende deinen Engel, der ihn abhält, bis ich 15
komme! *(geht ab.)*

> Die Kammer des Fremden,
> *(welcher halbentkleidet auf dem Bette liegt, und eingeschlafen ist.)*

BLUNT. *(In der einen Hand ein Licht, und in der andern ein langes
Messer, tritt herein, und schließt die Türe hinter sich zu. Er setzt das* 20
Licht auf den Tisch, stellt sich über das Bette, und zückt das Messer.)

GERTRUDE. *(draußen, klopft stark an die Türe)* Blunt! Blunt! was
willst du tun? – O mach auf! ich bitte dich um Gotteswillen,
mach auf!

BL. *(läßt das Messer sinken, er zückt es zum zweitenmale.)*   25

GERTR. *(klopft noch stärker.)* Ach, Blunt, Blunt, mach auf! –

BL. *(Läßt noch einmal das Messer sinken – schnell aber zückt er es
zum drittenmale – seine Hand zittert noch –)*
> (Der Vorhang fällt zu.)

FORTSETZUNG DES FRAGMENTS:
BLUNT ODER DER GAST.

(Blunts Wohnstube.)
Blunt. Gertrude.

GERTRUDE *(ringt die Hände).* Ach Blunt! Blunt!

BLUNT. Ja ich hab's getan – – Ach er schlief so sanft – Sieh,
ich könnte wohl sagen, ich wäre vom bösen Geist dazu
getrieben worden – denn zweimal ließ ich die Hand sinken – aber warum hast du zum drittenmale nicht stärker
geklopft? – Ach, da war es Zeit, da war es Zeit! – Da faßt' es
meine Hand, und stieß ihm das Messer tief in die Gurgel –
Weißt du wohl, wie die unschuldigen Kinder sagen, das
hab' ich nicht getan, das hat meine Hand getan – – Es war
einmal eine Zeit, Gertrude, da waren diese Hände noch
rein von unschuldigem Blute – Sieh mir doch nicht so
scharf in die Augen, Gertrude, ich bitte dich! Sage mir, was
hab' ich getan, daß du mich immer so ansiehst?

GERTRUDE. Wohin willst du fliehen? – Du hast einen Menschen ermordet!

BL. Hab' ich das getan? – Was bin ich denn, und was war
ich? – Ich war ein schwankend Rohr, das der Wind hin und
her bewegte – Nun sage mir einmal, kann das schwankende Rohr wohl dem Sturmwinde widerstehen?

GERTR. O täusche dich nicht, Blunt, und schläfre dein Gewissen nicht mit falschen Gründen ein – Du bist ein
Mörder! das will ich so lange in deine Ohren rufen, bis es
dir dein eignes Gewissen sagt!

BL. Du tust mir Unrecht, Gertrude, ich habe ja den Mann
geopfert, wovon ich dir sagte – Du wußtest ja um mein
Geheimnis – – Sieh mir nicht so scharf in die Augen, ich
bitte dich! – Aber wo ist denn nun der flimmernde Palast,
wo sind die unsäglichen Schätze? –

GERTR. Komm, Blunt, und laß uns den Leichnam in die
Grube tragen, die du für ihn gegraben hast!

BL. Trag du ihn hin! – Mir ist alles gleich – Es ist mir, als ob ich meine Hand nicht mehr ausstrecken mag — so gleichgültig ist mir alles —

GERTR. Willst du auf dem Blutgerüste sterben?

BL. Ja, Gertrude!

GERTR. Fühlst du keine Reue über deine schreckliche Tat?

BL. Nein, Gertrude! — noch nicht! — aber eine entsetzliche Begierde hab' ich zum Schlafen — Zeig einmal deine Hände! — sind sie nicht mit Blut befleckt? — Nein! — Nun so bitte Gott für mich, daß er mich einschlafen läßt!

GERTR. Blunt! Blunt! der Tag bricht an — hilf mir den Leichnam in die Grube tragen! —

BL. Gertrude! — Suche doch ein paar kleine Nägel, und nagle die alte Decke vor das Fenster, daß mir das Licht nicht so in die Augen scheint! —

GERTR. Blunt, um Gotteswillen, hilf mir den Leichnam wegtragen!

BL. Muß das geschehen? — Nun so geh nur voran! ich will dir immer folgen — *(gehen ab.)*

(Des Bürgermeister Blunts Wohnung.)
Blunt der Bürgermeister und Mariane seine Tochter.
(stehen am Fenster, nach dem Garten zu.)

DER BÜRGERM. Sieh, schon bricht der Morgen an — kein Wölkchen ist am ganzen Himmel —

MARIANE. Es wird ein schöner Tag werden —

DER BÜRGERM. Das wird es, meine Tochter — und für uns vorzüglich schön — aber sieh einmal, wie deine Nelken blühen —

MAR. In einer Nacht — das ist ja wunderbar — gestern glaubt' ich noch, sie würden alle verwelken, und nun haben sie sich auf einmal wieder erholt —

DER BÜRGERM. Was ist das, Mariane? — Du weinest? —

MAR. O mein Vater, ich dachte eben dran, daß die Hoffnung, meinen Blunt wieder zu sehen, auch so wie diese Blumen verwelkte, und daß sie nun fast eben so schnell wieder erwacht, und — erfüllt ist.

DER BÜRGERM. Und darum weinest du?

MAR. Sehen Sie nicht, wie der feuchte Tau auf den erfrisch-
ten Blumen glänzt? –

DER BÜRGERM. Wohl, Mariane! – und möchtest du niemals
andre, als solche Tränen weinen!

5 MAR. O sehen Sie, mein Vater, da betracht' ich noch das
grüne Plätzchen, wo ich mit meinem Blunt zu spielen
pflegte, als wir beide noch Kinder waren – Ich erinnre mich
so gern an das Vergangne – und doch macht es mich immer
wehmütig – Aber lassen Sie uns gehen! – Jetzt wollen wir
10 ihn, in aller Frühe, überraschen, ehe er es sich versehen
soll! – o kommen Sie!

DER BÜRGERM. Wie du willst – recht gerne!

(gehen ab.)

(Blunts Wohnung.)
15 *Blunt. Gertrude. Adelheid.*

GERTR. Geh hinaus, Adelheid, und schließ die Türe fest zu!

ADELH. *(geht hinaus und kömmt wieder herein.)*

BL. Hast du die Türe zugeschlossen?

ADELH. Fest zu! – Ist denn der fremde Herr noch nicht
20 aufgestanden? –

BL. Gertrude, schließ du doch selber zu! –

GERTR. Horch! da klopft jemand!

BL. Komm, Gertrude, wir wollen nicht aufmachen; wir wollen gehen, so weit wir können, und wollen uns verbergen! –

25 GERTR. Wir müssen aufmachen, wenn man uns nicht in
Verdacht haben soll. *(sie geht hinaus und macht auf.)*

Blunt der Bürgermeister und Mariane.

DER BÜRGERM. Was macht eur fremder Gast, schläft er
noch?

30 GERTR. Nein, er ist schon aufgestanden.

DER BÜRGERM. Wo ist er?

GERTR. Schon vor einer Stunde wieder weggegangen –

BL. *(stammelnd)* Er ist schon vor einer Stunde wieder weggegangen! – – Bist du nicht der Bürgermeister? – Ich habe
35 ja nichts verbrochen, was willst du bei mir? –

DER BÜRGERM. Bei dir, nichts – ich wollte mich nur nach
deinem Gast erkundigen.

BL. Der ist schon vor einer Stunde weggegangen – *(sieht
Gertruden an)* nicht wahr, Gertrude?

GERTR. *(zitternd)* Ja!

DER BÜRGERM. Wie kann das möglich sein?

GERTR. Ja!

BL. *(sieht Gertruden an)* Ja!

MARIANE. *(ängstlich)* Ach, mein Vater!

ADELH. *(zu Marianen)* Meine Eltern sagen nur so – er ist
gewiß noch da – denn gestern Abend sagte er zu mir, daß er
bei uns bleiben würde.

BL. Schweig doch still, Adelheid!

GERTR. Schweig, Blunt!

DER BÜRGERM. Blunt, deine Farbe verwandelt sich – wo ist
der Fremde?

BL. *(zitternd)* Ich weiß es nicht, wie kannst du denn von mir
verlangen, daß ich das wissen soll?

DER BÜRGERM. Also ist er wirklich vor einer Stunde von dir
weggegangen? – Nun, damit du weißt, warum ich zu dir
komme – vielleicht hast du dem Fremden übel begegnet,
denn sonst wüßt' ich nicht, warum er weggegangen wäre –
aber der Fremde war dein Sohn, und ich komme mit meiner Tochter zu dir, um an deiner Freude über seine Wiederkunft Teil zu nehmen.

BL. Wie kann das möglich sein? – Mein Sohn ist ja lange
tot – das weißt du selber!

DER BÜRGERM. Dein Sohn ist nicht tot – Er ist der einzige,
der aus dem Schiffbruch errettet wurde, wovon du gehört
hast – und nun ist er wieder da, um seine Eltern glücklich
zu machen, und meine Tochter ist mit ihm verlobt – Und
nun gib mir die Hand, Bruder, und laß uns unsern alten
Zwist beilegen, und von nun an wieder Freunde sein! –
Dein Elend hat nun ein Ende, du bist nun wieder reicher,
wie ich bin – Du brauchst also von mir nichts anzunehmen, und darfst nicht fürchten, daß dein Stolz beleidiget
werde; denn was dein Sohn besitzt, das gehört auch dir –

also – von nun an laß uns wieder Freunde sein – aber, sage
mir, wo ist dein Sohn? – hast du ihm übel begegnet, daß er
weggegangen ist?

MARIANE. O wo ist er? – Geschwind sagen Sie uns, wo ist
er?

BL. Ich kann nicht glauben, daß der Fremde mein Sohn sein
soll! Ich kann dir das nicht zutrauen – du willst mich vielleicht nur quälen –

DER BÜRGERM. Warum quälen? – was willst du damit sagen? – Ihr zittert beide – wo ist eur Sohn? – Ich frage euch,
wo ist eur Sohn? – *(zu Blunt)* Kennst du diesen Ring, den er
am Finger trug, als du ihn von dir ließest?

BL. Der Ring kann ihm gestohlen sein –

DER BÜRGERM. Nun so lies diesen Brief, den er an mich
schrieb, eh er kam! – Heimlich wollt' er seine Eltern überraschen – die erste Nacht wollte er sich ihnen nicht
entdecken, um sich auf den folgenden Morgen das größte
Vergnügen aufzusparen. Lies diesen Brief, sag' ich, und
dann zweifle noch, ob der Fremde, der von dir wegging,
dein Sohn war!

BL. *(liest den Brief – er läßt ihn fallen – eine fürchterliche Pause)* Ja,
ich habe meinen eignen Sohn erschlagen! – erbarme dich
meiner nicht, du gerechter Gott im Himmel, in meiner
letzten Todesstunde, und sende keinen Tropfen Lindrung
in meine Seele, wenn der Angstschweiß vor meiner Stirne
steht!

MARIANE. *(mit wimmerndem Geschrei, sinkt ihrem Vater in die
Arme)*

BL. Schleudre mich in den tiefsten Abgrund der Hölle hinunter, und vergib mir die Menge meiner Sünden nicht!

GERTR. *(geht wütend auf ihn zu)* O Bösewicht, Bösewicht!
schaff mir meinen Sohn wieder!

DER BÜRGERM. Zwei Menschen hast du getötet, mit einem
verfluchten Streiche – sieh, da liegt meine Tochter, schaff
sie mir wieder ins Leben, schaff sie mir wieder!

BL. Ach, ich kann es nicht! ich kann es nicht! – o führt mich
in den Kerker! führt mich zum Blutgerüste! – Sprich mir

das Urteil, Bruder! – Gertrude, Adelheid, bittet ihn, daß er
mir das Urteil spricht! – Mariane, erwache, und bitte deinen
Vater, daß er mir das Urteil spricht!

GERTR. Nein, Blunt, du sollst nicht allein büßen! ich will mit
dir sterben – ich bin Mitschuldige, denn ich habe den Mord
verhehlt!

ADELH. O Mutter, sieh, Mariane ist tot –

DER BÜRGERM. Helft mir, Leute, um Gotteswillen! Helft mir
meine Tochter retten!

BESCHLUSS DES FRAGMENTS:
BLUNT ODER DER GAST.

(Des Bürgermeister Blunts Wohnung.)
Mariane. Der Bürgermeister.

DER BÜRGERMEISTER.

Ich bitte dich, Mariane, rede doch nur ein Wörtchen, deinem alten Vater zu Liebe – du brichst mir das Herz durch
diesen starren Blick, und durch dies entsetzliche Stillschweigen –

MARIANE. Sehen Sie, mein Vater, wie meine Nelken blühn? –
gestern glaubt' ich noch, sie würden alle verwelken –

DER BÜRGERM. O schrecklich! schrecklich! – ich bitte dich –
schweig, meine Tochter!

MARIANE. Kein Wölkchen ist am ganzen Himmel, es wird
ein schöner Tag werden – nicht wahr, mein Vater?

DER BÜRGERM. Ihr Schmerz macht sie wahnsinnig – Gott,
wie wunderbar sind deine Wege! – So soll auch mein armes,
unschuldiges Mädchen ein Opfer werden? – Ich bitte dich,
Mariane, ermanne dich – wenn du kannst – Ich hoffte, du
solltest noch einmal der Trost meines Alters sein, solltest
mir die Augen zudrücken, wenn ich mein müdes Haupt zur
Ruhe legte –

MARIANE. Still, mein Vater! – Carl schläft – er hat sein Haupt
zur Ruhe gelegt – er liegt noch im tiefen Schlummer be-

graben – aber kommen Sie, wir wollen ihn überraschen, eh'
er es sich versehen soll – Nun sind wir da – Carl! Carl! wach
auf! – wart nur, du Schläfer, ich will dich bald wecken –
aber deine Lippe ist kalt – dein Gesicht ist bleich – an
5 deinem Halse ist Blut – Ach Hülfe! Hülfe! – er ist tot! –

DER BÜRGERM. Ja, dein Bräutgam ist tot! – keine Hülfe für
ihn – ich will deine Wunde aufreißen, damit ich sie heilen
kann – Dein Bräutgam ist tot – von seinem eignen Vater
ermordet – o weine, Mariane, weine, so lange deine Augen
10 noch Tränen haben! – und hänge nur nicht dieser kalten
Verzweiflung nach! –

MARIANE. Wo ist mein Bräutgam?

DER BÜRGERM. Tot ist er – o täusche dich nicht wieder mit
falschen Hoffnungen! – noch immer sind deine Augen
15 trocken – weine doch! – dein Geliebter, dein Bräutgam ist
tot! –

MARIANE. Wo hat er sein Haupt zur Ruhe gelegt?

DER BÜRGERM. Im Schlaf ermordete ihn sein Vater, ohne zu
wissen, daß es sein Sohn war – seinen Leichnam trug er in
20 eine Grube, die er für ihn gegraben hatte.

MARIANE. Wo ist die Grube, Vater?

DER BÜRGERM. In der Grube liegt er nicht mehr – du sollst
seine Leiche sehn, sollst sie mit Rosen umstecken, und an
seinem Sarge weinen!

25 MARIANE. Ein Sohn ist von seinem eignen Vater ermordet – – Es geschehen doch entsetzliche Dinge in der Welt,
mein Vater –

DER BÜRGERM. Noch keine Träne – noch kein Gefühl des
Schmerzes – Gott, steh mir bei, daß ich dies schwere Lei-
30 den trage! – meine einzge Tochter – – Komm, Mariane, gib
mir deinen Arm!

MARIANE. Wohin, mein Vater? –

DER BÜRGERM. Folge mir! – Du sollst deinen Bräutgam im
Sarge sehen! –

35 MARIANE. Sehen Sie, die Sonne geht blutrot unter –

DER BÜRGERM. Ja, das tut sie – herrlich ging sie heute auf,
und verkündigte uns einen frohen Tag – Gott, was sind die
Schicksale der Menschen! – – Komm, meine Tochter!

Blunt und Gertrude (im Kerker).

BLUNT *(liegt auf den Knien, und betet).*

GERTRUDE *(sitzt im stummen Schmerz versunken).*

BLUNT *(steht auf).* Gib mir die Hand, Gertrude, und verzeihe
deinem Manne! – Sieh, ich habe gebetet und geweinet, wie
du mir geraten hast – ach, du hast mir viel Gutes geraten,
und ich bin dir immer nicht gefolgt – aber diesmal hab' ich
es doch getan – und es ist mir nun, als ob mein Herz etwas
leichter würde – ach, es ist doch gut, daß wir zusammen
sind – du begleitest mich doch, Gertrude, wenn ich zum
Gericht geführt werde? –

GERTR. Ich werde dich begleiten, und werde mit dir sterben – mich trifft das Todesurteil sowohl wie dich – hab' ich
nicht den Mord verhehlt? hab' ich nicht den Leichnam
helfen in die Grube tragen? –

BLUNT. Das kann nicht möglich sein, Gertrude – das wäre ja
unrecht – Du hast mich ja vom Morde abhalten wollen –
du hast ja dreimal an die Türe geklopft, und hast so laut
gerufen, daß es unsre Nachbarn hätten hören müssen,
wenn sie nicht im tiefsten Schlummer gelegen hätten –
Nein Gertrude, du mußt nicht sterben – du mußt Adelheiden erst zur Gottesfurcht und Frömmigkeit erziehen,
damit wir uns alle im Himmel wieder finden –

DER KERKERMEISTER. Jetzt ists euch erlaubt, euren Sohn zu
sehen!

BLUNT. Willst du ihn sehen, Gertrude?

GERTR. Ja ich will – ich muß ihn sehen – führt mich zu
ihm! –

BLUNT. Mich auch! – ich will ihn auch sehen – ob ich ihn
gleich ermordet habe –

DER KERKERM. So folgt mir!

(Blunts Wohnung.)
(Die Leiche des Ermordeten.)
Der Bürgermeister. Mariane. Adelheid.

ADELH. *(hat Rosen und Nelken in einem Körbchen, und reicht sie*
5 *Marianen weinend zu, welche damit den Leichnam umsteckt).*
DER BÜRGERM. *(nachdem er eine Weile in stummer Wehmut zuge-*
    sehen hat). Kinder! Kinder! hört auf mit diesem unschuldi-
    gen Spiele, oder es wird uns das Herz brechen!

Blunt und Gertrude
10 *(werden hereingeführt – Mariane sinkt ihrem Vater in die Arme).*
BLUNT *(zu Gertruden).* Siehst du ihn? – da liegt er! – da liegt
    er! – Geh du voran, Gertrude – ich bin der Mörder – ich
    darf nicht so nahe hinzutreten, wie du – aber sehen muß
    ich ihn – ach sieh, wie er lächelt! – o du Engel! vergißt du
15 deinem Mörder noch im Tode? – Laßt mich näher hinzu-
    treten! – Diese sanfte, lächelnde Miene, diesen verzeihen-
    den Blick, will ich tief in mein Gedächtnis einprägen – er
    soll meine Gewissensangst lindern, Gertrude, soll mich
    trösten, bis an den Augenblick, wo mir mein graues Haupt
20 abgeschlagen wird – Ach, könnt' ich die Röte wieder auf
    deine Wangen locken! – Könnt' ich mein fließendes Blut in
    deine Adern gießen – und wenn ich zehn Leben hätte, mit
    Freuden wollt' ich sie hingeben – Armer, toter Leichnam! –
    Durch meinen Tod wird meine Blutschuld weggewaschen –
25 aber was hilft das dir? – du mußt doch verwesen, wie dein
    Mörder – Könnt' ich das Geschehne ungeschehen ma-
    chen – Könnt' ich den Augenblick nur einmal zurückrufen,
    wo ich mit dem gezückten Messer über deinem Haupte
    stand – und du wärst erwacht – weggeworfen hätt ich
30 das verfluchte Messer – hätte dich in meine Arme ge-
    schlossen – und du lebtest – und dieser Schreckenstag
    wäre der glücklichste Tag in meinem Leben gewesen – O
    daß doch dies alles ein Traum wäre! – daß es ein Traum
    wäre! –

Bist du es, holde Phantasie,
Die oft den kühnen Geist,
Mit schnellem Fittich, ohne Müh,
In andre Welten reißt?

So rufe mir den Augenblick, 5
Eh' noch die Tat geschah,
Ruf' ihn mir noch einmal zurück!
Der Mörder stehe da.

Noch mit dem Messer in der Hand
Auf seinen Gast gezückt, 10
Wie er an seinem Bette stand
Zum Morde hingebückt.

Dann knüpfe du den Faden an,
Da, wo ich ihn zerriß!
Es brech' ein heitrer Morgen an, 15
Statt jener Finsternis!

Ein Tag, dem nur die Freude lacht,
Und keine Stürme drohn,
Steig' auf! – Und jene Schreckensnacht
Sei wie ein Traum entflohn! – 20

(Die Kammer des Fremden, welcher halbangezogen auf dem Bette liegt und eingeschlafen ist.)

BLUNT *(steht mit dem gezückten Messer über seinem Haupte).*

GERTRUDE *(draußen, tut einen starken Schlag an die Türe).*

DER FREMDE *(erwacht, und indem er seine Augen aufschlägt, sagt er* 25 *mit zitternder Stimme:)* Mein Vater!

BLUNT. Was? – dein Vater? – Nicht dein Vater! *(er kämpft noch mit sich selber – seine Hand bewegt sich konvulsivisch hin und her – er will dem Fremden das Messer an die Gurgel setzen –)*

DER FREMDE *(ergreift seine Hand, und sagt mit freundlichbittender,* 30 *bebender Stimme:)* O mein Vater! –

GERTR. *(draußen).* Ach, Blunt, um Gotteswillen, bedenke, was du tun willst! –

BLUNT *(nach einem kurzen Kampf).* Hinweg, verfluchtes Messer! ich hab' überwunden! *(wirft das Messer weit weg)* Dank! Dank! Dank! dir, Gertrude, ich hab' überwunden! Komm herein und sieh *(er macht auf)* sieh, ich hab' überwunden! –
5 Da liegt das verfluchte Messer –

DER FREMDE *(springt auf und fällt Blunt mit Schluchzen um den Hals).* O mein Vater! mein Vater!

BLUNT. O junger Mann – du kannst mich Vater nennen, da ich im Begriff war, dein Mörder zu werden – Aber tausend
10 Dank! tausend Dank! daß Sie erwacht sind! – Ach, Gertrude, wie leicht ist mir auf einmal mein Herz! – Ich bin aus einem schweren Traume aufgewacht, aus einem schweren Traume – Wo ist Adelheid? – ruf sie doch! – o wäre jetzt mein Bruder hier, sieh, Gertrude, alles wollt' ich ihm ver-
15 geben – ich wollte – in diesem Augenblick wollt' ich mich mit ihm versöhnen!

GERTR. *(ruft Adelheiden).*

DER FREMDE *(umarmt, nach der Reihe, Blunt, Gertrude und Adelheid).* Mein Vater! – meine Mutter! – meine Schwester! –
20 Betrachtet mich inskünftige als euren Sohn! betrachte mich als deinen Bruder! –

BLUNT. Sieh, Gertrude, welche himmlische Güte! – er war unser Gast, und ich wollt' ihn im Schlaf ermorden – mein Blut und meine Tränen hätten die Sünde nicht wegwaschen
25 können, wenn ich's getan hätte –

ADELH. Sind Sie denn schon so früh aufgestanden? Sie haben die Nacht wohl wenig geschlafen?

DER FREMDE. Ich habe genug geschlafen –

BLUNT. Er hat genug geschlafen, Adelheid – es war gut, daß
30 er aufwachte – Komm, Adelheid, komm auf meinen Schoß, und küsse mich!

ADELH. Ach, lieber Vater, sind Sie mir denn nun wieder recht gut?

BLUNT. Ja, meine Tochter, ja!

35 ADELH. Aber wollen Sie auch dem Onkel und Marianen gut sein?

BL. Auch das will ich, Adelheid, Gertruden, dir, meinem

Bruder, meinen Feinden, allen Menschen will ich gut sein!
(man klopft an die Türe.)
GERTR. *(macht auf).*

Der Bürgermeister und Mariane.

BLUNT. Willkommen, Bruder! *(gibt ihm die Hand)* Sieh, Gertrude, wie mich der Himmel beim Worte hält – nun ists
recht gut so – o ich bin so froh! so vergnügt!

DER BÜRGERM. Also weißt du's doch schon, daß der Fremde
da dein Sohn ist? –

BLUNT. Der Fremde da, mein Sohn? – nein das weiß ich
nicht – das kann ich auch nicht glauben – wie wäre das
möglich? – Du hast ja selber die Nachricht von dem Tode
meines Sohnes mit angehört –

DER FREMDE *(will sich seinem Vater in die Arme werfen).*

DER BÜRGERM. *(winkt ihm mit den Augen).* Diese Nachricht
war falsch – er war der einzige, der aus dem Schiffbruch
gerettet wurde – wunderbare Schicksale hat dein Sohn erlebt, wunderbare Schicksale – aber davon ein andermal –
jetzt bin ich mit meiner Tochter zu dir gekommen, um an
deiner Freude über seine Wiederkunft Teil zu nehmen –
und nun gib mir die Hand, Bruder, und laß uns unsern alten
Zwist beilegen, und von nun an wieder Freunde sein! –
Dein Elend hat ein Ende, du bist nun wieder reicher, als ich
bin – du brauchst also von mir nichts anzunehmen, und
darfst nicht fürchten, daß dein Stolz beleidiget werde; denn
was dein Sohn besitzt, das gehört auch dir – also – gib mir
die Hand, und laß uns von nun an wieder Freunde sein!

BLUNT. Die Hand will ich dir geben – und von ganzem
Herzen will ich mich mit dir versöhnen – aber – daß der
Fremde da mein Sohn sein soll – das Glück wäre für mich
zu groß – das wäre ja, als ob Gott die entsetzlichsten Ver-
brechen auf frischer Tat belohnen wollte – nicht wahr,
Gertrude? –

GERTR. O zweifle nicht länger, Blunt! – mir sagt es mein
Herz, daß er mein Sohn ist – und dein Bruder wird dich
nicht hintergehen –

DER FREMDE *(fällt ihr um den Hals)*. O meine Mutter! –

GERTR. Also ists doch wahr? – So hab' ich dich wieder in meinen Armen? – dich, den ich unter meinem Herzen trug? – O laß mich – laß mich ausweinen – mein Entzük-5 ken – meine Freude – tötet mich – Mein einzger – wieder-gefundner Sohn! –

ADELH. Also ist dieser mein Bruder, Mutter?

GERTR. Ja, das ist er!

ADELH. *(läuft auf ihn zu, er schließt sie in seine Arme, und küßt sie)*. 10 O nun weiß ich, warum ich Sie so lieb habe, und warum Sie mir diese Nacht versprachen, daß Sie bei uns bleiben woll-ten –

DER FREMDE. Weißt du das? – liebes, gutes Mädchen!

ADELH. Aber Mutter, warum weinest du denn, da du deinen 15 Sohn wiedergefunden hast?

GERTR. O laß mich weinen, Kind, ich weine vor Freuden –

ADELH. Nun so will ich auch vor Freuden weinen, daß ich einen Bruder wiedergefunden habe! – – Marianchen! kennst du denn meinen Bruder schon, daß du immer so freundlich 20 mit ihm sprichst?

BLUNT *(der die Zeit über wie betäubt gestanden hat)*. Also wäre denn der Fremde wirklich mein Sohn?

DER BÜRGERM. Warum zitterst du so? – warum verwandelt sich deine Farbe? – Zweiflest du noch, daß er dein Sohn 25 ist – nun so lies diesen Brief, den er an mich schrieb, ehe er kam! – Heimlich wollt' er seine Eltern überraschen – die erste Nacht wollt er sich ihnen nicht entdecken, um sich, auf den folgenden Morgen, das größte Vergnügen aufzu-sparen. – Lies diesen Brief, sag' ich, und dann zweifle noch, 30 ob der Fremde dein Sohn ist!

BLUNT *(liest den Brief – er läßt ihn fallen – eine Pause)*. Ja – er ists – er ists – – Und ich grauer Bösewicht wollte meinen eignen Sohn ermorden? –

DER BÜRGERM. Was sagst du? –

35 MARIANE. Gott, was sagen Sie?

BLUNT. Laßt mich jetzt! – laßt mich jetzt! – ihr sollt alles erfahren. – *(er kniet nieder und betet)* Gott! – ich danke dir –

daß du meinen Sohn erwachen ließest – ich danke dir, daß
du meinen Arm zurückhieltest, und meine Hand erstarren
ließest, da ich die schreckliche Tat vollbringen wollte –
mein ganzes Leben – o Gott! – ich bin nicht wert der
Barmherzigkeit, die du an mir tust – *(steht auf)* Nein, mein
Bruder, nein, Mariane – ich bin nicht wert der Barmherzigkeit, die Gott an mir getan hat – Fluch und Strafe hätt'
ich verdient, gerade da mir Gott die größte Freude in meinem Leben aufgespart hatte – Denn seht – vor wenig
Augenblicken –

DER FREMDE *(will ihn umarmen)*. O mein Vater! – schweigen
Sie doch davon! –

BLUNT. Laß mich erst reden, mein Sohn, laß mich erst meine Schuld gestehen – dann komm' in meine Arme – – Vor
wenig Augenblicken stand ich noch mit dem Messer über
seinem Haupte – wollt' ihn im Schlaf ermorden – und hätte
mein Weib nicht geklopft – und wäre mein Sohn nicht
erwacht – so rauft' ich jetzt mein graues Haar aus meinem
Haupte, und verwünschte und verfluchte den Tag meiner
Geburt –

DER BÜRGERM. Wie kamst du auf diesen schrecklichen Gedanken?

BLUNT. Aus Stolz und Verzweiflung – arbeiten mocht' ich
nicht, und doch schäm' ich mich zu betteln –

DER BÜRGERM. Warum wolltest du aber von mir keine Hülfe
annehmen?

BLUNT. Das weißt du! – Als ich gestern Abend den Fremden
sahe, und sein Gold erblickte, da wurde der Gedanke in
meiner Seel' erzeugt: gottlose, verführerische Träume nähr-
ten ihn, wie ich schlief, und die Mitternacht brütete ihn aus,
daß er zum gräßlichsten Vorsatze reifte – Meinem Weibe
sagt' ich nichts, sie mußte mir aber helfen eine Grube graben, ohne daß sie um mein Vorhaben wußte – als ich den
Mord vollbringen wollte, schloß ich die Türe hinter mir
zu – sie aber klopfte mit immer stärkern Schlägen an, bis
mein Sohn erwachte – und nun mein Sohn – Kannst du es
deinem alten Vater vergeben, daß er dich, als seinen Gast,
im Schlaf ermorden wollte? –

DER FREMDE. O quälen Sie mich doch nicht dadurch, daß
Sie sich selber Vorwürfe machen – Lag nicht die Schuld an
mir? – warum entdeckt' ich mich Ihnen nicht gleich, da ich
sahe, daß Ihr entsetzlicher Zustand fähig war, Sie bis zur
Verzweiflung zu bringen? –

BLUNT. Nun so komm' in meine Arme! – Freilich verdien'
ichs nicht! – Deine Entschuldigung rechtfertigt mich
nicht – Aber verzeihet doch sonst der Vater wohl dem
Sohne, warum soll denn nicht auch der Sohn einmal seinem Vater verzeihen?

DER FREMDE. O mein Vater! um eins bitt' ich, um eins beschwör' ich Sie!

BLUNT. Alles, mein Sohn, alles!

DER FREMDE. Daß Sie von dieser Sache inskünftige kein
Wort weiter reden – daß Sie dies alles, mit mir, wie einen
Traum ansehen, der nun verschwunden ist – gewähren Sie
mir noch diese Bitte – dann wird meine Freude ganz sein!

BLUNT. Es wird mir schwer werden, mein Sohn, meine Zunge zu binden, daß sie nicht von meinem schrecklichen Falle
und von meiner wunderbaren Errettung reden sollte – aber
du willst es – und ich will schweigen –

DER BÜRGERM. Nun noch ein Anliegen, Bruder, in deines
Sohnes Namen, da du doch einmal versprochen hast, ihm
alles zu gewähren – Hast du was darwider, daß er mit
meiner Tochter verlobt ist? –

BLUNT. Mein Sohn mit deiner Tochter verlobt – was könnt'
ich darwider haben – o laß immer das festeste Freund-
schaftsband unter uns geknüpft werden – aber das ist
zuviel auf einmal – ich kann mir alle diese plötzlichen
Veränderungen noch nicht recht denken – es ist mir immer
noch, wie im Traume – *(zu Marianen)* Also bist du nun auch
meine Tochter?

MARIANE *(umarmt ihn)*. Ja, mein Vater, sobald Sie es wollen!

BLUNT. O ich will, ich will alles! – mit tausend, tausend
Freuden! –

DER FREMDE *(umarmt Marianen)*. Also bist du nun ganz die
meinige?

MARIANE. Die Deinige – auf ewig –

DER FREMDE. Sieh, nun sind unsre Wünsche erfüllt –

MARIANE. O Dank der Vorsehung, daß sie es sind!

BLUNT. Gott! – und diese innige Liebe – dieses zärtliche
Band hätt' ich bald –

DER FREMDE. *(hält ihm den Mund zu)* Mein Vater!

BLUNT. Ich schweige, mein Sohn – aber Gertrude, warum
bist du so stumm? Hilf mir doch, mich freuen! – Die Freude wird mir allein zu schwer – ich kann sie nicht so
ertragen, weil ich sie nicht verdient habe – deine Freude ist
gerechter als die meinige – ich darf mich noch nicht recht
freuen –

GERTR. Immer freue dich mit mir – denn das Vergangne ist
vergangen – Sieh, ich habe Gott im Stillen gedankt, und
seiner wunderbaren Fügung nachgedacht – o meine Kinder, was ich wünschte, wenn ich euch oft zusammen
spielen sahe, da ihr beide noch klein waret, was mir ahndete, wenn ich schon damals eure unschuldige Zuneigung
bemerkte, das sehe ich nun so plötzlich, so wider alles
Vermuten erfüllt, daß es mir schwer wird, mir dies alles auf
einmal recht vorzustellen.

ADELH. *(zum Bürgermeister)*. O sehn Sie, wie sich mein Bruder
und Mariane gut sind!

DER BÜRGERM. Freuet dich das, Kind? – mich freuet's
auch – aber höre, Bruder, wir werden jetzt alle einige Erquickung nötig haben – Gerne hätt' ich heute ein Gastmahl
veranstaltet – aber dein Sohn wollte sich das nicht nehmen
lassen – auch wollt' er es nicht in meinem, sondern in
deinem Hause geben – es wird schon alles dazu eingerichtet werden, daß dieser Tag ein froher Tag für uns sein soll,
aber du mußt auch ganz vergnügt sein –

BLUNT. O ich wäre der ärgste Bösewicht, wenn ich es sein
könnte – Immer laßt mir diese Scham, diese Reue – denn
das ist mir ein Zeichen, daß ich noch nicht ganz von Gott
verworfen bin –

DER FREMDE. O mein Vater – Ihr Versprechen –

BLUNT. Gott! was hast du mir für einen Sohn gegeben! – Ja

ich will schweigen, mein Sohn – aber alle Morgen und alle Abend will ich Gott auf meinen Knien danken, daß er mir mehr Gnade erzeigt hat, als ich Strafe verdient habe.

BLUNT
ODER
DER GAST.

EIN SCHAUSPIEL IN EINEM
AUFZUGE
VON CARL PHILIPP MORITZ.

VORREDE.

Ohne zu wissen, daß *Lillo* den Stoff zu diesem Stück schon bearbeitet hat, und ohne einmal die Ballade zu kennen, woraus derselbe genommen ist, veranlaßte mich eine dunkle
5　Erinnerung aus den Jahren meiner Kindheit, wo ich diese Geschichte hatte erzählen hören, sie dramatisch zu bearbeiten. Ich entwarf einzelne Scenen davon, welche ich im 25sten, 29sten, und 33sten Stück der Berliner Litteratur- und Theaterzeitung vom Jahr 1780 drucken ließ, wo sie, so viel
10　ich aus mündlichen Urteilen von Kennern schließen konnte, nicht ohne Beifall aufgenommen wurden. Wie mir nun die Zusammensetzung und Verbindung des Ganzen gelungen ist, darüber muß ich das Urteil der Kunstrichter erwarten, wenn anders dieser Versuch ihre Aufmerksamkeit verdienen
15　sollte.

PERSONEN:

Blunt.
Sein Weib *Gertrude.*
Adelheid ihre Tochter, ein Kind von acht Jahren.
Der Bürgermeister *Blunt.*
Mariane seine Tochter.
Ein Fremder.

(Mitternacht. Eine düstre Lampe brennt auf einem Tische. Blunt und sein Weib Gertrude, in alte Decken gehüllt, sitzen am Tische; Adelheid, ihre Tochter, ein Kind von acht Jahren, schläft auf einem Stuhle.)

GERTRUDE.

Was sitzest du da, Mann, und siehst aus, als ob du mit Mord umgingest?

BLUNT. Stille, liebes Weib, stille! – wecke mich nicht auf – ich habe dir eben einen herrlichen Traum gehabt, aber – hin ist er!

GERT. Gott, steh mir bei, seine böse Stunde kömmt!

BLUNT. Hin ist er – und, Fluch dir, daß du es mir entrissen hast, das süße Blendwerk, das meiner Seele ein Labsal reichte, das sie in zehn Jahren nicht geschmeckt hat!

GERT. Er schläft und träumt mit offnen Augen – und meine Augen haben keine Tränen mehr – Gott, mach unserm Leiden ein Ende!

BLUNT. So recht! – Bete, Weib, immer bete! Ich will nachbeten: Gott, mach unserm Leiden ein Ende!

GERT. Erweiche sein hartes Herz, und gib ihm Tränen!

BLUNT. Erweiche mein hartes Herz – nicht! und gib mir – keine Tränen! – – Höre auf zu beten, Weib! Ich will keine Tränen, ich will Blut! Blut!

GERT. Morde mich, Mörder, und stille deinen Blutdurst!

BLUNT. Dich nicht, liebes Weib, dich nicht – du sollst noch an meiner Glückseligkeit Teil nehmen – und überdem sollte es ja auch ein Mann sein, den ich ihm opferte, – laß das gut sein! – Sieh wie der Mond durch unsre alten zerbrochnen Fenster scheint. – So schien er auch einst, als ich noch der feurige Jüngling war, mein edles Roß bestieg, und zu dir flog in die Arme der Liebe, – und alle deine Anverwandten wünschten dir Glück, daß Blunt dich zum Weibe nahm – aber dein alter Vater sah dich an, und sagte –

GERT. Es wird ein Schwert durch deine Seele gehn – –

BLUNT. Recht, so wars! Was es doch für eine herrliche Sache
  ums Gedächtnis ist, daß einem die Sachen, und sogar die
  Worte wieder beifallen. – Und als du mir einen Sohn gebarst –

GERT. Ach zum Elende hab' ich ihn geboren!

BLUNT. Noch kann ich mir ihn vorstellen, wie er in seinem
  Husarenhabit vor mir stand, und blühte wie eine Rose. –
  Wo liegt er begraben, Weib?

GERT. In den Wellen des Meeres, Bösewicht! du verstießest
  ihn, weil du arm wurdest – Armut und Not hätte er gerne
  mit uns getragen, und du hast ihn verstoßen! –

BLUNT. Gott hat mich ja verstoßen, Weib, und er ist doch
  auch mein Vater. –

GERT. O fliehe zu. –

BLUNT. Störe mich nicht! – Jetzt halte ich mich wieder an
  einer süßen Erinnerung – weißt du noch wohl, wie wir
  einmal ein herrliches Gastmahl gaben, wo alle unsre reichen Nachbarn versammlet waren, die sich nicht gnug
  über unsre Tapeten und Schildereien verwundern konnten,
  und sagten, daß sie im churfürstlichen Schloß nicht schöner wären. – Stopfe doch einen Lumpen in die Fensterscheibe, daß die Luft nicht so hereingeht! – Und wie da
  mein hochtrabender Bruder, der kriechende Bürgermeister
  herein trat, und ich konnte zu ihm sagen: setz dich, iß und
  trink, und sei guter Dinge! aber das soll er nicht zu mir
  sagen, so wahr ich lebe, das soll er nicht!

GERT. Warum nicht, stolzer, barbarischer Mann? – Weißt du
  nicht, daß wir gestern unsern letzten Bissen verzehrt haben, und morgen verschmachten müssen, wenn er sich
  unsrer Not nicht annimmt?

BLUNT. Er soll sich unsrer Not nicht annehmen! – Fluchen
  will ich ihm, so lange meine Zunge noch stammeln kann,
  dem niederträchtigen, hohnlächelnden Verräter, der meiner im Unglück spotten, und sagen konnte: Blunt, du bist
  tief gesunken! – Aber höre Weib, Gefährtin meines kummervollen Lebens, ich will dir ein Geheimnis entdecken –
  wenn du schweigen und gehorchen kannst. – Mein Dä-

mon, wie du weißt, der mich oft des Nachts aus dem
Schlafe schüttelt, und mir zuruft: Blunt! Blunt! du sollst
noch einmal reich werden, reicher wie zuvor! – der führte
mich eben itzt, da ich hier sitze, und träume, auf eine steile
Anhöhe, und zeigte mir unsägliche Schätze, und einen Palast, der von Golde flimmerte, daß mir die Augen dunkel
wurden, – und dies alles soll dein sein, sagte er, wenn du
mir das Blut eines Mannes opferst, den ich dir senden
will! – Und ich schwur, die Haut schauderte mir, aber ich
schwur: Sende mir den Mann, und ich will ihn opfern! Bei
allen Teufeln, ich will ihn opfern! *(die Lampe verlischt.)*

GERT. Ich bitte dich, Mann, höre auf – mir wird der Kopf
schwer. – Gönne mir doch eine Viertelstunde Schlaf!

BLUNT. Ja! – leg du dich mit dem Kopf auf den Tisch, und
ich will mich hier auf diese beiden Stühle legen, und meine
müden Glieder erquicken. Hätten wir den Fremden nicht
beherbergt, so könnten wir im Bette schlafen; doch ists
auch recht gut, daß wir den Fremden beherbergt haben. –
Wie mir das im Kopf herumgeht – halb bin ich schon im
Schlafe, und immer gehts mir noch im Kopf herum. – Gute
Nacht, Gertrude!

GERT. Gib ihm Schlaf, gütiger Gott, daß seine zerrütteten
Sinne sich wieder sammlen, und bewahre ihn vor gottlosen
Gedanken, und lästerlichen Träumen! Ich will doch versu-
chen, ob ich einschlafen kann – wenn auch nicht, – der
Fremde wird uns sein Nachtlager wohl gut bezahlen! *(legt
sich mit dem Kopf auf den Tisch.)*

ADELHEID. *(springt vom Stuhl auf, und läuft ihrer Mutter in die
Arme)* Mutter! Mutter!

GERT. Was ist dir, Kind?

ADELH. Ach siehst du ihn nicht, siehst du ihn nicht?

GERT. Wen?

ADELH. Den Mann mit dem blanken Schwert und mit den
glühenden Augen – wie er auf mich zukömmt! – O nimm
mich in deine Decke!

GERT. Das ist ein Leiden mit dir, daß du immer Gesichte
siehest! – Komm hieher ans Fenster, und reibe dir die
Augen aus!

ADELH. Das ist ja auf einmal so helle, Mutter, und ist doch
kein Licht in der Stube.

GERT. Siehst du nicht, daß der Mond scheint?

ADELH. Ach ja! wie er so hell und klar am Himmel steht!
Aber ganz klar ist er doch nicht. Das Schwarze ist ja wohl
der Mann im Monde, nicht wahr, Mutter?

GERT. O schweig, Mädchen, und setze dich wieder auf den
Stuhl hin! Oben auf dem Boden liegt noch ein Bund Heu,
da hättest du dich gleich hinlegen sollen, so hättest du ruhig
geschlafen. – Setz dich hin! –

ADELH. Aber liebe Mutter, schläft denn der fremde Herr
noch in unserm Bette?

GERT. Freilich.

ADELH. O ich bin ihm recht gut! Es ist auch ein hübscher
Herr – er sagte so freundlich gute Nacht zu mir. – Wenn er
nur gut in unserm Bette schläft, so will ich gern auf den
Stühlen liegen! – Da hängt noch sein Überrock auf meinem
Stuhle. Was das für goldne Tressen sind, und die Knöpfe,
ach die blitzen! Ich muß ihn nur da wegnehmen, daß er
nicht herunterfällt – weiß ich doch nicht, was unten oder
oben ist. – Ach, was fällt da aus der Tasche heraus? wenn es
nur nicht entzwei geht! – Ich wills geschwinde wieder aufheben. – Hab' ich doch in meinem Leben so eine schöne
Dose noch nicht gesehen – da oben steht gar ein Bild – ich
kann es nur nicht recht erkennen. –

GERT. Was hast du vor, Mädchen, kannst du nicht ruhig
sein, und schlafen?

ADELH. Ach Mutter, sieh einmal! *(zeigt ihr die Dose)*

GERT. *(die sie nimmt, und aufmerksam betrachtet)* Das muß ein
reicher Gast sein, den wir beherbergen. – Wo hast du die
Dose her?

ADELH. Als ich den Überrock weghängen wollte, fiel sie aus
der Tasche. Nun? – wenn wir sie besehen haben, so wollen
wir sie gleich wieder hereinstecken!

GERT. *(Betrachtet noch immer die Dose. Adelheid steht neben ihr.
Eine Pause)*

BLUNT. *(erwacht)* Bei allen Teufeln, ich will ihn opfern!

GERT. *(fährt zusammen)* Wen?

BLUNT. Unsern Gast!

GERT. Was sagst du?

BLUNT. Nichts! – Zeig, was hast du in der Hand, das mir so
5 in die Augen blitzt?

GERT. *(gibt ihm die Dose)* Sieh!

BLUNT. Ei sieh! – Eine goldne Dose mit Brillanten besetzt?
Was meinst du wohl, wie viel die wert wäre? – Höre, du
Mädchen, auf dem Boden liegt noch ein Bund Heu – da leg
10 dich hin und schlaf! – du magst ja sonst gern im Heu
schlafen.

ADELH. Ach Vater, laßt mich doch unten bleiben! Auf dem
Boden steht die Luke offen, da können ja Eulen und Fledermäuse hereinkommen.

15 BLUNT. Du kannst die Luke zumachen. – Geh hinauf, sag'
ich! – *(Adelheid geht.)* Komm, Gertrude! – nimm die eiserne
Schaufel und den Spaden, die da hinterm Ofen stehn, und
folge mir!

GERT. Was willst du machen?

20 BLUNT. Folge mir!

Eine Kammer.

DER FREMDE. *(halb angezogen, sitzt auf dem Bette.)* Schon ein
Uhr! – Müde bin ich, daß mir die Augen zufallen möchten,
und doch kann ich nicht einschlafen. – Wie mir das Herz
25 schlägt! – ist es Freude, ist es Furcht, die mich nicht schlafen läßt? – Es ist so totenstill, so eng' um mich her. – Aber
was fürcht' ich denn? bin ich nicht in dem Hause meiner
Eltern, und so nahe bei ihnen? – Schlaft wohl, gute Eltern,
noch diese Nacht, auf euren harten Betten, und in eurer
30 schlechten Wohnung! Bald sollt ihr besser schlafen, und
besser wohnen. – Sind nun nicht alle, alle die Wünsche
meines Herzens erfüllt? – Mariane! du willst die Gefährtin
meines Lebens werden, und meine Eltern leben beide
noch, das war ja alles, was ich während meiner langen
35 Wanderschaft wünschte und hoffte. – O es gibt doch noch
frohe Tag' im Leben, und nun fängt es erst an, mir wieder

lieb zu werden. – Wie manchen Kummer, wie manche
ängstliche Besorgnis wird mir der morgende Tag belohnen? – Wenn er doch schon anbräche! – – Aber horch! was
war das für ein dumpfes Geräusch, als ob einer mit einer
eisernen Schaufel in ein steinigtes Erdreich grübe – das ist
mir doch von Jugend auf ein widriger Ton gewesen. – Noch
immer währt es fort, krusch, krusch! – wie mir's durch
Mark und Bein fuhr! – Nun ists vorbei. – Nun will ich doch
versuchen, ob ich einschlafen kann. – Vorher aber muß ich
noch Marianens Bild betrachten – aber ich finde die Dose
nicht? – Sollt' ich sie vielleicht im Überrock gelassen haben? – o wie unangenehm ist mir das, kostbares Geschenk,
auch nur auf eine kurze Zeit, dich zu entbehren. – – Doch
ich will einschlafen, damit ich desto heitrer wieder erwachen kann! – Aber warum hab' ich mich meinen Eltern
nicht entdeckt? – wunderbar! was schadet's denn? Wie
kann ich mir darüber Vorwürfe machen? – Als ob es nicht
Morgen – Morgen eben so gut geschehen könnte, wenn
diese ängstliche Nacht vorüber ist – und warum wäre sie
denn ängstlich? – – Krusch, krusch – schon wieder hebt
das fatale Geräusch an. – Ich muß doch sehen, was da für
ein Nachtgeist ist, der so spät vielleicht noch einen Schatz
graben will – *(tritt ans Fenster)* hier seh' ich nichts, als eine
Mauer, die so dicht am Fenster ist, daß der Mond kaum
dazwischen scheinen kann. – Wie enge wird es hier um
mich her, Gott! wie enge! wie enge! Welch eine Angst,
welch ein Toben in meiner Brust! – O ich kann nicht hier
bleiben, ich will meine Eltern aus dem Schlafe wecken, und
ihnen zurufen: Ich bin eur Sohn, ich bin eur Sohn! – Aber
würde ich nicht dadurch ihre erste Freude in Schrecken
verwandeln? Und soll ich den Eingebungen einer törichten
Furcht gehorchen, die ganz gewiß bloß ein Werk meiner
erhitzten Einbildungskraft ist? Nun hat ja das Graben aufgehört. – Aber hört' ich nicht jemand gehen? – es kömmt
immer näher – gerade auf meine Kammer zu – ob ich die
Türe verrammle? – –

(Adelheid stürzt wild herein.)

DER FREMDE. *(betroffen)* Was ich doch für ein Tor war! – Was willst du, liebes Kind?

ADELH. Ach, lassen Sie mich doch hier bei Ihnen in der Kammer bleiben. Ich will mich neben Ihrem Bette auf die Erde legen, und will ganz stille liegen!

DER FR. Was fehlt dir? Du siehst so wild, so verstört aus, warum bist du denn aufgestanden?

ADELH. Ach, ich lag auf dem Heuboden, und wollte schlafen, aber ich konnte nicht; – da war es immer, als ob einer grübe, und dann kam ein gräßlicher Vogel in die Luke herein, und gerade auf mich zu geflogen. Da fürchtete ich mich, und lief herunter.

DER FR. Warum hast du denn aber nicht im Bette geschlafen?

ADELH. Ja wir haben keins mehr, wie dies eine. Die andern sind uns weggeholt worden, weil sie Vater verkauft hat.

DER FR. Wo schlafen denn itzt deine Eltern?

ADELH. Auf den Stühlen.

DER FR. *(für sich)* Entsetzlich! So gar weit konntet ihr herabsinken von eurer vorigen Größe, wovon mir noch ein dunkles Bild aus den Jahren meiner Kindheit vor den Augen dämmert! Und ich machte euch eine schlaflose Nacht? – Aber ich wollte auch von einem der frohesten Tage in eurem Leben gern von seinem Anfang an ein Zeuge sein. – Wollte eure ganze Not selbst kennen lernen, weil ihr zu stolz dachtet, sie jemanden zu entdecken. – Wollte – ja was wollt' ich? – und wenn es auch Grille wäre – warum sollte ich denn gerade diese unschuldige Grille unterdrükken, eine Nacht unerkannt in dem Hause meiner Eltern zuzubringen? – Wem schadet sie? – Zwar Mariane riet es mir ab – aber doch wollte sie mir auch nicht mein Vergnügen rauben, wie sie sahe, daß ich darauf bestand. – *(zu Adelheid)* Hör' einmal, sähest du es wohl gerne, wenn ich hier bei deinen Eltern bliebe? –

ADELH. O, wenn Sie doch bei uns blieben, – Ich wollte Sie so lieb haben, als ob Sie mein Bruder wären.

DER FR. Hast du denn einen Bruder, daß du weißt, wie lieb man einen Bruder hat?

ADELH. Ach nein! – Ich habe einen gehabt – den hab’ ich
aber gar nicht gekannt, und der soll auch schon lange tot
sein, sagen meine Eltern – er soll im Wasser ertrunken
sein – ich habe oft geweint, wenn ich’s gehört habe – denn
da ist unsers Nachbars Tochter, die hat einen Bruder, den ⁵
hat sie so lieb – ich aber bin ganz allein, und habe weder
Bruder noch Schwester.
DER FR. Gehst du denn nicht zuweilen zu deinem Onkel,
der am andern Ende der Stadt wohnt?
ADELH. O ja, da geh ich wohl zuweilen hin. Der Onkel ¹⁰
spricht auch eben so freundlich mit mir, wie Sie, und
manchmal schenkt er mir auch was. Das darf aber mein
Vater nicht wissen, sonst wär’ ich ein unglückliches Kind.
DER FR. Warum darf das dein Vater nicht wissen?
ADELH. Ja der mag den Onkel gar nicht leiden, und sagt ¹⁵
immer, wenn ich zu ihm ginge, so wollte er mich totschlagen.
DER FR. Kennst du denn auch des Onkels seine Tochter
wohl?
ADELH. Marianen? – o ja! kennen Sie die auch? – o der bin ²⁰
ich recht gut, und sie ist mir auch gut – sie nimmt mich
immer auf den Schoß, und erzählt mir allerlei schöne Geschichten, und sagt, ich soll meinen Eltern hübsch gehorsam sein.
DER FR. Bist du denn das auch?   ²⁵
ADELH. Ach nicht immer – denn ich gehe ja doch zuweilen
zum Onkel hin, ob es Vater gleich verboten hat. – Ach der
Onkel ist immer so gut – aber mein Vater sieht manchmal
den ganzen Tag über so böse aus, und spricht kein Wort mit
mir, und dann ist er oft sehr zornig, und schlägt mich. – – ³⁰
Aber sagen Sie mir doch einmal, warum wohnt denn Onkel
in so einem großen schönen Hause, und in einer Straße, wo
lauter schöne Häuser stehn, und wir müssen hier draußen
wohnen, in so einem kleinen Hause, das halb in die Erde
gebauet ist.   ³⁵
DER FR. Das macht, weil dein Onkel reich ist, und dein Vater
nicht.

ADELH. Warum ist denn aber mein Vater nicht reich?
    (Blunt mit einem Licht tritt herein.)
BLUNT. Was machst du hier, Mädchen, und störst den Herrn
  in seiner Ruhe?
5 DER FR. Lassen Sie's immer gut sein! Wir plaudern ein wenig
  zusammen, und ich konnte ohnedem nicht einschlafen.
BLUNT. Wenn Sie noch nicht geschlafen haben, so werden
  Sie nun gewiß müde sein. Komm Mädchen – sag dem
  Herrn Gutenacht!
10 ADELH. O schlafen Sie recht wohl! *(gibt ihm die Hand.)*
DER FR. *(drückt sie fest an seine Brust und küßt sie)* Schlaf auch
  du wohl, liebes Mädchen, schlaf sanft und wohl, bis ich
  dich morgen wieder sehe! – dann wollen wir noch mehr
  miteinander sprechen.
15 BLUNT. Komm, Adelheid! – Schlafen Sie wohl, mein Herr! –
  Wir sind arme Leute – Sie müssen schon einmal eine Nacht
  so mit uns vorlieb nehmen! *(geht ab)*
DER FR. Mein Vater! – wie mir das Wort auf der Zunge
  erstarb, als ich es aussprechen wollte – Mein Vater! Welche
20 Güte! welche Besorgnis für einen Fremden! – o sein Herz
  ist gut, wenn gleich das Alter ihn mürrisch gemacht, und
  der Kummer seine Stirn in düstre Falten gezogen hat. –
  Itzt hätte ich mich ihm entdecken sollen – aber warum
  denn itzt? – – Ich will nun mit den fröhlichen Gedanken
25 einschlafen, wie ich mich morgen meinen Eltern nach und
  nach zu erkennen geben werde – erstlich will ich ihnen den
  Irrtum zu benehmen suchen, als ob ihr Sohn tot wäre; dann
  will ich sie allmählich auf seine Ankunft vorbereiten, und
  ihnen zuletzt zu verstehen geben, daß er in der Nähe sei, –
30 bis sie endlich fragen, wo ist unser Sohn, wo ist unser
  Wilhelm? und ich ihnen dann um den Hals falle, und sage:
  ich bins! ich bins! – – Wie ruhig ist nun meine Seele! – alle
  Schreckenbilder meiner Einbildungskraft sind verschwunden – und stiller Friede kehrt wieder in meine Brust zu-
35 rück. – In die Arme deiner Liebe will ich mich werfen,
  Allgütiger! – wie sanft werde ich da ruhen – wie sanft – *(legt
  sich nieder.)*

Des Bürgermeister Blunts Wohnung.
Der Bürgermeister. Mariane.

DER BÜRGERM. *(im Schlafrock vor dem Schreibtisch)* Wenn ich
doch einmal mit der verdrießlichen Arbeit fertig wäre! —
Daß auch das gerade zusammentreffen muß — morgen soll
einer der frohesten Tage in meinem Leben sein, und ich
muß nun gerade die Nacht arbeiten — und morgen werd'
ich schläfrig und träge sein, und mein Vergnügen nur halb
empfinden — *(Mariane tritt herein)* Woher, meine Tochter? —
ich dachte, du schliefest noch so fest, da du erst vor ein
paar Stunden zu Bette gegangen bist. —

MAR. Ach, mein Vater, ich habe kein Auge zugetan — wenn
doch Wilhelm bei uns geblieben wäre! —

DER BÜRGERM. Aber so laß doch die törichten Grillen fahren! — Was kann ihm denn für ein Unglück begegnen, da er
in seiner Eltern Hause ist — und die Straße von hier bis
dahin ist nicht unsicher, wie du weißt — also ist deine Besorgnis sehr ungegründet.

MAR. Warum folgte er aber meinem Bitten nicht, und blieb
die Nacht über bei uns zu Hause, und ging lieber bei Tage
zu seinen Eltern?

DER BÜRGERM. Warum wolltest du aber dem guten Jungen
nicht das Vergnügen gönnen, seinen Eltern eine ganz unerwartete Freude zu machen? — Horch! es schlägt erst zwei
Uhr — immer leg dich wieder zu Bette — du verdirbst dir ja
sonst mutwilliger Weise den morgenden Tag, wie ich es
leider tun muß.

MAR. O ich kann unmöglich wieder einschlafen, mein Vater — und doch wollt' ich Sie auch nicht gerne stören — aber
allein zu sein, das ist mir gar zu peinlich. — Lassen Sie mich
hier für mich in einem Buche lesen — das stört Sie doch
nicht?

DER BÜRGERM. Wie du willst. — Da liegt ja noch dein Buch
von gestern aufgeschlagen — aber nein — mach lieber's
Buch zu — ich muß mich ohnedem ein wenig von meiner
Arbeit erholen — und so lange will ich mit dir plaudern. —
Höre, vor acht Tagen hätten wir doch das beide noch nicht

gedacht, was wir nun wissen – und wer es uns hätte sagen
wollen, dem hätten wir's nicht geglaubt. –

MAR. O ja, ich hätte es doch geglaubt, mein Vater, weil ich es
immer so herzlich wünschte, daß doch die Nachricht von
Wilhelms Tode, sein Schiffbruch, alles, erdichtet sein
möchte. –

DER BÜRGERM. Das heißt zwar sonst wohl: aus den Augen,
aus dem Sinn – aber wir haben ihn doch die ganzen zehn
Jahr über nicht vergessen – auch nicht einmal, da wir schon
gewiß glaubten, daß er tot wäre. –

MAR. Das freuet mich nun eben am meisten – und daß ich
den Entschluß faßte, gar nicht zu heiraten, wenn er nicht
wiederkäme – das ist mir nun so lieb, und Ihnen wird's
gewiß auch lieb sein. –

DER BÜRGERM. Ja, das ist es nun – ob ich gleich damals gar
nicht damit zufrieden war – denn wer konnte so etwas in
aller Welt voraussehen? –

MAR. Und doch ist es geschehen – an weiter will ich nichts
denken. – Sehen Sie, wie hell der Mond scheint – ich
möchte beinahe ein wenig im Garten spazieren gehen – es
ist so eine schöne Nacht. –

DER BÜRGERM. Bleib oben, meine Tochter, es ist noch zu
kühl draußen – warte lieber den schönen Tag ab, der gewiß
auf diese Nacht folgen wird. –

MAR. O kommen Sie wenigstens einmal mit ans Fenster,
lieber Vater – sehen Sie wohl das grüne Plätzchen zwischen
den Bäumen, das gerade jetzt der Mond bescheint? –

DER BÜRGERM. O ja, ich habe dich auch schon oft da gefunden.

MAR. Das ist eben das Plätzchen, wo ich mit Wilhelmen zu
spielen pflegte, als wir beide noch Kinder waren – da spielten wir auch einmal Verstecken's – er war auf die große
Linde geklettert, die Sie da sehen, und hatte sich in den
Zweigen versteckt, – wir suchten ihn allenthalben, – auf
einmal hörten wir einen Ast auf dem Baume brechen, und
in dem Augenblick fiel auch Wilhelm von oben herunter –
mir geht noch ein Schauder über, wenn ich daran denke, –

er aber hatte nicht den geringsten Schaden genommen,
stand geschwind wieder auf, und sagte: wenn ich nur nicht
herunter gefallen wäre, ihr hättet mich lange suchen sollen!
DER BÜRGERM. Ja, so vielen Gefahren ist man doch von
seiner Kindheit an ausgesetzt – und was noch das sonder-   5
barste ist, so wird einer oft aus den größten Gefahren
glücklich errettet, und in der kleinsten kömmt er um. – Da
erhielt ich gestern erst noch eine traurige Nachricht, von
einem würdigen Officier, meinem sehr guten Freunde, der
sechs Bataillen mitgemacht hat, und nun an einem Stück-   10
chen Glase gestorben ist, das er sich in den Finger gestoßen hat. –
MAR. O das ist schrecklich! – Wilhelm hat auch so manche
große Gefahren glücklich überstanden – wenn nun der
kleinste Zufall –   15
DER BÜRGERM. Aber das sind ja auch nur äußerst seltne
Fälle, meine Tochter – dadurch muß man sich nicht zu
einer ungegründeten Furcht verleiten lassen – sonst hätte
man ja keine vergnügte Stunde auf der Welt. – Es gibt
wieder tausend Menschen, die nach vielen überstandnen   20
Gefahren ein hohes Alter erreicht haben, und eines ruhigen Todes gestorben sind; – aber wie kommen wir denn
auch auf eine so ernsthafte Materie? – Laß uns davon abbrechen. –
MAR. Ja, lassen Sie uns davon abbrechen – mir wird das   25
Herz so schwer – o lassen Sie uns morgen ja recht früh
hingehen, um ihn in aller Frühe zu überraschen! –
DER BÜRGERM. Was ist dir? – du siehst so blaß aus, Kind?
MAR. Mein Herz ist so beklemmt – o kommen Sie, und
lassen Sie uns ein wenig in die freie Luft gehen.   30
DER BÜRGERM. Herzlich gerne Mariane – erhole dich nur
wieder! – und sei mir nicht so ängstlich mehr! – *(Gehen ab.)*

Blunts Wohnung.
Gertrude. Blunt.

GERTR. Ach höre mich, Blunt! – Warum stehst du nun   35
schon seit einer Stunde da, und redest kein Wort, und siehst

starr aus den Augen? – Du hast mich blutrünstig geschlagen, daß ich dir helfen mußte, die Grube graben, – ich will
der Schläge nicht achten – aber höre mich nur an, und
antworte mir – Blunt, was willst du tun? – wozu soll die
Grube?

BLUNT. Laß mich zufrieden Gertrude! – Nichts will ich
tun – hernach will ich dir's sagen – du weißt ja wohl, an
dem Orte, wo wir gruben, liegt der Schatz verborgen, wovon ich schon so lange geträumt, und wovon ich dir schon
so lange gesagt habe. –

GERT. Ach, Blunt, baue doch nicht auf eitle Träume, ich
bitte dich, und schlage dir doch einmal die Gedanken an
irdische Reichtümer aus dem Sinn – was man wünscht;
davon träumt man auch. – Glaube mir, du bist auf dem
unrechten Wege. – Vorige Woche nahmst du dir fest vor,
ein andrer Mensch zu werden – gestern Abend fingst du
an, mit mir zu beten, und dein Gebet verwandelte sich in
Gotteslästerung. – Sieh ich bin dein Weib – habe bis hieher
Gutes und Böses mit dir ertragen. – Höre mich noch einmal an! – Ach Blunt, deine Verzweiflung nimmt zu. – Jetzt
ist die Stunde der Versuchung – Was du auch im Sinne
hast – ach, ich bitte dich um Gotteswillen – kämpfe! –
kämpfe!

BLUNT. Siehst du denn nicht, daß ich kämpfe, Weib? – So
lang' ich hier stehe kämpf' ich schon. –

GERT. Du kämpfest? – Nun so unterstütze dich Gott in
dieser schrecklichen Stunde, und gebe mir Kraft dir beizustehn! – Ach dein Herz war sonst so gut – jetzt ist es
voller Haß, Groll und Feindschaft – o laß es doch noch
einmal zu Tränen erweicht werden! – Bedenke die kurze
Zeit, die wir noch zu leben haben – Laß uns morgen anfangen, Blunt, ein anderes Leben zu führen! – Laß uns
unser Kind zur Frömmigkeit erziehen – ach, es hat viel
Böses von uns gehört und gesehen – mit Unzufriedenheit
und Murren gegen Gott haben wir oft den Tag angefangen,
und mit sündlichem Undank haben wir ihn geendigt; –
noch ist es Zeit, um Vergebung zu flehen – ach komm,

Blunt, und laß uns niederknien vor Gott, und ihm mit
Tränen der Reue Beßrung angeloben. –

BLUNT. Noch kann ich nicht, Gertrude!

GERT. Nein, noch kannst du nicht – du mußt dich erst losreißen von deiner sündlichen Begierde nach Reichtum –
und mußt dich erst im Herzen mit deinem Bruder versöhnen. – Höre mich, Blunt – wir sind reich gewesen, und sind
arm geworden – laß doch alles dahin fahren! – es ist ja doch
nur Tand und Blendwerk, was man so bald verlassen
muß. – Versöhne dich mit deinem Bruder! Laß uns beten
und arbeiten. – Laß uns die paar Tage, die wir noch zu
leben haben, so gut anwenden, wie wir können – und wenn
wir denn ein ruhiges und zufriednes Herz haben – was
fragen wir nach allen Schätzen der Erde. – Glaube mir nur,
Blunt, wir wollen gewiß noch glücklich sein! –

BLUNT. Höre, Gertrude – kannst du wohl angezündetes
Pulver löschen? – *(will gehen)*

GERT. Ich verstehe dich nicht – wo willst du hin?

BLUNT. Ich will hin, und Bretter und Steine über die Grube
legen, damit sie bei Tage niemand sieht – und morgen
Nacht wollen wir tiefer graben – sei du nur ganz ruhig und
unbekümmert! – ich hoffe nun soll alles noch ein gutes
Ende nehmen. – *(Geht ab.)*

GERT. Diese Sprache hör' ich jetzt von ihm zum erstenmale – Gott, was mag er im Sinne haben? – Erst sprach er
noch von Blut und Tod – und auf einmal scheint er nun so
ruhig zu sein, und doch war seine Miene so fürchterlich –
das bedeutet nichts Gutes. – Seine Sinne sind zerrüttet –
welche Angst! – als ob mir das Herz zerspringen wollte –
sollt' er wohl gar? – schrecklicher Gedanke! – o ich muß
ihm nach! ich muß ihm nach! wenn's nur nicht schon zu
spät ist – *(im Abgehn)* Ach Gott, sende deinen Engel, der
ihn abhält, bis ich komme!

Die Kammer des Fremden.

(Welcher halb entkleidet auf dem Bette liegt, und eingeschlafen ist.)

BLUNT. *(In der einen Hand ein Licht, und in der andern ein langes*

Messer, tritt herein, und schließt die Türe hinter sich zu. Er setzt das
Licht auf den Tisch, stellt sich über das Bette, und zuckt das Messer.)

GERT. *(draußen, klopft stark an die Türe)* Blunt! Blunt! was
willst du tun? – o mach auf! ich bitte dich um Gotteswillen,
5 mach auf!

BLUNT. *(Läßt das Messer sinken – er zuckt es zum zweitenmale.)*

GERT. *(klopft noch stärker)* Ach Blunt, Blunt mach auf! –

BLUNT. *(Läßt noch einmal das Messer sinken – schnell aber zuckt er*
es zum drittenmale – seine Hand zittert noch –)

10 GERT. *(Tut noch einen starken Schlag an die Türe.)*

DER FREMDE. *(erwacht, und indem er seine Augen aufschlägt, sagt er*
mit zitternder Stimme:) Mein Vater!

BLUNT. Was? – Dein Vater? – Nicht dein Vater! *(er kämpft*
noch mit sich selber – seine Hand bewegt sich konvulsivisch hin und
15 *her – er will dem Fremden das Messer an die Gurgel setzen. –)*

DER FR. *(ergreift seine Hand, und sagt mit freundlichbittender, be-*
bender Stimme:) O mein Vater! –

GERT. *(draußen)* Ach, Blunt, um Gotteswillen! –

BLUNT. *(nach einem kurzen Kampf)* Hinweg, verfluchtes Mes-
20 ser! ich hab' überwunden! *(wirft das Messer weit weg)* Dank!
Dank! Dank! dir, Gertrude, ich hab' überwunden! Komm
herein und sieh *(er macht auf)* sieh, ich hab' überwunden! –
Da liegt das verfluchte Messer. –

DER FR. *(springt auf und fällt Blunt mit Schluchzen um den Hals.)*
25 O mein Vater! mein Vater!

BLUNT. O junger Mann – du kannst mich Vater nennen, da
ich im Begriff war, dein Mörder zu werden. – Aber tausend
Dank! tausend Dank! daß Sie erwacht sind! – Ach, Gertrude, wie leicht ist mir auf einmal mein Herz! – Ich bin aus
30 einem schweren Traume aufgewacht, aus einem schweren
Traume. – Wo ist Adelheid? – ruf sie doch! – o wäre jetzt
mein Bruder hier, sieh, Gertrude, alles wollt' ich ihm vergeben – ich wollte – in diesem Augenblick wollt' ich mich
mit ihm versöhnen!

35 GERT. *(ruft Adelheiden.)*

DER FR. *(umarmt, nach der Reihe, Blunt, Gertruden und Adelheid)*
Mein Vater! – meine Mutter! – meine Schwester! – Betrach-

tet mich inskünftige als euren Sohn! Betrachte du mich als
deinen Bruder! –

BLUNT. Sieh, Gertrude, welche himmlische Güte! – er war
unser Gast, und ich wollt' ihn im Schlaf ermorden – mein
Blut und meine Tränen hätten die Sünde nicht wegwaschen   5
können, wenn ich's getan hätte. –

ADELH. Sind Sie denn schon so früh aufgestanden? Sie haben die Nacht wohl wenig geschlafen?

DER FR. Ich habe genug geschlafen. –

BLUNT. Er hat genug geschlafen, Adelheid – es war gut, daß   10
er aufwachte – Komm, Adelheid, komm auf meinen
Schoß, und küsse mich!

ADELH. Ach lieber Vater, sind Sie mir denn nun wieder recht
gut?

BLUNT. Ja, meine Tochter, ja.   15

ADELH. Aber wollen Sie auch dem Onkel und Marianen gut
sein?

BLUNT. Auch das will ich, Adelheid, Gertruden, dir, meinem Bruder, meinen Feinden, allen Menschen will ich gut
sein! *(man klopft an die Türe)*   20

GERT. *(macht auf.)*

Der Bürgermeister und Mariane.

BLUNT. Willkommen, Bruder! *(gibt ihm die Hand.)* Sieh, Gertrude, wie mich der Himmel beim Worte hält – nun ists
recht gut so – o ich bin so froh! so vergnügt!   25

DER BÜRGERM. Also weißt du's doch schon, daß der Fremde
da dein Sohn ist? –

BLUNT. Der Fremde da, mein Sohn? – nein das weiß ich
nicht – das kann ich auch nicht glauben – wie wäre das
möglich? – Du hast ja selber die Nachricht von dem Tode   30
meines Sohnes mit angehört. –

DER FR. *(Will sich seinem Vater in die Arme werfen)*

DER BÜRGERM. *(winkt ihm mit den Augen)* Diese Nachricht
war falsch – er war der einzige, der aus dem Schiffbruch
gerettet wurde – wunderbare Schicksale hat dein Sohn er-   35
lebt, wunderbare Schicksale – aber davon ein andermal –

jetzt bin ich mit meiner Tochter zu dir gekommen, um an
deiner Freude über seine Wiederkunft Teil zu nehmen –
und nun gib mir die Hand, Bruder, und laß uns unsern alten
Zwist beilegen, und von nun an wieder Freunde sein! –
Dein Elend hat ein Ende, du bist nun wieder reicher, als ich
bin – du brauchst also von mir nichts anzunehmen, und
darfst nicht fürchten, daß dein Stolz beleidiget werde; denn
was dein Sohn besitzt, das gehört auch dir – also – gib mir
die Hand, und laß uns von nun an wieder Freunde sein!

BLUNT. Die Hand will ich dir geben – und von ganzem
Herzen will ich mich mit dir versöhnen, – aber – daß der
Fremde da mein Sohn sein soll – das Glück wäre für mich
zu groß – das wäre ja, als ob Gott die entsetzlichsten Ver-
brechen auf frischer Tat belohnen wollte – nicht wahr
Gertrude? –

GERT. O zweifle nicht länger, Blunt! – mir sagt es mein
Herz, daß er mein Sohn ist – und dein Bruder wird dich
nicht hintergehen. –

DER FR. *(fällt ihr um den Hals)* O meine Mutter! –

GERT. Also ists doch wahr? – So hab' ich dich wieder in
meinen Armen? – dich, den ich unter meinem Herzen
trug? – O laß mich – laß mich ausweinen – mein Entzük-
ken – meine Freude – tötet mich. – Mein einziger – wieder-
gefundner Sohn! –

ADELH. Also ist dieser mein Bruder, Mutter?

GERT. Ja, das ist er!

ADELH. *(läuft auf ihn zu, er schließt sie in seine Arme, und küßt sie.)*
O nun weiß ich, warum ich Sie so lieb habe, und warum Sie
mir diese Nacht versprachen, daß Sie bei uns bleiben wollten. –

DER FR. Weißt du das? – liebes, gutes Mädchen!

ADELH. Aber Mutter, warum weinest du denn, da du deinen
Sohn wiedergefunden hast?

GERT. O laß mich weinen, Kind, ich weine vor Freuden. –

ADELH. Nun so will ich auch vor Freuden weinen, daß ich
meinen Bruder wiedergefunden habe! – – Marianchen!
kennst du denn meinen Bruder schon, daß du immer so
freundlich mit ihm sprichst?

BLUNT. *(der die Zeit über wie betäubt gestanden hat)* Also wäre
denn der Fremde wirklich mein Sohn?

DER BÜRGERM. Warum zitterst du so? — warum verwandelt
sich deine Farbe? — Zweifelst du noch, daß er dein Sohn
ist — nun so lies diesen Brief, den er an mich schrieb, ehe er 5
kam! — Heimlich wollt' er seine Eltern überraschen — die
erste Nacht wollt er sich ihnen nicht entdecken, um sich,
auf den folgenden Morgen, das größte Vergnügen aufzu-
sparen. — Lies diesen Brief, sag' ich, und dann zweifle noch,
ob der Fremde dein Sohn ist! 10

BLUNT. *(liest den Brief — er läßt ihn fallen — eine Pause)* Ja — er
ists — er ists. – – Und ich grauer Bösewicht wollte meinen
eignen Sohn ermorden? —

DER BÜRGERM. Was sagst du? —

MARIANE. Gott, was sagen Sie? 15

BLUNT. Laßt mich jetzt! — laßt mich jetzt! — ihr sollt alles
erfahren! — *(er kniet nieder und betet)* Gott! — ich danke dir —
daß du meinen Sohn erwachen ließest — ich danke dir, daß
du meinen Arm zurückhieltest, und meine Hand erstarren
ließest, da ich die schreckliche Tat vollbringen wollte — 20
mein ganzes Leben — o Gott! — ich bin nicht wert der
Barmherzigkeit, die du an mir tust — *(steht auf)* Nein, mein
Bruder, nein Mariane — ich bin nicht wert der Barmherzigkeit, die Gott an mir getan hat — Fluch und Strafe hätt' ich
verdient, gerade da mir Gott die größte Freude in meinem 25
Leben aufgespart hatte. — Denn seht — vor wenig Augenblicken. —

DER FR. *(will ihn umarmen)* O mein Vater! — schweigen Sie
doch davon! —

BLUNT. Laß mich erst reden, mein Sohn, laß mich erst mei- 30
ne Schuld gestehen — dann komm' in meine Arme. – – Vor
wenig Augenblicken stand ich noch mit dem Messer über
seinem Haupte — wollt' ihn im Schlaf ermorden — und hätte
mein Weib nicht geklopft — und wäre mein Sohn nicht
erwacht — so rauft' ich jetzt mein graues Haar aus meinem 35
Haupte, und verwünschte und verfluchte den Tag meiner
Geburt. —

DER BÜRGERM. Wie kamst du auf diesen schrecklichen Gedanken?

BLUNT. Aus Stolz und Verzweiflung – arbeiten mocht' ich
nicht, und doch schäm' ich mich zu betteln. –

DER BÜRGERM. Warum wolltest du aber von mir keine Hülfe
annehmen?

BLUNT. Das weißt du! – Als ich gestern Abend den Fremden
sahe, und sein Gold erblickte, da wurde der Gedanke in
meiner Seel' erzeugt: gottlose, verführerische Träume nähr-
ten ihn, wie ich schlief, und die Mitternacht brütete ihn aus,
daß er zum gräßlichsten Vorsatze reifte. – Meinem Weibe
sagt' ich nichts, sie mußte mir aber helfen eine Grube graben, ohne daß sie um mein Vorhaben wußte, – als ich den
Mord vollbringen wollte, schloß ich die Tür hinter mir zu –
sie aber klopfte mit immer stärkern Schlägen an, bis mein
Sohn erwachte; – und nun mein Sohn – kannst du es deinem alten Vater vergeben, daß er dich, als seinen Gast, im
Schlaf ermorden wollte? –

DER FR. O quälen Sie mich doch nicht dadurch, daß Sie sich
selber Vorwürfe machen. – Lag nicht die Schuld an mir? –
warum entdeckt' ich mich Ihnen nicht gleich, da ich sahe,
daß Ihr entsetzlicher Zustand fähig war, Sie bis zur Verzweiflung zu bringen? –

BLUNT. Nun so komm' in meine Arme! – Freilich verdien'
ichs nicht! – deine Entschuldigung rechtfertigt mich
nicht. – Aber verzeihet doch sonst der Vater wohl dem
Sohne, warum soll denn nicht auch der Sohn einmal seinem Vater verzeihen?

DER FR. O mein Vater! um eins bitt' ich, um eins beschwör'
ich Sie!

BLUNT. Alles, mein Sohn, alles!

DER FR. Daß Sie von dieser Sache inskünftige kein Wort
weiter reden, – daß Sie dies alles, mit mir, wie einen Traum
ansehen, der nun verschwunden ist – gewähren Sie mir
noch diese Bitte, – dann wird meine Freude ganz sein!

BLUNT. Es wird mir schwer werden, mein Sohn, meine Zunge zu binden, daß sie nicht von meinem schrecklichen Falle

und von meiner wunderbaren Errettung reden sollte – aber
du willst es – und ich will schweigen –

DER BÜRGERM. Nun noch ein Anliegen, Bruder, in deines
Sohnes Namen, da du doch einmal versprochen hast, ihm
alles zu gewähren – Hast du was darwider, daß er mit
meiner Tochter verlobt ist? –

BLUNT. Mein Sohn mit deiner Tochter verlobt – was könnt'
ich darwider haben – o laß immer das festeste Freund-
schaftsband unter uns geknüpft werden – aber das ist
zuviel auf einmal – ich kann mir alle diese plötzlichen
Veränderungen noch nicht recht denken – es ist mir immer
noch, wie im Traume. – *(zu Marianen)* Also bist du nun auch
meine Tochter?

MARIANE. *(umarmt ihn)* Ja, mein Vater, sobald Sie es wollen!

BLUNT. O ich will, ich will alles! – mit tausend tausend Freuden! –

DER FR. *(umarmt Marianen)* Also bist du nun ganz die Meinige?

MARIANE. Die Deinige – auf ewig. –

DER FR. Sieh, nun sind unsre Wünsche erfüllt. –

MARIANE. O Dank der Vorsehung, daß sie es sind!

BLUNT. Gott! – und diese innige Liebe – dieses zärtliche
Band hätt' ich bald –

DER FR. *(hält ihm den Mund zu)* Mein Vater!

BLUNT. Ich schweige, mein Sohn – aber Gertrude, warum
bist du so stumm? Hilf mir doch, mich freuen! – Die Freude wird mir allein zu schwer – ich kann sie nicht so
ertragen, weil ich sie nicht verdient habe – deine Freude ist
gerechter als die meinige – ich darf mich noch nicht recht
freuen –

GERT. Immer freue dich mit mir – denn das Vergangene ist
vergangen – Sieh, ich habe Gott im Stillen gedankt, und
seiner wunderbaren Fügung nachgedacht – o meine Kinder, was ich wünschte, wenn ich euch oft zusammen
spielen sahe, da ihr beide noch klein waret, was mir ahndete, wenn ich schon damals eure unschuldige Zuneigung
bemerkte, das sehe ich nun so plötzlich, so wider alles

Vermuten erfüllt, daß es mir schwer wird, mir dies alles auf einmal recht vorzustellen.

ADELH. *(zum Bürgermeister)* O sehn Sie, wie sich mein Bruder und Mariane gut sind!

DER BÜRGERM. Freuet dich das, Kind? – mich freut's auch – aber höre, Bruder, wir werden jetzt alle einige Erquickung nötig haben. – Gerne hätt ich heute ein Gastmahl veranstaltet, aber dein Sohn wollte sich das nicht nehmen lassen – auch wollt' er es nicht in meinem, sondern in deinem Hause geben – es wird schon alles dazu eingerichtet werden, daß dieser Tag ein froher Tag für uns sein soll – aber du mußt auch ganz vergnügt sein. –

BLUNT. O ich wäre der ärgste Bösewicht, wenn ich es sein könnte. – Immer laßt mir diese Scham, diese Reue – denn das ist mir ein Zeichen, daß ich noch nicht ganz von Gott verworfen bin. –

DER FR. O mein Vater – Ihr Versprechen –

BLUNT. Gott! was hast du mir für einen Sohn gegeben! – Ja, ich will schweigen, mein Sohn – aber alle Morgen und alle Abend will ich Gott auf meinen Knien danken, daß er mir mehr Gnade erzeigt hat, als ich Strafe verdient habe.

DER BÜRGERM. Komm Bruder! – Kommt meine Kinder!

⟨DAS LOTTO.
ZWEI TRAUERSPIELENTWÜRFE⟩

MONOLOG AUS EINEM UNGEDRUCKTEN TRAUERSPIELE:
DAS LOTTO.

Es ist vorbei – nichts kann mich retten – als der Zufall –
also, zu Grunde gerichtet – Weib und Kind – O noch
nicht! noch ists nicht so weit –
    Ein Ohngefähr, ein blinder Griff kann mich retten – muß
mich retten –
    vielleicht in diesem Augenblick – – Vielleicht auch nicht –
    Und was dann? was dann? – O, dann ist alles aus – – mein
Glück, mein Leben, meine Seligkeit steht auf dem Spiele –
    Ein blinder Griff entscheidet – Der Zufall ist mein Gott
geworden –
    Er hört mich nicht –
    Er sieht mein Elend nicht –
    Er kann sich meiner nicht erbarmen, wenn ich zu ihm
flehe –
    Weh mir! meine Gottheit, der ich so lange diene, der ich
im Wachen und im Schlafen alle meine Gedanken und meine
Wünsche gewidmet, an die ich alle meine Gebete gerichtet
habe, ist gefühllos, blind und taub –
    Welch ein schreckliches Licht geht mir plötzlich auf? –
    Der Frieden meiner Seele ist zerstört, auf ewig zerstört –
    Was war ich einst? – und was bin ich nun? alle meine
Seelenkräfte sind gelähmt – ich habe in mir selbst die Ordnung der Natur zerrüttet –
    Meine Gedanken wollen nicht mehr Ursach und Wür-
kung zusammen denken – alles ist zerrissen – Wirkung ist
ohne Ursach – die Tätigkeit meiner Denkkraft ist gehemmt –
alles ist Widerspruch – für mich ist keine Gottheit mehr, als
der Zufall –

Da liegt mein Unglück – nicht in dem Verlust meines
Vermögens, meiner Freiheit, meines Lebens – sondern in
dieser Zerrüttung meines denkenden Wesens – die ich in
jeden Zustand mit hinüber trage –

5   Wenn mich auch diesmal der Zufall rettet – wer rettet
mich vom Zufall? –

Wer knüpft in meiner Denkkraft die zerrißnen Fäden zwischen Ursachen und Wirkungen wieder aneinander? – Wer
stellt den süßen Frieden meiner Seele, die Tätigkeit meines

10 Geistes wieder her, von der mir itzt nur noch ein schwaches
Bild aus den Zeiten meines bessern Lebens vorschwebt? – –

(nach einer langen Pause)

Welch ein unbekanntes Gefühl bemächtigt sich meiner?

Ist es ein höherer Beistand, der mir diese neue Stärke,

15 diesen Mut einflößt –

Ich fühle plötzlich meinen Arm mit Kraft belebt, das Feld
zu bauen, und die Axt zu heben – wenn mir der Zufall alles
raubt. –

Ist dies Gefühl nur vorübergehend? – wie? oder sollte

20 noch eine Wiederkehr möglich sein?

NOCH EINE SCENE AUS EINEM UNGEDRUCKTEN
TRAUERSPIELE: DAS LOTTO.

Wilmer. Ein Kollekteur (sein vertrauter Freund.)
Kollekteur.

25 Was ist hier zu tun, Freund – als den unvermuteten Gewinst
frisch wieder zu wagen – fünftausend Taler sind noch kein
Schiff, das dich sicher in den Hafen bringt – sie sind nur ein
Brett, das das Glück dir zuwirft, um dich so lange damit
empor zu halten, bis eine günstige Welle dich ans Ufer

30 treibt –

Wilmer.

Du weißt meine Gründe – ich setze von diesem Gelde keinen Heller mehr aufs Spiel, und wenn ich Krösus Schätze
damit gewinnen könnte –

Kollekteur.

O, Possen! – Du willst dem Zufall nichts mehr zu danken
haben? – Eine Stecknadel, die deine Mutter aus ihrem Halstuch fallen ließ, und die dein Vater aufhob, war die erste
Veranlassung, daß die Blicke deiner Eltern sich einander
begegneten, und war die erste Ursach deines Daseins – Was
hatte denn der Stoff, woraus dein Körper sich bildete, verbrochen, daß er nicht der Stoff zu einem Fürstensohne
wurde – O, mein Freund, ich bin im Dienst des Zufalls grau
geworden, und habe mich weiter nicht übel dabei befunden – Befriedige meinetwegen mit deinen fünftausend Talern deine Gläubiger so gut du kannst, und ergreife dann
sogleich den Bettelstab, oder die Axt und die Säge – damit
du hinlängliche Muße hast, dir Ursach und Wirkung gehörig
wieder zusammen zu denken – und den Frieden in deiner
Seele wieder herzustellen – ich kann dir versichern, daß es in
meiner Seele sehr ruhig ist, und daß ich auch noch recht gut
das Ei von der Henne zu unterscheiden weiß –

Wilmer.

Wenn's in deiner Seele ruhig ist, so mag's sein! – ich freue
mich sehr, daß es mit mir noch nicht so weit gekommen ist –
Die beßre Natur liegt bei mir, Gottlob! noch mit der blinden
Leidenschaft im Kampfe – und kurz, du merkst selbst wohl
unsre Seelen haben aufgehört miteinander zu stimmen – ich
dächte also, wir schieden, und jeder ging seinen Weg für sich,
wie's ihm gut dünkt –

Kollekteur.

Wie du willst! ich will mich dir nicht aufdringen – wenn du
mich so sehr verabscheuungswürdig findest, so will ich dir
gern nicht im Wege stehen – und da du mich für einen so
verstockten Sünder hältst, so bewahre mich der Himmel,
daß ich mich bemühen sollte, dich mir gleich zu machen, um
etwa an dir einen Gefährten meiner Verdammnis zu haben. – Nein, mein Freund, ein solcher verstockter Bösewicht bin ich wenigstens nicht – und ich bin auch immer
Manns genug, die Verdammnis, die ich mir zuziehe, allein
auf mich zu nehmen. – Übrigens tut es mir leid, daß mir

mein wohlangelegter Plan mit dir mißlungen ist, der freilich
geradezu auf dein Verderben abzweckte — denn ich versprach dir, durch eine sorgfältig verteilte Anlage von dem
Rest deines Vermögens den Zufall zu zwingen, dir wieder
5 günstig zu sein — Was ich versprach, hab' ich nun zwar
gehalten — aber freilich hätte ich weit edler und besser gehandelt, wenn ich mein Versprechen nicht gehalten hätte —
dann hätte ich dir den Frieden deines Herzens nicht geraubt,
die Tätigkeit deiner Seele nicht gehemmt. — Wie ich auch so
10 ein Bösewicht sein konnte, mir den Kopf für dich zu zerbrechen, Tag und Nacht Zahlen auszusinnen, und Wahr-
scheinlichkeiten zu berechnen — um dir fünftausend Taler zu
verschaffen, damit du vor den Türen Holz sägen könntest. — —
Freilich, wer das erstemal seinen Freund so hintergangen
15 hat, wie ich dich, der verdient das zweitemal kein Zutrauen
wieder. — Unsre Abrede ging doch, deucht mir, darauf hinaus, daß wir nur erst so viel zu erhalten suchen wollten, um
wieder festen Fuß zu fassen — festen Fuß hätten wir nun
gefaßt — und haben wir den Zufall vorher zehnfach gefes-
20 selt, so könnten wir ihn nun hundertfach fesseln — daß es
ihm nach allen Gründen der Wahrscheinlichkeit unmöglich
sein sollte, uns zu entschlüpfen. — Doch, ich bin wohl ein
Tor, daß ich so viele Worte verliere — unsre Seelen haben
aufgehört miteinander zu stimmen — es wird also besser
25 sein, wir scheiden, und ein jeder geht seinen Weg für sich,
wie's ihm gut dünkt —
 (geht ab)

Wilmer.
(bleibt in einer nachdenkenden Stellung stehen.)
30 *(Die Scene ist vor Wilmers Haustüre.)*
Der Kollekteur.
(zu einem seiner Herren Kollegen, mit welchem er in tiefem Gespräch
begriffen ist, indem er mit dem Finger auf Wilmers Haus zeigt,)
Der entgeht uns auch nicht.

AUS EINEM UNGEDRUCKTEN SINGSPIELE.

(Im Saale vor dem Schlafgemach der Herzogin.)

Chor der Damen.
O Fürstin erwache
Vom süßesten Traume
Zum Tage der Wonne!
Erste Dame.
Sieh, mit ihrem sanften Schimmer
Glänzet schon die Morgenröte.
Und auf unserm Angesichte
Strahlt die Freude dir entgegen.
Chor.
Wir feiern mit Liedern,
Und festlichen Tänzen
Des Tages Erwachen.
Zweite Dame.
Dieses Tages, den die Liebe
Sich zum Festtag auserkoren,
Da sie Adelstan den edlen
Dir in deine Arme führet.
Chor.
Er eilt dir entgegen,
Eröffne die Arme,
Empfange den Gatten!
Dritte Dame.
Diesen Gatten, der so zärtlich
Des Entschlusses harren konnte,
Der die frommen, treuen Wünsche
Seiner Liebe krönen sollte.

Chor.
Wir feiern mit Liedern
Und festlichen Tänzen
Den schönsten der Tage.

Die Herzogin.
(tritt aus ihrem Schlafgemach.)
Hemmet Eure Lieder:
Denn dieser fröhlichen Gesänge
War, ach, zu lange schon mein Ohr entwöhnt,
Sie dringen nicht mehr in mein Herz
Und gießen keinen Trost in meine Brust.

Erste Dame.
Dämpft zu sanftern Tönen
Eu'r Saitenspiel!
Mischt in eure Lieder
Wehmutsvoller Freude
Dunkles Vorgefühl!

Chor.
O Fürstin erhebe dein tränendes Auge
Und schau empor!
Dort schimmert der Morgen auf Purpurgewölken
Und wallet herab:
Es schlummern Freuden in seinem Schoße,
Die wallen mit ihm herab
Und werden noch an diesem Tage
Unzähliger Müden Trost und Stab!

Die Herzogin.
Ach keine Freude schlummert
Für mich in seinem Schoße
Und wär es Himmelswonne,
Mein Herz blieb ihr verschlossen
In seinen Schmerz gehüllt.

PROSA

ANTON REISER.

EIN PSYCHOLOGISCHER ROMAN.

pag. 110 ⟨143 f.⟩

Thönert del. sc.

Herausgegeben
von Karl Philipp Moritz.

ERSTER TEIL.

Dieser psychologische Roman könnte auch allenfalls eine
Biographie genannt werden, weil die Beobachtungen größtenteils aus dem wirklichen Leben genommen sind. – Wer
den Lauf der menschlichen Dinge kennt, und weiß, wie
dasjenige oft im Fortgange des Lebens sehr wichtig werden
kann, was anfänglich klein und unbedeutend schien, der
wird sich an die anscheinende Geringfügigkeit mancher
Umstände, die hier erzählt werden, nicht stoßen. Auch wird
man in einem Buche, welches vorzüglich die *innere* Geschichte des Menschen schildern soll, keine große Mannigfaltigkeit der Charaktere erwarten: denn es soll die vorstellende Kraft nicht verteilen, sondern sie zusammendrängen,
und den Blick der Seele in sich selber schärfen. – Freilich ist
dies nun keine so leichte Sache, daß gerade jeder Versuch
darin glücken muß – aber wenigstens wird doch vorzüglich
in pädagogischer Rücksicht, das Bestreben nie ganz unnütz
sein, die Aufmerksamkeit des Menschen mehr auf den Menschen selbst zu heften, und ihm sein individuelles Dasein
wichtiger zu machen.

In P., einem Orte, der wegen seines Gesundbrunnens berühmt ist, lebte noch im Jahr 1756 ein Edelmann auf seinem Gute, der das Haupt einer Sekte in Deutschland war, die unter dem Namen der Quietisten oder Separatisten bekannt ist, und deren Lehren vorzüglich in den Schriften der *Mad. Guion,* einer bekannten Schwärmerin, enthalten sind, die zu Fenelons Zeiten, mit dem sie auch Umgang hatte, in Frankreich lebte.

Der Hr. v. F., so hieß dieser Edelmann, wohnte hier von allen übrigen Einwohnern des Orts, und ihrer Religion, Sitten, und Gebräuchen, eben so abgesondert, wie sein Haus von den ihrigen durch eine hohe Mauer geschieden war, die es von allen Seiten umgab.

Dies Haus nun machte für sich eine kleine Republik aus, worin gewiß eine ganz andre Verfassung, als rund umher im ganzen Lande herrschte. Das ganze Hauswesen bis auf den geringsten Dienstboten bestand aus lauter solchen Personen, deren Bestreben nur dahin ging, oder zu gehen schien, in ihr *Nichts* (wie es die Mad. Guion nennt) wieder einzugehen, alle Leidenschaften zu *ertöten,* und alle *Eigenheit* auszurotten.

Alle diese Personen mußten sich täglich einmal in einem großen Zimmer des Hauses zu einer Art von Gottesdienst versammeln, den der Herr v. F. selbst eingerichtet hatte, und welcher darin bestand, daß sie sich alle um einen Tisch setzten, und mit zugeschloßnen Augen, den Kopf auf den Tisch gelegt, eine halbe Stunde warteten, ob sie etwa die Stimme Gottes oder das *innre Wort,* in sich vernehmen würden. Wer dann etwas vernahm, der machte es den übrigen bekannt.

Der Herr v. F. bestimmte auch die Lektüre seiner Leute, und wer von den Knechten oder Mägden eine müßige Viertelstunde hatte, den sahe man nicht anders, als mit einer von der Mad. Guion Schriften, vom *innern Gebet,* oder dergleichen, in der Hand, in einer nachdenkenden Stellung sitzen und lesen.

Alles, bis auf die kleinsten häuslichen Beschäftigungen, hatte in diesem Hause ein ernstes, strenges, und feierliches Ansehn. In allen Mienen glaubte man *Ertötung* und *Verleugnung,* und in allen Handlungen *Ausgehen aus sich selbst* und
5 *Eingehen ins Nichts* zu lesen.

Der Herr v. F. hatte sich nach dem Tode seiner ersten Gemahlin nicht wieder verheiratet, sondern lebte mit seiner Schwester, der Fr. v. P., in dieser Eingezogenheit, um sich dem großen Geschäfte, die Lehren der Mad. Guion auszu-
10 breiten, ganz und ungestört widmen zu können.

Ein Verwalter, Namens H., und eine Haushälterin mit ihrer Tochter, machten gleichsam den mittlern Stand des Hauses aus, und dann folgte das niedrige Gesinde. – Diese Leute schlossen sich wirklich fest aneinander, und alles hatte
15 eine unbegrenzte Ehrfurcht gegen den Hrn. v. F., der wirklich einen unsträflichen Lebenswandel führte, obgleich die Einwohner des Orts sich mit den ärgerlichsten Geschichten von ihm trugen.

Er stand jede Nacht dreimal zu bestimmten Stunden auf,
20 um zu beten, und bei Tage brachte er seine meiste Zeit damit zu, daß er die Schriften der Mad. Guion, deren eine große Anzahl von Bänden ist, aus dem Französischen übersetzte, die er denn auf seine Kosten drucken ließ, und sie umsonst unter seine Anhänger austeilte.

25 Die Lehren, welche in diesen Schriften enthalten sind, betreffen größtenteils jenes schon erwähnte völlige Ausgehen aus sich selbst, und Eingehen in ein seliges Nichts, jene gänzliche Ertötung aller sogenannten *Eigenheit* oder *Eigenliebe,* und eine völlig uninteressierte Liebe zu Gott, worin
30 sich auch kein Fünkchen Selbstliebe mehr mischen darf, wenn sie rein sein soll, woraus denn am Ende eine vollkommne, selige *Ruhe* entsteht, die das höchste Ziel aller dieser Bestrebungen ist.

Weil nun die Mad. Guion sich fast ihr ganzes Leben hin-
35 durch, mit nichts als mit Bücherschreiben beschäftigt hat, so sind ihrer Schriften eine so erstaunliche Menge, daß selbst Martin Luther schwerlich mehr geschrieben haben kann. Un-

ter andern macht allein eine mystische Erklärung der ganzen Bibel wohl an zwanzig Bände aus.

Diese Mad. Guion mußte viel Verfolgung leiden, und wurde endlich, weil man ihre Lehrsätze für gefährlich hielt, in die Bastille gesetzt, wo sie nach einer zehnjährigen Gefangenschaft starb. Als man nach ihrem Tode ihren Kopf öffnete, fand man ihr Gehirn fast wie ausgetrocknet. Sie wird übrigens noch itzt von ihren Anhängern, als eine Heilige der ersten Größe, beinahe göttlich verehrt, und ihre Aussprüche werden den Aussprüchen der Bibel gleich geschätzt; weil man annimmt, daß sie durch gänzliche Ertötung aller *Eigenheit,* so gewiß mit Gott sei vereinigt worden, daß alle ihre Gedanken auch notwendig göttliche Gedanken werden mußten.

Der Herr v. F. hatte die Schriften der Mad. Guion auf seinen Reisen in Frankreich kennen gelernt, und die trockne, metaphysische Schwärmerei, welche darin herrscht, hatte für seine Gemütsbeschaffenheit so viel Anziehendes, daß er sich ihr mit eben dem Eifer ergab, womit er sich wahrscheinlich, unter andern Umständen, dem höchsten Stoicismus würde ergeben haben, womit die Lehren der Mad. Guion, in Ansehung der gänzlichen Ertötung aller Begierden u. s. w. oft eine auffallende Ähnlichkeit haben.

Er wurde nun auch von seinen Anhängern ebenfalls wie ein Heiliger verehrt, und ihm wirklich zugetrauet, daß er, beim ersten Anblick, das Innerste der Seele eines Menschen durchschauen könne.

Zu seinem Hause geschahen Wallfahrten von allen Seiten, und unter denen, die jährlich, wenigstens einmal, dieses Haus besuchten, war auch *Antons* Vater.

Dieser, ohne eigentliche Erziehung aufgewachsen, hatte seine erste Frau sehr früh geheiratet, immer ein ziemlich wildes herumirrendes Leben geführt, wohl zuweilen einige fromme Rührungen gehabt, aber nicht viel darauf geachtet. Bis er nach dem Tode seiner ersten Frau plötzlich in sich geht, auf einmal tiefsinnig, und wie man sagt, ein ganz andrer Mensch wird, und bei seinem Aufenthalt in P. zufälliger

Weise erstlich den Verwalter des Hrn. v. F. und nachher
durch diesen den Hrn. v. F. selber kennen lernte.

Dieser gibt ihm denn nach und nach die Guionschen
Schriften zu lesen, er findet Geschmack daran, und wird
bald ein erklärter Anhänger des Hrn. v. F.

Demohngeachtet fiel es ihm ein, wieder zu heiraten, und
er machte mit Antons Mutter Bekanntschaft, welche bald in
die Heirat willigte, das sie nie würde getan haben, hätte sie
die Hölle von Elend vorausgesehen, die ihr im Ehestande
drohte. Sie versprach sich von ihrem Manne noch mehr
Liebe und Achtung, als sie vorher bei ihren Anverwandten
genossen hatte, aber wie entsetzlich fand sie sich betrogen.

So sehr die Lehre der Mad. Guion von der gänzlichen
Ertötung und Vernichtung aller, auch der sanften und zärtlichen Leidenschaften, mit der harten und unempfindlichen
Seele ihres Mannes übereinstimmte, so wenig war es ihr
möglich, sich jemals mit diesen Ideen zu verständigen, wogegen sich ihr Herz auflehnte.

Dies war der erste Keim zu aller nachherigen ehelichen
Zwietracht.

Ihr Mann fing an, ihre Einsichten zu verachten, weil sie
die hohen Geheimnisse nicht fassen wollte, die die Madam
Guion lehrte.

Diese Verachtung erstreckte sich nachher auch auf ihre
übrigen Einsichten, und je mehr sie dies empfand, je stärker mußte notwendig die eheliche Liebe sich vermindern,
und das wechselseitige Mißvergnügen aneinander mit jedem
Tage zunehmen.

Antons Mutter hatte eine starke Belesenheit in der Bibel,
und eine ziemlich deutliche Erkenntnis von ihrem Religionssystem, sie wußte z. E. sehr erbaulich davon zu reden,
daß der Glaube ohne Werke tot sei, u. s. w.

In der Bibel las sie wirklich zu ganzen Stunden mit innigem Vergnügen, aber sobald ihr Mann es versuchte, ihr aus
den Guionschen Schriften vorzulesen, so empfand sie eine
Art von Bangigkeit, die vermutlich aus der Vorstellung entstand, sie werde dadurch in dem rechten Glauben irre
gemacht werden.

Sie suchte sich alsdann auf alle Weise loszumachen. — Hiezu kam nun noch, daß sie vieles von der Kälte und dem lieblosen Wesen ihres Mannes auf Rechnung der Guionschen Lehre schrieb, die sie nun in ihrem Herzen immermehr zu verwünschen anfing, und bei dem völligen Ausbruch der ehelichen Zwietracht sie laut verwünschte.

So wurde der häusliche Friede und die Ruhe und Wohlfahrt einer Familie Jahre lang durch diese unglücklichen Bücher gestört, die wahrscheinlich einer so wenig, wie der andere verstehen mochte.

Unter diesen Umständen wurde Anton geboren, und von ihm kann man mit Wahrheit sagen, daß er von der Wiege an unterdrückt ward.

Die ersten Töne, die sein Ohr vernahm, und sein aufdämmernder Verstand begriff, waren wechselseitige Flüche und Verwünschungen des unauflöslich geknüpften Ehebandes.

Ob er gleich Vater und Mutter hatte, so war er doch in seiner frühesten Jugend schon von Vater und Mutter verlassen, denn er wußte nicht, an wen er sich anschließen, an wen er sich halten sollte, da sich beide haßten, und ihm doch einer so nahe wie der andre war.

In seiner frühesten Jugend hat er nie die Liebkosungen zärtlicher Eltern geschmeckt, nie nach einer kleinen Mühe ihr belohnendes Lächeln.

Wenn er in das Haus seiner Eltern trat, so trat er in ein Haus der Unzufriedenheit, des Zorns, der Tränen und der Klagen.

Diese ersten Eindrücke sind nie in seinem Leben aus seiner Seele verwischt worden, und haben sie oft zu einem Sammelplatze schwarzer Gedanken gemacht, die er durch keine Philosophie verdrängen konnte.

Da sein Vater im siebenjährigen Kriege mit zu Felde war, zog seine Mutter zwei Jahre lang mit ihm auf ein kleines Dorf.

Hier hatte er ziemliche Freiheit und einige Entschädigung für die Leiden seiner Kindheit.

Die Vorstellungen von den ersten Wiesen, die er sahe, von

dem Kornfelde, das sich einen sanften Hügel hinanerstreck-
te, und oben mit grünem Gebüsch umkränzt war, von dem
blauen Berge, und den einzelnen Gebüschen und Bäumen,
die am Fuß desselben auf das grüne Gras ihren Schatten
warfen, und immer dichter und dichter wurden, je höher
man hinaufstieg, mischen sich noch immer unter seine angenehmsten Gedanken, und machen gleichsam die Grundlage aller der täuschenden Bilder aus, die oft seine Phantasie
sich vormalt.

Aber wie bald waren diese beiden glücklichen Jahre entflohen!

Es ward Friede, und Antons Mutter zog mit ihm in die
Stadt zu ihrem Manne.

Die lange Trennung von ihm verursachte ein kurzes
Blendwerk ehelicher Eintracht, aber bald folgte auf die be-
trügliche Windstille ein desto schrecklicherer Sturm.

Antons Herz zerfloß in Wehmut, wenn er einem von seinen Eltern Unrecht geben sollte, und doch schien es ihm
sehr oft, als wenn sein Vater, den er bloß fürchtete, mehr
Recht habe, als seine Mutter, die er liebte.

So schwankte seine junge Seele beständig zwischen Haß
und Liebe, zwischen Furcht und Zutrauen, zu seinen Eltern
hin und her.

Da er noch nicht acht Jahr alt war, gebar seine Mutter
einen zweiten Sohn, auf den nun vollends die wenigen Überreste väterlicher und mütterlicher Liebe fielen, so daß er nun
fast ganz vernachlässiget wurde, und sich, so oft man von
ihm sprach, mit einer Art von Geringschätzung und Verachtung nennen hörte, die ihm durch die Seele ging.

Woher mochte wohl dies sehnliche Verlangen nach einer
liebreichen Behandlung bei ihm entstehen, da er doch derselben nie gewohnt gewesen war, und also kaum einige
Begriffe davon haben konnte?

Am Ende freilich ward dies Gefühl ziemlich bei ihm abgestumpft; es war ihm beinahe, als müsse er beständig
gescholten sein, und ein freundlicher Blick, den er einmal
erhielt, war ihm ganz etwas sonderbares, das nicht recht zu
seinen übrigen Vorstellungen passen wollte.

Er fühlte auf das innigste das Bedürfnis der Freundschaft von seines Gleichen: und oft, wenn er einen Knaben von seinem Alter sahe, hing seine ganze Seele an ihm, und er hätte alles drum gegeben, sein Freund zu werden; allein das niederschlagende Gefühl der Verachtung, die er von seinen Eltern erlitten, und die Scham, wegen seiner armseligen, schmutzigen, und zerrißnen Kleidung hielten ihn zurück, daß er es nicht wagte, einen glücklichern Knaben anzureden.

So ging er fast immer traurig und einsam umher, weil die meisten Knaben in der Nachbarschaft ordentlicher, reinlicher, und besser, wie er, gekleidet waren, und nicht mit ihm umgehen wollten, und die es nicht waren, mit denen mochte er wieder, wegen ihrer Liederlichkeit, und auch vielleicht aus einem gewissen Stolz, keinen Umgang haben.

So hatte er keinen, zu dem er sich gesellen konnte, keinen Gespielen seiner Kindheit, keinen Freund unter Großen noch Kleinen.

Im achten Jahre fing denn doch sein Vater an, ihn selber etwas lesen zu lehren, und kaufte ihm zu dem Ende zwei kleine Bücher, wovon das eine eine Anweisung zum Buchstabieren, und das andre eine Abhandlung gegen das Buchstabieren enthielt.

In dem ersten mußte Anton größtenteils schwere biblische Namen, als: Nebukadnezar, Abednego, u. s. w., bei denen er auch keinen Schatten einer Vorstellung haben konnte, buchstabieren. Dies ging daher etwas langsam.

Allein sobald er merkte, daß wirklich vernünftige Ideen durch die zusammengesetzten Buchstaben ausgedrückt waren, so wurde seine Begierde, lesen zu lernen, von Tage zu Tage stärker.

Sein Vater hatte ihm kaum einige Stunden Anweisung gegeben, und er lernte es nun, zur Verwunderung aller seiner Angehörigen, in wenig Wochen von selber.

Mit innigem Vergnügen erinnert er sich noch itzt an die lebhafte Freude, die er damals genoß, als er zuerst einige Zeilen, bei denen er sich etwas denken konnte, durch vieles Buchstabieren, mit Mühe herausbrachte.

Nun aber konnte er nicht begreifen, wie es möglich sei, daß andre Leute so geschwind lesen konnten, wie sie sprachen; er verzweifelte damals gänzlich an der Möglichkeit, es je so weit zu bringen.

Um desto größer war nun seine Verwunderung und Freude, da er auch dies nach einigen Wochen konnte.

Auch schien ihn dieses bei seinen Eltern, noch mehr aber bei seinen Anverwandten in einige Achtung zu setzen, welches von ihm zwar nicht unbemerkt blieb, aber doch nie die eigentliche Ursach ward, die ihn zum Fleiß anspornete.

Seine Begierde zu lesen, war nun unersättlich. Zum Glükke standen in den Buchstabierbuche, außer den biblischen Sprüchen, auch einige Erzählungen von frommen Kindern, die mehr wie hundertmal von ihm durchgelesen wurden, ob sie gleich nicht viel Anziehendes hatten.

Die eine handelte von einem sechsjährigen Knaben, der zur Zeit der Verfolgung die christliche Religion nicht verleugnen wollte, sondern sich lieber auf das entsetzlichste peinigen, und nebst seiner Mutter, als ein Märtyrer für die Religion sein Leben ließ; die andre von einem bösen Buben, der sich im zwanzigsten Jahre seines Lebens bekehrte, und bald darauf starb.

Nun kam auch das andre kleine Buch an die Reihe, worin die Abhandlung gegen das Buchstabieren stand, und er zu seiner großen Verwunderung las, daß es schädlich, ja seelenverderblich sei, die Kinder durch Buchstabieren lesen zu lehren.

In diesem Buche fand er auch eine Anweisung für Lehrer, die Kinder lesen zu lehren, und eine Abhandlung über die Hervorbringung der einzelnen Laute durch die Sprachwerkzeuge: so trocken ihm dieses schien, so las er es doch aus Mangel an etwas bessern, mit der größten Standhaftigkeit, nach der Reihe durch.

Durch das Lesen war ihm nun auf einmal eine neue Welt eröffnet, in deren Genuß er sich für alle das Unangenehme in seiner wirklichen Welt einigermaßen entschädigen konnte. Wenn nun rund um ihn her nichts als Lärmen und

Schelten und häusliche Zwietracht herrschte, oder er sich vergeblich nach einem Gespielen umsah, so eilte er hin zu seinem Buche.

So ward er schon früh aus der natürlichen Kinderwelt in eine unnatürliche idealische Welt verdrängt, wo sein Geist für tausend Freuden des Lebens verstimmt wurde, die andre mit voller Seele genießen können.

Schon im achten Jahre bekam er eine Art von auszehrender Krankheit. Man gab ihn völlig auf, und er hörte beständig von sich, wie von einem, der schon wie ein Toter beobachtet wird, reden. Dies war ihm immer lächerlich, oder vielmehr war ihm das Sterben selbst, wie er sich damals vorstellte, mehr etwas Lächerliches, als etwas Ernsthaftes. Seine Base, der er doch etwas lieber, wie seinen Eltern zu sein schien, ging endlich mit ihm zu einem Arzt, und eine Kur von einigen Monaten stellte ihn wieder her.

Kaum war er einige Wochen gesund, als ihn gerade bei einem Spaziergange mit seinen Eltern auf das Feld, der ihm sehr etwas seltnes, und eben daher desto reizender war, der linke Fuß an zu schmerzen fing. Dies war nach überstandner Krankheit sein erster und sollte auf lange Zeit sein letzter Spaziergang sein.

Am dritten Tage war die Geschwulst und Entzündung am Fuße schon so gefährlich geworden, daß man am vierten zur Amputation schreiten wollte. Antons Mutter saß und weinte, und sein Vater gab ihm zwei Pfennige. Dies waren die ersten Äußerungen des Mitleids gegen ihn, deren er sich von seinen Eltern erinnert, und die wegen der Seltenheit einen desto stärkern Eindruck auf ihn machten.

An dem Tage vor der beschloßnen Amputation kam ein mitleidiger Schuster zu Antons Mutter, und brachte ihr eine Salbe, durch deren Gebrauch sich die Geschwulst und Entzündung im Fuße, während wenigen Stunden legte. Zum Fußabnehmen kam es nun nicht, aber der Schaden dauerte demohngeachtet vier Jahre lang, ehe er geheilt werden konnte, in welcher Zeit unser Anton wiederum unter oft unsäglichen Schmerzen alle Freuden der Kindheit entbehren mußte.

Bei diesem Schaden konnte er zuweilen ein ganzes Vierteljahr nicht aus dem Hause gehen, nachdem er eine Weile zuheilte, und immer wieder aufbrach.

Oft mußte er ganze Nächte hindurch wimmern und klagen, und die abscheulichsten Schmerzen fast alle Tage beim Verbinden erdulden. Dies entfernte ihn natürlicher Weise noch mehr aus der Welt und von dem Umgange mit seines Gleichen, und fesselte ihn immer mehr an das Lesen und an die Bücher. Am häufigsten las er, wenn er seinen jüngern Bruder wiegte, und wann es ihm damals an einem Buche fehlte, so war es, als wenn es ihm itzt an einem Freunde fehlt: denn das Buch mußte ihm Freund, und Tröster, und alles sein.

Im neunten Jahre las er alles, was Geschichte in der Bibel ist, vom Anfange bis zu Ende durch; und wenn einer von den Hauptpersonen, als Moses, Samuel, oder David, gestorben war, so konnte er sich Tage lang darüber betrüben, und es war ihm dabei zu Mute, als sei ihm ein Freund abgestorben, so lieb wurden ihm immer die Personen, die viel in der Welt getan, und sich einen Namen gemacht hatten.

So war Joab sein Held, und es schmerzte ihn, so oft er schlecht von ihm denken mußte. Insbesondre haben ihn oft die Züge der Großmut in Davids Geschichte, wenn er seines ärgsten Feindes schonte, da er ihn doch in seiner Gewalt hatte, bis zu Tränen gerührt.

Nun fiel ihm das Leben der Altväter in die Hände, welches sein Vater sehr hochschätzte, und diese Altväter bei jeder Gelegenheit als Autoritäten anführte. So fingen sich gemeiniglich seine moralischen Reden an: die *Madam Guion spricht,* oder *der heilige Makarius oder Antonius sagt* u. s. w.

Die Altväter, so abgeschmackt und abenteuerlich oft ihre Geschichte sein mochte, waren für Anton die würdigsten Muster zur Nachahmung, und er kannte eine Zeitlang keinen höhern Wunsch, als seinem großen Namensgenossen, dem heiligen Antonius, ähnlich zu werden, und wie dieser Vater und Mutter zu verlassen und in eine Wüste zu fliehen, die er nicht weit vom Tore zu finden hoffte, und wohin er einmal wirklich eine Reise antrat, indem er sich über hundert Schritte weit von der Wohnung seiner Eltern entfernte, und vielleicht noch weiter gegangen wäre, wenn die Schmerzen an seinem Fuße ihn nicht genötiget hätten, wieder zurück zu kehren. Auch fing er wirklich zuweilen an, sich mit Nadeln zu pricken, und sonst zu peinigen, um dadurch den heiligen Altvätern einigermaßen ähnlich zu werden, da es ihm doch ohnedem an Schmerzen nicht fehlte.

Während dieser Lektüre ward ihm ein kleines Buch geschenkt, dessen eigentlichen Titel er sich nicht erinnert, das aber von einer frühen Gottesfurcht handelte, und Anweisung gab, wie man schon vom sechsten bis zum vierzehnten Jahre in der Frömmigkeit wachsen könne. Die Abhandlungen in diesem Büchelchen hießen also: *für Kinder von sechs Jahren, für Kinder von sieben Jahren* u. s. w. Anton las also den Abschnitt *für Kinder von neun Jahren,* und fand, daß es noch Zeit sei, ein frommer Mensch zu werden, daß er aber schon drei Jahre versäumt habe.

Dies erschütterte seine ganze Seele, und er faßte einen so festen Vorsatz sich zu bekehren, wie ihn wohl selten Erwachsene fassen mögen. Von der Stunde an befolgte er alles, was von Gebet, Gehorsam, Geduld, Ordnung u. s. w. in dem Buche stand, auf das pünktlichste, und machte sich nun beinahe jeden zu schnellen Schritt zur Sünde. Wie weit, dachte er, werde ich nun nicht schon in fünf Jahren sein, wenn ich hierbei bleibe. Denn in dem kleinen Buche war das Fortrücken in der Frömmigkeit gleichsam zu einer Sache des Ehrgeizes gemacht, wie man etwa sich freuet, aus einer Klasse in die andere immer höher gestiegen zu sein.

Wenn er, wie natürlich, sich zuweilen vergaß, und einmal, wenn er Linderung an seinem Fuße fühlte, umher sprang oder lief, so fühlte er darüber die heftigsten Gewissensbisse, und es war ihm immer, als sei er nun schon einige Stufen wieder zurückgekommen.

Dieses kleine Buch hatte lange einen starken Einfluß auf seine Handlungen und Gesinnungen: denn was er las, das suchte er auch gleich auszuüben. Daher las er auf jeden Tag

in der Woche sehr gewissenhaft den Abend- und Morgensegen, weil im Katechismus stand, man müsse ihn lesen;
auch vergaß er nicht, das Kreuz dabei zu machen, und *das
walte* zu sagen, wie es im Katechismus befohlen war.

5 Sonst sahe er nicht viel von Frömmigkeit, ob er gleich
immer viel davon reden hörte, und seine Mutter ihn alle
Abend einsegnete, und niemals vergaß, ehe er einschlief, das
Zeichen des Kreuzes über ihn zu machen.

Der Herr v. F. hatte unter andern die geistlichen Lieder
10 der Madam Guion ins Deutsche übersetzt, und Antons
Vater, der musikalisch war, paßte ihnen Melodien an, die
größtenteils einen raschen, fröhlichen Gang hatten.

Wenn es sich nun fügte, daß er etwa einmal nach einer
langen Trennung wieder zu Hause kam, so ließ sich denn
15 doch die Ehegattin überreden, einige dieser Lieder mitzu-
singen, wozu er die Zither spielte. Dies geschahe gemeiniglich kurz nach der ersten Freude des Wiedersehens, und
diese Stunden mochten wohl noch die glücklichsten in ihrem Ehestande sein.

20 Anton war dann am frohesten, und stimmte oft, so gut er
konnte, in diese Lieder ein, die ein Zeichen der so seltnen
wechselseitigen Harmonie und Übereinstimmung bei seinen
Eltern waren.

Diese Lieder gab ihm nun sein Vater, da er ihn für reif
25 genug zu dieser Lektüre hielt, in die Hände, und ließ sie ihn
zum Teil auswendig lernen.

Wirklich hatten diese Gesänge, ohngeachtet der steifen
Übersetzung, immer noch so viel Seelenschmelzendes, eine
so unnachahmliche Zärtlichkeit im Ausdrucke, solch ein
30 sanftes Helldunkel in der Darstellung, und so viel unwiderstehlich Anziehendes für eine weiche Seele, daß der Eindruck, den sie auf Antons Herz machten, bei ihm unauslöschlich geblieben ist.

Oft tröstete er sich in einsamen Stunden, wo er sich von
35 aller Welt verlassen glaubte, durch ein solches Lied vom
seligen Ausgehen aus sich selber, und der süßen Vernichtung vor dem Urquelle des Daseins.

So gewährten ihm schon damals seine kindischen Vorstellungen oft eine Art von himmlischer Beruhigung.

Einmal waren seine Eltern bei dem Wirt des Hauses, wo sie wohnten, des Abends zu einem kleinen Familienfeste gebeten. Anton mußte es aus dem Fenster mit ansehen, wie die Kinder der Nachbarn schön geputzt zu diesem Feste kamen, indes er allein auf der Stube zurückbleiben mußte, weil seine Eltern sich seines schlechten Aufzuges schämten. Es wurde Abend, und ihn fing an zu hungern; und nicht einmal ein Stückchen Brot hatten ihm seine Eltern zurückgelassen.

Indes er oben einsam saß und weinte, schallte das fröhliche Getümmel von unten zu ihm herauf. – Verlassen von allem, fühlte er erst eine Art von bitterer Verachtung gegen sich selbst, die sich aber plötzlich in eine unaussprechliche Wehmut verwandelte, da er zufälliger Weise die Lieder der Madam Guion aufschlug, und eins fand, das gerade auf seinen Zustand zu passen schien. – Eine solche Vernichtung, wie er in diesem Augenblick fühlte, mußte nach dem Liede der Mad. Guion vorhergehen, um sich in dem Abgrunde der ewigen Liebe, wie ein Tropfen im Ocean, zu verlieren. – – Allein, da nun der Hunger anfing, ihm unausstehlich zu werden, so wollten auch die Tröstungen der Madam Guion nichts mehr helfen, und er wagte es, hinunter zu gehen, wo seine Eltern in großer Gesellschaft schmauseten, öffnete ein klein wenig die Türe, und bat seine Mutter um den Schlüssel zum Speiseschranke, und um die Erlaubnis, sich ein wenig Brot nehmen zu dürfen, weil ihn sehr hungere.

Dies erweckte erst das Gelächter und nachher das Mitleid der Gesellschaft, nebst einigen Unwillen gegen seine Eltern.

Er ward mit an den Tisch gezogen, und ihm von dem Besten vorgelegt, welches ihm denn freilich eine ganz andre Art von Freude, als vorher die Guionschen Trostlieder, gewährte.

Allein auch jene schwermutsvolle tränenreiche Freude behielt immer etwas Anziehendes für ihn, und er überließ sich ihr, indem er die Guionschen Lieder las, so oft ihm ein

Wunsch fehlgeschlagen war, oder ihm etwas trauriges bevorstand, als wenn er z. B. vorher wußte, daß sein Fuß
verbunden, und die Wunde mit Höllenstein bestrichen werden sollte.

Das zweite Buch, was ihn sein Vater nebst den Guionschen Liedern lesen ließ, war eine *Anweisung zum innern Gebet*
von eben dieser Verfasserin.

Hierin ward gezeigt, wie man nach und nach dahin kommen könne, sich im eigentlichen Verstande mit Gott zu
unterreden, und seine Stimme im Herzen, oder das eigentliche *innre Wort,* deutlich zu vernehmen; indem man sich
nehmlich zuerst so viel wie möglich von den Sinnen los zu
machen, und sich mit sich selbst und seinen eignen Gedanken zu beschäftigen suchte, oder meditieren lernte, welches
aber auch erst aufhören, und man sich selbst sogar erst
vergessen müsse, ehe man fähig sei, die Stimme Gottes in
sich zu vernehmen.

Dies ward von Anton mit dem größten Eifer befolgt, weil
er wirklich begierig war, so etwas Wunderbares, als die Stimme Gottes, in sich zu hören.

Er saß daher halbe Stunden lang mit verschloßnen Augen, um sich von der Sinnlichkeit abzuziehen. Sein Vater tat
dieses zum größten Leidwesen seiner Mutter ebenfalls. Auf
Anton aber achtete sie nicht, weil sie ihn zu keiner Absicht
fähig hielt, die er dabei haben könne.

Anton kam bald so weit, daß er glaubte, von den Sinnen
ziemlich abgezogen zu sein, und nun fing er an, sich wirklich
mit Gott zu unterreden, mit dem er bald auf einen ziemlich
vertraulichen Fuß umging. Den ganzen Tag über, bei seinen
einsamen Spaziergängen, bei seinen Arbeiten, und sogar bei
seinem Spiele sprach er mit Gott, zwar immer mit einer Art
von Liebe und Zutrauen, aber doch so, wie man ohngefähr
mit einem seines Gleichen spricht, mit dem man eben nicht
viel Umstände macht, und ihm war es denn wirklich immer,
als ob Gott dieses oder jenes antwortete.

Freilich ging es nicht so ab, daß es nicht zuweilen einige
Unzufriedenheit sollte gesetzt haben, wenn etwa ein un-

schuldiges Spielwerk, oder sonst ein Wunsch vereitelt ward. Dann hieß es oft: aber mir auch diese Kleinigkeit nicht einmal zu gewähren! oder, das hättest du doch wohl können geschehen lassen, wenn's irgend möglich gewesen wäre! und so nahm es sich denn Anton nicht übel, zuweilen ein wenig mit Gott nach seiner Art böse zu tun; denn obgleich davon nichts in der Madam Guion Schriften stand, so glaubte er doch, es gehöre mit zum vertraulichen Umgange.

Alle diese Veränderungen gingen mit ihm vom neunten bis zum zehnten Jahre vor. Während dieser Zeit nahm ihn auch sein Vater, wegen des Schadens am Fuße, mit nach dem Gesundbrunnen in P. Wie freute er sich nun, den Hrn. v. F. persönlich kennen zu lernen, von dem sein Vater beständig mit solcher Ehrfurcht, wie von einem übermenschlichen Wesen geredet hatte, und wie freute er sich, dort von seinen großen Fortschritten in der innern Gottseligkeit Rechenschaft ablegen zu können: seine Einbildungskraft malte ihm dort eine Art von Tempel, worin er auch als Priester eingeweiht, und als ein solcher zur Verwunderung aller, die ihn kannten, zurückkehren würde.

Er machte nun mit seinem Vater die erste Reise, und während derselben war dieser auch etwas gütiger gegen ihn, und gab sich mehr mit ihm ab, als zu Hause. Anton sahe hier die Natur in unaussprechlicher Schönheit. Die Berge rund umher in der Ferne und in der Nähe und die lieblichen Täler entzückten seine Seele, und schmolzen sie in Wehmut, die teils aus der Erwartung der großen Dinge entstand, die hier mit ihm vorgehen sollten.

Der erste Gang mit seinem Vater war in das Haus des Hrn. v. F., wo dieser den Verwalter, Hrn. H., zuerst sprach, ihn umarmte und küßte, und auf das freundschaftlichste von ihm bewillkommt wurde.

Ohngeachtet der großen Schmerzen, die Anton durch die Reise an seinem Fuße empfand, war er doch beim Eintritt in das Haus des Hrn. v. F. vor Freuden außer sich. Anton blieb diesen Tag in der Stube des Hrn. H., mit dem er künftig alle Abend speisen mußte. Übrigens bekümmerte man sich doch im Hause lange nicht so viel um ihn, wie er erwartet hatte.

Seine Übungen im innern Gebet setzte er nun sehr fleißig
fort; allein es konnte denn freilich nicht fehlen, daß sie nicht
zuweilen eine sehr kindische Wendung nehmen mußten.
Hinter dem Hause, wo sein Vater in P. logierte, war ein
großer Baumgarten: hier fand er zufälliger Weise einen
Schiebkarrn, und machte sich das Vergnügen, damit im ganzen Garten herumzuschieben.

Um dies nun aber zu rechtfertigen, weil er anfing, es für
Sünde zu halten, bildete er sich eine ganz sonderbare Grille.
Er hatte nehmlich in den Guionschen Schriften und ander-
wärts viel von dem Jesulein gelesen, von welchem gesagt
wurde, daß es allenthalben sei, und man beständig und an
allen Orten mit ihm umgehen könne.

Das Diminutivum machte, daß er sich einen Knaben,
noch etwas kleiner wie er, darunter vorstellte, und da er nun
mit Gott selber schon so vertraut umging, warum nicht
noch vielmehr mit diesem seinem Sohne, dem er zutraute,
daß er sich nicht weigern werde, mit ihm zu spielen, und also
auch nichts dawider haben werde, wenn er ihn ein wenig auf
dem Schiebkarrn herum fahren wollte.

Nun schätzte er es sich aber doch für ein sehr großes
Glück, eine so hohe Person auf dem Schiebkarren herum
fahren zu können, und ihr dadurch ein Vergnügen zu machen; und da diese Person nun ein Geschöpf seiner Einbildungskraft war, so machte er auch mit ihr, was er wollte, und
ließ sie oft kürzer, oft länger an dem Fahren Gefallen finden,
sagte auch wohl zuweilen mit der größten Ehrerbietigkeit,
wenn er vom Fahren müde war: so gern ich wollte, ist es mir
doch jetzt unmöglich, dich noch länger zu fahren.

So sahe er dies am Ende für eine Art von Gottesdienst an,
und hielt es nun für keine Sünde mehr, wenn er sich auch
halbe Tage mit dem Schiebkarren beschäftigte.

Nun aber bekam er selbst mit Bewilligung des Hrn. v. F.
ein Buch in die Hand, das ihn wieder in eine ganz andre und
neue Welt führte. Es war die Acerra philologika. Hier las er
nun die Geschichte von Troja, vom Ulysses, von der Circe,
vom Tartarus und Elysium, und war sehr bald mit allen Göt-

tern und Göttinnen des Heidentums bekannt. Bald darauf
gab man ihm auch den Telemach, ebenfalls mit Bewilligung
des Hrn. v. F. zu lesen, vielleicht weil der Verfasser desselben, Hr. v. Fenelon, mit der Madam Guion Umgang hatte.

Die Acerra philologika war ihm zur Lektüre des Telemach
eine schöne Vorbereitung gewesen, weil er dadurch mit der
Götterlehre ziemlich bekannt geworden war, und sich schon
für die meisten Helden interessierte, die er im Telemach
wieder fand.

Diese Bücher wurden verschiedne male nach einander
mit der größten Begierde und mit wahrem Entzücken von
ihm durchgelesen, insbesondere der Telemach, worin er
zum erstenmale die Reize einer schönen zusammenhängenden Erzählung schmeckte.

Die Stelle, welche ihn im ganzen Telemach am lebhaftesten gerührt hat, war die rührende Anrede des alten Mentors
an den jungen Telemach, als dieser auf der Insel Cypern die
Tugend mit dem Laster zu vertauschen im Begriff war, und
ihm nun sein getreuer lange von ihm für verloren gehaltener
Mentor plötzlich wieder erschien, dessen traurender Anblick ihn bis in das innerste seiner Seele erschütterte.

Dies hatte nun freilich für Antons Seele weit mehr Anziehendes, als die biblische Geschichte, und alles, was er
vorher in dem Leben der Altväter, oder in den Guionschen
Schriften gelesen hatte; und da ihm nie eigentlich gesagt
worden war, daß jenes wahr, und dieses falsch sei, so fand er
sich gar nicht ungeneigt, die heidnische Göttergeschichte
mit allem, was da hineinschlug, wirklich zu glauben.

Eben so wenig konnte er aber auch, was in der Bibel
stand, verwerfen; um so vielmehr, da dies die ersten Eindrücke auf seine Seele gewesen waren. Er suchte also,
welches ihm allein übrig blieb, die verschiedenen Systeme,
so gut er konnte, in seinem Kopfe zu vereinigen, und auf die
Weise die Bibel mit dem Telemach, das Leben der Altväter
mit der Acerra philologika, und die heidnische Welt mit der
christlichen zusammen zu schmelzen.

Die erste Person in der Gottheit und Jupiter, Calypso und

die Madam Guion, der Himmel und Elysium, die Hölle und
der Tartarus, Pluto und der Teufel, machten bei ihm die
sonderbarste Ideenkombination, die wohl je in einem
menschlichen Gehirn mag existiert haben.

Dies machte einen so starken Eindruck auf sein Gemüt,
daß er noch lange nachher eine gewisse Ehrfurcht gegen die
heidnischen Gottheiten behalten hat.

Von dem Hause, wo Antons Vater logierte, bis nach dem
Gesundbrunnen und der Allee dabei, war ein ziemlich weiter Weg. Anton schleppte sich demohngeachtet mit seinem
schmerzenden Fuße, das Buch unterm Arm, hinaus, und
setzte sich auf eine Bank in der Allee, wo er im Lesen nach
und nach seinen Schmerz vergaß, und bald nicht nur auf der
Bank in P. sondern auf irgend einer Insel mit hohen Schlössern und Türmen, oder mitten im wilden Kriegsgetümmel
sich befand.

Mit einer Art von wehmütiger Freude las er nun, wenn
Helden fielen, es schmerzte ihn zwar, aber doch deuchte
ihm, sie mußten fallen.

Dies mochte auch wohl einen großen Einfluß auf seine
kindischen Spiele haben. Ein Fleck voll hochgewachsener
Nesseln oder Disteln waren ihm so viele feindliche Köpfe,
unter denen er manchmal grausam wütete, und sie mit seinem Stabe einen nach dem andern herunter hieb.

Wenn er auf der Wiese ging, so machte er eine Scheidung,
und ließ in seinen Gedanken zwei Heere gelber oder weißer
Blumen gegeneinander anrücken. Den größten unter ihnen
gab er Namen von seinen Helden, und eine benannte er
auch wohl von sich selber. Dann stellte er eine Art von
blindem Fatum vor, und mit zugemachten Augen hieb er mit
seinem Stabe, wohin er traf.

Wenn er dann seine Augen wieder eröffnete, so sah er die
schreckliche Zerstörung, hier lag ein Held und dort einer auf
den Boden hingestreckt, und oft erblickte er mit einer sonderbaren wehmütigen und doch angenehmen Empfindung
sich selbst unter den Gefallenen.

Er betrauerte dann eine Weile seine Helden, und verließ

das fürchterliche Schlachtfeld. Zu Hause, nicht weit von der Wohnung seiner Eltern, war ein Kirchhof, auf welchem er eine ganze Generation von Blumen und Pflanzen mit eisernem Scepter beherrschte, und keinen Tag hingehen ließ, wo er nicht mit ihnen eine Art von Musterung hielt.

Als er von P. wieder nach Hause gereist war, schnitzte er sich alle Helden aus dem Telemach von Papier, bemalte sie nach den Kupferstichen mit Helm und Panzer, und ließ sie einige Tage lang in Schlachtordnung stehen, bis er endlich ihr Schicksal entschied, und mit grausamen Messerhieben unter ihnen wütete, diesem den Helm, jenem den Schädel zerspaltete, und rund um sich her nichts als Tod und Verderben sahe.

So liefen alle seine Spiele auch mit Kirsch- und Pflaumkernen auf Verderben und Zerstörung hinaus. Auch über diese mußte ein blindes Schicksal walten, indem er zwei verschiedne Arten als Heere gegeneinander anrücken, und nun mit zugemachten Augen den eisernen Hammer auf sie herabfallen ließ, und wen es traf, den trafs.

Wenn er Fliegen mit der Klappe tot schlug, so tat er dieses mit einer Art von Feierlichkeit, indem er einer jeden mit einem Stücke Messing, das er in der Hand hatte, vorher die Totenglocke läutete. Das allergrößte Vergnügen machte es ihm, wenn er eine aus kleinen papiernen Häusern erbauete Stadt verbrennen, und dann nachher mit feierlichem Ernst und Wehmut den zurückgebliebenen Aschenhaufen betrachten konnte.

Ja als in der Stadt, wo seine Eltern wohnten, einmal wirklich in der Nacht ein Haus abbrannte, so empfand er bei allem Schreck eine Art von geheimem Wunsche, daß das Feuer nicht sobald gelöscht werden möchte.

Dieser Wunsch hatte nichts weniger als Schadenfreude zum Grunde, sondern entstand aus einer dunklen Ahndung von großen Veränderungen, Auswanderungen und Revolutionen, wo alle Dinge eine ganz andre Gestalt bekommen, und die bisherige Einförmigkeit aufhören würde.

Selbst der Gedanke an seine eigne Zerstörung war ihm

nicht nur angenehm, sondern verursachte ihm sogar eine
Art von wollüstiger Empfindung, wenn er oft des Abends,
ehe er einschlief, sich die Auflösung und das Auseinander-
fallen seines Körpers lebhaft dachte.

5   Antons dreimonatlicher Aufenthalt in P. war ihm in vieler
Rücksicht sehr vorteilhaft, weil er fast immer sich selbst
überlassen war, und das Glück hatte, diese kurze Zeit wieder
von seinen Eltern entfernt zu sein, indem seine Mutter zu
Hause geblieben war, und sein Vater andre Geschäfte in P.
10 hatte, und sich nicht viel um ihn bekümmerte; doch aber
sich hier, wenn er ihn zuweilen sahe, weit gütiger, als zu
Hause, gegen ihn betrug.

Auch logierte mit Antons Vater in demselben Hause ein
Engländer, der gut deutsch sprach, und sich mit Anton mehr
15 abgab, wie irgend einer vor ihm getan hatte, indem er anfing,
ihn durch bloßes Sprechen Englisch zu lehren, und sich
über seine Progressen freute. Er unterredete sich mit ihm,
ging mit ihm spazieren, und konnte am Ende fast gar nicht
mehr ohne ihn sein.

20   Dies war der erste Freund, den Anton auf Erden fand: mit
Wehmut nahm er von ihm Abschied. Der Engländer drückte
ihm bei seiner Abreise ein silbern Schaustück in die Hand,
das sollte er ihm zum Andenken aufbewahren, bis er einmal
nach England käme, wo ihm sein Haus offen stände: nach
25 funfzehn Jahren kam Anton wirklich nach England, und
hatte noch sein Schaustück bei sich, aber der erste Freund
seiner Jugend war tot.

Anton sollte einmal diesen Engländer gegen einen Fremden, der ihn besuchen wollte, verleugnen, und sagen, er sei
30 nicht zu Hause. Man konnte ihn auf keine Weise dazu bringen, weil er keine *Lüge* begehen wollte.

Dies wurde ihm damals sehr hoch angerechnet, und war
just einer der Fälle, wo er tugendhafter scheinen wollte, als
er wirklich war, denn er hatte sich sonst eben aus einer
35 Notlüge nicht so sehr viel gemacht; aber seinen wahren
innern Kampf, wo er oft seine unschuldigsten Wünsche
einem eingebildeten Mißfallen des göttlichen Wesens aufop-
ferte, bemerkte niemand.

Indes war ihm das liebreiche Betragen, das man in P. gegen ihn bewies, sehr aufmunternd, und erhob seinen niedergedrückten Geist ein wenig. Wegen seiner Schmerzen am Fuße bezeugte man ihm Mitleid, im v. F.. schen Hause begegnete man ihm leutselig, und der Hr. v. F. küßte ihn auf die Stirne, so oft er ihm auf der Straße begegnete. Dergleichen Begegnungen waren ihm ganz etwas Ungewohntes und Rührendes, das seine Stirne wieder freier, sein Auge offner, und seine Seele heitrer machte.

Er fing nun auch an, sich auf die Poesie zu legen, und besang, was er sah und hörte. Er hatte zwei Stiefbrüder, die beide in P. das Schneiderhandwerk lernten, und deren Meister ebenfalls Anhänger der Lehre des Hrn. v. F. waren. Von diesen nahm er in Versen, die er selbst gemacht und auswendig gelernt hatte, sehr rührend Abschied, so wie auch von dem v. F.. schen Hause.

Freilich kehrte er nun nicht so wieder von P. zu Hause, wie er erwartet hatte, aber doch war er in dieser kurzen Zeit ein ganz andrer Mensch geworden, und seine Ideenwelt um ein Großes bereichert.

Allein zu Hause wurden durch die erneuerte Zwietracht seiner Eltern, wozu vermutlich die Ankunft seiner beiden Stiefbrüder vieles beitrug, und durch das unaufhörliche Schelten und Toben seiner Mutter, die guten Eindrücke, die er in P. und besonders in dem v. F.. schen Hause erhalten hatte, bald wieder ausgelöscht, und er befand sich aufs neue in seiner vorigen gehässigen Lage, wodurch seine Seele ebenfalls finster und menschenfeindlich gemacht wurde.

Da Antons beide Stiefbrüder bald abreiseten, um ihre Wanderschaft anzutreten, so war auch der häusliche Friede eine Zeitlang wieder hergestellt, und Antons Vater las nun zuweilen selber, anstatt aus der Madam Guion Schriften, etwas aus dem Telemach vor, oder erzählte ein Stück aus der ältern oder neuern Geschichte, worin er wirklich ziemlich bewandert war, denn neben seiner Musik, worin er es im Praktischen weit gebracht hatte, machte er beständig aus dem Lesen nützlicher Bücher ein eignes Studium, bis endlich die Guionschen Schriften alles übrige verdrängten.

Er redte daher auch eine Art von Büchersprache, und Anton erinnert sich noch sehr genau, wie er im siebenten oder achten Jahre oft sehr aufmerksam zuhörte, wann sein Vater sprach, und sich wunderte, daß er von allen den Wörtern, die sich auf *heit,* und *keit,* und *ung* endigten, keine Sylbe verstand, da er doch sonst, was gesprochen wurde, verstehen konnte.

Auch war Antons Vater außer dem Hause ein sehr umgänglicher Mann, und konnte sich mit allerlei Leuten über allerlei Materien angenehm unterhalten. Vielleicht wäre auch alles im Ehestande besser gegangen, wenn Antons Mutter nicht das Unglück gehabt hätte, sich oft für beleidigt, und *gern* für beleidigt zu halten, auch wo sie es wirklich nicht war, um nur Ursach zu haben, sich zu kränken und zu betrüben, und ein gewisses Mitleid mit sich selber zu empfinden, worin sie eine Art von Vergnügen fand.

Leider scheint sie diese Krankheit auf ihren Sohn fortgeerbt zu haben, der jetzt noch oft vergeblich damit zu kämpfen hat.

Schon als Kind, wenn alle etwas bekamen, und ihm sein Anteil hingelegt wurde, ohne dabei zu sagen, es sei der seinige, so ließ er ihn lieber liegen, ob er gleich wußte, daß er für ihn bestimmt war, um nur die Süßigkeit des Unrechtleidens zu empfinden, und sagen zu können, alle andre haben etwas, und ich nichts bekommen! Da er eingebildetes Unrecht schon so stark empfand, um so viel stärker mußte er das wirkliche empfinden. Und gewiß ist wohl bei niemanden die Empfindung des Unrechts stärker, als bei Kindern, und niemanden kann auch leichter Unrecht geschehen; ein Satz, den alle Pädagogen täglich und stündlich beherzigen sollten.

Oft konnte Anton stundenlang nachdenken, und Gründe gegen Gründe auf das genaueste abwägen, ob eine Züchtigung von seinem Vater recht oder unrecht sei?

Jetzt genoß er in seinem eilften Jahre zum erstenmale das unaussprechliche Vergnügen verbotner Lektüre.

Sein Vater war ein abgesagter Feind von allen Romanen, und drohete ein solches Buch sogleich mit Feuer zu verbrennen, wenn er es in seinem Hause fände. Demohngeachtet bekam Anton durch seine Base die schöne Banise, die Tausend und eine Nacht, und die Insel Felsenburg in die Hände, die er nun heimlich und verstohlen, obgleich mit Bewußtsein seiner Mutter, in der Kammer las, und gleichsam mit unersättlicher Begierde verschlang.

Dies waren einige der süßesten Stunden in seinem Leben. So oft seine Mutter hereintrat, drohete sie ihm bloß mit der Ankunft seines Vaters, ohne ihm selber das Lesen in diesen Büchern zu verbieten, worin sie ehemals ein eben so entzückendes Vergnügen gefunden hatte.

Die Erzählung von der Insel Felsenburg tat auf Anton eine sehr starke Wirkung, denn nun gingen eine Zeitlang seine Ideen auf nichts geringers, als einmal eine große Rolle in der Welt zu spielen, und erst einen kleinen, denn immer größern Cirkel von Menschen um sich her zu ziehen, von welchen er der Mittelpunkt wäre: dies erstreckte sich immer weiter, und seine ausschweifende Einbildungskraft ließ ihn endlich sogar Tiere, Pflanzen, und leblose Kreaturen, kurz alles, was ihn umgab, mit in die Sphäre seines Daseins hineinziehen, und alles mußte sich um ihn, als den einzigen Mittelpunkt, umher bewegen, bis ihm schwindelte.

Dieses Spiel seiner Einbildungskraft machte ihm damals oft wonnevolle Stunden, als er je nachher wieder genossen hat.

So machte seine Einbildungskraft die meisten Leiden und Freuden seiner Kindheit. Wie oft, wenn er an einem trüben Tage bis zum Überdruß und Ekel in der Stube eingesperrt war, und etwa ein Sonnenstrahl durch eine Fensterscheibe fiel, erwachten auf einmal in ihm Vorstellungen vom Paradiese, von Elysium, oder von der Insel der Kalypso, die ihn ganze Stunden lang entzückten.

Aber von seinem zweiten und dritten Jahre an erinnert er sich auch der höllischen Qualen, die ihm die Märchen seiner Mutter und seiner Base im Wachen und im Schlafe machten: wenn er bald im Traume lauter Bekannte um sich her sahe, die ihn plötzlich mit scheußlich verwandelten Gesichtern

anbleckten, bald eine hohe düstre Stiege hinaufstieg, und
eine grauenvolle Gestalt ihm die Rückkehr verwehrte, oder
gar der Teufel bald wie ein fleckigtes Huhn, bald wie ein
schwarzes Tuch an der Wand ihm erschien.

Als seine Mutter noch mit ihm auf dem Dorfe wohnte,
jagte ihm jede alte Frau Furcht und Entsetzen ein, so viel
hörte er beständig von Hexen und Zaubereien; und wenn
der Wind oft mit sonderbarem Getön durch die Hütte pfiff,
so nannte seine Mutter dies im allegorischen Sinn den handlosen Mann, ohne weiter etwas dabei zu denken.

Allein sie würde es nicht getan haben, hätte sie gewußt,
wie manche grauenvolle Stunde und wie manche schlaflose
Nacht dieser handlose Mann ihrem Sohne noch lange nachher gemacht hat.

Insbesondre waren immer die letzten vier Wochen vor
Weihnachten für Anton ein Fegefeuer, wogegen er gerne
den mit Wachslichtern besteckten und mit übersilberten Äp-
feln und Nüssen behängten Tannenbaum entbehrt hätte.

Da ging kein Tag hin, wo sich nicht ein sonderbares Getöse wie von Glocken, oder ein Scharren vor der Türe, oder
eine dumpfe Stimme hätte hören lassen, die den sogenannten Ruprecht oder Vorgänger des heiligen Christs anzeigte,
den Anton denn im ganzen Ernst für einen Geist oder ein
übermenschliches Wesen hielt, und so ging auch diese ganze
Zeit über keine Nacht hin, wo er nicht mit Schrecken und
Angstschweiß vor der Stirne aus dem Schlaf erwachte.

Dies währte bis in sein achtes Jahr, wo erst sein Glaube an
die Wirklichkeit des Ruprechts sowohl als des heiligen
Christs an zu wanken fing.

So teilte ihm seine Mutter auch eine kindische Furcht vor
dem Gewitter mit. Seine einzige Zuflucht war alsdann, daß
er, so fest er konnte, die Hände zusammen faltete, und sie
nicht wieder auseinander ließ, bis das Gewitter vorüber war;
dies, nebst dem über sich geschlagenen Kreuze, war auch
seine Zuflucht, und gleichsam eine feste Stütze, so oft er
alleine schlief, weil er dann glaubte, es könne ihm weder
Teufel noch Gespenster etwas anhaben.

Seine Mutter hatte einen sonderbaren Ausdruck, daß
einem, der vor einem Gespenste fliehen will, die Fersen lang
werden; dies fühlte er im eigentlichen Verstande, so oft er im
Dunkeln etwas Gespensterähnliches zu sehen glaubte. Auch
pflegte sie von einem Sterbenden zu sagen, daß ihm der Tod 5
schon auf der Zunge sitze; dies nahm Anton ebenfalls im
eigentlichen Verstande, und als der Mann seiner Base starb,
stand er neben dem Bette, und sahe ihm sehr scharf in den
Mund, um den Tod auf der Zunge desselben, etwa, wie eine
kleine schwarze Gestalt, zu entdecken.   10

Die erste Vorstellung über seinen kindischen Gesichtskreis hinaus bekam er ohngefähr im fünften Jahre, als seine
Mutter noch mit ihm in dem Dorfe wohnte, und eines
Abends mit einer alten Nachbarin, ihm, und seinen Stief-
brüdern allein in der Stube saß.   15

Das Gespräch fiel auf Antons kleine Schwester, die vor
kurzem in ihrem zweiten Jahre gestorben war, und worüber
seine Mutter beinahe ein Jahr lang untröstlich blieb.

Wo wohl jetzt Julchen sein mag? sagte sie nach einer langen Pause, und schwieg wieder. Anton blickte nach dem 20
Fenster hin, wo durch die düstre Nacht kein Lichtstrahl
schimmerte, und fühlte zum erstenmale die wunderbare
Einschränkung, die seine damalige Existenz von der gegenwärtigen beinahe so verschieden machte, wie das Dasein
vom Nichtsein.   25

Wo mag jetzt wohl Julchen sein? dachte er seiner Mutter
nach, und Nähe und Ferne, Enge und Weite, Gegenwart und
Zukunft blitzte durch seine Seele. Seine Empfindung dabei
malt kein Federzug; tausendmal ist sie wieder in seiner Seele,
aber nie mit der ersten Stärke, erwacht.   30

Wie groß ist die Seligkeit der Einschränkung, die wir doch
aus allen Kräften zu fliehen suchen! Sie ist wie ein kleines
glückliches Eiland in einem stürmischen Meere: wohl dem,
der in ihrem Schoße sicher schlummern kann, ihn weckt
keine Gefahr, ihm drohen keine Stürme. Aber wehe dem, 35
der von unglücklicher Neugier getrieben, sich über dies dämmernde Gebirge hinauswagt, das wohltätig seinen Horizont
umschränkt.

Er wird auf einer wilden stürmischen See von Unruh und
Zweifel hin und her getrieben, sucht unbekannte Gegenden
in grauer Ferne, und sein kleines Eiland, auf dem er so sicher
wohnte, hat alle seine Reize für ihn verloren.

Eine von Antons seligsten Erinnerungen aus den frühesten Jahren seiner Kindheit ist, als seine Mutter ihn in ihren
Mantel eingehüllt, durch Sturm und Regen trug. Auf dem
kleinen Dorfe war die Welt ihm schön, aber hinter dem
blauen Berge, nach welchem er immer sehnsuchtsvoll blickte, warteten schon die Leiden auf ihn, die die Jahre seiner
Kindheit vergällen sollten.

Da ich einmal in meiner Geschichte zurückgegangen bin,
um Antons erste Empfindungen und Vorstellungen von der
Welt nachzuholen, so muß ich hier noch zwei seiner frühesten Erinnerungen anführen, die seine Empfindung des
Unrechts betreffen.

Er ist sich deutlich bewußt, wie er im zweiten Jahre, da
seine Mutter noch nicht mit ihm auf dem Dorfe wohnte, von
seinem Hause nach dem gegenüberstehenden, über die Straße hin und wieder lief, und einem wohlgekleideten Manne in
den Weg rannte, gegen den er heftig mit den Händen aus-
schlug, weil er sich selbst und andre zu überreden suchte,
daß ihm Unrecht geschehen sei, ob er gleich innerlich fühlte,
daß er der beleidigende Teil war.

Diese Erinnerung ist wegen ihrer Seltenheit und Deutlichkeit merkwürdig; auch ist sie echt, weil der Umstand an
sich zu geringfügig war, als daß ihm nachher jemand davon
hätte erzählen sollen.

Die zweite Erinnerung ist aus dem vierten Jahre, wo seine
Mutter ihn wegen einer wirklichen Unart schalt; indem er
sich nun gerade auszog, fügte es sich, daß eines seiner Klei-
dungsstücke mit einigem Geräusch auf den Stuhl fiel: seine
Mutter glaubte, er habe es aus Trotz hingeworfen, und züch-
tigte ihn hart.

Dies war das erste wirkliche Unrecht, was er tief empfand,
und was ihm nie aus dem Sinne gekommen ist; seit der Zeit
hielt er auch seine Mutter für ungerecht, und bei jeder neuen
Züchtigung fiel ihm dieser Umstand ein.

Ich habe schon erwähnt, wie ihm der Tod in seiner Kindheit vorgekommen sei. Dies dauerte bis in sein zehntes Jahr, als einmal eine Nachbarin seine Eltern besuchte, und erzählte, wie ihr Vetter, der ein Bergmann war, von der Leiter hinunter in die Grube gefallen sei, und sich den Kopf zerschmettert habe.

Anton hörte aufmerksam zu, und bei dieser Kopfzerschmetterung dachte er sich auf einmal ein gänzliches Aufhören von Denken und Empfinden, und eine Art von Vernichtung und Ermangelung seiner selbst, die ihn mit Grauen und Entsetzen erfüllte, so oft er wieder lebhaft daran dachte. Seit der Zeit hatte er auch eine starke Furcht vor dem Tode, die ihm manche traurige Stunde machte.

Noch muß ich etwas von seinen ersten Vorstellungen, die er sich ebenfalls ohngefähr im zehnten Jahre von Gott und der Welt machte, sagen.

Wenn oft der Himmel umwölkt, und der Horizont kleiner war, fühlte er eine Art von Bangigkeit, daß die ganze Welt wiederum mit eben so einer Decke umschlossen sei, wie die Stube, worin er wohnte, und wenn er dann mit seinen Gedanken über diese gewölbte Decke hinausging, so kam ihm diese Welt an sich viel zu klein vor, und es deuchte ihm, als müsse sie wiederum in einer andern eingeschlossen sein, und das immer so fort.

Eben so ging es ihm mit seiner Vorstellung von Gott, wenn er sich denselben, als das höchste Wesen, denken wollte.

Er saß einmal in der Dämmerung an einem trüben Abend allein vor seiner Haustüre, und dachte hierüber nach, indem er oft gen Himmel blickte, und dann wieder die Erde ansahe, und bemerkte, wie sie selbst gegen den trüben Himmel so schwarz und dunkel war.

Über dem Himmel dachte er sich Gott, aber jeder, auch der höchste Gott, den sich seine Gedanken schufen, war ihm zu klein, und mußte immer wieder noch einen höhern über sich haben, gegen den er ganz verschwand, und das so ins Unendliche fort.

Doch hatte er hierüber nie etwas gelesen noch gehört. Was am sonderbarsten war, so geriet er durch sein beständiges Nachdenken und in sich gekehrt sein, sogar auf den Egoismus, der ihn beinahe hätte verrückt machen können.

Weil nämlich seine Träume größtenteils sehr lebhaft waren, und beinahe an die Wirklichkeit zu grenzen schienen; so fiel es ihm ein, daß er auch wohl am hellen Tage träume, und die Leute um ihn her, nebst allem, was er sahe, Geschöpfe seiner Einbildungskraft sein könnten.

Dies war ihm ein erschrecklicher Gedanke, und er fürchtete sich vor sich selber, so oft er ihm einfiel, auch suchte er sich dann wirklich durch Zerstreuung von diesen Gedanken los zu machen.

Nach dieser Ausschweifung wollen wir der Zeitfolge gemäß in Antons Geschichte wieder fortfahren, den wir eilf Jahr alt bei der Lektüre der schönen Banise und der Insel Felsenburg verlassen haben. Er bekam nun auch Fenelons Totengespräche, nebst dessen Erzählungen zu lesen, und sein Schreibmeister fing an, ihn eigne Briefe und Ausarbeitungen machen zu lassen.

Dies war für Anton eine noch nie empfundene Freude. Er fing nun an, seine Lektüre zu nutzen, und hie und da Nachahmungen von dem Gelesenen anzubringen, wodurch er sich den Beifall und die Achtung seines Lehrers erwarb.

Sein Vater musicierte mit in einem Konzert, wo Ramlers Tod Jesu aufgeführt wurde, und brachte einen gedruckten Text davon mit zu Hause. Dieser hatte für Anton so viel Anziehendes und übertraf alles Poetische, was er bisher gelesen hatte, so weit, daß er ihn so oft, und mit solchem Entzücken las, bis er ihn beinahe auswendig wußte.

Durch diese einzige so oft wiederholte zufällige Lektüre bekam sein Geschmack in der Poesie eine gewisse Bildung und Festigkeit, die er seit der Zeit nicht wieder verloren hat; so wie in der Prose durch den Telemach; denn er fühlte bei der schönen Banise und Insel Felsenburg, ohngeachtet des Vergnügens, das er darin fand, doch sehr lebhaft das Abstechende und Unedlere in der Schreibart.

Von poetischer Prose fiel ihm Carl v. Mosers Daniel in der Löwengrube in die Hände, den er verschiednemale durchlas, und woraus auch sein Vater zuweilen vorzulesen pflegte.

Die Brunnenzeit kam wieder heran, und Antons Vater beschloß, ihn wieder mit nach P. zu nehmen, allein diesmal sollte Anton nicht so viel Freude als im vorigen Jahre dort genießen, denn seine Mutter reiste mit.

Ihr unaufhörliches Verbieten von Kleinigkeiten und beständiges Schelten und Strafen zu unrechter Zeit, verleidete ihm alle edlern Empfindungen, die er hier vor einem Jahre gehabt hatte; sein Gefühl für Lob und Beifall ward dadurch so sehr unterdrückt, daß er zuletzt, beinahe seiner Natur zuwider eine Art von Vergnügen darin fand, sich mit den schmutzigsten Gassenbuben abzugeben, und mit ihnen gemeine Sache zu machen, bloß weil er verzweifelte, sich je die Liebe und Achtung in P. wieder zu erwerben, die er durch seine Mutter einmal verloren hatte, welche nicht nur gegen seinen Vater, so oft er zu Hause kam, sondern auch gegen ganz fremde Leute, beständig von nichts, als von seiner schlechten Aufführung sprach, wodurch dieselbe denn wirklich anfing, schlecht zu werden und sein Herz sich zu verschlimmern schien.

Er kam auch nun seltner in das v. F.. sche Haus, und die Zeit seines diesmaligen Aufenthalts in P. strich für ihn höchst unangenehm und traurig vorüber, so daß er sich oft noch mit Wehmut an die Freuden des vorigen Jahres zurückerinnerte, ob er gleich diesmal nicht so viel Schmerzen an seinem Fuß auszustehn hatte, der nun, nachdem der schadhafte Knochen herausgenommen war, wieder an zu heilen fing.

Bald nach der Zurückkunft seiner Eltern in H... trat Anton in sein zwölftes Jahr, worin ihm wiederum sehr viele Veränderungen bevorstanden: denn noch in diesem Jahre sollte er von seinen Eltern getrennt werden. Fürs erste stand ihm eine große Freude bevor.

Antons Vater ließ ihn auf Zureden einiger Bekannten in der öffentlichen Stadtschule eine lateinische Privatstunde

besuchen, damit er wenigstens auf alle Fälle, wie es hieß, einen Kasum solle setzen lernen. In die übrigen Stunden der öffentlichen Schule aber, worin Religionsunterricht die Hauptsache war, wollte ihn sein Vater, zum größten Leid-
5 wesen seiner Mutter und Anverwandten, schlechterdings nicht schicken.

Nun war doch einer von Antons eifrigsten Wünschen, einmal in eine öffentliche Stadtschule gehen zu dürfen, zum Teil erfüllt.

10 Beim ersten Eintritt waren ihm schon die dicken Mauern, dunklen gewölbten Gemächer, hundertjährigen Bänke, und vom Wurm durchlöcherten Katheder, nichts wie Heilig-tümer, die seine Seele mit Ehrfurcht erfüllten.

Der Konrektor, ein kleines muntres Männchen, flößte
15 ihm, ohngeachtet seiner nicht sehr gravitätischen Miene, dennoch durch seinen schwarzen Rock und Stutzperuque einen tiefen Respekt ein.

Dieser Mann ging auch auf einen ziemlich freundschaft-lichen Fuß mit seinen Schülern um: gewöhnlich nannte er
20 zwar einen jeden *ihr,* aber die vier obersten, welche er auch im Scherz Veteraner hieß, wurden vorzugsweise *er* genannt.

Ob er dabei gleich sehr strenge war, hat doch Anton niemals einen Vorwurf noch weniger einen Schlag von ihm bekommen: er glaubte daher auch in der Schule immer mehr
25 Gerechtigkeit, als bei seinen Eltern zu finden.

Er mußte nun anfangen, den Donat auswendig zu lernen, allein freilich hatte er einen wunderbaren Accent, der sich bald zeigte, da er gleich in der zweiten Stunde sein Mensa auswendig hersagen mußte, und indem er Singulariter und
30 Pluraliter sagte, immer den Ton auf die vorletzte Sylbe legte, weil er sich beim Auswendiglernen dieses Pensums, wegen der Ähnlichkeit dieser Wörter mit *Amoriter, Jebusiter,* u.s.w., fest einbildete, die Singulariter wären ein besonderes Volk, das Mensa, und die Pluraliter ein andres Volk, das Mensä
35 gesagt hätte.

Wie oft mögen ähnliche Mißverständnisse veranlaßt wer-den, wenn der Lehrer sich mit den ersten Worten des

Lehrlings begnügen läßt, ohne in den Begriff desselben einzudringen!

Nun ging es an das Auswendiglernen. Das amo, amem, amas, ames, ward bald nach dem Takte hergebetet, und in den ersten sechs Wochen wußte er schon sein oportet auf den Fingern herzusagen; dabei wurden täglich Vokabeln auswendig gelernt, und weil ihm niemals eine fehlte, so schwang er sich in kurzer Zeit von einer Stufe zur andern empor und rückte immer näher an die Veteraner heran.

Welch eine glückliche Lage, welch eine herrliche Laufbahn für Anton, der nun zum erstenmale in seinem Leben einen Pfad des Ruhms vor sich eröffnet sahe, was er so lange vergeblich gewünscht hatte.

Auch zu Hause brachte er diese kurze Zeit ziemlich vergnügt zu, indem er alle Morgen, während daß seine Eltern Kaffee tranken, ihnen aus dem Thomas von Kempis von der Nachfolge Christi vorlesen mußte, welches er sehr gern tat.

Es ward alsdann darüber gesprochen, und er durfte auch zuweilen sein Wort dazu geben. Übrigens genoß er das Glück, nicht viel zu Hause zu sein, weil er noch die Stunden seines alten Schreibmeisters zu gleicher Zeit besuchte, den er, ohngeachtet mancher Kopfstöße, die er von ihm bekommen hatte, so aufrichtig liebte, daß er alles für ihn aufgeopfert hätte.

Denn dieser Mann unterhielt sich mit ihm und seinen Mitschülern oft in freundschaftlichen und nützlichen Gesprächen, und weil er sonst von Natur ein ziemlich harter Mann zu sein schien, so hatte seine Freundlichkeit und Güte desto mehr Rührendes, das ihm die Herzen gewann.

So war nun Anton einmal auf einige Wochen in einer doppelten Lage glücklich: aber wie bald wurde diese Glückseligkeit zerstört! Damit er sich seines Glücks nicht überheben sollte, waren ihm fürs erste schon starke Demütigungen zubereitet.

Denn ob er nun gleich in Gesellschaft gesitteter Kinder unterrichtet ward, so ließ ihn doch seine Mutter die Dienste der niedrigsten Magd verrichten.

Er mußte Wasser tragen, Butter und Käse aus den Kram-
läden holen, und wie ein Weib mit dem Korbe im Arm auf
den Markt gehen, um Eßwaren einzukaufen.

Wie innig es ihn kränken mußte, wenn alsdann einer seiner glücklichern Mitschüler hämischlächelnd vor ihm vorbeiging, darf ich nicht erst sagen.

Doch dies verschmerzte er noch gerne gegen das Glück
in eine lateinische Schule gehen zu dürfen, wo er nach zwei
Monaten so weit gestiegen war, daß er nun an den Beschäftigungen des öbersten Tisches, oder der sogenannten vier
Veteraner, mit Teil nehmen konnte.

Um diese Zeit führte ihn auch sein Vater zum erstenmale
zu einem äußerst merkwürdigen Manne in H., der schon
lange der Gegenstand seiner Gespräche gewesen war. Dieser Mann hieß Tischer, und war hundert und fünf Jahr alt.

Er hatte Theologie studiert, und war zuletzt Informator
bei den Kindern eines reichen Kaufmanns in H. gewesen, in
dessen Hause er noch lebte, und von dem gegenwärtigen
Besitzer desselben, der sein Eleve gewesen, und jetzt selber
schon beinahe ein Greis geworden war, seinen Unterhalt
bekam.

Seit seinem funfzigsten Jahre war er taub, und wer mit
ihm sprechen wollte, mußte beständig Dinte und Feder bei
der Hand haben, und ihm seine Gedanken schriftlich aufsetzen, die er denn sehr vernehmlich und deutlich mündlich
beantwortete.

Dabei konnte er noch im hundert und fünften Jahre sein
kleingedrucktes griechisches Testament ohne Brille lesen,
und redete beständig sehr wahr und zusammenhängend,
obgleich oft etwas leiser, oder lauter, als nötig war, weil er
sich selber nicht hören konnte.

Im Hause war er nicht anders, als unter dem Namen, *der
alte Mann,* bekannt. Man brachte ihm sein Essen, und son-
stige Bequemlichkeiten, übrigens bekümmerte man sich
nicht viel um ihn.

Eines Abends also, als Anton gerade bei seinem Donat
saß, nahm ihn sein Vater bei der Hand und sagte: komm,

jetzt will ich dich zu einem Manne führen, in dem du den
heiligen Antonius, den heiligen Paulus, und den Erzvater
Abraham wieder erblicken wirst.

Und indem sie hingingen, bereitete ihn sein Vater immer
noch auf das, was er nun bald sehen würde, vor.

Sie traten ins Haus. Antons Herz pochte.

Sie gingen über einen langen Hof hinaus, und stiegen eine
kleine Windeltreppe hinauf, die sie in einen langen dunkeln
Gang führte, worauf sie wieder eine andre Treppe hinauf,
und dann wieder einige Stufen hinabstiegen: dies schienen
Anton labyrinthische Gänge zu sein.

Endlich öffnete sich linker Hand eine kleine Aussicht, wo
das Licht durch einige Fensterscheiben, erst von einem andern Fenster hineinfiel.

Es war schon im Winter, und die Türe auswendig mit
Tuch behangen; Antons Vater eröffnete sie: es war in der
Dämmerung, das Zimmer weitläuftig und groß, mit dunkeln
Tapeten ausgeziert, und in der Mitte an einem Tische, wor-
auf Bücher hin und her zerstreut lagen, saß der Greis auf
einem Lehnsessel.

Er kam ihnen mit entblößtem Haupt entgegen.

Das Alter hatte ihn nicht danieder gebückt, er war ein
langer Mann, und sein Ansehn war groß und majestätisch.
Die schneeweißen Locken zierten seine Schläfe, und aus
seinen Augen blickte eine unnennbare sanfte Freundlichkeit
hervor. Sie setzten sich.

Antons Vater schrieb ihm einiges auf. Wir wollen beten,
fing der Greis nach einer Pause an, und meinen kleinen
Freund mit einschließen.

Drauf entblößte er sein Haupt und kniete nieder, Antons
Vater neben ihm zur rechten, und Anton zur linken Seite.

Freilich fand dieser nun alles, was ihm sein Vater gesagt
hatte, mehr als zu wahr. Er glaubte wirklich neben einem der
Apostel Christi zu knien, und sein Herz erhob sich zu einer
hohen Andacht, als der Greis seine Hände ausbreitete, und
mit wahrer Inbrunst sein Gebet anhub, das er bald mit lauter, bald mit leiserer Stimme fortsetzte.

Seine Worte waren, wie eines, der schon mit allen seinen Gedanken und Wünschen jenseit des Grabes ist, und den nur noch ein Zufall etwas länger, als er glaubte, diesseits verweilen läßt.

So waren auch alle seine Gedanken aus jenem Leben gleichsam herüber geholt, und so wie er betete, schien sich sein Auge und seine Stirne zu verklären.

Sie standen vom Gebet auf, und Anton betrachtete nun den alten Mann in seinem Herzen beinahe schon wie ein höheres, übermenschliches Wesen.

Und als er den Abend zu Hause kam, wollte er schlechterdings mit einigen seiner Mitschüler sich nicht auf einem kleinen Schlitten im Schnee herumfahren, weil ihm dies nun viel zu unheilig vorkam, und er den Tag dadurch zu entweihen glaubte.

Sein Vater ließ ihn nun öfters zu diesem alten Manne gehen, und er brachte fast die ganze Zeit des Tages bei ihm zu, die er nicht in der Schule war.

Alsdann bediente er sich dessen Bibliothek, die größtenteils aus mystischen Büchern bestand, und las viele davon von Anfang bis zu Ende durch. Auch gab er dem alten Manne oft Rechenschaft von seinen Progressen im Lateinischen, und von den Ausarbeitungen bei seinem Schreibmeister. So brachte Anton ein paar Monate ganz ungewöhnlich glücklich zu.

Aber welch ein Donnerschlag war es für Anton, als ihm beinahe zu gleicher Zeit die schreckliche Ankündigung geschahe, daß noch mit diesem Monate seine lateinische Privatstunde aufhören, und er zugleich in eine andre Schreibschule geschickt werden solle.

Tränen und Bitten halfen nichts, der Ausspruch war getan. Vierzehn Tage wußte es Anton vorher, daß er die lateinische Schule verlassen sollte, und je höher er nun rückte, desto größer ward sein Schmerz.

Er griff also zu einem Mittel, sich den Abschied aus dieser Schule leichter zu machen, das man einem Knaben von seinem Alter kaum hätte zutrauen sollen. Anstatt, daß er sich bemühete, weiter heraufzukommen, tat er das Gegenteil, und sagte entweder mit Fleiß nicht, was er doch wußte, oder legte es auf andre Weise darauf an, täglich eine Stufe herunter zu kommen, welches sich der Konrektor und seine Mitschüler nicht erklären konnten, und ihm oft ihre Verwunderung darüber bezeugten.

Anton allein wußte die Ursache davon, und trug seinen geheimen Kummer mit nach Hause und in die Schule. Jede Stufe, die er auf die Art freiwillig herunterstieg, kostete ihm tausend Tränen, die er heimlich zu Hause vergoß; aber so bitter diese Arznei war, die er sich selbst verschrieb, so tat sie doch ihre Wirkung.

Er hatte es selber so veranstaltet, daß er gerade am letzten Tage der unterste werden mußte. Allein dies war ihm zu hart. Die Tränen standen ihm in den Augen, und er bat, man möchte ihn nur noch heute an seinem Orte sitzen lassen, morgen wolle er gern den untersten Platz einnehmen.

Jeder hatte Mitleiden mit ihm, und man ließ ihn sitzen. Den andern Tag war der Monat aus, und er kam nicht wieder.

Wie viel ihm diese freiwillige Aufopferung gekostet habe, läßt sich aus dem Eifer und der Mühe schließen, wodurch er sich jeden höhern Platz zu erwerben gesucht hatte.

Oft, wenn der Konrektor in seinem Schlafrocke aus dem Fenster sahe, und er vor ihm vorbeiging, dachte er, o könntest du doch dein Herz gegen diesen Mann ausschütten; aber dazu schien doch die Entfernung zwischen ihm und seinem Lehrer noch viel zu groß zu sein.

Bald darauf wurde er auch, ohngeachtet alles seines Flehens und Bittens, von seinem geliebten Schreibmeister getrennt.

Dieser hatte freilich einige Nachlässigkeit in Antons Schreib- und Rechenbuche passieren lassen, worüber sein Vater aufgebracht war.

Anton nahm mit dem größten Eifer alle Schuld auf sich, und versprach und gelobte, was nur in seinen Kräften stand, aber alles half nichts; er mußte seinen alten treuen Lehrer verlassen, und zu Ende des Monats anfangen, in der öffentlichen Stadtschule schreiben zu lernen.

Diese beiden Schläge auf einmal waren für Anton zu hart.

Er wollte sich noch an die letzte Stütze halten, und sich von seinen ehemaligen Mitschülern jedes aufgegebene Pensum sagen lassen, um es zu Hause zu lernen, und auf die Weise mit ihnen fortzurücken, als aber auch dies nicht gehen wollte, so erlag seine bisherige Tugend und Frömmigkeit, und er ward wirklich eine Zeitlang aus einer Art von Mißmut und Verzweiflung, was man einen bösen Buben nennen kann.

Er zog sich mutwilliger Weise in der Schule Schläge zu, und hielt sie alsdann mit Trotz und Standhaftigkeit aus, ohne eine Miene zu verziehen, und dies machte ihm dazu ein Vergnügen, das ihm noch lange in der Erinnerung angenehm war.

Er schlug und balgte sich mit Straßenbuben, versäumte die Lehrstunden in der Schule, und quälte einen Hund, den seine Eltern hatten, wie und wo er nur konnte.

In der Kirche, wo er sonst ein Muster der Andacht gewesen war, plauderte er mit seines Gleichen den ganzen Gottesdienst über.

Oft fiel es ihm ein, daß er auf einem bösen Wege begriffen sei, er erinnerte sich mit Wehmut an seine vormaligen Bestrebungen, ein frommer Mensch zu werden, allein so oft er im Begriff war, umzukehren, schlug eine gewisse Verachtung seiner selbst, und ein nagender Mißmut seine besten Vorsätze nieder, und machte, daß er sich wieder in allerlei wilden Zerstreuungen zu vergessen suchte.

Der Gedanke, daß ihm seine liebsten Wünsche und Hoffnungen fehl geschlagen, und die angetretene Laufbahn des Ruhms auf immer verschlossen war, nagte ihn unaufhörlich, ohne daß er sich dessen immer deutlich bewußt war, und trieb ihn zu allen Ausschweifungen.

Er ward ein Heuchler gegen Gott, gegen andre, und gegen sich selbst.

Sein Morgen- und Abendgebet las er pünktlich wie vormals, aber ohne alle Empfindung.

Wenn er zu dem alten Manne kam, tat er alles, was er sonst

mit aufrichtigem Herzen getan hatte, aus Verstellung, und
heuchelte in frommen Mienen und aufgeschriebnen Worten,
worin er fälschlich einen gewissen Durst und Sehnsucht
nach Gott vorgab, um sich bei diesem Manne in Achtung zu
erhalten.

Ja zuweilen konnte er heimlich lachen, indes der alte
Mann sein Geschriebnes las.

So fing er auch an, seinen Vater zu betrügen. Dieser ließ
sich einmal gegen ihn verlauten: damals vor drei Jahren sei er
noch ein ganz andrer Knabe gewesen, als er in P. sich wei-
gerte, eine Notlüge zu tun, indem er den Engländer verleugnen sollte.

Weil sich nun Anton bewußt war, daß gerade dies damals
mehr aus einer Art von Affectation, als würklichem Abscheu gegen die Lüge geschehen sei, so dachte er bei sich
selber: wenn sonst nichts verlangt wird, um mich beliebt zu
machen, das soll mir wenig Mühe kosten; und nun wußte er
es in kurzer Zeit durch eine Art von bloßer Heuchelei, die er
doch aber vor sich selber als Heuchelei zu verbergen suchte,
so weit zu bringen, daß sein Vater über ihn mit dem Hrn. v.
F. korrespondierte, und demselben von Antons Seelenzustande Nachricht gab, um seinen Rat darüber einzuholen.

Indes wie Anton sahe, daß die Sache so ernsthaft wurde,
ward er auch ernsthafter dabei, und entschloß sich zuweilen,
sich nun im Ernst von seinem bösen Leben zu bekehren,
weil er die bisherige Heuchelei nicht länger mehr vor sich
selbst verdecken konnte.

Allein nun fielen ihm die Jahre ein, die er von der Zeit
seiner vormaligen wirklichen Bekehrung an versäumt hatte,
und wie weit er nun schon sein könnte, wenn er das nicht
getan hätte. Dies machte ihn äußerst mißvergnügt und traurig.

Überdem las er bei dem alten Manne ein Buch, worin der
Proceß der ganzen Heilsordnung durch Buße, Glauben, und
gottselig Leben, mit allen Zeichen und Symptomen ausführlich beschrieben war.

Bei der Buße mußten Tränen, Reue, Traurigkeit und Mißvergnügen sein: dies alles war bei ihm da.

Bei dem Glauben mußte eine ungewohnte Heiterkeit und Zuversicht zu Gott in der Seele sein: dies kam auch.

Und nun mußte sich drittens das gottselige Leben von selber finden: aber dies fand sich nicht so leicht.

Anton glaubte, wenn man einmal fromm und gottselig leben wolle, so müsse man es auch beständig, und in jedem Augenblicke, in allen seinen Mienen und Bewegungen, ja sogar in seinen Gedanken sein; auch müsse man keinen Augenblick lang vergessen, daß man fromm sein wolle.

Nun vergaß er es aber natürlicher Weise sehr oft: seine Miene blieb nicht ernsthaft, sein Gang nicht ehrbar, und seine Gedanken schweiften in irdischen weltlichen Dingen aus.

Nun glaubte er, sei alles vorbei, er habe noch so viel, wie nichts getan, und müsse wieder von vorn anfangen.

So ging es oft verschiednemale in einer Stunde, und dies war für Anton ein höchst peinlicher und ängstlicher Zustand.

Er überließ sich wieder, aber beständig mit Angst und klopfendem Herzen, seinen vorigen Zerstreuungen.

Dann fing er das Werk seiner Bekehrung einmal von vorn wieder an, und so schwankte er beständig hin und her, und fand nirgends Ruhe und Zufriedenheit, indem er sich vergeblich die unschuldigsten Freuden seiner Jugend verbitterte, und es doch in dem andern nie weit brachte.

Dies beständige Hin- und Herschwanken ist zugleich ein Bild von dem ganzen Lebenslaufe seines Vaters, dem es im funfzigsten Jahre seines Lebens noch nicht besser ging, und der doch immer noch das Rechte zu finden hoffte, wornach er so lange vergeblich gestrebt hatte.

Mit Anton war es anfänglich ziemlich gut gegangen: allein seitdem er kein Latein mehr lernen sollte, litte seine Frömmigkeit einen großen Stoß; sie war nichts, als ein ängstliches, gezwungenes Wesen, und es wollte nie recht mit ihm fort.

Er las darauf irgendwo, wie unnütz und schädlich das Selbstbessern sei, und daß man sich bloß leidend verhalten, und die göttliche Gnade in sich würken lassen müsse: er

betete daher oft sehr aufrichtig: Herr bekehre du mich, so
werde ich bekehret! aber alles war vergeblich.

Sein Vater reiste diesen Sommer wieder nach P., und Anton schrieb ihm, wie schlecht es mit dem Selbstbessern
vorwärts ginge, und daß er sich wohl darin geirrt habe, weil
die göttliche Gnade doch alles tun müsse.

Seine Mutter hielt diesen ganzen Brief für Heuchelei, wie
er denn wirklich nicht ganz davon frei sein mochte, und
schrieb eigenhändig darunter: Anton führt sich auf, wie alle
gottlose Buben.

Nun war er sich doch eines wirklichen Kampfes mit sich
selbst bewußt, und es mußte also äußerst kränkend für ihn
sein, daß er mit allen gottlosen Buben in eine Klasse geworfen wurde.

Dies schlug ihn so sehr nieder, daß er nun wirklich eine
Zeitlang wieder ausschweifte, und sich mutwillig mit wilden
Buben abgab; worin er denn durch das Schelten und sogenannte Predigen seiner Mutter noch immer mehr bestärkt
wurde: denn dies schlug ihn immer noch tiefer nieder, so
daß er sich oft am Ende selbst für nichts mehr, als einen
gemeinen Gassenbuben hielt, und nun um desto eher wieder
Gemeinschaft mit ihnen machte.

Dies dauerte, bis sein Vater von P. wieder zurückkam.

Nun eröffneten sich für Anton auf einmal ganz neue Aussichten.

Schon zu Anfange des Jahres war seine Mutter mit Zwillingen niedergekommen, wovon nur der eine leben blieb, zu
welchem ein Hutmacher in B., Namens L., Gevatter geworden war.

Dieser war einer von den Anhängern des Hrn. v. F., wodurch ihn Antons Vater schon seit ein paar Jahren kannte.

Da nun Anton doch einmal bei einem Meister sollte untergebracht werden, (denn seine beiden Stiefbrüder hatten
nun schon ausgelernt, und jeder war mit seinem Handwerke
unzufrieden, wozu er von seinem Vater mit Gewalt gezwungen war) und da der Hutmacher L. gerade einen Burschen
haben wollte, der ihm fürs erste nur zur Hand wäre: welch

eine herrliche Türe eröffnete sich nun, nach seines Vaters Meinung, für Anton, daß er eben so, wie seine beiden Stiefbrüder, bei einem so frommen Manne, der dazu ein eifriger Anhänger des Hrn. v. F. war, schon so früh könne untergebracht, und von demselben zur wahren Gottseligkeit und Frömmigkeit angehalten werden.

Dies mochte schon länger im Werk gewesen sein, und war vermutlich die Ursach, warum Antons Vater ihn aus der lateinischen Schule genommen hatte.

Nun aber hatte Anton, seitdem er Latein gelernet, sich auch das Studieren fest in den Kopf gesetzt; denn er hatte eine unbegrenzte Ehrfurcht gegen alles, was studiert hatte und einen schwarzen Rock trug, so daß er diese Leute beinahe für eine Art übermenschlicher Wesen hielt.

Was war natürlicher, als daß er nach dem strebte, was ihm auf der Welt das Wünschenswerteste zu sein schien?

Nun hieß es, der Hutmacher L. in Braunschweig wolle sich Antons, wie ein Freund, annehmen, er solle bei ihm wie ein Kind gehalten sein, und nur leichte und anständige Arbeiten, als etwa Rechnungen schreiben, Bestellungen ausrichten, u. d. gl. übernehmen, alsdann solle er auch noch zwei Jahre in die Schule gehen, bis er konfirmiert wäre, und sich dann zu etwas entschließen könnte.

Dies klang in Antons Ohren äußerst angenehm, insbesondre der letzte Punkt von der Schule; denn wenn er diesen Zweck nur erst erreicht hätte, glaubte er, würde es ihm nicht fehlen, sich so vorzüglich auszuzeichnen, daß sich ihm zum Studieren von selber schon Mittel und Wege eröffnen müßten.

Er schrieb selber zugleich mit seinem Vater an den Hutmacher L., den er schon im Voraus innig liebte, und sich auf die herrlichen Tage freute, die er bei ihm zubringen würde.

Und welche Reize hatte die Veränderung des Orts für ihn!

Der Aufenthalt in H., und der ewige einförmige Anblick eben derselben Straßen und Häuser ward ihm nun unerträglich: neue Türme, Tore, Wälle und Schlösser stiegen beständig in seiner Seele auf, und ein Bild verdrängte das andre.

Er war unruhig, und zählte Stunden und Minuten bis zu seiner Abreise.

Der erwünschte Tag war endlich da. Anton nahm von seiner Mutter, und von seinen beiden Brüdern Abschied, wovon der ältere Christian fünf Jahr, und der jüngere Simon, der nach dem Hutmacher L. genannt war, kaum ein Jahr alt sein mochte.

Sein Vater reiste mit ihm, und es ging nun halb zu Fuße, halb zu Wagen, mit einer wohlfeilen Gelegenheit fort.

Anton genoß jetzt zum erstenmale in seinem Leben das Vergnügen zu wandern, welches ihm in der Zukunft mehr wie zu häufig aufgespart war.

Je mehr sie sich Braunschweig näherten, je mehr war Antons Herz voll Erwartung. Der Andreasturm ragte mit seiner roten Kuppel majestätisch hervor.

Es war gegen Abend. Anton sahe in der Ferne die Schildwache auf dem hohen Walle hin und her gehen.

Tausend Vorstellungen, wie sein künftiger Wohltäter aussehen, wie sein Alter, sein Gang, seine Mienen sein würden, stiegen in ihm auf und verschwanden wieder.

Er setzte endlich von demselben ein so schönes Bild zusammen, daß er ihn schon im Voraus liebte.

Überhaupt pflegte Anton in seiner Kindheit durch den Klang der eignen Namen von Personen oder Städten zu sonderbaren Bildern und Vorstellungen von den dadurch bezeichneten Gegenständen veranlaßt zu werden.

Die Höhe oder Tiefe der Vokale in einem solchen Namen trug zur Bestimmung des Bildes das meiste bei.

So klang der Name *Hannover* beständig prächtig in seinem Ohre, und ehe er es sahe, war es ihm ein Ort mit hohen Häusern und Türmen, und von einem hellen und lichten Ansehen.

Braunschweig schien ihm länglicht von dunklerm Ansehen und größer zu sein, und *Paris* stellte er sich, nach eben einem solchen dunklen Gefühle bei dem Namen, vorzüglich voll heller weißlichter Häuser vor.

Es ist dieses auch sehr natürlich: denn von einem Dinge,

wovon man nichts wie den Namen weiß, arbeitet die Seele,
sich, auch vermittelst der entferntesten Ähnlichkeiten, ein
Bild zu entwerfen, und in Ermangelung aller andern Vergleichungen, muß sie zu dem willkürlichen Namen des Dinges
ihre Zuflucht nehmen, wo sie auf die hart oder weich, voll
oder schwach, hoch oder tief, dunkel oder hell klingenden
Töne merkt, und zwischen denselben und dem sichtbaren
Gegenstande eine Art von Vergleichung anstellt, die manchmal zufälliger Weise eintrifft.

Bei dem Namen L. dachte sich Anton ohngefähr einen
etwas langen Mann, deutsch und bieder, mit einer freien
offnen Stirne, u. s. w.

Allein diesmal täuschte ihn seine Namendeutung sehr.

Es fing schon an, dunkel zu werden, als Anton mit seinem
Vater über die großen Zugbrücken, und durch die gewölbten Tore in die Stadt B... einwanderte.

Sie kamen durch viele enge Gassen, vor dem Schlosse
vorbei, und endlich über eine lange Brücke in eine etwas
dunkle Straße, wo der Hutmacher L. einem langen öffentlichen Gebäude gegenüber wohnte.

Nun standen sie vor dem Hause. Es hatte eine schwärz-
liche Außenseite, und eine große schwarze Tür, die mit
vielen eingeschlagenen Nägeln versehen war.

Oben hing ein Schild mit einem Hute heraus, woran der
Name L. zu lesen war.

Ein altes Mütterchen, die Ausgeberin vom Hause, eröffnete ihnen die Tür, und führte sie zur rechten Hand in eine
große Stube, die mit dunkelbraun angestrichnen Brettern
getäfelt war, worauf man noch mit genauer Not eine halb
verwischte Schilderung von den fünf Sinnen entdecken
konnte.

Hier empfing sie denn der Herr des Hauses. Ein Mann
von mittlern Jahren, mehr klein als groß, mit einem noch
ziemlich jugendlichen aber dabei blassen und melancholischen Gesichte, das sich selten in ein andres, als eine Art von
bittersüßen Lächeln verzog, dabei schwarzes Haar, ein ziemlich schwärmerisches Auge, etwas feines und delikates in

seinen Reden, Bewegungen, und Manieren, das man sonst
bei Handwerksleuten nicht findet, und eine reine aber äußerst langsame, träge und schleppende Sprache, die die
Worte, wer weiß wie lang zog, besonders wenn das Gespräch auf andächtige Materien fiel: auch hatte er einen
unerträglich intoleranten Blick, wenn sich seine schwarzen
Augenbrauen über die Ruchlosigkeit und Bosheit der Men-
schenkinder, und insbesondre seiner Nachbaren, oder seiner eignen Leute, zusammenzogen.

Anton erblickte ihn zuerst in einer grünen Pelzmütze,
blauen Brusttuch und braunen Kamisol drüber, nebst einer
schwarzen Schürze, seiner gewöhnlichen Hauskleidung, und
es war ihm beim ersten Blick, als ob er in ihm einen strengen
Herrn und Meister, statt eines künftigen Freundes und Wohltäters gefunden hätte.

Seine vorgefaßte innige Liebe verlosch, als wenn Wasser
auf einen Funken geschüttet wäre, da ihn die erste kalte,
trockne, gebieterische Miene seines vermeinten Wohltäters
ahnden ließ, daß er nichts weiter, wie sein Lehrjunge sein
werde.

Die wenigen Tage über, daß sein Vater da blieb, wurde
noch einige Schonung gegen ihn beobachtet; allein sobald
dieser abgereist war, mußte er eben so, wie der andre Lehrbursch, in der Werkstatt arbeiten.

Er wurde zu den niedrigsten Beschäftigungen gebraucht;
er mußte Holz spalten, Wasser tragen, und die Werkstatt
auskehren.

So sehr dies gegen seine Erwartungen abstach, wurde ihm
doch das Unangenehme einigermaßen durch den Reiz der
Neuheit ersetzt. Und er fand wirklich eine Art von Vergnügen, selbst beim Auskehren, Holzspalten, und Wassertra-
gen.

Seine Phantasie aber, womit er sich alles dies ausmalte,
kam ihm auch sehr dabei zu statten. – Oft war ihm die
geräumige Werkstatt, mit ihren schwarzen Wänden, und
dem schauerlichen Dunkel, das des Abends und Morgens
nur durch den Schimmer einiger Lampen erhellt wurde, ein
Tempel, worin er diente.

Des Morgens zündete er unter den großen Kesseln das heilige belebende Feuer an, wodurch nun den Tag über alles in Arbeit und Tätigkeit erhalten, und so vieler Hände beschäftiget wurden.

Er betrachtete dann dies Geschäft, wie eine Art von Amt, dem er in seinen Augen eine gewisse Würde erteilte.

Gleich hinter der Werkstatt floß die Oker, auf welcher eine Fülle oder Vorsprung von Brettern zum Wasserschöpfen hinausgebauet war.

Er betrachtete dies alles gewissermaßen als sein Gebiet – und zuweilen, wenn er die Werkstatt gereinigt, die großen eingemauerten Kessel gefüllt, und das Feuer unter denselben angezündet hatte, konnte er sich ordentlich über sein Werk freuen – als ob er nun einem jeden sein Recht getan hätte – seine immer geschäftige Einbildungskraft belebte das Leblose um ihn her, und machte es zu wirklichen Wesen, mit denen er umging, und sprach.

Überdem machte ihm der ordentliche Gang der Geschäfte, den er hier bemerkte, eine Art von angenehmer Empfindung, daß er gern ein Rad in dieser Maschine mit war, die sich so ordentlich bewegte: denn zu Hause hatte er nichts dergleichen gekannt.

Der Hutmacher L. hielt wirklich sehr auf Ordnung in seinem Hause, und alles ging hier auf den Glockenschlag: Arbeiten, Essen, und Schlafen.

Wenn ja eine Ausnahme gemacht wurde, so war es in Ansehung des Schlafs, der freilich ausfallen mußte, wenn des Nachts gearbeitet wurde, welches denn wöchentlich wenigstens einmal geschahe.

Sonst war das Mittagsessen immer auf den Schlag zwölf, das Frühstück Morgens, und das Abendbrot Abends um acht Uhr, pünktlich da.

Dies war es denn auch, worauf bei der Arbeit immer gerechnet wurde – so verfloß damals Antons Leben: des Morgens von sechs Uhr an rechnete er bei seiner Arbeit aufs Frühstück, das er immer schon in der Vorstellung schmeckte, und wenn er es erhielt, mit dem gesundesten Appetit verzehrte, den ein Mensch nur haben kann, ob es gleich in weiter nichts, als dem Bodensatz vom Kaffee, mit etwas Milch, und einem Zweipfennigbrote bestand.

Dann ging es wieder frisch an die Arbeit, und die Hoffnung aufs Mittagsessen brachte wiederum neues Interesse in die Morgenstunden, wenn die Einförmigkeit der Arbeit zu ermüdend wurde.

Des Abends wurde Jahr aus, Jahr ein, eine Kalteschale von starkem Biere gegeben. Reiz genug, um die Nachmittagsarbeiten zu versüßen.

Und dann vom Abendessen an, bis zum Schlafengehen, war es der Gedanke an die baldbevorstehende sehnlichgewünschte Ruhe, der nun über das Unangenehme und Mühsame der Arbeit, wieder seinen tröstlichen Schimmer verbreitete.

Freilich wußte man, daß den folgenden Tag der Kreislauf des Lebens so von vorn wieder anfing. Aber auch diese zuletzt ermüdende Einförmigkeit im Leben, wurde durch die Hoffnung auf den Sonntag wieder auf eine angenehme Art unterbrochen.

Wenn der Reiz des Frühstücks, und des Mittags- und Abendessens nicht mehr hinlänglich war, die Lebens- und Arbeitslust zu erhalten, dann zählte man, wie lange es noch bis auf den Sonntag war, wo man einen ganzen Tag von der Arbeit feiern, und einmal aus der dunklen Werkstatt vors Tor hinaus in das freie Feld gehen, und des Anblicks der freien offnen Natur genießen konnte.

O, welche Reize hat der Sonntag für den Handwerksmann, die den höheren Klassen von Menschen unbekannt sind, welche von ihren Geschäften ausruhen können, wenn sie wollen. –

»Daß deiner Magd Sohn sich erfreue!« – Nur der Handwerksmann kann es ganz fühlen, was für ein großer, herrlicher, menschenfreundlicher Sinn in diesem Gesetze liegt! –

Wenn man nun auf einen Tag Ruhe von der Arbeit schon sechs Tage lang rechnete, so fand man es wohl der Mühe wert, auf drei oder gar vier Feiertage nach einander, ein Dritteil des Jahres zu rechnen.

Wenn selbst der Gedanke an den Sonntag oft nicht mehr
fähig war, den Überdruß an dem Einförmigen zu verhindern, so wurde durch die Nähe von Ostern, Pfingsten, oder
Weihnachten der Lebensreiz wieder aufgefrischt.

Und wenn dies alles zu schwach war, so kam die süße
Hoffnung an die Vollendung der Lehrjahre, an das Gesel-
lenwerden hinzu, welche alles andre überstieg, und eine
neue große Epoche ins Leben brachte.

Weiter ging nun aber auch der Gesichtskreis bei Antons
Mitlehrburschen nicht – und sein Zustand war dadurch gewiß um nichts verschlimmert.

Nach einer allgütigen und weisen Einrichtung der Dinge
hat auch das mühevolle, einförmige Leben des Handwerks-
mannes, seine Einschnitte und Perioden, wodurch ein gewisser Takt und Harmonie hereingebracht wird, welcher
macht, daß es unbemerkt abläuft, ohne seinem Besitzer
eben Langeweile gemacht zu haben.

Aber Antons Seele war durch seine romanhaften Ideen
einmal zu diesem Takt verstimmt.

Dem Hause des Hutmachers grade gegenüber war eine
lateinische Schule, die Anton zu besuchen vergeblich gehofft hatte – so oft er die Schüler heraus- und hineingehen
sahe, dachte er mit Wehmut an die lateinische Schule, und an
den Konrektor in H. zurück – und wenn er gar etwa vor
der großen Martinsschule vorbeiging, und die erwachsenen
Schüler herauskommen sahe, so hätte er alles darum gegeben, dies Heiligtum nur einmal inwendig betrachten zu
können.

Einmal eine solche Schule besuchen zu dürfen, hielt er
zwar bei seinem jetzigen Zustande beinahe für unmöglich;
demohngeachtet aber konnte er sich einen schwachen
Schimmer von Hoffnung dazu nicht ganz versagen.

Selbst die Chorschüler schienen ihm Wesen aus einer höhern Sphäre zu sein; und wenn er sie auf der Straße singen
hörte, konnte er sich nicht enthalten, ihnen nachzugehen,
sich an ihrem Anblick zu ergötzen, und ihr glänzendes
Schicksal zu beneiden.

Wenn er mit seinem Mitlehrburschen in der Werkstatt alleine war, suchte er ihm alle die kleinen Kenntnisse mitzuteilen, welche er sich teils durch eignes Lesen, und teils durch den Unterricht, den er genossen, erworben hatte.

Er erzählte ihm vom Jupiter und der Juno, und suchte ihm den Unterschied zwischen Adjektivum und Substantivum deutlich zu machen, um ihn zu lehren, wo er einen großen Buchstaben, oder einen kleinen setzen müsse.

Dieser hörte ihm denn aufmerksam zu, und zwischen ihnen wurden oft moralische und religiöse Gegenstände abgehandelt. Antons Mitlehrbursche war bei diesen Gelegenheiten vorzüglich stark in Erfindung neuer Wörter, wodurch er seine Begriffe bezeichnete. So nannte er z. B. die Befolgung der göttlichen Befehle, die *Erfülligkeit Gottes* – Und indem er vorzüglich die religiösen Ausdrücke des Hrn. L. von Ertötung, u. s. w. nachzuahmen suchte, geriet er oft in ein sonderbares Galimathias.

Mit vorzüglichem Nachdruck wußte er sich einiger Stellen aus den Psalmen Davids, worin eben keine sanftmütigen Gesinnungen gegen die *Feinde* geäußert werden, zu bedienen, wenn er glaubte, durch die Haushälterin oder jemand anders, angeschwärzt und verleumdet zu sein.

So waren fast alle Hausgenossen mehr oder weniger von den religiösen Schwärmereien des Hrn. L. angesteckt, ausgenommen der Geselle. Dieser warf ihm, wenn er ihm manchmal zuviel von Ertötung und Vernichtung schwatzte, einen solchen tötenden und vernichtenden Blick zu, daß Hr. L. sich mit Abscheu wegwandte, und still schwieg.

Sonst konnte Hr. L. zuweilen stundenlange Strafpredigten gegen das ganze menschliche Geschlecht halten. Mit einer sanften Bewegung der rechten Hand teilte er dann Segen und Verdammnis aus. Seine Miene sollte dabei mitleidsvoll sein, aber die Intoleranz und der Menschenhaß hatten sich zwischen seinen schwarzen Augenbraunen gelagert.

Die Nutzanwendung lief denn immer, politisch genug, darauf hinaus, daß er seine Leute zum Eifer und zur Treue –

in seinem Dienste ermahnte, wenn sie nicht ewig im höllischen Feuer brennen wollten.

Seine Leute konnten ihm nie genug arbeiten – und er
machte ein Kreuz über das Brot und die Butter, wenn er
ausging.

Dem Anton, der ihm vielleicht nicht gnug arbeiten konnte, verbitterte er sein Mittagsessen durch tausend wiederholte Lehren, die er ihm gab, wie er das Messer und die Gabel
halten, und die Speise zum Munde führen sollte, daß diesem
oft alle Lust zum Essen verging; bis sich der Geselle einmal
nachdrücklich seiner annahm, und Anton doch nun in Frieden essen konnte. –

Übrigens aber durfte er es auch nicht wagen, nur einen
Laut von sich zu geben, denn an allem, was er sagte, an
seinen Mienen, an seinen kleinsten Bewegungen, fand L.
immer etwas auszusetzen; nichts konnte ihm Anton zu Danke machen, welcher sich endlich beinahe in seiner Gegenwart zu gehen fürchtete, weil er an jedem Tritt etwas zu
tadeln fand. – Seine Intoleranz erstreckte sich bis auf jedes
Lächeln, und jeden unschuldigen Ausbruch des Vergnügens,
der sich in Antons Mienen oder Bewegungen zeigte: denn
hier konnte er sie einmal recht nach Gefallen auslassen, weil
er wußte, daß ihm nicht widersprochen werden durfte.

Während der Zeit wurden die ganz verblichnen fünf Sinne an dem schwarzen Getäfel der Wand wieder neu über-
firnißt – die Erinnerung an den Geruch davon, welcher
einige Wochen dauerte, war bei Anton nachher beständig
mit der Idee von seinem damaligen Zustande vergesellschaftet. So oft er einen Firnisgeruch empfand, stiegen
unwillkürlich alle die unangenehmen Bilder aus jener Zeit in
seiner Seele auf; und umgekehrt, wenn er zuweilen in eine
Lage kam, die mit jener einige zufällige Ähnlichkeiten hatte,
glaubte er auch, einen Firnisgeruch zu empfinden.

Ein Zufall verbesserte Antons Lage in etwas.

Der Hutmacher L... war ein äußerst hypochondrischer
Schwärmer; er glaubte an Ahndungen und hatte Visionen,
die ihm oft Furcht und Grauen erweckten. Eine alte Frau,

die zur Miete im Hause gewohnt hatte, starb, und erschien ihm bei nächtlicher Weile im Traume, daß er oft mit Schaudern und Entsetzen erwachte, und weil er dann wachend noch fortträumte, auch ihren Schatten in irgend einer Ecke seiner Kammer noch zu sehen glaubte. Anton mußte ihm von nun an zur Gesellschaft sein, und in einem Bette neben ihm schlafen. Dadurch wurde er ihm gewissermaßen zum Bedürfnis, und er wurde etwas gütiger gegen ihn gesinnt. – Er ließ sich oft mit ihm in Unterredungen ein, fragte ihn, wie er in seinem Herzen mit Gott stehe, und lehrte ihn, daß er sich Gott nur ganz hingeben solle; wenn er dann zu dem Glück der Kinder Gottes auserwählt wäre, so würde Gott selbst das Werk der Bekehrung in ihm anfangen und vollenden, u. s. w. – Des Abends mußte Anton, ehe er zu Bette ging, für sich stehend, leise beten, und das Gebet durfte auch nicht allzu kurz sein – sonst fragte L... wohl, ob er denn schon fertig sei, und Gott nichts mehr zu sagen habe? – Dies war für Anton eine neue Veranlassung zur Heuchelei und Verstellung, die sonst seiner Natur ganz entgegen war. – Ob er gleich leise betete, so suchte er doch seine Worte so vernehmlich auszusprechen, daß er von L... recht gut verstanden werden konnte – und nun herrschte durch sein ganzes Gebet nicht sowohl der Gedanke an Gott, als vielmehr, wie er sich durch irgend einen Ausdruck von Reue, Zerknirschung, Sehnsucht nach Gott und dergleichen wohl am besten in die Gunst des Hrn. L... einschmeicheln könnte. – Das war der herrliche Nutzen, den dies erzwungne Gebet auf Antons Herz und Charakter hatte.

Doch aber fand Anton auch zuweilen im einsamen Gebete noch eine Art von heimlichen Vergnügen, wenn er in irgend einem Winkel der Werkstatt kniete, und Gott bat, daß er doch eine einzige von den großen Veränderungen in seiner Seele hervorbringen möchte, wovon er seit seiner Kindheit schon so viel gelesen und gehört hatte. Und so weit ging die Täuschung seiner Einbildungskraft, daß es ihm zuweilen wirklich war, als ginge etwas ganz besonders im Innersten seiner Seele vor; und sogleich war auch der Gedanke da, wie

er nun diesen seinen Seelenzustand etwa in einem Briefe an
seinen Vater oder den Hrn. v. F. einkleiden, oder ihn Hrn.
L... erzählen wollte. Es waren also dergleichen eingebildete
innere Gefühle immer eine süße Nahrung seiner Eitelkeit,
und das innige Vergnügen, was er darüber empfand, wurde
vorzüglich durch den Gedanken erweckt, daß er doch nun
sagen könnte, er habe ein solches göttliches, himmlisches
Vergnügen in seiner Seele empfunden – es schmeichelte ihn
immer sehr, wenn erwachsene und bejahrte Leute seinen
Seelenzustand für so wichtig hielten, daß sie sich darum
bekümmerten. Das war der Grund, daß er sich so oft einen
abwechselnden Seelenzustand zu haben einbildete, um dann
etwa dem Hrn. L... klagen zu können, daß er sich in einem
Zustande der Leere, der Trockenheit befinde, daß er keine
rechte Sehnsucht nach Gott bei sich verspüre, u. s. w., und
sich alsdann den Rat des Hrn. L... über diesen seinen
Seelenzustand ausbitten zu können, der ihm denn auch immer mit vieler für ihn schmeichelhaften Wichtigkeit erteilt
ward.

Ja es kam gar einmal so weit, daß über seinen Seelenzustand mit dem Hrn. v. F. korrespondiert, und ihm eine Stelle
in dem Briefe des Hrn. v. F., die sich auf ihn bezog, gezeigt
wurde. Was Wunder, daß er auf die Weise veranlaßt wurde,
sich durch allerlei eingebildete Veränderungen seines See-
lenzustandes, in seinen eignen Augen sowohl, als in den
Augen andrer, bei dieser Wichtigkeit zu erhalten, da er als
ein Wesen betrachtet wurde, bei dem sich eine ganz eigne
besondre Führung Gottes offenbare.

Er bekam nun auch eine schwarze Schürze, wie der andre
Lehrbursche, und anstatt, daß ihn dieser Umstand hätte niederschlagen sollen, trug er vielmehr vieles zu seiner Zufriedenheit bei. Er betrachtete sich nun als einen Menschen, der
schon anfing, einen gewissen Stand zu bekleiden. Die Schürze brachte ihn gleichsam in Reihe und Glied mit andern
seines Gleichen, da er vorher einzeln und verlassen da
stand – er vergaß über die Schürze eine Zeitlang seinen
Hang zum Studieren; und fing an, auch an den übrigen

Handwerksgebräuchen eine Art von Gefallen zu finden, der ihn nichts eifriger wünschen ließ, als dieselben einmal mitmachen zu können. – Er freute sich innerlich, so oft er den Gruß eines einwandernden Gesellen hörte, der das gewöhnliche Geschenk zu fordern kam; und keine größere Glückseligkeit konnte er sich denken, als wenn er auch einmal als Geselle so einwandern, und dann, nach Handwerksgebrauch, den Gruß mit den vorgeschriebnen Worten hersagen würde. –

So hängt das jugendliche Gemüt immer mehr an den Zeichen, als an der Sache, und es läßt sich von den frühen Äußerungen bei Kindern, in Ansehung der Wahl ihres künftigen Berufes, wenig oder gar nichts schließen. – Sobald Anton lesen gelernt hatte, fand er ein unbeschreibliches Vergnügen darin, in die Kirche zu gehen; seine Mutter und seine Base konnten sich nicht gnug darüber freuen. Was ihn aber in die Kirche trieb, war der Triumph, den er allemal genoß, wenn er nach dem schwarzen Brette, wo die Nummern der Gesänge angeschrieben waren, hinsehen, und etwa einem erwachsenen Menschen, der neben ihm stand, sagen konnte, was es für eine Nummer sei: und wenn er denn eben so, und oft noch geschwinder, als die erwachsenen Leute, diese Nummer in seinem Gesangbuche aufschlagen, und nun mitsingen konnte. –

Die Zuneigung des Hrn. L... gegen Anton schien itzt immer größer zu werden, jemehr dieser nach seiner geistlichen Führung ein Verlangen bezeigte. – Er ließ ihn oft bis um Mitternacht an den Gesprächen mit seinen vertrautesten Freunden Teil nehmen, mit denen er sich gemeiniglich über seine und anderer Erscheinungen zu unterhalten pflegte, welche zuweilen so schaudervoll waren, daß Anton mit berganstehendem Haare zuhorchte. Gemeiniglich wurde erst spät zu Bett gegangen. Und wenn der Abend mit solchen Gesprächen zugebracht war, so pflegte L... am folgenden Morgen beim Aufstehen wohl zu fragen, ob Anton die Nacht nichts vernommen, nichts in der Kammer gehen gehört habe?

Manchmal unterhielt sich auch L... des Abends mit Anton allein, und sie lasen dann zusammen etwa in den Schriften des *Taulerus, Johannes vom Kreutz,* und ähnlichen Büchern. – Es schien, als ob zwischen ihnen eine dauerhafte Freundschaft entstehen würde. Anton faßte auch wirklich eine Art von Liebe gegen L..., aber diese Empfindung war immer mit etwas Herbem untermischt, mit einem gewissen Gefühl von Ertötung und Vernichtung, welches durch L...s bittersüßes Lächeln erzeugt wurde.

Indes blieb Anton jetzt von harten und niedrigen Arbeiten, mehr wie sonst, verschont. L... ging zuweilen mit ihm spazieren; ja er nahm ihm sogar einen Klaviermeister an. – Anton war entzückt über seinen Zustand, und schrieb einen Brief an seinen Vater, worin er demselben auf das lebhafteste seine Zufriedenheit bezeigte.

Nun hatte aber auch Antons Glück im L...schen Hause den höchsten Gipfel erreicht, und sein Fall war nahe. Alles sahe ihn mit neidischen Augen an, seitdem ihm der Klaviermeister gehalten wurde. Es wurden hier Kabalen, wie an einem kleinen Hofe gespielt; man verleumdete ihn, man suchte ihn zu stürzen.

So lange L... gegen Anton hart und unbillig verfahren war, genoß er des Mitleids und der Freundschaft aller übrigen Hausgenossen; sobald es aber schien, als ob dieser ihm seine Freundschaft und Vertrauen zuwenden würde, nahm in eben dem Maße ihre Feindschaft und Mißtrauen gegen ihn zu. Und sobald es ihnen nur gelungen war, ihn wieder zu sich herunter zu bringen, und man es so weit gebracht hatte, daß der Klaviermeister wieder abgedankt war, hatte man auch weiter nichts mehr gegen Anton: man war sein Freund, wie zuvor.

Nun hielt es aber nicht schwer, ihn der Gewogenheit eines so argwöhnischen und mißtrauischen Mannes, wie L... war, zu berauben; man durfte nur einige lebhafte Äußerungen von ihm erzählen; man durfte Hrn. L... nur auf verschiedne wirkliche Fehler der Nachlässigkeit und Unordnung, die Anton an sich hatte, bei jeder Gelegenheit auf-

merksam machen, um seinen Gesinnungen bald eine andre
Richtung zu geben. Dies wurde denn von der Haushälterin,
und den übrigen Untergebenen sehr gewissenhaft getan. –
Indes dauerte es doch noch einige Monate, ehe man völlig
seinen Zweck erreichte. Während welcher Zeit L... sogar
Antons Klaviermeister zu bekehren sich Mühe gab, welcher
ein sehr rechtschaffner und frommer Mann war, aber Hrn.
L...s Meinung nach, sich Gott noch nicht ganz hingegeben
hatte, und sich nicht leidend gnug gegen ihn verhielt.

Dieser Mann mußte denn auch oft bei Hrn. L... speisen,
verdarb es aber am Ende dadurch, daß er sich zu viel Butter
auf das Brot schmierte; auf diesen Umstand machte die
Haushälterin Hrn. L... aufmerksam, um dadurch ihren
Zweck zu erreichen, dem Klavierspielen Antons ein Ende
zu machen, damit er nicht mehr über die andern Hausgenossen erhoben wäre.

Anton hatte überdem nicht viel Genie zur Musik, und
lernte folglich nicht viel in seinen Stunden. Ein paar Arien
und Choräle waren alles, was er mit vieler Mühe fassen
konnte. Und die Klavierstunde war ihm immer eine sehr
unangenehme Stunde. Auch wurde ihm die Applikatur sehr
schwer, und L... fand immer an der Figur seiner weitaus-
gespreiteten Finger etwas auszusetzen.

Indes gelang es ihm doch einmal, wie dem David beim
Saul, den bösen Geist des Hrn. L... durch die Kraft der
Musik zu vertreiben. Er hatte ein kleines Versehen begangen, und weil die Neigung des Hrn. L... gegen ihn schon
anfing, sich in Haß zu verwandeln, so hatte dieser ihm des
Abends vor dem Schlafengehen eine harte Züchtigung dafür
zugedacht. Anton merkte dies an allem wohl. Und als die
Stunde heranzunahen schien, faßte er den Mut, einen Choral, den ersten den er gelernt hatte, auf dem Klavier zu
spielen, und dazu zu singen. Dies überraschte Hrn. L..., er
gestand ihm, daß grade diese Stunde zu einer nachdrücklichen Bestrafung bestimmt gewesen wäre, die er ihm nun
schenkte.

Anton erdreistete sich nun sogar, ihm einige Vorstellun-

gen wegen der anscheinenden Abnahme seiner Freundschaft und Liebe gegen ihn zu tun, worauf L... ihm gestand,
daß seine Zuneigung gegen ihn freilich so stark nicht mehr
sei, und daß dieses notwendig an Antons verschlimmertem
Seelenzustande liegen müsse, wodurch gleichsam eine
Scheidewand zwischen ihm und seiner ehemaligen Liebe
gezogen wäre. Er habe die Sache Gott im Gebet vorgetragen, und diesen Aufschluß darüber erhalten.

Dies war nun sehr traurig für Anton, und er fragte, wie er
es denn anzufangen habe, um seinen verschlimmerten Seelenzustand wieder zu verbessern? – Seinen Weg in Einfalt zu
wandeln, und sich ganz Gott zu überlassen, war die Antwort, sei das einzige Mittel, seine Seele zu retten. – Weiter
wurden keine nähern Anweisungen erteilt. Hr. L... hielt es
nicht für gut, Gott gleichsam vorzugreifen, der sich selber
von Anton abgezogen zu haben schien. – Die nachdrücklich
ausgesprochnen Worte aber, *seinen Weg in Einfalt zu wandeln,*
hatten darauf Bezug, daß ihm Anton seit einiger Zeit zu klug
zu werden anfing, zu viel sprach und vernünftelte, und überhaupt, wegen der Zufriedenheit mit seinem Zustande, zu
lebhaft wurde. – Diese Lebhaftigkeit war ihm der gerade
Weg zu Antons Verderben, der nach dieser Heiterkeit in
seinem Gesichte notwendig ein ruchloser, weltlichgesinnter
Mensch werden mußte, von dem nichts anders zu vermuten
stand, als daß ihn Gott selbst in seinen Sünden dahin geben
würde. –

Hätte Anton seinen Vorteil besser verstanden, so hätte er
itzt durch ein niedergeschlagenes, misanthropisches Wesen,
vorgegebene Beängstigungen und Beklemmungen seiner
Seele noch alles wieder gut machen können. Denn nun würde L... geglaubt haben, Gott sei im Begriff, die verirrte
Seele wieder zu sich zu ziehen. –

Aber weil L... den Grundsatz hatte, daß derjenige, welchen Gott bekehren wolle, auch ohne sein Zutun bekehrt
werde; und daß Gott erwählet, welchen er will, und verwirft
und verstocket, welchen er will, um seine Herrlichkeit zu
offenbaren – so schien es ihm gleichsam gefährlich, sich in

die Sache Gottes zu mischen, wenn es etwa den Anschein hatte, als ob einer wirklich von Gott verworfen wäre.

Mit Anton hatte es nun, seinen lebhaften und weltlich gesinnten Mienen nach, bei dem Herrn L... würklich beinahe diesen Anschein. – Die Sache war ihm so wichtig gewesen, daß er darüber mit dem Hrn. v. F. korrespondiert hatte. – Und nun zeigte er Anton wiederum in dem Briefe des Hrn. v. F. eine Stelle, die ihn betraf; und worin der Hr. v. F. versicherte, allen Kennzeichen nach *habe der Satan seinen Tempel in Antons Herzen schon so weit aufgebauet, daß er schwerlich wieder zerstört werden könne.* –

Das war wirklich ein Donnerschlag für Anton – aber er prüfte sich, und verglich seinen jetzigen Zustand mit dem vorhergehenden, und es war ihm unmöglich, irgend einen Unterschied dazwischen zu entdecken; er hatte noch eben so oft, eingebildete göttliche Rührungen und Empfindungen, wie sonst; er konnte sich nicht überzeugen, daß er ganz aus der Gnade gefallen, und von Gott verworfen sein sollte. Er fing an der Wahrheit des Orakelspruchs von dem Hrn. v. F. an zu zweifeln.

Dadurch verlor sich seine Niedergeschlagenheit wieder, die ihm sonst vielleicht aufs neue den Weg zu der Gunst des Hrn. L... würde gebahnt haben, dessen Freundschaft er nun durch seine fortgesetzten vergnügten Mienen vollends verscherzte.

Die erste Folge davon war, daß ihn L... aus seiner Kammer entfernte, und er wieder bei dem andern Lehrburschen schlafen mußte, der nun anfing wieder sein Freund zu werden, weil er ihn nicht mehr beneidete; die andre, daß er wieder anfangen mußte, mehr wie jemals die schwersten und niedrigsten Arbeiten zu verrichten, wobei er immer in der Werkstatt bleiben mußte, und nur selten zu Hrn. L... in die Stube kommen durfte. Der Klaviermeister wurde nur noch deswegen beibehalten, weil L... das angefangne Werk der Bekehrung in ihm vollenden, und also statt einer verlornen Seele Gott wieder eine andre zuführen wollte.

Der Winter kam heran, und jetzt fing Antons Zustand

wirklich an, hart zu werden: er mußte Arbeiten verrichten,
die seine Jahre und Kräfte weit überstiegen. L... schien zu
glauben, da nun mit Antons Seele doch weiter nichts anzufangen sei, so müsse man wenigstens von seinem Körper
allen möglichen Gebrauch machen. Er schien ihn jetzt wie
ein Werkzeug zu betrachten, das man wegwirft, wenn man es
gebraucht hat.

Bald wurden Antons Hände durch den Frost und die
Arbeit zum Klavierspielen gänzlich untauglich gemacht. –
Er mußte fast alle Woche ein paarmal des Nachts mit dem
andern Lehrburschen aufbleiben, um die geschwärzten Hüte aus dem siedenden Färbekessel herauszuholen, und sie
dann unmittelbar darauf in der vorbeifließenden Oker zu
waschen, wo zu dem Ende erst eine Öffnung in das Eis
mußte gehauen werden. Dieser oft wiederholte Übergang
von der Hitze zum Frost, machte, daß Anton beide Hände
aufsprangen, und das Blut ihm heraussprützte.

Allein statt daß dieses ihn hätte niederschlagen sollen,
erhob es vielmehr seinen Mut. Er blickte mit einer Art von
Stolz auf seine Hände; und betrachtete die blutigen Merkmale daran, als so viel Ehrenzeichen von seiner Arbeit; und
so lange diese harten Arbeiten noch für ihn den Reiz der
Neuheit hatten, machten sie ihm ein gewisses Vergnügen,
das vorzüglich im Gefühl seiner körperlichen Kräfte bestand; zugleich gewährten sie ihm eine Art von süßem
Freiheitsgefühl, das er bisher noch nicht gekannt hatte.

Es war ihm, als wenn er nun auch sich selbst etwas mehr
nachsehen könne, nachdem er eben so wie die andern gearbeitet, und des Tages Last und Hitze wie sie getragen hatte.
Unter den beschwerlichsten Arbeiten empfand er eine Art
von innerer Wertschätzung, die ihm die Anstrengung seiner
Kräfte verschaffte; und oft würde er diesen Zustand kaum
gegen die peinliche Lage wieder vertauscht haben, worin er
sich beim Genuß der strengen und alle Freiheit vernichtenden Freundschaft L...s befand.

Dieser aber fing jetzt an, ihn immer härter zu drücken: oft
mußte er in der bittersten Kälte, den ganzen Tag über, in

einer ungeheizten Stube Wolle kratzen. Dies war ein klüglich
ausgesonnenes Mittel des Hrn. L..., um Antons Arbeitsam-
keit zu vermehren: denn wenn er nicht vor Kälte umkom-
men wollte, so mußte er sich rühren, so viel nur in seinen
Kräften stand, daß ihm Abends oft beide Arme wie gelähmt,
und doch Hände und Füße erfroren waren.

Diese Arbeit machte ihm wegen ihrer ewigen Einförmigkeit sein Los am bittersten. Besonders, wenn manchmal
seine Phantasie dabei nicht in Gang kommen wollte; war
diese hingegen durch den schnellern Umlauf des Bluts einmal in Bewegung geraten, so flossen ihm oft die Stunden des
Tages unvermerkt vorüber. Er verlor sich oft in entzückenden Aussichten. Zuweilen sang er seine Empfindungen, in
Recitativen, von seiner eignen Melodie. Und wenn er sich
besonders von der Arbeit ermüdet, seine Kräfte erschöpft,
und von seiner Lage gedrückt fühlte, mochte er sich am
liebsten in religiösen Schwärmereien, von *Aufopferung, gänzlicher Hingebung*, u. s. w. verlieren, und der Ausdruck *Opfers-
altar* war ihm vorzüglich rührend, so daß er diesen in alle die
kleinen Lieder und Recitative von seiner Erfindung mit ein-
webte.

Die Unterhaltungen mit seinem Mitlehrburschen (dieser
hieß August) fingen nun wieder an, einen neuen Reiz für ihn
zu bekommen, und ihre Gespräche wurden vertraulich, da
sie nun einander wieder gleich waren. Die Nächte, welche
sie oft zusammen durchwachen mußten, machten ihre
Freundschaft noch inniger. Am allervertraulichsten wurden
sie aber, wenn sie zusammen in der sogenannten Trok-
kenstube saßen. Dieses war ein in die Erde gemauertes,
oben mit Backsteinen zugewölbtes Loch, worin gerade ein
Mensch aufrecht stehen, und ohngefähr zwei Menschen sitzen konnten. In dieses Loch wurde ein großes Kohlenbek-
ken gesetzt, und an den Wänden umher, die mit Scheidewasser bestrichnen Hasenfelle aufgehangen, deren Haar
hier weichgebeizt wurde, um nachher zu den feinern Hüten
als Zutat gebraucht zu werden.

Vor diesem Kohlenbecken und in diesem Dunstkreise

saßen Anton und August in dem halbunterirdischen Loche,
in welches man mehr hineinkriechen als hineingehen mußte,
und fühlten sich durch die Enge des Orts, der nur durch die
Glut der Kohlen schwach erleuchtet wurde, und durch das
Abgesonderte, Stille und Schauerliche dieses dunklen Gewölbes, so fest zusammengeschlossen, daß ihre Herzen
oft in wechselseitigen Ergießungen der Freundschaft über-
strömten. Hier entdeckten sie sich die innersten Gedanken
ihrer Seele; hier brachten sie die seligsten Stunden zu.

L... war, wie der Hr. v. F. und alle seine Anhänger, ein
Separatist, der sich nicht zu Kirche und Abendmahl hielt. So
lange also die Freundschaft zwischen ihm und Anton ge-
dauert hatte, war dieser fast gar in keine Kirche in B...
gekommen. Jetzt nahm in August des Sonntags mit in die
Kirche, und sie gingen immer in andre, weil Anton ein Vergnügen daran fand, die verschiedenen Prediger nach einander zu hören. –

Nun saßen Anton und August einmal um Mitternacht
zusammen in der Trockenstube, und sprachen über verschiedene Prediger, die sie gehört hatten, als der letzte dem
Anton versprach, ihn künftigen Sonntag mit in die B... kirche zu nehmen, wo er einen Prediger hören würde, der alles
überträfe, was er sich denken und vorstellen könnte. Dieser
Prediger hieß P..., und August konnte nicht aufhören, zu
erzählen, wie er oft durch die Predigten dieses Mannes erschüttert und bewegt sei. Nichts war für Anton reizender,
als der Anblick eines öffentlichen Redners, der das Herz von
Tausenden in seiner Hand hat. Er hörte aufmerksam auf das,
was August ihm erzählte. Er sahe schon im Geist den Pastor
P... auf der Kanzel, er hörte ihn schon predigen. Sein einziger Wunsch war, daß es nur erst möchte Sonntag sein!

Der Sonntag kam heran. Anton stand früher, wie gewöhnlich, auf, verrichtete seine Geschäfte, und kleidete sich
an. Als geläutet wurde, hatte er schon eine Art von angenehmen Vorgefühl dessen, was er nun bald hören werde.
Man ging zur Kirche. Die Straßen, welche nach der B... kirche führten, waren voller Menschen, die stromweise hinzu-

eilten. – Der Pastor P... war eine Zeitlang krank gewesen, und predigte nun zum erstenmale wieder: das war auch die Ursach, warum August nicht gleich zuerst mit Anton in diese Kirche gegangen war.

Als sie herein kamen, konnten sie kaum noch ein Plätz- chen der Kanzel gegenüber finden. Alle Bänke, die Gänge und Chöre waren voller Menschen, welche alle einer über den andern wegzusehen strebten. Die Kirche war ein altes Gotisches Gebäude mit dicken Pfeilern, die das hohe Ge- wölbe unterstützten, und ungeheuren langen bogigten Fen- stern, deren Scheiben so bemalt waren, daß sie nur ein schwaches Licht durchschimmern ließen.

So war die Kirche schon von Menschen erfüllt, ehe der Gottesdienst noch begann. Es herrschte eine feierliche Stille. Auf einmal ertönte die vollstimmige Orgel, und der ausbrechende Lobgesang einer solchen Menge von Men- schen schien das Gewölbe zu erschüttern. Als der letzte Gesang zu Ende ging, waren aller Augen auf die Kanzel geheftet, und man bezeigte nicht minder Begierde, diesen fast angebeteten Prediger zu sehen, als zu hören.

Endlich trat er hervor, und kniete auf den untersten Stu- fen der Kanzel, ehe er hinauf stieg. Dann erhob er sich wieder, und nun stand er da vor dem versammleten Volke. Ein Mann noch in der vollen Kraft seiner Jahre – sein Antlitz war bleich, sein Mund schien sich in ein sanftes Lächeln zu verziehen, seine Augen glänzten himmlische Andacht – er predigte schon, wie er da stand, mit seinen Mienen, mit seinen stillgefalteten Händen.

Und nun, als er anhub, welche Stimme, welch ein Aus- druck! – Erst langsam und feierlich, und dann immer schneller und fortströmender: so wie er inniger in seine Ma- terie eindrang, so fing das Feuer der Beredsamkeit in seinen Augen an zu blitzen, aus seiner Brust an zu atmen, und bis in seine äußersten Fingerspitzen Funken zu sprühen. Alles war an ihm in Bewegung; sein Ausdruck durch Mienen, Stellung und Gebärden überschritt alle Regeln der Kunst, und war doch natürlich, schön, und unwiderstehlich mit sich fortrei- ßend.

Da war kein Aufenthalt in dem mächtigen Erguß seiner Empfindungen und Gedanken; das künftige Wort war immer schon im Begriff hervorzubrechen, ehe das vorhergehende noch völlig ausgesprochen war; wie eine Welle die andere in der strömenden Flut verschlingt, so verlor sich jede neue Empfindung sogleich in der folgenden, und doch war diese immer nur eine lebhafte Vergegenwärtigung der vorhergegangnen.

Seine Stimme war ein heller Tenor, der bei seiner Höhe eine ungewöhnliche Fülle hatte; es war der Klang eines reinen Metalls, welcher durch alle Nerven vibriert. Er sprach nach Anleitung des Evangeliums gegen Ungerechtigkeit und Unterdrückung, gegen Üppigkeit und Verschwendung; und im höchsten Feuer der Begeisterung redete er zuletzt die üppige und schwelgerische Stadt, deren Einwohner größtenteils in dieser Kirche versammlet waren, mit Namen an; deckte ihre Sünden und Verbrechen auf; erinnerte sie an die Zeiten des Krieges, an die Belagerung der Stadt, an die allgemeine Gefahr zurück, wo die Not alle gleich machte, und brüderliche Eintracht herrschte; wo den üppigen Einwohnern, statt ihrer jetzo unter der Last der Schüsseln seufzenden Tische, Hunger und Teurung, statt ihrer Armbänder und Geschmeide, Fesseln drohten. – Anton glaubte einen der Propheten zu hören, der im heiligen Eifer das Volk Israel strafte, und die Stadt Jerusalem wegen ihrer Verbrechen schalt. –

Anton ging aus der Kirche nach Hause, und sagte zu August kein Wort; aber er dachte von nun an, wo er ging und stund, nichts als den Pastor P.... Von diesem träumete er des Nachts, und sprach von ihm bei Tage; sein Bild, seine Miene, und jede seiner Bewegungen hatten sich tief in Antons Seele eingeprägt. – Beim Wollekratzen in der Werkstatt, und beim Hütewaschen beschäftigte er sich die ganze Woche über mit den entzückenden Gedanken an die Predigt des Pastor P..., und wiederholte sich jeden Ausdruck, der ihn erschüttert, oder zu Tränen gerührt hatte, zu unzähligen malen. Seine Einbildungskraft schuf sich dann die alte ma-

jestätische Kirche, und die lauschende Menge, und die
Stimme des Predigers hinzu, welche itzt in seiner Phantasie
noch weit himmlischer klang. – Er zählte Stunden und Minuten bis zum nächsten Sonntage.

Dieser kam; und ist je ein unauslöschlicher Eindruck auf
Antons Seele gemacht worden, so war es die Predigt, die er
an dem Tage hörte. – Die Anzahl von Menschen war wo
möglich noch größer, als am vorigen Sonntage. – Vor der
Predigt wurde ein kurzes Lied gesungen, worin die Worte
des Psalms vorkommen:

»Herr, wer wird wohnen in deiner Hütte? wer wird bleiben auf deinem heiligen Berge?

Wer ohne Wandel einher gehet und recht tut, und redet die
Wahrheit von Herzen.

Wer mit seiner Zungen nicht verleumdet, und seinem
Nächsten kein Arges tut, und seinen Nächsten nicht schmä-
het.

Wer die Gottlosen nichts achtet, und ehret die Gottes-
fürchtigen: Wer seinem Nächsten schwöret, und hälts.

Wer sein Geld nicht auf Wucher gibt, und nimmt nicht
Geschenk über den Unschuldigen. Wer das tut, der wird
wohl bleiben.«

Durch dies kurze und erschütternde Lied wurde man
gleichsam voll Erwartung dessen, was da kommen sollte.
Das Herz war zu großen und erhabnen Eindrücken vorbereitet, als der Pastor P... mit feierlichem Ernst in seiner
Miene, wie ganz in sich versenkt, auftrat, und ohne Gebet
und Eingang, mit ausgestrecktem Arm, zu reden anhub und
sprach:

»Wer nicht Witwen und Waisen drückt; wer nicht heimli-
cher Verbrechen sich bewußt ist; wer seinen Nächsten nicht
mit Wucher übervorteilet; wem kein *Meineid* die Seele belastet; der hebe voll Zutrauen seine Hände mit mir zu Gott
empor, und bete: Vater unser! u. s. w.«

Und nun las er das Sonntagsevangelium von Johannes
dem Täufer, wo dieser gefragt wird, ob er Christus sei? »und
er *bekannte* und *leugnete* nicht, und er bekannte, ich bin nicht

Christus! —« Von diesen Worten nahm er Gelegenheit vom
Meineide zu predigen, und nachdem er die Worte des Evangeliums mit einer etwas gedämpften, feierlichern Stimme
gelesen hatte, hub er nach einer Pause an:

5   Weh dir, der du gewissenlos
           Gott, deinen Herrn verleugnet!
           Was trägst du deine Stirne bloß,
           Die schwarzer Meineid zeichnet? —
           Mit dieser Stirne logst du Gott,
10   Sein heilger Name war dir Spott,
           Wie tief bist du gefallen!
           Weh dir, vor Gottes Angesicht
           Trittst du — er kennet deiner nicht —
           Unglücklichster von allen,
15   Die einer Mutter Brust gesäugt —
           Verzweifle nicht — vielleicht, vielleicht,
           Daß einst nach deiner Tränen Menge,
           Die Flamm' in deinem Busen löscht,
           Und Reue, mit der Jahre Länge,
20   Die Schuld von deiner Seele wäscht.
           Der du die Freveltat begannst,
           O gib, wenn du noch weinen kannst,
           Die Hoffnung nicht verloren —
           Gott wendet noch sein Angesicht,
25   Er will den Tod des Sünders nicht,
           Sein Mund hat es geschworen. —

Diese Worte, mit öftern Pausen, und dem erhabensten Pathos gesprochen, taten eine unglaubliche Wirkung. — Man
atmete, da sie geendigt waren, tiefer herauf; man wischte
30 sich den Schweiß von der Stirn. — Und nun wurde die Natur
des Meineides untersucht, seine Folgen in ein schreckliches
und immer schrecklicheres Licht gestellt. Der Donner rollte
auf das Haupt des Meineidigen herab, das Verderben nahte
sich ihm, wie ein gewappneter Mann, der Sünder erbebte in
35 den innersten Tiefen seiner Seele — er rief, ihr Berge fallet
über mich, und ihr Hügel bedecket mich! — Der Meineidige
erhielt keine Gnade, er wurde vor dem Zorn des Ewigen
vernichtet. —

Hier schwieg er, wie erschöpft – ein panisches Schrecken bemächtigte sich aller Zuhörer. – Anton rechnete in der Eile die Jahre seines Lebens hindurch, ob er sich nicht etwa eines Meineids schuldig gemacht habe.

Aber nun begann der Zuspruch – dem Verzweifelnden wurde Gnade und Verzeihung angekündigt – wenn er zehnfach büßte, was er Witwen und Waisen entrissen; wenn er sein ganzes Leben hindurch seine Schuld mit Tränen der Reue und guten Werken wieder abzuwaschen suchte.

Die Gnade wurde dem Verbrecher nicht so leicht gemacht; sie mußte durch Gebet und Tränen errungen werden. Und jetzt war es, als wolle er sie durch sein eignes Gebet und Tränen vor allem Volke vor Gott erringen, indem er sich selbst an die Stelle des seelenzerknirschten Sünders setzte. –

Dem Verzweifelnden wurde zugerufen: knie nieder in Staub und Asche, bis deine Knie wund sind, und sprich: ich habe gesündigt im Himmel und vor dir – und so fing sich ein jeder Periode an mit: ich habe gesündigt im Himmel und vor dir! und dann folgte nach der Reihe das Bekenntnis: Witwen und Waisen hab' ich unterdrückt; dem Schwachen hab' ich seine einzige Stütze, dem Hungrigen sein Brot genommen – so ging es durch das ganze Register der Freveltaten. – Und jeder Periode schloß sich dann – Herr, ist es möglich, daß ich noch Gnade finde! –

Alles zerschmolz nun in Wehmut und Tränen – Der Refrain bei jedem Perioden tat eine unglaubliche Wirkung – es war, als wenn jedesmal die Empfindung einen neuen elektrischen Schlag erhielt, wodurch sie bis zum höchsten Grade verstärkt wurde. – Selbst die zuletzt erfolgende Erschöpfung, die Heiserkeit des Redners (es war, als *schrie* er zu Gott für die Sünden des Volks) trug zu der allgemeinen um sich greifenden Rührung bei, die diese Predigt verursachte; da war kein Kind, das nicht sympathetisch mitgeseufzt und mitgeweint hätte.

Drittehalb Stunden waren schon, wie Minuten verflossen – plötzlich hielt er inne, und schloß nach einer Pause mit denselben Versen, womit er begann. – Mit erschöpfter ge-

dämpfter Stimme las er nun die öffentliche Beichte, das
Sündenbekenntnis, und die darauf erfolgende angekündigte
Vergebung ab; darauf betete er für diejenigen, welche zum
Abendmahl gehen wollten, worin er sich mit einschloß, und
dann sprach er mit aufgehabenen Händen den Segen. – Der
Abfall der Stimme bei diesem allen gegen den Ton, welcher
in der Predigt herrschte, hatte viel Feierliches und Rühren-
des.

Anton ging nun nicht aus der Kirche, er mußte erst den
Pastor P... zum Abendmahl gehen sehen. – Alle Schritte
desselben waren ihm nun heilig. Mit einer Art von Ehrfurcht
trat er auf den Fleck, wo er wußte, daß der Pastor P...
gegangen war. – Was hätte er itzt darum gegeben, daß er
schon zum Abendmahl hätte mitgehen dürfen! Er sahe nun
den Pastor P... zu Hause gehen, dessen Sohn, ein Knabe
von neun Jahren, neben herging. – Seine ganze Existenz
hätte Anton darum gegeben, um dieser glückliche Sohn zu
sein. – Wenn er nun den Pastor P... sahe, wie er mit der
Gemeine, die ihn von allen Seiten umwallte, über die Straße
ging, und immer von beiden Seiten, denen, die ihn grüßten,
freundlich dankte, so war es, als ob er um sein Haupt einen
gewissen Schimmer erblickte, und unter den übrigen Sterblichen ein übermenschliches Wesen dahin wandeln sahe, –
sein höchster Wunsch war, durch sein Hutabnehmen, nur
einen seiner Blicke auf sich zu ziehen – und als ihm das
gelungen war, eilte er schnell nach Hause, um diesen Blick
gleichsam in seinem Herzen zu bewahren.

Den folgenden Sonntag predigte der Pastor P... des Mit-
tages von der Liebe gegen die Brüder, und so Seelenerschüt-
ternd seine Predigt wider den Meineid gewesen war, so
sanftrührend war diese; die Worte flossen nun wie Honig
von seinen Lippen, jede seiner Bewegungen war anders, sein
ganzes Wesen schien sich nach dem Stoff, wovon er predigte, verändert zu haben. Und doch war hiebei nicht die
mindeste Affektation. Es war ihm natürlich, sich mit allen
seinen Gedanken und Empfindungen, die der Stoff seiner
Rede veranlaßte, zu verweben.

Diesen Vormittag hatte Anton mit erstaunlich langer Weile dem andern Prediger dieser Kirche zugehört – er geriet ein paarmal in eine Art von Wut gegen ihn, da sich alles anließ, als ob er jetzt Amen sagen würde, und er dann von neuem in dem alten Tone wieder anfing. Jetzt war es mehr wie jemals Antons größte Qual, einer solchen langweiligen Predigt zuzuhören, da er sich nicht enthalten konnte, beständig Vergleichungen anzustellen, nachdem er sich einmal die Predigt des Pastor P... als das höchste Ideal, gedacht hatte, welches ihm von jedem andern unerreichbar schien.

Als die Vormittagspredigt vorbei war, so war die Reihe an dem Pastor P... die Einsegnung beim Abendmahl zu verrichten, welche Anton nun zum erstenmal von ihm hörte. – Und nun, in welcher ehrwürdigen Gestalt erschien er ihm itzt! er stand im Hintergrunde der Kirche vor dem hohen Altare, und sang die Worte: Danket dem Herrn, denn er ist freundlich, und seine Güte währet ewiglich – mit einer so himmelerhebenden Stimme, und einem so mächtigen Ausdruck, daß Anton sich in dem Augenblick in höhere Regionen verzückt glaubte – auch war ihm dies alles wie etwas, das hinter einem Vorhange, im Allerheiligsten, geschahe, wozu sich sein Fuß nicht nahen durfte – wie beneidete er einen jeden, der zum Altar hinzutreten und aus den Händen des Pastor P... das Abendmahl empfangen durfte! – Ein sehr junges Frauenzimmer, die schwarz gekleidet, mit blassen Wangen, und einer Miene voll himmlischer Andacht zum Altar hinzu trat, machte zuerst auf Antons Herz einen Eindruck, den er bisher noch nicht gekannt hatte. Er hat dies junge Frauenzimmer nie wieder gesehen, aber ihr Bild ist nie in seiner Seele verloschen.

Nun hatte seine Phantasie ein neues Spiel. – Die Idee vom Abendmahl war jetzt diejenige, womit er zu Bette ging und aufstund, und womit er sich den ganzen Tag über, wenn er bei seiner Arbeit allein war, beschäftigte; dabei schwebte ihm immer der Pastor P... im Sinne, mit seiner sanften, schwellenden Stimme, und seinem gen Himmel gehobnen Auge, das von mehr als irdischer Andacht erleuchtet schien.

Zuweilen drängte sich denn auch in seiner Phantasie das Bild des schwarz gekleideten jungen Frauenzimmers, mit der blassen Farbe und andachtsvollen Miene, wieder vor.

Durch dies alles wurde seine Einbildungskraft so begei-
5   stert, daß er sich itzt für den glücklichsten Menschen unter der Sonne würde gehalten haben, wenn er den künftigen Sonntag hätte zum Abendmahl gehen dürfen. Er versprach sich eine so überirdische himmlische Tröstung beim Genuß des Abendmahls, daß er schon im voraus Freudentränen
10 darüber vergoß; wobei er zugleich ein gewisses sanftes be-ruhigendes Mitleid mit sich selber empfand, das ihm nun alles bittre und unangenehme seiner Lage versüßte, wenn er bedachte, daß ihn doch als Hutmacherbursche einmal nie-mand dieses Trostes würde berauben können. Alle vierzehn
15 Tage wenigstens nahm er sich dann vor zum Abendmahl zu gehen, wenn er erst so weit wäre – und dann schlich sich ganz geheim in diesen Wunsch die Hoffnung mit ein, daß durch dies öftere zum Abendmahlgehen der Pastor P... ihn vielleicht am Ende bemerken würde: und dieser Gedanke
20 war es wohl vorzüglich, welcher bei ihm die unaussprechli-che Süßigkeit in diese Vorstellungen brachte. So lag auch hier die Eitelkeit im Hinterhalt verborgen, wo sie mancher vielleicht am wenigsten vermutet hätte.

Das war ihm unmöglich zu glauben, daß er immer so, wie
25 jetzt, würde verkannt, und vernachlässiget werden. Gewis-sen romanhaften Ideen nach, die er sich in den Kopf gesetzt hatte, mußte es sich etwa einmal fügen, daß ein edler Mann, der auf der Straße ihm begegnete, etwas auffallendes an ihm bemerkte, und sich dann seiner annehme. – Eine gewisse
30 schwermütige melancholische Miene, die er zu dem Ende annahm, glaubte er, würde am ersten diese Aufmerksamkeit erregen. – Darum affektierte er sie nun oft noch in höherm Grade, als sie ihm natürlich war. – Ja oft war er schon bei-nahe im Begriff, wenn ihm die Phisiognomie irgend eines
35 vornehmen Mannes Zutrauen einflößte, ihn geradezu anzu-reden, und ihm seine Umstände zu entdecken. – Der Ge-danke schreckte ihn aber immer wieder zurück, daß ihn

dieser vornehme Mann vielleicht für närrisch halten möchte.

Zuweilen sang er auch, wenn er auf der Straße ging, mit einer gewissen klagenden Stimme, einige von den Liedern der Mad. Guion, die er auswendig gelernt hatte, und worin er Anspielungen auf sein Schicksal zu finden glaubte; und dann dachte er, weil zuweilen in den Romanen, durch ein solches klagendes Lied, das einer singt, Wunderdinge gewürkt werden, würde es auch ihm vielleicht gelingen, dadurch, daß er die Aufmerksamkeit irgend eines Menschenfreundes auf sich zöge, seinem Schicksal eine andere Wendung zu geben.

Für den Pastor P... ging seine Ehrfurcht viel zu weit, als daß er es je hätte wagen sollen, ihn anzureden. – Wenn er nahe bei ihm stand, so überfiel ihn ein Schauder, als ob er sich in der Nähe eines Engels befände. –

Er konnte es sich entweder gar nicht denken, oder suchte den Gedanken mit Fleiß zu vermeiden, daß dieser Pastor P... wie andre Menschen aufstände, und zu Bette ginge, und alle natürliche Handlungen, wie sie, verrichtete. Sich ihn im Schlafrock und der Nachtmütze vorzustellen, war ihm ganz unmöglich – oder er flohe vielmehr vor diesem Gedanken, als wenn dadurch eine Lücke in seiner Seele wäre hervorgebracht worden. Besonders war ihm das Bild von der Nachtmütze ganz etwas Unausstehliches, so oft es ihm bei dem Pastor P... einfiel; es war, als ob dadurch eine Disharmonie in alle seine übrigen Vorstellungen käme.

Nun fügte es sich aber einmal, daß Anton gerade in der Kirchtüre stand, als der Pastor P... herein trat, und in *plattdeutscher* Sprache zu dem Küster sagte, daß sie nachher noch ein Kind zu taufen hätten.

Würkte je ein Kontrast lebhaft auf Antons Seele, so war es dieser – den Mann, welchen er sich nie anders, als mit jenem feierlichen Herzerschütternden Tone, zu dem versammelten Volke redend, gedacht hatte, zuerst *plattdeutsch,* wie der simpelste Handwerksmann mit dem Küster, über eine so feierliche Sache, als die Taufe war, sprechen zu hören; und das in einem Tone, der nichts weniger als feierlich war, und womit man einem sagen würde, er solle ja nicht vergessen, das Waschbecken zu bringen.

Durch diesen einzigen Vorfall wurde Antons Abgötterei gegen den Pastor P... einigermaßen herabgestimmt. Er betete ihn etwas weniger an, und liebte ihn desto mehr.

Indes hatte er sich sein Ideal von Glückseligkeit völlig von dem Pastor P... abstrahiert – Er konnte sich nichts Erhabeners und Reizenderes denken, als, wie der Pastor P..., öffentlich vor dem Volke reden zu dürfen, und alsdann, so wie er, manchmal gar *die Stadt mit Namen* anzureden – Dies letzte hatte insbesondre für ihn etwas Großes und Pathetisches – so daß er sich oft ganze Tage über in seinen Gedanken beständig mit dieser Anrede beschäftigte – und sogar, wann er etwa, um Bier zu holen, über die Straßen ging, und ein paar Jungen sich balgen sahe, nicht unterlassen konnte, im Geiste die Worte des Pastor P... zu wiederholen, und die ruchlose Stadt vor ihrem Verderben zu warnen, wobei er zugleich den Arm drohend in die Höhe hob. – Wo er ging und stand, haranguierte er in Gedanken für sich selber, und wenn er dann in recht heftigen Affekt geriet, so hielt er die Predigt gegen den Meineid.

So schwebte er eine Zeitlang in diesen angenehmen Phantasien hin, die ihn das Wollekratzen in der kalten Stube, das Hütewaschen im Eise, und den Mangel des Schlafs, wenn er oft mehrere Nächte hindurch wachen mußte, fast ganz vergessen ließen. – Die Stunden entflohen ihm zuweilen während der Arbeit wie Minuten, wenn es ihm gelang, sich in den Charakter eines öffentlichen Redners hinein zu phantasieren.

Allein, sei es nun, daß diese unnatürliche Überspannung seiner Seelenkräfte, oder die für seine Jahre zu große Anstrengung seines Körpers zur Arbeit, ihn zuletzt niederwerfen mußte – er ward gefährlich krank. Seine Pflege war nicht die beste. Er phantasierte im Fieber, und lag oft ganze Tage lang allein, ohne daß sich jemand um ihn bekümmerte.

Endlich arbeitete doch seine gute Natur sich durch: er

ward wieder hergestellt. – Eine gewisse Trägheit und Niedergeschlagenheit blieb aber demohngeachtet von dieser Krankheit zurück – und der menschenfreundliche Herr L... hätte ihm beinahe durch eine seiner sanften Ermahnungen ein tödliches Recidiv verursacht.

Es war eines Abends in der Dämmerung, da L... in einem dunklen abgelegenen Gemache sich eines warmen Kräuterbades bediente, wobei ihm Anton zur Hand sein mußte. Da er nun in diesem Bade schwitzte, und große Angst ausstund, so sagte er zu Anton mit einer Stimme, die ihm durch Mark und Beine drang: Anton! Anton! hüte dich vor der Hölle! – und dabei sah er starr in eine Ecke hin. –

Anton zitterte bei diesen Worten, ein plötzlicher Schauder lief ihm durch den ganzen Körper. Alle Schrecken des Todes überfielen ihn, – denn er zweifelte nicht im geringsten, daß L... in diesem Augenblick eine Erscheinung gehabt habe, wodurch ihm Antons Tod angedeutet sei; und das habe ihn zu dem fürchterlichen Ausruf: Hüte, ach! hüte dich vor der Hölle! bewogen.

L... stieg nach diesem Ausruf plötzlich aus dem Bade, und Anton mußte ihn zu seiner Kammer leuchten. Mit bebenden Knien ging er vor ihm her: und L... schien ihm blasser als der Tod auszusehen, da er von ihm wegging.

Ist nun je mit wahrer Andacht und Heftigkeit zu Gott gebetet worden, so geschahe es itzt von Anton, so bald er allein war; er warf sich in einem Verschlag bei der Werkstätte, nicht auf die Knie, sondern aufs Angesicht nieder, und flehte zu Gott, und bat ihn, wie ein Missetäter über den schon der Stab gebrochen ist, um sein Leben – nur um eine Frist zur Bekehrung, wenn er ja sterben solle – denn ihm fiel ein, daß er mehr als zwanzigmal auf der Straße gelaufen, gesprungen, und mutwillig gelacht hatte – und nun lagen alle die Qualen der Hölle auf ihm, welche er dafür ewig würde erdulden müssen. – Hüte, ach, hüte dich vor der Hölle! gellte noch immer in seinen Ohren, als ob ein Geist aus dem Grabe ihm diese Worte zugerufen hätte – und er fuhr fort eine volle Stunde nacheinander zu beten, und würde die

ganze Nacht nicht aufgehört haben, wenn er keine Linderung seiner Angst verspürt hätte; – aber so wie seine Brust
einen ängstlichen Seufzer nach dem andern ausstieß, und
endlich seine Tränen flossen, schien es ihm, als sei ihm von
Gott Erhörung seiner Bitte gewährt – der nun lieber, wie
dort bei den Niniviten, einen Propheten wolle zu Schanden
werden lassen, als daß er eine Seele verderben ließe. – Anton
hatte sein Fieber weggebetet, worin er wahrscheinlich wieder zurückgefallen sein würde, wenn seine empörten Geister nicht diesen Ausweg gefunden hätten. – So heilt oft eine
Schwärmerei, eine Tollheit die andere – die Teufel werden
ausgetrieben durch Beelzebub.

Anton wurde nach dieser Ermattung durch einen ruhigen
Schlaf erquickt, und stand am andern Morgen wieder gesund auf – aber der Gedanke an den Tod erwachte wieder
mit ihm – höchstens glaubte er, sei ihm eine kleine Frist zur
Bekehrung gegeben, und nun müsse er sehr eilen, wenn er
noch seine Seele retten wolle.

Das tat er denn auch, so sehr er konnte; er betete des
Tages unzähligemal in einem Winkel auf seinen Knien, und
erträumete sich zuletzt dadurch eine feste Überzeugung von
der göttlichen Gnade, und eine solche Heiterkeit der Seele,
daß er sich oft schon im Himmel glaubte, und sich nun
manchmal den Tod wünschte, ehe er wieder von diesem
guten Wege abkommen möchte.

Aber es konnte nicht fehlen, daß bei allen diesen Ausschweifungen seiner Phantasie, die Natur ihren Zeitpunkt
wahrnahm, wo sie wieder zurückkehrte – und dann die natürliche Liebe zum Leben, um des Lebens willen, in Antons
Seele wieder erwachte. – Dann war ihm freilich der Gedanke
an seinen bevorstehenden Tod sehr etwas Trauriges und Unangenehmes, und er betrachtete diese Augenblicke, als solche, wo er wieder aus der göttlichen Gnade gefallen sei, und
geriet darüber in neue Angst, weil es ihm nicht möglich war,
die Stimme der Natur in sich zu unterdrücken.

Jetzt empfand er doppelt alle die traurigen Folgen des
Aberglaubens, der ihm von seiner frühesten Kindheit an,

eingeflößet war – seine Leiden konnte man, im eigentlichen Verstande, die *Leiden der Einbildungskraft* nennen – sie waren für ihn doch würkliche Leiden, sie raubten ihm die Freuden seiner Jugend. –

Von seiner Mutter wußte er, es sei ein sicheres Zeichen des nahen Todes, wenn einem beim Waschen die Hände nicht mehr rauchen – nun sahe er sich sterben, so oft er sich die Hände wusch. – Er hatte gehört, wenn ein Hund im Hause mit der Schnauze zur Erde gekehrt, heule, so wittre er den Tod eines Menschen; – nun prophezeite ihm jedes Hundegeheul seinen Tod. – Wenn sogar ein Huhn wie ein Hahn krähete, so war das ein untrügliches Zeichen, daß bald jemand im Hause sterben würde – und nun ging hier gerade ein solches unglückweissagendes Huhn auf dem Hofe herum, welches beständig auf eine unnatürliche Weise wie ein Hahn krähte. – Für Anton klang keine Totenglocke so fürchterlich, als dieses Krähen; und dieses Huhn hat ihm mehr trübe Stunden in seinem Leben gemacht, als irgend eine Widerwärtigkeit, die er sonst erlitten hat.

Oft schöpfte er wieder Trost und Hoffnung zum Leben, wenn das Huhn einige Tage schwieg – sobald es sich dann wieder hören ließ, waren alle seine schönen Hoffnungen und Entwürfe plötzlich gescheitert.

Da er nun so schon mit lauter Todesgedanken umging, fügte es sich, daß er das erstemal nach seiner Krankheit wieder zu dem Pastor P... in die Kirche kam. Dieser stand schon auf der Kanzel, und predigte über – *den Tod.*

Das war für Anton ein Donnerschlag; denn da er nun einmal gelernet hatte, nach dem, was ihm von einer *besondern göttlichen Führung* in den Kopf gesetzt war, alles auf sich zu beziehen – wem anders, als ihm sollte nun wohl die Predigt vom Tode gehalten werden? – Mit nicht mehr Herzensangst kann ein Missetäter sein Todesurteil anhören, als Anton diese Predigt – der Pastor P... fügte zwar Trostgründe gnug gegen die Schrecken des Todes hinzu, aber was verschlug das alles gegen die natürliche Liebe zum Leben, die, trotz aller Schwärmereien, wovon Anton den Kopf vollgepfropft hatte, dennoch bei ihm die Oberhand behielt.

Niedergeschlagnes und betrübtes Herzens ging er zu Hause, und vierzehn Tage lang machte ihn diese Predigt melancholisch, die der Pastor P..., wenn er gewußt hätte, daß sie noch auf zwei Menschen solche Würkung, wie auf Anton tun würde, wahrscheinlich nicht würde gehalten haben.

So war Anton nun in seinem dreizehnten Jahre, durch die besondre Führung, die ihm die göttliche Gnade, durch ihre auserwählten Werkzeuge hatte angedeihen lassen, ein völliger Hypochondrist geworden, von dem man im eigentlichen Verstande sagen konnte, daß er in jedem Augenblick *lebend starb.* – Der um den Genuß seiner Jugend schändlich betrogen wurde – dem die zuvorkommende Gnade den Kopf verrückte. –

Aber der Frühling kam wieder heran, und die Natur, die alles heilet, fing auch hier allmählich an, wieder gut zu machen, was die Gnade verdorben hatte.

Anton fühlte neue Lebenskraft in sich; er wusch sich, und seine Hände rauchten wieder – es heulten keine Hunde mehr – das Huhn hörte auf zu krähen – und der Pastor P... hielt keine Todespredigten mehr. –

Anton fing wieder an, des Sonntags für sich allein spazieren zu gehen, und einmal fügte es sich, daß er, ohne es erst selbst zu wissen, gerade an das Tor kam, wo er vor ohngefähr anderthalb Jahren mit seinem Vater zuerst von H... eingewandert war. Er konnte sich nicht enthalten, hinaus zu gehn, und die mit Weiden bepflanzte breite Heerstraße zu verfolgen, die er damals gekommen war. Sonderbare Empfindungen entwickelten sich dabei in seiner Seele. – Sein ganzes Leben von jener Zeit an – da er zuerst die Schildwache auf dem hohen Walle hin und hergehend erblickte, und sich allerlei Vorstellungen machte, wie nun wohl die Stadt inwendig aussehen, und wie das L...sche Haus beschaffen sein würde? – stand jetzt auf einmal in seiner Erinnerung da. – Es war ihm, als ob er aus einem Traume erwachte – und nun wieder auf dem Flecke wäre, wo der Traum anhub; – alle die abwechselnden Scenen seines Lebens, die er diese anderthalb Jahre hindurch in B ... gehabt hatte, drängten sich dicht ineinander, und die einzelnen Bilder schienen sich nach einem größern Maßstabe, den seine Seele auf einmal erhielt, zu verkleinern. –

So mächtig wirkt die Vorstellung *des Orts,* woran wir alle unsre übrige Vorstellungen knüpfen. – Die einzelnen Straßen und Häuser, die Anton täglich wieder sahe, waren das Bleibende in seinen Vorstellungen, woran sich das immer Abwechselnde in seinem Leben anschloß, wodurch es Zusammenhang und Wahrheit erhielt, wodurch er das Wachen vom Träumen unterschied – –

In der Kindheit ist es insbesondere nötig, daß alle übrigen Ideen sich an die Ideen des Orts anschließen, weil sie gleichsam in sich noch zu wenig Konsistenz haben, und sich an sich selber noch nicht fest halten können.

Es fällt daher auch würklich in der Kindheit oft schwer, das Wachen vom Traume zu unterscheiden; und ich erinnere mich, daß einer unserer größten jetztlebenden Philosophen, mir in dieser Rücksicht eine sehr merkwürdige Beobachtung aus den Jahren seiner Kindheit erzählet hat.

Er war wegen einer gewissen bösen Angewohnheit, die bei Kindern sehr gewöhnlich ist, oft mit der Rute gezüchtigt worden. Es hatte ihm aber, wie es auch gewöhnlich ist, immer sehr lebhaft geträumet, er habe sich an die Wand gestellt, und ... Wenn er sich nun manchmal bei Tage zu dem Ende wirklich an die Wand gestellt hatte; so fiel ihm die harte Züchtigung ein, die er so oft erlitten hatte, – und er stand oft lange an, ehe er es wagte, einem dringenden Bedürfnis der Natur ein Gnüge zu tun, weil er befürchtete, es möchte wieder ein Traum sein, für den er wieder eine scharfe Züchtigung erwarten müßte – bis er sich erst allenthalben umgesehen, und dann auch in *Ansehung der Zeit* zurückgerechnet hatte, ehe er sich völlig überzeugen konnte, daß er nicht träume.

Auch pflegt man des Morgens beim Erwachen, oft noch halb zu träumen, und der Übergang zum Wachen wird allmählich dadurch gemacht, daß man erst anfängt, sich zu

orientieren, und wenn man denn nur erst einmal den hellen
Schein des Fensters gefaßt hat, so ordnet sich nach und nach
alles übrige von selber.

Daher war es sehr natürlich, daß Anton, nachdem er
schon einige Wochen in B ... im L ... schen Hause war, des
Morgens noch immer glaubte, er träume, wenn er schon
wirklich wachte, weil der Stift, woran er sonst, immer des
Morgens beim Erwachen, die Ideen vom vorigen Tage sowohl als von seinem vorigen Leben anknüpfte, und wodurch sie erst Zusammenhang und *Wahrheit* erhielten, nun
gleichsam verrückt war; weil die Idee *des Orts* nicht mehr
dieselbe war.

Ist es also wohl zu verwundern, wenn die Veränderung
des Orts oft so vieles beiträgt, uns dasjenige, was wir uns
nicht gern als wirklich denken, wie einen *Traum* vergessen zu
machen?

In spätern Jahren, und insbesondre, wenn man viel gereist
ist, verliert sich dies Anschließen der Ideen an den Ort in
etwas. Wo man hinkömmt, sieht man entweder Dächer, Fenster, Türen, Steinpflaster, Kirchen und Türme, oder man
sieht Wiese, Wald, Acker, oder Heide. – Die auffallenden
Unterschiede verschwinden; die Erde wird sich überall
gleich. –

Wenn Anton in B ... auf der Straße ging, so war es
ihm besonders des Abends im Anfange der Dämmerung,
manchmal plötzlich wie im Traume. – Auch pflegte sich dies
bei ihm zu ereignen, wenn er in irgend eine Straße ging, die
ihm eine entfernte Ähnlichkeit mit einer Straße in H ... zu
haben schien. – Dann deuchte ihm einige Augenblicke sein
Zustand in H ... wieder gegenwärtig; die Scenen seines Lebens verwirreten sich untereinander.

Bei seinen Spaziergängen fand er nun immer einen besondern Reiz darin, Gegenden in der Stadt aufzusuchen, wo
er noch gar nicht gewesen war. Seine Seele erweiterte sich
dann immer, es war ihm, als ob er aus dem engen Kreise
seines Daseins einen Sprung gewagt hätte; die alltäglichen
Ideen verloren sich, und große angenehme Aussichten, Labyrinthe der Zukunft eröffneten sich vor ihm.

Allein es war ihm noch nie gelungen, sein ganzes Leben in B... mit allen seinen mannigfaltigen Veränderungen in einen einzigen vollen Blick zusammen zu fassen. Der Ort, wo er sich jedesmal befand, erinnerte ihn immer zu stark an irgend einen einzelnen Teil desselben, als daß noch für das Ganze in seiner Denkkraft Platz gewesen wäre; er drehete sich mit seinen Vorstellungen immer in einem engen Cirkel seines Daseins herum.

Um von dem Ganzen seines hiesigen Lebens ein anschauliches Bild zu haben, war es nötig, daß gleichsam alle die Fäden abgeschnitten wurden, die seine Aufmerksamkeit immer an das *Momentane,* Alltägliche und Zerstückte desselben hefteten; und daß er zugleich in den Standpunkt wieder versetzt wurde, aus welchem er sein Leben in B... betrachtete, ehe er es anfing, da es noch wie eine dämmernde Zukunft vor ihm lag.

In diesen Standpunkt wurde er nun gerade versetzt, da er zufälligerweise aus dem Tore ging, durch welches er vor ohngefähr anderthalb Jahren, auf der breiten mit Weiden bepflanzten Heerstraße herein gekommen war, und die Schildwache auf dem hohen Walle hatte hin und her gehen sehen.

Dieser Ort mußte es gerade sein, der ihn durch die plötzliche Erinnerung an tausend Kleinigkeiten gerade in den Zustand wieder zu versetzen schien, worin er sich unmittelbar vor dem Anfange seines hiesigen Lebens befand. – Alles, was dazwischen lag, mußte sich nun in seiner Einbildungskraft zusammendrängen, wie Schatten ineinander gehen, einem Traum ähnlich werden. Denn sein jetziges *Dastehen* auf der Brücke, und *den hohen Wall hinaufsehen,* wo die Schildwache stand, schloß sich dicht an sein *Dastehen* und *den hohen Wall hinauf sehen* vor anderthalb Jahren an. Die Vergangenheit, alle die Scenen des Lebens, das Anton in B... geführet hatte, stellte er sich jetzt wieder vor, wie er sie sich damals vor anderthalb Jahren noch als zukünftig gedacht hatte, und die zu lebhafte Vorstellung und Wiedererinnerung des Orts, machte, daß die Erinnerung an den Zwi-

schenraum der Zeit, welche unterdes verflossen war, verlosch, oder schwächer wurde – anders wenigstens läßt sich
wohl schwerlich das Phänomen jener sonderbaren Empfindung erklären, die Anton damals hatte, und die ein jeder
wenigstens einigemale in seinem Leben gehabt zu haben
sich erinnern wird.

Mehr als zehnmal stand Anton auf dem Punkte, nicht
wieder in die Stadt zurückzukehren, sondern gerade den
Weg vor sich hin, wieder nach H... zu gehen, wenn ihn
nicht der Gedanke an Hunger und Kälte wieder zurückge-
schreckt hätte.

Aber von dem Tage an, blieb der Vorsatz fest bei ihm, im
L... schen Hause nicht länger mehr zu bleiben, es koste
auch, was es wolle. Er wurde daher auch gegen alles gleichgültiger, weil er sich vorstellte, daß es nun nicht lange mehr
so dauern würde. L... selbst fing nun an, seiner so überdrüssig zu werden, daß er endlich nach H... an Antons
Vater schrieb, dieser möchte seinen Sohn, mit dem nichts
anzufangen wäre, nur immer wieder abholen.

Nichts hätte für Anton erwünschter sein können, als die
Nachricht, daß sein Vater ihn nun mit nächsten wieder zu
Hause holen würde. – In eine Schule, schloß er, müsse er
doch in H... auf alle Fälle geschickt werden, ehe er zum
Abendmahl zugelassen würde, und dann wollte er sich
schon so auszeichnen, daß man aufmerksam auf ihn werden
solle. – So sehr er vorher nach B... zu kommen gestrebt
hatte, so sehr verlangte ihn jetzt nach H... wieder zurück,
und er wiegte sich nun aufs neue in angenehmen Träumen
von der Zukunft ein.

Ohngeachtet seiner harten Lage aber waren ihm dennoch
viele Dinge in B... sehr lieb geworden, so daß sich in seine
angenehmen Hoffnungen oft eine Wehmut mischte, die ihn
in eine sanfte Melancholie versetzte. – Oft stand er einsam
an der Oker, und sahe irgend einem vorbeifahrenden kleinen Kahne nach, so weit er ihn mit den Augen verfolgen
konnte – dann war es ihm oft plötzlich, als habe er einen
Blick in die dunkle Zukunft getan, aber wenn er eben das

angenehme Blendwerk fest zu halten glaubte, so war es auf einmal verschwunden.

Er suchte sich nun an allen Gegenden der Stadt, die er bisher auf seinen Spaziergängen des Sonntags besucht hatte, gleichsam noch einmal zu letzen, und nahm von einer nach der andern wehmütig Abschied, so wie er sie nie wieder zu sehen hoffte.

Er hörte von dem Pastor P... noch verschiedne Predigten, worin manche einzelne Stellen nie aus seinem Gedächtnis gekommen sind. –

Ganz außerordentlich rührte ihn in einer Predigt vom Leiden Jesu, der immersteigende Affekt, womit der Pastor P... die Worte sagte: mitleidsvoll sieht er auf seine Mörder herab, und betet, und betet, und betet – Vater, vergib ihnen, denn sie wissen nicht, was sie tun!

Und in einer Predigt über die Beichte, welche über das Evangelium vom Aussätzigen gehalten wurde, der sich *dem Priester zeigen sollte,* die Anrede an die Heuchler, die alle äußere Gebräuche der Religion gewissenhaft beobachten, und doch ein feindseliges Herz im Busen tragen, und wo sich jeder Periode anfing, mit: ihr kommt in den Beichtstuhl, ihr zeiget euch dem Priester, aber er kann in euer Herz nicht schauen, u. s. w. – Dann wurde in dieser Predigt auch oft ein Ausdruck wiederholt, der für Anton außerordentlich rührend war, dieser klang ihm, als: *ihr kommt in den Heben.* – Das letzte Wort nehmlich, was immer verschlungen wurde, so daß er es nicht recht verstehen konnte, klang ihm wie *Heben,* und dies Wort oder dieser Laut rührte ihn bis zu Tränen, so oft er wieder daran dachte.

Eben so reizend klang ihm der Ausdruck, der sehr oft in den Predigten des Pastor P... vorkam. *Die Höhen der Vernunft* – dies hatte aber seine besondern Ursachen, deren Entwickelung nicht unnütz sein wird. Das Chor in der Kirche, wo die Orgel war, und die Schüler sangen, schien ihm immer etwas für ihn unerreichbares zu sein; sehnsuchtsvoll blickte er oft dahin auf, und wünschte sich keine größere Glückseligkeit, als nur einmal den wunderbaren Bau der

Orgel, und was sonst da war, in der Nähe betrachten zu
können, da er dies alles jetzt nur in der Ferne anstaunen
durfte. – Diese Phantasie war mit einer andern verwandt, die
er noch aus H... mitgebracht hatte – schon dort war ein
5 gewisser Turm für ihn immer ein äußerst reizender Gegenstand gewesen; er betrachtete ihn mit Entzücken und beneidete oft die Stadtmusikanten, die oben auf der Galerie
standen, um des Morgens und Abends hinunter zu blasen.

Stundenlang konnte er diese Galerie betrachten, die ihm
10 von unten so klein schien, daß sie ihm nicht bis an die Knie
reichen würde, und über welche doch kaum die Köpfe der
blasenden Stadtmusikanten hervorragten; und vollends das
Zifferblatt, welches nach der Versicherung verschiedner
Leute, die oben gewesen waren, so groß sein sollte, wie ein
15 Wagenrad, und ihm doch unten nicht größer, als irgend ein
Rad in einem Schiebkarren vorkam. – Dies alles erregte
seine Neugierde im höchsten Grade, so daß er oft ganze
Tage lang mit nichts, als dem Gedanken und dem Wunsch
umging, diese Galerie und dies Zifferblatt einmal in der
20 Nähe betrachten zu können.

Nun konnte man auf dem Turme in H... durch die Schall-
löcher, welche über der Galerie offen standen, auch die
Glocken treten sehen; und Anton verschlang beinahe mit
seinen Augen dieses ihm ganz neue Schauspiel, da er die
25 große metallne Maschine, die den alles erschütternden Klang
verursachte, unter den Füßen der ganz klein scheinenden
Leute, die in dieser Höhe standen und auf die Balken traten,
wechselsweise in die Höhe steigen sahe.

Es war ihm, als habe er in das innerste Eingeweide des
30 Turms geblicket, und als habe sich ihm das geheimnisvolle
Triebwerk, des wunderbaren Schalles, den er so oft mit Rührung vernommen hatte, nun in der Ferne enthüllt – Allein
seine Neugierde wurde hierdurch nur noch mehr erregt,
statt befriedigt zu werden – er hatte nur die eine Hälfte der
35 Glocke, die sich mit ihrer ungeheuren Wölbung empor hub,
und nicht ihren ganzen Umfang gesehen – von der Größe
dieser Glocke hatte er von Kindheit an gehört, und seine

Einbildungskraft vergrößerte das Bild in seiner Seele noch
zu unzähligenmalen, so daß er sich davon die romanhaftesten und ausschweifendsten Ideen machte.

Bei seinen Schmerzen nun, die er am Fuße erduldete; bei
aller Bedrückung von seinen Eltern, worunter er seufzte;
was war sein Trost? was war der angenehmste Traum seiner
Kindheit? was sein sehnlichster Wunsch, über den er oft
alles vergaß? – – Was anders, als die nahe Beschauung des
Zifferblattes und der Galerie am neustädtischen Turme in
H..., und der Glocken, die darin hingen.

Länger als ein Jahr hindurch versüßte ihm dies Spiel seiner Phantasie die trübsten Stunden seines Lebens – aber
ach, er mußte H... verlassen, ohne seines sehnlichsten
Wunsches gewährt zu werden. – – Doch das Bild vom neustädtischen Turme wich nie aus seinen Gedanken, es verfolgte ihn nach B..., und schwebte ihm dort oft in
nächtlichen Träumen auf hohen Treppen in tausend labyrinthischen Krümmungen vor, wo er den Turm hinauf stieg, auf
der Galerie stand, und mit unaussprechlichem Vergnügen
das Zifferblatt am Turme betastete, und dann inwendig nicht
nur die große Glocke, sondern noch unzählige andre kleinere, nebst mehr wunderbaren Dingen dicht vor Augen
sahe, bis er etwa mit dem Kopfe an den unübersehbaren
Rand der großen Glocke stieß, und erwachte.

So oft nun der Pastor P... von den *Höhen der Vernunft*
sprach, so dachte Anton mit Entzücken an die Höhen seines
geliebten Turms, an die Glocke darin und an das Zifferblatt, – und dann auch an das hohe Chor, worauf die Orgel
in der B... Kirche stand – dann erwachte auf einmal alle
seine Sehnsucht wieder und der Ausdruck: *die Höhen der
Vernunft,* preßte ihm Tränen der Wehmut aus den Augen.

Der eigentliche abhandelnde Teil von den Predigten des
Pastor P..., wo derselbe mit erstaunlicher Geschwindigkeit
sprach, war für Anton freilich verloren, weil er ihm mit
seinen Gedanken unmöglich folgen konnte. In der Hoffnung aber auf den ermahnenden Teil hörte er ihn dennoch
mit Vergnügen an – es war ihm dann, als wenn sich nun erst

die Wolken zusammen zögen, die bald in ein wohltätiges Gewitter oder einen sanften Regen ausbrechen würden.

Nun ging er aber einmal mit dem Gedanken in die Kirche, die Predigt des Pastor P... zu Hause *aufzuschreiben,* und auf einmal war es, als ob es, indem er zuhörte, in seiner Seele licht wurde, seine Aufmerksamkeit hatte eine neue Richtung erhalten – vorher hatte er mit dem Herzen zugehört, jetzt hörte er zum erstenmale mit dem Verstande zu – er wollte nicht nur durch einzelne Stellen erschüttert werden, sondern das Ganze der Predigt fassen, und nun fing er an, den abhandelnden Teil eben so interessant als den ermahnenden Teil zu finden. – Die Predigt handelte von der Nächsten-Liebe, wie glücklich die Menschen sein würden, wenn jeder das Wohl aller übrigen, und alle übrige das Wohl jedes einzelnen zu befördern suchten. – Nie ist ihm diese Predigt mit allen ihren Abteilungen und Unterabteilungen aus dem Gedächtnis gekommen, die er mit dem Vorsatz hörte, um sie aufzuschreiben, welches er tat, sobald er zu Hause kam, und den August, dem er es nun vorlas, sehr dadurch in Verwundrung setzte.

Das Aufschreiben dieser Predigt hatte gleichsam eine neue Entwickelung seiner Verstandeskräfte bewirkt. – Denn von der Zeit fingen seine Ideen an sich allmählich untereinander zu ordnen – er lernte selbst für sich über einen Gegenstand nachdenken – er suchte die Reihe seiner Gedanken wieder außer sich darzustellen, und weil er sie niemanden sagen konnte, so machte er schriftliche Aufsätze, die denn freilich oft sonderbar genug waren. – Denn hatte er vorher mit Gott mündlich gesprochen, so fing er nun an, mit ihm zu korrespondieren, und schrieb lange Gebete an ihn, worin er ihm seinen Zustand schilderte.

Er fühlte sich jetzt um so mehr zu schriftlichen Aufsätzen gedrungen, weil es ihm gänzlich an aller Lektüre fehlte – denn L... hatte ihm schon lange kein Buch mehr in die Hände gegeben, ausgenommen *Engelbrechts, eines Tuchmachergesellen zu Winsen an der Aller Beschreibung von dem Himmel und der Hölle,* welches er ihm geschenkt hatte. –

Einen ärgern Aufschneider kann es nun wohl in der Welt nicht mehr geben, als dieser Engelbrecht gewesen sein muß, von dem man geglaubt hatte, daß er wirklich tot wäre, und der nun, nachdem er sich wieder erholt hatte, seiner alten Großmutter weis machte, er sei wirklich im Himmel und in der Hölle gewesen; diese hatte es dann weiter erzählt, und so war dies köstliche Buch entstanden.

Der Kerl entblödete sich nicht zu behaupten, er sei mit Christo und den Engeln Gottes bis dicht unter dem Himmel geschwebt, und habe da die Sonne in die eine, und den Mond in die andre Hand genommen, und am Himmel die Sterne gezählt.

Demohngeachtet waren seine Vergleichungen zuweilen ziemlich naiv, – so verglich er z. B. den Himmel mit einer köstlichen Weinsuppe, wovon man auf Erden nur wenige Tropfen gekostet hat, und die man alsdenn mit Löffeln essen könne – und die himmlische Musik war eben so weit über die irdische Musik erhaben, als ein schönes Konzert über das Geleier eines Dudelsacks, oder über das Tüten eines Nachtwächterhorns.

Und was ihm für Ehre im Himmel widerfahren war, davon konnte er nicht genug rühmen.

In Ermangelung besserer Nahrung mußte sich nun Antons Seele mit dieser losen Speise begnügen, und wenigstens wurde doch seine Einbildungskraft dadurch beschäftigt, – sein Verstand blieb gleichsam neutral dabei – er glaubte es weder, noch zweifelte er daran; er stellte sich das alles bloß lebhaft vor.

Indes ging jetzt L...s Unwillen und Haß gegen ihn häufig bis zu Scheltworten und Schlägen; er verbitterte ihm sein Leben auf die grausamste Weise; er ließ ihn die erniedrigendsten und demütigendsten Arbeiten tun. – Nichts aber war für Anton kränkender, als wie er zum erstenmale in seinem Leben, eine Last *auf dem Rücken,* und zwar einen Tragkorb mit Hüten bepackt, über die öffentliche Straße tragen mußte, indem L... vor ihm herging – es war ihm, als ob alle Menschen auf der Straße ihn ansähen.

Jede Last, die er vor sich, oder unter dem Arme, oder an den Händen tragen konnte, schien ihm vielmehr ehrenvoll zu sein, als daß er glaubte, sie mache ihm Schande. – Nur daß er itzt gebückt gehen, seinen Nacken unter das Joch beugen mußte, wie ein Lasttier, indes sein stolzer Gebieter vor ihm herging, das beugte zugleich seinen ganzen Mut darnieder, und erschwerte ihm die Last tausendmal. Er glaubte sowohl vor Müdigkeit als vor Scham in die Erde sinken zu müssen, ehe er mit seiner Bürde an den bestimmten Ort kam.

Dieser bestimmte Ort, war das Zeughaus, wo die Hüte, welche Kommißarbeit waren, abgeliefert wurden. – Nicht sehnlicher hatte sich Anton gewünscht, die Glocken und das Zifferblatt auf dem neustädtischen Turm in H..., als dies Zeughaus, inwendig zu sehen, vor welchem er so oft, ohne seinen Wunsch befriedigen zu können, vorbei gegangen war. Aber wie sehr wurde ihm itzt dies Vergnügen versalzen, da er es in solchem Zustande zu sehen bekam.

Dies Tragen auf dem Rücken schwächte seinen Mut mehr, als irgend eine Demütigung, die er noch erlitten hatte, und mehr als L... s Scheltworte und Schläge. Es war ihm, als ob er nun nicht tiefer sinken könne; er betrachtete sich beinahe selbst, als ein verächtliches, weggeworfenes Geschöpf: Es war dies eine der grausamsten Situationen in seinem ganzen Leben, an die er sich nachher, so oft er ein Zeughaus sahe, lebhaft wieder erinnerte, und deren Bild wieder in ihm aufstieg, so oft er das Wort *Unterjochung* hörte.

Wenn ihm so etwas begegnet war, so suchte er sich vor allen Menschen zu verbergen; jeder Laut der Freude war ihm zuwider; er eilte auf das Plätzchen hinter dem Hause an die Oker hin, und blickte oft Stundenlang sehnsuchtsvoll in die Flut hinab. – Verfolgte ihn dann selbst da irgend eine menschliche Stimme, aus einem der benachbarten Häuser, oder hörte er singen, lachen, oder sprechen, so deuchte es ihm, als treibe die Welt ihr Hohngelächter über ihn, so verachtet, so vernichtet glaubte er sich, seitdem er seinen Nacken unter das Joch eines Tragkorbes gebeugt hatte.

Es war ihm denn eine Art von Wonne selbst in das Hohngelächter mit einzustimmen, das er seiner schwarzen Phantasie nach über sich erschallen hörte – in einer dieser fürchterlichen Stunden, wo er über sich selbst in ein verzweiflungsvolles Hohngelächter ausbrach, war der Lebensüberdruß bei ihm zu mächtig, er fing auf dem schwachen Brette, worauf er stand, an zu zittern und zu wanken. – Seine Knie hielten ihn nicht mehr empor; er stürzte in die Flut – August war sein Schutzengel; er hatte schon eine Weile unbemerkt hinter ihm gestanden, und zog ihn beim Arm wieder heraus – es waren demohngeachtet mehr Leute dazu gekommen – das ganze Haus lief zusammen, und Anton wurde von dem Augenblick an, als ein gefährlicher Mensch betrachtet, den man, so bald, wie möglich, aus dem Hause fortschaffen müsse. – L... schrieb den Vorfall sogleich an Antons Vater, und dieser kam vierzehn Tage darauf mit unmutsvoller Seele, nach B..., um seinen mißratenen Sohn, in dessen Herzen sich, nach dem Urteil des Hrn. v. F..., der Satan einen unzerstörbaren Tempel aufgebauet hatte, nach H... wieder abzuholen.

Er hielt sich noch ein paar Tage bei dem Hutmacher L... auf, während welcher Zeit Anton noch mit verdoppeltem Eifer, in Gegenwart seines Vaters, alle seine Geschäfte verrichtete, und eine Beruhigung darin suchte, noch zuletzt alles zu tun, was in seinen Kräften stand. Von der Werkstatt, von der Trockenstube, vom Holzboden, und von der B... Kirche nahm er nun in Gedanken Abschied – und seine allerangenehmste Vorstellung, wenn er wieder nach H... kommen würde, war, daß er dann seiner Mutter von dem Pastor P... würde erzählen können.

Je näher die Abschiedsstunde herannahte, desto leichter wurde ihm ums Herz. – Er sollte nun bald aus seiner engen drückenden Lage herauskommen. – – Die weite Welt eröffnete sich wieder vor ihm.

Von August war der Abschied zärtlich, von L... kalt wie Eis – es war an einem Sonntag Nachmittage, bei trübem Himmel, da Anton mit seinem Vater wieder aus dem

L... schen Hause ging, – er blickte die schwarze Türe mit
den großen eingeschlagenen Nägeln noch einmal an, und
wandte ihr getrost den Rücken, um wieder aus dem Tore zu
wandern, vor welchem er vor kurzem noch einen so interessanten Spaziergang gemacht hatte. – Die hohen Wälle der
Stadt, und der Andreas-Turm waren bald aus seinem Gesicht
verschwunden, und er sahe nur noch den Brocken in der
Ferne mit Schnee bedeckt, in trüber Dämmrung sich in den
dicht aufliegenden Wolken verlieren.

Das Herz seines Vaters war gegen ihn kalt und verschlossen; denn dieser betrachtete ihn völlig mit den Augen des
Hutmacher L..., und des Hrn. von F..., als einen in dessen
Herzen der Satan einmal seinen Tempel errichtet habe – es
wurde unterwegens wenig gesprochen, sondern sie wanderten immer stillschweigend fort, und Anton bemerkte kaum
die Länge des Weges, auf eine so angenehme Art unterhielt
er sich mit seinen Gedanken, – wenn er nun seine Mutter
und seine Brüder wieder sehen, und ihnen seine Schicksale
würde erzählen können.

Die vier schönen Türme von H... ragten endlich wieder
hervor – und wie einen Freund, den man nach langer Trennung wieder sieht, betrachtete Anton den neustädtischen
Turm, und seine Glockenliebe erwachte auf einmal wieder. –
Er sahe sich nun wieder in den Mauern von H... und alles
war ihm neu – seine Eltern hatten eine andre kleinere und
dunklere Wohnung auf einer abgelegenen Straße bezogen –
das war ihm alles so fremd, indem er die Treppen hinaufstieg, als ob er da unmöglich zu Hause gehören könne. –

Allein so kalt und abschreckend das Betragen seines Vaters gegen ihn gewesen war, so laut und ausbrechend war itzt
die Freude, womit ihm seine Mutter und Brüder entgegen
eilten, die seine von Frost aufgesprungenen Hände besahen,
und von denen er nun zum erstenmal wieder bedauert wurde.

Als er am andern Tage ausging, besuchte er alle die bekannten Plätze, wo er sonst gespielt hatte – es war ihm, als
sei er während der Zeit alt geworden, und als wollte er sich

nun an die Jahre seiner Jugend zurück erinnern – ihm begegnete ein Trupp seiner ehemaligen Mitschüler und Spielkameraden, die ihm alle die Hände drückten, und sich über seine Wiederkunft freueten.

Und so bald er nur mit seiner Mutter allein war, was konnte er wohl anders tun, als ihr von dem Pastor P... erzählen? – Sie hatte ohnedem eine unbegrenzte Ehrfurcht gegen alles Priesterliche, und konnte mit Anton recht gut in seinen Gefühlen für den Pastor P... sympathisieren. – O! welche selige Stunden waren das, da Anton so sein Herz ausschütten, und Stundenlang von dem Manne sprechen konnte, gegen den er, unter allen Menschen auf Erden, die meiste Liebe und Achtung hatte.

Er hörte nun die H... schen Prediger, aber welch ein Abstand! unter allen fand er keinen P..., einen ausgenommen Namens N..., der wenn er im heftigen Affekt sprach, einige Ähnlichkeit mit ihm hatte. –

Kein Prediger konnte bei Anton Beifall finden, wenn er nicht wenigstens so geschwind, wie der Pastor P... sprach, – und ich weiß nicht, wenn der Prediger als *Redner* betrachtet wird, ob er denn so ganz unrecht hatte? – der Lehrer muß langsam, der Redner muß geschwind sprechen. – Der Lehrer soll allmählich den Verstand erleuchten, der Redner unwiderstehlich in das Herz eindringen – mit dem Verstande muß man langsam, mit dem Herzen schnell zu Werke gehen, wenn man seines Zweckes nicht verfehlen will – freilich wird der immer ein schlechter Lehrer sein, der nicht zuweilen Redner wird, und der ein schlechter Redner, der nicht zuweilen Lehrer wird – aber wenn *Fox* im Englischen Parlamente spricht, – so geschieht es mit einer Geschwindigkeit, die ihres Gleichen nicht hat, und in diesem brausenden Strome reißt er alles mit sich fort, und erschüttert die Seelen seiner Zuhörer, wie es der Pastor P... durch seine Meineidspredigt tat.

Einen Prediger, Namens M... an der G... kirche in H... hörte Anton eines Sonntags mit dem größten Widerwillen predigen, weil derselbe auch nicht die mindeste Ähnlichkeit

mit dem Pastor P..., hatte, sondern in Ansehung seiner
etwas langsamen und bequemen Sprache fast gerade das
Gegenteil von ihm war. Anton konnte sich nicht enthalten,
da er zu Hause kam, gegen seine Mutter eine Art von Haß zu
äußern, den er auf diesen Prediger geworfen hatte – aber wie
erstaunte er, als diese ihm sagte, daß er bei eben diesem
Prediger würde zum Religionsunterricht, und Beichte und
Abendmahl gehen müssen, weil er ihr Beichtvater wäre, und
sie zu seiner Gemeine gehörte.

Wem hätte es Anton geglaubt, daß er diesen Mann, gegen
den er damals eine unwiderstehliche Abneigung empfand,
einmal würde lieben können, daß dieser einmal sein Freund,
sein Wohltäter werden würde?

Indes ereignete sich ein Vorfall, der Antons Seele, die
schon zur Schwermut geneigt war, in eine noch traurigere
Stimmung versetzte: seine Mutter wurde tödlich krank, und
schwebte vierzehn Tage lang in Lebensgefahr. – Was Anton
dabei empfand, läßt sich nicht beschreiben. – Es war ihm,
als ob er in seiner Mutter sich selbst absterben würde, so
innig war sein Dasein mit dem ihrigen verwebt. – Ganze
Nächte durch weinte er oft, wenn er gehört hatte, daß der
Arzt die Hoffnung zur Genesung aufgab. – Es war ihm, als
sei es schlechterdings nicht möglich, daß er den Verlust seiner Mutter würde ertragen können. – Was war natürlicher,
da er von aller Welt verlassen war, und sich nur noch in ihrer
Liebe und in ihrem Zutrauen wieder fand.

Der Pastor M... kam, und reichte Antons Mutter das
Abendmahl – nun glaubte er, sei keine Hoffnung mehr, und
war untröstlich – er flehte zu Gott um das Leben seiner
Mutter, und ihm fiel der König Hiskias ein, der ein Zeichen
von Gott erhielt, daß seine Bitte erhört, und ihm sein Leben
gefristet sei.

Nach einem solchen Zeichen sahe sich itzt auch Anton
um, ob nicht etwa der Schatten an der Mauer im Garten
zurückgehen wollte? – und der Schatten schien ihm endlich
zurückzugehen – denn eine dünne Wolke hatte sich vor der
Sonne hingezogen – oder seine Phantasie hatte diesen

Schatten zurückgedrängt – aber von dem Augenblick an
faßte er neue Hoffnung; und seine Mutter fing wirklich wieder an, zu genesen. Er lebte nun auch von neuem wieder
auf – und tat alles, um sich bei seinen Eltern beliebt zu
machen. Allein bei seinem Vater gelang es ihm nicht; dieser
hatte, seitdem er ihn aus B... wieder abgeholt, einen bittern,
unversöhnlichen Haß auf ihn geworfen, den er ihn bei jeder
Gelegenheit empfinden ließ – jede Mahlzeit wurde ihm zu-
gezählt, und Anton mußte oft im eigentlichen Verstande sein
Brot mit Tränen essen.

Sein einziger Trost in dieser Lage waren seine einsamen
Spaziergänge mit seinen beiden kleinern Brüdern, mit denen
er ordentliche Wanderungen auf den Wällen der Stadt anstellte, indem er sich immer ein Ziel setzte, nach welchem er
mit ihnen gleichsam eine *Reise* tat. –

Dies war seine liebste Beschäftigung von seiner frühesten
Kindheit an, und als er noch kaum gehen konnte, setzte er
sich schon ein solches Ziel an einer Ecke der Straße, wo
seine Eltern wohnten, welches die Grenze seiner kleinen
Wanderungen war.

Er schuf sich nun den Wall, welchen er hinauf stieg in
einen Berg, das Gesträuch, durch welches er sich durcharbeitete
in einen Wald, und einen kleinen Erdhügel im
Stadtgraben, in eine Insel um; und so stellte er mit seinen
Brüdern in einem Bezirk von wenigen hundert Schritten, oft
viele meilenweite Reisen an – er verlor sich und verirrte sich
mit ihnen in Wäldern, erstieg hohe Klippen, und kam auf
unbewohnte Inseln, – kurz, er realisierte sich mit ihnen,
seine ganze idealische Romanenwelt, so gut er konnte. –

Zu Hause stellte er allerlei Spiele mit ihnen an, wobei es
oft scharf zuging – er belagerte Städte, eroberte Vestungen
von den Büchern der Mad. Guion zusammengebaut, mit
wilden Kastanien, die er wie Bomben darauf abschoß. –
Zuweilen predigte er auch, und seine Brüder mußten ihm
zuhören. – Das erstemal hatte er sich denn eine Kanzel von
Stühlen zusammengebaut, und seine Brüder saßen vor ihm
auf Fußschemeln; er geriet in heftigen Affekt – die Kanzel

stürzte ein, er fiel herunter, und zerschlug mit dem Stuhle, worauf er stand, seinen Brüdern die Köpfe. – Das Geschrei und die Verwirrung war allgemein – indem trat sein Vater herein, und fing an, ihn für die gehaltne Predigt ziemlich derbe zu belohnen. – Antons Mutter kam dazu, und wollte ihn den Händen seines Vaters entreißen; da sie das nicht konnte, so nahm ihr Zorn eine ganz entgegengesetzte Richtung, und sie fing nun auch aus allen Kräften an, auf Anton zuzuschlagen, dem alle sein Flehen und Bitten nichts half. – Nie ist wohl eine Predigt unglücklicher abgelaufen, als diese erste Predigt, welche Anton in seinem Leben hielt. – Das Andenken an diesen Vorfall hat ihn oft noch im Traume erschreckt.

Indes wurde er dadurch nicht abgeschreckt, noch öfter wieder seine Kanzel zu besteigen, und ganze geschriebne Predigten mit Evangelium, Thema und Einteilung abzulesen. – Denn seitdem er angefangen hatte, zum erstenmal die Predigt des Pastor P... nachzuschreiben, war es ihm auch leichter, seine Gedanken zu ordnen, und sie in eine Art von Verbindung mit einander zu bringen.

Kein Sonntag ging hin, wo er itzt nicht eine Predigt nachschrieb, und er bekam dadurch bald eine solche Fertigkeit, daß er das Fehlende dazwischen durch sein Gedächtnis ergänzen, und eine Predigt, die er gehört, und die Hauptsachen nachgeschrieben hatte, zu Hause beinahe vollständig wieder zu Papier bringen konnte.

Anton war nun über vierzehn Jahr alt; und es war nötig, daß er, um konfirmiert oder in den Schoß der christlichen Kirche aufgenommen zu werden, einige Zeit vorher in irgend eine Schule gehen mußte, wo Religionsunterricht erteilt wurde.

Nun war in H... ein Institut, in welchem junge Leute zu künftigen Dorfschulmeistern gebildet wurden, und womit zugleich eine Freischule verknüpft war, welche den angehenden Lehrern zur Übung im Unterricht diente. Diese Schule war also eigentlich mehr der Lehrer wegen, als daß die Lehrer gerade dieser Schule wegen da gewesen wären, –

weil aber die Schüler nichts bezahlen durften, so war diese
Anstalt eine Zuflucht für die Armen, welche dort ihre Kinder ganz unentgeldlich konnten unterrichten lassen; und
weil Antons Vater eben nicht gesonnen war, viel an seinen so
ganz aus der Art geschlagenen, und aus der göttlichen Gnade gefallenen Sohn zu wenden, so brachte er ihn denn
endlich in diese Schule, wo derselbe nun auf einmal wieder
eine ganz neue Laufbahn vor sich eröffnet sahe.

Es war für Anton ein feierlicher Anblick, da er gleich in
der ersten Stunde des Morgens, alle die künftigen Lehrer mit
den Schülern und Schülerinnen in einer Klasse versammlet
sahe. – Der Inspektor dieser Anstalt, der ein Geistlicher war,
hielt alle Morgen mit den Schülern eine Katechisation, welche den Lehrern zum Muster dienen sollte. – Diese saßen
alle an Tischen, um die Fragen und Antworten nachzuschreiben, während daß der Inspektor auf und nieder ging
und fragte. In einer Nachmittagsstunde mußte denn irgend
einer von den Lehrern, in Gegenwart des Inspectors, die
Katechisation mit den Schülern wiederholen, welche derselbe am Morgen gehalten hatte.

Nun war das Nachschreiben für Anton schon eine sehr
leichte Sache geworden, und als der Lehrer den Nachmittag
die Vormittagslektion wiederholte, so hatte sie Anton weit
besser als der Lehrer stehend, in seiner Schreibtafel nachgeschrieben, und konnte also freilich mehr antworten, als
jener fragte, welches bei dem Inspektor einige Aufmerksamkeit zu erregen schien, die äußerst schmeichelhaft für ihn
war.

Allein damit er sich nun nicht seines Glücks überheben
sollte, stand ihm am andern Tage eine Demütigung bevor,
die beinahe jene in B . . . noch übertraf, da er zum erstenmale
mit dem Tragkorbe auf dem Rücken gehen mußte.

Es wurde nehmlich in der zweiten Stunde den folgenden
Morgen eine Buchstabierübung angestellt, wo einer der
Knaben immer eine Silbe erst allein buchstabieren und vorschreien, und dann die andern alle, wie aus einem Munde,
nachschreien mußten. – Dies Geschrei, wovon einem die

Ohren gellten, und diese ganze Übung kam Anton wie toll und rasend vor, und er schämte sich nicht wenig, da er sich schmeichelte, schon mit Ausdruck lesen zu können, daß er hier erst wieder anfangen sollte, buchstabieren zu lernen, –
5 aber die Reihe vorzuschreien, kam bald an ihn, denn dies ging, wie ein Lauffeuer herum; und nun saß er und stockte, und die ganze schöne Musik geriet auf einmal aus dem Takt. – »Nun fort!« sagte der Inspector, und als es nicht ging, sah er ihn mit einem Blick der äußersten Verachtung an, und
10 sagte: »dummer Knabe!« und ließ den folgenden weiter buchstabieren – Anton glaubte in dem Augenblick vernichtet zu sein, da er sich plötzlich in der Meinung eines Menschen auf dessen Beifall er schon so viel gerechnet hatte, so tief herabgesunken sahe, daß dieser ihm nicht einmal mehr
15 zutrauete, daß er buchstabieren könne.

War ehemals in B ... sein Körper, durch die Bürde, die er trug, unterjocht worden, so wurde es itzt noch weit mehr sein Geist, der unter der Last erlag, mit welcher die Worte: *dummer Knabe!* von dem Inspektor auf ihn fielen.

20 Allein, diesmal galt bei ihm, was vom Themistokles erzählt wird, da dieser auch einmal in seiner Jugend einen öffentlichen Schimpf erlitt: non fregit eum, sed erexit – Er strengte sich seit dem Tage, an welchem er diese Demütigung erlitt, noch zehnmal mehr, als vorher, an, sich bei
25 seinen Lehrern in Achtung zu setzen, um den Inspektor, der ihn so verkannt hatte, gleichsam einst zu beschämen, und ihm über das Unrecht, das er von ihm erlitten hatte, Reue zu erwecken.

Der Inspektor trug alle Morgen in den Frühstunden den
30 Lehrbegriff der lutherischen Kirche, ganz dogmatisch, mit allen Widerlegungen der Papisten sowohl, als der Reformierten, vor, und legte Gesenii Auslegung von Luthers kleinem Katechismus dabei zum Grunde – Antons Kopf wurde dadurch freilich mit vielem unnützem Zeuge ange-
35 füllt, aber er lernte doch Hauptabteilungen und Unterabteilungen machen, er lernte systematisch zu Werke gehen.

Seine nachgeschriebenen Hefte wuchsen immer stärker

an, und in weniger als einem Jahre besaß er eine vollständige Dogmatik mit allen Beweisstellen aus der Bibel, und einer vollständigen Polemik gegen Heiden, Türken, Juden, Griechen, Papisten und Reformierten, verknüpft – er wußte von der Transsubstantiation im Abendmahl, von den fünf Stufen der Erhöhung und Erniedrigung Christi, von den Hauptlehren des Alkorans, und den vorzüglichsten Beweisen der Existenz Gottes, gegen die Freigeister, wie ein Buch zu reden.

Und er redete nun auch wirklich, wie ein Buch von allen diesen Sachen. Er hatte nun reichen Stoff zu predigen, und seine Brüder bekamen alle die nachgeschriebenen Hefte, von der halsbrechenden Kanzel in der Stube wieder von ihm zu hören.

Zuweilen wurde er des Sonntags zu einem Vetter eingeladen, bei welchem eine Versammlung, von Handwerksburschen war, hier mußte er sich vor den Tisch stellen, und in dieser Versammlung eine förmliche Predigt, mit Text, Thema und Einteilung halten, wo er denn gemeiniglich die Lehre der Papisten von der Transsubstantiation, oder die Gottesleugner widerlegte, mit vielem Pathos die Beweise für das Dasein Gottes nach einander aufzählte, und die Lehre vom Ohngefähr in ihrer ganzen Blöße darstellte.

Nun war die Einrichtung in dem Institut, wo Anton unterrichtet wurde, daß die erwachsenen Leute, welche zu Schulmeistern gebildet wurden, sich des Sonntags in alle Kirchen verteilen, und die Predigten nachschreiben mußten, die sie dann dem Inspektor zur Durchsicht brachten. – Anton fand also jetzt noch einmal so viel Vergnügen am Predigt nachschreiben, da er sahe, daß er auf die Art mit seinen Lehrern einerlei Beschäftigung trieb, und diese, denen er nun die Predigten zeigte, bewiesen ihm immer mehr Achtung, und begegneten ihm beinahe, wie ihres Gleichen.

Er bekam am Ende einen dicken Band nachgeschriebener Predigten zusammen, die er nun als einen großen Schatz betrachtete, und worunter ihm insbesondre zwei wahre Kleinodien zu sein schienen: die eine war von dem Pastor

U . . ., der mit dem Pastor P . . . wegen der Geschwindigkeit im Sprechen die meiste Ähnlichkeit hatte, in der A . . Kirche gehalten, und handelte vom jüngsten Gericht. – Mit wahrem Entzücken haranguierte Anton diese Predigt oft seiner Mut-
5 ter wieder vor, worin die Zerstörung der Elemente, das Krachen des Weltbaues, das Zittern und Zagen des Sünders, das fröhliche Erwachen der Frommen, in einem Kontrast dargestellt wurde, der die Phantasie bis auf den höchsten Grad erhitzte – und dies war eben Antons Sache. Er liebte
10 die kalten Vernunftpredigten nicht. Die zweite Predigt, welche er unter allen vorzüglich schätzte, war eine Abschiedspredigt des Pastor L . . ., die er in der C . . . Kirche hielt, und worin derselbe fast vom Anfange bis zu Ende durch Tränen und Schluchzen unterbrochen wurde, so beliebt war er bei
15 seiner Gemeine. Das rührende Pathos, womit diese Rede wirklich gehalten wurde, machte auf Antons Herz einen unauslöschlichen Eindruck, und er wünschte sich keine größre Glückseligkeit, als einmal auch vor einer solchen Menge von Menschen, die alle mit ihm weinten, eine solche
20 Abschiedsrede halten zu können.

Bei so etwas war er in seinem Elemente, und fand ein unaussprechliches Vergnügen an der wehmütigen Empfindung, worin er dadurch versetzt wurde. Niemand hat wohl mehr die Wonne der Tränen (the joy of grief) empfunden, als
25 er bei solchen Gelegenheiten. Eine solche Erschütterung der Seele durch eine solche Predigt war ihm mehr wert, als aller andre Lebensgenuß, er hätte Schlaf und Nahrung darum gegeben.

Auch das Gefühl für die Freundschaft erhielt jetzt bei ihm
30 neue Nahrung. Er liebte einige von seinen Lehrern, im eigentlichen Verstande, und empfand eine Sehnsucht nach ihrem Umgange – insbesondre äußerte sich seine Freundschaft gegen einen derselben Namens R . . ., der dem äußern Anschein nach, ein sehr harter und rauher Mann war, in der
35 Tat aber das edelste Herz besaß, was nur bei einem künftigen Dorfschulmeister gefunden werden kann.

Bei diesem hatte doch Anton eine Privatstunde im Rech-

nen und Schreiben, welche sein Vater für ihn bezahlte —
denn Rechnen und Schreiben war noch das einzige, welches
dieser für Anton zu lernen der Mühe wert hielt. — R... ließ
ihn denn bald, weil er schon orthographisch schrieb, eigne
Ausarbeitungen machen, die seinen Beifall erhielten, welcher für Anton so schmeichelhaft war, daß er sich endlich
erkühnte, diesem Lehrer sein Herz zu entdecken, und so
offenherzig und freimütig mit ihm zu sprechen, wie er lange
mit niemanden hatte sprechen dürfen.

Er entdeckte ihm also seine unüberwindliche Neigung
zum Studieren, und die Härte seines Vaters, der ihn davon
abhielte, und der ihn nichts, als ein Handwerk wolle lernen
lassen. Der rauhe R... schien über dies Zutrauen gerührt zu
sein, und sprach Anton Mut ein, sich dem Inspektor zu
entdecken, der ihm vielleicht noch eher zu seinem Endzweck würde behülflich sein können. Das war nun eben der
Inspector, welcher zu Anton, da er beim Buchstabieren
nicht vorschreien wollte, mit der verächtlichsten Miene;
»*dummer Knabe!*« gesagt hatte, welches er noch nicht vergessen konnte, und also noch lange Bedenken trug, einem
solchen Manne seine Neigung zum Studieren zu entdecken,
der gezweifelt hatte, ob er auch buchstabieren könne.

Indes nahm die Achtung, worin sich Anton in dieser
Schule setzte, von Tage zu Tage zu, und er erreichte seinen
Wunsch, hier der erste zu sein, und die meiste Aufmerksam-
keit auf sich gerichtet zu sehn. Dies war freilich eine solche
Nahrung für seine Eitelkeit, daß er sich oft schon im Geist
als Prediger erblickte, insbesondere, wenn er schwarze Un-
terkleider trug — dann trat er mit einem gravitätischen
Schritt, und ernsthafter, als sonst einher. —

Am Ende der Woche des Sonnabends wurde immer,
nachdem vorher das Lied: *Bis hieher hat mich Gott gebracht,*
gesungen war, von einem der Schüler ein langes Gebet gelesen, — wenn dies an Anton kam, so war das ein wahres Fest
für ihn — er dachte sich auf der Kanzel, wo er noch während
der letzten Verse des Gesanges seine Gedanken sammelte,
und nun auf einmal, wie der Pastor P... mit aller Fülle der

Beredsamkeit, in ein brünstiges Gebet ausbrach. – Seine Deklamation bekam also für einen Schulknaben freilich zu viel Pathos, als daß dieses nicht hätte auffallend sein sollen. Der Lehrer ließ ihn also nur selten das Gebet lesen. –

Ja es entstand zuletzt sogar eine Art von Neid gegen ihn bei den Lehrern. – Einer derselben stellte eine Übung an, wo eine von Hübners biblischen Historien von den Schülern mit eignen Worten mußte wieder erzählt werden. Anton schmückte diese Historie, mit aller seiner Phantasie, auf eine poetische Art aus, und trug sie mit einer Art von rednerischem Schmuck wieder vor – das beleidigte den Lehrer, der am Ende die Bemerkung machte, Anton solle kürzer erzählen. Das künftigemal faßte er also die ganze Erzählung in ein paar Worte zusammen, und war in zwei Minuten damit fertig. – Das war dem Lehrer wieder zu kurz, und brachte ihn aufs neue auf – endlich ließ er ihn gar keine Historien mit eignen Worten mehr erzählen. – Des Nachmittags fürchteten sich die Lehrer, welche die Katechisation wiederholten, ihn zu fragen, weil er immer mehr als sie nachgeschrieben hatte, – er konnte also gar nicht einmal mehr dazu kommen, seine Fähigkeiten zu zeigen, welches doch sein höchster Wunsch war, um Aufmerksamkeit auf sich zu erregen.

Voller Unwillen darüber, daß er immer ungefragt und stumm da sitzen mußte, ging er endlich einmal mit tränenden Augen zum Inspektor, der ihn in den Morgenstunden nun auch öfter gefragt hatte, und sein Urteil über ihn geändert zu haben schien, – dieser fragte ihn, was ihm fehle, ob ihm etwa von einem seiner Mitschüler unrecht geschehen sei, und Anton antwortete: nicht von seinen Mitschülern, sondern von seinen Lehrern sei ihm Unrecht geschehn, diese vernachlässigten ihn, und niemand fragte ihn mehr, wenn er gleich die Sache besser, als andre wüßte. Hierin möchte man ihm doch Recht verschaffen!

Der Inspektor suchte ihm das auszureden, und entschuldigte die Lehrer mit der Menge der Schüler, von der Zeit an aber fing er an, selbst aufmerksamer auf ihn zu werden, und fragte ihn des Morgens in der Frühstunde öfter, als sonst.

In einer Stunde wöchentlich wurde eine Übung mit den Psalmen angestellt, wo ein jeder der Schüler sich Lehren herausziehn mußte; diese wurden auf ein Blatt Papier oder eine Rechentafel geschrieben, und dann abgelesen, wobei mancher stark zu schwitzen pflegte. – Der Inspector war dabei. Anton schrieb nichts auf. Als aber die Reihe an ihn kam, ging er den ganzen Psalm durch, und hielt eine ordentliche Abhandlung oder Predigt darüber, die fast eine halbe Stunde dauerte, so daß der Inspector selbst am Ende sagte: es sei nun gnug; – er solle den Psalm nicht eigentlich erklären, sondern nur einige moralische Lehren herausziehen.

Auf die Weise ging beinahe ein Jahr hin, wo Anton so außerordentliche Fortschritte in seinem Fleiß tat, und sich so untadelhaft betrug, daß er seinen Zweck, Aufmerksamkeit auf sich zu erregen, im höchsten Grade erreichte, indem er sich sogar den Neid seiner Lehrer zuzog.

Nun stand er aber auch auf dem entscheidenden Punkte, wo er irgend eine Lebensart wählen sollte, und die Härte seines Vaters, der nun daran arbeitete, ihn bald los zu werden, nahm von Tage zu Tage gegen ihn zu, so daß die Schule gleichsam ein sichrer Zufluchtsort für ihn, vor der Bedrückung und Verfolgung zu Hause war.

Sein geliebter Lehrer R... wurde indes zu einem Dorfschulmeister befördert, und nun hatte er keinen eigentlichen Freund mehr unter seinen Lehrern. – Dieser riet ihm bei seinem Abschiede noch einmal, sich geradezu an den Inspektor zu wenden – und weil es nun ohnedem die höchste Zeit war, irgend einen Entschluß zu fassen, so wagte er es eines Tages mit klopfendem Herzen den Inspector um Gehör zu bitten, weil er ihm etwas wichtiges zu sagen habe. – Dieser nahm ihn mit auf seine Stube, und hier wurde Anton freimütiger, erzählte ihm seine Schicksale, und entdeckte ihm sein ganzes Herz – der Inspektor schilderte ihm die Schwierigkeiten, die Kosten des Studierens, benahm ihm aber demohngeachtet nicht alle Hoffnung, sondern versprach sich, wo möglich, für ihn zu verwenden, daß er unentgeldlich eine lateinische Schule besuchen könnte – in-

des war das alles sehr weit aussehend, weil er von seinen
Eltern zu seiner Unterstützung gar nichts, nicht einmal
Wohnung und Nahrung hoffen durfte, indem sein Vater
noch sechs Meilen hinter H... eine kleine Bedienung erhal-
5 ten hatte, und also in kurzem ganz aus H... wegziehen
mußte.

Indessen hatte der Inspektor mit dem Konsistorialrat
G..., unter dessen Direktion das Schulmeisterinstitut stand,
Antons wegen geredet, und dieser ließ ihn zu sich kom-
10 men. – Der Anblick dieses ehrwürdigen Greises schlug
zuerst Antons Mut darnieder, und seine Knie bebten, da er
vor ihm stand – als ihn aber der Greis leutselig bei der Hand
faßte, und mit sanfter Stimme anredete, fing er an, freimütig
zu sprechen, und seine Neigung zum Studieren zu entdek-
15 ken. – Der K. G. ließ ihn darauf eine von Gellerts geistlichen
Oden laut lesen, um zu hören, wie seine Ausrede und Stimme beschaffen sei, wenn er sich dereinst dem Predigtamt
widmen wollte – Darauf versprach er, ihm freien Unterricht
zu verschaffen, und ihn mit Büchern zu unterstützen; das sei
20 aber auch alles, was er für ihn tun könne. – Anton war so
voller Freuden über dieses Anerbieten, daß seine Dankbarkeit gar keine Grenzen hatte, und er nun alle Berge auf
einmal überstiegen zu haben glaubte. Denn daß er außer
freiem Unterricht und Büchern auch noch Nahrung, Woh-
25 nung und Kleider brauche, fiel ihm gar nicht ein.

Triumphierend eilte er nach Hause, und verkündigte seinen Eltern sein Glück – aber wie sehr wurde seine Freude
niedergeschlagen, da sein Vater ihm ganz kaltblütig sagte: er
dürfe, wenn er studieren wolle, auf keinen Heller von ihm
30 rechnen – wenn er sich also selbst Brot und Kleider zu
verschaffen im Stande sei, so habe er gegen sein Studieren
weiter nichts einzuwenden. – In einigen Wochen würde er
von H... wegreisen, und wenn Anton alsdann noch bei
keinem Meister wäre, so möchte er sehen, wo er unterkäme,
35 und nach Gefallen abwarten, ob einer von den Leuten, die
ihm das Studieren so eifrig anrieten, auch für seinen Lebens-
unterhalt sorgen würde.

Traurig und tiefsinnig ging Anton itzt umher und dachte seinem Schicksal nach – der Gedanke zu studieren war fest in seiner Seele, und sollten sich ihm auch noch weit mehr Schwierigkeiten in den Weg setzen – mancherlei Projekte durchkreuzten sich in seinem Kopfe. – Er erinnerte sich, gelesen zu haben, daß es einst in Griechenland einen lehrbegierigen Jüngling gab, der für seinen Unterhalt Holz haute und Wasser trug, um die Zeit, die ihm noch übrig blieb, dem Studieren widmen zu können. – Diesem Beispiele wollte er folgen, und war oft schon willens, sich als Tagelöhner auf gewisse Stunden zu verdingen, um die übrige Zeit zu seinem freien Gebrauch zu haben – dann konnte er aber wieder die Schulstunden nicht ordentlich abwarten, – so machte ihn alle sein Nachdenken und Überlegung immer nur noch tiefsinniger und unentschloßner. Indes rückte der entscheidende Zeitpunkt immer näher heran, wo er einen Entschluß fassen mußte. – Er sollte nun die Schule, die er bisher besucht hatte, verlassen, um noch eine Zeitlang in die Garnisonschule zu gehen, weil er von dem Garnisonprediger M... konfirmiert werden sollte, dessen Vorbereitungs- und Katechisationsstunden er itzt schon zu besuchen anfing, und der wegen seiner Antworten aufmerksam auf ihn geworden war. Allein er würde es von selbst nie gewagt haben, diesem Mann, zu welchem er zuerst gar kein Zutrauen fassen konnte, den Kummer seiner Seele zu entdecken.

Da sich nun für Anton keine solide Aussicht zum Studieren eröffnen wollte, so würde er doch am Ende wahrscheinlich den Entschluß haben fassen müssen, irgend ein Handwerk zu lernen, wenn nicht, wider Vermuten, ein sehr geringfügigscheinender Umstand seinem Schicksal in seinem ganzen künftigen Leben eine andre Wendung gegeben hätte. –

ANTON REISER.

EIN PSYCHOLOGISCHER ROMAN.

Herausgegeben
von Karl Philipp Moritz.

ZWEITER TEIL.

Um fernern schiefen Urteilen, wie schon einige über dies
Buch gefällt sind, vorzubeugen, sehe ich mich genötigt, zu
erklären, daß dasjenige, was ich aus Ursachen, die ich für
leicht zu erraten hielt, einen *psychologischen Roman* genannt
habe, im eigentlichsten Verstande *Biographie,* und zwar eine
so wahre und getreue Darstellung eines Menschenlebens,
bis auf seine kleinsten Nüancen, ist, als es vielleicht nur
irgend eine geben kann. –

Wem nun an einer solchen getreuen Darstellung etwas
gelegen ist, der wird sich an das anfänglich unbedeutende
und unwichtig scheinende nicht stoßen, sondern in Erwägung ziehen, daß dies künstlich verflochtne Gewebe eines
Menschenlebens aus einer unendlichen Menge von Kleinigkeiten besteht, die alle in dieser Verflechtung äußerst wichtig
werden, so unbedeutend sie an sich scheinen. –

Wer auf sein vergangnes Leben aufmerksam wird, der
glaubt zuerst oft nichts als Zwecklosigkeit, abgerißne Fäden,
Verwirrung, Nacht und Dunkelheit zu sehen; je mehr sich
aber sein Blick darauf heftet, desto mehr verschwindet die
Dunkelheit, die Zwecklosigkeit verliert sich allmählich, die
abgerißnen Fäden knüpfen sich wieder an, das Untereinan-
dergeworfene und Verwirrte ordnet sich – und das Mißtönende löset sich unvermerkt in Harmonie und Wohlklang
auf. –

Der Umstand, wodurch Anton Reisers Schicksal unvermutet eine glücklichere Wendung nahm, war: daß er sich auf der Straße mit ein Paar Jungen balgte, die mit ihm aus der Schule kamen, und ihn unterweges geneckt hatten, welches er nicht länger leiden wollte; indem er sich nun mit ihnen bei den Haaren herumzauste, kam auf einmal der Pastor M... daher gegangen – und wie groß war nun Reisers Beschämung und Verwirrung, da ihn die beiden Jungen selbst zuerst aufmerksam darauf machten, und ihm, mit einer Art von Schadenfreude den Zorn vorstellten, den nun der Pastor M... auf ihn werfen würde.

Was? – ich will einst selbst solch ein ehrwürdiger Mann werden, wie daher kömmt – wünsche, daß mir das itzt schon ein jeder ansehen soll, damit sich irgend einer findet, der sich meiner annimmt, und mich aus dem Staube hervorzieht, und muß nun in der Stellung von diesem Manne überrascht werden, bei dem ich konfirmiert werden soll, wo ich Gelegenheit hätte, mich in meinem besten Lichte zu zeigen. – Dieser Mann, was wird er nun von mir denken, wofür wird er mich halten?

Diese Gedanken gingen Reisern durch den Kopf, und bestürmten ihn auf einmal so sehr mit Scham, Verwirrung, und Verachtung seiner selbst, daß er glaubte in die Erde sinken zu müssen. – Aber er ermannte sich, das Selbstzutrauen arbeitete sich unter der erstickenden Scham wieder hervor, und flößte ihm zugleich Mut und Zutrauen gegen den Pastor M... ein – er faßte schnell ein Herz, ging geradesweges auf den Pastor M... zu, und redete ihn auf öffentlicher Straße an, indem er zu ihm sagte, er sei einer von den Knaben, die bei ihm zur Kinderlehre gingen, und der Pastor M... möchte doch deswegen keinen Zorn auf ihn werfen, daß er sich eben itzt mit den beiden Jungen dort geschlagen hätte, dies wäre sonst gar seine Art nicht; die Jungen hätten ihn nicht zufrieden gelassen; und es sollte nie wieder geschehen. –

Dem Pastor M... war es sehr auffallend, sich auf der
Straße von einem Knaben auf die Weise angeredet zu sehen,
der sich eben mit ein paar andern Buben herumgebalgt hatte – nach einer kleinen Pause antwortete er: es sei freilich
5   sehr unrecht und unschicklich sich zu balgen, indes hätte
das weiter nichts zu sagen, wenn er es künftig unterließe;
drauf erkundigte er sich auch nach seinem Namen und Eltern, fragte ihn, wo er bis jetzt in die Schule gegangen wäre,
u. s. w. und entließ ihn sehr gütig – wer war aber froher, als
10   Reiser, und wie leicht war ihm ums Herz, da er sich nun
wieder aus dieser gefährlichen Situation herausgewickelt
glaubte.

Und wie viel froher würde er noch gewesen sein, hätte er
gewußt, daß dieser ohngefähre Zufall allen seinen ängstli-
15   chen Besorgnissen ein Ende machen, und die erste Grundlage seines künftigen Glücks sein würde. – Denn von dem
Augenblick an hatte der Pastor M... den Gedanken gefaßt,
sich näher nach diesem jungen Menschen zu erkundigen,
und sich seiner tätig anzunehmen, weil er nicht ohne Grund
20   vermutete, daß sobald des jungen Reisers Betragen gegen
ihn nicht Verstellung war, es keine gemeine Denkungsart bei
einem Knaben von dem Alter voraussetzte – und daß es
nicht Verstellung war, dafür schien ihm seine Miene zu bürgen.

25   Den Sonntag darauf fragte ihn der Pastor M... des Nachmittags in der Kinderlehre öfter wie sonst; und Reiser hatte
nun schon gewissermaßen einen seiner Wünsche erreicht, in
der Kirche, vor dem versammelten Volke, wenigstens auf
irgend eine Art öffentlich reden zu können, indem er die
30   Katechismusfragen des Pastors mit lauter und vernehmli-
cher Stimme beantwortete, wobei er sich denn sehr von den
übrigen unterschied, indem er richtig accentuierte, da jene
ihre Antworten in dem gewöhnlichen singenden Tone der
Schulknaben herbeteten.

35   Nach geendigter Kinderlehre winkte ihn der Pastor M...
beiseite, und entbot ihn auf den andern Morgen zu sich –
welch eine freudige Unruhe bemächtigte sich nun auf einmal

seiner Gedanken, da es schien, als ob sich irgend ein Mensch einmal näher um ihn bekümmern wollte, – denn damit schmeichelte er sich nun freilich, daß der Pastor M... durch seine Antworten aufmerksam auf ihn geworden sei; und er nahm sich nun auch vor, Zutrauen zu diesem Manne zu fassen, und ihm alle seine Wünsche zu entdecken.

Als er nach einer fast schlaflosen Nacht den andern Morgen zu dem Pastor M... kam, fragte ihn dieser zuerst, was für einer Lebensart er sich zu widmen dächte, und bahnte ihm also den Weg, zu dem, was er schon selbst vorzubringen im Sinn hatte. – Reiser entdeckte ihm sein Vorhaben. – Der Pastor M... stellte ihm die Schwierigkeiten vor, sprach ihm aber doch auch zugleich wieder Mut ein, und machte den Anfang zur tätigen Ermunterung damit, daß er versprach, ihn durch seinen einzigen Sohn, der die erste Klasse des Lyceums in H.. besuchte, in der lateinischen Sprache unterrichten zu lassen, womit auch noch in derselben Woche der Anfang gemacht wurde.

Bei dem allen glaubte Reiser in den Mienen und dem Betragen des Pastor M... zu lesen, daß er noch irgend etwas Wichtiges zurück behielte, welches er ihm zu seiner Zeit sagen würde: in dieser Vermutung wurde er noch mehr durch die geheimnisvollen Ausdrücke des Garnisonküsters bestärkt, dessen Lehrstunden er noch besuchte, und der ihm immer einen Stuhl setzte, wenn er kam, indes die andern auf Bänken saßen. – Dieser pflegte denn wohl, wenn die Stunde aus war, zu ihm zu sagen: sein Sie ja recht auf Ihrer Hut, und denken Sie, daß man genau auf Sie acht gibt. – Es sind große Dinge mit Ihnen im Werke! und dergleichen mehr, wodurch nun Reiser freilich anfing, sich eine wichtigere Person, als bisher zu glauben, und seine kleine Eitelkeit mehr wie zu viel Nahrung erhielt, die sich denn oft töricht genug in seinem Gange und in seinen Mienen äußerte, indem er manchmal in seinen Gedanken mit allem Ernst und der Würde eines Lehrers des Volks auf der Straße einhertrat, wie er dies denn schon in B... getan hatte, besonders wenn er schwarze Weste und Beinkleider trug. Bei seinem Gange hatte er sich den

Gang eines jungen Geistlichen, der damals Lazarettprediger
in H... und zugleich Konrektor am Lyceum war, zum Muster genommen, weil dieser in der Art sein Kinn zu tragen,
etwas hatte, das Reisern ganz besonders gefiel.

Nie kann wohl jemand in irgend einem Genuß, glücklicher gewesen sein, als es Reiser damals in der Erwartung der
großen Dinge war, die mit ihm vorgehen sollten. – Dies
erhitzte seine Einbildungskraft bis auf einen hohen Grad.
Und da nun der Zeitpunkt immer näher heran rückte, wo er
zum Abendmahl sollte gelassen werden, so erwachten auch
alle die schwärmerischen Ideen wieder, die er sich schon in
B... von dieser Sache in den Kopf gesetzt hatte, wozu noch
die Lehrstunden des Garnisonküsters kamen, der denjenigen, die er zum Abendmahl vorbereiten half, dabei Himmel
und Hölle auf eine so fürchterliche Art vorstellte, daß seinen
Zuhörern oft Schrecken und Entsetzen ankam, welches
aber doch mit einer angenehmen Empfindung verknüpft
war, womit man das Schreckliche und Fürchterliche gemeiniglich anzuhören pflegt, und er empfand dann wieder das
Vergnügen, seine Zuhörer, so erschüttert zu haben, welches
ihm wonnevolle Tränen auspreßte, die den ganzen Auftritt,
wenn er so des Abends in der erleuchteten Schulstube zwischen ihnen stand, noch feierlicher machten.

Auch der Pastor M... hielt wöchentlich einige Stunden,
worin er diejenigen, die zum Abendmahl gehen sollten,
vorbereitete, aber das, was er sagte, kam lange nicht gegen
die herzerschütternden Anreden seines Küsters, ob es Reisern gleich zusammenhängender und besser gesagt zu sein
schien. – Nichts war für Anton schmeichelhafter, als da der
Pastor M... einmal den Begriff, daß die Gläubigen Kinder
Gottes sind, durch das Beispiel erklärte, wenn er mit irgend
einem aus der Zahl seiner jungen Zuhörer genauer umginge,
ihn besonders zu sich kommen ließe, und sich mit ihm unterredete, dieser ihm denn auch näher als die übrigen wäre,
und so wären die Kinder Gottes ihm auch näher, als die
übrigen Menschen. Nun glaubte Reiser unter der Zahl seiner
Mitschüler der einzige gewesen zu sein, auf den der Pastor

M... aufmerksamer, als auf alle übrigen wäre, – allein so schmeichelhaft auch dies für seine Eitelkeit war, so erfüllte es ihn doch bald nachher wieder mit einer unbeschreiblichen Wehmut, daß nun alle die übrigen an diesem Glück was ihm allein geworden war, nicht Teil nehmen sollten, und von dem nähern Umgange mit dem Pastor M... gleichsam auf immer ausgeschlossen sein sollten. – Eine Wehmut, die er sich schon in seinen frühesten Kinderjahren einmal empfunden zu haben erinnert, da ihm seine Base in einem Laden ein Spielzeug gekauft hatte, das er in Händen trug, als er aus dem Hause ging; und vor der Haustüre saß ein Mädchen in zerlumpten Kleidern ohngefähr in seinem Alter, das voll Verwunderung über das schöne Stück Spielzeug ausrief: Ach, Herr Gott, wie schön! – Reiser mochte etwa damals sechs bis sieben Jahre alt sein – der Ton, des geduldigen Entbehrens ohngeachtet der höchsten Bewunderung, womit das zerlumpte Mädchen die Worte sagte: Ach Herr Gott, wie schön! drang ihm durch die Seele. – Das arme Mädchen mußte alle diese Schönheiten so vor sich vorbeitragen sehen, und durfte nicht einmal einen Gedanken daran haben, irgend ein Stück davon zu besitzen. Es war von dem Genuß dieser köstlichen Dinge gleichsam auf immer ausgeschlossen, und doch so nahe dabei – wie gern wäre er zurückgegangen, und hätte dem zerlumpten Mädchen das kostbare Spielzeug geschenkt, wenn es seine Base gelitten hätte! – so oft er nachher daran dachte, empfand er eine bittere Reue, daß er es dem Mädchen nicht gleich auf der Stelle gegeben hatte. Eine solche Art von mitleidsvoller Wehmut war es auch, die Reiser empfand, da er sich *ausschließungsweise* mit den Vorzügen in der Gunst des Pastor M... beehrt glaubte, wodurch seine Mitschüler, ohne, daß sie es verdient hatten, so weit unter ihn herabgesetzt wurden.

Grade diese Empfindung ist nachher wieder in seiner Seele erwacht, so oft er in der ersten von Virgils Eklogen an die Worte kam; nec invideo u. s. w. Indem er sich in die Stelle des glücklichen Hirten versetzte, der ruhig im Schatten seines Baums sitzen kann, indes der andere sein Haus und Feld mit dem Rücken ansehen muß, war ihm bei dem nec invideo des letztern immer gerade so zu Mute, als da das zerlumpte Mädchen sagte: »Ach Herr Gott, wie schön ist das!«

Ich habe hier notwendig in Reisers Leben etwas nachholen und etwas vorweggreifen müssen, wenn ich zusammen stellen wollte, was nach meiner Absicht, zusammen gehört. Ich werde dies noch öfter tun; und wer meine Absicht eingesehen hat, bei dem darf ich wohl nicht erst dieser anscheinenden Absprünge wegen um Entschuldigung bitten.

Man sieht leicht, daß Anton Reisers Eitelkeit, durch die Umstände, welche sich jetzt vereinigten, um ihm seine eigne Person wichtig zu machen, mehr als zu viel Nahrung erhielt. Es bedurfte wieder einer kleinen Demütigung für ihn, und die blieb nicht aus. Er schmeichelte sich nicht ohne Grund, unter allen, die bei dem Pastor M... konfirmiert wurden, der erste zu sein. Er saß auch oben an, und war gewiß, daß ihm keiner diesen Platz streitig machen würde. Als auf einmal ein junger wohlgekleideter Mensch, in seinem Alter, und von seiner Erziehung die Lehrstunden des Pastor M... mit besuchte, der ihn durch sein feines äußeres Betragen sowohl, als durch die vorzügliche Achtung, womit ihm der Pastor M... begegnete, ganz in Dunkel setzte, und dem auch sogleich über ihm der erste Platz angewiesen ward.

Reisers süßer Traum, der erste unter seinen Mitschülern zu sein, war nun plötzlich verschwunden. Er fühlte sich erniedrigt, herabgesetzt, mit den übrigen allen in eine Klasse geworfen. – Er erkundigte sich bei dem Bedienten des Pastor M... nach seinem fürchterlichen Nebenbuhler, und erfuhr, daß er eines Amtmanns Sohn, und bei dem Pastor M... in Pension sei, auch mit den übrigen zugleich konfirmiert werden würde. Der schwärzeste Neid nahm auf eine Zeitlang in Antons Seele Platz; der blaue Rock mit dem samtnen Kragen, den der Amtmannssohn trug; sein feines Betragen, seine hübsche Frisur, schlug ihn nieder und machte ihn mißvergnügt mit sich selbst; aber doch schärfte sich bald wieder das Gefühl bei ihm, daß dies unrecht sei, und er wurde nun noch mißvergnügter über sein Mißvergnügen.

Ach, er hätte nicht nötig gehabt, den armen Knaben zu beneiden, dessen Glückssonne bald ausgeschienen hatte. Binnen vierzehn Tagen kam die Nachricht, daß sein Vater wegen Untreue seines Dienstes entsetzt sei. Für den jungen Menschen konnte also auch die Pension nicht länger bezahlt werden, der Pastor M... schickte ihn seinen Anverwandten wieder, und Reiser behielt seinen ersten Platz. Er konnte seine Freude wegen der Folgen, die dieser Vorfall für ihn hatte, nicht unterdrücken, und doch machte er sich selber Vorwürfe wegen seiner Freude – er suchte sich zum Mitleid zu zwingen, weil er es für recht hielt – und die Freude zu unterdrücken, weil er sie für unrecht hielt; sie hatte aber demohngeachtet die Oberhand, und er half sich denn am Ende damit, daß er doch nicht wider das Schicksal könne, welches nun den jungen Menschen einmal habe unglücklich machen wollen. Hier ist die Frage: wenn das Schicksal des jungen Menschen sich plötzlich wieder geändert hätte, wür- de ihn Reiser aus erster Bewegung freiwillig mit lächelnder teilnehmender Miene wieder haben über sich stehen lassen, oder hätte er sich erst mit einer Art von Anstrengung in diese Empfindung versetzen müssen, weil er sie für recht und edel gehalten hätte. – Der Zusammenhang seiner Ge- schichte mag in der Folge diese Frage entscheiden!

Alle Abend hatte nun Reiser eine lateinische Stunde bei dem Sohn des Pastor M..., und kam wirklich so weit, daß er binnen vier Wochen ziemlich den Kornelius Nepos expo- nieren lernte. Welche Wonne war ihm das, wenn denn etwa der Garnisonküster dazu kam, und fragte, was die *beiden Herren Studenten* machten – und als der Pastor M... damals gerade seine älteste Tochter an einen jungen Prediger ver- heiratete, der eines Sonntags Nachmittags für ihn die Kin- derlehre hielt, und dieser auf Reisern immer aufmerksamer zu werden schien, je öfter er ihn antworten hörte: welch ein entzückender Augenblick für Reisern, da derselbe nun nach geendigtem Gottesdienst zum Pastor M... kam, und der Schwiegersohn des Pastors, ihn nun mit der größten Ach- tung anredete, und sagte, es sei ihm gleich in der Kirche, da

Reiser ihm zuerst geantwortet, aufgefallen, ob das wohl der junge Mensch sein möchte, von dem ihm sein Schwiegervater so viel Gutes gesagt, und es freue ihn, daß er sich nicht geirrt habe.

In seinem Leben hatte Anton keine solche Empfindung gehabt, als ihm diese achtungsvolle Begegnung verursachte. – Da er nun die Sprache der feinen Lebensart nicht gelernt hatte, und sich doch auch nicht gemein ausdrücken wollte, so bediente er sich bei solchen Gelegenheiten der Büchersprache, die bei ihm aus dem Telemach, der Bibel, und dem Katechismus zusammengesetzt war, welches seinen Antworten oft einen sonderbaren Anstrich von Originalität gab, indem er z. B. bei solchen Gelegenheiten zu sagen pflegte, er habe den Trieb zum Studieren, der ihn unaufhaltsam mit sich fortgerissen, nicht überwältigen können, und wolle sich nun der Wohltaten, die man ihm erzeige auf alle Weise würdig zu machen, und in aller Gottseligkeit und Ehrbarkeit sein Leben bis an sein Ende zu führen suchen.

Indes hatte der Konsistorialrat G..., an den sich Reiser schon vorher gewandt hatte, für ihn ausgemacht, daß er die sogenannte Neustädter Schule unentgeldlich besuchen könnte. – Allein der Pastor M... sagte, das dürfe nun nicht geschehen; er solle, bis er konfirmiert würde noch von seinem Sohne unterrichtet werden, damit er alsdann sogleich die höhere Schule auf der Altstadt besuchen könne, wo der Direktor sich seiner annehmen wolle; und wegen der *Eifersucht,* die zwischen den beiden Schulen zu herrschen pflegte, würde er besser tun, wenn er jene nicht zuerst besuchte. – Dies mußte Reiser dem Konsistorialrat G... selber sagen, um den freien Unterricht, welchen er ihm verschafft hatte, abzulehnen, worüber denn derselbe sehr empfindlich wurde, und Reisern erst hart anredete, ihn aber doch zuletzt wieder mit der Aufmunterung entließ, daß er sich auf andre Weise dennoch seiner annehmen wolle.

So schien nun an Reisers Schicksale, um den sich vorher niemand bekümmert hatte, auf einmal alles Teil zu nehmen. – Er hörte von *Eifersucht* der Schulen seinetwegen

sprechen. – Der Konsistorialrat G... und der Pastor M...
schienen sich gleichsam um ihn zu streiten, wer sich am
meisten seiner annehmen wollte. Der Pastor M... bediente
sich des Ausdrucks, er solle nur dem Konsistorialrat G...
sagen, es wären seinetwegen schon *Anstalten* getroffen worden, und würden noch *Anstalten* getroffen werden, daß er zu
der höhern Schule auf der Altstadt hinlänglich vorbereitet
würde, ohne vorher die niedere Schule auf der Neustadt zu
besuchen. – Also *Anstalten* sollten nun seinetwegen getroffen werden, wegen eines Knaben, den seine eignen Eltern
nicht einmal ihrer Aufmerksamkeit wert gehalten hatten.

Mit welchen glänzenden Träumen und Aussichten in die
Zukunft, dies Reisers Phantasie erfüllt habe, darf ich wohl
nicht erst sagen. Insbesondre, da nun noch immer die geheimnisvollen Winke bei dem Garnisonküster und die Zu-
rückhaltung des Pastor M... fortdauerte, womit er Reisern
etwas wichtiges zu verschweigen schien. –

Endlich kam es denn heraus, daß der Prinz... auf Empfehlung des Pastor M... sich des jungen Reisers annehmen,
und ihm monatlich ... Rtlr. zu seinem Unterhalt aussetzen
wolle. – Also war nun Reiser auf einmal allen seinen Besorgnissen wegen der Zukunft entrissen, das süße Traumbild
eines sehnlich gewünschten, aber nie gehofften Glückes,
war ehe er es sich versehn, wirklich geworden, und er konnte
nun seinen angenehmsten Phantasien nachhängen, ohne zu
fürchten, daß er durch Mangel und Armut darin gestört
werden würde. –

Sein Herz ergoß sich wirklich in Dank gegen die Vorsehung. – Kein Abend ging hin, wo er nicht den Prinzen und
den Pastor M... in sein Abendgebet mit eingeschlossen hätte – und oft vergoß er im Stillen Tränen der Freude und des
Danks, wenn er diese glückliche Wendung seines Schicksals
überdachte.

Reisers Vater hatte nun auch nichts weiter gegen sein
Studieren einzuwenden, sobald er hörte, daß es ihm nichts
kosten sollte. Und da überdem nun die Zeit heran kam, wo
er seine kleine Bedienung, an einem Ort sechs Meilen von

H... antreten mußte, und ihm sein Sohn also auf keine
Weise mehr zur Last fallen konnte. – Allein nun war die
Frage, bei wem Reiser nach der Abreise seiner Eltern wohnen und essen sollte. – Der Pastor M... schien nicht geneigt
zu sein, ihn ganz zu sich ins Haus zu nehmen. Es mußte also
drauf gedacht werden, ihn irgendwo bei ordentlichen Leuten unterzubringen. Und ein Hautboist Namens F... vom
Regiment des Prinzen... erbot sich von freien Stücken
dazu, Reisern unentgeldlich bei sich wohnen zu lassen. Ein
Schuster, bei dem seine Eltern einmal im Hause gewohnt
hatten, noch ein Hautboist, ein Hofmusikus, ein Garkoch,
und ein Seidensticker, erboten sich jeder, ihm wöchentlich
einen Freitisch zu geben.

Dies verringerte Reisers Freude in etwas wieder, welcher
glaubte, daß das, was der Prinz für ihn hergab, zu seinem
Unterhalt zureichen würde, ohne daß er an fremden Tischen
sein Brot essen dürfte. Auch verringerte dies seine Freude
nicht ohne Ursach, denn es setzte ihn in der Folge oft in eine
höchst peinliche und ängstliche Lage, so daß er oft im eigentlichen Verstande sein Brot mit Tränen essen mußte. –
Denn alles beeiferte sich zwar, auf die Weise ihm Wohltaten
zu erzeigen, aber jeder glaubte auch dadurch ein Recht erworben zu haben, über seine Aufführung zu wachen, und
ihm in Ansehung seines Betragens Rat zu erteilen, der dann
immer ganz blindlings sollte angenommen werden, wenn er
seine Wohltäter nicht erzürnen wollte. Nun war Reiser gerade von so viel Leuten, von ganz verschiedener Denkungsart, abhängig, als ihm Freitische gaben, wo jeder drohte,
seine Hand von ihm abzuziehen, sobald er seinem Rat nicht
folgte, der oft dem Rat eines andern Wohltäters geradezu
widersprach. Dem einen trug er sein Haar zu gut, dem andern zu schlecht frisiert, dem einen ging er zu schlecht, dem
andern, für einen Knaben der von Wohltaten leben müsse,
noch zu geputzt einher, – und dergleichen unzählige Demütigungen und Herabwürdigungen gab es mehr, denen Reiser
durch den Genuß der Freitische ausgesetzt war, und denen
gewiß ein jeder junger Mensch mehr oder weniger ausge-

setzt ist, der das Unglück hat, auf Schulen durch Freitische seinen Unterhalt zu suchen, und die Woche hindurch von einem zum andern herumessen zu müssen.

Dies alles ahndete Reisern dunkel, als die Freitische insgesamt für ihn angenommen, und keine Wohltat verschmäht wurde, die ihm nur irgend jemand erweisen wollte. – An dem guten Willen aber pflegt es nie zu fehlen, wenn Leute einem jungen Menschen zum Studieren beförderlich sein zu können glauben – dies erweckt einen ganz besondern Eifer – jeder denkt sich dunkel, wenn dieser Mann einmal auf der Kanzel steht, dann wird das auch mein Werk mit sein. – Es entstand ein ordentlicher Wetteifer um Reisern, und jeder auch der ärmste wollte nun auf einmal zum Wohltäter an ihm werden, wie denn ein armer Schuster sich erbot, ihm alle Sonntagabend einmal zu essen zu geben – dies alles wurde mit Freuden für ihn angenommen, und von seinen Eltern mit dem Hautboisten und dessen Frau überrechnet, wie glücklich er nun sei, daß er alle Tage in der Woche zu essen habe, und wie man nun von dem Gelde, was der Prinz hergebe, für ihn sparen könne.

Ach, die glänzenden Aussichten, die sich Reiser von dem Glück, das auf ihn wartete, gemacht hatte, verdunkelten sich nachher sehr wieder. Indes dauerte doch der erste angenehme Taumel, in welchen ihn die tätige Vorsorge und die Teilnehmung so vieler Menschen an seinem Schicksale versetzt hatte, noch eine Weile fort. –

Das große Feld der Wissenschaften lag vor ihm – sein künftiger Fleiß, die nützlichste Anwendung jeder Stunde bei seinem künftigen Studieren war den ganzen Tag über sein einziger Gedanke, und die Wonne die er darin finden, und die erstaunlichen Fortschritte, die er nun tun, und sich Ruhm und Beifall dadurch erwerben würde: mit diesen süßen Vorstellungen stand er auf, und ging damit zu Bette – aber er wußte nicht, daß ihm das Drückende und Erniedrigende seiner äußern Lage dies Vergnügen so sehr verbittern würde. Anständig genährt und gekleidet zu sein, gehört schlechterdings dazu, wenn ein junger Mensch zum Fleiß im

Studieren Mut behalten soll. Beides war bei Reisern der Fall nicht. Man wollte für ihn *sparen,* und ließ ihn während der Zeit wirklich darben.

Seine Eltern reisten nun auch weg, und er zog mit seinen wenigen Habseligkeiten bei dem Hautboisten F... ein, dessen Frau insbesondre sich schon von seiner Kindheit an, seiner mit angenommen hatte. – Es herrschte bei diesen Leuten, die keine Kinder hatten, die größte Ordnung in der Einrichtung ihrer Lebensart, welche vielleicht nur irgendwo statt finden kann. Da war nichts, keine Bürste und keine Schere, was nicht seit Jahren seinen bestimmten angewiesenen Platz gehabt hätte. Da war kein Morgen, der anbrach, wo nicht um acht Uhr Kaffee getrunken, und um neun Uhr der Morgensegen gelesen worden wäre, welches allemal kniend geschahe, indes die Frau F... aus dem Benjamin Schmolke vorlas, wobei denn Reiser auch mit knien mußte. Des Abends nach neun Uhr wurde auf eben die Art indem jeder vor seinem Stuhle kniete, auch der Abendsegen aus dem Schmolke gelesen, und dann zu Bette gegangen. Dies war die unverbrüchliche Ordnung, welche von diesen Leuten schon seit beinahe zwanzig Jahren, wo sie auch beständig auf derselben Stube gewohnt hatten, war beobachtet worden. Und sie waren gewiß dabei sehr glücklich, aber sie durften auch schlechterdings durch nichts darin gestört werden, wenn nicht zugleich ihre innre Zufriedenheit, die größtenteils auf diese unverbrüchliche Ordnung gebaut war, mit darunter leiden sollte. Dies hatten sie nicht recht erwogen, da sie sich entschlossen, ihre Stubengesellschaft mit jemanden zu vermehren, der sich unmöglich auf einmal in ihre seit zwanzig Jahren etablierte Ordnung, die ihnen schon zur andern Natur geworden war, gänzlich fügen konnte.

Es konnte also nicht fehlen, daß es ihnen bald zu gereuen anfing, daß sie sich selbst eine Last aufgebürdet hatten, die ihnen schwerer wurde, als sie glaubten. Weil sie nur eine Stube und eine Kammer hatten, so mußte Reiser in der Wohnstube schlafen, welches ihnen nun alle Morgen, so oft sie herein traten, einen unvermuteten Anblick von Unord-

nung machte, dessen sie nicht gewohnt waren, und der sie
wirklich in ihrer Zufriedenheit störte. – Anton merkte dies
bald, und der Gedanke, lästig zu sein, war ihm so ängstigend
und peinlich, daß er sich oft kaum zu husten getrauete, wenn
er an den Blicken seiner Wohltäter sahe, daß er ihnen im
Grunde zur Last war. – Denn er mußte doch seine wenigen
Sachen nun irgendwo hinlegen, und wo er sie hinlegte, da
störten sie gewissermaßen die Ordnung, weil jeder Fleck
hier nun schon einmal bestimmt war. – Und doch war es ihm
nun unmöglich, sich aus dieser peinlichen Lage wieder her-
auszuwickeln. – Dies alles zusammengenommen versetzte
ihn oft Stundenlang in eine unbeschreibliche Wehmut, die er
sich damals selber nicht zu erklären wußte, und sie anfänglich bloß der Ungewohnheit seines neuen Aufenthaltes zuschrieb.

Allein es war nichts als der demütigende Gedanke des
Lästigseins, der ihn so danieder druckte. Hatte er gleich bei
seinen Eltern, und bei dem Hutmacher L... auch nicht viel
Freude gehabt, so hatte er doch ein gewisses *Recht* da zu sein.
Bei jenen, weil es seine Eltern waren, und bei diesem, weil er
arbeitete. – Hier aber war der Stuhl worauf er saß eine Wohltat. – Möchten dies doch alle diejenigen erwägen, welche
irgend jemanden Wohltaten erzeigen wollen, und sich vorher recht prüfen, ob sie sich auch so dabei nehmen werden,
daß ihre gutgemeinte Entschließung dem Bedürftigen nie
zur Qual gereiche.

Das Jahr, welches Reiser in dieser Lage zubrachte, war,
obgleich jeder ihn glücklich pries, in einzelnen Stunden und
Augenblicken, eines der qualvollsten seines Lebens.

Reiser hätte sich vielleicht seinen Zustand angenehmer
machen können, hätte er das nur gehabt, was man bei manchen jungen Leuten ein *insinuantes Wesen* nennt. Allein zu
einem solchen insinuanten Wesen gehört ein gewisses
Selbstzutrauen, das ihm von Kindheit auf war benommen
worden; um sich gefällig zu machen, muß man vorher den
Gedanken haben, daß man auch gefallen könne. – Reisers
Selbstzutrauen mußte erst durch zuvorkommende Güte ge-

weckt werden, ehe er es *wagte,* sich beliebt zu machen. – Und
wo er nur einen Schein von Unzufriedenheit andrer mit ihm
bemerkte, da war er sehr geneigt, an der Möglichkeit zu
verzweifeln, jemals ein Gegenstand ihrer Liebe oder ihrer
Achtung zu werden. Darum gehörte gewiß ein großer Grad
von Anstrengung bei ihm dazu, sich selber Personen als
einen Gegenstand ihrer Aufmerksamkeit vorzustellen, von
denen er noch nicht wußte, wie sie seine Zudringlichkeit
aufnehmen würden.

Seine Base prophezeite ihm sehr oft, wie ihm der Mangel
jenes insinuanten Wesens an seinem Fortkommen in der
Welt schaden würde. Sie lehrte ihn, wie er mit der Frau F...
sprechen, und ihr sagen solle: »liebe Frau F..., sein Sie nun
meine Mutter, da ich ohne Vater und Mutter bin, ich will Sie
auch so lieb haben, wie eine Mutter«. – Allein wenn Reiser
dergleichen sagen wollte, so wars, als ob ihm die Worte
im Munde erstarben; es würde höchst ungeschickt herausgekommen sein, wenn er so etwas hätte sagen wollen. –
Dergleichen zärtliche Ausdrücke waren nie durch zuvor-
kommendes, gütiges Betragen irgend eines Menschen gegen
ihn, aus seinem Munde hervorgelockt worden; seine Zunge
hatte keine Geschmeidigkeit dazu. – Er konnte den Rat
seiner Base unmöglich befolgen. Wenn sein Herz voll war,
so suchte er schon Ausdrücke, wo er sie auch fand. Aber die
Sprache der feinen Lebensart hatte er freilich nie reden gelernet. – Was man insinuantes Wesen nennt, wäre auch bei
ihm die kriechendste Schmeichelei gewesen.

Indes war nun die Zeit herangekommen, wo Reiser konfirmiert werden, und in der Kirche öffentlich sein Glaubensbekenntnis ablegen sollte, – eine große Nahrung für seine
Eitelkeit – er dachte sich die versammelten Menschen, sich
als den ersten, unter seinen Mitschülern, der alle Aufmerksamkeit bei seinen Antworten vorzüglich auf sich ziehen
würde, durch Stimme, Bewegung und Miene. – Der Tag
erschien, und Reiser erwachte wie ein römischer Feldherr
erwacht sein mag, dem an dem Tage ein Triumph bevorstand. – Er wurde bei seinem Vetter dem Peruckenmacher

hoch frisiert, und trug einen bläulichen Rock und schwarze Unterkleider, eine Tracht, die der geistlichen gewissermaßen sich schon am meisten näherte.

Aber so wie der Triumph des größten Feldherrn zuweilen durch unerwartete Demütigungen verbittert wurde, daß er ihn nur halb genießen konnte; so ging es auch Reisern an diesem Tage seines Ruhms und seines Glanzes. – Seine Freitische nahmen mit diesem Tage ihren Anfang – er hatte den ersten des Mittags bei dem Garnisonküster, und den andern des Abends bei dem armen Schuster – und obgleich der Garnisonküster ein Mann war, der das großmütigste Herz besaß, und Reisern seinen Lebenslauf erzählte, wie er auch erst als ein armer Schüler ins Chor gegangen sei, aber schon in seinem siebzehnten Jahre den blauen Mantel mit dem schwarzen vertauscht habe – so war doch die Frau desselben der Neid und die Mißgunst selber, und jeder ihrer Blicke vergiftete Reisern den Bissen, den er *in* den Mund steckte. Sie ließ es sich zwar am ersten Tage nicht so sehr, wie nachher, aber doch stark genug merken, daß Reiser niedergeschlagenen Herzens, ohne selbst recht zu wissen, worüber, zur Kirche ging, und die Freude, die er sich an diesem sehnlich gewünschten Tage versprochen hatte, nur halb empfand. – Er sollte nun hingehn, um sein Glaubensbekenntnis auf gewisse Weise zu beschwören. –

Dies dachte er sich, und ihm fiel dabei ein, daß sein Vater vor einiger Zeit zu Hause erzählt hatte, wie er wegen seines Dienstes vereidet worden war, daß er *nichts weniger, als gleichgültig* dabei gewesen sei – und Reiser schien sich, da er zur Kirche ging, gegen den Eid, den er ablegen sollte, gleichgültig zu sein. – Aus dem Unterricht, den er in der Religion bekommen, hatte er sehr hohe Begriffe vom Eide, und hielt diese Gleichgültigkeit an sich für höchst strafbar. Er *zwang* sich also nicht gleichgültig, sondern *gerührt* und ernsthaft zu sein, bei diesem wichtigen Schritte, und war mit sich selber unzufrieden, daß er nicht noch weit gerührter war; aber die Blicke der Frau des Garnisonküsters waren es, welche alle sanfte und angenehme Empfindungen aus seinem Herzen weggescheucht hatten.

Er konnte sich doch nicht recht freuen, weil niemand war, der an seiner Freude recht nahen Anteil nahm, weil er dachte, daß er auch selbst an diesem Tage an fremden Tischen essen mußte. Da er indes in die Kirche kam, und nun vor den Altar trat, und oben an in der Reihe stand, so erwärmte das alles zwar wieder seine Phantasie – aber es war doch lange das nicht, was er sich versprochen hatte. – Und gerade das wichtigste und feierlichste, die Ablegung des Glaubensbekenntnisses, welches einer im Namen der übrigen tun mußte, kam nicht an ihn, und er hatte sich doch schon viele Tage vorher auf Miene, Bewegung, und Ton geübt, womit er es ablegen wollte.

Er dachte, der Pastor M... würde ihn etwa den Nachmittag zu sich kommen lassen, aber er ließ ihn nicht zu sich kommen – und während, daß seine Mitschüler nun zu Hause gingen, und der zärtlichen Bewillkommung ihrer Eltern entgegen sahn, ging Reiser einsam und verlassen auf der Straße umher, wo ihm der Direktor des Lyceums begegnete, der ihn anredete, und fragte, ob er nicht *Reiserus* hieße? – und als Reiser mit *Ja* antwortete, ihm freundlich die Hand druckte; und sagte, er habe schon durch den Pastor M... viel Gutes von ihm gehört, und würde bald näher mit ihm bekannt werden.

Welche unerwartete Aufmunterung für ihn, daß dieser Mann, den er schon oft mit tiefer Ehrfurcht betrachtet hatte, ihn auf der Straße anzureden würdigte, und ihn Reiserus nannte.

Der Direktor B... war wirklich ein Mann, welcher einem jeden der ihn sahe, Ehrfurcht und Liebe einzuflößen im Stande war. Er kleidete sich zierlich, und doch anständig, trug sich edel, war wohlgebildet, hatte die heiterste Miene, worin ihm so oft er wollte, der strengste Ernst zu Gebote stand. Er war ein Schulmann, gerade wie er sein sollte, um von diesem Stande die Verachtung der feinen Welt, womit die gewöhnliche Pedanterie desselben belegt ist, abzuwälzen.

Wie es nun kam, daß er Reisern *Reiserus* nannte, mag der

Himmel wissen, gnug er nannte ihn so, und es schmeichelte
Reisern nicht wenig, auf die Weise seinen Namen zum erstenmal in us umgetauft zu sehen. – Da er mit dieser
Endigung der Namen immer die Idee von Würde und einer
erstaunenswürdigen Gelehrsamkeit verknüpft hatte, und
sich nun schon im Geiste den gelehrten und berühmten
Reiserus nennen hörte.

Diese Benennung, womit er so zufälliger Weise von dem
Direktor B... beehrt wurde, ist ihm nachher auch oft wieder
eingefallen, und manchmal mit ein Sporn zum Fleiße gewesen; denn mit dem us an seinem Namen erwachte auf einmal
die ganze Reihe von Vorstellungen, einmal ein berühmter
Gelehrter zu werden, wie Erasmus Roterodamus, und andere, deren Lebensbeschreibungen er zum Teil gelesen, und
ihre Bildnisse in Kupfer gestochen gesehen hatte.

Am Abend ging er nun zu dem armen Schuster, und wurde wenigstens mit freundlichern Blicken, als von der Frau
des Garnisonküsters, empfangen. Der Schuster Heidorn, so
hieß sein Wohltäter, hatte die Schriften des Taulerus und
andre dergleichen gelesen, und redete daher eine Art von
Büchersprache, wobei er manchmal einen gewissen predi-
genden Ton annahm. Gemeiniglich citierte er einen gewissen *Periander,* wenn er etwas behauptete, als: der Mensch
muß sich nur Gott hingeben, sagt Periander – und so sagte
alles, was der Schuster Heidorn sagte, auch dieser Periander,
der im Grunde nichts als eine allegorische Person war, die
in Bunians Christenreise oder sonst irgendwo vorkommt.
Aber Reisern klang der Name Periander so süß in seinen
Ohren. – Er dachte sich dabei etwas Erhabenes, Geheim-
nisvolles, und hörte den Schuster Heidorn immer gern von
Periandern sprechen.

Der gute Heidorn hatte ihn aber etwas zu spät aufgehalten, und als er zu Hause kam, hatten sein Wirt und seine
Wirtin schon ihren Abendsegen gelesen, und nicht unmittelbar darauf zu Bette gehen können, welches seit Jahren
nicht geschehen sein mochte. Dies war denn Ursach, daß
Reiser ziemlich kalt und finster empfangen wurde, und sich

von diesem Tage, dem er so lange voll sehnlicher Erwartung
entgegen gesehen hatte, mit traurigem Herzen niederlegen
mußte.

Diese Woche mußte er nun zum erstenmale herumessen,
und machte am Montage bei dem Garkoch den Anfang, wo
er sein Essen unter den übrigen Leuten, die bezahlten, bekam, und man sich weiter nicht um ihn bekümmerte. – Dies
war, was er wünschte, und er ging immer mit leichterem
Herzen hieher.

Den Dienstag Mittag ging er zu dem Schuster S., wo seine
Eltern im Hause gewohnt hatten, und wurde auf das lieb-
reichste und freundlichste empfangen. Die guten Leute
hatten ihn, als ein kleines Kind gekannt, und die alte Mutter
des Schuster S... hatte immer gesagt, aus dem Jungen würd
noch einmal etwas – und nun freute sie sich, daß ihre Prophezeiung einzutreffen schien. Und wenn es Reiser je nicht
fühlte, daß er fremdes Brot aß, so war es an diesem gast-
freundlichen Tische, wo er oft nachher seines Kummers
vergessen hat, und mit heitrer Miene wieder wegging, wenn
er traurig hingegangen war. Denn mit dem Schuster S...
vertiefte er sich immer in philosophischen Gesprächen, bis
die alte Mutter sagte: nun Kinder, so hört doch einmal auf,
und laßt das liebe Essen nicht kalt werden! O, was war der
Schuster S... für ein Mann! Von ihm konnte man mit Wahrheit sagen, daß er vom Lehrstuhle die Köpfe der Leute hätte
bilden sollen, denen er Schuh machte. – Er und Reiser kamen oft in ihren Gesprächen, ohne alle Anleitung, auf
Dinge, die Reiser nachher als die tiefste Weisheit in den
Vorlesungen über die Metaphysik wieder hörte, und hatte
oft schon Stundenlang mit dem Schuster S... darüber gesprochen. – Denn sie waren ganz von selbst auf die Entwickelung der Begriffe von Raum und Zeit, von subjektivi-
scher und objektivischer Welt, u. s. w. gekommen, ohne die
Schulterminologie zu wissen, sie halfen sich denn mit der
Sprache des gemeinen Lebens so gut sie konnten, welches
oft sonderbar genug heraus kam, – kurz bei dem Schuster
S... vergaß Reiser alles Unangenehme seines Zustandes, er

fühlte sich hier gleichsam in die höhere Geisterwelt versetzt, und sein Wesen wieder veredelt, weil er jemanden fand, mit dem er sich verstehn, und Gedanken gegen Gedanken wechseln konnte. Die Stunden, welche er hier bei den Freunden seiner Kindheit und seiner Jugend zubrachte, waren gewiß damals die angenehmsten seines Lebens. Hier war es allein, wo er sich mit völligem Zutrauen gewissermaßen, wie zu Hause fühlte.

Am Mittwoch aß er denn bei seinem Wirt, wo das wenige, was er genoß, so gut es auch diese Leute übrigens mit ihm meinen mochten, ihm doch fast jedesmal so verbittert wurde, daß er sich vor diesem Tage fast mehr, wie vor allen andern fürchtete. Denn an diesem Mittage pflegte seine Wohltäterin die Frau F... immer nicht geradezu, sondern nur in gewissen Anspielungen, indem sie zu ihrem Manne sprach, Reisers Betragen durchzugehen, ihm die Dankbarkeit gegen seine Wohltäter einzuschärfen, und etwas von Leuten mit einfließen zu lassen, die sich angewöhnt hätten sehr viel zu essen, und am Ende gar nicht mehr zu sättigen gewesen wären. – Reiser hatte damals, da er in seinem vollen Wachstum war, würklich sehr guten Appetit, allein mit Zittern steckte er jeden Bissen in den Mund, wenn er dergleichen Anspielungen hörte. Bei der Frau F... geschahe es nun wirklich nicht sowohl aus Geiz oder Neid, daß sie dergleichen Anspielungen machte, sondern aus dem feinen Gefühl von Ordnung, welches dadurch beleidiget wurde, wenn jemand, ihrer Meinung nach, zu viel aß. – Sie pflegte denn auch wohl von Gnadenbrünnlein und Gnadenquellen zu reden, die sich verstopften, wenn man nicht mit Mäßigkeit daraus schöpfte.

Die Frau des Hofmusikus, welche ihm am Donnerstage zu essen gab, war zwar dabei etwas rauh in ihrem Betragen, quälte ihn aber doch dadurch lange nicht so, als die Frau F... mit aller ihrer Feinheit. – Am Freitage aber hatte er wieder einen sehr schlimmen Tag, indem er bei Leuten aß, die es ihn nicht durch Anspielungen, sondern auf eine ziemlich grobe Art fühlen ließen, daß sie seine Wohltäter waren. Sie hatten

ihn auch noch als Kind gekannt, und nannten ihn nicht auf
eine zärtliche sondern verächtliche Weise bei seinem Vornamen Anton, da er doch anfing, sich unter die erwachsenen
Leute zu zählen. Kurz diese Leute behandelten ihn so, daß
er den ganzen Freitag über mißmütig und traurig zu sein
pflegte, und zu nichts recht Lust hatte, ohne oft zu wissen
worüber, es war aber darüber, daß er den Mittag der ernie-
rigenden Begegnung dieser Leute ausgesetzt war, deren
Wohltat er sich doch notwendig wieder gefallen lassen mußte, wenn es ihm nicht, als der unverzeihlichste Stolz sollte
ausgelegt werden. – Am Sonnabend aß er denn bei seinem
Vetter dem Peruquenmacher, wo er eine Kleinigkeit bezahlte, und mit frohem Herzen aß, und den Sonntag wieder bei
dem Garnisonküster.

Dies Verzeichnis von Reisers Freitischen, und den Personen, die sie ihm gaben, ist gewiß nicht so unwichtig, wie es
manchem vielleicht beim ersten Anblick scheinen mag –
dergleichen kleinscheinende Umstände sind es eben, die das
Leben ausmachen, und auf die Gemütsbeschaffenheit eines
Menschen den stärksten Einfluß haben. – Es kam bei Reisers Fleiß und seinen Fortschritten, die er an irgend einem
Tage tun sollte, sehr viel darauf an, was er für eine Aussicht
auf den folgenden Tag hatte, ob er gerade bei dem Schuster
S..., oder bei der Frau F..., oder dem Garnisonküster essen
mußte. Aus dieser seiner täglichen Situation nun wird sich
größtenteils sein nachheriges Betragen erklären lassen, welches sonst sehr oft mit seinem Charakter widersprechend
scheinen würde.

Ein großer Vorteil würde es für Reisern gewesen sein,
wenn ihn der Pastor M... wöchentlich einmal hätte bei sich
essen lassen. Aber dieser gab ihm statt dessen einen sogenannten Geldtisch so wie auch der Seidensticker; von diesen
wenigen Groschen nun mußte Reiser wöchentlich sein
Frühstück und Abendbrot bestreiten. So hatte die Frau F...
es angeordnet. Denn was der Prinz hergab, sollte alles für
ihn gespart werden. Sein Frühstück bestand also in ein wenig Tee, und einem Stück Brot, und sein Abendessen in ein

wenig Brot und Butter und Salz. Dann sagte die Frau F... er müsse sich ans Mittagsessen halten, doch aber, gab sie ihm zu verstehen, daß er sich ja hüten müsse, sich zu überessen.

So war nun Reisers Ökonomie eingerichtet, was seinen Unterhalt anbetraf. Aber auch zu seiner Kleidung wurde nicht einmal von dem Gelde, was der Prinz für ihn hergab, etwas genommen, sondern ein alter grober roter Soldatenrock für ihn gekauft, der ihm zurechtgemacht wurde, und womit er nun die öffentliche Schule besuchen sollte, in welcher nun auch der allerärmste besser als er gekleidet war, ein Umstand, der nicht wenig dazu beitrug, gleich anfänglich seinen Mut in etwas niederzuschlagen.

Dazu kam nun noch, daß er das Kommißbrot, welches der Hautboist F... empfing, holen, und unter den Armen durch die Stadt tragen mußte, welches er zwar, wenn es irgend möglich war, in der Dämmerung tat, aber es sich doch auf keine Weise durfte merken lassen, daß er sich dies zu tun schäme, wenn es ihm nicht ebenfalls als ein unverzeihlicher Stolz sollte ausgelegt werden; denn von diesem Brote wurde ihm selbst wöchentlich eins für ein geringes Geld überlassen, wovon er denn sein Frühstück und seinen Abendtisch bestreiten mußte.

Gegen dies alles durfte er sich nun nicht im mindesten auflehnen, weil der Pastor M... in die Einsichten der Frau F..., was Reisers Erziehung und die Einrichtung seiner Lebensart anbetraf, ein unbegrenztes Zutrauen setzte. In derselben Woche machte er auch noch seinen Besuch bei diesen Leuten, und dankte ihnen, daß sie die nähere Aufsicht über Reisern hätten übernehmen wollen, den er nun völlig ihrer Sorgfalt anvertraute. Reiser saß dabei halbtraurig am Ofen, ob er gleich nicht gerne undankbar für die Vorsorge des Pastor M... sein wollte. Aber er hing nun von diesem Augenblick an, ganz und gar von Leuten ab, bei denen er die wenigen Tage schon in einem so peinlichen Zustande zugebracht hatte. Bei aller dieser anscheinenden Güte, die ihm erwiesen wurde, konnte er sich nie recht freuen, sondern war immer ängstlich und verlegen, weil ihm jede auch die

kleinste Unzufriedenheit, die man ihm merken ließ, doppelt
kränkend war, sobald er bedachte, daß selbst der eigentliche
Fleck seines Daseins, das Obdach, dessen er sich erfreute,
bloß von der Güte so sehr empfindlicher und leicht zu be-
leidigender Personen abhing, als F... und noch weit mehr
seine Frau war.

Bei dem allen war ihm nun doch der Gedanke aufmunternd, daß er in der künftigen Woche, die sogenannte hohe
Schule zu besuchen anfangen sollte. Das war so lange sein
sehnlichster Wunsch gewesen. Wie oft hatte er mit Ehrfurcht, das große Schulgebäude mit der hohen steinern
Treppe vor demselben, angestaunt, wenn er über den Markt-
kirchhof ging. – Stundenlang stand er oft, ob er etwa durch
die Fenster etwas, von dem, was inwendig vorging, erblicken
könnte. Nun schimmerte von dem großen Katheder in Prima zufälliger Weise ein Teil durch das Fenster – wie malte
sich seine Phantasie das aus! Wie oft träumte ihm des
Nachts von diesem Katheder, und von langen Reihen von
Bänken, wo die glücklichen Schüler der Weisheit saßen, in
deren Gesellschaft er nun bald sollte aufgenommen werden.

So bestanden von seiner Kindheit auf seine eigentlichen
Vergnügungen größtenteils in der Einbildungskraft, und er
wurde dadurch einigermaßen für den Mangel der wirklichen
Jugendfreuden, die andre in vollem Maße genießen, schadlos gehalten. – Dicht neben der Schule führten zwei lange
Gänge nach den nebeneinander gebauten Priesterhäusern.
Die machten ihm einen so ehrwürdigen Prospekt, daß das
Bild davon nebst dem Schulgebäude Tag und Nacht das
herrschende in seiner Seele war – und denn die Benennung,
hohe Schule, welche unter gemeinen Leuten im Gebrauch war,
und der Ausdruck, *hohe Schüler,* welchen er ebenfalls oft gehört hatte, machten, daß ihm seine Bestimmung, diese
Schule zu besuchen, immer wichtiger und größer vorkam.

Der Zeitpunkt, wo dies geschehen sollte, war nun da, und
mit klopfendem Herzen erwartete er den Augenblick wo ihn
der Direktor B... in einen dieser Hörsäle der Weisheit führen würde. Er wurde von dem Direktor geprüft, und tüchtig

befunden, in die zweite Klasse gesetzt zu werden. Die mit einer natürlichen Würde verknüpfte Freundlichkeit, womit ihn dieser Mann zuerst mein lieber Reiser! nannte, ging ihm durch die Seele, und flößte ihm das innigste Zutrauen verbunden mit einer unbegrenzten Ehrfurcht gegen den Direktor ein. O was vermag ein Schulmann über die Herzen junger Leute, wenn er gerade so wie der Direktor B... den rechten Ton einer durch Leutseligkeit gemilderten Würde in seinem Betragen zu treffen weiß!

Den Sonntag nach der Konfirmation, ging nun Reiser zuerst zum Abendmahl, und suchte nun aufs gewissenhafteste die Lehren in Ausübung zu bringen, welche er sich darüber aufgeschrieben und auswendig gelernt hatte, als die vorhergehende Prüfung nach dem Buß- und Sündenspiegel, und dann das Hinzutreten zum Altar *mit einem freudigen Zittern.* – Er suchte sich auf alle Weise in eine solche Art von freudigen Zittern zu versetzen: es wollte ihm aber nicht gelingen, und er machte sich selbst die bittersten Vorwürfe darüber, daß sein Herz so verhärtet war. Endlich fing er vor Kälte an zu zittern, und dies beruhigte ihn einigermaßen.

Allein die himmlische Empfindung und das selige Gefühl, das ihm nun diese Seelenspeise gewähren sollte, alles das empfand er nicht – er schrieb aber die Schuld davon bloß seinem eigenen verstockten Herzen zu, und quälte sich selbst über den Zustand der Gleichgültigkeit, worin er sich fühlte.

Am meisten schmerzte es ihn, daß er nicht recht zur Erkenntnis seines Sündenelendes kommen konnte, welches doch zur Heilsordnung nötig war. Auch hatte er den Tag vorher in einer auswendig gelernten Beichte im Beichtstuhl bekennen müssen, daß er leider viel und mannigfaltig gesündigt, mit Gedanken, Worten und Werken, mit Unterlassung des Guten und Begehung des Bösen.

Die Sünden nun, deren er sich schuldig glaubte, waren vorzüglich Unterlassungssünden. Er betete nicht andächtig genug, liebte Gott nicht eifrig gnug, fühlte nicht Dankbarkeit gnug gegen seine Wohltäter, und empfand kein freudi-

ges Zittern, da er zum Abendmahle ging. – Dies alles ging
ihm nun nahe, aber er konnte es doch mit Zwang nicht
abhelfen, darum war es ihm in so fern recht lieb, daß ihm für
diese Vergehungen von dem Pastor M... die Absolution
erteilet wurde.

Dabei blieb er aber doch immer mit sich selber unzufrieden: denn zu der Gottseligkeit und Frömmigkeit rechnete er
vorzüglich die Aufmerksamkeit auf jeden seiner Schritte
und Tritte, auf jedes Lächeln, und auf jede Miene, auf jedes
Wort, das er sprach, und auf jeden Gedanken, den er dachte. – Diese Aufmerksamkeit mußte nun natürlicher Weise
sehr oft unterbrochen werden, und konnte nicht wohl über
eine Stunde in einem fortdauren – sobald nun Reiser seine
Zerstreuung merkte, ward er unzufrieden mit sich selber,
und hielt es am Ende beinahe für unmöglich, ein ordentlich
gottseliges und frommes Leben zu führen.

Die Frau F... hielt ihm an dem Tage, da er zum Abendmahl ging, eine lange Predigt über die bösen Lüste und Begierden, die in diesem Alter zu erwachen pflegten, und
wogegen er nun kämpfen müsse. Zum Glück verstand Reiser nicht, was sie eigentlich damit meinte, und wagte es auch
nicht, sich genauer darnach zu erkundigen, sondern nahm
sich nur fest vor, wenn böse Lüste in ihm erwachen sollten,
sie möchten auch sein von welcher Art sie wollten, ritterlich
dagegen anzukämpfen.

Er hatte bei seinem Religionsunterricht auf dem Seminarium zwar schon von allerlei Sünden gehört, wovon er sich
nie einen rechten Begriff machen konnte, als von Sodomiterei, stummen Sünden, und dem Laster der Selbstbeflek-
kung, welche alle bei der Erklärung des sechsten Gebots
genannt wurden, und die er sich sogar aufgeschrieben hatte.
Aber die Namen waren auch alles, was er davon wußte; denn
zum Glück hatte der Inspektor diese Sünden mit so fürchterlichen Farben gemalt, daß sich Reiser schon vor der
Vorstellung von diesen ungeheuren Sünden selbst fürchtete,
und mit seinen Gedanken in das Dunkel, welches sie um-
hüllte, nicht tiefer einzudringen wagte. – Überhaupt waren

seine Begriffe von dem Ursprung des Menschen noch sehr
dunkel und verworren, ob er gleich nicht mehr glaubte, daß
der Storch die Kinder bringe. – Seine Gedanken waren gewiß damals rein; denn ein gewisses Gefühl von Scham, das
ihm natürlich zu sein schien, war Ursach, daß er weder mit
seinen Gedanken über dergleichen Gegenständen verweilte,
noch sich mit seinen Mitschülern und Bekannten darüber zu
unterreden wagte. Auch kamen ihm seine religiösen Begriffe
von Sünde wohl hiebei zu statten. – Es war ihm fürchterlich
genug, daß es wirklich dergleichen Laster, die er nur den
Namen nach kannte, in der Welt gab, geschweige denn, daß
er nur einen Gedanken hätte haben sollen, sie näher kennen
zu lernen.

Am Montag morgen introducierte ihn nun der Direktor
B... in die zweite Klasse des Lyceums, wo der Konrektor
und der Kantor unterrichteten. – Der Konrektor war zugleich Prediger, und Reiser hatte ihn oft predigen hören. –
Er war es eben, dessen Art sich in seinem Priesterornat
zu tragen, Reisern besonders gefiel, so daß er dieselbe mit
einem gewissen Auf- und Niederbewegen des Kinns zuweilen nachzuahmen suchte. Auch war der Pastor G..., so hieß
er, noch ein sehr junger, der Kantor hingegen war ein alter
und etwas hypochondrischer Mann.

In der zweiten Klasse waren schon ziemlich erwachsene
junge Leute, und Reiser bildete sich nicht wenig darauf ein,
nun ein *Sekundaner* zu sein.

Die Lehrstunden nahmen ihren Anfang: der Konrektor
lehrte die Theologie, die Geschichte, den lateinischen Stil,
und das griechische neue Testament. – Der Kantor den Katechismus, die Geographie, und die lateinische Grammatik.
Des Morgens um 7 Uhr fingen die Stunden an, und dauerten
bis 10, und des Nachmittags um 1 Uhr fingen sie wieder an,
und dauerten bis um 4 Uhr. – Hier mußte nun also Reiser
nebst zwanzig bis dreißig andern jungen Leuten, einen großen Teil seines damaligen Lebens zubringen. Es war also
gewiß kein unwichtiger Umstand, wie diese Lehrstunden
eingerichtet waren.

Alle Morgen früh wurde nach der vorgeschriebenen Ordnung zuerst ein Kapitel aus der Bibel gelesen, wie es jedesmal in der Reihe folgte, es mochte nun so lang oder kurz
sein, wie es wollte. Darauf wurde denn nach einer gewissen
Heilsordnung zweimal die Woche eine Art von Theologie
dociert, worin z. B. die opera ad extra, und die opera ad intra
vorkamen, die vorzüglich eingeprägt wurden. Unter den erstern wurden nehmlich die Werke verstanden, woran alle
drei Personen in der Gottheit Teil nahmen, als die Schöpfung, Erlösung u. s. w. ob sie gleich einer Person vorzüglich
zugeschrieben werden; und unter den letztern wurde das
verstanden, wodurch sich eine Person von der andern unterschied, und was ihr nur ganz allein zukommt, als die
Zeugung des Sohnes vom Vater, das Ausgehen des heiligen
Geistes vom Vater und Sohn u. s. w. Reiser hatte diese Unterschiede zwar schon auf dem Seminarium gelernet, aber es
freute ihn doch sehr, daß er sie nun auch lateinisch zu benennen wußte. Die opera ad extra und die opera ad intra
prägten sich ihm von dem theologischen Unterricht am tiefsten ein.

Zwei Stunden in der Woche trug der Konrektor eine Art
von Universalgeschichte nach dem Holberg vor, und der
Kantor lehrte die Geographie nach dem Hübner. Das war
der ganze wissenschaftliche Unterricht. Alle übrige Zeit
wurde auf die Erlernung der lateinischen Sprache verwandt.
Diese war es denn auch allein, worin sich jemand Ruhm und
Beifall erwerben konnte. Denn die Ordnung der Plätze richtete sich nur nach der Geschicklichkeit im Lateinischen.

Der Kantor hatte nun die Methode, daß er über eine
Anzahl von Regeln aus der großen märkischen Grammatik
wöchentlich einen kleinen Aufsatz diktierte, der ins Lateinische übersetzt werden mußte, und wo die Ausdrücke so
gewählt waren, daß immer gerade die jedesmaligen grammatikalischen Regeln darauf konnten angewandt werden. Wer
nun auf die Erklärung derselben am besten Acht gegeben
hatte, der konnte auch sein sogenanntes Exercitium am besten machen, und sich dadurch zu einem höhern Platze
hinaufarbeiten.

So sonderbar nun auch die um des Lateinischen willen zusammen gelesenen deutschen Ausdrücke zuweilen klangen, so nützlich war doch im Grunde diese Übung, und solch einen Wetteifer erregte sie. – Denn binnen einem Jahre kam Reiser dadurch so weit, daß er ohne einen einzigen grammatikalischen Fehler Latein schrieb, und sich also in dieser Sprache richtiger, als in der deutschen ausdrückte. Denn im Lateinischen wußte er, wo er den Akkusativ und den Dativ setzen mußte. Im Deutschen aber hatte er nie daran gedacht, daß *mich* z. B. der Akkusativ und *mir* der Dativ sei, und daß man seine Muttersprache eben so wie das Lateinische auch deklinieren und konjugieren müsse. – Indes faßte er doch unvermerkt einige allgemeine Begriffe, die er nachher auf seine Muttersprache anwenden konnte. – Er fing allmählich an, sich deutliche Begriffe von dem zu machen, was man Substantivum und Verbum nannte, welche er sonst noch oft verwechselte, wo sie aneinander grenzten, als z. B. *gehn,* und *das Gehen.* Weil aber dergleichen Irrtümer in der lateinischen Ausarbeitung immer einen Fehler zu veranlassen pflegten, so wurde er beständig aufmerksamer darauf, und lernte auch die feinern Unterschiede zwischen den Redeteilen und ihren Abänderungen unvermerkt einsehen; so daß er sich nach einiger Zeit zuweilen selbst verwunderte, wie er vor kurzem noch solche auffallende Fehler habe machen können.

Der Kantor pflegte unter jede lateinische Ausarbeitung, nachdem er an den Seiten mit roten Strichen die Anzahl der Fehler bemerkt hatte, sein vidi (ich habe es durchgesehen) zu setzen. Da nun Reiser dies vidi unter jenem ersten Exercitium sahe, so glaubte er, es sei dies ein Wort, das er selbst immer ans Ende der Ausarbeitung schreiben müsse, und dessen Auslassung ihm der Kantor mit als einen Fehler angerechnet habe. Er schrieb also mit eigner Hand unter sein zweites Exercitium vidi, worüber der Kantor und sein Sohn, der dabei war, laut auflachten, und ihm erklärten, was es hieße. – Auf einmal sahe nun Reiser seinen Irrtum, und konnte nicht begreifen, wie er nicht selbst auf die richtige

Erklärung des vidi gefallen sei, da er doch sonst wohl wußte, was vidi hieß.

Es war ihm, als ob er mit Beschämung aus einer Art von *Dummheit* erwachte, die ihm angewandelt hatte. Und er wurde auf einige Augenblicke fast eben so niedergeschlagen darüber, als da der Inspektor auf dem Seminarium einst zu ihm sagte: dummer Knabe, indem er glaubte, daß er nicht einmal buchstabieren könne. Eine solche Art von wirklicher oder anscheinender Dummheit bei gewissen Vorfällen rührte zum Teil aus einem Mangel an Gegenwart des Geistes, zum Teil aus einer gewissen Ängstlichkeit oder auch Trägheit her, wodurch die natürliche Kraft des Denkens auf eine Zeitlang an ihrer freien Wirksamkeit gehindert wurde.

Noch eine Hauptlektion waren die Lebensbeschreibungen der griechischen Feldherrn vom Kornelius Nepos, wovon wöchentlich ein Kapitel aus der Lebensbeschreibung irgend eines Feldherrn auswendig mußte hergesagt werden. Diese Gedächtnisübungen wurden Reisern sehr leicht, weil er nicht sowohl die Worte, als die Sachen, sich einzuprägen suchte, welches er allemal des Abends vor dem Schlafengehen tat, und des Morgens, wenn er aufwachte, die Ideen weit heller und besser geordnet, als den Abend vorher, in seinem Gedächtnis wiederfand, gleichsam, als ob die Seele während dem Schlafen fortgearbeitet, und das, was sie einmal angefangen, nun während der gänzlichen Ruhe des Körpers, mit Muße vollendet hätte.

Alles was Reiser dem Gedächtnis anvertraute, pflegte er auf die Weise auswendig zu lernen.

Er fing nun auch an, sich mit der Poesie zu beschäftigen, welches er schon in seiner Kindheit getan hatte, wo denn seine Verse immer die schöne Natur, das Landleben und dergleichen zum Gegenstande zu haben pflegten. Denn seine einsamen Spaziergänge und der Anblick der grünen Wiesen, wenn er etwa einmal vor das Tor kam, war wirklich das einzige, was ihn in seiner Lage in eine poetische Begeisterung versetzen konnte.

Als ein Knabe von zehn Jahren verfertigte er ein paar Strophen, die sich anfingen:

In den schön beblümten Auen
Kann man Gottes Güte schauen, u. s. w.
welche sein Vater in Musik setzte. Und das Gedicht, das er
jetzt hervorbrachte, war eine *Einladung auf das Land,* worin
wenigstens die Worte nicht übel gewählt waren. – Dies kleine Gedicht gab er dem jungen M... durch welchen es in die
Hände des Pastor M... und des Direktors kam, die ihren
Beifall darüber bezeigten, so daß Reiser beinahe angefangen
hätte, sich für einen Dichter zu halten. Aber der Kantor
benahm ihm fürs erste diesen Irrtum, indem er sein Gedicht
Zeile vor Zeile mit ihm durchging, und ihn sowohl auf die
Fehler gegen das Metrum, als auf den fehlerhaften Ausdruck, und den Mangel des Zusammenhangs der Gedanken
aufmerksam machte.

Diese scharfe Kritik des Kantors war für Reisern eine
wahre Wohltat, die er ihm nie genug verdanken kann. Der
Beifall, den dies erste Produkt seiner Muse so unverdienter
Weise erhielt, hätte ihm sonst vielleicht auf sein ganzes Leben geschadet.

Demohngeachtet wandelte ihn der furor poeticus noch
manchmal an, und weil ihn jetzt wirklich das Vergnügen,
dem Studieren obzuliegen, am meisten begeisterte, so wagte
er sich an ein neues Gedicht zum Lobe der Wissenschaften,
welches sich komisch genug anhob:

An euch ihr schönen Wissenschaften,
An euch soll meine Seele haften, u. s. w.
Der Kantor lehrte auch lateinische Verse machen, trug die
Regeln der Prosodie vor, die er nachher auf Catonis disticha,
beim Skandieren derselben anwenden ließ. Reiser fand hieran sehr großes Vergnügen, weil es ihm so *gelehrt* klang,
lateinische Verse skandieren zu können, und zu wissen, warum die eine Silbe lang, und die andere kurz ausgesprochen
werden mußte; der Kantor schlug mit den Händen den Takt
beim Skandieren. Das anzusehen und mitmachen zu können, war ihm denn eine wahre Seelenfreude. – Und als nun
gar der Kantor zuletzt eine Anzahl durcheinander geworfe-
ner lateinischer Wörter, welches Verse gewesen waren, dik-

tierte, damit sie wieder in metrische Ordnung gebracht
werden sollten, welch ein Vergnügen für Reisern, da er nun
mit wenigen Fehlern, ein paar ordentliche Hexameter wieder herausbrachte, und von dem Kantor einen alten Kurtius
5 zum Prämium erhielt.

Hier herrschte nun gewiß der sogenannte alte Schul-
schlendrian, und Reiser kam demohngeachtet in einem Jahre so weit, daß er ohne einen grammatikalischen Fehler
Latein schreiben, und einen lateinischen Vers richtig skan-
10 dieren konnte. – Das ganz einfache Mittel hiezu war – die
öftere Wiederholung des Alten mit dem Neuen, welches doch die
Pädagogen der neuern Zeiten ja in Erwägung ziehen sollten.
Eine Sache mag noch so schön vorgetragen sein, sobald sie
nicht öfter wiederholt wird, haftet sie schlechterdings nicht
15 in dem jugendlichen Gemüte. Die Alten haben gewiß nicht
in den Wind geredet, wenn sie sagten: daß die Wiederholung
die Mutter des Studierens sei.

Von zehn bis elf Uhr gab der Konrektor noch eine Privatstunde, im deutschen Deklamieren, und im deutschen
20 Stil, worauf sich Reiser immer am meisten freute, weil er
Gelegenheit hatte, sich durch Ausarbeitungen hervorzutun,
und sich zugleich vom Katheder öffentlich konnte hören
lassen, welches einige Ähnlichkeit mit dem Predigen hatte,
das immer der höchste Gegenstand aller seiner Wünsche
25 war.

Außer ihm war nun noch einer, Namens I…, der an
dieser Übung im Deklamieren ein eben so großes Vergnügen
fand. Dieser I… ist nachher einer unsrer ersten Schauspieler und beliebtesten dramatischen Schriftsteller geworden;
30 und Reisers Schicksal hat mit dem seinigen bis auf einen
gewissen Zeitpunkt viel Ähnliches gehabt. – I… und Reiser
zeichneten sich immer in der Deklamationsübung am meisten aus – I… übertraf Reisern weit an lebhaftem Ausdruck
der Empfindung – Reiser aber empfand tiefer. – I… dachte
35 weit schneller, und hatte daher Witz und Gegenwart des
Geistes, aber keine Geduld, lange über einem Gegenstande
auszuhalten. – Reiser schwang sich daher auch in allem üb-

rigen bald über ihn hinauf – Er verlor allemal gegen I...,
sobald es auf Witz und Lebhaftigkeit ankam, aber er gewann
immer gegen ihn, sobald es darauf ankam, die eigentliche
Kraft des Denkens an irgend einem Gegenstande zu üben –
I... konnte sehr lebhaft durch etwas gerührt werden, aber es
machte bei ihm keinen so daurenden Eindruck. Er konnte
sehr leicht, und wie im Fluge etwas fassen, aber es entwisch-
te ihm gemeiniglich eben so schnell wieder. – I... war zum
Schauspieler geboren. Er hatte schon als ein Knabe von
zwölf Jahren, alle seine Mienen und Bewegungen in seiner
Gewalt – und konnte alle Arten von Lächerlichkeiten in der
vollkommensten Nachahmung darstellen. Da war kein Prediger in H... dem er nicht auf das natürlichste nachgepre-
digt hatte. Dazu wurde denn gemeiniglich die Zwischenzeit,
ehe der Konrektor zur Privatstunde kam, angewandt. Jedermann fürchtete sich daher vor I..., weil er jedermann,
sobald er nur wollte, lächerlich zu machen wußte. – Reiser
liebte ihn dennoch, und hätte schon damals gern nähern
Umgang mit ihm gehabt, wenn die Verschiedenheit der
Glücksumstände es nicht verhindert hätte. I...s Eltern waren reich und angesehn, und Reiser war ein armer Knabe,
der von Wohltaten lebte, demohngeachtet aber den Gedanken bis in den Tod haßte, sich auf irgend eine Weise Reichen
aufzudringen. – Indes genoß er von seinen reichern und
besser gekleideten Mitschülern weit mehr Achtung als er
erwartet hatte, welches zum Teil wohl mit daher kommen
mochte, weil man wußte, daß ihn der Prinz studieren ließe,
und ihn daher schon in einem etwas höhern Lichte betrachtete, als man sonst würde getan haben. – Dies brachte ihm
auch von seinen Lehrern etwas mehr Aufmerksamkeit und
Achtung zu wege.

Ob nun gleich zum Teil schon erwachsene Leute von
siebzehn bis achtzehn Jahren in dieser Klasse saßen, so
herrschten doch darin noch sehr erniedrigende Strafen. Der
Konrektor sowohl als der Kantor teilten Ohrfeigen aus, und
bedienten sich zu schärfern Züchtigungen der Peitsche, welche beständig auf dem Katheder lag; auch mußten diejeni-

gen welche etwas verbrochen hatten, manchmal zur Strafe
am Katheder knien.

Reisern war der Gedanke schon unerträglich, sich jemals
eine solche Strafe von Männern zuzuziehen, welche er als
seine Lehrer im hohen Grade liebte und ehrte, und nichts
eifriger wünschte, als sich wiederum ihre Liebe und Achtung
zu erwerben. Welch eine Wirkung mußte es also auf ihn tun,
da er einmal, ehe er sichs versahe, und ganz ohne seine
Schuld, das Schicksal einiger seiner Mitschüler, welche wegen eines vorgefallenen Lärms, vom Konrektor mit der
Peitsche bestraft wurden, teilen mußte. Gleiche Brüder gleiche Kappen, sagte der Konrektor, da er an ihn kam, und
hörte auf keine Entschuldigungen, drohte auch noch dazu,
ihn bei dem Pastor M... zu verklagen. Das Gefühl seiner
Unschuld beseelte Reisern mit einem edlen Trotze, und er
drohte wieder, den Konrektor bei dem Pastor M... zu verklagen, daß er ihn unschuldiger weise auf eine so erniedrigende Art behandelte.

Reiser sagte dies mit der Stimme der unterdrückten Unschuld, und der Konrektor antwortete ihm kein Wort. Aber
von der Zeit an, war auch alles Gefühl von Achtung und
Liebe für den Konrektor, wie aus seinem Herzen weggeblasen. Und da der Konrektor nun einmal in seinen Strafen
weiter keinen Unterschied machte, so achtete Reiser eine
Ohrfeige oder einen Peitschenschlag von ihm eben so wenig, als ob irgend ein unvernünftiges Tier an ihn angerannt
wäre. Und weil er nun sahe, daß es gleichviel war, ob er sich
die Achtung dieses Lehrers zu erwerben suchte, oder nicht,
so hing er auch nun seiner Neigung nach, und war nicht
mehr aus Pflicht, sondern bloß wenn ihn die Sache interessierte aufmerksam. Er pflegte dann oft Stundenlang mit
seinem Freunde I... zu plaudern, mit dem er denn zuweilen
gesellschaftlich am Katheder knien mußte. I... fand auch
hierin Stoff, seinen Witz zu üben, indem er das Katheder,
worauf sich der Konrektor mit den Ellenbogen gestützt hatte, mit dem Meklenburgischen Wappen, und sich und Reisern mit den beiden Schildhaltern verglich. – I...s Schalk-

haftigkeit war durch keine Strafen zu unterdrücken, ausgenommen durch eine, wo er einmal eine ganze Stunde lang
mit dem Gesicht gegen den Ofen gekehrt stehen mußte, und
also seinen Witz nicht spielen lassen, oder gegen jemand
irgend eine Pantomime machen konnte. – Diese Strafe preßte ihm zum erstenmal Tränen aus, und er legte sich im Ernst
aufs Bitten, welches er sonst nie tat. – So war die Disciplin
des Konrektors beschaffen. – Es hatte einmal einer aus Versehen seine Nachtmütze statt des Buchs in die Tasche
gesteckt, und er ließ ihn mit der Nachtmütze auf dem Kopfe
eine Stunde lang vor der ganzen Klasse knien, worüber denn
I... seinen tausend Spaß hatte, und seinen Nachbarn, die
sich über seine Pantomime und seine drollichten Einfälle
zuweilen des Lachens nicht enthalten konnten, manche
Ohrfeige zuzog.

Was nun diese Disciplin des Konrektors auf das Gemüt
und den Charakter seiner Untergebnen für eine Würkung
getan, was für ein rühmliches Andenken er sich dadurch in
den Herzen seiner Schüler gestiftet habe, und was für einen
Kranz er sich dadurch erworben habe, mag seinem eigenen
Gewissen anheim gestellt sein. – Wenn er sich denn oft so
recht als ein Held gezeigt hatte, so pflegte er wohl zu sagen:
ich bin keine Schlafmütze wie andre, und deutete damit, daß
es jedermann merken konnte, auf seinen Kollegen, den
Kantor, der ohngeachtet seiner hypochondrischen Laune,
und einiger ihm anklebender Pedanterie, ein weit besserer
Mann war, als der Konrektor.

Nie hat Reiser von diesem einen Schlag bekommen, ob
derselbe gleich sonst eben nicht karg mit Ohrfeigen, und
ziemlich freigebig mit der Peitsche war. Aber er sahe doch
ein, daß es Reisern im Ernst darum zu tun war, Strafe zu
vermeiden, und nun schlug er doch nicht blindlings zu. Bei
ihm lernte auch Reiser weit mehr, als bei dem Konrektor,
weil er aus Pflicht aufmerksam war, wenn ihn gleich die
Sache nicht interessierte. – Und da es ihm gelang, sich durch
die lateinischen Ausarbeitungen bis zum ersten Platze hinauf zu arbeiten! wie aufmunternd war ihm nun das Lob des

Kantors, und wie eindringend der Zuspruch desselben, daß
er sich nun auf diesem Platze solle zu behaupten suchen. –
Nun erteilte der Kantor immer dem ersten in der Klasse das
Amt eines Censors oder Aufsehers über das Betragen der
übrigen, und da nun Reiser sich immer auf seinem ersten
Platze behauptete, so gab ihm der Kantor den ehrenvollen
Titel eines censor perpetuus oder immerwährenden Aufsehers. Er verwaltete dies Amt mit der größten Gewissenhaftigkeit und Unparteilichkeit, und sahe es oft mit Wehmut an,
wie die Buben den guten Kantor, der freilich auch nicht
immer den rechten Weg der Disciplin einschlug, ärgerten
und ihm das Leben sauer machten, so daß derselbe oft in der
Betrübnis seines Herzens ausrief, quem dii odere, paedagogum fecere, wen die Götter haßten, den machten sie zum
Schulmann. – Für den Kantor hätte Reiser alles aufgeopfert,
weil er nie ungerecht gegen ihn gewesen war, obgleich das
Betragen desselben sonst auch nicht immer das freundlichste war. – Wie rührend war es Reisern oft, wenn in der
Katechismusstunde alles um ihn her lärmte und tobte, und
der Kantor denn mit Gewalt aufs Buch schlug, und sagte:
ich habe Gottes Wort an euch! – Nur Schade daß der gute
Mann dergleichen Ausdrücke, die zu rechter Zeit angebracht, ihre Wirkung nicht verfehlen, zu oft anbrachte, und
gewisse Gemeinplätze, als Torheit steckt den Knaben im
Herzen, und dergleichen, alle Augenblicke im Munde führte, wodurch man sich denn am Ende so sehr daran gewöhnte, daß niemand mehr darauf achtete, und eben daher
entstand die ewige Unruhe in den Lehrstunden des Kantors. – Der Konrektor sprach weniger bei seinen Züchtigungen, darum bewirkten sie mehr Stille und Ordnung.

Da nun Reiser auf eine kurze Zeit die Schule besucht
hatte, so kam er auf den Einfall, ins Chor zu gehen; nicht
sowohl um Geld zu verdienen, als vielmehr in einen neuen
ehrenvollen Stand zu treten, wovon er sich schon als Hutmacherbursche in B... immer so große Begriffe gemacht
hatte. –

Seine Phantasie hatte hier wieder Spielraum – Das war

ihm alles so himmlisch, so feierlich in die Lobgesänge zur
Ehre Gottes *öffentlich* mit einzustimmen – Der Name *Chor*
tönte ihm so angenehm. – Das Lob Gottes in *vollen Chören* zu
singen, war ein Ausdruck, der ihm immer im Sinne schallte. – Er konnte die Zeit kaum abwarten! wo er in diese
glänzende Versammlung würde aufgenommen werden.

Einer seiner Mitschüler, der schon lange im Chor gesungen hatte, versicherte ihm zwar, er sei es so satt und
überdrüssig, daß er lieber Heute als Morgen davon frei sein
möchte – Reiser konnte sich das unmöglich einbilden. Er
besuchte mit großem Eifer die Lehrstunde, wo der Kantor
Unterricht im Singen erteilte, und beneidete nun jeden, der
eine bessere Stimme besaß, als er.

Nicht weit von H . . . ist ein Wasserfall, wo er auf Anraten
des Kantors oft Stundenlang hinging, um sich recht auszu-
schreien, und seine Stimme zu üben. – Allein es wollte mit
dem Singen nie recht fort. Denn es fehlte ihm zugleich an
dem, was man musikalisches Gehör nennt. Aber das Theoretische, was der Kantor bei seinem Unterricht mit einfließen ließ, war ihm desto willkommner, und er machte dem
Kantor durch seine Aufmerksamkeit viel Vergnügen.

Reiser empfand nun wirkliche Liebe gegen den Kantor,
und machte allenthalben sehr viel Rühmens von ihm, so wie
dieser ihn wieder bei den Leuten lobte. – Da fügte es sich
einmal, daß Reiser dem Kantor für das gute Zeugnis dankte,
das ihm derselbe bei einem seiner Gönner gegeben hatte,
und der Kantor erwiderte: Reiser habe ihm ja auch ein gutes
Zeugnis gegeben: denn es war ihm wieder zu Ohren gekommen, wie gut Reiser allenthalben von ihm sprach.

Die Freude dieses Augenblicks hätte Reiser um vieles in
der Welt nicht gegeben, so angenehm war es ihm, daß sein
Lehrer es nun selber wußte, wie sehr er ihn liebte. – Wer ihm
das beim ersten Anblick gesagt hätte, dem würde er es nicht
geglaubt haben, daß der Kantor einmal so sehr sein Freund
sein würde. Denn der Konrektor war erstlich sein Mann;
dessen lächelnde freundliche Miene, und glatte Stirne nahmen ihn ein, indes die finstre Miene des Kantors und seine

runzelvolle Stirn ihn zurückscheuchten. Ach, was für ein
artiger freundlicher Mann ist der Konrektor gegen den alten
mürrischen Kantor! pflegte er im Anfang oft zu sagen: aber
bei der genauern Bekanntschaft wandte sich das Blatt gar
5 bald um.

Reiser suchte sich auch auf alle Weise in der Achtung des
Kantors immer fester zu setzen. Dies ging so weit, daß er auf
einem öffentlichen Spazierplatze, wo der Kantor hinzukom-
men pflegte, mit einem aufgeschlagenen Buche in der Hand
10 auf und nieder ging, um die Blicke seines Lehrers auf sich zu
ziehen, der ihn nun für ein Muster des Fleißes halten sollte,
weil er sogar beim Spaziergehen studierte. – Ob nun Reiser
gleich an dem Buche, das er las, wirklich Vergnügen fand, so
war doch das Vergnügen, von dem Kantor in dieser Attitüde
15 bemerkt zu werden, noch weit größer, und man siehet auch
aus diesem Zuge seinen Hang zur Eitelkeit. Es lag ihm mehr
an dem Schein, als an der Sache, obgleich die Sache ihm
auch nicht unwichtig war.

Man hatte eine erstaunliche Meinung von seinem Fleiß,
20 und pflegte ihm immer anzuraten, daß er seiner Gesundheit
schonen sollte; dies war ihm äußerst schmeichelhaft, und er
ließ die Leute bei dieser Meinung, obgleich sein Fleiß lange
nicht so groß war, wie er hätte sein können, wenn das Drük-
kende seiner Lage, in Ansehung seiner Nahrung und Woh-
25 nung ihn nicht oft träge und mißmütig gemacht hätte.

Denn die unwürdige Behandlung der er zuweilen ausgesetzt war, benahm ihm oft einen großen Teil der Achtung
gegen sich selbst, welche schlechterdings zum Fleiß notwendig ist. – Oft ging er mit traurigem Herzen zur Schule,
30 wenn er aber denn einmal darin war, so vergaß er seines
Kummers, und die Schulstunden waren im Grunde noch
seine glücklichsten Stunden.

Wenn er aber dann wieder zu Hause kam, und sich
manchmal verblümter Weise mußte zu verstehen geben las-
35 sen, wie überdrüssig man seiner Gegenwart wäre – dann saß
er Stundenlang und getraute sich kaum Atem zu holen – er
war dann in einem entsetzlichen Zustande – und hätte in der

Welt nichts arbeiten können, denn sein Herz war ihm durch
diese Begegnung zerrissen. –

So konnten auch die Blicke der Frau des Garnisonküsters,
wenn er dort gegessen hatte, ihn auf einige Tage niederschlagen, und ihm den Mut zum Fleiß benehmen.

Sicher wäre Reiser glücklicher und zufriedener und gewiß
auch fleißiger gewesen, als er war, hätte man ihn von dem
Gelde, das der Prinz für ihn hergab, Salz und Brot für sich
kaufen lassen, als daß man ihn an fremden Tischen sein Brot
essen ließ.

Es war abscheulich, in was für eine Lage er einmal geriet,
da die Frau des Garnisonküsters, über Tische erst anfing
von den schlechten Zeiten, und von dem harten Winter, und
dann von dem Holzmangel zu reden, und endlich über die
Besorgnis in Tränen ausbrach, wo man noch zuletzt Brot
herschaffen solle; und da Reiser in der Verlegenheit über
diese Reden unversehns ein Stück Brot auf die Erde fallen
ließ, ihn mit den Augen einer Furie anblickte, ohne doch
etwas zu sagen – Da sich Reiser über diese unwürdige Begegnung der Tränen nicht enthalten konnte, so brach sie
gegen ihn los, warf ihm mit dürren Worten Unhöflichkeit
und ungeschicktes Betragen vor, und gab zu verstehen, daß
dergleichen Leute, die ihr den Bissen im Munde zu Gift
machten, an ihrem Tische nicht willkommen wären. – Der
gute Garnisonküster der Reisern innig bedauerte, aber das
Regiment nicht im Hause führte, erbarmte sich seiner, und
sagte ihm sogleich den Tisch auf – So beschämt erniedrigt,
und herabgewürdigt mußte nun Reiser aus diesem Hause
gehen, und durfte es kaum wagen, sich zu Hause davon
etwas merken zu lassen, daß er einen Freitisch verloren
habe.

Wenn ihm der Garnisonküster nachher zuweilen auf der
Straße begegnete, drückte er ihm einen halben Gulden in die
Hand, um ihn für die Mißgunst und den Geiz seiner Frau
schadlos zu halten.

Nun gab es wieder eine Art Leute, welche, wenn sie Reisern eine Mahlzeit zu essen gaben, alle Augenblick zu sagen

pflegten, wie gern es ihm gegönnt sei, und daß er sichs nur
recht sollte schmecken lassen, denn für eine Mahlzeit werde
es ihm nun doch einmal gerechnet, und dergleichen mehr,
welches Reisern nicht weniger verlegen machte, so daß ihm
das Essen, statt des Vergnügens was man sonst dabei empfindet, gemeiniglich eine wahre Qual war – Wie glücklich
fühlte er sich, da er am ersten Sonntage, nachdem er den
Tisch bei dem Garnisonküster verloren, und es zu Hause
noch nicht hatte sagen wollen, ein Dreier Brot verzehrte,
und dabei einen Spaziergang um den Wall machte.

Es schien als ob sich alles vereiniget habe, Reisern in der
Demut zu üben; ein Glück daß er nicht niederträchtig drüber wurde – dann würde er freilich zufrieden und vergnügter
gewesen sein, aber um alle den edlen Stolz, der den Menschen allein über das Tier erhebt, das nur seinen Hunger zu
stillen sucht, wäre es bei ihm getan gewesen.

Der Stand des geringsten Lehrburschen eines Handwer-
kers ist ehrenvoller, als der eines jungen Menschen, der um
studieren zu können, von Wohltaten lebt, sobald ihm diese
Wohltaten auf eine herabwürdigende Art erzeigt werden.
Fühlt sich ein solcher junger Mensch glücklich, so ist er
in Gefahr niederträchtig zu werden, und hat er nicht die
Anlage zur Niederträchtigkeit, so wird es ihm wie Reisern
gehen; er wird mißmütig und menschenfeindlich gesinnet
werden, wie es Reiser wirklich wurde, denn er fing schon
damals an, in der Einsamkeit sein größtes Vergnügen zu
finden.

Einmal schickte ihn die Frau F... sogar mit einem großen
Stück Leinwand in des Prinzen Haus, welches dort an die
Leute zum Verkauf vorgezeigt werden sollte – Alles Sträu-
ben dagegen würde nichts geholfen haben – denn der Pastor
M... hatte einmal der Frau eine unbeschränkte Gewalt über
Reisern erteilet – und jede Weigerung würde ihm als ein
unverzeihlicher Stolz ausgelegt worden sein. – Es würde
ihm nicht ins Schild gemalt werden, pflegte dann die Frau
F... wohl zu sagen. – Eben so wenig durfte er sich sträuben,
das Brot zu holen, welches der Hautboist vom Regiment

bekam, und ob er dies gleich immer in der Dämmerung tat, und die abgelegensten Straßen wählte, damit ihn keiner seiner Mitschüler sehen möchte, so bemerkte ihn doch einmal einer derselben zu seinem größten Schrecken, welcher aber zum Glück so gut gesinnet war, daß er ihm völlige Verschwiegenheit versprach und hielt, ihm aber doch, wenn sie sich in der Klasse zuweilen verunwilligten, drohete, es ruchtbar zu machen.

Endlich wurde ihm denn doch von dem Gelde des Prinzen ein neues Kleid geschafft, weil sein alter roter Soldatenrock gar nicht mehr halten wollte; aber gleichsam, als wenn es recht eigentlich auf seine Demütigung abgesehen wäre, wählte man ihm graues Bediententuch zum Kleide – wodurch er wiederum gegen seine Mitschüler fast eben so sonderbar als mit dem roten Soldatenrock abstach; und das Kleid durfte er anfänglich doch nur bei feierlichen Gelegenheiten, wenn etwa in der Schule Examen war, oder wenn er zum Abendmahl ging, anziehen.

Was ihn aber von allen Demütigungen die er erlitt am meisten kränkte, und was er der Frau F... nie hat vergessen können, war eine ungerechte Beschuldigung, die ihm bis in die Seele schmerzte, und die er doch durch keine Beweise von sich ablehnen konnte.

Die Frau F..., hatte ein kleines Mädchen von etwa 3 bis 4 Jahren von einer ihrer Anverwandtinnen zu sich genommen. Diesem Kinde dachte sie zu Weihnachten eine überraschende Freude zu machen und hatte zu dem Ende einen Baum mit Lichtern aufgeputzt, und mit Rosinen und Mandeln behangen. Reiser blieb allein in der Stube, während die Frau F... in die Kammer ging, um das Kind zu holen. Nun fügte es sich, da sie wieder hereinkam, daß vermutlich durch die Bewegung der Türe, der Baum mit allen Lichtern umfiel, und Reiser in demselben Augenblick hinzulief, um ihn aufrecht zu erhalten, da dies aber nicht gehen wollte, sogleich wieder seine Hand davon abzog, welches nun gerade so aussahe, als ob er sich die ganze Zeit über mit dem Baum beschäftigt habe, und nun, da die Frau F... hereinkam, erschrocken sei, und folglich den Baum habe fahren lassen, der nun wirklich umfiel. In den Gedanken der Frau F... war es nun ausgemacht, daß er von dem Baum hatte naschen wollen, und auf die Weise ihr und dem Kinde eine unschuldige Freude verdorben habe.

Diesen entehrenden Verdacht gab sie Reisern mit deutlichen Worten zu verstehen, und wie sollte er ihn von sich abwälzen. Er hatte keinen Zeugen. Und der Anschein war wider ihn. – Schon die Möglichkeit, daß man einen solchen Verdacht gegen ihn hegen konnte, erniedrigte ihn bei sich selber, er war in einem solchen Zustande, wo man gleichsam zu versinken, oder in einem Augenblick gänzlich vernichtet zu sein, wünscht.

Ein Zustand, der eine Art von Seelenlähmung hervorzubringen vermag, welche nicht so leicht wieder gehoben werden kann. – Man fühlt sich in einem solchen Augenblick gleichsam wie vernichtet, und gäbe sein Leben darum, sich vor aller Welt verbergen zu können. – Das Selbstzutrauen, welches der moralischen Tätigkeit so nötig ist, als das Atemholen der körperlichen Bewegung, erhält einen so gewaltigen Stoß, daß es ihm schwer hält, sich wieder zu erholen.

Wenn Reiser nachher irgendwo zugegen war, wo man etwa eine Kleinigkeit suchte, von der man glaubte, daß sie weggenommen sei, so konnte er sich nicht enthalten, rot zu werden, und in Verwirrung zu geraten, bloß weil er sich die Möglichkeit lebhaft dachte, daß man ihn, ohne es sich geradezu merken lassen zu wollen, für den Täter halten könnte. – Ein Beweis, wie sehr man sich irren kann, wenn man oft die Beschämung und Verwirrung eines Angeklagten, als ein stillschweigendes Geständnis seines Verbrechens auslegt. – Durch tausend unverdiente Demütigungen kann jemand am Ende so weit gebracht werden, daß er sich selbst als einen Gegenstand der allgemeinen Verachtung ansieht, und es nicht mehr wagt, die Augen vor jemanden aufzuschlagen – er kann auf die Weise in der größten Unschuld seines Herzens alle die Kennzeichen eines bösen Gewissens an sich blicken lassen, und wehe ihm dann, wenn er einem eingebildeten Menschenkenner, wie es so viele gibt, in die Hände fällt, der nach dem ersten Eindruck den seine Miene auf ihn macht, sogleich seinen Charakter beurteilt –

Unter allen Empfindungen ist wohl der höchste Grad der Beschämung, worin jemand versetzt wird, eine der peinigendsten.

Mehr als einmal in seinem Leben hat Reiser dies empfunden, mehr als einmal hat er Augenblicke gehabt, wo er gleichsam vor sich selber vernichtet wurde – wenn er z. B. eine Begrüßung, ein Lob, eine Einladung, oder dergleichen auf sich gedeutet hatte, womit er nicht gemeinet war. – Die Beschämung und die Verwirrung worin ein solcher Mißverstand ihn versetzen konnte, war unbeschreiblich –

Es ist auch ein ganz besonderes Gefühl dabei, wenn man aus Mißverstand sich eine Höflichkeit zurechnet, die einem andern zugedacht ist. Eben der Gedanke, daß man zu sehr von sich eingenommen sein könne, ist es, der so etwas außerordentlich Demütigendes hat. Dazu kömmt das lächerliche Licht, in welchem man zu erscheinen glaubt – Kurz Reiser hat in seinem Leben nichts Schrecklichers empfunden als diesen Zustand der Beschämung, worin ihn oft eine Kleinigkeit versetzen konnte. – Alles andere griff nicht so sein innerstes Wesen, sein eigentliches Selbst an, als grade dies. In Ansehung dieser Art des Leidens hat er auch das stärkste Mitleid empfunden. Um jemanden eine Beschämung zu ersparen, würde er mehr getan haben, als um jemanden aus würklichem Unglück zu retten: denn die Beschämung deuchte ihm das größte Unglück, was einem widerfahren kann.

Er war einmal bei einem Kaufmann in H... der gemeiniglich statt der Person mit der er sprach einen andern anzusehen pflegte. Dieser bat, indem er Reisern ansahe, einen andern der mit in der Stube war, zum Essen, und da Reiser die Einladung auf sich deutete, und sie höflich ablehnte, so sagte der Kaufmann mit sehr trockner Miene: ich meine Ihn ja nicht! – dies *ich meine Ihn ja nicht!* mit der trocknen Miene tat eine solche Wirkung auf Reisern, daß er glaubte in die Erde sinken zu müssen; dies *ich meine Ihn ja nicht!* verfolgte ihn nachher wo er ging und stund, und machte seine Stimme gebrochen und zitternd, wenn er mit Vornehmern reden sollte, sein Stolz konnte dies nie wieder ganz verwinden.

»Wie kann Er glauben, daß man Ihn zum Essen bitten sollte?« – So legte Reiser das *ich meine Ihn ja nicht aus,* und er kam sich in dem Augenblick so unbedeutend, so weggeworfen, so nichts vor, daß ihm sein Gesicht, seine Hände, sein ganzes Wesen zur Last war, und er nun die dümmste und albernste Figur machte, so wie er da stand, und zugleich dies Alberne und Dumme in seinem Betragen lebhafter und stärker als irgend jemand außer ihm empfand. –

Hätte Reiser irgend jemanden gehabt, der an seinem Schicksal wahren Anteil genommen hätte, so würden ihm dergleichen Begegnungen vielleicht nicht so kränkend gewesen sein. Aber so war sein Schicksal an die eigentliche Teilnehmung anderer Menschen nur mit so schwachen Fäden geknüpft, daß die anscheinende Ablösung irgend eines solchen Fadens, ihn plötzlich das Zerreißen aller übrigen befürchten ließ, und er sich dann in einem Zustande sahe, wo er keines Menschen Aufmerksamkeit auf sich mehr erregte, sondern sich für ein Wesen hielt, auf das weiter gar keine Rücksicht genommen wurde. – Die Scham ist ein so heftiger Affekt, wie irgend einer, und es ist zu verwundern, daß die Folgen desselben nicht zuweilen tödlich sind.

Die Furcht, in einem lächerlichen Lichte zu erscheinen war bei Reisern zuweilen so entsetzlich, daß er alles, selbst sein Leben, würde aufgeopfert haben, um dies zu vermeiden. – Niemand hat das

Infelix paupertas, quia ridiculos miseros facit,

Traurig ist das Los der Armut, weil sie die Unglücklichen
lächerlich macht,

wohl stärker empfunden, als er, dem lächerlich zu werden, das größte Unglück auf der Welt dünkte. – Es gibt eine Art des Lächerlichen, welche ihm noch am erträglichsten war. – Wenn nehmlich Leute bloß der Sonderbarkeit wegen über etwas lachen, das sie sich selbst nicht nachzutun getrauen, ohne es deswegen in einem verächtlichen Lichte zu betrachten.

Wenn er z. B. etwa von sich sagen hörte der Reiser ist doch ein sonderbarer Mensch, er geht des Abends ganz im Finstern dreimal um den Wall, und spricht mit Niemand, als mit sich selber, indem er sich die Lektion des Tages wiederholt, u. s. w. — so war ihm das gar nicht unangenehm zu hören, es hatte vielmehr etwas Schmeichelhaftes für ihn, auf die Weise in einem gewissen sonderbaren Lichte zu erscheinen. — Aber als I... seinen Vers —

An euch ihr schönen Wissenschaften
An euch soll meine Seele haften,

lächerlich machte, das war für ihn sehr kränkend und beschämend, und er hätte viel darum gegeben, daß er diesen Vers nicht gemacht hätte.

Nachdem Reiser ein Vierteljahr lang die Singestunden des Kantors besucht hatte, erreichte er nun auch das so sehnlich gewünschte Glück, ins Chor zu gehen, wo er die Altstimme sang. —

Die Freude über seinen neuen Stand eines Chorschülers dauerte einige Wochen, so lange es nehmlich gut Wetter blieb. Er fand ein gar großes Vergnügen an den Arien und Motetten, die er singen hörte, und an den freundschaftlichen Unterredungen mit seinen Mitschülern, während daß sie von einem Hause und einer Straße zur andern gingen.

Ein solches Chor hat viel Ähnliches mit einer herumwandernden Truppe Schauspieler, in der man auch Freude und Leid, gutes und schlechtes Wetter u. s. w. auf gewisse Weise mit einander teilt, welches immer ein festeres Aneinanderschließen zu bewirken pflegt.

Am meisten hatte sich Reiser auf den blauen Mantel gefreut, der ins künftige seine Zierde sein würde — Denn dieser Mantel näherte sich doch schon etwas der priesterlichen Kleidung. — Aber auch diese Hoffnung täuschte ihn sehr; denn die Frau F... ließ, um für ihn zu sparen, aus ein paar alten blauen Schürzen einen Mantel für ihn zusammennä-

hen, womit er unter den übrigen Chorschülern eben keine
glänzende Figur machte.

Nun bemerkte Reiser gleich am ersten Tage unter den
Chorschülern einen, der sich von den übrigen, ganz besonders auszeichnete. – Man sahe es ihm gleich an, daß er ein
Ausländer war, wenn man es auch nicht an seiner Sprache
gehört hätte. Denn alle seine Mienen und Bewegungen zeigten mehr Lebhaftigkeit und Gewandtheit, als das Äußere der
steifen und schwerfälligen H...r – Reiser konnte sich immer nicht satt an ihm sehen; und da er ihn nun reden hörte,
so konnte er sich nicht enthalten seine wohlgesetzten Ausdrücke, in dem obersächsischen Dialekt zu bewundern; alles
was die H...r sagten, kam ihm dagegen plump und abgeschmackt vor. – Nun war der Präfektus im Chore ein alter
versoffener Kerl, mit dem sich dieser Ausländer immer am
meisten herumzankte, und ihm gemeiniglich sehr treffende
und beißende Antworten zu geben pflegte, wenn der Präfektus sich eine Art von Oberherrschaft über ihn anmaßen
wollte. Und als dieser unter andern einmal zu ihm sagte, er
sei schon zu lange Präfektus, als daß er sich von so einem
Gelbschnabel dürfe Anzüglichkeiten sagen lassen, so antwortete der Ausländer, es bringe ihm freilich eben nicht viel
Ehre, daß er so ein alter Knabe, und noch immer Präfektus
sei – Diese Überlegenheit des Witzes, womit der Ausländer
den Präfektus auf einmal niederschlug, machte Reisern noch
aufmerksamer auf ihn, und da er sich nach dem Namen
desselben erkundigte, erfuhr er, daß er Reiser hieße, und aus
Erfurt gebürtig sei.

Nun war es Reisern sehr auffallend daß dieser junge
Mensch, den er schon so liebgewonnen hatte, gerade mit
ihm einerlei Namen führte, ohngeachtet er wegen der Entfernung des Geburtsortes schwerlich mit ihm verwandt sein
konnte. – Er hätte gern gleich mit ihm Bekanntschaft gemacht, aber er wagte es noch nicht, weil sein Namensgenosse ein Primaner, und er nur ein Sekundaner war. – Auch
fürchtete er sich vor dem Witze desselben, dem er sich nicht
gewachsen fühlte, wenn er einmal auf ihn sollte gerichtet

werden. Indes fügte sich ihre Bekanntschaft von selber, indem Philipp Reiser auf Anton Reisers stilles und in sich gekehrtes Wesen, eben so wie dieser auf das lebhafte Wesen von jenem, immer aufmerksamer wurde, und sie sich ohngeachtet dieser Verschiedenheit ihrer Charaktere, bald unter der Menge heraus fanden, und Freunde wurden.

Dieser Philipp Reiser war gewiß ein vortrefflicher Kopf, der aber auch, durch die Umstände, worin ihn das Schicksal versetzt hat, unterdrückt worden ist. – Nebst einer feinen Empfindung besaß er viel Witz und Laune, wirkliches musikalisches Talent, und war zugleich ein vorzüglicher mechanischer Kopf – aber er war arm, und dabei im höchsten Grade stolz – ehe er Wohltaten angenommen hätte, würde er Hunger gelitten haben, welches er auch wirklich öfters tat. – Hatte er aber Geld, so war er freigebig und gastfrei wie ein König, – dann schmeckte ihm wohl, was er genoß, wenn er reichlich davon mitteilen konnte – aber er hatte freilich Einnahme und Ausgabe nicht allzugut berechnen gelernt, und hatte daher sehr oft Gelegenheit sich in der großen Kunst des freiwilligen Entbehrens von dem, was man sonst gern hätte, zu üben. – Ohne jemals Anweisung dazu gehabt zu haben, verfertigte er sehr gute Klaviere und Forte piano's, welches ihm zuweilen ansehnliche Einnahmen verschaffte, die ihm aber freilich bei seiner gar zu großen Freigebigkeit nicht viel halfen. – Dabei hatte er den Kopf beständig voll romanhafter Ideen, und war immer in irgend ein Frauenzimmer sterblich verliebt; wenn er auf diesen Punkt kam, so war es immer, als hörte man einen Liebhaber aus den Ritterzeiten. – Seine Treue in der Freundschaft, seine Begierde, den Notleidenden zu helfen, und selbst seine Gastfreiheit, kam auf diesen Schlag heraus, und gründete sich zum Teil auf die romanhaften Begriffe, womit seine Phantasie genährt war, obgleich sein gutes Herz der eigentliche Grund davon war – denn nur auf dem Boden eines guten Herzens können dergleichen Auswüchse von romanhaften Tugenden emporkeimen, und Wurzel fassen. In einer eigennützigen Seele, und zusammengeschrumpften Herzen wird die häu-

figste Romanenlektüre nie dergleichen Wirkungen hervorbringen. –

Man siehet nun leicht ein, warum Philipp und Anton Reiser sich auf halbem Wege begegneten und bei dem nähern
5 Umgange für einander gemacht zu sein schienen. Der erstere war beinahe zwanzig Jahr alt, da Reiser ihn kennen lernte;
die Jahre, die er vor ihm voraus hatte, machten ihn also
gewissermaßen zu seinem Führer und Ratgeber, nur Schade,
daß in dem Hauptpunkte, was die *Ordnung des Lebens* betraf,
10 Reiser keinen bessern Führer und Ratgeber fand. – Indes
hatte er doch nun den ersten eigentlichen Freund seiner
Jugend gefunden, dessen Umgang und Gespräche ihm die
Stunden, die er im Chore zubringen mußte, noch einigermaßen erträglich machten.

15 Denn nun war das schöne Wetter vorbei, und es stellten
sich Regen, Schnee und Kälte ein – demohngeachtet mußte
das Chor seine gewissen Stunden auf der Straße singen. – O
wie zählte Reiser jetzt da er vom Frost erstarrt war, die
Minuten, ehe das lästige Singen vorbei war, das ihm sonst
20 eine himmlische Musik in seinen Ohren dünkte.

Den ganzen Mittwoch- und Sonnabendnachmittag, und
den ganzen Sonntag nahm nun allein das Chorsingen weg –
denn alle Sonntagmorgen mußten die Chorschüler in der
Kirche sein, um vom Chore herunter das Amen zu singen. –
25 Auch des Sonnabendsnachmittags bei der Vorbereitung
zum Abendmahle, mußten die jüngern Chorschüler mit dem
Kantor ein Lied singen, und einer von ihnen einen Psalm,
oben von dem hohen Chore herunter lesen, welches nun für
Reisern wieder ein großer Fund war – durch eine solche
30 öffentliche und laute Vorlesung eines Psalms, hielt er sich
wieder für alle Beschwerlichkeiten des Chorsingens belohnt. – Er dünkte sich nun schon wie der Pastor P... in
B... dazustehen, und mit erschütternder Stimme zu dem
versammleten Volke zu reden.

35 Übrigens aber wurde das Chorsingen für ihn bald die
unangenehmste Sache von der Welt. Es raubte ihm alle Erholungsstunden, die ihm noch übrig waren, und machte, daß

er nun keinem einzigen ruhigen Tage in der Woche entgegen
sehen konnte. Wie verschwanden die goldnen Träume, die er
sich davon gemacht hatte! – und wie gern hätte er sich nun
aus dieser Sklaverei wieder losgekauft, wenn es noch möglich gewesen wäre. – Aber nun war das Chorgeld einmal zu
seinen gewöhnlichen Einkünften mit gerechnet, und er
durfte gar nicht einmal daran denken, je wieder davon los zu
kommen.

Den Gefährten seiner Sklaverei ging es größtenteils nicht
besser, wie ihm, sie waren dieses Lebens eben so überdrüssig. – Und das Leben eines Chorschülers, der sich sein Brot
vor den Türen ersingen muß, ist auch wirklich ein sehr trauriges Leben. Wenn einer den Mut nicht ganz dabei verliert,
so ist das gewiß ein seltner Fall. – Die meisten werden am
Ende niederträchtig gesinnet, und verlieren, wenn sie es
einmal geworden sind, nie ganz die Spur davon.

Einen sonderbaren Eindruck auf Reisern machte das sogenannte Neujahrsingen, welches drei Tage nacheinander
dauert, und wegen der sehr abwechselnden Scenen, die dabei vorfallen, mit einem Zuge auf Abenteuer sehr viel
Ähnliches hat – Ein Häufchen Chorschüler steht in Schnee
und Kälte dicht aneinander gedrängt auf der Straße, bis ein
Bote der von Zeit zu Zeit abgeschickt wird, die Nachricht
bringt, daß in irgend einem Hause soll gesungen werden. –
Dann geht man in das Haus hinein, und wird gemeiniglich in
die Stube genötigt, wo denn erst eine Arie oder Motette, die
sich auf die Zeit paßt gesungen wird. – Alsdenn pflegt mancher Hauswirt so höflich zu sein, und die Chorschüler mit
Wein oder Kaffee, und Kuchen zu bewirten. Diese Aufnahme in einer warmen Stube nachdem man oft lange in der
Kälte gestanden hatte, und die Erfrischungen die einem gereicht wurden, waren eine solche Erquickung, und die Mannigfaltigkeit der Gegenstände, indem man an einem Tage
wohl zwanzig und mehr verschiedene häusliche Einrichtungen und Familien in ihren Wohnzimmern versammlet sahe,
machte einen so angenehmen Eindruck auf die Seele, daß
man diese drei Tage über in einer Art von Entzückung und

beständigen Erwartung neuer Scenen schwebte, und sich
die Beschwerden der Witterung gern gefallen ließ. – Das
Singen dauerte bis fast in die Nacht, und die Erleuchtung
des Abends machte dann die Scene noch feierlicher – Unter
andern wurde auch in einem Hospital für alte Frauen zum
Neujahr gesungen, wo sich die Chorschüler mit den alten
Müttern in einen Kreis zusammensetzen, und mit gefalteten
Händen singen mußten: Bis hieher hat mich Gott gebracht.
u. s. w. – Bei diesem Neujahrsingen schien alles freund-
schaftlicher gegeneinander zu sein. Man sahe nicht so sehr
auf die Rangordnung, die Primaner sprachen mit den Se-
kundanern, und eine ungewöhnliche Heiterkeit verbreitete
sich über die Gemüter.

An diesem Neujahr überfiel auch Reisern eine erstaunliche Wut Verse zu machen. – Er schrieb Neujahrwünsche in
Versen an seine Eltern, seinen Bruder, die Frau F..., und
wer weiß an wen, und sprach darin von Silberbächen, die
sich durch Blumen schlängeln, und von sanften Zephirs,
und goldnen Tagen, daß es zum bewundern war – sein Vater
hatte vorzügliches Vergnügen an dem Silberbach gefunden;
seine Mutter aber verwunderte sich, daß er seinen Vater
bester Vater nenne, da er doch nur einen Vater habe.

Seine poetische Lektion bestand damals fast in nichts, als
Lessings kleinen Schriften, die ihm Philipp Reiser geliehen
hatte und die er fast auswendig wußte, so oft hatte er sie
durchgelesen. Übrigens sieht man leicht, daß er, seit dem er
ins Chor ging, zu eignen Arbeiten, die von ihm abhingen,
eben nicht viel Zeit übrig behielt. Demohngeachtet hatte er
allerlei große Projekte; der Stil im Kornelius Nepos war ihm
z. E. nicht erhaben gnug, und er nahm sich vor, die Geschichte der Feldherrn ganz anders einzukleiden; etwa so
wie der Daniel in der Löwengrube geschrieben war – dies
sollte denn auch eine Art von Heldengedicht werden.

In einer Privatstunde bei dem Konrektor wurden des Terenz Komödien gelesen, und schon der Gedanke, daß dieser
Autor unter die schweren gezählt wird, machte, daß er ihn
mit größerm Eifer, als etwa den Phädrus oder Eutropius

studierte, und jedes Stück, was in der Schule gelesen wurde, sogleich zu Hause übersetzte. –

Als er nun auf die Weise wirklich in sehr kurzer Zeit starke Fortschritte getan hatte, besuchte er den alten tauben Mann wieder, der nun weit über hundert Jahr alt, und schon eine Zeitlang kindisch gewesen war, zu aller Verwunderung aber noch ein Jahr vor seinem Tode seinen völligen Verstand wieder erhielt. – Reiser wußte seine Stube am Ende des langen finstern Ganges, und ihm wandelte ein kleiner Schauer an, als er von ferne den scharrenden Gang des alten Mannes hörte, der ihn, da er herein trat, sehr freundlich willkommen hieß, und ihm mit der Hand winkte, daß er ihm etwas aufschreiben solle.

Mit welchem Entzücken schrieb ihm nun Reiser auf, daß er jetzt studiere, und schon den Terenz, und das griechische neue Testament übersetze.

Der Greis ließ sich herab, an Reisers kindischer Freude Teil zu nehmen, und wunderte sich darüber, daß er bereits den Terenz verstünde, wozu doch schon eine Menge von Wörtern gehöre. Am Ende schrieb ihm Reiser um seine Gelehrsamkeit ganz auszukramen, mit griechischen Buchstaben etwas auf – und der alte Mann ermunterte ihn zum fernern Fleiß, und ermahnte ihn, des Gebets nicht zu vergessen, worauf er sich mit ihm auf die Knie nieder warf, und gerade so, wie vor fünf Jahren, da Reiser ihn zum erstenmale sahe, wieder mit ihm betete.

Mit gerührtem Herzen ging Reiser zu Hause, und nahm sich vor, sich ganz wieder zu Gott zu wenden, das hieß bei ihm, unaufhörlich an Gott zu denken – er erinnerte sich mit Wehmut des Zustandes, worin er sich als ein Knabe befunden hatte, da er mit Gott Unterredung hielt, und immer voll hoher Erwartung war, was nun für große Dinge, in ihm vorgehen würden. – In diesen Erinnerungen lag eine unbeschreibliche Süßigkeit, denn der Roman, den die frömmelnde Phantasie der gläubigen Seelen mit dem höchsten Wesen spielt, von dem sie sich bald verlassen, und bald wieder angenommen glauben, bald eine Sehnsucht und einen Hunger nach ihm empfinden, und bald wieder in einem Zustande der Trockenheit, und Leere des Herzens sind, hat wirklich etwas Erhabnes, und Großes, und erhält die Lebensgeister in einer immerwährenden Tätigkeit, so daß auch die Träume des Nachts sich mit überirdischen Dingen beschäftigen, wie denn Reisern einst träumte, daß er in die Gesellschaft der Seligen aufgenommen war, die sich in crystallnen Strömen badeten – Ein Traum, der oft wieder seine Einbildungskraft entzückt hat.

Reiser liehe sich nun von dem alten Tischer die Guionschen Schriften wieder, und erinnerte sich indem er sie las, an jene glücklichen Zeiten zurück, wo er seiner Meinung nach auf dem Wege zur Vollkommenheit begriffen war. – Wenn er nun manchmal durch seine äußeren Umstände traurig und mißmütig gemacht war, und ihm keine Lektüre schmecken wollte, so waren die Bibel und die Lieder der Madam Guion das einzige, wozu er wegen des reizenden Dunkels, das ihm darin herrschte, seine Zuflucht nahm. Ihm schimmerte durch den Schleier des rätselhaften Ausdrucks ein unbekanntes Licht entgegen, das seine erstorbne Phantasie wieder anfrischte – aber mit dem eigentlichen Fromm sein oder dem beständigen Denken an Gott wollte es demohngeachtet nicht mehr recht fort. – In den Verbindungen worin er jetzt war, bekümmerte man sich eben nicht mehr um seinen Seelenzustand, und er hatte in der Schule und im Chore viel zu viel Zerstreuung, als daß er auch nur eine Woche lang seiner Neigung zum ununterbrochnen In sich gekehrt sein hätte getreu bleiben können.

Indes besuchte er doch den Greis vor seinem Tode noch verschiedenemale, bis er auch einmal zu ihm gehen wollte, und erfuhr, daß er tot und begraben sei – seine letzten Worte waren gewesen: alles! alles! alles! – diese Worte erinnerte sich Reiser oft mitten im Gebet, oder auch sonst nach einer Pause, in einer Art von Entzückung, von ihm gehört zu haben – Es schien dann zuweilen, als wollte er mit diesen Worten seinen zur Ewigkeit reifen Geist aushauchen, und in dem Augenblick seine sterbliche Hülle abstreifen. – Darum

war es Reisern sehr auffallend, da er hörte, daß der alte
Mann mit diesen Worten gestorben sei, und doch war es ihm
auch, als sei er nicht gestorben, so sehr schien dieser fromme Greis immer schon in einer andern Welt zu leben – Tod
und Ewigkeit, waren die letztenmale da ihn Reiser sprach,
fast sein einziger Gedanke. – Es war Reisern diesmal fast
nicht anders, als ob der alte Mann ausgezogen sei, da er ihn
habe besuchen wollen, und dies war bei ihm nichts weniger
als Gleichgültigkeit, sondern eine innige Vertraulichkeit mit
dem Gedanken an den Tod dieses Mannes.

Indes hatte er an dem alten Mann wieder einen Freund
seiner Jugend verloren, dessen Teilnehmung an seinem
Schicksale ihm oft Freude gemacht hatte. Er fühlte sich in
manchen Stunden, ohne selbst zu wissen warum, verlaßner
wie sonst. – Die Frau F... wurde der Last, welche ihr sein
Aufenthalt bei ihr machte, ebenfalls immer überdrüssiger,
und sagte ihm endlich, nachdem sie dreivierteljahre lang
Geduld gehabt hatte, die Wohnung auf, mit dem wohlge-
meinten Rate, daß er sich nun nach einem andern Logis
umsehen solle. – Indes war der Rektor des Lyceums abge-
gangen, und der neue Rektor S..., welcher an dessen Stelle
gewählt wurde, war ein guter Freund von dem Pastor M...,
der nun darauf dachte, Reisern bei diesem Mann ins Haus zu
bringen, und ihn im Voraus auf die großen Vorteile aufmerksam machte, welche ihm dadurch erwachsen würden, wenn
er das Glück haben sollte, von diesem Manne in sein Haus
aufgenommen zu werden. – Also bei dem Rektor sollte nun
Reiser ins Haus ziehen – wie sehr schmeichelte dies seiner
Eitelkeit! denn dachte er sich, wenn es ihm glücken sollte,
sich bei dem Rektor beliebt zu machen, was für eine glänzende Aussicht sich ihm dann eröffnete, da überdem nun
der Rektor sein Lehrer wurde, indem er nach Endigung
seines ersten Schuljahres gleich nach Prima versetzt werden
sollte, worin der Direktor und der Rektor allein Unterricht
gaben.

Im Grunde war es ihm äußerst angenehm, daß ihm die
Frau F... die Wohnung aufsagte, weil er es nie hätte wagen

dürfen, nur ein Wort davon zu erwähnen, daß er von ihr
wegziehen wolle. – Hiezu kam nun noch, daß er die große
Erwartung hatte, ein Hausgenosse des Rektors seines künftigen Lehrers zu werden. Allein um diese Zeit hatte sich eine
neue Grille in seiner Phantasie zu bilden angefangen, welche
auf sein ganzes künftiges Leben einen großen Einfluß gehabt hat.

Ich habe nehmlich schon der Deklamationsübungen erwähnt, welche in Sekunda von dem Konrektor veranstaltet
wurden. Dies hatte für ihn und I... einen so außerordentlichen Reiz, daß alles andre sich dagegen verdunkelte, und
Reiser nichts mehr wünschte, als Gelegenheit zu haben, mit
mehreren seiner Mitschüler einmal eine Komödie aufzuführen, um sich im Deklamieren hören zu lassen – dies hatte
einen so unendlichen Reiz für ihn, daß er eine Zeitlang Tag
und Nacht mit diesem Gedanken umging, und selber den
Entwurf zu einer Komödie machte, wo zwei Freunde von
einander getrennt werden sollten, und darüber untröstlich
waren, u. s. w. – Auch fand er in Leydings Handbibliothek,
die ihm jemand geliehen hatte, ein rührendes Drama in Versen: *der Einsiedler* welches er gern mit I... aufführen wollte. – Er wünschte sich denn eine recht affektvolle Rolle, wo
er mit dem größten Pathos reden und sich in eine Reihe von
Empfindungen versetzen könnte, die er so gern hatte, und
sie doch in seiner wirklichen Welt, wo alles so kahl so arm-
selig zuging, nicht haben konnte. – Dieser Wunsch war bei
Reisern sehr natürlich; er hatte Gefühle für Freundschaft,
für Dankbarkeit, für Großmut, und edle Entschlossenheit,
welche alle ungenutzt in ihm schlummerten; denn durch
seine äußere Lage schrumpfte sein Herz zusammen. – Was
Wunder, daß es sich in einer idealischen Welt wieder zu
erweitern, und seinen natürlichen Empfindungen nachzuhängen suchte! – In dem Schauspiel schien er sich gleichsam
wieder zu finden, nachdem er sich in seiner wirklichen Welt
beinahe verloren hatte – Darum wurde auch in der Folge
seine Freundschaft mit Philipp Reisern beinahe eine theatralische Freundschaft, die oft so weit ging, daß einer für den

andern zu sterben entschlossen war. — Nun wurde ihm die
Theatergrille so wert, daß die Sucht zu predigen beinahe
ganz dadurch aus seiner Seele verdrängt wurde — denn hier
fand seine Phantasie einen weit größern Spielraum, weit
mehr wirkliches Leben, und Interesse, als in dem ewigen
Monolog des Predigers. — Wenn er die Scenen eines Drama,
das er entweder gelesen, oder sich selbst in Gedanken entworfen hatte, durchging, so war er das alles nacheinander
wirklich, was er vorstellte, er war bald großmütig, bald dank-
bar, bald gekränkt und duldend, bald heftig und jedem
Angriff mutig entgegenkämpfend.

Dabei war ihm nun die Aussicht auf Prima äußerst glänzend — denn die Primaner des Lyceums in H... hatten
wirklich so viele äußere in die Augen fallende Vorzüge wie in
wenigen Schulen statt finden mögen. — Sie hielten alle Neujahr bei einer großen Menge Zuschauer einen öffentlichen
Aufzug mit Musik und Fackeln, indem sie dem Direktor und
dem Rektor ein Vivat brachten. — Am Abend darauf über-
reichten sie das eine Jahr dem Direktor, und das andere dem
Rektor, ein freiwillig zusammengebrachtes Geschenk, das
gemeiniglich über hundert Taler betrug, und wobei derjenige
der es überreichte eine kurze lateinische Rede hielt — alsdann
wurden sie mit Wein und Kuchen bewirtet, und durften sich
die Freiheit herausnehmen, ihrem Lehrer in seiner Behausung ein lauterschallendes Vivat zu rufen.

Fast ein Vierteljahr vorher wurde immer schon von der
Anordnung dieses Zuges gesprochen.

Alle Sommer in den Hundstagen wurde von den Primanern öffentlich Komödie gespielt, wo ihnen die Wahl der
Stücke, und die Anordnung ebenfalls allein überlassen war —
Dies beschäftigte sie fast den ganzen Sommer über. — Dann
fiel im Jenner das Geburtsfest der Königin, und im Mai das
Geburtsfest des Königs ein, wo allemal mit großer Feierlichkeit ein Redeaktus veranstaltet wurde, bei dem der Prinz,
die Minister, und fast alle Honoratioren der Stadt erschienen. Die Vorbereitung hiezu nahm nun jedesmal sehr viel
Zeit weg — Dazu kamen jährlich noch zwei öffentliche Prü-

fungen, die auch allemal mit Ferien begleitet waren – Hiedurch ging freilich viel Zeit verloren – Indes waren dies alles
doch so viele glänzende Ziele für einen ehrgeizigen Jüngling,
welche ihm den Reiz der Schuljahre immer wieder auffrisch-
ten, so bald er verlöschen wollte.

   Etwa einmal einer der Anführer bei dem Zuge mit Fak-
keln zu sein, oder die lateinische Rede bei Überreichung des
Geschenks zu halten, oder eine Hauptrolle in einem der
aufgeführten Stücke zu bekommen, oder gar eine Rede an
des Königs oder der Königin Geburtstage zu halten, das
waren die Wünsche und Aussichten eines Primaners des
Lyceums in H... – Hiezu kam nun noch der elegante Hörsaal der ersten Klasse, mit dem zierlichgebauten doppelten
Katheder von schöngebohntem Nußbaumholz, und vor
den Fenstern die grünen Vorhänge, welches alles sich vereinigte, um Reisers Phantasie aufs neue mit reizenden Bildern von seinem künftigen Zustande anzufüllen, und seine
Erwartung von dem, was nun mit ihm vorgehen würde, bis
auf den höchsten Grad zu spannen. Sogleich nach seinem
ersten Schuljahre ein Primaner zu werden, das war ein
Glück, welches er sich kaum hätte träumen lassen.

   Erfüllt von diesen Hoffnungen und Aussichten, reiste er
nun in der Ferienwoche vor Ostern, mit Fuhrleuten, die
denselben Weg nahmen, zu seinen Eltern, um ihnen sein
Glück zu verkündigen. – Auf dieser Reise, da der Weg größtenteils durch Wald und Heide ging, nahm seine vorher
erwärmte Phantasie einen außerordentlichen Schwung; er
entwarf Heldengedichte, Trauerspiele, Romane, und wer
weiß was – zuweilen fiel ihm auch der Gedanke ein, sein
Leben zu schreiben; der Anfang, den er sich dachte lief aber
immer auf den Schlag der Robinsons hinaus, die er gelesen
hatte, daß er nehmlich in dem und dem Jahre zu H... von
armen doch ehrlichen Eltern geboren sei, und so sollte es
denn weiter fortgehen.

   So oft er nachher zu seinen Eltern reiste, es mochte nun
zu Fuß oder zu Wagen sein, war unterwegens seine Einbildungskraft immer am geschäftigsten – ein ganzer Zeitraum

seines verfloßnen Lebens stand vor ihm da, so bald er die
vier Türme von H... aus dem Gesicht verlor – der Gesichtskreis seiner Seele erweiterte sich denn mit dem Gesichtskreis seiner Augen – Er fühlte sich aus dem um-
schränkten Cirkel seines Daseins in die große weite Welt
versetzt, wo alle wunderbaren Ereignisse, die er je in Romanen, gelesen hatte, möglich waren – daß etwa von jenem
Hügel plötzlich sein Vater oder seine Mutter wie aus der
Ferne ihm entgegen kommen, und wie er denn freudig auf
sie zueilen würde – er glaubte schon den Ton der Stimme
seiner Eltern zu hören – und da er nun das erstemal diese
Reise tat, so empfand er wirklich das reinste Vergnügen der
sehnlichen Erwartung, bei seinen Eltern zu sein: denn was
hatte er ihnen nicht für große Dinge zu erzählen!

Da er nun am folgenden Mittage hinkam, bewillkommten
ihn seine Eltern und seine beiden Brüder mit herzlicher
Freude in ihrer ländlichen Wohnung. Sie hatten einen kleinen Garten hinter dem Hause. Und waren so weit recht gut
eingerichtet. Aber mit dem Hausfrieden stand es leider, wie
er bald sahe, noch nach wie vor. Er hörte indes von seinem
Vater wieder die Zither spielen, und die Lieder der Madam
Guion dazu singen. – Sie unterredeten sich nun auch über
die Lehren der Mad. Guion, und Reiser der sich in seinem
Kopfe schon eine Art von Metaphisik gebildet hatte, die
nahe an den Spinozismus grenzte, traf mit seinem Vater oft
wunderbar zusammen, wenn sie von dem All der Gottheit
und dem Nichts der Kreatur, das die Madame Guion lehrte,
sprachen. Sie glaubten sich einander zu verstehen, und Reiser empfand ein unendliches Vergnügen in diesen Unterredungen mit seinem Vater, denn es war ihm schmeichelhaft,
daß sich sein Vater, der ihn sonst nur für einen dummen
Jungen zu halten schien, nun selbst über dergleichen erhabene Gegenstände mit ihm unterredete. Dann besuchten sie
den Prediger und die Honoratioren des Orts, wo Reiser
allenthalben mit ins Gespräch gezogen wurde, und sich
auch, weil ihm diese Behandlung Selbstzutrauen einflößte,
dabei ganz gut nahm. – Die Nachbaren seiner Eltern, und

wer sonst hinkam, waren alle aufmerksam auf den Sohn des
**schreibers, den der Prinz in H... studieren ließe – Die
reine ungetrübte Freude, die Reiser in diesen wenigen Tagen
genoß, verbunden mit den angenehmsten Hoffnungen, ersetzte ihm reichlich allen Kummer, und unverdiente Demütigungen, die er ein ganzes Jahr hindurch erlitten hatte.

So nahe, wie seine Mutter, nahm doch niemand in der
Welt an seinem Schicksal Teil – so oft er sich des Abends zu
Bette legte, sprach sie das *Gott walte* über ihn, und schlug
über seine Stirne das Kreuz dazu, wie sie ehemals getan
hatte, damit er sicher schlafen sollte, und kein Abend und
kein Morgen verging, wo sie ihn, auch in seiner Abwesenheit
nicht mit in ihr Gebet einschloß. – Mit Wehmut nahm Reiser
Abschied von seinen Eltern, und da er die Türme von H...
wieder sahe, so beklemmten traurige Ahndungen sein Herz.

Den andern Tag nach seiner Zurückkunft wurde er von
dem Direktor zu der Klassenversetzung geprüft, und da er
aus des Cicero Buche von den Pflichten etwas aus dem
lateinischen ins deutsche übersetzen sollte, so fügte es sich
daß er in dem Exemplar, das ihm der Direktor gab, unglück-
licherweise ein Blatt mit solcher Ungeschicklichkeit umschlug, daß er es beinahe zerrissen hätte. Durch so etwas
konnte nun die Empfindlichkeit des Direktors, der in allem
stets die äußerste Delikatesse suchte, gerade am stärksten
beleidigt werden. – Reiser verlor unendlich bei ihm durch
diesen Zug von anscheinendem Mangel an feiner Empfindung und feiner Lebensart. Der Direktor verwies ihm auf
eine sehr bittere Art seine Ungeschicklichkeit, so daß Reisers Zutrauen zu dem Direktor, durch die Beschämung,
worin er durch diesen bittern Verweis versetzt wurde, ebenfalls einen gewaltigen Stoß erhielt, wovon es sich nie wieder
erholen konnte. Das schüchterne Wesen, was Reiser auf
diese Veranlassung von nun an in der Gegenwart des Direktors bewies, diente dazu, ihn bei demselben noch immer
mehr herabzusetzen. – Kurz, von einem einzigen zu schnell
umgeschlagenen Blatte, in dem Exemplar des Direktors von
Ciceros Buche von den Pflichten, schrieben sich größten-

teils alle die Leiden her, die Reisern von nun an in seinen
Schuljahren bevorstanden, und welche sich vorzüglich auf
den Mangel der Achtung des Direktors gründeten, dessen
Beifall, woran ihm so viel lag, er zuerst durch das zu schnelle
Blattumschlagen verscherzt hatte.

Hiezu kam nun noch, daß die Frau F..., ob er gleich von
ihr weg zog, ihm doch sein neues Kleid einschloß, und er mit
einem alten Rock, den er noch von dem Hutmacher L...
hatte, Prima besuchen mußte, wo er neben sich fast lauter
wohlgekleidete junge Leute sahe. Der Rock gab ihm ein
lächerliches Ansehn, weil er ihm zu kurz geworden war.
Dies fühlte er selbst, und der Umstand trug sehr viel zu der
Schüchternheit in seinem Wesen bei, das er in Prima mehr
wie jemals äußerte. – Auch waren der Kantor und der Konrektor äußerst auf ihn aufgebracht, daß er ihnen von seiner
Versetzung nach Prima vorher nichts gesagt, und ohne ihren
Rat diesen Schritt getan hätte. Er entschuldigte sich so gut er
konnte, damit, daß er es nicht bedacht hätte. Der Kantor
verzieh ihm auch bald, aber der Konrektor hat es ihm nie
verziehen, sondern es ihn noch lange nachher entgelten lassen. Er machte nehmlich eine starke Forderung an Reisern
für die Privatstunden, die dieser bei ihm gehabt hatte, und
wovon jedermann glaubte, daß er sie ihm umsonst würde
gegeben haben – dies Geld ließ er Reisern einige Jahre hindurch von seinem Chorgelde abziehen, wenn es dieser oft
am nötigsten brauchte. – Ein Umstand der ihn ebenfalls sehr
niederschlug.

Nun bekam er in dem Hause des Rektors zwar eine Stube
und Kammer, aber auch weiter nichts, denn der Rektor war
selbst noch nicht recht eingerichtet. Reiser hatte noch eine
wollene Decke von seinen Eltern, dazu mietete man ihm ein
Kopfküssen und Unterbette, um ja so viel, wie möglich zu
sparen; wenn es nun des Nachts kalt war, so mußte er seine
Kleider zu Hülfe nehmen, um sich hinlänglich zu bedecken.
Ein altes Klavier, das er hatte, diente ihm statt eines Tisches,
dazu hatte er eine kleine Bank aus dem Auditorium des
Rektors, über dem Bette ein kleines Bücherbrett an einem

Nagel hängend, und in der Kammer hatte er einen alten
Koffer mit ein paar abgetragenen Kleidungsstücken stehen – das war seine ganze häusliche Einrichtung, wobei er
sich aber doch um ein großes glücklicher befand, als in der
Stube der Frau F..., in welcher sonst weit mehr Bequemlichkeiten waren.

Wenn er nun allein auf seiner Stube war, so befand er sich
so weit recht wohl, aber zu dem Rektor konnte er noch kein
Zutrauen fassen. Wenn er ihn gleich im Schlafrock und in
der Nachtmütze sahe, so schien doch immer ein Nimbus
von Ernst und Würde sich um ihn her zu verbreiten, der
Reisern in großer Entfernung von ihm hielt – er mußte ihm
seine Bibliothek in Ordnung bringen helfen; wenn er denn
zuweilen so dicht bei ihm stand, indem er ihm Bücher zu-
reichte, daß er seinen Atem hören konnte, so fühlte er oft
einige anschließende Kraft in sich – aber in dem folgenden
Augenblick war die Schüchternheit und Verlegenheit wieder
da – Demohngeachtet liebte er den Rektor – und sein mit
romanhaften Ideen angefüllter Kopf ließ ihn manchmal den
Wunsch tun, daß er doch mit dem Rektor auf irgend eine
unbewohnte Insel versetzt werden möchte, wo sie durch das
Schicksal gleich gemacht, auf einen freundschaftlichen und
vertrauten Fuß umgehen könnten.

Der Rektor tat alles, um Reisern Mut und Zutrauen einzuflößen; er ließ ihn verschiednemal mit sich allein an seinem Tische speisen, und unterredete sich mit ihm – Reiser
hatte damals schon Schriftstellerprojekte: er wollte die alte
Acerra Philologika in einen bessern Stil bringen, und der
Rektor war so gütig, ihn zu ermuntern, daß er immer dergleichen Projekte für die Zukunft nähren, und sich mit
dergleichen Ausarbeitungen beschäftigen solle.

Wenn nun Reiser über so etwas mit dem Rektor sprach, so
fehlte es ihm immer an den rechten Ausdrücken, deren er
sich bedienen sollte, welches seine Perioden sehr unterbrochen machte. – Denn er schwieg lieber, ehe er das unrechte
Wort zu dem Gedanken wählte, den er ausdrücken wollte. –
Der Rektor half ihm dann mit vieler Nachsicht zurecht – Er

ließ ihn auch zuweilen des Abends zu sich auf die Stube
kommen, und sich von ihm vorlesen. –

Reiser erdreistete sich denn auch manchmal Fragen an
ihn zu tun: in wie fern z. B. ein Stuhl ein Individuum zu
nennen sei, da man ihn doch immer noch wieder teilen
könne, welcher Zweifel ihm bei der Logik, die er vom Direktor hörte, aufgefallen war – und der Rektor löste ihm sehr
herablassend seinen Zweifel auf, und lobte ihn dabei wegen
seines Nachdenkens über dergleichen Gegenstände; ja er
scherzte zuweilen gar mit ihm, und wenn er ihm den Auftrag
gab, irgend ein Buch oder sonst etwas zu holen, so tat er dies
nie in einem befehlenden Tone, sondern bittweise. – So war
nun alles so weit recht gut – aber das Blattumschlagen
schien nun einmal für Reisern eine unglückliche Sache zu
sein – er mußte einmal für den Rektor geheftete Bücher
aufschneiden, und machte das so ungeschickt, daß er mit
dem Federmesser tiefe Einschnitte in die Blätter machte,
wodurch ein paar Bücher fast ganz verdorben wurden. –
Der Rektor wurde darüber sehr böse, und machte ihm den
bittern Vorwurf, als ob er aus *Bosheit* die Einschnitte in die
Blätter gemacht habe, um von der Arbeit frei zu sein. – Das
war nun freilich nicht der Fall – der Vorwurf schmerzte
Reisern und trug viel dazu bei, seinen allmählich wachsenden Mut wieder niederzuschlagen.

Indes erholte er sich doch noch einmal wieder, da ihn der
Rektor auf einer kleinen Reise, nach einer benachbarten
katholischen Stadt mitnahm, um die Feier des Fronleich-
namsfestes mit anzusehen. – Der Rektor, der Konrektor,
der Kantor, und ein paar Kandidaten der Theologie, fuhren
auf einem Wagen mit Extrapost, wo Reiser auch ein Plätzchen erhielt – Nun hörte er, diese ehrwürdigen Männer, die
durch das Aneinanderschließen, welches gemeiniglich bei
einer kleinen Reisegesellschaft statt zu finden pflegt, vertraulich gemacht waren, sehr lebhaft mit einander scherzen;
und dies tat eine ganz besondere Wirkung auf Reisern. – Der
Nimbus um ihre Köpfe verschwand allmählich, und er sahe
an ihnen zum erstenmale Menschen, wie andre Menschen

sind – Denn noch nie hatte er eine Gesellschaft von
Schwarzröcken zusammengesehen, die sich ohne Zwang
mit einander besprachen, und alle das steife zeremonienmä-
ßige Wesen, was ihnen sonst von ihrem Stande anklebt, auf
eine Zeitlang gegen einander ablegten. Nur der gute Kantor
behielt immer ein gewisses steifes Wesen bei, und da unterweges eine große Menge Bettler, die geistliche Lieder ab-
sangen, dem Wagen entgegen kamen, schraubte man den
Kantor mit diesem Auftritt, indem man ihn wegen dieser
schrecklichen Disharmonien, wodurch sein Gehör ganz erschüttert wurde, herzlich bedauerte. – Es war zum erstenmale, daß Reiser sahe, wie sich solche ehrwürdige Männer
auch, eben so wie andre Leute, untereinander schrauben
könnten. Und diese Erfahrung, die er machte, war ihm sehr
nützlich, indem er nun jeden Priester, den er sonst noch
immer gewissermaßen als eine Art von übermenschlichem
Wesen betrachtete, sich etwa in den Cirkel einer solchen
Reisegesellschaft dachte, und ihn denn in seiner Vorstellung,
von dem Nimbus, der ihn vorher umgab, mit leichter Mühe
entblößte.

Allein er fühlte es demohngeachtet wieder lebhaft, welch
ein unbedeutendes Wesen er in dieser Gesellschaft war; und
da man alle Merkwürdigkeiten der Klöster, und andre Sachen in der katholischen Stadt besahe, wozu noch eine
Anzahl zum Teil auch fremder Personen sich gesellte, so
fühlte er, wie es sich immer von selbst verstand, daß er bei
allem der letzte war, und daß er dies noch als eine große
Ehre ansehen mußte, die ihm widerfuhr – dieser Gedanke
machte, daß er sich in der Gesellschaft verlegen, albern, und
dumm betrug, und dies verlegene und alberne Betragen
fühlte er auch wieder selbst weit stärker, als es vielleicht
irgend jemand außer ihm bemerken mochte; darum war er
die Zeit über, in welcher er so viel neues zu hören und zu
sehen bekam, nichts weniger als glücklich, und wünschte
sich wieder auf sein einsames Stübchen, mit der Bank und
dem alten Klaviere, und dem Bücherbrett, das über dem
Bette am Nagel hing.

Was aber nun vorzüglich anfing, ihm sein Schicksal zu verbittern, war eine neue unverdiente Demütigung, wozu seine gegenwärtige Lage, die er doch wiederum nicht ändern konnte, die Veranlassung gab.

Als er nehmlich die erstenmale Prima besuchte, so hörte er schon zuweilen hinter sich zischeln: sieh, das ist des Rektors Famulus! – Eine Benennung, mit welcher Reiser den allerniedrigsten Begriff verband; denn er wußte von den Verhältnissen eines Famulus auf der Universität noch nichts. Ihm bezeichnete Famulus, wo möglich noch weniger, als einen Bedienten, der seinem Herren die Schuh putzt – Dabei deuchte es ihm, als ob er allgemein von seinen Mitschülern mit einer Art von Verachtung betrachtet wurde. – Dann dachte er sich in seinem kurzen Rocke, womit er sich immer selbst in einer lächerlichen Gestalt erschien – In Sekunda war er ohngeachtet seiner schlechten Kleidung von seinen Mitschülern noch geachtet worden, wegen der hohen Meinung, die man davon hatte, daß ihn der Prinz studieren ließ. In Prima wußte man dies zwar auch zum Teil, aber die Idee, daß er beim Rektor Famulus war, schien ihn in aller Augen herabzusetzen. – Nun kam in Prima außerordentlich viel auf den Platz an, wo man saß: höhere Plätze konnten nur durch langen fortgesetzten Fleiß erlangt werden. Gemeiniglich rückte man alle halbe Jahre nur eine Bank in die Höhe – Die ersten vier Bänke machten den untern, und die letztern drei den obern Cötus aus – Wer nun bei den halbjährigen Versetzungen zurück blieb, für den war dies eine der größten Erniedrigungen.

Nun hatte Reiser gleich am dritten Morgen, während daß ein Primaner von dem untern Katheder ein geschriebnes Gebet ablas, da ihm sein Nachbar etwas sagte, eine lächelnde Miene gemacht, und da er sahe, daß er vom Direktor bemerkt wurde, diese Miene plötzlich in eine ernsthafte zu verwandeln gesucht – Und der Eindruck, welcher noch von dem Blattumschlagen in seiner Seele zurück geblieben war, machte, daß diese plötzliche Veränderung seiner Miene, nicht im mindesten auf eine edle, sondern vielmehr höchst

mißtrauische, gemeine, und sklavische Furcht verratende
Art geschahe, woraus der Direktor mit einem Blick des
Zorns und der Verachtung, den er während dem Gebet auf
Reisern warf, seine niedrige, gemeine Denkungsart zu
schließen schien. – Ein solcher Blick vom Direktor war
schon etwas, das allgemeine Aufmerksamkeit zu erregen
pflegte. – Da nun aber das Gebet vorbei war, so sagte er
Reisern ein paar Worte über das Niederträchtige in seiner
Miene, welche diesen auf einmal der Verachtung der ganzen
Klasse aussetzten, der die Aussprüche des Direktors Orakel
waren.

Reiser getraute sich von nun an nicht mehr, seine Augen
zu dem Direktor aufzuschlagen, und mußte sich in den
Stunden desselben, wie ein Wesen betrachten, auf das nicht
die mindeste Rücksicht genommen ward: denn der Direktor
rief ihn niemals auf. – Ein paar junge Leute die nach Reisern
in Prima kamen, wurden über ihn gesetzt, und er mußte
verschiedene Monate lang der letzte von allen bleiben. – Der
junge R… ein vorzüglicher Kopf, der sich nachher als Maler
berühmt gemacht hat, saß neben Reisern, und schien sich an
ihn schließen zu wollen; allein ein Blick des Direktors, womit derselbe ihn ansahe, da er einmal mit Reisern sprach,
dämpfte jeden Funken von Achtung, den er gegen Reisern
zu haben schien, und machte sein Herz von ihm abge-
wandt. – Das Betragen des Direktors gegen Reisern war eine
Folge von dessen schüchternem und mißtrauischem Wesen,
das eine niedrige Seele zu verraten schien; allein der Direktor erwog nicht, daß eben dies schüchterne und mißtrauische Wesen wieder eine Folge von seinem ersten Betragen
gegen Reisern war.

Dieser war nun einmal in der Achtung seiner Mitschüler
gesunken, und jeder nahm sich jetzt heraus zum Ritter an
ihm zu werden, jeder wollte seinen Witz an ihm üben, und
nahm er es gleich mit einem auf, so waren wieder zwanzig
andre, die mit einander wetteiferten, ihn zum Ziel ihres
Spottes zu machen; selbst seine Bravour, wenn er sich zuweilen mit denen, die es zu arg machten schlug, wodurch

jeder andre sich vielleicht wieder in Achtung gesetzt hätte, wurde lächerlich gemacht – Man zischelte sich nicht mehr in die Ohren: seht da des Rektors Famulus! sondern sobald er des Morgens hereintrat, hieß es: da kömmt der Famulus! und diese Ehrenbenennung schallete ihm aus allen Ecken entgegen. – Es war als ob sich alles verschworen hätte, sich auf ihn zu setzen, und ihn lächerlich zu machen. –

Dieser Zustand wurde ihm eine Hölle – er heulte, tobte, und geriet in eine Art von Raserei darüber, und auch dies wurde lächerlich gemacht. – Zuletzt trat denn zuweilen eine Art von Dumpfheit der Empfindung an die Stelle seines bis zur Wut und Raserei beleidigten Stolzes – er hörte und sahe nicht mehr, was um ihn her vorging, und ließ alles mit sich machen, was man wollte, so daß er in dem Zustande ein würdiger Gegenstand des Spottes und der Verachtung zu sein schien.

Was Wunder, wenn er am Ende durch diese fortgesetzte Behandlung würklich niederträchtig gesinnt geworden wäre – Aber er fühlte noch immer Kraft genug in sich, in gewissen Stunden, sich ganz aus seiner wirklichen Welt zu versetzen. – Das war es, was ihn aufrecht erhielt – Wenn seine Seele durch tausend Demütigungen in seiner wirklichen Welt erniedrigt war, so übte er sich wieder in den edlen Gesinnungen der Großmut, Entschlossenheit, Uneigennützigkeit und Standhaftigkeit, so oft er irgend einen Roman, oder heroisches Drama durchlas oder durchdachte. – Oft träumte er sich auf die Weise über allen Kummer der Erde hinaus, in heitre Scenen hin, wenn er vom Frost erstarrt, im Chore sang, und verphantasierte so manche Stunde, wo denn gewisse Melodien, die er hörte und mitsang, seinen Traum oft fortpflanzen halfen. – Nichts klang ihm z. B. rührender und erhabener, als wenn der Präfektus anhub zu singen:

> Hylo schöne Sonne
> Deiner Strahlen Wonne
> In den tiefen Flor –

Das *Hylo* allein schon versetzte ihn in höhere Regionen, und gab seiner Einbildungskraft allemal einen außerordentlichen

Schwung, weil er es für irgend einen orientalischen Ausdruck hielt, den er nicht verstand, und eben deswegen einen
so erhabnen Sinn, als er nur wollte hineinlegen konnte: bis er
einmal den geschriebenen Text unter den Noten sahe, und
fand daß es hieß:

Hüll' o schöne Sonne, u. s. w.

Diese Worte sang der Präfektus nach seiner thüringischen
Mundart immer: *Hylo schöne Sonne* – Und nun war auf einmal
das ganze Zauberwerk verschwunden, welches Reisern, so
manchen frohen Augenblick gemacht hatte. – Eben so war
es ihm immer sehr rührend, wenn gesungen wurde: *Du verdeckest sie in den Hütten,* oder *lieg ich nur in deiner Hut, o so schlaf
ich sanft und gut* –

Er wiegte sich oft so sehr in die süßen Empfindungen von
dem Schutz eines höhern Wesens ein, daß er Regen, und
Frost und Schnee vergaß, und sich in der ihn umgebenden
Luft, wie in einem Bette sanft zu ruhen schien.

Allein von außen her schien sich alles zu vereinigen, um
ihn zu demütigen, und niederzubeugen.

Da es Sommer wurde verreiste der Rektor auf einige Wochen, und er blieb nun während der Zeit allein in dessen
Hause zurück, wo er die Zeit zu Hause ziemlich vergnügt
zubrachte, indem er sich aus der Bibliothek des Rektors
einiger Bücher zum Lesen bediente, und unter andern auf
Moses Mendelsohns Schriften, und die Litteraturbriefe verfiel, woraus er sich damals zuerst Exzerpte machte. –

Insbesondre zog er sich alles aus, was das *Theater* anging,
denn diese Idee war jetzt schon die herrschende in seinem
Kopfe, und gleichsam schon der Keim zu allen seinen künftigen Widerwärtigkeiten.

Durch das Deklamieren in Sekunda war sie zuerst lebhaft
in ihm erwacht, und hatte die Phantasie des Predigens allmählich aus seinem Kopf verdrängt – der *Dialog* auf dem
Theater bekam mehr Reize für ihn, als der immerwährende
Monolog auf der Kanzel – Und dann konnte er auf dem Theater alles sein, wozu er in der wirklichen Welt nie Gelegenheit
hatte – und was er doch so oft zu sein wünschte – groß-

mütig, wohltätig, edel, standhaft, über alles Demütigende und Erniedrigende erhaben – wie schmachtete er, diese Empfindungen, die ihm so natürlich zu sein schienen, und die er doch stets entbehren mußte, nun einmal durch ein kurzes täuschendes Spiel der Phantasie in sich wirklich zu machen –

Das war es ohngefähr, was ihm die Idee vom Theater schon damals so reizend machte – Er fand sich hier gleichsam mit allen seinen Empfindungen und Gesinnungen wieder, welche in die wirkliche Welt nicht paßten – Das Theater deuchte ihm eine natürlichere und angemeßnere Welt, als die wirkliche Welt, die ihn umgab.

Nun kamen die Sommerferien heran, und die Primaner führten, wie sie alle Jahr zu tun pflegten, öffentlich verschiedene Komödien auf – Reiser konnte bei der allgemeinen Verachtung der er als ein sogenannter *Famulus* des Rektors ausgesetzt war, sich nicht die mindeste Hoffnung machen, eine Rolle zu erhalten; ja er konnte nicht einmal von irgend einem der Mitschüler ein Billet erhalten, um zuzusehn. Dies schlug ihn mehr, als alles bisherige nieder – bis er auf den Einfall kam, mit zwei bis dreien seiner Mitschüler, welche auch keine Rollen hatten, gleichsam eine Partie der Mißvergnügten auszumachen, und auf deren Wohnstube bei einer kleinen Anzahl Zuschauer, eine Komödie besonders aufzuführen. –

Hiezu wurde denn Philotas gewählt, wo Reiser einem andren, der die Rolle des Philotas schlecht machte, sie mit Geld abkaufte, und also nun den Philotas spielte.

Nun war er in seinem Elemente – Er konnte einen ganzen Abend lang, großmütig, standhaft, und edel sein, – die Stunden, wo er sich zu dieser Rolle übte, und der Abend, wo er sie spielte, waren von den seligsten seines Lebens – obgleich das Theater nur ein schlechtes Zimmer mit weißen Wänden, und das Parterre eine Kammer war, die daran stieß, und wo man, statt der ausgehobenen Türe, eine wollene Decke angebracht hatte, die zum Vorhang dienen mußte; und obgleich das ganze Auditorium, nur aus dem Wirt des Hauses,

der ein Töpfer war, nebst dessen Frau und seinen Gesellen
bestand, und die ganze Erleuchtung nur mit Pfenniglichtern
bewerkstelligt wurde, die auf kleinen an die Wand geklebten
Stücken von nassen Leimen brannten. –

5 Zum Nachspiele wurde aus Millers historisch-morali-
schen Schilderungen der *sterbende Sokrates* gegeben, worin
Reiser nur einen Freund des Sokrates, und der eine von
seinen Mitschülern Namens G ... den sterbenden Sokrates
selbst machte, welcher denn ordentlich den Giftbecher leer-
10 te, und zuletzt unter Zuckungen auf einem Bette, das in die
Stube gesetzt war, verschied. –

Dies letzte Nachspiel war es nun, was Reisern nachher
fast seine ganzen Schuljahre verbittert hat. –

Die andren Primaner hatten nehmlich erfahren, daß außer
15 der ihrigen, von denen, welchen sie keine Rollen gegeben
hatten, noch besonders eine Komödie aufgeführt worden
sei – sie sahen dies als einen Eingriff in ihre Rechte an, und
als ob es gleichsam aus Trotz und Verachtung geschehen
sei. –

20 Sie suchten sich für diese unverzeihliche Beleidigung, wofür sie es hielten, auf alle Weise zu rächen, und von der Zeit
an durfte von den vieren, welche den Philotas und den sterbenden Sokrates aufgeführt hatten, keiner des Abends sicher auf der Straße gehen – Diese viere waren von der Zeit
25 an ein Gegenstand des Hasses, der Verachtung, und des
Spottes, welcher Reisern gerade am meisten traf; denn die
andern besuchten die Schulstunden selten – Gegen Reisern
hatte man schon vorher nichts als Verachtung bezeigt, die
außer einer Art von unerklärbarer *allgemeiner Antipathie* gegen
30 ihn, ihren Grund vorzüglich, in seiner erniedrigenden oder
wenigstens für erniedrigend gehaltenen Situation, seiner
blöden Miene, und seinem kurzen Rock haben mochte; zu
dieser Verachtung gesellte sich nun jetzt noch eine allgemeine Erbitterung gegen ihn, welche den Spott, womit man ihn
35 überhäufte, so beißend, wie möglich zu machen suchte –

Und ob nun gleich nicht er, sondern G ... die Rolle des
sterbenden Sokrates in dem Nachspiel gemacht hatte; so

hieß er doch von nun an mit einem allgemeinen Spottnamen
der *sterbende Sokrates,* und verlor diesen beinahe nicht eher,
bis diese ganze Generation nach und nach die Schule verlassen hatte; noch ein Jahr vorher, ehe er selbst die Schule
verließ, war er eine lange Zeit kränklich gewesen, und gar
nicht aus dem Hause gekommen, als er nun wieder einer
Komödie zusehen wollte, welche die Primaner damals auf-
führten, ließ man ihn zwar herein, aber man sahe ihn mit
einem verächtlichen, höhnischen Blick an, und sagte: da ist
der sterbende Sokrates; so daß Reiser gleich umkehrte, und
traurig wieder zu Hause ging. –

Sonst pflegt doch immer bei den Menschen eine gewisse
Gutmütigkeit zu herrschen, daß sie nur denjenigen zum Gegenstande ihres Spottes machen, der gewissermaßen unempfindlich dagegen ist; sehen sie hingegen, daß einer durch
den Spott wirklich beleidigt und gekränkt wird, so treiben
sie's wenigstens nicht unaufhörlich, sondern das Mitleid gewinnt doch endlich über die Spottsucht die Oberhand.

Aber das war bei Reisern der Fall nicht – seine Gestalt
verfiel von Tage zu Tage, er wankte nur noch wie ein Schatten umher; es war ihm beinahe alles gleichgültig; sein Mut
war gelähmt – wo er konnte, suchte er die Einsamkeit – aber
das alles erweckte auch kein Fünkchen Mitleid gegen ihn –
So sehr waren aller Gemüter mit Haß und Verachtung gegen
ihn erfüllt. –

Außer ihm war noch ein gewisser T... ein Gegenstand
des Spottes, der zum Teil durch seine stotternde Sprache
Veranlassung dazu gab. – Dieser aber schüttelte den Spott
ab, wie das Tier mit der unempfindlichen Haut die Schläge. –
Indem man seiner spottete, so rechtfertigte man sich selbst
damit, daß ihn der Spott nicht kränkte – Bei Reisern nahm
man darauf keine Rücksicht – dies erbitterte endlich sein
Herz, und machte ihn zum offenbaren Menschenfeinde.

Wo sollte nun wohl bei ihm ein rühmlicher Wetteifer,
Fleiß und Lust zum eigentlichen Studieren herkommen? –
Er wurde ja ganz aus der Reihe herausgedrängt – er stand
einsam und verlassen da – und suchte nur das, wodurch er

sich immer noch mehr absondern, und in sich selbst zu-
rückziehen konnte; alles, was er für sich allein auf der Stube
arbeitete, las, und dachte, machte ihm Vergnügen, aber zu
allem was er in den Schulstunden mit andern gemeinschaftlich arbeiten sollte, war er träge und verdrossen; es war ihm
immer, als ob er gar nicht dazu gehörte –

Das war nun die schöne Erfüllung seiner Träume, von
langen Reihen von Bänken, auf denen die Schüler der Weisheit saßen, unter deren Zahl er sich mit Entzücken dachte,
und mit denen er einst um den Preis zu wetteifern hoffte. –

Der Rektor, bei dem er wohnte, kam nun auch von seiner
Reise wieder zurück, und hatte seine Mutter mitgebracht,
die seine Wirtschaft auf das genaueste einzurichten suchte. –
Es wurde Winter, und man dachte nicht daran, Reisers Stube
zu heizen – er stand erst die bitterste Kälte aus, und glaubte,
man würde doch endlich auch an ihn denken – bis er hörte,
daß er sich bei Tage in der Gesindestube mit aufhalten sollte. –

Nun fing er an, sich um seine äußern Verhältnisse gar
nicht mehr zu bekümmern – Von seinen Lehrern sowohl als
von seinen Mitschülern verachtet, und hintangesetzt – und
wegen seines immerwährenden Mißmuts und menschen-
scheuen Wesens bei niemand beliebt, *gab er sich gleichsam selber
in Rücksicht der menschlichen Gesellschaft auf* – und suchte sich
nun vollends ganz in sich zurück zu ziehen.

Er ging zu einem Antiquarius und holte sich einen Roman, eine Komödie nach der andern, und fing nun mit einer
Art von Wut an, zu lesen – Alles Geld, was er sich vom
Munde absparen konnte, wandte er an, um Bücher zum
Lesen dafür zu leihen; und da nach einiger Zeit der Antiquarius ihn kennen lernte, und ihm ohne jedesmalige bare
Bezahlung Bücher zum Lesen liehe, so hatte sich Reiser, ehe
er es merkte tief in Schulden hineingelesen, die so klein sie
sein mochten, damals für ihn unerschwinglich waren.

Er suchte diese Schuld zum Teil durch den Verkauf seiner
angeschafften Schulbücher zu tilgen, die ihm der Antiquarius für ein Spottgeld abnahm – und ihm dafür aufs neue

Bücher zum Lesen lieh, bis er wieder in neue Schulden geriet, und denn wieder ängstlich auf Ertilgung derselben denken mußte.

Das Lesen war ihm nun einmal so zum Bedürfnis geworden, wie es den Morgenländern das Opium sein mag, wodurch sie ihre Sinne in eine angenehme Betäubung bringen – Wenn es ihm an einem Buche fehlte, so hätte er seinen Rock gegen den Kittel eines Bettlers vertauscht, um nur eins zu bekommen – Diese Begierde wußte der Antiquarius wohl zu nutzen, der ihm nach und nach, alle seine Bücher ablockte, und sie oft in seiner Gegenwart sechsmal so teuer wieder verkaufte, als er sie ihm abgekauft hatte.

Es war unter diesen Umständen keinem zu verdenken, der Reisern für einen lüderlichen aus der Art geschlagnen jungen Menschen hielt, welcher seine Schulbücher verkaufte, statt seine Kenntnisse zu vermehren, und den Unterricht seiner Lehrer zu nutzen, nichts als Romane und Komödien las – und dabei sein äußeres ganz vernachlässigte; denn es war sehr natürlich, daß Reiser keine Lust zu seinem Körper hatte, da er doch niemanden in der Welt gefiel – und dann wurde auch alle das Geld, was die Wäscherin und der Schneider hätten bekommen sollen, dem Bücher-Antiquarius hingebracht – denn das Bedürfnis zu lesen ging bei ihm Essen und Trinken und Kleidung vor, wie er denn wirklich eines Abends den *Ugolino* las, nachdem er den ganzen Tag nicht das mindeste genossen hatte, denn seinen Freitisch hatte er über dem Lesen versäumt, und für das Geld, was zum Abendbrot bestimmt war, hatte er sich den Ugolino geliehen, und ein Licht gekauft, bei welchem er in seiner kalten Stube, in eine wollene Decke eingehüllt, die halbe Nacht aufsaß, und die *Hungerscenen* recht lebhaft mit empfinden konnte. –

Indes waren diese Stunden noch die glücklichsten, welche er gleichsam aus dem Gewirre der übrigen herausriß – seine Denkkraft war vollkommen wie berauscht – er vergaß sich und die Welt –

Er las auf die Weise nach der Reihe die zwölf oder vierzehn Bände durch, welche damals vom *deutschen Theater* heraus waren – und weil er *Yoriks* empfindsame Reisen mit großem Vergnügen zwei bis dreimal durchgelesen hatte, so lieh' er sich auch von dem Antiquarius die *empfindsamen Reisen durch Deutschland von S...* –

Nun hatte er damals schon angefangen, sich die Titel der Bücher, welche er gelesen hatte, in einem dazu bestimmten Buche niederzuschreiben, und sein Urteil dabei zu setzen, das mehrmalen ziemlich richtig ausfiel; wie er denn z. B. bei den empfindsamen Reisen durch Deutschland von S... das Urteil schrieb: *ein Exerzitium extemporaneum;* weil der Verfasser selbst gestand, daß er alle die verschiedenen Sachen in diesem dikken Buche bloß zusammengeschrieben habe, damit man urteilen solle, zu welchem Fach in der Schriftstellerei er sich wohl am besten schicken würde – Der Verfasser dieser empfindsamen Reisen hat nachher dies Exercitium extemporaneum durch seinen *Spitzbart* hinlänglich wieder gut gemacht. –

Aber nicht leicht hat Reisern bei irgend einem Buche die Zeit, welche er auf das Lesen desselben gewandt hatte, mehr gereut, als bei diesen empfindsamen Reisen –

So lernte er nun von selbst allmählich das Mittelmäßige und Schlechte von dem Guten immer besser unterscheiden. –

Bei allem aber, was er las, war und blieb nun die Idee vom Theater immer bei ihm die herrschende – in der dramatischen Welt lebte und webte er – da vergoß er oft Tränen, indem er las, und ließ sich wechselsweise bald in heftige, tobende Leidenschaft, des Zorns, der Wut und der Rache, und bald wieder in die sanften Empfindungen des großmütigen Verzeihens, des obsiegenden Wohlwollens, und des überströmenden Mitleids versetzen. –

Seine ganze äußere Lage, und seine Verhältnisse in der wirklichen Welt waren ihm so verhaßt, daß er die Augen davor zuzuschließen suchte – Der Rektor rief ihn im Hause bei seinem Namen, wie man einen Bedienten ruft; und einmal mußte er einen seiner Mitschüler, der ein Sohn eines Freundes vom Rektor war, bei demselben zum Essen bitten;

und während, daß dieser des Abends bei dem Rektor speiste, mußte Reiser *Wein holen,* und in der Gesindestube sein,
die gleich neben der Stube war, wo gespeist wurde, und wo
er hören konnte, wie sein Mitschüler sich mit dem Rektor
unterhielt, während daß er bei der Magd in der Stube saß.

Der Rektor gab verschiedene Privatstunden – wenn er
nun etwa eine davon nicht halten konnte, so mußte Reiser
bei seinen Mitschülern mit denen er doch auch an diesem
Unterricht Teil nahm, herumgehen, und ihnen die Privatstunde absagen, welches den Übermut derselben gegen ihn
noch vermehrte.

Diese Zurücksetzung hatte ihren guten Grund in seinem
Betragen – er war unteilnehmend an allem, was außer ihm
vorging, und zu jedem Geschäft, was ihn aus seiner Ideenwelt herauszog, träge und verdrossen – Was Wunder, da er
an nichts Teil nahm, daß man auch wieder an ihm nicht Teil
nahm, sondern ihn verachtete, hintansetzte und vergaß.

Allein man erwog nicht, daß eben dies Betragen, weswegen man ihn
zurück setzte, selbst eine Folge von vorhergegangner Zurücksetzung
war – Diese Zurücksetzung, welche in einer Reihe von zufälligen
Umständen gegründet war, hatte den Anfang zu seinem Betragen, und
nicht sein Betragen, wie man glaubte, den Anfang zur Zurücksetzung
gemacht.

Möchte dies alle Lehrer und Pädagogen aufmerksamer,
und in ihren Urteilen über die Entwickelung der Charaktere
junger Leute behutsamer machen, daß sie die Einwirkung
unzähliger zufälliger Umstände mit in Anschlag brächten,
und von diesen erst die genaueste Erkundigung einzuziehen
suchten, ehe sie es wagten, durch ihr Urteil über das Schicksal eines Menschen zu entscheiden, bei dem es vielleicht nur
eines aufmunternden Blicks bedurfte, um ihn plötzlich um-
zuschaffen, weil nicht die Grundlage seines Charakters,
sondern eine sonderbare Verkettung von Umständen an seinem schlecht in die Augen fallenden Betragen schuld war.

Anton Reisers Schicksal schien es nun einmal zu sein,
Wohltaten zu seiner Qual zu empfangen – Es war Wohltat,
daß er ein Jahrlang bei der Frau F... im Hause war, und in

welcher peinlichen und drückenden Lage brachte er dieses
Jahr zu! – Es war Wohltat, daß er bei dem Rektor im Hause
war, nur was für unzählige Demütigungen und Verachtung
von seinen Mitschülern zog ihm dieser ihm so reizend geschilderte Aufenthalt zu! –

Dem äußern Anschein nach konnte nun auch von Reisern
niemand ⟨anders⟩ als schlecht urteilen – und der Rektor
sagte selbst zum Pastor M... *es würde höchstens einmal ein Dorf-*
schulmeister aus ihm werden. – Dies hielt der Pastor M...
nachher Reisern wieder vor, und sein Mut wurde durch dies
Urteil des Rektors über ihn, dem er damals noch nicht viel
Selbstgefühl entgegen setzen konnte, noch mehr niedergeschlagen.

Weil nun der Rektor sicher zu glauben schien, daß aus
Reisern doch nie etwas würde, so brauchte er ihn indes,
wozu er noch zu brauchen war, nehmlich zu allerlei kleinen
Diensten, die er ihn in und außer dem Hause verrichten
ließ – und Reiser wurde nun im Grunde völlig wie ein Do-
mestique betrachtet, ob er gleich ein Primaner hieß.

Einmal genoß er denn doch noch die Vorrechte eines
Primaners, da er von dem Chorgelde, was er erhielt, seinen
Teil zum Neujahrgeschenke für den Rektor mit hergab, und
auch dem Aufzuge mit Fackeln beiwohnte, da dem Direktor
und dem Rektor, nach hergebrachter Weise zum Neujahr
eine Musik gebracht, und ein Vivat gerufen wurde. –

Ob er gleich bei diesem Zuge der letzte oder einer der
letzten in der Ordnung war, so erhob es doch seinen Mut
außerordentlich wieder, da er sich ohngeachtet der vielen
Herabwürdigungen und Demütigungen, die er erfahren hatte, doch hier gleichsam wieder in Reihe und Glied mit den
übrigen stehen sahe, einen Degen, nebst einer Fackel tragen,
und das Vivat mit rufen durfte.

Die Musik, die Zuschauer, die Erleuchtung von den Fak-
keln, die Anführer mit Federhüten und entblößten Degen –
das alles beseelte ihn wieder mit neuem Mut, da er sich in
diesem glänzenden Aufzuge mit befand –

Und da er am andern Tage mit unter der Zahl der Primaner

stand, und dem Rektor mit einer lateinischen Anrede an ihn, das Neujahrsgeschenk, wozu Reiser doch auch seinen Teil beigetragen hatte, auf einem silbernen Teller überreicht wurde; so fühlte er sich einmal mit einigem Wohlgefallen wieder in der wirklichen Welt – Er sahe sich doch hier nicht ganz ausgeschlossen und verdrängt – Allein wie sehr verbitterte ihm der Haß und Übermut seiner Mitschüler auch diese kleine Aufmunterung wieder! –

Der Rektor bewirtete die Primaner, welche ihm das Geschenk gebracht hatten, mit Wein und Kuchen – Diese tranken zu wiederholten malen seine Gesundheit, wobei sie denn am Ende, da ihnen der Wein in die Köpfe stieg, ziemlich laut wurden – Reiser trank einige Gläser Wein, ohne schlimme Folgen zu besorgen – allein die gänzliche Ungewohnheit des Weintrinkens machte, daß ihn ein paar Gläser schon etwas berauschten; nun legten es seine edeldenkenden Mitschüler darauf an, ihn gänzlich betrunken zu machen, welches ihnen teils durch List und teils durch Drohungen gelang, so daß Reiser allerlei verwirrtes Zeug redete, und am Ende zu Bette gebracht werden mußte –

War nun Reiser vorher schon in dem Zutrauen und der Achtung aller derer, die ihn kannten, gesunken, so gab dieser Vorfall seinem guten Kredit, nun vollends den letzten Stoß – Vorher war er schon ein träger, unordentlicher, und unfleißiger; nun war er auch ein unmäßiger, und schlechter Mensch, weil er in dem Hause seines Lehrers, der zugleich sein Wohltäter war, durch sein unanständiges Betragen, zugleich das *undankbarste* Herz verraten hatte.

Alle diese Folgen sahe Reiser dunkel voraus, da er am andern Morgen erwachte, und indem er sich anzog, machte er sich schon auf Bitte und Entschuldigung bei dem Rektor wegen seines gestrigen Betragens gefaßt –

Er hatte seine Anrede recht gut ausstudiert, und versicherte unter andern, daß er *diesen Flecken auf alle Weise wieder würde auszutilgen suchen,* worauf ihm denn der Rektor eben nicht sehr tröstlich antwortete, daß die nachteiligen Folgen von diesem Vorfall, wenn er bekannt würde, wohl schwerlich zu verhüten sein würden.

Der Rektor hatte darin sehr Recht – denn der Vorfall
wurde bald bekannt, und es hieß nun: wie! der junge Mensch
lebt von Wohltaten, selbst der Prinz wendet so viel an ihn,
und da er in dem Hause seines Lehrers, seines Wohltäters,
5 der ihm Obdach gibt, gastfreundlich bewirtet wird, beträgt
er sich so – wie niederträchtig, wie undankbar!

Ohngeachtet nun Reisern diese Folgen ahndeten, und er
höchst traurig darüber war, empfand er doch am andern
Tage, da er ins Chor kam, und seine Mitschüler über sein
10 blasses und verwirrtes Ansehn, das er noch von dem gestrigen Rausche hatte, lachten, eine Art von sonderbarem Stolz,
gleichsam als ob er durch das gestrige Betrinken eine gewisse *Bravour* bezeigt hätte, daß er sogar *affektierte,* als ob sein
Taumel noch fortdauerte, um dadurch *Aufmerksamkeit* auf
15 sich zu erregen –

Denn die Aufmerksamkeit der übrigen auf ihn, die diesmal mehr mit einer *gewissen Art von Beifall* als mit Spott
verknüpft war schmeichelte ihm – Auch betrachteten ihn
die andern so, wie man einen zu betrachten pflegt, der in
20 demselben Fall ist, worin man selbst einmal war – denn der
Präfektus war fast immer betrunken – dies geheime Vergnügen, welches Reiser empfand, da es ihm zu gelingen schien,
sich durch *das Schlechte bemerkt* zu machen, ist wohl die ge-
fährlichste Klippe der Verführung, woran die meisten jun-
25 gen Leute zu scheitern pflegen.

Indes wurde dieser Übermut bei Reisern sehr bald wieder
gedämpft, da er die nachteiligen Folgen, welche ihm der
Rektor prophezeit hatte, nun zu bald empfand – allenthalben empfing man ihn mit kalten und verächtlichen Blicken –
30 er ließ daher die meisten Freitische einen nach dem andern
freiwillig fahren, und hungerte lieber, oder aß Salz und
Brot – ehe er sich diesen Blicken aussetzen wollte – Bei dem
einzigen Schuster S... ging er noch immer mit Vergnügen
hin, denn hier wurde er nach wie vor mit freundlichen Blik-
35 ken empfangen, und man ließ ihn hier nicht für sein widriges
Schicksal büßen.

Er war damals weit entfernt, daß er sich gegen sich selbst

hätte entschuldigen sollen – vielmehr trauete er dem Urteil
so vieler Menschen mehr, als seinem eigenen Urteil über
sich selbst, zu – er klagte sich oft an, und machte sich die
bittersten Vorwürfe, über seine Versäumnis im Studieren,
über sein Lesen, und über sein Schulden machen beim Bücherantiquarius – denn er war damals nicht im Stande, sich
das alles als eine natürliche Folge, der engsten Verhältnisse,
worin er sich befand, zu erklären – In solcher Stimmung der
Seele, wo er gegen sich selbst aufgebracht, und seine Phantasie noch durch ein Trauerspiel, das er eben gelesen hatte,
erhitzt war, schrieb er einmal einen verzweiflungsvollen
Brief an seinen Vater, worin er sich als den größten Verbrecher anklagte, und der mit unzähligen Gedankenstrichen
angefüllt war, so daß sein Vater nicht wußte, was er aus dem
Brief machen sollte, und für den Verstand des Verfassers im
Ernst zu fürchten anfing – der ganze Brief war im Grunde
eine Rolle die Reiser spielte – Er fand ein Vergnügen daran,
sich selbst, wie es zuweilen die Helden in den Trauerspielen
machen, mit den schwärzesten Farben zu schildern, und
dann recht tragisch gegen sich selbst zu wüten.

Da er nun niemand auf der Welt und auch sich selbst nicht
einmal zum Freunde hatte, was konnte wohl anders sein
Bestreben sein, als sich, so viel und so oft wie möglich,
selbst zu vergessen.

Der Bücherantiquarius blieb daher seine immerwährende
Zuflucht, und ohne diesen würde er seinen Zustand schwerlich ertragen haben, den er sich nun in manchen Stunden
nicht nur erträglich sondern sogar angenehm zu machen
wußte, wenn er z. B. bei seinem Vetter dem Peruquenmacher, ein kleines, freilich eben nicht glänzendes Auditorium,
um sich her versammlen, und dem mit aller Fülle des Ausdrucks und der Deklamation, die ihm nur möglich war,
irgend eines seiner Lieblingstrauerspiele als *Emilia Galotti,*
Ugolino, oder sonst etwas Tränenvolles, wie z. B. den *Tod*
Abels von Geßner, vorlesen konnte, wobei er denn ein unbeschreibliches Entzücken empfand, wenn er rund um sich
her jedes Auge in Tränen erblickte, und darin den Beweis las,

daß ihm sein Endzweck, durch die Sache, die er vorlas, zu rühren, gelungen war. –

Überhaupt brachte er die vergnügtesten Stunden seines damaligen Lebens entweder für sich allein, oder in diesem Cirkel, bei seinem Vetter, dem Peruquenmacher zu, wo er gleichsam die Herrschaft über die Geister führen, und sich zum Mittelpunkte ihrer Aufmerksamkeit machen konnte – denn hier wurde er gehört – hier konnte er vorlesen, deklamieren, erzählen, und lehren – und er ließ sich wirklich mit den Handwerksgesellen, welche dort zusammen kamen, zuweilen in Dispüte über sehr wichtige Materien, als über das Wesen der Seele, die Entstehung der Dinge, den Weltgeist und dergleichen, ein, wodurch er die Köpfe verwirrte – indem er die Aufmerksamkeit dieser Leute auf Dinge lenkte, an die sie in ihrem Leben nicht gedacht hatten –

Mit einem Schneidergesellen insbesondre, der anfing, an seinen Grübeleien Gefallen zu finden, unterhielt er sich oft Stundenlang – über die Möglichkeit der Entstehung einer Welt aus Nichts – endlich gerieten sie auf das Emanationssystem, und auf den Spinozismus – Gott und die Welt war eins –

Wenn dergleichen Materien nicht in die Schulterminologie eingehüllt werden, so sind sie für jeden Kopf, und sogar Kindern verständlich –

Bei einem solchen Gespräch pflegte Reiser aller seiner Sorgen und seines Kummers zu vergessen – das, was ihn drückte, war denn viel zu klein für ihn, um seine Aufmerksamkeit zu beschäftigen – er fühlte sich aus dem umringenden Zusammenhange der Dinge, worin er sich auf Erden befand, auf eine Zeitlang hinaus versetzt, und genoß die Vorrechte der Geisterwelt – wer ihm dann zuerst in den Wurf kam, mit dem suchte er sich in philosophische Gespräche einzulassen, und seine Denkkraft an ihm zu üben –

Indes wandte er doch seine Schulstunden ohngeachtet der wenigen Aufmunterung, die er darin genoß, und der vielen Demütigungen, die er darin erduldete, nicht ganz unnütz an – er schrieb bei dem Direktor neue Geschichte,

Dogmatik und Logik; und bei dem Rektor die Erdbeschrei-
bung, und einige Übersetzungen lateinischer Autoren, nach,
wodurch er denn doch immer, neben seiner Komödien und
Romanlektüre, noch einige wissenschaftliche Kenntnisse
auffing, und ohne es eigentlich mit Absicht zu treiben, auch 5
im Lateinischen noch einige Fortschritte machte. –

Das war aber alles nur, wie zufällig – manche Stunde
versäumte er dazwischen, und manche Stunde las er, während daß der Livius oder ein andrer lateinischer Autor
gelesen wurde, für sich heimlich einen Roman, weil er doch 10
einmal wußte, daß der Direktor ihn nicht mehr aufzurufen
würdigte. –

Denn wenn er in den Schulstunden mitten unter einer
Anzahl von sechs bis siebenzig Menschen saß, von denen
fast kein einziger sein Freund war, und denen er fast insge- 15
samt ein Gegenstand des Spottes und der Verachtung war,
so mußte ihm dies natürlicher Weise beständig eine sehr
ängstliche Lage sein, wo er sich am meisten gedrungen fühlte, sich in eine andre Welt zu träumen, in der er sich besser
befand. – 20

Aber auch diese Zuflucht mißgönnte man ihm – und
indem er gerade einmal noch ehe die Stunde anging, in
einem Bande vom Theater der Deutschen las, so nahm man,
während daß der Rektor hereintrat, ihm das Buch weg, und
legte es dem Rektor aufs Katheder hin, dem man nun auf 25
Befragen, woher das Buch käme? sagte, daß Reiser während
den Stunden darin zu lesen pflegte – Ein Blick voll wegwer-
fender Verachtung auf Reisern, war die Antwort des Rektors
auf diese Anklage. –

Und dieser Blick kostete Reisern wiederum einen Teil des 30
wenigen Selbstzutrauens, das ihm noch übrig geblieben war;
denn weit entfernt, sich gegen sich selbst zu entschuldigen,
glaubte er vielmehr diese Verachtung wirklich zu verdienen,
und hielt sich in dem Augenblick eben so sehr für ein weg-
geworfnes verächtliches Wesen, als ihn der Rektor nur 35
immer dafür halten konnte. –

Er sank durch diesen Vorfall noch tiefer als vorher in der

Verachtung des Rektors – sein äußrer Zustand verschlim-
merte sich daher von Tage zu Tage; und da er einmal vergessen hatte, einen Auftrag, den ihm ein Fremder an den
Rektor gegeben hatte, auszurichten, so bediente sich der
Rektor zum erstenmale des harten Ausdrucks gegen ihn,
diese Vernachlässigung eines ihm gegebnen Auftrags sei ja
eine *wahre Dummheit.*

Dieser Ausdruck brachte auf eine lange Zeit eine Art von
wirklicher *Seelenlähmung* in ihm hervor – Dieser Ausdruck,
und das *dummer Knabe,* vom Inspektor auf dem Seminarium,
und das *ich meine Ihn ja nicht,* von dem Kaufmann S... hat er
nie vergessen können – sie haben sich in alle seine Gedanken verwebt, und ihm lange nachher oft alle Gegenwart des
Geistes in Augenblicken benommen, wo er sie am meisten
bedurfte.

Ein Freund des Rektors, welcher einige Wochen bei ihm
logierte, und für den Reiser auch einige Gänge tun mußte,
gab der Magd und ihm, bei seinem Abschiede ein Trink-
geld – Reiser hatte eine sonderbare Empfindung dabei, da er
das Geld nahm; es war ihm, als ob er einen Stich erhielte, wo
sich der erste Schmerz plötzlich wieder verlor – denn er
dachte an den *Bücherantiquarius,* und in dem Augenblick war
alles übrige vergessen – für das Geld konnte er mehr wie
zwanzig Bücher lesen – sein beleidigter Stolz hatte sich noch
zum letztenmal empört, und war nun besiegt – Reiser nahm
von diesem Augenblick an keine Rücksicht mehr auf sich
selbst – und *warf* sich in Ansehung seiner äußern Verhältnisse völlig *weg.* –

Seine Kleidung, die immer schlechter und unordentlicher
wurde, kümmerte ihn nicht mehr.

In der Schule, im Chore, und wenn er auf der Straße ging,
dachte er sich mitten unter Menschen, wie allein – denn
keiner war, der sich um ihn bekümmerte oder an ihm Teil
nahm – Sein eignes äußres Schicksal war ihm daher, so verächtlich so niedrig, und so unbedeutend geworden, daß er
aus sich selbst nichts mehr machte – an dem Schicksal einer Miß
Sara Sampson, einer Julie und Romeos hingegen konnte er

den lebhaftesten Anteil nehmen; damit trug er sich oft den ganzen Tag herum.

Nichts war ihm unausstehlicher, als, wenn die Lehrstunden geendigt waren, sich beim Herausgehen unter dem Schwarm seiner insgesamt besser gekleideten, muntern und lebhaftern Mitschüler, zu befinden, von denen ihn keiner mehr an seiner Seite zu gehen würdigte – wie oft wünschte er sich in solchen Augenblicken endlich von der Last seines Körpers befreit, und durch einen plötzlichen Tod aus diesem quälenden Zusammenhange gerissen zu werden! Wenn er denn etwa durch ein Gäßchen, wo niemand neben ihm ging, sich den Blicken seiner Mitschüler entziehen konnte, wie froh eilte er dann in die einsamsten und abgelegensten Gegenden der Stadt, um seinen traurenden Gedanken eine Weile ungestört nachzuhängen.

Der größte Dummkopf unter allen, welcher auch allgemein verachtet war – gesellte sich zuweilen zu ihm, und Reiser nahm seine Gesellschaft mit Freuden an; denn es war doch ein Mensch, der sich zu ihm gesellte – wenn er dann mit diesem ging – so hörte er oft hie und da einen seiner Mitschüler zu dem andern sagen: par nobile Fratrum! (ein edles Paar Gebrüder!) Mit diesem wirklichen Dummkopf wurde er also zugleich in eine Klasse geworfen –

Da nun der Rektor auch gesagt hatte, es würde höchstens ein Dorfschulmeister aus ihm werden, so kam dies alles zusammen, um Reisern sein Selbstzutrauen gänzlich zu rauben, so daß er nun fast alles Zutrauen zu seinen eignen Verstandeskräften fahren ließ, und oft im Ernst anfing, sich selbst für den Dummkopf zu halten, wofür er so allgemein erkannt wurde – Dieser Gedanke artete denn aber auch zugleich in eine Art von Bitterkeit gegen den Zusammenhang der Dinge aus – er verwünschte in den Augenblicken die Welt und sich – weil er sich als ein höchst verächtliches Wesen zum Spott der Welt geschaffen glaubte. –

Wie weit das Vorurteil seiner Mitschüler gegen ihn, und ihre Überzeugung von seiner angebornen Dummheit ging, davon mag folgendes zum Beweise dienen: –

Der Rektor hatte ihm erlaubt, die Privatstunden welche er in seinem Hause gab, mit zu besuchen – Unter andern gab nun der Rektor auch eine englische Stunde – Reiser hatte das Buch nicht, worin gelesen wurde, und konnte sich also zu Hause nicht üben, er mußte mit einem andern einsehn; demohngeachtet begriff er in ein paar Wochen vom bloßen Zuhören die meisten Regeln der englischen Aussprache; und da ihn der Rektor zufälliger Weise auch einmal mit zum Lesen aufrief, so las er weit fertiger und besser, als alle übrigen, die das Buch gehabt, und sich zu Hause geübt hatten. –

Er hörte also einmal in der Nebenstube über sich sprechen, der Reiser müsse doch so dumm nicht sein, weil er die schwere englische Aussprache sobald gefaßt hätte; um nun diese günstige Meinung von ihm ja nicht aufkommen zu lassen, behauptete sogleich einer geradezu, Reisers Vater sei ein geborner Engländer, und er erinnre sich also der englischen Aussprache noch von seiner Kindheit her; die übrigen waren sehr bereit, dies zu glauben – und so war denn Reiser aufs neue zu seiner vorigen Niedrigkeit in den Augen seiner Mitschüler herabgesunken.

Man siehet aus diesem allen, daß die Achtung, worin ein junger Mensch bei seinen Mitschülern steht, eine äußerst wichtige Sache bei seiner Bildung und Erziehung ist, worauf man bei öffentlichen Erziehungsanstalten bisher noch zu wenig Aufmerksamkeit gewandt hat. –

Was Reisern damals aus seinem Zustande retten, und auf einmal zu einem fleißigen und ordentlichen jungen Menschen hätte umschaffen können, wäre eine einzige wohlangewandte Bemühung seiner Lehrer gewesen, ihn bei seinen Mitschülern wieder in Achtung zu setzen. Und das hätten sie durch eine etwas nähere Prüfung seiner Fähigkeiten, und ein wenig mehr Aufmerksamkeit auf ihn sehr leicht bewirken können. –

So verstrich nun dieser Winter für ihn höchst traurig – seine kleine Ökonomie war gänzlich zerrüttet – er hatte sich in seinem schlechten Aufzuge nicht getraut, sein monat-

liches Geld von dem Prinz zu holen. – Bei dem Bücherantiquarius, war er für seine Einkünfte tief in Schulden geraten –
auch hatte er seine übrigen notwendigsten Bedürfnisse an
Wäsche und Schuhen, von den wenigen Groschen, die er
wöchentlich einnahm, und dem Chorgelde, das er erhielt,   5
nicht bestreiten können, da er überdem dem Bücherantiquarius alles zubrachte.

Unter diesen Umständen reiste er in den Osterferien zu
seinen Eltern, wo er den Degen ansteckte, mit dem er sich
im *Philotas* erstochen hatte – und nun seinen Brüdern täglich 10
diese Rolle noch einmal vorspielte – sich auch von seinem
verlaßnen Zustande, und der Verachtung worin er bei seinen
Mitschülern stand, hier nicht das mindeste merken ließ, sondern vielmehr das Angenehme, und Ehrbringende, was er
von sich sagen konnte, auf alle Weise heraussuchte – daß ihn 15
nehmlich der Rektor auf einer Reise zur Gesellschaft mitgenommen, daß er in einer Privatstunde englisch bei ihm
gelernt habe, daß er bei dem Aufzug mit Fackeln und Musik
gewesen, und wie es dabei zugegangen sei u. s. w.

Auch für sich selbst suchte er so viel wie möglich alles   20
Unangenehme und Niederdrückende aus seinen Ideen zu
verbannen – denn er wollte hier nun einmal in einem vorteilhaften, ehrenvollen Lichte erscheinen, und sein Zustand
sollte andern beneidenswert vorkommen, so wenig beneidenswert er auch war –   25

In dieser angenehmen Selbsttäuschung brachte er hier
einige Tage sehr vergnügt zu – allein so leicht wie ihm diesmal geworden war, da er aus den Toren von H ... gekommen, und er die vier Türme der Stadt allmählich aus dem
Gesicht verloren hatte, so schwer wurde ihm ums Herz, da   30
er sich diesen Toren wieder näherte, und die vier Türme
wieder vor ihm da lagen, die ihm gleichsam die großen Stifte
schienen, welche den Fleck seiner mannigfaltigen Leiden
bezeichneten.

Insbesondre war ihm der hohe, eckigte, und oben nur mit   35
einer kleinen Spitze versehene, Marktturm, da er ihn jetzt
wieder sahe, ein fürchterlicher Anblick – dicht neben diesem

war die Schule – das Spotten, Grinsen und Auszischen seiner Mitschüler stand mit diesem Turm auf einmal wieder vor seiner Seele da – das große Zifferblatt an diesem Turm war er gewohnt zum Augenmerk zu nehmen, so oft er die Schule besuchte, um zu sehen, ob er auch zu spät käme – Dieser Turm war so wie die alte Marktkirche, ganz in gotischer Bauart, von roten Backsteinen aufgebaut, die vor Alter schon schwärzlich geworden waren. –

In eben dieser Gegend war es, wo den Missetätern ihr Todesurteil vorgelesen wurde – kurz dieser Marktkirchturm, brachte alles in Reisers Phantasie zusammen, was nur fähig war, ihn plötzlich niederzuschlagen und in eine tiefe Schwermut zu versetzen. –

Er hätte in der Tat nicht schwermütiger sein können, als er es jetzt war, wenn er auch alles das vorausgewußt hätte, was ihm von nun an in diesem Orte seines Aufenthalts noch begegnen sollte – War aber schon vor einem Jahre, da er auch von seinen Eltern nach H... wieder zurückkehrte seine Traurigkeit nicht ohne Grund gewesen, so war sie es diesmal noch viel weniger, da ihm einer der schrecklichsten Zeitpunkte in seinem Leben bevorstand. –

Ohne indes eine Ahndungskraft bei ihm vorauszusetzen, ließ sich seine Schwermut sehr natürlich erklären – wenn man erwägt, daß seine Einbildungskraft jeden engsten Kreis, seines eigentlichen wirklichen Daseins, worin er nun wieder versetzt werden sollte, schnell durchlief: die Schule, das Chor, das Haus des Rektors – in diesen Kreisen, wovon ihn immer einer noch mehr wie der andre *einengte* und alle seine Strebekraft *hemmte,* sollte er sich von nun an wieder drehen – – wie gern hätte er in diesem Augenblick seinen ganzen Aufenthalt in H... gegen den dunkelsten Kerker vertauscht, der gewiß weit weniger Fürchterliches und Schreckliches für ihn gehabt haben würde, als alle diese ängstlichen Lagen.

Indem er nun so in schwermütige Gedanken vertieft einherging, und schon nahe am Tore war, schoß auf einmal wie ein Blitz, ein Gedanke durch seine Seele, der alles aufhellte,

und wodurch sich ihm alles wieder in einem schönern Lichte
malte – er erinnerte sich, daß er schon zu Hause bei seinen
Eltern gehört hatte, es wäre eine *Schauspielergesellschaft nach
H... gekommen, die den Sommer über dort spielen würde.* –

Dies war die damalige *Ackermansche* Truppe, welche fast
alle die jetzt hin und her zerstreuten Zierden aller Bühnen
Deutschlands, in sich vereinigte. –

Mit schnellen Schritten eilte nun Reiser der Stadt zu, die
ihm vorher so verhaßt, und nun plötzlich wieder über alles
lieb geworden war – ohne erst zu Hause zu gehen, (es war
noch Vormittag, denn er war die Nacht an einem Orte unterwegens geblieben, von welchem er nur noch ein paar
Meilen bis nach H... zu gehen hatte) eilte er sogleich nach
dem Schlosse, wo er wußte, daß der Komödienzettel mit
dem Personenverzeichnis angeschlagen war, und las, daß
man an demselben Abend noch *Emilia Galotti* aufführen
würde. –

Sein Herz schlug ihm vor Freuden, da er dies las, gerade
dies Stück, bei dem er schon so manche Träne geweint, und
so oft bis ins Innerste der Seele erschüttert worden, und was
bis jetzt nur noch in seiner Phantasie aufgeführt war, nun
auf dem Schauplatz mit aller möglichen Täuschung wirklich
dargestellt zu sehn. –

Er wäre den Abend nicht aus der Komödie geblieben,
hätte es auch kosten mögen, was es gewollt hätte – da er nun
zu Hause kam, so wurde die Stube, worin er schlief, geweißt,
und etwas darin gebaut, wodurch sie ganz unbewohnbar
gemacht wurde – Dieser mißtröstende Anblick des Orts
seines *eigentlichsten* Aufenthalts, trieb ihn noch mehr aus der
wirklichen ihn umgebenden Welt hinaus – er schmachtete
nach der Stunde, wann das Schauspiel anheben würde.

Wohin er kam konnte er seine Freude nicht verbergen; da
er bei der Frau F... in die Stube trat, war sein erstes Wort die
Komödie, welches sie ihm lange nachher vorwarf – und eben
so war es, da er zu seinem Vetter dem Peruquenmacher kam,
wo er nun einige Nächte auf dem Boden schlafen mußte,
während daß seine Stube in dem Hause des Rektors erst
wieder bewohnbar gemacht wurde. –

Folgende Rollenbesetzung mag ohngefähr einen Begriff davon geben, was Emilia Galotti, als das erste Schauspiel, das er in dieser Stimmung der Seele sahe, für eine Wirkung auf ihn müsse gehabt haben.

Die verstorbne *Charlotte Ackermann* spielte die Emilia; ihre *Schwester* die Orsina, und *die Reiniken* spielte die Klaudia; *Borchers* den Odoardo; *Brockmann* den Prinzen; *Reinike* den Appiani, und *Dauer* den Conti – Wo mag Emilia Galotti wohl je wieder so aufgeführt worden sein?

Wie mächtig mußte Reisers Seele hier eingreifen; da sie nun die Welt ihrer Phantasie gewissermaßen wirklich gemacht fand! – Er dachte von nun an keinen andern Gedanken mehr, als das *Theater,* und schien nun für alle seine Aussichten und Hoffnungen im Leben gänzlich *verloren* zu sein. –

Was er nun irgend an Geld auftreiben konnte, das wurde zur Komödie angewandt, aus welcher er nun keinen Abend mehr wegbleiben konnte, wenn er es sich auch am Munde abdarben sollte – Um der Komödie willen aß er oft den ganzen Tag über nichts, wie etwas Salz und Brot, wenn ihm nicht etwa die alte Mutter des Rektors Essen auf seine Stube schickte, welches sie doch zuweilen aus Mitleid tat. –

Und weil es nun Sommer war, so genoß er auch der Wonne, auf seiner Stube wieder allein sein zu können – welches ihm mehr wert war, als die köstlichsten Speisen, die er hätte genießen können. –

Die Aussicht auf die Komödie am Abend tröstete ihn, wenn er am Morgen zu einem traurigen Tage erwachte, wie er denn nie anders erwachte – Denn die Verachtung und der Spott seiner Mitschüler, und das dadurch erregte Gefühl seiner eignen Unwürdigkeit, welches er allenthalben mit sich umher trug, dauerte noch immer fort, und verbitterte ihm sein Leben – Und alles was er tat, um sich hievon loszureißen, war im Grunde eine bloße Betäubung seines innern Schmerzes, und keine Heilung desselben – sie erwachte mit jedem Tage wieder, und während daß seine Phantasie ihm manche Stunde lang ein täuschendes Blendwerk vormalte, verwünschte er doch im Grunde sein Dasein. –

Die häufigen Tränen welche er oft beim Buche, und im Schauspielhause vergoß, flossen im Grunde eben sowohl über sein eignes Schicksal, als über das Schicksal der Personen, an denen er Teil nahm, er fand sich immer auf eine nähere oder entferntere Weise in dem unschuldig Unterdrückten, in dem Unzufriednen mit sich und der Welt, in dem Schwermutsvollen, und dem Selbsthasser wieder. –

Die drückende Hitze im Sommer trieb ihn oft aus seiner Stube in die Küche, oder in den Hof hinunter, wo er sich auf einen Holzhaufen setzte, und las, und oft sein Gesicht verbergen mußte, wenn etwa jemand hereintrat, und er mit rotgeweinten Augen da saß. –

Das war wieder the Joy of Grief, die Wonne der Tränen, die ihm von Kindheit auf im vollen Maße zu Teil ward, wenn er auch alle übrigen Freuden des Lebens entbehren mußte.

Dies ging so weit, daß er selbst bei komischen Stücken, wenn sie nur einige rührende Scenen enthielten, als z. B. bei der Jagd, mehr *weinte,* als lachte – was aber auch ein solches Stück damals für Wirkung tun mußte, kann man wieder aus der Rollenbesetzung schließen, indem die *Charlotte Ackermann* Rößchen, ihre *Schwester* Hannchen, die *Reiniken* die Mutter; *Schröder* den Töffel; *Reinike* den Vater; und *Dauer* den Christel spielte. –

Wenn irgend äußere Umstände fähig waren, jemanden einen entschiednen Geschmack am Theater beizubringen, so war es, Reisers Vorliebe und seine besondern Verhältnisse abgerechnet, der Zufall, welcher diese vortrefflichen Schauspieler damals in eine Truppe zusammen brachte.

Man kann nun leicht schließen, wie *Romeo und Julie,* die *Rache von Young,* die *Oper Klarissa, Eugenie,* welche Stücke auf Reisern den stärksten Eindruck machten, gegeben werden mußten. –

Dies hatte nun auch so sehr alle seine Gedanken eingenommen, daß er alle Morgen den Komödienzettel gleichsam verschlang, und alles auch das der Anfang ist *präcise um halb sechs Uhr,* und der *Schauplatz ist auf dem königlichen Schloßtheater* gewissenhaft mitlas – Und für einen vorzüglichen

Schauspieler, den er etwa auf der Straße erblickte, fast so viel Ehrfurcht, wie ehemals gegen den Pastor P... in B... empfand. – Alles, was zum Theater gehörte, war ihm ehrwürdig, und er hätte viel darum gegeben, nur mit dem Lichtputzer Bekanntschaft zu haben. –

Vor zwei Jahren hatte er schon den Herkules auf dem Oeta, den Grafen von Olsbach, und die Pamela spielen sehen, wo *Eckhof, Böck, Günther, Hensel, Brandes nebst seiner Frau,* und die *Seilerin* die vorzüglichsten Rollen spielten, und schon von jener Zeit her, schwebten die rührendsten Scenen aus diesen Stücken noch seinem Gedächtnis vor, worunter *Günther* als Herkules, *Böck* als Graf von Olsbach, und *die Brandes* als Pamela, fast jeden Tag wechselsweise einmal in seine Gedanken gekommen waren – und mit diesen Personen hatte er denn auch bis zur Ankunft der Ackermanschen Truppe die Stücke, die er las, in seiner Phantasie größtenteils aufgeführt. –

Es fügte sich also gerade bei ihm, daß er, wenn jene mit diesen zusammengenommen wurden, nun alle die vorzüglichsten Schauspieler Deutschlands zu sehen bekommen hatte, die jetzt in ganz Deutschland zerstreut sind. –

Dadurch bildete sich ein Ideal von der Schauspielkunst in ihm, das nachher nirgends befriedigt wurde, und ihm doch weder Tag noch Nacht Ruhe ließ, sondern ihn unaufhörlich umhertrieb, und sein Leben unstet und flüchtig machte. –

Weil er ehemals *Böck,* und jetzt *Brockmannen* die Rollen spielen sahe, wobei am meisten geweint wurde, so waren diese auch seine Lieblingsakteurs, mit denen sich seine Gedanken immer am meisten beschäftigten. –

Allein bei alle den glänzenden Scenen, die aus der Theaterwelt beständig seiner Phantasie vorschwebten, wurden seine äußern Umstände von Tage zu Tage schlechter – Er verlor immer mehr in der Achtung der Menschen, geriet immer tiefer in Unordnung – seine Kleidung und Wäsche wurden immer schlechter, so daß er am Ende Scheu trug, sich vor Menschen sehen zu lassen – er versäumte daher so oft er konnte, die Schule und das Chor, und hungerte lieber, als daß er irgend einen seiner noch übrigen Freitische besucht hätte, ausgenommen den bei dem Schuster S..., wo er auch unter diesen mißlichen Umständen noch immer gastfreundlich empfangen, und mit der liebreichsten Art bewirtet wurde. –

Da nun dem Rektor endlich Reisers *inkorrigible* Unordnung, und insbesondre das immerwährende späte zu Hause kommen aus der Komödie unausstehlich wurde, so sagte er ihm das Logis auf. –

Reiser hörte die Ankündigung des Rektors daß er zu Johanni ausziehen, und sich während der Zeit nach einem andern Logis umsehen sollte, mit gänzlicher Verhärtung und Stillschweigen an – und da er wieder allein war, vergoß er nicht einmal eine Träne mehr über sein Schicksal – denn er war sich selbst so gleichgültig geworden, und hatte so wenige Achtung gegen sich und Mitleid mit sich selber übrig behalten, daß wenn seine Achtung und Empfindung des Mitleids, und alle die Leidenschaften, wovon sein Herz überströmte, nicht auf Personen aus einer erdichteten Welt gefallen wären, sie notwendig sich alle gegen ihn selbst kehren, und sein eignes Wesen hätten zerstören müssen.

Da ihm der Rektor das Logis aufgesagt hatte, so zog er daraus die sichere Folge, daß nun auch der Pastor M... sich nicht weiter um ihn bekümmern würde, und so war es nun auf einmal mit allen seinen Aussichten und Hoffnungen vorbei. –

Die paar Wochen, welche er noch bei dem Rektor blieb, brachte er nach seiner gewöhnlichen Weise zu – dann zog er bei einem Bürstenbinder ins Haus; wo nun das Vierteljahr, welches er von Johanni bis Michaelis zubrachte, das schrecklichste und fürchterlichste in seinem ganzen Leben war, und wo er oft am Rande der Verzweiflung stand. –

Da er nun hier eingezogen war, so fühlte er sich auf einmal aus alle den Verbindungen, die er vormals so ängstlich gesucht hatte, herausgesetzt, und zwar wie er selbst glaubte, durch seine eigne Schuld herausgesetzt – Der Prinz, der Pastor M..., der Rektor, alle die Personen von denen sein

künftiges Schicksal abhing, waren nun nichts mehr für ihn,
und damit verschwanden zugleich alle seine Aussichten. –

Was Wunder, daß sich durch diese Veranlassung eine neue
Phantasie in seiner Seele bildete, in der er von nun an Trost
suchte, und sie Tag und Nacht mit sich umher trug, und
welche ihn von der gänzlichen Verzweiflung rettete.

Er hatte nehmlich damals unter andern die Operette *Kla-*
rissa oder das unbekannte Dienstmädchen gesehen, und nicht
leicht hätte in seiner Lage irgend ein Stück mehr Interesse
für ihn haben können, als dieses. –

Der vorzüglichste Umstand, wodurch dies große Interesse bei ihm bewürkt wurde, war, daß ein junger Edelmann
sich entschließt, ein Bauer zu werden, und auch wirklich
seinen Entschluß ausführt – Reiser nahm auf die Veranlassung, die ihn dazu brachte, weil er nehmlich das unbekannte
Dienstmädchen liebte, u. s. w. gar keine Rücksicht sondern
es war ihm eine so reizende Idee, daß ein *gebildeter junger*
Mensch sich entschließt, ein Bauer zu werden, und nun ein so
feiner, höflicher, und gesitteter Bauer ist, daß er sich unter
allen übrigen auszeichnet. –

In dem Stande, worin sich Reiser begeben, war er nun
einmal ganz zurück gesetzt, und es schien ihm unmöglich,
sich je wieder darin empor zu arbeiten – Allein für einen
Bauer hatte doch sein Geist einmal weit mehr Bildung erhalten, als es sonst zu diesem Stande bedarf – als Bauer war
er über seinen Stand erhoben, als ein junger Mensch, der
sich dem Studieren widmet, und Aussichten haben soll, fand
er sich weit unter seinen Stand erniedrigt – Die Idee, *ein*
Bauer zu werden, wurde also nun bei ihm die herrschende, und
verdrängte eine Zeitlang alles übrige. –

Nun besuchte damals eines Bauern Sohn Namens M...
die Schule, dem er im Lateinischen zuweilen einigen Unterricht gegeben hatte – diesem sagte er seinen Entschluß ein
Bauer zu werden, worauf ihm dann derselbe eine detaillierte
Schilderung von den eigentlichen Arbeiten eines Bauer-
knechtes machte, die Reisern seine schönen Träume wohl
hätten verderben können, wenn seine Phantasie nicht zu

stark dagegen angewürkt und nur immer die angenehmen
Bilder mit Gewalt neben einander gestellt hätte. –

Sonst kömmt auch selbst in der Operette Klarissa schon
eine Stelle vor, wo ein Bauer dem jungen Edelmann, der ihm
sein Gütchen abkaufen will, von seinem Vorsatz abrät – und
am Ende eine sehr ausdrucksvolle Arie singt, wie der Landmann gerade im besten Arbeiten begriffen ist, und auf
einmal steigt ein Gewitter auf

> Die Blitze schießen
> Die Donner rollen
> Und der Landmann geht *verdrießlich*
> *Verdrießlich* zu Hause. –

das *verdrießlich* insbesondere war durch die Musik so ausgedruckt, daß die ganze Zauberei der Phantasie schon durch
dies einzige Wort hätte zerstört werden können – welches
gleichsam das Gegengift aller Empfindsamkeit und hohen
Schwärmerei ist, womit das schmerzhafte, das schreckliche,
das niederbeugende, das in Zorn setzende, aber nur das
verdrießlichmachende nicht wohl bestehen kann. –

Aber dies Gegengift half bei Reisern nicht – er ging ganze
Tage einsam für sich umher, und dachte darauf, wie er es
machen wollte, ein Bauer zu werden, ohne doch in der Tat
einen Schritt dazu zu tun – vielmehr fing er an, sich in diesen
süßen Schwärmereien selbst wieder zu gefallen – wenn er
sich nun als Bauer dachte, so glaubte er sich doch zu etwas
bessern bestimmt zu sein, und empfand über sein Schicksal
wieder eine Art von tröstendem Mitleid mit sich selber.

So lange ihn nun diese Phantasie noch empor hielt, war er
nur schwermutsvoll und traurig, aber nicht eigentlich *verdrießlich* über seinen Zustand – Selbst seine Entbehrung der
notwendigsten Bedürfnisse machte ihm noch eine Art von
Vergnügen, indem er nun beinahe glaubte, daß er für sein
Verschulden doch zu sehr büßen müsse, und also noch die
süße Empfindung des Mitleids mit sich selber behielt –

Endlich aber nachdem er zum erstenmale drei Tage, ohne
zu essen zugebracht, und sich den ganzen Tag über mit Tee
hingehalten hatte, drang der Hunger mit Ungestüm auf ihn

ein, und das ganze schöne Gebäude seiner Phantasie stürzte
fürchterlich zusammen – er rannte mit dem Kopfe gegen die
Wand, wütete und tobte, und war der Verzweiflung nahe, da
sein Freund *Philipp Reiser,* den er so lange vernachlässiget
hatte, zu ihm hereintrat, und seine Armut, die freilich auch
nur in einigen Groschen bestand mit ihm teilte. –

Indes war dies nur ein sehr geringes Palliativ – denn Philipp Reiser befand sich damals in nicht viel bessern Umständen als Anton Reiser.

Dieser geriet nun wirklich in einen fortdaurenden fürchterlichen Zustand, der der Verzweiflung nahe war. –

So wie sein Körper immer weniger Nahrung erhielt, verlosch allmählich seine ihn sonst noch belebende Phantasie,
und sein Mitleid über sich selbst verwandelte sich in Haß
und Bitterkeit gegen sein eignes Wesen, ehe er nun einen
Schritt zu der Verbesserung seines Zustandes getan, oder
sich an irgend einen Menschen nur mit dem Schein einer
Bitte gewandt hätte, unterwarf er sich lieber freiwillig mit
der beispiellosesten Hartnäckigkeit dem schrecklichsten
Elende. –

Denn mehrere Wochen hindurch aß er wirklich die Woche
eigentlich nur einen einzigen Tag, wenn er zum Schuster S...
ging, und die übrigen Tage fastete er, und hielt mit nichts als
Tee oder warmem Wasser, das einzige was er noch umsonst
erhalten konnte, sein Leben hin – Mit einer Art von schrecklichem Wohlbehagen, sahe er seinen Körper eben so gleichgültig wie seine Kleider, von Tage zu Tage abfallen.

Wenn er auf der Straße ging, und die Leute mit Fingern
auf ihn zeigten, und seine Mitschüler ihn verspotteten, und
hinter ihm her zischten, und Gassenbuben ihre Anmerkungen über ihn machten – so biß er die Zähne zusammen, und
stimmte innerlich in das Hohngelächter mit ein, das er hinter
sich her erschallen hörte. –

Wenn er aber dann wieder zum Schuster S... kam, so
vergaß er doch alles wieder – Hier fand er Menschen, hier
wurde auf einige Augenblicke sein Herz erweicht, mit der
Sättigung seines Körpers erhielt seine Denkkraft und seine

Phantasie wieder einen neuen Schwung, und mit dem Schuster S.. kam wieder ein philosophisches Gespräch auf die Bahn, welches oft Stundenlang dauerte, und wobei Reiser wieder an zu atmen fing, und sein Geist wieder Luft schöpfte – dann sprach er oft in der Hitze des Disputierens über einen Gegenstand so heiter und unbefangen, als ob nichts in der Welt ihn niedergedrückt hätte – Von seinem Zustande ließ er sich nicht eine Silbe merken. –

Selbst bei seinem Vetter, dem Perukenmacher beklagte er sich nie, wenn er zu ihm kam, und ging weg, sobald er sahe, daß gegessen werden sollte – aber eines Kunstgriffes bediente er sich doch, wodurch es ihm gelang, sich vom Verhungern zu retten. –

Er bat sich nehmlich für einen Hund, den er bei sich zu Hause zu haben vorgab, von seinem Vetter die harte Kruste von dem Teig aus, worin das Haar zu den Peruquen gebakken wurde, und diese Kruste, nebst dem Freitische bei dem Schuster S..., und dem warmen Wasser das er trank, war es nun, womit er sich hinhielt.

Wenn nun sein Körper einige Nahrung erhalten hatte, so fühlte er ordentlich zuweilen wieder etwas Mut in sich – Er hatte noch einen alten Virgil, den ihm der Bücherantiquarius nicht hatte abkaufen wollen; in diesem fing er an die Eklogen zu lesen – Aus einer Wochenschrift die Abendstunden die er sich von Philipp Reisern geliehen hatte, fing er an ein Gedicht der *Gottesleugner,* das ihm vorzüglich gefiel, und einige prosaische Aufsätze auswendig zu lernen – Aber mit dem bald wieder fühlbaren Mangel an Nahrung erlosch auch dieser aufglimmende Mut wieder, und dann war die Tätigkeit seiner Seele wie gelähmt – Um sich vor dem Zustande des tödlichen Aufhörens aller Wirksamkeit zu retten, mußte er zu *kindischen Spielen* wieder seine Zuflucht nehmen, in so fern dieselben auf Zerstörung hinaus liefen. –

Er machte sich nehmlich eine große Sammlung von Kirsch- und Pflaumenkernen, setzte sich damit auf den Boden, und stellte sie in Schlachtordnung gegen einander – die schönsten darunter zeichnete er durch Buchstaben und Fi-

guren, die er mit Dinte darauf malte, von den übrigen aus,
und machte sie zu Heerführern – dann nahm er einen Hammer, und stellte mit zugemachten Augen das *blinde Verhängnis*
vor, indem er den Hammer bald hie, bald dorthin fallen
5 ließ – wenn er dann die Augen wieder eröffnete, so sah er
mit einem geheimen Wohlgefallen, die schreckliche Verwüstung, wie hier ein Held und dort einer mitten unter dem
unrühmlichen Haufen gefallen war, und zerschmettert da
lag – dann wog er das Schicksal der beiden Heere gegen
10 einander ab, und zählte von beiden die Gebliebenen.

So beschäftigte er sich oft den halben Tag – und seine
ohnmächtige kindische Rache am Schicksal, das ihn zerstörte, schuf sich auf die Art eine Welt, die er wieder nach
Gefallen zerstören konnte – so kindisch und lächerlich die-
15 ses Spiel jedem Zuschauer würde geschienen haben, so war
es doch im Grunde das fürchterlichste Resultat der höchsten Verzweiflung die vielleicht nur je durch die Verkettung
der Dinge bei einem Sterblichen bewirkt wurde. –

Man sieht aber auch hieraus, wie nahe damals sein Zu-
20 stand an Raserei grenzte – und doch war seine Gemütslage
wieder erträglich, sobald er sich nur erst wieder für seine
Kirsch- und Pflaumensteine interessieren konnte – ehe er
aber auch das konnte; wenn er sich hinsetzte und *mit der
Feder Züge aufs Papier malte* oder *mit dem Messer auf den Tisch
25 kritzelte* – das waren die schrecklichsten Momente, wo sein
Dasein wie eine unerträgliche Last auf ihm lag, wo es ihm
nicht Schmerz und Traurigkeit, sondern *Verdruß* verursachte – wo er es oft mit einem fürchterlichen Schauder, der ihn
antrat, von sich abzuschütteln suchte. –

30 Seine Freundschaft mit Philipp Reisern konnte ihm damals nicht zu statten kommen, weil es jenem nicht viel
besser ging – und so wie zwei Wandrer, die zusammen in
einer brennenden Wüste in Gefahr vor Durst zu verschmachten sind, indem sie forteilen, eben nicht im Stande
35 sind viel zu reden, und sich wechselsweise Trost einzusprechen, so war dies auch jetzt der Fall zwischen Anton Reisern
und Philipp Reisern.

Allein eben der G..., welcher einst den sterbenden Sokrates gespielt hatte, wovon Reiser noch immer den Spottnamen trug, entschloß sich bei ihm zu ziehen, und war auch
gerade in denselben Umständen, wie Reiser, nur mit dem
Unterschiede, daß er durch wirkliche Liederlichkeit hinein
geraten war – an ihm fand also Reiser nun einen würdigen
Stubengesellschafter.

Es dauerte nicht lange, so zog auch der Bauernsohn Namens M... zu diesen beiden, der ebenfalls in keinen bessern
Umständen war – Es fand sich also hier eine Stubengesellschaft von drei der ärmsten Menschen zusammen, die
vielleicht nur je zwischen vier Wänden eingeschlossen waren. –

Mancher Tag ging hin; wo sie sich alle drei mit nichts als
gekochtem Wasser und etwas Brot hinhielten – Indes hatten
G... und M... doch noch einige Freitische. –

G... war im Grunde ein Mensch von Kopf, der sehr gut
sprach, und gegen den Reiser sonst immer viel Achtung
empfunden hatte. –

Einmal bekamen beide auch noch eine Anwandlung von
Fleiß, und fingen an, Virgils Eklogen zusammen zu lesen,
wobei sie wirklich das reinste Vergnügen genossen, nachdem sie eine Ekloge mit vieler Mühe für sich selbst herausgebracht hatten, und nun ein jeder eine Übersetzung davon
niederschrieb – allein dies konnte natürlicher Weise unter
den Umständen nicht lange dauern – sobald ein jeder seine
Lage wieder lebhaft empfand, so war aller Mut und Lust
zum Studieren verschwunden. –

In Ansehung der Kleidung war es mit G... und M...
eben so schlecht, wie mit Reisern bestellt – sie machten
daher, wenn sie ausgingen, zusammen einen Aufzug, der das
wahre Bild der Liederlichkeit und Unordnung schien, so daß
man mit Fingern auf sie wies, weswegen sie denn auch immer auf Abwegen und durch enge Straßen aus der Stadt zu
kommen suchten, wenn sie spazieren gingen.

Diese drei Leute führten nun auch völlig ein Leben, wie es
mit ihrem Zustande übereinstimmte – sie blieben oft den

ganzen Tag im Bette liegen – oft saßen sie alle drei zusammen, den Kopf auf die Hand gestützt, und dachten über ihr
Schicksal nach; oft trennten sie sich, und ein jeder ließ für
sich seiner Laune freien Lauf – Reiser ging auf den Boden,
und musterte seine Kirschkerne – M... ging bei sein großes
Brot, das er sorgfältig in einem Koffer verschlossen hatte –
und G... lag auf dem Bette, und machte Projekte, die denn
nicht die besten waren, wie sich bald nachher zeigte – zwei
Bücher las doch Reiser damals, weil er kein anders hatte, zu
verschiedenenmalen durch, indem er auf dem Boden zwischen seinen Kirschkernen saß – das waren die Werke des
Philosophen von Sanssouci, und Popens Werke nach Du-
schens Übersetzung, die er beide von dem Schuster S...
geliehen bekommen hatte.

Diese drei Leute gingen nun auch eines Tages zusammen
in einer schönen Gegend von H... längst dem Fluß spazieren, in welchem sich eine kleine Insel erhob, die ganz voller
Kirschbäume stand. –

Für unsre drei Abenteurer waren diese Kirschbäume, die
alle voll der schönsten Kirschen saßen, ein so einladender
Anblick, daß sie sich des Wunsches nicht enthalten konnten,
auf diese Insel versetzt zu sein, um sich an dieser herrlichen
Frucht nach Gefallen sättigen zu können.

Nun fügte es sich gerade, daß eine Menge Floßholz den
Fluß hinunter geschwommen kam; welches sich in der Verengung des Flusses zwischen dem Ufer und der Insel zuweilen stopfte, und eine anscheinende Brücke bis zu der
Insel bildete.

Unter G...s Anführung, der in der Ausführung solcher
Projekte schon geübt zu sein schien, wurde nun ein Wage-
stück unternommen, das leicht allen dreien das Leben hätte
kosten können – Sie zogen nehmlich da, wo das Floßholz
sich gestopft hatte, ein Stück nach dem andern aus dem
Wasser heraus, und trugen es alle auf einen Fleck, wo ihnen
die Passage über den Fluß zwischen dem Ufer und der Insel
am engsten zu sein schien, und nun bauten sie die Brücke,
worüber sie gehen wollten erst vor sich her, indem sie ein

Stück Holz nach dem andern vor sich hin warfen, um festen
Fuß zu fassen – natürlicher Weise mußte diese Brücke unter
ihnen zu sinken anfangen, und sie kamen sehr tief ins Wasser, ehe sie kaum die Hälfte ihres gefährlichen Weges zurückgelegt hatten – endlich landeten sie denn doch, obgleich   5
mit Lebensgefahr auf der Insel an –

Und nun bemächtigte sich aller dreier auf einmal ein Geist
des Raubes und der Gier, daß ein jeder über einen Kirsch-
baum herfiel, und ihn mit einer Art von Wut plünderte –

Es war, als hätte man eine Vestung mit Sturm erobert;   10
man wollte für die überstandene Gefahr, die *man sich selbst
gemacht hatte,* Ersatz haben, und dafür belohnt sein.

Da man sich satt gegessen hatte, wurden alle Taschen,
Schnupftücher, Halstücher, Hüte, und was nur etwas in sich
fassen konnte, von Kirschen voll gestopft – und in der   15
Dämmerung wurde der Rückweg über die gefährliche Brük-
ke, wovon indes schon ein Teil weggeschwommen war,
wieder angetreten, und ohngeachtet der Beute womit die
Abenteurer belastet waren, mehr durch Zufall als Geschicklichkeit oder Behutsamkeit, glücklich geendet. –   20

Reiser fand sich zu dergleichen Expeditionen gar nicht
übel aufgelegt – dies deuchte ihm eigentlich nicht Diebstahl,
sondern nur gleichsam eine Streiferei in ein feindliches Gebiet zu sein, die, wegen des Muts der dabei erfordert wird,
immer noch eine ehrenvolle Sache ist. –   25

Und wer weiß zu welchen Wagestücken von der Art, er
noch unter G . . . s Anführung mit geschritten wäre, wenn er
länger bei diesem gewohnt hätte. –

Allein dieser G . . . gehörte denn doch im Grunde mehr zu
den abgefeimten, als zu den herzhaften Parteigängern –   30
denn er war niederträchtig genug, selbst seine beiden Stubengesellschafter und Gefährten, Reisern und M . . . zu be-
stehlen, indem er ihnen ein paar Bücher und andre Sachen,
die sie noch hatten nahm, und heimlich verkaufte, wie sich
nachher zeigte. –   35

Kurz dieser G . . . mit dem Reiser so nahe zusammen
wohnte, war im Grunde ein abgefeimter Spitzbube, der,

wenn er den ganzen Tag über auf dem Bette lag, und nach-
sann, auf nichts als Bübereien dachte, die er ausführen
wollte – und der demohngeachtet von Tugend und Moralität
sprechen konnte, wie ein Buch, wodurch er Reisern zuerst
eine solche Ehrfurcht gegen ihn eingeflößt hatte.

Denn von der Tugend hatte er sich damals ein sonderbares Ideal gemacht, welches seine Phantasie so sehr einnahm,
daß ihn oft schon der Name *Tugend* bis zu Tränen rührte. –

Er dachte sich aber unter diesem Namen etwas viel zu
Allgemeines, und dachte dies Allgemeine viel zu dunkel, und
mit zu weniger Anwendung auf besondre Vorfälle, als daß
es ihm je hätte gelingen können, auch den aufrichtigsten
Vorsatz tugendhaft zu sein, auszuführen – denn er dachte
immer nicht daran, wo er nun eigentlich anfangen sollte. –

Einmal kam er an einem schönen Abend von einem einsamen Spaziergange zu Hause, und der Anblick der Natur
hatte sein Herz zu sanften Empfindungen geschmolzen, daß
er viele Tränen vergoß, und sich in der Stille gelobte, von nun
an der Tugend ewig getreu zu sein! – und da er diesen Vorsatz fest gefaßt hatte, so empfand er ein so himmlisches
Vergnügen über diesen Entschluß, daß es ihm nun fast unmöglich schien je von diesem beglückenden Vorsatze wieder
abzuweichen – Mit diesen Gedanken schlief er ein – und da
er am Morgen erwachte, so war es wieder so leer in seinem
Herzen; die Aussicht auf den Tag war so trübe und öde; alle
seine äußern Verhältnisse waren so unwiederbringlich zerrüttet; ein unüberwindlicher Lebensüberdruß trat an die
Stelle der gestrigen Empfindung, womit er einschlief – er
suchte sich vor sich selbst zu retten, und machte den Anfang, tugendhaft zu sein, damit daß er auf den Boden ging,
und in Schlachtordnung gestellte Kirschkerne zerschmetterte. –

Dies nun zu unterlassen, und statt dessen etwa in dem
alten Virgil, den er noch hatte, eine Ekloge zu lesen, wäre der
eigentliche Anfang zur Ausübung der Tugend gewesen –
aber auf diesen zu *geringfügig scheinenden Fall* hatte er sich bei
seinem heldenmütigen Entschlusse nicht gefaßt gemacht.

Wenn man die Begriffe der Menschen von der *Tugend* prüfen wollte, so würden sie vielleicht bei den meisten auf eben solche dunkle und verworrene Vorstellungen herauslaufen – und man sieht wenigstens hieraus, wie unnütz es ist, *im Allgemeinen,* und ohne Anwendung auf ganz besondre und oft geringfügig scheinende Fälle, von *Tugend* zu predigen. –

Reiser wunderte sich damals oft selbst darüber, wie seine plötzliche Anwandlung von Tugendeifer so bald verrauchen, und gar keine Spur zurück lassen konnte – aber er erwog nicht, daß *Selbstachtung,* welche sich damals bei ihm nur noch auf die Achtung anderer Menschen gründen konnte, die *Basis* der Tugend ist – und daß ohne diese das schönste Gebäude seiner Phantasie sehr bald wieder zusammenstürzen mußte.

So oft es ihm während dieses Zustandes noch möglich gewesen war, einige Groschen zusammenzubringen, so oft hatte er sie auch in die Komödie getragen – da aber die Schauspielergesellschaft in der Mitte des Sommers wieder wegzog, so war nun eine Wiese vor dem neuen Tore nicht nur das Ziel seiner Spaziergänge, sondern fast sein immerwährender Aufenthalt – er lagerte sich hier zuweilen den ganzen Tag auf einen Fleck im Sonnenschein hin, oder ging längst dem Flusse spazieren, und freute sich vorzüglich, wenn er in der heißen Mittagsstunde *keinen Menschen* um sich her erblickte. –

Indem er hier ganze Tage lang seinen melancholischen Gedanken nachhing, nährte sich seine Einbildungskraft unvermerkt mit großen Bildern, welche sich erst ein Jahr nachher allmählich zu entwickeln anfingen. –

Sein Lebensüberdruß aber wurde dabei aufs äußerste getrieben – oft stand er bei diesen Spaziergängen am Ufer der Leine, lehnte sich in die reißende Flut hinüber, indes die wunderbare Begier zu atmen mit der Verzweiflung kämpfte, und mit schrecklicher Gewalt seinen überhängenden Körper wieder zurückbog. –

ANTON REISER.

EIN PSYCHOLOGISCHER ROMAN.

H. J. Penningh inc. et. sc.

Herausgegeben
von Karl Philipp Moritz.

DRITTER TEIL.

Mit dem Schluß dieses Teils heben sich Anton Reisers *Wan-*
derungen, und mit ihnen der eigentliche *Roman* seines *Lebens*
an. Das in diesem Teil enthaltne ist eine getreue Darstellung
der Scenen seiner Jünglings-Jahre, welche andern, denen
diese unschätzbare Zeit noch nicht entschlüpft ist, vielleicht
zur *Lehre* und *Warnung* dienen kann. Vielleicht enthält auch
diese Darstellung manche, nicht ganz unnütze Winke für
Lehrer und Erzieher, woher sie Veranlassung nehmen könnten, in der Behandlung mancher ihrer Zöglinge behutsamer,
und in ihrem Urteil über dieselben gerechter und billiger zu
sein!

Auf die Weise brachte er zwölf schreckliche Wochen seines Lebens zu, bis ihn endlich der Pastor M... durch die dritte Hand selbst wissen ließ, daß er sich seiner wieder annehmen wolle, sobald er sich zur ernstlichen Abbitte und Reue über sein Betragen bequemte.

Dies erweichte endlich sein Herz, da er überdem seines hartnäckigen Trotzes und des darauf folgenden langwierigen Elendes müde war. Er setzte sich hin, und schrieb einen langen Brief an den Pastor M..., worin er sich selbst mit der größten Erbitterung gegen sich herabsetzte – sich als den unwürdigsten Menschen schilderte, den je die Sonne beschienen habe – – und sich kein besser Schicksal prophezeite, als daß er dereinst vor Armut und Dürftigkeit unter freiem Himmel das Ende seines Lebens finden würde – –

Kurz, dieser Brief war in den überspanntesten Ausdrükken der Selbstverachtung und Selbstherabwürdigung, die man sich nur denken kann, abgefaßt, und *war doch nichts weniger, als Heuchelei* –

Reiser hielt sich wirklich damals für ein Ungeheuer von Bosheit und Undankbarkeit; und schrieb den ganzen Brief an den Pastor M... mit einer Erbitterung gegen sich selbst nieder, wie sie vielleicht nur bei irgend einem Menschen möglich ist – – er dachte nicht daran, sich zu entschuldigen, sondern sich noch immer mehr anzuklagen –

Indes sahe er doch so viel ein, daß die Wut, Romanen und Komödien zu lesen und zu sehen, die nächste Veranlassung seines gegenwärtigen Zustandes war – aber wodurch ihm das Lesen von Romanen und Komödien zu einem so notwendigen Bedürfnis geworden war – alle die Schmach, und die Verachtung, wodurch er schon von seiner Kindheit aus der wirklichen, in eine idealische Welt verdrängt worden war – darauf zurückzugehen hatte seine Denkkraft damals noch nicht Stärke genug, darum machte er sich nun selbst unbilligere Vorwürfe, als ihm vielleicht irgend ein anderer

würde gemacht haben – in manchen Stunden verachtete er
sich nicht nur, sondern er haßte und verabscheuete sich –

Die Beichte, welche er daher dem Pastor M... in dem an
ihn gerichteten Briefe ablegte, war schrecklich und einzig in
ihrer Art – so daß der Pastor M... erstaunte, da er sie las –
denn vielleicht war ihm in seinem Leben nie so gebeichtet
worden –

Da Reiser diesen Brief abgegeben hatte, so wartete er nur
darauf, wann er bei dem Pastor M... würde vorgelassen
werden; und es wurde ihm ein Tag bestimmt, welchem er
nun mit sonderbaren, vermischten Empfindungen, von
Furcht und Hoffnung, und resignierter Verzweiflung, entgegen sahe. –

Er hatte sich dabei auf eine sehr theatralische Scene gefaßt gemacht, die ihm aber gänzlich mißlang. – Er wollte
nehmlich dem Pastor M... zu Füßen fallen, und seinen ganzen Zorn auf sich herab erbitten. – Die ganze Anrede an ihn
hatte er sich schon in seinen Gedanken entworfen, und nun
trug er sich beständig mit dieser Idee herum, wo er ging und
stund, bis zu dem Tage, wo er bei dem Pastor M... sollte
vorgelassen werden. –

Allein während der Zeit ereignete sich für ihn ein höchst-
verdrießlicher Umstand. – Sein Vater hatte von seinem
Zustande gehört und war nach H... herübergekommen, um
Fürbitte für ihn einzulegen, welches Reisern deswegen
höchstunangenehm war, weil er keiner fremden Fürsprache
zu bedürfen glaubte, sondern sich selbst schon für fähig
genug hielt, durch seine affektvolle Anrede, die er sich erlernt hatte, das Herz des Pastor M... zu rühren. –

Endlich erwachte er zu dem wichtigen Tage, wo er den
Pastor M... sprechen sollte – – und seine Phantasie ging
nun mit lauter großen Dingen schwanger, – wie er voll Reue
und Verzweiflung sich dem Pastor M... zu Füßen werfen, –
und dieser ihn dann gerührt aufheben, – und ihm verzeihen
würde. –

Und da er nun endlich in das Haus des Pastor M... kam,
und sich diesem so lange vorbereiteten Auftritte mit schau-

ervoller Sehnsucht näherte; indem er draußen wartete, bis
man ihn hereinrufen würde, kam endlich der Bediente heraus, und sagte ihm, er solle nur herein kommen, *sein Vater sei
schon bei dem Pastor M...*

Diese Nachricht war ein Donnerschlag für ihn – er stand
eine Weile, wie betäubt da – in dem Augenblick scheiterte
sein ganzer Plan – er wollte den Pastor M... ohne Zeugen
sprechen – denn nur ohne Zeugen fühlte er sich im Stande,
die ganze Scene mit dem Niederknien vor dem Pastor M...,
und der rührenden und pathetischen Anrede an ihn, zu spielen. – In Gegenwart eines Dritten, und vorzüglich nun in
Gegenwart seines Vaters vor dem Pastor M... niederzu-
knien, war ihm unmöglich. –

Er schickte den Bedienten wieder herein, und ließ sagen,
er müßte den Pastor M... notwendig allein sprechen. – Dies
Gespräch wurde ihm abgeschlagen, und statt der glänzenden und rührenden Scene, die er zu spielen dachte, mußte er
nun, indem er hereintrat, ohne ein einziges Wort von seiner
ganzen längstentworfenen Anrede vorbringen zu können,
durch die Gegenwart seines Vaters bis zur Verachtung gedemütigt, wie ein Missetäter, dastehen. –

Es bemächtigte sich seiner hiebei ein Gefühl, das er in
seinem Leben noch nicht gekannt hatte – *seinen Vater neben
sich in bittender Stellung vor dem Pastor M... stehen zu sehen,* war
ihm unerträglich – alles in der Welt hätte er darum gegeben,
daß dieser in dem Augenblick hundert Meilen weit entfernt
gewesen wäre. – Er fühlte sich in seinem Vater doppelt
gedemütigt und beschämt – und dann kam der Verdruß
dazu, daß ihm die ganze Fußfallsscene mißlungen war – alles
ging nun so *kalt,* so *gemein,* so *gewöhnlich* zu – – Reiser stand so
unausgezeichnet, wie ein ganz gemeiner, alltäglicher Bösewicht da, dem man über sein Betragen die verdienten Vorwürfe macht – und er wollte sich doch selbst, als einen recht
großen Bösewicht schildern, und selbst die härteste Strafe
für sein Verbrechen nun auf sich herab erbitten. –

Allein kein Zufall in seinem Leben fügte sich vielleicht
mehr zu seinem wahren Vorteil, als eben dieser. – Wäre es

ihm diesmal mit der angelegten Scene gelungen, wer weiß,
wozu er in der Folge noch geschritten, und was für Rollen er
würde gespielt haben. – Vielleicht war dies eben der entscheidende Augenblick, wo sein Schicksal, ob er ein Heuchler und Spitzbube werden, oder ein aufrichtiger und ehrlicher Mensch bleiben sollte, auf der Spitze stand. –

Die ganze Fußfallszene wäre doch im Grunde, obgleich
nicht offenbare Heuchelei und Verstellung, doch wenigstens
Affektation gewesen, und der Übergang von der Affektation
zur Heuchelei und Verstellung, wie leicht ist der! –

Es war gewiß eine wahre Wohltat für Reisern, daß der
Pastor M... alle die überspannten Ausdrücke in seinem
Briefe keiner Aufmerksamkeit würdigte, und statt dadurch
gerührt zu sein, sie lächerlich fand, und sie für die unreife
Geburt einer durch Romanen und Komödienlektüre erhitzten Phantasie erklärte; mit dem Beifügen, wenn Reiser
wirklich solch ein Bösewicht wäre, als er sich in dem Briefe
geschildert hätte, so würde er sich nicht das mindeste mehr
um ihn bekümmern, sondern ihn, als ein Ungeheuer, verab-
scheuen. –

Und statt sich nun weiter in Erklärungen einzulassen, daß
ihm das Vergangene *verziehen* sein solle, wenn er künftig sich
anders betrüge und dergleichen, kam der Pastor M..., auf
eine gar nicht empfindsame Art, sogleich auf Reisers zerrissene Schuhe und Strümpfe, und auf die Schulden, die er
gemacht hatte, und wie diese nun bezahlt, und seine zerris-
senen Kleidungsstücken wieder hergestellt werden sollten. –
Nicht einmal zu feierlicher Angelobung künftiger Besserung
oder so etwas Rührendem ließ er Reisern kommen. – Sein
ganzes Benehmen gegen ihn, ob er sich gleich seiner nun
wieder annahm, war rauh und hart – aber eben dies rauhe
und harte Betragen war es, was Reisern aus seinem Schlummer weckte, und ihn aus seiner idealischen Romanen- und
Komödienwelt wieder in die wirkliche Welt versetzte, insbesondere, da ihm sein Roman, den er mit dem Pastor M...
zu spielen gedachte, mißlungen war, und er doch nun auch
wieder aus seinem schrecklichen Zustande, durch keine lee-

re Phantasie, *ein Bauer zu werden,* und dergleichen, sondern
wirklich herausgerissen werden sollte. –

Unzählige gute Vorsätze und Entschließungen drängten
sich nun mit dieser Wendung seines Schicksals in seiner
Seele wieder empor, die mißlungene Fußfallsscene schmerzte ihn zwar noch immer; endlich aber söhnte er sich auch
darüber mit dem Schicksal aus – und so fing nun eine neue
Epoche seines Lebens an. –

Er zog von dem Bürstenbinder aus und wurde bei einem
Schneider eingemietet, bei dem er in derselben Stube wohnen, und auf dem Boden schlafen mußte. – Die Frau F...
und der Hofmusikus, welche in demselben Hause wohnten,
nahmen sich seiner wieder an, indem sie ihm wöchentlich
einmal zu essen gaben. – Die Frau F... ließ ihn das kleine
Mädchen, welches sie bei sich hatte, im Schreiben und im
Katechismus unterrichten – er besuchte die Schule wieder
regelmäßig, man schöpfte wieder neue Hoffnung von ihm –
selbst der Prinz ließ ihn zu sich kommen, und sprach ihn in
Gegenwart des Pastor M..., der das Geld zu seiner Unterstützung vom Prinzen für ihn in Empfang nahm, und damit
seine Schulden tilgte.

So ging nun alles wieder so weit gut – und er fing nun an
wieder fleißig zu sein – obgleich seine äußere Situation auch
hier seinem Studieren eben nicht zu günstig war – denn in
der Stube des Schneiders hatte er nichts, wie sein angewie-
senes Plätzchen, wo sein Klavier stand, das ihm zugleich
zum Tische diente, und unter welchem er zugleich seine
ganze Bibliothek in ein kleines Bücherbrett aufgestellt hatte. – Wenn er nun für sich las und arbeitete, so konnte er
um sich her nicht Stille gebieten; und so lange der Winter
dauerte, war er doch genötigt, in der Stube seines Wirts
zu bleiben – im Sommer zog er mit seinem Klavier und
Büchern auf den Boden, wo er schlief, und einsam und
ungestört war. –

Er war kaum einige Wochen aus seinem vorigen Logis,
und von seinen vorigen Stubengesellschaftern G... und
M... weggezogen, so ereignete sich ein fürchterlicher Vor-

fall, der ihn die Größe und Nähe der Gefahr, in welcher er geschwebt hatte, sehr lebhaft empfinden ließ. –

G... wurde nehmlich eines Tages, da er im Chore sang, auf öffentlicher Straße in Verhaft genommen, und sogleich geschlossen in eines der tiefsten Gefängnisse auf dem ....Tore gebracht, welches nur für die ärgsten Missetäter bestimmt ist. –

Reisern ergriff Beben und Entsetzen, da er ihn hinführen sahe – und was das sonderbarste war, so machte der Gedanke, man möchte ihn etwa für einen Mitschuldigen des noch unbekannten Verbrechens seines ehemaligen Stubengesellschafters halten, daß sich gerade solche Merkmale der Scham und Verwirrung bei ihm äußerten, als wenn er wirklich ein Mitschuldiger gewesen wäre – so daß seine Angst beinahe so groß wurde, als ob er wirklich selbst ein Verbrechen begangen hatte. Dies war eine natürliche Folge seines von Kindheit an unterdrückten Selbstgefühls, das damals nicht stark genug war, den Urteilen anderer von ihm zu widerstehen – hätte ihn jedermann für einen offenbaren Verbrecher gehalten, so würde er sich zuletzt vielleicht auch dafür gehalten haben. –

Endlich kam es denn heraus, daß sein ehemaliger Stubengesellschafter G... einen *Kirchenraub* begangen, Tressen von Altardecken bei der Nacht entwendet, und um die in den Stühlen verwahrten mit Silber beschlagenen Gesangbücher zu stehlen, sogar Schlösser aufgebrochen hatte.

Das waren denn die Projekte gewesen, auf welche er ganze Tage hindurch auf dem Bette liegend, gesonnen und gegrübelt hatte.

Den eigentlichen Kirchenraub aber hatte er erst verübt, nachdem Reiser schon von ihm weggegangen war, ob er gleich vorher sich schon verschiedener Diebereien schuldig gemacht hatte.

Auf sein Verbrechen stand nun eigentlich der Strang – und Reisern wandelte immer die Furcht vor einem ähnlichen Schicksal an, so oft er dachte, wie nahe er diesem Menschen gewesen war, und wie leicht er Stufenweise von ihm zu

einem Wagstück nach dem andern hätte verführt werden
können, da mit der Expedition auf der Kirscheninsel schon
ein so heroischer Anfang gemacht worden war. – Reiser
würde in dem nächtlichen Kirchenraube immer auch mehr
Heroisches als Niederträchtiges gefunden haben, und es
würde G... vielleicht nicht schwerer geworden sein, ihn zur
Teilnehmung an einer solchen Expedition, als zu der auf der
Kirscheninsel, zu bereden.

Wer weiß, ob nicht auch diese Reflexion, oder dies dunkle
Bewußtsein, mit zu Reisers Verwirrung beitrug, so oft von
G... gesprochen wurde – es deuchte ihm nur noch ein so
kleiner Schritt zwischen ihm, und dem Verbrechen, zu dem
er hätte verleitet werden können; daß es ihm ging, wie
einem, dem vor einem Abgrunde schwindelt, von welchem
er noch weit genug entfernt ist, um nicht hereinzustürzen,
der sich aber dennoch, *selbst durch seine Furcht,* unaufhaltsam
hin gezogen fühlt, und schon in dem Abgrunde zu versinken
glaubt. –

Die leichte Möglichkeit, an G... s Verbrechen Teil zu nehmen, welche Reiser bei sich empfand, erweckte bei ihm fast
ein ähnliches Gefühl, als ob er wirklich daran Teil genommen hätte, woraus sich also seine Angst und Verwirrung
sehr gut erklären läßt.

Indes kam es mit G... so weit nicht, daß er gehangen
wurde, sondern nachdem er einige Monate im Gefängnis
gesessen hatte, ward sein Urteil dahin gemildert, daß er über
die Grenze gebracht und des Landes verwiesen wurde. –
Reiser hat von seinem Schicksale nachher nichts weiter erfahren können. – So endigte es sich also mit dem eigentlichen sterbenden Sokrates, von welchem Reiser so lange den
Spottnamen tragen mußte, da er doch nicht den sterbenden
Sokrates selbst, sondern nur einen unbedeutenden Freund
desselben, vorgestellt hatte, der nicht viel mehr tat, als daß er
in einem Winkel stand und weinte, indes der sterbende Sokrates zur Rührung aller Zuschauer den Giftbecher trinken
und sich auf dem Totbette noch in dem glänzendsten Lichte
zeigen konnte.

Reiser hatte damals schon seit länger als einem Jahre angefangen, sich ein Tagebuch zu machen, worin er alles, was ihm begegnete, aufschrieb. – Dies Tagebuch geriet denn ziemlich sonderbar, weil er keinen einzigen Umstand seines Lebens, und keinen einzigen von den Vorfallenheiten des Tages, er mochte so unbedeutend sein, wie er wollte, darin ausließ. – Da er nun nur lauter wirkliche Begebenheiten, und seine Phantasien, die er den Tag über hatte, nicht mit aufschrieb, so mußten die Erzählungen von den Begebenheiten des Tages, eben so kahl und abgeschmackt, und ohne alles Interesse sein, wie diese Begebenheiten selbst waren. – Reiser lebte im Grunde immer ein doppeltes, ganz von einander verschiedenes inneres und äußeres Leben, und sein Tagebuch schilderte gerade den äußern Teil desselben, der gar nicht der Mühe wert war, aufgezeichnet zu werden. – Den Einfluß der äußern – würklichen Vorfälle auf den innern Zustand seines Gemüts zu beobachten, verstand Reiser damals noch nicht; seine Aufmerksamkeit auf sich selbst hatte noch nicht die gehörige Richtung erhalten. –

Indes verbesserte sich doch sein Tagebuch mit der Zeit, indem er anfing, nicht nur seine Begebenheiten, sondern auch seine Vorsätze und Entschließungen, darin aufzuzeichnen, um nach einiger Zeit zu sehen, was er davon in Erfüllung gebracht hatte. – Er machte sich schon damals selber *Gesetze,* die er in seinem Tagebuche aufschrieb, um sie in Erfüllung zu bringen. – Auch tat er sich selbst zuweilen feierliche Gelübde, z. B. früh aufzustehen, den Tag seine Stunden ordentlich einzuteilen, und dergleichen mehr. –

Aber es war sonderbar – gerade die *feierlichsten* Vorsätze, welche er faßte, pflegten gemeiniglich am spätesten und kältesten in Erfüllung zu gehen – wenn es zur Ausführung im *Kleinen* kam, so war das Feuer der Phantasie erloschen, womit er sich die Sache im Ganzen und mit allen ihren angenehmen Folgen *zusammen* genommen gedacht hatte – wenn er sich hingegen alles schlechtweg und ohne allen Prunk und Feierlichkeit vornahm, so ging die Ausführung oft weit eher und besser von statten. –

An guten Vorsätzen war er unerschöpflich – Dies machte ihn aber auch beständig mit sich selber unzufrieden, weil der guten Vorsätze zu viele waren, als daß er sich selber jemals hätte ein Genüge tun können. –

Drei Tage, wo er einmal ununterbrochen mit sich zufrieden gewesen war, zeichnete er als eine große Merkwürdigkeit in seinem Leben auf, welche es auch wirklich für ihn war – denn diese drei Tage waren fast so lange er denken konnte, die einzigen in ihrer Art. – Es war aber gerade diese drei Tage über ein glücklicher Zusammenfluß von Umständen, heiteres Wetter, gesundes Blut, freundliche Gesichter bei denen Personen, zu denen er kam, und wer weiß, was mehr, wodurch ihm die Ausführung seiner guten Vorsätze nun merklich erleichtert wurde. –

Er nahm übrigens zu allerlei Mitteln seine Zuflucht, um sich fromm und tugendhaft zu erhalten. – Vorzüglich suchte er alle Morgen edle und gute Gesinnungen in sich zu erwekken, indem er *Popens allgemeines Gebet,* das er sich englisch aufgeschrieben, und auswendig gelernt hatte, hersagte, und wirklich, so oft er es sagte, dadurch gerührt und zu guten Vorsätzen und Entschließungen aufs neue belebt wurde. – Dann hatte er eine Anzahl *Lebensregeln* aus einem Buche ausgeschrieben, die er des Tages über zu gewissen bestimmten Zeiten las – und ein paar Chorarien, welche etwas zur Tugend und Frömmigkeit vorzüglich Aufmunterndes hatten, wurden ebenfalls täglich zu bestimmten Stunden sehr gewissenhaft von ihm gesungen. –

Wären nun hiebei seine äußern Verhältnisse nur etwas günstiger und aufmunternder geworden, so hätte Reiser mit diesen Vorsätzen und Bestrebungen, die doch bei einem jungen Menschen in seinem Alter (er war damals etwas über sechzehn Jahr) wohl sehr selten sind, ein Muster von Tugend werden müssen.

Aber dies war es, was ihn immer wieder niederschlug, die Meinung der Menschen von ihm, welche er mit Gewalt nicht umändern konnte, und die doch ohnerachtet aller seiner Bestrebungen, ein beßrer Mensch zu werden, sich nicht ganz wieder zu seinem Vorteil lenken wollte – er schien es nun einmal zu sehr verdorben und zu sehr die Erwartung aller von ihm getäuscht zu haben, als daß er sich je die vorige Achtung und Liebe der Menschen hätte wieder erwerben können. –

Insbesondre war ein Verdacht auf ihn gefallen, der ihn sehr unverdienter Weise traf, – dies war der Verdacht der *Lüderlichkeit,* weil er bei einem so lüderlichen Menschen, wie G... war, gewohnt hatte. – Reiser war so weit hievon entfernt, daß ihm drei Jahre nachher, da er zufälliger Weise ein anatomisches Buch zu sehen bekam, über gewisse Dinge ein Licht aufging, wovon damals seine Begriffe noch sehr dunkel und verworren waren.

Sein Lesen aber bei dem Bücherantiquarius und sein Komödiengehn wurde ihm am schlimmsten ausgeleget, und immer noch für ein unverzeihliches Vergehen gehalten. –

Nun fügte es sich gerade, daß eine Gesellschaft Luftspringer nach H... kam, und weil ein Platz nur eine Kleinigkeit kostete, so ging er einen einzigen Abend hin, um diese halsbrechenden Künste mit anzusehen – man hatte ihn erblickt – und weil dies nun auch eine Art von Komödie war, so hieß es, sein alter Hang sei nun wieder erwacht, und es gehe kein Abend hin, daß er nicht den Schauplatz bei den Luftspringern besuchte; da trüge er nun wieder sein Geld hin – man sehe hieraus schon, daß doch nun nichts aus ihm werden würde. –

Seine Stimme war viel zu ohnmächtig, um sich gegen die Aussage derer zu erheben, die ihn *alle Abend* bei den Luftspringern wollten gesehen haben – kurz, der einzige Abend, an welchem er hier her ging, brachte ihn wieder weiter in der Meinung der Menschen zurück, als ihn sein ganzer bisheriger Fleiß und regelmäßiges Betragen darin hatte vorwärts bringen können.

Hiezu kamen nun noch einige Sachen, die ihn sehr niederschlugen. Das Neujahr kam wieder heran, und er freute sich schon darauf, daß er nun bei dem Aufzug mit Fackeln und Musik, doch wieder die Vorrechte seines Standes genießen, in *Reihe* und *Glied* mit den übrigen gehen, und auch nun nicht mehr, wie das vorige mal, einer der letzten in der Ordnung sein würde. –

Um nun aber die Fackel und seinen Anteil zur Musik und sonstigen Kosten bezahlen zu können, wartete er nur auf die Austeilung des Chorgeldes, das er sich mit saurer Mühe im Frost und Regen hatte ersingen müssen, und indem er nun zum Direktor kam, um es in Empfang zu nehmen, war es dem Konrektor eingefallen, für die Privatstunden, die Reiser in Sekunda bei ihm gehabt, und nicht bezahlt hatte, Beschlag darauf zu legen. – Reiser ging zu dem Konrektor hin, und bat ihn flehentlich, ihm nur die Hälfte von dem Chorgelde zu lassen; allein dieser war unerbittlich; und da Reiser wieder zum Direktor kam, so machte ihm auch der die bittersten Vorwürfe, daß er aufs neue in der Komödie bei den Luft-springern gewesen wäre, und sich sogar auf dem Markte vor der Schule Honig und Brot gekauft, und das auf der Straße gegessen habe. – Eine Sache, die Reiser für sehr etwas un-schuldiges und auch nicht für erniedrigend hielt, die ihm aber jetzt als die größte *Niederträchtigkeit* ausgelegt wurde, und worüber ihn der Direktor einen schlechten Buben schalt, der weder Ehre noch Scham hatte, und mit dem er sich nicht weiter befassen wollte. –

Nicht leicht war Reiser wohl in seinem ganzen Leben trauriger und niedergeschlagener gewesen, als da er jetzt vom Direktor zu Hause ging. Er achtete Wind und Schnee-gestöber nicht, sondern irrte wohl anderthalb Stunden auf dem Wall und in der Stadt umher, und überließ sich seinem Gram und seinen lauten Klagen. –

Denn alles war ihm nun auf einmal fehlgeschlagen; sein Bestreben, sich bei dem Direktor durch sein Betragen wie-der in Gunst zu setzen; seine Hoffnung, ein gutes Chorgeld zu erhalten, welches ohnedem zu Neujahr immer am be-trächtlichsten zu sein pflegte; und sein sehnlicher Wunsch am morgenden Tage, dem Aufzuge mit Fackeln und Musik beizuwohnen, und dort *öffentlich* mit in *Reihe* und *Gliede* zu gehn. –

Was ihn aber am meisten schmerzte, war doch im Grunde
das letzte – und dies war sehr natürlich; denn durch seine
Teilnehmung an dem Aufzuge fühlte er sich gleichsam in alle
Rechte seines Standes, die ihm so sehr verleidet waren, wieder
5 eingesetzt – davon ausgeschlossen zu bleiben, deuchte ihm
eine der größten Widerwärtigkeiten, die ihm nur begegnen
konnte. – Das war auch die Ursach, weswegen er den Konrektor um Erlassung der Hälfte von dem Chorgelde so
flehentlich gebeten hatte, welches zu tun er sich sonst nie
10 würde erniedrigt haben.

Alle sein Sinnen und Denken, Geld zu bekommen, half
nichts; er konnte sich keine Fackel kaufen, und mußte den
folgenden Abend, während daß alle seine Mitschüler, im
glänzenden Pomp, unter einer Menge von Zuschauern, über
15 die Straße zogen, traurig an seinem Klavier zu Hause sitzen – er suchte sich zu trösten, so gut er konnte; aber da er
von fern die Musik hörte, so tat dies eine sonderbare Wirkung auf sein Gemüt – er dachte sich lebhaft den Glanz der
Fackeln, die Menge der Zuschauer, das Getümmel, und sei-
20 ne Mitschüler als die Hauptpersonen dieses prachtvollen
Schauspiels – und sich nun ausgeschlossen, einsam und von
aller Welt verlassen – dies versetzte ihn in eine Wehmut, die
derjenigen völlig ähnlich war, da seine Eltern ihn oben auf
der Stube allein gelassen hatten, während daß sie unten bei
25 dem Wirt bei einer Gasterei waren, von welcher das frohe
Gelächter und Klingen mit den Gläsern zu ihm hinauf erschallte, und er sich da auch so einsam und von aller Welt
verlassen fühlte, und sich aus den Liedern der Madame Guion tröstete. –

30 Dergleichen Vorfälle drängten ihn dann immer wieder aus
der Welt in die Einsamkeit – er war nicht vergnügter, als
wenn er allein bei seinem Klavier sitzen, und für sich lesen
und arbeiten konnte – und wünschte nichts sehnlicher, als
daß es bald Sommer sein möchte, um auf dem Boden, wo
35 sein Bette stand, den ganzen Tag allein zubringen zu können.

Und da nun dieser sehnlich gewünschte Sommer kam, so
genoß er nun auch zu allererst die Wonne des einsamen

Studierens. Er liehe sich seit einiger Zeit wieder Bücher vom Antiquarius; aber sein Geschmack fiel nun auf lauter wissenschaftliche Bücher. – Seine Romanen und Komödienlektüre hatte seit jener schrecklichen Epoche seines Lebens gänzlich aufgehört. –

Sobald die Luft nun anfing, warm zu werden, eilte er auf seinen Boden, und brachte da die vergnügtesten Stunden seines Lebens mit Lesen und Studieren zu. –

Er hatte sich von dem Bücherantiquarius unter andern *Gottscheds Philosophie* geliehen, und so sehr auch in diesem Buche die Materien durchwässert sind, so gab doch dies seiner Denkkraft gleichsam den ersten Stoß – er bekam dadurch wenigstens eine leichte Übersicht aller philosophischen Wissenschaften, wodurch sich die Ideen in seinem Kopfe aufräumten. –

Sobald er dies merkte, nahm auch sein Eifer, die Sache bald zu *übersehen,* mit jedem Tage zu. – Er sah, daß das bloße Lesen nichts half – er fing also an, sich auf kleinen Blättchen schriftliche Tabellen zu entwerfen, wo er das Detail immer dem Ganzen gehörig unterordnete, und sich auf die Weise einen anschaulichen Begriff davon zu machen suchte. –

Das simple Abschreiben des *Hauptinhalts* brachte für ihn schon ein vorzügliches Interesse in die Sache – denn indem er nun das Blatt, auf welches er die in dem Buche enthaltenen Materien niedergeschrieben hatte, beim Lesen des Buches vor sich hinlegte, erhielt er dadurch den Vorteil, *daß er bei dem Einzelnen nie das Ganze aus den Augen verlor,* welches doch beim philosophischen Denken immer ein Haupterfordernis ist, und auch die größte Schwierigkeit macht. –

Alles was er noch nicht durchdacht hatte, lag auf dieser Charte wie ein unbekanntes Land vor ihm, welches genauer kennen zu lernen, er eine ordentliche Sehnsucht empfand. –

Die Umrisse, das Fachwerk war durch die allgemeine Übersicht des Ganzen einmal in seiner Seele gemacht, er strebte nun von den Lücken, die er erst jetzt empfinden konnte, eine nach der andern auszufüllen. – Und dasjenige, was ihm erst bloße leere *Namen* gewesen waren, wurden nun

allmählich vollgefüllte deutliche Begriffe, und wenn er nun
eben den Namen wieder las, oder wieder dachte, und ihm
auf einmal alles so licht und helle wurde, was ihm vorher
dunkel und verworren gewesen war, so bemächtigte sich
5 seiner ein so angenehmes Gefühl dabei, als er noch nie
empfunden hatte – er schmeckte zuerst die *Wonne des Denkens.* –

Die immerwährende Begierde, das Ganze bald zu überschauen, leitete ihn durch alle Schwierigkeiten des Einzel-
10 nen hindurch. – In seiner Denkkraft ging eine neue Schöpfung vor. – Es war ihm, als ob es erst in seinem Verstande
dämmerte, und nun allmählich der Tag anbräche, und er sich
an dem erquickenden Lichte nicht satt sehen konnte. –

Er vergaß hierüber fast Essen und Trinken, und alles was
15 ihn umgab, und kam unter dem Vorwande von Kränklichkeit, in einer Zeit von sechs Wochen fast gar nicht von
seinem Boden herunter – in dieser Zeit saß er vom Morgen
bis an den Abend mit der Feder in der Hand bei seinem
Buche, und ruhete nicht eher, bis er vom Anfang bis zum
20 Ende durch war. –

Was hierbei seinen Eifer nie erlöschen ließ, war, wie
schon gesagt, *das beständige vor Augen halten des Hauptinhalts* –
und das immerwährende Unterordnen und Klassifizieren
der Materien in seinem Kopfe sowohl als auf dem Papiere. –
25 Er brachte also diesen Sommer, ohngeachtet seine äußern
Verhältnisse sich eben nicht sehr verbessert hatten, doch
ziemlich vergnügt zu. –

Wenigstens mußte er die einsamen Stunden, welche er auf
dem Boden zubrachte, immer unter die glücklichsten seines
30 Lebens zählen. – Auch war er überhaupt von nun an, minder
unglücklich, weil seine Denkkraft angefangen hatte, sich zu
entwickeln. –

Wo er ging und stund, da *meditierte* er jetzt, statt daß er
vorher bloß *phantasiert* hatte – und seine Gedanken beschäf-
35 tigten sich mit den erhabensten Gegenständen des Denkens – mit den Vorstellungen von Raum und Zeit, von der
höchsten vorstellenden Kraft, u. s. w. –

Allein schon damals war es ihm oft, wenn er sich eine Weile im Nachdenken verloren hatte, als ob er plötzlich an etwas stieße, das ihn *hemmte,* und wie eine bretterne Wand, oder eine undurchdringliche Decke auf einmal seine weitere Aussicht schloß – es war ihm dann, als habe er nichts gedacht – als *Worte* –

Er stieß hier an die undurchdringliche Scheidewand, welche das menschliche Denken von dem Denken höherer Wesen verschieden macht, an das notwendige Bedürfnis der Sprache, ohne welche die menschliche Denkkraft keinen eignen Schwung nehmen kann – und welche gleichsam nur ein künstlicher Behelf ist, wodurch etwas dem eigentlichen *reinen* Denken, wozu wir dereinst vielleicht gelangen werden, ähnliches, hervorgebracht wird. –

Die Sprache schien ihm beim Denken im Wege zu stehen, und doch konnte er wieder ohne Sprache nicht denken. –

Manchmal quälte er sich Stunden lang, zu versuchen, *ob es möglich sei, ohne Worte zu denken* – Und dann stieß ihm der Begriff vom *Dasein* als die Grenze alles menschlichen Denkens auf – da wurde er alles dunkel und öde – da blickte er zuweilen auf die kurze Dauer seiner Existenz, und der Gedanke oder vielmehr *Ungedanke* vom Nichtsein, erschütterte seine Seele – es war ihm unerklärlich, daß er jetzt wirklich sei, und doch einmal nicht gewesen sein sollte – so irrte er ohne Stütze und ohne Führer in den Tiefen der Metaphysik umher. –

Manchmal, wenn er itzt im Chore sang, und statt daß seine Mitschüler sich miteinander unterredeten, einsam vor sich weg ging, und diese dann hinter ihm sagten: da geht der Melancholikus! so dachte er über die Natur des Schalles nach, und suchte zu erforschen, was sich dabei *mit Worten nicht ausdrücken* ließ. – Dies trat nun in die Stelle seiner vorigen romantischen Träume, womit er sich sonst so manche trübe Stunde verphantasiert hatte, wenn er an einem traurigen Wintertage im Schnee und Regen im Chore sang. –

Er liehe sich nun von dem Bücherantiquarius *Wolfs Metaphysik,* und las auch die nach der einmal angefangenen Weise

durch – und wenn er nun zu dem Schuster S... kam, so war
der Stoff zu ihren philosophischen Gesprächen weit reichhaltiger, wie vorher – und sie kamen von selbst auf alle die
verschiedenen Systeme, welche von den Weltweisen der alten und neuern Zeiten vorgetragen, und immer von einer
unzähligen Menge nachgebetet sind.

Während der Zeit war nun auch der Direktor B..., von
dessen Freundschaft Reiser so viel gehofft hatte, und so sehr
in seiner Hoffnung getäuscht war, nach einer kleinen Stadt
nicht weit von H... als Superintendent befördert worden,
und ein andrer Namens S... an dessen Stelle gekommen. –

Diese Veränderung interessierte Reisern eben nicht sehr,
der damals an nichts, als an seine Metaphysik dachte. – Der
neue Direktor war ein alter Mann, welcher aber Kenntnisse
und viel Geschmack besaß, und von Pendanterei, welches
bei alten Schulmännern ein so seltener Fall ist, ziemlich frei
war.

Während dieser Veränderung fielen eine große Menge
Schulstunden ohnedem aus. – Reisers Versäumnis wurde
also eben so merklich nicht – Und wenn nun ja eine Versäumnis von öffentlichen Schulstunden gut genutzt worden
ist, so war es die seinige – in welcher er in Zeit von ein paar
Monaten mehr tat, und sein Verstand mit weit mehr Begriffen, als seine ganzen akademischen Jahre hindurch, bereichert wurde. –

Nie hörte er wenigstens den ganzen Kursus der Philosophie so ausführlich wieder vortragen, als er ihn damals für
sich durchdacht hatte – auch die übrigen Wissenschaften, als
Dogmatik, Geschichte u. s. w. hörte er nie auf der Universität so ausführlich wieder, als er sie zum Teil in H... auf der
Schule gehört hatte. –

Er hatte in seiner Jugend keinen Unterricht, als im Rechnen und Schreiben genossen, welcher itzt fast gänzlich für
ihn verloren ging, weil er das Rechnen nicht zu üben Gelegenheit hatte, und seine Hand durch das Nachschreiben
verdarb. – Nun fügte es sich, daß er einige Information im
Schreiben bekam, die ihm zwar wenig oder gar nichts ein-

brachte, wobei er aber doch merklich seine Hand übte; da er
nun wieder anfing, die Schularbeiten mitzumachen, und
dem Rektor seine Exercitien brachte, so wunderte sich dieser sehr über die Verbesserung seiner Hand, und gab ihm
sogleich etwas abzuschreiben, welches aber dort im Hause 5
geschehen mußte, so daß er auf die Weise wieder Zutritt zu
dem Rektor erhielt; welches ihn denn auch mit einiger Hoffnung, sich wieder in Kredit zu setzen, belebte, die aber bald
niedergeschlagen wurde, da sein Vater einmal nach H...
herüber kam, und der Pastor M... demselben keinen andern 10
Trost gab, als daß sein Sohn ein Schl...l sei, aus dem nie
etwas werden würde. –

Da sein Vater wieder wegreiste, begleitete er ihn bis vors
Tor hinaus, und hier war es, wo ihm derselbe die tröstlichen
Worte des Pastor M... hinterbrachte, und ihm dabei die 15
bittersten Vorwürfe machte, daß er die Wohltaten, welche
man ihm erwiesen, so schlecht erkennte, wobei er ihn zugleich auf den Rock, den er trug, verwies, und ihm diesen als
ein unverdientes Geschenk von seinen Wohltätern schilderte. – Dies letztere brachte Reisern auf; denn der Rock, 20
welcher von grobem grauen Tuch war, das ihm ein völliges
Bedientenansehen gab, war ihm immer verhaßt gewesen,
und er ließ sich daher gegen seinen Vater verlauten, daß ein
solcher Bedientenrock, den er zu seinem Ärger tragen müsse, eben kein großes Gefühl von Dankbarkeit bei ihm er- 25
wecken könne. –

Darüber geriet sein Vater, dem die Grundsätze von der
Demütigung und Ertötung alles Stolzes und Eigendünkels aus
den Schriften der Mad. Guion heilig waren, in eine Art von
Wut – drehte sich schnell von ihm, und gab ihm seinen 30
Fluch auf den Weg. – Reiser wurde ebenfalls hiedurch in
einen Zustand versetzt, worin er sich noch nie befunden
hatte, alles, was er bisher von seinem widrigen Schicksal
gelitten und geduldet hatte, und daß nun auch sein Vater
sogar ihn von sich stieß, und ihm seinen Fluch gab, fuhr ihm 35
auf einmal durch die Seele. –

Er stieß, indem er nach der Stadt zurückging, laute Got-

teslästerungen aus, und war der Verzweiflung nahe – er
wünschte sich wirklich vom Erdboden verschlungen zu
sein – und der Fluch seines Vaters schien ihn im Ernst zu
verfolgen.

5   Dies hemmte wieder auf eine Weile alle seine guten Vorsätze, und seinen bisher freiwillig ununterbrochenen Fleiß.

    Der Sommer ging nun zu Ende – und ein anhaltender
körperlicher Schmerz fing nun öfter wieder an, seinen Geist
niederzudrücken. Er hatte von dieser Zeit an unaufhörliches
10 Kopfweh, welches ein ganzes Jahr anhielt, so daß fast kein
Tag und keine Stunde dazwischen ausfiel, wo er sich von
diesem fortdaurenden Schmerz befreit gefühlt hätte. –

    Der Schneider, bei dem er nun ein Jahr gewohnt hatte,
sagte ihm auch das Logis auf, und er zog in einer abgelege-
15 nen Straße bei einem Fleischer ins Haus, wo noch einige
Schüler, nebst ein paar gemeinen Soldaten im Quartier lagen. –

    Er mußte sich hier auch mit unten in der Stube aufhalten,
und seine Einrichtung mit dem Klavier und dem Bücher-
20 brette darunter blieb, wie vorher – statt des Bodens aber
erhielt er oben ein kleines Kämmerchen, wo er mit noch
einem Chorschüler schlief, und im Sommer, wenn es warm
war, jeder für sich allein sein konnte.

    Der Umgang mit seinem Wirt dem Fleischer, mit den
25 beiden Soldaten, die dort im Quartier lagen, und ein paar
lüderlichen Chorschülern, die noch nebst ihm da wohnten,
konnte zur Bildung und Verfeinerung seiner Sitten eben
nicht viel beitragen. –

    Alles versammlete sich im Winter des Abends in der Stu-
30 be, und weil er bei dem Geräusch und Lärmen doch nicht
arbeiten konnte, so mischte er sich lieber mit unter den
Haufen, und amüsierte sich mit den Leuten, die nun einmal
den nächsten Kreis um ihn her ausmachten, so gut er konnte.

35   Ohngeachtet seiner immerwährenden Kopfschmerzen,
arbeitete er doch auch so oft er nur ein wenig in Ruhe sein
konnte, für sich, und lernte auf die Weise in Zeit von einigen

Wochen französisch, indem er sich einen lateinischen Terenz mit der französischen Übersetzung liehe, und sich täglich ununterbrochen selbst eine Lektion gab; er kam dadurch wenigstens so weit, daß er von der Zeit an jedes französische Buch ziemlich verstehen konnte.

Da sich indes sein äußerer Zustand nicht verbesserte, und überdem noch körperlicher Schmerz ihn unaufhörlich drückte, so versetzte ihn dies in eine Seelenstimmung, wo ihm *Youngs Nachtgedanken,* die er damals zufälligerweise erhielt, eine höchst willkommene Lektüre waren – es deuchte ihm, als fände er hier alle seine vorigen Vorstellungen von der Nichtigkeit des Lebens, und der Eitelkeit aller menschlichen Dinge wieder. – Er konnte sich nicht satt in diesem Buche lesen, und lernte die Gedanken und Empfindungen, welche darin herrschen, beinahe auswendig.

Die einzige Linderung bei seinen Kopfschmerzen war, wenn er ausgestreckt rücklings auf dem Bette liegen konnte – in dieser Stellung blieb er denn oft ganze Tage lang, und las – dies war der einzige ihm übrig gebliebene Genuß des Lebens, an dem er sich noch festhielt, da sonst die tötendste Langeweile ihm das elende Leben, was er noch fortschleppte, unerträglich gemacht haben würde. –

Um sich nun zuweilen dem Geräusch, das ihn umgab, zu entziehen, scheute er manchmal weder Regen noch Schnee, sondern machte des Abends, wenn es dunkel wurde, und er sicher war, daß er von niemanden gesehen, noch von irgend einem Menschen würde angeredet werden, einen Spaziergang auf dem Walle, um die Stadt; und bei diesen Spaziergängen war es, wo sich sein Geist immer etwas wieder ermannte, und ein Funke von Hoffnung, sich aus seinem schrecklichen Zustande herauszuarbeiten, in seiner Seele wieder emporglimmte. –

Wenn er dann auf den Straßen, die an den Wall grenzten, in den Häusern Licht angesteckt sahe, und sich nun dachte, daß in jeder erleuchteten Stube, deren in einem Hause oft so viele waren, eine Familie, oder sonst eine Gesellschaft von Menschen, oder ein einzelner Mensch lebte, und daß eine solche Stube also in dem Augenblick die Schicksale und das Leben und die Gedanken eines solchen Menschen, oder einer solchen Gesellschaft von Menschen in sich faßte; und daß er auch nun nach dem vollendeten Spaziergange in eine solche Stube wieder zurückkehren würde, wo er gleichsam hingebannt, und wo der eigentliche Fleck seines Daseins wäre; so brachte dies bei ihm zuerst eine sonderbare *demütigende* Empfindung hervor, als sei nun sein Schicksal, unter diesem unendlichen verwirrten Haufen sich einander durchkreuzender, menschlicher Schicksale gleichsam *verloren,* und werde dadurch klein und *unbedeutend* gemacht. – Dann erhoben aber auch eben diese *Lichter in den einzelnen Stuben* in den Häusern am Walle, zuweilen seinen Geist wieder, wenn er einen Überblick des Ganzen daraus schöpfte, und sich aus seiner eigenen kleinen einengenden Sphäre, wodurch er sich unter allen diesen im Leben unbemerkten und unausgezeichneten Bewohnern der Erde mitverlor, herausdachte, und sich ein besonderes ausgezeichnetes Schicksal prophezeite, wovon die süße Vorstellung, indem er dann mit *schnellen* Schritten vorwärts ging, ihn aufs neue mit Hoffnung und Mut belebte.

Eine Reihe erleuchteter Wohnzimmer in einem *fremden* ihm unbekannten Hause, wo er sich eine Anzahl Familien dachte, von deren Leben und Schicksalen er eben so wenig, als sie von den seinigen wußte, hat nachher beständig sonderbare Empfindungen in ihm erweckt – *die Eingeschränktheit des einzelnen Menschen ward ihm anschaulich.*

Er fühlte die Wahrheit: man ist unter so vielen Tausenden, die sind und gewesen sind, nur einer.

Sich in das ganze Sein und Wesen eines andern hineindenken zu können, war oft sein Wunsch – wenn er so auf der Straße zuweilen dicht neben einem ganz fremden Menschen herging – so wurde ihm der Gedanke der *Fremdheit* dieses Menschen, der gänzlichen *Unbewußtheit* des einen von dem Namen und Schicksalen des andern, so lebhaft, daß er sich, so dicht es der Wohlstand erlaubte, an einen solchen Menschen andrängte, um auf einen Augenblick in seine Atmo-

sphäre zu kommen, und zu versuchen, ob er die Scheidewand nicht durchdringen könnte, welche die Erinnerungen
und Gedanken dieses fremden Menschen von den seinigen
trennte. –

Noch eine Empfindung aus den Jahren seiner Kindheit ist
vielleicht nicht unschicklich hier heran gezogen zu werden –
er dachte sich damals zuweilen, wenn er andere Eltern, als
die seinigen hätte, und die seinigen ihn nun nichts angingen,
sondern ihm ganz gleichgültig wären. – – Über den Gedanken vergoß er oft kindische Tränen – seine Eltern mochten
sein, wie sie wollten, so waren sie ihm doch die liebsten –
und er hätte sie nicht gegen die vornehmsten und gütigsten
vertauscht. – Aber zugleich kam ihm auch schon damals das
sonderbare Gefühl von dem *Verlieren unter der Menge,* und daß
es noch so unzählig viele Eltern mit Kindern, außer den
seinigen gab, worunter sich diese wieder verloren – –

So oft er sich nachher in einem *Gedränge* von Menschen
befunden hat, ist eben dies Gefühl der *Kleinheit, Einzelnheit,*
und fast dem *Nichts gleichen Unbedeutsamkeit* in ihm erwacht – – Wie viel ist des mir gleichen Stoffes hier! welch
eine Menge von dieser *Menschenmasse,* aus welcher Staaten
und Kriegesheere, so wie aus Baumstämmen Häuser und
Türme gebauet werden! –

Das waren ohngefähr die Gedanken, die damals ein dunkles Gefühl in ihm hervorbrachten, weil er sie nicht in Worte
einzukleiden, und sie sich nicht deutlich zu machen wußte.

Einmal da vier Missetäter auf dem Rabensteine vor H . . .
geköpft wurden, ging er unter der Menge von Menschen mit
hinaus, und sahe nun vier darunter, welche aus der Zahl der
übrigen ausgetilget und zerstückt werden sollten. – Dies
kam ihm so klein, so unbedeutend vor, da der ihn umgebenden *Menschenmasse* noch so viel war – als ob ein Baum im
Walde umgehauen, oder ein Ochse gefällt werden sollte. –
Und da nun die Stücken dieser hingerichteten Menschen auf
das Rad hinaufgewunden wurden, und er sich selbst, und die
um ihn her stehenden Menschen eben so *zerstückbar* dachte – so wurde ihm der Mensch so nichtswert und unbedeu-

tend, daß er sein Schicksal und alles in dem Gedanken von
tierischer *Zerstückbarkeit* begrub – und sogar mit einem gewissen Vergnügen wieder zu Hause ging, und seinen *Haarteig*
auf dem Wege verzehrte – denn es war damals gerade sein
schreckliches Vierteljahr, wo er manche Tage bloß von diesem Teige lebte. – Nahrung und Kleidung war ihm gleichgültig, so wie Tod und Leben – ob nun eine solche bewegliche Fleischmasse, deren es eine so ungeheure Anzahl gibt,
auf der Welt mehr umher geht, oder nicht! – Denn er konnte
sich nicht enthalten, sich immer an den Platz der zerstückten
und in Stücken auf das Rad gewundenen hingerichteten
Missetäter zu stellen – und dachte dabei, was schon Salomo
gedacht hat: *Der Mensch ist wie das Vieh; wie das Vieh stirbt, so
stirbt er auch.* –

Wenn er von dieser Zeit an ein Tier schlachten sahe, so
hielt er sich immer in Gedanken damit zusammen – und da
er es bei dem Schlächter auch so oft zu sehen Gelegenheit
hatte, so ging eine ganze Zeitlang sein bloßes Denken dahin – den Unterschied zwischen sich und einem solchen
Tiere, das geschlachtet wird, auszumitteln. – Er stand oft
Stundenlang, und sah so ein Kalb, mit Kopf, Augen, Ohren,
Mund, und Nase, an; und lehnte sich, wie er es bei *fremden
Menschen* machte, so dicht wie möglich an dasselbe an, oft
mit dem törichten Wahn, ob es ihm nicht vielleicht möglich
würde, sich nach und nach in das Wesen eines solchen Tieres
hineinzudenken – es lag ihm alles daran, den Unterschied
zwischen sich und dem Tiere zu wissen – und zuweilen
vergaß er sich bei dem anhaltenden Betrachten desselben so
sehr, daß er wirklich glaubte, auf einen Augenblick die *Art
des Daseins* eines solchen Wesens empfunden zu haben. –
Kurz, wie ihm sein würde, wenn er z. B. ein Hund, der unter
Menschen lebt, oder ein anderes Tier wäre – das beschäftigte
von Kindheit auf schon oft seine Gedanken. – Und da er
sich nun den *Unterschied zwischen Körper und Geist* gedacht
hatte, so war ihm nichts wichtiger, als zugleich irgend einen
wesentlichen Unterschied zwischen sich und dem Tiere aufzufinden, weil er sich sonst nicht überreden konnte, daß das

Tier, welches ihm in seinem Körperbau so ähnlich war, nicht eben so wie er einen Geist haben sollte. –

Und wo blieb nun der Geist nach der Zerstörung und Zerstückelung des Körpers? – Alle die Gedanken von so viel tausend Menschen, die vorher durch die Scheidewand des Körpers bei einem jeden von einander abgesondert waren, und nur durch die Bewegung einiger Teile dieser Scheidewand einander wieder mitgeteilt wurden, schienen ihm nach dem Tode der Menschen in eins zusammen zu fließen – da war nichts mehr, das sie absonderte und von einander trennte – er dachte sich *den übrig gebliebenen und in der Luft herumfliegenden Verstand eines Menschen, der bald in seiner Vorstellungskraft zerflatterte.* –

Und dann schien ihm aus der ungeheuren Menschenmasse wieder eine so ungeheure unförmliche *Seelenmasse* zu entstehen – wo er immer nicht einsahe, *warum gerade so viel und nicht mehr und nicht weniger da wären, und weil die Zahl ins Unendliche fortzugehen schien, das einzelne endlich fast so unbedeutend wie nichts wurde.*

Diese *Unbedeutsamkeit,* dies *Verlieren unter der Menge,* war es vorzüglich, was ihm oft sein Dasein lästig machte.

Nun ging er einmal eines Abends traurig und mißmutig auf der Straße umher – es war schon in der Dämmerung, aber doch nicht so dunkel, daß er nicht von einigen Leuten hätte gesehen werden können, deren Anblick ihm unerträglich war, weil er ihnen ein Gegenstand des Spottes und der Verachtung zu sein glaubte. –

Es war eine naßkalte Luft und regnete und schneiete durch einander – seine ganze Kleidung war durchnetzt – plötzlich entstand in ihm das Gefühl, *daß er sich selbst nicht entfliehen konnte.* –

Und mit diesem Gedanken war es, als ob ein Berg auf ihm lag – er strebte sich mit Gewalt darunter empor zu arbeiten, aber es war, als ob die Last *seines Daseins* ihn darnieder drückte –

Daß er einen Tag wie alle Tage mit *sich aufstehen, mit sich schlafen gehen* – bei jedem Schritte sein verhaßtes Selbst mit sich fortschleppen mußte. –

Sein Selbstbewußtsein mit dem Gefühl von *Verächtlichkeit* und *Weggeworfenheit* wurde ihm eben so lästig, wie sein Körper mit dem Gefühl von Nässe und Kälte; und er hätte diesen in dem Augenblick eben so willig und gerne wie seine durchnetzten Kleider abgelegt – hätte ihm damals ein gewünschter Tod aus irgend einem Winkel entgegen gelächelt. –

Daß er nun unabänderlich *er selbst* sein *mußte,* und kein anderer sein *konnte;* daß er in sich selbst eingeengt, und *eingebannt* war – das brachte ihn nach und nach zu einem Grade der Verzweiflung, der ihn an das Ufer des Flusses führte, welcher durch einen Teil der Stadt ging, wo dasselbe mit keinem Geländer versehen war. –

Hier stand er zwischen dem schrecklichsten Lebensüberdruß, und der instinktmäßigen unerklärlichen Begierde fortzuatmen, kämpfend, eine halbe Stunde lang, bis er endlich ermattet, auf einem umgehauenen Baumstamm niedersank, der nicht weit vom Ufer lag. Hier ließ er sich noch eine Weile gleichsam der Natur zum Trotz vom Regen durchnetzen, bis das Gefühl einer fieberhaften Kälte, und das Klappern seiner Zähne ihn wieder zu sich selbst brachte, und ihm zufälliger Weise einfiel, daß er den Abend bei seinem Wirt dem Fleischer, frische Wurst zu *essen* bekommen würde – und daß die Stube sehr warm *geheizt* sein würde. – Diese ganz sinnlichen und tierischen Vorstellungen frischten die Lebenslust in ihm aufs neue wieder an – er vergaß sich, so wie er sich nach der Hinrichtung der Missetäter vergessen hatte, ganz als Mensch, und kehrte in seinen Gesinnungen und Empfindungen als *Tier* wieder heim. –

Als *Tier* wünschte er fortzuleben; als Mensch war ihm jeder Augenblick der Fortdauer seines Daseins unerträglich gewesen.

Allein wie er sich schon so oft aus seiner wirklichen Welt in die Bücherwelt gerettet hatte, wenn es aufs äußerste kam, so fügte es sich auch diesmal, daß er sich gerade vom Bücherantiquarius die Wielandsche Übersetzung vom Schakespear liehe – und welch eine neue Welt eröffnete sich nun auf einmal wieder für seine Denk- und Empfindungskraft! –

Hier war mehr als alles, was er bisher gedacht, gelesen und empfunden hatte. – Er las *Makbeth, Hamlet, Lear,* und fühlte seinen Geist unwiderstehlich mit emporgerissen – jede Stunde seines Lebens, wo er den Schakespear las, ward ihm unschätzbar. – Im Shakespear lebte, dachte und träumte er nun, wo er ging und stund – und seine größte Begierde war, das alles, was er beim Lesen desselben empfand, mitzuteilen – und der nächste, dem er es mitteilen konnte, und welcher Gefühl dafür hatte, war sein Freund Philipp Reiser, der in einer abgelegenen Gegend der Stadt wohnte, wo er sich eine neue Werkstätte angelegt hatte, und Klaviere zimmerte, – dabei sang er noch immer im Chore mit, aber nicht in dem, worin sich Anton Reiser befand. – Sie waren also durch ihre äußern Verhältnisse eine lange Zeit, ohngeachtet ihrer ersten vertrauten Freundschaft, von einander getrennt worden. –

Nun aber, da Anton Reiser seinen Shakespear unmöglich für sich allein genießen konnte, so wußte er zu keinem bessern damit zu eilen, als zu seinem romantischen Freunde. –

Diesem nun ein ganzes Stück aus dem Shakespear vorzulesen, und auf alle dessen Empfindungen und Äußerungen dabei mit Wohlgefallen zu merken, war die größte Wonne, welche Reiser in seinem Leben genossen hatte. –

Sie widmeten ganze Nächte zu dieser Lektüre, wo Philipp Reiser den Wirt machte, um Mitternacht Kaffee kochte, und Holz im Ofen nachlegte – dann saßen sie beide bei einer kleinen Lampe an einem Tischchen – und Philipp Reiser hatte sich mit langem Halse herübergebeugt, so wie Anton Reiser weiter las, und die schwellende Leidenschaft mit dem wachsenden Interesse der Handlung stieg. –

Diese *Shakespearnächte* gehörten zu den angenehmsten Erinnerungen in Reisers Leben. – Aber wenn auch durch irgend etwas sein Geist gebildet wurde, so war es durch diese Lektüre, wogegen alles, was er sonst dramatisches gelesen hatte, gänzlich in Schatten gesetzt und verdunkelt wurde. Selbst über seine äußern Verhältnisse lernte er sich auf eine edlere Art hinwegsetzen – selbst bei seiner Melancholie nahm seine Phantasie einen höhern Schwung. –

Durch den Shakespear war er die Welt der menschlichen
Leidenschaften hindurch geführt – der enge Kreis seines
idealischen Daseins hatte sich erweitert – er lebte nicht mehr
so einzeln und unbedeutend, daß er sich unter der Menge
verlor – denn er hatte die Empfindungen Tausender beim
Lesen des Shakespear mit durchempfunden. –

Nachdem er den Shakespear, und so wie er ihn gelesen
hatte, war er schon kein gemeiner und alltäglicher Mensch
mehr – es dauerte auch nun nicht lange, so arbeitete sich sein
Geist unter allen seinen äußern drückenden Verhältnissen,
unter allem Spott und Verachtung, worunter er vorher erlag,
empor – wie der Verfolg dieser Geschichte zeigen wird. –

Die Monologen des Hamlet hefteten sein Augenmerk zuerst auf das *Ganze* des menschlichen Lebens – er dachte sich
nicht mehr allein, wenn er sich gequält, gedrückt, und eingeengt fühlte; er fing an, dies als das allgemeine Los der
Menschheit zu betrachten. –

Daher wurden seine Klagen edler als vorher – die Lektüre
von Youngs Nachtgedanken hatte dies zwar auch schon gewissermaßen bewirkt, aber durch den Shakespear wurden
auch Youngs Nachtgedanken verdrängt – der Shakespear
knüpfte zwischen Philipp Reisern und Anton Reisern das
lose Band der Freundschaft fester. – Anton Reiser bedurfte
jemanden, an den er alle seine Gedanken und Empfindungen richten konnte, und auf wen sollte wohl eher seine Wahl
gefallen sein, als auf denjenigen, der einmal seinen angebeteten Shakespear mit durchempfunden hatte! –

Das Bedürfnis, seine Gedanken und Empfindungen mitzuteilen, brachte ihn auf den Einfall, sich wieder eine Art
von Tagebuch zu machen, worin er aber nicht sowohl seine
äußern geringfügigen Begebenheiten, wie ehemals, sondern
die innere Geschichte seines Geistes aufzeichnen, und das,
was er aufzeichnete, in Form eines Briefes an seinen Freund
richten wollte. –

Dieser sollte denn wiederum an ihn schreiben, und dies
sollte für beide eine wechselseitige Übung im Stil werden. –
Diese Übung bildete Anton Reisern zuerst zum Schriftstel-

ler; er fing an, ein unbeschreibliches Vergnügen daran zu
empfinden, Gedanken, die er für sich gedacht hatte, nun in
anpassende Worte einzukleiden, um sie seinem Freunde mitteilen zu können – so entstanden ihm unter den Händen
eine Anzahl kleiner Aufsätze, deren er sich zum Teil auch in 5
reifern Jahren nicht hätte schämen dürfen. –

Die Übung war zwar einseitig, denn Philipp Reiser blieb
mit seinen Aufsätzen zurück – aber Anton Reiser hatte doch
nun jemanden, dem er Gefühl und Geschmack zutrauete,
dessen Beifall oder Tadel ihm nicht gleichgültig war, und *an* 10
den er denken konnte, so oft er etwas niederschrieb. –

Nun war es sonderbar; wenn er im Anfang etwas niederschreiben wollte, so kamen ihm immer die Worte in die
Feder: *was ist mein Dasein, was mein Leben?* Diese Worte standen daher auch auf mehreren kleinen Stückchen Papiere, die 15
er hatte beschreiben wollen, und dann, wenn es nicht ging,
wieder wegwarf. –

Seine *dunkle* Vorstellung vom Leben und Dasein, das wie
ein Abgrund vor ihm lag, drängte sich immer zuerst in seiner
Seele empor – er fühlte sich gedrungen, erst diesen wich- 20
tigsten Punkt seiner Zweifel und Besorgnisse zu berichtigen,
ehe er irgend etwas anders zum Gegenstande seines Denkens machte. – Es war also sehr natürlich, daß ihm, wider
seinen Willen, diese Worte immer wieder in die Feder kamen, wenn er sich bemühte, Gedanken niederzuschrei- 25
ben. –

Endlich *arbeitete sich denn doch der Ausdruck durch die Gedan-*
ken durch – und das erste, was ihm in ziemlich passende
Worte einzukleiden gelang, war etwas metaphysisches über
Ichheit und *Selbstbewußtsein.* – 30

Denn da er nun weiter denken, und Gedanken niederschreiben wollte, so lag ihm natürlicher Weise nichts näher,
als dies: er wollte erst mit sich selbst gleichsam in Richtigkeit
sein, ehe er zu etwas anderm schritte. –

Nun fing er an, den Begriff des *Individuums* zu verfolgen, 35
der ihm schon seit einigen Jahren, da er zuerst etwas von
Logik gehört hatte, vorzüglich wichtig geworden war, – und

da er nun endlich auf den höchsten Grad des Bestimmtseins von allen Seiten, und des *vollkommen sich selbst gleich seins* stieß – so war es ihm nach einigem Nachdenken, *als ob er sich selbst entschwunden wäre – und sich erst in der Reihe seiner Erinne-* *rungen an das Vergangene wieder suchen müßte.* – Er fühlte, daß sich das Dasein nur an der Kette dieser ununterbrochnen Erinnerungen festhielt. –

Die wahre Existenz schien ihm nur auf das eigentliche *Individuum* begrenzt zu sein – und außer einem *ewig unverän-* *derlichen, alles mit einem Blick umfassenden Wesen,* konnte er sich kein wahres Individuum denken. –

Am Ende seiner Untersuchungen dünkte ihm sein eignes Dasein, eine *bloße Täuschung,* eine *abstrakte Idee* – ein Zusammenfassen der Ähnlichkeiten, die jeder folgende Moment in seinem Leben mit dem entschwundenen hatte. – Durch diese Begriffe von seiner eignen Eingeschränktheit, veredelten sich seine Begriffe von der Gottheit – er fing an, nun in diesem großen Begriffe, sein eignes Dasein zu fühlen, das ihm ohnedem unter den Händen zu verschwinden, ohne Zweck, abgerissen, und zerstückt zu sein schien. – –

Aus diesen Reflexionen bildete sich der erste schriftliche Aufsatz, den er entwarf, und dem er die Form eines Briefes an seinen Freund gab, mit welchem er sich über diese Materie oft zu unterreden pflegte, und der ihn wenigstens immer zu verstehen schien. – –

Dabei dauerten seine Kopfschmerzen immer fort – allein er gewöhnte sich zuletzt so daran, daß ihm sein Zustand ordentlich gefährlich oder *unnatürlich* vorkam, wenn er einen Tag einmal keine Kopfschmerzen hatte. –

Seine Zusammenkünfte mit Philipp Reisern wurden nun immer häufiger – und er erhielt unvermuteter Weise zu diesem noch einen Freund; dies war der Sohn des Kantors, Namens W..., einer seiner Mitschüler, gegen dessen Miene und Gesichtsbildung er fast immer eine Art von Antipathie gehegt, und sich zugleich von ihm verachtet geglaubt hatte. –

Dieser wußte von seinem Vater, daß Anton Reiser einmal

Verse gemacht hatte, und weil er nun selbst für jemanden ein
Gedicht auf einen Geburtstag zu machen versprochen hatte,
so suchte er Reisern auf, und bat ihn um die Verfertigung
dieses Gedichts, das er selbst auszuarbeiten nicht Lust oder
Zeit hatte. – Dies war für Reisern die erste Veranlassung,
seine ganz vernachlässigte Poesie wieder hervorzusuchen. –

Das kleine Gedicht gelang ihm nicht übel – W... besuchte ihn von der Zeit an öfter, und versprach ihm einstmals,
daß er ihm die Bekanntschaft eines merkwürdigen Mannes
verschaffen wolle, der übrigens ganz im Dunkeln lebe, und
nichts weiter, als ein *Essigbrauer* sei – Reiser war sehr begierig
auf diese Bekanntschaft – es zog sich aber noch eine ganze
Weile damit hin. –

Durch die Verse, welche ihm für W... gelungen waren,
war seine schlummernde Neigung für die Poesie wieder aufgeweckt – allein seine Trägheit zog ihn zu der harmonischen
Prosa zurück, wozu sich sein Ohr durch die wiederholte
Lektüre der vortrefflichen Ebertschen Übersetzung von
Youngs Nachtgedanken gewöhnt hatte – und nun fehlte es
nur an einer äußern Veranlassung, die seiner Einbildungskraft einen ungewöhnlichen Schwung zu geben vermochte. –

Diese Veranlassung ereignete sich an einem trüben und
regnigten Sonntagnachmittage – wo er im Chore sang – er
hatte erst mit W... gesprochen, und dieser erkundigte sich
unter andern nach seiner Lektüre, und wunderte sich, daß er
ihn beständig lesend getroffen habe. – Reiser antwortete
ihm, das sei ja noch das einzige, wodurch er sich wegen der
Verachtung, der er so allgemein in der Schule und im Chore
ausgesetzt wäre, einigermaßen schadlos halten könnte. –

Durch dies Gespräch mit W..., da er in kurzem seine
Situation überdachte, war sein Herz einmal lebhaften Eindrücken geöffnet worden – und nun fügte es sich gerade,
daß eben der V..., mit dem er einst nebst G... den sterbenden Sokrates aufgeführt hatte, ihn zum Gegenstande
seines groben Witzes machte, und durch allerlei Anspielungen ihn bei seinen Mitschülern wieder lächerlich zu machen

suchte, die denn auch bald mit einstimmten, so daß Reiser
fast eine halbe Stunde lang das Ziel ihrer witzigen Einfälle
war. –

Er sagte auf alles dies kein Wort, und kränkte sich, indem
er einsam vor sich weg ging, innerlich darüber; und ob er
sich gleich bemühte, seine Kränkung in Verachtung zu verwandeln, so wollte es ihm doch nicht recht damit gelingen;
bis er sich endlich unvermerkt in eine bittere menschenfeindliche Laune hinein phantasierte, die durch nichts, als
das Andenken an seinen Philipp Reiser wieder gemildert
wurde. – Da nun auch der Vorsatz, seine Empfindungen und
Gedanken an ihn niederzuschreiben, herrschend geworden
war, so behielt derselbe auch diesmal selbst über seinen
Verdruß und seine Kränkung zuletzt die Oberhand; er suchte sich das Kränkende, was er empfunden hatte, und noch
empfand, in Worte einzukleiden, um es seiner Einbildungskraft desto lebhafter vorstellen zu können. – Und ehe das
Chorsingen noch geendigt war, war auch schon der Aufsatz,
den er zu Hause niederschreiben wollte, unter allen Geräusch und Spott und Hohngelächter, das ihn umgab, völlig
vollendet – und die Freude darüber erhob ihn gewissermaßen über sich selbst und seinen eigenen Kummer. – Sobald
er zu Hause kam, schrieb er mit einer sonderbaren gemisch-
ten wehmütigen Empfindung, voll Schmerz über seinen Zustand, und voll Freude, daß es ihm gelungen war, durch die
Sprache ein lebhaftes Bild von seinem Zustande zu entwerfen, folgende Worte nieder:

An R...

Wie traurig ist doch das Dasein der Menschen – und dieses
nichtige Dasein, machen wir uns noch selbst einander unerträglich, statt daß wir durch vertrauliche Geselligkeit uns
in dieser Wüste des Lebens einander unsre Last erleichtern
sollten. – –

Ist es nicht genug, daß wir im beständigen Wahn und
Irrtum, wie in einem bezauberten Lande herumirren?

Müssen uns auch noch Ungeheuer anschreien? – Muß

auch noch ein boshafter Satyr uns mit seinem Hohngelächter die Seele durchbohren?

Wie öde, wie traurig ist hier alles um mich her! – Und ich muß verlassen und einsam hier herumirren – keine Stütze, kein Führer! –

Wohl mir! einen Haufen erblick' ich dort; Menschen, mir gleich, auch diese Wüste durchirrend –

»O nehmt mich auf, Freunde, nehmt mich auf, daß ich mit euch diese Wüste durchziehe; und sie wird mir zur grünenden Aue werden!«

Sie nehmen mich auf – wohl mir! – –

Weh mir! – was seh ich? – Sind das noch die Menschen, meine Brüder? –

Ach, ihre Larve fällt ab – und Teufel sinds – und zur Hölle wird mir nun die Wüste –

Ich fliehe, und ihr Hohngelächter heulet mir nach – –

»So habt ihr mich betrogen, menschliche Larven? – Ha, keine Larve soll mich wieder betrügen! – Nun sei mir willkommen Nacht, und du Einsamkeit, und du, schwärzeste Melancholei. – Alle ihr lachenden Scherze, und alle ihr tobenden Freuden, Larven des Todes, seid auf ewig von mir verbannt!« –

So ging ich, und dachte, und finsterer Gram erfüllte meine Seele –

Als plötzlich ein Jüngling vor mir stand – den Freund verkündigte sein Blick – Empfindung sprach sein sanftes Auge – schleunig wollt' ich entfliehn – aber er faßte so vertraulich meine Hand – und ich blieb stehn – er umarmte mich, ich ihn – unsre Seelen flossen zusammen –

Und um uns ward's Elysium. –

Reiser hätte wirklich kein wahreres Bild als dieses von seinem damaligen Zustande entwerfen können – in allem, was er sagte, war nichts Übertriebenes – denn die Menschen, mit denen er *zunächst* durchs Leben ging, wurden wirklich für ihn quälende Geister – und zu den anschreienden Ungeheuern gehörte vorzüglich V..., dessen grober und doch bos-

hafter Witz Reisern den Sonntagnachmittag bis tief in die
Seele gekränkt hatte, da dieser V... *doch sonst immer von ihm ein
Freund hatte sein wollen* — wenigstens war er, und der Landes-
verwiesene G... noch die einzigen, die nach der Aufführ-
rung der Komödie mit Reisern umgingen, weil sie mit ihm
ein gleiches Schicksal des Hasses und der Verachtung aller
ihrer Mitschüler teilten — und selbst dieser V... stellte sich
nun mit auf die Seite derer, welchen Reiser ein Gegenstand
des Spottes war — und veranlaßte diesen Spott sogar durch
seine groben Witzeleien, womit er sich auf Reisers Kosten
lustig machte. — Dies alles vereinigte sich nun, ihn in die
menschenfeindliche Laune zu versetzen, worin er den vorhergehenden Aufsatz entwarf. — Durch das Andenken an
Philipp Reisern, und weil doch auch der Sohn des Kantors,
sein ehemaliger Feind, anfing sein Freund zu werden, mil-
derte dies schon seine bittere Laune so weit, daß er am
Schluß seines Aufsatzes einlenkte, und den sanftern Empfindungen wieder Gehör gab. —

Auf die Weise hatte er nun in seinem Tagebuche schon
verschiedene kleine Aufsätze an seinen Freund entworfen,
als der Frühling wieder heran kam, und zu Ostern die gewöhnliche öffentliche Schulprüfung gehalten wurde, wobei
er denn auch erschien. —

Aber wie sehr wurde sein Mut niedergeschlagen, da er
sich gegen die übrigen betrachtete, und sich gerade *unter allen*
am schlechtesten gekleidet sahe — er saß da, wie verloren; auf
ihn wurde gar keine Rücksicht genommen — keine einzige
Frage an ihn getan. —

Den Vormittag hielt er es aus — aber als er den Nachmittag
wieder hinging, und sich aufs neue unter dem ihn umgebenden Haufen wie verloren sahe — konnte er es nicht länger
aushalten — er ging wieder fort, ehe noch die Prüfung anging. —

Und nun eilte er gerade zum Tore hinaus — es war ein
trüber neblichter Himmel — und ging auf ein kleines Wäldchen zu, das nicht weit von H... liegt. —

Sobald er aus dem Gewühle der Stadt war, und die Türme

von H... hinter sich sah, bemächtigten sich seiner tausend
abwechselnde Empfindungen. – Alles stellte sich ihm auf
einmal aus einem andern Gesichtspunkte dar – er fühlte sich
aus alle den *kleinlichen* Verhältnissen, die ihn in jener Stadt
mit den vier Türmen, einengten, quälten, und drückten, auf 5
einmal in die große offene Natur versetzt, und atmete wieder freier – sein Stolz und Selbstgefühl strebte empor – sein
Blick schärfte sich auf das, was hinter ihm lag, und faßte es
in einem kleinen Umfange zusammen. –

Er sahe da die Priester mit ihren schwarzen Mänteln und 10
Kragen die Treppe hinaufsteigen, und seine Mitschüler versammlet, und Prämien unter sie austeilen, und dann *wie ein
jeder wieder nach Hause ging,* und sich alles so im Cirkel drehte –
und in dem Umfange der Stadt, die nun hinter ihm lag, und
von der er sich immer weiter entfernte, alles das sich durch- 15
kreuzende Gewimmel. – Alles schien ihm da, so *dicht, so klein
in einander zu laufen,* wie der zusammengedrängte Haufen
Häuser, den er noch in der Ferne sahe – und nun dachte er
sich hier auf dem freien Felde die Stille, und daß ihn niemand bemerkte, niemand ihm eine hämische Miene mach- 20
te – und dort das lärmende Gewühl, das Rasseln der Wagen,
denen er aus dem Wege gehn mußte, die Blicke der Menschen, die er scheute – das alles malte sich in seiner Einbildungskraft im Kleinen, und erweckte ein wunderbares
Gefühl in ihm, wie am Abend der Tag sich von der Däm- 25
merung scheidet, und die eine Hälfte des Himmels noch
vom Abendrot erhellt ist, indes die andere schon im Dunkel
ruht. –

Er fühlte ungewöhnliche Kraft in seiner Seele, sich über
alles das hinwegzusetzen, was ihn darnieder drückte – denn 30
wie klein war der Umfang, der alle das Gewirre umschloß, in
welches seine Besorgnisse und Bekümmernisse verflochten
waren, und vor ihm lag die große Welt. –

Aber dann kehrte wieder das wehmütige Gefühl zurück:
wo sollte er nun in dieser großen *öden* Welt festen Fuß fassen, 35
da er sich aus allen Verhältnissen herausgedrängt sahe? – Da
wo auf einem kleinen Fleck der Erde die menschlichen
Schicksale zusammenlaufen, war er nichts, gar nichts! –

Ihm fiel ein, daß verdrängt zu werden von Kindheit an sein Schicksal gewesen war – wenn er bei irgend etwas zusehen wollte, wobei es darauf ankam, sich hinzuzudrängen, so war jeder andere dreister wie er, und drängte sich ihm vor – er glaubte, es sollte etwa einmal eine Lücke entstehen, wo er, ohne jemanden vor sich hinwegzudrängen, sich in die *Reihe* mit einfügen könnte – aber es entstand keine solche Lücke – und er zog sich von selbst zurück, und sahe nun in der Ferne dem Gedränge zu, indem er einsam da stand. –

Und wenn er nun so einsam da stand, so gab ihm der Gedanke, daß er dem Gedränge nun so *ruhig zusehen* konnte, ohne sich selbst hinein zu mischen, schon einigen Ersatz für die Entbehrung desjenigen, was er nun nicht zu sehen bekam – *allein* fühlte er sich edler und ausgezeichneter, als unter jenem Gewimmel verloren. – Sein Stolz, der sich emporarbeitete, siegte über den Verdruß, den er zuerst empfand – daß er an den Haufen sich nicht anschließen konnte, drängte ihn in sich selbst zurück – und veredelte und erhob seine Gedanken und Empfindungen. –

Dies war nun auch der Fall bei dem einsamen Spaziergange an dem trüben und regnigten Nachmittage, wo er den hämischen Blicken seiner versammleten Mitschüler, und der gänzlichen Vernachlässigung und dem unerträglichen *Nichtbemerktwerden,* das ihm bevorstand, entfloh, indem er aus dem Tore von H... dem einsamen Walde zueilte. –

Dieser einsame Spaziergang entwickelte auf einmal mehr Empfindungen in seiner Seele, und trug mehr zur eigentlichen Bildung seines Geistes bei – als alle Schulstunden, die er je gehabt hatte, zusammengenommen. –

Dieser einsame Spaziergang war es, welcher Reisers Selbstgefühl erhöhte, seinen Gesichtskreis erweiterte, und ihm eine anschauliche Vorstellung von seinem eignen wahren, isolierten Dasein gab; das bei ihm auf eine Zeitlang an keine Verhältnisse mehr geknüpft war, sondern in sich und für sich selbst bestand. –

Indem er einen Blick auf das Ganze des menschlichen Lebens warf, *lernte er zuerst das Große im Leben von dessen Detail unterscheiden.*

Alles was ihn gekränkt hatte, schien ihm klein, unbedeutend, und nicht der Mühe des Nachdenkens wert. –

Aber nun stiegen andre Zweifel, andre Besorgnisse in seiner Seele auf – die er schon lange bei sich genährt hatte – über den in undurchdringliches Dunkel gehüllten, Ursprung und Zweck, Anfang und Ende seines Daseins – über das Woher und Wohin bei seiner Pilgrimschaft durchs Leben – *die ihm so schwer gemacht wurde, ohne daß er wußte, warum?* – Und was nun endlich aus dem allen kommen sollte. –

Dies erregte in ihm eine tiefe Melancholie. So wie er mühsam über die *dürre Heide* vor dem Walde im gelben Sande fortwanderte, umzog sich der Himmel immer trüber, indes ein feiner Staubregen seine Kleider durchnetzte – als er in den Wald kam, schnitt er sich einen Dornstock, und wanderte weiter fort – da kam er an ein Dorf, und machte sich eben allerlei süße Vorstellungen von dem stillen Frieden, der in diesen ländlichen Hütten herrschte, als er sich in einem der Häuser ein paar Leute, die wahrscheinlich Mann und Frau waren, zanken, und ein Kind schreien hörte. –

Also ist überall Unmut und Mißvergnügen und Unzufriedenheit, wo Menschen sind, dachte er, und setzte seinen Stab weiter fort – Die einsamste Wüste wurde ihm wünschenswert – und da ihn endlich auch in dieser die tödliche Langeweile quälte, so blieb das *Grab* sein letzter Wunsch – und weil er nun nicht einsah, *warum* er sich die Jahre seines Lebens hindurch, in der Welt von allen Seiten hatte müssen drücken, stoßen, und wegdrängen lassen, so zweifelte er endlich an einer vernünftigen Ursach seines Daseins – sein Dasein schien ihm ein Werk des schrecklichen blinden Ohngefährs. –

Es wurde früher wie gewöhnlich Abend, weil der Himmel trübe war, und es stärker anfing zu regnen – und da er zu Hause wieder anlangte, war es schon völlig dunkel – er setzte sich bei seiner Lampe nieder, und schrieb an Philipp Reisern:

»Vom Regen durchnetzt und von Kälte erstarrt kehr' ich nun zu dir zurück, und wo nicht zu dir – zum Tode – denn

seit diesem Nachmittage ist mir die Last des Lebens, wovon
ich keinen Zweck sehe, unerträglich. – Deine Freundschaft
ist die Stütze, an der ich mich noch festhalte, wenn ich nicht
unaufhaltsam in dem überwiegenden Wunsche der Vernichtung meines Wesens versinken will.«

Und nun erwachte auf einmal wieder der Gedanke, *sich den
Beifall seines Freundes durch den Ausdruck seiner Empfindungen* zu
erwerben. – Dies war gleichsam die neue Stütze, woran sich
seine Lebenslust wieder festhielt – und da den Nachmittag
alle seine Empfindungen so äußerst stark und lebhaft gewesen waren, so wurde es ihm nicht schwer, sie wieder zurückzurufen – Er hub also an:

> Dir Freund, will ich mein Leiden klagen,
> O könnten dir es Worte sagen:
> Ich weiß, du fühltest meinen Schmerz –
> Mich kränkt nicht hoffnungslose Liebe,
> Nicht kränkten unerfüllte Triebe
> Nach Ehr und Gold mein Herz. –

Dieser Anfang bezog sich zum Teil auf Philipp Reisers verliebte Launen, womit ihn dieser oft quälte, indem er ihm alle
die allmählichen Fortschritte erzählte, die er in der Gunst
seines Mädchens getan hatte, – und seine Hoffnungen und
Aussichten, die sich alle auf die Erreichung der Gegengunst
seines Mädchens beschränkten. – Wofür nun Anton Reiser
gar keinen Sinn hatte, dem es nie eingefallen war, sich die
Liebe eines Mädchens zu erwerben, weil er es für ganz unmöglich hielt, daß ihm bei seiner schlechten Kleidung, und
bei der allgemeinen Verachtung, der er ausgesetzt war, je ein
solcher Versuch gelingen würde. –

Denn so wie er die Verachtung, welche auf seinen Geist
fiel, gleichsam mit zu sich selber rechnete, so rechnete er
auch die schlechte Kleidung mit zu seinem Körper, der ihm
denn eben so wenig liebenswürdig, als sein Verstand ach-
tungswürdig vorkam. – Kurz, es war ihm der ungereimteste
Gedanke von der Welt, daß er je von einem Frauenzimmer
geliebt werden sollte. – Denn von den Helden, die in den
Romanen und Komödien, die er gelesen hatte, von Frauen-

zimmern geliebt wurden, machte er sich ein so hohes Ideal,
das er nie zu erreichen im Stande zu sein glaubte. – Die
eigentlichen Liebesgeschichten waren ihm daher auch
höchstlangweilig, und am langweiligsten die Erzählungen
von den Liebesabenteuern, womit ihn sein Freund Philipp
Reiser unterhielt, und die er manche Stunde bloß aus Gefälligkeit für ihn anhörte. –

Übrigens fielen diese Erzählungen seines Freundes immer sehr ins Romanhafte. – Die ganze Prozedur vom ersten
freundschaftlichen Händedruck bis zur eigentlichen wechselseitigen Liebeserklärung, mit allen Zweifeln, Besorgnissen, und allmählichen Fortschritten, die dazwischen liegen,
ging ihren vorgeschriebenen Gang, wie in den Romanen –
und was nun Anton Reiser in den Romanen gänzlich über-
geschlagen, oder doch nur flüchtig durchgelesen hatte, das
mußte er sich jetzt von seinem Freunde der Länge nach
erzählen lassen. –

Der Gedanke, daß ihn z. B. nicht hoffnungslose Liebe,
sondern ganz andre Dinge kränkten, war also der natürlichste Eingang zu dem Gedicht an Philipp Reisern.

Seine Zweifel und Besorgnisse wegen seines ängstlichen
zwecklosen Daseins waren es, die ihn niederdrückten, und
er fuhr fort:

> Die Qual, die meine Seele fühlet,
> Die mörderisch im Herzen wühlet,
> Verbannet jede andre Pein –
> Wer gab, in Tiefen hinzuschauen,
> Um selbst mein Elend mir zu bauen,
> Mir doch den tollen Vorwitz ein?

> Grundlose Tiefen, die den Blicken
> Nur Nacht und Graun entgegen schicken,
> Und lohnen mit Melancholei –
> Sie kömmt, daß auf dem ehrnen Throne
> Sie nun in meiner Seele wohne,
> Und rufet ihr Gefolg' herbei. –

Nun kam das Gefolge: die Sorgen, der Gram:

> Ihm folgt, den Tod in ihren Blicken,
> Verzweiflung, ihre Köcher schicken
> Die letzten Pfeile auf mich ab. –

5 Nun sank die Melodie der auf einander folgenden Empfindungen wieder in sanftes Mitleid mit sich selber zurück.

> Ja, jede Lust muß ich nun meiden,
> Mir blühen nicht des Lenzes Freuden, u. s. w.

Hievon erhob sich der Gang der Ideen zu allgemeinen Be-
10 trachtungen über das Leben, die sich aber zuletzt wieder in eben den schrecklichen Zweifeln endigten, von welchen die Melodie ausgegangen war:

> Mein Pfad geht über dürre Heide,
> Hier flieht mich höhnend jede Freude,
15 > Und läßt nur Ekel mir zurück.

> Ich wandre – doch wohin ich reise?
> Woher? – das sage mir der Weise,
> Der mehr als ich mich selber kennt –
> Mein Dasein – das sich kaum entschwinget
20 > Dem Augenblick, der es verschlinget,
> Und bang nach seinem Ziele rennt;
> Wem soll ich dieses Dasein danken?
> Wer setzt' ihm diese engen Schranken?
> Aus welchem Chaos stiegs empor?
25 > In welche greuelvolle Nächte,
> Sinkt's – wenn des Schicksals ehrne Rechte
> Mir winket zu des Todes Tor? – –

Dies Gedicht floß gleichsam aus seiner Seele – Selbst der Reim und das Versmaß machte ihm nur wenige Schwierig-
30 keit, und er schrieb es in weniger als einer Stunde nieder. –

Nachher fing er bald an, Gedichte zu machen, bloß um Gedichte zu machen, und dies gelang ihm nie so gut. –

Aber der Frühling und Sommer des Jahres 1775 verfloß ihm nun ganz poetisch. – Die angenehmen Shakespearnächte, welche er im Winter mit Philipp Reisern zugebracht hatte, wurden nun durch noch angenehmere Morgenspaziergänge verdrängt. –

Nicht weit von H..., wo der Fluß einen künstlichen Wasserfall bildet, ist ein kleines Gehölz, welches man nicht leicht irgendwo angenehmer und einladender finden kann. –

Hierher wurden Wallfahrten noch vor Sonnenaufgang angestellt – die beiden Wanderer nahmen sich ihr Frühstück mit, und wenn sie nun im Walde angelangt waren, so beraubten sie eine Menge Baumstämme ihres Mooses, und bereiteten sich einen weichen Sitz, worauf sie sich lagerten, und wenn sie ihr Frühstück verzehrt hatten, sich einander wechselsweise vorlasen. – Hierzu wurden besonders Kleists Gedichte ausgewählt, die sie bei dieser Gelegenheit beinahe auswendig lernten.

Wenn sie dann am andern Tage wieder hinkamen, so suchten sie im ganzen Wäldchen erst ihren gestrigen Platz wieder, und fanden sich nun hier *wie zu Hause* in der großen freien Natur, welches ihnen eine ganz besondere herzerhebende Empfindung war. – Alles in diesem großen Umkreise um sie her, gehörte ihren Augen, ihren Ohren, und ihrem Gefühl – das junge Grüne der Bäume, der Gesang der Vögel und der kühle Morgenduft.

Wenn sie dann wieder heimkehrten, so ging Philipp Reiser in seine Werkstatt, und machte Klaviere, indes Anton Reiser die Schule besuchte, wo nun größtenteils schon eine ganz andere Generation seiner Mitschüler war, so daß er auch hier mit leichterm Herzen hingehen konnte. –

In manchen Stunden suchte dann Anton Reiser auch seine geliebte *Einsamkeit* wieder, ob er nun gleich einen Freund hatte – und wenn irgend ein schöner Nachmittag war, so hatte er sich auf einer Wiese vor H... längst dem Flusse ein Plätzchen ausgesucht, wo ein kleiner klarer Bach über Kiesel

rollte, der sich zuletzt in den vorbeigehenden Fluß ergoß. –
Dies Plätzchen war ihm nun, weil er es immer wieder besuchte, auch gleichsam eine *Heimat* in der großen ihn umgebenden Natur geworden; und er fühlte sich auch *wie zu*
Hause, wenn er hier saß, und war doch durch keine Wände
und Mauern eingeschränkt, sondern hatte den freien ungehemmten Genuß von allem, was ihn umgab. – Dies Plätzchen besuchte er nie, ohne seinen Horaz oder Virgil in der
Tasche zu haben. – Hier las er Blandusiens Quell, und wie
die eilende Flut

        Obliquo laborat trepidare rivo,

Von hier sahe er die Sonne untergehen, und betrachtete die
sich verlängernden Schatten der Bäume. – An diesem Bache
verträumte er manche glückliche Stunde seines Lebens –
Und hier besuchte ihn auch zuweilen die Muse, oder vielmehr, er suchte sie – Denn er bemühte sich jetzt, ein großes
Gedicht zu Stande zu bringen, und weil er diesmal bloß
dichten wollte, um zu dichten, so gelang es ihm nicht, wie
vorher; der Wunsch, ein Gedicht zu machen, war diesmal
eher bei ihm da, als der Gegenstand, den er besingen wollte,
woraus gemeiniglich nicht viel Gutes zu folgen pflegt. –

Die Gedanken waren diesmal gesucht, oder gemein –
man sahe, was er schrieb, hatte *sollen* ein Gedicht werden –
Indes schimmerte auch durch diese schlechten Verse allenthalben seine schwermütige Laune durch – jedes lachende
und angenehme Bild war gleichsam mit einem Flor überzo-
gen – Die Blätter färbten sich nur mit jungem Grün, *um*
wieder zu verwelken – Der Himmel war nur heiter, *um sich wieder*
zu trüben. –

Philipp Reiser erteilte diesem Gedichte seinen Beifall
nicht; und doch hatte Anton Reiser, bei jedem Reime, den er
mühsam hersetzte, darauf gerechnet. – Aber sein Freund
war ein strenger und unparteiischer Richter, der nicht leicht
einen matten Gedanken, einen gesuchten Reim, oder ein
Flickwort ungeahndet ließ. – Besonders machte er sich über
eine Stelle in Anton Reisers Gedicht lustig, die hieß:

So wechselt Lust und Schmerz im ganzen Leben ab,
Und selbst das Leben sinkt ins stille kühle Grab –

Philipp Reiser konnte nicht aufhören, über diese Stelle, die
er in einem komischen Tone deklamierte, seinen Witz spielen zu lassen. – Er nannte seinen Freund *seinen lieben Hans*
Sachs – und machte ihm mehr dergleichen Lobsprüche, die
eben nicht allzuaufmunternd waren. – Indes ließ er ihn doch
nicht ganz sinken – sondern hob einige erträgliche Stellen
aus dem Gedicht heraus, denen er denn seinen Beifall nicht
ganz versagte. –

Durch eine solche wechselseitige Mitteilung und fruchtbare Kritik, wurde nun das Band zwischen diesen beiden
Freunden immer fester geknüpft, und Anton Reisers Streben, er mochte Verse oder Prosa niederschreiben, ging unablässig dahin, sich den Beifall seines Freundes zu erwerben. –

Damals ereignete sich nun ein Vorfall, der Anton Reisers
Herzen eben nicht viel Ehre zu machen scheint, ob er
gleichwohl in der Natur der menschlichen Seele gegründet
ist. –

Der Sohn des Pastor M..., welcher während der Zeit die
Universität bezogen hatte, und von dort schwindsüchtig
wieder zurückgekommen war, wurde, nachdem man alle
möglichen Mittel vergeblich angewandt, von den Ärzten
aufgegeben, die in diesem Frühjahr seinen Tod als gewiß
prophezeiten; und Reisers erste Gedanken, da er dies hörte,
waren, wie er auf diesen Vorfall ein Gedicht machen wollte,
das ihm Ruhm und Beifall und auch vielleicht die Gunst des
Pastor M... wieder zuwege brächte. Kurz, *er hatte das Gedicht*
schon acht Tage vorher angefangen, ehe der junge M... starb. –

Statt nun, daß er dies Gedicht hätte machen sollen, weil er
über diesen Vorfall betrübt war, suchte er sich vielmehr
selbst in eine Art von Betrübnis zu versetzen, um auf diesen
Vorfall ein Gedicht machen zu können. – Die Dichtkunst
machte ihn also diesmal wirklich zum *Heuchler.* –

Allein der junge M... hatte sich auch die letzte Zeit um

Reisern eben nicht viel bekümmert, und sich seiner gegen die Spöttereien und Beleidigungen seiner Mitschüler nicht angenommen – sondern, so wie es zuweilen kam, wohl selbst mit eingestimmt. – Daß Reisern also sein Gedicht auf den jungen M... mehr am Herzen lag, als der junge M... selbst, war wohl sehr natürlich, obgleich es wieder nicht zu billigen war, daß er Empfindungen *log,* die er nicht hatte – er war auch dabei nicht ganz einig mit sich selber, sondern sein Gewissen machte ihm häufige Vorwürfe, die er denn dadurch übertäubte, daß er sich selbst zu überreden suchte, er empfinde *wirklich* eine solche Wehmut über den frühen Tod des jungen M..., der in der Blüte seiner Jahre allen Hoffnungen und Aussichten auf die Zukunft dieses Lebens entrissen ward. –

Weil nun dies Gedicht im Grunde Heuchelei war, so gelang es ihm auch wiederum nicht, und erhielt auch den Beifall seines Freundes nicht, der fast an jeder Zeile etwas zu tadeln fand – auch der Pastor M..., dem er das Gedicht überreichen ließ, nahm keine besondere Rücksicht darauf, und er erreichte also seinen Zweck dadurch gar nicht. –

Aber es ereignete sich bald darauf ein Vorfall, der ihm Veranlassung gab, sich auf eine weniger affektierte Art in poetische Begeisterung zu versetzen. Es fügte sich nehmlich im Anfang des Sommers, daß ein junger Mensch von neunzehn Jahren, der ansehnliches Vermögen besaß, und ein sehr guter Freund von Philipp Reisern war, beim Baden im Flusse ertrank. –

Philipp Reiser trug bei dieser Gelegenheit seinem Freunde auf, daß er auf diesen Vorfall ein Gedicht, so gut es nur in seinen Kräften stünde, verfertigen sollte – er wollte es drukken lassen, und wenn es auch nicht gedruckt würde, so würde es doch immer, wenn es gut geriete, als ein Produkt des Geistes schätzbar sein.

Dieser Auftrag von seinem Freunde machte Anton Reisers ganzen Ehrgeiz rege; er suchte sich den Vorfall so lebhaft, wie möglich, vors Auge zu bringen, und nachdem er anderthalb Tagelang Ausdruck gegen Ausdruck abgewogen,

und seine Seelenkräfte angestrengt hatte, um sich den Beifall
seines Freundes zu verdienen, waren ihm am Ende folgende
Strophen gelungen:

Wenn seufzend unterm Druck schwer auf ihm ruh'nder
                                        Jahre   5
Ein frommer Greis erblaßt, wird Wehmut unser Herz;
Doch legt ein rascher Tod den Jüngling auf die Bahre,
Der kaum zu blüh'n begann – so wird die Wehmut
                                        Schmerz.

Der braunen Nacht entstieg der schönste   10
                                        Sommermorgen
Und ruhig atmete noch früh des Jünglings Brust –
Ein sanfter Schlaf verscheucht rund um ihn her die
                                        Sorgen,
Bis ihn Aurora weckt zu einem Tag voll Lust.   15

Er sahe diesen Tag – und tausend frohen Tagen
Sah er entgegen noch voll starker Zuversicht –
Nicht bange Ahndungen, die seinen Tod ihm sagen,
Beklemmen seine Brust, die nur von Freuden spricht –

Am heitern Himmel glänzt die unumwölkte Sonne,   20
Dem Jüngling freundlich zu und winkt ihn auf die Flur –
Da strahlte um ihn her in hoher stiller Wonne
Und ernst in ihrer Pracht die feiernde Natur.

Doch welch ein Schatten bebt dort durch den goldnen
                                        Schimmer? –   25
Und immer näher bebt's? – o Jüngling, zieh zurück
Den allzukühnen Fuß – zu spät! – Welch ein
                                        Gewimmer! –
Ach Gott! – den Jüngling trifft sein trauriges Geschick.

Es lauerte der Tod auf ihn in stillen Fluten,   30
Und über seinen Raub rauscht er nun stolz dahin –

Des Jünglings Freunde sehn's, und ihre Herzen bluten,
Sie fühlen den Verlust, und klagen laut um ihn.

Doch, welch ein Wonnetod, wo solche Zähren fließen,
Wo sanft ein Auge weint, aus dem der Himmel lacht –
O selig, wenn nun einst sich meine Augen schließen,
Wenn dann auch um mich hier die Freundschaft zärtlich
klagt!

Das letztere bezog sich auf den Umstand, daß ein junges
schönes Frauenzimmer, die eine nahe Anverwandtin von
dem Ertrunkenen war, und mit deren Bruder sich dieser
eben gebadet hatte, auf die erhaltene Nachricht von dem
unglücklichen Vorfall, sogleich aus der Stadt herbeieilte, und
bei der Menge Menschen, die am Flusse standen, ihre Tränen
nicht verbarg, welches Anton Reiser mit Rührung bemerkte,
so daß er den Toten fast beneidet hätte, um den solche
Tränen flossen. –

Reiser war nehmlich auch in der Absicht sich zu baden an
den Fluß gegangen, und eben da er hinkam war der junge
Mensch ertrunken, dessen Gefährte sich noch nicht einmal
wieder angekleidet hatte; er sahe darauf die gleichgültigen
und bei der Sache uninteressierten Zuschauer sich allmählich versammlen, sahe den Körper des jungen Menschen,
den er selbst durch Philipp Reisern sehr gut gekannt hatte,
herausziehen, und alle Mittel, ihn wieder zum Leben zu
bringen, vergeblich anwenden, – dies alles machte einen so
lebhaften Eindruck auf ihn, daß das Gedicht, welches er auf
diesen Vorfall verfertigte, eine gewisse *Wahrheit* im Ausdruck
erhielt, und sich dadurch von dem Gedicht auf den Tod des
jungen M... sehr merklich unterschied.

Dies Gedicht fand nun, einige Härten ausgenommen,
Philipp Reisers Beifall wieder, welches für Anton Reisern so
aufmunternd war, daß er nun auch ohne Veranlassung,
durch eigne Aufsätze in Prosa und in Versen, sich seines
Freundes Beifall zu erwerben suchte. –

Allein die Aufsätze und Gedichte ohne eigentliche Ver-

anlassung, wollten ihm nie recht gelingen – er quälte sich
vierzehn Tage lang mit einem Gegenstande, den er sich zu
besingen vorgenommen hatte; dies war eine Gegeneinan-
derstellung des Weltmanns, dessen Hoffnung sich mit diesem
Leben endigt, und des Christen, der eine frohe Aussicht auf   5
die Zukunft jenseits des Grabes hat. – Diese Idee war ein
Überbleibsel seiner Lektüre von Youngs Nachtgedanken,
und da ihm der Gegenstand, worüber er Verse machen wollte,
gleichgültig war, indem er keine besondre Veranlassung zum
Dichten, als seine Neigung und das Streben nach dem Beifall   10
seines Freundes hatte, so drängte sich ihm das Resultat seiner
Lektüre von Youngs Nachtgedanken am ersten auf, dem er
noch eine ziemlich vernünftige Wendung gab, indem er seinen Christen alle erlaubten Freuden des Weltmanns genießen
ließ, und ihm dennoch den Vorteil einer frohen Aussicht in   15
die Ewigkeit dazu gab, so daß er gegen den Weltmann auf
allen Seiten gewinnen mußte. – Aus dieser zwar richtigen aber
zu *gesuchten* und gekünstelten Idee entstand denn folgendes
zweite Gedicht, das wiederum Reisers Beifall nicht erhielt, und
womit er auch selbst, ohngeachtet der Mühe, die es ihm   20
gekostet hatte, nie zufrieden war:

Der Weltmann und der Christ.

Einst gingen über Blumenwiesen
Ein Christ und Weltmann einen Pfad:
Hier, wo der Freude Bäche fließen,   25
Ward jeder süßer Freuden satt.

Der Weltmann nutzte klug sein Leben,
Er hielts für seine Ewigkeit –
Nie konnte sich sein Geist erheben,
Bis über sich und Welt und Zeit.   30

Mit Klugheit nutzt' er jede Freude,
Die die Natur umsonst ihm bot:

Ihm lacht die Flur im Blumenkleide,
Ihm glänzet früh das Morgenrot –

Vor diesen edlern Erdenfreuden
Verschloß auch nicht der Christ die Brust,
5   Und, nicht geboren nur zu Leiden,
Genoß auch er des Weltmanns Lust.

Nur mit dem kleinen Unterscheide:
Der Freude Anfang war ihm da,
Wo jener seiner kurzen Freude,
10   Furchtbarem End' entgegen sah. –

Dieser Sommer war also für Anton Reiser ein recht poetischer Sommer. – Seine Lektüre mit dem Eindruck, den die
schöne Natur damals auf ihn machte, zusammengenommen, tat eine wunderbare Wirkung auf seine Seele; alles
15   erschien ihm in einem romantischen bezaubernden Lichte,
wohin sein Fuß trat. –
    Aber ohngeachtet seines genauen Umganges mit Reisern
liebte er dennoch vorzüglich die einsamen Spaziergänge. –
Nun war vor dem neuen Tore in H..., der Gang auf der
20   Wiese, längst dem Flusse, nach dem Wasserfall zu, besonders einladend für seine romantischen Ideen.
    Die feierliche Stille, welche in der Mittagsstunde auf die-
ser Wiese herrschte; die einzelnen hie und da zerstreuten
hohen Eichbäume, welche mitten im Sonnenschein, so wie
25   sie *einsam* standen, ihren Schatten auf das Grüne der Wiese
hinwarfen. – Ein kleines Gebüsch, in welchem man versteckt das Rauschen des Wasserfalls in der Nähe hörte – am
jenseitigen Ufer des Flusses, der angenehme Wald, in welchem er mit Reisern des Morgens in der Frühe spazieren
30   gegangen war – in der Ferne weidende Herden; und die Stadt
mit ihren vier Türmen, und dem umgebenden mit Bäumen
bepflanzten Walle, wie ein Bild in einem optischen Kasten. –
Dies zusammengenommen versetzte ihn allemal in jene
wunderbare Empfindung, die man hat, so oft es einem leb-

haft wird, daß man in diesem Augenblick nun gerade an diesem Orte, und an keinem andern ist; daß dies nun unsere wirkliche Welt ist, an die wir so oft als an eine bloße idealische Sache denken. –

Es fällt einem ein, daß man sich bei der Lektüre von Romanen immer wunderbarere Vorstellungen von den Gegenden und Örtern gemacht hat, je weiter man sie sich entfernt dachte. Und nun denkt man sich, mit allen großen und kleinen Gegenständen, die einen jetzt umgeben, z. B. in Vorstellung eines Einwohners von Pecking – dem dies alles nun eben so fremd, so wunderbar deuchten müßte – und die uns umgebende wirkliche Welt bekommt durch diese Idee einen ungewohnten Schimmer, der sie uns eben so fremd und wunderbar darstellt, als ob wir in dem Augenblick tausend Meilen gereist wären, um diesen Anblick zu haben. – Das Gefühl der *Ausdehnung* und *Einschränkung* unsers Wesens drängt sich in einen Moment zusammen, und aus der vermischten Empfindung, welche dadurch erzeugt wird, entsteht eben die sonderbare Art von Wehmut, die sich unserer in solchen Augenblicken bemächtigt. –

Reiser fing schon damals an, über dergleichen Erscheinungen bei sich selber nachzudenken, und zu untersuchen, wie die Gegenstände solche Eindrücke auf ihn machen könnten – allein die Eindrücke selbst waren noch zu lebhaft, als daß er kaltblütige Reflexionen darüber hätte anstellen können – auch war seine Denkkraft noch nicht geübt und nicht stark genug, sich die aufsteigenden Bilder der Phantasie gehörig unterzuordnen – dazu kam eine gewisse Trägheit und Hinsinken in der Behaglichkeit des Genusses, wodurch ebenfalls seine Reflexionen wieder gehemmt wurden. –

Demohngeachtet aber hatte er schon seit dem vorigen Sommer im Sinn gehabt, einen Aufsatz über die Liebe zum Romanhaften zu schreiben, und diesen in das H...sche Magazin einrücken zu lassen – er sammlete hiezu beständig Ideen, und hatte genug Gelegenheit, sie zu sammlen, weil seine eigene Erfahrung sie ihm täglich an die Hand gab. – Allein mit dem ganzen Aufsatze kam er doch nicht zu Stande.

Auch konnte er damals nicht begreifen, warum die einzelnen auf der Wiese hin und her zerstreuten hohen Bäume mit ihrem Schatten in der Mittagssonne einen so wunderbaren Eindruck auf ihn machten – er fiel nicht darauf, daß eben der *einsame* Stand derselben in *großen* und *unregelmäßigen* Zwischenräumen, der Gegend das majestätische feierliche Ansehn gab, wodurch sein Herz immer so gerührt wurde. – Diese einsamen Bäume machten ihm seine eigne Einsamkeit, indem er unter ihnen umherwandelte, gleichsam heilig und ehrwürdig – so oft er unter diesen Bäumen ging, lenkten sich seine Gedanken auf erhabene Gegenstände, seine Schritte wurden langsamer, sein Haupt gesenkt, und sein ganzes Wesen ernster und feierlicher – dann verlor er sich in dem naheliegenden niedrigen Gebüsch, und setzte sich in den Schatten eines Gesträuchs, wo er denn beim Geräusch des nahen Wasserfalls sich entweder in angenehmen Phantasien wiegte, oder las. –

Es ging auf die Weise fast kein Tag hin, wo seine Phantasie nicht mit neuen Bildern aus der wirklichen sowohl als aus der idealischen Welt genährt worden wäre. –

Zu diesem allen kam nun noch, daß gerade in diesem Jahre *die Leiden des jungen Werthers* erschienen waren, welche nun zum Teil in alle seine damaligen Ideen und Empfindungen von *Einsamkeit, Naturgenuß, patriarchalischer Lebensart, daß das Leben ein Traum sei,* u. s. w. eingriffen. –

Er bekam sie im Anfange des Sommers durch Philipp Reisern in die Hände, und von der Zeit an, blieben sie seine beständige Lektüre, und kamen nicht aus seiner Tasche. – Alle die Empfindungen, die er an dem trüben Nachmittage auf seinem einsamen Spaziergange gehabt hatte, und welche das Gedicht an Philipp Reisern veranlaßten, wurden dadurch wieder lebhaft in seiner Seele. – Er fand hier seine Idee vom *Nahen* und *Fernen* wieder, die er in seinen Aufsatz über die Liebe zum Romanhaften bringen wollte – seine Betrachtungen über Leben und Dasein fand er hier fortgesetzt – *»Wer kann sagen, das ist, da alles mit Wetterschnelle vorbeiflieht?«* – Das war eben der Gedanke, der ihm schon so lange seine eigne Existenz wie Täuschung, Traum, und Blendwerk vorgemalt hatte. –

Was aber nun die eigentlichen Leiden Werthers anbetraf, so hatte er dafür keinen rechten Sinn. – Die Teilnehmung an den Leiden der Liebe kostete ihm einigen Zwang – er mußte sich mit Gewalt in diese Situation zu versetzen suchen, wenn sie ihn rühren sollte, – denn ein Mensch der liebte und geliebt ward, schien ihm ein fremdes ganz von ihm verschiedenes Wesen zu sein, weil es ihm unmöglich fiel, sich selbst jemals, als einen Gegenstand der Liebe von einem Frauenzimmer zu denken. – Wenn Werther von seiner Liebe sprach, so war ihm nicht viel anders dabei, als wenn ihn Philipp Reiser von den allmählichen Fortschritten, die er in der Gunst seines Mädchens getan hatte, oft Stundenlang unterhielt. –

Aber die allgemeinen Betrachtungen über Leben und Dasein, über das Gaukelspiel menschlicher Bestrebungen, über das zwecklose Gewühl auf Erden; die dem Papier lebendig eingehauchten echten Schilderungen einzelner Naturszenen, und die Gedanken über Menschenschicksal und Menschenbestimmung waren es, welche vorzüglich Reisers Herz anzogen. –

Die Stelle, wo Werther das Leben mit einem Marionettenspiel vergleicht, wo die Puppen am Draht gezogen werden, und er selbst auf die Art mit spielt oder vielmehr mit gespielt wird, seinen Nachbar bei der hölzernen Hand ergreift, und zurückschaudert – erweckte bei Reisern die Erinnerung an ein ähnliches Gefühl, das er oft gehabt hatte, wenn er jemanden die Hand gab. Durch die tägliche Gewohnheit vergißt man am Ende, daß man einen Körper hat, der eben so wohl allen Gesetzen der Zerstörung in der Körperwelt unterworfen ist, als ein Stück Holz, das wir zersägen oder zerschneiden, und daß er sich nach eben den Gesetzen, wie jede andere von Menschen zusammengesetzte körperliche Maschine bewegt. – Diese Zerstörbarkeit und Körperlichkeit unsers Körpers wird uns nur bei gewissen Anlässen lebhaft – und macht daß wir vor uns selbst erschrecken, indem wir plötzlich fühlen, daß wir etwas zu sein glaubten, was wir wirklich nicht sind, und statt dessen etwas sind, was wir zu sein uns fürchten. – Indem man nun einem andern die Hand gibt, und bloß den Körper sieht und berührt, indem man von dessen Gedanken keine Vorstellung hat, so wird dadurch die Idee der Körperlichkeit lebhafter, als sie es bei der Betrachtung unseres eignen Körpers wird, den wir nicht so von den Gedanken, womit wir ihn uns vorstellen, trennen können, und ihn also über diese Gedanken vergessen.

Nichts aber fühlte Reiser lebhafter, als wenn Werther erzählt, daß *sein kaltes freudenloses Dasein neben Lotten in gräßlicher Kälte ihn anpackte.* – Dies war gerade, was Reiser empfand, da er einmal auf der Straße sich selbst zu entfliehen wünschte, und nicht konnte, und auf einmal die ganze Last seines Daseins fühlte, mit der man einen und alle Tage aufstehen und sich niederlegen muß. – Der Gedanke wurde ihm damals ebenfalls unerträglich, und führte ihn mit schnellen Schritten an den Fluß, wo er die unerträgliche Bürde dieses elenden Daseins abwerfen wollte – und wo *seine Uhr auch noch nicht ausgelaufen war.* –

Kurz, Reiser glaubte sich mit allen seinen Gedanken und Empfindungen, bis auf den Punkt der Liebe, im Werther wieder zu finden. – »Laß das Büchlein deinen Freund sein, wenn du aus Geschick oder eigner Schuld keinen nähern finden kannst.« – An diese Worte dachte er, so oft er das Buch aus der Tasche zog – – er glaubte sie auf sich vorzüglich passend. – Denn bei ihm war es, wie er glaubte, teils Geschick, teils eigne Schuld, daß er so verlassen in der Welt war; und so wie mit diesem Buche konnte er sich doch auch selbst mit seinem Freunde nicht unterhalten. –

Fast alle Tage ging er nun bei heiterm Wetter mit seinem Werther in der Tasche den Spaziergang auf der Wiese längst dem Flusse, wo die einzelnen Bäume standen, nach dem kleinen Gebüsch hin, wo er sich *wie zu Hause fand,* und sich unter ein grünes Gesträuch setzte, das über ihm eine Art von Laube bildete – weil er nun *denselben* Platz immer wieder besuchte, so wurde er ihm fast so lieb, wie das Plätzchen am

Bache – und er lebte auf die Weise bei heiterm Wetter mehr
in der offenen Natur, als zu Hause, indem er zuweilen fast
den ganzen Tag so zubrachte, daß er unter dem grünen Gesträuch den Werther, und nachher am Bache den Virgil oder
Horaz las. –

Allein die zu oft wiederholte Lektüre des Werthers brachte seinen Ausdruck sowohl als seine Denkkraft, um vieles
zurück, indem ihm die Wendungen und selbst die Gedanken
in diesem Schriftsteller durch die öftere Wiederholung so
geläufig wurden, daß er sie oft für seine eigenen hielt, und
noch verschiedene Jahre nachher bei den Aufsätzen, die er
entwarf, mit Reminiscenzien aus dem Werther zu kämpfen
hatte, welches der Fall bei mehrern jungen Schriftstellern
gewesen ist, die sich seit der Zeit gebildet haben. – Indes
fühlte er sich durch die Lektüre des Werthers, eben so wie
durch den Shakespear, so oft er ihn las, über alle seine Verhältnisse erhaben; das verstärkte Gefühl seines isolierten
Daseins, indem er sich als ein Wesen dachte, worin Himmel
und Erde sich wie in einem Spiegel darstellt, ließ ihn, stolz
auf seine Menschheit, nicht mehr ein unbedeutendes weggeworfenes Wesen sein, das er sich in den Augen andrer
Menschen schien. – Was Wunder also, daß seine ganze Seele
nach einer Lektüre hing, die ihm, so oft er sie kostete, sich
selber wiedergab! –

Nun fiel auch in diesen Zeitpunkt gerade die neue Dichterepoche, wo Bürger, Hölty, Voß, die Stollberge u. s. w.
auftraten, und ihre Gedichte zuerst in den Musenalmanachen drucken ließen, die damals ihren Anfang genommen
hatten. – Der diesjährige Musenalmanach enthielt vorzüglich vortreffliche Gedichte von Bürger, Hölty, Voß u. s. w.

Die beiden Balladen *Leonore* von *Bürger,* und *Adelstan* von
Hölty, lernte Reiser sogleich auswendig, wie er sie las – und
diese beiden auswendig gelernten Balladen sind ihm nachher auf seinen Wanderungen oft sehr zu statten gekommen.
Schon damals versammlete er öfters in der Dämmerung des
Abends, entweder bei seinem Wirt zu Hause, oder bei seinem Vetter, dem Perukenmacher, einen Cirkel um sich her,

und deklamierte *Leonore* oder *Adelstan* und *Rößchen* – und
teilte auf die Weise mit den Verfassern das Vergnügen des
Genusses von dem Beifall, den ihre Werke erhielten – denn
so gut war er gesinnt, daß er diesen Beifall immer in ihrer
Seele fühlte, und sie sich in denselben Zirkel wünschte. –
Aber seine Verehrung gegen die Verfasser solcher Werke,
wie die *Leiden des jungen Werthers,* und verschiedene Gedichte
im Musenalmanach waren, fing auch nun an, ausschweifend
zu werden – er vergötterte diese Menschen in seinen Gedanken, und würde es schon für eine große Glückseligkeit
gehalten haben, nur einmal ihres Anblicks zu genießen –
Nun lebte Hölty damals in H..., und ein Bruder desselben
war Reisers Mitschüler – und hätte ihn leicht mit dem Dichter bekannt machen können – Aber so weit ging damals
noch Reisers Selbstverkennung, daß er es nicht einmal wagte, Höltys Bruder diesen Wunsch zu entdecken, und sich
selbst mit einer Art von bitterm Trotz dies ihm so naheliegende und so sehr gewünschte Glück versagte – indes
suchte er jede Gelegenheit auf, mit Höltys Bruder zu sprechen, und jede Kleinigkeit, welche dieser ihm von dem
Dichter erzählte, war ihm wichtig – und wie oft beneidete er
diesen jungen Menschen, daß er der Bruder desjenigen war,
welchen Reiser fast unter die Wesen höherer Art zählte; daß
er mit ihm vertraulich umgehn, ihn so oft er wollte sprechen,
und ihn *du* nennen konnte.

Diese ausschweifende Ehrfurcht gegen Dichter und
Schriftsteller nahm nachher mehr zu als ab; er konnte sich
kein größeres Glück denken, als dereinst einmal in diesem
Zirkel Zutritt zu haben – denn er wagte es nicht, sich ein
solches Glück anders, als im Traume vorzuspiegeln. –

Seine Spaziergänge wurden ihm nun immer interessanter;
er ging mit Ideen, die er aus der Lektüre gesammlet hatte,
hinaus, und kehrte mit neuen Ideen, die er aus der Betrachtung der Natur geschöpft hatte, wieder herein – Auch
machte er wieder einige Versuche in der Dichtkunst, die sich
aber immer um allgemeine Begriffe herumdrehten, und sich
wieder zu seiner Spekulation hinneigten, die doch immer
seine Lieblingsbeschäftigung war. –

So ging er einmal auf der Wiese, wo die hin und her
zerstreuten hohen Bäume standen, und seine Ideen stiegen
auf einer Art von Stufenleiter bis zu dem Begriff des Unendlichen empor – Dadurch verwandelte sich seine Spekulation in eine Art von poetischer Begeisterung, wozu sich
denn die Begierde, den *Beifall* seines Freundes zu erhalten,
gesellte – er dachte sich ein Ideal eines Weisen, eines Menschen, der so viel Ideen hat, als einem Sterblichen nur
möglich sind – und der dennoch immer eine *Lücke* in sich
fühlt, die nur durch die Idee vom Unendlichen ausgefüllt
werden kann, und so brachte er dann wieder, mit einigem
Zwang wegen des Ausdrucks, folgendes Gedicht zuwege:

Die Seele des Weisen.

Des Weisen Seel in ihrem Fluge
Erhub sich über Wolken hoch;
Und folgte kühn dem innern Zuge,
Der mächtig himmelan sie zog. –

Sie strebt, das Leere auszufüllen,
Das sie in sich mit Ekel sieht,
Und forscht, um die Begier zu stillen,
Nach Wahrheit, die ihr stets entflieht.

Sie türmt Gedanken auf Gedanken,
Durchschauet kühn der Himmel Heer,
Erschwingt den Weltbau ohne Schranken,
Doch der Gedanke läßt sie leer. –

Sie wagt es nun, sich selbst zu denken,
Sich, die so oft sich selbst entflieht;
Wagt's, in ihr Sein sich zu versenken,
Und sieht, daß sie sich selbst nicht gnügt. –

Da hub sich hoch mit Adlerschwingen
Des Weisen Seele über sich –
Zu dir, den alle Wesen singen,
Und dachte, Gott, Jehovah, dich.

5 Und nun fühlt sie die weite Leere
In sich, erfüllt mit Seligkeit,
Und schwimmt in einem Freudenmeere,
Weil sie sich ihres Gottes freut. –

So wie er nun den Begriff von Gott in ein Gedicht *gezwängt*
10 hatte, suchte er auch den Begriff von der Welt in Verse zu
bringen. – So lief seine ganze Dichtkunst auf *allgemeine Begriffe* hinaus. – Das Detail der Natur in und außer dem
Menschen zu schildern, dahin zog ihn seine Neigung nie –
Seine Einbildungskraft arbeitete beständig, die großen Be-
15 griffe von *Welt, Gott, Leben, Dasein,* u. s. w. die er mit seinem
Verstande zu umfassen gesucht hatte, nun auch in poetische
Bilder zu kleiden – und diese poetischen Bilder selbst waren
immer das *Große* in der Natur, als *Wolken, Meer, Sonne, Gestirne*
u. s. w.
20 Das Gedicht über die Welt, war weit mehr Spekulation als
Gedicht, und wurde daher das Gezwungenste, was man sich
denken kann, es hub sich an:

Der Mensch entschwinget sich dem Staube
Und mit ihm seine Welt –
25 Dem Grabe wird der Mensch zum Raube,
Und mit ihm seine Welt. –

Philipp Reiser tadelte dies Gedicht durchweg, ausgenommen folgenden Vers, den er erträglich fand:

Der häuft sich seine Welt mit Schätzen,
30 Und der mit Lorbeern an;
Und jeder findet sein Ergötzen
Am Spiel, das er ersann. –

Reisers Phantasie lag jetzt mit seiner Denkkraft im Kampfe; sie wollte bei jeder Gelegenheit in das Gebiet derselben eingreifen, und die allerabstraktesten Begriffe wieder in Bilder hüllen – Dies war für Reisern oft ein ängstlicher qualvoller Zustand – und in einem solchen Zustande hatte er das Gedicht über die Welt hervorgebracht, das weder eigentliche Spekulation noch Poesie, sondern ein verunglücktes Mittelding von beiden war.

Da nun eine Zeitlang regnigtes Wetter einfiel, so wich Reiser dennoch nicht von seiner einsamen poetischen Lebensart ab.

Er schloß sich in seine Kammer ein, wo er ein altes baufälliges Klavier, für sich selbst, so gut er konnte, wieder zurecht brachte, und es mit vieler Mühe stimmte – Bei diesem Klaviere saß er nun den ganzen Tag, und lernte, da er die Noten kannte, fast alle Arien aus der Jagd, aus dem Tod Abels u. s. w. für sich selber singen und spielen – dazwischen las er den *Tom Jons von Fielding,* und *Hallers Gedichte* verschiedenemal durch, und brachte einige Wochen in dieser Einsamkeit fast eben so vergnügt zu, als die, wo er in seinem vorigen Logis auf dem Boden Philosophie studierte. – *Hallers* Gedichte konnte er beinahe auswendig.

Hier besuchte ihn Philipp Reiser einmal eines Nachmittags und gab ihm den Auftrag, eine Chorarie zu verfertigen, die er alsdann in Musik setzen wolle. – Dies war für Anton Reisern ein so ehrenvoller und ermunternder Auftrag, daß er sich, sobald er allein war, zum Dichten hinsetzte, und indem er immer einen Akkord auf dem Klavier dazwischen anschlug, in weniger als einer Stunde folgende Verse hervorgebracht hatte:

> Der Herr ist Gott – o falle nieder,
> Und rausche mächtig hohe Lieder
> Dem Ewgen, der dich schuf, Natur!
> Rauscht eures Gottes Lob, ihr Winde,
> Verkündigt es, ihr stillen Gründe,
> Ihr Blumen, duftet's auf der Flur!

– – – – – –

Ihr Wolken donnert ihm zu Ehren,
Seid nicht zu seinem Lobe stumm
Ihr Höhlen und ihr Felsengänge,
Und wiederhallt die Lobgesänge
Zu eures großen Schöpfers Ruhm!

Und was nur lebt und denkt auf Erden,
Das müsse ganz zum Danke werden,
Und loben Gott durch Fröhlichkeit –
So wird dem Schöpfer aller Wesen
Von dem, was er zum Sein erlesen,
Ein ewigtönend Lied geweiht.

Philipp Reiser setzte also diese Verse in Musik und sie wurden nun wirklich im Chore gesungen, ohne daß jemand den Verfasser wußte. – Das neue Stück fand viel Beifall, und jedermann war besonders mit dem Text zufrieden – es schmeichelte auch Anton Reisern nicht wenig, da er seine eignen Worte von seinen Mitschülern, die ihn so verachteten, singen, und sie ihren Beifall darüber bezeigen hörte, – aber er sagte keinem einzigen, daß die Verse von ihm wären – sondern genoß lieber bei sich selbst des stillen Triumphs, den ihm dieser ungesuchte Beifall gewährte –

Seine Gedanken waren es doch, die jetzt zu so oft wiederholten malen, als das neue Stück gesungen wurde, die Aufmerksamkeit einer Anzahl Menschen die sangen, und derer die zuhörten, beschäftigte – wenn irgend etwas fähig ist, der Eitelkeit eines Menschen, der Verse macht, Nahrung zu geben, so ist es, wenn man die Gedanken und Ausdrücke desselben für würdig hält, in Musik gesetzt zu werden. – Jedes Wort scheint dadurch gleichsam einen höhern Wert zu erhalten – und die Empfindung, welche Anton Reisern darüber anwandelte, wenn er seine Arien singen hörte, mag vielleicht bei einem jeden, der einmal sein eigenes Singestück vollstimmig, und bei einer beträchtlichen Anzahl Zuschauer aufführen hörte, sich im Innern seiner Seele geregt haben; auch hat man lebende Beispiele davon, was dergleichen Triumphe für unerhörte Ausbrüche der Eitelkeit bei gewissen Personen veranlaßt haben. –

Anton Reisers Triumph dauerte nicht lange – denn sobald man erfuhr, wer der Verfasser dieser Verse sei, so fand man daran allerlei zu tadeln, und einige von den Chorschülern, welche Kleists Gedichte gelesen hatten, behaupteten gradezu, daß sie aus dem Kleist ausgeschrieben wären. – Nun mochten freilich wohl Reminiszenzien darin sein, aber der letzte Gedanke, von dem *was Gott zum Sein erlesen* habe, drehte sich wieder um Reisers metaphysische Spekulation, in wie fern nur den lebenden und denkenden Geschöpfen eigentliches Dasein zugeschrieben werden könne. – Philipp Reiser war mit diesem Gedichte auch in so weit zufrieden, bis auf die Natur, die *wie eine Dame,* vor Gott niederknien sollte – welches zu gewagte Bild er tadelte. –

Während daß Philipp Reiser also Klaviere machte, um zu leben, beschäftigte sich Anton Reiser damit Verse zu machen, welche jener ihm kritisieren mußte, der selbst nie einen Vers zu machen versucht hatte, und also auch nicht eifersüchtig auf ihn war – vielmehr gab er ihm zuweilen selbst ein Thema zu bearbeiten – wie unter andern einmal, daß er Philipp Reisers Zustand, seine verliebten Leiden, sein Emporarbeiten, und wieder Sinken, in dessen Namen besingen sollte – und ohne daß damals noch an den Mond so viele Seufzer und verliebte Klagen, wie nachher im Siegwart, und unzähligen Liedern, gerichtet waren, hub Reiser seinen Gesang an:

> Was blickest du so mitleidsvoll
> Vom Himmel stiller Mond mich an?
> Weißt du vielleicht den Kummer wohl,
> Den ich nur leise klagen kann? u. s. w.

Und dann in einem der folgenden Verse, in Beziehung auf Reisers Zustand:

> Oft will ich mich erheben
> Und sinke schwer zurück;
> Und fühle dann mit Beben
> Mein trauriges Geschick. –

5 Bei diesem allen versäumte auch Anton Reiser damals seine
öffentlichen Schulstunden nicht, wo der neue Direktor, der
wie schon erwähnt ist, bei ein wenig Pedanterie, doch im
Grunde ein Mann von Geschmack sowohl als Kenntnissen
war, Deklamationsübungen anstellte, die Reisers ganzen
10 Ehrgeiz rege machten. –

Allein derjenige, welcher nun zum Deklamieren öffentlich
auftreten wollte, mußte wenigstens ein gutes Kleid haben,
welches Reisern fehlte, der außer seinem Kleide von bedientenmäßigem grauen Tuche, nichts als einen alten Überrock
15 hatte, und in keinem von beiden wagte er es aufzutreten. –
Seine *schlechte Kleidung* war es also, welche ihm hier aufs neue
im Wege stand, und seinen Mut niederschlug.

Endlich wurde denn doch auch dies Hindernis gehoben,
indem der Prinz wieder so viel für ihn hergab, daß ihm ein
20 gutes Kleid konnte geschafft werden. –

Und nun ging alle sein Denken und Trachten dahin, wie er
ein Gedicht verfertigen wolle, das er für würdig hielt, es
öffentlich zu deklamieren. –

Nun war es gar nicht gewöhnlich, daß irgend jemand ein
25 Gedicht, welches er deklamieren wollte, selbst verfertigte,
sondern ein jeder schrieb sich irgendwo eins aus, und legte
beim Deklamieren das Papier vor sich hin, oder gab es dem
Direktor, welcher nachlas. –

Reiser hatte sich nun aber einmal darauf gesetzt, das Ge-
30 dicht, welches er zuerst deklamieren wollte, selbst verfertigt
zu haben – er war nun nur noch um einen würdigen Stoff
verlegen, vorzüglich wünschte er einen solchen Stoff zu
bearbeiten, wobei sich viel Deklamation anbringen ließe. –

Und da er nun einmal an einem schönen Abend, bei hel-
35 lem Mondschein, ganz voll von diesem Gedanken, um den
Wall spazieren ging, so erinnerte er sich an ein Gedicht,

gegen die Gottesleugner, das er ein paar Jahre vorher, wegen des deklamatorischen Ausdrucks, der darin herrschte, fast auswendig gelernt hatte, das ihm aber in Ansehung der Gedanken jetzt höchst abgeschmackt vorkam – indes wurde dieser Gegenstand ihm in dem Augenblick so lebhaft – daß er noch einmal den Spaziergang um den Wall machte, und während dieser Zeit, sein Gedicht, *der Gottesleugner,* in seinem Kopfe vollendet hatte. –

Seine Gedanken hatten eine eigne Wendung genommen, welche von der alltäglichen in dem Gedichte, das er auswendig wußte, ganz verschieden war. – Er dachte sich den Gottesleugner, als den Sklaven des Sturmwindes, des Donners, der tobenden Elemente, der Krankheit, und der Verwesung, kurz als den Sklaven aller der unvernünftigen leblosen Wesen, die *stärker* sind als er, und die nun seine Herren geworden sind, da er den Geist voll ewger Huld nicht verehren will. – Das *Bedürfnis,* einen Gott zu glauben, erwachte bei dieser Gelegenheit, da er erst bloß damit umging, ein Gedicht zu verfertigen, und zu deklamieren, so mächtig in Reisers Seele, daß er gegen den, der diesen Trost ihm rauben wolle, gleichsam eine Art von gerechter Erbitterung fühlte, und sich in diesem Feuer erhalten konnte, bis sein Gedicht vollendet war, das sich mit der frohen Überzeugung von dem Dasein einer vernünftigen Ursach aller Dinge, welche sind und geschehn, anhub und endigte, und bei aller Unregelmäßigkeit, und dem oftmals Gezwungnen im Ausdruck, doch ein *Ganzes* von Empfindungen ausmachte, welches Reisern bis jetzt hervorzubringen noch nicht gelungen war. – Die Mitteilung dieses Gedichts wird daher in dieser Rücksicht nicht überflüssig sein, wenn es gleich um sein selbst willen keine Aufbewahrung verdiene:

Der Gottesleugner.

Es ist ein Gott – wohl mir! Dem Vater meiner Tage,
Ihm dank' ich mein Geschick – er wog mir jeden Schmerz

Und jede Freude zu – er kennet jede Plage,
Die ich hier leiden soll – drum weine nicht, mein Herz!

Wenn sich der Morgen schön aus brauner Nacht enthüllet,
So töne froh dein Lied dem Ewgen, der ihn schuf!
5 Und wenn sein Donner laut in hohlen Lüften brüllet,
So töne froh dein Lied dem Ewgen, der ihn schuf!

O freue früh und spät dich seiner, meine Seele!
Lob' ihn – denn ein Gedank' an ihn ist Seligkeit,
Und leben ohne Gott, und denken – ist die Hölle,
10 Und jeder Seelenblick ein Quell von ewgem Leid.

Du, der du zweifelst, ob ein Gott im Himmel wohnet,
Tor, o verbanne schnell den Zweifel aus der Brust –
Der dir mit tausend Qual, und mit der Hölle lohnet,
Und denke einen Gott – und fühle Himmelslust!

15 Du kannst, du willst ihn nicht den guten Gott erkennen,
Den Geist voll ewger Huld, zum Herren über dir? –
Wohl! – so erkenne denn die Qualen, die dich brennen,
Der Elemente Wut zu Herren über dir –

Droht dir am Himmel hoch ein schwarzes Donnerwetter,
20 Braust dort das hohle Meer – ruft hier ein offnes Grab –
Dann Frevler, bete an! – denn das sind deine Götter,
Die dir Vernünftigem dein toller Wahnsinn gab!

Und droht die Krankheit dir mit schreckendem Gefieder –
Nagt nun am Herzen dir – Und grinset dann der Tod
25 Des Grabes Schreckenbild dich an – so falle nieder
Vor ihm und bet ihn an – Verwesung ist dein Gott!

Dann sinke in dein Grab – vereine mit dem Staube
Die Seele, die dein Wahn hier in dir selbst begrub –
Und werde, wenn du kannst, dem ewgen Nichts zum Raube,
30 Dir, den zum denkenden Geschöpfe Gott erhub. –

Wer seinen Gott verkennt, dem wird die Welt zur Hölle –
Er selbst ist nur ein Traum, und um ihn her ist Wahn –
Doch denke einen Gott, und schnell wirds um dich helle –
Und deine Seele schwingt sich mächtig himmelan. –

Durch die Empfindungen, welche während der Zeit, daß er
dies Gedicht verfertigte, in ihm abwechselten, war wirklich
seine ganze Seele erschüttert – er bebte vor dem schrecklichen Abgrunde des blinden Ohngefährs, an dessen Rande er
schon stand, mit Schaudern und Entsetzen zurück, und
schmiegte sich gleichsam mit allen seinen Gedanken und
Empfindungen in die tröstende Idee von dem Dasein eines
alles regierenden und lenkenden gütigen Wesens hinein –
  Da nun dies Gedicht auch seines Freundes völligen Beifall fand, so lernte er es auswendig, und den nächsten Tag in
der Woche, da Deklamationsübung war, nahm er sich vor, es
zu deklamieren. – Er erschien hierbei mit seinem neuange-
schafften Kleide, das sich ziemlich gut ausnahm, und das
erste feine Kleid war, welches er in seinem Leben trug – das
war ein nicht unbedeutender Umstand bei ihm. – Das neue
Kleid, wodurch er sich nun seinen Mitschülern, von denen
er so lange durch seine schlechte Kleidung ausgezeichnet
gewesen war, wieder gleich gesetzt sahe, flößte ihm Mut und
Zutrauen zu sich selber ein; und was das sonderbarste war,
so schien es ihm auch mehr Achtung bei andern zu erwerben, die nun erst mit ihm sprachen, da sie sich vorher gar
nicht um ihn bekümmert hatten. –
  Und da er nun vollends in dem Hörsaale, wo er so lange
ein Gegenstand der allgemeinen Verachtung gewesen war,
auf dem Katheder vor seinen versammleten Mitschülern
öffentlich auftrat, um sein von ihm selbst verfertigtes Gedicht zu deklamieren, so erhob sich sein niedergedrückter
Geist zum erstenmale wieder, und es erwachten wieder
Hoffnungen und Aussichten auf die Zukunft in seiner
Seele. –
  Er hatte dem Direktor eine Abschrift von dem Gedichte
zum Nachlesen gegeben, die ihm dieser wieder zurückgab,

ohne daß Reiser in Versuchung geriet, ihm zu sagen, daß er das Gedicht selbst verfertigt habe – er war mit dem innern Bewußtsein davon zufrieden, und es war ihm angenehm, wenn seine Mitschüler sich bei ihm erkundigten, wo das Gedicht, das er deklamiert hätte, stünde, und er ihnen dann irgend einen Dichter nannte, woraus er es abgeschrieben habe. –

Reiser bat sich vom Direktor die Erlaubnis aus, in der künftigen Woche nocheinmal deklamieren zu dürfen, und da er diese erhielt, änderte er das Gedicht an Philipp Reisern

> Dir Freund will ich mein Leiden klagen

etwas um, und gab ihm die Überschrift: *die Melancholie.* – Er ließ dies Gedicht nun anfangen:

> Der Seele Leiden will ich klagen –
> Könnt ihr es, Worte, halb nur sagen,
> O sagt's und lindert meinen Schmerz!

Die letzte Strophe:

> Wem soll ich dieses Dasein danken?
> Wer setzt ihm diese engen Schranken?
> Aus welchem Chaos stiegs empor?
> In welche greuelvolle Nächte,
> Sinkts, wenn des Schicksals ehrne Rechte
> Mir winket zu des Todes Tor?

deklamierte er mit einem wirklichen Pathos, das er in Stimme und Bewegung äußerte, und blieb, nachdem er schon stillgeschwiegen hatte, noch einen Augenblick mit *emporgehobnem* Arm stehen, der gleichsam ein Bild seines fortdaurenden unaufgelösten schrecklichen Zweifels blieb.

Da er nun von dem Direktor die Abschrift seines Gedichts wieder zurückerhielt, gab ihm dieser seinen Beifall mit seiner Deklamation zu erkennen, und sagte zugleich, die beiden Gedichte, welche er deklamieret hätte, wären *sehr gut ausgewählt.* –

Dies war denn doch zu viel für Reisern, als daß er länger der Versuchung hätte widerstehen können, den Direktor wissen zu lassen, daß die Gedichte von ihm selber wären, und den Beifall, der jetzt nur seine Auswahl traf, für seine Arbeit einzuernten.

Indes schwieg er jetzt noch stille, und wartete ein paar Tage, bis er ohnedem zu dem Direktor gehen mußte, um ihm einen lateinischen Aufsatz, den er, so wie seine Mitschüler, wöchentlich zur Übung im Stil verfertigen mußte, zur Durchsicht zu bringen; und bei dieser Gelegenheit überreichte er denn dem Direktor eine Abschrift von den beiden Gedichten, die er deklamiert hatte, und sagte ihm, daß er selbst der Verfasser davon wäre. –

Des Direktors Mienen, der ihn sonst ziemlich gleichgültig angesehen hatte, heiterten sich sichtbar gegen ihn auf, da er dies sagte, und von dem Augenblick an schien dieser Mann sein Freund zu werden – er ließ sich mit ihm in ein Gespräch über die Dichtkunst ein, erkundigte sich nach seiner Lektüre, und Reiser ging mit freudenvollem Herzen über die gute Aufnahme seiner Gedichte zu Hause. –

Den andern Tag verkündigte er Philipp Reisern sein Glück, der sich aufrichtig mit ihm darüber freute, daß man nun einmal aufhören würde, ihn zu verkennen, und nun vielleicht glücklichere Tage auf ihn warteten. –

Nun fügte es sich, daß Reiser in der folgenden Woche am Montag Morgen etwas spät in die erste Lehrstunde kam, welche der Direktor hielt, und in welcher er die lateinischen Aufsätze ohne Nennung der Namen öffentlich zu beurteilen pflegte. – Und da er nun in den Hörsaal trat, hörte er den Anfang seines Gedichts *der Gottesleugner* vom Direktor, der auf dem Katheder saß, ablesen, und Zeile vor Zeile kritisieren. – Reiser konnte erst kaum seinen Ohren trauen, da er dies hörte – sobald er hereintrat, waren aller Augen auf ihn gerichtet – denn diese öffentliche Kritik war die erste in ihrer Art. –

Der Direktor mischte so viel aufmunterndes Lob unter seinen Tadel, und bezeigte über die beiden Gedichte, die Reiser deklamiert hatte, im Ganzen genommen, so sehr seinen Beifall, daß dieser von dem Tage an, die Achtung seiner Mitschüler, deren Spott er so lange gewesen war, erhielt, und auf die Weise eine neue Epoche seines Lebens anfing. –

Sein poetischer Ruhm breitete sich bald in der Stadt aus –

er bekam von allen Seiten Aufträge Gelegenheitsgedichte zu
machen – und seine Mitschüler wollten alle von ihm in der
Poesie unterrichtet sein, und das Geheimnis, wie man Verse
machen könne, von ihm lernen. – Auch wurden dem Direktor nun so viele Verse ins Haus gebracht, daß dieser es
endlich untersagen mußte – auch hat er nachher nie wieder
öffentlich Verse kritisiert. –

Was Reisern am meisten bei der Sache freute, war der
merkliche Fortschritt, den er seit einem Jahre in Ansehung
der Bildung seines Geschmacks getan zu haben glaubte, da
ihm vor einem Jahre das Gedicht an die Gottesleugner, welches er jetzt höchst abgeschmackt fand, noch so sehr gefallen hatte, daß er es der Mühe wert hielt, es auswendig zu
lernen. – Aber in dies Jahr hatte sich auch die Lektüre des
Shakespear, des Werthers, und der vielen vorzüglichen Gedichte in den neuen Musenalmanachen, nebst seinem Studium der Wolfischen Philosophie, zusammengedrängt, wozu noch die Einsamkeit, und der stille ungestörte Naturgenuß kam, wodurch sein Geist zuweilen in einem Tage mehr,
als vorher in ganzen Jahren, an Kultur gewann. – Man fing
nun auch an, wieder auf ihn aufmerksam zu werden, und
diejenigen, welche bisher geglaubt hatten, daß nichts aus
ihm werden würde, fingen nun wieder an zu glauben, daß
doch noch wohl etwas aus ihm werden könnte. –

Bei dieser bessern Wendung seines Schicksals behielt Reiser demohngeachtet noch immer seine schwermütige Laune
bei, woran er nun einmal ein besonderes Behagen fand; und
selbst an dem Tage, da ihm die unerwartete Ehre der öffentlichen Kritik seiner Gedichte widerfahren war, ging er den
Nachmittag einsam und schwermütig, bei dem trüben und
regnigten Wetter in der Stadt umher – und wollte am Abend
zu Philipp Reisern gehen, um diesem sein Glück zu sagen. –
Da er nun hinkam, fand er ihn nicht zu Hause, und alles war
ihm nun so tot, so öde – er konnte sich seines Glücks, die
Achtung der Menschen, die ihn zunächst umgaben, in gewisser Maße gewonnen zu haben, nicht recht freuen, weil er
es seinem Freunde nun nicht hatte erzählen können. –

Und da er nun traurig vor sich hin, wieder nach Hause kehrte, verfolgte er die Idee des Nichtzuhausefindens, des Rückkehrens mit kummerbeladenem Herzen, wenn er seinem Freunde ein Leiden hätte klagen wollen, bis zu dem fürchterlichen Gedanken, daß er ihn tot gefunden habe, und nun verzweiflungsvoll selbst sein Glück verwünschte, weil er das größte Glück des Lebens, einen treuen Freund, verloren hatte. – Daraus bildeten sich denn wieder folgende Verse, die er aufschrieb, als er zu Hause kam –

Ich suchte meinen Freund,
Wollt' ihm sagen meine Leiden
Und fand ihn nicht – –
Da ging ich bekümmert
Mit schwerem Herzen
In meine Hütte zurück – –

Ich suchte meinen Freund,
Wollt' ihm sagen meine Freuden
Und fand ihn nicht –
Da ward ich so traurig,
Als freudig ich vor war,
Und ging und schwieg –

Ich suchte meinen Freund,
Wollt' ihm sagen mein Glück
Und fand ihn tot – –
Da verflucht' ich mein Glück
Und tat einen Schwur
So lange mein Auge noch Tränen weint,
Zu trauren um diesen einen Freund,
Denn diesen einen Freund hatt' ich nur. –

Um diese Zeit machte er nun auch durch den Sohn des Kantors W... eine sehr interessante Bekanntschaft mit dem philosophischen Essigbrauer, womit ihn dieser schon vor einem halben Jahre hatte bekannt machen wollen, und immer nicht dazu gekommen war. –

W... holte ihn also eines Abends ab, und Reiser war
voller Erwartung – unterwegs unterrichtete ihn W..., wie er
sich bei dem Essigbrauer nehmen, daß er nicht guten
Abend, und wenn er wegginge nicht gute Nacht sagen solle. – Dann kamen sie auf der langen Osterstraße, die voller
altfränkischen Häuser ist, durch den großen Torweg über
einen langen Hof in das Brauhaus, wo der Essigbrauer hin-
ten hinaus sein abgesondertes Revier hatte, in welchem die
Fässer in einem großen Verschlage, wo beständig eingeheizt
ist, Reihenweise nebeneinanderstanden, so daß sie eine Art
von langen Gängen bildeten, in welchen man sich verlieren
konnte. – Wenn man hier sprach, so schallte es dumpf wider. – Da nun hier niemand zu sehen war, so fing W... an zu
rufen ubi? – und eine Stimme in der Ferne antwortete hic! –
sie gingen darauf in das eigentliche Brauhaus, dicht neben
dem Revier, wo die Fässer standen, und der Essigbrauer, in
seinem weißen Kamisol, und blauen Schürze, mit aufge-
streiften Armen, stand am Fenster und schrieb – er wäre
gleich fertig, sagte er, darauf gab er an W... ein Papier,
worauf einige lateinische Verse standen, die er so eben für
ihn verfertigt hatte. –

Der Essigbrauer schien Reisern ein Mann von ohngefähr
dreißig Jahren zu sein – in jeder Bewegung seiner Muskeln,
in dem zuckenden Blick seiner Augen, schien sich in sich
selbst zurückgedrängte Kraft zu äußern. – Gleich der erste
Anblick des Essigbrauers flößte Reisern Ehrfurcht ein –
dieser aber schien sich erst gar nicht um ihn zu bekümmern,
sondern sprach mit W... über einige neue Musikalien und
andere Sachen, wobei er kein Wort anders als *plattdeutsch*
sprach, und sich doch dabei so richtig und edel ausdrückte,
daß selbst das gröbste plattdeutsch in seinem Munde einen
gewissen Reiz gewann, der verursachte, daß man mit Vergnügen und Bewunderung, wenn er sprach, an seinen Lippen hing, wie Reiser nachher oft erfahren hat, wenn dieser
Essigbrauer zwischen seinen Fässern Weisheit lehrte. –

Weil es schon ein ziemlich kalter Herbstabend war, so
führte der Essigbrauer seine beiden Gäste in seinen geheiz-

ten Prunksaal, wo die langen Reihen Fässer standen, und wo
er ihnen eine Art von süßem sehr wohlschmeckenden Bier
vorsetzte, wobei denn das Gespräch allgemein wurde; und
da die Rede auf einen gemeinschaftlichen Bekannten, einen
alten Mann fiel, der sehr viel Drollichtes und Sonderbares an   5
sich hatte, fing der Essigbrauer an, den ganzen Charakter
dieses Mannes mit *Sternischer Laune* bis auf das kleinste Detail
zu schildern. – Hernach las er etwas aus dem Tom Jones mit
solchem Ausdruck und einer so wahren und richtigen Deklamation vor, daß Reiser nicht leicht irgendwo eine bessere   10
Unterhaltung gefunden hatte, und dem jungen W... beim
Weggehen sein Vergnügen über diese Bekanntschaft nicht
genug beschreiben konnte. –

Er besuchte von nun an, entweder in W...s Gesellschaft
oder allein den Essigbrauer fast alle Abend, und fand sich   15
hier, wenn sie bei der hangenden Lampe zwischen den Fässern, am warmen Ofen, auf ihren hölzernen Schemeln saßen, und im Tom Jones lasen, oder Charakterschilderungen
machten, so glücklich und vergnügt, als er noch nie, ausgenommen mit Philipp Reisern, gewesen war – allein in dem   20
Umgange mit dem Essigbrauer fühlte er sich allemal erhoben und gestärkt, so oft er bei sich erwog, daß ein Mann von
solchen Kenntnissen und Fähigkeiten sich mit solcher Geduld und Standhaftigkeit der Seele, seinem Schicksale unterwarf, welches ihn von allem Umgange mit der feinern   25
Welt, und von aller Nahrung des Geistes, die ihm daraus
hätte zuströmen können, gänzlich ausschloß. – Und eben
der Gedanke, daß ein solcher Mann so versteckt und in der
Dunkelheit lebte, machte Reisern den Wert desselben noch
auffallender – so wie ein Licht in der Dunkelheit stärker zu   30
leuchten scheint, als wenn sein Glanz sich unter der Menge
andrer Lichter verliert. –

Als Essigbrauer war K..., so hieß er, wirklich ein großer
Mann, das er vielleicht auch als Gelehrter, nur nicht in dem
Maß, gewesen wäre – weil ohne diesen Kampf mit seinem   35
Schicksale, die erhabene duldende Kraft seiner Seele nicht
so hätte geübt werden können. – Es mochte wohl keine

menschenfreundliche Tugend geben, welche ihm in seiner Lage auszuüben möglich war, und die er nicht ausgeübt hätte. –

Von seinem sauererworbenen Verdienst ersparte er immer so viel, daß er einige junge Leute, zu deren Bildung beizutragen die Freude seines Lebens machte, zuweilen des Abends an seinem Tische bewirten, und auch wohl manchmal einen Spaziergang mit ihnen machen konnte, wobei er sich allemal das Vergnügen machte, zu bezahlen, was sie verzehrten. – Auch unterstützte er noch überdem eine arme Familie täglich mit einem Groschen, den er sich von seinem geringen Verdienst abzog – denn er war eigentlich nur Knecht in dieser Brauerei, worin sein Vetter, ein alter abgelebter Greis, für den er die Arbeit mit verrichtete, Meister war. –

W... und Philipp Reiser und der Essigbrauer waren jetzt Reisers vorzüglichster Umgang, wozu noch ein junger Mensch kam, der durch Reisers Beispiel aufgemuntert, ohngeachtet der Armut seiner Eltern, auch den Entschluß gefaßt hatte, zu studieren. – Auch diesen suchte der Essigbrauer durch W... an sich zu ziehen, um zu der Bildung seines Geistes beizutragen. – Seine Unterredungen waren größtenteils wahre sokratische Gespräche, die er oft mit dem feinsten Spott über die kindische Torheit oder Eitelkeit seiner jungen Gesellschafter würzte. –

Da nun der Winter herankam, widerfuhr Reisern eine Aufmunterung, die noch mehr als alles Vorhergehende wieder seinen Mut belebte. – Er erhielt nehmlich vom Direktor den ehrenvollen Auftrag, auf den Geburtstag der Königin von England, welcher im Januar eintraf, eine deutsche Rede zu verfertigen, die er bei dieser Feierlichkeit halten sollte.

Dies war nun das höchste und glänzendste Ziel, wornach ein Zögling dieser Schule nur streben konnte, und wozu nur sehr wenige gelangten: denn gemeiniglich wurden sonst die Reden an des Königes und der Königin Geburtstage nur von jungen Edelleuten gehalten. – Bei dieser Feierlichkeit pflegten der Prinz und die Minister, nebst allen übrigen Honoratioren der Stadt zugegen zu sein — welche einem solchen jungen Menschen, der nun als die Hoffnung des Staats betrachtet wurde, nach geendigter Rede ordentlich Glück wünschten — ein Anblick der Reisern oft niederschlug, wenn er dachte, daß er zu so etwas Glänzendem nie in seinem Leben gelangen würde. —

Und nun fügte es sich so plötzlich, da er noch im Anfange desselben Jahres allgemein verachtet und hintangesetzt war, daß ihm ohne sein Zutun ein so ermunternder Auftrag geschahe, zu dessen Ausführung er nun auch gleich mit dem größten Eifer schritte.

Er nahm sich vor, seine deutsche Rede in Hexametern zu verfertigen: nun hatte ihm der Direktor die *Litteraturbriefe* geliehen, und sie ihm zur sorgfältigsten Lektüre empfohlen — da stieß er denn auch unter andern auf die Rezension, wo Zachariä's Übersetzung von Miltons verlornem Paradiese, wegen der schlechten Hexameter, getadelt, und zugleich über den Bau des Hexameters, seine Einschnitte u. s. w. viel vortreffliches gesagt wird. — Dies faßte Reiser auf, und suchte nun seinen Hexameter mit der größten Sorgfalt auszufeilen. — Manchen Tag kam er kaum mit drei bis vier Versen zu Stande — jeden Abend ging er dann zu Philipp Reisern, und ließ seine Verse noch einmal dessen Kritik passieren, wobei sie denn zusammen alle Bände der *Litteraturbriefe* miteinander durchlasen, und auch in diesem Winter ihre Shakespearnächte wieder erneuerten. —

Im November war Reiser ohngefähr mit der Hälfte seiner Rede fertig und ging damit zum Direktor, um sie ihm zur Kritik zu zeigen. — Dieser bezeigte ihm seinen großen Beifall über seine Arbeit, kündigte ihm aber zugleich an, daß er die Rede nicht öffentlich würde halten können, weil dies verschiedene Kosten erforderte, die Reiser wohl nicht würde aufbringen können. — — Kein Donnerschlag hätte Reisern mehr zu Boden schlagen können, als diese Nachricht — alle seine glänzenden Aussichten, womit er sich während der Verfertigung seiner Rede geschmeichelt hatte, waren auf einmal wieder verschwunden, und er fiel wieder in sein voriges Nichts zurück. – Der Direktor suchte ihn hierüber zu trösten – aber er ging mit schwerem Herzen und melancholischen Gedanken, daß er zur ewigen Dunkelheit bestimmt sei, von dem Direktor weg, und nun fielen ihm die Verse ein, die er für Philipp Reisern gemacht hatte, und die sich jetzt auf seinen Zustand paßten:

> Oft will ich mich erheben
> Und sinke schwer zurück
> Und fühle dann mit Beben
> Mein trauriges Geschick. –

Und als an einem andern Tage im Chore unter andern in einer Arie die Worte gesungen wurden:

> Du strebst, um glücklicher zu werden,
> Und siehst, daß du vergebens strebst –

so deutete er dies ebenfalls auf sich, und kam sich auf einmal wieder so verlassen, so verächtlich, so unbedeutend vor, daß er selbst Philipp Reisern nicht einmal von seinem neuen Kummer etwas sagen mochte, und lieber nicht zu ihm ging, um nicht von seinem Schicksal mit ihm reden zu dürfen, das nun anfing ihm wieder verhaßt zu werden, und der Mühe des Nachdenkens nicht mehr wert zu scheinen. –

Da er sich indes hierüber endlich satt gequält hatte, so dachte er auf ein Mittel, wie er doch noch seinen Zweck erreichen könnte – und dies bot sich ihm, da er nur erst darüber nachdachte, sehr bald dar – er durfte nur zu dem Pastor M... gehen, welcher doch wieder Hoffnung von ihm zu schöpfen angefangen hatte, und durfte diesen nur bitten, ihm bei dem Prinz so viel, als zur Anschaffung eines guten Kleides und übrigens zur Bestreitung der Kosten bei Haltung der Rede erfordert wurde, auszuwirken, worin auch der Pastor M... sogleich willigte, und Reisern schon im Voraus einen guten Erfolg versprach. – Reisers Besorgnisse waren also nun auf einmal wieder gehoben, und er konnte nun die angefangene Rede mit frohem Herzen vollenden, um sie am Geburtstage der Königin zu halten. – Da es nun aber wieder anfing zu frieren, so konnte er oben auf seiner Kammer nicht mehr allein sein, sondern mußte wieder des Abends

unten bei den Wirtsleuten in der Stube sitzen, wo die ein-
quartierten Soldaten nebst dem Wirt ihn mit zu ihren Spielen
nötigten, mit denen sie sich die langen Winterabende ver-
trieben. – Hier verfertigte er nun größtenteils des Nachmittags und des Abends in der Dämmerung, indem er sich mit
dem Kopf an den Ofen legte, seine Rede. – Und nun hatte er
auch ein schönes Mittel gegen seine schwermütige Laune
gefunden; so oft er nehmlich merkte, daß sie anfing, seiner
Herr zu werden, ging er im größten Regen und Schnee des
Abends, wenn es schon dunkel war, aus, und einmal um den
Wall spazieren, und es fehlte ihm niemals, daß sich nicht, so
wie er mit schnellen Schritten vorwärts ging, neue Aussichten und Hoffnungen unvermerkt in seiner Seele entwickelt
hätten, von welchen freilich die glänzendste ihm am nächsten lag. – Bei diesen Spaziergängen um den Wall gelangen
ihm auch die besten Stellen in seiner Rede, und Schwierigkeiten in Ansehung des Versbaues, die ihm oft, wenn er sich
mit dem Kopf am Ofen gelehnt hatte, unüberwindlich
schienen, hoben sich hier wie von selbst. –

Der Wall um H... war von seiner Kindheit an der vorzüglichste Schauplatz seiner angenehmsten Phantasie und
romanhaftesten Ideen gewesen – denn er sahe hier die dicht-
ineinander gebaute Stadt und die ländliche offene Natur, mit
Gärten, Äckern und Wiesen, so nahe aneinandergrenzend,
und doch so außerordentlich verschieden, daß dieser Kontrast einer lebhaften Wirkung auf seine Phantasie nie verfehlen konnte – Dann drängten sich auch in die *Umgehung*
des Ortes, der seine meisten Schicksale gleichsam in seinen
Umfang einschloß, immer tausend dunkle Erinnerungen an
die Vergangenheit in seiner Seele empor, welche mit seiner
gegenwärtigen Lage zusammengehalten, gleichsam mehr
Interesse in sein Leben brachten, – und vorzüglich des
Abends machte der Anblick von den auf den Zimmern hin
und her zerstreuten Lichtern in den dicht an den Wall gren-
zenden Häusern allemal die schon vorherbeschriebene Wirkung auf ihn. –

Seitdem er nun die Verse deklamiert hatte, wurde er fast

von allen seinen Mitschülern *geachtet*. – Das war ihm ganz
etwas Ungewohntes – er hatte in seinem Leben so etwas
noch nicht erfahren – ja er glaubte kaum, daß es möglich sei,
daß man ihn noch *achten* könne – nach allen den bisherigen
Erfahrungen bildete er sich ein, es müsse wohl etwas in
seiner Person oder seinen Mienen liegen, wodurch er vielleicht so lange er lebte lächerlich und ein Gegenstand des
Spottes sein würde. – Diese Empfindung der Achtung erhöhte sein Selbstbewußtsein, und schuf ihn zu einem andern
Wesen um – sein Blick, seine Miene verwandelte sich – sein
Auge wurde kühner – und er konnte, wenn jemand seiner
spotten wollte, ihm jetzt so lange gerade ins Auge sehen, bis
er ihn aus der Fassung brachte. –

Seine ganze äußere Lage änderte sich auch nun auf einmal. – Durch die Verwendung des Rektors und des Pastor
M..., die nun beide wieder die beste Hoffnung von ihm
geschöpft hatten, bekam er bald so viele Unterrichtsstunden, daß ihm eine für seine damaligen Bedürfnisse ziemlich
beträchtliche monatliche Einnahme daraus erwuchs, welche
ihm denn freilich auch eine ganz ungewohnte Sache war,
womit er nicht gehörig umzugehen wußte. –

Keiner seiner reichen und angesehenen Mitschüler
schämte sich nun mehr mit ihm umzugehen, und ihn in
seiner schlechten Wohnung zu besuchen. – Er sahe sich
auch noch in diesem Jahre gedruckt, indem er verschiedene
kleine Neujahrwünsche in Versen für einen Buchdrucker
verfertigte, welcher dergleichen gedruckte Wünsche verkaufte – ob nun gleich sein Name nicht hiebei bemerkt war,
und niemand wußte, daß die Verse von ihm waren, so machte ihm doch der Anblick dieser ersten gedruckten Zeilen von
seiner Hand, ein unbeschreibliches Vergnügen, so oft er sie
ansah. – Und als nun gar einige Tage vorher, ehe die Rede
gehalten wurde, auf einem lateinischen Anschlagbogen sein
Name, nebst den Namen noch zweier seiner Mitschüler von
den angesehensten Eltern, öffentlich gedruckt stand; und er
nun auf diesem Anschlagbogen wirklich *Reiserus* hieß, wie
ihn der vorige Direktor einst genannt hatte; und die Zwi-

schenzeit zwischen jener mündlichen und dieser gedruckten
Benennung *Reiserus,* mit alle dem, was er darin verschuldet
oder unverschuldet gelitten hatte, sich ihm lebhaft darstellte — so preßte ihm dies Tränen der Freude und der Wehmut
aus — denn von dieser plötzlichen Wendung seines Schicksals hatte er sich vor einem Jahre, vor einem halben Jahre
noch nichts träumen lassen. — Dieser lateinische Bogen mit
seinem Namen war nun am schwarzen Brette vor der Schule
und an den Kirchtüren öffentlich angeschlagen, so daß Leute, die vorbeigingen, still standen, um ihn zu lesen. —

Nun war es üblich, daß die jungen Leute, welche bei dergleichen Vorfällen Reden hielten, die Honoratiores der Stadt
selbst einige Tage vorher dazu einladen mußten. — Welch
eine Veränderung, da Reiser, den sonst wegen seiner
schlechten Kleider selbst seine Mitschüler nicht einmal auf
der Straße anzureden oder mit ihm zu gehen würdigten —
nun mit dem Hut unterm Arm und den Degen an der Seite,
ordentlich seine Cour bei dem Prinz machte, und ihn zu der
Feier des Geburtsfestes seiner Schwester, der Königin von
England, einlud — und wie er nun bei diesem Einladungs-
geschäft, sich den vornehmsten Einwohnern der Stadt zeigen konnte, und von allen mit den aufmunterndsten Höf-
lichkeitsbezeigungen aufgenommen ward. —

Er hatte also, ehe er sichs versah, und da er schon gänzlich Verzicht darauf getan hatte, das ehrenvollste Ziel erreicht, nach welchem ein Primaner in H... nur streben
konnte, und welches nur von wenigen erreicht wurde. —

Diese den jungen Leuten selbst übertragene Einladungen
haben wirklich etwas sehr Aufmunterndes und sind in mancher Absicht zur Nachahmung zu empfehlen... — Reiser
ward durch diese Einladungen, während einer Zeit von wenigen Tagen, in eine Welt geführt, die ihm bisher ganz
unbekannt gewesen war — er unterhielt sich mit Ministern,
Räten, Predigern, Gelehrten, kurz, mit Personen aus allerlei
Ständen, die er bisher nur in der Entfernung angestaunt
hatte, Mund gegen Mund; und alle diese Personen ließen
sich mit Höflichkeitsbezeugungen zu ihm herab, und sagten

ihm etwas Angenehmes und Aufmunterndes, so daß Reisers
Selbstgefühl in diesen wenigen Tagen mehr, als vorher in
Jahren gewann. – Er lud auch den Dichter Hölty ein, den er
aber bei dieser Gelegenheit nur wenig kennen lernte; denn
5   Reisers Schüchternheit konnte nur durch eine gewisse Zu-
traulichkeit, die man ihm bewies, gehoben werden, und
diese war Hölty's Sache nicht, der bei der ersten Unterredung mit einem Unbekannten allemal etwas verlegen war. –
Reiser nahm diese Verlegenheit für Verachtung, die ihn de-
10 stomehr kränkte, je größer seine Achtung für Hölty war, und
so wagte er es nicht, ihn wieder zu besuchen. –

Wenn er nun den Tag über seine glänzende Rolle ausgespielt hatte, so ging er des Abends zu seinem Essigbrauer,
wo denn auch Philipp Reiser, und W..., und der andre junge
15 Mensch, den sein Beispiel zum Studieren aufgemuntert hatte, waren, die ihn mit offenen Armen empfingen – und
denen er von seinen Besuchen, und den Personen, die er
kennen gelernt hatte, erzählte – und auf die Weise die Freude
über seinen Zustand mit ihnen teilte. –

20 Die Frau F..., und sein Vetter, der Peruquenmacher, und
alle die Leute, welche ihm Freitische gegeben hatten, be-
wetteiferten sich nun, ihm ihre Freude und Teilnehmung zu
bezeigen. – Seine Eltern, die lange nichts von ihm gehört
und ihre Hoffnung auf ihn schon längst aufgegeben hatten,
25 waren ganz erfreut, da sie diese plötzliche günstige Wendung
seines Schicksals vernahmen, und den lateinischen Anschlagbogen erhielten, worauf der Name ihres Sohnes mit
großen Buchstaben gedruckt stand. –

Bei allen diesem äußern Glanze blieb nun Reiser immer
30 noch in seiner alten Wohnung, wo sein Wirt der Fleischer,
dessen Frau und Magd, und ein paar Soldaten, die dort im
Quartier lagen, seine Stubengesellschaft ausmachten. –

Wenn ihn nun, ohngeachtet dieser schlechten Wohnung,
einer von seinen reichen und angesehenen Mitschülern be-
35 suchte, so machte ihm dies ein geheimes Vergnügen – daß er
auch, ohne ein einladendes Logis oder sonst äußere Vorzüge
zu haben, bloß um sein selbst willen gesucht würde. – Dies

machte, daß er zuweilen auf seine schlechte Wohnung ordentlich stolz war. –

Endlich kam nun der Tag seines Triumphes heran, wo er auf die auffallendste Art, die nur in seiner Lage möglich war, öffentlich Ehre und Beifall einernten sollte – aber eben dies erweckte bei ihm eine ganz besondre schwermütige Empfindung – auf diesen Punkt war nun bisher alle sein Wünschen und Trachten gespannt gewesen – bis auf diesen Punkt heftete sich die Aufmerksamkeit eines großen Teils von Menschen auf ihn – und wenn nun dies vorbei wäre, so sollte das alles nachlassen, und die *ganz alltäglichen Scenen des Lebens sollten dann wieder kommen.* – Dieser Gedanke erweckte in Reisern sehr oft den sonderbaren im Ernst gemeinten Wunsch, daß er am Ende seiner Rede hinfallen und sterben möchte. – Nun fügte es sich, daß gerade an dem Tage, da die Rede gehalten wurde, eine außerordentliche Kälte einfiel, wodurch mancher zurückgehalten wurde, so daß die Anzahl der Zuhörer etwas kleiner wie gewöhnlich, aber die Versammlung doch immer noch glänzend genug war. – Indes kam Reisern an diesem Tage alles so tot, so öde vor; die Phantasie mußte zurücktreten – das *Wirkliche* war nun da – und eben daß nun dies, wovon er so lange geträumt hatte, *schon wirklich* und *nichts weiter als dies* war, machte ihn nachdenkend und traurig – denn nach diesem Maßstabe maß er nun die ganze Zukunft des Lebens ab – alles war ihm hier, wie im Traume, wie in dunkler Entfernung – er konnte es sich nicht recht vors Auge bringen – mit melancholischen Gedanken bestieg er den Katheder – und während daß die Musik ertönte, ehe er noch anfing zu reden, dachte er an ganz etwas anders, als an seinen gegenwärtigen Triumph – er dachte und fühlte die Nichtigkeit des Lebens – die angenehme Vorstellung seines gegenwärtigen wirklichen Zustandes schimmerte nur wie durch einen trüben Flor durch. –

Um die Fortschritte, welche er damals in Ansehung des Ausdrucks seiner Gedanken gemacht hatte, zu bezeichnen, ist es vielleicht nicht unzweckmäßig, aus der Rede, die er hielt, einige Stellen herauszuheben. Sie hub an:

Welch ein Weihrauch steigt so sanft von Wonnegefilden
Durch den Äther hinauf, bis hin zum Throne der
                                          Gottheit? – –
O sie sind's – die Gebete glücklicher Völker – sie wallen
5   Für Charlotten so sanft hinauf zum Ewgen – und
                                          flammen – u. s. w.

– – Georg! – rauscht
Harfen! tönet Jubelgesang von ganzen beglückten
Nationen laut! – Und verstumme mein Lied! Denn
10   vergebens
Wagst du's, sein Lob, Georgens Lob zu erschwingen – so
                                          wagts oft
Kühn des Adlers Flug bis zur Sonne sich zu erheben,
Schwingt sich hoch über Felsen, und Berg' und Wolken
15   empor, dünkt
Nun sich ihr näher, und merkt nicht, daß sein
                                          Schneckenflug immer
Noch auf der Erde verweilt, die ihm schon entschwand –
                                          welche Töne
20 Klangen stark und harmonisch genug, Georgens
                                          erhabner
Tugenden göttliche Harmonie nur schwach
                                          nachzubilden? – u. s. w.

– – Und Georg hebt sich nun auf den Gipfel
25 Seiner Größ' empor – denkt ernst das Wohl seiner Völker,
Denkt es – und schafft es – Und unerschüttert vom
                                          Donner
Steht er nun da – wie die Ceder Gottes – mit ihrem
                                          wohltätgen
30 Schatten schützt sie Gevögel und Wild – und der
                                          Sturmwind verschwendet
An ihren Blättern sein Toben, und kräuselt ihr laubigtes
                                          Haar. – So
Sicher in den Stürmen, die seine Scheitel umdonnern
35 Steht Georg – Wenn Völker toben – Doch du getreues

Volk deinem König, verhülle nur dein Antlitz, und weine!
Siehe nicht wie dein Bruder im fernen Lande sich auflehnt
Gegen seinen König. – – u. s. w.

Jedes fühlende Herz wallt heute Charlotten entgegen
Und verzeihts dem schwächern Jüngling – der es auch   5
                                wagte
Und Charlotten sang – doch still mein Lied, denn von
                              fern rauscht
Schon des Volks Frohlocken, das seiner Königin heute
Seinen Weihrauch streut – und laut: es lebe Charlotte!   10
Ruft, daß Wald und Gebürg' es widerhallen: sie lebe!

Reiser hatte sich bei Verfertigung dieser Rede ein Ideal in
seinem Kopfe gebildet, das ihn wirklich begeisterte – wozu
denn das kam, daß er von diesen Gegenständen *öffentlich*
reden sollte. – Der Gedanke füllte gleichsam die Lücken aus,   15
wo seine Begeisterung aufhörte, oder ermattete. –

Da er aber nun freilich von seinem Gegenstande wenig
oder gar nichts wußte, so bemühte er sich, eine Anzahl
Lobreden, die auf den König und die Königin schon gehalten waren, in die Hände zu bekommen; diese las er durch,   20
und abstrahierte sich daraus sein Ideal, ohne sonst aus einer
einzigen, sich auch nur eines Ausdrucks zu bedienen – dies
vermied er so sorgfältig, als er nur immer konnte; denn vor
dem Plagiat hatte er die entsetzlichste Scheu – so daß er sich
sogar des Ausdrucks am Schluß seiner Rede, *daß Wald und*   25
Gebürg' es widerhallen, schämte, weil einmal in Werthers Leiden der Ausdruck steht: daß *Wald und Gebürg' erklang* – ihm
entschlüpften zwar oft Reminiszenzien, aber er schämte
sich ihrer, sobald er sie bemerkte. –

An dem Tage nun, da er die Rede gehalten hatte, war er,   30
wie ich schon bemerkt, niedergeschlagener, wie jemals –
denn alles war ihm doch so tot, so leer – und es war nun
vorbei – womit seine Einbildungskraft sich so lange beschäftigt hatte. –

Den Nachmittag wurde er nebst den andern beiden, die   35

Reden gehalten hatten, bei dem ersten Bürgermeister, der zugleich Scholarch war, zum Kaffee gebeten, dies war ihm eine ganz ungewohnte Ehre – er wußte sich nicht recht dabei zu nehmen – und wurde nicht eher wieder heiter, als
5 bis er sein schönes Kleid ausgezogen hatte, und des Abends wieder zu seinem Essigbrauer kam, wo W... und S... und Philipp Reiser auch schon waren, die sich seines Glücks nun wirklich freuten, und deren Teilnehmung ihm mehr wert war, als alle das Glänzende dieses Tages. –

10 Reiser erhielt nun noch mehr Unterrichtsstunden, wodurch sich seine Einnahme so verbesserte, daß er sich ein beßres Logie mieten, zuweilen einige seiner Mitschüler zum Kaffee bitten, und für einen Primaner auf einen ganz ansehnlichen Fuß leben konnte – nun aber deuchte ihm das
15 Geld, was er einnahm, gegen seine sonstigen Einkünfte und Bedürfnisse gehalten *so viel,* daß ihm die Kostbarkeit desselben, und die Notwendigkeit des Zusammenhaltens auch nicht im mindesten einleuchtete – er wurde auf die Weise durch seine stärkere Einnahme ärmer, als er vorher war; und
20 eben das, was eine Wirkung seines günstigen Glücks war, wurde in der Folge wieder die Quelle seines Unglücks. –

Da er nun aber die Achtung aller derer, die ihn kannten, und derer, von welchen sein Glück abhing, so plötzlich und so unerwartet wieder gewonnen hatte, so machte dies na-
25 türlicher Weise einen Eindruck auf sein Gemüt, der ihn zu einem edlen Bestreben anspornte, diese Achtung immer mehr zu verdienen – er fing an, die Stunden des öffentlichen Unterrichts sorgfältiger wie jemals zu nutzen, und vorzüglich durch Aufschreiben, sich, so viel er nur konnte, davon
30 zu eigen zu machen. –

Die Übungen im Deklamieren währten fort – und Reiser verfertigte zu diesem Endzweck noch ein Gedicht *über die Mängel der Vernunft* – ein Thema, das der Direktor zur Ausarbeitung aufgegeben hatte. – Reiser brachte hier alle seine
35 Zweifel hinein, die er schon so lange mit sich herumgetragen hatte. –

Die Begriffe *Alles* und *Sein,* als die höchsten Begriffe des menschlichen Verstandes, gnügten ihm nicht – sie schienen ihm eine enge und ängstliche Einschränkung zu sein – daß nun damit alles menschliche Denken aufhören sollte – ihm fielen die Worte des sterbenden alten Tischers ein – *alles, alles, alles!* – daß er gleichsam da, wo sich ein neues Dasein von dem alten scheidet, diesen höchsten *Grenzbegriff* so oft wiederholte – die Scheidewand sollte gleichsam durchgebrochen werden – *Alles* und *Dasein* mußten wieder untergeordnete Begriffe von einem noch höhern, vielumfassendern Begriffe werden – *alles was ist* – muß noch etwas neben sich leiden, etwas – das zugleich mit allem was ist, unter etwas *Höherem, etwas Erhabenerem,* begriffen wird – warum soll unser Denken die letzte Grenze sein? – wenn wir nichts höheres sagen können, als *alles was da ist,* soll denn eine höhere und die höchste Denkkraft auch nichts höheres sagen können? – Der sterbende *Tischer* wollte vielleicht mehr sagen, als er sein *alles* zweimal wiederholte, aber seine Zunge oder seine Gedanken versagten ihm – und er starb. –

Dies waren die sonderbaren Ideen, die Reiser in sein Gedicht über die Mängel der Vernunft brachte, das unter andern die Worte enthielt:

> Das All, das die Vernunft im kühnsten Flug' erschwingt,
> Wie weit ists noch von dem, wonach der Seraph ringt? –

Zuletzt endigte sich denn das Gedicht auf eine sehr orthodoxe Weise, daß man also doch zu dem Licht der Offenbarung am Ende seine Zuflucht nehmen müsse:

> Ein Licht, das vor uns her durch dunkle Schatten geht,
> Und unsern Pfad erhellt – weh dem, der es verschmäht! –

Den Schluß billigte der Direktor sehr; das Ganze des Gedichts aber hielt er, wie auch sehr natürlich war, für unverständlich. –

Ein andermal arbeitete Reiser wieder ein Gedicht über die Zufriedenheit – gleichsam zu seiner eignen Belehrung, oder

zur eignen Richtschnur seines Lebens, aus – nachdem er
nun aber alle Beruhigungsgründe bei den Widerwärtigkeiten
des Lebens durchgegangen war, und sich gleichsam in eine
sanfte Stille eingewiegt hatte, so erwachte doch am Ende
wieder seine schwarze Melancholie – und er beschloß die
Reihe der sanften Empfindungen, welche in diesem Gedicht
ausgedrückt waren, doch am Ende mit folgenden Ausdrükken der Verzweiflung:

Doch machen ungemeßne Leiden
Dir hier dein Leben selbst zur Qual –

Und findest du dann keinen Retter
Und keinen Endger deiner Not –
Sieh auf! – er kömmt im Donnerwetter –
O grüße, grüße deinen Tod!

Indem er einem solchen Gedanken nachhing, empfand er
oft eine Art von qualenvoller Wonne, wenn es dergleichen
geben kann. –
Dies Gedicht war gleichsam ein Gemälde aller seiner
Empfindungen, die, wenn sie auch sanft und ruhig anhuben,
sich doch gemeiniglich auf die Weise zu endigen pflegten. –
Zu diesem Gange der Empfindungen war nun einmal, durch
alle die unzähligen Kränkungen und Demütigungen, die er
von Jugend auf erlitten hatte, sein Gemüt gestimmt – bei der
heitersten lachendsten Aussicht zog sich das schwarze Melancholische immer wieder wie eine Wolke vor seine Seele. –
Sobald sich auch sein Ausdruck dahin lenkte, wurde er
natürlich und wahr. – Wie er denn einmal den Auftrag erhielt, für jemanden *verliebte Klagen* zu dichten. – Eine Situation, in welche er sich mit aller Anstrengung nicht versetzen
konnte, denn weil er gar nicht glaubte, daß er von einem
Frauenzimmer je geliebt werden könnte – indem er sein
ganzes Äußre einmal für so wenig empfehlend hielt, daß er
gänzlich Verzicht darauf getan hatte, je zu gefallen; so konn-

te er sich nie in die Lage eines solchen setzen, der darüber klagt, daß er nicht geliebt wird – was er also hievon wußte, das dachte er sich bloß, ohne es je empfinden zu können. – Demohngeachtet gerieten ihm die *verliebten Klagen,* die er entwarf, nicht ganz übel, weil er das kurz darin zusammendrängte, was er aus Romanen und Philipp Reisers Unterredungen wußte. – Zuletzt aber dachte er sich nun den Liebhaber in einem Zustande, wo er vom Überrest seiner Leiden niedergedrückt der Verzweiflung nahe ist, und ohne nun ferner auf die Ursach der Verzweiflung Rücksicht zu nehmen, dachte er sich nun den Verzweiflungsvollen, und konnte sich wieder in seine Stelle versetzen. – Der letzte Vers dieser verliebten Klagen schien ihm daher auch unter den Händen zu geraten. –

> Im tiefsten, schwarzen Hain,
> Wohin kein Wandrer kam,
> Wo Todes Vögel schrein –
> Am ausgehöhlten Stamm
> Der Eiche will ich trostlos weinen,
> So lange Stern' am Himmel scheinen,
> Bis unter meiner Klagen Laut
> Der Morgen taut. – –

Zuweilen fing ihm nun auch sogar das zärtliche an, zu gelingen, wenn es mit einer gewissen sanften Schwermut vergesellschaftet war – so machte er z. B. für jemanden ein Abschiedsgedicht an dessen Geliebte – das sich, nach einer bittern Klage über die Trennung, schloß:

> Den Abschied? – O ich kann nur weinen –
> Mein Herz ist schwer und tränenvoll –
> Dir müssen heitre Tage scheinen –
> Geliebte – o leb wohl, leb wohl!

Und in seiner Rede an der Königin Geburtstage war folgende Stelle, die ich vorher nicht mit ausgezogen habe, eigent-

lich diejenige, wobei er am meisten und am wahrsten empfunden hatte –

– – Sie lächelt – und die Fröhlichen jauchzen –
Und die Traurigen trocknen vom nassen Auge die Zähre,
5   Heitern den trüben Blick auf zur Freud' und lächeln, und
segnen
Auch dem Tag entgegen, der ihnen Charlotten zum Trost
gab. –

Auch er rechnete sich in Gedanken mit unter diese Zahl der
10   Traurigen, die den trüben Blick zur Freude aufheitern. – Und
er fand weit mehr Süßigkeit darin, sich unter der Zahl der
Traurigen, als unter der Zahl der Fröhlichen zu denken. –
Dies war wiederum the Joy of grief (die Wonne der Tränen)
wohin von Kindheit an sein Herz hing. –
15   So brachte er nun den Winter ziemlich glücklich zu – aber
da nun einmal seine Phantasie so lebhaft angeregt, und sein
Gemüt durch so viele sich durchkreuzende Wünsche und
Hoffnungen bis auf den stärksten Grad in Bewegung gesetzt
war, so mußte er notwendig anfangen, das Einförmige in
20   seiner Lage zu empfinden. – Er war in seinem neunzehnten
Jahre – fünf Jahre hatte er schon die Schule besucht, und
wußte noch nicht, wann er die Universität würde beziehen
können. – Es fing an, ihm wieder so enge in H … zu werden,
beinahe, wie damals, da ihm die Reise nach B … zu dem
25   Hutmacher bevorstand. – Alle seine Gedanken fingen allmählich an, ins weite zu gehn – er träumte sich in eine
romanhafte Zukunft hin. –
    Und da nun der Frühling heran kam, so erwachte auf
einmal eine sonderbare Begierde zum Reisen in ihm, die er
30   bis dahin noch nie in dem Grade empfunden hatte. –
    Bremen liegt zwölf Meilen von H …, und bis an den Ort,
wo Reisers Eltern wohnten, war grade die Hälfte Weges bis
nach Bremen – und nun von Bremen die Weser hinunter bis
nach der See zu fahren – das war das große Projekt, womit
35   sich Reiser schon seit einigen Wochen trug – und seine Ein-

bildungskraft spiegelte ihm Wunderdinge von dieser Reise
vor. –

Der Anblick der Weser – der Schiffe – einer Handelsstadt –
beschäftigten seine Seele im Wachen und im Traume. – Er
ließ sich von einem seiner Mitschüler, an dessen Bruder, 5
welcher in Bremen ein Kaufmannsdiener war, einen Brief
mitgeben, und trat nun mit einem Dukaten in der Tasche
seine Reise zu Fuße an. –

Dies war nun die erste sonderbare romanhafte Reise, welche Anton Reiser tat, und von der Zeit fing er eigentlich an, 10
seinen Namen mit der Tat zu führen. –

Er hatte sich zu dieser Reise mit einer Specialcharte von
Niedersachsen – einem tragbaren Dintenfaß – und einem
kleinen Buche von weißem Papier versehen, um über seine
Reise unterwegs ein ordentliches Journal führen zu kön- 15
nen. –

Mit jedem Schritte, den er tat, nachdem er aus den Toren
von H... war, wuchs gleichsam seine Erwartung und sein
Mut – und er war von seiner Reise so begeistert, daß er
schon ein paar Meilen von H... sich auf einem Hügel an der 20
Landstraße setzte, sein Dintenfaß, das mit einem Stachel
versehen war, vor sich in die Erde pflanzte, und auf diese
Weise halbliegend anfing, in seinem Journal zu schreiben –
es fuhren unten einige Kutschen vorbei, und die Leute, denen ein schreibender Mensch auf einem Hügel an der 25
Landstraße freilich ein sonderbarer Anblick sein mußte,
lehnten sich weit aus dem Schlage, um ihn zu betrachten –
dies beschämte ihn etwas – aber er erholte sich bald wieder
von der unangenehmen Wirkung, die dies neugierige Angaf-
fen zuerst auf ihn tat, indem er sich in Ansehung dieser 30
Menschen, die ihn nicht kannten, *seine Existenz hinwegdachte* –
er war für diese Menschen gleichsam *tot* – darum schloß er
auch den Aufsatz, welchen er auf dem Hügel an der Landstraße in sein Taschenbuch schrieb, mit den Worten:

> Was kümmert mich der Leute Tun, 35
> Wenn ich im Grabe bin?

Und nun setzte er seinen Stab weiter fort, kam am Abend in

der Dämmerung vor dem Dorfe, wo seine Eltern wohnten, dicht vorbei, erkundigte sich nach dem nächsten Dorfe, das auf dem Wege nach Bremen zu lag, und da es nur noch eine Viertelmeile weit war, so ging er bis dahin, und übernachtete in diesem Dorfe. –

Den andern Tag wanderte er denn über die öde dürre Heide fort, und erfragte sich den Weg von einem Dorfe zum andern – konnte aber Bremen nicht erreichen – sondern mußte noch einmal in einem Dorfe, welches das letzte von Bremen war, übernachten – und den dritten Tag erreichte er denn seinen sehnlichsten Wunsch – er erblickte die Türme von Bremen – sahe nun das wirklich vor sich, womit seine Phantasie sich schon so lange beschäftigt hatte. – Er hatte außer H... und B... noch keine beträchtliche Stadt gesehen – und *Bremen* war ihm schon durch den Klang des Namens so merkwürdig geworden – seine Phantasie hatte der Stadt ein graues schwärzliches Ansehen gegeben – er war nun äußerst begierig, die Stadt inwendig zu betrachten – und wagte es ohne Paß ins Tor zu gehen, indem er sich auf Befragen, wer er wäre, für einen Einwohner der Stadt, und da man noch genauer fragte, für einen von den Leuten des Prinzipals von dem Kaufmannsdiener ausgab, an den er einen Brief abzugeben hatte, worauf man ihn denn passieren ließ. –

Sobald er nun in der Stadt war, durchwanderte er erst ein paarmal die Straßen, und dann war sein erstes, daß er sich erkundigte, ob nicht etwa einer von den großen Kähnen, die auf der Weser lagen, nach der Mündung schiffen würde, wo noch zu Bremerlehe die hessischen Truppen lagen, die nach Amerika bestimmt waren, und damals gerade absegeln sollten. –

Es fügte sich, daß gerade einer von den Kähnen abging, und Reiser begab sich nun zum erstenmale in seinem Leben zu Schiffe – und fuhr noch an demselben Tage bis sechs Meilen jenseit Bremen, wo angelegt, und in einem Dorfe übernachtet wurde. –

Diese Schiffahrt, ob es gleich stürmisches und regnigtes

Wetter war, machte Reisern unendliches Vergnügen, indem er mit seiner Landkarte in der Hand auf dem Verdeck stand, und die Örter an beiden Ufern, deren Namen er nun wußte, die Musterung vor sich vorbei passieren ließ – er aß und trank mit den Schiffern, und kehrte am Abend mit ihnen in die Herberge ein. –

Von da wollte er den andern Morgen mit einem andern Schiffe weiter bis an die Seeküste fahren, er sah schon in Gedanken die ungeheuren Wasserfluten vor sich, und seine Einbildungskraft war gerade bis auf den höchsten Grad gespannt, da ihm plötzlich eine Sache einfiel, die er die ganze Reise über noch nicht reiflich erwogen hatte, ob nehmlich auch seine Börse zureichen würde – und wie erschrak er, da er sich von dem Schiffer seine Rechnung machen ließ, und nachdem er sie bezahlt hatte, nur noch wenige Groschen übrig behielt. –

Er getraute sich nun den Abend nicht, zu essen, sondern gab Kopfweh vor, und ließ sich sogleich sein Bette zeigen – hier machte er fast die halbe Nacht Entwürfe, wie er nun mit Ehren aus diesem Gasthofe kommen sollte, wenn etwa seine Zeche mehr betrüge, als die wenigen Groschen, die er noch übrig hatte. –

Da er sich nun am andern Morgen erkundigte, wie viel er bezahlen müsse, so langten zufälligerweise die wenigen Groschen, die er noch hatte, gerade zu, aber er behielt auch nicht einen Heller übrig, und befand sich nun achtzehn Meilen von H..., zwölf Meilen von dem Ort, wo seine Eltern wohnten, und sechs Meilen von Bremen. – Er gab vor, daß er nun nicht nach der Seeküste mitfahren könne, weil er überlegt habe, daß es ihn doch zu lange aufhalten würde, und so wanderte er nun, froh, daß er noch so mit Ehren davon gekommen war, aus seiner nächtlichen Herberge den geraden Weg wieder auf Bremen zu. –

Sein Brief an den Kaufmannsdiener in Bremen war nun noch seine einzige Hoffnung – ohne diesen war er, zwölf Meilen weit, bis zu dem Wohnorte seiner Eltern, von aller Welt verlassen. –

Er war noch nüchtern, wie er seine Reise antrat, und mußte sich nun darauf gefaßt machen, den ganzen Tag so zu bleiben. – Der Weg, welcher anfänglich längst dem Ufer der Weser hinging, war sandigt, und ermüdend – dem ohngeachtet aber ging er gutes Muts fort, bis es gegen Mittag kam, und die Sonnenhitze brennend wurde. –

Hunger, Durst und Müdigkeit überfielen ihn zugleich mit dem Gedanken, daß er hier auf dem öden Felde fremd, ohne Geld, und gleichsam von aller Welt verlassen war – er suchte sich einige Brotkrumen aus der Tasche zusammen – und fand bei dieser Gelegenheit noch zwei sogenannte Bremergroten, wovon jeder ohngefähr vier Pfennige beträgt. –

Dies war ihm unter den Umständen so lieb, als hätte er einen Schatz gefunden; er raffte alle seine übrigen Kräfte zusammen, um bald nach dem nächsten Dorfe zu kommen, wo er sich für den einen Groten ein wenig Bier geben ließ, das ihm nun eine ganz ungehoffte Erquickung war, denn er hatte sich einmal darauf gefaßt gemacht, die sechs Meilen bis Bremen nüchtern zurückzulegen. –

Der Trunk Bier flößte ihm wieder neuen Mut ein, so wie das Vierpfennigstück, das er doch nun noch in der Tasche hatte. –

Freilich stellte sich auch der Hunger wieder ein, aber er suchte ihn zu überwinden, und blieb resigniert. – Ein armer Handwerksbursch gesellte sich unterwegens zu ihm, der in jedem Dorfe einkehrte, und sich etwas zusammenbettelte. – Und Reisern machte das sonderbare Verhältnis eine Art von Vergnügen, daß dieser arme Handwerksbursch, der ihn vielleicht als einen wohlgekleideten Menschen beneiden mochte, doch jetzt im Grunde reicher, als er war. –

Den Nachmittag erreichte er *Vegesack,* und betrachtete hier mit hungrigem Magen, was er noch nie gesehen hatte, eine Anzahl dreimastiger Schiffe, die in dem kleinen Hafen lagen. – Dieser Anblick ergötzte ihn, ohngeachtet des mißlichen Zustandes, worin er sich befand, unbeschreiblich – und weil er an diesem Zustande durch seine Unbesonnenheit selber schuld war, so wollte er es sich gleichsam gegen sich selber nicht einmal merken lassen, daß er nun damit unzufrieden sei. –

Gegen Abend erreichte er Bremen; aber ehe er an die Stadt kam, mußte er sich erst an das jenseitige Ufer der Weser übersetzen lassen, wofür gerade ein Bremergrote bezahlt werden mußte – daß er nun diesen gerade noch gespart hatte, deuchte ihm wiederum ein ordentlicher Glücksfall, weil er sonst die Stadt nicht mehr würde erreicht haben, woran ihm doch jetzt alles lag. –

Mit Sonnenuntergang kam er denn endlich noch an das Stadttor, und weil er ordentlich gekleidet war, und das ganze Wesen eines spazierengehenden annahm, der zuweilen still stehet, und sich nach etwas umsieht, und dann wieder ein paar Schritte weiter geht – so ließ man ihn ungehindert durchpassieren. –

Er fand sich also auf einmal wieder in dem Bezirk einer volkreichen Stadt, wo ihn aber niemand kannte, und er so verlassen und allein, indem er traurig über das Geländer in die Weser hinabsahe, auf der Straße da stand, als wenn er auf einer unbewohnten wüsten Insel gewesen wäre. –

Eine Weile gefiel er sich gewissermaßen in diesem verlaßnen Zustande, der doch so etwas *sonderbares romanhaftes* hatte. – Da aber das vernünftige Nachdenken über die Phantasie wieder den Sieg erhielt; so war freilich seine erste Sorge, von seinem Briefe an den Kaufmannsdiener Gebrauch zu machen. –

Wie groß war aber sein Erschrecken, da er sich in der Wohnung desselben nach ihm erkundigte, und erfuhr, daß er erst den Abend spät zu Hause kommen würde. – Er blieb auf der Straße nicht weit von dem Hause stehen – die Dunkelheit der Nacht brach herein – in einen Gasthof getraute er sich ohne Geld nicht zu gehen – alle seine romanhaften Ideen, die ihm vorher diesen Zustand noch erleichtert hatten, waren verschwunden, er empfand nichts, als die grausame Notwendigkeit, diese Nacht von Hunger und Müdigkeit gequält, mitten in einer volkreichen Stadt unter freiem Himmel zubringen zu müssen. –

Indem er nun melancholisch da stand, und sich verlegen nach allen Seiten umsah, kam ein wohlgekleideter Mann dahergegangen, der ihn genau betrachtete, und ihn mit mitleidiger Miene fragte, ob er etwa hier fremd sei? – allein er konnte sich nicht überwinden, diesem Manne seinen Zustand zu entdecken – sondern war entschlossen, lieber auf alle Fälle die Nacht unter freiem Himmel zuzubringen, welches er auch würde getan haben, wenn nach so vielen Widerwärtigkeiten sich jetzt nicht wiederum ein glücklicher Umstand für ihn ereignet hätte. – Der Kaufmannsdiener hatte sich nehmlich aus der Gesellschaft, worin er sich befand, losgerissen, um zu Hause etwas notwendiges zu besorgen, und da er hörte, daß jemand einen Brief von seinem Bruder an ihn habe abgeben wollen, der nachher noch in der Nähe am Wasser spazieren gegangen wäre, so eilte er gleich, um den Überbringer des Briefes, dessen Ansehen man ihm beschrieben hatte, wo möglich, aufzusuchen, und traf auch Reisern, den er gleich erkannte, wirklich an, da dieser schon alle Hoffnung aufgegeben hatte, die Nacht ein Obdach zu finden. –

Sobald der junge Kaufmann nur die Handschrift seines Bruders erblickte, war er gegen Reisern äußerst freundschaftlich und gefällig, und erbot sich sogleich, ihn in einen Gasthof zu führen. – Reiser entdeckte ihm denn seinen wahren Zustand, freilich mit einigen Erdichtungen; – er sei nehmlich wider seine Gewohnheit zum Spiel verleitet worden, und habe alle seine Barschaft verloren – denn daß er sich mit zu wenigem Gelde zu dieser Reise versehen habe, schämte er sich zu sagen, weil er dadurch noch mehr in der Meinung des jungen Menschen, von dem er jetzt allein Hülfe erwarten konnte, zu verlieren glaubte. –

Aber nun änderte sich auf einmal sein widriges Schicksal – der Kaufmann erbot sich sogleich, ihm so viel vorzustrecken, daß es ihm an nichts fehlen sollte – er führte ihn in einen angesehenen Gasthof, wo Reiser auf seine Empfehlung auf das beste bewirtet wurde, und nun den Abend so vergnügt zubrachte, daß ihm alle Beschwerden des Tages vielfältig ersetzt wurden. –

Einige Gläser Wein, die er noch in Gesellschaft des Kaufmannsdieners trank, taten nach der Ermüdung und Entkräftung eines ganzen Tages, eine so außerordentliche Wirkung auf seine Lebensgeister, daß er fast die ganze Gesellschaft, die sich alle Abend hier zu versammlen pflegte, mit Anekdoten von H... und lustigen Einfällen, die ihm sonst gar nicht gewöhnlich waren, unterhielt, und sich den Beifall aller der Personen in diesem kleinen Zirkel erwarb, worunter sich auch derjenige mit befand, der ihn den Abend traurig und verlassen auf der Straße stehen sah, und unter allen den vorübergehenden Leuten, der einzige gewesen war, dem ein ganz fremder Mensch, welcher traurig und verlassen da stand, wichtig genug schien, daß er sich um ihn bekümmerte und ihn anredete. – Reiser gewann dadurch eine außerordentliche Zuneigung zu diesem Manne, denn ein solches Anreden und Besorgtsein um den Zustand eines ganz fremden Menschen, der wie verlassen und hülfebedürftig zu sein scheint, ist doch eigentlich die *allgemeine Menschenliebe,* woran man den frommen Samariter von dem vorübergehenden Priester und Leviten unterscheiden kann. –

Reiser hat nicht leicht in seinem Leben einen Abend vergnügter zugebracht, als diesen, wo er sich in einer fremden Stadt, in einem ganz fremden Zirkel von Menschen, geachtet sahe, ins Gespräch gezogen, und mit aufmunterndem Beifall angehört wurde. –

Der Kaufmannsdiener nötigte ihn nun selbst, sich noch einige Tage in Bremen aufzuhalten, zeigte ihm die Merkwürdigkeiten der Stadt, und Reiser fand nun an eben dem Orte, wo er erst fremd, von keinem Menschen bemerkt, einsam und verlassen auf der Straße stand, so viele Menschen, die sich für ihn interessierten, mit ihm sich unterredeten, und mit ihm ausgingen, daß er an diese Personen, die ihm so viele zuvorkommende gutmütige Höflichkeit und Freundschaftsbezeigungen erwiesen, eine Art von Anhänglichkeit bekam, welche es ihm schwer machte, sich nach einer so kurzen Zeit schon wieder auf immer von ihnen zu trennen. –

Er speiste des Mittags in einer ansehnlichen Tischgesell-

schaft, wo ihm als einem Fremden immer mit ausgezeichneter Höflichkeit begegnet wurde, – eine Behandlung, die er
bis jetzt noch eben nicht gewohnt gewesen war. – Der Kaufmannsdiener streckte ihm so viel vor, daß er nicht nur seine
Rechnung im Gasthofe bezahlen, sondern auch mit Bequemlichkeit wieder nach H... zurückreisen konnte, welches er nun freilich zu Fuße tat. –

Und da ihm nun diesmal sein unbesonnener Anschlag so
gut gelang, so bildete sich zuerst unvermerkt der Keim zu
dem Gedanken in ihm, sein Glück nicht länger in seiner
bisherigen eingeschränkten Lage abzuwarten, sondern es in
der weiten Welt, die ihm offen stand, selbst aufzusuchen. –

Er hatte in einer *fremden* Stadt eine ganze Anzahl Menschen gefunden, die sich um ihn bekümmerten, Teil an ihm
nahmen, und ihm seinen Aufenthalt angenehm machten;
lauter Sachen, die er in H... nie gewohnt gewesen war. – Er
hatte *Abenteuer* überstanden, und in einem kurzen Zeitraum
den schnellsten Glückswechsel erfahren – indem er kaum
eine Stunde vorher noch von aller Welt verlassen, und unmittelbar darauf sich in einem Zirkel von Menschen befand,
die alle auf ihn aufmerksam waren, und ihn in ihre Gespräche zogen. –

Was Wunder, daß nun dadurch der Gedanke bei ihm rege
wurde, die traurige Einförmigkeit seines bisherigen Aufenthalts, und seiner bisherigen Verhältnisse mit dergleichen
Abwechselungen zu vertauschen – wodurch er, ohngeachtet
aller Beschwerlichkeiten, die er darüber erdulden mußte,
doch seine Seele auf eine angenehme, vorher noch nie empfundene Art erschüttert fühlte. –

Selbst die Wehmut, die er empfand, da ihm nun die Tore
der Stadt, in welcher er noch gestern mit einer Anzahl ihm
wohlwollender Menschen vertraulich an einem Tische gesessen hatte, aus den Augen schwanden, und er also nun
sogar die letzten hervorragenden Spuren, dieses ihm in der
kurzen Zeit so lieb gewordenen Ortes, aus seinem Gesichts-
kreise verloren hatte – selbst diese Wehmut hatte einen
nieempfundenen Reiz für ihn – er kam sich selber größer

vor, weil er eigenmächtig, ganz ohne irgend einen äußern
Antrieb – nun zum erstenmale eine Reise nach einer ganz
fremden Stadt getan hatte, in der er binnen ein paar Tagen
mehr Menschen fand, die ihm wohl wollten, als er in H...
ganze Jahre hindurch nicht hatte finden können. –

Das Wandern fing ihm an, so lieb zu werden – er phantasierte sich durch tausend angenehme Vorstellungen die
Ermüdung hinweg – wenn es dunkel würde, so betrachtete
er den vor ihm sich hinschlängelnden Weg, auf den er beständig sein Augenmerk heften mußte, gleichsam wie einen
treuen Freund, der ihn leitete. – Dies wurde ihm denn zuletzt eine dichterische Idee – es wurde Bild, Vergleichung,
woran er tausend Dinge kettete. – »Wie sich ein Wandrer an
seinen Weg hält; so getreu, wie der Weg dem Wandrer – so –
und so –« Dies Ideenspiel verfolgte er im Gehen – und das
Einförmige der Gegend bei der umgebenden Dunkelheit,
und des immerwährenden Fußaufhebens, verschwand ihm
unmerklich, und machte ihn nicht verdrießlich. –

Es war schon ganz dunkel, da er zu seinen Eltern kam, die
sich freilich wunderten, daß er dicht vor ihnen vorbeigegangen, erst nach Bremen gereist, und dann zu ihnen gekommen war. – Demohngeachtet aber nahmen ihn seine Eltern,
wegen der vielen angenehmen Nachrichten, die sie von ihm
erhalten hatten, diesmal mit Freuden auf. –

Und Reiser hatte nun so viel Stoff zu mystischen Unterredungen mit seinem Vater gesammlet, daß sie diesmal sich
oft bis in die Nacht unterhielten. – Reiser suchte nehmlich
alle die mystischen Ideen seines Vaters, die er aus den Schriften der Mad. Guion geschöpft hatte, von Alles und Eins,
vom Vollenden in Eins u. s. w., metaphysisch zu erklären,
welches ihm sehr leicht wurde – indem die Mystik und Metaphysik wirklich in so fern zusammentreffen, als jene oft
eben das vermittelst der Einbildungskraft *zufälligerweise* herausgebracht hat, was in dieser ein Werk der nachdenkenden
Vernunft ist. – Reisers Vater, der dies nie in seinem Sohne
gesucht hatte, schien nun auch eine hohe Idee von ihm zu
bekommen, und ordentlich eine Art von Achtung gegen ihn
zu hegen. –

Die Neigung zur Schwermut aber behielt auch hier beständig bei Reisern das Übergewicht. – Er stand mit seiner
Mutter an der Türe, da das Kind eines Nachbars begraben
wurde, und der Vater in tiefer Trauer, mit hangendem Haar
und nassem Auge folgte. – Wenn sie mich nur auch erst so
hinträgen, sagte Reisers Mutter, die freilich im Leben nicht
viel Freude gehabt hatte, und Reiser, der sich doch noch viel
Freude versprechen konnte, stimmte innerlich so herzlich in
diesen Wunsch mit ein, als ob ihm das größte Herzeleid
widerfahren wäre. –

Er nahm diesmal bei seiner Abreise von seiner Mutter und
seinen Brüdern mit mehrerer Rührung, wie gewöhnlich Abschied – und wanderte zu Fuß wieder nach H . . . – Da er nun
die vier Türme wieder erblickte, die er schon unter so mancherlei verschiedenen Verhältnissen wieder gesehen hatte, so
wandelte ihm diesmal aufs neue ein ängstliches Gefühl an, da
er aus der weiten Welt nun wieder in diesen kleinen Umkreis
aller seiner Verhältnisse und Verbindungen zurückkehren
sollte, das *Allzubekannte dort deuchte ihm so fade*. – Aber auf
einmal erheiterte sich seine Seele wieder, da er ins Tor getreten
war, und gleich an einer Ecke einen Komödienzettel angeschlagen fand. – Dies überraschte ihn auf die angenehmste
Weise – sein erster Gang war, wie vor drei Jahren, nach dem
Schlosse, wo das Theater war, und wo der Hauptzettel mit
dem Verzeichnis der Personen angeschlagen stand – man
spielte den *Klavigo, Brockmann* den Beaumarchais, *Reinicke*
den Klavigo, die älteste *Dem. Ackermann* (die jüngere war
damals schon gestorben) spielte die Maria, *Schröder* den Don
Carlos, die *Reinicken* die Schwester der Maria, *Schütz* den
Buenko, und *Böheim* den Freund des Beaumarchais. –

So vortrefflich war die Rollenbesetzung in diesem Stück
bis auf die unbedeutendsten Nebenrollen. – Reiser kannte
alle diese vortrefflichen Schauspieler – war es wohl zu verwundern, daß seine Erwartung auf das höchste gespannt
wurde, aufs neue die Vorstellung eines Stücks von ihnen zu
sehen, das er zwar noch nicht gelesen hatte, wovon er aber
wußte, daß es von dem Verfasser der Leiden des jungen
Werthers war? –

Durch diesen zufälligen Umstand, vergesellschaftet mit der Rückerinnerung an die Abenteuer, die er auf seiner Reise gehabt hatte, bildete sich eine sonderbare romantische Idee in seinem Kopfe, die nun wieder auf einige Jahre seines künftigen Lebens einen sehr großen Einfluß hatte. – *Theater* – und *reisen* – wurden unvermerkt die beiden herrschenden Vorstellungen in seiner Einbildungskraft, woraus sich denn auch sein nachheriger Entschluß erklärt. –

Er versäumte nun wieder nicht leicht einen Abend die Komödie – dadurch aber wurde sein Kopf wieder so voll von theatralischen Ideen, daß ihm seine eigentlichen Geschäfte des beständigen Lernens und Lehrens – denn er hatte fast den ganzen Tag mit Unterrichtsstunden besetzt – schon zuweilen nicht recht mehr zu schmecken anfingen, und er sich dann kein Bedenken machte, dann und wann eine der Stunden, wo er lehrte oder lernte, zu versäumen, indem er dann jedesmal rechnete, daß es doch nur eine Stunde sei. –

Nun wurden damals die *Zwillinge* von *Klinger* zuerst aufs Theater gebracht, und freilich mit aller möglichen Kunst dargestellt, indem *Brockmann* den Guelfo, *Reinicke* den alten Guelfo, die *Reinicken* die Mutter, die *Ackermann* die Kamilla, *Schröder* den Grimaldi, und *Lambrecht* den Bruder des Guelfo, spielte. –

Dies schreckliche Stück machte eine außerordentliche Wirkung auf Reisern – es griff gleichsam in alle seine Empfindungen ein. – *Guelfo glaubte sich von der Wiege an unterdrückt* – das glaubte er von sich auch – ihm fielen dabei alle die Demütigungen und Kränkungen ein, denen er von seiner frühsten Kindheit an, fast so lange er denken konnte, beständig ausgesetzt worden war. – Er vergaß den Fürstensohn, und alle die Verhältnisse eines Fürstensohnes, und fand nur sich in dem unterdrückten Guelfo wieder. – *Die bittre Lache,* die Guelfo in der Verzweiflung über sich selbst aufschlug, griff in Reisers innerste Empfindungen ein – er erinnerte sich dabei aller der fürchterlichen Augenblicke, wo er wirklich am Rande der Verzweiflung stand, und eben eine

solche Lache über sich aufschlug – indem er sein eignes
Wesen mit Verachtung und Abscheu betrachtete, und oft
mit schrecklicher Wonne in ein lautschallendes Hohngelächter ausbrach. –

Der Abscheu vor sich selber, den Guelfo empfand, indem
er den Spiegel entzwei schlägt, worin er sich nach der Mordtat erblickt – und daß er nun nichts wünscht, als zu schlafen – zu schlafen – das alles schien Reisern so wahr, so aus
seiner eignen Seele, die beständig mit dergleichen schwarzen
Phantasien schwanger ging, gehoben zu sein, daß er sich
ganz in die Rolle des Guelfo hineindachte, und eine Zeitlang
mit allen seinen Gedanken und Empfindungen darin lebte. –

Während daß also nun auf dem Königlichen Operntheater von der Schröderschen Gesellschaft Komödie gespielt
wurde, kam auch die Zeit der Sommerferien heran; wo die
Primaner jährlich öffentlich eine Komödie aufzuführen
pflegten. –

Reiser zweifelte nicht, daß man ihm diesmal eine Rolle
antragen würde, da er doch nun, seitdem er die Rede auf der
Königin Geburtstag gehalten hatte, einer der angesehensten
unter seinen Mitschülern war, und daher auch gar nicht
glaubte, daß man ohne ihn die Sache anfangen würde. –

Wie sehr erstaunte er also, da er vernahm, daß man die
Sache dennoch ohne ihn angefangen, und sogar schon die
aufzuführenden Stücke bestimmt, und ihm nicht einmal
eine Rolle darin zugeteilt hatte. – Da er jetzt wirklich viele
Freunde und vielen Anhang unter seinen Mitschülern hatte,
so konnte er sich diese Zurückstellung erst gar nicht erklären, bis er denn freilich merkte, daß hier ein solcher Rollenneid, und ein so ängstliches Bemühen, einander den Rang
abzulaufen, statt fand, daß ein jeder genug für sich zu sorgen
hatte, und wer sich nicht mit Gewalt hinzudrängte, auch
nicht gerufen wurde. –

Reiser hat sich nachher oft an diesen Auftritt in seinem
Leben zurückerinnert, und Betrachtungen darüber angestellt, wie in diesen kindischen Bestrebungen nach einer so
unbedeutenden Sache, als eine Rolle in einem Stücke war,

das von den Primanern in H ... aufgeführt wurde, sich doch
das ganze Spiel der menschlichen Leidenschaften eben so
vollständig entwickelte, als ob es die allerwichtigste Ange-
legenheit betroffen hätte; und wie das Streben gegeneinander, dies Verdrängen und wieder verdrängt werden, ein so
getreues Bild des menschlichen Lebens im Kleinen war, daß
Reiser alle seine künftigen Erfahrungen hierdurch schon
gleichsam vorbereitet sahe. –

Dies kam nun freilich wohl mit daher, weil den Primanern
die Anordnung der Schauspiele, und die Besetzung der Rollen aus ihrem Mittel gänzlich überlassen war. – Der Geist
wurde dadurch gleichsam republikanisch – es konnten sich
mehrere Kräfte entwickeln – List und Verschlagenheit gebraucht, und Kabalen geschmiedet werden; wie es nur
irgend bei der Wahl eines Parlamentsgliedes geschieht –
denn es wurden über dergleichen öffentliche Angelegenheiten, auch wenn z. B. ein Aufzug mit Musik und Fackeln
sollte veranstaltet werden, ordentlich Stimmen gesammlet,
wodurch einer zum Anführer bei dem Zuge, oder zu sonst
etwas öffentlichem gewählt wurde. –

Reiser sahe sich also nun auf einmal wieder, da er es am
wenigsten vermutete, von demjenigen ausgeschlossen, woran sein ganzes Herz jetzt mehr wie jemals hing, und weswegen er vordem schon so viel erduldet hatte. – Er suchte
sich zwar mit dem Gedanken zu trösten, daß man ihn verkenne, daß ihm von seinen Mitschülern Unrecht geschehn
sei – aber dies wollte doch auf die Länge nicht zureichen –
vorzüglich kränkte es ihn, daß sein Freund W... ihm nichts
davon gesagt hatte, der mit von der Gesellschaft der Spielenden war, und der es wußte, wie sehr sein Herz an dieser
Sache hing. –

Aber dieser glaubte selbst in einem zu unvorteilhaften Lichte zu
erscheinen, wenn er denjenigen als ein Mitglied in Vorschlag brächte,
auf den die Aufmerksamkeit keines einzigen außer ihm gefallen war. –
W... meinte es deswegen übrigens noch gar nicht böse mit
Reisern, sondern war nach wie vor sein Freund, nur bis auf
diesen Punkt nicht. – Eine Erfahrung, die mancher vielleicht

in seinem Leben öfter zu machen Gelegenheit gehabt hat. –
Es hält schwer in der Freundschaft Stand zu halten, wenn
sich *alles* wider jemanden erklärt – man fängt an, seinem
eignen Urteil nicht recht mehr zu trauen, das immer noch
einer Stütze außer sich zu bedürfen scheint, sei sie auch so
klein sie wolle – wenn die Sache nur noch von einem einzigen in Regung gebracht wird, so will man gern der zweite
sein, der einstimmt, nur der erste scheut sich ein jeder zu
sein – und die Freundschaft muß schon einen sehr hohen
Grad erreicht haben, wenn sie hier der entgegenstrebenden
Politik nicht unterliegen soll. –

W... war sonst ein sehr aufrichtiger Mensch – und da
Reiser ihn fragte, was unter ihm und einer Anzahl seiner
Mitschüler, die immer zusammen kämen, im Werke sei, so
gab ihm W... erst ohne Umschweife zu verstehen; *er wolle es
ihm nicht sagen* – bis Reiser weiter in ihn drang, und dann doch
die ganze Sache erfuhr – wo dann jener sich damit aus der
Verlegenheit zog, daß er die ganze Sache als unbedeutend
vorstellte, und als etwas, das doch wohl schwerlich zu Stande kommen würde, u. s. w.

Diese Erfahrung, die Reiser damals zuerst an seinem
Freunde W... machte, hat er nachher nur *zu oft* in seinem
Leben wieder bestätigt gefunden. –

Außer Reisern war nun I..., von dem ich schon erwähnt
habe, daß er nachher einer der beliebtesten dramatischen
Schriftsteller geworden ist, derjenige, welcher sich unter der
damaligen Generation der Primaner in H... in Ansehung
seines Kopfes am mehrsten auszeichnete – und an den sich
Reiser schon vor einigen Jahren anzuschließen gesucht hatte. – Allein die Verschiedenheit ihrer Glücksumstände hatte
dieses Aneinanderschließen damals gehindert. –

Da nun aber Reiser angefangen hatte, sich auszuzeichnen, so fing I... von selber an, sich an ihn zu schließen –
und sie unterredeten sich oft bei ihren einsamen Spaziergängen über ihre künftige Bestimmung in der Welt. – I...
lebte auch ganz in der Phantasienwelt, und hatte sich damals
gerade ein sehr reizendes Bild von der angenehmen Lage

eines Landpredigers entworfen – er war also entschlossen,
Theologie zu studieren, und unterhielt Reisern fast beständig mit der Schilderung jener stillen, häuslichen Glückseligkeit, die er dann im Schoß einer kleinen Gemeinde, die ihn
liebte, in seinem Dörfchen genießen würde. – Reiser, welcher dergleichen Spiele der Phantasie aus eigner Erfahrung
kannte, prophezeite ihm in Voraus, daß er diesen Entschluß
zu seinem eignen Besten wohl nie in Erfüllung bringen würde: denn wenn er Prediger würde, so würde er wahrscheinlich ein *großer Heuchler* werden – er würde mit der größten
Hitze des Affekts, und mit aller Stärke der Deklamation
doch immer nur eine *Rolle* spielen. – Ein geheimes Gefühl
sagte Reisern, daß dies bei ihm selber wohl der Fall sein
würde, darum konnte er jenem so gut den Text lesen. –

I... ist nun freilich nicht Prediger geworden – aber es ist
doch sonderbar, jene Ideen von *häuslicher stiller Glückseligkeit,*
die er damals so oft gegen Reisern geäußert hat, sind doch
nicht verloren gegangen, sondern fast in allen seinen dramatischen Arbeiten realisiert, da er sie in seinem Leben
nicht hat realisieren können. –

Da nun aber die Schauspieler wieder nach H... kamen, so
wurden bei I... alle jene reizenden Phantasien von stiller
Glückseligkeit auf einem Dorfe, sehr bald verdrängt, und die
herrschende Idee war nun bei ihm, so wie bei Reisern, wieder das *Theater.* –

I... war nun einer der vorzüglichsten Mitglieder der Gesellschaft, die sich zum Aufführen der Komödie verbunden
hatten, aber hier hatte er dennoch seinen Freund Reiser auch
vergessen. –

Diese Vernachlässigung von denen, die er noch für seine
besten Freunde hielt, bei einer Sache, die ihm so sehr am
Herzen lag, wie diese, war ihm äußerst kränkend. – Er
sprach mit I... darüber, der sich damit entschuldigte, er
habe nicht geglaubt, daß Reiser zu der Sache noch Lust
habe. – Und was Reisern am meisten kränkte, war, als er
hörte, daß er bei der Rollenausteilung nicht etwa Feinde
unter der Gesellschaft gehabt, die ihn hätten ausschließen

wollen, sondern *daß man gar nicht einmal an ihn gedacht, seiner nicht einmal erwähnet hatte.* –

Da er sich nun indes erklärte, daß er an der Gesellschaft Teil nehmen wolle, so war man ihm nicht zuwider, wenn er mit einer von den Rollen, die noch übrig waren, vorlieb nehmen wollte. – Er mußte sich denn hiezu entschließen, und erhielt in dem ersten Stück, das aufgeführt wurde, in dem *Deserteur aus Kindesliebe* noch die Rolle des *Peter,* welche ihm freilich nicht die angenehmste war, die er doch aber lieber, als gar keine nahm. –

Man wird die Erzählung dieser anscheinenden Kleinigkeiten nicht unwichtig finden, wenn man in der Folge sehen wird, daß sie auf sein künftiges Leben einen großen Einfluß hatten, und daß die Rollenausteilung bei den Komödien, die er mit seinen Mitschülern aufführte, gleichsam ein Bild von einem Teile seines künftigen Lebens war. –

Er wollte sich nicht zudrängen, und war doch wieder nicht stark genug, es zu ertragen, wenn man ihn vernachlässigte. –

Da er nun ein Mitglied der theatralischen Gesellschaft geworden war, so verleitete ihn dies zu vielen Ausgaben, die seine Einkünfte überstiegen, und zu vielen Versäumnissen, die seine Einkünfte verminderten. – Er mußte die Gesellschaft zuweilen zu sich bitten, wie es ein jeder tat – und der öftern Proben wegen, die angestellt wurden, manche seiner Unterrichtsstunden, die er gab, versäumen. – Überdem war sein Kopf nun wieder beständig mit Phantasien erfüllt – er war zu keinem anhaltenden und ernsthaften Nachdenken, zu keinem Fleiß im Studieren mehr aufgelegt. –

Es bildeten sich nun schon Schriftstellerprojekte in seinem Kopfe – er wollte ein Trauerspiel *der Meineid* schreiben. – Er sah schon den Komödienzettel angeschlagen, worauf sein Name stand – seine ganze Seele war voll von dieser Idee – und er ging oft, wie ein Rasender in seiner Stube wütend auf und nieder, indem er alle die gräßlichen und fürchterlichen Scenen seines Trauerspiels durchdachte und durchempfand. – Der Meineid gereute den Meineidigen zu spät, und Mord und Blutschande war schon die Folge

davon gewesen, als er eben im Begriff war, von unaufhörlicher Gewissensangst getrieben, den Meineid durch Aufopferung seines ganzen Vermögens, das er dadurch gewonnen
hatte, wieder gut zu machen – und der schmeichelhafteste
Gedanke für Reisern war, wenn er dies Stück noch in seinem
jetzigen Stande, noch als Schüler vollenden würde, was man
denn für Erwartungen von ihm schöpfen – wie es dann noch
weit mehr ihm zum Ruhm gereichen müßte. –

Schon in seinem neunten Jahre, da er in die Schreibschule
ging, hatte er sich mit einem seiner Mitschüler vorgenommen, daß sie zusammen ein Buch schreiben wollten – und
beide schmeichelten sich schon damals mit der Idee, wie
ihnen dies zum ewigen Ruhme gereichen würde. – Der Knabe, welcher damals den Entwurf zu dem Buche mit ihm
machte, das ihre beiderseitigen Lebensgeschichten enthalten sollte, war ein sehr guter Kopf, der sich aber nachher
durch einen übertriebenen Fleiß zu Grunde richtete, und im
siebzehnten Jahre starb. –

Mit diesem spielte er auch schon damals zuweilen, ehe die
Stunde anging, und wenn der Lehrer noch nicht da war,
Komödie, und fand immer in dieser Art von Belustigung ein
unbeschreibliches Vergnügen – ob er gleich damals noch gar
keine Komödie gesehen, sondern nur aus Erzählungen andrer einen ganz dunklen Begriff davon hatte. – Was aber die
Verfertigung des Buchs anbetraf, so war ihm das damals
schon eine so erhabene Idee – ein Buch war ihm eine so
heilige und wichtige Sache, deren Hervorbringung er kaum
einem Sterblichen, *wenigstens keinem noch lebenden Sterblichen*
zutrauete. –

Überhaupt war es ihm noch lange nachher immer eine
sonderbare Idee, wenn er hörte, daß die Personen, die irgend
ein berühmtes Werk geschrieben hatten, *noch lebten,* und also
aßen, tranken, und schliefen, wie er. –

Da er in seinem sechzehnten Jahre zum erstenmale Moses Mendelsohns Schriften las, so kam der Name, der alte
Homerskopf auf dem Titel, alles zusammen, um eine sonderbare Täuschung bei ihm hervorzubringen, als ob dieser

Moses Mendelsohn irgend ein *alter Weiser* sei, der vor Jahrhunderten gelebt hätte, und dessen Schriften nun etwa ins
Deutsche übersetzt wären – er trug sich lange mit diesem
Wahn herum, bis er einmal zufälliger Weise von seinem Vater hörte, daß dieser Mendelssohn noch lebe, daß er ein Jude
sei, auf den die ganze jüdische Nation sehr stolz wäre, und
daß Reisers Vater ihn selbst in Pyrmont gesehen habe, und
wie er aussähe, u. s. w. dies brachte in Reisers Ideenzustande
auf einmal eine große Veränderung hervor – seine Vorstellungen vom Alten und Neuen, Gegenwärtigen und Vergangnen mischten sich sonderbar durcheinander. – Er
konnte sich nur mit Mühe zu dem Gedanken gewöhnen,
sich einen Mann als noch lebend vorzustellen, den seine
Einbildungskraft so lange in die vergangnen Jahrhunderte
zurück versetzt hatte. – Er dachte sich einen solchen Mann
wie eine unter den Menschen wandelnde Gottheit – und
solche Menschen einst von Angesicht zu Angesicht zu sehen, mit ihnen sich zu unterreden, das war der höchste
seiner Wünsche. –

Und nun hatte er sich doch im Ausdruck seiner Gedanken
auf verschiedene Art versucht; er fing an zu hoffen, daß ihm
vielleicht einmal ein Werk des Geistes gelingen würde, wodurch er sich den Weg in jenen glänzenden Zirkel bahnte,
und sich das Recht erwürbe, mit Wesen umzugehen, die er
bis jetzt noch so weit über sich erhaben glaubte. – Daher
schrieb sich vorzüglich mit die Schriftstellersucht, welche
schon damals anfing, ihn Tag und Nacht zu quälen. –

Ruhm und Beifall sich zu erwerben, das war von jeher
sein höchster Wunsch gewesen; – aber der Beifall mußte ihm
damals nicht zu weit liegen – *er wollte ihn gleichsam aus der ersten
Hand haben,* und wollte gern, wie es der natürliche Hang zur
Trägheit mit sich bringt, ernten ohne zu säen. – Und so griff
nun freilich das *Theater* am stärksten in seinen Wunsch ein. –
Nirgends war jener *Beifall aus der ersten Hand,* so wie hier zu
erwarten. – Er betrachtete einen Brockmann, einen Reincke
immer mit einer Art von Ehrfurcht, wenn er sie auf der
Straße gehen sahe, und was konnte er mehr wünschen, als in

den Köpfen anderer Menschen einst eben so zu existieren, wie diese in seinem Kopfe existierten. – So wie jene Leute vor einer so großen Anzahl von Menschen, als sonst nur selten oder nie versammlet sind, alle die erschütternden Empfindungen der Wut, der Rache, der Großmut nach einander durchzugehen, und sich gleichsam jeder Nerve des Zuschauers mitzuteilen. – Das deuchte ihm ein Wirkungskreis, der in Ansehung der Lebhaftigkeit in der Welt nicht seines Gleichen hat. –

Allein er war nun freilich zu spät zu der theatralischen Gesellschaft getreten, um eine Rolle, wie er sie sich wünschte, zu erhalten, welches ihn außerordentlich kränkte. – Indes freute es ihn doch wieder, daß er nur noch eine Rolle bekam, da er den Ersatz erhielt, daß ihm die Verfertigung eines Prologs zu dem Deserteur aus Kindesliebe aufgetragen wurde, welcher nebst dem Personen-Verzeichnis gedruckt werden sollte. –

Nun wartete man nur darauf, bis die ordentlichen Schauspieler wieder wegreisen würden, um alsdann ebenfalls auf dem großen Königlichen Operntheater zu spielen, wozu sich die Primaner selbst die Erlaubnis erbeten hatten – so daß diesmal diese dramatischen Übungen so glänzend wurden, wie sie noch niemals gewesen waren. – Die ganze Einrichtung war dabei den jungen Leuten selbst überlassen – und da nun Reiser mit von der Gesellschaft war, so nahm er doch auch an allen öffentlichen Beratschlagungen und Debatten Teil – eine Sache, die er von Alters her nie gewohnt gewesen war, und die ihm daher fremd vorkam – es war ihm ordentlich *als käme es ihm nicht recht zu,* wenn man ihn auch mit in Betrachtung zog. –

Ob er nun gleich eben keine äußere Veranlassung dazu hatte, so war ihm doch die Einsamkeit noch immer lieb – und seine vergnügtesten Stunden waren, wenn er etwa eine Strecke vor das Tor hinaus nach einer Windmühle ging, wo ringsumher in einem kleinen Bezirk eine romantische Abwechselung von Hügeln und Tälern war, und wo er sich im Garten in einer Laube eine Schale Milch geben ließ, und

dabei las – oder in seine Schreibtafel schrieb. – Dies war
schon vor mehrern Jahren einer seiner liebsten Spaziergänge, und er war auch oft mit Philipp Reisern da gewesen. –
   Als Werthers Leiden erschienen, fiel ihm bei den reizenden Beschreibungen von Wahlheim sogleich diese Windmühle ein, und die manchen süßen Stunden, welche er einsam da genossen hatte. –
   Dann war vor dem neuen Tore ein künstlich angelegtes
ganz kleines Wäldchen, worin so viele Krümmungen und
sich durchschlängelnde Pfade angebracht waren, daß man
das Wäldchen wenigstens für sechsmal so groß hielt, als es
war, wenn man darin herumirrte – man hatte rings umher
die Aussicht auf eine grüne Wiese, wo in der Ferne hinter
den *einzelnen hohen Bäumen,* unter denen Reiser so gern zu
wandern pflegte, und hinter dem kleinen Gebüsch, wo er
sich so oft gelagert hatte, der Fluß hervorschimmerte, mit
dessen Ufern er ebenfalls, durch seine öftern Spaziergänge
an demselben, unter so manchen verschiednen Situationen
seines Lebens, vertraut geworden war. – Oft wenn er am
Ende dieses Wäldchens auf einer Bank saß, und in die weite
Gegend hinaus schaute, stiegen alle die vergangnen Scenen
seines Lebens, der Kummer und die Sorgen, die er dort an so
manchem schwülen Sommertage mit sich herumgetragen
hatte, wieder vor ihm auf, und das Andenken daran versetzte ihn in eine stille Wehmut, der er mit Vergnügen nachhing. – Er konnte auch in der Ferne die Brücke sehn, die
über den Bach ging, an dem er so manche Stunde gesessen,
und so manches gelesen, und gedichtet hatte. – Weil nun das
Wäldchen so nahe vor der Stadt war, so pflegte er oft des
Abends im Mondschein hinauszugehn, und auch wohl mit
unter ein wenig zu *siegwartisieren,* ohne doch den Siegwart
gelesen zu haben, der erst ein Jahr nachher erschien. –
   Hier hatte er in dem vorigen Jahre, da er neunzehn Jahr alt
war, an einem rauhen Septemberabend seinen Geburtstag
gefeiert – und sich selber die heiligsten Gelübde getan, sein
künftiges Leben besser als das vergangne zu nutzen. –
   Auf diesen einsamen Spaziergängen verfertigte er denn

auch seinen Prolog, der sich wie seine Rede mit *welch ein* anfing; denn in das sanftklingende *welch ein* hatte er sich ordentlich verliebt, es schien gleich eine solche Fülle von Ideen zu fassen, und alles folgende hinein zu fügen – er konnte sich keinen vollklingendern Anfang denken, und hub daher denn auch seinen Prolog an:

> Welch eine Göttin geußt Entzücken
> Ins Herz des Fühlenden?
> Läßt mitleidsvoll vor seinen Blicken
> Oft Scenen sanfter Freud' entstehn,
> Und bildet ihre Haine schön
> Sanfttraurender Melancholie?
> Sie ists des Himmels Phantasie –
> Oft wandelt sie auf Blumenwegen
> Mit ihm ins stille Tal hinab,
> Zeigt ihm die Unschuld da in Hütten,
> Und Freuden welche Gott ihr gab, u. s. w.

Dieser Prolog wurde nun nebst dem Personenverzeichnis wie ein kleines Buch gedruckt, und auf dem Titel stand, *verfaßt von Reiser, gesprochen von I...* – Reiser sah sich also aufs neue gedruckt, und was noch mehr war, so erhielt er von seinen Mitschülern den Auftrag, den Prinzen selbst zu der Komödie einzuladen, welches er denn mit dem Degen an der Seite, und in seinem Gallakleide, worin er die Rede gehalten hatte, tat. –

Die Noblesse und Honoratioren der Stadt wurden nun auch von den jungen Leuten selbst eingeladen, und Reiser erhielt hier wiederum Gelegenheit, so wie damals, da er die Rede gehalten hatte, einen Teil der großen Welt in der Nähe zu sehen, den er vorher nur noch aus einer großen Entfernung angestaunt hatte – er sahe, daß die Minister, Grafen, und Edelleute, mit denen er nun Gesicht gegen Gesicht sprach, nicht so erstaunlich von ihm verschiedene Wesen waren, sondern daß sie in ihren Äußerungen, eben so wie die gemeinsten Leute, manchmal etwas sonderbares und komi-

sches hatten, wodurch der Nimbus um sie verschwand,
sobald man sie nur reden hörte, und sich in der Nähe mit
ihnen unterhielt. –

So glänzend nun Reisers Zustand schien, wenn er so über
die Straße paradierte, und in den ersten Häusern seine Kour
machte, so war dieser Zustand doch im eigentlichen Verstande ein *glänzendes Elend* zu nennen – denn durch das
schlechte Verhältnis seiner Ausgaben gegen seine Einkünfte
wurden seine Umstände immer mißlicher, seine Lage immer
ängstlicher. – Überdem drückte ihn das Einförmige seiner
Lage, und daß er noch keine Aussicht vor sich sahe, die
Universität mit Anstand zu beziehen – auch war ihm nun
jener *Beifall aus der ersten Hand,* den ein Schauspieler einernten kann, so wichtig und so lieb geworden, daß sein Hang
immer mehr nach dem Theater, als nach der Universität
war. –

Es war wirklich damals gerade die glänzendste Schauspie-
lerepoche in Deutschland, und es war kein Wunder, daß die
Idee sich in eine so glänzende Laufbahn, wie die theatralische war, zu begeben, in den Köpfen mehrerer jungen Leute
Funken schlug, und ihre Phantasie erhitzte – das war denn
damals auch der Fall bei der dramatischen Gesellschaft in
H... – sie hatte gerade die vortrefflichsten Muster, einen
Brockmann, Reinicke, Schröder, zu einem Zweck der Kunst vereinigt, täglich Lorbeern einernten sehen, und es war wirklich
kein unrühmlicher Gedanke, solchen Mustern nachzu-
eifern. –

Und um nun diesen Endzweck zu erreichen, brauchte
man nicht erst drei Jahre auf der Universität studiert zu
haben. – Dann kam bei Reisern die unwiderstehliche Begierde zum Reisen hinzu, welche sich seit der abenteuerli-
chen Wallfahrt nach Bremen seiner bemächtigt hatte – und
der Gedanke, sich aus allen seinen bisherigen Verhältnissen,
wo selbst das beste ihm doch immer nur halb geglückt war,
hinaus zu versetzen, und sein Glück in der weiten Welt zu
suchen, fing allmählich an, bei ihm der herrschende zu werden – es war aber nur noch ein bloßes Spiel seiner Phantasie;

er war noch nicht eigentlich entschlossen, die Sache selbst ins Werk zu richten. –

Während dieser Zeit besuchte ihn nun sein Vater in H . . ., den er jetzt zum erstenmale in seiner Stube, die mit sehr guten Möbeln versehen, und schön austapeziert war, bewirten konnte. – Seinem Vater suchte er nun seine Lage von der angenehmsten und vorteilhaftesten Seite zu schildern, und stellte ihm das Aufführen der Komödie als eine Sache vor, wodurch er nun sowohl wegen des gedruckten Prologs, als auch, weil er den Prinz selbst dazu eingeladen hätte, wieder neue Aufmerksamkeit auf sich errege, und sich eben so, wie durch die Rede an der Königin Geburtstage, im auffallenden Lichte wieder zeigen könnte. –

Reisers Vater äußerte bei dieser Gelegenheit einen sehr wichtigen und wahren Gedanken, daß solche Vorfälle, wo einer sich öffentlich zu seinem Vorteil zu zeigen Gelegenheit hat, wie z. B. bei der Rede an der Königin Geburtstage, gleichsam wie ein *Sieg zu betrachten wären, den man verfolgen müsse,* weil dergleichen im Leben sich nur selten ereigne. –

Reiser begleitete seinen Vater bei dessen Rückreise eine Stunde vor das Tor hinaus, und da sie nun an eben den Fleck kamen, wo ihm derselbe einst seinen Fluch gegeben hatte, so standen sie zufälligerweise still – es fiel Reisern nachher erst ein, daß dies derselbe Fleck war – sie hatten sich bis dahin über die wichtigsten und erhabensten Gegenstände, worin die Mystik und Metaphisik zusammen treffen, unterredet, und nun schloß Reisers Vater einen Bund mit seinem Sohne, daß sie von nun gemeinschaftlich jenem großen Ziele der Vereinigung mit dem höchsten denkenden Wesen näher zu kommen streben wollten; worauf er ihm denn auf eben dem Fleck, durch Auflegung der Hand, seinen Segen erteilte, wo er ihm ehemals seinen Fluch gab. –

Reiser kehrte also nun in einer sehr guten Stimmung wieder zu Hause – und blieb darin, bis nun wieder eine neue Rollenbesetzung von den Stücken, die außer dem Deserteur aus Kindesliebe noch aufgeführt werden sollten, seine Phantasie erregte, und seine durch vernünftiges Nachdenken eingewiegten romanhaften Ideen wieder erweckte. –

Die Stücke, die noch aufgeführt wurden, waren *Klavigo,* der *Mann nach der Uhr,* und der *Edelknabe.* – Er hatte im *Deserteur aus Kindesliebe* mit einer unbedeutenden Nebenrolle vorlieb genommen, und rechnete nun darauf, wenigstens die
5 Rolle des *Klavigo* zu erhalten – so wie nun alle Wünsche seines Herzens sich auf das Theater hefteten, so waren sie insbesondre auf diese Rolle gleichsam gespannt – und man teilte sie nicht ihm, sondern einem andern zu, der sie offenbar schlechter spielte, wie Reiser sie gespielt haben würde. –
10 Reisers Kränkung hierüber war so groß, daß ihn dieser Vorfall in eine Art von wirklicher Melancholie stürzte. – Wem dies unwahrscheinlich oder unnatürlich vorkommt, der erwäge, daß sein ganzer Wunsch, den er schon Jahrelang bei sich genährt hatte, jetzt gerade auf der Spitze der Er-
15 füllung oder Nichterfüllung stand, öffentlich vor den versammleten Einwohnern seiner Vaterstadt, seine Talente zu entwickeln, und zeigen zu können, wie tief er empfand, was er sagte, und wie mächtig er wieder das durch Stimme und Ausdruck zu sagen im Stande wäre, was er so tief empfand –
20 solche erschütternde Empfindungen wieder bei tausenden zu erregen, wie *Reincke,* der den Klavigo spielte, in ihm erregt hatte, das war für ihn ein so großer, stolzer, und die Seele erhebender Gedanke, wie vielleicht nie für irgend einen Sterblichen eine Rolle in einem Trauerspiel gewesen sein
25 mag. – Hier wäre nun alles das weit über seine Erwartung erfüllt worden, was er sich schon vor mehr, als fünf Jahren gewünscht hatte. – Denn das Auditorium war hier so glänzend und zahlreich, wie es vielleicht nie gewesen sein mochte. – Das Schauspielhaus, welches einige tausend Per-
30 sonen faßte, war so voll, daß niemand mehr Platz darin fand, und unter den Zuschauern befanden sich der Prinz, nebst dem ganzen Adel, die Geistlichkeit und die Gelehrten und Künstler der Stadt. – Vor einem solchen Auditorium, und dazu in einer Stadt, die beinahe seine Vaterstadt war, worin
35 er erzogen, und so mancherlei widerwärtige Schicksale erlebt hatte, sich mit aller der Stärke der Empfindung und des Ausdrucks, die er bis jetzt nur für sich allein hatte entwickeln

können, *öffentlich* zu zeigen – konnte in seiner Lage wohl etwas wünschenswerteres für ihn sein? –

Aber vom *sterbenden Sokrates* an schien der Genius der Schauspielkunst auf ihn zu zürnen.

Er suchte sich die Rolle des Klavigo zu erbitten und zu ertrotzen, aber beides half nichts; sein Nebenbuhler siegte. –

Dies griff ihn auf seiner verwundbarsten Seite, auf dem zärtlichsten Fleck seines Lebens an – alles übrige wurde ihm nun dadurch verbittert – Keiner unter allen, der ihm die Rolle des Klavigo abgetreten hätte, würde soviel darunter verloren haben, als er, daß er sie nicht erhielt. – Da sein eigentlicher gegenwärtiger Lebensfleck ihm so verdunkelt war, so zog es sich auch wieder über sein ganzes übriges Leben wie ein Flor; alles hüllte sich ihm in melancholische Trauer – er suchte die Einsamkeit wieder, wo er nur konnte und fing an, sich in seinem äußern zu vernachlässigen. –

Philipp Reiser machte indes auf seiner Stube Klaviere, und nahm an allen diesen Possen keinen Teil. – Anton Reiser war seit seiner Verbindung mit der dramatischen Gesellschaft selten zu ihm gekommen – jetzt da es ihm so wenig nach Wunsch ging, besuchte er ihn wieder öfter, hing bei ihm seiner Schwermut nach, ohne ihm doch den eigentlichen Grund davon zu sagen – denn er wollte sich gegen sich selbst nicht einmal recht merken lassen, daß seine Schwermut bloß davon herrührte, weil er die Rolle des Klavigo nicht erhalten hatte, sondern er wollte sich lieber überreden, daß dieselbe eine Folge von seiner Betrachtung des menschlichen Lebens überhaupt sei. –

Indes wurde ihm von der Zeit an, daß er die Rolle des Klavigo nicht erhielt, sein Aufenthalt in H... lästig, er fing von der Zeit an, unstet und flüchtig zu werden. – Sein Jahrelanger sehnlichster Wunsch *mußte* in Erfüllung gebracht werden, mochte es auch nun sein, wo es wollte – er mußte irgendwo alles das *wirklich machen,* was bis jetzt durch eine so lang anhaltende Komödienlektüre, und seinen schon so lange fortdaurenden Hang zum Theater, in seiner Phantasie *reif* geworden war. –

Als der Klavigo probiert wurde, hatte er sich in eine der
Logen versteckt – und während daß I... als Beaumarchais
auf dem Theater wütete, wütete Reiser, der in der Loge ausgestreckt am Boden lag, gegen sich selber, und seine Raserei
ging so weit, daß er sich das Gesicht mit Glasscherben, die
am Boden lagen, zerschnitt, und sich die Haare raufte. –
Denn die Erleuchtung, die Blicke unzähliger Zuschauer, alle
auf ihn allein hingeheftet, und sich, vor allen diesen forschenden Blicken seine innersten Seelenkräfte äußernd,
durch die Erschütterung seiner Nerven auf jede Nerve der
Zuschauer wirkend – das alles wurde ihm in dem Augenblick gegenwärtig – und nun sollte er *nichts,* wie *unter der
Menge verloren,* ein bloßer Zuschauer sein, wie er jetzt war,
während daß ein Dummkopf, der den Klavigo spielte, alle
die Aufmerksamkeit auf sich zog, die ihm, dem stärker emp-
findenden, gebührt hätte. –

*Nach alle den vorhergehenden Situationen, worin er sich seit Jahren
befunden hatte, war ihm nun die Rolle des Klavigo gleichsam Zweck
seines Lebens geworden, das durch tausend drückende Lagen einmal
ganz unter die Herrschaft der Phantasie zurückgedrängt war, die nun
über dasselbe ihre Rechte ausüben wollte. – – Die Saite war bis zur
höchsten Spannung hinaufgewunden, und nun sprang sie. –*

Als diese schreckliche Probe vorbei war, so fand sich
Reiser wieder ganz allein, ohne einen Freund, ohne einen
der sich seiner annahm. – Er wollte doch jemanden seinen
Kummer klagen, und ging zu I..., der sich von dem Augenblick fester wie jemals an ihn schloß, weil gerade dasselbe Bedürfnis bei ihm war, was Reisern zu ihm trieb. –

I...s Phantasie war ebenfalls bis auf den höchsten Grad
gespannt, und sein Hang zum Theater überwiegend geworden, er bedurfte einen, dem er seine geheimsten Wünsche,
und seinen Kummer entdecken konnte. –

Nun hatten sein Vater und sein älterer Bruder nicht ohne
Grund befürchtet, daß der Hang zum Theater, durch den
großen Beifall, den er sich durch sein Spiel erwarb, zu sehr
genährt, und am Ende überwiegend werden möchte, und
ihm daher untersagt, an den dramatischen Übungen ferner

Teil zu nehmen, wogegen er nun freilich alle möglichen Einwendungen machte, und eben jetzt noch deswegen mit seinem Vater in Unterhandlung stand. – Er machte nun Reisern zum Vertrauten von seinem Vorsatz, sich ganz dem Theater zu widmen, so wie er ehmals mit ihm über seinen Entschluß, ein Dorfprediger zu werden, gesprochen hatte. – Die Rolle, welche I... schon gespielt hatte, war der *Deserteur* im *Deserteur aus Kindesliebe,* und der *Jude* im *Diamant,* der als Nachspiel zum Deserteur gegeben wurde. – Den *Juden* hatte er so meisterhaft gespielt, daß er nachher mit eben dieser Rolle unter Eckhofs Augen debütierte, und seine theatralische Laufbahn eröffnete – so wie er sich nun durch den *Juden* im höchsten Komischen gezeigt hatte, so zeigte er sich durch den *Beaumarchais* im höchsten Tragischen, und sein Spiel war wirklich in dieser letztern Rolle so hinreißend, daß man *Brockmann* selbst zu hören und zu sehen glaubte; und das Vergnügen sich in dieser Rolle öffentlich zu zeigen, sollte ihm nun verleidet werden. – Er nötigte Reisern, die Nacht bei ihm auf seiner Stube zu bleiben, wo sie sich denn in reizenden Träumen von der Glückseligkeit, die der Stand eines Schauspielers gewährte, verloren, bis sie beide darüber einschliefen. –

Jetzt waren sie beide fast unzertrennlich, und Tag und Nacht beisammen. – Und einst, da sie an einem warmen aber trüben Morgen vors Tor hinausgingen, sagte I..., dies wäre gutes Wetter, davon zu gehen – und das Wetter schien auch so *reisemäßig, der Himmel so dicht auf der Erde liegend,* die Gegenstände umher so dunkel, gleichsam als sollte die Aufmerksamkeit nur auf die Straße, die man wandern wollte, hingeheftet werden. – Die Idee wurde in beider Köpfen so rege, daß nicht viel fehlte, sie hätten sie gleich ins Werk gerichtet – indes wollte doch I... wo möglich in H... noch seinen Beaumarchais spielen – sie kehrten also nach der Stadt wieder um – so sehr sich nun auch I... für Reisern mit bewarb, so war es doch unmöglich, daß dieser die Rolle des Klavigo erhalten konnte – statt dessen trat ihm endlich der, welcher den Klavigo spielte, den Fürsten im Edelknaben ab – und in dem Manne nach der Uhr erhielt Reiser die Rolle des Magister Blasius. –

Reiser war nun darüber melancholisch, daß er den Klavigo nicht spielen sollte, und I... daß er überhaupt nicht mehr mit Komödie spielen sollte – beide aber suchten sich zu überreden, daß sie des Lebens um sein selbst willen überdrüssig wären, und luden sich einmal des Nachts zwei Pistolen, womit sie fast die ganze Nacht hindurch Kurzweil trieben, indem sie *sein oder nicht sein* hertragierten. –

Bei Reisern ging indes der Lebensüberdruß in der Tat so weit, daß er nicht aus der Stelle wich, wenn I... die geladene Pistole auf ihn hielt, und den Finger anlegte, um sie abzudrücken, indes Reiser eben dasselbe wieder gegen ihn tat. –

Am andern Tage aber hatte er einen etwas ernsthaftern Auftritt mit Philipp Reisern, den er besuchte. – Er hatte die Nacht nicht geschlafen, eine *dumme Trägheit* blickte aus seinen hohlen Augen hervor, der Lebensüberdruß saß auf seiner Stirne, alle Spannkraft seiner Seele war dahin – er sagte zu Philipp Reisern guten Tag! – und dann stand er da, wie ein Stock. –

Philipp Reiser, der ihn schon öfter, aber noch nie in dem Grade in einem solchen Zustande der Erschlaffung gesehen hatte, und der nun zu fürchten anfing, daß es wohl gänzlich mit ihm vorbei sein möchte – tat ihm im ganzen Ernst, den Vorschlag, *daß er ihn totschießen wollte,* ehe ein verworfner und schlechter Mensch aus ihm würde, wie jetzt der Fall wäre. – Mit Philipp Reisern, dessen Begriffe ebenfalls romanhaft und überspannt waren, war in solchen Fällen nicht zu spaßen. – Anton Reiser verbat sich also diese Kur noch für jetzt, und versicherte, daß er sich wohl noch einmal von seiner jetzigen Erschlaffung wieder erholen würde. –

Indes fing nun seine Lage an, immer mißlicher zu werden – durch die Ausgaben, welche sein Teilnehmen an der Aufführung der Komödien erforderte, die seine Einkünfte weit überstiegen, und durch die Versäumnis der Lehrstunden, welche er gab, stürzte er sich immer tiefer in Schulden, und fing bald an den notwendigsten Bedürfnissen des Lebens wieder an, Mangel zu leiden, weil er nicht die Kunst gelernt hatte, auf Kredit zu leben. –

Seine Garderobe als Fürst im Edelknaben, die er sich, so wie jeder die seinige, selbst anschaffen mußte, kostete ihm allein so viel, als wovon er einen Monat lang alle seine Ausgaben hätte bestreiten können – und für dies alles erreichte er doch nicht einmal seinen Zweck, sich in einer auffallenden tragischen Rolle zeigen zu können, welches doch eigentlich von jeher sein Wunsch gewesen war. –

Von den drei Stücken, die an einem Abend nacheinander aufgeführt wurden, war Klavigo das erste, der Mann nach der Uhr das zweite, und der Edelknabe blieb bis zuletzt. –

Während daß nun der Klavigo aufgeführt wurde, suchte Reiser in der Anziehstube dicht bei dem Theater, so viel wie möglich seine Sinne zu betäuben, und sich die Ohren zu verstopfen – jeder Laut, den er vom Theater hörte, war ihm ein Stich durch die Seele – denn hier war es, wo nun eben das schönste Gebäude seiner Phantasie, woran Jahrelang gebaut worden war, wirklich scheiterte, und er mußte es selbst mit ansehen, ohne es im mindesten verhindern zu können – er suchte sich mit den beiden Rollen, die er noch zu spielen hatte, zu trösten, und alle seine Aufmerksamkeit darauf zu heften, aber es war vergeblich – während daß die Rolle des Klavigo nun von einem andern vor einer solchen Menge von Zuschauern *wirklich* gespielt wurde, war ihm zu Mute, wie einem der alle sein Hab und Gut ohne Rettung in den Flammen aufgehen sieht – noch bis zum letzten Tage hatte er immer gehofft, diese Rolle, es koste auch was es wolle, zu erhalten – nun aber war alles *vorbei*. –

Und da nun wirklich alles vorbei, und Klavigo zu Ende gespielt war, so wurde ihm wieder etwas leichter. – Aber ein Stachel blieb doch immer in seiner Brust zurück. – Er spielte nun im Mann nach der Uhr, worin I... den Mann nach der Uhr machte, die Rolle des Magister Blasius mit allem Beifall. – Aber dies war nicht der rechte Beifall, den er sich gewünscht hatte. – Er wollte nicht zum Lachen reizen, son-

dern durch sein Spiel die Seele erschüttern. – Der Fürst im
Edelknaben war nun zwar eine edle aber doch eine zu sanfte
Rolle für ihn – und überdem mißlang es gewissermaßen mit
der ganzen Aufführung des Stücks – denn da der Klavigo
und der Mann nach der Uhr zu Ende waren, so gingen die
meisten Zuschauer weg, weil es schon sehr spät war, und es
blieb nicht der dritte Teil da, welche den Edelknaben noch
abwarteten – dies und der quälende Gedanke an den Klavigo, den er immer noch nicht unterdrücken konnte, war
Ursach, daß Reiser den Fürsten im Edelknaben sehr nachlässig, und weit schlechter spielte, als er ihn hätte spielen
können – und da nun alles geendigt war, mißvergnügt und
traurig zu Hause ging. – Er dachte aber dabei doch noch
dereinst seine Lust zu büßen, sich auf dem Theater in einer
heftigen und erschütternden Rolle zu zeigen, möchte es
auch kosten, was es wolle. – Daß ihm zum erstenmale dieser
Genuß versagt war, reizte seine Begierde darnach nur noch
stärker – und wie konnte er sicherer die Erfüllung seines
höchsten Wunsches hoffen, als wenn er das zum eigentlichen Geschäft seines Lebens machte, woran ohnedem
schon sein ganzes Herz hing. – *Der Gedanke, sich dem Theater
zu widmen,* bekam daher, statt niedergedrückt zu werden,
noch immer mehr Gewalt über ihn. –

*Allein, so wie man immer, zu dem was man zu tun wünscht, sich
selbst die dringendsten Bewegungsgründe zu schaffen sucht, um sein
Betragen gleichsam gegen sich selbst zu rechtfertigen* – so suchte sich
auch Reiser die Bezahlung der kleinen Schulden, die er zu
machen verleitet war, als eine so unmögliche Sache, und die
Entdeckung derselben, als etwas so mißliches vorzustellen,
daß er schon dieserwegen sich aus H ... entfernen zu müssen glaubte. – Aber seine eigentlichen Bewegungsgründe
waren, der unwiderstehliche Trieb nach *Veränderung seiner
Lage,* und die Begierde, sich auf irgend eine Weise, *sobald wie
möglich,* öffentlich zu zeigen, um Ruhm und Beifall einzuernten, wozu ihm nun freilich nichts bequemer, als das
Theater scheinen mußte, wo es einem nicht einmal darf zur
Eitelkeit angerechnet werden, daß er sich so oft wie möglich

zu seinem Vorteil zeigen will, sondern, wo die *Sucht nach
Beifall gleichsam privilegiert ist.* —

Indes fingen seine kleinen Schulden freilich auch an, ihn
zu drücken, wozu noch ein paar *Demütigungen* kamen, die
ihm vollends seinen längern Aufenthalt in H... zum Ekel
machten. —

Die eine bestand darin, daß ein junger Edelmann, den er
unterrichtete, und mit dem er sich, auf der Stube desselben,
manchmal noch ein wenig zu unterhalten pflegte, zu ihm
sagte, *er habe die Ehre, sich ihm zu empfehlen,* ehe sich Reiser
selbst noch empfohlen hatte. — Es war sehr wahrscheinlich,
daß jener wirklich geglaubt hatte, Reiser mache Miene zum
Weggehen, und also mit dem Abschiedskomplimente ein
wenig zuvorkommend gewesen war — aber eben dies *zuvorkommende* war für Reisern so erschrecklich auffallend, und
drückte auf einmal so sehr sein ganzes Wesen darnieder, daß
er, da er schon hinaus war, noch eine Weile still stand, und
ihm die Arme am Körper niedersanken — dies zuvorkommende *ich habe die Ehre mich Ihnen zu empfehlen,* gesellte sich
plötzlich in seiner Idee zu dem *dummer Knabe!* des Inspektors
auf dem Seminarium, zu dem *ich meine ihn ja nicht!* des Kaufmanns, zu dem *par nobile fratrum* der Primaner, und zu dem
das ist ja eine wahre Dummheit! des Rektors — Er fühlte sich auf
einige Augenblicke wie vernichtet, alle seine Seelenkräfte
waren gelähmt. — Der Gedanke des auch nur einen Augenblick *lästig gewesen seins,* fiel wie ein Berg auf ihn — er hätte in
dem Moment dies irgend einem Geschöpf außer ihm so
lästige Dasein abschütteln mögen. —

Dann ging er aus dem Tore nach dem Kirchhofe, wo der
Sohn des Pastor M... begraben lag, und weinte bei dessen
Grabe die bittersten Tränen des Unmuts und Lebensüber-
drusses. — Alles erschien ihm auf einmal in einem traurigen
melancholischen Lichte — die ganze Zukunft seines Lebens
war düster — er wünschte mit dem Staube vermischt zu sein,
den sein Fuß betrat, und dies alles noch, wegen des *zuvor-
kommenden: ich habe die Ehre mich Ihnen zu empfehlen.* — Diese
Worte ließen einen Stachel in seiner Seele zurück, den er

vergeblich wieder herauszuziehen suchte – ob er dies gleich
sich selber nicht eigentlich gestand, sondern seinen Unmut
und Lebensüberdruß, aus allgemeinen Betrachtungen über
die Nichtigkeit des menschlichen Lebens, und die Eitelkeit
5 der Dinge, herzuleiten suchte – freilich fanden sich denn
auch diese allgemeinen Betrachtungen ein, die aber ohne
jene herrschende Idee nur seinen Verstand beschäftigt, nicht
aber sein Herz in Bewegung gesetzt haben würden. – Im
Grunde war es das Gefühl, *der durch bürgerliche Verhältnisse*
10 *unterdrückten Menschheit,* das sich seiner hiebei bemächtigte,
und ihm das Leben verhaßt machte – er mußte einen jungen
Edelmann unterrichten, der ihn dafür bezahlte, und ihm nach
geendigter Stunde auf eine höfliche Art die Türe weisen
konnte, wenn es ihm beliebte – was hatte er vor seiner
15 Geburt verbrochen, daß er nicht auch ein Mensch geworden
war, um den sich eine Anzahl anderer Menschen bekümmern, und um ihn bemüht sein müssen – warum erhielt er
gerade die Rolle des *Arbeitenden* und ein andrer des *Bezah-
lenden?* – Hätten ihn seine Verhältnisse in der Welt *glücklich*
20 und *zufrieden* gemacht, so würde er allenthalben Zweck und
Ordnung gesehen haben, jetzt aber schien ihm alles Widerspruch, Unordnung, und Verwirrung. –

Da er nun zu Hause ging, so wurde er auf der Straße
erstlich von einem seiner Gläubiger gemahnet – und da er
25 mit gesenktem Haupte melancholisch vor sich hin ging, so
hörte er hinter sich einen Jungen zum andern sagen: *da geht
der Magister Blasius!* – Dies brachte ihn so auf, daß er dem
Jungen auf der Straße ein paar Ohrfeigen gab, welcher nun
hinter ihm herschimpfte, bis Reiser seine Wohnung erreich-
30 te. –

Von dem Tage an, war Reisern der Anblick von den Straßen in H ... ein Greuel – und vor allem war die Straße, wo
der Junge hinter ihm hergeschimpft hatte, ihm am verab-
scheuungswürdigsten; er vermied es, wo er konnte, durch
35 dieselbe zu gehen, und wenn er doch durchgehen mußte, so
war es ihm, als ob die Häuser auf ihn fallen wollten – wohin
er trat, glaubte er hinter sich den spottenden Pöbel, oder
einen ungeduldigen Gläubiger zu hören. –

Diese Demütigungen waren zu schnell nacheinander gekommen, als daß er sich unter dem Druck, welcher ihm von
nun an den Ort seines Aufenthalts verhaßt machte, nocheinmal hätte wieder emporarbeiten können. – Der Gedanke,
H... zu verlassen, und sein Glück in der weiten Welt zu
suchen, wurde von nun an fester Entschluß, den er aber
doch niemanden, als Philipp Reisern entdeckte – dieser war
damals sehr mit sich selber beschäftigt, weil er wieder einen
verliebten Roman spielte, und alle seine Aufmerksamkeit
darauf wandte, wie er seinem Mädchen gefallen wollte. –
Anton Reisers Schicksal war ihm daher etwas weniger wichtig, als es ihm zu einer andern Zeit würde gewesen sein. –

Ohngeachtet Anton Reiser vielleicht in wenigen Tagen
H... auf immer zu verlassen im Begriff war, so unterhielt
ihn sein Freund dennoch mit dem ganzen Detail seiner Liebschaft, als wenn jener den Erfolg von dem allen hätte
erwarten können. – Dies ärgerte ihn denn zuweilen wohl –
aber Philipp Reiser war doch einmal sein nächster Vertrauter – und er hatte niemanden außer ihm, dem er sich hätte
entdecken mögen. –

Weil er doch aber nun, um sein Glück in der weiten Welt
zu suchen, sich irgend einen Ort in der weiten Welt zum Ziel
seiner Wanderung machen mußte, so wählte er Weimar hierzu, wo sich damals die Seilersche Truppe, über welche
Eckhof die Direktion führte, aufhalten sollte. – Hier wollte er
seinen Entschluß, sich dem Theater zu widmen, ins Werk zu
richten suchen. –

Während nun, daß er mit diesem Gedanken umging, erlitt' er noch eine Demütigung, die ihn vollends in seinem
Entschluß bestärkte. –

Er ging nehmlich eines Nachmittags mit einer Anzahl
seiner Mitschüler, die von der dramatischen Gesellschaft
waren, in einem öffentlichen Garten vor der Stadt spazieren. – Nun mochten ihm wohl die Gedanken, womit er
umging, ein sonderbares zerstreutes Ansehen geben, wodurch er sich vor seiner Gesellschaft eben nicht zu seinem
Vorteil auszeichnete – und seine Mitschüler fielen, ehe er

sichs versahe, auf einmal wieder mit einem solchen Spott über ihn her, daß es ihm auch nicht möglich war, gegen alles, was sie sagten, nur ein Wort vorzubringen. – Da nun ihr Witz freien Spielraum fand, so war des Witzelns kein Ende – und da nun überdem ein paar Offiziere in der Nähe standen, die dem Gespräch zuhörten, so konnte Reiser nicht länger ausdauern – er schlich sich vom Tische weg, bezahlte dem Wirt, was er für seinen Teil schuldig war – und eilte so schnell er konnte fort – und sobald er nun allein war, brach er aufs neue in laute Verwünschungen über sich und sein Schicksal aus. – Er spottete über sich selbst, weil er sich zum Spott und zur Verachtung geboren glaubte. –

Woher kam es denn auch, daß er zum Spott der Welt gleichsam an der Stirne gebrandmarkt war? – was haftete denn für ein Mal des Lächerlichen an ihm, das durch nichts konnte ausgelöscht werden? – das ihn jetzt, da er doch von seinen Mitschülern geachtet war, aufs neue wieder in einer bösen Stunde ihrem Gelächter Preis gab? –

Es war die unverantwortliche Seelenlähmung durch das zurücksetzende Betragen seiner eignen Eltern gegen ihn, die er von seiner Kindheit an noch nicht hatte wieder vermindern können. – Es war ihm unmöglich geworden, jemanden außer sich, *wie seines Gleichen* zu betrachten – jeder schien ihm auf irgend eine Art *wichtiger, bedeutender* in der Welt, als er, zu sein – daher deuchten ihm Freundschaftsbezeigungen von andern gegen ihn immer eine Art von *Herablassung* – weil er nun *glaubte, verachtet werden zu können,* so wurde er wirklich verachtet – und ihm schien oft das schon Verachtung, was ein anderer, mit mehr Selbstgefühl, nie würde dafür genommen haben. – Und so scheint nun einmal das Verhältnis der Geisteskräfte gegeneinander zu sein; wo eine Kraft keine entgegengesetzte Kraft vor sich findet, da reißt sie ein und zerstört, wie der Fluß, wenn der Damm vor ihm weicht. – Das stärkere Selbstgefühl verschlingt das schwächere unaufhaltsam in sich – *durch den Spott, durch die Verachtung, durch die Brandmarkung des Gegenstandes zum Lächerlichen.* – Das *Lächerlichwerden* ist eine Art von Vernichtung, und das *Lächer-*

lichmachen eine Art von Mord des Selbstgefühls, die nicht ihres Gleichen hat. – Von allen außer sich *gehaßt zu werden,* ist dagegen wünschens und begehrenswert. – Dieser allgemeine Haß würde das Selbstgefühl nicht töten, sondern es mit einem Trotz beseelen, wovon es auf Jahrtausende leben, und gegen diese hassende Welt Wut knirschen könnte. – Aber keinen Freund,

>   *und nicht einmal einen Feind zu haben –*

das ist die wahre Hölle, die alle Qualen der *fühlbaren Vernichtung* eines denkenden Wesens in sich faßt. – Und diese Höllenqual war es, welche Reiser empfand, so oft er sich aus Mangel am Selbstgefühl, für einen würdigen Gegenstand des Spottes und der Verachtung hielt – seine einzige Wonne war dann, wenn er für sich allein war, in lautes Hohngelächter über sich selber auszubrechen, und das nun selber gleichsam an sich zu vollenden, was die Wesen außer ihm angefangen hatten. –

> »Wenn diese Wesen mich verspotten und zerstören,
> Die stärker und vollkommner sind, als ich,
> Warum soll ich des Mitleids Stimme hören,
> Und weinen schändlich über mich? –«

Da er nun also dem hohnlachenden Cirkel seiner Mitschüler entflohn war – so schweifte er in der einsamen Gegend umher und entfernte sich immer weiter von der Stadt, ohne ein Ziel zu haben, wohin er seine Schritte richtete. – Er ging immer querfeldein bis es dunkel wurde – da kam er an einen breiten Weg, der zu einem Dorfe führte, das er vor sich liegen sahe – der Himmel fing an, sich immer düstrer zu umziehn, und drohte Regenwetter – die Raben fingen an zu krächzen, und zwei, die immer über seinem Kopfe hinflogen, schienen ihm das Geleite zu geben – bis er an den kleinen engen Kirchhof des Dörfchens kam, welcher gleich vorne an lag, und mit unordentlich übereinandergelegten Steinen eingefaßt war, die eine Art von Mauer vorstellen sollten. – Die Kirche mit dem kleinen spitzen Turme, der mit

Schindeln gedeckt war, in der dicken Mauer nach jeder Seite
zu nur ein einziges Fensterchen, durch welches das Licht
schräg hereinfallen konnte – die Türe wie halb in die Erde
versunken, und so niedrig, daß es schien, man könne nicht
anders als gebückt hineingehen. – Und eben so klein und
unansehnlich, wie die Kirche war, so enge und klein war
auch der Kirchhof, wo die aufsteigenden Grabhügel dicht-
aneinander gedrängt, und mit hohen Nesseln bewachsen
waren. – Der Horizont war schon verdunkelt; der Himmel
schien in der trüben Dämmerung allenthalben dicht auf zu
liegen, das Gesicht wurde auf den kleinen Fleck Erde, den
man um sich her sahe, begrenzt – das *Winzige* und *Kleine* des
Dorfes, des Kirchhofes, und der Kirche tat auf Reisern eine
sonderbare Wirkung – das *Ende aller Dinge schien ihm in solch
eine Spitze hinauszulaufen* – der *enge dumpfe Sarg* war das letzte –
hierhinter war nun nichts weiter – hier war die zugenagelte
Bretterwand – die jedem Sterblichen den fernern Blick versagt. – Das Bild erfüllte Reisern mit Ekel – der Gedanke an
*dies Auslaufen in einer solchen Spitze, dies Aufhören ins Enge, und
noch engere, und immer engere* – wohinter nun nichts weiter mehr
lag – trieb ihn mit schrecklicher Gewalt von dem *winzigen
Kirchhofe* weg, und jagte ihn vor sich her, in der dunklen
Nacht, als ob er dem Sarge, das ihn einzuschließen drohte,
hätte entfliehen wollen. – Das Dorf mit dem Kirchhofe war
ihm ein Anblick des Schreckens, so lange er es noch hinter
sich sahe – auf dem Kirchhofe war ihm ein sonderbarer
Schrecken angewandelt – was er so oft gewünscht hatte,
schien ihm gewährt zu werden, das Grab schien seine Beute
zu fordern, und noch stets, so wie er flohe, hinter ihm seinen
Schlund zu eröffnen – erst da er ein andres Dorf erreichte,
war er wieder ruhiger. –

Was ihm aber auf dem Kirchhofe den Gedanken des Todes so schrecklich machte, war die Vorstellung des *Kleinen,*
die, so wie sie herrschend wurde, in seine Seele eine fürchterliche Leere hervorbrachte, welche ihm zuletzt unerträglich war. – Das *Kleine* nahet sich dem Hinschwinden, der
Vernichtung – die *Idee des Kleinen* ist es, welche *Leiden, Leer-*

heit, und *Traurigkeit* hervorbringt – das Grab ist das *enge Haus,* der Sarg ist eine Wohnung, *still, kühl, und klein – Kleinheit* erweckt *Leerheit, Leerheit* erweckt *Traurigkeit – Traurigkeit* ist der Vernichtung Anfang – unendliche Leere ist Vernichtung. – Reiser empfand auf dem *kleinen* Kirchhofe die Schrecken der Vernichtung – der Übergang vom Dasein zum Nichtsein, stellte sich ihm so anschaulich und mit solcher Stärke und Gewißheit dar, daß seine ganze Existenz nur noch wie an einem Faden hing, der jeden Augenblick zu zerreißen drohte. –

Nun war also auf einmal aller Lebensüberdruß bei ihm verschwunden – er suchte in seiner Seele wieder eine gewisse Ideenfülle hervorzubringen, um sich gleichsam nur vor der gänzlichen Vernichtung zu retten – und da er von ohngefähr auf die Heerstraße nach N... geriet, wo seine Eltern wohnten, und ihm nun auf einmal diese ganze Gegend bekannt war – so nahm er sich erst vor, die ganze Nacht durch zu gehen, und seine Eltern noch einmal mit einem unvermuteten Besuch zu überraschen. – Eine Meile war er schon von H... und hatte also ohngefähr noch fünf Meilen zurückzulegen. –

Allein der Gedanke, daß er seinen Eltern nichts von seinem Entschluß hätte entdecken dürfen, und doch mit schwerem Herzen von ihnen hätte Abschied nehmen müssen, verleidete ihm diesen Vorsatz wieder, da es überdem gegen Mitternacht stark zu regnen anfing. – Er ging also aufs neue mitten im Regen und Dunkel durch das hohe Korn querfeldein nach der Stadt zu – es war eine warme Sommernacht, und der Regen und die Dunkelheit waren ihm bei dieser menschenfeindlichen nächtlichen Wanderung die angenehmsten Gesellschafter – er fühlte sich groß und frei in der ihn umgebenden Natur – nichts drückte ihn, nichts engte ihn ein – er war hier auf jedem Fleck zu Hause, wo er sich niederlegen wollte, und dem Anblick keines Sterblichen ausgesetzt. – Er fand zuletzt eine ordentliche Wonne darin, durch das hohe Korn hinzugehen, ohne Weg und Steg – durch nichts, nicht einmal durch ein eigentliches Ziel ge-

bunden, nach welchem er seine Schritte hätte richten müssen. – Er fühlte sich in dieser Stille der Mitternacht frei, wie
das Wild in der Wüste – die weite Erde war sein Bette – die
ganze Natur sein Gebiet. –

So wanderte er die ganze Nacht hindurch bis der Tag
anbrach – und als er die Gegenstände allmählich wieder
unterscheiden konnte, so deuchte es ihm nach der Gegend,
als ob er ohngefähr noch eine halbe Meile von H... wäre –
auf einmal aber befand er sich, ehe er sichs versahe, dicht an
einer großen Kirchhofsmauer, die er sonst nie in dieser Gegend bemerkt hatte – er nahm alle sein Nachdenken zusammen, und suchte sich zu *orientieren,* aber es war vergeblich –
er konnte die lange Kirchhofsmauer aus dem Zusammenhange der übrigen Gegenstände nicht erklären; sie war und
blieb ihm eine Erscheinung, welche ihn eine Zeitlang wirklich zweifeln ließ, *ob er wache oder träume* – er rieb sich die
Augen – aber die lange Kirchhofsmauer blieb immer da –
überdem war auch durch sein sonderbares Nachtwandern,
und durch das Wegfallen der gewohnten Pause, wodurch die
Vorstellungen des Tages der Natur gemäß unterbrochen
werden, seine Phantasie zerrüttet – er fing selbst an, für
seinen Verstand zu fürchten, und war vielleicht wirklich dem
Wahnwitz nahe, als er endlich die vier Türme von H...
wieder durch den Nebel sahe, und nun wußte, wo er war. –
Die Morgendämmerung hatte ihn getäuscht, daß er die Gegend für eine andre hielt, die noch eine halbe Meile von H...
lag, und mit dieser, die dicht vor der Stadt war, sehr viel
Ähnlichkeit hatte. – Der große Kirchhof, in dessen Mitte
eine kleine Kapelle stand, war der ordentliche Kirchhof,
dicht vor H..., und Reisern war nun auf einmal die ganze
Gegend wieder bekannt – er erwachte wirklich, wie aus
einem Traume. –

Aber wenn irgend etwas fähig ist, jemanden dem Wahnwitz nahe zu bringen, so sind es wohl vorzüglich die ver-
rückten *Orts* und *Zeitideen,* woran sich alle unsre übrigen
Begriffe festhalten müssen. – Dieser neue Tag war für Reisern, wie kein neuer Tag, weil zwischen diesem und dem

vorhergehenden Tage *keine Unterbrechung* der Wirkungen seiner vorstellenden Kraft statt gefunden hatte. – Er ging in die
Stadt; es war noch frühmorgens, und auf den Straßen
herrschte eine Totenstille. – Das Haus, die Stube, worin er
wohnte, alles kam ihm anders, fremd, und sonderbar vor. –
Diese Nachtwanderung hatte eine Veränderung in seinem
ganzen Gedankensystem hervorgebracht – er fühlte sich in
seiner Wohnung von nun an nicht mehr zu Hause – die
Ortsideen schwankten in seinem Kopfe hin und her – er war
den ganzen Tag über, wie ein Träumender – bei dem allen
aber war ihm die Erinnerung an die Nachtwanderung angenehm. – Das Krächzen der beiden Raben, die über seinem
Kopfe hinflogen, der *kleine Dorfkirchhof,* die *durchwanderten*
Kornfelder, alles drängte sich nun in seiner Einbildungskraft
zusammen, und machte zusammen eine dunkle Gruppe, ein
schönes Nachtstück aus, woran sich seine Phantasie noch
oft nachher in einsamen Stunden ergötzt hat. –

Allein sein Aufenthalt in H . . . wurde ihm von nun an, wo
möglich noch verhaßter – und der Wandergeist hatte sich
seiner nun ganz bemächtigt – dies war aber auch der Fall bei
mehrern von den jungen Leuten, welche mit Komödie gespielt hatten. – Einer Namens T . . ., der vorher ein äußerst
stiller, fleißiger, und ordentlicher Mensch war, entdeckte
Reisern im Vertrauen seine Unzufriedenheit mit seinem
künftigen Stande eines Theologen, wozu er bestimmt war,
und unterredete sich mit ihm über die Glückseligkeit, welche der Schauspielerstand gewährte, wobei er gegen die
Vorurteile deklamierte, die diesen ehrenvollen Stand noch
immer unverdienter Weise herabsetzten. –

Dies Gespräch hielten beide auf einem Spaziergange nach
einem kleinen Dorfe vor H . . .; und sie hatten sich so in ihrer
Unterredung vertieft, daß sie von der Nacht überfallen, und
in dem Dorfe zu bleiben genötigt wurden. – Dies ungewöhnliche Übernachten an einem fremden Orte, setzte
beiden noch mehr romanhafte Ideen in den Kopf – es
deuchte ihnen schon, als ob sie auf Abenteuer ausgingen,
und Glück und Unglück mit einander teilten. – Der kühne

Vorsatz dieser beiden Abenteurer, sich über alle Vorurteile der Welt hinwegzusetzen, und ihrer Neigung, oder ihrem *Beruf,* wie sie es nannten, zu folgen, blieb denn auch nicht unausgeführt. – Reiser machte den Anfang, und T... folgte ihm bald, wurde aber noch glücklich wieder zurückgebracht. –

Reiser machte indes, ehe er seinen Vorsatz ausführte, noch eine nächtliche Wanderung mit I..., der ihn des Abends um eilf Uhr mit noch einem von der dramatischen Gesellschaft besuchte, und ihn zu einem Spaziergange nach dem D., einem Berge, der drei Meilen von H... entfernt ist, einlud. – Reiser, dem dergleichen nächtliche Wanderungen nun schon anfingen, eine gewohnte Sache zu werden, war sogleich entschlossen – es war eine warme mondhelle Sommernacht. – Die Unterhaltung unterwegens war ganz poetisch, zuweilen etwas affektiert, und dann wieder wahr, nachdem es fiel. – Wo sie durch ein Dorf kamen, duftete ihnen der frische Heugeruch entgegen. – Und diese Nachtwanderung war wirklich eine der angenehmsten, die man sich nur denken kann, so daß sie recht vom Zufall veranstaltet zu sein schien, um Reisers Phantasie noch mehr zu erhitzen, und seiner einmal angefachten Lust zum Wandern das völlige Übergewicht über die Vernunft zu geben. –

Die drei Abenteurer erreichten noch vor Tagesanbruch ein Dorf, das dicht am Fuß des Berges lag, wo sie einkehrten, und noch einige Stunden schliefen. – Da sie aber am andern Morgen früh aufstanden, so waren alle die schönen Bilderchen aus der Zauberlaterne verschwunden; die kahle *Wirklichkeit mit allen ihren* unvermeidlichen Unannehmlichkeiten stand wieder vor ihrer Seele da – sie saßen über eine Stunde einander gegen über und jähnten sich an. – Wenn irgend etwas Reisern von seiner Phantasie noch hätte heilen können, so wäre es dieser Morgen nach solch einer Nacht gewesen – es war ihnen nun leid geworden, den Berg zu besteigen, sie fühlten sich müde und matt, und nahmen den nächsten Weg wieder nach der Stadt zurück, der ihnen wegen der brennenden Sonnenhitze ziemlich beschwerlich wurde – allein sie fingen unterwegens an, Reime zu extemporieren, womit sie sich die Einförmigkeit des Gehens einigermaßen erleichterten. –

Reiser blieb demohngeachtet völlig entschlossen, zu wandern, möchte auch sein Schicksal sein, was da wollte – er zog alles, was ihm begegnen konnte, dennoch der traurigen Einförmigkeit, und *dem nicht halb und nicht ganz glücklich* sein in H... vor. –

Alle seine Gedanken gingen nun einmal ins Weite. – Er sahe überdem kein Mittel vor sich, seine Schulden zu tilgen, ohne sie dem Pastor M... aufs neue zu entdecken, dessen Achtung und Freundschaft er dann völlig zu verlieren gewärtigen mußte. – Auch die verschiedenen Demütigungen, die er seit kurzem wieder hatte ertragen müssen, waren ihm noch im frischen Andenken, und machten ihm den Aufenthalt in H... sowohl, als die Gegenden umher verhaßt. –

Er wußte seinem einzigen Vertrauten, Philipp Reisern, seine Lage auch so mißlich vorzustellen, daß dieser endlich selbst seinen Entschluß, H... zu verlassen, billigte, und ihm die Reiseroute nach Erfurt, so wie er den Weg selbst von dorther bis H... zu Fuße gemacht hatte, vorschrieb. – Von da wollte denn Anton Reiser nach Weimar gehen, um bei der Seilerschen oder vielmehr Eckhoffischen Schauspielergesellschaft, als Mitglied angenommen zu werden – und von da aus, wollte er denn, wenn ihm dies gelänge, seine Schulden in H... bezahlen, und seinen guten Ruf wieder herzustellen suchen, *indem er dort gleichsam wieder aufstände, nachdem er hier bürgerlich gestorben wäre.* – Dies letzte war ihm insbesondre eine der angenehmsten Vorstellungen, womit er sich trug. –

Er brachte nun Philipp Reisern seine wenigen Bücher und Papiere, und gab sie ihm in Verwahrung – seine Kleider hatte er zum Teil versetzt, um die Kosten zur Komödie zu bestreiten – und seine übrigen wenigen Sachen ließ er seinem Wirt zur Schadloshaltung für die Miete. – Diesem sagte er, daß sein Vater sehr krank geworden sei, und daß er um diesen zu besuchen, auf eine Woche verreisen würde, wenn etwa jemand nach ihm fragen sollte. –

Und nun war er so weit in Richtigkeit bis auf die Barschaft, womit er eine Reise von mehr als vierzig Meilen
antreten sollte. – Diese bestand denn, nach allem, was er
hatte auftreiben können, aus *einem einzigen Dukaten,* womit er
Mut genug hatte, sich auf den Weg zu machen, ohngeachtet
Philipp Reiser ihm die Unbesonnenheit dieses Unternehmens genug vorstellte. – Aber mit Gelde konnte ihn dieser
aus dem sehr wichtigen Grunde nicht unterstützen, weil es
ihm selbst gemeiniglich und gerade jetzt gänzlich daran fehlte. –

Anton Reiser konnte also nun im eigentlichen Verstande
von sich sagen, daß er alle das seinige mit sich trug. – Das
gute Kleid, worin er die Rede auf der Königin Geburtstag
gehalten hatte, nebst einem Überrock war seine ganze Garderobe – dabei trug er einen vergoldeten Galanteriedegen an
der Seite und Schuh und seidene Strümpfe. – Ein reines
Oberhemde, nebst noch ein paar seidenen Strümpfen, Homers Odysse in Duodez mit der lateinischen Version, und
der lateinische Anschlagbogen von der Redeübung an der
Königin Geburtstage, worauf sein Name gedruckt stand,
war alles, was er in der Tasche bei sich trug. –

Es war in der Mitte des Winters, an einem Sonntagmorgen, den er noch bei Philipp Reisern zubrachte, wo er sich
völlig reisefertig machte, um den Nachmittag seine Wanderschaft anzutreten, und, weil die Tage schon lang waren, noch
drei Meilen bis zu der nächsten Stadt, auf seiner Tour, zurückzulegen. –

Es war heitrer Sonnenschein – die Leute gingen in ihrem
Sonntagsschmuck auf der Straße, und zum Teil vor das Tor
spazieren, um am Abend in ihre Häuser wieder zurückzukehren, und Reiser sollte nun an diesem Tage auf immer aus
H... scheiden – dies machte ihm eine sonderbare Empfindung, die weder Schmerz noch Wehmut, sondern mehr eine
Art von Betäubung war. – Der Abschied aus H... preßte
ihm keine Träne aus, sondern er war dabei fast so kalt und
unbewegt, als ob er durch eine fremde Stadt gereist wäre, der
er nun wieder den Rücken zukehren mußte, um weiter zu

gehen. – Selbst der Abschied von Philipp Reisern war mehr
kalt als zärtlich. – *Philipp Reiser machte sich viel mit einer neuen
Kokarde an seinem Hute zu schaffen,* und unterhielt dabei seinen
scheidenden Freund, noch in der letzten Stunde, die sie
zusammen zubrachten, von seinem verliebten Romane, den ⁵
er damals gerade spielte, gleichsam, als wenn Anton Reiser
den Verfolg davon hätte abwarten können. – Kurz, die ganze
Unterhaltung war so, als ob sie am andern Tage wieder zusammen kommen, und alles denn nach der alten Weise
fortgehen würde. – Was aber Anton Reisern am meisten ¹⁰
ärgerte, war *das Putzen der Hutkokarde,* womit sich sein einziger Freund in der letzten Abschiedsstunde noch so eifrig
beschäftigen konnte. – Diese *Hutkokarde* schwebte ihm
noch lange nachher vor Augen, und machte ihm allemal eine
verdrießliche Rückerinnerung, so oft er daran dachte. – ¹⁵
Auch wurde ihm der Abschied aus H... von seinem einzigen Freunde durch dies Putzen der Hutkokarde sehr erleichtert. – Philipp Reiser meinte es aber demohngeachtet
gut mit ihm, nur hatte diesmal seine kleine Eitelkeit, und
seine verliebten Schwärmereien über die freundschaftliche ²⁰
Teilnehmung die Oberhand behalten, und seine Hutkokarde, worin er vielleicht seiner Schönen gefallen wollte, war
ihm auch ein sehr wichtiger Gegenstand geworden, wofür
nun Anton Reiser freilich keinen Sinn hatte –

»So kalt, so starr an der ehernen Pforte des Todes anzu- ²⁵
klopfen.«

Diese Worte aus Werthers Leiden hatten Anton Reisern
diesen ganzen Morgen im Sinne gelegen, und da ihm Philipp
Reiser den großen Torweg öffnen wollte, durch den nun
doch der eigentliche Trennungspunkt bewirkt wurde, weil ³⁰
Philipp Reiser, um nicht Verdacht zu erwecken, als ob derselbe um seine Abreise wüßte, ihn mit Fleiß nicht begleiten
sollte; so blieb er noch eine Weile inwendig stehen, sahe
Philipp Reisern starr an, und in dem Augenblick war es ihm,
als *klopfte er so kalt und starr an der ehernen Pforte des Todes an.* – Er ³⁵
gab Philipp Reisern, der ihm kein Wort sagen konnte, die
Hand, zog darauf den Torweg hinter sich zu, und eilte, um

die nächste Ecke zu kommen, damit sein nun von ihm ge-
schiedener Freund ihm nicht etwa nachsehen möchte. –
Darauf ging er schnell über den Wall nach dem Aegidien
Tore zu und sahe noch einmal seitwärts nach seiner ehma-
ligen Wohnung im Hause des Rektors, die er vom Walle aus
bemerken konnte. – Es war des Nachmittags um zwei Uhr,
und man läutete zur Kirche – er verdoppelte seine Schritte,
je näher er dem Tore kam. – Es war ihm, als ob das Grab
noch einmal hinter ihm seinen Schlund eröffnete. – Da er
aber nun die Stadt mit ihren grünbepflanzten Wällen im
Rücken hatte, und die Häuser, wie er zurückblickte, sich
immer dichter zusammendrängten, so wurde ihm leichter,
und immer leichter, bis endlich die vier Türme, welche den
bisherigen Schauplatz aller seiner Kränkungen und Bekümmernisse bezeichneten, ihm aus dem Gesichte schwanden. –

ANTON REISER.

EIN PSYCHOLOGISCHER ROMAN.

Herausgegeben
von Karl Philipp Moritz.

VIERTER TEIL.

Dieser vierte Teil von Anton Reisers Lebensgeschichte handelt, so wie die vorigen, eigentlich die wichtige Frage ab, *in
wie fern ein junger Mensch sich selber seinen Beruf zu wählen im Stande
sei?*

Er enthält eine getreue Darstellung von den mancherlei
Arten von Selbsttäuschungen, wozu ein mißverstandener
Trieb zur Poesie und Schauspielkunst den Unerfahrnen ver-
leitet hat.

Dieser Teil enthält auch einige vielleicht nicht unnütze
und nicht unbedeutende Winke, für Lehrer und Erzieher
sowohl, als für junge Leute, die ernsthaft genug sind, um
sich selbst zu prüfen, *durch welche Merkzeichen vorzüglich der
falsche Kunsttrieb von dem wahren sich unterscheidet?*

Man sieht aus dieser Geschichte, daß ein mißverstandener Kunsttrieb, der bloß die Neigung ohne den Beruf
voraussetzt, eben so mächtig werden und eben die Erscheinungen hervorbringen kann, welche bei dem wirklichen
Kunstgenie sich äußern, welches auch das Äußerste erduldet, und alles aufopfert, um nur seinen Endzweck zu erreichen.

Aus den vorigen Teilen dieser Geschichte erhellet deutlich: daß Reisers unwiderstehliche Leidenschaft für das
Theater eigentlich ein Resultat seines Lebens und seiner
Schicksale war, wodurch er von Kindheit auf, aus der wirklichen Welt verdrängt wurde, und da ihm diese einmal auf
das bitterste verleidet war, mehr in Phantasien, als in der
Wirklichkeit lebte – das Theater als die eigentliche Phantasienwelt sollte ihm also ein Zufluchtsort gegen alle diese
Widerwärtigkeiten und Bedrückungen sein. – Hier allein
glaubte er freier zu atmen, und sich gleichsam in seinem
Elemente zu befinden.

Und doch hatte er hiebei ein gewisses Gefühl von den
reellen Dingen in der Welt, die ihn umgaben, und worauf er
auch ungern ganz Verzicht tun wollte, da er doch einmal, so
gut wie die andern Menschen, Leben und Dasein fühlte.

Dies machte, daß er mit sich selbst im immerwährenden Kampfe war. Er dachte nicht leichtsinnig genug, um ganz den Eingebungen seiner Phantasie zu folgen, und dabei mit sich selber zufrieden zu sein; und wiederum hatte er nicht Festigkeit genug, um irgend einen reellen Plan, der sich mit seiner schwärmerischen Vorstellungsart durchkreuzte, standhaft zu verfolgen.

Eigentlich kämpften in ihm, so wie in tausend Seelen, die Wahrheit mit dem Blendwerk, der Traum mit der Wirklichkeit, und es blieb unentschieden, welches von beiden obsiegen würde, woraus sich die sonderbaren Seelenzustände, in die er geriet, zur Genüge erklären lassen.

Widerspruch von außen und von innen war bis dahin sein ganzes Leben. – Es kömmt darauf an, wie diese Widersprüche sich lösen werden!

So wie nun Reiser die Türme von H... aus dem Gesicht
verloren hatte, und mit schnellen Schritten vorwärts ging,
atmete er freier, seine Brust erweiterte sich – die ganze Welt
lag vor ihm – und tausend Aussichten eröffneten sich vor
seiner Seele.

Er dachte sich den Faden seines bisherigen Lebens
gleichsam wie abgeschnitten – er war nun aus allen Verwik-
kelungen auf einmal befreit – denn hätte er auch die Universität in G... bezogen, so hätte ihn auch dort sein
Schicksal hin verfolgt; die ganze Zeitgenossenschaft seiner
Jugend hätte auch dort wieder auf ihn gedrückt, und sein
Mut hätte ganz erliegen müssen.

Denn so lange wie er in jenen Kreis hingebannt war,
konnte er kein Zutrauen zu sich selber fassen – und wenn
sein Mut sich erholen sollte, so mußte er sobald die Menschen nicht wieder sehen, die vielleicht unvorsätzlich ihm
die Tage seiner Jugend verbittert hatten.

Nun war er aus diesem Kreise ganz geschieden. – Der
Schauplatz seiner Leiden, die Welt, worin er die Schicksale
seiner Jugend durchlebt hatte, lag hinter ihm – er entfernte
sich mit jedem Schritt von ihr, und konnte, so wie er sich
eingerichtet hatte, acht Tage wandern, ohne daß ihn ein
Mensch vermißte.

Nun fand er eine unbeschreibliche Süßigkeit in dem Gedanken, *daß außer Philipp Reiser niemand um sein Schicksal, und
um den Ort seines Aufenthalts wußte, daß selbst dieser einzige Freund
sich bei seinem Abschiede nicht sehr bekümmert hatte; daß er nun
außer allen Verhältnissen, und allen Menschen zu denen er kam, völlig
gleichgültig war.*

Wenn das gänzliche Hinscheiden aus dem Leben durch
irgend einen Zustand kann vorgebildet werden, so muß es
dieser sein. –

So wie nun die Hitze des Tages sich legte, die Sonne sich
neigte, und die Schatten der Bäume länger wurden, verdop-

pelte er seine Schritte, und machte denselben Nachmittag die drei Meilen bis Hildesheim ununterbrochen, wie einen Spaziergang; auch betrachtete er es völlig, wie einen Spaziergang; denn er war nun in Hildesheim, so gut, wie in H... zu Hause.

Als er an das Stadttor kam, schlug er sich vorher den Staub von den Schuhen, brachte sein Haar in Ordnung, nahm eine kleine Gerte in die Hand, mit der er im Gehen spielte, und schlenderte auf die Weise langsam über die Brücke, auf der er zuweilen stehen blieb, als ob er jemanden erwartete; oder nach etwas sich umsah. – Und da er überdem in seidenen Strümpfen ging, so hielt ihn niemand in diesem Aufzuge für einen Reisenden, der über vierzig Meilen zu Fuß zu wandern im Begriff ist.

Keine Schildwache fragte ihn, und er wanderte mit den Einwohnern der Stadt, die auch von ihren Spaziergängen zurückkehrten, in die Tore von Hildesheim. – Und der Gedanke war ihm wiederum äußerst beruhigend und angenehm, daß er diesen Leuten gar nicht als fremd auffiel, niemand nach ihm sich umsah, sondern daß er gleichsam zu ihnen mitgerechnet wurde, ohne doch zu ihnen zu gehören. –

Da ihn nun niemand von allen diesen Menschen kannte, und niemand sich um ihn bekümmerte, so verglich er sich auch mit keinem mehr; er war, wie von sich selbst geschieden; seine Individualität, die ihn so oft gequält und gedrückt hatte, hörte auf, ihm lästig zu sein; und er hätte sein ganzes Leben auf die Weise ungekannt und ungesehen unter den Menschen herumwandeln mögen.

Als er nicht weit vom Tore einen Gasthof suchte, kam ihm die Straße bekannt vor, und er erinnerte sich wieder an die Zeit als er vor vier Jahren, mit dem Rektor bei dem er wohnte, am Fronleichnamsfeste hier war, und an die ängstliche und peinliche Lage in der er sich damals befand, weil er von der Gesellschaft mit der er ging weder ausgeschlossen war, noch eigentlich dazu gehörte. – Es wälzte sich ihm wie ein Stein vom Herzen weg, da er sich das alles nun als gänzlich vergangen dachte.

In dem Gasthofe, worin er nun einkehrte, empfing und
bewirtete man ihn nach seiner Kleidung, und er hatte nicht
den Mut es von sich abzulehnen, sondern ließ es sich gefallen, daß man ihm ein Abendessen zubereitete, ein Bette zum
Schlafen anwies, und ihm am andern Morgen seinen Kaffee
brachte. – Den trank er noch in Ruhe und las im Homer
dazu, als er auf einmal, wie aus einer Art von Betäubung
erwachte, da er sich lebhaft vorstellte, daß er mit seiner
Barschaft, die aus einem einzigen Dukaten bestand, nicht
nur über vierzig Meilen weit reisen, sondern notwendig an
Ort und Stelle noch etwas davon übrig haben müßte.

Er bezahlte schnell seine Zeche, die ihn um nicht weniger
als den sechsten Teil seines ganzen Vermögens ärmer machte; erkundigte sich nach der Straße, die auf Seesen führte,
und wanderte mit sorgenvollen Gedanken, und schwerem
Herzen aus dem Tore von Hildesheim.

Es war noch früh am Tage – der Weg führte ihn durch eine
angenehme Gegend, wo Wald und Flur miteinander abwechselten, und der Gesang der Vögel ihm entgegen tönte,
indes die Morgensonne auf die grünen Wipfel der Bäume
schien. –

So wie er nun schneller vorwärts ging, fühlte er auch nach
und nach wieder sein Gemüt erleichtert, heitere Gedanken,
reizende Aussichten, und kühne Hoffnungen stiegen allmählich wieder in seiner Seele auf, und nun entstand in ihm
ein Vorsatz, der ihn auf einmal über alle Sorgen hinwegsetz-
te, und der ihn auf seiner ganzen Wanderung reich und
unabhängig machte.

Er durfte nur seine ganze Nahrung auf Brot und Bier
einschränken, auf der Streu schlafen, und niemals wieder in
einer Stadt übernachten, um seinen Unterhalt während der
Reise mit wenig mehr als einem Groschen täglich zu bestreiten. Auf die Weise konnte er länger als einen Monat
unterwegens sein, und war am Ende der Reise doch noch
nicht ganz entblößt.

Sobald er diesen Vorsatz, den er von dem Tage an standhaft ausführte, gefaßt hatte, fühlte er sich wieder frei und

glücklich wie ein König – selbst diese freiwillige Entsagung aller Bequemlichkeiten, und diese Einschränkung auf die allernötigsten Bedürfnisse – gab ihm eine Empfindung ohne Gleichen; er fühlte sich nun beinahe wie ein Wesen, das über alle irdische Sorgen hinweggerückt ist; und lebte deswegen auch ungestört in seiner Ideen- und Phantasienwelt, so daß dieser Zeitpunkt, bei allem anscheinenden Ungemach, einer der glücklichsten Träume seines Lebens war.

Unmerklich aber schlich sich denn doch ein Gedanke mitunter, der sein gegenwärtiges Dasein, damit es nicht ganz zum Traume würde, wieder an das vorige knüpfte. Er stellte sich vor, wie schön es sein würde, wenn er nach einigen Jahren in dem Andenken der Menschen, worin er nun gleichsam gestorben war, wieder aufleben, in einer edlern Gestalt vor ihnen erscheinen, und der düstere Zeitraum seiner Jugend alsdann vor der Morgenröte eines bessern Tages verschwinden würde.

Diese Vorstellung blieb immer fest bei ihm – sie lag auf dem Grunde seiner Seele, und er hätte sie um alles in der Welt nicht aufgeben können; alle seine übrigen Träume und Phantasien hielten sich daran, und bekamen dadurch ihren höchsten Reiz. – Der einzige Gedanke, daß *er dieselben Menschen,* die ihn bis jetzt gekannt hätten, *niemals* wiedersehen würde, hätte damals alles Interesse aus seinem Leben hinweggenommen, und ihm die süßesten Hoffnungen geraubt.

Als nun der Mittag herannahte, so kehrte er in einem Dorfe in einem geringen Wirtshause ein, wo er ohnedem außer Bier und Brot auch für Geld nichts hätte haben können, und also der Fall nicht eintrat, daß man ihm eine bessere Bewirtung angeboten, und er sie hätte ablehnen müssen.

Es machte ihm nun unbeschreiblich Vergnügen, daß er für wenige Pfennige ein so großes Stück schwarzes Brot erhielt, welches ihn den ganzen Tag gegen den Hunger sicher stellte. Er brockte sich einen Teil davon ins Bier, und hielt auf die Weise das erste Mittagsmahl nach seinen eigenen strengen Gesetzen, von welchen er von nun an, während der Reise, nicht abging.

Er eilte denn aber, daß er schnell wieder aus der dumpfigen Gaststube ins Freie kam, wo er unter einem schattigten Baum sich niedersetzte, und zur Mittagserholung in Homers Odyssee las. – Mochte nun dies Lesen im Homer eine zurückgebliebene Idee aus Werthers Leiden sein, oder nicht, so war es doch bei Reisern gewiß nicht Affektation, sondern machte ihm würkliches und reines Vergnügen – denn kein Buch paßte ja so sehr auf seinen Zustand, als grade dieses, welches in allen Zeilen den vielgewanderten Mann schildert, der viele, Menschen, Städte und Sitten gesehen hat, und endlich nach langen Jahren in seiner Heimat wieder anlangt, und *dieselben Menschen,* die er dort verlassen hat, und nimmer wieder zu sehen glaubte, auch endlich noch wieder findet.

Der Weg ging nun immer Berg auf, Berg ab. – Die Hitze war ziemlich groß, und Reiser löschte seinen Durst, so oft er einen klaren Bach antraf, aus welchem ihm umsonst zu schöpfen frei stand.

In dem Dorfe, wo er die erste Nacht blieb, war die Gaststube voller Bauern, die einen großen Lärm machten, so daß es ihm nicht möglich war, zu lesen; er beschäftigte sich also mit seinen Gedanken; und eine steinalte Frau, die im Lehnstuhle saß, und mit dem Kopfe bebte, zog seine ganze Aufmerksamkeit auf sich. –

Diese Frau war hier erzogen, hier geboren, hier alt geworden, hatte immer die Wände dieser Stube, den großen Ofen, die Tische, die Bänke gesehen – nun dachte er sich nach und nach in die Vorstellungen und Gedanken dieser alten Frau so sehr hinein, daß er sich selbst darüber vergaß, und wie in eine Art von wachenden Traum geriet, als ob er auch hier bleiben müßte, und nicht aus der Stelle könne. – Ein solcher Traum war bei der plötzlichen Veränderung, die sein Zustand gelitten hatte, sehr natürlich – und als seine Gedanken sich sammleten, fühlte er das Vergnügen der Abwechselung, der Ausdehnung, der unbegrenzten Freiheit doppelt wieder – er war wie von Fesseln entbunden, und die alte Frau, mit bebendem Haupte, war ihm wieder ein gleichgültiger Gegenstand.

Diese Art aber sich in die Vorstellungen anderer Menschen hineinzudenken, und sich selbst darüber zu vergessen, klebte ihm von Kindheit an — es war einer seiner kindischen Wünsche, daß er nur einen Augenblick aus den Augen eines andern Menschen, den er vor sich sahe, möchte heraussehen, und wissen können, wie dem die umstehenden Sachen vorkämen.

Zum erstenmale legte er mit weitaussehenden Gedanken auf die Streu sich nieder; seinen Degen legte er neben sich, und deckte sich mit seinen Kleidern zu. — Seine Gedanken aber ließen ihm keine Ruh, die Zukunft wurde immer glänzender und schimmernder vor seinen Blicken; die Lampen waren schon angezündet, der Vorhang aufgezogen, und alles voll Erwartung, der entscheidende Moment war da. —

Darüber kam bis nach Mitternacht kein Schlaf in seine Augen, und als er am Morgen erwachte, war auf einmal der Schauplatz ganz verändert; die öde Gaststube, die Bierkrüge, das schwarze Brot, und erschlaffende Müdigkeit — hier rächten sich seine reizenden Phantasien an ihm mit schrecklichem Unmut und Lebensüberdruß, der über eine Stunde währte.

Er legte sich mit dem Kopf auf den Tisch, und suchte vergeblich wieder einzuschlummern, bis die ermunternden Strahlen der Sonne, die ins Fenster schienen, ihn wieder zum Leben weckten, und sobald er sich nur erst auf den Weg gemacht hatte, und aus der dumpfigen Gaststube war, verschwand auch schnell sein Unmut wieder, und das reizende Ideenspiel begann von neuem.

Er lebte auf die Weise gleichsam ein doppeltes Leben, eins in der Einbildung und eins in der Wirklichkeit. Das Wirkliche blieb schön und harmonierte mit dem Eingebildeten, bis auf die Gaststube, das Gelärm der Bauern, und die Streu — dies aber wollte sich nicht recht dazu reimen — denn es war auf die unbegrenzte Freiheit am Tage, eine zu große Beschränkung am Abend; weil er doch nun bis zum andern Morgen in keiner andern Umgebung sein konnte, als in dieser.

Freilich hatten die äußern Gegenstände einen immerwährenden Einfluß auf die inneren Gedankenreihen; mit dem
Horizonte erweiterten sich auch gemeiniglich seine Vorstellungen, und an die Aussicht in eine neue Gegend knüpfte
5   sich immer gern eine neue Aussicht in das Leben.

Einmal war er lange mühsam bergan gestiegen, als auf
einmal eine weite Ebene vor ihm da lag, und er in der Ferne
ein Städtchen, an einem See erblickte – dieser Anblick
frischte auf einmal alle seine Gedanken und Hoffnungen
10   wieder auf. – Er konnte seine Augen von dem Gewässer in
der Ferne nicht verwenden, das ihn mit neuem Mut beseelte,
die Ferne aufzusuchen. –

Seine Reiseroute von Hildesheim ging nehmlich über
Salzdethfurth, Bockenem, und Seesen, auf Duderstadt, von
15   wo er denn über Mühlhausen geradezu nach Erfurt, und von
dort auf Weimar gehen wollte, welches das Ziel seiner Wünsche war.

Dort glaubte er nehmlich die Eckhoffsche Schauspielergesellschaft vorzufinden, und seine Schauspielerlaufbahn
20   sollte dort beginnen. – Nun spielte er unterwegens auf seinen Wanderungen alle die Rollen in Gedanken durch, die ihn
dereinst mit Ruhm und Beifall krönen, und seinen mannigfaltigen Kummer belohnen sollten. –

Er glaubte es könne ihm nicht fehlschlagen, weil er jede
25   Rolle tief empfand, und sie in seiner eigenen Seele vollkommen darzustellen und auszuführen wußte – er konnte nicht
unterscheiden, daß dies alles nur *in ihm* vorging, und daß es
an äußerer Darstellungskraft ihm fehlte. – Ihm deuchte, die
Stärke womit er seine Rolle empfand, müsse alles mit sich
30   fortreißen, und ihn seiner selbst vergessen machen. –

Dies geschahe auch wirklich, wenn während dem Gehen
seine Einbildungskraft immer erhitzter wurde – und er denn
endlich auf dem Felde, wo er sich ganz allein glaubte, mit
Beaumarchais laut zu toben, mit Guelfo zu rasen anfing.

35   Dieser Guelfo aus Klingers Zwillingen war vor seiner
Abreise aus H... eine seiner Lieblingsrollen geworden;
denn er fand sein Hohngelächter über sich selber, seinen

Selbsthaß, seine Selbstverachtung und Selbstvernichtungs-
sucht, dennoch mit Kraft vereint, in dem Guelfo wieder.
Und der Akt, wo Guelfo nach dem Brudermord, den Spiegel
in welchem er sich sieht, zerschmettert, war Reisern ein
wahres Fest. – Alle dies überspannte Schreckliche hatte ihn
gleichsam berauscht – er taumelte in dieser Trunkenheit
über Berg und Tal – und wo er ging, da war sein Schauplatz
unbegrenzt. –

Klavigo, der ihm so viel Tränen gekostet hatte, war ihm
nun zu kalt, und Beaumarchais trat an seine Stelle. – Dann
kamen Hamlet, Lear, Othello, an die Reihe, die damals noch
auf keiner deutschen Bühne vorgestellt wurden, und die er
seinem Philipp Reiser ganz allein in schauervollen Nächten
vorgelesen, und alle diese Rollen selbst durchgespielt, selbst
durchempfunden hatte.

Nun gesellte sich hierzu die Dichtkunst; so sanft und
melodisch floß sein Vers dahin, und so bescheiden und doch
voll edlen Stolzes war seine Muse, daß sie die Zuneigung
aller Herzen ihm sicher gewinnen mußte. – Er wußte zwar
noch nicht eigentlich, was dies nun für ein Gedicht sein
sollte, aber im Ganzen war es das schönste und harmonisch-
ste, was er sich denken konnte, weil es getreuer Abdruck
seiner vollen Empfindung war.

Mitten in einem solchen lyrischen Schwunge seiner Gedanken war es, als er dicht bei Seesen, einen Fußpfad ging,
der ihn von der Straße ab, über eine Wiese führte, wo gerade
ein Scheibenschießen war, das allen seinen schimmernden
Aussichten in die Zukunft beinahe ein plötzliches Ende gemacht hätte: denn eine Flintenkugel sauste ihm dicht vor
dem Kopfe vorbei, während daß alles ihm zuschrie, er solle
von dort weggehen – er eilte schnell durch Seesen durch,
und wanderte ruhig weiter, bis er in einem kleinen Dorfe
wieder übernachtete.

Am zweiten Tage seiner Wanderung kam nun Reiser über
einen Teil des Harzgebürges, und es war noch früh am Tage,
als er zur Rechten an der Heerstraße, die Mauren einer zerstörten Burg auf einer Anhöhe liegen sah; er konnte sich

nicht enthalten hier hinauf zu steigen, und als er oben war,
verzehrte er sein Stück schwarzes Brot, das er sich zum
Frühstücke mitgenommen, in den Ruinen dieses alten Rit-
tersitzes, und sah dabei auf die Heerstraße durch den Wald
5 hinunter. –

Daß er nun als ein Wanderer in diesem alten zerstörten
Gemäuer wieder sein Morgenbrot verzehrte, und an die Zeiten dachte, wo hier noch Menschen wohnten, die auch auf
diese Heerstraße durch den Wald hinunter sahen – dies
10 machte ihm einen der glücklichsten Momente – es schallte
ihm immer wieder wie eine Prophezeiung aus jenen Zeiten,
daß diese Mauren einst öde stehen, daß der Wanderer sich
dabei ausruhen, und an die Tage der Vorzeit sich erinnern
würde.

15 Sein Stück schwarzes Brot, war ihm hier oben eine festliche Mahlzeit – er stieg gestärkt wieder hinunter, und
wanderte frohen Mutes seine Straße fort, indem er die höhern Harzgebürge linker Hand liegen ließ.

Das Wandern ward ihm nun so leicht, daß der Boden
20 unter ihm eine Welle schien, auf der er sich hob, und sank,
und daß er so von einem Horizont zum andern sich fortge-
tragen fühlte – er verhielt sich bloß leidend, und immer stieg
eine neue Scene vor seinem Blick empor.

Die Mittagseinkehr in der unangenehmen Gaststube war
25 bald vorüber, und er befand sich wieder in der freien offenen Natur. – Diese Einkehr aber war ihm doch beschwerlich, und er dachte schon darauf, sich auch von dieser zu
befreien, als er einmal über ein Kornfeld ging, und ihm die
Jünger Christi einfielen, welche am Sonntage Ähren aßen.

30 Er machte sogleich den Versuch eine Handvoll Körner
aus den Ähren herauszustreifen, aus welchen Körnern er
das Mehl sog, und die Hülsen ausspuckte. Indes aber blieb
das Nahrungsmittel doch immermehr ein Zeitvertreib, als
daß es ihm eigentlich das Einkehren hätte ersparen sollen –
35 Das Angenehme dieses Nahrungsmittels lag vorzüglich in
der Idee davon, welche den Begriff von Freiheit und Unabhängigkeit noch vermehrte.

Da er nun wieder eine Tagereise vollendet hatte, kehrte er ohnweit Duderstadt in einem kleinen Dorfe ein, wo in dem Wirtshause niemand zu Hause war.

Es war noch vor der Dämmerung – der Torweg zum Hofe bei dem Wirtshause stand offen – und auf dem Hofe war eine Laube, in welcher ein Tisch aber weder Stuhl noch Bank stand. –

Reiser, um sich auszuruhen, legte sich also auf den Tisch, und weil er zum lesen noch sehen konnte, so las er in der Odyssee die Stelle von den Menschenfressern, die in dem ruhigen Hafen, die Schiffe des Ulysses zerschmettern, und seine Gefährten ergreifen und verzehren. –

Auf einmal war der Wirt zu Hause gekommen, und sahe, da es schon anfing dunkel zu werden, einen Menschen in seinem Hofe in der Laube auf dem Tische liegen, und in einem Buche lesen.

Er redete Reisern erst ziemlich unsanft an, da dieser sich aber aufrichtete, und der Wirt in ihm einen wohlgekleideten Menschen sah, so fragte er ihn sogleich, ob er ein Jurist sei, welches in diesen Gegenden die gewöhnliche Benennung für einen Studenten ist, weil die Theologen größtenteils in Klöstern studieren, und schon als Geistliche betrachtet werden.

Dem Wirt war seine Frau gestorben, und außer ihm war niemand im ganzen Hause. Der Mann war aber gesprächig, und Reiser hielt seine Abendmahlzeit, die wie gewöhnlich aus Bier und Brot bestand, in seiner Gesellschaft.

Der Mann erzählte ihm von vielen sogenannten Juristen, die bei ihm logiert hätten, und Reiser ließ ihn dabei, daß er auch im Begriff sei nach Erfurt zu gehen, um dort zu studieren.

Alle dergleichen Unterredungen, die an sich unbedeutend gewesen wären, erhielten in Reisers Idee einen poetischen Anstrich, durch das Bild von dem homerischen Wanderer, welches ihm immer vor der Seele schwebte, und selbst die Unwahrheiten in seinen Reden hatten etwas Übereinstimmendes mit seinem poetischen Vorbilde, dem Minerva zur

Seite steht und wegen seiner wohl überdachten Lüge ihm
Beifall zulächelt.

Reiser dachte sich seinen Wirt nicht bloß als den Wirt
einer Dorfschenke, sondern als einen Menschen, den er nie
gekannt, nie gesehen hatte, und nun auf eine Stunde lang mit
ihm zusammentraf, an einem Tische mit ihm saß, und Worte
mit ihm wechselte.

Dasjenige, was durch die menschlichen Einrichtungen
und Verbindungen gleichsam aus dem Gebiete der Aufmerksamkeit herausgedrängt, gemein und unbedeutend geworden ist, trat, durch die Macht der Poesie, wieder in seine
Rechte, wurde wieder *menschlich,* und erhielt wieder seine
ursprüngliche Erhabenheit und Würde.

Der Mann war nicht einmal eingerichtet, eine Streu zu
machen, weil selten jemand hier übernachtete; und Reiser
schlief auf dem Heuboden, der ihm ein angenehmes Lager
gewährte.

Am andern Morgen früh setzte er seine Reise weiter fort,
und der Aufenthalt in diesem Hause mit *dem Wirt ganz allein,*
blieb ihm eine seiner angenehmsten Erinnerungen.

An diesem Tage ging es in seiner innern Gedankenwelt
besonders lebhaft zu – Er hatte sich nun um ein merkliches
seinem Ziele genähert, und die Besorgnis trat doch nun bei
ihm ein, was er auf den Fall tun würde, wenn seine Aussichten zu unmittelbaren Ruhm und Beifall ihm mißlingen,
und die Entwürfe zu seiner theatralischen Laufbahn gänzlich scheitern sollten.

Nun traten auf einmal die Extreme auf, ein Bauer oder
Soldat zu werden, und auf einmal war das poetische und
theatralische wieder da, denn seine Ideen vom Bauer und
Soldat wurden wieder zu einer theatralischen Rolle, die er in
seinen Gedanken spielte.

Als Bauer entwickelte er nach und nach seine höhern
Begriffe, und gab sich gleichsam zu erkennen; die Bauern
horchten ihm aufmerksam zu, die Sitten verfeinerten sich
allmählich, die Menschen um ihn her wurden gebildet.

Als Soldat fesselte er die Gemüter seiner Schicksalsge-

nossen allmählich durch reizende Erzählungen; die rohen
Soldaten fingen an, auf seine Lehren zu horchen: das Gefühl
der höhern Menschheit entwickelte sich bei ihnen; die
Wachtstube ward zum Hörsaale der Weisheit.

Indem er also glaubte, daß er gerade auf das Entgegengesetzte vom Theater sich gefaßt gemacht habe, war er erst
recht in vollkommen theatralische Aussichten und Träume
wieder hineingeraten.

Es lag aber für ihn eine unbeschreibliche Süßigkeit in dem
Gedanken, wenn er Bauer oder Soldat werden müßte, *weil er*
in einem solchen Zustande weit weniger zu scheinen glaubte, als er
wirklich wäre.

Während er sich mit diesen Gedanken beschäftigte, kam
er durch ⟨die⟩ Stadt Worbes, wo ihm einige Franziskanermönche aus dem dasigen Kloster begegneten, die ihn freundlich
grüßten.

Als er vor dem Kloster vorbeiging, hörte er inwendig den
Gesang der Mönche, die da nun von der Welt abgeschieden,
ohne Sorgen, Pläne und Aussichten lebten, und alles das,
was sie sein wollten, auf einmal waren.

Dies machte zwar einigen Eindruck auf sein Gemüt, aber
lange nicht so stark, als nachher der erste Anblick eines
Kartäuserklosters, dessen Einwohner durch ihre Mauern
gänzlich von der Welt geschieden, auch nie mit einem Fuße
den Schauplatz wieder betreten, den sie einmal verlassen
haben.

Durch die wandernden Franziskanermönche aber wurde die Idee von Abgeschiedenheit kleinlich und abgeschmackt. – Der schnelle Gang vertrug sich nicht mit dem
Ordenskleide, und das Ganze hatte auch nicht einmal poetische Würde.

Übrigens tönte die hochdeutsche Sprache der Leute in
diesen Gegenden immer angenehm in Reisers Ohren, weil
dadurch die Idee seiner nunmehrigen Entfernung von dem
plattdeutschen Lande immer lebhaft wieder in ihm erweckt
wurde.

Nun war diesen Tag auch sehr schönes Wetter gewesen,

und Reiser kehrte den Abend in einem Dorfe, Namens
Orschla ein, um den andern Morgen von dort aus nach der
Reichsstadt Mühlhausen seinen Weg fortzusetzen.

Das Dorf ist katholisch; und als er an den Gasthof kam,
stand eine Menge Leute vor der Türe, unter denen sich der
Schulmeister des Orts befand, welcher ihn mit den Worten
anredete: esne litteratus? (ob er nicht ein Gelehrter wäre?)

Reiser bejahte dies wieder in lateinischer Sprache, und auf
befragen wohin er ginge, sagte er wieder: er ginge nach Erfurt, um dort die Theologie zu studieren; denn dies schien
ihm immer das sicherste zu sein.

Während der Zeit standen die Bauern umher, und horchten zu, wie ihr Schulmeister mit dem fremden Studenten
lateinisch sprach. Der Sohn des Schulmeisters kam auch
dazu, der in Hildesheim studiert hatte, und jetzt seinem
Vater adjungiert war.

Reiser ging nun in die Stube, und legte zu noch mehrerem
Beweise, daß er ein Litteratus sei, seinen Homer auf den
Tisch, welchen denn auch der Schulmeister gleich kannte,
und den Bauern auf deutsch sagte, daß das der Homer wäre.

Mit Reisern aber fuhr er immer fort Latein zu sprechen,
so gut es gehen wollte, wobei denn viel komisches mit unter
lief; da er sehr viel von seinem gelehrten Unterricht sprach,
so fragte ihn Reiser, ob er auch mit seinen Schülern die
Kirchenväter läse? worüber er erst ein wenig in Verlegenheit
geriet, sich aber doch bald wieder faßte, und sagte: alterna-
tim.

Er nahm nun Abschied von Reisern, der den andern Morgen früh schon weiter gehen wollte, und warnte ihn, sich vor
den Kaiserlichen und Preußischen Werbern in diesen Gegenden in Acht zu nehmen, und sich durch keine Drohungen schrecken zu lassen, wenn sie etwa äußerten, daß sie ihn
mit Gewalt nehmen wollten.

Reiser legte sich auf seine Streu ruhig schlafen – als er
aber am andern Morgen erwachte, regnete es so stark, daß er
in seiner Kleidung mit Schuhen und seidenen Strümpfen,
nicht aus dem Hause gehen, viel weniger seine Reise fort-

setzen konnte; da überdem hier ein leimigter Boden ist, der bei jeder Nässe das Gehen auf der Landstraße ganz außerordentlich beschwerlich macht.

Dies war nun freilich etwas Unvermutetes für Reisern – er hatte dem Wetter in dieser Jahrszeit zuviel zugetrauet, und war auf diesen Fall nicht vorbereitet, da er weder mit Stiefeln, noch sonst mit Kleidung zum Regenwetter versehen war, und sein beständiger Anzug auch seinen ganzen Kleidervorrat ausmachte.

Hier war also nichts zu tun, als auszuharren, bis der Himmel sich wieder aufklären, und das Erdreich sich wieder trocknen würde. – Es hörte aber diesen und den folgenden Tag nicht auf, zu regnen. –

Nun kam schon in aller frühe ein Kaiserlicher Unteroffizier in die Gaststube, der in diesem Orte auf Werbung lag, sich mit seinem Krug Bier ganz vertraulich neben Reisern an den Tisch setzte, und vom Soldatenleben erst von weitem mit ihm zu sprechen anfing, bis er nach und nach immer zudringlicher wurde, und ihm endlich geradezu versicherte, daß er doch vor den Preußischen und Kaiserlichen Werbern nicht über Mühlhausen kommen würde, und sich also lieber nur gleich von ihm für sieben Gulden Handgeld anwerben lassen möchte – so daß es den Anschein hatte, als wenn nun der Soldat in Reisers Phantasie, eher als er gedacht hatte, realisiert werden könnte.

Als der Soldat hinausgegangen war, trat der Schulmeister wieder herein, der Reisern einen guten Morgen bot, und ihn heimlich warnte, sich vor dem Werber in Acht zu nehmen, ob er gleich selbst das Soldatenleben für so schlimm nicht hielte; denn sein Sohn sei auch zwei Jahr in Maynzischen Diensten gewesen, und wer keinen Paß habe, könne hier schwerlich durchkommen.

Reiser versicherte ihm, daß er alles Nötige um sich zu legitimieren bei sich habe. Dies war nehmlich der lateinische Anschlagbogen, von dem Schulaktus in Hannover, da er am Geburtstage der Königin von England eine Rede hielt, und worauf sein Name nicht Reiser sondern Reiserus gedruckt

stand. Und außerdem noch den gedruckten Prolog zu dem
Deserteur aus Kindesliebe, worauf sein Name als Verfertiger
stand, nebst einem Gedicht auf die Einführung eines Lehrers, wo sein Name unter den übrigen Primanern gedruckt
mit aufgeführt war.

Er wollte diese sonderbaren Dokumente zuerst nicht gerne vorzeigen, bis es ihm äußerst nahe gelegt wurde, und man
ihm nicht undeutlich merken ließ, daß man ihn für einen
Landstreicher hielte.

Nun brachte er seine gedruckten Zeugnisse zum Vorschein, die eine bessere Wirkung taten, als er anfänglich geglaubt hatte, weil er sie nach und nach vorlegte.

Zuerst legte er den großen lateinischen Anschlagbogen
auseinander, und zeigte auf seinen Namen Reiserus. – Der
Schulmeister hatte hier wieder Gelegenheit, seine Stärke in
der Latinität zu zeigen, indem er den Anschlagbogen ins
Deutsche übersetzte; und so hatte Reiser schon viel bei ihm
gewonnen.

Darauf zog er den Prolog hervor, und wies die Anwesen-
den auf seinen deutsch gedruckten Namen; dies stimmte
also überein, und der Schulmeister erzählte bei der Gelegenheit, daß er auch auf der Jesuitenschule mit Komödie
gespielt, und sein Name gedruckt worden sei.

Zuletzt legte Reiser noch das Gedicht vor, wo sein Name
aufs Neue in der Liste aller seiner Mitschüler gedruckt erschien, und nun vollends aller Zweifel verschwand, daß er
der nicht wirklich wäre, der seinen Namen so oft, und auf so
verschiedene Weise gedruckt aufzeigen konnte. Der Werber
selbst wurde stille, und schien vor Reisern einigen Respekt
zu bekommen.

Dies verschaffte ihm Ruhe. Er ließ sich Feder und Papier
geben, und fing an, eine von den Hymnen des Homers in
deutsche Hexameter zu übersetzen. Den Abend kam der
Schulmeister wieder, und unterhielt sich mit ihm: so ging
dieser Tag vorüber, und Reiser legte sich ruhig schlafen.

Als er aber am andern Morgen erwachte, den Himmel
wieder eben so trübe wie gestern sahe, und den Regen ans
Fenster schlagen hörte, fing ihm an der Mut zu sinken –

Er stand von seiner Streu auf, und setzte sich traurig an den Tisch; es wollte mit den homerischen Hymnen nicht vorwärts gehen – er stellte sich ans Fenster, und sahe zu, ob der Himmel sich noch nicht ein wenig aufklären wollte, als der Soldat schon wieder hereintrat, um ihm seine Morgenvisite zu machen.

Da nun Reiser sich ankleidete, und sein Haar in einen Zopf flochte, fing der Kriegesmann wieder an, ihm über seine Größe, und über die Länge seines Haars sehr viele Komplimente zu machen, und wie Schade es um ihn sei, daß er nicht in den Kriegsstand treten wolle.

Der Schulmeister kam nun auch dazu; sie hatten seit gestern überlegt, daß alle die vorgezeigten Dokumente kein Siegel gehabt hatten, und brachten nun diesen Umstand gegen Reisern vorzüglich in Anregung, daß er doch vor den Werbern nicht durchkommen würde, und daß er sich also lieber dem gönnen sollte, der doch die ersten Ansprüche auf ihn hätte.

So dauerte es nun den ganzen Tag über, welcher für Reisern, der nicht fort konnte, einer der traurigsten war, bis es gegen Abend sich aufklärte, und auf einmal sein Mut wieder erwachte.

Er nahm alle seine Überredungskraft zusammen, um die Leute durch die nachdrücklichsten Vorstellungen zu überzeugen, daß es wirklich sein Vorsatz sei, in Erfurt zu studieren, wovon ihn nichts in der Welt abbringen könne, daß diese ihm endlich zu glauben schienen.

Der Schulmeister sagte ihm auf lateinisch, wenn er Morgenfrüh auf Mühlhausen zureiste, so würde ihm der Wirt von diesem Gasthofe begegnen, der auch lateinisch spräche, und verreist gewesen sei, um die seinigen (suos) zu holen.

Der Soldat aber versprach Reisern, zu seinem Schrecken, ihn den andern Morgen zu begleiten, und ihn durch ein Gehölz auf den Weg zu bringen.

Den andern Morgen in aller Frühe war der Soldat schon wieder da, um ihn zu begleiten, und wollte im Gasthofe Reisers Zeche bezahlen, welches dieser aber mit Gewalt nicht zugab.

Sie gingen nun aus dem Dorfe Orschla auf Hähnichen zu eine Anhöhe herauf, der Soldat sprach kein Wort, und da sie durch ein Gehölz kamen, so erwartete nun Reiser jeden Augenblick die Entscheidung seines Schicksals, dem er doch nicht entgehen könnte.

Auf einmal stand der Soldat still, und hielt an Reisern eine ordentlich pathetische Anrede, er sollte sich noch einmal prüfen, ob er sich wirklich getraute, nicht in die Hände anderer Werber zu fallen; denn das Einzige würde ihn nur ärgern, wenn er hörte, daß Reiser doch Soldat geworden wäre, und ihn also gleichsam betrogen hätte: wenn es aber sein wirklicher Vorsatz sei zu studieren, und nicht Soldat zu werden, so wünsche er ihm Glück zu seinem Vorhaben, und eine glückliche Reise.

Hiermit ging er fort, und Reiser traute immer noch nicht recht, bis er erst eine ganze Strecke gegangen war, und ihm nichts auffallendes begegnete, außer einem pucklichten Mann, der zwei Schweine vor sich hertrieb, und ihn lateinisch anredete, weil er ihn für einen Studenten hielt.

Dies war der Gastwirt aus Orschla, wovon der Schulmeister gesagt hatte, daß er (suos) die Seinigen holte, welcher aber (sues) Schweine geholt hatte, die der Schulmeister in Orschla nach der zweiten Deklination dekliniert, und sie dadurch zu den Seinigen erhoben hatte.

Sobald sich nun Reiser wieder im Freien sahe, und niemand gewahr wurde, der ihm aufgelauert hätte, so war ihm dies ein unerwartetes Glück – die Gefahr aber, welcher er entronnen war, machte doch, daß er im Gehen sehr ernsthaft über sein künftiges Leben nachdachte.

Er erwog, daß es ihm bei allen Leuten ein ehrliches Ansehn gab, wenn er sagte, daß er auf die Universität gehen und studieren wolle. Die Idee war ihm auch selber nicht zuwider; dies dauerte aber nur so lange, bis die Kulissen mit den Lichtern in seiner Einbildungskraft wieder hervortraten, und alle andern Aussichten weichen mußten.

Er wanderte bis gegen Mittag auf eine ziemlich unbequeme Weise, weil der Boden noch nicht trocken war, wobei nun zu seinem Schrecken seine Schuh zu leiden anfingen, die unter seinen Umständen gewissermaßen einen unersetzlichen Teil seines Selbst ausmachten.

Er fühlte den drohenden Verlust mit jedem Schritte den er tat, als um die Mittagsstunde der Himmel sich wieder mit Wolken umzog, die einen neuen Regenguß prophezeieten, welcher sich auch sehr bald einstellte, und Reisers Wanderschaft zum zweitenmal unterbrach.

Zum Glück erreichte er bald ein Jägerhaus, das mitten auf einem rund umher mit Wald umgebenen Felde lag, und wo er eben so voller Zutraun einkehrte, als er höflich und gut aufgenommen und bewirtet wurde.

Es war, als ob sein Empfang schon vorbereitet wäre, so freundschaftlich nahmen ihn die Leute in dieser einsamen Wohnung auf.

Es war, als ob es sich bei diesen Leuten von selbst verstände, daß man in einem solchen Wetter einen Wanderer aufnehmen müsse. Es hörte den ganzen Tag nicht auf zu regnen, und die Leute nötigten ihn selber, die Nacht zu bleiben.

Als sie ihn nun zum Abendessen nötigten, verbat es sich Reiser, weil er nicht hinlänglich mit Gelde versehen sei, um diese Bewirtung zu bezahlen; indem er eine weite Reise vor sich habe, und sich außerordentlich einschränken müsse; worauf der Jäger aber mit einer Art von Unwillen ihn an den Tisch zog.

Es war für Reisern ein Gefühl ohne Gleichen, sich von ganz unbekannten Menschen so wohl aufgenommen zu sehen.

Er fand sich hier, wie zu Hause; man wies ihm die Nacht ein gutes Bette an, das ihm nun zum erstenmale auf seiner Wanderung wieder geboten wurde.

Am andern Morgen weckte man ihn zum Frühstück, und nötigte ihn, den ganzen Tag da zu bleiben, weil es noch immerfort regnete.

Der Mann ging ins Holz, und verwies Reisern auf seine Bibliothek, daß er sich während der Zeit damit unterhalten sollte.

Diese Bibliothek bestand aus einer großen Sammlung von alten Kalendern, Totengesprächen, der Geschichte eines göttingschen Studenten, und einem Erfurtischen Wochenblatt, der Bürger und der Bauer, wo der Bauer im Thüringschen Dialekt sprach, und der Bürger ihm in hochdeutscher Sprache antwortete.

Reiser amüsierte sich herrlich mit diesen Sachen, und gab von Zeit zu Zeit wieder seinen Gedanken Raum; denn sein gütiger Wirt und Wirtin waren von wenigen Worten, und nicht im Geringsten neugierig, sondern fragten ihn nicht einmal, wohin er ginge, und woher er käme, so daß er also durch nichts in seinen Gedanken gestört wurde.

Diese gastfreundliche Stube mit dem kleinen Fenster, wodurch man weit übers Feld nach dem Holze sahe, indes der Regen sich draußen stromweise ergoß, blieb eins der angenehmsten Bilder in Reisers Gedächtnis.

Am dritten Morgen hatte sich der Himmel aufgeklärt; und als Reiser nun von seinen Wohltätern Abschied nahm, suchten sie ihm sogar noch den Dank zu ersparen, indem sie eine nicht nennenswerte Kleinigkeit an Gelde, als eine Bezahlung für die dreitägige Bewirtung von ihm annahmen, und da er wegging nicht einmal nach seinem Namen fragten.

Das Andenken an diese Leute machte Reisern während dem Gehen noch manche frohe Stunde, und gab ihm zugleich wieder Mut und Zutrauen zu den Menschen, unter die er sich nun, wie in einem Ocean, verlor.

Der Weg war zuerst von dem gestrigen Regen noch ziemlich beschwerlich; weil aber die Sonne heiß schien, so trocknete der Boden bald wieder, und Reiser erreichte noch gegen Mittag die Reichsstadt Mühlhausen, welche nun als ein neuer ungewohnter Anblick, mit ihren Türmen vor ihm lag.

Hier stand ihm nun, wie er gewarnt war, die meiste Gefahr von den Werbern bevor. – Er gab sich also diesmal alle mögliche Mühe, ehe er ins Tor ging, sorgfältig seine Toilette zu machen; und die schon einmal versuchte Rolle eines unbefangnen Spaziergängers gelang ihm auch diesmal wieder eben so gut, wie in Hildesheim, so daß er, ohne von einer

Schildwache befragt zu werden, glücklich durchs Tor in die Stadt kam.

Durch die Stadt eilte er so schnell wie möglich, erkundigte sich nach dem Tore aus welchem der Weg nach Erfurt geht, und verdoppelte seine Schritte, so oft er etwas einer Soldatenkleidung Ähnliches nur von fern erblickte.

Wie froh schüttelte er den Staub von seinen Füßen über diese Stadt, als er den letzten Schlagbaum zurückgelegt hatte, und keinen preußischen Werber hinter noch neben sich sahe.

Die grünen Turmspitzen blieben das einzige Bild, was er von diesem Häuserhaufen mit sich nahm; alles übrige war verloschen; so schnell war seine Einbildungskraft über die Gegenstände hinweggegleitet.

Er näherte sich nun immer mehr dem Ziele seiner Reise, und betrachtete das Zurückgelegte mit stillem Vergnügen, wobei ihm besonders seine Sparsamkeit und harte Lebensart einen süßen Triumph gewährten, da nun die Beschwerlichkeiten beinahe überstanden waren. Demohngeachtet aber fühlte er wiederum eine Art von Ängstlichkeit, je kleiner der Zwischenraum zwischen ihm und seinen ungewissen Aussichten wurde.

Denn das, was in der Einbildungskraft keinen Anstoß gelitten hatte, sollte nun zur Wirklichkeit kommen, und mit Hindernissen kämpfen, die sich schon im Voraus darstellten. Es deuchte Reisern nun viel leichter, mit schönen und angenehmen Aussichten in die weite Welt zu wandern, als an Ort und Stelle selbst zu sein, und diese Aussichten wahr zu machen.

Drum hätte sich nun Reiser gerne das Ziel noch weiter weggewünscht, wenn er im Stande gewesen wäre, seine Wanderung weiter fortzusetzen. Eine traurige Bemerkung aber, die er an seinen Schuhen machte, deren Verlust für ihn, in den Umständen, worin er sich befand, unersetzlich war, hemmte auf einmal alle seine weiten Aussichten wieder, und machte, daß er ernsthaft über seinen Zustand nachdachte.

Es ist merkwürdig, wie die verächtlichsten wirklichen

Dinge, auf die Weise in die glänzendsten Gebäude der Phantasie eingreifen und sie zerstören können, und wie auf eben diesen verächtlichen Dingen eines Menschen Schicksal beruhen kann.

Reisers Glück, das er in der Welt machen wollte, hing jetzt im eigentlichen Sinne von seinen Schuhen ab; denn von seinen übrigen Kleidungsstücken durfte er nichts veräußern, wenn er mit Anstande erscheinen wollte: und doch machten zerrissene Schuhe, die er durch neue nicht ersetzen konnte, seinen ganzen übrigen Anzug unscheinbar und verächtlich.

Dies versetzte ihn, indem er auf dem Wege nach Langensalza begriffen war, in traurige und schwermütige Gedanken, bis ein Bauer und ein Handwerksbursch, die eben desselben Weges gingen, sich zu ihm gesellten, und ihn mit Gesprächen unterhielten.

Der Handwerksbursch erzählte von seinen Reisen in Chursachsen, und der Bauer hatte eine Klagesache, die er selbst in Dresden bei dem Churfürsten anbringen wollte.

Es war kurz nach Mittag und eine drückende Hitze. Den Handwerksburschen drückten seine Stiefeln – Reiser sahe mit jedem Tritte seine Schuhe sich verschlimmern, und der Bauer klagte über entsetzlichen Durst, als sie auf dem Felde einige Arbeitsleute antrafen, die einen Eimer Wasser neben sich stehen hatten, und den drei ermüdeten Wanderern zu trinken gaben.

Eine solche Scene, wo unbekannte, voneinander entfernte Menschen auf einmal sich nahe zusammenfinden, gemeinschaftliches Bedürfnis, und gemeinschaftlichen Trost und Zuspruch aneinander haben, als ob sie nie unbekannt und entfernt voneinander gewesen wären; so etwas hielt Reisern für alles Unangenehme auf seinen Wanderungen wieder schadlos, und er konnte sich mit innigem Vergnügen daran zurückerinnern.

Seine Gefährten verließen ihn vor der Stadt Langensalza, in der er sich nicht aufhielt, sondern noch den nächsten Ort zu erreichen suchte, wo er übernachten wollte.

Er kam spät in dem Gasthofe an, wo er nun die letzte Nacht vor seiner Ankunft in Erfurt zubrachte. – Als er am andern Morgen erwachte, so war sein erster Gedanke an einen Schuster; und wie groß war nun seine Freude, als er an diesem Orte einen fand, der um wenige Groschen, während daß er darauf wartete, seine Schuh wieder in dauerhaften Stand setzte, und er dadurch auf einmal aus der größten Verlegenheit befreit war.

Nun ging er also rasch auf Erfurt zu. – So wie er gekleidet war, durfte er nun vor jedermann erscheinen, und so hatte er wieder Mut und Zutrauen zu sich selber.

In dem letzten Dorfe vor Erfurt ließ er sich einen Trunk Bier geben. – In dem Gasthofe war es sehr lebhaft. Man bemerkte schon die Nähe der Stadt, aus welcher sich viele Einwohner hier befanden, unter denen auch ein Gelehrter war, mit dem die andern von seinen Werken sprachen.

Von diesem Dorfe aus bekam denn Reiser endlich die Stadt Erfurt zu Gesichte, mit dem alten Dom, den vielen Türmen, den hohen Wällen, und dem Petersberge. – Das war nun die Vaterstadt seines Freundes Philipp Reisers, wovon ihm dieser so viel erzählt hatte. – Auf dem Wege nach der Stadt zu waren Kirschbäume gepflanzt. – Die Hitze der Mittagssonne hatte sich schon gelegt – die Leute gingen vor dem Tore spazieren – und als Reiser auf diesem Wege an Hannover zurückdachte, so war es ihm auch gerade, als habe er von dort bis hieher einen leichten Spaziergang gemacht, so klein deuchte ihm nun der Zwischenraum, den er zurückgelegt hatte.

Eine so große Stadt wie diese hatte er nun noch nicht gesehen; der Anblick war ihm neu und ungewohnt; er kam durch die breite und schöne Straße, welche der Anger heißt, und konnte sich nicht enthalten, noch ein wenig in der Stadt umherzugehen, ehe er seinen Stab weiter setzte; denn er wollte noch bis zum nächsten Dorfe gehen, das auf dem Wege nach Weimar liegt.

Bei diesen Wanderungen durch die Straßen von Erfurt kam er in eine der Vorstädte, und kehrte, weil es noch nicht spät war, in einem Gasthofe ein.

Hier saß der Wirt, ein dicker Mann, am Fenster, und Reiser fragte ihn, ob die Eckhoffsche Schauspielergesellschaft
noch in Weimar wäre? Nichts! antwortete er, sie ist in Gotha!
Reiser fragte weiter, ob Wieland noch in Erfurt wäre?
5   Nichts! antwortete jener wieder, er ist in Weimar! Das
Nichts! sprach er jedesmal mit einer Art von Unwillen aus,
als ob es ihn verdrösse, Nein! zu sagen.

Und dies harte Nichts in der Antwort des dicken Wirtes,
verrückte auf einmal Reisers ganzen Plan. – Nach Weimar
10 war eigentlich sein Sinn gerichtet – da glaubte er, würden
sich unerwartete Kombinationen finden – er würde da den
angebeteten Verfasser von Werthers Leiden sehen – Und
nun klang auf einmal Gotha statt Weimar in seinen Ohren.

Er ließ sich aber auch dies nicht irren, sondern stand eilig
15 auf, um sich noch denselben Abend auf den Weg nach Gotha zu begeben, und, um von seiner strengen Regel nicht
abzuweichen, im nächsten Dorfe zu übernachten.

Ehe die Sonne unterging, hatte er Erfurt schon wieder im
Rücken, und ehe es ganz Nacht wurde, erreichte er noch das
20 erste Dorf auf dem Wege nach Gotha. – Der Dom und die
alten Türme von Erfurt machten nun ein neues Bild in seiner
Seele, das er mit sich heraustrug, und das ihn zur Wiederkehr
in diesen Ort einzuladen schien.

In dem Dorfe aber, wo er einkehrte, hatte er noch zu
25 guter Letzt auf seiner Streu sehr unruhige Nachbaren. Dies
waren nehmlich Fuhrleute, die von Zeit zu Zeit aufstanden,
und sich in einem sehr groben Dialekt miteinander unterhielten, worin besonders ein Wort vorkam, das höchst wid-
rig in Reisers Ohren tönte, und immer mit einer Menge von
30 häßlichen Nebenideen für ihn begleitet war: die Bauern sagten nehmlich immer: *er quam* anstatt *er kam*. Dieses *quam*
schien Reisern ihr ganzes Wesen auszudrücken; und alle ihre
Grobheit war in diesem *quam,* das sie immer mit vollen
Backen aussprachen, gleichsam zusammengedrängt.

35 Kaum daß Reiser ein wenig eingeschlummert war, so
weckte ihn dies verhaßte Wort wieder auf, so daß diese
Nacht eine der traurigsten war, die er je auf einer Streu

zugebracht hatte. Als der Tag anbrach, sahe er die schwam-
migten aufgedunsenen Gesichter seiner Schlafkameraden,
welche vollkommen mit dem *quam* übereinstimmten, das
ihm noch in den Ohren gellte, als er den Gasthof schon
verlassen hatte, und nun am frühen Morgen mit starken
Schritten auf Gotha zuwanderte.

Weil er die Nacht wenig geschlafen hatte, waren seine
Gedanken auf dem Wege nach Gotha eben nicht sehr heiter,
wozu noch kam, daß mit jedem Schritte seine Aussicht nun
enger wurde, und seine Phantasie weniger Spielraum hatte.

Es war an einem Sonntage, und ein Schuster, der die
Woche aufs Land gegangen war, um Schulden einzufordern,
kehrte mit ihm nach Gotha, und sagte ihm unter andern, daß
es dort sehr teuer zu leben sei.

Diese Nachricht war für Reisern sehr bedenklich, der nun
ohngefähr noch einen Gulden im Vermögen hatte, und dessen Schicksal in Gotha sich also sehr bald entscheiden
mußte. –

Das Gespräch mit dem Schuster, der ihm als ein Einwohner von Gotha seine Not klagte, war für ihn gar nicht
unterhaltend, und stimmte seine Ideen sehr herab, da er nun
das wirkliche Leben in so einer Stadt sich dachte, wo noch
kein Mensch ihn kannte, und wo es noch sehr zweifelhaft
war, ob irgend jemand an seinem Schicksal Teil nehmen,
und auf seine Wünsche merken würde.

Diese unangenehmen Reflexionen machten, daß ihm der
Weg noch beschwerlicher, und er mit jedem Schritt müder
wurde, bis sich die beiden kleinen Türmchen von Gotha
zeigten, wovon ihm der Schuster sagte, daß der eine auf der
Kirche, und der andre auf dem Komödienhause stände.

Dieser angenehme Kontrast und lebhafte sinnliche Eindruck machte, daß sein Gemüt sich allmählich wieder erheiterte, und er durch verdoppelte Schritte seinen Gefährten
wieder in Atem setzte.

Denn das Türmchen bezeichnete ihm nun deutlich den
Fleck, wo der unmittelbare laute Beifall eingeerntet, und die
Wünsche des ruhmbegierigen Jünglings gekrönt würden.

Dieser Platz behauptete dort seine Rechte neben dem geweihten Tempel, und war selbst ein Tempel, der Kunst und den Musen geweihet, in welchem das Talent sich entwickeln, und alle und jede Empfindungen des Herzens aus ihren geheimsten Falten vor einem lauschenden Publikum sich enthüllen konnten. –

Da war nun der Ort, wo die erhabene Träne des Mitleids bei dem Fall des Edlen geweint, und lauter Beifall dem Genius zugejauchzt wurde, der mit Macht die Seelen zu täuschen, die Herzen zu schmelzen wußte.

Mitleid den Toten und Ehre den Lebenden war hier die schöne Lösung – und Reiser lebte und webte schon in diesem Elemente, wo alles das, was die Vorwelt empfand, noch einmal nachempfunden, und alle Scenen des Lebens in einem kleinen Raume wieder durchlebt wurden.

Kurz, es war nichts weniger als das ganze Menschenleben, mit allen seinen Abwechselungen und mannigfaltigen Schicksalen, das bei dem Anblick des Türmchens vom Gothaischen Komödienhause, sich in Reisers Seele wie im Bilde darstellte, und worin sich die Klagen des Schusters, der ihn begleitete, und seine eigenen Sorgen, wie in einem Meere verloren. –

Mit seinem einzigen Gulden in der Tasche fühlte sich Reiser beglückt wie ein König, so lange dieser Reichtum von Bildern ihm vorschwebte, die die Spitze des Türmchens in Gotha umgaukelten, und Reisern einen schönen Traum in die Zukunft aufs neue vorspiegelten.

Da sie nicht mehr weit von der Stadt waren, ließ Reiser seinen Gefährten voran gehen, und setzte sich gemächlich unter einen Baum, um so gut wie nur irgend möglich, seine Kleidung in Ordnung zu bringen, und auf eine stattliche Weise in Gotha seinen Einzug zu halten.

Dies gelang ihm so gut, daß einige Handwerksleute, die eben vor dem Tore vor Gotha spazieren gingen, wie vor einem vornehmen Manne den Hut vor ihm abzogen, welches Reisern nicht wenig in Verwunderung setzte, der auf seiner ganzen Reise mit den Fuhrleuten auf der Streu geschlafen, und eine gar nicht glänzende Figur gespielt hatte.

Er kam nun durch das alte Tor von Gotha in eine etwas dunkle Straße, die er hinaufging, und bald zur rechten Seite den Gasthof zum goldnen Kreuze ansichtig wurde, wo er denn einkehrte, weil dieser Gasthof ihm keiner der glänzendsten zu sein schien.

Als er eben hereintrat, fand er gleich vorn in der Gaststube einen Schwarm von Handwerksburschen, die schrien und lärmten; und er wollte schon wieder umkehren, als der alte Wirt zu ihm kam, der ihn freundlich anredete und fragte, ob er etwa hier logieren wolle? Reiser erwiderte: dies sei wohl eine Herberge für Handwerksburschen? Das täte nichts, sagte der Wirt, er solle mit seinem Logis schon zufrieden sein, und hierauf nötigte er Reisern in seine eigene wohleingerichtete Stube, wo ein alter Hauptmann, ein Hoflaquai, und noch einige andere wohlgekleidete Leute waren, in deren Gesellschaft Reiser von dem Wirt introducieret, und auf das höflichste behandelt wurde. Denn man tat keine einzige unbescheidene oder neugierige Frage an ihn, und bewies ihm doch dabei eine schmeichelnde Aufmerksamkeit.

In diesem Zimmer stand ein Flügel, auf welchem ein junger Mann Namens Liebetraut sich hören ließ. Dieser Liebetraut war auch erst vor kurzem zufälliger Weise in eben diesen Gasthof eingekehrt, und mit den alten Wirtsleuten bekannt geworden, auf deren Zureden, weil sie sich gerne in Ruhe setzen wollten, er den Gasthof in Pacht übernommen hatte, so daß er also eigentlich der Wirt war, obgleich die Alten ihm noch immer Anweisung geben, und sich mit um die Wirtschaft bekümmern mußten.

Dieser junge Liebetraut ließ sich sehr bald mit Reisern in ein Gespräch über schöne Wissenschaften und Dichtkunst ein, und zeigte sich als ein Mann von feinem Geschmack und Bildung, und was das sonderbarste war, so schien er nicht undeutlich darauf anzuspielen, daß Reiser wohl hieher gekommen sei, um sich dem Theater zu widmen.

Dieser ließ sich für jetzt nicht weiter aus, und ihm wurde nun auch eine Stube angewiesen, wo er allein sein konnte.

Hier sammelten sich nun seine Gedanken wieder, und er machte sich nun einen Plan, wie er am andern Tage seinen Besuch bei dem Schauspieler Eckhof machen, und dem sein Anliegen vortragen wollte.

Während er auf seiner Stube allein mit diesen Gedanken beschäftigt war, und am Fenster stand, kamen die Chorschüler vor das Haus und sangen eine Motette, die Reiser während seiner Schuljahre in Wind und Regen oft mitgesungen hatte.

Dies erinnerte ihn an jenen ganzen trüben Zeitraum seines Lebens, wo immer Mißmut, Selbstverachtung und äußerer Druck ihm jeden Schimmer von Freude raubte, wo alle seine Wünsche fehlschlugen, und ihm nichts als ein schwacher Strahl von Hoffnung übrig blieb.

Sollte denn nun, dachte er, nicht endlich einmal die Morgenröte aus jenem Dunkel hervorbrechen? – Und eine trügerische täuschende Hoffnung schien ihm zu sagen, daß er dafür, daß er so lange sich selber zur Qual gewesen, nun auch einmal werde Freude an sich selber haben, und daß die glückliche Wendung seines Schicksals nicht weit mehr entfernt sei.

Sein höchstes Glück aber war nun einmal der Schauplatz; denn das war der einzige Ort wo sein ungenügsamer Wunsch, alle Scenen des Menschenlebens selbst zu durchleben, befriedigt werden konnte.

Weil er von Kindheit auf *zu wenig eigene Existenz gehabt hatte,* so zog ihn jedes Schicksal, das außer ihm war, desto stärker an; daher schrieb sich ganz natürlich während seiner Schuljahre, die Wut, Komödien zu lesen und zu sehen. – Durch jedes fremde Schicksal fühlte er sich gleichsam sich selbst entrissen, und fand nun in andern erst die Lebensflamme wieder, die in ihm selber durch den Druck von außen beinahe erloschen war.

Es war also kein echter Beruf, kein reiner Darstellungstrieb, der ihn anzog: Denn ihm lag mehr daran, die Scenen des Lebens in sich, als außer sich darzustellen. *Er wollte für sich das alles haben, was die Kunst zum Opfer fordert.*

Um seinetwillen wollte er die Lebensscenen spielen – sie zogen ihn nur an, weil er sich selbst darin gefiel, nicht weil an ihrer treuen Darstellung ihm alles lag. – Er täuschte sich selbst, indem er das für echten Kunsttrieb nahm, was bloß in den zufälligen Umständen seines Lebens gegründet war. – Und diese Täuschung, wie viele Leiden hat sie ihm verursacht, wie viele Freuden ihm geraubt!

Hätte er damals das sichere Kennzeichen schon empfunden und gewußt, daß wer nicht über der Kunst sich selbst vergißt, zum Künstler nicht geboren sei, wie manche vergebene Anstrengung, wie manchen verlornen Kummer hätte ihm dies erspart!

Allein sein Schicksal war nun einmal von Kindheit an, die Leiden der Einbildungskraft zu dulden, zwischen welcher und seinem würklichen Zustande ein immerwährender Mißlaut herrschte, und die sich für jeden schönen Traum nachher mit bittern Qualen rächte.

Nach seiner langen Wanderschaft brachte nun Reiser wieder die erste Nacht in Gotha in sanftem Schlummer zu, und als er am andern Morgen früh erwachte, so war es als ob aus Lisuart und Dariolette ihm der Schluß aus einer Arie, welche die verwünschte Alte singt, entgegen tönte:

> Vielleicht ist dies der Morgen,
> Der aller meiner Sorgen
> Erwünschtes Ende bringt.

Während daß diese Zeilen ihm immer in Gedanken schwebten, zog er sich an, und erkundigte sich bei seinem jungen Wirt, wo Eckhof wohnte, dem er nun diesen Vormittag seinen Besuch machen wollte.

Zu dem Ende hielt er nun seinen gedruckten Prolog in Bereitschaft, den er in Hannover verfertigt und Ifland gesprochen hatte, und durch welchen er hier vorzüglich Eingang zu finden hoffte.

Der junge Gastwirt Liebetraut nötigte ihn noch vorher mit ihm zu frühstücken, und schien an seinem Umgange ein besonderes Vergnügen zu finden, indem er zugleich anfing, ihn zum Vertrauten seiner Herzensgeschichte zu machen, welche darin bestand, daß er den Gasthof gepachtet habe, um ein junges Frauenzimmer, das er liebte, je eher je lieber heiraten zu können.

Reiser ging nun zu Eckhof, und auf dem Wege dahin drängten sich alle seine Entwürfe, die er vom Anfang seiner Wanderung an gemacht, noch einmal wieder in seine Seele zusammen, da er sich so nahe am Ziel seiner Reise sahe; die Melodie und der Vers aus Lisuart und Dariolette tönten noch immer in seine Ohren, und diesmal wenigstens täuschte ihn seine Hoffnung nicht. – Eckhof empfing ihn über Erwartung gut, und unterhielt sich beinahe eine Stunde mit ihm.

Reisers jugendlicher Enthusiasmus für die Schauspielkunst schien dem Greise nicht zu mißfallen – er ließ sich mit ihm über Gegenstände der Kunst ein, und mißbilligte es gar nicht, daß er sich dem Theater widmen wollte, wobei er hinzufügte, daß es freilich gerade an solchen Menschen fehlte, die aus eigenem Triebe zur Kunst, und nicht durch äußere Umstände bewogen würden, sich der Schaubühne zu widmen.

Was konnte wohl aufmunternder für Reisern sein, als diese Bemerkung – er dachte sich schon im Geist als einen Schüler dieses vortrefflichen Meisters.

Nun zog er auch seinen gedruckten Prolog hervor, der Eckhoffs vollkommnen Beifall erhielt, und den sich derselbe sogar von ihm ausbat, und bemerkte, wie nahe das Talent zum Schauspieler und zum Dichter miteinander verwandt sei, und wie eins gewissermaßen das andere voraussetze.

Reiser fühlte sich in diesem Augenblick so glücklich, als sich ein junger Mensch nur fühlen konnte, der vierzig Meilen weit bei trockenem Brote zu Fuße gereist war, um Eckhof zu sehen und zu sprechen, und unter seiner Anführung Schauspieler zu werden.

Was nun sein Engagement anbeträfe, sagte Eckhof, so müsse er sich deswegen vorzüglich bei dem Bibliothekarius Reichardt melden, mit welchem er selbst auch Reisers wegen sprechen wolle.

Reiser versäumte keinen Augenblick dieser Anweisung zu folgen, und ging von Eckhof, der in einem Bäckerhause wohnte, nach dem Hause des Bibliothekarius Reichardt, der ihn zwar auch höflich empfing, aber sich doch nicht so viel wie Eckhof mit ihm einließ. Indes machte er ihm zu einer Debütrolle Hoffnung, welches Reisers höchster Wunsch war, denn wenn er nur dazu käme, zweifelte er nicht, seinen Endzweck zu erreichen.

Mit Heiterkeit im Gesichte kehrte er nun zu Hause, weil er diesen Anfang seiner Unternehmung für höchst glücklich hielt, und unter diesen günstigen Umständen sich so viel zutraute, daß nun sein Wunsch ihm nicht mehr fehlschlagen könne.

Und ob er sich gleich seinem Wirt nicht ganz entdeckte, so schien dieser doch gar nicht mehr daran zu zweifeln, daß er nun in Gotha bleiben, und seine theatralische Laufbahn hier antreten würde.

Voller Zutrauen zu sich selbst und seinem Schicksale, brachte nun Reiser in der Gesellschaft des alten Hauptmanns, des Hoflaquaien und seines Wirts den Mittag höchst angenehm zu; und voll von schimmernden Aussichten, worin ihn alles bestärkte, überschritt er durch dies Mittagsessen zum erstenmal im Taumel der Freude, den Bestand seiner Kasse, und dünkte sich nun dadurch um desto fester an diesen Ort und an die hartnäckigste Verfolgung seines Plans gebunden.

Er machte nun fast täglich bei Eckhof seinen Besuch, und dieser riet ihm, fürs erste die Proben im Schauspielhause fleißig zu besuchen, welches Reiser tat, und den alten Eckhof hier ganz in seinem Elemente sahe, wie er auf jede Kleinigkeit aufmerksam war, und auch den ersten Schauspielern noch manche Erinnerung gab. Auch wurde Reisern erlaubt, die Komödie unentgeldlich zu besuchen, wo das erstemal ein gewisser Bindrim mit dem Vater in der Zaire debütierte.

Weil nun dieser keinen besondern Beifall fand, und Reiser in sich fühlte, wie bei den meisten Stellen der Ausdruck

hätte ganz anders sein müssen, so spornte ihn dies noch
mehr an, nun selber so bald wie möglich in einer Debütrolle
den Schauplatz zu betreten, und er lag Eckhof dringend an,
daß in einem der nächstaufzuführenden Stücke ihm eine
Rolle möchte zugeteilt werden.

Und da das nächstemal die Poeten nach der Mode aufgeführt wurden, so tat Reiser den Vorschlag die Rolle des
Dunkel zu übernehmen, welches ihm Eckhof aber aus dem
Grunde widerriet, weil er selbst diese Rolle spiele, und es für
einen angehenden Schauspieler nicht ratsam sei, sich gerade
in einer Rolle zuerst zu zeigen, die man schon von einem
alten geübten Schauspieler zu sehen gewohnt wäre.

So verschob sich nun sein Debüt von einem Spieltage bis
zum andern, während daß seine Hoffnung dazu immer genährt wurde, und auf dieser Entscheidung nun sein ganzes
Schicksal beruhte.

Bei Eckhof holte sich nun Reiser immer Trost und neue
Hoffnung, so oft er anfing verzagt zu werden; denn daß
dieser sich gerne mit ihm unterhielt, flößte ihm wieder
Selbstzutrauen und neuen Mut ein.

Demohngeachtet aber waren auch ein paar Äußerungen
von Eckhof äußerst niederschlagend für ihn; denn als einmal von seinem Engagement die Rede war, und Reiser sich
auf einen jungen Menschen berief, der in den Poeten nach
der Mode die Rolle des Reimreich gespielt hatte, so sagte
Eckhof, man habe diesen *vorzüglich seiner Jugend wegen* angenommen, und schien dadurch zu verstehen zu geben, daß
dieser Beweggrund bei Reisern nicht mehr statt finde; der
damals doch auch erst neunzehn Jahr alt war, aber wie es
schien, von jedermann für weit älter gehalten wurde; so daß
bei dem Verlust aller Freuden der Jugend, auch nicht einmal
der Anschein der Jugend ihm geblieben war.

Und ein andermal, als von Göthen gesprochen wurde,
sagte Eckhoff, er sei ohngefähr von Reisers Statur, *aber* gut
physionomiert, welches *aber* allein schon den Schauspieler in
Reisern ganz vernichtet haben würde, wenn nicht Eckhof
gleich darauf zufälliger Weise ihm wieder etwas Aufmun-

terndes gesagt hätte, indem er ihn fragte, ob er außer dem
Prolog sonst nichts gedichtet habe? welches Reiser bejahte,
und sobald er zu Hause kam, seine Verse, die er auswendig
wußte, niederschrieb, um sie Eckhof zu überbringen.

Er brachte wohl ein paar Tage mit dieser Arbeit zu, und
sein Wirt geriet auf den Gedanken, daß Reiser ein dramatisches Werk für die Schaubühne verfertigte. – Dies ließ er
sich auf keine Weise ausreden, und wünschte Reisern schon
im voraus Glück zu der glänzenden Laufbahn, die er nun
betreten würde.

Als Eckhof die Gedichte gelesen hatte, bezeigte er Reisern seinen Beifall darüber, und sagte, er wolle sie auch dem
Bibliothekarius Reichardt zu lesen geben. Dies war für Reisern eine Aufmunterung ohne Gleichen, weil er sich immer
noch an Eckhoffs ersten Ausspruch erinnerte, wie nahe der
Schauspieler und der Dichter aneinander grenzten.

Er zweifelte nun nicht, daß diese Gedichte ihm seinen
Weg zum Theater noch mehr bahnen, und ihn bald seinem
Ziele näher bringen würden. Dazu kam noch, daß der
Schauspieler Großmann, welcher sich damals in Gotha aufhielt, und Reisern einmal auf der Straße begegnete, ihm
neuen Mut zusprach, indem er den Grund anführte, daß
man ihn gewiß nicht würde so lange aufgehalten haben,
wenn man nicht gesonnen sei, ihn, vielleicht ohne Debüt,
für das Theater zu engagieren; denn es war nun schon in die
dritte Woche, daß Reiser sich hier aufhielt.

Diese tröstenden Worte und die freundliche Anrede von
Großmann waren damals ein wahrer Balsam für Reisern, der
bei dem Schlosse, wo gebauet wurde, einsam auf und nieder
ging, und gerade mit finsterm Unmut über sein noch unge-
wisses Schicksal nachdachte.

Reiser ging nun mit guter Hoffnung zu Hause, und brachte den Tag bei seinem Wirt noch sehr vergnügt zu.

Am andern Morgen ging er in die Probe, und man führte
den Tag gerade die Operette, der Deserteur, auf, worin ein
fremder Schauspieler, Namens Neuhaus, den Deserteur,
und dessen Frau die Lilla spielte.

Eckhof bewies sich bei der Probe besonders geschäftig, und Reiser stand hinter den Kulissen, und sahe mit Vergnügen zu, wie durch Anstrengung und Aufmerksamkeit eines jeden Einzelnen das schöne Werk entstand, das am Abend die Zuschauer vergnügen sollte.

Er dachte sich lebhaft die Nähe in der er sich nun bei diesen reizenden Beschäftigungen fand, und daß auf eben diesem Schauplatze mit seinem Spiele sich auch zugleich sein Schicksal entscheiden, und seine Existenz auf diesem Fleck sich entwickeln würde. –

Denn auf diesen engumschränkten Schauplatz waren nun nach der weiten Reise alle seine Wünsche beschränkt; hier sah' er sich, hier fand er sich wieder – Hier schloß die Zukunft ihren ganzen reichen Schatz von goldnen Phantasien für ihn auf, und ließ ihn in eine schöne und immer schönere Ferne blicken – –

So hatte er schon oft zwischen den Kulissen in Gedanken vertieft gestanden, und stand auch diesmal wieder so, als er auf einmal den Bibliothekarius Reichardt auf sich zukommen sah, von dem er schon seit einigen Tagen eine entscheidende Antwort erwartet hatte.

Die Miene desselben verkündigte schon nichts Gutes, und er redete Reisern mit den trocknen Worten an, es täte ihm leid, ihm sagen zu müssen, daß aus seinem Engagement beim Theater nichts werden, und daß er auch zur Debütrolle nicht kommen könne – Mit diesen Worten gab er Reisern die geschriebenen Gedichte zurück, indem er gleichsam zum Trost hinzufügte, es herrsche eine leichte Versifikation darin, und er solle dies Talent ja nicht vernachlässigen.

Reiser der an Leib und Seele gelähmt war, konnte kein Wort hierauf antworten, sondern ging hin, wo das Theater mit seinem letzten Vorhange ganz am Ende an die kahle Mauer grenzt, und stützte sich verzweiflungsvoll mit dem Kopfe an die Wand. Denn er war nun wirklich unglücklich, und doppelt unglücklich –

Der eingebildete und der würkliche Mangel traten in fürchterlicher Eintracht zusammen, um sein Gemüt mit Schrecken und Grauen vor der Zukunft zu erfüllen.

Er sahe nun keinen Ausweg aus diesem Labyrinthe, in welches seine eigene Torheit ihn geleitet hatte – hier war nun die kahle öde Mauer, das täuschende Schauspiel war zu Ende.

Er eilte vors Tor hinaus, und ging in der Allee, wo er sich schon oft mit den angenehmsten Vorstellungen beschäftiget hatte, verzweiflungsvoll auf und nieder; die Menschen gingen kalt vor ihm vorbei; niemand wußte, daß er in diesem Augenblick die einzige Hoffnung seines Lebens verloren hatte, und einer der verlassensten Menschen war.

Und sonderbar war es, daß gerade in diesem allerverlassensten Zustande, sich ein unbekanntes Gefühl von Liebebedürfnis in ihm regte, da seine Verzweiflung in Mitleid mit seinem eigenen Zustande sich verwandelte, und ihm nun ein Wesen fehlte, das dieses Mitleid mit ihm haben könnte.

Er getrauete sich den Mittag nicht, zu Hause zu gehen, sondern aß nicht, und kehrte erst den Nachmittag wieder zurück – und am Abend ging er in die Komödie, wo nun die Operette, der Deserteur aufgeführt wurde, die ihm den Tod seiner Hoffnungen bezeichnete.

Nie aber in seinem Leben ist seine Teilnahme an einem fremden Schicksale stärker gewesen, als sie es gerade diesen Abend an dem Schicksale der Liebenden war, welche durch den drohenden Todesstreich getrennt werden sollten. Es traf bei ihm zu, was Homer von den Mädchen sagt, die um den erschlagenen Patroklius weinten, sie beweinten zugleich ihr eigenes Schicksal.

Selbst die Musik rührte ihn bis zu Tränen, und jeder Ausdruck erschütterte sein Innerstes. Am stärksten aber fühlte er sich durch die Scene bewegt, wo der Deserteur, der schon sein Todesurteil weiß, im Gefängnis an seine Geliebte schreiben will, und sein betrunkener Kamerad ihm keine Ruhe läßt, weil er ihn ein Wort soll Buchstabieren lehren.

Reiser fühlte es hier tief, wie wenig ein Mensch den andern Menschen ist, wie wenig den andern an seinem Schicksal liegt; und sein Freund mit der Hutkokarde stand wieder vor seiner Seele da. Weswegen putzte aber jener seine Hutkokarde, als um seinem Mädchen, der Einzigen zu gefallen, die damals seine Göttin war, in der er sich wiederfinden, und wieder von ihr geliebt sein wollte.

Das Schauspiel endigte sich froh, die Unglücklichen wurden getröstet, das Weinen verwandelte sich in Lachen, das Trauren in Fröhlichkeit – aber betrübt und mit schwerem Herzen ging Reiser in seine Wohnung – vor ihm war alles dunkel, und er sahe nun keinen Strahl von Hoffnung mehr.

Als er zu Hause kam, legte er sich sogleich zu Bette – seine Sinne waren stumpf – seine Gedanken wußten keinen Ausweg mehr zu finden – und der Schlaf war das einzige, was ihm übrig blieb – Es war ihm, als ob er aus diesem Schlafe nicht wieder erwachen würde – denn alle Lebensaussichten waren ihm abgeschnitten, und er hatte keine Hoffnung mehr, wozu er erwachen sollte.

Der Gedanke von Auflösung, von gänzlichem Vergessen seiner selbst, von Aufhören aller Erinnerung und alles Bewußtseins war ihm so süß, daß er diese Nacht die Wohltat des Schlafes im reichsten Maße genoß – denn kein leiser Wunsch hemmte mehr die gänzliche Abspannung aller seiner Seelenkräfte; kein Traum von täuschender Hoffnung schwebte ihm mehr vor – alles war nun vorbei, und endigte sich in die ewigstille Nacht des Grabes.

So wohltätig reicht die Natur dem Hoffnungslosen auch schon die Schale dar, aus der er Vergessenheit seiner Leiden trinken, und alle Erinnerungen an irgend etwas, das er wünschte, oder wornach er strebte, aus der Seele verwischt werden sollen.

Als Reiser am andern Morgen spät aus seinem tiefen Schlafe erwachte, fühlte er sich wunderbar an Leib und Seele gestärkt – er fühlte Kraft in sich, alles zu unternehmen, um auch selbst unter diesen Umständen noch zum Ziel seiner Wünsche zu gelangen.

Es stieg ein Gedanke in ihm auf, sich hier um Unterrichtsstunden zu bewerben; sich durch seinen eigenen Fleiß zu nähren, und auf dem Theater umsonst zu dienen. – Dieser Entschluß wurde immer lebhafter bei ihm, und er traute seinen Kräften alles zu, sobald er nur wieder einen Schimmer von Hoffnung vor sich sahe, sein Ziel zu erreichen.

Während dieser Gedanken zog er sich an, und ging zu Eckhof, dem er seinen Entschluß entdeckte, und dessen Rat er sich ausbat, indem er versicherte, daß er für sich selbst leben könne, ohne doch von der Art, wie er zu leben dächte, sich etwas merken zu lassen.

Eckhof lobte und billigte seine Standhaftigkeit, und sagte ihm, er zweifle nicht, daß dies Anerbieten werde angenommen werden. Der Bibliothekarius Reichardt, welchem Reiser eben diesen Entschluß bekannt machte, versprach, ihm den andern Tag Bescheid darauf zu geben.

Und nun kehrte Reiser voll neuer Hoffnung wieder zu Hause – sein ganzes Beginnen kam ihm nun selber noch ehrenvoller vor, weil er mit der Kunst zugleich den Fleiß in nützlichen Geschäften und nährendem Erwerb verband – und alle seine übrigen Stunden der Kunst zum Opfer brachte.

Er aß nun diesen Mittag wieder voll Zutrauen bei seinem Wirt – und fühlte in sich einen unwiderstehlichen Mut, der Kunst zu Liebe, das Härteste im Leben zu ertragen, sich auf die notwendigsten Bedürfnisse einzuschränken, und Tag und Nacht nicht zu ruhen, um sich in der Kunst zu üben, und zugleich seine Unterrichtsstunden gehörig abzuwarten.

Mit diesen Entschlüssen, die ihm einen recht heroischen Mut einflößten, kam er am andern Morgen wieder zu Reichardt, und hörte nun sein Endurteil, daß man sich auch auf sein Anerbieten, umsonst auf dem Theater zu dienen, nicht einlassen könne, und jetzt schlechterdings kein neues Engagement bei diesem Theater mehr statt finden solle. – Wenn Reiser einige Wochen eher gekommen wäre, so hätte sich etwas für ihn tun lassen, nun aber sei alles vergeblich. –

Diese ganz unerwartete zweite abschlägliche Antwort versetzte Reisern in eine Art von innerer Erbitterung – er fing in diesem Augenblicke an, sich selbst zu hassen, und zu verachten, und fragte: ob er denn nicht etwa Souffleur, oder Rollenschreiber, oder Lichtputzer beim Theater werden

könne? – Reichardt antwortete: es täte ihm Leid, da Reiser
so viel Feuer fürs Theater verriete, daß sein Unternehmen
ihm hier mißlungen wäre, indes würde es ihm vielleicht an-
derwärts gelingen.

5 Reiser ging nun in tiefen Gedanken von Reichard weg,
und ging bei dem Bau am Schlosse auf und nieder, wo einige
in Schiebkarren Steine zuführten, andere sie ordneten. – Er
stand wohl an eine Stunde da, und sahe immer dieser Arbeit
zu – dabei entstand eine sonderbare Begierde in ihm, sein
10 gutes Kleid auszuziehen, und mit den übrigen Tagelöhnern
auch Steine zu diesem Bau auf den Schiebkarren herbei zu
führen.

Es war schon gegen Mittag, und die Sonne schien immer
heißer. – Die Hände der Arbeiter wurden laß – sie ruheten
15 sich aus, und verzehrten auf der Erde ihr Mittagsmahl. –
Reiser gab sich mit dem einen ins Wort, und fragte ihn, wie
viel sein Tagelohn betrüge. Es war eine Anzahl Groschen,
die Reiser nicht mehr in seinem Vermögen hatte; und das
Geld konnte in einem Tage verdient werden.

20 Der Entschluß, um diesen Tagelohn zu arbeiten, war in
dem Augenblicke bei Reisern schon so gewiß, daß er innerlich lachen mußte, daß der Arbeiter, während er mit ihm
sprach, die Mütze vor ihm abnahm, und nicht wußte, daß sie
vielleicht Morgen Kameraden sein würden.

25 Das einzige, was seine Erbitterung, und Selbsthaß und
Selbstverachtung mildern konnte, war dieser Entschluß,
worin er sich selbst wieder ehrte. Denn nun wollte er seinen
wahren Zustand seinem Wirt entdecken, seinen Degen, sein
Kleid ihm für die Bezahlung lassen, und dann beim Schloß-
30 bau Steine zuführen.

Während nun dies in seinen Gedanken vorging, glaubte er
selbst, es sei sein wahrer Ernst, und wußte nicht, daß seine
Einbildungskraft ihn wieder täuschte, und daß er schon wieder in Gedanken eine Rolle spielte.

35 Denn als Handlanger beim Schloßbau war er nun das
Niedrigste, was er nur sein konnte; diese selbst gewählte
freiwillige Niedrigkeit hatte einen außerordentlichen Reiz

für ihn – er lebte nun wie die übrigen von seinem Stande, ging des Sonntags fleißig in die Kirche, und war ein stiller religiöser Mensch – in einsamen Stunden ergötzte er sich denn mit Shakespear und Homer, und hatte dasjenige reelle Leben in sich, was er nicht außer sich haben konnte.

Besonders rührend war ihm bei dergleichen Vorstellungen immer der Gedanke, daß er am Sonntage fleißig in die Kirche gehen, und *dem Prediger recht aufmerksam zuhören würde.* – Denn hierdurch vernichtete er gleichsam sich selbst, weil er alles, was auch der schlechteste Prediger ihm sagen würde, doch für sich noch sehr lehrreich hielt, und nicht klüger als der einfältigste Mensch sein wollte.

Er dachte sich nun wieder in dem Zustande, worin er als Hutmacherbursch gewesen war, wo er den Prediger, der ihm gefiel, wie ein Wesen höherer Art, und selbst die Chorschüler auf der Straße mit Ehrfurcht betrachtete. Vom Theater durfte er in diesem Zustande kaum einen Begriff haben – und doch war es ihm wieder, als ob eben dieser Zustand auf eine wunderbare Weise ihn seinem ersten Wunsche vielleicht wieder näher bringen könnte.

Ehe er sich nun aber um die Stelle eines Tagelöhners bei dem Bau am Schlosse wirklich bewarb, konnte er doch nicht unterlassen, noch einmal zu Eckhof zu gehen, um ihm Lebewohl zu sagen, und ihm zugleich zu erzählen, daß auch seine letzte Hoffnung gescheitert sei.

Er konnte diese Erzählung nicht ohne Beklemmung und Rührung vorbringen, weil er sich seinen ganzen nunmehrigen Zustand, und also weit mehr dabei dachte, als er sagte. –

Der gute Eckhof redete ihm zu: er solle den Mut nicht sinken lassen; drei Meilen von hier in Eisenach sei jetzt die Barzantische Truppe; es würde ihm nicht fehlen, bei dieser Truppe angenommen zu werden; er solle sich bei derselben nur erst eine Weile zu üben suchen, und dann wieder nach Gotha kommen, wo vielleicht günstigere Umstände sich für ihn ereignen, und seine Aufnahme desto leichter sein würde, wenn er schon eine Zeitlang bei einer Truppe gestanden hätte, – er könne dies ja leicht versuchen, und den Weg von

Gotha bis Eisenach auf der Chaussee wie einen Spaziergang machen.

Mit dieser Anrede von Eckhof war auf einmal das ganze Projekt mit dem Steine zuführen, und dem Arbeiten ums Tagelohn aus Reisers Gedanken verschwunden. – Denn das Ziel, wohin er doch am Ende wollte, sahe er auf einmal wieder nahe vor sich, und alle Bedenklichkeiten hörten auf, da er sich den Weg von Gotha nach Eisenach wie einen Spaziergang dachte, wodurch er gar keine Untreue an seinem Wirt beging, den er von Eisenach als Schauspieler, doch eher und leichter, wie von seiner Tagelöhnerarbeit bezahlen konnte.

Er ging also, da es hoch Mittag war, aus Eckhofs Hause, so wie er war, und ohne sich umzusehen, gerade auf Eisenach zu. Und dieser Weg wurde ihm nun auch würklich so leicht, wie ein Spaziergang. Denn alle die erstorbenen Hoffnungen waren nun auf einmal in seiner Seele wieder erneuert, und machten einen lebhaften und angenehmen Kontrast gegen die melancholischen Ideen, womit er sich an diesem Vormittage noch zum Tagelöhner hatte verdingen wollen.

Er dachte sich immer nahe bei Gotha, und wie er am andern Tage zurückkehren, und seinem Wirt eine angenehme Nachricht bringen würde. Dies machte, daß die Schönheiten der Natur ihn wieder ergötzten; er wandelte mit innigem Vergnügen durch die romantischen Täler zwischen den Bergen hin, und als er die Türme der alten Wartenburg, von der er schon in seiner Kindheit gehört hatte, zuerst erblickte, so umfaßte sein Gemüt die Gegenstände umher mit einer Wärme und Anschließung, die ihm alles doppelt schön machte; es war ihm, als ob er in einem süßen Traume schwebte, worin, was er ehmals gedacht hatte, eins nach dem andern sich ihm nun würklich darstellte.

Es war ihm, als ob er allenthalben sein könnte, wo er wollte, da er sich so auf einmal in wenigen Stunden von Gotha nach Eisenach versetzt sahe, woran er den Morgen desselbigen Tages noch gar nicht gedacht hatte.

Seinen Überrock und andre Sachen, die er sonst bei sich

trug, hatte er zu Hause gelassen, und wanderte, in seinem besten Anzuge, mit dem Degen an der Seite, so wie er bei Reichardt und Eckhof seinen Besuch gemacht hatte, in Eisenach ein. Zufälliger Weise steckten seine geschriebenen Gedichte, und der lateinische Anschlagbogen, worauf sein Name stand, noch in seiner Rocktasche, der Homer aber, und ein Teil der Wäsche, die er bei sich trug, war samt dem Überrocke zurückgeblieben.

Als er in die Stadt kam, schien ihm alles ein frohes und heiteres Ansehn zu haben; die Menschen schienen gleichsam zur Freude gestimmt zu sein, so daß er mit lauter frohen Ahndungen in den Gasthof trat, wo er die Nacht bleiben wollte, und sich, nachdem er sich kaum niedergesetzt hatte, erkundigte, ob diesen Abend nicht etwa Komödie gespielt würde?

Welch ein Donnerschlag war es für ihn, als man ihm antwortete: *Die Barzantische Schauspielergesellschaft sei gerade diesen Morgen nach Mühlhausen abgereist!* – Also war es nun, als ob ein feindseliges Schicksal ihm immer auf dem Fuße nachfolgte, und ordentlich wie mit Absicht alle seine Hoffnungen vereitelte.

Dazu kam nun wieder, daß er nicht nur in der Einbildung, sondern wirklich und doppelt unglücklich war, weil die einzige Hoffnung, seinen Unterhalt zu finden, und zugleich seine Schuld in Gotha zu tilgen, auf seiner Annahme bei der Barzantischen Truppe in Eisenach beruhte, und diese nun gerade an demselben Tage ihren Weg eben dahin genommen hatte, wo er hergekommen war.

Sein Zustand brachte ihn der Verzweiflung nahe, und machte, daß er zum erstenmal sich über sein Schicksal wegsetzte, und in eine Art von Vergessenheit seiner selbst geriet, welche ihn dem Anscheine nach froh und aufgeräumt machte – Dabei war es ihm, als ob er durch diesen gar zu unerwarteten und hämischen Streich des Schicksals von allen Verbindungen losgesprochen wäre, und sich nun selbst wie ein vernachlässigtes und verworfenes Wesen ansehen dürfe, das in gar keinen Betracht mehr kömmt.

Er hatte den ganzen Tag nichts genossen, und ließ sich den Abend Bier und Brot, und auf die Nacht ein Bette geben, wo er des sanftesten Schlafes genoß, weil er auf keine Zukunft mehr rechnete, und von keinem einzigen Gedanken an die Zukunft oder an sein eigenes Schicksal mehr gestört wurde, denn nun war er mit seinen Aussichten ganz am Ende.

Am andern Morgen aber fühlte er, daß dieser wohltätige Schlaf aufs neue seine schlummernden Kräfte erweckt hatte – er fühlte wieder statt der Lähmung einen gewissen Trotz und Erbitterung gegen das Schicksal, wodurch er Mut be-
kam, noch einmal alles zu dulden, und alles zu wagen, um seinen Endzweck dennoch zu erreichen: er entschloß sich, der Barzantischen Schauspielergesellschaft nachzureisen,
und von Eisenach bis Mühlhausen denselben Weg, den er gekommen war, wieder zurück⟨zu⟩gehn.

Nachdem er nun in dem Gasthofe seine Zeche bezahlt hatte, so blieben ihm von seinem ganzen Vermögen noch fünf oder sechs Dreier übrig, womit er auf die Wartenburg
stieg, und von da die weite und schöne Gegend vor sich übersahe.

Der Unteroffizier auf der Wartenburg redete Reisern sehr höflich an, und fragte ihn, ob er nicht die Merkwürdigkeiten besehen wollte? worauf Reiser erwiderte: er würde den
Nachmittag mit einer Gesellschaft wieder kommen, jetzt wolle er sich nur in der Gegend ein wenig umsehen.

Er fühlte sich, indem er um sich her blickte, auf diesem Standpunkte, über sein Schicksal erhaben; denn aller Wider-
wärtigkeiten ohngeachtet war er doch bis auf diesen Fleck gekommen, und diesen schönen Moment einer reizenden Aussicht in die umgebende Natur konnte ihm doch niemand rauben. Er sammlete sich gleichsam Stärke zu der Mühe und sorgenvollen Wanderschaft, die er nun aufs neue wieder antreten wollte.

Sein Plan, den er sich hiezu entworfen hatte, bestand in nichts Geringerm, als die wenigen Dreier, die ihm noch übrig waren, bloß zu Schlafgeld anzuwenden, und bei Tage

sich von den Wurzeln auf dem Felde zu nähren, denn er
hatte es auf dem Herwege von Gotha schon einmal versucht, ein paar Wurzeln auf dem Felde auszuziehen, die ihm,
da er den ganzen Tag nichts genossen hatte, eine sehr angenehme Erquickung gewährten.

Hieran hatte er sich hier gleich den Morgen beim Erwachen erinnert, und dies war es vorzüglich, was ihm den Trotz
gegen das Schicksal einflößte, von dem er sich nun beinahe
ganz unabhängig dachte.

Er fing noch an diesem Tage an, seinen Entschluß mit
eben dem Selbstgefühl durchzusetzen, womit er auf seiner
ersten Wanderung sich auf den bloßen Genuß von Bier und
Brot beschränkte, und fühlte sich nun doppelt so unabhängig wie damals; denn während, daß der Unterofficier auf der
Wartenburg ihn mit der Gesellschaft zurückerwarten mochte, um ihm die Merkwürdigkeiten des Schlosses zu zeigen,
verzehrte Reiser schon auf dem Felde sein Mahl von rohen
Wurzeln, die er sich mit einem alten Einlegemesser, das er
noch von seinem Freunde Philipp Reisern besaß, in Scheiben schnitt, und sie mit dem größten Wohlgeschmack verzehrte.

Nun war er aber, weil er sich zu lange auf der Wartenburg
aufgehalten hatte, kaum erst eine Meile von Eisenach, und
ihn überfiel, da er seine Wurzeln verzehrt hatte, eine unwiderstehliche Trägheit, so daß er mitten auf dem Felde einschlief, und erst am Abend bei Sonnenuntergang wieder erwachte.

Da er nun nach dem nächsten Dorfe zugehen wollte, so
kam er vom rechten Wege ab, und erreichte erst spät einen
Gasthof, wo er nichts verzehrte, sondern am andern Morgen bloß die Streu bezahlte.

Von diesem Dorfe aus verirrte er sich am andern Tage
wieder zwischen den Feldern, wo er Wurzeln suchte, die
gestrige Trägheit überfiel ihn wieder, die Hitze war drük-
kend, und wo er den Schatten eines Baumes fand, da legte er
sich nieder, und sogleich überfiel ihn der Schlaf; so daß er
auf dem Wege von Eisenach bis Gotha, den er auf der Hin-

reise in wenigen Stunden zurückgelegt hatte, beinahe vier
Tage zubrachte.

So labyrinthisch wie sein Schicksal war, wurden auch nun
seine Wanderungen, er wußte sich aus beiden nicht mehr
herauszufinden; vor Gotha schien sich seine Straße zurück-
zubiegen, und er mußte doch wieder durch, wenn er seinen
Weg nach Mühlhausen fortsetzen wollte; und weil er nun die
gerade Straße scheute, so war es ihm gewissermaßen lieb,
wenn er sich verirrte.

Sein lateinischer Anschlagbogen half ihm auf diesem
Wege zweimal durch; einmal, da man ihn für eine verdäch-
tige Person hielt, weil er keinen Paß vorzeigen könnte; und
ein andermal, da man einen Paß von ihm verlangte, daß er
nicht aus einer Gegend käme, wo damals die Viehseuche
herrschte; er zeigte seinen lateinischen Anschlagbogen vor,
und fügte hinzu, daß er ein Student sei, und deswegen einen
lateinischen Paß bei sich führe. – Der Dorfrichter oder
Schulze des Orts, welcher sich gegen seine Frau, und die
andern Bauren, das Ansehen geben wollte, als ob er Latein
verstände, las mit einer wichtigen Miene den Anschlagbogen durch, und sagte, es sei recht gut!

Während nun Reiser diese Tage in einer Art von Betäubung, gleichsam wie in der Irre umherging, herrschte bloß
die Imagination in ihm; denn da er nun auf dem Felde lebte,
so schien er sich an gar nichts mehr gebunden, und ließ
seiner Einbildungskraft den Zügel schießen.

Nun war ihm aber sein Schicksal nicht romanhaft genug.
Daß er hatte Schauspieler werden wollen, und sein Wunsch
ihm mißlungen war, das war eine abgeschmackte Rolle, die
er spielte – er mußte irgend ein Verbrechen begangen haben,
das ihn in der Irre umhertrieb; ein solches Verbrechen dachte er sich nun aus: er stellte sich vor, daß er mit dem jungen
Edelmann, den er in H.... unterrichtete, die Universität in
Göttingen bezogen, und von diesem im Trunk zum Zweikampf genötigt worden wäre, wo er sich bloß verteidigt, und
jener wütend in seinen Degen gerannt sei, worauf er die
Flucht genommen habe, ohne zu wissen, ob jener tot oder
lebend sei.

Diese von ihm selbst gemachte Erdichtung drängte sich ihm bei seinem Herumirren im Felde, fast wie eine Wahrheit auf, er träumte davon, wenn er einschlief; er sah seinen Gegner im Blute liegen, er deklamierte laut, wenn er erwachte, und spielte auf die Weise mit seiner Phantasie mitten auf dem Felde zwischen Gotha und Eisenach die Rollen durch, welche man ihm auf dem Theater verweigert hatte.

Und dies allein war es, was ihn von der Verzweiflung rettete, denn hätte er sich seinen Zustand völlig so leer und abgeschmackt gedacht, wie er wirklich war, so würde er sich selbst ganz weggeworfen haben, und in Schmach versunken sein.

Nun aber wurde ihm das Bitterste erträglich: am zweiten Tage, auf seiner Rückkehr von Eisenach nach Gotha, war es gerade Sonntag, und eine drückende Hitze. Reiser kam vom Felde durch ein Dorf und suchte Schatten, den er nicht anders finden konnte, als auf einem grünen mit Bäumen bepflanzten Platze gerade der Kirche gegenüber. Er ließ sich in einem Bauerhause erst ein Glas Wasser geben; dann legte er sich unter den Bäumen nieder, während daß in der Kirche gegenüber gesungen wurde; unter dem Singen schlief er ein, und wachte nicht eher wieder auf, als bis der Prediger aus der Kirche kam, mit dem sein Sohn ging, der auch erst von der Universität zurückgekommen war. Beide gingen auf Reisern zu, und fragten ihn, woher er käme, und wohin er ginge? er gab verwirrte Antworten, und gestand endlich, daß er wegen eines Duells, das er in Göttingen gehabt habe, flüchtig sei. Es war ihm selber, als ob ihm dies Geständnis äußerst schwer würde, und der Gedanke an die Unwahrheit der Sache fiel ihm fast gar nicht mehr bei: denn da er einmal bloß in der Ideenwelt lebte, so war ihm ja alles das wirklich, was sich einmal fest in seine Einbildungskraft eingeprägt hatte, ganz aus allen Verhältnissen mit der wirklichen Welt hinausgedrängt, drohte die Scheidewand zwischen Traum und Wahrheit bei ihm den Einsturz.

Der Prediger nötigte ihn in sein Haus, und wollte ihn bewirten. – Reiser aber, gleichsam wie von Angst getrieben,

entfernte sich sobald wie möglich wieder. – Denn er mußte
in seinem imaginierten Zustande die Gesellschaft der Menschen fliehen. –

Nahe vor Gotha nötigte ihn wiederum ein Prediger in sein
Haus, der sich wohl einen halben Tag lang mit ihm unterhielt, und ihm erzählte, daß vor ein paar Jahren auch so zu
Fuße, und wohlgekleidet, ein reisender Gelehrter hier
durchgekommen, der sich lange mit ihm unterhalten, er habe sich den Tag im Kalender bemerkt, und zweifele fast
nicht, daß es der Doktor Barth gewesen sei.

Nun erzählte dieser Prediger Reisern seine Geschichte,
wie er sich erst lange als Hofmeister herumgetrieben, und
hier nun endlich in dieser alten Pfarre eine Ruhestätte gefunden habe, wo er dem, was in der Welt vorginge, nur so
ganz von ferne zusähe.

Reiser erzählte nun dem Prediger auch seine eigene imaginierte unglückliche Geschichte, wobei ihm der Prediger
in einem Caffeeschälchen einige Erfrischungen von einge-
machtem Obst vorsetzte; und ihm dabei Mut zusprach, daß
er sein Verbrechen vielleicht noch wieder gut machen könne; dabei sah er auf die weiße Scheide von dem Degen,
welchen Reiser trug, und fragte ihn, ob eine solche Degen-
scheide denn wirklich das Zeichen der Freimäurer, und ob
Reiser nicht in diesem Orden sei? – Jemehr dieser es ver-
neinte, desto fester glaubte der Prediger, demohngeachtet
einen Freimaurer vor sich zu sehen, der sich ihm nur in
diesem Punkt nicht entdecken wollte.

Dieser Prediger betrachtete Reisern manchmal vom Kopf
bis zu Fuß, und schien sich überhaupt sonderbare Vorstellungen von ihm zu machen. – Er hielt ihn für einen
Menschen, der viel mehr verschwieg, als er sagte, und mit
dem er nicht recht wußte, wie er dran war. – Demohngeachtet konnte er nicht unterlassen, immer noch Fragen an
ihn zu tun, bis Reiser endlich, da die Sonne sich schon zum
Untergange neigte, von ihm Abschied nahm, und der Prediger ihm noch die Ermahnung mit auf den Weg gab,
vorzüglich sein Verbrechen durch Reue zu büßen.

Durch die lange Unterhaltung mit dem Prediger und durch dessen Ermahnungen war Reisers Imagination noch mehr erhitzt. – Er kam in der Abenddämmerung in Gotha an, und ging in einer Art von hartnäckiger Betäubung und Fühllosigkeit, dicht vor dem goldnen Kreuze vorbei, wo er logiert hatte, aus dem Tore wieder heraus, in welches er das erstemal nach Gotha gekommen war, und nahm wieder den Weg auf Erfurt zu, um dann von da nach Mühlhausen zu gehen, und endlich die Barzantische Schauspielergesellschaft zu erreichen.

Denn als er nur erst wieder durch Gotha war; verschwand auch allmählich die imaginierte Geschichte, die ihn drei Tage vor Gotha in der Irre herumgetrieben hatte, die erste Aussicht öffnete sich noch einmal wieder; Gotha lag wieder hinter ihm, und war wieder der Mittelpunkt seiner Bestrebungen; so wie von Eisenach, hoffte er auch von Mühlhausen, und zwar mit besserm Glück, dorthin zurückzukehren.

Nun war es aber schon dunkel, ehe er ein Dorf erreichen konnte, und er verirrte sich, und ging beinahe eine Meile um, indes kam er zuletzt doch wieder auf die rechte Straße, und langte in demselben Gasthofe an, wo er auf seiner Hinreise von Erfurt nach Gotha, eine der widerwärtigsten Nächte, in der Gesellschaft von den groben Fuhrleuten zugebracht hatte, deren Quam ihm noch in frischem Andenken war.

In diesem Gasthofe fand er noch alles lebhaft, und einen Handwerksburschen unter den Bauern auf dem Flur sitzend, denen er seine Reisen in Chursachsen erzählte. Gerade als Reiser in den Gasthof kam, trat der Wirt herzu, und gebot dem Erzähler Stillschweigen, weil es schon spät in die Nacht, und Zeit sei, sich schlafen zu legen.

Der Handwerksbursch und die Bauern legten sich nun auf die Streu, die schon zubereitet war, und worauf auch Reiser Platz nahm. – Der Handwerksbursch konnte sich über die Grobheit des Wirts gar nicht zufrieden geben, und gar nicht darüber einschlafen, indem er unzähligemal versicherte, daß ihm in ganz Chursachsen noch keine solche Grobheit von irgend einem Wirt widerfahren sei.

Als Reiser nun hier am andern Morgen seinen Dreier Schlafgeld bezahlt hatte, war sein Vermögen bis auf neun Pfennige geschmolzen; und nun fing er an, auf einmal sich so erschöpft zu fühlen, da rohe Wurzeln schon seit mehrern Tagen seine einzige Kost gewesen waren, daß der Gedanke an eine Meile, die er gehen sollte, ihn mit Schrecken erfüllte; denn er fühlte sich diesen Morgen wie gelähmt, und der Raum zwischen Mühlhausen und hier kam ihm wie eine furchtbare Wüste vor, durch die er ohne einen Labetrunk und ohne Stärkung reisen sollte.

Der Handwerksbursch, der den Abend vorher von seinen Reisen in Chursachsen bis in die späte Nacht erzählt hatte, machte sich nun auf den Weg nach Erfurt, und fragte Reisern ob er auch des Weges ginge? dieser bejahte es, und sie wanderten in einem nicht übereilten Schritt mit einander fort.

Der Handwerksbursch, welcher ein Buchbindergeselle und schon ziemlich betagt war, fragte Reisern nach seiner Profession, und dieser antwortete: er sei ein Schuhknecht, und fand ordentlich eine Art von Würde darin, indem er sich einen Schuhknecht nannte; denn als ein solcher war er doch etwas, als einer der ein bloßes Blendwerk seiner Phantasie verfolgte, war er nichts.

Der Buchbindergeselle schien seiner Erzählung nach schon seit vielen Jahren, aus dem Reisen ein eigenes Geschäft gemacht zu haben, und war gegen seinen Gefährten mit seinen Erfahrungen nicht zurückhaltend, indem er ihn unterrichtete, wie man, besonders im Sommer und in der Obstzeit, mit einem halben Gulden sehr weite Touren machen könne, ohne doch dabei Not zu leiden.

Obst, meinte er, würde einem nirgends versagt, und Brot auch nicht leicht, auf die Weise brauche man des Tages oft nur wenige Pfennige zu verzehren. – So sei er schon mehrmalen ganz Chursachsen durchgereist, und habe sich wohl dabei befunden; kurz er hielt Reisern würdig, in seinen Orden initiiert zu werden, dessen Vorzüge und Annehmlichkeiten er ihm auf die reizendste Art beschrieb, weil es ein

Leben voll immerwährender Veränderung und Unabhängigkeit war. –

Reiser aber fühlte seine Knie wanken, und seine Müdigkeit nahm so sehr bei jedem Schritte zu, daß er in diesem Augenblick, das einförmigste und abhängigste Leben sich gerne hätte gefallen lassen, wenn sich ein ruhiger Aufenthalt ihm dargeboten hätte.

Sein Gefährte schien seinen Kummer zu merken, und suchte ihm Mut und Trost einzusprechen, als sie schon nahe vor Erfurt an einen kühlen und klaren Quell kamen, der dem Buchbindergesellen schon bekannt war, und wo sie bei der drückenden Hitze beide ihren Durst löschten.

Nicht leicht kann diese wohltätige Quelle, die den Einwohnern von Erfurt wohl bekannt ist, für einen Wanderer erquickender gewesen sein, als sie es für Reisern war, der sich ganz erschöpft daran niederwarf, und den Labetrunk, den er oft von Menschen kaum zu fordern wagte, nun unmittelbar, aus dem Schatz der Natur empfing. –

Und dann erhielt so etwas für Reisern einen doppelten Wert, weil er das Poetische mit hinzutrug, das nun bei ihm wirklich wurde, und wovon man sagen könnte, daß es die einzige Schadloshaltung für die notwendigen Folgen seiner Torheit war, für die er selbst nicht konnte, weil sie nach natürlichen Gesetzen in sein Schicksal von Kindheit auf sich notwendig einflechten mußte. –

Als nun die alten Türme von Erfurt wieder aus dem Tale emporstiegen, und Reiser nun hoffnungslos dahin zurückwanderte, wo er noch vor kurzem mit dem jugendlichen Schimmer der ersten Hoffnung ausgereist war, so fiel es ihm sonderbar auf, da sein Gefährte der Buchbindergeselle auf einmal zu ihm sagte: er glaube nicht, daß Reiser ein Schuhknecht sei, sondern hielte ihn für einen Studenten, der auf der Universität in Erfurt studieren wolle.

Reiser der schon wieder bis zum Hinsinken ermattet war, fühlte sich durch diese zufälligen Worte des Buchbindergesellen wie ins Leben zurückgerufen.

Sobald er in dieser Stadt, die so nahe vor ihm lag, studieren und bleiben wollte, war sie das Ende seiner mühseligen Wanderung; sie war der Endzweck, das Ziel seiner Reise, das er nun so nahe vor sich sahe, und wo er noch dazu auf eine ehrenvolle Weise, mit seinem Plane umwechseln konnte.

Jemehr seine Müdigkeit zunahm, je reizender und wünschenswerter wurde ihm der Gedanke an den Aufenthalt in dieser weiten Stadt, worin doch auch, wie er dachte, noch wohl ein Plätzchen für ihn sich finden würde.

Dieser hoffnungslose traurige Zustand des Umherirrens, worin er sich nun schon seit mehrern Tagen befand, konnte durch keinen Reiz einer angespannten erhitzten Einbildungskraft mehr übertragen werden, sondern der Gedanke der gänzlichen Hülflosigkeit ermüdete ihn mit jedem Schritte noch mehr, und die Müdigkeit vermehrte wieder den Gedanken der Hülflosigkeit, die vorzüglich aus dem Sinken seines Mutes und aus der Erschöpfung seiner Kräfte entstand.

Sie kamen nun in die Stadt, vor einem Bäckerhause vorbei, wo auf dem Laden eine Menge Brote aufgetürmt lagen: Reiser wollte sich eins darunter aussuchen, und als er es kaum berühret hatte, schoß beinahe der ganze Haufe von Broten auf die Straße herunter. – Die Leute im Hause fingen einen großen Lärm an, und Reiser mußte mit seinem Gefährten sich nur schnell um eine Ecke wenden, um den Schmähungen zu entgehen. So verfolgte Reisern sein widriges Geschick bis aufs äußerste.

Sie kehrten nun in einem Gasthofe ein, wo Reiser dem Durst nicht widerstehen konnte und für die letzten neun Pfennige, die er noch übrig hatte, sich Bier geben ließ. Für diesen einen Trunk hatte er also sein Schlafgeld auf noch drei künftige Nächte ausgegeben, und ihm blieb nichts weiter übrig, als ganz unter freiem Himmel zu wohnen.

Bei diesem Gedanken war es ihm, als ob er nun mit dem Trunk Bier die Vergessenheit alles Künftigen und Vergangenen trinke, und von allem Kummer auf einmal befreiet werden sollte. Denn nun gab er sich ganz seinem Schicksale hin, und betrachtete sich wieder wie ein fremdes Wesen, für das er nicht mehr denken könnte, weil es unwiederbringlich verloren war; so schlummerte er ein, und schlief eine Stundelang.

Als er erwachte, war es noch eine Stunde vor Mittage, sein Gefährte war weggegangen, und er saß, den Kopf auf die Hand gestützt, in stummer Verzweiflung da, als ein Mann, der gerade gegen ihm über saß, ihn anredete, und sich erkundigte, ob er nicht ein fremder Student sei?

Als dies bejahet wurde, erzählte der Mann, gleichsam, als ob er um Reisers Zustand gewußt hätte; daß der jetzige Prorektor der Universität, der Abt vom Benediktinerkloster auf dem Petersberge ein äußerst menschenfreundlicher Mann sei, der erst vor Kurzem, einem jungen Manne, der auch *mit Nichts* hiehergekommen sei, sogleich Unterstützung verschafft, und sich seiner auf das menschenfreundlichste angenommen habe. Wenn Reiser diesen Prälaten besuchen wollte, so solle er nur dreist zu ihm gehen; er würde gewiß eine gütige Aufnahme bei ihm finden. Hierauf kamen andere Leute, mit denen der Mann sich ins Gespräch gab.

Reiser aber, den die gänzliche Erschlaffung aller seiner Seelen- und Körperkräfte, und der wohltätige Schlummer, der hievon eine Folge war, schon wieder etwas gestärkt hatten, fühlte sich auf einmal wieder mit neuer Hoffnung und neuem Mut beseelt, da er sich den Prälaten im Benediktinerkloster auf dem Petersberge dachte.

Er machte sich sogleich auf den Weg, und erkundigte sich nach dem Petersberge; ein junger Student der ihm begegnete; gab ihm nicht nur höflich Bescheid, sondern begleitete ihn sogar eine Strecke, um ihn gehörig zurechtzuweisen. Dies war ihm ein gutes Omen. Er stieg den befestigten Petersberg hinauf, und die Wachen ließen ihn ungehindert durch. –

Er kam in der Wohnung des Prälaten an, dessen Bedienter ihn mit einem freundlichen Gesicht empfing, und sobald er sagte, daß er ein Student sei, ihn sogleich bei dem Prälaten zu melden versprach. –

Er ward eine Treppe hoch in einen großen Saal geführt, in welchem Gemälde hingen, unter denen das eine den Petrus vorstellte, wie er sich in des Hohenpriesters Hause am Feuer wärmt. – Indem Reisers Blicke noch auf dies Gemälde ge-
5 heftet waren, trat der Prälat in seiner schwarzen Ordenskleidung mit dem Brevier in der Hand heraus, und Reiser richtete eine kurze lateinische Anrede an ihn, die er sich beim Hinaufsteigen auf den Petersberg ausgedacht hatte, und deren Inhalt war, daß er vom widrigen Glück umher-
10 getrieben, nach Erfurt gekommen sei, und hier einige Unterstützung zu finden hoffte, um auf irgend eine Weise sein angefangenes Studium hier fortzusetzen.

Der Prälat fragte ihn mit großer Leutseligkeit wieder in lateinischer Sprache, ob er katholisch sei oder sich zur Augs-
15 purgischen Konfession bekenne, und als Reiser das letztere bejahte, so antwortete ihm der Prälat fast mit seinen eigenen Worten wieder: es täte ihm zwar leid, daß Reiser vom widrigen Glück umhergetrieben sei, doch sähe er noch kein Mittel, wie er gerade auf dieser Universität Unterstützung
20 finden würde? Indes wolle er ihm die Hoffnung nicht dazu benehmen.

Hierauf fragte er nach Reisers Geburtsort, und da dieser Hannover nannte, so fuhr der Prälat fort: er gäbe ihm den Rat sich an den Doktor Froriep zu wenden, weil dieser ge-
25 wissermaßen sein Landsmann sei. Bei dem möchte er sich also melden, und dann wieder zu ihm kommen. Mit diesen Worten drückte er Reisern ein Stück Silbergeld in die Hand, und fügte hinzu: er möchte mit diesem kleinen Mittagsmahl vorlieb nehmen.

30 Wenn ja etwas den Mut des Zerschlagenen wieder aufrichten, und den völlig Gesunkenen von der Verzweiflung retten kann, so ist es die Miene und der Ton, womit der Prälat Günther damals Reisers Bitte beantwortete, und ihm seinen Rat erteilte.

35 Von dieser Behandlung beinahe bis zu Tränen gerührt, eilte Reiser fort, und glaubte zu träumen, da er wieder draußen vor der Türe stand, sein Stück Geld besahe und sich auf

einmal wieder im Besitz von einem halben Gulden sahe; da
es ihm kurz vorher noch an einem Dreier für ein Nachtlager
fehlte. – Dieser halbe Gulden dünkte ihm jetzt ein unschätz-
barer Reichtum, und war es auch würklich für ihn, weil er
ihm wieder den Mut einflößte, woran sein ganzes Schicksal
hing.

Er ging nun nach einem Speisehause, und genoß zum
erstenmale wieder warmes Essen. Gleich nach Tische aber
erkundigte er sich nach der Kaufmannskirche, bei welcher
der Doktor Froriep wohnte. Er traf ihn gerade, da er eben
um zwei Uhr des Nachmittags ein Kollegium lesen wollte,
und redete ihn auf eine ähnliche Weise, wie den Abt Günther, lateinisch an.

Da der Doktor Froriep von Reisern hörte, daß er aus
Hannover sei, nahm er ihn außerordentlich freundlich auf,
und führte ihn mit sich in seinen Hörsaal, wo die Studenten
schon mit den Hüten auf den Köpfen saßen, welches für
Reisern ein ganz ungewohnter Anblick war; um so vielmehr,
da er merkte, daß man sich über ihn aufhielt, weil er nicht
auch bedeckt blieb.

Er sahe sich also nun auf einmal in Erfurt, in dem Hörsaale eines Professors, mitten unter Studenten sitzen, da er
am Morgen eben dieses Tages noch weiter nichts als das
offne Feld, das er durchwanderte, zu seinem Aufenthalt vor
sich sahe.

Der Doktor Froriep las Kirchengeschichte, wobei auch
manche lustige Anekdote mit unterlief, die das Auditorium
aufmunterte, und von den Musensöhnen oft mit einem
schallenden Gelächter begleitet wurde. Dies alles war Reisern noch wie ein Traum. Er erinnerte sich an die Jahre seiner
Kindheit, wo ihm der Hörsaal der Schule schon heilig war,
und itzt fand er sich auf einmal in einem akademischen
Hörsaale, über dem nun nichts Höhers mehr war.

Als das Kollegium zu Ende war, nahm der Doktor Fro-
riep Reisern mit sich auf seine Stube, und fragte ihn um seine
Geschichte, der er nun die neue Wendung gab, daß er sich in
Hannover durch eine Schrift, die übel ausgedeutet sei, den

Haß eines vornehmen Mannes zugezogen, und von dort
habe weggehen müssen. – Da er nun weiter keine Aussicht
gehabt, so sei er auf die Gedanken gekommen sich dem
Theater zu widmen, nach reiflicher Überlegung aber habe er
5 diesen Entschluß fahren lassen, weil er wohl einsehe, daß er
sich auf immer für die Zukunft durch diesen Schritt schaden
würde; und darum habe er nun gedacht, sich in Erfurt aufs
neue dem Studieren zu widmen.

Nun war es merkwürdig, wie Reiser diese Lüge, die er sich
10 während dem Kollegium des Doktor Frorieps ausgedacht,
sich selbst, ehe er sie sagte, in Wahrheit zu verwandeln suchte, und wie jesuitisch er dabei sich selber täuschte. Er suchte
sich nehmlich in seinen Gedanken zu überzeugen, daß er
nun wirklich die Torheit seines Unternehmens vollkommen
15 einsehe, und daß er nun ganz freiwillig seinen Entschluß
geändert habe, und fest bei diesem Vorsatz bleiben würde,
wenn sich ihm auch gleich jetzt die beste Gelegenheit, den
Schauplatz zu betreten von selbst darböte.

Und was die erste Hälfte seiner Lüge anbetraf, so suchte
20 er sich einzubilden, daß in seiner Rede, die er an der Königin
Geburtstage gehalten, wirklich einige verfängliche Stellen
wären, die wohl jemand zu seinem Nachteil ausgedeutet
haben könnte. Ob dies nun wirklich geschehen sei, das berührte er nun nicht weiter, sondern beruhigte sich diesmal
25 bei der Möglichkeit, weil er sich nicht anders zu helfen wußte.

Denn er durfte nicht sagen, daß er aus Neigung zum
Theater aus Hannover gegangen sei, wenn sein Trieb zum
Studieren wahrscheinlich bleiben sollte, und die Duellge-
30 schichte paßte hier auch nicht her.

Der Doktor Froriep schien ihm zwar nicht recht zu glauben, allein er faßte eine höhere Idee von Reisern, als dieser
erwarten konnte, indem er ihn für einen Sohn angesehener
Eltern hielt, mit denen er sich entzweiet habe, und deren
35 Namen er nur verschwiege. Reiser fand es für sich schmeichelhaft, daß man eine solche Meinung von ihm hegen
konnte, die ihm um desto lieber war, weil sie auf die gefäl-

ligste Art seine Lüge zudeckte, indem der Doktor Froriep die Unwahrheit, welche er selbst nicht glaubte, doch am besten entschuldigte.

Und was nun kam, war über alle seine Erwartung. – Der Doktor Froriep redete ihm zu, er möchte nur gutes Mutes sein; er wolle fürs erste Tisch und Wohnung für ihn besorgen. Reiser der am Morgen eben dieses Tages sich noch von aller Welt verlassen sahe, trauete den tröstenden Worten kaum, die er jetzt vernahm, und glaubte in dem Doktor Froriep in dem Augenblick seinen Schutzengel vor sich zu sehen. –

Dieser schrieb ihm nun ein paar Zeilen, womit er am andern Morgen wieder zu dem Abt Günther gehen sollte, der ihn auf Froriep Bitte, umsonst als Student immatrikulieren würde.

Ein so glücklicher Wechsel des Schicksals versetzte Reisern in einen Zustand, der ihn aller seiner Widerwärtigkeiten vergessen machte, so daß ihn seine Wanderung auf das Ungewisse gar nicht mehr gereuete, da sie ihn einen solchen Zeitpunkt erleben ließ, von dem sich wohl niemand eine vollkommne Vorstellung machen kann, der nicht auch einmal in seinem Leben von aller Hülfe entblößt, und an Körper und Seele gelähmt ohne Aussicht und ohne Hoffnung war.

In der Freude seines Herzens eilte er in den Gasthof, wo er die Nacht bleiben wollte, ließ sich Papier holen, und fing an, seine eigenen Gedichte, die er auswendig wußte, nacheinander wieder aufzuschreiben, um sie am andern Tage dem Doktor Froriep zu bringen, und sich dadurch einigermaßen seiner Aufmerksamkeit wert zu zeigen.

Er schrieb bis in die Nacht, und wurde mit einigen Heften fertig. Am andern Morgen früh stieg er nun wieder voll ganz anderer Gedanken, als gestern, den Petersberg hinauf; und der gutmütige Abt Günther freute sich, ihn wieder zu sehen, gewährte ihm gern seine Bitte, und fertigte ihm sogleich die Matrikel aus, wobei er ihm die akademischen Gesetze gedruckt übergab, und deren Befolgung durch einen Handschlag sich angeloben ließ.

Diese Matrikel, worauf stand: Universitas perantiqua, die Gesetze, der Handschlag, waren für Reisern lauter heilige Dinge, und er dachte eine Zeitlang, dies wolle doch weit mehr sagen, als Schauspieler zu sein. Er stand nun wieder in Reihe und Glied, war ein Mitbürger einer Menschenklasse, die sich durch einen höhern Grad von Bildung vor allen übrigen auszuzeichnen streben. Durch seine Matrikel war seine Existenz bestimmt: kurz er betrachtete sich, als er wieder vom Petersberge hinunterstieg, wie ein anderes Wesen.

Gegen Mittag zeigte er dem Doktor Froriep die erhaltene Matrikel vor, und brachte ihm zugleich seine Gedichte, die diesmal weit mehr Glück machten, als er erwartet hatte. In Erfurt war nehmlich das Studium der schönen Wissenschaften unter den Studenten noch etwas seltenes, und dem Doktor Froriep war es lieb, einen mehr zu haben, der in diesem Fache den andern einigermaßen zum Beispiel diente.

Diese Gedichte bewürkten also, daß Reisers neuer Gönner sich nun noch weit mehr für ihn interessierte, und ihn keine Nacht mehr im Gasthofe ließ, sondern sogleich dem Universitätsquartiermeister, der zugleich Fechtmeister war, den Auftrag gab, ihm ein Logis zu verschaffen. Dieser quartierte ihn dann fürs erste bei einem alten Studiosus Medicinä ein, welcher bei ihm im Hause wohnte, und weil er zugleich die Besorgung des Freitisches für die Studenten hatte, so zog er ihn fürs erste an seinen eigenen Tisch.

Bei diesen glücklichen Umständen wurde nun Reiser wieder auf manche Stunde lang, der unglücklichste Mensch von der Welt, weil ihn seine Erziehung, und der Kummer von seinen Schuljahren drückten. Die Idee von den Freitischen, die er als Schüler hatte genießen müssen, lag wie eine Last auf ihm, und er fühlte sich im Grunde weit unglücklicher, wie er nun an den Tisch des Fechtmeisters gehen sollte, als wie er auf dem Felde zwischen Gotha und Eisenach rohe Wurzeln aß.

Dies machte, daß er bei den Studenten, welche auch mit ihm bei dem Fechtmeister aßen, für einen timiden und blö-

den Menschen gehalten wurde; und da sein Wirt, der mit
Studenten nach ihrer Art umging, auch nicht viel Umstände
mit ihm machte, so wurde dadurch sein Zustand noch un-
erträglicher; er schien sich auf einmal aus der unbegrenzten
Freiheit in die niederträchtigste Abhängigkeit wieder versunken zu sein.

Ohngeachtet seines scheuen Wesens aber war man schonend gegen ihn, und dies hatte er wiederum seinen auf-
geschriebenen Gedichten zu danken, wovon der Doktor
Froriep zu verschiedenen Leuten gesprochen hatte, und die
ihm, ohne daß er selbst es wußte, unter den Studenten in
Erfurt schon einen gewissen Namen gemacht hatten, so daß
man nun sein sonderbares Wesen auf Rechnung seiner
Dichtergabe schrieb.

Es fehlte ihm nun gänzlich an Wäsche, und hätte er einiges Zutrauen zu den Menschen gehabt, so hätte er auch itzt
diesen Mangel sehr leicht ersetzen können. Allein es war
ihm unmöglich diesen Mangel zu gestehen, der ihm am
drückendsten war, und im Grunde seine meiste Traurigkeit
verursachte, die er aber immer selbst auf etwas anders
schob, worüber er zu trauern gegen sich selbst affektierte,
weil ihm der Mangel an Wäsche ein zu kleiner und unpoe-
tischer Gegenstand schien.

Der Fechtmeister wies ihm nun ein bleibendes Quartier
bei einem Studenten Namens R... an, bei dem er auch auf
der Stube wohnen mußte, und der sogleich eine Wochenschrift mit ihm gemeinschaftlich herausgeben wollte, weil er
sich von Reisers Dichter- und Schriftstellertalent schon große Vorstellungen gemacht hatte. Reiser dachte auch bald
einen Plan zu einer Wochenschrift aus, welche sich mit einer
Satyre auf diese Art Schriften anheben, und die letzte Wochenschrift heißen sollte; als aber sein neuer Stubengenosse
merkte daß er kein Geld bei sich führe, und auch keine sehr
bestimmte Aussicht habe, welches zu erhalten, fing er an
ziemlich kalt gegen ihn zu werden, und riet ihm fürs erste
seinen Degen zu versetzen, welches Reiser tat, und nun auf
einmal wieder freundlichere Blicke erhielt. Denn der Hr.

R..., der ein sehr ordentlicher Mann war, wollte bei ihrer beiderseitigen literarischen Unternehmung nicht gerne Auslagen machen.

Sie gingen nun beide hin zu einem Buchdrucker in Erfurt, Namens G... und brachten den Plan ihrer neuen Wochenschrift zum Vorschein: Dieser stellte ihnen aber sehr nachdrücklich vor, wie mißlich ein solches Unternehmen, und wie viel sicherer es sei, seine Aufsätze in ein Blatt zu geben, welches schon einmal bekannt und vom Publikum beliebt wäre, wie z. E. die Wochenschrift der Bürger und der Bauer, welche er selbst herausgab, und die von Betteljungen in den Bierhäusern in Erfurt herumgetragen wurde.

Das war also eben der Bürger und Bauer, den Reiser auf seiner ersten Wanderung bei dem Jäger nicht weit von Mühlhausen vorgefunden hatte, und zu dessen Mitarbeiter er nun nebst seinem Stubengenossen von dem Verleger und Herausgeber erwählt wurde. Beide mußten nun den Abend bei dem Buchdrucker speisen, und es wurden Rettich und eine Art sehr harter länglichter kleiner Käse, die in Erfurt gewöhnlich sind, aufgetragen, wovon die beiden Mitarbeiter unaufhörlich aßen, während daß die Frau des Buchdruckers manchmal darzu sehr sauer sahe.

Der erste Aufsatz, den nun der Student R... in die Wochenschrift der Bürger und der Bauer lieferte, war eine prosaische Nachahmung von dem Beatus ille des Horaz. Und der erste Aufsatz von Reiser, war sein steifes Gedicht über die Welt, das er schon in Hannover auf der Schule gemacht hatte.

Da nun aber für diese Aufsätze weiter kein Honorar erfolgte, und der Plan des Studenten R... durch eine Wochenschrift, die er mit Reisern herausgeben wollte, ein Ansehnliches zu gewinnen, auf die Weise ins Stecken geriet, so hatte auch Reiser weiter kein Interesse mehr für ihn; welches ihm nicht zu verdenken war, da Reiser wegen seiner Melancholie, die vorzüglich bei ihm aus dem Mangel an Wäsche, und nun auch wieder von dem schlechten Zustande seiner Schuhe entstand, nur ein trauriger Gesellschafter sein konnte.

Der Student R... suchte also Reisern nach Verlauf von acht Tagen, die er bei ihm gewohnt hatte, schon wieder in einem andern Logis unterzubringen. – Dies war auf der Kirschlache, in der Wohnung eines Brauers, wo noch ein Student logierte, und der Sohn im Hause ebenfalls die Schule besuchte.

Hier bekam Reiser nun wiederum kein Zimmer für sich allein, sondern mußte, so wie der andre Student mit der Familie zusammenwohnen. – Das Haus aber hatte eine angenehme Lage – es stand in einer Reihe kleiner Häuser, vor denen ein schmales Gewässer vorbeifließt, dessen diesseitiges Ufer mit Bäumen bepflanzt ist.

Es war also keine ganz eingeengte Straße, sondern das vorüberfließende Wasser, und selbst die Kleinheit der Häuser trugen dazu bei, dieser Gegend der alten Stadt ein freies ländliches Ansehn zu geben.

Hinter dem Hause war gleich die alte Stadtmauer, von welcher man die Aussicht nach dem Kartäuserkloster hatte. Die Mauer war oben zum Teil mit Gras bewachsen, und an verschiedenen Orten halb eingefallen, so daß man bequem hinaufsteigen, und alsdann die große Pläne von Gärten, womit Erfurt noch innerhalb seiner Mauren umgeben ist, übersehen konnte.

Während dieser Zeit erhielt nun Reiser auch den ordentlichen Freitisch von der Universität, und die Idee des ruhigen Bleibens behielt nun auf einmal wieder so sehr bei ihm die Oberhand, daß er jetzt, da er neunzehn Jahr alt war, an seinen Freund in H.... schrieb, er hoffe und wünsche nunmehr den Rest seiner Tage in Erfurt zu beschließen.

Seine lernende Laufbahn sollte nehmlich hier unmittelbar in die lehrende übergehn, und so sollte das Ziel aller seiner Wünsche und Hoffnungen dann erreicht sein. – Auf alles übrige Glänzende glaubte er nun Verzicht getan zu haben, und alle die schimmernden Theaterphantasien schienen auf eine Zeitlang aus seinem Kopfe verschwunden zu sein.

Er war nun doch auf einmal in eine neue Welt versetzt, und hatte gegen seinen Aufenthalt in H.... immer erstaunlich viel gewonnen.

Wenn er auf den Wällen von Erfurt um die Stadt spazieren
ging, so fühlte er lebhaft, daß er durch eigne Anstrengung
sich aus seinem unerträglichen Zustande gerissen, und seinen Standpunkt in der Welt aus eigner Kraft verändert hatte.

Wenn er dann die Glocken von Erfurt läuten hörte, so
wurden allmählich alle seine Erinnerungen an das Vergangene rege – der gegenwärtige Moment beschränkte sein
Dasein nicht – sondern er faßte alles das wieder mit, was
schon entschwunden war.

Und dies waren die glücklichsten Momente seines Lebens, wo sein eigenes Dasein erst anfing ihn zu interessieren, weil er es in einem gewissen Zusammenhange, und
nicht einzeln und zerstückt betrachtete.

Das Einzelne, Abgerissene und Zerstückte in seinem Dasein, war es immer, was ihm Verdruß und Ekel erweckte.

Und dies entstand so oft, als unter dem Druck der Umstände seine Gedanken sich nicht über den gegenwärtigen
Moment erheben konnten. – Dann war alles so unbedeutend, so leer und trocken, und nicht der Mühe des Denkens
wert. –

Dieser Zustand ließ ihn immer die Ankunft der Nacht,
einen tiefen Schlummer, ein gänzliches Vergessen seiner
Selbst wünschen – ihm kroch die Zeit mit Schneckenschrit-
ten, fort – und er konnte sich nie erklären, warum er in
diesem Augenblicke lebte.

Im Anfange seines Aufenthalts in Erfurt waren dieser
Augenblicke nur wenige – er übersah das Leben immer
mehr im Ganzen – die Ortsveränderung war noch neu –
seine Einbildungskraft war durch das *Immerwiederkehrende*
noch nicht gefesselt. –

Dies Immerwiederkehrende in den sinnlichen Eindrük-
ken scheint es vorzüglich zu sein, was die Menschen im
Zaum hält, und sie auf einen kleinen Fleck beschränkt. –
Man fühlt sich nach und nach selbst von der Einförmigkeit
des Kreises, in welchem man sich umdreht, unwiderstehlich
angezogen, gewinnt das Alte lieb, und flieht das Neue – Es
scheint eine Art von Frevel, aus dieser Umgebung hinaus-

zutreten, die gleichsam zu einem zweiten Körper von uns geworden ist, in welchen der erstere sich gefügt hat.

Reisers Wohnung auf der Kirschlache schien auch gerade dazu gemacht zu sein, um seine Einbildungskraft aufs neue wieder zu fesseln.

Die Aussicht über die Gärten nach dem Kartäuserkloster hin hatte nehmlich so etwas Romantisches, das Reisern unwiderstehlich anzog, und seine Blicke auf jenen stillen Sitz der Einsamkeit heftete, nach welcher er eine heimliche Sehnsucht empfand. –

Da das Gebäude seiner Phantasie gescheitert war, und er die geräuschvollen Weltscenen weder im wirklichen Leben, noch auf dem Theater hatte durchspielen können, so fiel er nun, wie es gemeiniglich zu geschehen pflegt, mit seiner ganzen Empfindung auf das andere Extrem.

Ganz von der Welt vergessen, von Menschen abgeschieden, in der stillen Einsamkeit seine Tage zu verleben, hatte einen unaussprechlichen Reiz für ihn – und diese Abgeschiedenheit erhielt in seinen Gedanken einen desto höhern Wert, je größer das Opfer war, das er brachte. – Denn das worauf er Verzicht tat, waren seine liebsten Wünsche, die in sein Wesen eingewebt schienen. –

Die Lampen und Kulissen, das glänzende Amphitheater war verschwunden, die einsame Zelle nahm ihn auf. –

Die hohe Mauer welche das Kartäuserkloster umschließt, das Türmchen auf der Kirche, die einzelnen Häuschen, die innerhalb der Mauer in einer Reihe nacheinander stehn, und wovon jedes durch eine Mauer vom andern abgesondert, ein eigenes Fleckchen zum Garten hat; dies alles macht einen sehr interessanten Anblick, und diese Höhe der Mauer, diese einzelnen Häuser, und diese Gärtchen dazwischen, bezeichnen sehr auffallend und bedeutend die Einsamkeit und Abgeschiedenheit der Bewohner dieses Orts.

So oft die Glocke auf dem Türmchen angezogen wurde, tönte sie in Reisers Ohren, wie die Sterbeglocke aller irdischen Wünsche und Aussichten, in die Zukunft dieses Lebens. –

Denn hier war nun das Ziel von allem – nie durfte der Fuß des Eingeweihten wieder aus dem Bezirk dieser Mauren treten – er fand hier seine immerwährende Wohnung, und sein Grab. –

Das Geläute der Kartäuser wird noch mehr durch die Art mit der es geschieht, und durch seine Langsamkeit traurig und melancholisch. –

So wie nehmlich die Kartäuser sich auf dem Chor versammlen, tut jeder nach der Reihe einen Zug an der Glocke, und nimmt darauf seinen Platz ein, bis alle, vom Ältesten bis zum Jüngsten hereingetreten sind.

Nun horchte Reiser auf den Schall dieser Glocke zuweilen in der stillen Mittagsstunde, zuweilen um Mitternacht, oder bei frühem Morgen, und jedesmal erneuerte sich der Eindruck davon so lebhaft in seinem Gemüte, daß immer das ganze Bild der Einsamkeit und Stille des Grabes mit erwachte. –

Es kam ihm vor, als ob diese abgeschiedenen Menschen ihren eigenen Tod überlebten, in ihren Gräbern umherwandelten, und sich einander die Hände reichten. –

Mit dieser Idee wurde er nach und nach so vertraut, und sie wurde ihm so lieb, daß er sie manchmal um die angenehmsten Aussichten in das Leben nicht hätte vertauschen mögen.

Er hatte nun auch wieder einen Brief von Philipp Reiser aus Hannover erhalten, der eben so, wie ehemals die Gespräche desselben, statt einer besondern Teilnehmung an seines Freundes Schicksale, eine etwas weitläuftige Schilderung seiner damaligen Liebe enthielt, und wie weit er nun schon in dieser Liebe gekommen sei, und was ihm noch für Hindernisse im Wege ständen.

Demohngeachtet trug Reiser diesen Brief beständig bei sich, und las ihn zum öftern durch, weil Philipp Reiser doch sein einziger Freund war.

Ohnweit der Kirschlache war ein angenehmer Spaziergang, wo zwischen grünem Gebüsch im Tale sich ein klarer Bach ergoß. – Die Aussicht war rund umher gehemmt, und man befand sich in einer reizenden Einsamkeit. –

Hier brachte Reiser manche Stunde auf dem grünen Rasen am Ufer des Baches zu, und dachte über sein Schicksal nach, und wenn er zu denken müde war, so las er den Brief seines Freundes durch, den er, so wenig ihn auch der Inhalt interessierte, am Ende fast auswendig lernte – denn er hatte doch einmal nichts zu lesen, was ihm näher gewesen wäre, als dieser Brief.

Dazu kam noch der Umstand, daß Philipp Reiser aus Erfurt gebürtig war; sie hatten also beide ihre Vaterstädte vertauscht – und Anton Reiser befand sich nun auf demselbigen Fleck, wo sein Freund die ersten Tage seiner Jugend verlebt, und die ersten Eindrücke von der ihn umgebenden Welt erhalten hatte.

Er durchlebte hier in Gedanken Philipp Reisers Kinderjahre, und verdoppelte sich in ihm, wenn er in dem Tal am Bache saß, und seinen Brief las, der ihm denn sein ganzes Wesen wieder in Erinnerung brachte.

Darum war ihm unter den Studenten auch O.... so lieb, der Philipp Reisern in Erfurt noch gekannt hatte, und mit dem er sich am öftersten von ihm unterredete.

Dieser O.... war damals ein junger liebenswürdiger Schwärmer, vor seiner Phantasie schwebte noch der jugendliche Lebensreiz, und ihn beseelten hohe Freundschaftsgefühle – zuweilen lief ein klein wenig Affektation mit unter, im Grunde aber hatte er wirklich ein gefühlvolles Herz.

An ihm fand Reiser seinen Mann, und ruhte nicht eher, bis er an einem Sonntage mit ihm in die Kartäuserkirche ging; denn allein hatte er sich, weil es ihm zu auffallend schien, noch nicht getraut, hereinzugehen.

Sie hatten sich unterwegs von der Nichtigkeit und Kürze des Lebens unterhalten, wobei zu bemerken ist, daß Reiser damals neunzehn und O.... zwanzig Jahr alt war, und wußten nicht, was sie mit dem Rest ihrer Tage anfangen sollten, als sie in dem Kloster anlangten, und in die Kirche traten, welche schon durch ihre leeren weißen Wände, und den einsamen Chor die Stille des Grabes predigte.

Die Kirche wird nehmlich außer den Kartäusern selber

fast von niemand besucht, und weil keine Gemeinde dazu gehört, so ist hier weder Kanzel noch Stühle oder Bänke, sondern nichts als die leeren Wände und der flache Boden, welches dieser Kirche, bei dem dämmernden Lichte, das von oben durch die Fenster fällt, ein sehr ernstes und melancholisches Ansehn gibt.

O.... und Reiser knieten ganz allein an einem Pult vor dem Chore, als die weißgekleideten Mönche einer nach dem andern hereintraten, und jeder sich bückend seinen Zug an der Glocke tat.

Sie setzten sich an ihre Pulte auf dem Chor und stimmten ihren Bußgesang in tiefen, traurigen Tönen an – bald standen sie auf und sangen Hymnen, die traurig zurück erschallten; dann fielen sie auf ihr Angesicht, und flehten in tiefen klagenden Tönen um Erbarmung. –

Ganz an dem einen Ende des halben Zirkels stand ein Jüngling mit blassen Wangen von ausnehmend schöner Bildung. – Reiser konnte seine Augen nicht von den seinigen wenden, die er andachtsvoll gen Himmel schlug. –

O.... kannte diesen Unglücklichen, der in den Orden der Kartäuser getreten war, weil der Blitz seinen Jugendfreund an seiner Seite erschlagen hatte – und Reisern schwebte das Bild dieses Jünglings von nun an beständig vor der Seele. –

Halbe Tage brachte er auf der alten Mauer hinter seiner Wohnung zu, und sehnte sich in den Bezirk jener stillen Mauren hin, die seiner Meinung nach eine ganze Welt mit allen ihren Täuschungen und Blendwerken ausschlossen. –

Mit jenem Jüngling wollte er dort verblühen, und dem Grabe zuwelken – dort wollte er selber sein einsames Gärtchen bauen, – den sanften Strahl der Abendsonne in seiner Zelle begrüßen – und allen irdischen Wünschen und Hoffnungen entnommen mit Ruhe und Heiterkeit dem Tode entgegen sehen.

In dieser Stimmung machte er nun auf den alten eingefallnen Mauern hinter seiner Wohnung, folgendes Gedicht:

Du stille geweihte Behausung, des Grabes rührendes
                              Vorbild,
Welch eine geheime Empfindung heftet mein Auge voll
                              Tränen,
Auf deine einsamen Hütten? Ehrwürd'ger Greis, du   5
                              Bewohner
Des Orts der Stille und der Andacht, Heil dir! vom leeren
                              Gewimmel
Der gaukelnden Eitelkeit fern, und fern vom Geräusche
                              des Stolzes,   10
Kannst du mit eignen Händen dein einsames Gärtchen
                              dir bauen,
Und deine Seele, die oft, mit edlem Unwillen strebet,
Aus ihrem Kerker zu fliehen, mit jedem kommenden
                              Tage.   15
Dem Himmel würdiger machen – Heil dir! genieße die
                              Segen
Der göttlichen Einsamkeit ganz, daß dein von
                              Erdegedanken
Schon lang entwöhnter Geist, in Engelgefühlen zerfließe   20
Und zu seinem ewigen Ursprung sich jauchzend
                              emporschwinge – herrlich,
O Greis, war so das Los deiner Tage! Du aber, den Jahre,
Voll Kummer des Lebens durchlebt, noch nicht die
                              sinkende Scheitel   25
Bereiften, rüst'ger Mann, und du starker, blühender
                              Jüngling,
Der, für die Freuden des Lebens, die einsame Zelle sich
                              wähltest;
O warst du vielleicht das Ziel der Verachtung des   30
                              höhnenden Stolzes?
Betrog dich vielleicht ein falscher Freund? oder fühltest
                              du lebhaft,
Wie alle die Wünsche der Menschen und ihre
                              Hoffnungen alle   35
So nichtig und doch so stolz sind? War's verbitternder
                              Ekel

Vor diesen schalen unschmackhaften Freuden des
　　　　　Lebens, der dir einst
Den blumigten Schauplatz der Welt zur traurigen Einöde
　　　　　machte;
5　Dann wohl auch dir! daß du eine sichere Freistatt vor allen
Den list'gen Ränken der Bosheit fand'st, und vor dem
　　　　　Geräusche
Der Toren, und vor der Verführung des schön gleißenden
　　　　　Lasters,
10　Und vor des Lebens betrüglichen Freuden fand'st! –
　　　　　Doch was seh ich?
Im Aug' eine stumme Zähre, zittert langsam die Wange
Des Jünglings herab, der abgehärmt und bleich sein
　　　　　gebrochnes,
15　Hinsterbendes Leben verweinet, und wie die lechzende
　　　　　Blume
In schwülen Tagen dahinwelkt. – Der du im geheiligten
　　　　　Kerker,
Von keinem Strahl erquickt, aus Zwang oder Unbedacht
20　　　　　schmachtest,
O weine, Jüngling, weine! Dein Gott vergibt dir die
　　　　　Zähren,
Die der unschuldige Wunsch der Natur aus der Seele dir
　　　　　preßte!
25　O könnt' ich doch meine Tränen mit deinen Tränen
　　　　　vermischen,
Und sanften lindernden Trost in deine Seele hinweinen!
Sanftlächelnd geht die Sonn' am Frühlingsabend dir
　　　　　unter,
30　Noch rötet ihr letzter Strahl mitleidig dein einsames
　　　　　Fenster,
Du legst dich hin auf dein Lager, und träumst von
　　　　　künftigen Tagen,
Voll glänzender Aussichten, schwimmst in
35　　　　　Wonnegefühlen, verlierst dich
In Labyrinthen von Freuden, erwachst vom glücklichen
　　　　　Schlummer,

Und siehest – ach, deiner traurigen Zelle öde vier Wänd’,
und
Kein Strahl von Hoffnung lächelt hinein – o säuselt
Zephire
Um dieses Jünglings Haus, liebkoset und trocknet
mitleidig
Vom Aug’ die Zähr’ ihm! Blühet ihr Blumen, in seinem
Garten,
Und um seine Fenster erschalle, dein tröstendes Lied,
Philomele!
Bis der Alliebende einst, von des Lebens quälenden
Banden
Die leidende Seele befreit, dann wirst du voll zärtlicher
Wehmut,
Noch oft in durchtaueten Nächten um seine Grabstätte
klagen.

Reiser war wirklich so mit ganzer Seele bei den Kartäusern,
daß er anfing im Ernst darauf zu denken, wie er auch so
abgeschieden von der Welt seine Tage zubringen könnte,
und dann von allem was ihn drückte, von seinen Wünschen
und Begierden, die ihn quälten, auf einmal und auf immer
befreit sein würde. –

Als er schon einige Tage in diesen Gedanken vertieft gewesen war, kam O.... zu ihm und sagte, daß die Studenten
in Erfurt willens wären eine Komödie zu spielen, und daß
einige Rollen noch unbesetzt wären. – –

Diese Anrede wirkte so mächtig auf Reisers Phantasie,
daß auf einmal das Kartäuserkloster mit seinen hohen Mauren tief im Hintergrunde stand, und die Kulissen mit den
Lichtern sich plötzlich wieder vordrängten; da nun O....
überdem noch hinzufügte, daß man damit umgehe, in dem
Stücke, das man aufzuführen Willens sei, Reisern eine Rolle
anzutragen; so war vollends jeder ernste und melancholische Gedanke, wie verschwunden.

Das Stück nehmlich, was die Studenten in Erfurt aufführen wollten, hieß Medon oder die Rache des Weisen, und

man könnte davon sagen, daß es die ganze Moral in sich enthielt, so erstaunlich viel Tugend wurde von allen Personen darin gepredigt.

In diesem Stücke nun sollte Reiser die Rolle der Clelie, der Geliebten des Medon, übernehmen, weil sich an seinem Kinne noch die wenigste Spur von einem Barte zeigte, und weil auch seine Länge als Frauenzimmer eben nicht auffiel, da der, welcher den Medon spielte, von einer fast riesenmäßigen Größe war.

Ohngeachtet der auffallenden Sonderbarkeit dieser Rolle, konnte Reiser dennoch seinem Hange, das Theater auf irgend eine Weise zu betreten nicht widerstehen, um so weniger, da sich ihm die Gelegenheit dazu, so ganz ungesucht und von selbst darbot.

Während der Zeit hatte nun der Doktor Froriep nach Hannover geschrieben, und sich wegen Reisers Aufführung bei seinem ehemaligen Lehrer dem Rektor S..., wo er im Hause gewohnt hatte, erkundigt, und dieser hatte ihm ganz wider Reisers Vermuten, ein Zeugnis gegeben, welches ihn bei dem Doktor Froriep noch weit mehr in Gunst brachte.

Der Rektor S... hatte nehmlich geschrieben, daß man allerdings von den Anlagen dieses jungen Menschen sich viel versprochen hätte. Und dies war für den Doktor Froriep genug, um das Nachteilige, was dies Zeugnis enthielt, mit Schonung und Nachsicht zu betrachten, und sich nun Reisers mit verdoppeltem Eifer anzunehmen, um ihm, wo möglich, auch die Gnade des Prinzen wieder zu verschaffen.

Das Zeugnis selbst aber war auch schonend und nachsichtsvoll abgefaßt, ausgenommen einen Punkt, wo man Reisern, wegen seiner nächtlichen Spaziergänge, im Verdacht der Liederlichkeit gehabt hatte, und ihn also gerade einer Sache beschuldigte, wovon er am weitesten entfernt war, weil er schon durch das Drückende seines Zustandes, durch seine Selbstverachtung, und selbst durch seine Schwärmereien davon abgehalten wurde.

Dann war sein Hang zum Theater, dasjenige, worauf man nicht ohne Grund, seine übrigen Unregelmäßigkeiten schob,

und wodurch damals so viele junge Leute auf der Schule in
H.... waren hingerissen worden. –

Und gerade indem nun dieser Brief ankam, war Reiser
schon wieder im Begriff mit den Studenten in Erfurt Komödie zu spielen. – Der Doktor Froriep widerriet es ihm
zwar; da er aber sahe, wie sehr sein Herz daran hing, sahe er
ihm auch noch diese Torheit nach, und entzog ihm darüber
nichts von seiner Gunst.

Die Vorbereitungen zu der Komödie wurden nun gemacht; Reiser lernte die Rolle der Klelie auswendig, und nun
wurden häufige Proben gehalten, wodurch Reiser mit dem
größten Teil der Studenten in Erfurt bekannt wurde, die sich
alle gegen ihn sehr höflich betrugen, und alle eine vorteilhafte Meinung von ihm hegten, wodurch er sich in eine Welt
versetzt fand, die von derjenigen ganz verschieden war, worin er von Kindheit auf gelebt hatte.

Zwischen diesen Komödienproben versäumte nun Reiser nicht, des Doktor Frorieps Predigerkollegium fleißig zu
besuchen. Dies bestand aus einer Anzahl Studenten, die sich
in der Kaufmannskirche, in Gegenwart des Doktor Froriep
und der übrigen Studenten, bei verschloßnen Türen, im Predigen übten.

Hier wünschte nun Reiser ebenfalls auftreten zu können,
um seine Deklamation hier hören zu lassen, und es war ihm
immer eine der reizendsten Aussichten, wenn der Doktor
Froriep ihm einmal verstatten würde, hier die Kanzel zu
besteigen. Auch hatte er sich schon ein Thema ausgedacht,
worin er die Schönheiten der Natur, den Wechsel der Jahreszeiten mit poetischen Farben schildern, und mit den
glänzenden und schimmernden Aussichten in die Ewigkeit
auf eine pathetische Weise seine Predigt beschließen wollte.
Allein es kamen immer Hindernisse dazwischen, daß ihm
dieser Wunsch in Erfurt nicht gewährt wurde.

So wie man nun an allem zweifelt, was man heftig
wünscht, so zweifelte er auch immer, ob die wirkliche Aufführung der Komödie zu Stande kommen, und er seine
Rolle darin behalten würde. Dieser Wunsch wurde ihm dann

gewährt. Er wurde mit aller Sorgfalt als Klelie geschmückt.
Die Lichter wurden angezündet, der Vorhang rauschte empor, und er stand nun da vor einem zahlreichen Auditorium,
und spielte ganz unbefangen seine lange Rolle durch, ohne
daß ihm ein einzigesmal das Unnatürliche davon eingefallen
wäre, so sehr war er in dem Gedanken vertieft, daß er in
einer theatralischen Darstellung nun wirklich mit begriffen,
und daß seine Mitwirkung in jedem Augenblick dazu notwendig war. –

Dies Vertiefen in seinen Gegenstand machte, daß er sich
selbst vergaß, und daß auch die Zuschauer das Unnatürliche
der Rolle weniger bemerkten, und er über sein Spiel sogar
noch Beifall erhielt. Da er also nun den Schauplatz betreten
hatte, und doch dabei Student blieb, so machte ihm dies
doppeltes Vergnügen, und er fühlte sich in der Wiedererinnerung an diesen Abend ein paar Tage über so glücklich, daß
ihm alles das, was ihm in den wenigen Wochen, die er nun in
Erfurt zugebracht hatte, schon begegnet war, halb wie im
Traume vorkam.

Er rückte nun auch in die Wochenschrift der Bürger und
der Bauer von Zeit zu Zeit Gedichte ein, wodurch sein
Name als Schriftsteller unter den Erfurtischen Bürgern bekannt wurde. Dabei besorgte er Korrekturen für den Buchdrucker G...., und wurde durch diesen mit einem Gelehrten bekannt, den, bei den größten Vorzügen des Geistes und
Herzens bis an seinen Tod, ein widriges Schicksal verfolgte,
weil er durch den langwierigen ununterbrochenen Druck
der Umstände, verlernt hatte, seinen Wert geltend zu machen, und gerade die Kraft, wodurch er in der Welt festen
Fuß fassen, und seinen Platz behaupten mußte, bei ihm
gelähmt war.

Dieser Doktor Sauer hatte für den Buchdrucker G....
eine Wochenschrift geschrieben, unter dem Titel Medon
oder die drei Freunde, wovon ein Jahrgang herausgekommen war. Man sahe auch hieran, wie er mit dem Druck der
Umstände hatte kämpfen müssen; wie schwer es ihm mußte
geworden sein, eine Anzahl trivialer Aufsätze niederzu-

schreiben, wobei noch immer die Funken des unterdrückten Genies hervorsprühten.

So aber *mußte* er schreiben, und wöchentlich seinen Bogen liefern, um wiederum ein Jahrlang von seinem mühseligen Leben zu atmen. – Da nun die Wochenschrift aufhörte, so war er genötigt, wieder von Korrekturen sein Dasein zu erhalten. Und da er selber dramatische Ausarbeitungen von vielem Wert in seinem Pulte liegen hatte, die er nicht wagte, zum Vorschein zu bringen, mußte er für einen vornehmen Herrn in Erfurt, mit aller Sorgfalt und Korrektheit eines Kopisten ein Trauerspiel für Geld abschreiben, um mit dem Abschreiberlohn wiederum einige Tage lang sein Leben zu fristen.

Als Arzt verdiente er nichts: Denn er fühlte einen besondern Hang in sich, gerade den Leuten zu helfen, die der Hülfe am meisten bedürfen, und denen sie am wenigsten geleistet wird. Und weil dies nun gerade diejenigen sind, welche die Hülfe nicht zu bezahlen vermögen, so geriet der Arzt selber in große Gefahr zu verhungern, wenn er nicht Wochenschriften herausgegeben, Korrekturen besorgt, und Trauerspiele abgeschrieben hätte.

Kurz, er ließ sich für seine Kuren nichts bezahlen, und brachte auch dazu den armen Leuten noch die Arzenei ins Haus, die er selbst verfertigte, und das wenige was ihm übrig oder nicht übrig blieb, darauf verwandte. Weil er sich nun dadurch gleichsam weggeworfen hatte, so hatten die Leute aus der großen und vornehmen Welt kein Zutrauen zu ihm; niemand zog ihn zu Rate, und unter den meisten war sogar sein Name nicht einmal bekannt, ob er sich gleich als Arzt schon keine geringe Erfahrung und Geschicklichkeit erworben hatte.

Er hatte auch in diesem Fache schon eigene vortreffliche Ausarbeitungen geliefert, die aber das Unglück hatten, sich unter der Menge zu verlieren, und eben so wie ihr Verfasser, von den Zeitgenossen nicht bemerkt zu werden. Und während, daß er nun seine übrigen medizinischen Ausarbeitungen in seinem Pulte verschlossen hielt, mußte er die Schrift

eines französischen Arztes, der nach Erfurt kam, und besser, als der Doktor Sauer, sich wußte bemerken zu machen,
ins Lateinische übersetzen, um von dem Übersetzerlohne zu
leben, und für seine hülflosen und armen Kranken neue Ar-
5 zeneimittel zuzubereiten.

Der müßte ganz abgestumpft sein, der diese Unwürdig-
keiten und Demütigungen vom Schicksal nicht fühlen sollte.
Der Doktor Sauer machte eine lächelnde Miene dazu, allein
im Innersten seiner Seele untergrub doch jede dieser De-
10 mütigungen und Herabwürdigungen seine Tatkraft, und
lähmte seinen Mut. Wie konnte er seinem innern Werte noch
trauen, da die ganze Welt ihn verkannte.

Wegen der Konnexion mit dem Buchdrucker G.... für
welchen er die Korrekturen besorgte, gab er nun auch zu-
15 weilen Aufsätze in die berühmte Erfurtische Wochenschrift
der Bürger und der Bauer; und da las Reiser einmal ein
Gedicht von ihm, auf die freigewordenen Amerikaner, welches wohl verdient hätte, in einer Sammlung von den
vorzüglichsten Poesien der Deutschen zu stehen, und nun in
20 einem Blatte sich verlor, das in den Bierhäusern von Erfurt
feil geboten wurde.

Es war als ob in diesem Gedichte sein unterdrückter
Geist alle sein Freiheitsgefühl noch einmal ausgehaucht hätte, ein solcher Schwung und feurige Teilnehmung herrschte
25 in den Gedanken.

Ganz entzückt durch dies Gedicht konnte Reiser nicht
ruhen, bis er die Bekanntschaft eines so vorzüglichen Mit-
arbeiters an der Wochenschrift der Bürger und der Bauer
gemacht hatte. Es hielt aber schwer, bis er diesen Wunsch
30 erreichte, weil der Doktor Sauer eben keinen großen Hang
in sich fühlen konnte, sich noch ferner an irgend einen aus
der Klasse von Wesen anzuschließen, die ihn gleichsam aus-
gestoßen hatte.

Indes fand sich doch ein Weg dazu, weil Reiser sein Stu-
35 dium der englischen Sprache auch in Erfurt fortgesetzt
hatte, daß er sich erbot, dem Doktor Sauer Englisch zu
lehren, weil dieser schon einigemale den Wunsch geäußert

hatte, mit dieser Sprache bekannt zu sein. Dies Anerbieten wurde dann angenommen, und so erhielt Reiser Gelegenheit wöchentlich wenigstens ein paarmal mit diesem Mann zusammenzukommen, an den er sich nun so nahe wie möglich anzuschließen wünschte.

Bei dieser Gelegenheit wurde er nun immer offner gegen Reisern, und erzählte ihm von den mannigfaltigen Unterdrückungen, denen er von seiner Kindheit an, von seinen Anverwandten und von seinen Lehrern ausgesetzt war, und nachher alle die Streiche des Schicksals nacheinander, die ihn bis in den Staub darniedergebeugt hatten; so daß Reiser im auffahrenden Unwillen sich nicht enthalten konnte, die Verkettung hämisch zu nennen, worin ein denkendes und empfindendes Wesen gleichsam absichtlich so eingeengt und gequält wird.

Während daß nun Reiser auf diese Art seinen Unwillen äußerte, verzog sich Sauers Mund zu einem sanften Lächeln, wodurch er freilich über diesen Unwillen erhaben, aber auch zugleich von den irdischen Banden schon gelöst war, und seiner baldigen vollkommnen Befreiung ahndungsvoll entgegen sahe. – Sein Kampf war beinahe durchgekämpft, er brauchte weiter keine widerstehende Kraft, keinen Trotz gegen das Schicksal.

Demohngeachtet loderte die Lebensflamme noch manchmal wieder in ihm auf. Er hoffte zuweilen noch glückliche Tage zu sehen, und hatte einen großen Eifer zur Erlernung des Englischen, weil er sich von diesem seinem Studium viel versprach, um vorzüglich die in der englischen Sprache geschriebenen medizinischen Werke zu nutzen, und dann auch durch Übersetzungen aus dem Englischen Geld zu erwerben.

Dann bot sich ihm auch sogar eine kleine Aussicht zu einer Art von Versorgung in Erfurt dar – und dies war ihm nun schon eine sehr glückliche Wendung, die er besonders seinem Ausharren zuschrieb. Wer in Erfurt zu etwas kommen wolle, pflegte er nun oft zu Reisern zu sagen, der müsse nur lange Zeit ausharren, und die Geduld nicht verlieren! so

bescheiden und mäßig war er in seinen Wünschen, und so
sehr war jeder Schimmer eines bessern Glücks ihm schon
aufmunternd.

Er wußte nicht, daß alles äußere Glück ihm nicht mehr
helfen konnte, weil der Quell des Glücks in ihm selber versiegt, und die Blume seines Lebens zerknickt war, so daß
ihre Blätter notwendig welken mußten.

Reiser fühlte sich von einer solchen Teilnehmung angezogen, als ob das Schicksal dieses Mannes sein eigenes, oder
mit dem seinigen doch unzertrennlich verknüpft gewesen
wäre. Es war ihm als müßte dieser Mann noch glücklich
werden, wenn die Dinge in ihrem Gleise bleiben sollten.

Reisern trog aber diesmal, so wie nachher noch oft seine
Ahndung, und sein Glaube an eine Entschädigung für erlittenen Kummer, die notwendig noch auf Erden statt finden
müsse. – Sauer entschlummerte nach wenigen Jahren, ohne
beßre Tage gesehn zu haben. Da ihn von außen das Glück
ein wenig anlächelte, waren seine innern Kräfte zerstört;
und er blieb unbemerkt und unbekannt bis an seinen Tod; so
daß in der kleinen Gasse, wo er wohnte, seine nächsten
Nachbaren, als man den Sarg hinaustrug, fragten: wer denn
da begraben würde? Ein Grad des Nichtbemerktwerdens,
der in einer so unbevölkerten Stadt, wie Erfurt, höchst auffallend ist.

Die wenigen Tage nun, welche Reiser mit dem Doktor
Sauer in Erfurt verlebte, waren für ihn höchst wichtig, weil
sie seiner Seele einen gewissen neuen Anstoß gaben: Er
raffte sich gegen alle die Unterdrückungen zusammen, welche jenen Geist so sehr hatten lähmen können. Und der
Unwille, den er darüber empfand, flößte ihm einen gewissen
Trotz ein, auch dem Schwersten nicht zu unterliegen, und
das gewissermaßen durch Widerstand zu rächen, was jener
gelitten hatte.

Sie waren eines Tages nach einem Dorfe vor Erfurt zusammen spazieren gegangen, und O.... war mit von der
Gesellschaft. – Als sie gegen Abend zurückkehrten, kamen
sie an ein Gewässer, das mit dickem Gebüsch umgeben war,

und schwarz zwischen seinen Ufern hinkroch. Hier blieb
Sauer stehen, und suchte mit dem Stocke die Tiefe zu messen, die er aber nicht abreichen konnte. Er blieb stehen, und
sahe mit untergeschlagenen Armen in das Wasser, und bemerkte die schwarze Fläche, und wie langsam fließend es
dahin kröche. –

Das Bild wie Sauer mit blassen Wangen, und untergeschlagenen Armen, bedeutungsvoll in diesen Stygischen
Fluß herunter blickte, kam Reisern lebhaft wieder vor die
Seele, als er einige Jahre nachher die Nachricht von seinem
Tode vernahm. – Denn wenn irgend ein bedeutendes Bild
sich formte, wo Zeichen und Sache eines wurden, so war es
hier.

Für Reisern aber eröffneten sich wieder fröhliche Aussichten: denn die Studenten kamen auf den Einfall noch eine
Komödie aufzuführen, weil sie an diesem Vergnügen nun
einmal Geschmack bekommen hatten.

Die Stücke welche man wählte, waren der *Argwöhnische*
und der *Schatz* von Lessing: in dem ersten erhielt Reiser
wiederum zwei Frauenzimmerrollen, die er mit Umkleidung
spielen mußte, und in dem andern die Rolle des Maskaril,
und nun war sein Schauspielerkredit unter den Studenten
schon so befestigt, daß man es als eine Gefälligkeit von ihm
ansahe, wenn er diese Rollen übernehmen wollte, und er
sich also auf keine Weise dazu drängen durfte.

Während daß nun die Veranstaltungen zu dieser zweiten
theatralischen Vorstellung gemacht wurden, fing Reiser zu
gleicher Zeit eine Ausarbeitung über die Empfindsamkeit
an, womit er zuerst als Schriftsteller auftreten wollte. In
dieser Schrift sollte die affektierte Empfindsamkeit lächerlich gemacht, und die wahre Empfindsamkeit in ihr gehöri-
ges Licht gestellt werden.

Die seinsollende Satire gegen die Empfindsamkeit geriet
nun freilich ziemlich grob, indem er sie mit einer Seuche
verglich, vor der man sich zu hüten habe, und jedwedem der
aus einer Gegend käme, wo die Empfindsamkeit herrschte,
den Eingang in Städte und Dörfer versperren müsse.

Dieser Unwille war vorzüglich durch die empfindsamen Reisen, die nach und nach in Deutschland erschienen, und durch die vielen affektierten Nachahmungen von Werthers Leiden, bei Reisern erweckt worden, ob er sich gleich selber auch heimlich dieser Sünde anklagen mußte; um desto heftiger suchte er nun auch zugleich zu seiner eigenen Besserung, dagegen zu eifern.

Gerade, da er eines Abends an dieser Abhandlung schrieb, trat der Buchdrucker P.... aus Hannover in die Stube, und brachte ihm einen Brief von Philipp Reisern. Dies war eben der Buchdrucker, für den er in Hannover eine Anzahl kleiner Neujahrwünsche verfertigt, und sich zum erstenmal in denselben gedruckt gesehen hatte.

Als Reiser den Buchdrucker vor die Türe hinausbegleitete, drückte ihm dieser ein kleines Goldstück in die Hand, welches hinlänglich war, einen Menschen, der nun seit einigen Wochen schon ganz von Gelde entblößt war, und sich doch seinen Mangel nicht wollte merken lassen, auf einmal aus dem Staube zu heben.

Dies unvermutete Geschenk erhielt noch einen größern Wert durch die Art, womit es gegeben wurde, indem der Buchdrucker P.... die Worte hinzufügte: es sei diese Kleinigkeit eine alte Schuld, die er abtrüge, weil nehmlich Reiser Neujahrwünsche, Gedichte u. s. w. bloß der Ehre wegen in Hannover für ihn verfertigt hatte.

In Reisers Umständen hatte ein Goldgulden, woraus dies Geschenk bestand, für ihn einen unschätzbaren Wert, und riß ihn auf einmal aus einer Menge kleiner Verlegenheiten, die er keinem Menschen hätte sagen dürfen. Dies machte, daß er nun in Erfurt wirklich einige glückliche Tage erlebte, wo er eben durch nichts weder von innen noch außen gedrückt wurde, und auch in die Zukunft keine trübe Aussichten hatte.

Der Brief von Philipp Reisern war auch interessanter als der vorhergehende; denn er enthielt die Nachricht, daß verschiedene von Reisers Mitschülern, welche mit ihm zugleich in Hannover Komödie gespielt hatten, seinem Beispiele gefolgt, und auch zum Teil heimlich fortgegangen wären, um sich dem Theater zu widmen.

Darunter war vorzüglich I... der im Klavigo den Beaumarchais gespielt hatte; der Sohn des Kantor W.... – der Präfektus aus dem Chore, Namens O... und ein gewisser T..., eines Predigers Sohn, mit dem Reiser kurz vor seinem Abschiede, noch einige romantische Spaziergänge bei Hannover gemacht hatte. Nun fand Reiser eine sonderbare Art von Stolz darin, da er doch von allen diesen nachgeahmt war, daß er zuerst den Mut gehabt hatte, einen solchen Schritt zu tun.

Dann schrieb ihm Reiser in seinem überspannten Stile, daß der Dichter Hölty in Hannover gestorben sei, und schloß am Ende mit den Worten: freue dich Dichter! weine Mensch! – Von dem Fortgange seines Liebesromans enthielt dieser Brief nur wenig.

Während daß nun Reiser mit den Rollen in der zweiten Komödie beschäftigt war, fand er einen neuen Freund in Erfurt, einen Studenten Namens N... aus Hamburg gebürtig, der bei dem Doktor Froriep im Hause wohnte, welcher ihm eine Abschrift von Reisers Gedichte, *das Kartäuserkloster* gezeigt, und dadurch dem Verfasser auf einmal einen neuen Freund verschafft hatte.

Dies wurde nun eine Freundschaft gerade von der empfindsamen Art, wogegen Reiser eine Abhandlung zu schreiben im Begriff war.

Der junge N... hatte wirklich ein gefühlvolles Herz, er ließ sich aber auch durch den Strom hinreißen, und spielte bei jeder Gelegenheit den Empfindsamen, ohne es selbst zu wissen; denn er eiferte sehr oft mit Reisern gegen das Lächerliche einer affektierten Empfindsamkeit – weil er aber nicht bloß vor andern empfindsam zu scheinen, sondern es für sich selber wirklich zu sein suchte, so deuchte ihm das keine Affektation mehr, sondern er trieb dies nun als eine ganz ernsthafte Sache, die keinen Spott auf sich leidet, und zog Reisern allmählich mit in diesen Wirbel hinüber, der die Seele so lange hinaufschraubt, bis sie in den abgeschmacktesten Zustand gerät, den man sich denken kann.

Reisern war es schon aufmunternd, daß ohngeachtet seiner dürftigen Umstände sich jemand an ihn schloß, dem es nicht an äußern Glücksgütern fehlte. – Nach und nach aber bildete sich bei ihm eine ordentliche Liebe und Anhänglichkeit an den jungen N...., welche durch dessen wahre Freundschaft für Reisern immer vermehrt wurde, so daß sie sich immer mehr, auch in ihren Torheiten, einander näherten, und von ihrer Melancholie und Empfindsamkeit sich wechselsweise einander mitteilten.

Dies geschahe nun vorzüglich auf ihren einsamen Spaziergängen, wo sie nur gar zu oft zwischen sich und der Natur eine Scene veranstalteten, indem sie etwa bei Sonnenuntergang die Jünger von Emaus aus dem Klopstock lasen, oder an einem trüben Tage, Zachariäs Schöpfung der Hölle, u. s. w.

Vorzüglich lagerten sie sich oft am Abhange des Steigerwaldes, von welchem man die Stadt Erfurt, mit ihren alten Türmen und ihrem ganzen Umfange von Gärten, kann liegen sehen. Da hinauf gehen die Einwohner von Erfurt häufig spazieren, machen sich auch wohl oben selbst ein kleines Feuer an, und kochen sich den Kaffee, um die patriarchalischen Ideen wieder zu erneuern.

Hier saßen nun auch N.... und Reiser oft Stunden lang, und lasen sich aus irgend einem Dichter wechselsweise vor; welches die meiste Zeit eine wahre Mühe und Arbeit, und ein peinlicher Zustand für sie war, den sie sich aber einander nicht gestanden, um nur am Ende die Idee mit sich zu nehmen: »Wir haben am Steigerwalde freundschaftlich beieinander gesessen, haben von da in das anmutsvolle Tal hinuntergeblickt, und dabei unsern Geist mit einem schönen Werke der Dichtkunst genährt.«

Wenn man erwägt, wie viele kleine Umstände sich ereignen müssen, um das Stillsitzen und Lesen unter freiem Himmel angenehm zu machen, so kann man sich denken, mit wie vielen kleinen Unannehmlichkeiten N.... und Reiser bei diesen empfindsamen Scenen kämpfen mußten: wie oft der Boden feucht war, die Ameisen an die Beine krochen, der Wind das Blatt verschlug, u. s. w.

N.... fand nun einen vorzüglichen Gefallen daran, Klopstocks Messiade Reisern ganz vorzulesen; bei der entsetzlichen Langenweile nun, die diese Lektüre beiden verursachte, und die sie sich doch einander, und jeder sich selber kaum zu gestehen wagten, hatte N.... doch noch den Vorteil des lauten Lesens, womit ihm die Zeit verging: Reiser aber war verdammt zu hören, und über das Gehörte entzückt zu sein, welches ihm mit die traurigsten Stunden in seinem Leben gemacht hat, deren er sich zu erinnern weiß, und welche ihn am meisten zurückschrecken würden, seinen Lebenslauf noch einmal von vorn wieder durchzugehen. Denn keine größere Qual kann es wohl geben, als eine gänzliche Leerheit der Seele, welche vergebens strebt, sich aus diesem Zustande herauszuarbeiten, und unschuldigerweise sich selber in jedem Augenblicke die Schuld beimißt, und sich selber ihres Stumpfsinns anklagt, daß sie von den erhabenen Tönen, die unaufhörlich in ihre Ohren klingen, nicht gerührt und erschüttert wird.

Ob nun gleich N.... und Reiser fast unzertrennlich beisammen waren, so sehnte sich der Letztre doch wieder nach einsamen Spaziergängen, die ihm immer das reinste Vergnügen gewähret hatten; allein dies hatte er sich nun auch verleidet; denn gemeiniglich versprach er sich von einem solchen Spaziergange zu viel, und kehrte verdrießlich wieder zu Hause, wenn er nicht gefunden hatte, was er suchte; sobald das *Dort* nun *Hier* wurde, hatte es auch alle seinen Reiz verloren, und der Quell der Freude war versiegt. –

Der Verdruß, der dann in die Stelle der gereizten Hoffnung trat, war von einer so groben, gemeinen, und niedrigen Art, daß auch nicht der mindeste Grad von einer sanften Melancholie oder etwas dergleichen damit bestehen konnte. Es war ohngefähr die Empfindung eines Menschen, der ganz vom Regen durchnäßt ist, und indem er vor Frost schaudernd zu Hause kehrt, auch noch eine kalte Stube findet.

Ein solches Leben führte Reiser, und schrieb dabei immer an seiner Abhandlung gegen die falsche Empfindsamkeit fort, wobei er denn bei seinen einsamen Spaziergängen einmal eine sonderbare Äußerung von Empfindsamkeit bei einem gemeinen Menschen bemerkte, bei dem er dieselbe am wenigsten erwartet hätte.

Er ging nehmlich zwischen den Gärten von Erfurt spazieren, und da es gerade in der Pflaumenzeit war, so konnte er sich nicht enthalten, von einem überhangenden Aste, eine schöne reife Pflaume abzupflücken, welches der Eigentümer des Gartens bemerkte, der ihn sehr unsanft mit den Worten anfuhr, ob er wohl wisse, daß die Pflaume, die er da abgepflückt hätte, ihm einen Dukaten kosten würde.

Reiser suchte abzudingen, mußte aber zugleich gestehen, daß er keinen Heller Geld bei sich habe. Um nun aber den Eigentümer des Gartens wegen der geraubten Pflaume einigermaßen zu befriedigen, mußte er ihm sein einziges gutes Schnupftuch aus der Tasche geben, dessen Verlust ihm sehr leid tat.

Als er nun traurig wegging, sah er, nachdem er nur wenige Schritte getan hatte, ein schönes Einlegemesser vor sich auf der Erde liegen; er hob es geschwind auf, und rief den Gärtner wieder zurück, dem er einen Tausch antrug, ob er nicht für das gefundene Messer, ihm sein Schnupftuch zurück geben wolle?

Wie erstaunte Reiser, als nun der Gärtner, der vorher so grob gegen ihn gewesen war, ihm auf einmal um den Hals fiel und küßte, und sich seine Freundschaft ausbat; weil Reiser notwendig ein Günstling der Vorsehung sein müsse, da sie ihn gerade das Messer habe finden lassen, welches niemand anders als der Gärtner selbst verloren hatte, der nun Reiser sein Schnupftuch mit Freuden wieder gab, und ihn zugleich versicherte, daß sein Garten ihm zu jeder Zeit offen stände, um so viel Pflaumen, wie er wollte, zu pflükken, und daß er ihm in jeder Sache dienen würde, wo er nur könnte; denn ein so außerordentlicher Fall sei ihm noch nicht vorgekommen.

Als Reiser im Weggehen über diesen sonderbaren Zufall nachdachte, fiel er ihm um so mehr auf, weil dies das erste-

mal in seinem Leben war, daß ihm ein eigentlich glückliches
Ereignis begegnete, wobei mehrere Umstände sich vereinigen mußten, die sich sonst selten zu vereinigen pflegen.

Sein Glück scheinet sich in dieser Kleinigkeit gleichsam
ganz erschöpft zu haben, um ihn im Großen wieder desto-
mehr büßen zu lassen, was er auf keine andre Weise, als
durch sein Dasein verschuldet hatte.

Es war, wie bei dem Landprediger von Wakefield, der
einen ganz ungewöhnlich glücklichen Wurf mit den Würfeln
tat, indem er mit seinem Freunde um wenige Pfennige spielte, kurz vorher, ehe er die Nachricht von dem Banquerot des
Kaufmanns erhielt, durch welchen er sein ganzes Vermögen
verlor.

Noch eine kleine Weile hielt das Schicksal die Demütigungen zurück, welche es Reisern zugedacht hatte, und ließ
ihn noch ungestört in seinem Vergnügen, das ihm nun die
zweite Komödien-Aufführung gewährte, und worin ihm
drei Rollen zu Teil geworden waren.

Sein sehnlichster Wunsch war doch also nun einigermaßen erfüllt, ob er gleich in keiner tragischen Rolle hatte
glänzen können. Und was noch mehr war, so hatte man eine
Art von Zutrauen zu seinen theatralischen Einsichten, man
fragte ihn um Rat, und er wurde nun durch seine Teilnehmung an der Komödie sowohl, als durch seine geschriebenen Gedichte, unter den Studenten noch mehr bekannt, die
ihm mit Höflichkeit begegneten, welches ihm für seine Lage
auf der Schule in H...... ein angenehmer Ersatz war.

Dabei besuchte er nun fleißig die Universitätsbibliothek,
wo er einen besondern Gefallen daran fand, des Du Halde
Beschreibung von China zu studieren, und sehr viele Zeit
damit verschwendete.

Grade damals erschien auch: Siegwart eine Klostergeschichte, und er las mit seinem Freunde N...s das Buch zu
mehrerenmalen durch, und beide taten sich bei der entsetzlichsten Langenweile Zwang an, in der einmal angefangenen
Rührung, alle drei Bände hindurch zu bleiben.

Am Ende hatte Reiser nichts weniger im Sinne, als die

ganze Geschichte in ein historisches Trauerspiel zu bringen, wozu er würklich allerlei Entwürfe machte, und die schöne Zeit damit verschwendete.

Wenn es ihm dann nicht, wie er wünschte, geraten wollte, so hatte er nach jeder vergebnen Anstrengung dieser Art, die trübseligsten und widrigsten Stunden, die man sich nur denken kann. Die ganze Natur und alle seine eigenen Gedanken hatten dann ihren Reiz für ihn verloren, jeder Moment war ihm drückend, und das Leben war ihm im eigentlichen Verstande eine Qual.

Die Leiden der Poesie

Können daher wohl in jedem Betracht eine eigene Rubrik in Reisers Leidensgeschichte ausmachen, welche seinen innern und äußern Zustand in allen Verhältnissen darstellen sollen, und wodurch dasjenige gewiß werden soll, was bei vielen Menschen ihr ganzes Leben hindurch, ihnen selbst unbewußt, und im Dunkeln verborgen bleibt, weil sie Scheu tragen, bis auf den Grund und die Quelle ihrer unangenehmen Empfindungen zurückzugehen.

Diese geheimen Leiden waren es, womit Reiser beinahe von seiner Kindheit an, zu kämpfen hatte.

Wenn ihn der Reiz der Dichtkunst unwillkürlich anwandelte, so entstand zuerst eine wehmütige Empfindung in seiner Seele, er dachte sich ein Etwas, worin er sich selbst verlor, wogegen alles, was er je gehört, gelesen oder gedacht hatte, sich verlor, und dessen Dasein, wenn es nun würklich von ihm dargestellt wäre, ein bisher noch ungefühltes, unnennbares Vergnügen verursachen würde.

Nun war aber noch nicht ausgemacht, ob dies ein Trauerspiel, oder eine Romanze, oder ein Elegisches Gedicht werden sollte; genug, es mußte etwas sein, das würklich eine solche Empfindung erweckte, wovon der Dichter gewissermaßen schon ein Vorgefühl gehabt hatte.

In den Momenten dieses seligen Vorgefühls konnte die

Zunge nur stammelnde einzelne Laute hervor bringen. Etwa wie die in einigen Klopstockschen Oden, zwischen denen die Lücken des Ausdrucks mit Punkten ausgefüllt sind.

Diese einzelnen Laute aber bezeichneten denn immer das *Allgemeine* von *Groß, erhaben, Wonnetränen,* und dergleichen. – Dies dauerte denn so lange, bis die Empfindung in sich selbst wieder zurücksank, ohne auch nur ein paar vernünftige Zeilen, zum Anfange von etwas Bestimmtem, ausgeboren zu haben.

Nun war also während dieser Krisis nichts Schönes entstanden, woran sich die Seele nachher hätte festhalten können, und alles andre, was würklich schon da war, wurde nun keines Blicks mehr gewürdiget. Es war, als ob die Seele eine dunkle Vorstellung von etwas gehabt hätte, was sie selbst nicht sein konnte, und wodurch ihr eigenes Dasein ihr verächtlich wurde.

Es ist wohl ein untrügliches Zeichen, daß einer keinen Beruf zum Dichter habe, *den bloß eine Empfindung im Allgemeinen zum Dichten veranlaßt, und bei dem nicht die schon bestimmte Scene, die er dichten will, noch eher als diese Empfindung, oder wenigstens zugleich mit der Empfindung da ist. Kurz, wer nicht während der Empfindung zugleich einen Blick in das ganze Detaille der Scene werfen kann, der hat nur Empfindung, aber kein Dichtungsvermögen.*

Und gewiß ist nichts gefährlicher, als einem solchen täuschenden Hange sich zu überlassen; die warnende Stimme kann nicht früh genug dem Jüngling zurufen, sein Innerstes zu prüfen, ob nicht der Wunsch bei ihm an die Stelle der Kraft tritt, und weil er diese Stelle nie ausfüllen kann, ein ewiges Unbehagen die Strafe verbotenen Genusses bleibt.

Dies war der Fall bei Reisern, der die besten Stunden seines Lebens durch mißlungene Versuche trübete, durch unnützes Streben, nach einem täuschenden Blendwerke, das immer vor seiner Seele schwebte, und wenn er es nun zu umfassen glaubte, plötzlich in Rauch und Nebel verschwand.

Wenn nun je der Reiz des Poetischen bei einem Menschen mit seinem Leben und seinen Schicksalen kontrastierte, so

war es bei Reisern, der von seiner Kindheit an in einer Sphäre war, die ihn bis zum Staube niederdrückte, und wo er bis
zum Poetischen zu gelangen, immer erst eine Stufe der Menschenbildung überspringen mußte, ohne sich auf der folgenden erhalten zu können.

So ging es ihm nun jetzt wieder in seiner äußerlichen
Lage; er hatte eigentlich keine Stube für sich, sondern mußte, da es nun anfing kälter zu werden, mit in der gemeinschaftlichen Stube wohnen, deren Einwohner, wenn ausge-
fegt wurde, so lange herausgehen mußten.

In dieser Stube wohnte die ganze Familie, nebst Reisern
und noch einem Studenten, und jeder nahm seine Besuche
von Fremden darin an; es wurde darin erzählt, von Kindern
gelärmt, gesungen, gezankt und geschrien; und dies war nun
die nächste Umgebung, worin Reiser seine philosophische
Abhandlung über die Empfindsamkeit schreiben, und seine
poetischen Ideale außer sich darstellen wollte.

Hier sollte also nun das Trauerspiel Siegwart geschrieben
werden, das sich mit seiner Einkehr *bei dem Einsiedler* anhub,
welches immer Reisers Lieblingsidee, und die Lieblingsidee
fast aller jungen Leute zu sein pflegt, welche sich einbilden,
einen Beruf zur Dichtkunst zu haben.

Dies ist sehr natürlich, weil der Zustand eines Einsiedlers
gewissermaßen an sich selber schon Poesie ist, und der
Dichter seinen Stoff schon beinahe vorgearbeitet findet.

Wer aber zuerst auf solche Gegenstände fällt, bei dem ist
es auch fast immer ein Zeichen, daß bei ihm keine echte
poetische Ader statt finde, weil er die Poesie in den Gegenständen sucht, die in ihm selber schon liegen müßte, um
jeden Gegenstand, der sich seiner Einbildungskraft darbietet, zu verschönern.

So ist die Wahl des Schrecklichen ebenfalls ein schlimmes
Zeichen, wenn das vermeinte poetische Genie gleich zuerst
darauf verfällt; denn freilich macht sich hier das Poetische
auch schon von selbst, und die innere Leerheit und Unfruchtbarkeit soll durch den äußern Stoff ersetzt werden.

Dies war der Fall bei Reisern schon in H.... auf der

Schule, wo er Meineid, Blutschande und Vatermord, in einem Trauerspiele zusammenzuhäufen suchte, das der *Meineid* heißen sollte, und wobei er sich dann immer die wirkliche Aufführung des Stücks, und zugleich *den Effekt* dachte, den es auf die Zuschauer machen würde.

Dies zweite Zeichen sollte ebenfalls für jeden, der sich wegen seines poetischen Berufes sorgfältig prüft, schon abschreckend sein. Denn der wahre Dichter und Künstler findet und hofft seine Belohnung nicht erst in dem Effekt, den sein Werk machen wird, sondern er findet in der Arbeit selbst Vergnügen, und würde dieselbe nicht für verloren halten, wenn sie auch niemanden zu Gesicht kommen sollte. Sein Werk zieht ihn unwillkürlich an sich, in ihm selber liegt die Kraft zu seinen Fortschritten, und die Ehre ist nur der Sporn, der ihn antreibt.

Die bloße Ruhmbegier kann wohl die Begier einhauchen, ein großes Werk zu beginnen, allein die Kraft dazu kann sie dem nie gewähren, der sie nicht schon besaß, ehe er selbst die Ruhmbegier noch kannte.

Noch ein drittes schlimmes Zeichen ist, wenn junge Dichter ihren Stoff sehr gerne aus dem Entfernten und Unbekannten nehmen; wenn sie gern morgenländische Vorstellungsarten, und dergleichen bearbeiten, wo alles von den Scenen des gewöhnlichen nächsten Lebens der Menschen ganz verschieden ist; und wo also auch der Stoff *schon von selber* poetisch wird.

Dies war denn auch der Fall bei Reisern: er ging schon lange mit einem Gedicht über die *Schöpfung* schwanger, wo der Stoff nun freilich der allerentfernteste war, den die Einbildungskraft sich denken konnte, und wo er statt des Detail, vor dem er sich scheute, lauter große Massen vor sich fand, deren Darstellung man denn für die eigentlich erhabene Poesie hält, und wozu die unberufenen jungen Dichter immer weit mehr Lust haben, als zu dem, was dem Menschen nahe liegt; denn in dies letztere muß freilich ihr Genie die Erhabenheit erst hereintragen, welche sie in jenem schon vor sich zu finden glauben.

Reisers äußere Lage wurde hiebei mit jedem Tage drük-
kender, weil die gehoffte Unterstützung aus H..... nicht
erfolgte, und seine Hausleute ihn immer mehr mit scheelen
Blicken ansahen, je mehr sie inne wurden, daß er weder
Geld besitze, noch welches zu hoffen habe. Sein Frühstück
und Abendbrot, was er hier genoß, war er nicht mehr im
Stande zu bezahlen, und man ließ ihm deutlich merken, daß
man nicht länger Willens sei, ihm zu borgen; da man also
keinen Nutzen von ihm ziehen konnte, und er überdem ein
trauriger Gesellschafter war, so war es natürlich, daß man
seiner los zu sein wünschte, und ihm die Wohnung aufkün-
digte.

So wenig auffallend dies nun an sich war, so tragisch
nahm es Reiser. Der Gedanke des Lästigseins, und daß er
von den Leuten, unter denen er lebte, gleichsam nur geduldet würde, machte ihm wiederum seine eigene Existenz
verhaßt. Alle Erinnerungen aus seiner Jugend und Kindheit
drängten sich zusammen. Er häufte selber alle Schmach auf
sich, und wollte verzweiflungsvoll sich einem blinden
Schicksal aufs neue überlassen.

Er wollte noch an diesem Tage wieder aus Erfurt gehen,
und tausenderlei romanhafte Ideen durchkreuzten sich in
seinem Kopfe, worunter eine ihm besonders reizend schien,
daß er in Weimar bei dem Verfasser von Werthers Leiden
wollte Bedienter zu werden suchen, es sei unter welchen
Bedingungen es wolle; daß er auf die Art gleichsam unerkannter Weise, so nahe um die Person desjenigen sein würde, der unter allen Menschen auf Erden den stärksten Eindruck auf sein Gemüt gemacht hatte; Er ging vors Tor und
blickte nach dem Ettersberge hinüber, der wie eine Scheidewand zwischen ihm und seinen Wünschen lag.

Nun ging er zu Froriep, um Abschied von ihm zu nehmen, ohne ihm eine eigentliche Ursache sagen zu können,
weswegen er Erfurt wieder verlassen wolle. Der Doktor
Froriep schob diesen Entschluß auf seine Melancholie, redete ihm zu, daß er bleiben solle, und entließ ihn nicht eher,
bis Reiser ihm versprochen hatte, wenigstens heute und
morgen noch nicht abzureisen.

Diese Teilnehmung an seinem Schicksale war nun zwar für Reisern wieder sehr schmeichelhaft; sobald er sich aber wieder allein fand, verfolgte der Gedanke des Lästigseins in seiner nächsten Umgebung ihn wie ein quälender Geist, er hatte nirgends Ruhe noch Rast; streifte in den einsamsten Gegenden von Erfurt umher, in der Gegend des Kartäuserklosters, wohin er sich nun im Ernst, wie nach einem sichern Zufluchtsorte sehnte, und wehmütig nach den stillen Mauern hinüberblickte.

Dann irrte er weiter umher, bis es Abend wurde, wo der Himmel sich mit Wolken überzog, und ein starker Regen fiel, der ihn bald bis auf die Haut durchnetzte. Der Fieberfrost, welcher sich nun zu den innern Unruhen seines Gemüts gesellte, trieb ihn in Sturm und Regen umher, bei altem Gemäuer und durch einsame öde Straßen; denn in seine bisherige Wohnung zurückzukehren, davon konnte er den Gedanken nicht ertragen.

Er stieg die hohe Treppe zu dem alten Dom hinauf, band sich ein Tuch um den Kopf, und suchte sich unter altem Gemäuer eine Weile vor dem Regen zu schützen. Vor Müdigkeit fiel er hier in eine Art von betäubendem Schlummer, aus dem er durch einen neuen Regenguß, und durch das Getöse des Windes wieder erweckt wurde, und aufs neue durch die Straßen irrte.

Indem ihm nun der Regen ins Gesicht schlug, fiel ihm die Stelle aus dem Lear ein: to shut me out, in such a night as this! (Die Türen vor mir zu verschließen, in einer Nacht, wie diese!) Und nun spielte er die Rolle des Lear in seiner eigenen Verzweiflung durch, und vergaß sich in dem Schicksale Lears, der von seinen eigenen Töchtern verbannt, in der stürmischen Nacht umherirrt, und die Elemente auffordert, die entsetzliche Beleidigung zu rächen.

Diese Scene hielt ihn hin, daß er sich eine Zeitlang den Zustand, worin er war, mit einer Art von Wollust dachte, bis auch dies Gefühl abgestumpft wurde, und ihm nun am Ende nichts als die leere Wirklichkeit übrig blieb, welche ihn in ein lautes Hohngelächter über sich selbst ausbrechen ließ.

In dieser Stimmung kehrte er wieder zu dem alten Dom zurück, der nun schon eröffnet war, und wo die Chorherren sich zur Frühmette bei Licht versammleten. Das alte gotische Gebäude, die wenigen Lichter, der Widerschein von den hohen Fenstern, machten auf Reisern, der die ganze Nacht umher geirrt war, und sich hier auf eine Bank niedersetzte, einen wunderbaren Eindruck. Er war, wie in einer Behausung, vor dem Regen geschützt, und doch war dies keine Wohnung für die Lebenden. Wer vor dem Leben selber eine Freistatt suchte, den schien dies dunkle Gewölbe einzuladen, und wer eine Nacht, wie Reiser die vergangene, durchlebt hatte, konnte wohl geneigt sein, diesem Rufe zu folgen. Reiser fühlte sich auf der Bank im Dom in eine Art von Abgeschiedenheit und Stille versetzt, die etwas unbeschreiblich Angenehmes für ihn hatte, die ihn auf einmal allen Sorgen und allem Gram entrückte, und ihn das Vergangene vergessen machte. Er hatte aus dem Lethe getrunken, und fühlte sich in das Land des Friedens sanft hinüber schlummern. Dabei heftete sich immer sein Blick auf den blassen Widerschein von den hohen Fenstern, und dieser war es vorzüglich, welcher ihn in eine neue Welt zu versetzen schien: es war dies eine majestätische Schlafkammer, in welcher er seine Augen aufschlug, nachdem er wild die Nacht durchträumt hatte.

Denn wie Träume eines Fieberkranken, waren freilich solche Zeitpunkte in Reisers Leben, aber sie waren doch einmal darin, und hatten ihren Grund in seinen Schicksalen von seiner Kindheit an. Denn war es nicht immer Selbstverachtung, zurückgedrängtes Selbstgefühl, wodurch er in einen solchen Zustand versetzt wurde? Und wurde nicht diese Selbstverachtung durch den immerwährenden Druck von außen bei ihm bewirkt, woran freilich mehr der Zufall schuld war, als die Menschen?

Als der Tag angebrochen war, kehrte Reiser mit ruhigerm Gemüte aus dem Dom zurück, und begegnete auf der Straße seinem Freunde N . . ., der schon früh ein Collegium besuchte, und welcher erschrak, da er Reisern ins Gesicht sahe; so sehr hatte diese Nacht ihn abgemattet und entstellt.

N ... ruhete nicht eher, bis Reiser ihm seinen ganzen Zustand entdeckt hatte. Nach freundschaftlichen Vorwürfen, daß Reiser nicht mehr Zutrauen zu ihm gehabt, brachte er ihn wieder nach seiner alten Wohnung, suchte ihn dort den Leuten in einem andern Lichte darzustellen, und tilgte die geringe Schuld seines Freundes.

Diese aufrichtige Teilnehmung seines Freundes stärkte bei Reisern wieder das erkrankte Selbstgefühl; er war gewissermaßen stolz auf seinen Freund, und ehrte sich in ihm.

Nun bedung er sich aus, um allein sein zu können, einen Verschlag auf dem Boden des Hauses zu beziehen, wohin man ihm auch ein Bette gab, und wo er nun wieder, ganz sich selbst gelassen, ein paar nicht unangenehme Wochen zubrachte.

Er las und studierte hier oben, und würde in dieser Abgezogenheit völlig glücklich gewesen sein, wenn ihn sein Gedicht über die Schöpfung nicht gequält hätte, welches machte, daß er oft wieder in eine Art von Verzweiflung geriet, wenn er Dinge ausdrücken wollte, die er zu fühlen glaubte, und die ihm doch über allen Ausdruck waren.

Was ihm die meiste Qual machte, war die Beschreibung des Chaos, welche beinahe den ganzen ersten Gesang seines Gedichts einnahm, und worauf er mit seiner kranken Einbildungskraft am liebsten verweilen mochte, aber immer für seine ungeheuren und grotesken Vorstellungen keine Ausdrücke finden konnte.

Er dachte sich eine Art von falscher täuschender Bildung in das Chaos hinein, welche im Nu wieder zum Traum und Blendwerk wurde; eine Bildung die weit schöner, als die wirkliche, aber eben deswegen von keinem Bestand, und keiner Dauer war.

Eine falsche Sonne stieg am Horizont herauf und kündigte einen glänzenden Tag an. – Der bodenlose Morast überzog sich unter ihrem trügerischen Einfluß mit einer Kruste auf welcher Blumen sproßten, Quellen rauschten; plötzlich arbeiteten sich die entgegenstrebenden Kräfte aus der Tiefe empor, der Sturm heulte aus dem Abgrunde, die

Finsternis brach mit allen ihren Schrecknissen aus ihrem
verborgenen Hinterhalt hervor, und verschlang den neuge-
bornen Tag wieder in ein furchtbares Grab. Die immer
in sich selbst zurückgedrängten Kräfte bearbeiteten sich
5 mit Grimm nach allen Seiten sich auszudehnen, und seufz-
ten unter dem lastenden Widerstande. Die Wasserwogen
krümmten sich und klagten unter dem heulenden Windstoß.
In der Tiefe brüllten die eingeschlossenen Flammen, das
Erdreich das sich hob, der Felsen der sich gründete, versan-
10 ken mit donnerndem Getöse wieder in den alles verschlin-
genden Abgrund. –

Mit dergleichen ungeheuren Bildern, zerarbeitete sich
Reisers Phantasie in den Stunden, wo sein Innres selber ein
Chaos war, in welchem der Strahl des ruhigen Denkens
15 nicht leuchtete, wo die Kräfte der Seele ihr Gleichgewicht
verloren, und das Gemüt sich verfinstert hatte; wo der Reiz
des Wirklichen vor ihm verschwand, und Traum und Wahn
ihm lieber war, als Ordnung, Licht und Wahrheit.

Und alle diese Erscheinungen gründeten sich gewisser-
20 maßen wieder in dem Idealismus, wozu er sich schon natürlich neigte, und worin er durch die philosophischen
Systeme, die er in H... studierte sich noch mehr bestärkt
fand. Und auf diesem bodenlosen Ufer fand er nun keinen
Platz wo sein Fuß ruhen konnte. Angstvolles Streben und
25 Unruhe verfolgten ihn auf jedem Schritte.

Dies war es, was ihn aus der Gesellschaft der Menschen
auf Böden und Dachkammern trieb, wo er oft in phantastischen Träumen noch seine vergnügtesten Stunden zubrachte, und dies war es was ihm zugleich für das Romantische,
30 und Theatralische, den unwiderstehlichen Trieb einflößte.

Durch seinen gegenwärtigen innern und äußern Zustand,
war er nun wiederum ganz und gar in der idealischen Welt
verloren, was Wunder also, daß bei der ersten Veranlassung
seine alte Leidenschaft wieder Feuer fing, und er wiederum
35 seine Gedanken auf das Theater heftete, welches bei ihm
nicht sowohl Kunstbedürfnis, als Lebensbedürfnis war.

Diese Veranlassung ereignete sich sehr bald, da die

Sp... sche Schauspielertruppe nach Erfurt kam, und Erlaubnis erhielt, auf dem Ballhause zu spielen, wo auch die Studenten ihre Komödien aufgeführt hatten.

Reiser war hier schon einmal bekannt, und hatte sogar einen gewissen Ruf wegen seiner Schauspielertalente erhalten, wodurch er dem Principal dieser kleinen Truppe sogleich bekannt wurde, der ihn engagieren wollte, so bald er Lust hätte Schauspieler zu werden.

Diese Versuchung, daß ihm das, wornach er mit allen Mühseligkeiten des Lebens kämpfend vergeblich gestrebt hatte, nun auf einmal wie von selbst sich anbot, war für Reisern zu stark. Er setzte jede Rücksicht aus den Augen, und lebte und webte nur in der Theaterwelt, für die er nun wieder wie in H... bis auf den Komödienzettel enthusiastische Verehrung hegte, und die Mitglieder bis auf den Souffleur und Rollenschreiber mit einer Art von Neid betrachtete.

Einer Namens B... der sich damals unter dieser Truppe befand, und nachher ein berühmter Schauspieler geworden ist, zog am meisten seine Neugier auf sich. Er zeichnete sich unter den Mitgliedern dieser Truppe am vorzüglichsten aus, und Reiser wünschte nichts sehnlicher als seine Bekanntschaft zu machen, welches ihm auch nicht schwer wurde; er entdeckte diesem B... seinen Wunsch, der ihn denn auch in seinem Entschluß, sich dem Theater zu widmen, bestärkte, und an welchem Reiser nun zugleich einen Freund zu finden hoffte.

Er setzte nun jede Rücksicht bei Seite; suchte den Gedanken an den D. Froriep und an seinen Freund N..., so viel wie möglich vor sich selber zu verbergen; und engagierte sich, ohne jemanden etwas davon zu sagen, bei dem Prinzipal der Truppe; er hatte den Mut und die Hoffnung in der ersten Rolle sich so zu zeigen, daß jedermann seinen Entschluß billigen würde.

Nun kam es auf die erste Rolle an, worin er auftreten sollte; und zufälliger Weise traf es sich, daß in einigen Tagen die Poeten nach der Mode gespielt werden sollten, worin man ihm eine Rolle antrug.

Er wünschte sich, den Dunkel zu spielen, und hatte die Rolle schon auswendig gelernt, als sein neuer Freund, der Schauspieler B... ihm davon abriet, weil er selbst immer diese Rolle gespielt habe, und sie ihm vorzüglich gut gelungen sei, Reiser möchte also lieber den Reimreich übernehmen, weil ein wenig bedeutender Schauspieler diese Rolle besitze.

Reiser ließ sich auch dies sehr gern gefallen, weil er durch den Maskaril und den Magister Blasius, welche Rollen er doch beide mit Beifall gespielt, sich auch einige Stärke im Komischen zutrauete.

Er schrieb sich also seine Rolle auf, und lernte sie auswendig. Er war wirklich in der Aussicht auf seine theatralische Laufbahn vollkommen glücklich, als eine Bemerkung, die unter diesen Hoffnungen die fürchterlichste für ihn war, ihn mit Angst und Schrecken erfüllte. Ihm war es, wie einem, den des Satans Engel mit Fäusten schlüge: er bemerkte, daß ihm der Verlust seines Haars drohte.

Gerade jetzt also, da er einen Körper ohne Fehl am notwendigsten brauchte, betraf ihn dieser Zufall, der ihn schon im Voraus gegen sich selber mit Abscheu erfüllte.

Er eilte in dieser Not zu seinem treuen Freunde, dem Doktor Sauer, der ihm zu der Erhaltung seiner Haare wieder Hoffnung machte; und so fand er sich denn am Abend, wo die Poeten nach der Mode aufgeführt werden sollten, in der Garderobe hinter den Kulissen ein, und kleidete sich komisch genug, um den Reimreich, in seinem lächerlichsten Lichte darzustellen; sein Name stand an diesem Tage schon auf dem Komödienzettel an allen Ecken mit angeschlagen.

Als das Schauspiel bald angehen sollte, kam sein Freund N... auf das Theater, und machte ihm die bittersten Vorwürfe; Reiser ließ sich durch nichts in dem Taumel seiner Leidenschaft stören, und war ganz in seiner Rolle vertieft, woran sogar sein Freund N... zuletzt mit Teil nahm, und über seinen komischen Anzug lachte, als auf einmal ein Bote erschien, welcher dem Prinzipal ankündigte, daß der Doktor Froriep sogleich zum Statthalter fahren, und Beschwerde über ihn führen würde, wofern er es wagte, den Studenten, dessen Name auf dem Komödienzettel gedruckt stände, das Theater betreten zu lassen; Verlust seiner Konzession hier zu spielen, würde die unausbleibliche Folge davon sein.

Reiser stand wie versteinert da, und der Prinzipal wußte in der Angst nicht, wozu er greifen sollte, bis sich ein Schauspieler erbot, die Rolle des Reimreich, so gut es gehen wollte, nach dem Souffleur zu spielen; denn man pochte schon im Parterre, daß der Vorhang sollte aufgezogen werden.

Wütend ging Reiser hinter den Kulissen auf und ab, und zernagte seine Rolle, die er in der Hand hielt. Dann eilte er, so schnell wie möglich, aus dem Schauspielhause, und durchirrte wieder alle Straßen bei dem stürmischen und regnigten Wetter, bis er gegen Mitternacht auf einer bedeckten Brücke, die ihn vor dem Regen schützte, vor Mattigkeit sich niederwarf, und eine Weile ausruhte, worauf er wieder umherirrte, bis der Tag anbrach.

Diese äußersten Anstrengungen der Natur, waren das einzige, was ihm das Verlorne in dem ersten bittersten Schmerz darüber einigermaßen ersetzen konnte. Das fortdauernde Leidenschaftliche dieses Zustandes hatte in sich etwas, das seiner unbefriedigten Sehnsucht wieder neue Nahrung gab. Sein ganzes mißlungenes theatralisches Leben drängte sich gleichsam in diese Nacht zusammen, wo er alle die leidenschaftlichen Zustände in sich durchging, die er außer sich nicht hatte darstellen können.

Am andern Tage ließ ihn der Doktor Froriep zu sich kommen, und redete ihm, wie ein Vater zu. Er bediente sich des schmeichelhaften Ausdrucks, daß Reisers Anlagen ihn zu etwas Besserm als zu einem Schauspieler bestimmten, daß er sich selbst verkennte, und seinen eigenen Wert nicht fühlte. —

Da nun Reiser doch die Unmöglichkeit einsah, seinen Wunsch in Erfurt zu befriedigen, so täuschte er sich wiederum, und überredete sich selber, daß er freiwillig der Idee sich dem Theater zu widmen entsage, weil sich alles gleich-

sam vereinigte, um seinen Entschluß zu hintertreiben, und
die Art, wie der Doktor Froriep ihn davon abmahnte, zugleich so viel Schmeichelhaftes für ihn hatte.

5 Kaum aber war er wieder für sich allein, so rächte sich
seine Selbsttäuschung durch erneuerten bittern Unmut, Unentschlossenheit, und Kampf mit sich selber, bis nach einigen Tagen, ihn der härteste Schlag traf, den er noch immer zu
vermeiden hoffte, er mußte sein Haar verlieren.

10 Der Gedanke nunmehro in einer Perucke, welches unter
den Erfurter Studenten ganz etwas Ungewöhnliches war,
erscheinen zu müssen, war ihm unerträglich. Mit dem wenigen Gelde, was er noch übrig hatte, ging er an das äußerste
Ende der Stadt, wo er sich in einem Gasthof einquartierte, in
welchem er aber nur schlief, und des Abends sich etwas Bier
15 und Brot geben ließ, um desto länger mit seinem Gelde zu
reichen.

Bei Tage ging er größtenteils in öden Gegenden umher,
suchte, wenn es regnete, in den Kirchen Schutz, und brachte
auf die Weise beinahe vierzehn Tage zu, in welcher Zeit
20 niemand wußte, wo er geblieben war; bis endlich denn doch
einer seiner Freunde ihn ausspähte, und er auf einmal von
N... O... W... und noch einigen, die sich für ihn interessierten, in dem Gasthofe unvermutet überrascht und über
seine Entfernung ihm freundschaftliche Vorwürfe gemacht
25 wurden.

Er konnte nun sein Haar vor der Stirn über die Perucke
schon etwas überkämmen, und wenn er sich dann stark
puderte, so hatte es einigermaßen den Anschein, als ob er
eigenes Haar trüge.

30 Er entschloß sich also mit den Freunden, die ihn abhol-
ten, wieder in die menschliche Gesellschaft zu gehen, aber
er wollte auch so viel wie möglich, nur unter ihnen sein, und
wünschte auch auf alle Weise entfernt und einsam zu wohnen.

35 Auch diesen Wunsch suchte man ihm zu gewähren. Der
gutmütige W... sprach gleich mit seinem Onkel, dem damaligen Regierungsrat und Professor Springer in Erfurt, und

stellte ihm Reisers Zustand, und sein Bedürfnis einer einsamen Wohnung lebhaft vor.

Der Regierungsrat Springer ließ Reisern zu sich kommen, und wenn dieser jemals aufmunternd angeredet, und mit wahrer Teilnehmung aufgenommen wurde, so war es von diesem Manne, gegen welchen Reiser die innigste Zuneigung und Verehrung faßte.

Er las damals ein statistisches Kollegium, welches Reiser ein paarmal mit anhörte, und da ihn die Sache sehr interessierte, vom R. Springer aufgefordert wurde, sich diesem Fache zu widmen, wobei er ihn auf alle mögliche Weise unterstützen wolle.

Den Anfang dieser Unterstützung machte nun der R. Springer sogleich damit, daß er Reisern, seinem Wunsche gemäß, eine einsame Wohnung gab, indem er ihm sein eigenes Gartenhaus einräumte, wozu Reiser den Schlüssel bekam, und wo er aus seinem Fenster die schönste Aussicht über einen Teil der aneinandergrenzenden Gärten hatte, welche ganz Erfurt umgaben.

Reiser genoß auch wieder seinen Freitisch, der Doktor Froriep nahm sich seiner auf das tätigste an, und suchte ihm auf alle Weise Unterstützung zu verschaffen; er fing sogar an mathematische Kollegia zu hören, seine guten Freunde zogen ihn mit zu allen ihren literarischen Zusammenkünften, und lasen ihm zum Teil ihre Ausarbeitungen vor, so daß die Sache nunmehro im besten Gange war, wenn ein neuer unglücklicher Anfall von Poesie nicht alles wieder verdorben hätte.

Zuerst mochte wohl sein neuer Aufenthalt in der einsamen romantischen Wohnung nicht wenig dazu beitragen, seine Einbildungskraft aufs neue zu erhitzen. Dann kam ein Brief dazu, den er an Philipp Reisern in Hannover schrieb, und welcher seinen Rückfall beschleunigte.

Dies Schreiben war denn ganz im Tone der Wertherschen Briefe abgefaßt. Die patriarchalischen Ideen mußten auch auf alle Weise wieder erweckt werden, nur Schade, daß es hier nicht wohl ohne Affektation geschehen konnte.

Denn um diesen Brief schreiben zu können, schaffte sich Reiser erst einen Teetopf an, und lieh sich eine Tasse, und weil er kein Holz im Hause hatte, kaufte er sich Stroh, welches man in Erfurt zum Brennen braucht, um sich selber in seinem Stübchen, in dem kleinen Öfchen seinen Tee zu kochen, womit er endlich, nachdem er vor Rauch beinahe erstickt war, zu Stande kam.

Und als dies nun nur erst einmal geschehen war, so schrieb er gleichsam triumphierend an Philipp Reisern.

Jetzt, mein Lieber! bin ich in einer Lage, welche ich mir nicht reizender wünschen könnte. Ich blicke aus meinem kleinen Fenster über die weite Flur hinaus, sehe ganz in der Ferne eine Reihe Bäumchen auf einem kleinen Hügel hervorragen, und denke an Dich, mein Lieber u. s. w. Ich habe die Schlüssel dieser einsamen Wohnung, und bin hier Herr im Haus' und Garten, u. s. w. Wenn ich denn manchmal so da sitze, an dem kleinen Öfchen, und mir selbst meinen Tee koche, u. s. w.

In dem Tone ging es fort, und ward ein stattlicher und langer Brief; und als nun Reiser es nicht über das Herz bringen konnte, diesen schönen Brief nicht auch seinem kritischen Freunde, dem Doktor Sauer zu zeigen: so verdarb dieser vollends die Sache, indem er ihm nach seiner gutmütigen Höflichkeit das Kompliment machte: wenn ihm Reisers Gegenwart nicht selbst zu lieb wäre, so würde er wünschen, entfernt zu sein, um nur solche Briefe von Reisern zu erhalten.

Und nun war auf einmal, der beinahe zur Ruhe gebrachte Dichtungstrieb bei Reisern wieder angefacht. Er suchte nun zuerst sein Gedicht über die Schöpfung vollends durch das Chaos durchzuführen, und hub mit neuer Qual an, in der Darstellung von gräßlichen Widersprüchen und ungeheuren labyrinthischen Verwickelungen der Gedanken sich zu verlieren, bis endlich folgende beide Hexameter, die er aus der Bibel nahm, ihn aus einer Hölle von Begriffen erlösten.

Auf dem stillen Gewässer rauschte die Stimme des
Ewigen
Sanft daher, und sprach: es werde Licht! und es ward
Licht.

Merkwürdig war es, daß ihm nun die Lust verging, dies
Gedicht weiter fortzuführen, sobald der Stoff nicht fürchterlich mehr war. Er suchte also nun einen Stoff aus, der
immer fürchterlich bleiben mußte, und den er in mehreren
Gesängen bearbeiten wollte; was konnte dies wohl anders
sein, als der *Tod* selber!

Dabei war es ihm eine schmeichelhafte Idee, daß er, als
ein Jüngling, sich einen so ernsten Gegenstand zu besingen
wählte; daher hub er denn auch sein Gedicht an:

Ein Jüngling, der schon früh den Kelch der Leiden trank,
u. s. w.

Als er nun aber zum Werke schritt, und den ersten Gesang
seines Gedichts, *wovon er den Titel schon recht schön hingeschrieben
hatte,* wirklich bearbeiten wollte, fand er sich in seiner Hoffnung einen Reichtum von fürchterlichen Bildern vor sich zu
finden, auf das Bitterste getäuscht.

Die Flügel sanken ihm, und er fühlte seine Seele wie gelähmt, da er nichts, als eine weite Leere, eine schwarze Öde
vor sich erblickte, wo sich nun nicht einmal das vergeblich
aufarbeitende Leben, wie bei der Schilderung des Chaos
anbringen ließ, sondern eine ewige Nacht alle Gestalten verdeckte, und ein ewiger Schlaf alle Bewegungen fesselte.

Er strengte mit einer Art von Wut seine Einbildungskraft
an, in diese Dunkelheit Bilder hineinzutragen, allein sie
schwärzten sich, wie auf Herkules Haupte die grünen Blätter
seines Pappelkranzes, da er sich, um den Cerberus zu fangen, dem Hause des Pluto nahte. Alles was er niederschreiben wollte, löste sich in Rauch und Nebel auf, und das weiße
Papier blieb unbeschrieben.

Über diesen immer wiederholten vergeblichen Anstrengungen eines falschen Dichtungstriebes, erlag er endlich, und verfiel selbst in eine Art von Lethargie und völligem Lebensüberdruß.

Er warf sich eines Abends mit den Kleidern aufs Bette, und blieb die Nacht und den ganzen folgenden Tag in einer Art von Schlafsucht liegen, aus der ihn erst am Abend des folgenden Tages, wo es gerade Weihnachten war, ein Bote von seinem Gönner dem Regierungsrat Springer weckte, dessen Frau an Reisern ein sehr großes Weihnachtsbrot zum Geschenk übersandte.

Dies war nun gerade, was ihn in seiner unwiderstehlichen Schlafsucht noch bestärkte. Er schloß sich mit diesem großen Brote ein, und lebte vierzehn Tage davon, weil er nur wenig genoß, indem er Tag und Nacht, wo nicht in einem immerwährenden Schlafe, doch, die letzten Tage ausgenommen, in einem beständigen Schlummer, im Bette zubrachte. Hiezu kam nun freilich der Umstand, daß er kein Holz hatte, um einzuheizen; er hätte aber auch nur ein Wort sagen dürfen, um dies Bedürfnis zu befriedigen, wenn es ihm nicht gewissermaßen selbst lieb gewesen wäre, den Mangel des Holzes als einen Beweggrund zu dieser sonderbaren Lebensart vorschützen zu können.

Reiser wurde in diesem Zustande auch von seinen Freunden nicht gestört, weil er gegen diese oft den Wunsch geäußert hatte, daß er nur einmal ein paar Wochen lang ganz einsam zu sein wünschte.

Nun hatte aber dieser Zustand eine sonderbare Wirkung auf Reisern: die ersten acht Tage brachte er in einer Art von gänzlicher Abspannung und Gleichgültigkeit zu, wodurch er den Zustand, den er vergeblich zu besingen gestrebt hatte, nun gewissermaßen in sich selber darstellte. Er schien aus dem Lethe getrunken zu haben, und kein Fünkchen von Lebenslust mehr bei ihm übrig zu sein.

Die letztern acht Tage aber, war er in einem Zustande, den er, wenn er ihn isoliert betrachtet, unter die glücklichsten seines Lebens zählen muß.

Durch die lange fortdaurende Abspannung hatten sich

allmählich die schlafenden Kräfte wieder erholt. Sein
Schlummer wurde immer sanfter; durch seine Adern schien
sich ein neues Leben zu verbreiten; seine jugendlichen Hoffnungen erwachten wieder eine nach der andern; Ruhm und
Beifall krönten ihn wieder; schöne Träume ließen ihn in eine ₅
goldne Zukunft blicken. Er war von diesem langen Schlafe
wie berauscht, und fühlte sich in einem angenehmen Taumel, so oft er von dem süßen Schlummer ein wenig auf-
dämmerte. Sein Wachen selber war ein fortgesetzter Traum;
und er hätte alles darum gegeben in diesem Zustande ewig ₁₀
bleiben zu dürfen.

Wenn er daher die gefrornen Fenster ansah, so war ihm
dies der angenehmste Anblick, weil er dadurch genötigt
wurde, immer noch einen Tag länger im Bette zu bleiben.
Sein großes Brot auf dem Tische betrachtete er wie ein Hei- ₁₅
ligtum, daß er so sehr wie möglich schonen mußte, weil von
der Dauer dieses Brots mit die Dauer seines glücklichen
Zustandes abhing.

Nun fühlte er sich aber auch wieder, sobald es gelten
sollte, zu nichts zu schwach. Das Theater stand wieder so ₂₀
glänzend wie jemals vor ihm da; alle die theatralischen Leidenschaften durchstürmten wieder eine nach der andern
seine Seele, und die Gemüter der Zuschauer wurden durch
sein Spiel erschüttert.

Als nun sein Brot verzehrt war, stand er gegen Abend auf, ₂₅
ordnete seinen Anzug so gut wie möglich, und sein erster
Gang war ins Theater, wo er sich in einen Winkel setzte, und
erstlich ein Stück Namens Inkle und Yariko, aldann aber die
Leiden des jungen Werthers aufführen sahe. Der Verfasser
des letztern hatte fast nichts getan, als die wertherschen ₃₀
Briefe in Dialogen und Monologen verwandelt, die denn
freilich sehr lang wurden, aber doch das Publikum sowohl
als die Schauspieler wegen des rührenden Gegenstandes,
außerordentlich interessierten.

Nun ereignete sich aber gerade bei der tragischen Kata- ₃₅
strophe des letztern Stücks ein sehr komischer Zufall. Man
hatte sich nehmlich irgendwo ein paar alte verrostete Pisto-

len geliehen, und war zu nachlässig gewesen, sie vorher zu probieren.

Der Akteur, welcher den Werther spielte nahm sie vom Tische auf, und sagte denn alles, wie es im Werther steht, buchstäblich dabei; »Deine Hände haben sie berührt; du hast selber den Staub davon abgeputzet«, u. s. w.

Dann hatte er sich auch, um alles genau und vollständig darzustellen, einen Schoppen Wein und Brot bringen lassen, wozu denn der Aufwärter nicht ermangelte auch ein Brot-messer auf den Tisch zu legen.

Am Ende aber war das Stück so eingerichtet, daß Wer-thers Freund Wilhelm, indem er den Schuß fallen hörte, hereinstürzen, und ausrufen mußte: Gott! ich hörte einen Schuß fallen!

Dies war alles recht schön; als aber Werther das unglück-liche Pistol ergriff, es an die rechte Stirne hielt, und auf sich losdrückte, so versagte es ihm in seiner Hand.

Durch diesen widrigen Zufall noch nicht aus der Fassung gebracht, schleuderte der entschlossene Schauspieler das Pi-stol weit von sich weg, und rief pathetisch aus: auch diesen traurigen Dienst willst du mir versagen? Dann ergriff er plötzlich die andere, drückte sie wie die erste los, und o Unglück! auch diese versagte ihm.

Nun erstarb ihm das Wort im Munde; mit zitternden Hän-den ergriff er das Brotmesser das zufälliger Weise auf dem Tische lag, und durchstach sich damit zum Schrecken aller Zuschauer Rock und Weste. – Indem er nun fiel, stürzte sein Freund Wilhelm herein, und rief – »Gott! ich hörte einen Schuß fallen!«

Schwerlich kann wohl eine Tragödie sich komischer wie diese schließen. – Dies brachte aber Reisern nicht aus sei-ner hochschwebenden Phantasie, vielmehr bestärkte es ihn darin, weil er so etwas Unvollkommenes vor sich sahe, das durch etwas Vollkommenes ersetzt werden mußte.

Er hörte, daß in acht Tagen die Schauspieler von Erfurt abreisen, und nach Leipzig gehen würden, er hörte ferner daß der geschickteste Schauspieler unter dieser Truppe Namens B . . . einen Ruf nach Gotha erhalten hätte; er hatte also nun keinen Nebenbuhler mehr zu fürchten; Leipzig war der Ort um zu glänzen; seine Perucke konnte er sehr geschickt unter den wiedergewachsenen Haaren verbergen. Wie viele neue Gründe um der Leidenschaft, die schon vorher da war, und nur eine Weile geschlummert hatte, aufs neue über die Vernunft den Sieg zu geben.

Er machte seinen Freunden sogleich den Entschluß bekannt, daß er gesonnen sei, mit der Sp . . . schen Truppe nach Leipzig zu gehen, daß er einen unwiderstehlichen Trieb in sich fühle, der ihn unglücklich machen würde, wenn er ihn überwinden wollte, und der ihn in allen seinen Unternehmungen doch immerfort hindern würde.

Er stellte seine Gründe so leidenschaftlich und stark vor, daß selbst sein Freund N . . . ihm nichts dagegen sagen konnte, der ihm sonst schon die reizendsten Schilderungen gemacht hatte, wie sie im künftigen Frühling wieder auf dem Steigerwalde den Klopstock lesen würden u. s. w.

Reiser hielt sich nun schon bei den Schauspielern auf, und brachte dem Regierungsrat Springer den Schlüssel zu dem Gartenhause wieder, indem er ihm auf das Lebhafteste seinen unglücklichen Zustand schilderte, wenn er den Trieb zum Theater unterdrücken wollte.

Der R. Springer behandelte Reisern auch hier noch auf die toleranteste Art. Er riet ihm selber, wenn der Trieb bei ihm so unwiderstehlich sei, demselben zu folgen, weil dieser Trieb, der immer wiedergekehrt war, vielleicht einen wahren Beruf zur Kunst in sich enthielte, dem er sich alsdann nicht entziehen solle. Wäre aber das Gegenteil, und sollte Reiser sich selber täuschen, und in seiner Unternehmung nicht glücklich sein, so möchte er sich unter jeden Umständen und in jeder Lage, dreist wieder an ihn wenden, und seiner Hülfe versichert sein.

Reiser nahm mit so gerührtem Herzen Abschied, daß er kein Wort vorbringen konnte, so sehr hatte die Großmut und Nachsicht dieses Mannes sein Gemüt bewegt. Er machte sich selber beim Weggehen die bittersten Vorwürfe, daß er sich einer solchen Liebe und Freundschaft jetzt nicht würdiger zeigen konnte.

Als nun Reiser um Abschied zu nehmen, zum Doktor Froriep kam, welcher seinen Entschluß durch N... schon wußte, so wurde er von diesem eben so nachsichtsvoll, wie von seinem andern Gönner behandelt; und der Doktor Froriep erklärte sich, daß er seinen Entschluß ihm nicht nur nicht widerraten, sondern ihn vielmehr darin bestärken würde, wenn die Schaubühne schon in dem Maße eine Schule der Sitten wäre, als sie es eigentlich sein könnte, und sein sollte.

Eine kleine Ironie fügte er denn doch am Ende nicht ohne Grund hinzu, indem er zu seiner kleinen Tochter, die er auf dem Arme trug, sagte; wenn du groß bist, so wirst du denn auch einmal von dem berühmten Schauspieler Reiser hören, dessen Name in ganz Deutschland berühmt ist! Aber auch diese sehr wohlgemeinte Ironie blieb bei Reisern fruchtlos, der sich demohngeachtet mit inniger Rührung und bittern Vorwürfen gegen sich selber an alles das erinnerte, was der Doktor Froriep für ihn schon getan hatte, und wovon er nun selbst den Endzweck vereitelte.

Allein es schien ihm nunmehro Pflicht der Selbsterhaltung, allen diesen innern Vorwürfen kein Gehör zu geben, weil er sich fest überzeugt glaubte, daß er der unglücklichste Mensch sein würde, wenn er seiner Neigung nicht folgte.

Die Sp... sche Truppe aber war die letzten Wochen, wegen Mangel an Einnahme in die äußerste Armut geraten. Der Direktor Sp... reiste mit der Garderobe allein nach Leipzig voraus, und von den übrigen Schauspielern mußte ein jeder selbst zusehen, daß er so gut wie möglich den Ort seiner Bestimmung erreichte, einige reisten zu Pferde, andere zu Wagen, und noch andere zu Fuß, nachdem es die Umstände eines jeden erlaubten, denn die gemeinschaftliche Kasse war längst erschöpft: in Leipzig aber hoffte man nun, bald sich wieder zu erholen.

Reiser machte sich denn auch denselben Nachmittag, wo er Abschied genommen hatte, zu Fuß auf den Weg, und sein

Freund N... begleitete ihn zu Pferde bis nach dem nächsten Dorfe auf dem Wege nach Leipzig, wo N... am künftigen Sonntage predigen wollte.

Nachdem sie im Gasthofe eingekehrt waren, und sich noch einmal aller der seligen Scenen erinnert hatten, die sie genossen haben wollten, wenn sie am Abhange des Steigers Klopstocks Messiade zusammen lasen, so machte sich Reiser wieder auf den Weg, und N... begleitete ihn noch eine ganze Strecke hin, bis es dunkel wurde.

Da umarmten sie sich, und nahmen auf die rührendste Weise von einander Abschied, indem sie sich bei diesem Abschiede zum erstenmal Bruder nannten. Reiser riß sich los, und eilte schnell fort, indem er seinem Freunde zurief: nun reit zurück!

Als er aber schon in einiger Entfernung war, sah er sich wieder um, und rief noch einmal: *gute Nacht!* Sobald er dies Wort gesagt hatte, war es ihm fatal, und er ärgerte sich darüber, so oft es ihm wieder einfiel. Denn die ganze empfindsame Scene hatte selbst in der Erinnerung dadurch einen Stoß erlitten, weil es komisch klingt, einem, dem man auf lange Zeit oder vielleicht auf immer schon lebe wohl gesagt hat, nun noch einmal ordentlich eine gute Nacht zu wünschen, gleichsam als wenn man am andern Morgen wieder einen Besuch bei ihm ablegen würde. –

Es war eine schneidende Kälte. Reiser aber wanderte nun, ohne irgend eine Bürde zu tragen, mit reizenden Aussichten auf Ruhm und Beifall seine Straße fort.

Oft, wenn er auf eine Anhöhe kam, stand er ein wenig still, und übersah die beschneiten Fluren, indem ihm auf einen Augenblick ein sonderbarer Gedanke durch die Seele schoß, als ob er sich wie einen Fremden hier wandeln, und sein Schicksal wie in einer dunkeln Ferne sähe – Diese Täuschung verschwand aber eben so bald, wie sie entstand; und er dachte dann wieder im Gehen vor sich, wie Leipzig aussehen, in was für Rollen er auftreten würde u. s. w.

Auf die Weise legte er den Weg von Erfurt nach Leipzig sehr vergnügt zurück; im Gehen aber sprach er häufig den

Namen N... aus, den er wirklich liebte, und weinte heftig
dabei bis ihm das komische *gute Nacht* einfiel, welches er gar
nicht in den Zusammenhang dieser rührenden Erinnerung
mit zu bringen wußte.

5   In Erfurt hatte man ihm schon gesagt, daß er in Leipzig in
dem Gasthofe *zum goldenen Herzen* einkehren müsse, wo die
Schauspieler immer logierten, und gleichsam dort ihre Niederlage hätten.

Als er in die Stube trat, fand er denn auch schon eine
10   ziemliche Anzahl von den Mitgliedern der Sp.. schen Truppe vor, die er als seine künftigen Kollegen begrüßen wollte,
indem er an allen eine außerordentliche Niedergeschlagenheit bemerkte, welche sich ihm bald erklärte, als man ihm die
tröstliche Nachricht gab, daß der würdige Principal dieser
15   Truppe gleich bei seiner Ankunft in Leipzig, die Theatergar-
derobe verkauft habe, und mit dem Gelde davon gegangen
sei. – Die Sp...sche Truppe war also nun eine zerstreuete
Herde.

ANDREAS HARTKNOPF.

EINE ALLEGORIE.

J. W. M. inv. et fe. 1785.

Non fumum ex fulgore
Sed ex fumo dare lucem.

VORBERICHT.

*Der Buchstabe tötet, aber der Geist
macht lebendig.*

Hier will ich still stehen — — sagte mein lieber *Andreas Hart-*
knopf, da er sich plötzlich, auf seiner Wanderschaft an einem
breiten Graben befand, und weder Weg noch Steg sahe, der
ihn hinüberführen konnte; und doch war es schon beinahe
dunkle Nacht, und der Wind wehte scharf aus Norden ihm
einen feinen Staubregen ins Gesicht, der schon seine Kleider bis auf die Haut durchnetzt hatte — — er hat nun
ausgewandert, der gute *Hartknopf* — — aber mir deucht, ich
sehe ihn noch da stehen mit seinem langen Knotenstocke,
den messingnen Kamm in sein dickes schwarzbraunes Haar
geschlagen, und seinen Rock mit den steifen Schößen von
oben bis unten zugeknöpft —

Er war eine gute Seele — ob er gleich in der Gottheit vier
Personen annahm, und glaubte, daß die ganze Welt aus al-
kalischem Salz geschaffen sei — Dies öffentliche Zeugnis
von seinem Charakter und seinem Herzen, das gewiß ein
Unparteiischer fällt, möge ihn gegen die Beschuldigungen
retten, womit Bosheit und Verleumdung seinen Namen oft
gebrandmarkt haben.

Du guter *Andreas Hartknopf* magst wohl nicht gedacht
haben, daß deine besten Freunde, die auch wie *du* an die
Viereinigkeit, und an die Schöpfung der Welt aus alkali-
schem Salze glaubten, und mit dir, wie du meintest, ein Herz
und eine Seele waren, daß diese dein Gedächtnis nach deinem Tode so schändlich verunglimpfen würden.

Ach, es war dir auch nicht bei der Wiege gesungen, wie es
dir einmal in der Welt ergehen sollte — daß du verstoßen,
verjagt, von aller Welt verlassen, umherirren, irgendwo ein
freundliches Obdach suchen und es nicht finden solltest —
daß du an die Türen deiner Brüder, deiner Freunde klopfen,
und sie dir nicht aufgetan werden sollten — daß du — o nichts
weiter! meine Seele ergrimmt gegen die Menschen, wenn ich
bedenke, daß sie den Edelsten unter sich ausstießen, den
Diamant, der auf diese harten Kieselsteine seinen unnach-

ahmlichen Glanz hätte werfen können, wodurch sie auch
bemerkt worden wären, wenn man ihn unter ihnen gesucht
hätte!

Oft unterhält sich meine Seele in einsamen Stunden mit
dir in Gesprächen; ich sehe dich in meine kleine Kammer
treten; wir sehen uns und sehen den Himmel aus dem eröffneten Fenster an – und ob wir gleich nur gegen ein altes
Gemäuer blicken, so erhebt sich doch unser Herz, wenn die
Sonne darauf scheint, und unsre Seelen ergießen sich gegeneinander in Liebe und Wärme, in süßen Gesprächen von
Zukunft und Vergangenheit – –

Ich soll *von* dir reden, mein Guter! und rede *mit* dir – Sieh'
ich muß wieder Abschied von deinem Geiste nehmen, wenn
ich *von* dir reden soll – das wird mir schwer – o habt Geduld
mit mir meine Leser! es ist mir schwer geworden, mich von
meinem Freunde zu trennen – ich sprach mit ihm, da ich mit
euch sprechen sollte – denn ich wollte euch doch seine
Geschichte erzählen.

Hier will ich still stehen! sagte er also, da er plötzlich an
dem breiten Graben stand, über den kein schmaler Steg ihn
führte – er ging eine weite Strecke auf und ab, und fand
keinen Weg hinüber – die Nacht brach immer tiefer herein –
der Wind ging immer schärfer, und jagte schon den Regen in
großen Tropfen meinem Wandrer ins Gesicht – hinter ihm
war ein meilenlanger Wald – Hier will ich still stehen, sagte er
noch einmal – weil ich nicht weiter kann – und das *will* sagte
er mit einem gewissen Trotz, aber auch zugleich mit einer
Erhabenheit der Seele, womit er dem Regen und dem
Sturmwinde zu befehlen und über die Elemente zu herrschen schien.

Ich will, was ich muß, war sein Wahlspruch bis an den letzten
Hauch seines Lebens – Es war seine höchste Weisheit, der er
bis zum Tode getreu blieb – die ihn über die Dornenpfade
seines Lebens sicher hinleitete, die ihm am Rande des Grabes noch einmal ihre freundschaftliche Rechte bot.

Weil ich das nun alles weiß, und ich mich fast eben so in
seine Seele hineindenken kann, als in meine eigne Seele – so

genau waren wir miteinander verwebt – so kann ich nun auch das alles von ihm erzählen, was gewiß sonst niemand leicht von ihm würde erzählen können: wie seine ganze Seele dabei arbeitete, als er die Worte sagte – *hier will ich still stehen bleiben!* Er fühlte dabei einen unwiderstehlichen Mut, womit er der Kälte, dem Regen, dem Winde, der Dunkelheit der Nacht, und der Ohnmacht der menschlichen Natur selbst Trotz bot – er zog sich in sich selbst zurück, wie der Igel in seine Stacheln, wie die Schildkröte in ihr felsenfestes Haus; seine Brust war mit ehernem Mute gestählt, sein Körper zum Leiden abgehärtet – die rauhen Elemente noch immer seine Freunde, denn sie behandelten ihn gütiger, wie die Menschen.

Legen konnte er sich nicht, denn der Boden war vom Regen durchnäßt – Er stand und ging am Graben auf und nieder, dann stand er wieder eine Weile, und pfiff die halbe Nacht hindurch im Winde sein Leibstückchen, daß es weit in die Ferne schallte, wo es der Wind hintrug – Ein paar Eulen auf den nahen Bäumen fingen an, statt der Nachtigall, ihn zu akkompagnieren, und ein paar Fledermäuse schwirreten statt der Lerchen ihm um den Kopf – und er ward nicht böse darüber, sondern ließ sich, da er es nicht besser haben konnte, den Wettgesang gern gefallen, und freute sich, daß selbst in der stillen Toten-Nacht, die Natur noch Funken von Leben sprüht – sie machte ihm itzt, seine sonst so getreue, liebevolle, zwar eine etwas saure Miene – und er hätte ihr in der Dunkelheit der Nacht, durch eine sehr unfreundliche Verzerrung seiner Gesichtszüge den Gruß sehr gut erwidern können – aber das tat er nicht – seine Stirne zog sich nicht in düstre Falten, sein Auge blieb so heiter, daß er sich vor der hellen Sonne nicht hätte schämen dürfen, wenn sie in diesem Augenblicke sein Antlitz beleuchtet hätte.

Indem er noch so da stand und pfiff, hörte er in der Ferne Menschenstimmen, und seine gute Laune, in die er sich hineingepfiffen hatte, erhielt beinahe einen kleinen Stoß – bald aber ermannte er sich wieder, und die Menschenstimmen klangen seinen Ohren beinahe wieder so lieblich, als der Gesang der Eulen, mit denen er vorher in Gesellschaft des rauschenden Windes ein angenehmes Konzert aufgeführt hatte.

Die Menschenstimmen tönten wild in die Nacht – der Laut war wie von stammelnden Zungen, und ihr Ausruf war, wie der Ausruf derer, die voll süßen Weins sind. – Schon waren sie dicht heran, und es war doch schändlich! die Eulen und Fledermäuse hatten meinem *Hartknopf* zur Gesellschaft mitgewacht – und diese Unmenschen – – es waren ihrer zwei – He da! Landsmann, stammelte der eine, was wankt er hier noch so spät umher? – Ich kann nicht über den Graben – – I Narr, so schwimm er durch, lachte jener laut auf, und stieß ihn in den Graben hinein – *Hartknopf* raffte sich im Fallen so gut er konnte zusammen, und siehe da, es war eine Grube, wie die, worin weiland Joseph von seinen mitleidigen Brüdern hinabgelassen wurde, es war ein Graben, worin kein Wasser war, und durch welchen er gleich anfangs trocknes Fußes hätte durchgehen können, wenn er statt seiner philosophischen Resignation, seine beiden Sinne Gesicht und Gefühl zusammengenommen hätte, um sich vermittelst seines Dornstockes und seiner gesunden Füße, erst einen Durchgang durch den Graben zu erproben, ehe er sich entschloß, die Nacht über diesseits zu bleiben, und mit seinem Pfeifen ein paar Eulen zu akkompagnieren.

Hartknopf kam nun auf der andern Seite des Grabens wieder in die Höhe, und machte auch nicht einmal in Gedanken seinem Beleidiger Vorwürfe, der ihm freilich wider Willen einen Dienst geleistet hatte, indem er ihn durch einen zwar etwas unsanften Stoß durch einen Graben half, wodurch ihn vorher alle seine Philosophie nicht hatte helfen können. Was aber noch mehr war, so machte *Hartknopf* sich selber nicht einmal Vorwürfe, daß er wie mit Blindheit geschlagen gewesen war – das war nun einmal seine Art so – er hielt es für noch einen kindischen und läppischen Streich mehr, wenn man sich über irgend einen kindischen und läppischen Streich, den man einmal gemacht hatte, die Haare ausraufen wollte. – Überhaupt hatte er sich, seitdem er anfing, weise zu werden, die Reue abzugewöhnen gesucht, die er nur für ein Arzneimittel der Toren hielt. *Ich will, was ich muß!* war sein Wahlspruch, wenn er von außen her getrieben wurde, und *ich muß, was ich will,* wenn ihn etwas von innen trieb. Gefühl seiner Kraft, insbesondre der widerstrebenden, war seine höchste Glückseligkeit. — Darum mochte er zuweilen gern wider den Strom schwimmen, ob es ihm gleich sauer wurde, und wider die Wand rennen, ob er sich gleich den Kopf zerstieß. — Darum war er auch die Nacht diesseits des Grabens geblieben, als er nur einige Wahrscheinlichkeit hatte, daß er nicht würde durchkommen können. Und er gefiel sich nun einmal so; und weil ihm die Zeit nicht sehr übel verstrichen war, so würde er sich über jeden Ärger geärgert haben, den er über sich selbst hätte in sich aufsteigen lassen, darum ärgerte er sich dann am Ende lieber gar nicht.

Er verdoppelte seine Schritte, um sich warm zu gehen, und befand sich ungleich besser, da er wieder auf der Landstraße war, und mit Zweck und Absicht sich nach einer festern Richtung fortbewegen konnte, als vorher, da er gehen mußte um zu gehen, und immer wieder an denselben Fleck zurückkam — Dies führte ihn zu tiefsinnigen Betrachtungen über die gerade und über die krumme Linie, und in wie fern die gerade Linie gleichsam das Bild des Zweckmäßigen in unsern Handlungen sei, indem die Tätigkeit der Seele den kürzesten Weg zu ihrem Ziele nimmt — die krumme Linie hingegen das Schöne, Tändelnde und Spielende, den Tanz, das Spazierengehen bezeichnet — — indem waren die beiden besoffnen Kerl schon wieder hinter ihm, und faßten ihn brüderlich, der eine unter dem rechten, der andre unter dem linken Arm — der unter dem linken Arm hatte ihn in den Graben gestoßen, und war wie der böse Schächer zur Linken am Kreuze, die Tugend und Weisheit ging in der Mitten.

Die beiden besoffnen Kerl aber waren ein paar Weltreformatoren und Kosmopoliten — und der zur Linken war der Anführer einer kleinen Kosmopolitenbande, die im Lande umherzog, und sich jetzt in einem kleinen Städtchen auf-

hielt, um ihr Gaukelspiel da zu treiben, und aus allen vier
Enden der Erde Menschen hinzulocken, die sich vor ihrer
großen Bude versammlen, und ihre Markschreier- und Ta-
schenspielerkünste anstaunen sollten – –

Der Anführer zur Linken hatte große schwarze struppigte
Augenbrauen, und borstiges Haar, und trug ein samtnes
Kleid vom Schweiß und Blut der betrognen Menschheit –
Er kniff meinem guten *Hartknopf* in den Arm, daß es ihm
blau wurde, da er ihn untergefaßt hatte, und sagte: Du alter
Kauz, wie ist dir denn das Schwimmen bekommen? – daraus
war denn zu schließen, daß er ihn nicht in einen trocknen
sondern mit Wasser angefüllten Graben hatte stoßen wollen,
dieser Borstige.

Der Kosmopolit zur Rechten war der reuige Schächer,
und sagte: Lieber Bruder, wir hätten dieses Menschen schonen sollen – – und hätten ihn nicht sollen in die Grube
stoßen, worin kein Wasser war – der arme Mensch! – indem
drückte er *Hartknopfen* sanft die Hand – und dieser sagte
halb im Schlummer: Heute wirst du mit mir im Paradiese
sein! Er meinte aber den Gasthof in dem Städtchen, das vor
ihnen lag, wo er immer einzukehren pflegte, wo die Zöllner
und Sünder herbergten, und wohin jetzt sein sehnlichstes
Wünschen ging. – Die Idee vom Paradiese schlug in den
beiden Kosmopolitenköpfen, wie ein Feuerfunken an – – sie
hatte so etwas Erhabenes und Feierliches in der dunkeln,
schauervollen Nacht, so wenig Erhabenes sich auch mein
guter ehrlicher *Hartknopf* dabei gedacht hatte – – Der Schächer zur Rechten und der Schächer zur Linken fühlten die
ganze Macht der Worte, die sie nun wirklich auf sich abge-
zielt glaubten. – – Ihre Seelen wurden zerknirscht, Tränen
entströmten ihren Augen; sie fingen an, sich wirklich für ein
paar arme Schächer zu halten, welche in ihrem verkehrten
Sinn die hohe Würde der Menschheit beleidigt hätten: – –

Fühlst du das, lieber Bruder? sagte der zur Rechten – –
Ich fühl' es! antwortete der Linke mit bebender Stimme – laß
uns hier niederfallen im Staube, und den großen Allvater
bitten, daß er uns vergebe die Sünden unsrer Jugend und die

Sünden unsrer grauen Jahre; daß er nicht ansehe unsre Mis-
setat, und uns nicht strafe, wie wir es verdient haben – denn
wo will man einen Reinen finden, unter denen da keiner rein
ist – Bewahre meinen Fuß – – und so lang wie er war lag der
borstige Betende ausgestreckt da – denn sein Gebet war
schwarze Heuchelei und verflog in den Lüften – er maß die
Erde mit seiner Länge, denn er hatte sich an einem alten
Stubben am Wege sein Schienbein zerstoßen, daß es ihn bis
in den Wirbel hinauf schmerzte. – Das sanfte Erbarmen
meines *Hartknopfs* mit seinem Beleidiger hob den Gefallnen
wieder auf – und der Gefallne dankte ihm nicht, denn sein
böser Geist hatte dem Stubben *Hartknopfs* Gestalt gegeben –
und der Gefallne sagte zu dem Schächer zur Rechten: mein
Bruder, was meinst du, der Schurke da hat mir ein Bein
untergeschlagen, um sich an mir zu rächen! Ei so soll ihn ja
auch – – rief der reuige Schächer, und fing an tüchtig auf
meinen *Hartknopf* loszuschlagen, und der zur Linken war
dabei sein getreuer Rat und Assistent – – aber das Blättchen
fing sich bald an zu wenden. – – Die Weisheit in der Mitte
nahm ihren Dornenstock in die Hand, und schlug damit
rechts und links um sich, und die Torheit taumelte an beiden
Seiten von ihren wiederholten Schlägen zu Boden, und als
mein *Hartknopf* die beiden Besoffnen nach Herzenslust
durchgeprügelt hatte, so sagte er: Vater vergib ihnen, denn
sie wissen nicht was sie tun! – –
    Und nun hob er sie beide wieder auf, und sie wanderten
wieder einträchtig und brüderlich miteinander fort – darüber brach der Tag an, und der Rausch in den Köpfen der
beiden Kosmopoliten fing allmählich an zu verfliegen – ihr
nächtlicher Zwist mit *Hartknopfen* verlor sich in ein dunkles
Schattenbild – und sie sahen jetzt seine offne Stirn und sein
edles freies Auge, womit er sie im Glanz der aufgehenden
Sonne anblickte, und schlugen beschämt ihre Augen nieder.
    Alle drei schienen stillschweigend in einen Vertrag einge-
willigt zu haben, alles in der Nacht vorgefallne in gänzliche
Vergessenheit zu begraben. Sie unterhielten sich miteinander über die Schönheit des Morgens, über die Pracht der

aufgehenden Sonne, und über den herrlichen Anblick der
wiedererwachenden Natur – und ließen ihren strafenden
Unwillen gegen diejenigen aus, die den schönsten Morgen in
ihren Pflaumfedern verschlafen könnten. – Dann fragten
erst die beiden Kosmopoliten ihren nächtlichen Gefährten,
wo er denn eigentlich herkomme, und wo er eigentlich hin-
wolle?

Beides wußte er nicht eigentlich zu beantworten. – Er
kam aus dem Abend, und wanderte gerade gegen den Morgen zu; denn der Weg von Westen nach Osten hatte für ihn
so etwas Reizendes und Anziehendes, das sich zum Teil mit
auf seine besondern Meinungen gründete. – Da er nun in
Süden und Norden eben so wenig Schätze zu holen hatte, als
in Osten und Westen, so nahm er seine Richtung immer
nach Osten zu, und richtete es gemeiniglich so ein, daß er
den ersten frühen Strahl der Sonne mit seinem Morgengebet
begrüßen konnte. Welche Städte und Dörfer nun hier auf
seinem Wege lagen, durch diese ging er oft hindurch, ohne
nur nach ihrem Namen zu fragen, und wenn man ihn denn
auch nicht nach seinem Namen fragte, sondern wie irgend
ein unbedeutendes Wesen, einen Hund oder eine Katze, ihn
durchwandern ließ, ohne nur einen Blick auf ihn zu werfen,
wie froh war er dann!

Als er aber durch das Land kam, wo man am Tore die
Geheimnisse seines Herzens und seiner Taschen ausfor-
schen wollte, ehe man ihn durchließ; so nahm er einen
weiten, weiten Umweg, wenn er an eine Stadt kam, und
mußte von seiner geliebten Direktionslinie nach Osten
manche Abweichung machen, ehe er wieder in sein Gleis
kam – dann schüttelte er den Staub von seinen Füßen
über einer solchen Stadt, und freute sich, wenn er in irgend eine dürre sandigte Heide kam, wo keine Spur von
Taschendurchsuchenden und Geheimnisseerforschenden
Menschen zu sehen war, und er nun wieder freier atmen
konnte.

Damit der Leser auch keinen Augenblick länger etwa den
Gedanken hege, als habe sich *Hartknopf* von Westen gegen

Osten hingebettelt – so muß ich versichern – denn ich kann den Gedanken nicht ertragen, daß man dies auch nur von ihm denken könne – so muß ich den Leser versichern, daß *Hartknopf* sich lieber auf irgend einer Vestung oder in irgend einem Zuchthause würde von selbst angegeben haben, um zu karren oder zu raspeln, ehe er das getan hätte. – Auch brauchte er es nicht: denn er war seines Handwerks ein Grobschmied und ein Priester, und konnte sich also mit seiner Hände Arbeit sowohl, als vom Evangelium nähren, das er den Leuten gern verkündigte, die es hören wollten – aber von der Predigt des Evangeliums nährte er sich nicht, sondern vom Schmiedehammer; denn er dachte, umsonst habt ihrs empfangen, umsonst sollt ihr es auch wiedergeben. – Ein Arkanum für die Schwindsucht, welches er besaß, will ich nicht einmal erwähnen; er besaß ein noch weit größres Arkanum, den Leib des Menschen durch die Seele zu heilen – wie oft hat er hiervon Gebrauch gemacht! er nährte sich aber eben so wenig davon als vom Evangelium, das er verkündigte – sondern der Schmiedehammer, den er mit seinem nervigten Arm wohl auf dem Amboß zu führen wußte, verschaffte ihm Nahrung und Kleider; und wenn er dann mit dem Allernotwendigsten versehen war, so ließ er eine Weile seinen Arm wieder ruhen, um seinen Lauf gegen Osten fortzusetzen, und seinen Weg, den er nahm, durch wohltätige Handlungen zu bezeichnen. Am heißen Mittage begegnete ihm dann die Sonne in ihrem Laufe, und schien, ihm, als ihrem großen Nachahmer, Beifall zuzulächeln.

Das Geheimnis des Erdenlebens meines *Hartknopfs* ist mir heilig. Mit Ehrfurcht wage ich es, allmählich den Schleier wegzuziehen, der große, der Ewigkeit werte Taten vor dem Auge der Welt verhüllte, die dermaleinst im höchsten Glanze schimmern, und die Taten der Könige verdunkeln werden. –

Du hörest sein Säuseln wohl, aber du weißest nicht, von wannen er kömmt, noch wohin er fähret. – – Der Fromme geht seinen Gang vor sich hin, so lange er hienieden wallet, ist in sich gekehrt, und merkt auf jeden seiner Schritte, die er tut – seine Blicke schweifen nicht umher auf den Töchtern des Landes – denn eine ist seine auserwählte Braut, die verläßt er und sie ihn in Ewigkeit nicht, sie reicht ihm noch ihre sanfte Hand im finstern Tal des Todes, und geleitet ihn in beßre Welten hinüber, wo kein Kosmopolit den müden Wandrer mehr in einen Graben stößt, und kein böser Geist mehr einen Stubben in *Hartknopfs* Gestalt verwandelt, um ihm von zwei Weltreformatoren eine Tracht Schläge zuzu-ziehen.

Wohin er eigentlich ginge? – fragten ihn also die beiden Weltreformatoren – eigentlich habe er sich kein festes Ziel gesetzt, gab er zur Antwort, aber er wolle mit ihnen in das nächste Städtchen gehen – und dort im Paradiese einkehren, wo der Gastwirt noch sein Herr Vetter sei –

Das Städtchen aber, auf welches sie nun zu gingen, hieß Gellenhausen, und war *Andreas Hartknopfs* Geburtsort – den er itzt besuchte, weil er auf seiner Direktionslinie nach Osten lag – denn er kam aus dem äußersten Ende von West-phalen, und ging durch ganz Niedersachsen und Obersach-sen immer auf das jetzige preußische Pohlen zu, und nun war er bis an Gellenhausen gekommen, ohne bis itzt daran zu denken, daß er da geboren war – bis er, noch den Abend vorher, ehe er an den breiten Graben kam, die hohe Turm-spitze in der Ferne schimmern sahe, welche die einzige in dem Städtchen war, und mit ihrer Pracht alle übrigen Häu-ser, die in einem Klümpchen zusammen gedrängt da lagen, verdunkelte und beschämte. –

Das Städtchen hatte sich auch in dem Turme ganz ver-bauet, und der Magistrat von Gellenhausen wäre beinahe darüber bei den höchsten Landesgerichten in Inquisition gekommen. – Das war aber nun einmal die Art dieses Städt-chens, daß es schimmern wollte, von jeher – davon zeugten noch die Überreste eines alten Walles, worauf ein paar un-geheure Kanonen gepflanzt waren – und ein Prediger, der ein Buch geschrieben hatte unter dem Titel: *die sich entknos-pende Frühlingsrose oder die Hoffnungen des Christen jenseit des Grabes,* wo sie nicht eher ruhten, bis sie ihn in ihr Städtchen zogen, wo er auf dem Kirchhofe bei Mondschein Predigten hielt, und die Jünglinge und Mädchen des Ortes auf den Grabhügeln ihrer Väter um sich her versammelte, um ihnen die sich entknospende Frühlingsrose vorzupredigen.

Nun wird man sich auch leicht erklären können, wie sich in dem Städtchen eine Kosmopolitenbande einnisteln konnte – nachdem eine herumwandernde Truppe Komödianten schon die Hälfte von dem Hab' und Gut der armen Einwohner mit sich hinweggenommen hatte.

Das Philantropin in Dessau existierte damals schon seit einigen Jahren, und hatte in den Köpfen der Deutschen einen Schwindel hervorgebracht, der sie damals noch in vollem Wirbel umherdrehte – und so wie bei der Theaterepoche, die sich nun auch allmählich ihrem Ende nähert, mancher ehrliche Handwerksmann sich mit in den Wirbel hineinziehen ließ, und den Leisten mit dem tragischen Kothurn vertauschte – so wären auch *Hartknopfs* beide Begleiter, der eine zur Rechten Namens *Küster,* wirklich ein Küster, und der borstige zur Linken Namens *Hagebuck,* ein ehrsamer Schuster gewesen, der eine höhere Flamme in sich lodern fühlte, und glaubte, daß er gar wohl fähig sei, in den Köpfen der Menschen ein Licht anzuzünden, deren Füßen er jetzt Schuhe anmessen mußte.

Denn er hatte seines großen Handwerksgenossen *Jakob Böhmens* Schriften gelesen, dadurch war zuerst der Funke in ihm angefacht worden – denn es war ihm einmal, da er gerade den Pechdraht zog, als ob ihm eine Stimme vom Himmel zuriefe: *Hagebuck!* und er sagte: Herr, was ists? – Da rief ihm die Stimme weiter zu: Laß deinen Pechdraht liegen, und wirf deinen Pfriemen von dir, und gehe hin in ein Land, das ich dir zeigen will!

Er nahm drauf plötzlich von seinem Meister Abschied, welcher seinen verstörten Mienen nach zu urteilen, glaubte, er sei toll im Kopfe geworden, ihm seinen Lohn auszahlte, und froh war, daß er ihn los wurde – denn er war manchmal des Nachts bei Mondschein auf dem Dache herumgeklettert, und hätte das Haus beinahe wegen eines Spukes in

üblen Ruf gebracht; dies war aber ein Fehler, der ihm noch
aus seiner Kindheit anklebte; denn er war einer der unheilbarsten Nachtwandler, die es je gegeben hat, und auch einer
der geschicktesten: so daß er, wenn man ihn nicht bei seinem Taufnamen rief, auf einer Dachspitze tanzen konnte. –
Hans Hagebuck schnürte also sein Bündel, steckte seinen
Jakob Böhme in die Tasche, und wanderte auf Dessau zu. –
Hier verkannte man seine Talente nicht, und er fand Gelegenheit, den Unterricht des Philantropins zu genießen, und
studierte Basedows Elementarwerk in der deutschen Übersetzung, daß ihm der Kopf rauchte; der Erfolg davon war,
daß er binnen einem Jahre, sich schon stark genug fühlte
wieder ein Lehrer der Menschen zu werden, und in dem
Städtchen Gellenhausen, wohin er berufen wurde, ein Philantropin nach dem Muster des Dessauischen zu errichten.

Sein Mitgehülfe war, wie schon gesagt, ein Küster, welcher zugleich *Küster* hieß – Er war aber wegen seines
tumultuarischen Charakters seines Dienstes entsetzt worden – denn er wollte sich nicht in die gewöhnliche Ordnung
der Dinge fügen, seinem Pastor nachzutreten, sondern er
wollte ihm an der Seite gehen, und den Pastor, wie seinen
Freund und Kollegen betrachten – er meinte, sie wollten
zusammen in brüderlicher Eintracht auf ihr Zeitalter wirken, und dem alten Vorurteil entgegen kämpfen. – Der Herr
Pastor verstund aber keinen Spaß, und verbat sich dergleichen Familiaritäten von seinem Untergebnen; und da der
Küster einmal andre Lieder in der Kirche anschlug, als der
Pastor ihm gesagt hatte, so machte dieser einen Bericht ans
Konsistorium, worin er diese nebst mehrern gröblichen Vergehungen gegen die Subordination anzeigte – und wovon
die Folge war, daß dieser Küster, welcher zugleich *Küster*
hieß, seines Dienstes entsetzt wurde – er hatte die Basedowschen Schriften gelesen, und die Weltreformiersucht spükte
ihm auch im Kopfe – er reiste also geradesweges nach Dessau, und machte Bekanntschaft mit dem Schuhknecht *Hagebuck,* der so eben nach Gellenhausen abreisen wollte – ihre
Seelen begegneten sich schon in ihren Blicken; sie umarm-

ten sich schon, da sie kaum einander nennen konnten – und
ihr Freundschaftsbündnis war auf ewig geschlossen; um es
aber noch fester und feierlicher zu machen, ließen sie sich
im Gasthofe zum goldnen Scepter, eine Bouteille Pontak
geben, und tranken Brüderschaft – nachdem sie vorher aus
dem Basedowischen Liederbuche das Lied über die Freundschaft gesungen hatten.

Und nun ging es denn geradesweges auf Gellenhausen
zu – Da war nun viel aufzuräumen – da herrschte noch recht
der alte Schlendrian im Schulwesen – da regierte noch der
Stock und die Rute – da wurden noch Vokabeln auswendig
gelernt – – Aber wie bald war das alles ganz anders! und
Stock und Rute wie weggeblasen!

Bald wurde eine Meritentafel in der Kirche mit dem hohen Turme aufgehängt, und jeder Junge in Gellenhausen,
mochte er auch sein, wer er wollte, bekam für jede edle Tat,
die er getan hatte, einen goldnen Punkt darauf – und es
kamen plötzlich so viel edle Taten zum Vorschein, daß ganz
Gellenhausen darüber erstaunte. –

Wer erst eine gewisse Anzahl solcher goldnen Punkte hatte, der bekam ein Ordensband, und da galt, wie billig, kein
Ansehen der Person; mochte der Junge auch barfuß gehen,
und die Schweine hüten, so bekam er ein Ordensband. –

Der Rektor des Städtchens nannte zwar die Hagebuck-
und Küstersche Anstalt eine Klippschule, weil kein Latein
darin gelehrt wurde, und schlug ein Schnippchen dazu, allein sein Beutel und seine Küche empfanden es – daß diese
neue Klippschule in Gellenhausen etwas mehr sagen wolle –
da flogen Braten und Weinflaschen, und Zuckerhüte den
beiden Weltreformatoren ins Haus, als ob sie mit dem leidigen Drachen ein Bündnis gehabt hätten. –

Aber machten denn diese beiden allein die ganze Kosmopolitenbande aus? – nein, es gehörte noch ein Schneider
und ein Friseur dazu, die sie unterweges aufgerafft hatten –
der Friseur mußte ihnen alle Morgen auf philantropinische
Art ihr abgeschnittenes Haar im Nacken in runde Locken
kräuseln, um der Natur getreu zu bleiben, und dann erklärte

er zugleich den kleinsten Kindern die Kupfer des Basedowischen Elementarwerks – der Schneider flickte ihnen ihre
Kleider mit seiner Nadel, und ihre Reden mit seinem Witz
aus – er war zugleich ein großer Kinderfreund, und lehrte
Kinder von vier Jahren lesen, ohne, daß sie erst buchstabieren lernten.

Es wurden nun Spaziergänge, Wettrennen, gymnastische
Übungen angestellt – Wie stauntest du Gellenhausen, da du
zuerst deine hoffnungsvolle Jugend, unter den Augen ihrer
vier Lehrer sich öffentlich balgen sahest! – da du sie zum
erstenmal mit Knüppeln vor den Toren exerzieren, und mit
klingendem Spiel in deine Tore einziehen sahest! – Da du
zuerst den Knaben mit dem Ordensbande auf der Brust
hinter den Schweinen hergehen, und sie nun menschen-
freundlich und liebevoll von ihm behandelt sahest! –

Aber wie stauntest du, mein *Hartknopf,* da du mit deinen
beiden Gefährten in die Tore deiner Geburtsstadt eingin-
gest, und die ganze nunmehro philantropinisch gewordne
Jugend deiner Vaterstadt, angeführt von ihren andern beiden Lehrern, dem Schneider und Friseur, in bester Ordnung
dir entgegen kam, und deine beiden besoffnen Gefährten,
mit einem lautgellenden Freudengeschrei bewillkommte;
und wie deine beiden Gefährten umhalset und geliebkoset,
und im Triumph durch die Straßen der Stadt, bis nach ihrer
Wohnung in dem neuen Erziehungshause geführt wurden;
das eines der ansehnlichsten Gebäude in der Stadt war.

Der Triumph, womit *Hagebuck* und *Küster* eingeholt wurden, bezog sich auf eine Wette, die sie angestellt hatten, daß
sie in Zeit von vier und zwanzig Stunden sieben Meilen zu
Fuße hin und her gehen wollten. – Diese Wette hatten sie
nun gewonnen, indem sie von dem Orte, der sieben Meilen
weit von Gellenhausen lag, Brief und Siegel mitbrachten,
daß sie da gewesen waren. – Solche Wetten wurden öfter
angestellt, um dadurch einen edlen Wetteifer zu befördern –
Und *Hagebuck* und *Küster* glaubten auch, schon des Beispiels
wegen, solche Touren machen zu müssen, damit es nicht
schiene, als ob sie selbst ihren Körper nicht abzuhärten, und

das nicht auszuüben suchten, was sie doch andern predigten. – Nun schien aber vorzüglich das zu Fuß reisen, so
etwas philantropinisches Weltbürgermäßiges zu sein, daß sie
nicht mit Unrecht glaubten, es verdiene wohl durch ihr eignes Beispiel den Menschen angepriesen zu werden. – *Hage-*
buck hatte von seiner Wanderschaft als Schuhknecht her
noch eine große Geläufigkeit in seinen Füßen, ob er gleich
mit den Knien etwas einwärts ging, daß er noch ziemlich
munter auf den Beinen war, da *Küster* schon anfing ziemlich
schachmatt zu werden – endlich aber da es gegen Abend
ging, konnten sie beide nicht mehr fort – und hatten doch
noch beinahe fünf Meilen vor sich; war es nun diesen Leuten, die es sich um das Beste der Menschheit so sauer
werden ließen, wohl zu verdenken, wenn sie, da sie sich mit
ein wenig Wein erquicken wollten, des Guten zuviel taten,
und nun die übrigen fünf Meilen in einem weg auf die lu-
stigste Art hintaumelten, die sie sonst auf die langweiligste
Art hätten gehen müssen.

Und hatten sie gleich im betrunknen Mute den armen
Hartknopf in einen Graben geworfen, so hatten sie ihm doch
nachher brüderlich wieder unter die Arme gegriffen – und
hatten sie ihm gleich sein Mitleid gegen den Gefallnen mit
Schlägen gelohnt; so hatten sie ihm doch auch wieder verziehen, da er ihnen doppelt und dreifach vergalt, was ihre
blinde Rachsucht an ihm ausübte. –

Und *Hagebuck* – denn man muß doch auch dem Teufel
Gerechtigkeit widerfahren lassen – war, seine Heuchelei
und Verstellung, und seine menschenfeindliche Gemütsart
abgerechnet, die aus seinen schwarzen Augenbraunen her-
vorleuchtete, ein Mensch, der niemandem leicht etwas zu
leide tat; ausgenommen wenn es ihm Nutzen brachte, oder
er sich etwa einmal einen kleinen Spaß machen wollte, wie
mit *Hartknopfen,* den er in den Graben stieß! –

Der einzelne Mensch war ihm, wie nichts – den unversehens in einen Graben zu stoßen, und in den Arm zu
kneifen, indem er sich stellte, als ob er ihn brüderlich un-
terfaßte, daraus machte er sich nichts – aber die ganze

Menschheit konnte er liebevoll umfassen – gegen die schlug
sein Herz, wie er sagte, mit mächtigen Schlägen; für die
opferte er, indem er in vier und zwanzig Stunden sieben
Meilen hin und zurück ging, seine Kräfte auf.

⁵   Demohngeachtet aber fehlte es ihm nicht an einem wirklich unternehmenden Geiste; und er pflegte sich deswegen
auch oft mit Luthern, und seinen Kollegen *Küster* mit Melanchton zu vergleichen; und als er auf der Reise nach
Gellenhausen begriffen war, so dachte er sich alle die
¹⁰ Schwierigkeiten, die dort seinem großen Reformationsge-
schäfte von der Geistlichkeit des Orts würden entgegengesetzt werden, und konnte sich nicht enthalten, seinem
großen Vorgänger *Luther* die merkwürdigen Worte nachzu-
sprechen: wenn auch in Gellenhausen so viel Teufel als
¹⁵ Ziegel auf den Dächern wären, so wolle er doch den Sieg
behalten; er verstand aber unter den kleinen Teufeln, die
Menge der Vorurteile, die er nun in Gellenhausen besiegen,
und was er sonst noch alles ausrichten würde, so daß sein
Angedenken noch nach Jahrhunderten nicht verloschen
²⁰ sein sollte.

Küster war eine gute schwache Seele, der allem Beifall gab,
und alles für Orakelsprüche hielt, was sein Herr und Meister,
Hagebuck nur über seine weisen Lippen strömen ließ. –
Wenn *Hagebuck* diktierte, so faßte *Küsters* Feder seine Worte,
²⁵ wie die Worte eines Heiligen auf, und brachte sie mit zitternder Hand zu Papier, daß ja nicht eine Silbe davon
verloren ging – denn brach er oft in laute, freudige Ausru-
fungen über die hohe Weisheit aus, die in *Hagebucks* Worten
lag, welche er das Glück hatte niederzuschreiben –

³⁰   Er war *Hagebucks* getreues Echo – wenn dieser diktierte,
so schrieb er, und las ihm seine Worte wieder vor; wann
dieser auf den Stock und die Rute schimpfte, so schalt er auf
das Auswendiglernen und die Vokabeln; wenn dieser seinen
undankbaren Zeitgenossen fluchte, daß sie ihn nicht zum
³⁵ allgemeinen Weltreformator mit einem Gehalt ernennen
wollten, so seufzte er über das undankbare Gellenhausen,
welches doch, wie ich vorher bemerkt habe, was Viktualien

anbetraf, sich nichts weniger, als undankbar bewies; wenn
Hagebuck mit dem höchsten Pathos eine Rede über Menschenglück und Menschenwohlfahrt hielt, und seine Hände
fochten, und alle seine Muskeln angestrengt waren; so sahe
Küster wie das Amen zu der Predigt dazu aus – und er war
auch wirklich das Ja und Amen von allen Reden, die *Hagebuck* je in seiner Gegenwart gehalten hat.

Man wundre sich nicht, daß dieser *Küster,* da er noch
wirklicher Küster war, sich gegen seinen Pastor so übermü-
tig betrug – das Herz des Pastors war ein noch stolzeres und
verzagteres Ding, als das Herz seines Küsters – aber *Hagebucks* Genius war stärker als *Küsters* Genius – und sein
Übermut verwandelte sich gegen diesen in Ehrfurcht und
Anhänglichkeit, welche immer bei dem Schwächern gegen
den Stärkern statt findet, wenn der Stärkere einmal sein Herr
geworden ist.

Diese beiden Leute wurden nun, wie gesagt, im Triumph
in *Hartknopfs* Vaterstadt eingeholt, und um *Hartknopfen* bekümmerte sich keine Seele, als ein alter Pudel, der seinem
Herrn Vetter dem Gastwirt *Knapp* im Paradiese gehörte, und
auch vor Alter schon auf einem Auge blind, und auf zwei
Füßen lahm war. – Dieser sprang auf, und liebkosete *Hartknopfen,* da er vor der Türe des Gasthofes stand, und das
uralte Schild besahe, wo noch der Cherubim mit dem flam-
menden Schwerte stand, und unsre beiden ersten Eltern
nackt und bloß dem schönen Paradiese den Rücken zukehr-
ten. Hier stand *Hartknopf* – denn die beiden Weltbürger mit
denen er gewandert war, hatten nicht zu ihm gesagt: bleibe
bei uns, denn es will Mittag werden, und dich wird wohl
hungern; sondern sie sagten: behüt' ihn Gott, mein Freund!
da sie von ihm Abschied nahmen, und gaben ihm nicht die
Hand vor den Leuten, sondern nickten ihm nur ein wenig
mit dem Kopfe, und *Hagebuck* nickte ihm bloß mit seinen
schwarzen Augenbraunen zu.

Und *Hartknopf* kehrte nun nach einer langen mühseligen
Wanderschaft in seinem Geburtsorte im Paradiese ein. Hier
fand er doch Freunde und Bekannte wieder – erstlich den

alten lahmen Pudel, und dann seinen Herrn Vetter *Knapp,* die ihn beide herzlich bewillkommten.

Der Herr Vetter *Knapp* war ein Mann von kurzen Antworten, und seine Rede war im eigentlichen Verstande Ja! Ja! Nein! Nein! – wenn man ihn aber auf den rechten Punkt brachte, wo er zu Hause war, und wo ihm eine Sache am Herzen lag, so sprach er mit einem Fluß der Rede, wo er kein Aufhören finden konnte. Also:

H. Lieber Herr Vetter *Knapp* kennt er mich noch?

K. Ja! Ja! (indem er ihm die Hand schüttelte.)

H. Lebt seine Frau noch?

K. Nein! Nein! (indem er sich die Augen wischte.)

H. Kann ich die Nacht hier herbergen?

K. Ja! Ja! (indem er ihn in seine beste Stube führte.)

Knapp besorgte zu essen und zu trinken für seinen Vetter, und beide setzten sich nun zu Tisch, und sprachen in zwei Stunden kein Wort miteinander, denn *Hartknopf* kannte seinen Vetter noch von Alters her. – Endlich fing *Hartknopf* an:

Lieber Vetter, wer sind denn eigentlich die beiden, die mich da unterweges begleitet haben, der *Hagebuck* und der *Küster,* und was machen diese Leute hier?

K. Ja! Ja! mein Freund, da ließe sich viel von reden – aber er weiß, das ist nun einmal meine Sache nicht – es tut einem in der Seele weh, wenn man der Narretei und dem Unwesen so zusieht! – Erst hat sich der Magistrat in dem großen spitzen Turm verbauet – was die Feldschlangen auf dem Walle sollen, das weiß der liebe Gott – und nun läßt er da ein paar Landläufer herüber kommen, die uns allen den Kopf toll machen – seh er einmal meine beiden Nachbarsjungen: – die Jungen sehen aus, wie die Narren, mit ihrem roten Ordensbande, das sie um ihre schäbichten Kamisöler hängen haben – der eine hat einmal einen gefangnen Vogel wieder fliegen lassen, und der andre hat für einen Hund gebeten, der Prügel haben sollte, dafür haben sie nun beide den Orden gekriegt – alles wohl gut – aber die Jungen wissen nun einmal, was für ein Aufhebens davon gemacht wird, wenn sie so etwas tun; da werden ihnen nichts als kleine Geschichten erzählt, wo dergleichen edle Handlungen zu Dutzenden darin vorkommen; anstatt daß sie nun denken sollten, das müßte schon so sein, das verstünde sich schon von selbst, lernen sie etwas ganz besonderes daraus machen, und tun vor ihren Eltern und erwachsenen Leuten groß damit – Lieber Vetter, was soll das? – Die alten Tafeln, worauf die zehn Gebote standen, haben sie in unsrer Kirche abgenommen, und dafür eine Tafel mit Punkten hingehängt – sehe er nur, das heißt eine Meritentafel, da stehen die Namen der Jungen oben angeschrieben, und wer die meisten Meriten hat, der hat auch die meisten goldnen Punkte, nun sag' er mir, was kann so ein Junge wohl für Meriten haben? Wenn wir von Moral reden wollen, so sind doch die zehn Gebote auch eine recht kurze und nachdrückliche Moral – warum sollen wir denn die nun wegen der goldnen Punkte abschaffen? Der Mensch behält alles so leicht an den Zahlen, er zählt sich so gern etwas an den Fingern ab – Mit den zehn Geboten war man nun einmal so schön eingerichtet – man durfte nur sagen, du mußt nicht wider das siebente, wider das sechste, wider das achte Gebot, sündigen, und jedermann verstand einen gleich – die neue Moral ist zu weitläuftig, Herr! für uns gemeines Volk! Wir müssen etwas Kurzes und Bündiges haben, das wir auf den Fingern abzählen können, und das uns immer zu rechter Zeit wieder einfällt, wenn wirs brauchen. – Wer die fünf Species rechnen kann, der hat so viel rechnen gelernt, als er fürs Haus braucht, und wer die fünf Hauptstücke von Luthers Katechismus im Kopfe und im Herzen hat, der hat auch so viel Christentum und Moral gelernt, als er fürs Haus braucht – Was die drei Glaubensartikel anbetrifft, so ist mir der von Gott dem Vater immer der erbaulichste gewesen, der mich erschaffen hat, und noch erhält, der mir Vernunft, Augen, Ohren, und alle Sinne gegeben hat, und der ein Schöpfer des Himmels und der Erden ist – die andern beiden Glaubensartikel lasse ich aber auch in ihren Würden, ob ich sie gleich nicht so ganz verstehe, wie den ersten.

Hier hatte nun Herr *Knapp* eine Saite auf *Hartknopfs* Seele
berührt, die sogleich einen hellen und sanften Ton von sich
gab, welcher den, der ihn hörte, auf eine Weile in angenehme
Schwärmereien einwiegte; bis auf einmal seine trockne Laune wieder da war, die den horchenden Träumer aus seinem
Schlummer weckte, und ihn wieder auf den gegenwärtigen
Lebensfleck zurückbrachte.

Was die Glaubensartikel anbetrifft, mein lieber Vetter –
sagte *Hartknopf* – was die anbetrifft, so scheint er mir darin
auf einem recht guten Wege zu sein, daß er den von Gott
dem Vater für den erbaulichsten hält, und die andern beiden
doch auch in ihren Würden läßt. – Lieber Vetter! der Vater
wäre nicht Vater, wenn der Sohn nicht wäre – der Vater muß
durch den Sohn erkannt werden, wie der Gedanke durch das
Wort – Das Wort ist das Kleid, das den Gedanken umhüllet –
aber ohne das Wort wäre der Gedanke nichts – das Wort ist
allmächtig – es war im Anfange, und war bei Gott, und Gott
war das Wort, und durch das Wort ist alles gemacht, was
gemacht ist – Lieber Vetter, unser ganzes Leben und Sein
drängt sich in ein großes Wort zusammen, aber ich kann es
nicht buchstabieren – dies Wort hat den Himmel gewölbt,
es hat aus der dunkeln Mitternacht die Morgensterne her-
vorgerufen – Es gehet aus vom Vater, Sohn, und Geist, so
wie der Geist vom Vater und Sohn, und der Sohn vom Vater
allein ausgehet – Viere sind, die da zeugen im Himmel: der
Vater, der Sohn, der Geist, und das Wort, und diese viere
sind eins – Das Wort aber ist Fleisch geworden, und hat
unter uns gewohnt, und wir haben seine Herrlichkeit gesehen, als eine Herrlichkeit des eingebornen Sohnes Gottes,
und – Vetter, wir können sie noch alle Tage sehen, und
dürfen sie nicht weit suchen. – Die Weisheit stehet auf den
Gassen und spricht: kommet her zu mir, und lernet von mir;
ich will euch Worte des Lebens sagen! Die Worte des Lebens
aber tönen sanft und voll, und wer sie einmal gehört und
sein Ohr daran gewöhnet hat, dem tönen sie sein ganzes
Leben hindurch in einem fort, und sind der harmonische
Takt zu allem, was er denkt, und spricht, und tut. – – Wer auf

diesen Takt horcht, dessen Blut fließt leicht in seinen Adern, seine Seel' ist immer heiter, sein Auge beständig offen für den Lichtstrom, der sich aus Gottes Schöpfung hinein ergießt; sein Schlummer ist sanft, sein Erwachen froh – sein Tod wie erwünschter Schlaf in der schwülen Mittagshitze – Vetter, *wir sind* ist das höchste, was wir sagen können – die Welt um uns her ist unendlich groß, und uns ist doch hier so wohl zwischen seinen vier Pfählen – nun laß' er uns auch eine Pfeife Tobak stopfen, und hört er nicht, sein Junge schreit!

Hartknopf hatte gleichsam den ersten Buchstaben von dem großen Worte gesagt, und glaubte, sein Vetter würde vielleicht mit dem zweiten Buchstaben einfallen – weil er aber dies nicht tat, so lenkte er bald wieder ein, und sagte: laß er uns doch eine Pfeife Tobak stopfen, und: hört er nicht wie sein Junge schreit?

Der Junge schrie aber erbärmlich, weil ihn einer von den barfüßigen philantropinischen Buben, der aber schon ein Ordensband trug, bei den Haaren herumzauste. Er hatte diesen Burschen mit seinem Ordensbande ausgehöhnet, und der verstand keinen Spaß, sondern fing an von seinem gymnastischen Unterricht itzt die praktische Anwendung zu machen, und baxte den kleinen zehnjährigen *Knapp* zur Erde nieder, welches ihm nicht schwer fiel, da er selbst schon ein großer Tölpel von sechzehn Jahren war.

Vater *Knapp* lief hinaus, und rettete seinen Sohn aus den Fäusten des großen *Hagebuck*schen Zöglinges, den er mit einigen fühlbaren Verweisen entließ, und mit seinem zerzausten und zerschlagnen Jungen zu seinem Vetter *Hartknopf* wieder in die Stube trat. – Da haben wir nun die Früchte, sagte er; so muß mein armer Junge es oft entgelten, wenn ich mich über die Albernheiten aufhalte, und ihn nach meiner eignen Weise ziehe. – Und wenn das Wesen noch lange so fortdauret, so werden wir doch am Ende noch alle zu Narren werden –

Auf einmal fuhr ein Geist des Eifers in *Hartknopfen,* als solle er die Käufer und Verkäufer aus dem Tempel treiben,

und er stieß mit seinem Dornstock heftig auf die Erde, und
sagte: Vetter, das soll hier gewiß nicht so bleiben.

Nun pflegte aber *Hartknopf* nichts zu sagen, was er nicht
halten konnte. – Als sie sich den Abend zu Tische setzten,
wurden Rettiche aufgetragen, wovon *Hartknopf* ein Liebhaber war, und da man nun das Salzfaß brachte, rückte es
Hartknopf vor sich hin, und fing darüber leise an zu beten, so
daß sich sein Vetter darüber wunderte, und ihn um die Ursach dieses Beginnens fragte, worauf *Hartknopf* aber weiter
nichts antwortete, als daß das Salz eine vorzügliche Gabe
Gottes sei, wofür man ihm also auch vorzüglich mit einer
aufmerksamen Hinsicht auf die Sache danken müsse – dabei
schien es nun dem Vetter *Knapp,* als ob *Hartknopf* immer
noch starr auf das Salzfaß hinsähe, und mit seinen Augen
gleichsam in das Allerinnerste dieser ihm heiligen und geweihten Körner einzudringen suchte. – Mit diesem Blicke
noch immer auf das Salzfaß geheftet, fing er an von den
gegeneinander wirkenden Kräften in der Natur, von Neuheit und Jugend, von ewiger Auffrischung des Alten und
Vergangnen zu reden – und *Knapp* sahe auch aus einem
sympathetischen Zuge bald auf das Salzfaß und bald wieder
auf seinen Vetter, der mit einer Art von heiliger Ehrfurcht,
das Salz auf die Rettichscheiben zu streuen schien, indem er
sprach – und der in jedem Salzkorn auf seiner Zunge einen
hohen Sinn, eine wundersame Bedeutung gleichsam zu
schmecken schien.

Da sie nun gegessen hatten, so gingen sie in der Stadt
umher, und besahen die bekannten Plätze, wo *Hartknopf* als
Kind gespielt hatte. – Die Hütte, wo zuletzt *Hartknopfs* Eltern wohnten, war eingefallen – sie gingen auf den Kirchhof,
um ihre Grabhügel zu sehen – es war Mondschein – da stand
der Verfasser der *sich entknospenden Frühlingsrose* und stellte
auf den Gräbern der Toten eine dramatische Übung an. Es
hatten nehmlich eine Anzahl Jünglinge und Mädchen, jeder
eine von den Personen, die in Klopstocks Messiade vorkommen, als eine Rolle übernommen, und die Reden,
welche sie sagt, auswendig gelernt; der Frühlingsrosenent-

knosper hatte dem Ganzen eine Art von dramatischer Form gegeben, und er selbst spielte denn natürlich die Hauptperson, den Auferstandnen, um den die Weiber weinen und klagen, und der ihnen dann plötzlich erscheinet. Diesen Abend wurden die Jünger von Emaus aufgeführt, wovon *Hagebuck* den einen und *Küster* den andern, der Stifter des Spiels selbst aber Christum vorstellete. – Das Parterre war eine Reihe von Grabhügeln, worauf die Zuschauer saßen, und eine Reihe Lindenbäume, hinter welchen die spielenden Personen hervorkamen, waren die Kulissen. Die Erleuchtung machte, wie gesagt, der Mond. – Sie hatten nun die Reden aus der Messiade auswendig gelernt; *Hagebuck* machte den etwas lebhaftern und *Küster* den sanftern Jünger; und gerade da der eine sagt: bleibe bei uns, denn es will Abend werden, und der Tag hat sich geneigt, kamen *Knapp* und *Hartknopf* auf den Kirchhof gewandert, und die beiden Jünger von Emaus erkannten *Hartknopfen,* mit dem sie die Nacht gewandert hatten, und ob sie ihn nun gleich in so unangenehmer Gesellschaft kommen sahen – denn der Gastwirt *Knapp* war ihnen immer ein Dorn im Auge gewesen – so nötigten sie ihn doch, im Ernst bei ihnen zu bleiben, und mit ihnen vorlieb zu nehmen – denn es wurde wirklich, da es so weit kam, daß die beiden Jünger von Emaus ihren unbekannten Gefährten zum Essen einluden, ein artig besetzter Tisch unter einen der Lindenbäume gebracht, und Parterre und Theater floß nun in eins zusammen; denn die bisherigen Zuschauer setzten sich alle mit an den Tisch, und waren also nun Personen mit im Spiele – Jesus brach das Brot und dankte, aber er verschwand nicht, nachdem er sich zu erkennen gegeben hatte, sondern ließ es sich mit den übrigen recht gut schmecken, und *Hartknopf* mit seinem Vetter mußten sich auch mit an den Tisch setzen, ehe ließ man ihnen keine Ruhe. – Es war dies eine Art von Pickenik, wozu ein jeder das seinige mit beitrug; die beiden Jünger von Emaus gingen frei aus; um desto herzhafter aber fingen sie an zu zechen; denn für gute Leute, sang *Hagebuck,* ist der gute Wein, und dabei machte er *Hartknopfen* ein schie-

fes Maul zu – denn so oft ihn *Hartknopf* ansahe, so war es
immer, als wenn der Hahn zum zweitenmal gekrähet hätte –
Der Blick durchschaute *Hagebucks* Geist und Seele, aber er
war schon zu hart zum Schmelzen, er ging nicht hinaus, und
weinte bitterlich, sondern, da er sich nicht anders mehr zu
helfen wußte, machte er *Hartknopfen* ein schiefes Maul zu. –
Die Verzerrung seiner Muskeln dabei war krampfhaft und
fürchterlich – Du wirst der Schlange den Kopf zertreten,
aber sie wird dich in die Fersen stechen. – – *Hartknopf* saß
erst da, still und unbemerkt und schwieg – Die Sonne war
untergesunken, das Gespräch lenkte sich auf Tod und Unsterblichkeit. *Hartknopf* sagte ein paar Worte darüber, die der
einfältigste Bauer auch hätte sagen können, so kunstlos und
ungelehrt waren sie – und doch ward eine allgemeine Stille,
da er gesprochen hatte, und es getraute sich eine Weile niemand weiter zu reden. – So groß war die Herrschaft über die
Gemüter, die *Hartknopfen* angeboren zu sein schien.

Man stand nun vom Tische auf, die Gesellschaft zerstreu-
te sich nach und nach – und ganz zuletzt taumelten denn die
beiden Jünger von Emaus auch wohlbezecht von dannen.

Hartknopf und sein Vetter blieben auf dem Kirchhof allein – der Mond ging auf und beleuchtete die hohe Spitze
des Kirchturms und die alten langen Fenster der Kirche. –
Die beiden Vettern suchten den Grabhügel, wo *Hartknopfs*
Eltern lagen. Sie fanden ihn endlich unter vielen heraus – er
war schon beinahe durch die Zeit geebnet; der Staub darunter war eingesunken, und der Hügel mit –

Nahe dabei lag ein alter, abgehauener Baumstamm, sie
wälzten ihn heran, und setzten sich darauf –

Nicht weit von hier sagte *Knapp,* und zeigte über zwei
fremde Gräber weg, nicht weit von hier liegt meine Frau –
funfzehn Jahre lang habe ich mit ihr glücklich gelebt, und
von den funfzehn Jahren gereuet mich auch kein einziger
Tag – ich habe sie doch gehabt, sagte er, sollte ich denn nun
murren, daß ich sie nicht mehr habe?

Eben so wenig wie er murren kann, daß es heute nicht
mehr gestern ist, antwortete *Hartknopf.* – Was heißt *haben?* –

Wir haben den Tag nicht eher bis er vorbei ist. Niemand
schätze sich glücklich, bis seine letzte Stunde da ist – Wohl
dem, der denn sagen kann: ich *habe* gelebt – Seine Frau *hat*
gelebt, laß er sie in Frieden ruhn!

Mir ist so wohl ums Herz, da ich mit ihm rede, erzähl' er
mir doch nun auch seine Lebensgeschichte, wie es ihm zeithero gegangen ist, sagte *Knapp* – er geht doch nun wohl
schon stark in die Vierziger, – und in Zeit von zwanzig
Jahren kann einem schon vielerlei begegnen – denn er
mochte doch wohl ohngefähr ein Bursche von neunzehn
Jahren sein, da er als Geselle hier auswanderte – aber das
muß ich sagen, viel Sorge und Kummer muß er die Zeit her
nicht gehabt haben, sein Gesicht hat sich fast gar nicht verändert – ja! ja! ein Handwerk hat einen güldnen Boden, es
läßt niemanden sinken, das habe ich immer gesagt, wenn
sein Vater sich die Grille in den Kopf setzte ihn studieren zu
lassen – hätte sein Vater weniger über Büchern gesessen,
und das verwünschte Laborieren unterwegs gelassen, so
wäre ihm Haus und Hof nicht mit in Rauch aufgegangen, so
hätte er nicht zuletzt in der alten Hütte wohnen, und in
Kummer und Elend sterben müssen. – Er hätte denn auch
nicht auswandern dürfen, lieber *Andreas,* und hätte bei fremden Leuten nicht sein Brot suchen dürfen. – Doch das ist im
Grunde einerlei, – er hat sich doch nun was versucht, und
wird sich schon durchgeschlagen haben. – Aber Jammer und
Schade ist es, um die schöne Schmiede, die sein Vater hier
hatte – Gut war es, daß meine Schwester es nicht erlebte, wie
sie verkauft wurde, es war ein schmuckes Mädchen, da sie
seinen Vater heiratete.

Indem sie noch so miteinander sprachen, kam ein alter
Greis gebückt auf einem Stabe im Mondschein daher ge-
schlichen, bot ihnen einen guten Abend, gesellte sich zu
ihnen, und setzte sich auf den Grabhügel bei ihnen nieder.

Es war der Rektor Emeritus von der lateinischen Schule
in Gellenhausen, *Hartknopfs* ehemaliger Lehrer, der itzt von
einem Gnadengelde von jährlich funfzig Talern kümmerlich
lebte. – Die Belohnung seiner treuen Dienste erwartete ihn
dort oben, und nicht hienieden auf Erden. –

Er erkannte sogleich seinen ehemaligen Schüler, und eilte mit offnen Armen auf ihn zu: – so sehe ich dich denn wieder, mein Getreuer, und sehe dich weise und glücklich, das sagt mir dein Blick und deine Farbe! – »und dieser Händedruck!« sagte *Hartknopf,* und der alte Rektor Emeritus erkannte das Zeichen ihres ehemaligen Bundes der Weisheit und Tugend, den sie ohngeachtet der Verschiedenheit des Alters, zu einer ewigen Freundschaft geschlossen hatten – in dem Augenblick fühlte er sich hoch begeistert – die Vergangenheit stand mit diesem Zeichen plötzlich in ihrer ganzen Klarheit vor seiner Seele wieder da –

– Es ist voll Mittag! sagte *Hartknopf* und

– Es ist hoch Mitternacht! antwortete der Greis.

Und *Knapp* sagte: es ist Zeit, daß wir zu Hause gehen; denn die Luft fängt an, kühl zu werden.

Seine Geschichte, Vetter, ein andermal! Morgen Abend wollen wir uns hier wieder finden, sagte der Emeritus, und zu *Knapp:*

Gute Nacht Herr Gevatter! denn *Knapps* zehnjähriger Sohn war sein Pate.

Darauf schieden sie voneinander.

Und *Knapp* und *Hartknopf* gingen zu Hause und legten sich nieder.

So ward aus Morgen und Abend *Hartknopfs* erster Tag in seinem Geburtsorte.

HARTKNOPFS ERSTES ERWACHEN IN SEINEM GEBURTSORTE.

Als *Hartknopf* am andern Morgen die Augen aufschlug, stand ein kleines Kammerfenster offen, und er konnte durch dasselbe in der Ferne einen Hügel sehen, worauf das Gellenhausische Hochgericht stand. –

Von diesem Hügel hatte man in der ganzen Gegend umher die reizendste Aussicht – gleichsam als wenn man dem Verbrecher, der hier das Ende seiner Tage finden sollte, noch zur doppelten Strafe, vorher alle Herrlichkeit der Erde zeigen wollte, die er nun auf einmal mit gesundem Leibe verlassen mußte.

Auf diesem Hügel unter dem Galgen hatte *Hartknopf* oft gespielt, und mit den andern Knaben des Orts Ball geschlagen. – Von diesem Galgenhügel hatte er zuerst in Gottes schöne Welt geblickt, und seinen Vater oft gefragt, was dieser offne Torweg unter freiem Himmel bedeuten sollte, und wozu man die Lumpen und schwarzen Knochen darin aufgehangen hätte? – Übrigens diente ihm das Bild dieses Galgens in der Folge zum Kommentar über die Geschichte Simsons, und kam ihm vor die Seele, so oft er las, daß Simson ein Stadttor ausgehoben, und auf einen Berg getragen habe.

Diese Eindrücke waren so fest bei ihm geworden, daß sich ihm, so oft er einen Galgen sahe, das Bild einer reizenden Gegend, und so oft er eine reizende Gegend sahe, das Bild eines Galgens unwillkürlich aufdrängte.

Itzt, da er nun denselben Galgen wiedersahe, an dessen Vorstellung sich alle die süßen Erinnerungen aus seiner Kindheit anknüpften, wurde er plötzlich mit einer unaussprechlichen Wehmut erfüllt – was damals blühte, fing nun schon an zu welken – was damals welkte, war nicht mehr –

Er stand auf, schlug seinen messingnen Kamm in sein Haar, knöpfte seinen Rock von oben bis unten zu, sahe, ob sein Vetter noch schlief – und dann ließ er ihn ruhig schlafen, und wanderte an seinem Stabe in der kühlen Morgenluft dem geliebten Hügel zu – und der alte einäugige Pudel begleitete ihn.

Es war noch früh am Tage – die Türen waren alle verschlossen und Gellenhausen lag noch im tiefen Schlummer begraben – Da war ein Ziehbrunnen nicht weit von der ehemaligen Wohnung seiner Eltern. – Beim Anblick desselben war ihm sonderbar zu Mute – Es war ihm plötzlich, als ob er einen Blick hinter den undurchdringlichen Vorhang getan hätte, der irgend ein vergangnes Dasein von seinem gegenwärtigen Dasein trennte. – Er erinnerte sich an einen

Zustand, der diesem ganz gleich war, und wußte doch diese Erinnerung nicht an Zeit und Ort zu knüpfen. –

Endlich fiel ihm ein, daß seine Mutter in seiner frühesten Kindheit, ihm, wenn er die Frage tat, woher er gekommen sei, immer den Brunnen nicht weit vom Hause, als den Urquell seines Daseins genannt habe. –

So oft er nun die Wörter Brunn oder Brunnquell hörte, entstand jene sonderbare Empfindung in seiner Seele, die man immer zu haben pflegt, wenn man sich an etwas aus den Jahren seiner allerfrühesten Kindheit erinnert.

Nach *Hartknopfs* Meinung hatte es auch mit diesen Erinnerungen eine ganz eigne Bewandtnis, und er hegte hierüber seine ganz besondern Gedanken –

»Die allerfrüheste Kindheit war ihm gleichsam der Lethefluß, aus welchem wir Vergessenheit aller unsrer vorigen Zustände trinken – Der Faden, der unser gegenwärtiges Dasein an irgend ein vergangnes knüpfte, meinte er, sei hier so dünne gesponnen, daß ihn das Auge fast nicht mehr bemerken könnte; durch eine starke Hinsicht aber entdeckte man zuletzt doch etwas davon, so wie man oft am gestirnten Himmel, indem man seine Blicke fest drauf heftet, immer da einen Stern nach dem andern entdeckt, wo man vorher nur das Blaue sahe.« – Aber nun hat man einen Stern gesehen, und ist fest überzeugt, daß man ihn gesehen hat, und sucht allenthalben mit den Augen, ohne ihn wieder finden zu können. – So zählte *Hartknopf* viele Augenblicke in seinem Leben, wo ihm über gewisse Dinge ein plötzliches Licht in seiner Seele aufging, aber es war auch eben so schnell wieder verschwunden – allein er wußte denn doch, daß er dieses Licht gehabt hatte – und wenn es gleich verschwand, so ließ es doch immer einen sanften Schimmer, ein in der Ferne dämmerndes Abendrot zurück, welches über jede Stunde seines Lebens einen stillen Reiz verbreitete, der ihn in süße Ahndungen und Träume einwiegte, das er sich denn gern gefallen ließ, weil er, wie er sagte, doch nichts damit zu versäumen hätte.

Aber das Wiedersehen dieses Ziehbrunnen ging ihm über

alles – er betrachtete ihn lange und fest, ob es noch derselbe
sei, und es war derselbe, wo er als ein Kind von zwei Jahren
auf den niedrigen Rand geklettert war, und seine Mutter mit
Geschrei und Schelten herzueilte, um ihn aus der Gefahr zu
retten – dieser heilige Brunnen, den sich seine ersten Gedanken, als den Ursprung seines Daseins gedacht hatten, in
dessen Bilde gleichsam, alle die folgenden unzähligen Bilder
seiner Seele zusammenströmten – Verkleinert schien sich
zwar das Bild zu haben: der große Ziehbaum, der in der Luft
schwebende Eimer, hatten ihm Gegenstände geschienen,
die beinahe bis an die Wolken reichten. – –

Mögen nun *Hartknopfs* Grillen hierüber gewesen sein,
welche sie wollen – ein Ziehbrunnen in einer Landschaft
angebracht macht immer einen sonderbaren schwer zu er-
klärenden Effekt. Sei es nun das Einfache in dem Baue, oder
sonst etwas, wodurch das Auge auf eine vorzügliche Art
gerührt wird, so gibt es immer dem Ganzen das Ansehen des
Ländlichen, des Altertums, und der simplen Natur.

Eine Zugbrücke hat in der Wirkung für mich etwas ähnliches mit jenem Bilde. Ich denke mir dabei weite Reisen – –
ferne Stadt – – Anfang, Ende – – Kurz es gibt einige körperliche Gegenstände, bei deren Anblick wir eine dunkle
Übersicht unsers ganzen Lebens, und vielleicht unsers ganzen Daseins erhalten. – Diese Gegenstände mögen freilich
immer bei einem jeden wieder andre sein. – Was mir *Hartknopf* oft von Ziehbrunnen erzählt hat, das habe ich ihm
wieder von der Zugbrücke gesagt, und unsre beiderseitigen
Bemerkungen treffen in Ansehung der Wirkung, die diese
Gegenstände auf uns taten, richtig zusammen.

Wenn wir oft so miteinander aus dem Innersten unsrer
Seelen heraus sprachen, so war es eine Zeitlang, als ob wir
unsre Ichheit miteinander vertauscht hätten, wir fühlten uns
ineinander – die innerste Folge der Gedanken des einen war
für den andern nicht mehr verschlossen. –

Auf diese Weise unterhielten wir uns ohne Sprache – Es
herrschte zwischen uns ein bedeutendes geistvolles Stillschweigen, das der Engländer a Silent Conversation nennt –

und welches man aus unsern faden Gesellschaftszirkeln immer mit Gewalt zu verscheuchen sucht – indem man dieses
heilige Stillschweigen für eine Beleidigung des Wohlstandes
hält. –

O mein *Hartknopf,* wenn ich einst aus diesem fieberhaften
Traume des Lebens zu deiner Umarmung wieder erwache,
durch was für unbekannte geheimnisvolle Wege werden
dann unsre Gedanken zueinander gelangen, und sich miteinander unterreden? wenn das Gewölbe des Ohrs in Staub
zerfallen, dieser feuchte Crystall des Auges vertrocknet, und
diese Lippe verwest ist? – Wenn diese Brust nicht mehr
atmet, um mit dem sanften Hauche der Luft den Gedanken
zu bekleiden, daß er sich mitteilt von außen, und in dem
Geiste des Hörenden sich vervielfältigt? – Sollte dann eine
ewige Kluft zwischen unsern Gedanken befestigt sein? –
sollte es unmöglich sein, daß sie unmittelbar zu einander
gelangen könnten – o mein *Hartknopf,* dann wärest du für
mich verloren, und für mich wäre eine ewige melancholische
Einsamkeit – – aber wir haben uns einst ohne Sprache verstanden, da selbst unsre Augen verschlossen waren – – diese
Minuten sollen mir heilig sein, an der Stütze will ich mich
festhalten, wenn manchmal in trüben Stunden meine Zuversicht und mein Glaube wankt! –

Hartknopf eilte nun weiter dem Tore zu, welches auf den
Galgenberg führte – er sahe die breite Heerstraße vor sich,
auf welcher er seine erste Wanderschaft, als Schmiedeknecht, angetreten hatte. – Hier fühlte er sich in seiner ganzen jugendlichen Stärke wieder – die weite Welt lag wieder
vor ihm, wie damals – auch führte der Weg zum Galgen gerade nach Osten zu – er war auch auf seiner ersten Wanderschaft schon einige Meilen nach Osten fortgerückt, hatte
sich aber nachher wieder weit gegen Westen geschlagen – da
ging ihm denn die Sonne seines Glücks unter, aber sie ging
in seiner Seele desto herrlicher wieder auf. –

Das Erdreich fing sich an zu heben, der Horizont wurde
immer weiter – Türme von Dorfkirchen und einzelne Häuser, die *Hartknopfen* alle bekannt waren, stellten sich nach-

einander seinem Auge wieder dar; die ganze Gegend schien
ihn, wie ihren alten Freund und Bekannten wieder zu begrüßen – Gellenhausen lag tief im Tale, und er konnte bis in
die Straßen hinabsehen –

Endlich wälzte sich die Sonne mit einem Feuerberge umgeben, am Himmel herauf, und rötete zuerst die Spitze des
Galgens auf dem Hügel, und dann die Spitze des hohen
Turms in Gellenhausen – Endlich kam sie nun gerade hinter
den Galgen zu stehen, der *Hartknopfen* wieder, so wie ehemals in seiner Kindheit, wie Simsons großes Tor vorkam,
und eine Ehrenpforte zu sein schien, wodurch die majestätische Sonne ihren feierlichen Durchzug halten wollte.

Gerade unter dem Galgen war der weiteste Prospekt, und
mit welchem Entzücken nun *Hartknopf* da stand, und die
Wonne des Wiedersehens und der Wiedererinnerung genoß,
vermag ich nicht zu beschreiben. – Er faltete seine Hände zu
Gott empor, der ihn bis hieher geführt habe. –

So stand *Hartknopf* und betete, sein Gesicht gegen Osten
gekehrt, zu dem Erhalter des Weltalls – in der stillen Einsamkeit, unter dem Hochgerichte bei Gellenhausen – Dieser
Hügel war sein Altar, und die ganze Natur sein Tempel.

Auf den Altären in den Kirchen, die mit Menschenhän-
den gebauet sind, steht zum Schmuck ein Creuz; diesen
großen Altar schmückte ein Galgen, an welchem vielleicht
schon mancher, als ein Opfer der unerbittlichen strafenden
Gerechtigkeit, unschuldig gelitten hatte. Und hätte auch nur
ein einziger unschuldig daran gelitten, so war dies Holz dadurch schon eingeweiht.

Ach, und die Schuldigen – die hier einen schmählichen
und schändlichen Tod fanden – wer hat das Labyrinth ihrer
von Kindheit auf verflochtnen Schicksale durchschaut? welcher Richter in die innersten Falten ihres Herzens geblickt?
wer den Übergang von dem Gedanken zur Tat bemerkt?
bemerkt, von welchen Gegenständen, während dieses Über-
gangs, Lichtstrahlen ins Auge, Töne ins Ohr sich stahlen? ob
der Himmel heiter oder trübe war, die Sonne sich hinter
einer Wolke verbarg oder sanft dem noch nicht gewordnen

Verbrecher ins Auge glänzte? – Wie manchen hat der Anblick der vollen Natur, der Anbruch des Morgens von einer
Tat zurückgehalten, worüber seine Seele in nächtlicher Stille
gebrütet hatte? – – Ja, wer hat sein eignes Herz durchschaut,
um ein Richter seiner eignen Handlungen sein zu können? –
Verzeihe mir, Herr, die verborgnen Fehler! sagte *Hartknopf,*
indem sahe er sich um, und hinter ihm stand sein alter Rektor Emeritus, der sich eben von einem Husten erholte, den
ihm das Aufsteigen auf den Berg, und die kühle Morgenluft
verursacht hatte. – Sie setzten sich nieder, und fingen, ihr
Antlitz gegen Osten gekehrt, folgendes Gespräch an:

HARTKNOPFS UNTERREDUNG MIT SEINEM ALTEN
LEHRER UNTER DEM GALGEN VON GELLENHAUSEN.

Der Emeritus. Ich glaubte dich hier zu finden, mein lieber
Andreas, und ich sehe, daß ich mich nicht geirrt habe – mit
Entzücken lese ich heute noch wie gestern, in deinem Auge,
in deinen blühenden Wangen, auf deiner heitern Stirn, daß
unser Bund der Weisheit und der Tugend noch fest steht,
und daß er fest stehen wird, wenn diese meine morsche
Hütte längst zerfallen ist – Sonnen sind aufgegangen und
Sonnen sind untergegangen, seit ich dich nicht gesehen
habe, Menschen sind in Staub gesunken, und Menschen
sind geworden, der Schnee hat oft diese Hügel und diese
Täler bedeckt, und ist wieder von den Strahlen der Sonne
hinweggeschmolzen, seit ich dich nicht gesehen habe – dennoch ist der Faden, womit sich meine Gedanken an die
deinigen knüpften, nicht abgerissen – wir sprachen, da wir
vor ein und zwanzig Jahren zuletzt auf diesem Hügel voneinander Abschied nahmen – von meiner alten messingnen
Studierlampe mit dem grünen Schirm – da wollen wir also
wieder anfangen: – wie doch so ein Ding ausdauren kann –
die Lampe steht dir noch unversehrt auf dem Schrank hinter
der Türe, und meine alte Haushälterin scheuert sie alle acht
Tage so blank, daß sie wie ein Spiegel glänzt, und doch ist sie

noch wenig oder gar nichts abgenutzt – wie manchen Abend
hat sie uns beiden, Weisheit und Wahrheit durch das Auge in
die Seele geleuchtet, und der grüne wohltätige Schirm mil-
derte ihren Schein, daß unser Auge nicht ermüdete – Du
hast nachher wohl bei mancherlei Lampen gesessen – aber
ich bin dieser einen getreu geblieben – Du sollst sie auch
wieder sehen! – Lieber *Andreas,* was ist diese Hülle von
Staub? Dieser hinfällige Körper, den eine alte Studierlampe
überlebt – Es ist doch Schade, daß dieser kunstreiche Bau
des Auges, durch welches Licht und Wahrheit in die Seele
strömt, eher wieder in Staub versinken soll, als die Lampe,
die ihm leuchtete – Diese Hand ließ es ihr nie an Öl und
Tacht gebrechen, und in kurzem wird sie verwest sein – was
wären wir, lieber *Andreas,* wenn das, was wir unsre Hülle
nennen, unser ganzes *Ich* wäre? – Aber es kann nicht so sein,
und es ist nicht so – du sollst mich auf meinem Todbette
beobachten, wenn meine Augen brechen, und meine Lebensgeister hinsinken, und indem meine Brust zu atmen
aufhört, werd ich dir noch einen Druck mit der Hand geben – der soll dir sagen, daß ich noch bin, in dem Augenblick, da ich aufhöre zu leben. (Er gab drauf *Hartknopfen* die
Hand auf die Art, wie er sie ihm auf dem Todbette geben
wollte – und *Hartknopf* vergoß keine Träne, da er den Emeritus so reden hörte, sondern es leuchtete vielmehr eine
himmlische Heiterkeit und Zuversicht aus seinem Auge hervor – Der Händedruck hatte etwas Erhabenes, Nerven- und
Seelenerschütterndes, und eine überzeugende Kraft, die
mehr als der bündigste Syllogismus wirkte.)

Hartknopf. O mein Elias! – dies war sein Taufname, und da
sie den Bund schlossen, hatte der Rektor *Hartknopfen* ihn
immer so zu nennen befohlen – laß deinen Geist zwiefach
auf mir deinem Jünger ruhn, wenn du auffährest! – Ich will
dir nachblicken, so weit ich kann, aber laß auch deine Gedanken mit meinen sich zusammen finden! – wenn du noch
bist, so muß das geschehen, – wenn ich dich nicht mehr höre
und nicht mehr sehe, so muß doch mein Geist mit deinem
Geiste noch Umgang pflegen – wenn ich rede, mußt du mir
antworten, wenn ich dich rufe, mußt du nicht ferne sein – –

Der Emeritus. Ja, um wieder auf die Lampe zu kommen, weißt du auch, wie wir einmal beim Shakespear saßen – der schönen Shakespearabende hast du dich gewiß oft erinnert – wir lasen den Othello. – Wir sahen eine Welt von Leidenschaften vor unsrer Seele aufsteigen – und unsre Erwartung der schrecklichen Katastrophe war aufs höchste gespannt, als plötzlich die Lampe verlosch – und wir konnten sie nicht wieder anzünden – das ganze erhabne Zauberwerk war verschwunden, bloß weil eine armselige Lampe verlosch – wir legten uns mißvergnügt zu Bette. – Und wenn nun das Öl in dieser Lebenslampe versiegt, und der Tocht vertrocknet ist, und die leuchtenden Sterne dieser Augen auf immer verloschen sind – dann ist auf einmal der sonst feste Zusammenhang so vieler Dinge für uns abgeschnitten – wir legten uns damals mißvergnügt zu Bette, als die Lampe verloschen war – weil wir den Zusammenhang einer bloßen Phantasie, einer Schöpfung der Einbildungskraft nicht weiter verfolgen konnten. – O mein Freund, wie gut ist es, sich nicht zu tief in den Lebenstext hereinzulesen – immer auf der Warte zu stehn – um bereit zu sein, sobald die Ordre zum Aufbruch gegeben, und das große Feldsignal aufgesteckt wird, das wir kennen. –

Ist es dir nicht oft im Traume gewesen, mein lieber *Andreas,* als ob du das Erwachen fürchtetest; und wenn du erwachtest, wünschtest du denn nicht manchmal wieder einzuschlafen, um nur den Faden von dem abgerißnen Traume wieder anzuknüpfen – aber wenn du recht erwacht, und deiner selbst dir völlig wieder bewußt warest, mußtest du da nicht über dein Beginnen lächeln?

Sieh, so lange, bis wir erst recht und vollkommen von diesem Lebensschlaf erwacht sind, werden wir auch noch immer wünschen den schönen Traum wieder anzuknüpfen, der durch den Tod unterbrochen wird – aber wenn uns erst die Schlummerkörner aus den Augen gewischt sind – dann werden wir ins Freie schauen – dann werden wir uns in der Wahrheitswelt erst wieder zu orientieren suchen, so wie wir beim Erwachen aus dem Schlafe nach irgend einem Fenster

oder einer Türe fest hinblicken, und uns die Gegenstände
rund um uns her merken, um uns zu überzeugen, daß wir
nicht mehr träumen sondern wachen – dann wird der Zusammenhang der Dinge, den wir durchschauen, den gegenwärtigen eben so sehr übertreffen, als wie der Tag die Nacht
an Klarheit übertrifft. –

Warum sollte diese Stufenfolge nicht statt finden, mein
Lieber? – mir hat oft geträumet, daß ich aus einem Traume
erwacht sei, und ich habe im Traume über meinen gehabten
Traum nachgedacht – und beim Erwachen konnt' ich über
beides nachdenken. – Der Traum war wegen seiner größern
Deutlichkeit eine Art von Erwachen gegen den ersten – dies
anscheinende Erwachen aber war doch wieder nur ein
Traum gegen das ordentliche Erwachen – und dies ordentliche Erwachen, wer sagt uns, daß es gegen eine noch
deutlichere Einsicht in den Zusammenhang der Dinge, uns
nicht wieder wie ein Traum dereinst vorkommen wird. –

Jemehr Zusammenhang, jemehr Wahrheit – jemehr Ordnung, jemehr Licht. – Wie vieles ist uns hier noch dunkel
und verwirrt – es kann unmöglich das rechte Wachen
sein. – –

Indem der Emeritus noch so sprach, wurde auf einmal
sein Auge starr, und seine Lippen bewegten sich nicht
mehr – *Hartknopf* erschrak – allein der entzückte Greis kam
bald wieder zu sich, drückte *Hartknopfen* die Hand, und
sagte:

Das war eine sonderbare Empfindung – indem ich eben
itzt so lebhaft dachte, daß dies unmöglich das rechte Wachen
sein könnte – so war es mir gerade als wenn einem im Traume einfällt, daß man träumt; man pflegt denn zu erwachen –
mir deucht, ich war itzt auf dem Wege zu erwachen, aber weil
ich dich vor mir sahe, so war mir der Traum zu süß; ich
mochte ihn noch nicht fahren lassen, und der Faden, welcher zu zerreißen drohte, ist noch einmal wieder ange-
knüpft – – Ich gab dir aber doch die Hand, wenn er etwa
reißen sollte – bald wird er reißen, das fühl' ich wohl, mein
Lieber!

Hartknopf vergoß wiederum keine Träne, da er dies hörte,
sondern sein Antlitz schien sich bei diesen Gesprächen zu
verklären, so wie das Antlitz seines Lehrers und Meisters –
Hier war wohl ein rechtes Tabor – obgleich ein Galgen die
5 höchste Spitze des Berges schmückte; so hätte man doch
wohl sagen können, hier ist gut sein, hier lasset uns Hütten
bauen – denn das Verwesliche war hier im Begriff anzuzie-
hen das Unverwesliche – und der unsterbliche Geist durchbrach hier seine Hülle, und strahlte aus Auge und Stirn
10 hervor – Der Emeritus schwieg, und *Hartknopf* hub mit halb
gedämpfter Stimme an zu singen:
        Wenn ich einst aus jenem Schlummer,
        Welcher Tod heißt aufersteh,
        Und von dieses Lebens Kummer
15   Frei, den schönern Morgen seh –
        O, dann wach' ich anders auf,
        Schon am Ziel ist dann mein Lauf,
        Träume sind des Pilgers Sorgen,
        Großer Tag, an deinem Morgen!
20 Dies war schon seit einiger Zeit *Hartknopfs* Morgenlied gewesen – und dies Lied war nun gleichsam die Musik zu dem
großen Text, den der Emeritus so eben abgehandelt hatte.
Darum schlug es in dessen Seele Feuer – er ließ es sich zu
dreienmalen von *Hartknopfen* wieder vorsingen – da war es
25 seinem Gedächtnis eingeprägt, das lange schon Neues zu
fassen aufgehört hatte, um nur das Alte noch mühsam zusammen zu halten. –
Die erhabne Melodie zu diesem Gesange scheint wie das
Feuer des Prometheus einer andern höhern Sphäre ent-
30 wandt zu sein, mit solchen unbekannten Empfindungen
füllt sie die Seele, und macht das Herz zerschmelzen. –
Erst hebt sie sich sanft und stufenweise, bis sie sich bald
in höhern Regionen zu verlieren scheint, aus denen sie nun
beruhigt, gestärkt, und getröstet mit festem Tritt wieder her-
35 absteigt, um sich aufs neue im höhern Fluge mit Jauchzen
emporzuschwingen – sanft hinwegzugleiten über diese
niedre Welt – mit Lächeln herabzuschauen auf die Sorgen

und mühevollen Arbeiten der Bewohner dieser Erde – und
dann in einem einzigen großen Gefühl der *erweiterten Ichheit*
allen Kummer des Lebens mit einemmal zu *versenken.*

O es liegt ein großes Geheimnis in dem Fall dieser melodischen Töne, die, so wie sie auf und absteigen, die   5
Sprache der Empfindungen reden, welche Worte nicht auszudrücken vermögen – Welch ein weitläuftiges Gebiet von
Ideen liegt hier außer den Grenzen der Sprache: wo ist der
neue Kolumbus, der diesen bisher noch leeren und unbe-
schriebnen Raum auf der großen Charte der menschlichen   10
Kenntnisse, durch neue Entdeckungen ausfüllt? – –

WO EIN AAS IST, VERSAMMELN SICH DIE ADLER.

Indem *Hartknopf* und der Emeritus noch im tiefen Gespräch
begriffen waren, hörten sie Fußtritte den Berg herauf, und
wunderten sich, daß sie schon so früh Gesellschaft beka-   15
men – als sie von der westlichen Seite die beiden Weltreformatoren *Küster* und *Hagebuck* hinaufklimmen sahen, welche
mit einem Trupp der Gellenhausischen Jugend die Sonne
wollten aufgehen sehen – sie waren aber ein wenig zu spät
gekommen.   20

Sie kamen mit viel Geräusch und Lärm, und *Hartknopf*
und der Emeritus zogen sich in eine kleine Bucht am Abhange des Hügels zurück – und überließen ihren Platz den
Weltreformatoren – diese nahmen ihn denn auch feierlich in
Besitz; *Hagebuck* ließ seine Zöglinge sich im Kreise umher-   25
stellen, und zeigte ihnen von dieser Höhe alle Herrlichkeit
der Welt – darauf stellte er sich hin, und hielt eine Rede an
den ganzen Erdkreis, den er aufforderte, das Licht, welches
ihm nun so wohltätig aufgesteckt würde, willig anzunehmen, und die Nacht der Vorurteile fahren zu lassen – hierauf 30
redete er von dem Berge die Stadt Gellenhausen an, daß sie
doch ihr wahres Wohl nicht verkennen, und sich dem wohltätigen Einfluß der allgemein sich verbreitenden Aufklärung
nicht widersetzen möchte – dann redete er die Gellenhau-

sische Jugend an, daß sie dies erhabne Schauspiel des Auf-
gangs der Sonne doch recht empfinden sollten – Und nun
fing er an, ein Gedicht in Hexametern auf den Sonnenaufgang vorzulesen, welches sich anhub:

5   O seht, wie die blitzende Sonn' im Strahlengewande
                                                emporsteigt,
       In majestätischer Pracht, ihr Völker grüßt ihr entgegen,
       Jud', und Türke, und Christ, und selbst der schwärzeste
                                                Neger,
10   Sei von Danke belebt, daß ihm der Sonn' Antlitz
                                                zulächelt –

Indem nun *Hagebuck* noch weiter fortlesen wollte, zog sich
auf einmal ein trüber Nebelschleier vor die Sonne, der schon
lange im Aufsteigen begriffen war, und sie nun ereilte; da-
15   durch war *Hagebucken* sein ganzes Koncept verdorben –
denn das Gedicht war ganz lokal, und es sollte nun eins nach
dem andern daran kommen; Hügel, Bäche und Täler, wie sie
allmählich vom Strahl der Sonne vergoldet wurden, und wie
nun der Tau auf den Blumen blitzte – Das war nun alles
20   vergeblich – der Tau blitzte nicht mehr auf den Blumen – die
Spitzen der Hügel wurden nicht mehr vergoldet – *Hagebuck*
machte eine lange Pause, und wartete, daß der Nebel sich
wieder wegziehen sollte – aber der Nebel zog sich nicht
wieder weg – Darüber wurde *Hagebuck* verdrießlich, und als
25   ihm der alte lahme Pudel des Gastwirts *Knapp,* der *Hartknopfen* begleitet hatte, zu nahe kam, so gab er ihm mit dem Fuß
einen Stoß, daß das arme schwache Tier nach einem lauten
Schrei verschied – Das war also an diesem Morgen des
Pudels letzter Gang gewesen –

30   Daß er von *Hagebuck* den unsanften Stoß erhielt, kam
bloß daher, weil er dem Gastwirt *Knapp* angehörte, der *Hagebucken* beständig ein Dorn im Auge gewesen war – denn er
warnte das Volk – und so oft *Hagebuck* mit ihm reden wollte,
war seine Rede beständig ja! ja! nein! nein! gewesen.

35   *Hartknopf* hatte in seiner Bucht den Schrei des Hundes
vernommen, und der Emeritus hatte den Stoß gesehen – Da
ergrimmte *Hartknopf* im Geiste, und sprang auf, packte den

erschrocknen *Hagebuck* bei der Brust und sagte: »Unmensch, was hat dir der Hund getan, daß du ihn totgetreten hast?« – Er ist mir zu nahe gekommen – – er hat mich gebissen – stammelte *Hagebuck* zitternd und zagend – »Er ist dir nahe gekommen, aber er ist dir nicht *zu* nahe gekommen und hat dich auch nicht gebissen« – erwiderte *Hartknopf* und schüttelte ihn noch stärker – Um Gottes willen laß mich, flehte *Hagebuck,* und mach mich nicht zu Schanden vor dem Volk! Ich will dir für den Hund ein Stück Geld bezahlen – mußte er denn nicht so bald verrecken – »Daß du verdammt seist mit deinem Gelde!« sagte *Hartknopf,* und stieß ihn von sich, daß er einige Schritte rückwärts taumelte, dann seinen Haufen um sich her versammelte, und schnell mit ihnen den Berg herunter eilte. –

Und als er unten am Fuß des Berges war, mußten sich alle niedersetzen, und er hielt ihnen eine Vorlesung, von der boshaften Rachsucht, und stellte *Hartknopfen* zum Beispiel auf – und von der Großmut und der süßen Pflicht zu verzeihen, wozu er die Beispiele größtenteils aus seinem eignen Leben hernahm. –

Oben auf dem Berge war nun das Feld wieder rein – *Hartknopf* und der Emeritus nahmen noch eine Weile ihren Platz wieder ein – und der Nebel verzog sich, sobald *Hagebuck* verschwunden war, und die Sonne glänzte wieder in aller ihrer Klarheit.

Dies wäre nun freilich so etwas zufälliges, das kaum bemerkt zu werden verdiente – wenn nicht in den Seelen der Menschen eine gewisse Harmonie und Disharmonie mit der sie umgebenden Natur statt fände – so daß bei dem einen alle äußere Veränderungen in der Natur, in die natürlich auseinander folgenden Veränderungen seines Ichs harmonisch eingreifen – und hingegen bei dem andern eine ewige Dissonanz aller äußern Umstände mit seinen innern Wünschen und Bestrebungen statt findet. –

Hartknopfs Seele traf immer wie eine richtig gestellte Uhr mit dem Lauf der Sonne, mit Abend und Morgen, mit der Abwechselung der Jahrszeiten, mit Sturm und Regen so-

wohl, als mit dem Säuseln des Westwindes, auf einen Punkt
zusammen – und eben so war es auch bei dem Emeritus
Elias – sie gaben wie nicht zu schlaff und nicht zu stark
gespannte Saiten in dem großen Konzert der Schöpfung
immer den rechten Ton an – ihnen konnte nichts mehr unerwartet kommen, nichts den Frieden ihrer Seelen stören –
sie waren in dem großen Zusammenhange der Dinge, und in
sich selbst gesichert. –

Als hingegen *Hagebuck* seine Hexameter deklamieren
wollte, so zog sich auf einmal ein Nebelstreif vor die Sonne – und es war auf einmal zwischen ihm und der Natur eine
gänzliche Dissonanz, die der arme lahme Pudel noch vermehrte, den er auch dafür in den Staub darnieder trat – Was
hätte er wohl mit der ganzen Natur getan, wäre er in diesem
Augenblick ihr Herr gewesen? – aber er fühlte seine Ohnmacht, da *Hartknopf* ihn schüttelte – und knirschte in der
Tiefe seiner Seele, daß er die Obermacht des Gerechten
anerkennen, und vor ihm wieder in Staub versinken mußte. –

Wohl dem, wer sich mit der großen Natur so steht wie
Hartknopf und der Emeritus! – der darf nicht Pest, nicht
Teurung, nicht Überschwemmung fürchten – nicht Krank-
heit, nicht Verwesung – er schlummert so sicher auf dem
Schoß und in dem Schoß der Erde, wie das Kind im Schoß
der Mutter – –

Der alte lahme einäugige Pudel lag nun da in süßer Ruhe –
er mußte in seinem Leben oft Hunger und Kälte ausstehen,
mußte manchen Fußtritt erdulden – – aber keiner war ihm
doch so hart gefallen, als der von *Hagebuck,* welcher seinem
sinkenden Alter den Rest gab. –

EINE LEICHENPREDIGT AUF EINEN ALTEN LAHMEN UND
EINÄUGIGEN PUDEL.

Wohl dir! sagte *Hartknopf,* da er mit untergeschlagenen Armen, den Kopf gesenkt, auf die Leiche herunter sahe – und:
wohl dir! stimmte der Emeritus ein –

Sie scharrten darauf mit ihren Stäben, so gut sie konnten, ein Loch in die Erde, legten den Pudel sanft hinein, und scharrten mit den Füßen einen kleinen Hügel von Erde über ihn zusammen – darauf gingen sie Hand in Hand den Berg herunter, und wanderten wieder dem Tore zu, und als sie nun bald am Tore waren, kam ihnen der Gastwirt *Knapp* entgegen, und fragte, ob sein Pudel nicht bei ihnen wäre; denn er pflegte sonst immer des Morgens vor sein Bette zu kommen, und ihn durch ein sanftes Bellen zu wecken – und heute habe er die Zeit verschlafen –

Sei er unbekümmert, sein Pudel verschläft auch die Zeit, sagte *Hartknopf,* er liegt in guter Ruhe – der Scharfrichter *Hagebuck* hat ihn auf dem Galgenberge durch einen sanften Stoß vom Leben zum Tode gebracht – und wir haben ihn ehrlich begraben, das kann er versichert sein – will er ihm auch ein Epitaphium setzen, so will ich ihm den Fleck zeigen, wo er liegt.

Ja, ja! sagte der Gastwirt *Knapp,* er hat gut Reden – der Pudel ist ihm wohl freilich nicht so ans Herz gewachsen – aber er wird doch auch zurückdenken können, daß ich und der Pudel ihm noch das Geleite gaben, da er auf die Wanderschaft ging, und das ist doch keine kleine Zeit her – wodurch wächst einem denn eine Sache ans Herz, als durch die Zeit? – Zwar er hat während der Zeit mit dem Pudel weiter keinen Umgang gehabt, und hat auch durch Briefe nichts von ihm erfahren – – mich aber hat er alle Morgen frühzeitig geweckt, indem er vor mein Bette kam, und sanft bellte. – Lieber Vetter, der Hund ist meine Uhr gewesen – ich konnte mich nach ihm richten, wenn es Essenszeit war; dann scharrte er an der Türe, und ich fand immer, daß es gerade die rechte Zeit zum Essen war – daß er mir zweimal das Leben gerettet hat, wird er wissen, oder weiß er es nicht, so will ich es ihm erzählen. –

Ich weiß es, er hat es mir gestern erzählt, sagte *Hartknopf* – Nun so wird er doch auch wissen, daß er dabei das erstemal lahm wurde, und das zweitemal ein Auge verlor – darum laß' er meinen Pudel in Frieden ruhen, und spotte er nicht mit dem Epitaphium! –

Ich spotte nicht, sagte *Hartknopf* – sondern wenn er will,
so will ich ihm selbst eine Grabschrift machen helfen, die
wollen wir aufschreiben und wie eine Fahne an einen Stock
heften, daß sie *Hagebuck* morgen früh mit seinen Zöglingen
lesen kann:

> Der einäugig und lahm
> Hier sein Ende nahm,
> War einäugig und lahm,
> Weil er zweimal seinem Herrn
> In Todesnot zu Hülfe kam.
> Ein Schuft erschlug ihn,
> Sein Herr beweint ihn,
> Die Erde deckt ihn,
> Sie deck' ihn leicht!

Schreib' er mir doch das auf Vetter, sagte *Knapp* – und *Hartknopf* schrieb es ihm auf –

Drauf tröstete der Emeritus seinen Gevatter *Knapp,* über
den Verlust seines Pudels, und sagte, der Pudel sei gleichsam
ein Emeritus, oder ein ausgedienter gewesen, der denn doch
auch einmal in Ruhe zu sein wünschte. –

Aber er war auch gewiß ein sehr *meritierter Emeritus,* erwiderte *Knapp* – war er es nicht?

Allerdings, sagte der Emeritus – das verlorne Auge war
sein Stern, und das lahme Bein sein Ordensband –

Das Gleichnis hinkt! – sagte *Hartknopf* – Laß er es hinken!
erwiderte der Emeritus.

DER HOHE BERUF EINES GASTWIRTES.

Während diesen Gesprächen waren sie wieder bis an den
Gasthof zum Paradiese gekommen – der Emeritus nahm
Abschied – und ging zu Hause – er wohnte aber nicht weit
um die Ecke nach der Kirche zu, in einem alten Schulhause,
wo ein kleines Fenster in seiner Kammer auf den Kirchhof
zu ging; aus diesem Fenster hatte er den Abend vorher, die
dramatische Übung mit angesehen, und drauf hatte er *Hart-*

knopfen mit seinem Vetter *Knapp* kommen sehen, und war zu ihnen heruntergeeilt.

Man wird sich wundern, daß *Hartknopf* nicht gleich bei seiner Ankunft nach dem Emeritus fragte – aber er war nicht von vielen Fragen – und der Emeritus war ihm in seinem Herzen sicher genug, er mochte nun leben oder tot sein.

Seinen Vetter *Knapp* aber fragte er jetzt, wie er denn gelebt hätte, und ob er auch den hohen Beruf eines Gastwirts nach allen seinen Kräften zu erfüllen gesucht hätte – *Knapp* meinte, er hätte noch weit mehr tun können, er wollte aber das Versäumte noch so viel wie möglich wieder nachzuholen suchen. – Weiter sagte er nichts. –

Da nun des guten *Knapps* Bescheidenheit ihn so stumm machte, so muß ich wohl das Wort für ihn nehmen, und etwas weniges von seiner Lebensweise beibringen, das ihn dem Leser bemerkenswerter macht, als er ihm bisher vielleicht geschienen hat.

Ich habe schon bemerkt, daß im Gasthofe zum Paradiese die Zöllner und Sünder, die Niedrigsten aus dem Volke herbergten – wer zu Roß oder zu Wagen kam, der kehrte schwerlich im Paradiese ein, wenn nicht die drei Kronen oder der goldne Hirsch schon besetzt waren – aber der ermüdete Wandrer, fand hier eine sichre und wohlfeile Herberge – Der Handwerksbursch der mit seinem Felleisen belastet, oft mit leerem Beutel und leerem Magen, bloß wandert um zu wandern, und den strengen Zunftgesetzen ein Gnüge zu leisten, die ihn aus seiner süßen Heimat, von seiner verlobten Braut, und von den Gespielen seiner Jugend auf eine Anzahl Jahre verbannen – damit er einst bei seiner Zurückkunft von der großen Glocke in Erfurt, von dem Münster in Strasburg, und dem großen Fasse zu Heidelberg zu erzählen wisse. –

Diese, und höchstens etwa einmal ein Fuhrmann, oder irgend ein in Fortunens Ungnade gefallner Erdensohn, dem vielleicht in bessern Tagen selbst der goldne Hirsch und die drei Kronen eine zu schlechte Herberge gewesen wären, kehrten itzt hier im Paradiese ein, und nahmen willig mit

einer Streue vorlieb, die ihnen der Gastwirt *Knapp,* so gut
und bequem, wie irgend einer, machen ließ, und ihnen,
wenn der Schläfer nicht zu viele waren, gern noch ein Kopfküssen dazu gab.

In welchem Lichte aber wird der Gastwirt *Knapp* erscheinen, wenn ich sage, daß von allen denen, die je bei ihm
herbergten, keiner war, der nicht *besser* wieder aus dem Paradiese ging, als er hereingekommen war – Da war kein
Bettler, kein Zigeuner, den *Knapp* nicht mit liebevollen Augen sahe; keiner, den er als einen wildfremden Menschen
nicht seiner Aufmerksamkeit wert geachtet hätte. –

Knapp hätte nicht dürfen ein Gastwirt werden, wenn er
nicht gewollt hätte; es standen ihm in seiner Jugend tausend
Wege offen – auch fehlte es ihm nicht an Kopf – er hatte die
lateinische Schule besucht – der Emeritus, der jetzt Gevatter
zu seinem Sohne war, war auch sein Lehrer gewesen – und
mit dem hatte er überlegt, was er für eine Lebensart wählen
wollte –

Und sein Hang floß über von Mitleid gegen den armen
verachteten Wandrer, gegen den herumziehenden Erdensohn, um den sich niemand bekümmert – dem niemand mit
Rat und Trost zu Hülfe eilet; gegen den Bettler am Wege,
dem der mitleidige Vorübergehende eine Gabe in den Hut
wirft, aber ihn seines Zuspruchs nicht würdigt, oder nicht
Zeit hat, sich aufzuhalten, weil seine Geschäfte ihn zu etwas
anderm rufen, als der im Elend versunknen Menschheit wieder aufzuhelfen. –

Mögen andre für die Glücklichen sorgen, sagte *Knapp* zu
sich selber, daß sie noch glücklicher werden, durch schöne
Gemälde, schöne Statüen, und schöne Gedichte – wenn ich
nur etwas dazu beitragen kann, daß die Unglücklichen nach
ihrer Art ein wenig glücklicher werden, durch Gesundheit,
Zufriedenheit, und Arbeit – Das große Gebäude der
menschlichen Glückseligkeit müssen doch auch einige von
unten angreifen, wenn es nicht einmal plötzlich zertrümmern soll. –

Gesundheit, Arbeit, und Zufriedenheit sind doch die gro-

ße feste Basis, worauf alle die leichtern Zierraten von
schönen Gemälden, Statüen, und Gedichten ruhen müssen,
wenn wir uns ihrer mit gutem Gewissen freuen sollen –

So dachte *Knapp* oft in einsamen Stunden, und so hatte
ihn der Emeritus denken lehren. – Nun faßte er bald seinen
Entschluß, kaufte sich den Gasthof zum Paradiese, dessen
voriger Eigentümer gestorben war, und mit dem sich keiner
gern wieder befassen wollte, weil er gemeiniglich die Bettel-
herberge genannt wurde – und hier stellte er sich nun freudig
an seinen Posten, fing das große Geschäft seines irdischen
Lebens an, und wartete den täglichen Zufluß der verworfen-
sten und verachtetesten Menschenklasse, mit der Treue und
Gewissenhaftigkeit eines vom Himmel bestellten Wächters
der menschlichen Glückseligkeit ab –

Wo er noch einen Funken nicht ganz erstorbenen Men-
schengefühls entdeckte, den suchte er wieder aufzublasen –
und durch Übung brachte er es in dieser Kunst gewiß sehr
weit; ob er gleich noch kein Adept war, wie *Hartknopf* und
der Emeritus, und die andere Hälfte zu dem großen Worte
nicht deutlich hatte buchstabieren können – und obgleich
seine Rede ja! ja! nein! nein! war, so bald er nicht mehr Worte
nötig fand – – das Wort war ihm so heilig, wie es *Hartknopfen*
nur immer sein konnte, ob er es gleich nicht, als die vierte
Person in der Gottheit verehrte – darum war er so sparsam
mit seinen Worten, um sich gleichsam alle Kraft und allen
Nachdruck der Rede zu dem Augenblicke aufzusparen, wo
er in der Seele eines Menschen gleichsam eine neue Schöpfung bewirken, und das Licht von der Finsternis scheiden
wollte. –

Wie es bei einem Meisterwerke, wenn es vollkommen
sein soll, fast mehr darauf ankömmt, daß der Künstler die
wenigen Flecken, die etwa noch darin sind, auszutilgen wisse, als daß er noch immer mehr neue Schönheiten hinzufügt,
wodurch vielleicht das Ganze mehr verliert, als gewinnt, so
scheint derjenige auch den sichersten Weg gewählt zu haben,
dessen Bemühung in seinem Leben dahin geht, in dem großen Meisterstücke des größten Künstlers, mehr dem *entgegen*

zu arbeiten, wodurch das Ganze entstellt zu werden scheinet, als neue künstliche Verzierungen zu demselben hinzuzufügen. – Denn was ist Pracht und Zierrat gegen *Reinlich-
keit?* – heißt doch Mundus nicht umsonst die Welt. –

Wer auf die Weise bloß *negativ* zu Werke gehet, wird freilich nicht den Ruhm eines Weltreformators davon tragen –
aber ihn wird das selige Gefühl beglücken, daß er mit seinen
Bestrebungen in den Plan der ewigwürkenden Liebe harmonisch einstimmt – Er fühlt es, daß jeder Stein des Anstoßes,
den er weggeräumt hat, Gewinn für das Ganze ist – und
weiß es, daß ein einziger ausgetilgter Fleck aus diesem großen Gemälde es der Vollkommenheit näher bringt, als der
zierlichste Rahmen, worinnen es eingefaßt wird.

O ihr Menschenfreunde, die ihr den Willen und die Kraft
habt, außer euch zu wirken, stellt euch doch wie *Knapp,* und
Hartknopf, und der Emeritus, und wie der gute *Pestalozze* in
der Schweitz, unten an, wenn ihr wirken wollt – das sinkende Gebäude braucht Stützen, und nicht Statüen. – Wollt ihr
anders wirken, so ist es um den wahren Frieden eurer Seele,
und den schönen Takt eures Lebens, wodurch ihr allein in
das große Ganze eingreift – es ist um euren echten innern
Wert geschehen! –

Knapp hatte sich in dieser Welt unten an gestellt, und es
wird ihm in jener Welt gewiß nicht gereuen.

Er hat hier unten im Paradiese manchen Hungrigen umsonst gespeiset, manchen Durstigen umsonst getränket, und
manchen Bekümmerten getröstet und aufgerichtet; dafür
wird er einst in jenem Paradiese dort oben wieder getröstet
werden. –

Durch die tägliche Übung hatte sich *Knapp* eine solche
Fertigkeit in der Beurteilung der Menschen erworben, daß er
immer nach wenigen Minuten mit ziemlicher Wahrscheinlichkeit schließen konnte, ob an einem Menschen noch was
zu tun sei oder nicht – aber wie ungern, gab er dennoch
gänzlich alle Hoffnung zur Beßrung auf – mußte er sie aufgeben, so machte ihn das auf viele Tage traurig und niedergeschlagen; er schob die Schuld immer mehr auf den Arzt,

als auf die Krankheit. – Er verzweifelte nicht daran, selbst
für den Seelenschaden, der am unheilbarsten scheint, noch
ein bewährtes Heilungsmittel zu finden. –

Darauf ging sein Tichten und Trachten sein ganzes Leben
lang – denn er fühlte es nur allzuwohl, daß nicht Hunger und
Durst, nicht Lahmheit oder Blindheit, die wahren Übel des
Lebens ausmachen; sondern daß eingewurzelter Neid, eingewurzelter Eigennutz, die eigentlichen Flecken sind, welche diese schöne Schöpfung Gottes entstellten. –

Diese Flecken, wo er nur konnte, auszutilgen, das war
ihm mehr wert, als große Schätze zu gewinnen. – Und unter
tausenden ist es ihm bei zwei Menschen gelungen, wovon
der eine taub und stumm, und der andre ein verarmter hol-
ländischer Seelenverkäufer war, der in seinem Alter in
Deutschland sein Brot betteln mußte, und nun auch nach
Gellenhausen kam, wo er im Paradiese einkehrte, und der
Gastwirt *Knapp* seine Seele vom Verderben rettete.

An diesen beiden Menschen machte aber auch *Knapp* ein
wahres Meisterstück – denn er hielt selbst ihre Krankheit für
unheilbar – den Tauben und Stummen, weil er nicht durch
die Sprache auf ihn wirken konnte, und den ehemaligen
Seelenverkäufer, weil er schon ein Greis war, und in seinem
Alter die schwere Hand des Schicksals, die ihn darnieder
drückte, sein hartes Herz nicht hatte erweichen können.

Knapps unaufhörlichen Bemühungen gelang es, den Seelenverkäufer so weit zu bringen, daß er sich nicht freute, da
dem Nachbar ein Haus abbrannte; über einen Dachdecker,
der den Tag vor seiner Hochzeit vom Dache herunter stürzte, und sich den Kopf zerschmetterte, sogar eine mitleidige
Träne weinte; und anfing, ein Vergnügen daran zu finden,
mit *Knapps* einäugigem und lahmem Pudel zuweilen sein
Brot zu teilen.

Der Taube und Stumme war sehr verhärtet; ohngeachtet
nie in sein Ohr die Sprache des Verführers eindringen konnte, so hatte doch Neid und Eigennutz so tiefe Wurzel bei ihm
geschlagen, daß er der Blume den Sonnenschein, und der
Herde die sich unter einen Baum gelagert hatte, den Schat-

ten mißgönnete – Alle seine Mienen und Bewegungen
waren widerwärtig und liefen auf Zerstörung und Verderben
hinaus. –

Es war rührend anzusehen, wie *Knapp* sich oft Stunden
lang mit einer eisernen Geduld damit beschäftigen konnte,
diesem Taubstummen durch die Zeichensprache nur erst
einigen schwachen Begriff von Sanftmut und Menschenliebe beizubringen, die sein Herz bis itzt noch gar nicht
gekannt hatte.

Dies waren denn die beiden unheilbarscheinenden, an
deren Herzen *Knapp* gleichsam eine Art von Wunderkur verrichtet hatte – – Die Art nun, wie er mit ihnen zu Werke
gegangen ist, verdiente freilich wohl allgemein bekannt zu
werden – allein die Beschreibung davon würde ein eignes
Buch erfordern, und doch vielleicht unvollkommen und unverständlich bleiben – denn wer kann *Knapps* Mienen, *Knapps*
Auge, und jede seiner Bewegungen beschreiben, und den
sanften liebevollen Händedruck, womit er seine Reden begleitete? –

Wenn in einer bessern Welt dereinst des Taubstummen
Zunge gelöst sein wird, mit welchem lauten Jubel wird er da
noch seinem Erretter danken; und der Seelenverkäufer, dessen Seele durch *Knapp* vom Verderben gerettet wurde, wo
wird er Worte hernehmen, um seinen Dank zu stammeln!

Und alle die getrösteten Betrübten, die traurig und niedergeschlagen in dem Gasthofe zum Paradiese einkehrten,
und vergnügt und fröhlich wieder von dannen gingen; wenn
sie einst auftreten und sagen werden: dieser hat unsre Tränen
auf Erden abgetrocknet; – mit welchem gekrönten Haupte
würde dann der Gastwirt *Knapp* wohl tauschen?

Wenn die gekrönten Häupter nun da stehen werden, beschämt und niedergeschlagen, und Millionen um sie her, die
auf Erden von ihnen mit eisernem Scepter beherrscht, und
um alle die unschuldigen natürlichen Freuden des Lebens,
um die Rechte der Menschheit gebracht; und wie eine in
ihren einzelnen Teilen unbedeutende Masse, in ein Ganzes
umgeformt wurden, wie etwa Holz und Steine, behauen und

beschnitten werden, um zusammen ein Gebäude auszumachen, wodurch jedes einzelne erst *brauchbar* wird.

Weh euch dann, die ihr den Menschen ihren *einzelnen* echten Wert raubtet, um Lücken mit ihnen auszustopfen; wenn
ihr es nötig fandet, Moräste mit ihnen auszudämmen, damit
dem stampfenden Roß ein Weg zum Feinde gebahnet sei —
die ihr um einer Chimäre, um eines allgemeinen abstrakten
Begriffs willen, den ihr *Staatskörper* nennt, den Menschen
nicht mehr um sein selbst, sondern bloß um dieser Chimäre,
um dieses abstrakten Begriffs willen, wollt existieren lassen!

Also damit es einen Staat gebe, müssen so viele tausende
auf alle Ansprüche Verzicht tun, wozu sie ihre angestammte
Menschenwürde berechtiget?

Sie müssen sich für bloß *nutzbare* Wesen halten, wie das
Korn, das gemähet, und der Baum, der gefällt wird, damit
der eine dem Menschen Wärme und Obdach, und das andre
ihm Nahrung gebe.

Tausende müssen sich von Jugend auf gewöhnen, zu denken, daß sie nur um andrer willen, keiner aber um ihrentwillen da ist, und daß sie keinen eignen für sich bestehenden
Wert haben. O wenn einst alle dieser willkürlich angenom-
mener Unterschied verschwunden ist, und nun wieder jene
allgemeine natürliche Gleichheit herrscht, wodurch ein jeder in seinem wahren Lichte erscheint, nachdem aller Flit-
terstaat von Titeln und Ordensbändern hinweggenommen
ist; wie wird alsdann der Gastwirt *Knapp,* unter vielen tausenden hervorleuchten!

Wer wird dann wohl zweifeln, daß dieser getreue Knecht
über vieles wird gesetzt werden, nachdem er hier über weniges getreu gewesen ist. —

Dazu war *Knapp* ein Pädagoge, wie es wohl wenige auf
Erden gibt — ohne den Emil und Basedows Elementarwerk
gelesen zu haben, war er auf gewisse Geheimnisse in der
Erziehungskunst gefallen, welche dicke Bände von Erziehungstheorien unnötig machen würden, wenn sie bekannt
wären — aber sie lassen sich eben so wenig vollkommen
beschreiben, als seine Methode, einen eingewurzelten Scha-

den der Seele zu heilen – *Knapps* zehnjähriger Sohn aber wird
einmal aufstehen, und wirken, und alle Philantropine beschämen, wenn er anfangen wird, das im Großen auszuüben, was sein Vater im Kleinen tat – *Knapps* Sohn wird einst
5   seines Vaters Andenken durch seine Taten auf die Nachwelt
fortpflanzen, wenn es schon längst in Gellenhausen verloschen ist.

DES GASTWIRT KNAPPS PÄDAGOGIK.

Knapp erzog seinen Sohn auf seine eigne Weise, und nicht
10 nach der Weise *Hagebucks* des Weltreformators.

Sobald er gehen konnte, setzte er ihm ein Ziel, und setzte
ihm allerlei Hindernisse, als Blöcke, Stühle, und dergleichen,
in den Weg, wodurch er sich den *kürzesten Weg* zum Ziele
durcharbeiten mußte.

15 Wenn er ein Kartenhäuschen bauete, so hielt er ihn an, es
immer wieder zu bauen, wenn es auch zehnmal umfiel, und
am Ende belohnte er ihm seine Geduld mit einem wurmstichigen Apfel.

Als er etwas mehr heranwuchs lehrte er ihn die große
20 Kunst, nicht zwei Wege nach etwas zu tun, das man auf
einem Wege holen kann; oder, was man mit einem grausamen Sprüchworte nennt, mit einer Klappe zwei Fliegen
schlagen.

Er lehrte ihn fünf Weingläser in der Hand zwischen den
25 Fingern tragen, und beim An- und Ausziehen lehrte er ihn
zu gleicher Zeit beide Hände brauchen, so daß er sich mit
einemmal beide Schuh aufschnallen konnte.

Sein Haar mußte er zuweilen lange unausgekämmt lassen,
und es sich denn am Ende selbst auskämmen, wenn es ganz
30 ineinander geraten war – sobald er dann ungeduldig wurde,
riß er sich und verursachte sich selber Schmerzen; wenn er
aber geduldig einen Schopf Haar nach dem andern vornahm, und das Verwirrte auseinander zu bringen suchte, so
konnte er den Schmerz vermeiden — auf die Weise mußte er
35 sich in der Geduld üben.

Er lehrte ihn bei jeder Gelegenheit die *Kürze* des Lebens empfinden, und machte ihn aufmerksam auf den Seigerschlag — Er machte ihn allmählich mit dem Tode in der ganzen Natur bekannt, von dem kleinsten verwelkten Grashalm, bis zum verdorrten Eichbaum, und von dem zertretnen Wurme, bis zu den ehrwürdigen Überresten des zerstörten Bau's menschlicher Körper.

Und wie oft hat dieser Sohn seinem Vater diese Lehre nicht verdankt! Diesem von Kindheit auf seiner Seele fest eingeprägten Bilde des Todes, verdankt er den sichern und ruhigen Genuß, aller der Freuden seines Lebens — dies ist es allein, was ihn standhaft in Gefahren, mutig und unerschrocken bei allen Vorfallenheiten seines Lebens gemacht hat. — Dies ist die Ursach, warum er auch nie eine Viertelstunde lang den quälenden Überdruß der Langenweile schmeckte — Wie kann ein Mensch Langeweile haben, dem der Tod zur Seite steht?

Dieser feste Gedanke heiterte ihm die trübsten Stunden seines Lebens auf — denn wenn kein Wechsel ihm mehr bevorzustehen schien, so blieb ihm doch diese einzige große Veränderung gewiß.

Der feste Gedanke an den Tod war es, der ihm den Genuß jeder Freude verdoppelte, und jeden Kummer ihm versüßte. — Der wollustreiche Gedanke des Aufhörens drängte seine ganze Lebenskraft immer in den gegenwärtigen Augenblick zusammen, und machte, daß er in einzelnen Tagen mehr, als andre Menschen in Jahren, lebte. — —

Niemand hat wohl mehr in ihrer Fülle, und ungetrübter alle einzelne Vergnügungen des Lebens, die jedem Alter zukommen, genossen, als der Sohn des Gastwirts *Knapp* — weil er wußte, daß er keinen Augenblick zu versäumen hatte, weil ihm jeder Tag, jede Stunde, ein *Ganzes* war. —

Besonders war ihm immer die gegenwärtige Stunde lieb, und der Seigerschlag das angenehmste Getön in seinen Ohren — denn es wurde ihm dadurch merklich, wie er immer den Lebensstrom hinunterschiffte, und alles in unaufhörlicher Bewegung blieb — durch jeden Seigerschlag wurde der

Reiz des Lebens wieder aufgefrischt – und wenn ein Tag, eine Woche, ein Jahr verflossen war, so empfand er die Wonne des Lebens in immer größerm Maße – Er kannte keinen *Verlust* der Zeit, denn für jede Minute seines Lebens hatte er Weisheit und Selbstzufriedenheit eingekauft. –

So wie ohne Tod kein Leben ist, so ist ohne wahres Gefühl des Todes auch kein wahres Gefühl des Lebens – aus der dunkeln Mitternacht bricht das Morgenrot hervor – und aus dem Schatten der Nacht bildet sich der schöne Tag –

O pflanzt den Gedanken an den Tod fest in die jungen Seelen, ihr Pädagogen unsrer Zeiten, und ihr werdet wieder Männer statt Knaben ziehen – Euer ganzes Gebäude wird sich fester auf diese Basis stützen; wenn die Menschen erst wissen werden, daß sie leben, dann erst werden sie jeden Augenblick ihres Lebens nutzen – und wenn sie jeden Augenblick ihres Lebens nutzen, dann erst ist Euer Werk gekrönt.

Denn hin und wieder eine wohlangewandte Stunde oder ein wohlangewandter Tag ist mehr ein Werk des Zufalls, als ein Werk der Kunst. – Die Lebenskunst muß durch alle Stunden und Minuten durchgehen, wie die Regel durch das Werk. –

Dazu ist nötig, daß der Mensch in jedem Augenblick wisse und empfinde, daß er lebe, welches ohne den festen Gedanken an den Tod unmöglich ist. – Wer sich aber den einmal zu eigen gemacht hat, der kann sein

memento mori

mit eben so unumwölkter und heitrer Stirne sagen, womit er im Kreise seiner Freunde ein fröhliches Trinklied singt.

Hierin bestand also vorzüglich *Knapps* Pädagogik, und denn auch noch darin, daß er seinen Sohn empfinden lehrte, wie töricht es sei, einen Stein, an den man sich gestoßen hat, mit dem Stocke zu schlagen, oder sich gegen den Regen, die Kälte, und den Sturmwind aufzulehnen – er lehrte ihn früh die Notwendigkeit, sich der *unvernünftigen Stärke* zu unterwerfen. – –

Am meisten aber suchte er seine Lebensgeister beständig

in Bewegung zu erhalten, und war in den Augenblicken am aufmerksamsten auf ihn, wo er mit dem Finger Figuren in den Sand zeichnete, oder mit Kreide auf den Tisch malte, oder die Gestalt der Wolken am Himmel zu aufmerksam betrachtete.

Das A B C ließ er ihn lernen, da er zehn Jahre alt war, und vor dem vierzehnten Jahre durfte er den Namen Gottes nicht aussprechen.

ETWAS VON NÄGELN UND SCHLÖSSERN.

Was Wunder nun, daß *Hartknopf* seine Wanderung gegen Osten eine Zeitlang unterbrach, da er hier solch einen Vetter und solch einen Freund an dem Emeritus wiedergefunden hatte – obgleich *Hagebuck* und *Küster,* und der empfindsame und aufgeklärte Prediger ihm nicht so sehr behagen konnten, daß er um ihrentwillen länger in Gellenhausen geblieben wäre.

Mit der Erzählung seiner Schicksale aber, die er seinem Vetter *Knapp* versprochen hatte, hielt es etwas hart – hie und da einmal ein Stück aus seinem Leben, wo er es nützlich und schicklich fand, das war alles, was man aus ihm herausbringen konnte.

Ich werde also wohl auch für ihn nur das Wort nehmen müssen, wenn der Leser etwas erfahren soll.

Woher ich nun aber mehr von ihm weiß, und erfahren habe, als *Knapp* und der Emeritus, und in was für Verhältnissen ich mit ihm gestanden habe, und wie es mir gelungen ist, mir seine Freundschaft in dem Grade zu erwerben, daß er mich in das Innerste seiner Seele hat blicken lassen; davon sollte ich wohl ein Wörtchen beibringen – es wird aber zu seiner Zeit geschehen.

So viel habe ich schon verraten, daß *Hartknopf* seines Handwerks ein Priester und ein Grobschmied war – seiner leiblichen Geburt nach war er nehmlich ein Grobschmied – seiner geistlichen Geburt nach aber ein Priester, von Kind-

heit auf geweiht, kein Unheiliges anzurühren, um einst in
Unschuld und Reinigkeit des Herzens in dem großen Tempel
des Heiligen und Wahren als ein Priester Gottes zu dienen.
Thubalkain war sein großer Ahnherr – man fand diesen
Namen in sein Petschaft eingegraben, und auf dem Taschen-
messer stand er auch, das er sich selbst geschmiedet hatte –
denn Messer konnte er auch schmieden.

Da er noch ein Kind war, lernten seine zarten Hände
zuerst mit dem großen schweren Hammer spielen, den er
kaum zu heben vermochte – aber sein Arm wurde früh
nervigt, und stark; bald mußte unter seinen wiederholten
Schlägen der Amboß seufzen, und das glühende Eisen ge-
schmeidig werden. – Der Nagel war das erste, was durch
seine Hände aus der unförmlichen Masse Bildung und Form
erhielt, die Fugen des losen zu befestigen, das zertrennliche
unzertrennbar zu machen, und auf die Weise eine Schöpfung
neuer Wesen zusammenzuzwängen, worüber die alte Natur
erstaunt, wenn sie aus der Tiefe der grauen Vorzeit auf die
neuen Geburten emporschaut, die in ihrem Schoß entstanden sind –

Daß der Mensch, von ihr gezeugt, in ihre Eingeweide
herabstieg, und das Eisen hervorgrub, womit er sie zu einer
neuen Geburt beschwängerte; daß aus den Wäldern und
Steinbrüchen Städte mit Palästen und Türmen sich erhuben,
Schiffe auf dem Rücken des Meeres emporstiegen; der auf-
gerißnen Erde der Samen eingestreut, und volle Ernten
aus ihrem Schoß hervorgezwängt wurden; daß der zersägte
Eichenstamm sich zum Stuhle krümmte, und zum Tische
erhub, auf dessen glatter Fläche Auge und Hand sanft hin-
gleitet.

Das mächtige Schloß verwahrt und schützt das Eigen-
tum, und hat Gemeinschaft und Absonderung in des Menschen Willkür gesetzt. –

Ist es nicht *Thubalkain,* der verschloßne Türen eröffnet? – –

Ihm klingt auch das frohe Spiel der Sensen an schwülen
Erntetagen – ihm tönet das Gehämmer vor den dampfen-

den Feueröfen – ihm das Leben und Wirksamkeit atmende
Geräusch, aus den Werkstätten der Künstler und Arbeiter in
allerlei Stein und Erzt –

Ihn preisen die Chöre der arbeitsamen Sänger mehr als
den Flötenspieler. – –

Aber ach, die Schärfe des Eisens wendet sich – die Geister der gefällten Eichstämme seufzen durch die Lüfte, und
verkündigen Unheil über das Menschengeschlecht –

Das Spiel der Sensen ertönt nicht mehr – Feuerschlünde
eröffnen sich – die Bombe kracht – Schwerter wühlen in
menschlichen Eingeweiden – Ketten klirren laut – Despo-
ten lachen, Sklaven heulen. –

Die Chöre der arbeitsamen Sänger stehen einsam und
weinen, in das Gewand der Trauer gehüllt, und singen Kla-
gelieder – und seufzen: *Thubalkain!* –

Was soll ich aus dem Jungen machen? fragte *Hartknopfs*
Vater den Emeritus: – nichts anders als einen Grobschmied,
war des Emeritus Antwort, und *Hartknopfs* Vater schüttelte
den Kopf: er hat doch so ein vortreffliches Ingenium! –
desto besser! sagte der Emeritus.

Der Emeritus kam alle Tage in des alten *Hartknopfs*
Schmiede – sie wurde von ihm zum Heiligtum der Weisheit
und hoher Geheimnisse eingeweiht – der junge *Hartknopf*
saß da zu seinen Füßen und sog die süßen Lehren von seinen
Lippen ein – unter ihm bildete sich sein Geist, und wuchs
mit seinem Körper, den die Arbeit abhärtete und gesund
erhielt. –

Aber leider, wich der alte *Hartknopf* von der rechten Straße ab – nur noch einen Schritt, so wäre er vor dem gefährlichen Abgrunde vorbei gewesen – aber er tat ihn nicht,
und nun konnte nichts ihn retten. – Er eilte unaufhaltsam
seinem Verderben zu – Gold, Gold, Gold! war sein einziger
Gedanke, vom frühen Morgen an bis in die späte Mitternacht, und das edle Eisen war verdrängt –

Mitleidig streckte der Emeritus noch seine Hände nach
ihm aus, und wollte ihn retten, aber vergeblich, er versank in
dem Abgrunde, vor dem ihn sein Freund so oft gewarnt
hatte.

Der Unglückliche mußte im Elend sterben – sein Vermögen war im Rauch aufgegangen, die Schmiede verkauft –
und in einer armseligen Hütte mußte er seinen Erlöser, den
Tod, erwarten. – Dieser kam, und er empfing ihn mit freu-
digem Entzücken, nachdem der Emeritus vorher noch seine
Beichte gehört, und ihm im Namen Gottes die Absolution
erteilet hatte.

Da der Emeritus den Vater nicht hatte retten können, so
hatte er doch den Sohn zu retten gesucht, und sobald der
Vater anfing zu laborieren, trieb er, daß der Sohn auf die
Wanderschaft gehen mußte, da er erst neunzehn Jahr alt
war – und dies war auch hohe Zeit, wenn er nicht an eben
der Klippe scheitern sollte, woran sein Vater gescheitert
war. – –

Auri Sacra Fames,

Schrieb der Emeritus mit ein wenig Bleistift auf des alten
Hartknopfs Leichenstein.

O du verfluchter Durst nach Gold! von welchem Satan
stammst du her? War es nicht jener gefallne Geist, der statt
sein Auge zu Gott seinem Urheber emporzuheben, nur immer auf das goldne Estrich des Himmels seine Blicke heftete, ehe die Hand des Ewigen ihn in den Abgrund hinunter
schleuderte?

Ein jeder, der die echte Weisheit suchte, kam an diesen
Scheideweg – wenige vermieden den zur Linken –

Denn viele sind berufen, aber wenige sind auserwählet.

Hier liegt der Grenzstein, der die Weisheit von der Torheit
scheidet – ein ungeheurer Klumpen Gold – wer ihn mit
Gleichmut betrachtet und vorübergeht – den hat die Weisheit schon in der Wiege angelächelt, und ihn zu ihrem
Schüler eingeweiht – den leitet sein guter Genius zum Ziele
hin, und läßt ihn den echten Stein der Weisen finden, den
Hartknopfs Vater vergeblich gesucht hatte, weil sein Sohn ihn
einst finden sollte.

Der den Vater verworfen hatte, der hatte den Sohn erwählet – es mußte ein solcher Vater sein, um einen solchen

Sohn zu zeugen! – aber auch eine solche Mutter, wie *Hart-knopfs* Mutter war – sanft und mild, wie das Abendrot – sie welkte dahin, nachdem sie diesen einzigen Sohn geboren hatte – sie hatte mit ihm ihr Ziel erreicht:

Denn nach Unsterblichkeit sehnet sich nur der   5
                            Himmelgeborne,
Aber Vernichtung ist süß dem müden Waller im Staube.
Wäre *Hartknopfs* Vater den Goldklumpen vorbeigegangen – – Doch er ist es nun einmal nicht – seine Asche ruhe im Frieden!   10

Tausende sind wie er von der rechten Bahn abgewichen, und weichen noch täglich davon ab – denn blendend und lockend ist die Frucht des Baumes, von dem du nicht essen sollst, wenn du nicht willst eines doppelten Todes sterben.

Gold siegt über die Kraft des Eisens – sprengt Schlösser 15
auf; hält Schwerter in den Scheiden – löset das Verbundne auf, und bindet das Gelöste wieder – bildet Armeen – bauet Städte; läßt Paläste himmelan steigen – befestiget Könige auf ihren Thronen und stürzt sie herab – welch ein allmächtiges Spielwerk ist das Gold in der Hand des Sterblichen! 20

Was Wunder, daß Toren bis zu ihrem letzten Atemzuge darnach die Hände ausstrecken, und Weise Mühe haben, hier nicht Toren zu sein! Was Wunder daß oft selbst der mißverstandne Bund der Weisheit und der Tugend im Chor der arbeitsamen Sänger, nach diesem höchsten Gute zu stre- 25
ben heischt, wie ein Irrlicht durch seinen falschen Schimmer auch zuweilen das Auge des vorsichtigen Wandrers blendet, und ihn in Sümpfe und Moräste führt, wo sein Fuß keinen Grund mehr findet, und er ohne Rettung versinken muß.

Verstopfet eure Ohren, ihr Schüler der Weisheit, vor dem 30
heisern Geschrei der falschen Wegweiser, die euch zu dem Quell führen wollen, woraus Gold unter dem dreifach gestalteten rötlichen Quaderstein in hellen Strömen hervorquillt –

Horcht nicht auf ihre Stimme – der Goldstrom ist nicht 35
rein – die Quelle ist getrübt – und der rötliche Quaderstein ist mit falschen Farben angestrichen – ein Betrüger hat ihn

hingewälzt – den rechten hat eine unsichtbare Hand hinweggenommen.

HARTKNOPFS GESELLENJAHRE.

Als Schmiedeknecht wanderte *Hartknopf* in *Erfurt* ein, als
Kandidat der Theologie wanderte er wieder aus, ohne daß er
deswegen aufgehört hätte, ein Schmied zu sein.

In einem halben Jahre hatte er sich so viel gespart, daß er
füglich ein halb Jahr ohne Arbeit leben konnte – und diese
Zeit über befriedigte er den brennenden Durst nach Wissenschaft, der ihn schon so manche Träne gekostet hatte.

Freilich hatte er vom Emeritus in Gellenhausen mehr
gelernt, als ihn alle Doktoren in Erfurt lehren konnten –
aber es war ihm doch auch nun um Ausbreitung des Geistes,
es war ihm um das *Extensive* zu tun, da er es in dem *Intensiven*
schon ziemlich weit gebracht hatte.

Er hörte Mathematik, Geschichte, Naturlehre, u. s. w. –
Aber er las mehr, als er hörte – Die Erfurter Universitätsbibliothek mag wohl lange ihren geringen Schatz nicht so
sorgfältig gebraucht gesehen haben, als es von *Hartknopfen*
geschahe.

Hartknopf machte erstaunliche Fortschritte; denn zu allem
was er begann, brachte er ein Licht mit, das ihm der Emeritus angezündet hatte, und wodurch es ihm da schnell Tag
wurde, wo es andern oft lange Nacht bleibt, ehe sie sich
durch die Finsternisse durchgearbeitet haben.

Er lebte übrigens in Erfurt sehr verborgen – und ich habe
ihn dort im Jahr 177*, bei einem gewissen Doktor *Sauer,* der
nun tot ist, kennen lernen.

Möge die Asche des Doktor *Sauers* in Frieden ruhen; er
verdiente wohl von *Hartknopfen* gekannt zu werden; ob ihn
gleich die Welt nicht gekannt hat. – Welche herrliche Talente,
welch ein Umfang von Kenntnissen sind mit diesem Manne
begraben worden, der die Bewunderung seiner Zeitgenossen hätte sein können, wenn der edle Sprößling nicht in der
Jugend zerknickt worden wäre.

Solch ein Kopf mit solch einem Herzen vereinigt, mußte ohne eine Spur hinter sich zu lassen, unrühmlich in die Verwesung übergehen. – Er wohnte in einer kleinen Gasse, in eines Schusters Hause, und da man seinen Sarg heraustrug, fragte nicht einmal ein Nachbar: wen begräbt man da? Und keine Träne wurde ihm nachgeweint.

Hier lernte ich *Hartknopfen* dem Leibe nach und zum Teil auch dem Geiste nach kennen – die eigentliche Bekanntschaft unsrer Seelen aber fällt in das Jahr 178*, zwei Jahr vor seinem Märtyrerstode.

Als ich ihn nun beim Doktor *Sauer* zuerst erblickte, war es mir, als sähe ich einen Unsterblichen hereintreten – Er kam aber in der Dämmerung, da es Feierabend war, und hatte sein Schurzfell vor – denn es war damals gerade sein Arbeitshalbesjahr. – Da er dem Doktor *Sauer* die Hand gab, so war es, als wolle er mit seinem starken nervichten Arm, das zerknickte Rohr wieder aufrichten; jedes seiner Worte goß neuen Mut in die Seele des darniedergebeugten – dem die Führer seiner Jugend, da sie ihn Bescheidenheit lehren wollten, unglücklicher Weise das Selbstzutrauen, diese unentbehrliche Stütze des schwachen Sterblichen aus den Händen entwunden hatten – *Hartknopf* wollte sie ihm wiedergeben, aber auch die Hände waren schon gelähmt, die sie ergreifen und festhalten sollten.

Unaufhaltsam sank der Hülflose hinab; die Kräfte seines Geistes und seines Körpers verzehrten sich in sich selber. – Um nicht vor Hunger umzukommen, mußte er das elende Geschmiere eines marktschreierischen Arztes für ein Spottgeld ins Lateinische übersetzen; und dieser erwarb sich dennoch, bei der Welt, die einmal betrogen sein will, Ruhm und Ehre damit, und wurde mit einem ansehnlichen Gehalt irgendwo, als Brunnenarzt befördert, während daß der ehrliche *Sauer* die Zöllner und Sünder heilte, und für das Geld, was er mit dem Übersetzen verdient hatte, noch die Arzeneien anschaffte, die er statt Bezahlung von den Kranken zu nehmen, ihnen noch unentgeldlich dazu gab.

Der Schwung seines Geistes in einigen vortrefflichen Ge-

dichten wurde einem elenden Geschmiere von Wochenschrift zu Teil, das ein Buchdrucker in Erfurt herausgab, für
welchen *Sauer* zuweilen als Korrektor Tagelöhnerarbeit verrichtete.

5 Endlich schien ihm die Glückssonne ein wenig zu lächeln; der Statthalter *von Dahlberg* lernte ihn kennen, und
dachte auf seine Beförderung, als der Tod ihn weit schneller
und besser beförderte, wie alle Fürsten und ihre Statthalter
hätten tun können.

10 Ok..rd, wo du auch seist, der du von ohngefähr dieses
liesest, erinnere dich mit mir des guten *Sauers,* mit dem wir
manche frohe Stunde verbrachten, der dich auch Weisheit
lehrte, und laß uns seinem Andenken noch eine freundschaftliche Träne weihen!

15 Hast du je den Schmiedegesellen bei ihm gesehen, so
erinnere dich, wenn du kannst, seiner Gestalt und seiner
Rede, und wisse, daß dieser mein *Hartknopf* war.

Nachdem ich ihn das erstemal beim Doktor *Sauer* gesehen
hatte, sprach ich ihn nur noch einigemale; denn er verließ
20 bald darauf Erfurt, wo er sich eine geraume Zeit aufgehalten
hatte, ohne daß man sich um ihn bekümmerte – da es sonst
in Erfurt, weil die Universität sehr klein ist, für einen der sich
mit den Wissenschaften beschäftigt, schon ziemlich schwer
hält, ganz unbemerkt zu bleiben; nun war aber *Hartknopf*
25 ordentlich als Student inskribiert – weil er jedoch nach dem
ersten halben Jahre nur noch selten die öffentlichen Vorlesungen besuchte, in keine Studentengesellschaft ging, und
überhaupt sich nicht viel öffentlich sehen ließ, so betrachtete man ihn, als ob er gar nicht da gewesen wäre.

30 Der Doktor *Froriep* stellte damals mit einigen Studenten
Predigtübungen in der Universitätskirche an, die in der Woche bei verschloßnen Türen gehalten wurden. – Hier hat
auch *Hartknopf,* wie ich weiß, einmal gepredigt, ich glaube
aber schwerlich, daß sich der Doktor *Froriep* seiner erinnern
35 wird; denn wenn er in sich zurückgezogen da stand, so hielt
man ihn für einen äußerst unbedeutenden Menschen.

Nachdem ich ihn nur erst einmal beim Doktor *Sauer* ge-

sehen hatte, saß ich an einem Sonntagabend einmal oben am
Steigerwalde, und las in Klopstocks Messiade – Der Steiger
ist ein Wald nahe bei Erfurt, auf einer Anhöhe, von welcher
man die ganze Stadt übersehen kann, die mit ihrer unbeschreiblichen Menge Gärten rund umher einen sehr schö-   5
nen Prospekt macht – Hier lag ich also im Grase hingestreckt, und erwartete, indem ich in Klopstocks Messiade,
die Erzählung von den beiden Jüngern von Emaus las, den
Untergang der Sonne.

Indem kam *Hartknopf* den schrägen Abhang heraufgegan-   10
gen, seinen blauen Sonntagsrock mit gelben Knöpfen und
steifen Schößen von oben bis unten zugeknöpft, und seinen
Dornstock in der Hand – grüßte mich, und setzte sich neben
mich –

Und ich machte schnell mein Buch zu, und wollte es   15
einstecken, denn es war mir, als ob ich mich, ich weiß selbst
nicht aus was vor Ursachen, vor ihm schämte. – Ich fühlte
mich auf einmal so klein, so schwach in seiner Gegenwart –
da ich mir noch kurz vorher gar nicht so vorgekommen
war – sein Blick durchdrang mein Innerstes, und schlug   20
mich nieder.

Aber heilig soll mir dieser Abend sein, so lang ich lebe –
Das Gespräch lenkte sich von der Schönheit des Abends,
bald auf die Schönheit und Aufrichtigkeit der Seele, die
einen solchen Abend nur allein empfinden kann, wenn sie   25
von allen Schlacken der Eitelkeit und Selbsttäuschung ge-
säubert, die schöne Natur wie ein reiner und heller Spiegel in
sich darstellt.

Es war ja wohl recht schön am Steiger die Sonne untergehen zu sehen, und dabei in Klopstocks Messiade zu le-   30
sen – aber die Scene mußte nicht gleichsam *herbeigezwungen*
werden, bloß um denn nachher, auch nur zu sich selber,
sagen zu können: ich habe am Steiger die Sonne untergehen
sehen, und Klopstocks Messiade dabei gelesen – ich bin
doch gewiß kein gemeiner Mensch – so etwas *läßt doch schön*   35
im Leben, wenn man so zurückschaut. –

O unbegreifliche Eitelkeit! nicht genug daß du andre

durch falschen Schimmer zu täuschen suchst, willst du *vor dir selbst mit Zwang* eine dir nicht angemessene Rolle spielen – Die Sonne mit dem Buche in der Hand untergehen zu sehen, ist dir Arbeit nicht Genuß – Du machst die Scene, sie fügt sich nicht von selbst; deine Seele ist nicht aufrichtig, deine Empfindungen sind erkünstelt, der Abdruck der schönen Natur in dir ist verfälscht!

Dies ist ohngefähr der Inhalt von dem, was ich an dem Abend von *Hartknopfen* gelernt habe. – Es ist ein sehr angenehmer Spaziergang bei Erfurt nach den sogenannten drei Brunnen, wo sich der Weg zwischen Gärten und Gebüschen in mancherlei Krümmungen hinschlängelt, indes sich von allen Seiten her kleine Bäche ergießen, an deren schmalen Ufern man hinwandelt – Hinter sich sieht man denn die alten hohen Klöster und Türme der Stadt, die mit der erstaunlichen Menge blühender Gärten umher einen so angenehmen Kontrast machen –

Hier trafen wir uns einmal um Mitternacht, da der Vollmond am Himmel stand – und *Hartknopf* war doch gewiß keiner der empfindsamen Nachtwandler, die über dem Anschauen des Mondes ihr Tagewerk versäumen. – Er hatte seit einiger Zeit angefangen, die Kunst des großen Baumeisters in dem gestirnten Himmel bewundern zu lernen.

Er hatte sich wirklich *astronomische* Kenntnisse erworben, und kam itzt, mit einem kleinen Tubus in der Hand, eine Anhöhe herunter, auf welcher er einige Stunden zugebracht hatte. – Er hatte eine besondre Gabe, dergleichen Kenntnisse mitzuteilen – Seine Astronomie war keine leere Namenkenntnis von Sternbildern – Es war ein mächtiges Eingreifen der Gedanken in den großen Weltplan, wovon nur so ein kleiner Teil von unsern Sinnen gefaßt wird.

Ich sitze im Zimmer – ein Strahl der Sonne fällt hinein, und macht einen Strich der Staubwolke sichtbar, die sich auf und nieder wälzt – in dem erleuchteten Striche schwimmen unzählige Sonnenstäubchen, und drehen sich teils umeinander, teils ein jedes um seine eigne Axe – der Bewohner eines solchen Sonnenstäubchens schaut über sich, und sieht eine unzählbare Menge ähnlicher kleiner Körper, die sich alle in einem und ebendemselben Lichtstrahl drehen, und ruft mit Verwunderung und Erstaunen aus: o du unendliches Weltgebäude, wer misset dich?

Ich eröffne das Fenster, und sehe den Himmel an, der nächtlich mit Millionen Sternen besäet ist, die sich alle, wie unser Erdball in einem großen Lichtmeer wälzen; und rufe mit Verwunderung und Erstaunen aus: o du unendliches Weltgebäude, wer misset dich – Und ein höheres Wesen lächelt vielleicht, indem es alle diese Welten mit einer Hand zusammenfaßt, über meinen Ausruf; so wie ich über den Ausruf des Weltbürgers auf einem Sonnenstäubchen. –

Man denke nicht daß *Hartknopf* lehrte, wenn er so sprach – nein, Lehren, das war gewiß seine Sache nicht – er warf nur Vermutungen hin, gab Winke – hüllte die herrlichen Wahrheiten in demütige Zweifel ein – ließ aus der Dunkelheit der Zweifel allmählich das Licht hervorbrechen – und wußte Empfindung und Gedanken auf eine so wunderbare Art zu verflechten, daß man kaum mehr zu unterscheiden wußte, ob man die Wahrheit aus Liebe zu ihr, oder aus fester Überzeugung annahm.

War ich je in einem Augenblick meines Lebens fest und unerschütterlich von der Fortdauer meines Geistes überzeugt, so war ich es in jener Nacht, wo ich mit *Hartknopfen* spazieren ging – Und oft habe ich mich noch nachher an der Erinnerung von jener Überzeugung, die ich doch damals wirklich hatte, festgehalten, wenn meine Zuversicht wieder wanken wollte.

Ich habe oft Youngs Nachtgedanken gelesen, aber keinen Schatten von der Empfindung haben sie in meiner Seele hervorgebracht, welche damals *Hartknopfs* kurzes Gespräch in mir erweckte.

Young ist in vielen Stellen erhaben auch zuweilen rührend und seelenschmelzend; aber er war nur in den Zeiten der Lieblingsdichter meines Herzens, wo meine Seele selbst verstimmt war – Er hat die Nacht aus der Natur herausgeschnitten, und sie einzeln aufgestellt – er hat die Finsternis vom Lichte gesondert – er hat uns in einem vollen gerüttelten Maße die Schrecken des Todes aufgetischt, daß wir auf einmal den Gaumen unsers Geistes daran laben sollen.

Hartknopf lehrte mich die Nacht lieben ohne den Tag zu scheuen, und den Tag ohne die Nacht zu scheuen. – Finsternis und Licht – Tod und Leben – Ruhe und Bewegung – mußten in sanfter Mischung sich ineinander verschwimmen. –

Der Blick zum Himmel gekehrt, mußte sich von neuem Lichte gestärkt, wieder zur Erde senken – um Dort und Hier Gegenwart und Zukunft in schöne Harmonie miteinander zu vereinen. –

O wie ich damals an seinen Lippen hing – es war eine warme Sommernacht – wir saßen auf einem Rasenhügel – zu unsern Füßen rauscht' ein Bach, über uns hing ein grünes Gesträuch – in der Ferne sahe man das Kartäuserkloster – Der Himmel umschloß uns von oben –

So war alles zusammen bis auf den innersten Gedanken in unsrer Seele ein *vollendetes Ganze.*

Ich fühlte mein Dasein zum erstenmale; fühlte mich in dieser großen Kette eingezwängt; sicher, fest, und unerschütterlich –

Ich ward zum erstenmal auf den rechten *Lebensfleck* geführt –

Ich lernte die große Weisheit:

Des Alles im Moment.

Ich ward zum neuen geistigen Leben geboren.

Von dem Augenblick an war es ruhig in meiner Seele – Die tobenden Stürme des Ehrgeizes legten sich – die Furcht verschwand, die Hoffnung ward Zuversicht.

Die Stille der Seele hatte einen wohltätigen Einfluß auf meinen Körper; mein Pulsschlag war wieder sanft und regelmäßig – leicht und ungehindert strömte das Blut in frohen Kreisen fort –

Mein kränklicher Körper ward durch die Seele geheilt; ich fühlte mich an Leib und Geiste neugeboren.

Diese Nacht war es, wo ich *Hartknopfen* dem Geiste nach

kennen lernte. – Das heißt, sein Geist war mir nun gesichert, er mochte abwesend oder gegenwärtig, tot oder lebend sein – Ich blickte durch den Geist in seine Augen, so wie ich vorher durch das Auge in seinen Geist geblickt hatte.

Unsere Zusammenkunft in dieser Nacht schien ein Werk des Zufalls – aber sie war es nicht – denn ich möchte doch nicht gern die *notwendige Glückseligkeit* meines Lebens an etwas schuldig sein, das sich eben so leicht nicht hätte fügen können, als es sich gefügt hat.

Nein, in eben dem ewigen Zusammenhange, worin mein ganzes Dasein gegründet ist, worin ich mich so gesichert fühle – war auch jener Augenblick meines Lebens fest gegründet, wo sich *Hartknopfs* Seele gegen die meinige aufschloß; und ich weiß es gewiß, daß er mir nicht entgehen konnte.

Hartknopf fand mich der Mitteilung seines Geistes wert; welches er gewiß nicht getan haben würde, wenn seine erste Lektion am *Steigerwald* bei mir nicht angeschlagen hätte – aber er sahe, daß meine Seele aufrichtig war; daß ich mich der törichten Verstellung, und des törichten Zwanges schämte; daß ich die Nacht nicht herausgegangen war, um zwischen der Natur und mir gleichsam eine feierliche Scene zu *veranstalten;* sondern daß ich diesmal einem lockenden Rufe gefolgt war, und daß mein Herz sich willig eröffnete, um den reinen Lichtstrom aus ihr aufzunehmen.

Ich war so gestimmt, daß ich mich an der Figur eines Blattes auf den Wipfeln der Bäume ergötzen konnte, und alles aus meinen Gedanken verbannt war, was diese schöne Ordnung der Natur, die sich jetzt unverfälscht in mir abdrückte, hätte stören können.

Diese wohltätige Stimmung bemerkte *Hartknopf* sogleich, und nutzte sie mit solcher Macht, daß er, ehe ich es noch selbst wußte, eine neue Schöpfung in mir hervorgebracht hatte.

Das Licht hatte sich von der Finsternis gesondert, der Morgen war angebrochen.

Das verwirrte Chaos der Ideen, die von Jugend auf in

meine Seele geströmt waren, ordnete sich plötzlich zu einem
schönen Ganzen.

Selbst das, was ich glaubte unnütz und umsonst gelernt,
und in Büchern gelesen zu haben, fand hier seinen angewiesenen Platz – und da war nichts mehr, das nicht in den
schönen Plan gehört hätte.

Die Fluten, die vorher sich mit dem Erdreich vermischt,
und es schlammicht und bodenlos gemacht hatten, sonder-
ten sich jetzt in Meere und Flüsse, und stellten das Antlitz des Himmels dar, der sich darin spiegelte, und die Erde
ward fest und hart, daß Menschen und Tiere drauf wandeln, und Bäume und Pflanzen drauf emporschießen konnten.

Wahrlich ich sage dir, es sei denn, daß jemand geboren werde, aus
dem Wasser und Geist, so kann er das Reich Gottes nicht sehen.

Wer nicht den ganzen Nutzen von dem, was er gelernt,
getan, gedacht, gelebt hat, in einen *Moment* zusammen ziehen kann, bei dem ist die neue Schöpfung noch nicht
vorgegangen, und noch nicht alles so geordnet, wie es soll. –

Der *Moment* ist und bleibt der letzte Punkt, wohin alle
Weisheit der Sterblichen streben kann und muß – alles andre
ist Chimäre und Einbildung.

O wer leihet mir *Hartknopfs* Sprache, womit er in meine
Seele rief: es werde Licht!

Wer lenkt meine Feder, daß sie nur ein schwaches Bild
jener unnachahmlichen Sprache durch gemalte Töne auf
dem Papier entwerfe.

Göttliche Kunst, die du die Gedanken des schwachen
Sterblichen auf kommende Geschlechter hinüber trägst –
wenn sein Mund schon lange im Grabe verschlossen ist – o,
wie engst du den Geist ein, der sich dir hingibt; der den
zusammengedrängten Lichtstrahl schwächt, damit er sich
weit umher verbreite!

Der Buchstabe tötet, aber der Geist macht lebendig.

Hartknopf nahm seine Flöte aus der Tasche, und begleitete
das herrliche Recitativ seiner Lehren, mit angemeßnen Ak-
korden – er übersetzte, indem er phantasierte, die Sprache

des Verstandes in die Sprache der Empfindungen: denn
dazu diente ihm

die Musik.

Oft, wenn er den Vordersatz gesprochen hatte, so blies er
den Nachsatz mit seiner Flöte dazu.

Er atmete die Gedanken, so wie er sie in die Töne der
Flöte hauchte, aus dem Verstande ins Herz hinein.

Bewaffnetes Auge, bewaffneter Mund, bewaffnete Hand,
pflegte er wohl zu sagen:

Der Tubus, die Flöte, und der Hammer.

Auf dem Klavier hat er sich manche verworrene Idee her-
ausgespielt, und ins klare gebracht –

Sein Studium aber ging darauf, die Musik zur eigentlichen
Sprache der Empfindungen zu machen, wozu sich die artikulierten Töne nicht so wohl schicken, als die unartikulier-
ten, die das Ganze nicht erst zerstücken, um es dann wieder
zusammenzufassen, sondern die es gleich, so wie es ist, ganz
und in seiner Fülle lassen.

Er verstand die Kunst, durch die Musik auf die Leidenschaften zu wirken – darum trug er immer seine Flöte bei
sich in der Tasche – und durch unablässige Übung hatte er es
so weit darin gebracht, daß er oft durch ein paar Griffe, die
er, wie von ohngefähr tat, aufgebrachte Gemüter besänfti-
gen, Bekümmerte aufrichten, und den Verzagten neue Hoffnung einflößen konnte.

Es war weiter nichts künstliches bei der Sache, als daß der
gewählte Ton grade eingreifen mußte, wo er sollte. – Und
denn war es oft eine sehr simple Kadanz, oder Tonfall, welche die wunderbare Wirkung hervorbrachten.

Ein jeder wird einigemale wenigstens in seinem Leben die
Bemerkung an sich gemacht haben, daß irgend ein sonst
ganz unbedeutender Ton, den einer etwa in der Ferne hört,
bei einer gewissen Stimmung der Seele, einen ganz wunderbaren Effekt auf die Seele tut; es ist, als ob auf einmal
tausend Erinnerungen, tausend dunkle Vorstellungen mit
diesem Tone erwachten, die das Herz in eine unbeschreibliche Wehmut versetzen. –

Da hatte nun *Hartknopf* der Natur auf die Spur zu kommen, und das in Kunst zu verwandeln gesucht, was sich sonst nur zuweilen wie durch Zufall ereignet.

Freilich mußte er den schon etwas kennen, auf welchen seine Töne dergleichen Wirkung hervorbringen sollten – aber er lernte auch wieder durch die Wirkung, welche diese Töne machten, allmählich das Herz dessen immer besser kennen, mit dem er umging.

Das höchste in der Musik liegt in der Kenntnis ihrer einfachsten Elemente.

Hartknopf wäre ein großer Musikus gewesen, wenn er gleich nie hätte die Flöte blasen, und das Klavier spielen lernen.

Er verband aber mit Fleiß ein Blasinstrument, mit einem Saiteninstrumente. – Das Blasinstrument ist ganz Ausdruck der Empfindung, das Saiteninstrument schon zum Teil den Ideen geweiht – durch das Saiteninstrument entwickelte sich *Hartknopf,* was er durch Blasinstrumente im Ganzen empfunden hatte.

Die Blasinstrumente sind dem Herzen näher. –

Die Violine ahmet durch die geschleiften Töne die Blasinstrumente nach, und macht gleichsam den Übergang zwischen ihnen, und den mit immer wiederholten Unterbrechungen vibrierenden Saiteninstrumenten.

Daß durch gleiche Taktteile Ernst und Würde – durch ungleiche lebhafte Empfindungen – durch drei oder vier kurze Töne zwischen zwei längern, Fröhlichkeit – durch einen oder zwei kurze Töne vor einem langen Wildheit, Ungestüm – durch ♩ ♩ ♩ das Schwerfällige ausgedruckt

wird – wie geht das zu? Worin liegt hier die Ähnlichkeit zwischen den Zeichen und der bezeichneten Sache?

Wer das herausbringt, der ist im Stande ein Alphabet der Empfindungssprache zu verfertigen, woraus sich tausend herrliche Werke zusammen setzen lassen. – Ist nicht die Musik der Sterblichen eine Kinderklapper, sobald sie sich nicht an die große Natur hält, sobald sie die nicht nachahmt?

Musik und Astronomie war *Hartknopfen* nahe miteinander verknüpft – Er lehrte mich in jener Nacht einen Teil der Astronomie bloß durch die unnachahmlichen Töne seiner Flöte – die eines Kenners Ohren gewiß würden beleidigt haben, weil sie sogar einfach waren.

Eigentlich geschahe dies aber nur, weil er das Klavier nicht zur Hand hatte, durch das lehrte er sonst die meisten Wissenschaften und vorzüglich auch Lebensweisheit und Moral.

Noch ein sehr merkwürdiger Gegenstand seiner Beobachtung, in Ansehung der Musik, waren die verschiedenen Veränderungen des Pulsschlages bei den verschiedenen Veränderungen der Leidenschaften.

Mit der Musik verband er aber auch

die Dichtkunst

im hohen Grade – und nahm seine Zuflucht oft zu ihr, wenn er kranke Seelen heilte. O dann flossen die Worte im metrischen Silbenfall, wie Balsam von seinen Lippen –

Nicht, daß er so ein Wunderdichter gewesen wäre, der gleich aus dem Stegereif auf jeden Vorfall in Versen etwas Vortreffliches hätte sagen können – sondern alles, was er von andern vortrefflich gesagtes auswendig wußte, hatte er sich in seiner Seele so gemerkt, daß er es immer zur rechten Zeit in Bereitschaft hatte. –

Und so wie fleißigen Bibellesern manchmal ein auswendig gelernter Spruch, gerade zur rechten Zeit einfällt, wo er ihnen, mitten in der Verzweiflung Trost und neuen Mut einflößt – so brauchte *Hartknopf* auch die Dichtkunst, wozu sie eigentlich da ist, zur Veredlung und Erhebung des Geistes, zur Beruhigung der Leidenschaften – sie diente ihm oft nach vielen mißlungenen Versuchen zu einer heilsamen Seelenarzenei, wo alles andre fehlschlug. –

Darum war auch unter den Alten Horaz sein Lieblingsdichter, weil er mit wohl abgemeßnem, reizendem Silbenfall den rechten Takt des Lebens lehrt – und sein Lieblingsgedicht unter den Neuern war – *Wielands Musarion.*

Hartknopf machte zwar selbst auch Verse – allein er tat es

nur, um irgend eine Pflicht zu erfüllen, wie Sokrates einst
kurz vor seinem Tode sich noch durch den Genius, der ihm
immer zur Seite war, gedrungen fühlte, einige Aesopische
Fabeln in Verse zu bringen.

5   Seine größte Stärke aber bestand in der Deklamation;
diese hatte er so in seiner Gewalt, daß er sich des Fremden,
was er vorlas, gleichsam bemächtigte, und es sich zu eigen
machte.

Es war ihm auch im Grunde nichts fremd, was irgend ein
10 unverfälschtes Produkt des Geistes war – sondern so wie die
Strahlen der Sonne ein gemeinschaftliches Gut sind, dessen
sich alle Sterblichen freuen, so schienen ihm auch die Strahlen des Geistes, sie mögen sich nun ausbreiten, wie und wo
sie wollen, ein gemeinschaftliches Gut denkender und ver-
15 nünftiger Wesen zu sein, dessen sie alle ohne Rückhalt froh
werden sollen – Dieser Gedanke machte, daß *Hartknopf*
auch nie einen Funken von Neid empfand, so oft er etwas
las, was ihm Bewunderung und Erstaunen einflößte, indem
er sich nicht zutrauete, daß er es selbst würde haben her-
20 vorbringen können.

Er nahm demohngeachtet an der Ehre des menschlichen
Geistes Teil, und vergaß, wie ein echter Republikaner, sein
eignes Individuum, in der Vorstellung von der großen Gei-
sterrepublik, mit welcher verbunden er nur sich selber
25 schätzte, und seiner eignen Existenz einen Wert beilegte.

Denn unter allen sogenannten philosophischen Systemen, war ihm das der Egoisten das abgeschmackteste von
der Welt – ob er gleich als Knabe einigemal Anfälle von
dieser subtilen Raserei gehabt hatte – da es ihm einfiel, alle
30 die Wesen außer ihm, wären eigentlich nur Traumbilder, die
in ihm da wären, und er wäre das einzige einsame Wesen in
dieser weiten öden Welt; die denn, wie eine Schaumblase mit
ihm aufgestiegen sei, und auch mit ihm wieder in ihr Nichts
versinken würde.

35 Wie gesagt, er hatte nur als Knabe diese Anfälle, und da er
ein Mann geworden war, dachte er wie ein Mann, und drückte seinem Nachbar freundschaftlich die Hand, und blickte

seinem Freunde getrost ins Auge, ohne sie nur eine Minute lang für Traumbilder oder Wesen seiner Einbildungskraft zu halten.

Ich begreife auch kaum, wie man den Gedanken des eigentlichen Egoismus nur einen Augenblick lang, ohne sich der Raserei zu nähern, ertragen kann. – Es ist das allerfürchterlichste und schrecklichste; ohne Hülfe, ohne Rettung bin ich mir selbst, als einem sich verzehrenden, sich selbst mit tausend Gefahren und dem Untergang drohenden Ungeheuer, überlassen. – Ich kann mir selbst nicht mehr in den Arm eines Freundes entfliehen – denn der Arm des Freundes ist eine Täuschung meiner Sinne, ein mir verhaßtes Selbst – und doch – wer rettet mich von den fürchterlichen Gedanken? – Doch kann ich in alle Ewigkeit von dem wirklichen Dasein irgend eines Wesens überzeugt werden, so wie ich es von meinem eignen bin – keinen Augenblick lang kann ich das Ich eines Wesens außer mir sein – wie kann ich da wissen, ob dies Wesen auch ein Ich ist, ob es je den Gedanken Ich gehabt hat –

Das waren die Anfälle von Egoismus in *Hartknopfs* Knabenalter – Seit jenem feierlichen Tage aber, da er sich in die große Republik der Geister aufgenommen fühlte, verschwanden alle diese Zweifel, wie Nebel vor der Sonne – Es war ein Geist, der durch ihn, und den Emeritus, und *Knapp* auf die Menschen wirkte, eine reine Flamme, die den Erdkreis erleuchtet, aber verschieden in tausend Farben und Gestalten der Dinge, die unter ihrem wohltätigen ununterbrochnen Einfluß erst Bildung und Form erhalten –

Diesen seinen eignen Geist fand *Hartknopf* im Emeritus, und dem Gastwirt *Knapp,* nicht aber in *Hagebuck* und *Küster* wieder – diese reine Flamme, die ihn selbst durchglühte, grüßte er in Wielands Musarion, in Homers Gesängen, in Horazens Briefen, in Rousseau's Emil, in Mendelsohns Phädon, und würde sie in Lessings Nathan den Weisen gegrüßt haben, hätte er ihn je gelesen. – In Youngs Nachtgedanken hatte er sie nicht gefunden; auch würde er sie nicht in dem Buche *über Irrtümer und Wahrheit* gefunden haben, wenn es ihm je zu Gesichte gekommen wäre.

Dies Wiederfinden desselben Geistes, der ihn durchwehte, in andern, war der erhabne Egoismus zu welchem er sich emporschwang, der die Seele seiner Freundschaft war, und ihm zugleich seine Unsterblichkeit sichern half: denn er fühlte, daß er sich nie selbst verlieren konnte – Er fand sich wieder, wohin er blickte.

MEINE ZUSAMMENKUNFT MIT HARTKNOPFEN IN EINEM KARTÄUSERKLOSTER.

Das war das letztemal, daß ich ihn in Erfurt sahe, und hier war es, wo er mir das letzte memento mori in die Seele rief, das seitdem nie wieder durch irgend einen Freudenschall daraus verdrängt ist.

Ob es denn etwa Kartäuser in der Welt geben mag, damit wir, weil doch alles vollständig sein soll, auch ein lebendiges Bild des Todes vor uns haben, woran wir uns spiegeln sollen? – denn ein solches Bild ist ein Kartäusermönch, so wie sein Kloster das klare Bild des Grabes.

Es war am Festtage des heiligen Bruno, da wir uns von ohngefähr und doch auch nicht von ohngefähr, so wie die Nacht in den grünen Gängen nach den drei Brunnen, hier zusammentrafen. – Es war des Nachmittags – die Sonne schien hell ins Kirchfenster, und beleuchtete den Kranz des Altarblattes, und die grünen Blätter der duftenden Citronenbäume, womit die kleine Kirche an diesem hohen Feste geschmückt war – Die Mönche saßen in zwei Reihen auf ihren erhabnen Sitzen, und vor jedem Sitze stand ein grüner Orangenbaum in einem mit Erde gefüllten Behältnisse – Die Mönche saßen noch, ihre weißen Kappen über das Gesicht gezogen, in feierlicher Stille da, und die Bäume warfen einen sanften Schatten auf ihr langes weißes Gewand, dessen weite Ärmel herunter hingen. –

Dumpf und traurig, in tiefen Tönen hub darauf ihr Gesang an – dann warfen sie sich auf ihr Antlitz nieder, und zogen indem sie anbeteten ihre Kappen über das Gesicht herunter. –

Da standen Greise mit kahler Scheitel, und Jünglinge mit blassen Wangen, die einst geblühet hatten. –

Vor dem Altar hängt von oben ein Seil herunter, woran die Glocke gezogen wird, und so wie der erste Mönch hereintritt, tut er den ersten Zug an dem Seile, und überreicht es denn seinem Nachfolger, der den zweiten tut, so daß alle an dem Läuten Teil nehmen, und alle in diesem Tempel *dienen,* ohne sich dienen zu lassen. – Eben so ist es auch wieder beim Weggehen. –

Hartknopf war nicht umsonst hier, er besuchte einen neunzehnjährigen Jüngling, dem der Freund seiner Jugend an seiner Seite vom Blitz erschlagen war – und der dadurch einen Ekel an allen Freuden des Lebens bekommen hatte, welcher ihn hieher trieb, wo er dem Grabe entgegen welkte.

Bei ihm gelang es *Hartknopfen* das zerknickte Rohr wieder aufzurichten – er erhielt auf sein dringendes Anhalten, vom Prior die Erlaubnis, den Jüngling in seiner Zelle zu besuchen; und dieser ließ sich durch den erhabnen Ton seiner Stimme, durch seinen mitleidsvollen Blick, bewegen, ihn anzuhören – und da er ihn erst anhörte, so fesselte ihn *Hartknopf* schnell mit starken Banden der erbarmenden Liebe und Freundschaft. – Solch ein Ton war noch nie in des armen Jünglings Ohr gedrungen, seit er seinen Freund verloren hatte. – *Hartknopf* brachte ihm diesen wieder, und sicherte ihm sein Dasein, und nun wurde der Jüngling allmählich ruhig – aber *Hartknopf* hütete sich wohl, bei dem lebend Begrabnen den Reiz des Lebens zu sehr wieder anzufrischen – Er lehrte ihn, in sich selber, in tausend kleinen Beschäftigungen seine Glückseligkeit finden, die er vorher nicht gekannt hatte. –

Hartknopf folgte in der Behandlung dieses Jünglings der Natur, welche den Mangel des einen Sinnes dadurch einigermaßen zu ersetzen sucht, daß sie die ganze Kraft desselben in einen andern Sinn zusammendrängt, der dadurch bis zu einem außerordentlichen Grade erhöhet wird – so suchte *Hartknopf* bei diesem Jüngling den Mangel des Entzückens, welches nur die Mitteilung gewährt, in dem Umgang mit

seinem edlern Ich, in die großen Beschäftigungen mit seinem eignen Geiste zurückzudrängen – er lehrte ihn in sich
eine Welt finden, da die Welt außer ihm, auf immer vor ihm
verschlossen war.

Trauben von den Dornen und Feigen von den Disteln
lesen, war *Hartknopfs* Wahlspruch, so oft er etwas bemerkte,
was aus dem großen Plane der Natur hinweggerückt zu sein
schien – Hier ist das Künsteln nötig, sagte er, um das Ver-
dorbne wieder gut zu machen. – Was ein Unvernünftiger zu
einem schlechten Endzwecke hervorgebracht hat, kann der
Vernünftige immer noch zu einem bessern Endzwecke nüt-
zen – Die Unvernunft kann nichts so sehr verderben, daß
die Vernunft es nicht sollte wieder gut machen können – Die
Unvernunft reißt nieder, damit die Vernunft wieder etwas zu
bauen habe, so bleibt alles in Tätigkeit.

Wer sich einmal lebendig begraben will, der tut doch immer noch am besten, wenn er sich in ein Kartäuserkloster
begräbt, wo er sich doch sein Grab selbst nach Gefallen
ausschmücken, und sich, wenn es ihm beliebt, darin um-
wenden kann, ob er gleich auch nicht wieder heraus darf.

Oft wenn ich aus meinem Stubenfenster über die alte
Stadtmauer nach dem Kartäuserkloster hinüberblickte, fühlte ich eine geheime Sehnsucht nach diesen stillen Hütten –
die ihren sehr guten Grund in meinem damaligen Verhältnisse gegen die Welt, und gegen die Menschen hatte.

Die Kartäuser wohnen nicht, wie andre Mönche in einem
Hause, wo ein jeder seine besondre Zelle hat, sondern ein
jeder Mönch hat hier sein eignes kleines Haus, das nur ein
Stockwerk hat, und mit einer hohen Mauer umgeben ist,
innerhalb welcher ein kleiner Garten bei jedem dieser Häuser befindlich ist. Die einzelnen Häuser sind durch die
hohen umgebenden Mauern so voneinander abgesondert,
daß man durch keine Türe aus einem ins andre, wohl aber
aus allen gemeinschaftlich in die Kirche und den Speisesaal
kommen kann. Auf diesen Gängen ist es also allein wo sich
die Mönche begegnen, und sich durch ihr unverbrüchliches
memento mori miteinander unterhalten.

Ein jeder hat in seinem Hause seine eigne kleine Einrichtung, bauet selbst seinen kleinen Garten, spaltet sich selber sein Holz zum brennen, hat auch wohl eine Drechsel- oder Hobelbank, womit er sich die Zeit verkürzt, und seinem Körper eine heilsame Bewegung gibt. Sein Lager ist auf der bloßen Erde, zu seinen Füßen steht ein Totenskelett, und ein harter Block dient ihm zum Kopfküssen. Dreimal die Nacht über muß er sich des süßen Schlafs erwehren, wenn ihn bei vollem Einbruch der Finsternis, um Mitternacht, und gegen Morgen die Stunde zum Gebete weckt –

Einmal im Jahr am Fest des Ordensstifters bekömmt er Fleisch zu essen, und Wein zu trinken, der sonst nie seine Lippen berühren darf. Über Tische herrscht ein unverbrüchliches Stillschweigen.

Keiner, der sich aus der Welt innerhalb dieser geweihten Mauern geflüchtet hat, darf eine Erlösung daraus hoffen, wenn ihn je sein Entschluß wieder gereuen sollte. Und wer es wagen wollte, diese Mauern zu überspringen, den würde, wenn man ihn ergriffe, ein schreckliches Schicksal erwarten, und wäre er vorher noch nicht lebend begraben gewesen, so würde er es dann sein.

Hartknopf hatte sich diesen Kartäusermönch ausgesucht, um an ihm seine Weisheit zu versuchen – denn hier war es, wo sie die Probe halten mußte. – Wenn es eine wahre Weisheit gibt, so muß sie lehren, wie man auch als Kartäusermönch, sobald man es einmal ist, auf seine Weise glücklich sein kann.

Freilich ist es besser, wenn sie einen vorher schon gelehrt hat, daß man nie ein Kartäusermönch werden müsse – aber was hilft das *besser,* wenn das *schlechter* nun einmal da ist. –

Das Schlechtere was da ist, muß doch wohl mehr die Aufmerksamkeit des Weisen an sich ziehen, als das Beßre, was nicht da ist. – Aber die Afterweisen, die Weltreformatoren, die Hagebucks, schwärmen in den Zaubergefilden des Bessern was nicht da ist, mit ihrer müßigen Phantasie umher, und lassen indes auf dem verwilderten Acker des wirklichen festen Erdbodens, auf den sie treten, Dornen und Disteln wachsen.

Das tat nun *Hartknopf* nicht – der suchte die Dornen und
Disteln auszujäten, wo er sie nur fand; und aus der Seele des
Jünglings hatte er einen sehr schmerzenden Dorn gezogen,
indem er ihm seinen vom Blitz erschlagenen Freund wie-
dergab, und ihm in sich eine Welt zeigte, die ihn für die
Ausschließung der äußern Welt schadlos hielt.

Dieser junge Mensch konnte nun mit ziemlicher Wahrscheinlichkeit berechnen, daß er sein ganzes Leben hindurch keinen einzigen Tag Langeweile haben würde, wenn er
den Weg verfolgte, den ihm *Hartknopf* vorgezeichnet hatte.

Ja er mußte sich sogar ein ziemlich langes Leben wünschen, wenn er in diesem Leben einige beträchtliche Fortschritte tun wollte, die ihm dort zu statten kommen könnten.

Und das war es, was ihm fast immer Angst und Furcht
gemacht hatte, nicht der Gedanke des Todes, der war ihm
süß und erquickend, sondern der Gedanke an die unerträgliche Last des Lebens – an alle die leeren Stunden, die er mit
nichts auszufüllen wußte, oder wo doch die Quellen mit
denen er sie auszufüllen strebte, immer sobald versiegten.

Ach, in das einsamste von der Welt abgeschiedenste Leben, das der Nacht des Grabes am nächsten kömmt, läßt
sich noch, wie mich *Hartknopf* gelehrt hat, eine unnennbare
Seligkeit des Genusses legen. –

Eben so wie dem die Ewigkeit nie zu lang werden könnte,
der von den Millionen Welten, die aus dem Firmamente
leuchten, eine nach der andern im ungehemmten Fluge be-
reiste, und die unendliche Verschiedenheit des Wesens der
Bewohner aller dieser Welten nach und nach kennen lernte –
eben so wenig kann dem die Dauer seiner irdischen Tage zu
lang scheinen, der nur einen Blick in sich selbst, in seine
innere Welt getan, und die unermeßlichen Gefilde des Denkens überschaut, die sich da vor seinem Blicke eröffnen.

Und diese Wonne des Denkens, des in sich Blickens kann
doch auch der dunkelste Kerker dem unsterblichen Geiste
nicht rauben –

Selbst der Verlust des süßen Augenlichts kann den Tag

nicht verfinstern, der noch immer in der Seele des Weisen und des Denkers strahlt —

Nicht den Tag, der in Homers, und Miltons, und Ossians Seele glänzte, da sie die Geschichte der Vorwelt sangen.

Hartknopf sprach: es werde Licht! und es ward Licht in der trüben Seele des Jünglings. Die Morgendämmerung des reinen Denkens brach hervor: die Nebel der Vorurteile wälzten sich allmählich von dem hellen Horizont hinweg — und bei dem allen blieb feste Resignation in Ansehung dessen, was einmal nicht zu ändern war. *Hartknopf* lehrte den Jüngling die Reue überwinden — er ließ ihn einen Blick in die notwendige Verbindung der Kette der menschlichen Schicksale tun, welcher Trost in seine Seele goß. — Er sprach sich selber frei, ohne das Schicksal anzuklagen. — Er unterwarf sich der Notwendigkeit, und lernte sie lieben. — —

Und *Hartknopf* sahe an, alles, was er hervorgebracht hatte, und siehe da es war sehr gut —

Darum glänzte sein Auge so heiter, da ich ihn am Feste des heiligen Bruno in der Kirche des Kartäuserklosters traf. — Er sahe in der Miene des Jünglings, edle Lebenslust, Entschlossenheit und Standhaftigkeit nicht nur auf den kommenden Tag, sondern auf kommende Jahre — und nun sahe er mich da stehen, in dem er seine neue Schöpfung angefangen, aber noch nicht vollendet hatte.

Er fand diesen Ort zu einem wichtigen Fortschritt schicklich — er sagte mir mit einer so kalten, festen, und trocknen Miene, daß ich sterben — sterben müsse — wie es mir noch nie in meinem Leben gesagt war, wie ich es mir selbst noch nie gesagt hatte — es war, als hätte er mich mit diesem Blick von Haut und Fleisch entblößt —

Und indem er meine Hand dabei anfaßte, und schnell wieder fahren ließ — — —

Fuhr mir der Gedanke an die Verwesung durch die Seele, und erschütterte mein Innerstes —

Also — Staub, wie der, auf den ich trete — ohne Gestalt, ohne Form, ohne Umriß — in der ganzen weiten Welt *gleich* — und *eins* die Totenasche aller Sterblichen, wenn sie sich zusammen mischt —

Die Schaumblase ist zerplatzt – dem Bilde ist sein Umriß genommen –

Abgeschieden von der Welt, stehen sie hier die geweihten Opfer des Todes, in das weiße Sterbegewand gehüllt, und singen sich selbst ihren Grabegesang –

Hinweg mit dem täuschenden Schleier! Hier ist nicht der Jüngling mit der umgekehrten Fackel – hier ist schreckliche, schändliche Verwesung – das Meisterstück der Schöpfung liegt zertrümmert da, und der Wurm nagt an seinen Überresten – sind denn Augen, wodurch der Geist geblickt hat, weniger wert, als Augen von Glas geschliffen? daß diese modern, wenn jene dauern?

Ist es möglich, daß dieser Körper, den ich an mir trage, der so nahe in mein Ich verwebt ist, einst ein Auswurf der Schöpfung werde? – Nicht nur möglich, sondern gewiß; so gewiß, daß es itzt schon wirklich ist – und ich sollte nicht vor mir selber zurückbeben? vor mir selber?

Wer bin ich? Wo bin ich selber? Wo nimmt mein eigentliches Ich seinen Anfang? Wo hört es auf? Wo verschwimmt es sich in die umgebende Welt? Kann ich nicht alles mit in den Kreis meines Daseins ziehen, und kann ich nicht alles wieder heraus denken? Wo nimmt mein Ich seinen Anfang?

Hartknopf faßte meine Hand, und ließ sie schnell wieder fahren, wie die Hand eines Toten. – –

Eins muß mir heraus helfen, oder ich bin auf ewig in diesem Labyrinthe verloren.

Das höchste Studium des Psychologen sind:

die Verba Auxiliaria.

Hab' ich denn eine Hand? *Hab'* ich einen Körper, so wie ich ein Kleid, und eine Wohnung habe? – *Hab'* ich eine Denkkraft?

Wo hört denn das *Haben* auf? wo nimmt das *sein* seinen Anfang?

Ich habe – ich bin.

Was hab' ich? was bin ich?

Das ist der Aufschluß:

Ich habe alles, was ich bin; aber ich bin nicht alles, was ich habe. – –

Haben ist der mehrumfassende Begriff – *Haben* bezeichnet: *zusammenhängen; sein* bezeichnet den *stärksten Grad des Zusammenhanges* – den letzten Knoten, worin sich alles zusammenschlingt.

Das Haben *nähert* sich dem Sein, je stärker der Zusammenhang wird –

Alles was ich *mein* nenne, oder was ich besitze, nenne ich deswegen *mein,* weil es in näherm Zusammenhange mit mir, als mit sonst irgend etwas in der Welt steht.

Das Kleid, das ich trage ist *mehr* mein, schmiegt sich näher an mein Ich, als das Haus, worin ich wohne, und der Körper wieder *mehr,* als das Kleid, das ich trage, und die Gedanken, womit ich mir meinen Körper vorstelle, wieder *mehr* als der Körper selbst.

Der Zusammenhang wird immer fester, immer in sich gedrängter. –

Das Haben verliert sich unmerklich ins Sein.

Das Sein ist der Stift in dem Wirbel. Ohne Mittelpunkt ist kein Cirkel, ohne Sein ist kein Haben.

Ich kann nicht so gut mehr sagen: ich habe eine Denkkraft oder ein denkendes Wesen, als ich sagen kann: ich habe einen Körper – Ich *bin* ein denkendes Wesen.

Könnte je der innere feste Zusammenhang meiner Gedanken aufgelöst werden, so wie der Bau meines Körpers zerstört wird, dann würde ich aufhören zu sein –

Hartknopf faßte meine Hand, und ließ sie wieder fallen, wie die Hand eines Toten – – und ich schauderte nicht mehr zurück vor der Verwesung, denn ich fühlte mich in mich selbst zurückgedrängt, fest und unerschütterlich, mein Körper war außer mir; war ein gleichgültiger Gegenstand meiner Betrachtung.

Je enger der Cirkel von außen her um mich wird, je mehr diese Denkkraft in sich selber zurückgedrängt wird, desto fester wird der innere Zusammenhang meiner Gedanken in sich selber; desto fester und unerschütterlicher das Gefühl meines Daseins.

Der Kartäusermönch, den *Hartknopf* die Weisheit des Le-

bens lehrte, war fast bis aufs Grab umschränkt, so wenig
Zusammenhang mit der äußern Welt blieb ihm übrig, und er
fand dennoch Fülle des Daseins in sich selber.

Zu guter letzt lehrte mich *Hartknopf* noch ein Lied an die
Weisheit, bei welchem Worte und Melodie so wahr, so passend, so aus der Seele gehoben; der sanfte Gang der Töne
ein so lebhaftes Bild des ruhig abgemeßnen Lebensschrittes;
und die Harmonie des Ganzen so Herzeindringend ist; daß
einige Verse aus diesem Liede gesungen, gleich einem wohltätigen Zauber, manchmal eine plötzliche Veränderung in
meinem Gemüt hervorgebracht; und meine empörten Leidenschaften wieder besänftigt haben. Denn an jedes Wort,
an jeden Ton in diesem herrlichen Liede, war mir irgend eine
von *Hartknopfs* großen Lehren geknüpft, die nun alle mit
einemmale in meiner Seele erwachten, und durch die einfache und doch gedankenvolle Melodie, in ein simples System
gebracht, so leicht und ohne Mühe von mir umfaßt werden
konnten, wie die Wölbung meines Ohrs jeden sanften Ton
auffing, den die berührte Saite meines Herzens, wie ein getreues Echo wieder gab –

Das Lied an die Weisheit, was mich *Hartknopf* lehrte, und
das jetzt auch in einer wohlbekannten Sammlung steht, hieß:

> O du, durch die wir auf der Bahn des Lebens
> Zum großen Ziele freudig gehn,
> Und einst am Grab, in Aussicht, nicht vergebens,
> Den steilen Pfad erstiegen sehn.

> Durch die ein beifallgebendes Gewissen
> Uns Glück und stillen Frieden beut,
> Und Blümchen lockt hervor zu unsern Füßen,
> Und auf die Dornenpfade streut;

> Geleite mich die Dornenbahn des Lebens
> Getrost und mutig fernerhin,
> Und lehre mich, daß ich zu Licht vergebens
> Durch Licht nicht auserkoren bin!

Mein Leben sei ein steter sanfter Friede
Und Wohlklang, wie das Saitenspiel!
Nie meine Hand zum Bau des Tempels müde
Vollendung meiner Arbeit Ziel!

Geordnet sei mein Leben nach dem Maße   5
Des simplen Ganzen der Natur,
So wird die Müh auf dieser Wanderstraße,
Zur Freude einer Blumenflur.

Hell vor uns her blickt schon im Morgensterne
Elysium aus Mitternacht,   10
Auf meine Brüder, schaut froh in die Ferne,
Die lohnend uns entgegen lacht!

Senkt nie den Blick auf die Beschwerden nieder
Dort ist der Quell, und dort ist Heil!
Der Geist streb' auf, kehr lichterhellter wieder 15
Und nehm' verklärt am Lichte Teil!

Die Weisheit, welche *Hartknopf* seine Schüler lehrte, ist einzig, fest, und unerschütterlich;
    sie heißt:
                    Resignation.   20
Der diese Weisheit lehrte, erprüfte sie, da er den Emeritus
und den Gastwirt *Knapp* zu ihrer Hinrichtung auf den Rabenstein von Gellenhausen begleitete, den sie auf Satan
Hagebucks Anstiften besteigen mußten.
    Er versiegelte sie fünf Jahre nachher mit seinem Märti- 25
rertode. – –

            Mors ultima linea rerum est.

ANDREAS HARTKNOPFS
PREDIGERJAHRE.

J. W. M. inv. et fe. 1785.

RIBBECKENAU.

Klang schon *fatal* in Hartknopfs Ohren, als er zum erstenmale diesen Namen hörte. –

Und da er ihn in seiner Vokation mit großen verschlungenen Buchstaben geschrieben sahe, ärgerte sich sein Auge daran.

Ribbeckenau war die Mutterkirche, und Ribbeckenäuchen das Filial davon, wozu der Weg über ein Torfmoor führte.

Hier war es, wo der Knäuel seines Lebens sich in labyrinthische Knoten verwickelte, die nur die Schärfe des Schwerts wieder lösen konnte.

Wo seine Kraft, die sonst freien Spielraum hatte, zum erstenmale in sich gedrängt, allerlei Sprünge und wunderbare Verzierungen in sich selber machte, weil sie sich selbst nicht kannte. –

Durch diese Klemme mußte Hartknopfs Leben selbst noch durchgehen, ehe es ungehemmt in seinem vollen Glanze leuchten, und wohltätige Klarheit um sich her verbreiten konnte.

Der, welcher die Nebel der Täuschung so oft verscheucht hatte, mußte noch einmal durch Selbsttäuschung von der edelsten Art geprüft – zu einem höhern Dasein vorbereitet, und jeder Keim einer unruhigen Wirksamkeit in ihm ausgerottet werden.

MEIN ABSCHIED VON HARTKNOPF, ALS ER AUS ERFURT GING.

Da saßen wir auf der großen Treppe vor dem Dom, und sprachen von Ribbeckenau, wie weit es sei, und wie bald und wie oft ich ihn dort besuchen könnte? und von der Ver-

schiedenheit der Rettiche, die in Erfurt vorzüglich gut sind,
und eine von Hartknopfs Lieblingsspeisen waren, wobei er
gewissermaßen mit Leib und Seele genoß, wenn er die geheimnisvollen Salzkörner, auf die runden Scheiben streute,
und dann auf seiner Zunge das innere Wesen dieser edlen
Bestandteile in ihrer feinsten Auflösung schmeckte.

Seine Gedanken beschäftigten sich in diesem Augenblik-
ke ganz mit der Anpflanzung von Erfurter Rettichen in
Ribbeckenau, und ich versprach ihm heilig Rettichsamen
aus Erfurt zu schicken.

Wir gingen alsdann noch auf der Kirschlache spazieren,
wo wir uns eine ganze Weile an ein Geländer stellten, und ins
Wasser sahen.

Ich begleitete ihn vors Tor hinaus, wo wir in einem Wirtshause einkehrten, hier setzte er sich mir gegenüber und
sagte: Ich gehe nun nach Ribbeckenau (bei dem Namen
erhielt seine Miene einen sehr verdrießlichen Zug) um das
Evangelium zu predigen, und du bleibst in Erfurt, um das
Evangelium noch eine Zeitlang predigen zu lernen. Du
weißt nun den Hörsaal, wo man das lernt; und kennst den
Mann, welcher diesen erhabenen Lehrstuhl bekleidet – halte
dich fest an ihn, und übe dich im fertigen Nachschreiben,
suche ihm die Worte aus dem Munde zu stehlen, noch ehe er
sie ausgesprochen hat, und bediene dich der Abbreviaturen,
die deiner Hand und deinem Gedächtnisse geläufig sind. –
Schreibe auch die unterlaufenden Späße mit auf, denn sie
stehen nie am unrechten Orte – und werden dir eine angenehme Erinnerung sein, wenn du die Vorlesung zum zweitenmale hören solltest – hüte dich sehr Backelaureus oder
Magister der Weltweisheit zu werden – und wenn du dich im
Predigen übest, so stelle dich an einen rauschenden Wasserfall, wo keines Menschen Ohr den Laut deiner Worte
vernimmt – fahre fort, fleißig Kirchengeschichte zu studieren, und nun laß uns noch einen Rettich zusammen essen.

Der Rettich wurde auf einem Teller gebracht – Mit einer
feierlichen Miene schälte Hartknopf ihn ab, schnitt runde
Scheiben davon, und indem er langsam und nachdenkend

die Salzkörner darauf streuete, und die erste Scheibe mir
darreichte, blickte er mich ernsthaft an, und sagte: so oft ihr
solches tut, so tuts zu meinem Gedächtnis!

Als wir nun hinausgingen, gab ich ihm noch folgende
Verse, die ich auf seinen Abschied gemacht hatte: 5

> Du gehst nach Ribbeckenau
> In Erfurt bleibt Dein Freund;
> Die Ferne dämmert grau...
> Das trübe Auge weint...
>
> Doch ist nun über mir   10
> Der Himmel wieder blau,
> Denk ich, er lächelt Dir
> Doch auch in Ribbeckenau.

Als ich diese Verse noch an Hartknopf übergeben hatte,
steckte er sie, ohne sie zu lesen in die Tasche, und sagte: ich   15
möchte den Rettichsamen nicht vergessen, er wünsche mir
wohl zu leben, und ich möchte ihm nun die Liebe tun, und
nach Erfurt zurückkehren, welches ich dann tat, und weil
wir auf einer Anhöhe Abschied genommen hatten, ihn sogleich aus dem Gesichte verlor.   20

HARTKNOPFS ANTRITTSPREDIGT.

Die kleine Kirche in Ribbeckenau war mit sehr vielem hölzernen Schnitzwerk und Zierraten versehen. Unter andern
war auch vorne an der Decke über der Kanzel der heilige
Geist in Gestalt einer Taube schwebend abgebildet. Die Ar-   25
beit war von Holz und bloß angeleimt.

Als Hartknopf die Kanzel bestieg, schwebte sein böser
Genius über ihm.

Ganz in seinen Gegenstand vertieft, dachte er nicht an
das, was über ihm war, und die Länge seines Körpers war   30
Schuld, daß er mit der Stirne gerade gegen den einen Tau-

benflügel rannte, und auf die Weise die schwebende Gestalt des heiligen Geistes zum Schrecken der ganzen Gemeine herabstieß.

Da er sich nun aber dies, als einen Zufall, der weiter keine Folgen hatte, gar nichts anfechten ließ, und mit der größten Kaltblütigkeit seine Predigt anfing, als ob gar nichts geschehen wäre, so erschrak die Gemeine noch weit mehr.

Er hub nun seinen Spruch an: *im Anfang war das Wort, und das Wort war bei Gott, und Gott war das Wort. –*

Also: im *Anfang* war das Wort, und das Wort war selbst der Anfang.

Dies deutete er nun auf den Anfang seines Lehramts: was bei ihm wohl anders der Anfang sein könne, als das bloße Wort, womit er anfinge? Da einmal sein Geschäft darin bestehe, seine Lippen zu bewegen, und tönende Worte hervorzubringen, statt daß andere ihre Arme zur Arbeit ausstreckten, um dem Schoß der Erde ihre Nahrung abzugewinnen, und die Frucht ihrer Mühe selbst mühsam einzuernten.

Er stellte das nackte Wort, als den leeren Hauch der Luft, als das tönende Erz und die klingende Schelle dar, wenn Liebe es nicht beseelet. –

Liebe beseelte es aber, indem er sprach – denn er war gewilliget zu geben, wo seine Brüder nehmen; er wollte nicht für leeren Lufthauch den Zehnten von allen reichhaltigen Früchten der Erde eintauschen – er wollte den Buchstaben des Worts erst töten, damit der Geist lebendig mache. –

Als er nun zum erstenmale das Wort *Geist* nannte, blickte die ganze Gemeine, als ob aller Augen sich verabredet hätten, auf einmal nach der leeren Stelle an der Decke über der Kanzel hin, wo die Abbildung des heiligen Geistes in Taubengestalt gewesen war. – Der grobe sinnliche Eindruck behielt von jetzt an auf einmal die Oberhand – der erste Schrecken war nun vorüber – und wie von einem bösen Dämon angehaucht, verzog sich jede Miene zu einem höhnischen schadenfrohen Lächeln – und die Herzen verschlossen sich auf immer. –

Die undurchdringliche Scheidewand zwischen Licht und Finsternis war gezogen. – Das hämische Lächeln trat zwischen die redende Liebe und den aufmerksamen Gedanken – Hartknopf fühlte sich zum erstenmale von seiner nächsten Umgebung gedrückt – er fing während seiner Rede an, die Gesichter zu bemerken, und kein antwortender Blick begegnete seinem spähenden Auge – eine unbekannte Macht schien die Worte von seinen Lippen zu verwehen, daß sie den Weg zum Herzen nicht fanden.

Unglücklicher Weise ließ er sich noch auf die Worte ein: *ich will euch den Tröster senden* u. s. w. und alles blickte auf den Bauerknaben, neben welchem die Taubengestalt niederstürzte, und der ihr mit einer komischen Bewegung ausgewichen war.

In dieser Predigt, pflegte Hartknopf, nachher oft zu sagen, habe er den ganzen Druck empfunden, womit die grobe Sinnlichkeit auf dem zarten Gedanken, die unförmliche Masse auf dem Gebildeten ruht – wodurch der Sprößling im Keime zertreten, die Blume zerknickt wird – der Wurm an der aufblühenden Pflanze nagt – der Heldenmut des Starken in seiner Brust gehemmt wird, und der bildende Genius, indem er die Flügel entfaltet, von seinem umwölkten Jahrhundert darnieder gedrückt, in den Staub sinkt. –

So viel ist gewiß, daß die vielleicht schon verwesete Hand, welche die Taubengestalt an die Kanzeldecke mit nachlässigem Finger befestigte, Hartknopfs schöne Hoffnungen, und sein ganzes Gebäude von Glückseligkeit an diesem Orte unwissend untergrub.

Denn dieser erste Eindruck blieb in der Folge seines Lehramts unauslöschlich – Und die ganze angeborne Würde seines Wesens vermochte nichts gegen die komische Larve des mächtigen Zufalls.

Freilich war auch ein räudiges Schaf unter dieser Herde, welches die übrigen angesteckt hatte – dies war der spruchreiche Küster Ehrenpreiß mit der richterlichen Miene.

Während daß Hartknopf predigte, richteten seine Augenbraunen jeden Perioden, den er sagte, und brachen den Stab

über ihn, so oft er das Wort, als die vierte Person in der
Gottheit erwähnte – Hartknopf meinte nehmlich, weil man
sich doch die Dreieinigkeit, als eins dächte, so könnte auch
das Vierte der Einheit nicht schaden – und der Lehrbegriff
leide nicht darunter, wenn man sich den alleserhaltenden
Vater, den allesbeherrschenden Sohn, den allesbelebenden
Geist, und das allesverknüpfende Wort, wie das ewig unver-
änderliche *Feststehende* – wie den unerschütterlichen Kubus
dächte, der in sich selber ruhend, die rollenden Sphären
trägt. –

Ehrenpreiß aber schrieb sich Hartknopfs Ketzereien in
seine Schreibtafel auf – und so wie der Erklärer alter
Autoren über eine neugefundene Leseart, der Chroniken-
schreiber über eine Jahrzahl, und der Conchylienliebhaber
über ein Schneckenhaus, so freute sich der Küster Ehrenpreiß über jede Ketzerei, die er in irgend eines Menschen
Worten oder Gebärden auffinden konnte, weil dies nun
auch einmal seine Liebhaberei war, die ihm ein besonderes
Vergnügen machte.

Mit dem vorigen Prediger war er ein Herz und eine Seele
gewesen – denn dieser bedurfte jemand, in dessen Busen er
seinen Gift ausschütten konnte, und Ehrenpreiß war ein
würdiges Gefäß dazu.

Oft brachten sie bis Mitternacht in vertraulichen Gesprächen zu – sie saßen da – in schwarzen Kleidern, auf Stühlen,
und richteten die vergangenen und kommenden Geschlechter der Erde.

Dies taten sie im Fluge der hohen Begeisterung; dann
aber beschränkten sie sich wieder auf ihre Nachbarschaft,
auf die Prediger in dem Kirchensprengel, auf die Menschen
welche still einher wandelten, und das Höchstverehrungs-
würdige im Geist und in der Wahrheit verehrten, auf die
natürlichen Menschen, welche durch frohen Genuß der
Gabe, dem Geber am besten zu danken glaubten. –

War nun über alle diese Menschen namentlich das Ver-
dammungsurteil gesprochen, so machten sich beide den
Spruch zu eigen: ihr seid über wenigem getreu gewesen; ich
will euch über vieles setzen!

Damit nun aber auch Ehrenpreiß in diesem Werke geübter werden möchte, so trug sein Prediger ihm die ganze *Polemik* aus den Heften vor, die er ehemals in Halle eigenhändig nachgeschrieben hatte.

Und als das Kollegium geendigt war, schrieb sich Ehrenpreiß selbst die Hefte noch einmal ab, und trug sie einigen auserwählten Bauern bei verschloßnen Türen wieder vor, durch welche der edle Samen dann weiter im Dorfe ausgestreuet wurde.

So war das ganze Dorf nach und nach *polemisch* geworden, und das Schimpfwort: Du Ketzer! welches man ehemals als eine scherzende Liebkosung brauchte, wurde jetzt mit einem finstern spanischen Ernst ausgesprochen, der nichts Gutes bedeutete.

Ein so unpolemischer Prediger, als Hartknopf, war nun freilich keine sehr willkommene Gabe für solche polemische Bauern. –

Denn die Predigten des vorigen Pfarrers waren überdem gar nicht uninteressant gewesen: er belagerte eine Ketzerei, die er aufstellte, um sie zu bestreiten, gleichsam wie eine Festung, legte selbst Bollwerke umher, womit er sie sich eine Weile verteidigen ließ, dann lief er plötzlich Sturm, durchbrach die Schanzen, und hieb alles mit der Schärfe des Schwerts darnieder.

Durch dies immerwährende Angreifen und Verteidigen, war den Bauern selbst der dogmatische Lehrbegriff so geläufig geworden, als er ihnen durch den bloßen Vortrag nie hätte werden können. –

Sie waren dadurch gewissermaßen kompetente Richter über ihren künftigen Prediger geworden, der nun nie aus dem Gleise rücken durfte, ohne daß sie es merkten. –

Der Geist des verstorbenen Pfarrers ruhte auf der ganzen Gemeine, auf dem Küster Ehrenpreiß aber ruhte er zwiefältig. –

DAS TORFMOOR.

Mit seinem Stabe in der Hand, und dem Küster Ehrenpreiß
zur Seiten, wandelte Hartknopf nun zum erstenmal über das
Torfmoor nach Ribbeckenäuchen hin.

5   Zur rechten hatte er die Aussicht über das Torfmoor auf
die Heide, zur linken auf den Küster Ehrenpreiß, und einen
mit Heidekraut bewachsenen öden Berg, welcher der Krainberg hieß. – Hinter sich sahe er den kleinen spitzigen Turm
von Ribbeckenau, der mit Schiefer, und vor sich den von
10 Ribbeckenäuchen, der mit Schindeln gedeckt war.

Geschahe das am grünen Holze, seufzte er bei sich selber,
was wird am dürren werden?

Denn seine Hoffnungen waren nun schon verwelkt, und
die Gedanken welche er jetzt wieder in Worte kleiden sollte,
15 hatten einmal schon ihren frischen Glanz verloren.

Die ganze Gegend um ihn her lag schwarz und öde –

In dem ganzen Bezirk, den das Auge sahe, war keine
Furche gezogen – kein grünes Fleckchen schimmerte hervor. –

20 Das Spiel der Sensen erklang auf diesem Boden nie – nie
hielten frohe Schnitter hier ihr Mahl. –

Die weidende Herde fand hier keine Nahrung – der Wanderer keinen sichern Pfad – denn täuschende Wassergraben
durchschnitten allenthalben das lockere Moor. –

25 Nichts Gebildetes sproßte auf diesem Boden hervor, der
unfruchtbar und öde da lag, um selbst in kurzem zu Asche
verbrannt zu werden. –

Der Himmel blickte trübe auf die verwaiste Scene herab –
und mit schwerem Herzen ging Hartknopf seinen sauren
30 Pfad. –

Er wußte nicht, daß unter dem Turme, der mit Schindeln
gedeckt war, ein paar freundliche Gesichter auf ihn warteten, aus denen der Tag wieder in seine Seele lächeln würde,
da er es am wenigsten vermutete. –

DIE GESCHWISTER.

In Ribbeckenäuchen war vor der Kirchtüre ein geringer Platz, mit Blumen bepflanzt, da spielten die Knaben im Dorfe. —

Gegenüber war ein bequemes Haus mit Garten und Zubehör. —

Der grüne Platz vor der Kirche mit dem artigen Hause gegenüber gab dem Dörfchen, das nur aus wenigen Feuerstellen bestand, ein heiteres, lachendes Ansehn. —

Das Haus selbst aber, welches dem grünen Kirchhofe gegenüber lag, schloß zwei dem Leibe und Geiste nach verwandte Seelen ein, die hier ein stilles Glück genossen, weil ihre erste Tugend Genügsamkeit war.

Es war nämlich der Pächter in diesem Dorfe, der seit fünf Jahren mit seiner Schwester hier zusammen wohnte, welche zwanzig Jahr alt, zu ihm gezogen war, und seit der Zeit noch keine eigentlich mißvergnügte Stunde zählte. —

Denn alles Unangenehme übertrug sich in den unnennbaren Reiz der Teilnahme des einen an des andern Ruhe, und löste sich in den schönen Gleichlaut der Gemüter auf, in welchem dieses große Ganze, wie in seinem Mittelpunkte sich vollendet. —

Wo alle Stürme schweigen, das Toben der Elemente aufhört, und die Sonne im stillen See sich spiegelt. —

Wo das Getrennte, das Entfernte sich wiedererkennt und wiederfindet. —

Wo das Labyrinth der Schicksale seinen Endpunkt erreicht, aus dem es sich mit einem Blicke durchschauen läßt, und enthüllet vor unsern Augen liegt. —

Diese Gleichheit der Gemüter, welche verschwisterte Seelen an einander knüpft, schafft mit einem mächtigen Worte, auf jedem Fleck der Erde noch nie gekannte Freuden um sich her, läßt Blumen auf dürrem Boden wachsen; und wandelt den Krainberg, und das Torfmoor von Ribbeckenau, zu weinbekränzten Hügeln, und lachenden Fluren um.

Wo dieser Gleichlaut der Gemüter weilt, da drückt er unverkennbar seine Spur in Aug' und Wange, und zeichnet sich auf der freien und unumwölkten Stirne. – Da wohnt der Unmut und die finstre Sorge nicht – da fesselt kein Zwang den leisesten Laut der Empfindung – da schämt das Wort sich des Gedankens, die Miene des Wortes, das Wort der Tat sich nicht.

Dies war nun zwar auch der Fall bei dem Küster Ehrenpreiß und dem verstorbenen Pfarrer in Ribbeckenau, bei denen sich auch das Wort des Gedankens, die Miene des Worts, und das Wort der Tat nicht schämte, wenn ihr düstrer richtender Blick und ihre lispelnde, tötende Zunge, über alle Ketzer und Irrgläubigen aus ihrer Nachbarschaft das unwiderrufliche Urteil sprach – und über manchen nicht nur in jener, sondern schon in dieser Welt, durch hämische Anklagen den Stab brach. –

Waren dies nicht auch verschwisterte, ineinandergeschlungene Seelen? – brachten sie nicht auch bis Mitternacht in vertraulichen Gesprächen zu? – Warum soll ihr Gleichlaut kein Wohlklang sein? –

Gehören nicht die gröbsten und dunkelsten Vibrationen der Saiten, eben so, wie die feinsten und hellsten zu dem vollstimmigen Konzert?

Der frohe Blick hält sich gern an dem frohen, der düstre an dem düstern fest, so wie das trübe Auge dem trüben zu begegnen wünscht. –

Der Küster Ehrenpreiß fand sich verwaiset, als sein Pfarrer tot war; seine Klagen aber waren nicht sanft, oder vielmehr, es waren keine Klagen, sondern ein finstrer Unmut, eine verdrießliche Unbehäglichkeit, die er in seinem ganzen Wesen fühlte, und immer auf etwas anders, auf irgend eine Kleinigkeit schob, die ihm in den Weg kam. –

Wie konnten auch die Klagen über die Trennung sanft und edel sein, da die Verbindung selbst rauh und grob gewesen war, und auf Bitterkeit, Grobheit und Rauhigkeit sich gegründet hatte!

Demohngeachtet aber war es auch eine Verbindung und

Gleichlaut, der, so lange er dauerte, in der Reihe der Töne sein Recht behauptete, und zwar in grobe Selbstzufriedenheit, aber doch auch, so wie das feinste und zarteste, in *Selbstzufriedenheit* einwiegte. —

Auch war es gar kein unangenehmes Schauspiel, zu sehen, wie die schwarzen Augenbrauen des Pfarrers und des Küsters Ehrenpreiß sich freundlich einander zunickten. —

Aber freilich zeichnete die Übereinstimmung auf Stirn und Wange sich nicht so schön, wie bei dem Geschwisterpaar in Ribbeckenäuchen, das nun zum erstenmale Hartknopfs Predigt besuchte, und unter dem Turm mit Schindeln gedeckt, in einem grünausgeschlagenen Kirchenstuhle, gerade der Kanzel gegenüber, seinen Platz nahm.

DIE WIEDERHOLUNG.

Hartknopf hub nun aufs neue wieder seinen Spruch an: im Anfang war das Wort, und das Wort war bei Gott, u. s. w. als auf einmal aus dem Kirchenstuhle unter dem Turm, wie aus einem heiligen Dunkel, die freundlichen Blicke des Pächter Heil den seinigen begegneten, während daß dessen Schwester ihre lebhaften Augen noch sanft niederschlug, und der weiblichen Neugier, die sich in ihrem Busen regte, mit zarter Tugend noch ein Weilchen widerstand. —

Sie war einfach und nicht ohne Geschmack gekleidet, ihr Haar hing in ländlichen Locken herunter; ein Hütchen trat über ihre Stirne hervor, und verdeckte den Strahl, der aus ihren Augen schoß, so oft sie sich niederbückte.

Nicht lange aber, so schlug sie die Augen auf, um Hartknopf, den Prediger anzublicken, dessen Stimme und Laut der Worte sie schon irgendwo gehört zu haben glaubte, und sich doch auf keine Weise zu erinnern wußte, wo und wann? —

Es war, als ob sie in eine dunkle Ferne blickte; als würden Erinnerungen in ihr aufgeweckt, an etwas, das einen Augenblick vor ihrer Seele schwebte, und plötzlich wieder verschwunden war.

Sie hing dem nicht mit ihren Gedanken nach, und in
wenigen Minuten waren diese Regungen ganz verschwunden.

Hartknopfs Auge und Seele ruhte während seiner Predigt
5   auf dem Antlitz des Pächters Heil und seiner Schwester
Sophie Erdmuth. –

In diesen beiden Ovalen fand er die ruhige Stimmung
seiner Seele, den harmonischen Kreislauf der Dinge, den
heitern Himmel, die lachenden Fluren, und jeden Reiz die-
10   ser schönen Umgebung wieder, worin wir leben, weben und
sind. –

Denn diese Umrisse waren bezeichnend, und bedeutend – die höhere Menschheit leuchtete aus diesen Zügen
mit sanftem Schimmer hervor. –

15   Es war der Tagesanbruch, die ersten Streifen der dämmernden Morgenröte.

Die übrigen Gesichter waren mehr oder weniger durch
Brutalität entstellt – es war eine chaotische Masse – das
wandernde Auge des Menschenforschers fand keinen Platz,
20   auf dem es ruhen konnte. –

Es war, als wäre über die Bildungen eine Furche hingezogen, die sie alle gleich machte. –

Das Bezeichnende und Bedeutende war entstellt, zerrissen. –

25   Eine neue Schöpfung mußte hier vorgehen, um diese er-
storbene zur Erde gesunkene Masse zu beleben, und dann
mit dem neubelebten Worte und Blicke zu wechseln. –

Die Taube flog aus und fand einen Ölzweig, auf dem sie
ruhen konnte. –

30   Hier aber schwebete keine Taubengestalt unglückbrin-
gend über Hartknopfs Haupte. –

Kein hölzernes Schnitzwerk entstellte diese Kanzel, und
diese Wände. –

Hier wiederholte Hartknopf seine erste Predigt beinahe
35   von Wort zu Wort. –

Er holte gleichsam jedes verlorne Wort, jeden verschwun-
denen Gedanken wieder – was auf der Kanzel in Ribbecken-

au von seinen Lippen verweht war, fand sich hier in
schönerer Ordnung wieder zusammen. –

Denn die Höhe und Tiefe war einmal durch feste Punkte
auf horizontalen Linien, und jeder Takt durch einen senkrechten Strich bezeichnet.

Das Ganze wiederholte sich daher, wie eine wohlgesetzte
Musik, welche des Aufwands von Kunst und Mühe nicht
wert wäre, wenn sie nur einmal tönen, und dann in die Luft
verweht sein sollte. –

Durch wiederholte Schläge pflegte Hartknopf wie im
Sprüchwort zu sagen, fällt der Baum unter der Axt, und das
Eisen schmiegt sich unter dem Hammer. –

Was ist das Leben in der ganzen Natur, der Wechsel der
Jahreszeiten, was jeder Pulsschlag, jeder Atemzug, als eine
immerwährende Wiederholung ihrer selbst? –

Die Wiederholung des Schönen erwecket nicht Überdruß, sondern vervielfältigten Reiz, für den, welcher anfängt
seine Spur zu ahnden – und so oft es ihm sich wieder darstellt, diese Spur verfolgt. –

So war Hartknopfs Antrittspredigt ein vollendetes unver-
gängliches Werk, das in sich selber seinen Wert hatte, den
kein Zufall ihm rauben konnte. –

Und obgleich die Gemeinde im Ribbeckenau sich einmal,
und der Küster Ehrenpreiß sich zweimal daran ärgerte, so
erreichte sie dennoch ihren Zweck, der in ihr selbst, in ihrem
schönen Bau, und dem wohl abgemessenen Verhältnis ihrer
Teile lag – wodurch das Ganze eine Kraft erhielt, alles Mangelhafte aufzudecken, und es in seiner Blöße darzustellen;
wodurch die Bauren in Ribbeckenau in ihrer Brutalität sich
zeigen, und das schadenfrohe Lachen auf ihren verzogenen
Lippen erscheinen mußte. –

In welchen Mauren das Ganze dieser Predigt ertönte, da
prüfte es die Geister – es konnte, wenn es einmal von den
Lippen verhallt war, durch nichts anders ersetzt werden, als
durch sich selbst; weil nichts darin war, das sich von seiner
Stelle verdrängen ließ.

Wenn Hartknopfs Predigten einst, dem Buchstaben nach,

im Druck erscheinen, so wird sich zeigen, daß seine Antrittspredigt in Ribbeckenau alle übrigen in sich faßt, wie die
gefüllte Knospe ihre Blätter. –

Daß alles ein Ganzes ist, welches gleich dem belebenden
Atemzuge, in jeder Zeile, mit jedem Gedanken, nur sich
selbst wiederholet. –

WER OHREN HAT ZU HÖREN, DER HÖRE!

Ist es denn hart, die Worte wieder zu sagen, die von den
Lippen des sanftesten Lehrers tönten? –

Dem die Geschlechter der Menschen nun tief in das zweite Jahrtausend horchen, und horchen, ohne den leisesten
Laut, des göttlichen Sinnes zu vernehmen? –

Das Licht wandelte in der Finsternis, und die Finsternis
erkannte es nicht.

Ist es die Fassungskraft nicht selbst, die sich erweitern
muß, um das Edle aufzufassen? –

Soll der Ölbaum seine Fettigkeit, der Weinstock seinen
edlen Saft lassen, um über den Bäumen zu schweben? –

Da wo die Stimme vernommen wird, wohnet der Geist,
die andern Behausungen stehen öde, und sind wandelnde
Massen. – Augen, ohne Sehkraft; Ohren, die nicht hören;
Arme, die nicht vermögen; Hände, die nicht würken.

Wie der Wind die Wellen kräuselt, so sind sie ein Spiel des
Zufalls. –

Wo die Stimme vernommen wird, da tönet sie mächtig
wider; es zeichnet sich im Blick und Handlung ihre Spur. –

Das leichte senkt, das Lockre dichtet und ründet sich zu
einem festen Kern, aus welchem des Lebens edler Baum
erwächst. –

Der Sturmwind rauscht, der Donner rollt, das Meer brau-
set, die Menschenlippe spricht. –

In Wüsten steigen Städte mit Tempeln, und Palästen Himmelan. –

Das Schiff mit Mast und Segeln tanzt auf den empörten
Wellen. –

In tiefen Schachten liegt des Goldes Spur enthüllt. –
Von dem gespannten Bogen fliegt, der befiederte Pfeil,
und eilet dem Gedanken nach, der vor ihm schon das Ziel
erreicht. –

In seinem Blute sich wälzend ächzt das Wild. –

Die angespannte in sich gedrängte Kraft wirkt durch den
Luftraum in die Ferne. –

Sie wohnet in der atmenden Brust des Menschen, und
reicht bis an des Himmels Wölbung, und des Oceans ungemeßne Ufer. –

DAS LIEBESMAHL

Bestand aus Milch und Brot, welches Hartknopf mit dem
Pächter Heil und seiner Schwester genoß, ehe er seinen
Stab weiter setzte, denn er wollte den Tag noch drei Meilen
gehen. –

In Heils Wohnstube war der Fußboden mit einer weichen
Decke belegt, und die Wände mit senkrechten blauen Streifen geziert.

In der Mitte stand ein rundes Tischchen, woran diese drei
nun saßen. –

Sophien gegenüber hing ein Spiegel, vor dem sie, wie
beim Anfange von Hartknopfs Predigt, nur ein wenig die
Augen niederschlug, und sie dann wieder aufschlug. –

Denn der Spiegel verdoppelte die schöne Scene, und stellte sie wie in dem Hintergrunde eines Gemäldes dar, das drei
vorzüglich karakteristische Köpfe in sich faßte, die durch
ihre Stufenfolge einen Akkord bildeten, dem nur ein fast
unmerkliches Etwas zur völligen Harmonie und Reinheit
fehlte.

Die Liebe welche bei dem Mahle herrschte, verdeckte
dies Etwas, und knüpfte unvermerkt ein schönes täuschendes Band, zwischen diesen sich so nahe verwandtscheinen-
den Seelen, die in vertraulichen Gesprächen über die eigentlichen Lebenspunkte, und über das, was der Mensch in

jedem Augenblick des Lebens zu seiner Glückseligkeit tun und nicht tun kann, sich immer näher aneinanderschlossen. –

Während diesen Gesprächen vernahm Hartknopf zum öftern ein sanftes Echo aus seiner gehaltenen Predigt wieder. – Ganz leise hatten die Saiten angeklungen, die seine Worte berühren wollten, nur einige waren verstummt geblieben. –

Bei diesem Liebesmahle verschwand allmählich das Torfmoor und die unglückbringende Taubengestalt über Hartknopfs Haupte. –

Die ersten Worte des Pächters, womit er ihn in sein Haus geführt hatte, tönten immer noch angenehm in seinen Ohren.

In diesem Hause wohnet *Heil,* sagte der Pächter, indem er ihn hineinführte, und *Segen,* antwortete Hartknopf, indem er ihn umarmte. –

Der Pächter Heil sagte dies dem Ansehen nach kindische Wortspiel, mit einem so freundschaftlichen Händedruck und bedeutenden Blick auf Hartknopf, und zugleich mit einem so edlen Selbstgefühl, daß Hartknopf auf einmal harmonisch in dieses Wortspiel mit einstimmte. –

Und Segen! setzte er hinzu, und gewiß war seine ganze Seele bewegt, indem er dies sagte, er fühlte die Macht dieser Worte, sobald sie aus der Fülle des Herzens strömen; und aus dieser Fülle des Herzens die Kraft erhalten, womit der sterbende Patriarch das Horn des Überflusses über seine Söhne ausschüttete, welche auf kommende Geschlechter seinen Segen fortpflanzen. –

Nicht so harmonisch griff der Segen ein, welchen er auf der Kanzel und vor dem Altar, der segengewohnten Gemeinde gab. –

Er machte nehmlich statt des Kreuzes mit dem Mittel- und Zeigefinger nur einen geraden Querstrich zweimal durch die Luft, woran die ganze Gemeinde, so oft er es tat, und der Küster Ehrenpreiß zwiefach sich ärgerte. –

Dergleichen Kleinigkeiten wurden in Hartknopfs Gemeinde zu sehr wichtigen Dingen, und verwickelten ihn in der Folge in tausend Verdrießlichkeiten, deren er sich nicht im mindesten versahe. –

Für jetzt aber nahm er Abschied von dem Geschwister-paar, da es hoch Mittag war, um den Herrn von G... zu besuchen; dieser wohnte drei Meilen weit von hier, bei dem Dorfe Nesselrode, wohin der Weg durch einen Fichtenwald führte, der eine Strecke hinter Ribbeckenäuchen seinen An-fang nahm, und unsern Wanderer auf seinem Wege vor den Strahlen der Sonne schützte, welche schon anfingen, den ausgetrockneten Boden zu sengen. –

DER FICHTENWALD.

Hier war nun alles auf einmal so tot und einförmig – und Hartknopf wanderte ganz allein. –

Es war Ebbe in seiner Seele geworden – die angenehmen Bilder standen tief im Hintergrunde. –

Er horchte auf den Tritt seiner Füße, und stand zuweilen still, und machte mit seinem Stabe Figuren in den Sand. –

Mit dieser Handlung begannen die fürchterlichsten Stun-den seines Lebens – dies war das Zeichen der gänzlichen Leerheit, der Selbstermangelung, des dumpfen Hinbrütens, der Teilnehmungslosigkeit an allem. –

Als er von dem Pächter Heil und seiner Schwester Ab-schied nahm, da war seine Miene noch heiter und froh – sobald er aber aus der Tür getreten war, und niemand mehr um sich sah, seufzte er: Ach Elias! und seine Lippen schlos-sen sich wieder. –

Er eilte mit starken Schritten dem Fichtenwalde zu – und als er ihn erreicht hatte, und in sein heiliges Dunkel trat – fühlte er auf einmal seine Brust von einem großen Gefühl erweitert, das aber eben so plötzlich sich wieder verlor, als es entstanden war. –

Es war die große leblose Natur, welche er in diesem Au-genblicke fest an sich schloß, und die sogleich wieder allen

Reiz für ihn verlor – weil das schimmernde zarte Gebildete
das Große verdunkelte, und doch war das zarte Gebildete
nicht stark genug, das Große in seinem Umfange festzuhalten, und es dem Liebenden zur Morgengabe zu bringen. –

Es entstand ein schrecklicher Kampf in Hartknopfs Seele – das Leere wollte die Fülle, das Chaos die Bildung
verdrängen. – Nichts war der Mühe des Festhaltens, nichts
des Fliehens, und nichts der Anschließung wert. –

Ohne Gedanken, ohne Empfindung, zog er noch immer
Figuren im Staube, als sein guter Genius seine Hand leitete,
und er auf einmal unwillkürlich den Namen *Elias* auf den
Boden schrieb. –

Durch diese trostreichen Züge stärkte die Hand des Engels ihn, und der Kelch ging diesmal noch vor ihm vorüber. –

Er ging mit schnellen Schritten vorwärts, in der Kühle des
Waldes. – Er hatte einen Punkt gefaßt, an dem er sich wieder
halten konnte, dem sich das übrige unterordnete. –

Seine Phantasie fand wieder freien Spielraum – er dachte
sich in der Stube des Pächter Heil mit der weichen Fußdek-
ke, und den blauen senkrechten Streifen an den Wänden. –

Dann beschäftigten seine Gedanken sich mit dem Hrn. v.
G..., den er nun persönlich sollte kennen lernen, nachdem
er schon lange im Briefwechsel mit ihm gestanden. –

DER HERR VON G...

Dieser Herr v. G.. war ein Greis von achtzig Jahren, der
Hartknopfs Vater gekannt hatte, und den Sohn zum Prediger
berief. –

Er hatte schon lange seine Gattin und Kinder überlebt –
so daß alle seine Gedanken den irdischen Sorgen entrückt
waren, und sich nun mit etwas jenseit beschäftigten, das sie
nicht fassen konnten. –

Nichts konnte sich wohl mehr entgegengesetzt scheinen,
als die Meinungen Hartknopfs und des Herrn v. G...

Der Herr v. G.. war für das Leichte, Auflodernde, Himmelanstrebende. –

Hartknopf für das Schwere, sich niedersenkende, in sich selbst ruhende. –

Der Herr v. G... liebte die Pyramidalform. –

Hartknopf den Kubus. –

Und doch trafen beide immer in gewissen Punkten zusammen. –

Dann war es, als ob sie sich über einem Abgrunde die Hände reichten. –

Der Hr. v. G.. hatte von seiner Jugend an mystische Schriften gelesen, und seine ganze Denkart hatte dadurch eine gleichsam *zugespitzte* Richtung bekommen, sie eilte immer zu früh dem Ende zu, ehe sie noch die Fülle gefaßt hatte. – Das Fassende erhielt dadurch eine gewisse Einengung, worin Bäume, Pflanzen und Tiere nicht Platz finden konnten.

Das Körperliche blieb ausgeschlossen – das Geistige schwebte oben. –

Zwischen dem, was zusammen gehört, und sich nach einander sehnt, war eine Kluft befestiget, die der Hr. v. G.. nicht sahe, weil er selber in dieser Kluft stand. –

Hartknopf zog einen Brief des Hrn. v. G.. aus der Tasche, den er ihm nach Erfurt geschrieben hatte, und las ihn noch in dem Fichtenwalde durch, da er sich, an einen Stamm gelehnt, ein paar Minuten ausruhte. –

Er wollte die gewohnten Züge seiner Hand erst wieder vor seinen Augen erneuern, eh' er den Mann persönlich sahe. –

Die Buchstabenschrift des Hrn. v. G... flammete, wie sein Geist in die Höhe – wodurch aber der Nachteil entstand, daß die untere Zeile oft in die obere eingriff, und die Züge sich untereinander verwirrten.

Hartknopfs Buchstaben standen mehr senkrecht in dichtgeschlossener Reihe aneinander – so daß auch die Wörter sich fast zu nahe aneinander drängten, und oft eine ganze Zeile wie ein einziges Wort aussahe. –

Der Brief des Hrn. v. G.. an Hartknopf lautete also:

»Da mein bisheriger Prediger in Ribbeckenau am 8ten dieses gestorben ist, so lasse ich an meinen lieben Andreas Hartknopf in Erfurt, folgende Anfrage ergehen: ob derselbe noch gewilligt ist, diese von mir ihm zugedachte, nunmehro erledigte Pfarrstelle, zu übernehmen? –

Da ich hieran nicht zweifeln kann, so sehe ich mit Verlangen dem Augenblicke entgegen, wo unsre Worte und Gedanken sich unmittelbar einander begegnen können – denn ich weiß doch, daß mein Andreas auch seine noch nie gesehenen Freunde liebt. –

Ich möchte ihm noch die Hand geben, ehe ich scheide; denn ich stehe am Rande und harre auf meine Auflösung – der aber, den ich hier zurücklasse, wird durch harte Prüfungen vollendet werden. –

Ich lade ihn ein zu der Schule des Kreuzes; denn er soll nachfolgen seinem Herrn und Meister. –«

DIE KINDERLEHRE.

Während daß Hartknopf durch seinen Fichtenwald auf Nesselrode zuwanderte, war der Küster Ehrenpreiß schon wieder über das Torfmoor nach Ribbeckenau zurückgekehrt, um dort den Nachmittagsgottesdienst zu halten. –

Als nun die Kinder des Dorfs um den Altar versammlet standen, faltete er seine Hände und betete:

»Erhalt uns o Herr die reine Lehre. Alle Irrgläubigen aber, welche dein Wort verdrehen, mache zu Schanden um deiner Liebe Willen!«

Nun war die erste Frage:

Ehrenpreiß. Als Lucifer oder der Teufel von Gott abfiel; wer stieß ihn da vom Himmel hinunter?

Die Kinder. Gott!

Ehrenpreiß. Wie kam er also vom Himmel herunter?

Ein Bauerknabe. Plötzlich!

Ehrenpreiß. Aber wie oft soll ich euch noch sagen: ihr

müßt auf das Vorhergehende merken! Ihr begreifts nicht! –
wann ich euch frage: wie kam er vom Himmel herunter? so
heißt ja die Antwort nach dem Vorhergehenden: *Gott stieß ihn
herunter?* – merkt doch auf die Worte! es heißt ja: *Gott stieß ihn
herunter!*   5

      Wie kam er also vom Himmel?

Die Kinder. Gott stieß ihn herunter. –

Ehrenpreiß. Was ist durch den Teufel in die Welt gekommen?

Die Kinder. Die Sünde.   10

Ehrenpreiß. Durch wen sind wir von Sünden erlöst?

Die Kinder. Durch Christum!

Ehrenpreiß. Wen sandte Christus seinen Jüngern, da er gen
Himmel fuhr?

Die Kinder. Den Tröster!   15

Ehrenpreiß. Als aber der heilige Geist bei der Taufe Christi
in Gestalt einer Taube vom Himmel herab kam, wer sandte
ihn da vom Himmel?

Die Kinder. Gott!

Ehrenpreiß. Wie kam also der heilige Geist vom Himmel   20
herunter? (Hier horchte Ehrenpreiß sorgfältig auf die Antwort.)

Einige Kinder. Gott stieß ihn herunter. –

Ehrenpreiß. Nein Kinder (fiel er als wär' es abgeredet ein)
Menschen stießen ihn herunter, die den dreieinigen Gott   25
nicht erkennen, und des Herrn Wort verdrehen, welche Sünde nicht vergeben werden soll, weder in dieser noch in jener
Welt! –

      Gehet hin in Frieden!

HARTKNOPFS BESUCH BEI DEM HRN. VON G ...   30

Die Sonne neigte sich zum Untergange, als Hartknopf aus
dem Fichtenwalde trat. –

    Das Dorf Nesselrode lag gerade vor ihm in einer frucht-
baren Ebene, und in einiger Entfernung zur Rechten das

herrschaftliche Schloß, dessen Fenster im Glanze der Abendsonne schimmerten.

Der Pfad zum Schlosse des Hrn. von G.. führte vor
Nesselrode vorbei über ein schönes Ährenfeld. Der Fahr-
weg aber ging durch das Dorf, und war mit einer Allee von
Weidenbäumen bepflanzt.

Da wo nun der Fahrweg und der Fußweg dem Schloßtore
gegenüber zusammentraten, stand Hartknopf noch eine
Weile still, und schauete durch den Torweg, über den Hof,
bis an die Stufen vor der Tür welche braun angestrichen war,
und gegen die ganz weiß abgeputzte Vorderseite des Hauses
auffallend abstach. –

Die braune Tür eröffnete sich, und Hartknopf blickte
beim Strahl der Abendsonne zuerst in dies Heiligtum, das
einen Geist umschloß, der in seiner sterblichen Hülle weit
über die Erde emporragte, und doch in den Bezirk dieser
Mauren, auf diesen einzelnen Fleck, seine bestimmte Wirksamkeit hingeheftet hatte; und gleichsam nur noch mit den
Spitzen der Zehen diesen Punkt der rollenden Kugel berührte, die nun bald unter ihm weggewälzt, seinem spähenden Blicke in die ungemessene Ferne sich entziehen sollte.

Ein alter Diener des Herrn von G.., führte Hartknopf
eine Treppe hinauf, in ein grün tapeziertes Zimmer, wo der
Herr von G.. vor dem Spiegel stand, und sich den Bart
eingeseift hatte, um sich zu balbieren, welches er, eine Stunde vor Sonnenuntergang selbst zu tun gewohnt war.

Er eilte mit dem eingeseiften Barte auf Hartknopfen zu,
dieser aber bat ihn, er möchte sich nicht stören lassen, und
setzte sich so lange auf einen Stuhl, bis der Herr von G..
sich den Bart abgenommen hatte. Dabei gab er auf seine
Augen und Hände Acht, wie die Schärfe des Schermessers
das Kinn des Greisen umwandelte – während daß in der
ruhigen Miene ein schöner Zug nach dem andern sich ent-
hüllte, und endlich um die Lippen das jugendliche bewill-
kommende Lächeln sich verbreitete, womit der Herr von
G..., nachdem er sich balbiert hatte, seinen langgewünsch-
ten Freund an seinen Busen drückte.

Die Empfindungen Hartknopfs und des Hrn. von G .... trafen in einem Punkte zusammen. – Beide suchten die Bewegung, welche in ihren Gemütern herrschte, erst wieder einzuwiegen, ehe sie sich einander mitteilten.

Daher fand es der Herr von G ... ganz natürlich, daß Hartknopf, ohne weiter etwas zu sagen, sich an ein Klavier setzte, das in der Stube stand, und folgende beiden Lieder sang und spielte, welche der Herr von G ... in einer freilich noch etwas unpoetischen Sprache, aus dem Französischen übersetzt hatte.

Hartknopf kannte diese Lieder schon, und fand sie gerade aufgeschlagen auf dem Klavier liegen; das erste war das Wiegenlied selbst, und das andre noch eine Kadenz dazu.

DAS WIEGENLIED.

Ein Lied des heiligen Johannes vom Kreuz, dem Buch,
Aufsteigung des Berges Karmel vorgesetzt.

Als die Ängsten mich umgaben,
Ganz entzündt in finstrer Nacht,
Ward die Lieb in mir erhaben,
Und ihr fester Bund gemacht.
O Glück! ich ging ohne Sehen
Aus der Selbstheit gänzlich aus,
Als ich fröhlich sahe stehen,
Meine Ruh- und Friedenshaus.

Ich ging durch verborgne Stege,
Sicher in der Dunkelheit,
Taumelnd, ohne Furcht im Wege,
Ungestalt und ganz verkleidt;
Ja in Finsternis verborgen,
Schritt ich aus mir selbsten aus!
Ach! o Glück! da ohne Sorgen,
Ich in Ruhe fand mein Haus.

Keiner konnte mich erkennen,
Noch die Seligkeit der Nacht:
Mein Herz hatte in sich brennen,
Ein verborgnes Licht und Tacht:
Doch verdeckt, und ohne Schauen;
Licht und Führer heimlich bleibt:
Und in dieser Nacht und Grauen,
War ich blind, und ganz betäubt.

Diese mir verborgnen Leiter
Brachten mich in Sicherheit,
Führeten mich immer weiter,
Bis zum Tag der Ewigkeit,
Wo Gott selbsten Licht und Sonne,
Und das Liebes-Feuer ist,
Friede, Freude, Ruh und Wonne,
Und man alles Leid vergißt.

Nacht, die lieblich führen täte:
Du bist schöner dunkle Nacht,
Als der Glanz der Morgenröte:
Denn du hast in Eins gebracht
Braut und Bräutigam vermählet:
Dieser hat nun inniglich
Seine Braut, die er erwählet,
Überformet ganz in sich.

Mein Geliebter, ohne Schmerzen,
Still und sanft regierete
Und entschlief in meinem Herzen,
Das in Liebe grünete:
Da die Cedern und die Rosen
Sich bewegten in der Luft
Sanfte tät ich ihm Liebkosen
Unter diesem süßen Duft.

Morgenrot, dein sanftes Wehen,
Hat zerstreut mein ganzes Heer,
Kein Begehren konnt bestehen,
Denn der Freund vertrieb es gar,
Da mit klarer Hand er drücket 5
Meinen Hals, den er verletzt,
Alle Sinnen sind entzücket,
Und ich aus mir selbst gesetzt.

Nunmehr hab ich ganz vergessen,
Wo das Aug sonst hingericht, 10
Liebster, du hast mich besessen,
Auf dich leg ich mein Gesicht.
Ich hab alles gar verlassen,
Es verschwindt, und ist nicht mehr:
Ich mag nicht Gedanken fassen, 15
Sie sind bei dem Lilien-Heer.

DIE KADENZ.

Als der Morgenröte Wunder
Glänzte vor der Sternenbahn,
Fiel ein Tröpflein Tau herunter 20
In den großen Ocean:
Da der Tropfen nun die Weiten
Dieses Meeres sahe hier,
Dessen Unermeßlichkeiten,
Wie erstaunte er dafür! 25

Da er sich auch wollte setzen
In Vergleichung, sagte er:
Wie gering bin ich zu schätzen
Zu vergleichen mit dem Meer!
Wahrlich, wo das Meer zu sehen, 30
Der so große Ocean,
Muß ich mir ein Nichts gestehen,
Einen Schatten, Traum und Wahn!

Als er so ein Nichts sich sahe,
Und das Meer, so weit, so groß,
War die Perlen-Muschel nahe,
Schloß ihn ein in ihren Schoß!
O wie wurd' er da verwandelt
Ja zur Perle nun gemacht,
Groß, veredelt, wohl behandelt,
Zur Vollkommenheit gebracht.

Auch der Himmel gab den Segen
Daß der Perle hoher Preis
Gar nichts wäre gleich zu wägen
Auf dem ganzen Erden-Kreis;
Bis der König sie bekame,
Setzte sie in seine Kron,
Hoch berühmet wurd ihr Name.
Schauet hier der Demut Lohn!

DOKTOR MARTIN LUTHERS TISCHREDEN.

Während daß Hartknopf die Lieder spielte, ward der Tisch
für vier Personen gedeckt, und die Frau St... mit ihrer Tochter traten herein.

Die Mutter mochte im fünfzigsten, die Tochter im dreißigsten Jahre sein. –

Hartknopf wurde von ihnen freundlich bewillkommet,
und man setzte sich zu Tische, wo das Gespräch bald heiter
und froh wurde, und auf allerlei weltliche Dinge fiel.

Hartknopf erzählte von Erfurt, von den drei Brunnen
und vom Steigerwalde; und von seiner Art periodisch zu
studieren, die dem Herrn von G... gar großes Vergnügen
machte.

Sie kamen nun auf das Universitätsleben zu sprechen, und
der Herr von G.. erzählte von einem Duell, das er in seiner
Jugend gehabt hatte.

Nun kamen politische Gegenstände an die Reihe, worin

der Herr von G.., der selbst einen beträchtlichen Gesandt-
schaftsposten bekleidet hatte, reelle Kenntnisse besaß.

Die Jungfer St.... würzte das Gespräch mit einem leichten spottenden Witze, womit sie den wichtigen Weltangele-
genheiten wieder ein komisches spielendes Ansehen zu geben, und die Überwichtigkeit der Dinge immer wieder ins
Gleichgewicht zu bringen wußte.

Die Frau St.... belebte die Einfälle ihrer Tochter durch
einen launichten mütterlichen Ernst, womit sie ihr dieselben
verwies.

Die Jungfer St... fragte schalkhaft, ob Hartknopf die Bekanntschaft des Pächter Heil, eines sehr braven Mannes
noch nicht gemacht habe – und Hartknopf wäre über diese
Frage beinahe in Verwirrung geraten, so wunderbar überraschte sie ihn – durch den Ton und die Miene, womit die
Jungfer St... diese Frage an ihn tat.

Denn der Pächter Heil und seine Schwester standen wie
zwei verschlungene Buchstaben in seinem Gedächtnis, deren Züge sich in einander verwickelten, und das Verwickelte
zog die Verlegenheit nach sich. –

Hartknopf half sich so gut er konnte, und die Jungfer St...
erbarmte sich seiner, und fing an, mit dem Herrn von G....
über Rußland und Pohlen zu sprechen.

Die Jungfer St.... hatte bei einer blassen Gesichtsfarbe
ein fast zu feuriges Auge, welches dem Auge des Hrn. von
G.... oft mit einer Lebhaftigkeit begegnete, die mehr als
Ehrfurcht bezeichnete, weil die Jungfer St... wirklich mehr
als Ehrfurcht gegen den edlen Greis hegte, der ihrer ganzen
Liebe wert war.

Sie war unter den Augen des Herrn von G.... in diesem
Hause aufgewachsen, in welches ihre Mutter im sechs und
zwanzigsten Jahre schon als Witwe in Dienste getreten war,
um der Verwaltung des Hauswesens, noch bei Lebzeiten der
Gemahlin des Herrn von G.... welche sehr kränklich war,
vorzustehen.

Der Herr von G.... besaß auch selbst in seinem Greisen-
alter noch eine gewisse jugendliche Lebhaftigkeit, die ihn
und andre oft seiner Jahre vergessen machte.

So schien diesen Abend sein Puls schneller zu schlagen,
sein Blut jugendlicher in seinen Adern zu fließen – und
endlich erklangen auch vom Saft der edelsten Trauben angefüllt die Gläser. –

5   Das Gespräch lenkte sich noch einmal eigensinnig auf
den Pächter Heil und auf die Liebe, und Hartknopf bewaffnete sich diesmal mit Doktor Martin Luthers Tischreden, die
er aber in diesem Cirkel nicht nennen durfte, und sagte:
indem die Jungfer St… ihr Glas mit dem seinigen anklang,

10   folgende Losung:
          Wein und Liebe, und Gesang!
Nun war schon vorher die Rede von dem trefflichen Gesange der Jungfer St… gewesen, welches Lob sie bescheiden
von sich abgelehnt hatte, nun aber nicht ferner konnte, da

15   sie auf Befehl des Herrn von G…. es bestätigen mußte.
      Sie sang und spielte also zum Beschluß der Mahlzeit fol-
gendes kleine Lied, welches der Hr. von G… ebenfalls aus
dem Französischen der Madam…. in seine Art Verse übersetzt hatte, und fast zu gern es immer wieder hörte:

20   Zu glauben, daß man grade geht,
                Blind sein, und sich verirren;
             So geht ein Narr voll Gravität,
                Die Bücher ihn verwirren,
             Und in seiner Gelehrsamkeit

25   Ist er blind, töricht jederzeit.
Hartknopf fing schon an, über dies Lied ein wenig verdrießlich zu werden – denn er konnte die Mystik wohl leiden, bis
auf den Punkt hin, wo sie das menschliche Wissen aus-
schließt, und für Torheit achtet. – Hartknopf hatte sehr viel

30   Achtung für alles menschliche Wissen, es mochte sich auf-
wärts oder abwärts erstrecken; am liebsten war es ihm aber,
wann es von der Ceder bis zum Ysop reichte – und weil dies
so selten in diesem Leben der Fall ist, so mochte er gerne
fremdes Wissen dem seinigen ansetzen, um sich allmählich

35   eine Leiter zu bauen, auf der er ein wenig über die Erdfläche
emporsteigen, und um sich her schauen konnte. –
      Wer ihm da nun eine Stufe unter den Füßen wegbrach,

den mußte er wie einen hämischen Feind betrachten, der ihm ein unschuldiges Vergnügen mißgönnte, und beinahe so betrachtete er den Herrn von G.... in dem Augenblick, da die Jungfer St... auf dessen Befehl das obige Lied sang.

Er lenkte, da es vorbei war, das Gespräch sobald wie möglich, auf Kenntnisse und Wissenschaften, und gestand ein, daß er sie zur Leiter brauche, weil er nicht fliegen könne; und derjenige, welcher fliegen könnte, doch immer sehr unrecht täte, wenn er dem, welcher es nicht könnte, noch dazu die Leiter wegrücken wollte.

Das wollte nun der Herr von G... wahrlich nicht, sondern es war eine ganz andre Ursach, weswegen er das Lied gerne hörte, die aber Hartknopf nicht wußte; den es daher auch gar nicht gereuete, daß er den Herrn von G... durch seine harten und spitzigen Worte tief beleidigt hatte; denn ihm war es nur um die Sache zu tun, und er sahe nur die Kluft vor sich, welche zwischen ihm, und dem Herrn von G.... lag, aus dessen Hand er in dem Augenblick die seinige zog. –

Der Herr von G... dachte sich nehmlich bei dem *Narren voll Gravität* in dem Liede, unter andern den verstorbenen Pfarrer in Ribbeckenau; welcher wirklich Gelehrsamkeit besaß, und dem Herrn von G...., der sich anfänglich mit ihm eingelassen hatte, in seinem Leben manches Herzeleid verursachte.

In der Freude seines Herzens, da er nun seinen teuren Hartknopf mit dessen Vorgänger verglich, ließ er die Jungfer St.... das Lied singen, und dachte nicht daran, daß es auf Hartknopf eine so widrige Wirkung tun könnte.

Freilich hatte der Herr von G... einen Widerwillen gegen den Stand der Prediger überhaupt, und trauete ihnen nicht viel zu, wie folgende Stelle in einem seiner Briefe beweist, welcher mir zu Handen gekommen ist:

»Wie Herr Pastor Dannemann steht, so stehen die meisten Pastores, die wirklich Gott fürchten, aber bei ihren Lehrbegriffen stehen bleiben. Sie verstehen nicht, was mystische Schriften sind, indem sie keine Erfahrung davon

haben. Es ist auch nicht gut, sich mit solchen, wenn sie nicht
was tiefes erkennen, noch haben, allzubekannt zu machen,
weil man leicht mit einem Heuchler könnte bekannt werden,
der sich gut zu sein stellen könnte, und alsdann könnte ein
solcher einem leichtlich Verfolgung und allerlei Leiden erwecken.«

Nun kamen aber noch mehrere Dinge zusammen, welche
die Vorliebe des Herrn von G... zu dem obigen Liede, wo
nicht entschuldigen, doch erklären. –

Es war nehmlich gerade damals eine Schrift wider die
Schwärmerei erschienen, welche viel Aufsehens machte, deren Verfasser mit einer Selbstgenügsamkeit ohne Gleichen,
und mit einer bittern Unduldsamkeit alles in eins warf, was
ihm freilich eins zu sein schien; welcher so wenig Sinn hatte,
das Zarte von dem Groben zu unterscheiden, daß dies Buch
freilich den Hrn. von G... empören mußte, statt ihn aufmerksam zu machen.

Folgende Stelle schien ihm besonders hart, und er konnte
sie nie ohne Unwillen lesen:

»Wer es auch sei, der euch von einem innern Worte, von
höhern Offenbarungen spricht – hütet euch vor ihm, wie
vor der Pest die im Finstern schleicht – er ist ein bübischer
Gleißner, oder ein intoleranter Dummkopf und in dem
einen Fall so gefährlich wie in dem andern.«

Nun war der Herr von G... weder ein Gleißner noch ein
Dummkopf, und sprach doch auch von einem inneren Worte, und von etwas, das er für höhere Offenbarungen hielt –
die Stelle in dem Buche würde ihm aber doch nicht so hart
aufgefallen sein, wenn der ganze Geist des Buches wider die
Schwärmerei ihn nicht schon gedrückt hätte. –

Denn es war ihm immer unerklärbar, daß es irgend jemanden *möglich* gewesen sei, so zu schreiben – seine Zartheit
des Denkens konnte jene Grobheit nicht übertragen, sondern erlag darunter. –

Nun hatte er aber bei aller Ertötung der Eigenheit doch
immer noch so viel Selbstgefühl, daß er wohl wußte, eine
Denkkraft, welche die Sachen *fein* zu nehmen vermag, sei
mehr als eine solche, die dies nicht vermag.

Dies hob ihn selbst wieder in seinen Gedanken empor –
und nährte den kleinen mystischen Übermut, der ihm zuweilen anwandelte. –

Der Narr voll Gravität stand dann vor ihm, der in seine
Worte ein Gewicht legen wollte, das seine Gedanken nicht
hatten.

Dies war die sonderbarste Mischung von Überlegenheit
und Schwäche, die man sich denken kann – und eben daraus
entstand das Disharmonische jenes unmerklichen Übermu-
tes bei dem Herrn von G... welchen Hartknopf nicht
ertragen, und seinen Spott darüber nicht zurückhalten
konnte.

Als ihm aber der Herr von G... die oben angeführte
Stelle in dem Buche zeigte, welches broschürt auf dem Klavier lag; so wurde die Miene des Spottenden allmählich
wieder sanft und gut.

Ja, sagte Hartknopf, mir fällt immer jener lahme Schulmeister ein, der in seiner Schulstube saß, die Rute und den
Stock ans Fenster gesteckt, und dazwischen durchsahe, wie
die Jungens im Dorfe schwärmten. –

Ach, wie sie schwärmen! seufzte er – wenn ich sie wieder
habe, wie will ich sie züchtigen. –

Der Herr von G... lächelte und sagte: die schwärmende
Biene saugt den Honig!

Wohl! erwiderte Hartknopf, aber sie wohnet und bauet
den Honig in ihrem Korbe! –

Hiemit wünschte man sich einander gute Nacht. –

Die Frau St... wies Hartknopfen sein Lager an – und ihre
Tochter begleitete den Herrn von G...

ELIAS.

Die Züge dieses Namens schienen noch nicht ganz verweht
zu sein, als Hartknopf am folgenden Tage, bei seiner Rückkehr von dem Herrn von G..., wieder auf denselben Fleck,
in dem Fichtenwalde kam, wo er mit seinem Stabe Figuren
in den Staub schrieb.

Eine süße Ahndung kam in Hartknopfs Seele – es war
ihm noch aufbewahrt, unter dem Hochgerichte von Gellenhausen, den alten Rektor Emeritus wieder zu sehen, – denn
dieser war sein Lehrer und Meister – sein Elias –

5   Es war der einzige Freund seiner Jugend, an dessen Hand
er zuerst den Felsen erstieg, an Abgründen wandelte, dem
Wasserfalle horchte, dem kommenden Sturme entgegen
ging, und in der einsamen Hütte sich vor dem Regen barg. –
Wenn schwarze Gewitterwolken hinter der Stadt sich auf-

10   türmten, wie ein Berg, und die Sonne mit ihrem Glanze
dicht auf dieser Dunkelheit ruhte – so eilten Hartknopf und
sein Lehrer mit ein paar Schritten durch den Garten hinaus
ins Freie, und standen, wie das erste Menschenpaar, auf dem
einsamen Erdkreise, vor der mächtigen Erscheinung, im

15   dämmernden Lichte da. –
Dann war wie ein Traum in des Knaben Seele seine Kindheit, sein Beginnen, sein Wandeln an seines Führers Hand. –
Es deuchte ihm Täuschung, und war doch wirklich. – Die
süße Täuschung währte, so lange das Licht die Nacht um-

20   säumte – war aber die Sonne hinter dem Wolkenberge ganz
versunken, so war auf einmal alles wieder so gewöhnlich: –
auf dem Turme schlug der Seiger – man eilte durch den
Garten in die Stube – da waren die weißen Wände – das
Dintenfaß und der Bücherschrank – man setzte sich an den

25   Tisch, und lernte Sprachen.
Wenn aber Himmel und Erde mit Macht in des Knaben
Seele sich spiegelten, und die zarte aufschießende Knospe
auseinander drängten, so hing sein schmachtendes Auge am
Auge seines Lehrers, das ihn allein verstand. –

30   Wenn dann im Glanze des Vollmondes die kleine Stadt
mit dem spitzen Turm vor ihnen lag, und Berg' und Täler
rund umher, und das Entfernteste wie ein Gewölke sich am
Horizonte gelagert hatte; so saß Elias auf dem abgehauenen
Stamme der Eiche, und der wunderbare Knabe stand vor

35   ihm, und horchte auf die göttlichen Lehren, die wie Honig-
tau von den Lippen träuften, und von des Knaben Seele
aufgefaßt, wie ein Kleinod in das Innerste seines Busens
verschlossen wurden.

In der nächtlichen Stille erhub Elias seine Stimme und sprach:

»Die unendliche Erde, die dich trägt verschmäht den Kuß deines Fußes nicht, denn deine Scheitel ist ihre Krone.« –

Hier legte er seine Hand auf des Knaben Haupt, und ließ sie an seinen Locken hinuntergleiten.

»Dein leisester Fußtritt bebt in ihre innersten Tiefen.« –

»Sie lockt den steigenden Vogel, und den befiederten Pfeil mit sanftem Zuge an ihre Brust zurück. –

Aus ihr strömt Lebenskraft in deine Adern, wenn du aufrecht stehst, und wenn du wandelst. –

Sieh diesen Baum und jene wallenden Saaten. –

Sie gab deinem Körper die Biegsamkeit des Halmes, vereint mit der Stärke des Baumstammes – und deine Fingerspitzen pflücken Blumen, die ihrem Schoß entsprießen.

Dein Blick schauet himmelwärts – sie aber heftet ihn wieder auf das Kraut und auf das Steinchen zu deinen Füßen. –

Sie ist die Allesernährende, Große, Geheimnisvolle. –

Wer sich an sie schmiegt, der sitzt im Rat der Götter. –

Sie hat mit dir geredet, und grüßt dich mit dem Kusse meines Mundes!«

DER UMWEG.

Er fühlte sich angezogen und zurückgestoßen, als er den Turm von Ribbeckenäuchen wieder vor sich sah. –

Die Straße ging durch das Dorf, ein Fußweg ging vorbei – sollte er die gerade Straße oder den krummen Fußweg gehen?

Er ging die gerade Straße nicht; denn sein Innerstes war mit sich selbst im Streit. –

Hier war es, wo seine Lebensbahn aus dem Gleise wich – auf diesem Fußwege um das Dorf bildete sich im Kleinen ab, was Jahre hindurch ihn quälen würde. –

Für ihn war die breite Heerstraße, welche vom Aufgange

bis zum Niedergange die Länder durchschneidet, die von den Menschen nach ihren Zungen und Sprachen benannt sind. –

Der Fußweg um das Dorf aber vollendete und verlor sich in sich selber – und Hartknopf fühlte durch diese sanfte Krümmung sich unwillkürlich angezogen, von der andern Seite in das Dorf wieder zurückzukehren.

Die süße Täuschung erhielt in seiner Seele die Oberhand – das häusliche stille Leben stellte sich ihm mit seinen reizendsten Farben dar – das wirtbare Stübchen mit dem runden Tischchen – der grüne Kirchplatz, dem Fenster gegenüber, und die spielenden Knaben des Dorfs. –

Auf dem krummen Fußwege, der sich durch die grünen Saaten schlängelte, malte seine Phantasie, das in sich selbst vollendete ruhige Leben aus, das kein höher Ziel als sich selber kennt, und seinen schönen Kreislauf mit jedem kommenden Tage wiederholt.

So wie hier der Weg in die Krümmung sich verlor – verlor sich seine Aussicht in das Leben im süßen Traum vom Erwachen zu frohen Tagen, vom Genuß des Lebens und der Gesundheit bei dem harmonischen Wechsel der Jahreszeiten.

Das Vermiedene stellte sich ihm nun so reizend dar, eben weil er es geflissentlich vermeiden wollte – da rächte es sich an seiner Phantasie mit den Farben des Morgenrots, worin alle seine Gedanken und Bilder sich kleideten. –

Ob es gleich die schwüle Zukunftschwangere Mittagsstunde war, in welcher er auf dem einsamen Pfade um das Dorf ging. –

Dieser hohe Mittag lud ihn in den wirtbaren Schatten ein, wo sanfte Kühlung herrschte, wo schon die Blicke ihn willkommen hießen, die ihn gestern so freundlich wiederzukommen baten.

Alles war so stille auf dem Felde und im Dorfe – nur die summende Fliege weckte das Ohr zu horchen, und leise Wünsche stahlen sich in die Seele des Einsamen, der mit schnellern Schritten vorwärts ging, je näher er sich am Ziele sah. –

Am Ziele, das im Widerschein der Phantasie sich dicht vor seine Augen hingezaubert hatte, und bald, da er es fest zu umfassen glaubte, in die ungemessene Ferne plötzlich wieder zurückwich. —

Aber auch dieser Wirbel vermochte den Strom nicht in seinem Laufe zu hemmen, welcher Dämme durchbrach, und sich sein Bett durch Felsen wühlte. —

Die willkommene Tür des Pächter Heil eröffnete sich, und nahm den Wanderer ein. —

Sophie Erdmuth saß in einer Ecke, und nähte, als Hartknopf in die Stube trat — sein erster Blick fiel auf sie — ihn bewillkommend stand sie auf, und erwiderte durch einen sanften Händedruck seinen Blick voll ernster Liebe. —

Er aß bei dem Pächter Heil das Mittagsmahl, und als er über das Torfmoor nach Ribbeckenau wieder zu Hause kehrte, ertönte ihm unterwegs folgende Sinfonie.

DIE SINFONIE.

Am Abend kehren die Schnitter heim vom Felde, und schleppen ihre Sensen nach. —

Dem Hungrigen ist das Mahl, dem Müden die Lagerstatt bereitet. —

Sie grüßen das Dach der gewohnten Hütte, und das kleine Fenster in der leimernen Wand. —

Sie lagern sich ehe die Dämmerung kömmt, und schlummern bis die Lerche erwacht. —

Dann hebt das neue Tagewerk an — und immer wächst die Mühe je höher die Sonne steigt. —

Und wenn der Schweiß von der Stirne träuft, so labt ein erquickender Trunk den Gaumen. —

Bis die Stunde des Mittagsmahls mit schwerem Schritt heranrückt. —

Nun lagern die Müden sich in den Schatten, verzehren hastig ihr Mahl, und eilen schnell wieder an ihr Werk, denn ein Gewitter steigt herauf. —

Die Donnerschwangere Wolke lähmt den Arm, die Hände werden laß.

Aber siehe! von Abend her erhebt sich ein kühler Wind, die Wolken zerteilen sich – das drohende Gewitter zieht vorüber. –

Nun ist der Schweiß getrocknet – die Sensen heben sich in schnellerm Takt, die Ähren fallen dichter – das Feld ist leer. –

Nun, denkt der Arbeiter bei sich selber, eilt der Abend näher – ich werde bald auf dem Lager liegen. – Es dauert nicht lange mehr. –

Und während er noch so denkt, ist es schon Feierabend. – Langsam geht er zu Hause – ihm ist das Bette einladender als der Tisch. –

Eilend nimmt er das Mahl zu sich, um sich zu der morgenden Arbeit zu stärken, und Zeit zum Schlaf zu gewinnen. –

Kaum hat er sich niedergelegt, so ist Gedanke und Bewußtsein ihm entflohen, bis die Liebe zur Arbeit ihn mit der Morgendämmerung wieder weckt.

Der Prediger schlummert noch ein Weilchen, aber nicht lange mehr – er grüßt die Morgenröte in der Laube in seinem Garten hinter der Pfarrwohnung. –

Er durchwandert die schmalen Pfade zwischen den angepflanzten Beeten, und sieht was keimt, und was im Mutterschoß der Erde noch verschlossen bleibt. –

Dann eilt er auf die Wiese durch das Gartentürchen, und saugt aus Blumen und Kräutern den Honig seiner Rede. –

Hier lernt er betrachten und unterscheiden, was in der einfachsten Bildung mannigfaltiges ist, und lernt das Mannigfaltige wieder vereinfachen, wie den Strauß von Blüten. –

Hier ordnen sich seine Predigten an die horchende Menge, und an den einsamen Traurenden. –

Er spähet den wunderbaren Bildungen in ihren ersten Keimen nach, und ahndet leise, wo er nicht frei zu denken wagt. –

Die einsame Stunde mit dem Schleier umhüllt, verfliegt

ihm schnell, und macht der gesellligen im Rosenfarbenen
Gewande Platz. –

Sie kommt im holden Reihentanz mit ihren Schwestern
und ladet den frohen Einsamen in ihre Umarmungen ein. –

Die Pfarrwohnung ist doch bequem, obgleich die Stuben
schiefwinklicht sind. – Auch in schiefwinklichten Stuben
wohnt die stille Freude und süßes Lebensglück. –

Da steht in einer Ecke der braune Bücherschrank, und in
der andern der pyramidalische Aufsatz zum weißen hellklin-
genden Porzellain.

Das alles ist so glänzend und so schön – die Griffe an den
neugemachten Türen sind poliert – die Küche ist hell und
groß – die Fenster des Studierzimmers sind nach dem Garten zu – und grüne Vorhänge schützen gegen den brennenden Sonnenstrahl.

Und wohnt die Lieb' in Hütten des Landmanns, so wohnt
sie doch viel bequemer in der zierlichen Pfarrwohnung, die
wie ein Palast über die Hütten emporragt, und wo der Rauch
vom Herde nicht aus der Tür zieht, sondern durch den
Schornstein in die Luft empor steigt. –

Hier tönen oft in stillen Stunden die Saiten des Klaviers –
und sind ein sanfter Widerhall vom schönen Lebenswohl-
laut. –

So fliehen die Tage hin, und kehren niemals wieder? –
Dieselben nie – denn das Zufällige verschwindet, aber das
Wesen der Dinge erneuert sich in ewiger Jugend. –

HARTKNOPF LERNT DEN GROBSCHMIED
KERSTING KENNEN.

Der kam links von einem benachbarten Flecken auf einem
schmalen Wege über das Torfmoor hergewandert, als die
Sonne sich schon zum Untergange neigte – da gesellte er
sich zu dem Prediger Hartknopf, dessen erste Predigt in
Ribbeckenau er in einem dunkeln Winkel in der Kirche mit
lauschendem Ohre vernommen hatte.

Denn er mochte sich der Gemeinde nicht zeigen, weil er
eine zu seltene Erscheinung in dieser Kirche war, deren
Schwelle bei Lebzeiten des vorigen Pfarrers sein Fuß niemals wieder betrat, nachdem er sich einmal an Gestalt und
5 Gebärde des Redenden geärgert hatte.

Bei dem ersten Abendgruß aber fand Hartknopf seinen
Mann an diesem geraden und unbiegsamen Wanderer durch
das Leben, der mit festem Tritt den Boden zeichnete, der ihn
trug, mit freiem Auge in die Weite um sich her blickte, und
10 mit wohlwollenden Anstande Hartknopfen seine Rechte
bot.

Dieser Grobschmied Kersting war ein stiller Einwohner
in Hartknopfs Pfarrdorfe – allein er war wegen seiner Geschicklichkeit in Pferdekuren in der ganzen umliegenden
15 Gegend berühmt.

Daß er aber auch Menschenkuren durch die Zaubermittel
einer wohlabgewogenen, aus dem Innersten des Herzens
strömenden Beredsamkeit verrichtete, darum rühmte ihn
niemand, denn niemand wußte es, der gebessert von ihm
20 ging, durch wessen Rat er gebessert sei, – weil Kersting den
Menschenarzt unter dem Pferdearzt und Grobschmied so
fein zu verstecken wußte, daß ihn unter dieser groben Hülle
niemand ahndete.

Ich lernte diesen merkwürdigen Mann, welchen ich, da
25 ich Hartknopfen besuchte, in Ribbeckenau nicht vorfand,
erst viele Jahre nachher, auf einer Reise von Hannover nach
Braunschweig, auf dem Postwagen kennen, nachdem er
schon lange in einer ganz andern Lage gewesen war, und
doch noch immer Vergnügen daran fand, unter dem Titel
30 eines Grobschmieds seinen Rang und Wert unter den Menschen vor neugierigen Augen zu verdecken.

Denn, so wie viele die Sucht haben, mehr zu scheinen als
sie sind; so hatte er den Fehler weniger scheinen zu wollen
als er war.

35 O wie fühlte ich damals mein Herz erweitert, als ich diesen simplen Mann, der sich beim Ausfahren am Stadttore als
Grobschmied angegeben hatte, auf dem Postwagen hinter

mir sitzend, mit seinem zehnjährigen Sohne Worte der Weisheit, eine seltne Sprache reden hörte, die nur hier und da aus einem Munde noch wiederhallt, damit sie im Gedächtnis der Menschen nicht ganz verlösche. —

Seine Worte hoben allmählich die Scheidewand weg, die durch Alter, Sitten, Stand und Sprache Menschen von Menschen sondert. —

Die Menschen fanden sich und kannten sich wieder vom Aufgange bis zum Niedergange und wunderten sich, so lange sich verkannt zu haben. —

Der hohe Gedanke der immerwährenden sich stets verjüngenden Menschheit durchbebte die Seele. —

Wir hatten die Wälle und Türme von Braunschweig schon im Angesicht — wir alle waren einige Minuten still — der Knabe schmiegte sich gerührt an seinen Vater — und ein armer polnischer Jude, der mitfuhr, hub in hebräischer Sprache den Psalm an herzusagen.

»Wenn die Hülfe aus Zion kommen wird, dann werden wir sein wie die Träumenden.«

»Dann wird unser Mund voll Lachens und unsre Zunge voll Rühmens sein.«

»Da wird man sagen unter den Heiden: Der Herr hat Großes an ihnen getan;«

»Der Herr hat Großes an uns getan; des sind wir fröhlich.«

»Herr, wende unser Gefängnis, wie du die Wasser gegen Mittag trocknest.«

»Die mit Tränen säen, werden mit Freuden ernten.«

»Sie gehen hin und weinen, und tragen edlen Samen, und kommen mit Freuden, und bringen ihre Garben.«

Der Jude dachte nicht daran, ob ihn jemand verstand, oder nicht, da er den Psalm hersagte, und alles war aufmerksam und still im sympathetischen Mitgefühl der Menschheit, die sich sehnet, dem Druck entnommen zu sein, der auf ihr liegt, und in ihrer angestammten Größe wieder zu schimmern.

Der Grobschmied Kersting stieg vor dem Tor vom Wagen

ab, und ließ uns in einem angenehmen Staunen zurück über den wunderbaren Mann, den wir in unsrer Mitte gehabt hatten.

Nie werde ich seine Gestalt und die Würde und Wahrheit in seinem Blick vergessen, womit er die Gemüter beherrschte – denn damals ruhte auch Hartknopfs Geist auf ihm, mit dem er *nun* bei Sonnenuntergange auf Ribbeckenau zuwanderte, und zum erstenmal die süßen Worte der Erkennung vom Anbeginn verwandter Seelen mit ihm wechselte.

Diese Erkennungsworte lösen sich immer wieder in einen einzigen hohen Begriff auf, der heißt:

Humanitas.

DER KÜSTER EHRENPREISS UND DIE BAUERN.

Als sie nahe am Dorfe waren, begegnete ihnen der Küster Ehrenpreiß mit einigen Bauern, und murmelte für sich die Worte:

par nobile fratrum!

Die Bauern fragten ihn, was das hieße, und er sagte: ein paar saubere Brüder! Die werden schöne Dinge anrichten!

Der eine hat bei seiner ersten Predigt schon das Signal gegeben, und der andere stand in einem Winkel in der Kirche und horchte, was der neue Prophet sagen würde.

Die Bauern schüttelten bedenklich die Köpfe über den neuen Propheten, der mit dem Atheisten und Goldmacher Kersting in das Dorf zurückkehrte.

Und als sie nun gar sahen, daß Hartknopf den Kersting in sein Haus begleitete, und dieser dann die Türe hinter sich zuschloß, so machten sie das Zeichen des Kreuzes, und gingen mit gen Himmel emporgehobenen Augen auseinander.

DAS ABENDMAHL.

»Brannte nicht unser Herz in uns, da er auf dem Wege
mit uns redete?«

Kersting. Beliebt noch eine Hälfte von der Taube.

Hartknopf. Ich habe genug von der Taube.

Kersting. Sie ist nicht hölzern.

Hartknopf. Ich mag nicht an die hölzerne erinnert sein.

Kersting. Nein, es wäre auch Schade darum, das schöne
Bild so zu entstellen. – Mir ist die Taube im hohen Liede
das zarteste Sinnbild der Liebe, ohne welche das Leben leer
ist. –

Hartknopf. Warum noch einmal auf denselben Punkt.

Kersting. Weil ich ins Herz treffen will. – Wir haben nur
von der himmlischen Weisheit gesprochen, die muß sich
notwendig in einem sterblichen Leibe zu den Sterblichen
herabsenken, und heißt alsdann: *Sophia Erdmuth.*

Hartknopf schwieg, und Kersting schenkte zwei Pokale
voll Wein, die wurden schweigend ausgeleert. –

Und nun stimmten die allgemeinen Begriffe sich allmählich zur *Individualität* herab.

Man träumte sich ein süßes Lebensglück, das den Sterblichen so nahe läge, wenn sie es nur ergreifen wollten.

Die Gedanken verloren sich in Scenen von häuslicher
Glückseligkeit, von ruhigem Beieinandersein, und vergessen der weiten Welt umher.

Ein treuer Handschlag versiegelte das Freundschaftsbündnis. – Hartknopfs Entschluß ward tief in seinem Busen
fest, und als ein verlobter Bräutigam verließ er noch diesen
Abend die Schwelle seines Gastfreundes.

MEIN BESUCH BEI HARTKNOPF IN RIBBECKENAU.

Ich fand ihn im Garten, wie er Bohnenstangen setzte, und er
bewillkommnete mich unter den Bohnenstangen.

Er war nun der völlige Hauswirt geworden, denn er hatte auch Bienenkörbe, die er mir zeigte. –

Ich brachte ihm wieder Rettichsamen mit, denn der, den ich schickte, hatte auf seinen Feldern noch nicht gedeihen wollen.

In seinem Antlitz glänzte eine heitere Freude – und dann zuweilen wieder ein tiefes Nachdenken.

Er hatte mir schon geschrieben, daß er verlobt sei. – Ich wünschte ihm Glück dazu, und er dankte mir bloß mit einem Händedruck. –

Nun war auf den nächsten Sonntag gerade eine große Feierlichkeit in Ribbeckenau, bei welcher ich mit zugegen war. –

Die Kirche in Ribbeckenau hatte nehmlich hundert Jahre gestanden, und feierte nun ihr erstes Jubelfest, und Hartknopf hatte schon allerlei Veranstaltungen getroffen, um diese Feierlichkeit recht glänzend zu machen.

Ribbeckenau schien wirklich seine Welt geworden zu sein – er hatte einen Zauberkreis um sich her gezogen, der das, was er umschloß, in seinen Gedanken zu einem Elysium umschuf.

DAS JUBELFEST.

Der festliche Tag war nun da; man läutete die Glocken – die benachbarten Dorfschaften hatten sich versammlet – die Menge der Zuhörer fand in der Kirche nicht Platz. –

Der Grobschmied Kersting war bei diesem Jubelfeste verreist. –

Musik und Rede sollten nun vereint auf die Zuhörer wirken.

Vokal- und Instrumentalmusik war beisammen, denn aus dem nächsten Städtchen waren die Chorschüler zu diesem Fest geladen, und der adjungierte Kantor aus eben diesem Städtchen dirigierte die Musik.

Die Musik sollte sich mit einem vollstimmigen Halleluja

schließen, und Hartknopfs Rede mit einem Halleluja in die Musik einfallen.

Welcher Genius ihn auf diesen sonderbaren spielenden Einfall brachte, ist mir noch jetzt ein Rätsel.

Wie nun ein Unglück selten allein kömmt, so war die alte Emporkirche, auf der die kleine Orgel stand, lange nicht so gedrückt und erschüttert worden, als jetzt durch die Bewegungen der Sänger und Saitenspieler, und vorzüglich durch den Fußtritt des adjungierten Kantors, welcher den Takt trat.

Nun stand aber oben auf der Orgel, gerade der Kanzel gegen über, mit losen Füßen, wie schwebend, ein großer vergoldeter Engel. – Dieser fing zuerst allmählich an zu nicken, so wie der Kantor mit dem Fuß auftrat – und nachdem er verschiedenemale vorwärts genickt hatte, stürzte er auf einmal mit gewaltigem Sturze mitten unter die Sänger, die ihm Platz machten, und unbeschädigt aber erstaunt und erschrocken um ihn her standen.

Der mächtige Fußtritt des Kantors machte, daß die Musik noch wieder in Takt kam.

Hartknopf trat auf die Kanzel, und das bedeutende Halleluja, womit das Chor sich schließen, und die Predigt sich anfangen sollte, wälzte sich nun erst durch eine Anzahl Fugen hindurch – wo der Alt, nach einer Pause immer einfiel, mit Ha! – Ha! – so daß die letzte Silbe von Halleluja, und dieses Ha! zusammen trafen, um den abgebrochenen Freudenschrei desto vollkommner nachzubilden; in welchen denn Hartknopfs Halleluja von der Kanzel einfallen sollte.

Nun hatte der herabgestürzte Engel zwar einige Unordnung erregt – aber alles ging doch noch gut, bis auf den Altisten, neben welchen er dicht niedergestürzt war, und der sich noch nicht von seinem Schreck erholet, und in der Angst unrecht pausiert hatte, so daß er nun auf einmal, da die ganze Musik vorbei war, mit seinem Ha! – Ha! aus vollem Halse nachkam, und dieses nachgebliebene Ha! Ha! mit Hartknopfs feierlichem Halleluja von der Kanzel gerade zusammen traf, welches den lächerlichsten Kontrast machte, den man sich denken kann.

DIE JUBELPREDIGT.

Schade um sie! – daß durch ein feindseliges Geschick ihr Eindruck gehemmt, ihre erschütternde Kraft gelähmt wurde!

Und doch auch nicht Schade um sie! denn sie wird eben so wie Hartknopfs Antrittspredigt ihren innern Wert behalten, wenn gleich die Herzen und Sinnen der Bauern in Ribbeckenau dadurch nicht gerührt wurden.

Hartknopfs Predigten sind geschrieben, und sind ein heiliges Buch, worin für kommende Zeiten Trost und Stärkung liegt.

Aber die Bauern in Ribbeckenau blickten nur nach den leeren Stellen an der Kanzel, und auf dem Orgelgesimse. – Und ich selbst konnte mich des Lächelns kaum erwehren, wenn ich an das verunglückte Halleluja dachte.

Alle diese Zufälligkeiten sind aber nun abgefallen, und Hartknopfs Worte glänzen wieder in ihrer ursprünglichen Reinheit und Klarheit.

»Die Zeiten rollen fort und kehren wieder – es ist nichts neues unter der Sonne.« –

»Steh still, o Wanderer, auf dem Pfade und blicke noch einmal zurück, bis dahin wo des Himmels Wölbung auf der Nacht des Waldes ruht.« –

»Du tratest aus dem Dunkel in das Freie, und was du sahst schien dir nicht unbekannt.« –

»Dein Ohr vernahm die längstgewohnten Töne wieder – und du warest schnell der Sprache dieses Landes kundig.« –

»Du fügtest dich in Sitten und Gebräuche, als brächtest du sie selber mit herüber.«

»Du sprachst von dem, was vor Jahrhunderten geschahe, wie von den Angelegenheiten deines Hauses.« –

»Du wußtest dich so schnell in das verwickelte Labyrinth, in das du kamst, zu finden, als wär' es deiner eigenen Hände Werk.« –

»Dir lächelte mit dem Strahlenhaupte, verjüngt aus Morgenwolken dein alter Freund entgegen.« –

»Den hieß dein Auge mit seinem ersten Blicke willkommen – und sieht sich nimmer satt.« –

»Und nimmer hört dein Ohr sich satt – denn keine Zunge erschöpft, was in dem Innersten deines Busens in tiefe Nacht sich hüllt.« –

DAS HALLELUJA.

Mußte notwendig mißglücken, weil es zu einer gesuchten, *veranstalteten* Scene bestimmt war, die, wenn sie geglückt wäre, einen unauslöschlichen Mißlaut in Hartknopfs Leben gebracht hätte. –

Nur seine eingeengte Kraft konnte eine solche *Krümmung* in sich selber machen, die possierlich werden mußte, sobald die veranstaltete Scene mißlang.

Aber die verborgene Federkraft in seinem Busen dehnte sich mit Macht, und zersprengte die Posse wieder.

Dies gekünstelte und gesuchte Halleluja bestrafte sich selbst, und wurde durch das Ha! Ha! des Altisten von der Orgel in seiner Geburt ersticket.

Dies Ha! Ha! und der herabgestürzte Engel warfen über die ganze Feierlichkeit eine komische Larve, und was von dem Feierlichen nicht echt war, das verwehte, wie Spreu vom Winde.

Warum sind die Anekdotenbücher so voll von komischen Predigergeschichten? Warum hat man nichts lieber als Erzählungen von Unschicklichkeiten und Lächerlichkeiten des Pfarrers auf der Kanzel?

Kömmt es nicht daher, weil man einen gewissen angenommenen feierlichen Ernst schon voraussetzt, mit dem das geringste Komische weit mehr, als im gemeinen Leben absticht?

Und würde dies wohl der Fall sein, wenn die Predigten sich mehr der vertraulichen Unterredung, so wie bei den ersten Christen, näherten? – wenn der Predigtstuhl weniger erhaben wäre und der Prediger weniger stolz auf die Gemeinde zu seinen Füßen herabsähe?

Bei der gewöhnlichen Unterredung fallen die Besonderheiten der Menschen nie so sehr auf, als wenn sie öffentlich
auftreten und mit einer gewissen angenommenen Feierlichkeit reden; dann wird erst jede Kleinigkeit bemerkt, die
vorher unbemerkt blieb, und der Lacher und Spötter findet
reichen Stoff.

Das gesuchte Feierliche war sonst so ganz und gar Hart-
knopfs Sache nicht, daß er diesmal gleichsam aus seinem
Wesen hinweggedrängt schien, da er von der Kanzel in das
Halleluja von der Orgel einfiel. –

Aber er verkannte sich auch selbst in diesem Augenblik-
ke – er glaubte, er sei zum Prediger in Ribbeckenau geboren,
und brach darüber in ein falsches Halleluja aus, das sich
augenblicklich selbst an seinem Urheber rächte.

SOPHIA ERDMUTH.

Ihre jungfräuliche Seele bildete sich unter dem Einfluß eines
sanften Gestirns. –

Sie wuchs unter den Blumen, und mit den Bäumen in
ihres Vaters Garten auf. –

Sie schlug vor dem blendenden Glanze der Himmelswöl-
bung bescheiden ihre Augen nieder, und bückte sich herab
zu dem Veilchen, das mit gesenktem Haupte auf der Wiese
stand. –

Die liebende Natur mit Morgenrot und Wies' und Wald
war selbst die Freundin und Gespielin ihrer Jugend. –

Dem väterlichen Hause entwachsen führte ihr Bruder sie
in seine stille Wohnung, wo sie mit ihm fünf goldene Jahre
lebte.

Als Hartknopf über die Schwelle trat, veränderte sich der
Lebensplan. –

Es war an einem schöngewählten Frühlingstage in der
stillen Laube im Garten, als Hartknopf, welcher schon ihr
Herz besaß, um ihre Hand anhielt, die der Pächter Heil mit
Bruderliebe in die seinige legte, und sagte: sie ist dein!

SCHREIBEN DES HERRN VON G... AN HARTKNOPF.

»Ich wünsche Sr. Wohlehrwürden, meinem lieben Andreas zu seiner Verbindung von Herzen Glück, in dem Verstande nehmlich, worin er und ich das Glück zu nehmen gewohnt sind – nicht als ob wir es schon ergriffen hätten, oder ergreifen könnten, sondern als diejenigen, die da harren, bis ihre *Auflösung* kömmt. – Bis dahin muß ja Leid und Freude übertragen, und eins ins andere gerechnet werden, weil man sonst auch bei den glücklichsten Evenements nicht auskömmt.« –

»Die Jungfer Sophie Erdmuth ist, so weit ich sie kenne, ein sehr sanftes und gutes Frauenzimmer, welche richtig urteilt. Sie wird einen Mann sehr glücklich machen, der von nun an in seinem Gleise fortwandelt, und sich weder zur Rechten noch zur Linken umsieht. – Da nun die Kreuzesschule, wozu ich meinen lieben Hartknopf eingeladen, durch diese Verbindung ein Paradies für ihn zu werden scheint, so wünsche ich denn, daß dies Paradies bald möge durch ihn bevölkert, und ich zum Zeugen des Erstgebornen mit gerufen werden, so lange ich von den Begebenheiten auf dieser Erde noch ein Zeuge sein kann. Es ist sehr wahr, was er schreibt, daß die Sonne noch nicht aufgegangen sei, unter der wir leben und wirken können, daß wir und kommende Geschlechter noch in Zelten im Dunkel des Waldes übernachten, und harren müssen, bis die Morgenröte anbricht – – und so kann ich es ihm auch wahrlich nicht verargen, daß er sich sein Zelt aufschlägt, und in der kalten Morgenluft nicht unter freiem Himmel liegen will.«

»Damit er nun aber auch das Zelt mit Quasten und Franschen verzieren könne, bitte ich, Inliegendes als einen kleinen Beitrag zu seiner ersten Einrichtung anzunehmen. – Und so wollen wir denn in Geduld den Tag des Aufbruchs aus dem Lager erwarten, und uns bis dahin einrichten, so gut wir können, aber ja die Stäbe nicht zu fest einschlagen, sondern die Erde umher locker lassen, damit wir nicht langsam

erfunden werden, wenn es gilt, schnell zu sein. – Der *innere*
Friede sei mit uns!«

DIE TRAUUNG.

Diese verrichtete der alte Superintendent Tanatos. –

5   Sein Urältervater hieß *Tod,* und nannte sich Tanatos, als er
in Erfurt Magister wurde.

Der alte Superintendent Tanatos verrichtete die Trauung
selber, weil er seinen Substituten die Gebühren nicht gönn-
te.

10   Er wußte nicht, daß dieser Trauungsakt sein letzter war.

Der weite Priesterrock hing über der hagern Gestalt – die
Augen lagen tief im Kopf. –

Die Knie wankten – das Haupt bebte – die Zähne schlot-
terten im Munde. –

15   Mit beiden Händen faßte er das hundertjährige Formular,
das eiserne Klammern hatte, und las die Flüche des alten
Testaments dem neuen Ehepaare vor: Zu dem Manne sagte
er:

»Verflucht sei der Acker um deinetwillen. Dorn und Di-
20 steln soll er dir tragen und im Schweiß deines Angesichts
sollst du dein Brot essen, bis daß du wieder zur Erden wer-
dest, von der du genommen bist. Denn du bist Erde und
sollst zur Erden werden.«

Und zum Weibe sprach er:

25   »Mit Schmerzen sollst du Kinder gebären, und dein Wille
soll deinem Manne untertan sein, und er soll dein Herr sein.«

Es kam an die Worte: »bis der bittere Tod euch scheidet!« –

In sich gekehrt und ernst stand das Brautpaar da. –

Die letzte entscheidende Frage wurde mit einem leisen Ja!
30 beantwortet – die Ringe wurden gewechselt – das Band war
geknüpft, und die furchtbare Ceremonie endigte sich mit der
Gratulation des alten Superintendenten Tanatos, dessen Gesicht sich zu einem Lächeln verzog, womit er dem Braut-
paare Glück wünschte, und Hartknopfen und Sophien die
35 knöcherne Hand reichte.

DAS HOCHZEITKARMEN.

Wurde von dem Kandidat Hund, einem Anverwandten des
Pächter Heil, der kürzlich die Universität verlassen hatte,
überreicht, und hub an, wie folget:

> Wehklagen, und bang Seufzen vom Grauntale des   5
>   Abgrunds her
> Sturmheulen, und Strombrüllen, und Felskrachen das laut
>   niederstürzt
> Und Wutschreien, und Rachausrufen erscholl dumpf auf!
> Als Adam im Gesicht sah' was geschehen einst, im   10
>   Gericht wird!
>
> Goldpalast, und bemoost Dach
> Stürzen ein – –
> Aber Liebe wird im Schatten
> Stiller Nächte sicher sein –   15
> Unaufhörliches Begatten
> Hüllet sich in Dunkel ein –
> Bleibt dem Forscher unerklärbar
> Macht den Weltbau unzerstörbar,
> Lächelt aus des Lagers Ruh   20
> Heulender Verwüstung zu. – u. s. w.

Dieser Kandidat Hund glaubte sein Gedicht durch die Stellen zu verzieren, die er aus Klopstocks Messiade gestohlen
hatte.

Er war ein sonderbarer Mensch, in dessen Kopfe viel und 25
mancherlei durch einander lief. –

Er hatte auf dem Wege von Ribbeckenäuchen bis Ribbeckenau das Torfmoor mit Blumen bestreuet, die er sich
von einem Bauer in einem großen Korbe nachtragen ließ.

DER TANZ DER LIEBESGÖTTER.   30

Sie gaukelten über der Pfarrwohnung in Ribbeckenau im
Schimmer der Abendröte.

Die Bauren von Ribbeckenau rieben sich die Augen, da sie den Schimmer sahen, und wurden dadurch geblendet – denn die Fenster der Pfarrwohnung warfen einen hellen Glanz von sich –

Sie war in einen Feenpalast verwandelt, in welchem die Königin der Liebe thronte. –

Sie hatte sich auf einer Abendwolke herabgesenkt, und teilte nickend mit den sanften Augenbraunen ihre Befehle aus. –

Dann huben die Liebesgötter in mannigfaltigen verschlungenen Bewegungen den geheimnisvollen Tanz in der Abenddämmerung an, und schlossen ihn nicht eher, als bis die Morgendämmerung sich am Himmel zeigte. –

Sterblichen Ohren unvernehmbar ertönte die ganze Nacht hindurch die Luft von süßen Lauten, welche den Tanz beseelten.

Die funkelnden Sterne leuchteten dazu, und die Stille der Nacht feierte die wonnevolle Scene. –

Dreimal näherte sich der Schlafgebieter mit den Schlummerkörnern, aber Pfeil und Bogen der Tanzenden verscheuchten ihn.

DER GROBSCHMIED KERSTING BESUCHT DAS NEUE EHEPAAR.

Ich war den Tag vorher abgereist, als Kersting von einer kleinen Reise wieder zurückkam, und seinen ersten Besuch bei dem neuen Ehepaare machte.

Er war weder ein Zuhörer von der Jubelpredigt, die ich mit angehört hatte, noch Zeuge bei der Trauung gewesen, sondern war während der Zeit mit Pferdekuren in der benachbarten Gegend beschäftigt.

Als er nun in die Pfarrstube trat, so fand er die Neuvermählten am Fenster stehend, und ihm den Rücken zukehrend. – Auf einmal trat er zwischen sie, und sie fuhren unwillkürlich, mit einem kleinen Schreck auseinander; er aber fügte sie wieder zusammen, legte schweigend ihre Hände ineinander, und eine Träne stand in seinem Auge. –

Nun dachte Hartknopf an den ersten Abend, wo sie von der himmlischen Weisheit sprachen, und sein Entschluß zuerst in seiner Seele fest wurde.

Sophie aber schlug die Augen nieder, wie damals, als sie in dem dunkeln Kirchstuhle saß, und Hartknopfs Blicke zuerst den ihrigen begegneten.

Und was war es, daß eine Träne in Kerstings Auge stand, als er die Hände der Liebenden ineinander legte?

Er hatte Sophien lange gekannt – – so wie sie ihn – er kannte ihren ganzen Wert – und wußte seinem angebeteten Freunde kein höheres Opfer als dies zu bringen. – –

Wie ein köstliches Kleinod drückte Hartknopf seinen Freund an seinen Busen – und Sophie schlug die Augen auf, und freuete sich tief im Herzen, *daß zwei edle Männer vor ihr standen, die als Freunde sich umarmten.*

Alles, was nun noch gesprochen ward, war gegen die stumme Scene unbedeutend.

IM ENTZÜCKEN SCHWIMMEN.

Ist es nicht Ausgehen aus sich selbst? Übergehen in ein Etwas, das wir nicht sind? Ruhen in einer sanften Umgebung, mit der wir eins sind?

Hebt das Entzücken nicht da erst an, wo das Gefühl der eingeschränkten Ichheit mit allen seinen Qualen aufhört, und ein höheres edleres Leben seinen Anfang nimmt?

Hat die Sprache selbst einen höhern Namen für das Entzücken, als den, welcher auf dies süße Ausgehen aus uns selber deutet: wo wir die Sorgen die uns drückten, ausziehen, wie ein Kleid, und in erneuerter Jugend hervortreten, die sich selber nicht faßt, und ihre Götterkraft nicht kennt?

Aber die Stunde der Auflösung ist noch nicht da. –

Die Schildkröte zieht sich in ihr felsenfestes Haus zurück – der Igel in sein Stachelnnest.

DER SCHWÜLE TAG.

Zwei Tage waren im süßen Taumel leicht und fröhlich dahin geflohen, der dritte war schwül und schwer. –

Schwarze Gewitterwolken lagerten sich am Horizonte, und eine drückende Hitze lähmte die Glieder. –

Sophie war in diesen Stunden ganz glücklich in ihrer Stube und an ihrem Tischchen, Hartknopfen aber ward die Stube zu enge, und er ging *allein* aus.

Nicht unzärtlich – sein scheidender Blick voll Liebe versenkte Sophien in eine süße Ruhe, worin die Momente ihr unbemerkt vorüberflohen – sie hatte nun keine Wünsche mehr, und fühlte doch keine Leere, – der schöne Umkreis ihres Daseins war nun ausgefüllt.

Ihr droheten die Gewitterwolken nicht, und ihre Brust atmete sanft unter der drückenden Luft. –

Als Hartknopf nun aus dem Hause trat, begegneten ihm ein paar hämische Bauern, die sich gerade über seine Jubelpredigt, und den herabgestürzten Engel mit einander unterhielten.

Sie grüßten ihn, und sprachen dann wieder leise und hohnlächelnd zusammen. –

Hartknopf eilte, daß er aus dem Dorfe kam, da begegnete ihm beim Ausgehen aus dem Dorfe der Küster Ehrenpreiß, der ihm aus einer Art von höhnendem Respekte immer eine tiefe Verbeugung machte, die Hartknopfen ärgern sollte.

Hartknopf ärgerte sich zwar darüber nicht, aber es war ihm doch fatal, daß er mit diesen Menschen nun leben mußte.

Er ging über einen schmalen Damm nach dem Krainberge zu, der schwarz und öde vor ihm da lag.

Auf der braunen Fläche der Heide ruhte die Nacht des umwölkten Himmels. –

Hin und wieder stand einsam ein gekrümmter Baum, welcher dem dürren Boden mühselig entwachsen war.

Und zwischen dem öden Heidekraut, stieg Hartknopf den sandigten Pfad hinauf.

Als er nun oben war, und in das Tal auf das Torfmoor hinunterblickte, so sahe er die beiden spitzen Türme von Ribbeckenau und Ribbeckenäuchen in fürchterlicher Nähe vor sich nebeneinander stehen.

In diesem Bezirke lag nun sein Leben, seine Reisen, sein Wirkungskreis – hier endigte sich seine Laufbahn, und war wie auf einer Landcharte ihm vorgezeichnet.

Immer näher zog das Dunkel, immer schwüler wurde die Luft, und immer gepreßter sein Atemzug. –

Der alte Superintendent Tanatos reichte ihm wieder die knöcherne Hand – das Hochzeitarmen mit der bangen Wehklage tönte wieder in sein Ohr. –

Der dunkelumwölbte Himmel ruhte wie eine schwarze Decke über der Erde, und die kleine Turmspitze von Ribbeckenau schien sich in dem niedrigen Gewölke zu verlieren. –

Einsam trauerten ein Paar dürre Baumstämme auf der Heide. – Das niederbückende Alter hatte sie beschlichen. –

Mit schnellen Schritten wandelte Hartknopf die Anhöhe wieder herab – denn der Tag hatte sich geneigt; und so wie er hinunterstieg, zog sich immer enger und enger sein Horizont um ihn zusammen. –

Wie ein Traum waren vierzig Jahre verschwunden, und er ging auf eben diesem Flecke gebückt am Stabe und immer noch wanderte ihm zur Seite der Küster Ehrenpreiß mit ihm über das Torfmoor, dann schloß sich die Laufbahn auf immer. –

Alles lief nun in einem fürchterlichen Punkte, in einer traurigen Spitze aus. –

Unaufhaltsam lief der Sand im Stundenglase, und das Ziel war da, nichts war dazwischen als die einförmige Wiederkehr dessen, was schon da war. – Schrecklich eröffnete sich der Abgrund dicht vor den Füßen des Wanderers. –

Das enge Grab war nun da – die Erde scholl dumpf auf den Sarg – keine Aussicht, kein Gedanke an die Zukunft mehr. –

Alles verbauet, verschlossen, und gehemmt – zwischen öden Mauren, die des Tages Glanz verdeckten. –

So wie nun Hartknopf über den kleinen Dorfkirchhof zu
Hause kehrte, erleuchtete ein Blitzstrahl die goldene Schrift
an den Kreuzen auf den Grabhügeln – sie flammte einen
Augenblick, und verlosch wieder in schwarze Nacht. –

Die Kirchhofsmauer lief so enge zu, die Grabhügel waren
so dicht aneinander gedrängt. –

Auf einmal sahe sich Hartknopf vor der Türe seines Hauses, sein liebend Weib empfing ihn mit ausgestreckten Armen, und er erwachte wie aus einem schweren Traume. –

DIE SCHMIEDE.

War dem Pfarrhause schräg gegenüber, mit einem grünen
Platze, der mit Bäumen beschattet war, wo zwischen den
Blättern die Funken flogen. –

Hartknopf konnte aus seiner Studierstube das Getöse der
Hämmer auf dem Amboß hören, und dann schlug sein Herz
stärker, – unwillkürlich machte er das Buch zu, und konnte
nicht auf der einsamen Stube bleiben.

Die Jahre seiner frühsten Jugend traten in ihrer Kraft und
Blüte vor seine Seele.

Um seine Schultern schlotterte die Löwenhaut – und auf
die schwere Keule stützte sich sein Arm. –

Die Welt lag vor ihm offen vom Aufgange bis zum Niedergange. – Er bahnte zwischen Ungeheuern durch Wüsten
sich seinen Weg, bis aus den dunklen Zweigen, die goldne
Frucht ihm entgegen blinkte, und er sie dem seufzenden
Stamme mit kühner Hand entriß.

Heimlich stahl er sich aus dem Hause fort, und eilte hinter
die Bäume, welche die Schmiede versteckten; dann lehnte er
sich über die halbe Tür am Eingange, und blickte sehnsuchtsvoll nach dem glühenden Ofen hinüber, während daß
die Funken um seine Locken spielten. –

Unter den wiederholten Schlägen ebnete sich der Huf,
das starre Eisen spitzte sich.

Das Unförmliche bekam Gestalt und Form. –

Nun konnte er nicht länger widerstehen – es dauerte nicht lange, so stand er in der Mitte der Arbeitenden, führte den Hammer wie sie, und die öbere Tür ward angelehnt, damit der Küster Ehrenpreiß nicht etwa vorübergehen, und seine Blicke dies Heiligtum entweihen möchten.

Hier brachte Hartknopf auch in dem bittersten Leiden noch manche süße Stunde an der Seite seines Freundes zu, und stählte seine Brust zur Ertragung alles Ungemachs und aller Widerwärtigkeiten des Lebens.

Wenn er denn aber wieder zu Hause mußte, so wusch er sich sorgfältig die Hände, damit sein liebendes Weib die Spuren der ungewohnten Arbeit nicht entdecken möchte.

HARTKNOPFS KLAGE.

Vom Mittag kommen Heuschrecken
Wie eine düstre Wolke,
Sie senken sich und fliegen wieder auf –
Das Feld ist leer –
Die mit Mühe den Acker pflügten,
Und die Saat ausstreuten,
Gehen der Ernte verlustig –
Sie arbeiteten im Schweiß ihres Angesichts
Um Ungeheuer zu füttern,
Die den Fleiß der Mühevollen
Als eine süße Beute verschlingen. –
Von wannen kömmt der Trost den Edlen,
Die durch Schmach betrübt sind,
Weil sie einsam stehen,
Und in fernen Zonen
Weit umher zerstreut sind –
Sie sehnen sich im Stillen,
Und wünschen sich zu kennen,
Und möchten sich zu einem Chor vereinen,
Und einer sich im andern wieder finden –
Sie haben sich verloren

Und suchen sich vergebens –
Sie trauren in den Wäldern
Und mischen ihre Seufzer
In Philomelens Klage.
Was rauschen über Berge über Meere
Mir für Stimmen, was für Töne mir entgegen,
Die die Luft mit leisen Flügeln
An mein Ohr hinüberträgt? –
So viel Sprachen, so viel Zungen,
Die harmonisch sich begegnen,
Und nach einem Ziele streben,
Wo sie alle sich vereinen,
Gedanken mit Gedanken
In süßen Lauten wechselnd –
Ach, auf dem seeumspülten Felsen
Möcht' ich gern die Hand dir reichen
Der du hülflos, *einzeln* stehst –
Aber die Parze hat ihn zerschnitten,
Den Faden, der mich an dich knüpfte –
Zerrissen ist der Menschen Leben
Von ihres Daseins Anbeginn –
Sie müssen sich vergeblich sehnen,
So lange der Tag am Himmel weilt
Und wenn die Sonne untergeht,
So haben sie noch nicht gefunden,
Was sie bei Tagesanbruch suchten.
Dies ahndet schon die Kinderseele
Die dunkel in die Zukunft schaut,
Wenn bei des Lichtes erstem Gruß
Das neugeborne Auge weint.

HARTKNOPF STECKT DEN KÜSTER EHRENPREISS
IN EINEN GRABEN.

Denn dieser machte es ihm auf dem Wege, wenn sie über das Torfmoor nach dem Filial gingen, gar zu arg. –

Er fing an von den Wolken zu sprechen, um auf die Glaubenslehren zu kommen, worüber er mit Hartknopfen disputieren wollte. –

Bleib' er bei seiner Nadel! sagte Hartknopf, denn Ehrenpreiß war seines Handwerks ein Schneider, und rede er nicht dumme und törichte Worte! –

Nun mochte aber Hartknopf seine Ohren verstopfen, so hörte doch sein Begleiter nicht auf, den ganzen langen Weg ihm noch länger, und jeden sauren Schritt ihm noch saurer zu machen.

Eines Sonntags waren sie nun auch ohngefähr die Hälfte des Weges gegangen, als Ehrenpreiß, da ihm Hartknopf noch kein einziges Wörtchen geantwortet hatte, anfing witzig zu werden, und allerlei Anspielungen auf die Taube, auf den Engel, auf das Halleluja, u. s. w. machte –

Dies hörte Hartknopf eine Weile an, bis sie mitten im Torfmoore vor einem schlammigten Graben vorbeikamen. – Da faßte er, ohne ein Wort zu sagen, den Küster Ehrenpreiß, ehe dieser sichs versahe, beim Halskragen, und steckte ihn, so wie er war, bis an den Hals in den Graben – woraus er ihn nicht eher wieder erlöste, bis er ein unverbrüchliches Stillschweigen auf dem Wege angelobt hatte. –

Und nun fing Hartknopf an zu reden und sprach die ganze übrige Hälfte des Weges dem Küster Ehrenpreiß mit mächtiger Stimme in die Seele, dieser aber ging triefend neben ihm her, und erkühnte sich nicht einen Laut von sich zu geben, so lange sie noch neben dem Graben gingen. Als sie aber im Dorfe ankamen, machte er ein groß Geschrei, und drohte Hartknopfen zu verklagen, der selbst den Gesang in der Kirche anstimmen mußte, weil Ehrenpreiß ganz mit Schlamm bedeckt, vor keinem Menschen erscheinen konnte.

Dieser Brief schilderte mir Hartknopfs Zustand, wie er in
Stunden des frohen Muts zu sein sich vornahm, nicht wie er
wirklich war, – er verschwieg mir den innern Kampf seiner
Seele um sein Beispiel lehrreicher für mich zu machen.

Jahre nachher deckte er mir den Schleier auf, und ließ
mich in die schreckliche Dunkelheit seines damaligen Zustandes blicken, den er mir in seinem Briefe mit diesen
sanften Worten überkleidete:

»Ich schiffe nun, mein Lieber, den Lebensstrom hinunter – alles atmet Ruhe und Stille um mich her.« –

»Ohne Geräusch und Sorgen eilen die Stunden hin. –
Kaum bin ich ausgelaufen, und finde mich am Ziele« –

»Unsere Hütten sind gebauet, wir haben unsere Wallfahrt
vollendet.« –

»Der Seiger unsrer Dorfuhr tönt am Morgen, und am
Mittage, und am Abend den stillen Frieden in unsre Seelen,
und macht uns vertraut mit unsern Wohnungen.«

»Wir gehen friedlich unsern Weg, und dulden, und tragen
uns einander mit Sanftmut, weil wir vereint zum Grabe wallen.« –

»Der Rettichsamen gedeiht auf unsern Feldern, mein
Garten steht in voller Blüte, und die Gefährtin meiner stillen
Tage ist hoch schwanger.« –

»So ist denn alles, wie es sein kann, und muß, u. s. w.«

FREUNDSCHAFT UND ZÄRTLICHKEIT.

Das Pfand der Liebe war nun da – Hartknopfen war ein
Sohn geboren, und das feste Band der Ehe war noch un-
auflöslicher zugezogen.

Der Herr von G.... übersandte ein reiches Angebinde,
weil er Schwachheit halber als Taufzeuge nicht zugegen sein
konnte.

Kersting aber feierte mit Hartknopfen diesen Tag in hohem Freundschaftsgenuß; er drückte ihm oft bedeutend die Hand – und Hartknopf *sah in ihm eine feste Stütze* bei allen Widerwärtigkeiten des Lebens, einen sichern Gewährsmann und Bürgen für seine Ruhe. –

Zartere Bande knüpften ihn nun an Weib und Kind, aber stärkere an seinen Freund, an den er sich im Sturm und Ungewitter hielt.

Die Freundschaft nimmt die Zärtlichkeit in ihren Busen auf, und schützt sie gegen die rauhen Stürme, und gegen den kalten Hauch der Luft. –

Die Freundschaft verbirgt die Zärtlichkeit in den ernsten Stunden, wo sie unerbittlich und strenge die Miene des Hasses annimmt.

Sie ist höher als die Zärtlichkeit, daurender als die Liebe, stark wie die Tugend, und mächtig wie der Verstand. –

DER GEHEIMSTE KUMMER.

ist derjenige, welchen Liebende sich selber gern verschwiegen, gern vor sich selbst verbergen möchten: – daß sie dem geliebten Gegenstande das nicht zu sein vermögen, was sie ihm zu sein doch sehnlich wünschen. –

Daß immer qualenvoller ihr Zustand wird, jemehr sie sich zwingen wollen, noch immer das zu sein, was sie nicht mehr sind. –

Wenn die regen Gefühle in ihrem zartesten Vereinigungspunkte mit einander uneins werden.

DAS HÖCHSTE OPFER.

Gibt es noch wohl ein höheres, als wenn die Liebe sich selber dahin gibt, um ihrem Gegenstande, den sie umfaßt, die Freiheit zu schenken, wornach die Seele im innern Kampfe mit sich selber schmachtet? –

Wenn der aufstrebende Geist durch zarte in sein Wesen
verwebte Bande sich gefesselt fühlt, welche zu zerreißen
seiner Empfindung selbst den Tod droht.

Wenn denn die mitleidsvolle Liebe selber die Bande löst,
5 um den Entfesselten frei und froh zu wissen; so hebt sie
durch dies Opfer sich über sich selbst empor – sie dehnt sich
gleich dem milden Äther aus, und wird durch leise Wünsche
der Schutzgeist des Irrenden auf seinen Pfaden.

DIE TRENNUNG.

10 Sie ist das erste große Gesetz der Natur. –

In ihr liegt der Keim zu allen Bildungen. –

Sie ist die Mutter der Schmerzen und die Gebärerin der
Wonne.

Sie erneuert unaufhörlich die Gestalten und erhält das
15 Ganze in ewiger Jugend. –

Da, wo die Schere den Faden zerschneidet, beginnet ein
höherer Anfang. –

Das Grab der Liebe ist die Wiege der Weisheit, welche
höher ist denn alle Vernunft, und welche eben deswegen
20 sehr viel Vernunft voraussetzt, auf die sie sich stützen
kann. –

Diese Weisheit findet einen Punkt, wo der Schmerz der
Trennung aufhört, das bittere Scheiden süß, und jede Ver-
sagung leicht wird.

25 Wo alle Entbehrungen aufhören, und die Fülle des Daseins eintritt. –

EINE LÜCKE IN HARTKNOPFS GESCHICHTE*.

— — — — — — — — — — Mit der Schärfe des Schwerts war
der Knoten nun durchgehauen. — Der Scheidebrief war da,
und Sophie Erdmuth küßte ihn mit tausend Tränen, und
versiegelte mit diesem Kuß ihr großes Opfer. —

Den Scheidebrief begleitete ein Schreiben an Hartknopf,
worin ihm die gebetene Entlassung von seinem Amte erteilt
wurde.

Der Pächter Heil führte seine Schwester mit ihrem Knaben wieder in sein Haus – *und Kersting begleitete sie.*

Der Küster Ehrenpreiß hatte Hartknopfen beim Konsistorium angeklagt, und die Bauren aufgehetzt, daß sie ebenfalls gegen ihn eingekommen waren – nun schrieb er sich
triumphierend Hartknopfs Schicksal zu.

TÄUSCHUNG UND WÜRKLICHKEIT.

Wenn die Wasserwaage
Das Unebne gleich macht,
So ist es still in der Seele des Weisen –
Es ist nicht die Stille des Grabes,
Sondern der hohen Mittagsstunde,
Wenn die Arbeiter im Felde ruhn,
Kein Lüftchen sich bewegt,
Und nur die summende Fliege
Dem Ohre vernehmbar wird.
Der Müde ruht im Schatten der Eiche,
Und goldne Träume umgaukeln seine Stirn.
Wie nächtliche Nebel rollen die Sorgen hin –
Die Sonne der Freuden glänzt –
Es hüpfen goldne Wellen

---

* Diese Lücke wird sich aus Hartknopfs vertrautestem Briefwechsel ergänzen.

Auf sanftbewegter Flut —
Und grüne Büsche spiegeln
Sich in dem klaren See —
Der Träumer spricht: hier laßt uns Hütten baun!
5   Sein Genius steht lächelnd neben ihm
Und zieht den Vorhang mit Gebüsch und klarem See
                                        hinweg —
Nun ist die steile Felsenhöhe wieder da,
Die schon so oft dem Ängstlichträumenden erschien. —
10   Soll ich denn diese steile Höh' erklimmen?
Soll ich des Lebens Weg denn stets
Auf ungebahnten Steigen wandeln? —
Mit Mut erfüllt des Träumers Busen
Der Knab' im glänzenden Gewand —
15   Dem Schlummrer wird die Seele größer
Das Blut in seinen Adern,
Eilt schneller — und der Fels sinkt ein —
Ein leichter Sprung bringt ihn ins Weite —
Des Wandrers Schritt ist ungehemmt
20   Und unbegrenzt sein Blick. — —

DER ABSCHIED.

Dank euch, ihr großmütigen Seelen, daß ihr den Scheidenden sanft und gut entließet.

   Ihr hattet ihn eine kleine Weile gefangen gehalten, und
25 ließet ihn wieder in sein großes Element entschlüpfen. —

   Am frühen Morgen brach Hartknopf auf. —

   Sophie Erdmuth, *an Kerstings Arm gelehnt,* und der Pächter
Heil begleiteten ihn vor das Dorf hinaus. —

   Er hatte Mut in ihre Seelen gesprochen, aber sie sahen
30 ihm mit weinenden Augen nach. —

   Und Hartknopf nahm seinen Stab, und *wanderte nach Osten
zu.*

   Der Küster Ehrenpreiß aber stand hinter einem Busch,
und sagte triumphierend: *den Hartknopf habe ich moralisch tot*
35 *geschlagen!*

AUS K . . . S PAPIEREN.

Was ich aus diesen Papieren mitteile, ist gerade so viel, als ich darf, um die Person des Verfassers, in Rücksicht auf seine Familie, nicht zu kenntbar zu machen: indes wird das was ich mitteile, hinlänglich sein, an dem Schicksal des Entschlafenen einige Teilnehmung zu erwecken, die, wenn sie gleich für ihn zu spät kömmt, doch vielleicht noch einem andern Unglücklichen, welcher des Trostes fähig ist, zu statten kommen kann.

Wittenberg, den 3ten Mai 1778.
Zwölf Dukaten! – begleitet mit dem Fluch meines Vaters – diese sind also das letzte, was ich zu hoffen, und zu erwarten habe – und begleitet mit seinem Fluch – warum denn das? – ist es nicht Fluch genug, daß er mich verläßt? – o meine Brüder, o Ernst, o Ludewig! ist das auch euer Werk? – Wurden nicht immer eure weichen blonden Locken sanft gestreichelt, wenn mein struppichtes schwarzbraunes Haar mit rauher Hand aus der Stirn zurückgeschoben ward? – Hab' ich euch nicht aus dem Oderfluß gezogen, da euer wankender Kahn umschlug, rühmete ich mich wohl je gegen unsern Vater dieser Tat? und drei Tage darauf verklagtet ihr mich doch, daß ich jedem von euch einen Apfel gestohlen hätte. – Habt ihr mir auch diesen Fluch meines Vaters ausgewirkt – o Ernst, o Ludewig, wo soll ich euch denn verklagen? – –

den 4ten Mai.
Noch einmal will ich meine Kräfte zusammenraffen, sollt' es nicht möglich sein, mich auch gegen diesen Sturm zu sträuben? – Zwölf Dukaten, wohl zu rate gehalten, können ja noch die Grundlage meines Glücks, meiner Ehre werden –

dieser Fluch meines Vaters mit dem sie begleitet sind, kann
sich ja noch in Segen verwandeln – wenn ich nun noch
anfange, meine Seelenkräfte zu nutzen, das Versäumte nachzuholen, und mich zu einem brauchbaren Menschen zu
bilden.

den 6ten Mai.

Hinweg verdammter Spiegel! – o diese Narbe, diese scheußliche Narbe, die meinen Anblick mir selbst verhaßt
macht – –

So lang' ich lebe werd' ich also dies unauslöschliche
Merkmal meiner Torheit und Unbesonnenheit an mir tragen – mit welchem Tugendeifer werde ich dies häßliche
Brandmark je wieder auslöschen, diesen verhaßten Zeugen
je zum schweigen bringen. – Nie darf, nie werde ich wieder
vor dir erscheinen, du die mir einst alles war, und der ich
alles war. – Ha, müßt ich meine Augen nicht vor Scham vor
meinen Kindern niederschlagen! – und was hilft mir denn
alles Anstrengen, aller Fleiß, da ich doch den süßesten Hoffnungen entsagen muß? –

O diese Narbe geht tiefer als ins Fleisch; sie geht bis ins
innerste meiner Seele; sie stößt alle meine Vorsätze, meine
heiligsten Entschließungen um, und macht den Fluch meines Vaters wahr.

den 20sten Mai.

Der Fluch meines Vaters haftet an diesen Goldstücken
fester, als ich glaubte; die Hälfte davon ist hin – Sechs Dukaten sind also nun alles, was ich in dieser Welt besitze und
zu hoffen habe.

Warum war es mir denn nicht möglich, meinen Vorsatz
ins Werk zu richten?

Warum erstarb denn meine Tätigkeit immer in ihrem ersten Aufkeimen wieder?

Ist denn die Kraft meines Willens gelähmt, daß ich will
und zugleich nicht will?

Ach, nur zu deutlich leuchtet mir der Grund meines Übels

ein: – meine süßesten Hoffnungen, woraus sonst alle mein
Fleiß, und meine besten Bestrebungen, wie ein edler Stamm
emporsproßten, sind mit der Wurzel ausgerissen – der edle
Baum hat seine Nahrung verloren, und stirbt allmählich
ab. –

Allmählich? – o warum nicht mit einmale – Hämischer
D..., warum holte dein Hieb nicht ein wenig stärker aus? –
oder bist du so unschuldig, wie dein Eisen, und war es ein
feindseliges Geschick, welches deinen Arm so hämisch
lenkte, daß er in einer Minute alle meine Freuden, alle meine
Hoffnungen mit der Wurzel ausrottete? –

War nicht alles ein feindseliges Geschick? – Konnt' ich
den törichten, und doch für mich so schrecklichen Zweikampf wohl vermeiden? Kamen nicht tausend Kleinigkeiten
zusammen, die es mir ganz unmöglich machten, auszuwei-
chen? –

Ruf ich alle Umstände zurück, so kann ich, was ich tat,
nicht einmal bereuen –

In *Halle* sollte nun einmal mein Glück *zerbrochen* werden –
o verwünscht sei dieser Aufenthalt! verwünscht die törichte
Freiheit, die mir das Glück meines Lebens kostet. –

Wie wohl stand meinem Vater seine Narbe, mit der er aus
der Schlacht zurückkehrte – wie oft beneidete ich sie ihm! –
wie oft wünschte ich als Knabe schon an seiner Seite zu
fechten! aber ich wurde nun einmal zu den Büchern verdammt – und zu was für Büchern? zu leeren zwangvollen
Gedächtnisübungen, unter der Herrschaft unfreundlicher
harter Lehrer, die mir die Jahre meiner Jugend verbitterten.

Wie oft drohte schon damals dies tobende Blut in meinen
Adern seinen Kerker zu zersprengen!

Und was ist nun der Zweck von dem allen? – daß ich hier
mit gelähmter Seele sitze, und an mir selbst verzweifle – –
Dazu habe ich also fünf und zwanzig Jahre lang geatmet,
dazu bin ich von dieser mich umgebenden Natur groß gezogen?

Am 21sten Mai.

Heute früh ging ich am Strand der Elbe spazieren, zu meiner
linken lag die Stadt in ihrer Länge ausgedehnt, mit ihren
grünen Wällen eingefaßt; zur rechten ein kleines Dörfchen
jenseit der Elbe, das mit seinem hervorragenden Türmchen
gegen die gegenüberliegende Stadt einen angenehmen Kontrast machte – Ein paar große Schifferkähne rauschten vor
mir vorbei die Elbe hinunter; der Wind blies scharf in die
Segel; die roten Wimpel wehten in der Luft, und bald waren
sie in einer Krümmung, die die Elbe in der Ferne macht, aus
meinen Augen verschwunden – und von ihrem Durchgange
durch diese Fluten blieb keine Spur zurück; die vor ihnen
her geteilte Flut, war längst wieder hinter ihnen zusammen-
geschossen, und alles war in seinem vorigen Zustande – – so
rollt ein Menschenleben durch den Strom der Zeiten, und
eilt mit vollen Segeln fort, bis die fatale Krümme kömmt,
und seine Spur ist verschwunden.

(Die Fortsetzung künftig.)

AUS K ... S PAPIEREN.
(Fortsetzung.)

Wittenberg, den 30sten Mai 1778.

Mit schnellen Schritten naht mein Geschick heran – Bis auf
drei elende Goldstücke ist also nun meine ganze Hoffnung
geschmolzen – Hiervon hängt die Fortdauer meiner Existenz ab. –

Und wie hab ich denn diese schönen Tage genützt? – Wo
sind meine Vorsätze, meine Entschließungen?

den 2ten Juni.
Auf dem Luthersbrunnen.

Hier in diesem einsamen Wäldchen will ich fern vom lärmenden Geräusch noch einmal die Wonne der Erinnerung
an die Tage meiner Kindheit schmecken.

Hier will ich mir die Freuden ins Gedächtnis zurückrufen, welche nun auf immer für mich entflohen sind.

Es ist ein schöner Abend – die Sonne vergoldet die Fenster jenes Hauses, das so einsam in dies Tal herab sieht. – In der Ferne schimmert der Elbstrom durch das dunkle Grün der Bäume.

Aus jenen Fenstern des einsamen Hauses schallt das wilde Geräusch der lärmenden Menge, in das ich mich so oft gemischt habe, um meinen Kummer zu betäuben. Aber ach, die Betäubung war Verzweiflung, die sich endlich in viehischer, wilder Lust verlor, welche mir nichts als die tierische Hälfte meiner Menschheit übrig ließ. –

Aber ist mir die andre Hälfte nicht zu meiner Qual? – o daß ich diese andre Hälfte ganz wegwerfen, ganz unterdrükken könnte! aber umsonst, sie strebt noch immer unter dem Druck der erliegenden Kräfte wieder empor, und martert mich mit fruchtlosen Gewissensbissen.

Mir gewährt dieser Anblick der schönen Natur keine Wonne mehr – aber er erweicht mein Herz, und macht es dadurch wieder zu der Empfindung nagender Schmerzen über begangnes Unrecht fähig. Und doch möcht' ich in diesem Augenblick den schmerzhaften Zustand, worin ich mich befinde, nicht gegen jenes der tierischen Hälfte meines Wesens so behägliche Wohlsein einer viehischen Betäubung, vertauschen.

Freilich in diesem Augenblick; wo die Wehmut selbst mit einer Art von Süßigkeit verknüpft ist. – Aber ich fühl' es; wenn die Stunden des *Verdrusses,* der zwecklosen *Langenweile,* die Stunden des *Zählens der Knöpfe am Kleide,* und der *dumpfen hirnlosen Betrachtung der Ziegel auf den Dächern,* wiederkehren – – dann werd' ich mich wieder der viehischen Betäubung, dem gedankenlosen Taumel, dem wilden Geschrei, und der freiwilligen Tollheit in die Arme werfen; dann werde ich mich wieder unter jenen lärmenden Haufen mischen, und der Rädelsführer ihrer Unmenschlichkeiten sein. –

Und wird denn diese süße Wehmut immer dauren? – o ich weiß, nur zu bald werden die Stunden des nagenden Verdrusses, der tötenden Langenweile wiederkehren, und ihre sichere Folge wird sein, daß ich mich aufs neue in den Strudel der viehischen Betäubung stürze —

Und wird es nicht immer so sein? Und wie lange soll denn dies so dauern? Und ist ein solches Leben auch ein Leben? — Werd ich nicht am Ende selbst kriechen und betteln müssen, um mir nur auf einige Stunden jene viehische Betäubung zu erkaufen? — Und ich sehe dies alles voraus, und sitze still dazu? und sehe mit meinen eignen Augen mein Verderben ruhig und kaltblütig an?

den 4ten Juni.

Die Wahnwitzigen haben Zwischenstunden, wo sie gleichsam von ihrem Wahnwitz ausruhen, um nachher wieder mit erneuerten Kräften rasen zu können. — Wohl mir! eine solche Stunde ist auch mir gewährt.

Ich bin aufs neue im Stande mir den vorgestrigen Abend in dem Wäldchen bei Luthersbrunnen zurückzurufen, als mein Herz zum erstenmale wieder vor Wehmut schmolz, und der edlere Teil meines Wesens sich wieder fühlte. — Aber während der Zeit, welch ein Zwischenraum von Taumel, Taubheit, Vergessen meiner selbst, viehischer Ausschweifung, Flüchen und Verwünschungen meines Schicksals.

Was hing denn nun von mir ab? diese Stunde, in der ich über alle jene Ausschweifungen wieder nachdenken, und bittre Reue, nagende Wehmut darüber empfinden kann; oder jener fürchterliche Zwischenraum, über den ich jetzt bittre Reue empfinde? — Werd' ich nicht, und hab' ich nicht schon im Taumel der Ausschweifung selbst wieder diese meine Reue bereuet? —

Schwank ich nicht unwiderstehlich hin und her? — woran soll ich mich fest halten? — *Ich kann mich ja nicht außer mir selbst hinstellen, um zwischen meiner schlechtern und edlern Natur zu wählen?* — Ich fühle mein *Ich gedoppelt;* es entschlüpft mir zum Tier, wenn ich Mensch es festhalten will, und wird unwillkürlich wieder zum Menschen, wenn ich Tier in meiner Tierheit zu versinken wünsche. — —

den 6ten Juni.

Das letzte Goldstück von zwölfen! – nun gut, daß es so weit ist – dieser Anblick hat mich noch einmal aus meinem Taumel geweckt. – Es ist doch sonderbar, daß die Menschen an diese Goldstückchen, die ihr Finger decken kann, ihr ganzes Schicksal geknüpft haben. – Da das Laster sein Werk noch nicht an mir vollendet, und meinen anklebenden Stolz noch nicht in Niederträchtigkeit verwandelt hat, um mir andre dergleichen Goldstückchen von hochmütigen Anverwandten, oder auf andre Weise, wieder zu erbetteln oder zu erkriechen, so steht nun mein ganzes Schicksal auf der Spitze von einem gegründeten Stückchen Metall, womit ich noch einige Tage, als ein *freier* Mensch leben, und mich vor dem Hunger schützen kann: dann zwingt mich das Bedürfnis diese Existenz noch einige Tage länger fortzuführen, meine Freiheit, die Herrschaft über meinen Leib und meine Glieder zu verkaufen, um diesen verkauften Leib und Glieder noch einige Tage länger nicht für mich, sondern für den, der sie gekauft hat, zu gebrauchen.

Aber sei's denn! – mag denn mein Geschick, das mich bis dahin brachte, sich in mir selbst bestrafen. – Ich lasse ruhig über mich ergehen, was beschlossen oder nicht beschlossen ist. – Vergebens hab' ich redlicher Schwimmer dem Strome entgegen gearbeitet – meine Arme sinken – ich gebe mich den Fluten hin – die Tatkraft meines Geistes ist verschwunden – mögen denn die Wellen mit dem entseelten Leichnam spielen!

AUS K . . . S PAPIEREN.
(Beschluß.)

Wittenberg, den 8ten Juni.

Dies ist also der letzte Tag meiner Freiheit! – Morgen bin ich ein Sklave auf immer, weil ich nicht Mut und Kraft genug habe, die Bürde dieses Lebens ganz abzuschütteln.

Was soll ich nun mit diesem Tage machen?

Soll ich ihn wiederum in viehischer Betäubung zubringen? Soll ich ihn über mein unvermeidliches Schicksal
nachdenken? was soll ich machen? – o, dieser Tag drückt
mich ja, wie eine schreckliche Last, – und doch ist es der
letzte meiner Freiheit –

Meiner Freiheit? – was für einer Freiheit? – die mich mir
selbst, meinem ärgsten Peiniger, meinem unversöhnlichsten
Feinde gefangen gibt; meinem eigenen Bewußtsein, das
mich mit starken Armen festhält, dem ich nicht entfliehen
kann, wenn ich auch ans äußerste Ende der Welt ginge –

Ist es denn ein schlimmer Tausch, wenn ich um einer
solchen Freiheit los zu werden, mich in eine ewige Knecht-
schaft stürze? Wenn ich eine solche Freiheit um ein elendes
Handgeld, um einen einzigen berauschenden Trunk ver-
kaufe?

Mittags.

Die Sonne brennt so heiß am Himmel, die Luft ist so
schwül – Ist mir nicht dieser Zustand des dumpfen Hinbrütens unerträglich? warum beharre ich denn darin? warum
reiße ich mich denn nicht los? – wozu diese Fragen? – das
ists eben! das ist der eigentliche Sitz meiner Krankheit. –
Vom Gedanken der Ausführung ist die Kraft meiner Seele
gelähmt. – Wäre sie das nicht, o dann wär' ich ein andrer
Mensch! – Doch will ich noch einmal hinaus in jenes Wäldchen, wo ich einst gute Vorsätze faßte – ach, die guten
Vorsätze, wo sind sie? – ich will hin, und will sie betrauern.

Erzählung des Herausgebers.

Gegen Abend kam K . . . ganz allein auf den Luthersbrunnen
hinaus. – Es war eine Anzahl Studenten draußen, unter denen ich mich auch befand. Einige tranken unten in der
Laube Kaffee, andre, die oben auf dem Saal waren, tranken
Bier, rauchten Tobak, und sangen Studentenlieder –

K . . . war ernsthafter, wie gewöhnlich – Man bat ihn

lustig zu sein; er zwang sich auch zu lachen und zu scherzen, und wollte sogar in den wilden Studententon einstimmen – aber es wollte ihm nicht gelingen – er ging darauf eine Stunde allein im Wäldchen beim Luthersbrunnen nach der Elbe zu spazieren, und schrieb folgendes in seine Schreibtafel:

> Was lächelst du Natur
> So freundlich um mich her?
> Mir glänzt nicht mehr die Flur
> Mir rauscht der Bach nicht mehr –

Wie komm ich denn dazu, in meinem verzweiflungsvollen Zustande noch Verse zu machen? – etwa wie die Menschen, welche im hitzigen Fieber fremde Sprachen reden? –

Sonderbar! – mein Zustand kann sich nur verschlimmern, nicht verbessern, und doch bin ich voller Ungeduld wegen der Zukunft. Was geht mich denn die Zukunft an, da es für mich doch nun keine einzige frohe Erwartung auf der Welt mehr gibt.

Er ging, bis es beinahe finster war, im Walde allein umher – da er zurückkam, und man ihn mit einem groben Scherze darüber aufzog, wollte er den Scherz weiter fortführen, aber seine Worte stockten, und er sprach kurz und abgebrochen –

Man hatte einen Wagen bestellt, um hereinzufahren – es war eine schöne Nacht – man war lustig und aufgeräumt; – ich kam auf dem Wagen neben K... zu sitzen, und wir huben an, zu singen:

> Gaudeamus igitur,
> Juvenes dum sumus &c.
> Brüder laßt uns fröhlich sein,
> Weil der Lenz uns blühet u. s. w.

K... schwieg. –

Warum singst du nicht mit? fragte ich ihn.

Meine Brust ist etwas heiser! war seine Antwort. – Du bist wohl ein großer Liebhaber vom Singen? –

Mir gefällt dies alte Lied, sowohl die Melodie, als der Text, sagte ich ihm –

Es ist ein lustiges Lied: gab er zur Antwort, aber man kann nicht immer lustig sein.

Wir fuhren bis vors Stadttor – jeder ging zu Hause.

Am andern Morgen früh war K... verschwunden – er hatte die Nacht mit den Kleidern auf dem Bette gelegen, war vor Tagesanbruch ausgegangen und hatte folgenden Brief an F..., den in der Folge fast ein ähnliches Schicksal betroffen hat, auf dem Tische liegend, zurückgelassen.

Mein liebster F...

Ich habe nur noch eine Faser von meinem Herzen übrig, und die blutet für Dich – Verzeih es mir, mein Bester, daß ich diese Worte, welche Lear zu seinem Narren sagt, auf Dich anwende; ich schreibe nicht gerade in der besten Sammlung meiner Gedanken. – Ich stehe nun vor dem Abgrunde, auf welchen Du auch mit starken Schritten zueilst, O sei ein Mann, und folge mir nicht nach: Raffe, wenn Du kannst, noch einmal Deine Kräfte zusammen; suche Dich von der schrecklichen Untätigkeit los zu winden, die Dich schon mit starken Armen fest hält, suche ein edler Mensch, ein rechtschaffner Bürger des Staats zu werden, und wenn Du das bist, so schenke Deinem unglücklichen Freunde zuweilen noch eine Träne, der itzt zu Deiner Warnung seinem unvermeidlichen Schicksal mit schnellen Schritten entgegen geht. – Erkundige Dich nicht, wo ich geblieben bin: ich bin auf alle Fälle verloren. Rette Dich selbst; wenn Du kannst!

F..., welcher auch mein Freund war, zeigte mir den Brief, und bedauerte das Schicksal des unglücklichen K..., ohne zu wissen, oder nur zu ahnen, daß ihn nach Jahren einst dasselbe Schicksal treffen würde.

K... war nach Koswig gegangen, das nur zwei Meilen von Wittenberg liegt, und hatte sich dort unter den Zerbstischen Truppen als gemeiner Soldat anwerben lassen.

Seit dem Abend auf dem Luthersbrunnen war mir K...
äußerst interessant geworden. Wir erfuhren sein Schicksal
erst nach einigen Wochen. Darauf machten wir, F... und
ich, uns einmal zusammen auf den Weg, um ihn in Koswig
zu besuchen.   5

Wir kamen des Nachmittags an, und kehrten im Gasthofe
ein, wo wir ihn zu uns bitten ließen.

Aber welch ein Anblick! Blaß wie der Tod und abgehärmt,
mit eingefallnen Wangen, worauf die fürchterliche Narbe
nur desto stärker zu sehen war, trat er in seinem groben   10
Soldatenrock, mit der roten festgeschnallten Halsbinde zu
uns herein, und wollte in unsrer Gegenwart nicht den Hut
aufsetzen, so sehr wir ihm zuredeten. Sein Schicksal hatte
ihn bis zur Demut darniedergebeugt.

Wir redeten ihm freundschaftlich und brüderlich zu, und   15
sagten ihm, daß er doch ganz auf dem alten Fuß mit uns
umgehen möchte, welches ihn zu Tränen rührte. –

Er erzählte uns darauf, daß er bei dem Feldwebel, für den
er den ganzen Tag schriebe, den freien Mittagstisch habe,
und sich daher von seiner Löhnung beinahe schon so viel   20
gesammelt habe, daß er sich ein schwarzes seidnes Halstuch
kaufen könne, welches er sich gern anschaffen möchte, um
nicht immer die steife, rote Binde tragen zu müssen.

Er rühmte ein paar Officiere, die ihm mit einiger Distink-
tion begegneten, und ihn *sie* nenneten.   25

Daß ein Offizier ihn *sie* nannte, war also nun sein ganzer
Stolz, und sich ein seidnes Halstuch anzuschaffen, sein ganzes Bedürfnis: so enge war nun die Sphäre seiner Wünsche
eingeschränkt.

Ich fragte ihn, wie ihm den Abend zu Mute gewesen sei,   30
da wir gesungen hätten, gaudeamus igitur, als wir vom Luthersbrunnen hereinfuhren, und er den Morgen drauf Soldat
ward, und er gestand mir, daß nichts in seinem Leben ihn
mehr angegriffen habe, als gerade dies Lied, das von lauter
fröhlichen jungen Leuten gesungen wurde, die alle ihre an- 35
genehmen Aussichten und Hoffnungen auf die Zukunft
hatten, und worunter er der einzige war, der gar keine Hoff-

nung mehr hatte, und dessen Schicksal an dem morgenden Tage unwiederbringlich entschieden werden sollte.

Auf dem Wege nach Koswig hatte er sich in dem schrecklichsten Zustande befunden. – Jeder Schritt schien ihn dem Grabe näher zu führen, und doch fühlte er sich unaufhaltsam fortgezogen. Da er die kleine Stadt mit ihrem Turm vor sich liegen sahe, so kam ihm alles so enge, so öde, so grabmäßig vor; der Himmel schloß sich so dicht an die Erde, und hinter diesem Horizont schien sich nun kein andrer weiter zu eröffnen; so daß er eine unbeschreibliche Angst und Bangigkeit beim Eintritt in den kleinen Ort empfand; aber sein Entschluß überwand die Beklemmung seines Herzens. – Er gab noch an demselben Morgen für drei Gulden Handgeld seine Freiheit hin, und fühlte sich nun die ersten Tage über wirklich glücklicher, als vorher, weil er nicht mehr hin und her schwanken durfte, sondern doch selbst in dem elendesten Zustande wenigstens fixiert war. –

Allein diese Betäubung mehr als Ruhe dauerte nicht lange. – Die unheilbare Wunde seines Herzens, *über sein zerbrochenes Glück,* fing aufs neue wieder an zu bluten. – Der Gedanke an alles das, was er sein könnte, und was er nun war, und bleiben mußte, erwachte bei der Einförmigkeit, in der er nun lebte, mit gedoppelter Stärke wieder in seiner Seele, und quälte und peinigte ihn unaufhörlich.

In dieser Lage, die er sich aber gegen uns nur halb merken ließ, trafen wir ihn; und verließen ihn auch darin.

Als wir auf der Straße schon von ihm Abschied genommen hatten, und schon einige Schritte fortgegangen waren, fand ich einen unwiderstehlichen Zug in mir, noch einmal umzukehren, um ihm noch einmal mit Tränen des Mitleids Lebe wohl! zu sagen: denn es war mir, als ob ich ihn nie wiedersehen würde.

K... war nun in Wittenberg von seinen ehemaligen Freunden und Bekannten vergessen; man bekümmerte sich nicht mehr um sein Schicksal; man sprach nicht mehr von ihm. – Ich kam auch nicht eher wieder nach Koswig, als vier Monate nachher, da ich nach Dessau hier durchreiste.

Ich erkundigte mich sogleich im Gasthofe nach dem Soldaten K..., um ihn zu mir bitten zu lassen, und man sagte mir, es wäre nun gerade acht Tage, daß er begraben sei.

Der Abschied auf der Straße vor vier Monaten; der Abend, wo wir vom Luthersbrunnen zusammen hereinfuhren, und sangen; traten auf einmal so lebhaft vor meine Seele, daß ich mich bei dieser Nachricht der Tränen nicht enthalten konnte.

Ich erkundigte mich, wo er im Quartier gelegen hatte; es war bei einem Nadler, den ich besuchte, um noch einige Nachrichten von dem Verstorbenen einzuziehen.

Und die Frau des Nadlers wußte mir von der Gelassenheit und Geduld des guten K... in seiner letzten Krankheit nicht genug zu rühmen, und wie er in gesunden Tagen beständig so gut gewesen war, und ihren Sohn einen Knaben von acht Jahren im Schreiben unterrichtet hatte, aber die meiste Zeit für sich allein und in tiefen Gedanken gewesen war.

Dann erzählte sie mir, gleichsam wie zum Troste, wie stattlich er begraben sei, und daß die ganze Schule ihm gefolgt, und bei der Leiche gesungen habe.

Und den Tag darauf, nachdem er begraben war, sei ein reitender Bote von seinem Vater, dem Rittmeister K... in Schlesien angekommen, der Geld und Briefe mitgebracht habe, um ihn loszukaufen, weil er sein Schicksal erfahren hatte, und sein Herz endlich wieder gegen seinen Sohn erweicht worden war.

Der reitende Bote war ein alter Husar, der den jungen K... noch als ein Kind auf seinem Arme getragen hatte.

Da man ihm versicherte, daß er tot sei, wollte er es nicht eher glauben, bis man ihm das noch frische Grab, und den Sarg eröffnete, in welchem er nun den Leichnam sahe, und die Züge des unglücklichen K... wieder erkannte, ob sie gleich durch die Narbe entstellt waren.

Der alte Husar stand im stummen Schmerz da, und keiner der Umstehenden konnte sich bei diesem Auftritt der Tränen enthalten. —

Der Nadler, welcher mir dies erzählte, hatte selbst auch dabei gestanden.

Mit betrübtem Herzen ritt der alte Husar fort, um dem Vater die traurige Botschaft zu bringen.

Wäre der Bote acht Tage eher gekommen, so wäre vielleicht noch alles gut gewesen; denn es war doch mehr innerer Verdruß und Kränkung, als eigentliche Krankheit, welche dem Unglücklichen unaufhörlich am Herzen nagte, und seine Lebenskräfte untergrub. —

So verlassen von allen, so ein ganz in die Welt hingeworfener Mensch zu sein, um dessen Schicksal sich nun von allen seinen Freunden, und von allen denen, die ihm sonst nahe waren, kein einziger mehr bekümmerte — Ein Schimmer von Hoffnung würde gewiß heilender Balsam für seine Seele gewesen sein. Und nun, die völlige Aussöhnung mit seinem Vater — wäre der schnelle Übergang von Traurigkeit zur Freude für seine geschwächten Lebensgeister nicht auch tödlich gewesen, so hätte ihn dies notwendig herstellen müssen.

Aber er zehrte an seinem stillen duldenden Gram, oder vielmehr der stille duldende Gram, welcher am tiefsten eingreift, zehrte so lange an ihm, bis die nur noch zuweilen einmal wieder aufdämmernde Lebensflamme gänzlich erlosch, und die noch immer entgegenstrebende Jugendkraft endlich unterlag.

Der Nadler hatte noch einige Papiere von ihm liegen, eine Art von Tagebuch, das aber sehr häufig unterbrochen war. — Er hatte noch kurz vor seinem Tode manchmal etwas niedergeschrieben. — Aus diesen Papieren, die ich mir von den Nadlern ausbat, und die er mir auch gern zukommen ließ, weil sie ihm nichts nützten, werde ich vielleicht in der Folge noch verschiedenes mitteilen.

Wenn ich diesen Papieren eine Überschrift geben sollte, so würde ich sie *die letzten Anstrengungen einer gelähmten Tatkraft* nennen.

Es waren auch noch einige Verse dabei; folgender schien eine Art von Grabschrift zu sein, die er auf sich selbst gemacht hatte:

Den des Schicksals Donner traf,
Schlummert hier den sanften Schlaf,
Wo ihn nicht der Krankheit Gift
Noch des Schicksals Donner trifft.

ZUSATZ ZU DEN AUFSÄTZEN AUS K...S PAPIEREN.

Was ich gleich anfänglich, um die Aufsätze in K...s Papieren verständlich zu machen, etwa in einer Anmerkung hätte beifügen sollen, hole ich hier nach.

K... war, wie ich schon erwähnt habe, der Sohn eines Rittmeisters in Schlesien. Er hatte das Gymnasium in Breslau besucht, worauf er in Halle die Universität bezog, um da, nach dem Wunsch seines Vaters, die Rechte zu studieren, weil seine beiden jüngern Brüder, die er in seinen Aufsätzen Ernst und Ludwig nennt, zum Soldatenstande bestimmt waren, den er ihnen oft beneidete.

Seiner Anlage nach mochte er freilich weniger zum Studieren gemacht sein, wie seine beiden Brüder, die lange kein so tobendes Blut, aber auch kein so großmütiges Herz hatten, wie er. Dies ersieht man aus einigen seiner Aufsätze.

Sein beleidigter Stolz, sein tobendes Blut, und die Heftigkeit seiner Gemütsart verleiteten ihn in Halle zu einem Zweikampf mit einem Polen, welcher ihm durch einen hämischen Hieb, die ganze Backe aufschlitzte, so daß ein Stück herunter hing, und ihm die Zähne entblößt waren; wäre der Hieb nur noch um ein Haar weiter gegangen, so wäre die Speicheldrüse verletzt, und die Wunde unheilbar geworden.

Die Umstehenden erschraken alle über den tückischen Hieb – er allein fühlte in der ersten Betäubung keinen Schmerz, und fragte, was denn wäre? bis er nach einigen Minuten in Ohnmacht sank.

Ein Studentenorden, welcher unter dem Namen des Inviolabilistenordens in Halle existierte, und wovon er ein Mitglied war, war vorzüglich an seinem Unglück schuld. Die Gesetze dieses Ordens verbanden ihn unvermeidlich zu diesem Zweikampf, da die Sache zwischen ihm und seinem Gegner sonst noch wohl hätte friedlich beigelegt werden können.

Die Sache ward ruchtbar, und er und sein Gegner wurden beide aus Halle relegiert. K . . . ging nach Wittenberg. Der Inviolabilistenorden, für dessen angemaßte törichte Rechte er eigentlich ein Opfer geworden war, brachte so viel für ihn zusammen, daß die Kosten der Kur seiner Wunde davon bestritten werden konnten. Die Wunde wurde geheilt; es blieb aber eine entsetzliche Narbe davon zurück, die sein ganzes Gesicht entstellte.

Sein Vater, welcher von dem Unglück seines Sohnes Nachricht erhielt, und in Ansehung des Zweikampfs die strengsten Grundsätze hatte, wurde gegen seinen Sohn unversöhnlich erbittert, sagte sich in einem harten Schreiben gänzlich von ihm los, und schickte ihm zwölf Dukaten mit seinem Fluche belegt, als das letzte und einzige, was sein Sohn von ihm je zu erwarten und zu hoffen habe.

K . . . befürchtete wohl nicht ganz ohne Grund, daß seine Brüder, die immer Neid gegen ihn hatten blicken lassen, an diesem harten Entschluß seines Vaters mit Schuld gewesen waren.

Diese zwölf Dukaten sind es nun, wovon er in seinen Aufsätzen so häufig spricht, an denen sein ganzes übriges Glück hing, und die sobald nacheinander wegschmolzen. Denn er überließ sich freilich in Wittenberg allen möglichen Ausschweifungen, so weit seine zwölf Dukaten reichten.

Die viehische Betäubung, wovon er in seinen Aufsätzen mehrmals spricht, fand besonders bei den Trinkgelagen statt, die in Wittenberg unter den Studenten noch mehr, als sonst irgendwo, üblich sind.

Sie sitzen an langen Tischen, berauschen sich in Bier und Tabak, und singen dabei die hergebrachten Studentenlieder, welche zum Teil höchst ausschweifend und schmutzig sind. Einer unter ihnen ist der Vorsitzer dieser Gesellschaft. Er hält einen entblößten Degen in der Hand, womit er auf den Tisch schlägt, um Ordnung zu gebieten, kurz, es wird hier

nach Regeln getobt, und es ist einige Methode in dieser
Tollheit. Auf diesen entblößten Degen werden nachher zum
Zeichen der Ehrfurcht gegen den Landesherrn die Hüte
gespießt, welche alsdann unter vollem Gesange regelmäßig
wieder abgenommen, und einem jeden der seinige auf den
Kopf gesetzt wird. Wer bei einem solchen Trinkgelage wider
die Regeln des Trinkens anstößt, der muß dafür zur Strafe
wieder *trinken,* und trinken und berauscht sein ist der letzte
Zweck, worauf sich alles bei diesen wilden Bachanalien hin-
bezieht. —

Am Ende erfolgt denn ein solcher Zustand der viehischen Betäubung, wovon K... so oft in seinen Aufsätzen
redet, und worin er immer am Ende eines solchen Trinkge-
lages, wobei er gewöhnlich den Vorsitz führte, zu geraten
pflegte.

Diese Trinkgelage dauerten bis nach Mitternacht: dann
wurde bis tief in den Tag hinein geschlafen, und der Gedanke
des Erwachens war stets bittere Reue über das Vergangene,
deren Stachel durch nichts anders, als andre Betäubungen
abgestumpft werden konnte, die man denn ängstlich suchte,
um wo möglich, sich selbst zu entfliehen.

So brachte nun K... seine Zeit in Wittenberg fast in
einem beständig fortdauernden Wahnwitz zu, der nur zuweilen durch einige wenige gute Zwischenstunden unterbrochen wurde, in denen er auch das niederschrieb, was ich
aus seinen Papieren mitgeteilt habe.

Eine Stelle in diesen Aufsätzen deutet auf eine Liebe,
woran er sich mit Wehmut zurückerinnert.

Er hatte, da er noch das Gymnasium in Breslau besuchte,
eine Bekanntschaft gemacht, die ihm auf keine Weise zum
Nachteil gereichte, sondern dazu diente, ihn von den gewöhnlichen Ausschweifungen der Jugend zu bewahren. Dies
war ein junges geistvolles Frauenzimmer, die Tochter eines
nahen Anverwandten, bei dem er Tisch und Wohnung hatte.

Man bemerkte mit Wohlgefallen die Zuneigung dieser
beiden jungen Personen gegen einander, und machte sich
die angenehmsten Aussichten auf die Zukunft. K... war in

Breslau glücklich: denn er liebte und wurde geliebt, und dies
dazu von einem vortrefflichen Frauenzimmer.

Die Zufriedenheit, welche dies in seinem Innern erweckte, machte ihn tätig, und spornte ihn zum Fleiß an. Er war
einer der vorzüglichsten Schüler des Gymnasiums, und erhielt, da er dasselbe verließ, von allen seinen Lehrern ein-
mütig das rühmlichste Zeugnis.

Die Liebe zwischen ihm und Friederiken, so hieß seine
Anverwandtin, war von der ruhigen und edlen Art; er verließ
sie mit Fassung, um ihrer noch würdiger zurückzukehren,
und sie – setzte kein Mißtrauen in seine Vorsätze, und war
auch ruhiger, da er von ihr Abschied nahm, als sie glaubte,
daß sie sein würde: sie wußte ja, er werde in keine andere,
als in ihre Arme zurückkehren, wenn er zurückkehrte. –
Aber ach! sie wußte, sie ahndete nicht, daß er nie zurückkehren, daß er fern von ihr, verlassen ohne Trost und
Zuspruch bis zum niedrigsten Stande hinuntergedrückt, seine letzten Tage in Kummer und Kränklichkeit zubringen,
und auf dem Kirchhofe eines kleinen unbedeutenden Städt-
chens, dessen Namen er damals vielleicht noch nicht einmal
gehört hatte, sein Grab finden würde.

Er war ein edler, glücklicher und zufriedner Jüngling, da
er Breslau verließ – aber die Universität war die Klippe, an
welcher er scheiterte.

Hier wurden alle seine guten Vorsätze allmählich wankend gemacht. – Der Orden der Inviolabilisten, in den er
erstlich bloß aus Gefälligkeit gegen einige seiner Landsleute,
trat, erweckte bald schlummernde Begierden wieder in seine
Seele; den Wunsch des Soldatenlebens, oder vielmehr den
Wunsch, Gelegenheit zu haben, Mut und Herzhaftigkeit zu
zeigen, sei es auch wo es wolle; durch die sanften Empfindungen einer edlen gemäßigten Liebe, nahm dieser Trieb bei
ihm einigermaßen ab, doch war es ihm stets, als ob derselbe
ungenutzt bei ihm schlummerte; und dies erweckte ihm in
manchen Stunden ein gewisses unbehägliches Gefühl, wovon er sich die Ursach oft selbst nicht zu erklären wußte.
Wenn er sich gleich durch Kenntnisse, Ehre und Beifall zu

erwerben strebte, so blieb – sein Mut, seine Herzhaftigkeit
doch immer unerkannt und ungenutzt – und doch besaß er
diese im höhern Grade, als Hang zum Nachdenken, und
ausdauernden Trieb zu den Wissenschaften.

Was Wunder also, daß der Inviolabilistenorden, dessen
Losung war: *Einer für alle, und alle für einen!* plötzlich den
glimmenden Funken in seiner Seele wieder anfachte? da
überdem der Gegenstand seiner Liebe entfernt, und sein
Herz überdem von Natur mehr den heftigen, als den sanften
Leidenschaften eröffnet war. –

Was Wunder, daß er im Taumel dieser Leidenschaft seine
Liebe zwar nicht vergaß, aber diese doch nicht mehr der
herrschende Gedanke in seiner Seele blieb.

Der hämische Pole, mit welchem er sich schlug, (D ... war
sein Name, und er steht jetzt in einer schlesischen Stadt in
einer ansehnlichen Bedienung) hatte nicht sowohl ihn, als in
ihm den Orden der Inviolabilisten beleidigt, und K ... spielte hier zu seinem immerwährenden Verderben den Don
Quixote, und dies bloß, aus dem unwiderstehlichen Drange,
Mut und Herzhaftigkeit, sei es auch wo es wolle, zu zeigen. –

Weil er sein Leben auf keine edlere Art in Gefahr zu
setzen Gelegenheit hatte, so setzte er es zur Verteidigung
eines kindischen Spielwerks unbärtiger Knaben auf die Spitze, und war ein Opfer seiner Torheit, oder vielmehr der
Umstände und Verhältnisse, die ihn aus seiner eigentlich für
ihn bestimmten Sphäre gehoben, und in eine andre hinge-
drängt hatten, die für seinen emporstrebenden Geist zu
enge war.

Dies alles hätte freilich für ihn keine nachteiligen Folgen
haben können, wenn er von Natur weise gewesen wäre; aber
das war er nun einmal nicht, und da ihn das Schicksal weise
machen wollte, und zu dem Ende sein stolzes und großes
Herz gar zu sehr demütigte, so brach es. – –

Nicht viele bestehen in der harten Probe des Schicksals. –
Wen es faßt, den faßt es mit eiserner Hand, und wessen
Kräfte dann zum Unglück gelähmt sind, der muß unwider-
stehlich erliegen.

Das eiserne Schicksal macht es, wie die rauhen Spartaner,
die ihre neugeborne Kinder in eiskaltes Wasser tauchten:
hielten sie die Probe aus, so wurden sie stark und dauerhaft;
hielten sie sie nicht aus, so war an ihnen nicht viel verloren. – –

Um ein interessantes Schauspiel darzubieten, werden die
unglücklichen Schwimmer in diesem Ocean des Lebens den
wilden Wogen überliefert, wer untersinkt, sinkt unter, wer
sich rettet, der rettet sich.

Um sie über Klippen und Felsen, und durch rauhe Gegenden zur Glückseligkeit zu führen, macht das Schicksal
Versuche mit den Menschen, wovon tausend mißlingen, indes einer gelingt.

NOCH ETWAS AUS K . . . S PAPIEREN.

Koswig, den – –
Muß nicht der Mensch immer im Streit sein auf Erden?

Dieser Kampf mit mir selbst – wird er ewig dauren? Wird
dies Herz nie ruhig werden, als bis die Erd' es deckt?

Kampf mit mir selbst? – was ist das? – Denk' ich mir was
bei dem Worte? oder ists ein leerer Schall, den ich nachbe-
te? – Kampf mit mir selbst!

Gehören zu einem Kampf nicht zwei? – Zwei kann in
Ewigkeit nicht eins, und eins kann nicht zwei werden – Bin
ich denn zwei Wesen, oder bin ich eins? – Schrecklich!
schrecklich! –

Da steht das Gespenst vor meinen Augen – Ich sehe die
Wirklichkeit bei der Unmöglichkeit – eine fürchterliche Erscheinung, die alle meine Gedanken zerrüttet, und mich
dem Wahnwitz nahe bringt.

Hab' ich denn also nur eine halbe Ichheit? – Ist mein Ich
in seinem Bau verunglückt, daß es immer drohet, sich wieder aufzulösen; daß es keine innere Haltung und Festigkeit
hat.

Ja es ist nur zu wahr: daß ich mir selber ein Phantom, ein

leeres Blendwerk bin, das mir in jedem Augenblick entschlüpft, wo ich es mit aller Stärke meiner Gedanken festhalten will.

> Und wie soll das endlich werden?
> Soll dieser Streit immer dauren?   5
> Soll diese Qual niemals enden?
> Wer kann sie enden?
> Wer wird sie enden?
> Die Allmacht tut es nicht?
> Die Ohnmacht kann es nicht?   10
> Also wird sie immer dauren – –
> Weh mir! daß ich geboren ward!

Ha, dieser ewige Krieg aller Wesen gegen einander kehrt sich
bis in ihr innerstes Eingeweide.

Der Nordwind kämpft mit dem Südwinde, der West mit   15
dem Ost, unter ihrem schrecklichen Flügelschlag wird die
Eiche zersplittert, und das Haupt der Blume zerknickt.

Aber wenn auch alle Winde ruhen, so muß doch der Eichbaum endlich in seinem innersten Stamme faulen, und die
Blume muß in ihren Stengeln und Blättern welken –   20

Die zusammenhaltenden Kräfte lassen allmählich nach;
das Harmonische gerät in Streit miteinander und die Auflösung ist da. –

Schwert und Kugel zerstört die Körper der Menschen
von außen; das Gift der Krankheit zerstört sie von innen –   25

So wie die Körper der Menschen von außen her miteinander in Streit geraten, so geraten wieder die ursprünglichen
Bestandteile jedes einzelnen Körpers miteinander in Streit,
und reiben sich einander auf.

Wie die Gedanken mancher Menschen untereinander   30
kämpfen, und Unheil und Verderben über die Welt bringen;
eben so kämpfen die Gedanken eines jeden Einzelnen wieder selbst gegeneinander, und bringen Unglück und Verderben über sein Haupt; da ist nichts, als allgemeiner Krieg,
allgemeine Zerstörung, welcher endlich eine allgemeine Auf-   35
lösung der Dinge, und der schreckliche namenlose Überrest
einer zerstörten Welt folgen muß.

Die Sünde lockt, in Miltons verlornem Paradiese, den Tod
auf die Oberwelt, und das hagre Gespenst antwortet ihr:

Geh nur voran! ich werde sicher nicht
Dir nachzufolgen zaudern, noch des Weges
5   Verfehlen, welchen du mich führst – so lieblich
Duftet der Geruch vom Aas, und von der Beute
Die meiner wartet, mir schon jetzt entgegen. –

So sprach er, und mit innigem Wohlbehagen
Schlürft' er von allen Dingen, die auf Erden lebten,
10   Den reizenden Geruch des Todes ein,
Dem sie von nun an unterworfen waren.
So wie ein Heer von Raben und von Geiern,
Obgleich noch viele Meilen weit entfernt,
Durch den Geruch noch lebender zum Tode
15   Bestimmter Leichname angelockt, in ein Gefilde,
Wo Kriegesheere sich gelagert haben,
Den Tag vorher, eh noch die Schlacht beginnt,
Geflogen kömmt – so roch die scheußliche Gestalt
Und kehrte seine Nasenlöcher weit empor
20   In die mit schwarzem Dampf erfüllte Luft,
Und spürt' in solcher Ferne seine Beute auf.
–   –   Da nun
Im Paradies das höllische Paar anlangte,
Die Sünd', und hinter ihr der Tod, der Schritt
25   Vor Schritt' ihr folgte, obgleich er dann noch nicht,
Sein falbes Roß bestiegen hatte, sprach
Die Sünde so zu ihm: Du zweiter Sprößling
Aus Satans Stamm, du allerverschlingender Tod,
Was dünkt dich nun zu unserm Reiche, welches
30   Mit schwerer Arbeit wir errungen haben,
Ists nicht weit besser als dort auf der Schwelle
Des Höllentors stets Wache sitzen, weder
Gefürchtet, noch berühmt, und du stets halb
                                         verschmachtet.
35   Und zu der Mutter sprach das grinsende Ungeheuer,

Mir, welchen ew'ger Hunger quält, ist Hölle
Und Paradies und Himmel gleich, am Besten
Find ich mich, wo's viel zu verschlingen gibt,
Hier ist wohl Überfluß – doch ists zu wenig
Um diesen Magen, diesen ungeheuren,   5
Hautlosen Körper vollzustopfen. – Zehre,
Gab die blutschänderische Mutter ihm zur Antwort,
Nur erst an diesen Kräutern, diesen Früchten,
Und Blumen, dann an Tieren, Fisch und Vögeln,
Auch Bissen, die nicht zu verachten sind!   10
Und alles, was die Zeit mit ihrer Sense
Darnieder mäht, das schone nicht, verschling' es –
Bis ich im Menschen wohnend, durch Geschlechte
All' seine Blicke, Worte, und Gedanken
Verpeste, und ihn dir zum letzten, süßen,   15
Und angenehmsten Bissen zubereite.
So sprachen sie, und gingen auseinander
Verschiednes Weges beides zu zerstören,
Und zur Zerstörung früher oder später
Die Wesen alle reif zu machen. –   20

Und diese Sünde wohnt in mir – und dieser Tod folgt ihr auf
dem Fuße nach – die herannahende Zerstörung meines
Körpers, den dies endlose Toben der Leidenschaft in meinem Innern zu Grunde richtet.

O, das Gedicht ist zur Wahrheit geworden, und die Wahr-   25
heit zum Gedichte.

Alles Gute, Schöne, Zusammenhängende reißt, fliegt auseinander vor meinen Blicken – das scheußliche Gerippe, das
hagre Gespenst bleibt übrig – es steht da vor mir, und grinset mich an – es ist allein wirklich – alles übrige war   30
Blendwerk und Täuschung.

den — —

Welche Qual ist es, zu leben, und ein Bein oder einen Arm,
oder gar den Gebrauch eines Sinnes verloren zu haben.
Welche Qual würde das Denken für den sein, der Malerei,   35

Musik und Beredsamkeit in sich vereinigt hätte, und nun plötzlich blind, taub und stumm geworden wäre, indes der Sinn für die Schönheiten des Gesichts, des Gehörs, und der Rede nichts von seiner Lebhaftigkeit bei ihm verloren hätte, und sein Bedürfnis noch immer dasselbe wäre. Gesetzt noch dazu, daß seine Seele nie im abstrakten, metaphysischen Denken geübt worden ist, sondern den Hang hatte, alles auf sinnliche, anschauende Erkenntnis, und auf den Moment des wirklichen Genusses zurückzuführen.

Würde für einen solchen, das ihm übriggebliebene Denken noch wohl eine Wohltat sein. Raubt uns nicht die Natur selbst zu der Zeit unser Bewußtsein, wenn wir wegen der uns umgebenden Dunkelheit und Stille der wenigsten sinnlichen Eindrücke fähig sind, und unser Denken selbst uns die unausstehlichste Langeweile machen würde; und wir sollten unser Bewußtsein unsre Denkkraft behalten, wenn wir gar keinen sinnlichen Eindruck mehr haben? Wir sollten ewig ohne Abwechselung, ohne Neuheit, immer nur an dem Vergangenen wiederkäuen?

Wir sollten nicht nur eine Hand, einen Fuß ein Auge, dessen Entbehrung so manchen das Leben schon schwer macht, sondern den ganzen Körper entbehren – und leben – sollten sehen wollen, ohne Augen, hören wollen, ohne Ohren, reden wollen, ohne Mund, uns fortbewegen wollen, ohne Gliedmaßen? – –

Ewige, schreckliche Langeweile müßte ja unser Los sein, wenn nichts, als Denken uns übrig bliebe – aber bleibt uns auch das nicht, o dann sind wir ja auf immer geborgen – dann ist das Fieber des Lebens vorüber, und wir sind von der giftigen Krankheit unsrer Existenz auf einmal geheilt.

Eine Pest, eine Krankheit ist dies Dasein für den, der mit sich selbst nicht einig ist, ob er ein Bösewicht oder ein Heiliger sein will.

Glücklich ist der Bösewicht, glücklich der Heilige, der Märtyrer auf der Säule. Nur der Unentschlossene, nur der Wankende ist unglücklich. In seiner Brust ist die Hölle – bei ihm ist das Elend eingekehrt, und hat seine Behausung bei ihm aufgeschlagen.

O Wankelmut, Wankelmut! du ärgster boshaftester Feind
der schwachen Sterblichen, wie manche Opfer sind dir
schon gefallen, und wie viele werden dir noch fallen, bis das
Ende der Tage kömmt!

Das Ende der Tage! was ist das? Wenn kein Sonnen Auf-
und Untergang, kein Monden- und Jahreswechsel, wenn keine Zeit mehr sein wird. — Wird das einmal nicht mehr sein,
oder wird dieser Lauf der Dinge ewig dauren? auch wenn ich
schon wieder Staub bin? Und wenn ich Staub bin, was bin
ich dann? was ist der Staub, auf den ich trete? Ist er etwas
oder ist er nichts? Oder ist er der Übergang zum Nichts?

Zu Staub werden — zu Nichts werden — Zu Staub, zu
Asche werden, die in alle vier Winde verstreut wird — was ist
dies anders als Vernichtung? gibt es noch ein andres Nichts?
Ist hier noch etwas festes und bleibendes?

Was vorher ineinander war, ist auseinander. Die angenehme Täuschung von Verschiedenheit und Mannigfaltigkeit ist
verschwunden — die Teile sind sich wieder alle gleich. — Das
was ehemals Stengel, Blatt, Hand, Fuß, oder Finger war, ist
nun nicht mehr voneinander zu unterscheidender
Staub — Verwesung — Nichts.
Wie fließen die Begriffe ineinander! Wo die wenigsten Unterschiede sind, da ist die Grenze des Nichts, wo aller
Unterschied aufhört, da beginnet das Nichts —

Das schreckliche Unbekannte, Namenlose — die fürchterlichen Geheimnisse, welche eine ewige Nacht verdeckt —

                                                    den — —

* Ha — ich will den Schleier hinwegreißen; ich will mich nicht
länger durch dies Blendwerk täuschen lassen —

Ich will in die grauenvolle Werkstatt blicken, wo Krankheit, Pest, und Teurung, Krieg und Unheil, Tod und Verderben geschmiedet werden.

Da ist das enge Gewölbe, da glüht der Vulkan — da stehen

---

* Dieser Aufsatz ist wenige Wochen vor seinem Tode nach oder
während einem heftigen Fieberparoxismus geschrieben. — Man
könnte sagen, es sei Methode in dem Wahnwitz.

die drei schrecklichen Unbekannten, und heben Schlag auf Schlag die schweren Hämmer –

Hätt' ich doch nie geglaubt, daß die Werkstatt so enge, der Ofen so klein, und der Amboß so niedrig wäre, an welchem diese drei schrecklichen Meister des Schicksals stehen, und schmieden in alle Ewigkeit. –

Also von hieraus wird diese ungeheure Weltmasse regiert? – Das ist die allmächtige, einzig unzerstörbare Werkstatt? –

Was hebt denn diese drei schrecklichen Hämmer stets empor, und läßt sie wieder niedersinken?

Sind das Arme, sind das Hände? wie meine Arme, und meine Hände?

Es sind Arme, wie meine Arme; und Hände, wie meine Hände; wer hat denn diese Arme, und diese Hände zu Herren des Schicksals gemacht? Warum soll ich denn Knecht sein, wenn jene herrschen? Warum soll ich nicht auch mit einem Schlage auf den Amboß Welten entstehen, und Welten zertrümmern lassen? Ist denn mein Arm gelähmt, und hat er nicht Sehnen und Fleisch, wie jene?

Euch spreche ich Hohn, ihr drei Meister des Schicksals, die ihr Haut und Fleisch habt, wie ich, und in ewiger Einförmigkeit da steht, und Hämmer auf und niederhebt.

Ihr seid die erste Ursach, der erste zureichende Grund von allem, was da ist, wie der Mist von Blumenbetten. –

Des faulenden Mists, und der unzusammenhängenden Erdmasse muß *viel* sein, um eine Blume hervorzubringen –

Sehet da eure Welt! – Aus einem ungeheuren Zusammenfluß von Neid, Zwietracht, Krieg, Pest, und Verderben, erwächst einmal eine zweideutige edle Tat.

Freilich ein Wunder, wenn unter dem ungeheuren vielen, sich nicht ein einzigesmal so etwas bildete – Aber da aus der ungeheuren Menge des Schlechten so wenig Edles quillt, so bedarf es keiner lenkenden Vernunft – es kann von selbst aus diesem Schlamme sich entwickeln. – Unter Millionen mißratenen Zusammenhängungen und Mißgeburten, konnte doch wohl endlich einmal ein Wesen, wie der Mensch entstehen, der nun jede Zusammensetzung, die sich der seinigen nähert, für schön, das heißt, mit sich übereinstimmend hält.

Und ihr drei schrecklichen Unbekannten, was ist euch
denn schön? Was mit eurem ewigen Auf- und Niedersenken eurer Hämmer, was mit eurer schwarzen grauenvollen
Werkstatt, mit eurem engen Gewölbe am meisten übereinstimmt. Ist der gebietende Mensch, und diese schöne Welt
etwa ein Fleck in eurem Werke, den ihr wieder austilgen
müßt, um das Ganze einförmig zu machen?

Arbeitet ihr deswegen mit euren unwiderruflichen Hammerschlägen immer so auf Zerstörung des Lebens, der Mannigfaltigkeit, der Verschiedenheit der Teile hin; weil Einförmigkeit und Gleichartigkeit aller Teile, mit eurer ewigen
traurigen Beschäftigung übereinstimmender ist?

Tötet ihr deswegen, wenn ihr könnt, das Leben in seinem
ersten Keime, und laßt es nur eine kurze Zeit, den Tod aber
immer dauern?

O, ihr Ohnmächtigen, seid ihr denn mit eurer immerwährenden Austilgung noch nicht bald fertig – Oder laßt ihr
immer wieder wachsen, weil euch das Austilgen Vergnügen
macht?

Schön!

Ist euch das schön? – Schön ist mir, was mit meinem Wesen
übereinstimmt; Schön ist euch, was mit eurem Wesen übereinstimmt.

Mir ist Mannigfaltigkeit, Leben, Bewegung schön. – Warum? – Weil mein Wesen Mannigfaltigkeit, Leben, Bewegung
ist.

Ist euer Wesen Einförmigkeit, Trägheit, Untätigkeit; so
kann euch ja Leben, Bewegung, und Mannigfaltigkeit nicht
schön sein.

Nun ist aber im ganzen Weltall weit mehr Tod, als Leben;
weit mehr Einförmigkeit als Mannigfaltigkeit; weit mehr
dürrer Sand und Erde, als Blumen und Kräuter; unendlich
mehr begrabene Menschen, und verweste Tiere, als lebende,
und atmende Geschöpfe. – Ein wenig Leben muß sich aus
einer Masse von umgebendem Tode mit Mühe emporarbei

ten; es erhält sich eine Weile mit Mühe, und wird wieder von
dem umgebenden Tode verschlungen. —

Arme betrogene Sterbliche, die ihr weinend auf die Welt
kommt, aus welcher ihr sobald wieder herausgedrängt werdet; ihr wollt noch wähnen, daß Leben Zweck sei? Ihr
zwingt euch noch zu Danksagungen für etwas, das euch bei
seiner ersten Entstehung schon mißgegönnt wird, und das
ihr nur erhieltet, um es sobald wie möglich wieder zu verlieren.

F . . . S GESCHICHTE.

Vielleicht wünschen einige meiner Leser etwas mehr von
dem Schicksale des F . . . zu erfahren, an welchen der unglückliche K . . . in seinem letzten Briefe schrieb: er habe, wie
Lear sagt, nur noch eine Faser von seinem Herzen übrig,
und die blute für ihn, weil er ihn mit schnellen Schritten
seinem Verderben entgegen eilen sähe.

F . . . war damals dem äußern nach in sehr guten Umständen. Allein das übereinstimmende Verhältnis seiner innern
Seelenkräfte zu einer zweckmäßigen Tätigkeit hatte schon
damals einen gewaltigen Stoß erhalten, und war so zerrüttet
worden, daß schwerlich eine vollkommene Wiederherstellung je zu hoffen war.

Das war die innere Krankheit, die unheilbare Seelenlähmung, welche K . . . aus eigner Erfahrung kannte, und deren
Dasein bei seinem Freunde ihm nur zu sehr einleuchtete.
Darum wurde er an ihm zu einem Unglückspropheten, der
leider nur allzuwahr sagte.

Denn ach, schon lange ist F . . in den Abgrund gestürzt,
vor welchem ihn K . . . damals warnte: schon lange ist er, wie
jener ein Opfer seiner Unentschlossenheit, und seiner wankenden Tatkraft geworden.

Er hatte damals Mitleiden mit dem unglücklichen K . . .,
und bedauerte ihn, weil er sich vor jenem glücklich hielt, und
auch nicht einmal dunkel ahndete, daß ihn einst ein ähn-

liches Schicksal treffen würde. – Denn er besaß auf allen Fall ein nicht ganz unbeträchtliches Vermögen, das ihn auch bei gänzlicher Untätigkeit wenigstens vor dem Mangel sichern konnte, und worüber er bis dahin noch nicht Herr gewesen war.

Aber dies beruhigte ihn nicht. Er fing schon damals an, sich oft ganze Tage in dem schrecklichen Zustande zu befinden, der allein das *wirkliche Elend* in der Welt hervorbringt; in dem Zustande eines unbestimmten, auf keinen festen Gegenstand hingerichteten Tätigkeitstriebes, der seine Kraft gegen sich selbst kehrt, weil sie nicht nach außen zu wirken kann, und der den Wankenden und Unentschlossenen in jedem Moment seines Lebens mit sich selbst unzufrieden macht.

F... konnte ganze Tage über ausschweifend lustig und aufgeräumt, und doch dabei im Grunde keinen Augenblick vergnügt sein. Seine ausgelassene Lustigkeit war nichts, als übertünchter Verdruß und Unzufriedenheit mit sich selber. Kein Vergnügen, das er genoß, *erfüllte* jemals seine Seele; es blieb immer eine Lücke, eine Leere in seinem Herzen übrig, die ihn verdrüßlich und mißmutig machte, und ihn keine reine unvermischte Freude mehr genießen ließ.

Das macht, es ging ihm, wie K..., seine süßeste Hoffnung, die Blume seines Lebens war zerbrochen.

Er liebte in B... ein Mädchen, von vortrefflichem Geist und Herzen.

Nachdem er kaum ein Jahr von der Universität zurück war, eröffnete sich ihm eine Aussicht zu einem Amte, welches ihm zu dem baldigen Besitz dieses Mädchens die gegründetste Hoffnung machte.

Itzt kam alles darauf an, daß er dies Amt erhielt, und sein Glück war auf Lebenslang gemacht; durch eine auf wahres Verdienst und Vorzüge gegründete Liebe, fühlte er seine Brust zu einer edlen Tätigkeit belebt. Er dachte eine rühmliche Laufbahn zu betreten, und weidete sich im voraus mit dem süßen Gedanken, den Lohn seiner Mühe und seiner edlen Bestrebungen, mit dem Gegenstande aller seiner Wünsche und Hoffnungen dereinst teilen zu können.

Kurz er fühlte damals seine Brust *voll;* es war keine Leere in seinem Herzen mehr. Ihm gnügte sein Dasein und sein Leben ganz, so wie es war. Darum hatte seine Tätigkeit, und jede seiner Bestrebungen einen festen Grund. Er handelte *im Großen und im Kleinen stets so, wie er glaubte, handeln zu müssen.*

Seine Aussicht zu dem Amte wurde immer wahrscheinlicher und sicherer – die Erwartung seines Glücks stieg aufs höchste; der entscheidende Zeitpunkt war da, wo alle seine Wünsche erfüllt werden sollten – und der schöne Traum war verschwunden; sein ganzes Glück war durch einen Donnerschlag zerschmettert. – Durch ein unerwartetes königliches Kabinettsschreiben, erhielt ein andrer das Amt, wozu ihm die gegründetste Hoffnung gemacht war, und seine Geliebte – heiratete diesen andern.

F... war großmütig genug, sie selbst zu diesem Schritt bewegen zu helfen, da alle Umstände sich vereinigten, um ihr jenen Antrag annehmenswert zu machen. Da es nun aber wirklich geschehen war, was F... selbst mit hatte befördern helfen, so gereuete ihn zwar seine Großmut nicht eigentlich, aber die Freude und Selbstberuhigung darüber war doch auch nicht so groß, daß sie ihm seinen erlittenen Verlust ganz hätte ersetzen können.

Wenigstens suchte er sich nun von dem Orte zu entfernen, wo ihn alles an den verflogenen Traum seines Glücks erinnerte, und wo die schönste Blume seiner Hoffnung einmal zerknickt war. Vielleicht blüht mein Glück anderswo! suchte er sich selber zuzurufen; aber es wollte ihm mit diesem Zuruf nie recht gelingen. Es mochte blühen, wo es wollte, so war es doch *das, das* nicht, was nun einmal sein *ganzes Herz* erfüllt hatte; es war *dasselbe* nicht. –

F... bemühete sich um eine Stelle auswärts, und es währte auch nicht lange, so wurde er durch Vermittelung eines seiner Anverwandten dem Bruder des Fürsten von *** empfohlen, dessen Privatsekretär er ward.

Hier hatte er nun hinlängliche Zerstreuung und Gelegenheit, die große Welt kennen zu lernen.

Allein da er selbst seine eigne Launen mit sich herum trug,

so konnte er sich nicht lange in die Launen seines Prinzen schicken, und gab also binnen kurzer Zeit diesen sonst einträglichen Posten wieder auf.

Er fand nun nichts bessers für sich, als noch einmal die Universität zu beziehen, und auf die Weise einen Teil seines Lebenslaufs, der ihn so sehr getäuscht hatte, und in welchem ihm seine Aussichten so sehr mißlungen waren, gleichsam von vorn wieder anzufangen. Er setzte sich gleichsam in seiner Laufbahn freiwillig zurück, um noch einmal, mit besserm Glück wieder vorwärts laufen zu können; oder er wollte, dem Schicksal zum Trotz, gleichsam wieder einen neuen Anlauf nehmen, da er das erstemal von der Anhöhe, die er zu ersteigen suchte, zurückgetaumelt war.

Er ging also nach Leipzig; aber seine innere Unruhe, und die Leere in seinem Herzen fing schon an, ihn allenthalben, wo er ging und stand, zu verfolgen; da er überdem nun den Zerstreuungen, die ihm das Schauspiel der großen Welt eine Zeitlang dargeboten hatte, wieder entrissen war.

Er ging gleich den ersten Abend in Leipzig in einer ziemlich menschenfeindlichen Laune in die Komödie. Man spielte Minna von Barnhelm. Das Andenken an seine mißlungenen Aussichten, und fehlgeschlagenen Hoffnungen wachte mit seiner ganzen Stärke in seiner Seele auf, und erfüllte sein Herz mit Bitterkeit gegen das Schicksal, gegen die Menschen, gegen alles.

Ein Student, der neben ihm stand, drängte auf ihn, er stieß ihn mit dem Ellbogen zurück; der Student beklagte sich laut über seine Grobheit, und F... gab ihm eine Ohrfeige. – Man kam dem beleidigten Studenten zu Hülfe. F... zog sein Couteau, um sich zu verteidigen; es entstand ein allgemeiner Aufruhr. –

Schon kam die Wache, um F... zu arretieren, als ihn einige seiner Freunde mit Gewalt fortrissen, und ihm Gelegenheit verschafften, aus der Stadt zu entkommen.

So verließ er Leipzig, und kam nach Wittenberg.

(Die Fortsetzung künftig.)

F . . . S GESCHICHTE.
(Fortsetzung.)

In Wittenberg spielte er unter den Studenten eine Zeitlang
eine sehr glänzende Rolle, welches ihm um desto leichter
war, weil dort der größte Teil der Studenten arm ist, und der
Aufwand, den er machte, hier also auffallender war, als er es
vielleicht an einem andern Orte gewesen wäre.

In den Studentengesellschaften, wohin er kam, war er
stets der erste; man drängte sich um ihn, man wünschte, daß
er mit einem reden möchte, man bewarb sich um seine
Freundschaft, und wenn man sie besaß, so rechnete man
sich dieselbe zur Ehre.

Ein junger Mann Namens B . . ., der damals in Wittenberg
studierte, und sich schon als Dichter und dramatischer
Schriftsteller auf eine nicht unrühmliche Art bekannt gemacht hatte, war auf F . . . s Freundschaft stolz, und schrieb
in dessen Stammbuch damals aus der Fülle seines Herzens
einige Zeilen, wovon folgendes ohngefähr der Schluß war:

Ich kann nicht kriechen und mich bücken, kann nicht um
der Großen Gnade heucheln, und bin deswegen arm und
unbemerkt, aber doch zufrieden; denn:

Lacht mir doch die Natur so schön wie deinem König;
Ist doch mein Geist nur Gott im Himmel untertänig;
Bist Du doch – wie mein Aug' bei dem Gedanken weint! –
Mein Bruder und mein Freund!

F . . . besaß wirklich Geschmack und viel Lektüre, auch fehlte es ihm nicht an Witz und Laune, und sein äußrer Anstand,
seine Bildung, seine Art sich zu kleiden, alles stimmte zusammen, um ihn unter der Menge auszuzeichnen, und ihn
zu einem Gegenstande der Bewunderung und des Neides
für diejenigen zu machen, die er um sich her verdunkelte.

Allein bei dem allen war sein Zustand im Grunde stets
unbehaglich, und selbst die ausgelassenste Lustigkeit war
nichts als übertünchter Verdruß, der, wenn er unter seinen
Freunden war, seinen Witz und seine Laune in ein gewisses

kindisches Wesen ausarten ließ, welches bei einem sonst guten Kopfe, das sicherste Merkzeichen einer inneren tiefen Seelenverstimmung ist, die macht, daß er kindische Tändeleien jeder ernsthaftern Beschäftigung vorzieht, nicht weil er etwa Vergnügen daran findet, sondern weil er sich und andere dadurch *ärgern* will, daß er etwas tut, wovon er selbst und jeder andre überzeugt ist, daß er es bei gesunder Vernunft nicht tun würde.

Dies *mit Fleiß intendierte kindische Wesen* bei sonst vernünftigen Personen ist gleichsam der bitterste Trotz gegen ihr besseres Selbst, mit dem sie sich entzweit haben. Es äußerte sich bei F... in immer stärkerm Grade, jemehr sein Entschluß, wiederum ein tätiges Leben anzufangen, wankend wurde, und je tiefer er in das *zwecklose Hinschleudern* einer Stunde nach der andern, und eines Tages nach dem andern versank.

In dies *zwecklose Hinschleudern ihrer Zeit* würden weit mehr Menschen verfallen, wenn sie nicht durch Amt und Pflicht *gebunden* wären. – Denn der Hang dazu ist immer derselbe – und das Amt und die Pflicht wird am Ende etwas Mechanisches, wobei man sich nun nie die Erreichung irgend eines besondern Zwecks mehr denkt.

Das Amt war selbst der Zweck, und nun hat es mit der Zweckerreichung ein Ende.

Hätte F... damals ein Amt und Familie gehabt, so wäre sein natürlicher Hang zur Zeitverschleuderung vielleicht derselbe gewesen; allein dieser Hang hätte ihm nun nicht mehr schaden können. Seine Geschäfte lagen nun *außer seiner freien Wahl,* außer dem *Bezirke seiner jedesmaligen Laune;* denn das geringste vernünftige Nachdenken war fähig, ihn auch bei dem größten Widerwillen, dazu anzuhalten, wenn er nicht Ehre und Glück auf immer verscherzen wollte.

Das Bestreben so vieler Menschen nach Ämtern und Ehrenstellen, ohne die sie doch weit freier und ungebundner leben könnten, läßt sich wohl mit aus diesem Bedürfnis erklären, *sich gleichsam vor sich selbst, und vor ihren eignen abwechselnden Launen in Sicherheit zu stellen.* Indem man das, was

einem doch bei allen Abwechselungen immer gefällt, Ehre
und gutes Auskommen, erst zu erreichen sucht, um alsdann
durch die Furcht, diese uns immer teuer bleibenden Güter
wieder zu verlieren, zur Ertragung aller der kleinen Unannehmlichkeiten, die mit jedem tätigen Leben verknüpft sind,
gezwungen zu sein.

Kurz, *man wünscht, weniger und nicht so oft wählen zu dürfen.*

Man will lieber *müssen,* als zu oft in dem Zustande der
Unentschlossenheit sein. Man zieht den Zwang der unbestimmten Freiheit vor.

F... war damals in einem Zustande der Unentschlossenheit, der denjenigen, welcher sich darin befindet, notwendig
unglücklich machen muß.

Er hatte seine Laufbahn gleichsam von vorn wieder angefangen, oder vielmehr er hatte sich wieder in die Schranken gestellt, und wußte nicht, wohin er nun seinen Lauf aufs
neue richten sollte.

Und doch war ihm auch dieser Aufenthalt wieder unerträglich. – Gleich einem mutigen Roß stampfte er unwillig
den Boden, weil er so da stehen mußte, und doch blieb er
immer da stehen, weil sich ihm kein festes Ziel vorstreckte,
weil er *nach der einen Seite, so gut als nach der andern* auslaufen
konnte; und weil ihn nichts mehr *ausschließend* an sich zog,
weil der einzige Preis, den er sich für seine Bestrebungen
gewünscht hatte, auf immer für ihn verloren war, und ein
eben so guter Preis, doch nie *derselbe* war, an dem sein Herz
nun einmal hing, wie an seiner Ichheit. – Hätte F... auch
endlich einen sehr großen *Fond* von Tatkraft in sich gehabt,
so würde sich diese dennoch am Ende wohl durchgearbeitet, oder doch ihre zerstörende Kraft mit mehr Gewalt
gegen ihn selbst gerichtet haben: allein der Fond war doch
immer groß genug, um, sobald er ungenutzt blieb, Unheil
und Verderben in ihm anzurichten.

(Die Fortsetzung künftig.)

FRAGMENTE
AUS DEM
TAGEBUCHE
EINES GEISTERSEHERS.

VON DEM VERFASSER
ANTON REISERS.

VORREDE DES VERLEGERS.

Der Verfasser dieser wenigen Bogen, hat sich in seinen gelehrten Arbeiten, deren er seit zehn Jahren im Verlage der mehresten Berliner Buchhändler die Hülle und Fülle producieret, einen solchen Plan gemacht, daß wenn ihm die Lust anwandeln sollte, Wanderungen zu machen, er nach Belieben abbrechen könne, ohne dem Ganzen zu schaden. Dies ist der Fall bei dieser Schrift, die anfänglich 16 Bogen stark werden sollte und sich nun auf die Hälfte gebracht findet.

Wenn der Verfasser einstens seinen vaterländischen Boden wieder betreten sollte und die Sirocco's keinen widrigen Einfluß auf ihn gemacht haben, so wird er sich für Geld und gute Worte wohl zureden lassen, diese Materie fortzusetzen.

———

AN . . .

den 1sten Juni 1782.
Wie lieblich scheint die Sonne am Abend in mein kleines
Fenster. – Dort auf der Wiese weiden noch die Herden – die
einzelnen Eichen werfen ihren langen Schatten jenen Berg
hinunter. –

Was schimmert dort so weit in der Ferne am Horizonte? –
es sind die schmalen Purpurstreifen des Abendrotes – wer
wohnt unter jenem fernen Himmelsstriche? Was für Gedanken, was für Wünsche steigen dort empor? –

Menschen sind hin und her zerstreut auf dem ganzen
Erdenkreis – wer faßt alle ihre Wünsche, alle ihre Hoffnungen in eins zusammen? wer birgt sie in seinem Busen, um sie
alle alle dereinst zur Vollendung zu bringen, daß keiner vergessen wird? –

O dann werd' auch ich nicht vergessen werden, sei ich
auch so einzeln unter den Menschen, und so verloren als ich
wolle. –

Die Herden kehren heim, und eilen zu ihrer Lagerstatt –
sie schweiften den ganzen Tag umher, und keines hat sich
verloren, jedes findet am Abend seine gewohnte Herberge
wieder.

Der arme Hirt aus unserm Dorfe, der hinter dieser Herde
hergeht, legt sich am Abend nieder, um Morgen sein Tagewerk von vorne wieder anzufangen. – Er glaubt, er weide
nur seine Herde – aber er weiß nicht, daß sich unvermerkt
der Keim zur Vervollkommnung und Veredlung seines Wesens in ihm bildet – daß jedes Grashälmchen, welches er,
ohne Absicht sein Auge an den Boden heftend, betrachtet,
seine Kraft zu vergleichen und zu unterscheiden erhöht, daß
er mit jedem Blick, womit er Wiese und Berg und Tal umfaßt, und dann wieder sein Auge auf ein kleines goldnes
Würmchen fallen läßt, das unter Kräutern und Blumen lebt,

das Ganze mit Rücksicht auf das Einzelne und das Einzelne mit Rücksicht auf das Ganze betrachten lernt.

Du armer Hirt wirst also in der Reihe denkender Wesen nicht vernachlässiget, nicht vergessen – Dein Rang ist dennoch in der Geisterwelt, ob du gleich den ganzen Tag über nur deine Kühe weidest.

Ist denn also keiner ausgeschlossen? – welch eine unendliche Reihe denkender Wesen steigt vor meinem Blick empor!

Wo seid ihr alle, ihr Millionen, deren Staub sich schon wieder mit anderm Staube gemischt hat?

Habt ihr euch nicht verloren in einander? – seid ihr noch in *derselben Zahl* da, wie ihr waret, da eure Körper abgesondert von einander, und jeder in sich gedrängt, so viele verschiedene Wesen ausmachten, als verschiedne Gesichtszüge, verschiedne Namen waren.

Die Gesichtszüge, die Namen sind verschwunden – was unterscheidet euch vom Körper ganz entblößte Wesen noch von einander?

Ist es die unendliche Mannigfaltigkeit der Erinnerungen aus eurem Erdenleben? – Aber was bleibt euch denn nun, um diesen Unterschied durch die Dauer eures Wesens fortzupflanzen? Sind die Eindrücke, die ihr nun erhaltet, denn noch so unendlich mannigfaltig verschieden? – oder treffen die Erinnerungen mehrerer aus diesem Erdenleben zusammen und machen vielleicht mehrere zusammen ein Ganzes aus. –

Wie oft wünschen nicht Seelen hienieden schon in einander zuschmelzen, mit allen ihren Gedanken, allen ihren Erinnerungen, die sie von Kindheit auf hatten, *eins* zu werden.

Und ich sollte das Überströmen meines Wesens in ein andres scheuen? – und doch scheu ich es? – Doch ist alles auf einmal so tot, so abgeschnitten, so zerrissen – wenn ich mein Wesen auch mit einem Wesen höherer Art vertauschen sollte. –

Dem schaudervollen Übergange zu einem andern *Sein*

muß erst das *Werden* seinen Weg bahnen; durch den Mittelbegriff des allmählichen Entstehens kann unser Geist nur in
die Zukunft blicken, und die Sprache selbst muß zu diesem
Begriff ihre Zuflucht nehmen, wenn sie die Zukunft bezeichnen will. – Die Sonne ist untergesunken – die Abend-
glocke tönt im Dorfe – das Tagewerk der Arbeiter ist vorbei – die Natur hat wiederum einen großen Akt vollendet,
und läßt nun den Vorhang fallen. –

AN . . .

Am 24sten Juli 1782.
Noch find' ich also, selbst bei einem siechen Körper, hier
das Glück, das ich in der weiten Welt vergeblich suchte. –
Die Ernte beginnt nun, und ich kann ein Zuschauer von den
fröhlichen Festen der Landleute sein. – Ich kann mich so
nahe an die liebevolle Natur halten; sie ist meine Mutter,
meine Freundin.

Ihr wohltätiger Hauch gießt Balsam in meine verwundete
Seele. – Meine kranke Phantasie wird immer reiner und hel-
ler wieder, indem sie allenthalben reizende wohltätige Bilder
sammlet, und sie harmonisch ordnet; jedes Blättchen am
Baum, das ich mit Wohlgefallen betrachte, flößt mir sanfte
Empfindungen ein.

Ich kann mich wieder der hangenden Birke und der hohen Fichte freuen, die ohngeachtet der Verschiedenheit
ihrer Natur, ihre Zweige von oben gesellig zusammen flechten.

Der Anblick der wollichten Herde unter dem Schatten
eines Baumes, in das grüne Gras gelagert, hat etwas Aug'
und Herz erquickendes *für* mich, das zugleich die Seele unvermerkt erhebt, und sie für jeden Eindruck aus der Natur
empfänglicher macht – die weiße weiche Wolle – das sanfte
Grün – die ovalgeründeten Blätter – der zierlich gekräuselte
Schatten – vereinigen sich zusammen, um in der Seele ein
Bild auszumalen, wodurch jede Nerve harmonisch vibrieret,

und indem auf die Weise unser Blick das Weltall, auch nur in einem einzigen seiner Punkte, gleichsam von der rechten Seite faßt, von welcher es der höchste Verstand selbst mit Wohlgefallen durchschaut, wo sich alle anscheinende Disharmonie in Harmonie auflöset — so erhebt auch dieser Anblick die Seele, und macht sie fähig, nach einem verjüngten Maßstabe die Größe und Schönheit dieses unbegreiflichen Weltalls zu messen — ihr wird ein Blick in das innerste Heiligtum der Natur eröffnet — sie staunet nicht über das eigentlich sanfte Grün, die weiße Wolle, die ovalgeründeten Blätter, und den zierlich sich kräuselnden Schatten, sondern über die großen, bewundernswürdigen Verhältnisse, die sie in dem Augenblick, ohne es selbst zu wissen, überrechnet.

Als ich gestern dieses Anblicks eine halbe Stunde lang genossen hatte, da erheiterte sich meine trübe Seele wieder — mein Blick wurde freier — meine Brust atmete leichter — so will ich denn öfter zu diesem Anblick meine Zuflucht nehmen, ich darf ja aus meiner Wohnung nur wenige Schritte darnach tun. —

Kehrte ich nicht getröstet, und mit herzerhebenden Gedanken wieder heim — o, wen hast du liebevolle Natur, wohl je ungetröstet von dir gelassen, der Trost bei dir suchte?

Und was war mein Kummer? — war er nicht eben in dieser Verstimmung meiner Phantasie gegründet, die der feste Anblick der mich umgebenden Natur wieder heilte. — Was war es anders, als daß mein Auge den unrechten Gesichtspunkt gefaßt hatte, aus dem ich diese schöne Welt betrachtete, in der ich nun anfing, Verwirrung und Unordnung, Unglück und Jammer zu sehen, wohin ich blickte, und zu ahnden, wohin ich nicht blickte?

Ist nun nicht meine Seele wieder gestärkt? meine Denkkraft nicht wieder in Tätigkeit gesetzt? Und das Heiligungsmittel liegt mir so nahe — ich darf das Kraut nur pflücken, das zu meinen Füßen wächst, um meinen Schmerz zu lindern.

Ich stehe da, und betrachte die arbeitsamen Landleute — wohin ich blicke, sehe ich Leben und Bewegung — Errei-

chung der mannigfaltigen Endzwecke der Natur – im gleichen Takt heben die Arme der Ernter sich mit den Sensen
auf, und die vollen Ähren sinken nieder – der Schweiß tröp-
felt von der Stirn des Arbeiters, aber er freuet sich seiner
Gesundheit und seiner Stärke – und auf den Ersatz seiner
aufgewandten Kräfte durch die zubereiteten Nahrungsmittel und den süßen Schlaf. –

Mit jedem wiederholten Sensenschlage kömmt Takt und
Ordnung in sein Leben, und in alle seine Gedanken – Er
erfüllt in jedem Augenblick den Zweck seines Daseins, indem er durch die Tätigkeit seines Körpers unvermerkt
seinen Geist zur Ordnung zum Ausdauren im Denken gewöhnt, das ihm, wenn er dereinst ohne Körper sein wird,
noch zu statten kommen soll, und indem er zugleich die
großen Endzwecke der Natur zur Erhaltung und Ernährung
der Körper befördern hilft, in denen und durch die noch
mehrere Geister zu einem Dasein höherer Art gebildet werden sollen.

Eine wohltätige Unwissenheit umhüllet euren Blick, ihr
Arbeiter im Schweiße eures Angesichts – Um euch her ist
die große unendliche Welt, ihr aber seid auf den Fleck der
Erde geheftet, wo ihr euer Leben empfingt – hier wohnet ihr
eine Zeitlang in euren engen niedrigen Hütten – dem Boden,
den ihr bewohnt zwingt ihr auch eure Nahrung ab – und
dann legt ihr euch auf einen kleinen Fleck eures väterlichen
Bodens schlafen, und versammlet euren Staub zu dem Staube eurer Voreltern. –

Es hat euch nie eingeleuchtet, was ihr einst sein werdet,
die ihr dort schlummert – Eure Kinder, die jetzt auf eurem
Staube gehen, werden entschlummern wie ihr – aber einst
muß die große Ernte erscheinen – es kann nicht Blendwerk,
kann nicht Täuschung sein. –

Sollte die große Natur, die kein Röhrchen, keine Faser
ohne Zweck und Absicht schuf – hier so plötzlich aufhören
nach Zweck und Absicht zu handeln – sollte sie ewig säen,
und säen, und säen – ohne je zu ernten? – sollte dies Erdenleben dessen so mancher nur wenige Stunden froh wird,
ihr letzter Zweck sein? –

Sind nicht die Gedanken des Menschen, womit er die Ordnung und Harmonie in der ganzen Natur bemerkt, das edelste in der ganzen Natur? –

Und dieser reinste abgezogenste Stoff, auf dessen Bildung alle Eindrücke aus der Körperwelt unaufhörlich hinarbeiteten, der sollte sich wieder, ohne nun weiter genutzt zu werden, mit der übrigen Körpermasse mischen? So verschwenderisch sollte die sonst so sparsame Natur zu Werke gehen, daß sie alle ihre Kräfte aufböte, um durch den umgebenden Körper den Geist eines Menschen zu bilden, den sie zugleich mit diesem Körper wieder zerstörte?

Zwar bildet sie im Frühling ein Blatt am Baume, ründet es sorgfältig, und versieht es höchstkünstlich mit unzähligen Röhrchen, wodurch es seinen Nahrungssaft in sich saugt, und seine Bestandteile sich vermehren – und eben dies Blatt läßt sie im Herbst wieder welken, abfallen, und in den Staub zertreten werden – denn sie liebt die Verjüngung; sie zerstört, um immer aufs neue wieder hervorzubringen – sie scheint das Altgewordne das Verwelkte zu vernachlässigen – aber sie tut es nicht; sie läßt kein Stäubchen von dem Verwelkten verloren gehen – und dann läßt sie auch dasjenige, auf dessen Wachstum und Bildung sie mehr Mühe gewandt zu haben scheint, immer länger dauern, als das worauf sie weniger Sorgfalt wendet, – der Baum, der Jahre zu seinem Wachstum bedurfte, dauert länger, als seine Blätter, die ein Frühling zur Vollkommenheit brachte. –

Zwar finden sich die Bestandteile eines verwelkten, in Staub verwandelten Blattes vielleicht in Ewigkeit nie wieder so zusammen, wie sie einmal am Baum saßen, da das Blatt seinen vollkommnen Wachstum erreicht hatte – Aber die Natur wirkt den Stoff der verwelkten Dinge in einander, und formt ihn nach und nach zu neuen Wesen um. –

Nur ein Wesen, dem sie Bewußtsein und Selbstgefühl verlieh, kann ohne seine gänzliche Vernichtung nie der Stoff zu einem andern Wesen werden – Hier wäre also allein der Faden der die Zerstörung sonst immer an neues Dasein knüpft, gänzlich abgeschnitten – Hier wäre Mangel an Zusammenhang, Verwirrung und Unordnung. –

Oder sollte ich lieber glauben, daß die Natur nur auf die Erhaltung und Fortpflanzung der Körperwelt, als ihren eigentlichen Zweck, hinarbeite, und daß die Erhöhung der Denkkraft und die Veredlung des Geistes, nur eine zufällige Folge bei dieser ihrer immerwährenden Bestrebung sei, woran sie selbst nie dachte, wodurch sie etwas edleres hervorbrachte, als sie eigentlich hervorbringen wollte? –

Was sollte mich denn bewegen, so herabwürdigend von ihr zu denken, daß ich sie unter mich selbst herabsetzte, da ich sie in allen übrigen so viel weiser und verständiger, als mein eignes denkendes Wesen finde, daß ich kaum mit aller meiner Denkkraft ihrem großen Plane von ferne nachspähen kann, geschweige denn, daß ich an ihrer Stelle ihn hätte entwerfen können.

Es scheint mir also, als ob das, was ich die Natur nenne, weiser und verständiger ist, als ich – In so fern ich mir aber nun unter der Natur die Einrichtung der Dinge außer mir denke, so wie sie ohne mein Zutun sind, sehe ich wieder nicht, wie eine bloße Einrichtung an und für sich selber, schon als ein verständiges und weises Wesen betrachtet werden kann, noch wie sie sich selbst habe machen können. –

Hier bleib ich für jetzt mit meinem Nachdenken stehen – und ruhe sanft in dem Gedanken, daß ich in der Ordnung der Dinge mit getragen und erhalten werde, worin nur die Formen aber nicht die Bestandteile der Dinge vernichtet werden – Bei meinem denkenden Ich fällt selber Form und Bestandteile in eins zusammen – wenn es also vernichtet wird, so muß es ganz vernichtet werden, ohne daß es irgend zu einem neuen Wesen je wieder umgearbeitet werden könnte; und weil nun alles in der Natur gegen eine solche Verschwendung streitet, so sichert mir das die Fortdauer meines Daseins, bis neue Zweifel meine Überzeugung wankend machen.

––––––––

den 25sten Juli.

Aber ist es denn Verschwendung in der Natur, wenn sie einen menschlichen Geist bloß deswegen bis zu einer der höchsten Stufen der Vollkommenheit bildete, damit der hinterbleibende Abdruck desselben noch nach Jahrtausenden sich wieder in andern Geistern abdrückte, die ihre Vervollkommnung wiederum auf kommende Geschlechter fortpflanzen? –

Geht wohl die Spur irgend eines für die Welt verloschnen menschlichen Geistes ganz verloren? dauert sie nicht in den unaufhaltsamen Folgen seiner geringsten Handlungen fort?

Die Erfindungen und Gedanken der einen Generation pflanzen sich auf die andre fort. – Die Summe der menschlichen Kenntnisse wächst beständig an – Die Natur scheint ihr Absehn vorzüglich auf die Erhaltung und Vervollkommung *der ganzen Art* gerichtet zu haben.

Sie will nur immer Leben, neues verjüngtes Leben – Es soll nur immer ein Menschengeschlecht da sein, in dem sie sich auf tausendfache Weise spiegelte, gleich viel, aus was für einzelnen Menschen dies ganze Geschlecht besteht.

Wenn nur grüne Blätter wieder da sind, so kümmert es uns ja nichts, ob es dieselben, die schon einmal da waren, oder andre sind. –

Die junge Welt steigt empor, und freuet sich ihres Daseins, ohne darüber zu trauren, daß die Vorwelt nicht mehr da ist, und ohne über den Gedanken zu erschrecken, daß sie auch einst nicht mehr da sein wird.

In der ganzen Körperwelt ist ohngeachtet des ewigen Kreislaufs von Veränderungen aller Wesen kein Stäubchen mehr noch weniger, als von Anfang darin war. –

Wie ist es denn mit der Geisterwelt? nimmt diese denn ewig an der Anzahl ihrer einzelnen Wesen zu? – Wird sie mit dem Tode jedes Sterblichen neu Bevölkert? oder war sie schon von Ewigkeit wie jetzt? – Ist in ihr ein Kreislauf, wie in der Körperwelt oder ein immerwährendes Fortschreiten? –

Entsteht mit jedem Geiste, der in dem Körper durch die

von allen Seiten zuströmenden Ideen, genährt und aufgezogen wird, ein Wesen, das vorher nicht da war? – oder war es vorher da? – und wenn es da war, warum ist es sich seines vorigen Zustandes nicht bewußt? – wo ist seine vorige Selbstheit, sein voriges Ich geblieben? –

Wer rettet mich von dieser Fragesucht, die mich so unwillkürlich anwandelt – warum führen meine Gedanken mich in unübersehbare Labyrinthe? – Nie werde ich auf diese Art einen Ausweg finden. –

So will ich denn den Lauf meiner Gedanken hemmen, und meine Sinne dem Genuß der schönen Natur eröffnen – ich will meine große Lehrerin fragen, und auf ihre sanfte Stimme horchen. –

Ich will sie am Wasserfall, in der Dunkelheit des Waldes und in ihren Höhlen und Felsengrotten belauschen – ich will sie beschwören, mir das undurchdringliche Geheimnis meines Daseins aufzuschließen – So lange will ich aus ihrem reinen Lichtstrom schöpfen, bis meine Gedanken klar genug sind, um den milden Strahl der Wahrheit aufzufassen.

Morgen in der Frühe will ich jenen Berg besteigen, und der kommenden Sonne entgegen sehen – bis dahin soll es stille sein in meiner Seele, damit ich durch den erquickenden Schlummer der Nacht zum neuen Denken gestärkt erwachen möge!

——————

AN . . .

den 26sten Juli.
Sie ging auf – noch eben so jung und schön, wie vor Jahrtausenden – Sie ist das Bleibende unter dem Vergänglichen; das Maß wornach wir das Fortrückende abmessen – sie bildet Tage und Jahre, und Jahreszeiten, die immer in gleicher Ordnung wiederkehren.

Ihr milder Strahl kann dem Verzweiflenden wieder Mut, dem Betrübten Trost einflößen – sollte er nicht auch dem Zweifler ein Licht in seiner Seele anzünden, und den undurchdringlichen Nebel, der auf seinem Gesichtskreis ruhet verscheuchen können? – dacht' ich, da ich den Gipfel des Berges erstiegen hatte. –

Ein Hirtenknabe, hatte sich ins Gras hingelagert, und blickte starr in die aufgehende Sonne – sein Antlitz war von ihrem Schein gerötet – ich setzte mich neben ihn, und fragte ihn, woran er dächte? – an meinen Vater, antwortete er mit Seufzen. Ich seh' ihn in dem hellen Ringe stehn, den die Sonne um sich her hat.

Der Vater des Knaben war vor wenigen Wochen gestorben – einer der rechtschaffensten Männer, im Dorfe, bei dessen Grabe alles weinte, denn er hinterließ keinen einzigen Feind.

Siehst du deinen Vater in dem hellen Ringe, der um die Sonne her ist? Wie sieht er denn aus, dein Vater?

Er ist so hell wie die Sonne, er ist nun verklärt.

Er hat mir immer gesagt, ich sollte des Morgens früh in die Sonne blicken, da würde ich ihn wiedersehn, wenn er gestorben wäre.

Ich hatte diesen Mann wohl gekannt, und wußte, daß er immer still und nachdenkend gewesen war, und dabei äußerst arbeitsam, fromm, und gewissenhaft – Übrigens war er, so weit ich ihn kannte, nichts weniger, als ein Schwärmer – weil er besser, wie die übrigen Einwohner des Dorfs lesen und schreiben konnte, so machte er von dieser Geschicklichkeit zuweilen Gebrauch, wenn er jemanden einen Dienst leisten konnte.

Der Knabe zog ein Papier aus der Tasche und sagte, das habe ihm sein Vater auf dem Todbette gegeben, daß er die Worte auswendig lernen solle, damit, wenn er etwa das Papier verlöre, doch die Worte noch in seinem Gedächtnis wären. –

Wie erstaunte ich, da ich in schön geschriebner Schrift las: »Blicke alle Morgen früh in die Sonne, so wirst du meinen Geist sehen.«

»Staub kehrt zu Staub – Licht zu Licht.
In den Strahlen der Sonne, werd' ich wohnen.
Die kühle Morgenluft wird vor mir her wehen.« –

Mir fielen, da ich diese Worte las, alle die erhabnen ossianschen Bilder ein – wie die Geister der Helden nun als glänzende Meteore auf den Wolken reiten – wie sie in ihren luftigen Hallen sitzen, und den Gesängen des Barden lauschen, der in dumpfen Tönen die halbsichtbare Harfe schlägt. –

Ich wandte das Blättchen um, und las weiter:
»Betrachte die Blumen auf dem Felde, wenn du deine Herde weidest, und dann schlage dein Auge wieder in die Höhe, und denke: Himmel und Erde!

Und wenn du Himmel und Erde gedacht hast, so betrachte wieder die Blumen auf dem Felde, und die Grashalmen um dich her!«

Dies schrieb ein Bauer? – wie kam er dazu? – In den letzten Worten schien mir ein großer Sinn zu liegen – Ich fand hier das Resultat meines eignen langen Nachdenkens wieder. –

Wenn du dir Himmel und Erde gedacht hast, so betrachte wieder die Grashalme um dich her! – Was heißt das anders, als gewöhne deinen Geist beim *Einzelnen das Ganze und in dem Ganzen stets das Einzelne zu denken!* – Ist das nicht die einzige wahre Vervollkommnung unsrer Denkkraft – scheint nicht alles darauf abzuzwecken, uns in dieser beständigen Übung zu erhalten? – Und warum sollte denn ein Bauer am Ende seines Lebens nicht eben so gut auf dies große Resultat, auf diesen letzten Zweck seines ganzen irdischen Daseins gekommen sein, als irgend ein andrer Sterblicher, wenn dieser Zweck vielleicht im höhern Grade bei ihm erreicht war? –

Warum sollte auch seine Sprache und sein Ausdruck, zugleich mit der Erhabenheit seiner Gedanken und seines Gegenstandes sich nicht veredelt haben? –

Indem ich mir so die Entstehung dieser Zeilen wahrscheinlich zu machen suchte, schien mir in dem Antlitz des Hirtenknaben etwas einzuleuchten, das ich erst für bloße Täuschung hielt, welche bei einer solchen Scene sehr natürlich war – allein eine Träne, die in seinem Auge stand, erhöhte so sehr seine Bildung, welche einen gewissen Adel der Seele verriet, daß ich mich nicht enthalten konnte, genauer nachzuforschen, und wegen seines verstorbnen Vaters verschiedne Fragen an ihn zu tun. –

Jede Antwort, die er mir gab, machte mich aufmerksamer – aus seiner allerfrühesten Kindheit sei es ihm erinnerlich, daß er mit seinem Vater in einer Stadt gelebt habe – und dann wäre es ihm noch ganz wie im Traume, als ob er einmal eine weite, weite Reise über viele hohe Berge gemacht hätte. –

Sobald ich zu Hause kam, erkundigte ich mich im Dorfe nach dem verstorbenen Vater des Hirtenknaben, und erfuhr daß er sich vor zwölf Jahren ein kleines Gut angekauft, und seit der Zeit ganz wie ein gemeiner Bauer gelebt habe – Er sei gegen jedermann liebreich und freundlich gewesen – habe aber nie viel gesprochen – seinen Sohn habe er damals, als einen Knaben von zwei bis drei Jahren mitgebracht, und ihn ganz allein für sich erzogen – er habe ihn bis jetzt die Schafe hüten lassen – mit dem Schäfer habe er fast noch den meisten Umgang gehabt, bei dem sei auch jetzt der Knabe. – Sein Gut sei verkauft, und das Geld für den Knaben zurückgelegt – Er habe sich Sonnenberg genannt, niemand aber wisse, woher er gekommen sei.

Dies alles nebst dem, was mir der Hirtenknabe gesagt hatte, flößte mir eine brennende Begierde ein, von dem Schicksal dieses sonderbaren Mannes mehr zu erfahren – ich eilte zu dem Schäfer, mit dem er noch den meisten Umgang sollte gehabt haben, und bei dem sich jetzt sein Sohn aufhielt – ich fand aber an diesem Schäfer gar nichts besonders – Er schien mir ein ehrlicher Bauer zu sein, dessen Kenntnisse sich nicht viel weiter, als auf seine Schäferei erstreckten.

Er wollte erst nichts mehr als andre von dem Verstorbnen wissen, da ich ihn aber etwas zutraulicher gemacht hatte, so führte er mich in ein Kämmerchen, wo die kleine Büchersammlung des alten Sonnenbergs in einem verschloßnen Schränkchen stand – es waren Homer, Ossian, und Milton sauber gebunden; eine kleine schöngedruckte Taschenausgabe vom Horaz; Geßners Idyllen, und Roußaus Emil. –

Hinter den Büchern lag eine Anzahl Blätter in demselben Format, wie das, welches der Hirtenknabe aus der Tasche gezogen hatte. – Und in einer Ecke stand ein verschloßnes eisernes Kästchen, zu welchem sein Sohn den Schlüssel aus den Händen des Schäfers nicht ehr erhalten sollte, als bis er mündig wäre, stürbe er, so sollte das Kästchen mit ihm begraben werden.

Der Schäfer schien mir ein Mann von unerschütterlicher Rechtschaffenheit und Treue zu sein, dem so etwas mit großer Sicherheit anvertrauet werden konnte. –

Die zusammengebundnen Blätter waren dazu bestimmt, daß sein Sohn eins nach dem andern eine gewisse Zeit in der Tasche tragen, und es so oft für sich lesen sollte, bis er den Sinn davon gefaßt hätte.

Diese Blätter zu bekommen, dahin ging jetzt alle mein Trachten – der Schäfer aber schien sie nicht aus den Händen geben zu wollen – Ich konnte mir keine Hoffnung machen, sie anders, als nach und nach aus der Tasche des Hirtenknaben zu erhalten.

Ein beschriebnes Buch, sagte der Schäfer, sei ihm nicht verboten, aus der Hand zu geben, er habe es auch nicht einmal verschlossen, dies versprach er mir mitzugeben – begierig eilte ich damit zu Hause, und als ich nur ein wenig darin geblättert hatte, fand ich einen neuen Busenfreund, ich begrüßte in ihm einen *Geisterseher von der edlern Art* mit dem ich nun Hand in Hand den Weg meiner Untersuchungen fortwandeln konnte. – Was ich besaß, war ein Teil von den Aufsätzen des Verstorbnen über sich selbst, das ich nun meinem Tagebuch über mich selbst, welches ich *dreien Freunden* hinterlasse, mit einverleiben will – Er ist den Weg zum Ziele vor mir vorangegangen – und hat mir den Pfad gebahnt, den ich bald betreten werde. – Ich will mich nun mit seinem Geiste unterreden, so lange ich noch hienieden walle – bis die Scheidewand in Staub zerfällt, die jetzt mein Wesen noch von dem seinigen trennt und eine undurchdringliche Kluft zwischen uns befestiget.

Mit dem Hirtenknaben will ich nun oft den Gipfel des

Berges besteigen, und unverwandt mit ihm in die aufgehende Sonne schauen, um den Lichtgeist des Verwesten in
ihrem Strahlenkreise zu erblicken, und aus ihrem Anblick
Nahrung für das Auge meines Geistes zu schöpfen.

Und du Berg, den ich mit jedem Morgen künftig besteigen
werde, sollst der Namensgenosse meines Verklärten sein –
Dein Name auf der Karte meiner Wandrungen durch dies
Leben sei der *Sonnenberg!*

AN . . .

den 27sten Juli. Abends.
Lieber * * * ich gedenke dein bei meiner einsamen Lampe –
wenn du dies einst liesest, so denk' an unser Losungswort –
vergangen ist nicht vergangen. Liegt dein Hund vor deiner Hütte
und wacht? Hast du den Riegel inwendig vorgeschoben –
pfeift der Wind noch durch die Ritzen deiner Fensterladen –
sitzest du fein einsam und sicher bei deiner Lampe mit dem
hellen Tocht wie ich? – Ist das Gewebe der großen Spinne in
der Ecke am Fenster noch immer nicht zerstört – Hast du
dein altes Klavier mit dem geborstnen Resonanzboden wieder gestimmt? und bauest du noch immer an deiner Orgel? –
Heute früh' habe ich zum erstenmale meine Morgenandacht auf dem Sonnenberge verrichtet, den du aus meinem
gestrigen Briefe kennst. –
Der Hirtenknabe hatte sich wieder an denselben Platz
hingelagert, wo ich ihn gestern traf. –
Aber welch ein Hirtenknabe!
Ich stand hinter einem Gebüsch und lauschte, und hörte
ihn sagen:
alme sol – aliusque et idem nasceris.
Nach einer Pause hub er an: Hail holy Light –
ich wußte kaum, ob ich meinen Ohren trauen sollte – Von
Bewunderung und Erstaunen hingerissen, konnte ich mich
kaum hinter dem Gebüsche halten, bis der Knabe seine
Morgenandacht, wofür ich diese Ausbrüche hielt, vollendet
hatte. –

Als er nun stille war und noch mit gefalteten Händen da
saß, eilte ich hervor, und setzte mich neben ihn – er schien
sich nicht in seiner Betrachtung stören zu lassen, richtete
seine Augen unverwandt nach Sonnenaufgang hin, indes
seine Herde in dem betauten Grase weidete – 5

Ich folgte seinem Beispiele; denn ich wußte keinen edlern
und schönern Gegenstand meiner Betrachtung, als den, welchen er sich gewählt hatte, den Anbruch des jungen Tages –

Das Hinwegeilen der Nacht; die eine Hälfte des Himmels
noch im nächtlichen Dunkel, indes die andre schon lange 10
mit der Klarheit des Tages strahlte; die vergoldeten Spitzen
der Hügel in der Nähe und in der Ferne; die kleinen Win-
zerhäuschen auf den Weinbergen, die mit ihren hellroten
Dächern und weißen Wänden aus dem dichten Grün hervor
schimmerten, tief unten der sich schlängelnde Fluß, und 15
dicht neben mir ein frohes jugendliches menschliches Antlitz, in dessen Zügen stille Heiterkeit wohnte, wodurch sich
eine reine Seele offenbarte, die in diesem Augenblick die
ganze Fülle ihres gegenwärtigen Daseins genoß – und ich
hätte dieser lebendigen Fülle nicht auch genießen, ich hätte 20
diese herrlichen Augenblicke nicht für *Lebenszweck* halten
sollen? Keine neugierige Frage kam über meine Lippen, bis
diese Fülle des Daseins allmählich abnahm, und kältere,
bedürftigere Lebensmomente an ihre Stelle traten, die den
Stachel des Erweiterungstriebes der Gedanken wieder 25
schärften. –

»Lehrte dich dein Vater die Bücher lesen, die er dir hin-
terlassen hat? –«

Einige davon –

»Hast du die Bibel gelesen?« 30

Ja – Die Schöpfungsgeschichte.

Ich ließ mich darauf mit dem Knaben in ein Stundenlan-
ges Gespräch über einige der erhabensten Gegenstände des
Denkens ein – und wußte am Ende nicht mehr, ob ich
träumte, oder wachte – mir wandelten plötzlich alle meine 35
ehemaligen egoistischen Zweifel an, und ich fing im Ernst
an zu fürchten, daß dieser Hirtenknabe kein wirklicher

Hirtenknabe, sondern ein bloßes Geschöpf meiner Einbildungskraft, und seine Reden vielleicht das bloße Echo meiner eigenen Gedanken sein möchten. –

Ich fühlte daher eine unwiderstehliche Neigung in mir,
die Möglichkeit dieser Erscheinung zu entwickeln, um an
ihrer Wirklichkeit ferner nicht zweifeln zu dürfen – und
forschte so tief ich konnte, wie der Hirtenknabe wohl das
geworden sein möchte, was er war, und wie er bei dem was
er geworden war, noch bleiben konnte, was er war? – wie
sich bei aller dieser Verfeinerung des Denkens und Empfin-
dens, seiner Seele die tiefe Resignation eingeprägt hatte, und
gleichsam bei ihm eingewurzelt war, wodurch er sich in
seinem Stande, ohne gekannt und bemerkt zu werden, als
Hirtenknabe, so glücklich fand? – Aber es war mir unmöglich auf den Grund zu kommen – Vielleicht, weil ich die
Kunst zu fragen nicht verstand, und er nur dann eine Frage
beantwortete, wenn sie ihm wichtig gnug schien, sein Nachdenken, das sich vielleicht mit ganz andern Gegenständen
beschäftigte, zu einer Antwort zu sammlen – Seine Antwort
konnte daher gemeiniglich der Probierstein meiner Frage
sein, ob es mir gelungen war, sie zweckmäßig, einzurichten
oder nicht. –

Die *Sparsamkeit mit Worten* schien eine von den vollkommensten Früchten der herrlichen Pädagogik seines Vaters zu
sein – Die organischen Werkzeuge nie ehe zur Hervorbringung eines artikulierten Schalls in Bewegung zu setzen, bis
sich erst die gehörige Fülle des Gedankens gesammlet hatte,
der dem artikulierten Schall die Seele gab, welcher nun wie
die gereifte Frucht vom Baume abfiel – und nie vor der Zeit
mit Zwang oder Gewalt gepflückt wurde –

Auf die Weise blieb dies herrliche Organ, immer heilig,
rein, und unentweiht, und stark genug, die Fülle der zuströmenden Gedanken in die ausgewähltesten und nachdrücklichsten Laute zusammenzufassen – so war auch bei ihm
Miene und Bewegung, keinen Augenblick, bloß um sein
selbst willen, und Gedankenleer – sondern das Resultat von
der innern Fülle; sie waren das bis an den höchsten Rand

vollgegoßne Maß, welches bei dem mindesten Zuguß über-
läuft – Es war mir, da ich von dem Berge zurückkehrte, als
hätte ich mit einem der Unsterblichen Unterredung gepflo-
gen – denn ich hatte das Meisterstück der erhabensten
Pädagogik, den Ernst und Tiefsinn eines Mannes umgeben
mit der Blüte der Jugend gesehen. –

Wir andern kommen gemeiniglich erst dann zu dem völligen Genuß unsrer Seelenkräfte, wenn die erste Blüte des
Lebens schon verwelkt ist.

Wir können uns keine Idee davon machen, was die umgebende schöne Natur auf die jugendlichen Sinne, wenn sie
mit einer gewissen Stärke der Denkkraft vereinigt sind, für
einen paradiesischen Eindruck machen muß. –

Die Jugend beschaut sich selbst in ihrer Wirklichkeit – der
aufkeimende Gedanke bemerkt sein eignes Entstehen – die
Morgenröte des Verstandes freuet sich ihres Werdens. –

Diesen Himmel in einer Knabenseele hervorzubringen –
verdient vielleicht die Aufopferung einer Manneswirksam-
keit. –

Scheint doch die Natur so manches eigentlich um sein
selbst willen gebildet zu haben, das sie mit verschwenderi-
scher Sorgfalt ausschmückt, nicht sowohl um irgend noch
einen fremden Zweck dadurch zu erreichen, als vielmehr,
um gleichsam zu zeigen, was sie vermag. –

Hatte vielleicht des alten Sonnenbergs Pädagogik auch
hier der Natur nachahmen, und etwas liefern wollen, was
nicht allgemein sein, sondern in seiner Art einzeln bleiben
muß, wenn nicht das Mannesalter der Menschen, und ihre
nützliche Bestimmung untergraben werden soll? –

Aber warum drängte er denn gerade bei seinem Sohne,
alle künftige Lebenswirksamkeit, wie es schien, in den gegenwärtigen Lebensgenuß zusammen? –

Was bewog ihn, ein seiner Natur nach wirkendes Wesen,
aus dem Zusammenhange ähnlicher wirkender Wesen, so
herauszusondern, und, statt es in dieses große Drehwerk
eingreifen zu lassen, alle Kräfte und alle Wirksamkeit desselben in sich selbst zurückzulenken?

Fand er den Zusammenhang der wirkenden Kräfte zu schlecht, um die Wirksamkeit seines Sohnes darin eingreifen zu lassen, oder fand er diese Wirksamkeit zu schwach, um gehörig, darin eingreifen zu können? –

Um diese Zweifel einigermaßen zu lösen, will ich folgende Aufsätze aus *Sonnenbergs* Papieren mitteilen:

Über Zusammenhang, Zeugung und Organisation.

Sei mir gesegnet du kleine Hütte – ich weihe dich durch die Gegenwart eines menschlichen Geistes, der in dir wohnet, und noch einen Geist außer sich bildet, zu einem Heiligtume, so wie dieser Körper, den ich trage, durch den inwohnenden Geist geheiligt wird.

Eine Hütte wohnet in der andern; beide werden in Staub zerfallen. Mein Leib noch früher, als du von Leimen zusammengesetztes Haus. Aber ich murre deswegen nicht.

Das Zusammengesetzte kann nicht immer dauern, und bleibt desto zerstörbarer, je zarter sein Bau ist.

Es ist nur Zwang, der die Teile der Körper zusammenhält; ihre eigentliche immerwährende Natur ist, aufgelöst, außereinander, nicht mehr zu einem Ganzen untergeordnet, sondern sich gleich zu sein, wie die Teile des Staubes sich einander gleich sind.

Darum ist des Zusammengesetzten, Organisierten so wenig, und des Außereinanderbestehenden, aufgelösten, unorganisierten Stoffes, in der Vergleichung, so erstaunlich viel.

Die Zusammensetzung ist gleichsam ein Zwang, eine Unterjochung der Teile, die wieder in ihrer natürlichen Freiheit zu sein streben, so wie die in einen Staat zusammengezwängten Menschen, dies natürliche Freiheitsgefühl nie ganz unterdrücken können.

Das Zusammengesetzte läßt sich nie ohne Streit, Krieg, Gegeneinanderstreben denken, die *Ruhe* ist in der Auflösung, in der Gleichwerdung, in der Absonderung der Teile.

Allein, wenn Leben, Organisation, und Bewegung sein

soll, so kann sie nicht anders, als durch diesen Zwang der widerstrebenden Teile zu einem Ganzen erhalten werden. Und der stärkste Grad des Zusammenhanges zweier belebter Wesen ist es, welcher immer erst wieder einen neuen Zusammenhang von Teilen hervorbringt, die sonst ewig von einander abgesondert geblieben wären, nun aber durch die Fortpflanzung des Zusammenhanges eine ihnen bis dahin ungewöhnliche Tendenz bekommen, sich zu einem Körper zu bilden.

Zur Hervorbringung eines neuen Zusammenhangs von Teilen gehört notwendig der stärkste Grad des Zusammenhangs zwischen zwei Körpern, die *außereinander* sind.

Hier sind zwei Wesen, deren jedes durch den Zusammenhang seiner Bestandteile für sich ein Ganzes ausmacht, und die nun, als zwei ineinander überströmende Ganze, einen neuen Zusammenhang erhalten, der nun den Zusammenhang aller innern Bestandteile eines jeden zusammengenommen, in sich faßt.

Man könnte sagen: dies sei der *mit sich selbst vervielfältigte Zusammenhang* aller Teile eines organisierten Körpers. Dieser höchste Grad des Zusammenhangs ist nun auch das höchste Leben, wodurch neues Leben da entsteht, wo es vorher noch nicht war. Und wenn nun jeder Zusammenhang an sich schon Vergnügen macht, so muß dieser höchste Grad desselben auch der höchste Grad des Vergnügens, welcher Wollust heißt, werden.

Die wundervolle Entstehung des Lebens, wo vorher nicht Leben war, und dieser Übergang vom Nichtsein zum Dasein, ist der geheimnisvolle, dunkle Vorhang der Natur, welchen kein sterblicher Blick durchdringt.

Wie ist das *mit sich selbst Vervielfältigte* von der *mit sich selbst Vervielfältigung* verschieden, – und wie kann es, von dieser abgesondert, ein neues für sich bestehendes Wesen sein?

Ist die Zahl *vier* eine neue Zahl, oder haben wir dem zweimal zwei nur einen andern Namen gegeben? Die Zahl vier ist der Abdruck, das Resultat der Selbstvervielfältigung von zwei.

Eine Zahl mit allen ihren Einheiten zusammengenommen, tritt mit einer ihr ähnlichen Zahl in eine so genaue Verbindung, daß ein Zusammenfluß zwischen ihren beiderseitigen Einheiten entsteht, und was daraus zurückbleibt ist eine neue Zahl.

Wenn ein Ganzes mit einem andern Ganzen außer sich in Verbindung tritt, so wird der innere Zusammenhang seiner Teile erst recht fest und merkbar; denn alle bekommen nunmehro eine gemeinschaftliche doppelte Beziehung nicht nur gegeneinander unter sich, sondern zusammengenommen gegen ein andres ihnen ähnliches Ganze außer sich, mit dem sie sich in allen möglichen Punkten wechselseitig zu berühren streben.

Ein solcher im höchsten Grade gereizter Trieb der Körperteile, sich zusammenzuhängen, ist nun etwas von den beiden sich in allen Punkten berührenden wirklichen Wesen verschiedenes, und kann an sich nicht aufhören, wenn gleich sich diese beiden Wesen wieder trennen; sondern er ergreift, was ihm am nächsten liegt, und gibt ihm Zusammenhang, Bildung, und Form, wodurch der aufgehobene höchste Zusammenhang der Körperteile zweier ähnlicher und doch von einander verschiedener Wesen wieder *ersetzt* wird.

Der Zusammenhang der Teile eines einzelnen körperlichen Ganzen muß also durch den höchsten Grad der Vereinigung mit einem andern, ihm ähnlichen Ganzen, in sich selbst zurückgedrängt, und dadurch *verstärkt* werden, um die zusammenhängende Kraft gleichartiger Körperteile, oder das Leben in der Natur, welches sonst verlöschen würde, fortzupflanzen.

Diese zusammenhängende Kraft der Teile, der die auflösende, auseinander strebende immer entgegen arbeitet, muß immer aufs neue wieder aufgefrischt werden, um fortzudauren; dies kann aber nur auf dem Flecke geschehen, wo sie sich am stärksten äußert. Da entsteht dann wieder neue Bildung und Form zum *Ersatz der aufgehobenen höchsten Vereinigung zweier sich ähnlicher außereinanderbestehenden körperlichen Wesen.*

Der auf die Weise neu erweckte Zusammenhangstrieb der Teile ergreift hier den *nächsten Stoff,* den er bildet, und auch die *nächste Form,* nach welcher er ihn bildet.

————

Das Wort Zusammenhang ist ein großes Wort, welches einen vollen herrlichen Sinn in sich faßt. —

Der *Hang* eines Dinges irgendwohin ist seine ganze zusammengedrängte Schwerkraft nach irgend einer Richtung, die sich auch ohne Bewegung äußert.

Das *zu* bezeichnet den Zweck, auf welchen sich das Mannigfaltige hin vereinigt — *zusammen* nenne ich das, was auf einen gewissen Zweck hin vereinigt ist, und *Zusammenhang,* nenne ich die innere Natur und Beschaffenheit der Dinge, *wodurch* sie auf einen Zweck hin vereinigt sind. — Das voneinander abgesonderte hat einen Hang, eine Tendenz, ein Streben, *zusammen zu sein.*

Diese Tendenz oder dies Streben aber bleibt demohngeachtet immer etwas zwangvolles, welches durch die Fortpflanzung immer aufs neue wieder erweckt und aufgefrischt werden muß, wenn es fortdauern soll.

> Es ist leichter
> voneinander als aneinander
> lose als fest — —

zu sein. — Man konnte sagen, daß es *leichter* sei, Staub, als eine Blume oder Pflanze zu sein, wo jedes Staubteilchen seinen bestimmten angewiesenen Platz einnehmen und behalten muß, wenn die Ordnung und Schönheit des Ganzen nicht zerstört und zerrüttet werden soll.

Das Zusammenhalten ist immer mit *Anstrengung,* das Loslassen mit *Erleichterung* verbunden.

Durch das mit Anstrengung verbundene Zusammenhalten soll immer nur ein gewisser Zweck erreicht werden, und wenn dieser Zweck erreicht ist, so kommen alle einzelnen Teile wieder in ihre natürliche, ruhige Lage.

Wenn das Haus gebauet ist, so gehen die Arbeiter wieder auseinander. —

Warum soll ich die Erleichterung nicht nutzen, wenn sie sich mir von selber darbietet? Warum soll ich noch immer Materialien zu einem Gebäude hinzutragen, das schon längst mehr als vollendet ist, und durch seine eigene Größe den Einsturz drohet.

Es ist endlich einmal Zeit, dies Gebäude zu bewohnen, woran seit Jahrtausenden bloß gebaut, und gebessert ist.

Oder, um mich eines andern Gleichnisses zu bedienen, warum soll ich nicht lieber aus den Trümmern des Schiffbruches noch retten, was ich kann, da es doch nicht möglich ist, den zerstörten Bau je wieder herzustellen.

Warum nicht diese Kenntnisse, diese Bildung eines Geistes, die ich freilich der Gesellschaft verdanke, warum diese nicht für mich nutzen, ob ich gleich durch dieselbe nicht mehr außer mich wirken kann und mag?

Ach, dies zerrüttete, den Einsturz drohende Gebäude der menschlichen Einrichtungen, wie manchen wird es noch unter seinen Ruinen begraben!

———

Aus diesen Aufsätzen scheint zu erhellen, daß Sonnenberg den Zusammenhang der menschlichen Dinge für zu schlecht und verschoben hielt, als daß ein Mensch von vollkommener Ausbildung des Geistes sich ferner darin verflechten sollte.

Er scheint dies Ganze wie einen Schiffbruch zu betrachten, und sich bei dieser Gelegenheit das Strandrecht zuzueignen.

Indem ich in Sonnenbergs Papieren weiter blättere, welche nach keiner Seitenzahl geordnet sind, sondern aus lauter untereinandergeworfenen Quart- und Oktavblättchen bestehen, so finde ich folgendes noch hierher gehörige, das vielleicht zu einem spätern Gebrauch an seinen Sohn gerichtet zu sein scheint, und in Ansehung seiner Grundsätze noch mehr Aufschluß gibt. Der Aufsatz, welcher hin und wieder abgebrochen ist, hat die Überschrift:

Leben und Wirksamkeit.

Soll das Leben erträglich werden, so muß erst Interesse hineinkommen, eben so wie in ein Schauspiel, wenn es uns nicht unausstehliche Langeweile machen soll.

Interesse erhält es aber allein dadurch, wenn alles Einzelne darin zu einem Ganzen übereinstimmt, und wenn selbst das Kleine und Unbedeutende Mittel zu irgend einem großen Zweck wird.

Der Taglöhner kömmt über das Bedürfnis eines solchen erhabenen Interesse des Lebens hinweg, indem er genötigt ist, zur Erhaltung seines tierischen Lebens ununterbrochen zu arbeiten, ohne daß er die Zeit oder die Lust hätte über seinen Zustand nachzudenken.

Wem dies tierische Leben nicht gnügt, der kann kein Taglöhner bleiben, sondern arbeitet sich aus dem Staube empor, um über die Tagelöhner zu herrschen.

Gelingt ihm dies nicht, so ist er unglücklich, und das Leben ist ihm eine Last.

Aber was zugleich mit Klugheit und Eifer unternommen wird, gelingt fast immer. Der Eifer muß die Klugheit beseelen, wenn sie sicher leiten soll. Ja, der wahre Eifer *zwingt* zur Klugheit; je stärker jemand etwas wünscht, desto weniger wird er der dazu gehörigen Mittel zu verfehlen suchen.

———

Ein fortdauernder wehmütiger Zustand ziemt einem Mann nicht; nur die Anstrengung, womit er selbst seine Wehmut zu unterdrücken sucht, erregt unser Mitleid.

Eben das ist auch der Fall mit der Freude: man fühlt sich nie ruhig, bis man sich durch einen Gedanken an die Ungewißheit und Vergänglichkeit aller menschlichen Dinge, erst in das ordentliche gewöhnliche Gleis des Lebens wieder zurückgebracht hat. Alsdann ist man auch erst wieder fähig, außer sich zu wirken, und mit Klugheit dabei zu Werke zu gehen.

Wer mit der meisten Resignation auf den Erfolg arbeitet,

der arbeitet sicher am besten. Unruhe und Sorgen plagen
den, der sich über seine angewandte Mühe ärgern wollte,
wenn sie unglücklicher Weise vergeblich sein sollte. Nur der
arbeitet sicher und ruhig bei dem größten Plane, der das
magna voluisse juvabit mit völliger Resignation von sich
sagen kann.

———

Dafür, daß du dich durch mühsame und ungewöhnliche
Anstrengung deiner Kräfte über das tierische Leben er-
hebst, wirst du auf eine oder die andere Weise, die belebende
Seele von einem Haufen von Menschen sein, die an sich
selbst fast nur Körper sind, und also einer belebenden Seele
bedürfen, um den Bewegungen ihres Körpers eine gewisse
Richtung zu irgend einem großen Zweck zu geben.

Auf dein Geheiß wird sich ihr Fuß emporheben, und ihre
Hand ausstrecken; dein Wille wird ihr Wille, dein Verstand
ihr Verstand sein.

Sie sind nicht unglücklicher wie du, aber du fühlst dich
glücklicher wie sie; sie genießen bloß, weil sie nicht streben
wollen; du strebst und genießest.

Dein Herrschen soll aber darin bestehen, daß du die immer besser und weiser machst, die du beherrschest, und sie
dir immer mehr gleich zu machen suchst.

Darum erhieltest du ein *Übermaß* von Kräften, damit Leben und Wirksamkeit befördert werden, indem das Stärkere
auf das Schwächere drückt, bis beide wieder im Gleichgewicht sind.

Wie das Wasser strebt, in seine Fläche, und die Luft, in ihr
Gleichgewicht zu kommen, so wirken die moralischen Kräfte auf einander, und alles gerät in Bewegung und Tätigkeit.

Stürme brausen, Ströme stürzen sich von Felsen, durchbrechen Dämme, überschwemmen Städte, und wälzen sich
dann ruhig wieder in ihren angewiesenen Ufern hin.

Nur der ist unglücklich, der noch nicht in seinem Gleise
ist; es sei nun das gewöhnliche oder eccentrische. Der noch
hin und her wankt, ob er sich zu der gehorchenden oder

befehlenden Partei schlagen soll, weil niederziehende Trägheit und angeborne Kraft sich einander das Gleichgewicht
halten. Wehe dem, der sein ganzes Leben hindurch zwischen
diesen Klippen kreuzt.

Immerwährender Sturm ist in der Seele dessen, dem die
erstickte Flamme im Busen lodert.

Fühlst du ein unüberwindliches Streben nach etwas Großem in dir, so darf ich dir nicht erst sagen, daß du diesem
Streben freien Lauf lassen sollst, eben so wenig, wie ich es
dem Strome erst verstatten darf, daß er Dämme durch-
bricht.

———

Es ist eine traurige Sache um ein verstimmtes Leben. Wem
ein großer Plan mißlungen ist, der versucht es wohl auf alle
Weise, dennoch glücklich zu sein; er will gern an den Schönheiten der Natur wieder Geschmack finden, sich an der
Morgenröte, dem Gesange der Nachtigall, und dem Hauch
des Frühlings wieder ergötzen, aber die Saite will immer
nicht anschlagen. – Das *Interesse* ist aus dem Leben, und man
weiß nicht mehr, wo man das alles hinbringen soll, was man
täglich sieht, hört, tut und denkt.

———

Dein großer Plan sei, täglich auf deine innere Vervollkommnung hinzuarbeiten; nicht Glückseligkeit von außen in dich
hinein zu zwingen, sondern aus dir selbst um dich her zu
verbreiten; so kann es dir nie fehlen; so muß ein immerwährendes Interesse alle deine kleinsten Begebenheiten durch-
flechten.

Und solltest du denn auch dein ganzes Leben hindurch
allein stehen, und nie in den Zusammenhang der menschlichen Dinge eingreifen können, dürfen, oder wollen: so
denke das: *einen vollkommnen Menschen hervorzubringen, ist an*
und für sich schon der höchste Endzweck der Natur; mag dieser
vollkommne Mensch nun ich selbst, oder ein anderer sein, genug, wenn
er nur da ist, daß die vollkommne Natur sich in ihm spiegeln kann.

———

AN . . .

Der weise Hirtenknabe ist jetzt fast mein beständiger Gesellschafter, oder vielmehr ich der seinige; denn ich suche
ihn mehr, als er mich sucht.

Gestern Abend in der Dämmerung, da wir vom Felde
zurückkehrten, wallfahrteten wir noch vorher zu seines Vaters Grabe auf dem kleinen Dorfkirchhofe.

Er schien erst ganz ungerührt zu sein. Aber indes ich
meine Blicke auf den Boden heftete, und mir Tränen in die
Augen stiegen, blickte er dahin, wo die Sonne untergegangen war, und eine himmlische Heiterkeit strahlte aus seinem
Gesichte.

Er sagte, sein Vater habe ihm verboten, auf seinem Grabe
zu weinen. — —

Wir gingen zu Hause; er zu dem alten Schäfer, bei dem er
wohnt, durch die niedrige Türe, in seine Schlafkammer; und
ich auf meine Stube im zweiten Stock, mit dem einen Fenster nach dem Abend zu.

Hier stand ich noch eine Weile am Fenster, und sahe die
Reihe von Hütten an, die hier nebeneinander stehen, mit
den Torwegen vor den einzelnen Bauerhöfen, und dann die
kleinen niedrigen Fenster in den Leimwänden, und hie und
da noch ein Licht, das einsam in der Dunkelheit schimmerte;
und wo nun so ein Licht schimmerte, da dachte ich mir die
Menschen, die da wohnten, etwa noch um den Tisch sitzend,
und redend von den Geschäften des Tages, und was sie nun
Morgen vornehmen wollen; und dachte mir, wie nun die
Menschen, die da in irgend einem solchen Stübchen zusammen wohnen, alles übrige um sich her vergessen, und gar
keinen Sinn weiter haben, als für dies Stübchen, das sie
bewohnen, und das Feld, das sie bebauen, und für die nächste Stadt, in welcher sie ihre Produkte zu Markte bringen.

Wie sie die Last eines jeden Tages tragen, ohne jemals
über das Ganze des Lebens nachzudenken, dessen drückende Bürde, sie eben deswegen weniger fühlen, weil sie ihnen

nicht auf einmal sondern nur Tageweise aufgelegt wird. –
Wie sich alle ihre Begriffe stets in der Sphäre ihrer notwendigsten Bedürfnisse herumdrehen; wie kein Gedanke an die
Zukunft sie beunruhigt, und kein nagender Zweifel ihre Seele quält. – –

Bin ich mir denn noch immer lieber mit alle der Unruhe,
allen den Sorgen, und nagenden Zweifeln, die mir mein
Nachdenken macht, und gemacht hat, als ich mir mit jener
Einschränkung der Begriffe sein würde, wobei man so unvermerkt von einem Tage zum andern, wie von einer Mühe
zur andern, durchs Leben hingeschoben wird, und ehe man
sichs versieht, auch von der täglichen Sorg' und Unruhe
befreit ist.

Denn auf tägliche Sorg' und Unruhe läuft denn doch auch
das ganze Leben des Landmannes hinaus.

O die Einschränkung des Denkens ist so süß, das weiß ich
noch aus den allerfrühsten Jahren meiner Kindheit, da ich
noch auf meiner Mutter Arm, in ihren Mantel gehüllt, getragen ward – wie ich mich damals *aus Furcht vor der weiten Welt
um mich her,* immer dichter an sie schmiegte, und in dieser
seligen Nähe das fürchterliche Weite vergaß.

Weite, die man nicht ausfüllen kann, erweckt Furcht und
Grausen. – Der Gedanke eines unendlichen Raums ist ein
schrecklicher Gedanke für den eingeschränkten menschlichen Geist, eben so wie der Gedanke einer unendlichen Zeit
und Zahl. –

Das große Ganze ist nicht für uns, wir müssen nur ein
Stück aus dem Ganzen herausnehmen, und es für uns zum
Ganzen machen, wenn wir uns glücklich fühlen wollen. –

Aber warum arbeiten sich denn diese Gedanken immer
wieder in mir empor, die mich jener seligen Einschränkung,
jenem glücklichen, rund umher mit Bergen umgebenen Ei-
lande entreißen, und mich immer wieder auf das weite un-
gestüme Meer führen, wo ich ohne Steuer und Kompaß auf
einem leichten Brette umhertreibe.

*Bin ich denn aus einem natürlichen zu einem unnatürlichen Zu-
stande übergegangen?*

Bin ich das? – *wo war denn der eigentliche Punkt dieses Über-
ganges,* wo wich ich zum erstenmale von der Natur ab? und
welches war der Moment, wo ich von der verbotenen Frucht
der mir verderblichen Erkenntnis zuerst kostete?

Sind die Menschen von der Natur abgewichen; wann sind
sie denn davon abgewichen? als sie Häuser oder als sie Schiffe erbauten; als sie die Schrift oder als sie die Malerei und
Musik erfanden? Wo waren die Grenzen ihrer Bestrebungen
von der Natur gesetzt?

Recht und gut, kann ich doch unmöglich das alles heißen,
was unter den Menschen vorgeht. – Da nun allen übrigen
Dingen die Natur eine Norm, ein Gleis vorgeschrieben hat,
woraus sie nicht weichen dürfen, warum hat sie denn dem
Menschen nicht auch eine solche Norm, ein solches Gleis
vorgeschrieben, aus welchen er zwar weichen kann, aber
doch lebhaft empfindet, daß er eigentlich nicht daraus weichen sollte?

Warum empfand der, welcher das erste Eisen schmiede-
te, das einst Menschen töten sollte, nicht einen geheimen
Schauder, der ihn warnte, dies gefährliche Werkzeug zu vollenden?

Können wohl die Erfindungen des menschlichen Geschlechts, die zu seinem eignen Verderben gereichen, ihm
zur Last gelegt werden, gleichsam als wenn es sich zusammengenommen beredet hätte, diese Erfindungen zu machen? Die Erfindungen sind unschuldig, denn sie sind von
einzelnen, welche keinen Überblick des Ganzen hatten, und
ihrem Tätigkeitstriebe folgten. –

Allein hier ist wieder die Frage: wie weit sollten sie ihrem
Tätigkeitstriebe folgen? Gab es bei diesen einzelnen Menschen, die Erfinder waren, nie Grenzen ihrer Bestrebungen,
die sie nach einem gewissen natürlichen Gefühl nicht hätten
überschreiten sollen?

Sobald das Eisen geschmiedet war, konnte es zum Pflugschar oder zum Schwert gebraucht werden.

Das was zugleich nützlich und schädlich sein konnte, war
nun da.

Vorher fand keine Wahl statt; jetzt mußte der Mensch zwischen dem Guten und Bösen, zwischen dem rechten und unrechten Gebrauch des einmal erfundnen wählen, *und er bestand nicht in der Probe.*

———

Nachts um ein Uhr.

Schlummre sanft, guter Knabe, der du so glücklich, von der Hand deines Vaters, noch nach seinem Tode, geleitet, vor jener Klippe vorbeischiffest, an der dein Freund gescheitert ist — —

Ist denn das nun das *wirkliche* Leben, daß ich hier bei dieser Lampe zwischen den vier Wänden sitze, da mein Bette steht, und hier am Fenster ein kleines Tischchen, an dem ich schreibe? Und daß bei Tage in diesem Dörfchen um mich her, alles so gewöhnlich und alltäglich ist, ausgenommen der Hirtenknabe und sein verstorbener Vater. — — Diese beiden versetzen mich aus der wirklichen Welt, so oft ich an sie denke. — Diese scheinen mir in sterbliche Körper gehüllte, auf Erden wandelnde höhere Wesen zu sein, die auf alles um sie her einen wunderbaren Schimmer werfen, und diese alltägliche Welt in eine romantische bezauberte Gegend verwandeln, auf dem Flecke, wo sie weilen.

Es sind Vereinzelungen des allgemeinen Weltgeistes in Menschenkörpern, welche vielleicht in großer Anzahl, ohne dergleichen erhabne Einwohner umherwandeln.

Vielleicht ist der Menschenkörper unter allen übrigen Körpern nur der fähigste, um einen für sich bestehenden immerdaurenden Geist zu gebären, der in ihm die Kräfte zu seiner Fortdauer sammlete, ohne daß deswegen gerade jeder Menschenkörper einen solchen Geist gebiert.

Wie manchen Kopf scheint es zu geben, durch welchen die zuströmenden Gedanken bloß durchgehen, ohne sich im Innern desselben zu einem zusammenhängenden Ganzen zu bilden.

Zu der Geburt eines bleibenden, unzerstörbaren Geistes,

gehört notwendig eine innere Konsistenz und Festigkeit der
Gedanken, ein unerschütterliches auf innere feste Persönlichkeit sich gründendes Selbstbewußtsein; wo dieses fehlt,
da findet nicht einmal der Wunsch der persönlichen Fortdauer statt.

———

Sollte sie, die mich geboren,
In der Wesen Zahl verloren,
Nirgends mehr vorhanden sein?
Ganz verschwunden? ach versanken
Auch im Grabe die Gedanken
Die der Ewigkeit sich freun?

Daß ich festen Fuß gewinne,
Sinn ich immerfort und sinne,
So wie du im Leben sannst –
Traurig sitz' ich hier und weine,
Meine Mutter, ach erscheine
Deinem Sohne, wenn du kannst!

Ach wenn du den Vater bätest – –
Doch was will ich? – wenn du tätest
Was mein trunkner Wahnsinn heischt;
Tätest du's – ich wüßte nimmer
Ob nicht dennoch leerer Schimmer
Meine Phantasie getäuscht.

———

Das Edle kann nicht gemein, und das Gemeine kann nicht edel sein?
Ach und doch ist des Gemeinen so viel, so viel, und des
Edlen so wenig, daß der Zufall mich weit leichter unter die
Zahl des Gemeinen, als des Edlen versetzen konnte.
Hier ist und bleibt ewig der schreckliche Stein des An-
stoßes. –
Was hat das Gemeine, das Unedle verschuldet, daß es
gemein und unedel sein muß? –

Wie kann ich mich der Vorzüge freuen, die unzähligen meiner Mitmenschen *geraubt* sind. —

Eher kann ich mich des Gewinstes im Lotto freuen. Denn jeder begab sich hier doch *freiwillig* seiner gleichen Rechte auf den Besitz eines Vermögens, das einem andern der Zufall zuwirft.

Aber wer hat vor seiner Geburt mit dem Schicksal einen Vertrag gemacht? —

Ist etwas ungezweifelt Zufall, so ist es die Geburt, und der Zusammenhang der Dinge, in welchen der Mensch dadurch versetzt wird.

Das Schicksal der meisten Menschen ist schon gemacht, ehe sie geboren sind.

Und was hat uns anders zu Sklaven des Zufalls erniedrigt, als die menschlichen Einrichtungen selbst, wodurch eine Generation der andern Fesseln anlegt, die immer härter werden, je näher sich die Menschen aneinander schließen.

Ist nicht die, unbeschadet ihrer Fortdauer und Fortpflanzung, höchstmögliche Vereinzelung der Menschen, vielleicht der einzige Zustand, worin sie noch glücklich sein könnten?

Und doch, würde ich, wenn die Menschen in dem Zustande geblieben wären, in diesem Augenblick über Glückseligkeit denken und schreiben können?

Ich dürfte dann, weder darüber denken, noch schreiben; denn, was ich suchte, wäre schon da; es böte sich mir von selber in jedem Augenblick meines Lebens dar; es wäre mit meiner Natur verwebt.

Was ist denn nun wahre Glückseligkeit: über die Glückseligkeit *denken* zu können, weil man sie einmal verloren, und mit der Unglückseligkeit verglichen hat? oder die Glückseligkeit bloß zu genießen, ohne darüber denken zu können?

Ist der ungetrübte Genuß so viel wert, daß ich darüber auf das Denken gern Verzicht tue, oder ist das *Denken* so viel wert, daß ich darüber auf den ungetrübten Genuß Verzicht tue?

Wenn ich einmal gedacht habe, so kann ich mich nie wieder in den Zustand des Nichtdenkens versetzen. — —

Ich muß mir also nun schon aus der Not eine Tugend machen, und dies *Denken* selbst zum Ersatz für die mir nun erst fühlbar gewordene Entbehrung des Gedachten annehmen.

———

Aus Miltons verlornem Paradiese.

In einer bösen Stunde, o Eva, gabst du jenem falschen Wurme Gehör, der abgerichtet war, es sei von wem es wolle, des Menschen Stimme nachzubilden, nur wahr, was unsern Fall, und falsch, was die versprochne Erhöhung unsers Wesens anbetrifft. Daß wir nun unsere Augen in der Tat eröffnet finden, und finden, daß wir Gutes und Böses unterscheiden können, das Gute nehmlich, welches wir verloren, und das Böse, welches uns statt dessen zu Teil geworden ist. – Schlimme Frucht des Wissens, wenn unsere Nacktheit uns dadurch nur sichtbar wird, wenn es von Ehr' und Treue, Reinigkeit und Unschuld uns entblößt, die unsre sonst gewohnte Zierde war, und nun befleckt und voller Schmutz ist, indem in unserm Angesicht die Zeichen der strafbaren Begierde sichtbar werden, aus welcher alles Böse entspringt; ja selbst die Scham, der volle Schluß des Bösen, ist schon an uns sichtbar; zweifle also länger nicht an dem, was vor der Scham vorhergeht. Wie soll ich nun hinfort das Antlitz Gottes oder irgend eines Engels schauen, das ich so oft mit Freude sonst und mit Entzücken sahe. Diese himmlischen Gestalten werden diese irdische nun ganz mit ihrem unerträglich hellen Glanz verdunkeln. O könnt' ich hier in wilder Einsamkeit, in irgend einer dunklen Grotte leben, wo die höchsten Wälder, dem Stern und Sonnenlichte undurchdringlich, ihre Schatten, wie der braune Abend, weit umher verbreiten: Bedecket mich, ihr Fichten; ihr Zedern mit unzähligen Zweigen hüllt mich ein, wo ich die Sonne und die Sterne nie wieder sehe! – Aber laß uns jetzt, o Eva, einen Rat ersinnen, da wir nun einmal so verwickelt sind, wie wir für jetzt am besten diese Teile voreinander bergen, die der

Scham am meisten ausgesetzt, sich uns am unscheinbarsten zeigen. Irgend ein Baum, dessen breite glatte Blätter wir um unsre Lenden gürten, mag denn diese mittlern Teile rund umher bedecken, damit der neue Gast, die Scham, dort nicht mehr sitze, und uns als unrein schelte!

———

Welches ist denn nun die verbotene Frucht, von welcher wir gekostet, und die Erkenntnis des Guten und Bösen dadurch erlangt haben?

Sind es die Künste und Wissenschaften? Ist es der Handel, ist es der Ackerbau?

Sind dies Abweichungen von der Natur, die sich durch sich selbst bestrafen? Oder sind diese Abweichungen eben so natürlich, wie die Natur selbst.

Wenn sie es sind, warum ist denn in allen menschlichen Einrichtungen so viel Schiefes und Verkehrtes?

Warum ist in die menschlichen Einrichtungen *wirkliches Elend* verwebt?

Ist es denn dem freien Willen des Menschen möglich, in dieser schönen Schöpfung Gottes etwas zu verderben, so ist er ja wirklich Gott gleich, so läßt sich ja wirkliche Empörung der Geschöpfe gegen den Schöpfer, der endlichen Wirkung gegen die unendliche Ursach denken? oder vielmehr die Ursach ist denn selbst nicht mehr unendlich, weil sie durch ihre eignen Wirkungen wiederum eingeschränkt wird.

Oder ist die Freiheit der endlichen Wesen nur anscheinend? So wäre denn dies wunderbare Ganze eine aufgezogne Uhr, die von selber abläuft, und Krieg, Unterdrückung, und alle die mißtönenden Zusammenstimmungen der menschlichen Verhältnisse, woraus das *wirkliche Elend* erwächst, wären also dem Schöpfer ein *wohlgefälliges Spiel*.

Und was wäre das für ein Schöpfer? Wer bebt nicht mit Schaudern vor diesem Abgrunde zurück!

———————

Morgens den * *

O Nacht, was brütest du für Gedanken aus!

In welche ängstliche Zweifel hast du mich wieder versinken lassen, weil ich nicht dem Ruf der Natur folgte, und nicht der erquickenden Ruhe genoß, da ich ihrer hätte genießen sollen.

Dadurch bin ich eben abgewichen, und das ist die Abweichung, welche sich selbst bestraft hat.

Mein Denken soll mit der Natur harmonisch sein, wie mein ganzes Leben.

Wenn die Natur um mich her wieder in Tätigkeit ist, so soll auch das innere Spiel meiner Ideen aufs neue wieder erwachen, um einen reinen hellen Ton von sich zu geben, und in das große Konzert der tätigen Schöpfung mit einzustimmen.

Den Aufgang der Sonne hab' ich wiederum verschlafen: so folgt eine Abweichung nach der andern. –

Mein Hirtenknabe hat schon längst den Sonnenberg bestiegen, und dort nach seines Vaters Geist geblickt.

Soll dieser Hirtenknabe denn nun in diesem Dorfe vollends aufwachsen, alt werden, und endlich hier begraben werden? – –

Soll er stets den Himmel, und die Flur betrachten, und – Schafe weiden?

Noch kann ich das Geheimnis seines Erdenlebens nicht verstehen.

Daß ein solcher Vater, einen solchen Sohn, erzog – um Schafe zu weiden.

Aber freilich ist das Weiden der Schafe das *Allerunschuldigste Geschäft* eines Sterblichen: So daß auch die Dichtkunst hier ihren Stoff hernehmen mußte, da sie vollkommen glückliche, zufriedene und unschuldige Menschen schildern wollte.

Aber freilich, *wenn alle Menschen Schafe gehütet hätten,* so wären sie zwar an sich wohl ganz glücklich gewesen. Aber was wäre denn aus unsrer Geschichte geworden? Wo hätten wir von Schlachten zu Land' und zur See, von eroberten Städ-

ten, von Feldherrntugenden, von Heldenmut und Tapferkeit, von Bündnissen und Staatsverfassungen zu hören und
zu lesen bekommen?

Dieser Welt von Ereignissen, die nun auf dem Schauplatz
und in der Geschichte eine so angenehme Wirkung auf unsre Einbildungskraft tut, wären wir dann verlustig gegangen.

Wo hätte dann der Stoff zu einer *Iliade,* zu einer *Aeneide*
herkommen sollen?

Armselige Welt, die dann geblieben wäre,
>Ohne Schwert und Helm,
>Ohne Schlachten,
>Ohne Kriegsrüstungen,
>Ohne Blutvergießen,
>Ohne Trauerspiele,
>Ohne Geschütz und Bomben,
>Ohne Schanz' und Bollwerk,
>Ohne stehende Kriegsmacht,
>Ohne Könige, ohne Fürsten!

Wahrlich um so viele große und majestätische Dinge, sich
zusammenzudenken, verlohnt es sich doch wohl noch der
Mühe, *unglücklich* zu sein.

Alle diese großen Dinge müssen ja doch einen Zweck
haben. – Was wären denn die Bomben, wenn keine Glieder
dadurch zerschmettert, und die Schwerter, wenn nicht Menschen dadurch getötet würden?

Das veredelt ja eben die Werkzeuge der Zerstörung, daß
sie das Edelste auf Erden in solcher Menge zernichten und
zerstören.

Wenn Tausende an einem Tage vor dem Schwertstreich
fallen, das ist doch etwas *Großes.*

Und das *Große* wollen wir ja; unsre Seele will ja erweitert
sein, unsre Einbildungskraft will *viel* umspannen.

Wenn also dieser Zweck nur erreicht wird, so mag darüber zu Grunde gehn, was da wolle; das Zugrundegehen ist
eben so etwas tragisches, die Seele erschütterndes, dessen
Anblick wir uns sehr gerne gefallen lassen, sobald es nur uns
selber nicht mit betrifft.

Wir alle sind im Grunde unsers Herzens kleine *Neronen,* denen der Anblick eines brennenden Roms, das Geschrei der Fliehenden, das Gewimmer der Säuglinge gar nicht übel behagen würde, wenn es so, als ein *Schauspiel,* vor unsern Blicken sich darstellte.

Den Zweck haben wir also erreicht: unsre Gedanken sind erweitert; wir sind den Göttern gleich geworden; aber unsre neuen Ideen haben wir uns nicht sowohl durch *Bauen,* als durch Zerstören geschaffen. Da wir nicht Schöpfer werden konnten, um Gott gleich zu sein, wurden wir *Zernichter;* wir schufen *rückwärts,* da wir nicht vorwärts schaffen konnten. Wir schufen uns eine Welt der Zerstörung, und betrachteten nun in der Geschichte, im Trauerspiel, und in Gedichten unser Werk mit Wohlgefallen.

Denn da allein kann es noch überblickt, und mit Wohlgefallen betrachtet werden. In der Wirklichkeit, oder in dem wirklichen Entstehen, beschäftigt es so viele Hände, und so viele Gedanken im Kleinen, daß das eigentliche *Große* gar nicht mehr in Betracht kommen kann. Das *Große* schafft sich erst nachher die zusammenfassende Phantasie.

Das ist nun die phantastische Größe, das *Gott gleichsein wollen,* wornach wir streben. –

Um uns ein eingebildetes Gut zu schaffen, unterziehen wir uns *wirklichen Übeln.* –

So eine gebaute Stadt mit ihren Türmen und Palästen ist doch schön, wenn sie nun da steht; so etwas fällt doch gut ins Auge – –

Ach das übertünchte Grab, mit seinen vergoldeten Leichensteinen!

Inwendig nagen der Neid, die Habsucht, die quälende Unzufriedenheit, die um sich fressende *Vergleichungssucht,* an dem verwesenden Leichnam des entseelten Menschenglücks.

Verpestete Kerker, Zuchthäuser, Behausungen des Elends, mit Totengerippen und Unsinn erfüllte Tempel, mühevolle Werkstätte, wo täglich das Rad des Ixion auf und nieder gewälzt wird! Sammelplätze unsinniger Vergnügun-

gen, um von unsinnigen Arbeiten auszuruhen! Freistätte
viehischer Wollust! fürchterliche *Glücksräder,* die den Lohn
der Mühe verschlingen, und ihn wieder aus ihren Rachen
speien, um die Faulheit zu krönen, und des Fleißes zu spotten. Und vor allen jenes fürchterliche *Glücksrad,* das sich
unaufhörlich dreht; aus welchem ein jeder schon bei der
Geburt sein Los zieht, das ihn entweder zur *Eins* bei der
Null, oder zur *Null* bei der *Eins* bestimmt. Wenige gibt es
hier der Gewinste, und der Verluste unzählige; damit – o des
Wahnsinns! – der Gewinn, der auf einen einzigen fällt, desto
größer sei. Tausende *wollen* Sklaven sein, damit *nur einer* herrsche.

Und was ist denn nun das am Ende für ein herrliches
Werk, was uns durch alle diese Aufopferungen entstanden
ist?

Wo duftet denn nun die Blume, die aus diesem unreinen
Schutt emporsprießt?

Ist es der Gedanke, den ich denke?

O dieser Gedanke ist mit Bitterkeit erfüllt: er ist eine
wurmstichige Frucht von dem einladenden Baume im Garten.

Und doch ist der gegenwärtige Gedanke mein Alles in
diesem Augenblicke. Er ist in diesem Augenblick der *Schlußstein* des Ganzen, das mich umgibt; das Resultat meiner
ganzen vorhergehenden Existenz; der Zweck, die Vollendung meines Daseins, wenn ich in diesem Augenblick
aufhörte zu sein.

Und dieser Gedanke ist selbst unvollendet; ein schweben-
der Zweifel; eine ewige Frage, die keinen Ruhepunkt findet,
zu dem sie sich heruntersenken kann.

Und mit dem schwebenden unvollendeten Gedanken
sollt' ich aufhören zu sein? Und das wäre also der letzte
Zweck, die höchste Vollendung der mich umgebenden Welt
in mir?

———

Wenn in grauem Nebel
Bei des Tages Anbruch
Noch die Hügel dämmern

Klimm' ich schon die Felsen-
Wand hinauf und blicke
Seufzend in die Ferne –

Ob nicht in der Ferne
Ob nicht in der Nähe
Mir die *Rose* lächelt?

Aber ach, vergebens
Irren meine Blicke
Über Tal und Hügel:

Denn sie ist verschwunden
Ach, sie ist verschwunden
Die geliebte *Rose* –

In den Purpurstreifen,
Die den Osten färben
Scheint sie noch zu schweben;

An dem Wolkensaume,
Welcher golden flimmert,
Scheint sie noch zu beben. –

Aber ach zu ferne
Ist sie meinen Händen
Um sie abzupflücken

Und wollt' ich sie pflücken,
Würd' ihr Dorn mich tödlich,
Tödlich mich verwunden.

———

Ich finde mehrere dergleichen Verschen in *Sonnenbergs* Tagebuche, worin er auf eine geheimnisvolle Art nach einer
verloren gegangenen *Rose* schmachtet. — Was er sich darunter gedacht haben mag, kann ich bis jetzt aus dem Zusammenhange seiner Gedanken noch nicht begreifen. Ich denke
es aber doch noch herauszubringen, weil es mir nicht wahrscheinlich ist, daß er irgend etwas sollte niedergeschrieben
haben, ohne etwas dabei gedacht zu haben. So sonderbar
seine Gedanken von der *Vergangenheit* in dem folgenden Aufsatze sind, so etwas Herzerhebendes und Tröstendes schienen sie mir doch zu haben.

Gegenwart und Vergangenheit.

Wenn ich eine Stadt besehen will, und befinde mich unten an
der Erde, so muß ich eine Straße nach der andern durchgehen, und es abwarten, bis sich mir nach und nach, durch
Hülfe meines Gedächtnisses, die Vorstellung von der ganzen Stadt darbietet.

Stehe ich aber auf einem Turme, von dem ich die Übersicht der ganzen Stadt habe, so sehe ich nun dasjenige auf
einmal und neben einander, was ich vorher nach einander
sehen mußte.

Wir sagen, eine Straße folget auf die andere; und dieser
Ausdruck ist selbst ein Beweis von unsrer Täuschung, indem wir die Folge unsrer Vorstellungen von den Straßen,
mit den Straßen selbst verwechseln.

Was wir die Folge der Dinge nennen, ist also vielleicht
bloß die Folge unserer Vorstellungen von diesen Dingen.
Aber die Folge in diesen Vorstellungen selber muß denn
doch wohl wirklich sein? — —

Vielleicht auch nur für einen eingeschränkten Geist, der
sie eine nach der andern hat, aber wohl nicht für ein höheres
Wesen, das auch alle diese Vorstellungen schon neben einander sieht.

Unser künftiger Zustand in jedem Augenblick unsers Le-

bens wäre also wirklich schon da, und unsre Vorstellung,
welche denselben umfaßt, und zu demselben ganz unentbehrlich ist, müßte also auch schon da sein, das ist sie aber
nicht, folglich scheinet jene Behauptung ein Widerspruch zu
5 sein.

Wollten wir sagen, die Vorstellung von unserm jedesmaligen künftigen Zustande ist schon in dem göttlichen Verstande da; so ist dieses doch nicht *unsre* Vorstellung, weil *wir*
sie noch nicht gehabt haben.

10 In sofern also die Vorstellungen von unserm künftigen
Zustande *unsre* Vorstellungen sind, findet doch immer eine
Folge in denselben statt, oder unser eigenes bleibendes Da-
sein müßte auch nur anscheinend sein.

Und wie kann die Bewegung ohne Wiederspruch, als et-
15 was neben einander bestehendes und nicht auf einander
folgendes gedacht werden?

Wie kann der Mann, welcher jetzt noch hier steht, auch in
diesem Augenblick schon eine Meile weit entfernt sein? Wie
kann auch der allumfassendste Verstand mein Hierstehen
20 und Dastehen neben einander stellen?

Wo ich gestanden habe, da stehe ich doch jetzt nicht
mehr, und wo ich künftig stehen werde, da stehe ich jetzt
noch nicht. Ein neuer, oder wenn man will, derselbe Widerspruch.

25 Was ließe sich hierauf antworten? – Wenn ich ein Feuer-
rad mache, oder einen Funken schnell umherdrehe, so
scheinet er mir da zu sein, wo er doch noch nicht ist, und
scheinet noch da zu sein, wo er doch nicht mehr ist, anstatt
eines Punktes bemerkt mein Auge einen Zirkel, welcher
30 stille zu stehen scheinet, da doch die Bewegung sehr schnell
ist.

Dieses scheint offenbar eine Täuschung unseres Gesichts, eine unvollkommene Vorstellung zu sein.

Wie, wenn es umgekehrt wäre, wenn unser Gedächtnis,
35 oder das zurückbleibende Bild von dem Funken, vielleicht
der eingeschränkten Sehkraft unserer Augen zu Hülfe gekommen wäre, so daß wir sagen müßten: ich erblicke den

Funken nun wirklich da, wo er sonst noch nicht zu sein scheint?

Wie, wenn wir uns hier, auf einige Augenblicke, dasjenige, was nur auf einander zu folgen schien, wirklich als neben einander vorgestellt, und gleichsam im Kleinen einmal das Gegenwärtige, Vergangene, und Zukünftige mit einem Blick umfaßt hätten? –

Nach dieser Bemerkung müßte sich alles, was wir uns als einen sich fortbewegenden Punkt gedenken, in dem göttlichen Verstande, wie ein Zirkel darstellen.

Wenn sich ein Rad schnell herumdreht, so macht jeder hervorragende rauhe Punkt einen Zirkel, und das Ganze bekommt dadurch ein schönes, ebenes, und wohlgeordnetes Ansehen.

Ein Mann steht unter einem Baum, er geht weg; in meiner Seele aber bleibt noch das Bild von dem Manne, der unter dem Baume stand, zurück.

Der Funke im Feuerrade bewegt sich fort, an dem Orte aber, wo er selbst nicht mehr ist, ersetzt sein Bild in meiner Seele seine Stelle.

Wenn ich mir den Mann zugleich unterm Baum, und in seinem Hause wirklich vorstellen wollte, so müßte der Baum und sein Haus eins sein.

Das Bild des Untermbaumstehens aber liegt noch immer in der Seele, wenn auch der Mann schon wieder in seinem Hause ist.

Das Untermbaumstehen war vorher eben so wirklich, als jetzt das Zuhausesein ist; aber ich kann mir doch unmöglich beides zugleich und auf einmal als wirklich denken.

In dem vollkommensten Verstande aber muß beides wirklich neben einander bestehen, und nicht eines auf das andere folgen, weil sich dieser vollkommenste Verstand alles auf einmal und neben einander bestehend vorstellen muß, wenn es anders einen vollkommensten Verstand gibt.

Von den Bewegungen des Menschen wissen wir weiter nichts gewiß, als daß es Veränderungen seiner Vorstellungen sind.

Nun liegen aber alle Vorstellungen, die der Mensch haben soll, in dem göttlichen Verstande schon neben einander da, und der Mensch muß sie nur eine nach der andern durchgehen, und selbst diese jedesmaligen Durchgänge sind in dem göttlichen Verstande schon alle neben einander da.

Bei Gott ist das Vergangene noch eben so wirklich, als das Gegenwärtige. Bei uns bleibt, beim Anschauen des Gegenwärtigen, doch das Bild vom Vergangenen noch zurück. Das macht uns ihm ähnlich.

In ihm steht das ganze Leben des Menschen ewig, wie ein Gemälde neben einander da, worin Licht und Schatten auf das herrlichste vermischt sind, der Mensch aber muß es erst durchleben, ehe er dies einsehen kann.

Und gibt es denn wirklich einen solchen vollkommensten Verstand?

O dann freuet sich der erste Mensch in ihm noch seines Daseins, atmet noch immer paradiesische Luft ein, und freut sich seiner reizenden Gehülfin; in ihm verscherzt er noch jetzt sein Glück, und baut mit Mühe den Acker; aber in ihm ist auch sein verklärter Körper schon wieder aus der Verwesung hervorgegangen, und glänzt in ewiger Glorie! –

Welch ein unbegreifliches Gemälde, Kindheit, Jugend, Alter, Tod, Verwesung, Wiederhervorgehen aus dem Grabe, das alles, wie Licht und Schatten neben einander gestellt, mit einem Blick zu umfassen, welch ein wunderbartröstender Gedanke!

Ach, also ist das Vergangene nicht vergangen; so ist alles noch so da, wie es war von Anbeginn, aufbewahret in den allumfassenden Gedanken des Ewigen? –

Wie es mich manchmal kränkte, wenn ich, beim Vergehen eines Dinges dachte: mit dem ist's nun ganz vorbei, das ist nun auf ewig dahin!

Drum will ich nicht klagen, daß jener Tag mir entflohen ist, an dem ich die ganze Fülle meines Daseins genoß, wie ich sie auf Erden vielleicht nicht wieder genießen werde.

Dieser Tag dämmert auch jetzt am Horizonte, und ich weiß, daß ich ihn wieder finden werde, wenn mein Gedanke sich dereinst in dem einzigen großen Gedanken Gottes verlieren wird.

Ich will nicht klagen, daß mein Freund im Staube vermodert. –

Er blühet noch in seiner schönsten Jugend. Die unschuldsvollen Jahre seiner Kindheit sind noch nicht verflossen. Ob er gleich jetzt im Staube zu verwesen scheinet.

Ich bin nur grade in solchem Verhältnis gegen ihn, daß ich den gegenwärtigen Punct seiner Veränderung, Verwesung im Grabe, nur bemerken kann; das Verhältnis aber des Ewigen gegen ihn ist so, daß sein Verwesen im Grabe, und das Aufblühen seiner ersten Jugend, in diesem Augenblicke, zugleich vor ihm dasteht, und daß vielleicht in eben diesem Augenblick sein verklärter Körper aus der Verwesung hervorgeht.

Wo unser Verhältnis aufhört, das scheinet uns vergangen zu sein. Wir täuschen uns.

Vielleicht wird auch uns einmal die Wonne gewährt, unser ganzes auf einander folgendes Dasein neben einander zu sehen.

Vielleicht hört auch bei uns einmal, obgleich im eingeschränkten Maße, die Folge auf, so daß auch wir alles, was wir sind, auf einmal sind, und unsre Ewigkeit zur immerwährenden Gegenwart wird.

Gott hat einen unendlich vollkommnern Begriff von uns, als wir selber haben.

Je mehr wir uns mit ihm vereinigen, desto tiefere Blicke werden wir in uns selber tun. –

Und da wir uns dieses vollkommenste jetzt wenigstens schon denken können, sollte es denn wohl unwahrscheinlich sein, daß wir dereinst genauer mit ihm vereiniget werden? –

Und würden wir wohl etwas verlieren, wenn wir in diesem Fall auch unser Selbst aufopfern müßten?

———

Indem ich unter Sonnenbergs Papieren umherblättere, finde ich Freimaurerreden und Predigten; eine Freimaurerrede, die er bei einer Gesellenaufnahme gehalten hat, und wovon das Manuscript schon sehr alt zu sein scheint, teile ich hier mit:

———

Eine Gesellenaufnahme in unsern Orden, meine Brüder, hat für mich allemal, so wie gewiß für einen jeden unter uns, sehr etwas Rührendes und Herzerhebendes.

Welch ein schönes Symbol des immertätigen aber zugleich mit Gefahren umringten Lebens, sind diese Reisen mit dem auf die Brust gekehrten tödlichen Stahl, der aber vor dem, der mutig fortschreitet, wie Nebel zurückweicht, indes dem Wanderer jene Music aus der Ferne entgegentönt, die seinen sinkenden Mut belebt, und ihn aufs neue anspornt, nicht eher zu ruhen, bis er das Ziel erreicht hat.

Dem reifer gewordenen sind nun die Augen eröffnet, er sieht nun die Gefahren, die ihm drohen, keine wohltätige Binde umhüllt nunmehr, wie vormals, seinen Blick.

Darum bedarf er jetzt eines tröstenden Zuspruchs mehr, wie sonst, und sein Ohr ist zugleich eröffnet, den aufmunternden Gesang zu hören, der ehemals für ihn schwieg, und es wächst mit der Gefahr sein Mut. –

Doch, m. Br., wir wollen nicht Bilder durch Bilder aufzuklären suchen! Laßt uns eilen, aus der Region der Phantasie in das Gebiet der ruhigen kalten Vernunft herabzusteigen, damit auch wir desto sicherere Schritte tun. – Laßt uns die einfache Frage beantworten:

Was heißt ein Freimaurerlehrling, ein Freimaurergeselle? Was heißt ein Freimaurer überhaupt? –

Ein freier Maurer heißt eigentlich ein freier Mensch. – Maurer aber sagt mehr; es bedeutet einen tätigen unternehmenden Menschen, der etwas bauet, das heißt, etwas mit Zweck und Absicht unternimmt. –

Wer nicht auf eine vernünftige Weise tätig ist, der braucht auch nicht frei zu sein. – Der untätige Mensch sei sein ganzes Leben hindurch in einem Kerker eingesperrt – die Welt wird nichts dabei verlieren. – Der Maurer soll noch mehr, als bloß mit Zweck und Absicht, tätig sein – denn wer ist das nicht. –

So lange wir bei Vernunft sind, haben wir immer einen gewissen Zweck und Absicht bei allem, was wir unternehmen. – Nur Schade, daß wir so oft dieser Zweck selber sind. – Ein Maurer bauet ja nicht für sich allein, indes sein Nachbar ohne Obdach Frost und Regen ausgesetzt ist – auch bauet er nicht bloß für die Zeit, worin er lebt; sondern seine festen Mauern sollen noch lange nach seinem Tode, dem Einwohner ein süßer Schutz, dem Gast und dem Fremdling eine willkommne Herberge sein. –

Die Maurerei, nicht einmal als Bild, sondern an und für sich selbst betrachtet, ist auf die Weise schon eine der größten, gemeinnützigsten und edelsten Unternehmungen des menschlichen Geistes. –

Als Bild betrachtet aber ist sie das schicklichste Symbol, um eine große edle uneigennützige Tätigkeit zu begehen, wobei wir nicht uns selber zum Mittelpunkte machen, sondern außer uns ins Ganze wirken – und nur eine solche Tätigkeit ist es, die freien Spielraum haben muß. –

Also ein mit Zweck und Absicht uneigennützig tätiger Mensch, der bei seinen Unternehmungen so wenig wie möglich eingeschränkt ist – ist ein Freimaurer. –

Diese Tätigkeit ist eine edle Tätigkeit, edel war nur dasjenige, was nicht gemein ist, wie z. E. ein Edelgestein – nun sind aber eigennützige Unternehmungen einmal gemeiner, als uneigennützige, weil sie so viele Anstrengung erfordern, ja man hält sie sogar der menschlichen Klugheit gemäßer. –

Zum uneigennützigen Handeln gehört also Übung, welche bei dem Freimaurerlehrling vorzüglich statt finden muß, so daß er, wenn er in den Gesellengrad tritt, schon einige Fertigkeit darin erhalten hat. –

Und wer sich solcher Handlungen nicht bewußt wäre, und vielleicht nicht einmal den Gedanken gehabt hätte, etwas zu tun, wovon der Nutzen nicht auf ihn zurückfiele, und wobei er gewissermaßen seinen eigenen Vorteil aufopfern müßte, der verdiente auch sicher den Namen eines Freimaurers nicht. –

Wodurch werden aber nun diese edlen und uneigennützigen Bestrebungen anders eingeschränkt, als durch die Furcht?

Daher schienen auch alle Symbole vorzüglich mit darauf abzuzwecken, wie ein Freimaurer die Furcht verlernen soll. –

Eins der größten Hindernisse einer uneigennützigen Tätigkeit ist dann aber die Menschenfurcht oder eine falsche Gefälligkeit, wodurch gewiß mehr Gutes in der Welt verhindert ist, als man glauben sollte. –

Denn es ist ja natürlich, daß einer der uneigennützig handelt, dem Eigennützigen, welcher alles auf sich bezogen haben will, sehr oft in den Weg kommt, und alsdenn die Gesetze der Höflichkeit mit denen der Gerechtigkeit und Billigkeit zusammenstoßen. –

Hier ist es eben, wo der Freimaurer frei, und nicht nach Menschenfurcht und Menschengefälligkeit handeln muß. – Darum übt er sich bei unsern Zusammenkünften, die Menschen als sich alle gleich und als Brüder zu betrachten, damit er sich nicht durch das Verhältnis der Stände abhalten läßt, das zu tun, was er für recht hält. –

Er wird deswegen kein Aufwiegler – denn er lernt sich der Notwendigkeit unterwerfen – wo er keine Möglichkeit sieht, der Ungerechtigkeit, der Unterdrückung abzuhelfen, da verschwendet er seine Kräfte nicht vergeblich, um sie auf Fälle zu sparen, wo sich ihm bessere Aussichten eröffnen. –

Er weiß, daß er sich dem Sturm, dem Ungewitter, der Krankheit, dem Tode, unterwerfen muß, die alle stärker sind, als er, weil es vergeblich, weil es lächerlich sein würde, dagegen anzukämpfen. –

Eben so wie dem unwiderstehlichen Druck der Luft unterwirft er sich jeder stärkern Macht, der er nicht widerstehen kann, und in dieser Unterwerfung, in dieser Resignation findet er eben seine höchste Freiheit. –

Er findet sie darin, daß er nichts will, was er nicht könne, aber daß er auch alles will, was er kann. —

Und der Mensch kann erstaunlich viel, wenn er alle seine Bestrebungen auf ein einziges Ziel hinrichtet. —

Er hat sich auf die Weise die tierische Schöpfung, er hat sich die Elemente unterwürfig gemacht. —

Wie vielmehr können also nicht die vereinigten Kräfte vieler Menschen ausrichten, wenn sie alle auf ein Ziel hinarbeiten — sich untereinander zu vervollkommnen, untereinander wechselseitig ihren Mut zu beleben, und sich gemeinschaftlich in der Mäßigkeit, Standhaftigkeit und Uneigennützigkeit zu üben. —

Eine geringe Anzahl mäßiger, standhafter, und uneigennütziger Menschen, die sich alle zu einem Zwecke vereinigten, würden, wenn sie mit der gehörigen Klugheit zu Werke gingen, in der Welt Wunderdinge ausrichten. —

Allererst muß freilich auf die innere Vervollkommnung hingearbeitet werden. —

Der Mensch, der andern Glückseligkeit und Zufriedenheit mitteilen will, muß erst selbst völlig glücklich und zufrieden sein. —

Das wird er aber bloß durch Mäßigung seiner Begierden, und eine völlige Resignation.

Wer sich von der gewöhnlichen Klasse der Menschen durch ein höheres Freiheitsgefühl unterscheiden will, muß notwendig gelernt haben, jedes Gute des Lebens zu besitzen, ohne sich zu fürchten, es zu verlieren. — Denn nur alsdann ist ihm der Genuß gesichert. —

Der genießt gewiß sicher sein Leben am meisten, der es am wenigsten zu verlieren fürchtet — und der handelt auch am freisten. —

Daher beziehen sich unsere Symbole so häufig auf eine gewisse Gleichgültigkeit und Unerschrockenheit vor dem Tode. —

Die Furcht verengt das Herz, und macht es großer Empfindungen unfähig. — Wer für sich nichts mehr fürchtet, ist erst im Stande, für andere großmütige Wünsche zu tun. —

Wer sich nun nicht täglich in dieser Mäßigung seiner eigennützigen Begierden übt, um für die großmütigen Gesinnungen in seiner Seele gleichsam Platz zu machen, der verdient den Namen eines Freimaurers nicht, und wenn unsere Versammlung diese Mäßigung der eigennützigen Begierden nicht befördern hülfe, so erreichte sie ihren Zweck nicht. –

Die höchstmögliche moralische Vervollkommnung ist also das Ziel, wornach der Maurer strebt, und diese besteht in der zweckmäßigsten und uneigennützigsten Tätigkeit. –

Denn die bloßen Gesinnungen machen die Moralität nicht aus. –

Wer edel denkt muß auch edel handeln – sonst ist seine Denkungsart ein Schwert, das in der Scheide verrostet, und edel handeln, lernt man nicht anders, als durch Übung und durch Beispiel – und beide, wo das Beispiel gibt sowohl als wo es nimmt, gewinnen wechselseitig dadurch. –

Weil nun in der Welt die guten Beispiele so zerstreut sind, so sollten sie in unsern Logen zusammengedrängt sein, damit dieselben die eigentliche Schule der Weisheit des Lebens würden. –

Dazu müssen denn die einzelnen Subjekte freilich so viel Umgang wie möglich miteinander haben – denn die Maurerei soll uns ja aus unserm kleinen Umgangszirkel in einen größern ziehen, wo wir mehr mannigfaltiges Gute sehen, als wir sonst Gelegenheit haben. –

Wo wir uns in alle Rechte der Menschheit wieder eingesetzt fühlen. –

Wo alle an der Wohlfahrt eines jeden einzelnen Teil nehmen, und bei seinen Schicksalen nicht gleichgültig sind. –

Wo das, was unsere wahre Glückseligkeit ausmacht, zur Sprache kömmt. –

Wo ein jeder die Vorteile, die er durch eigne Erfahrung zu einer wahren Glückseligkeit ausfindig gemacht hat, und seine mißlungenen Versuche, den andern mitteilt. –

Wo alles uns anmahnen soll, das Leben zu genießen, und den Tod nicht zu fürchten – uns zu unterwerfen, wo wir müssen, und die Rechte der Menschheit zu verteidigen, wo wir können. –

Wo wir lernen, daß wir nicht tätig sein müssen, um zu genießen, sondern nur genießen, um wieder tätig sein zu können. –

Daß zwar in seinem bürgerlichen Beruf getreu zu sein, schon viel sei, aber daß der edle Mensch sich dennoch eine Mine zu eröffnen sucht, wo er mit selbstgewählter Tätigkeit und auf eine uneigennützige Art wirksam sein kann. –

Wo wir beständig aufmerksam auf die Kürze unsers menschlichen Lebens erhalten werden, damit wir den gegenwärtigen Augenblick nutzen lernen. –

Da nun alles darauf ankommt, immer mehr Kräfte, immer mehr Tätigkeit zu edlen Endzwecken in Umlauf zu bringen, da selbst das Leben bloß durch diese Tätigkeit sich vom Tode unterscheidet – o so laßt uns auch dahin sehen, daß in unsern Versammlungen immer Leben und Tätigkeit herrsche, daß das Band zwischen uns immer genauer geknüpft werde, daß dies der Ort sei, wo wir uns unsre edelsten Entschließungen mitteilen, und von dem, was uns Gutes gelungen ist, einander Rechenschaft ablegen. –

Laßt uns die feierliche Pause in unserer Arbeit dazu nutzen, daß wir, von einem Geiste belebt, unsere Gedanken zu irgend einer schönen Entschließung sammlen, die wir schon lange mit uns herumtrugen und nun ausführen wollen. –

Laßt uns gemeinschaftlich darauf denken, wie wir unsre Versammlungen, so nützlich und zweckmäßig, wie möglich, machen. –

Ich wende mich noch mit wenigen Worten an euch, meine geliebten neuaufgenommenen Brüder. –

Seid uns willkommen zu den neuen Arbeiten, welchen ihr euch jetzt mit uns gemeinschaftlich unterzieht. –

Erhaltet uns eure Liebe und euer Zutrauen, und laßt uns nun Hand in Hand, dem großen Ziele der Maurerei entgegen gehen, das wir, wenn wir nur einmal den rechten Weg eingeschlagen haben, hier oder dort gewiß erreichen werden!

———

An dem Stiftungstage einer Loge.

Heilig ist jeder Tag dem Maurer,
Wo ihm eine edle Tat gelang.
Er feiert ihn nicht mit Geräusch und Prunk
Sondern auf seiner stillen Kammer
5   Wenn er vor Gott seine Handlungen prüft.
Heilig ist ihm auch der Tag,
Wo Menschen in ein Bündnis treten,
Wodurch sie besser und glücklicher
Und edler und weiser werden.
10 Denn ist nicht der *Anfang* jedes Guten
Des innigsten Dankes der innigsten Freuden wert,
Weil nur durch ihn
Das erwünschte Mögliche ihm wirklich ward –
15 Sind wir nun auch durch dies Bündnis
Das uns alle zusammenknüpft
Wirklich besser und glücklicher
Und edler und weiser geworden;
Ist es, seitdem wir diesen Bunde knüpften,
20 In unsern Köpfen heller,
In unserer Seele stiller,
Und ruhiger in dem sich sonst empörenden Herzen –
O so sei uns dieser Tag nicht minder wichtig
Als der, welcher uns das Leben gab.
25 Zählten wir statt edler Fortschritte im Guten
Jedes Jahr
Nach Mahlzeiten, die wir genossen,
Bis zu diesem festlichen Tage,
So muß er von nun an
30 Unter den gleichgültigen Tagen
Des Jahrs vergessen sein!
Denn was kümmert mich der Anfang dessen
Wodurch weder Böses verhindert
Noch Gutes gefruchtet ward!
35 Bei jeder menschlichen Unternehmung

Frägt die Vernunft, wo ist ⟨der Zweck⟩ davon?
Und findet sie keinen,
So ist die Unternehmung Kinderspiel und Tand.
Und was gibt es wohl für ein edlers Ziel des Maurers,
Als den höchsten Grad   5
Der Mäßigkeit und Standhaftigkeit,
Eine weise Unerschrockenheit
Eine unerschütterliche Rechtschaffenheit
Und eine unübersehliche Wahrheitsliebe zu erlangen?
Die Furcht muß der Maurer verlernen   10
Um groß und edel zu handeln
Predigen das nicht alle Symbole der Maurerei?
Uns der Notwendigkeit zu unterwerfen
Standhaft zu sein in Gefahren
Unerschrocken vor dem Tode   15
Der für die Edeln
Wer bei jedem Schritte, den er tut,
Sein Leben, sein Ansehen, seinen Gönner,
Seine Bequemlichkeit zu verlieren fürchtet
Kriecht im Staube –   20
Und ist zu nichts Großem fähig. –
So wollen denn künftig wir, meine Brüder,
Die uns ein weiseres Band verknüpft
Uns einander vor dem Müßiggange
Der Weichlichkeit und der Unmäßigkeit warnen   25
⟨Mit vereinten Kräften nach dem Ziele streben,⟩
Das uns allen winkt,
Und unsre Losung sei:
Die *Beständigkeit!*

———   30

Die folgenden Aufsätze sind zum Teil pädadogisch, und
scheinen auf den Unterricht seines Sohnes abzuzwecken,
oder für einen seiner Freunde aufgesetzt zu sein, dem er
dadurch eine Anleitung zur Entwickelung der Begriffe bei
Kindern geben wollte. Dieser Freund ist, wie ich von dem 35
Hirtenknaben erfahren habe, ein Prediger, der zwei Meilen

von hier wohnt: von ihm hoff' ich mehr Auskunft über
Sonnenbergs Schicksal zu erhalten.

———

»Was ist denn Tugend?« fragte der kleine Amint seinen Vater —

Der Vater schwieg eine Weile, als dächte er an etwas anders — dann sagte er: komm, laß uns ein wenig im Garten
spazieren gehn!

———

Als sie nun im Garten hinter dem Hause spazieren gingen,
so zeigte der Vater dem kleinen Amint die fruchttragenden
Äpfel- und Birnbäume, und machte ihn aufmerksam, wie die
Zweige unter ihrer Bürde sich niedersenkten. —

Insbesondre stand ein schöner Apfelbaum im Garten, der
alle übrigen an Fruchtbarkeit übertraf — man war zweifelhaft, ob man mehr Blätter oder Früchte auf diesem Baume
zählen sollte, so hatte sich manchmal an einem einzigen
Zweige eines kleinen Astes eine ganze Traube rotwangiger
Äpfel zusammengedrängt, welche die Stütze, die sie empor-
hielt, zu zerbrechen drohte.

Der kleine Amint konnte diesen Baum nicht genug betrachten, so sehr ergötzte ihn der Anblick desselben.

Dieser Baum ist mir auch sehr wert, sagte der Vater, die
Äpfel die er trägt, sind sehr gesund und wohlschmeckend,
und er trägt ihrer gewöhnlich so viele, daß wir fast den
ganzen Winter über nach der Mahlzeit unsern Gaumen damit erfrischen können. —

Der Nachbar von diesem Baume, siehst du, trägt eben die
Art von Frucht, aber er hat lange die *Tugend* nicht, wie dieser?

Tugend, Vater? — sagte der kleine Amint — kann denn ein
Baum auch Tugend haben? — was ist denn Tugend?

Ich meine nur, sagte der Vater, daß der Nachbar von
diesem Baume *noch nie* so viele und so schöne Früchte, als
dieser, getragen hat, ob sie beide gleich von einem Alter, und
von einer Art sind. —

Dieser Apfelbaum, der mir so wert ist, hat in zwölf Jahren nur einmal schlecht, und sein Nachbar hingegen hat in eben diesem Zeitraum nur einmal *gut* getragen — darum habe ich gesagt, daß dieser lange nicht die *Tugend,* wie jener habe. —

Der kleine Amint war sehr aufmerksam, auf das, was sein Vater sagte, und ob ers gleich noch nicht völlig verstand, so dachte er sich doch etwas dabei. —

Sie gingen darauf wieder ins Haus — und stellten sich eine Weile vor die Türe, die nach der Straße zu ging. —

Da waren ein paar Knaben auf der Straße, die hatten sich an einer Mauer ein Ziel gemacht, nach welchem sie mit einem Schleuder warfen. —

Sie warfen immer wechselsweise. — Und während daß der eine von den beiden Knaben, das Ziel *neunmal nacheinander* traf, hatte der eine es nur ein einzigesmal getroffen. —

Der eine Knabe ist doch weit *geschickter* im Werfen, als der andre, sagte der kleine Amint zu seinem Vater. —

Man kann doch nicht wissen, sagte der Vater, dem andern kann sein Wurf nur vielleicht so oft *mißlungen* sein. —

O lieber Vater, sagte Amint, das ist nicht wohl möglich, wenn du bedenkst, daß der eine neun mal nacheinander das Ziel getroffen hat, während der andere es nur einmal traf. —

Wir wollen sehn! sagte der Vater! Sie standen noch wohl eine halbe Stunde an der Türe, und derjenige von den beiden Knaben, welcher zuerst neunmal nacheinander das Ziel getroffen hatte, traf es nun noch zwanzigmal, ohne ein einzigesmal zu fehlen, während daß der andere, welcher immer wechselsweise mit ihm warf, es nur zwei bis dreimal treffen konnte. —

Siehst du nun wohl, Vater, daß der eine Knabe *geschickter* im Werfen ist, als der andere? sagte der kleine Amint. —

Ich sehe es! antwortete der Vater.

Als der kleine Amint nach Tische mit seinem Vater über die Straße ging, so kamen sie vor dem Hause eines Nachbars vorbei, der ein reicher Brauer war, und in einem alten zerrißnen Schlafrocke eingehüllt, und den Kopf in eine große Mütze eingesteckt, aus dem Fenster sahe. Dieser winkte einen Bettler heran, und gab ihm einen Dreier. —

Das wundert mich, sagte Amint, daß unser Nachbar einen
Bettler heranwinkt, und ihm einen Dreier in den Hut wirft. –
Warum wundert dich das? fragte der Vater. –
Weil das sonst gar seine Gewohnheit nicht ist, sagte Amint – ich
habe sonst wohl gesehen, daß er herausgekommen ist, und
die armen Leute mit einem großen Prügel vor seiner Türe
weggejagt hat. –

Aber wenn nun unser Nachbar, der Schmidt, einen armen
Mann an sein Fenster gewinkt, und ihm einen Dreier in den
Hut geworfen hätte, würdest du dich auch darüber gewun-
dert haben? –

O nein, darüber würde ich mich gar nicht gewundert haben – antwortete Amint –

Und warum nicht? fragte der Vater weiter –

Das ist ja sehr natürlich, versetzte Amint, daß ich mich
darüber nicht wundern werde, weil unser Nachbar der
Schmidt *immer* den Armen gibt – man ist das schon einmal
von ihm gewohnt. –

Wen hälst du also für *freigebig,* fragte der Vater, unsern
Nachbar den Brauer, der alle Jahr etwa einmal gibt, oder
unsern Nachbar den Schmidt, der *immer* gibt?

Versteht sich, unsern Nachbar, den Schmidt, erwiderte
Amint. –

Welchen von den beiden Knaben, denen wir heute morgen zusahen, hälst du denn nun für eigentlich *geschickt* im
Werfen, den, der unter zwanzigmalen kaum dreimal, oder
den, der zwanzigmal nacheinander das Ziel traf? –

Versteht sich, den letztern; erwiderte Amint. –

V. Aber welchen von den beiden Apfelbäumen in unserm Garten hälst du für eigentlich *fruchtbar,* den der in zwölf
Jahren nur einmal gut, oder den, der in eben so vielen Jahren
nur einmal schlecht getragen hat?

A. Natürlicherweise den, der in so langer Zeit nur einmal
schlecht und sonst immer gut getragen hat.

V. Du nanntest also den Schmidt dieserwegen freigebig,
weil er gewöhnlich gibt; und den Knaben deswegen geschickt im Werfen, weil er gewöhnlich das Ziel trifft; und

den Baum fruchtbar, weil er gewöhnlich viel Früchte trägt;
nicht wahr?

A. Freilich, deswegen.

V. Natürlicherweise gefällt dir auch wohl der freigebige
Nachbar besser, als der Unfreigebige?

A. Nicht anders.

V. Und der im Werfen geschickte Knabe besser, als der
ungeschickte?

A. Freilich.

V. Und der fruchtbare Baum besser, als der unfruchtba-
re?

A. Natürlich.

V. Aber von diesen dreien, was verdient nun wohl am
meisten die Achtung und Liebe, der fruchtbare Baum, der
im Werfen geschickte Knabe, oder der freigebige Schmidt?

A. Ohne Zweifel der freigebige Schmidt. –

V. Warum gerade der? – Der fruchtbare Apfelbaum bietet dir ja seine Früchte dar, und läßt sie willig von dir
abpflücken – er ist ja weit freigebiger, als der Schmidt. Der
Schmidt gibt nur den Armen, die es bedürfen, aber dir gibt er
nichts, weil du alles hast, was du bedarfst – auch wird er nie
sein ganzes Vermögen wegschenken. – Der Baum hingegen
bietet dir und einem jeden alle seine Früchte dar, der nur die
Hand darnach ausstrecken will, um sie abzupflücken. –

A. Aber deswegen kann ich ja doch den Baum nicht
eigentlich lieben und achten.

V. Warum kannst du ihn nicht lieben und achten?

A. Weil er es selbst nicht *weiß,* daß er die Früchte darbeut,
noch daß sie von ihm abgepflückt werden. –

V. Ist denn der Baum nicht freigebiger, als unser Nachbar der Schmidt?

A. Nein, denn der Schmidt *weiß* es, daß er gibt, aber der
Baum *weiß* es nicht, daß er gibt. –

V. Aber er *gibt* doch.

A. Nein, er *gibt* auch nicht eigentlich.

V. Warum gibt er denn nicht eigentlich?

A. Wenn ich nicht weiß, daß ich jemanden etwas gebe, so
gebe ich ihm auch nichts. –

V. Wenn du z. B. im Schlafe einen Apfel in der Hand hieltest, und zufälliger Weise den Arm ausstrecktest, als ob du ihn jemanden darreichtest, und einer nähme ihn dir aus der Hand, so hätte der ihn zwar *genommen,* aber du hättest ihn nicht *gegeben.*

A. Nein, denn ich hätte nicht daran gedacht, daß ich ihn hätte geben wollen. –

V. Kann aber der Baum je daran *denken,* daß er irgend jemanden seine Frucht darreicht?

A. Niemals.

V. Also *gibt* der Baum auch niemals?

A. Nein!

V. Und kann auch nicht als freigebig betrachtet werden?

A. Auf keine Weise.

V. Aber *fruchtbar* kann ich ihn nennen?

A. Freilich.

V. Der Baum in unserm Garten ist also nur *fruchtbar* – aber der Schmidt in unserer Nachbarschaft ist *wohltätig* und *freigebig* – das ist ein erstaunlicher Unterschied – alle fruchtbaren Bäume in der Welt zusammengenommen, können das nicht, was ein Mensch kann; sie können das kleinste von ihrer Frucht nicht geben, weil sie es geben *wollen,* sondern müssen, gleich einem Menschen, der in tiefem Schlummer liegt, sich bloß leidend verhalten, wenn ihre Frucht ihnen abgepflückt wird – – es ist also sehr natürlich, daß du mehr Liebe und Achtung für einen wohltätigen Menschen, als für den allerfruchtbarsten Baume in der Welt haben mußt, obgleich der fruchtbare Baum auch seinen Wert hat, wie der in unserm Garten, der mir auch weit lieber ist, als sein Nachbar, welcher fast gar keine Früchte trägt – wenn er sich das künftige Jahr nicht *bessert,* so werde ich ihn abhauen lassen, weil er zu nichts weiter taugt.

A. Kann er sich denn *bessern,* Vater?

V. Bessern nun wohl eigentlich nicht, aber er kann doch mehr Früchte tragen, wenn er das nicht tut, so laß' ich ihn umhauen. –

A. Der arme Baum! – Er hat ja doch nichts Böses getan!

V. Dafür soll er auch nichts Böses leiden.

A. Und du willst ihn doch umhauen lassen.

V. Freilich, das wird ihm nicht *weh* tun — es soll auch keine Strafe für ihn sein, sondern er soll nur nicht unnütz bleiben — wenn er abgehauen ist, taugt er noch immer zu etwas, wenn es auch nur wäre, daß er im Winter ein paar Tage lang unser Zimmer heizte — aber so wie er unfruchtbar da steht, *taugt* er zu gar nichts, und an seiner Stelle kann ein besserer und fruchtbarerer Baum stehen. —

A. Das ist wohl wahr — aber wenn uns nun gleich der Baum die Stube heizt, so ist er denn doch kein Baum mehr — darum dächt' ich doch, du ließest den Baum lieber stehen, und gönntest ihm den Platz — wenn er denn gleich nur wenig Früchte trägt, so bleibt er doch immer noch ein Baum. —

V. Du bedenkst nicht, daß der Baum gar nicht dasteht, bloß um dazustehen, und ein Baum zu sein — sondern er soll zu *etwas taugen,* er soll nützlich sein. — Denn an Bäumen fehlt es nicht in der Welt, *eben so wenig, wie an Menschen* — aber ein jeder Mensch soll auch zu etwas *taugen,* zu etwas nützlich und brauchbar sein. — Wie z. B. unser Nachbar der Schmidt, der in unserm ganzen Hause die Schlösser an die Türen angelegt hat, und ein sehr geschickter Arbeiter ist — wenn der den ganzen Tag die Hände in den Schoß legen, und auf seinem Lehnstuhl sitzen wollte, so würde er nicht das Vergnügen haben, den Armen so viel geben zu können, als er jetzt tut. — Jetzt ist er ein sehr notwendiger Mann in seinem Hause — seine Kinder, die er so unterrichtet, und zum Guten anhält, wie ich dich unterrichte, und zum Guten anhalte, würden sehr viel an ihm verlieren, wenn er stürbe; die Armen und Notleidenden, denen er geholfen hat, würden seinen Verlust ebenfalls sehr stark empfinden; und denn würde auch seine Stelle nicht leicht wieder durch einen eben so geschickten und guten Arbeiter ersetzt werden. — Das alles gibt nun dem Manne einen großen Wert — besonders, da ihm alles Gute, was er an sich hat, schon so zur *Gewohnheit* geworden ist, daß man sich in allen Stücken fest auf ihn verlassen kann — wenn er eine Arbeit nicht fertig machen kann, so verspricht er es auch nicht; hat er sie aber einmal versprochen, fertig zu machen, so hält er sein Wort unverbrüchlich. – Er gibt den Armen nicht nur Geld, sondern steht ihnen auch mit seinem Rate und Vorwort bei, wo er kann. – Ganz fremde Leute wenden sich zuweilen an ihn, bloß ihn in wichtigen Sachen um Rat zu fragen, so groß ist das Zutrauen, das er sich durch seinen rechtschaffenen Wandel nun bei allen Menschen erworben hat. – Wenn nun dieser Mann sein schweres Tagewerk vollendet hat, so sitzt er des Abends unter seinen Kindern, und unterrichtet sie, wie sie es machen sollen, um auch einst so gut und rechtschaffen, wie er zu werden. – –

A. O, das muß ein vortrefflicher Mann sein, unser Nachbar, der Schmidt. –

V. Das ist er. – Du wolltest doch von mir wissen, was die *Tugend* sei. – Das kann ich dir für jetzt noch nicht sagen – aber so viel kann ich dir sagen: unser Nachbar, der Schmidt, ist ein *tugendhafter* Mann.

———

Die Behutsamkeit.

Eines Abends kamen drei Wanderer in einer Herberge zusammen, und weil es sich gerade fügte, daß sie alle drei einerlei Ziel ihrer Reise hatten, so beschlossen sie, sich unterwegs zusammenzuhalten, um sich teils durch angenehme Gespräche den Weg zu verkürzen, und teils auch in Gefahr einander beizustehn.

Jeder ergriff also am folgenden Morgen früh seinen Wanderstab, und sie traten zusammen ihre Reise an. –

Die Sonne ging schön auf, und malte ihnen mit ihren ersten Strahlen die schönsten Aussichten auf ihren Weg hin, woran sich ihr Auge ergötzen konnte. –

Sie freuten sich alle drei des schönen Morgens, und keiner unter ihnen war traurig oder niedergeschlagen. –

Als aber das Gespräch unter andern auf den Weg fiel, den sie an diesem Tage noch zurücklegen wollten – so fing der eine an zu zittern und zu zagen, weil sie durch einen Wald mußten, den man, wegen Räubereien und Mordtaten, die darin verübt wurden, für unsicher hielt. –

Der andre schalt diesen eine feige Memme, und sagte, daß er seinen Mann schon stehen wolle, wenn er es auch allein mit sechsen aufnehmen sollte.

Der dritte sagte nichts, als daß er seine beiden Gefährten ermahnte, ihre Schritte zu verdoppeln, damit sie noch vor Sonnenuntergang durch den Wald kämen.

Sie waren noch nicht viele Schritte gegangen, so kamen sie an einen schmalen Steg, der über einen ziemlich breiten und tiefen Fluß führte. –

Hier zeigte sich nun die große Verschiedenheit dieser drei Wanderer, die sich am Morgen früh noch so ähnlich schienen, sehr auffallend. –

Der eine blieb furchtsam und zitternd am Ufer stehen, ihm schauerte schon vor dem Gedanken, diesen schmalen Steg zu betreten. –

Der andre, der gesagt hatte, daß er seinen Mann schon stehen wolle, dachte den Furchtsamen recht zu beschämen, und indem er ohne vor sich hinzusehen, über den Steg hinspringen wollte, als ob er zu beiden Seiten festen Boden hätte, stürzte er Hals über Kopf ins Wasser. –

Während daß der dritte *behutsam,* vor sich nieder sehend, und mit festem Schritt über den Steg ging, und den Tollkühnen rettete, indem er ihm vom gegenseitigen Ufer einen Ast zuwarf. –

Er ging darauf zurück, und bot auch dem Furchtsamen die Hand, um ihn über den Steg zu leiten, und jener während der Zeit keinen Blick auf eine von beiden Seiten warf, um die ihm drohende Gefahr nicht zu sehen. –

Ohne den behutsamen Wandrer würden also weder der Tollkühne noch der Furchtsame jemals das andre Ufer des Flusses erreicht haben.

———

Die nun folgenden Aufsätze scheinen nicht lange vor seinem Tode niedergeschrieben zu sein.

———

Die Nacht ist lang, aber meine Augen sind schwer.   *Ossian.*

———

Den Kopf auf die Hand gestützt saß ein *Lebenswandrer* auf dem Stamm einer abgehauenen Eiche, und blickte in den vorbeifließenden Strom.

Der Strom war tief und schnell, das Wasser gelb und leimicht, und hie und da bildeten sich kleine Wirbel auf der fortschießenden glatten Oberfläche.

Seit dem frühen Morgen hatte der einsamtrauernde mit unverwandtem Blick in die Flut hinabgesehn, und schon neigte die Sonne sich wieder zum Untergang.

Da hob er sein Klagelied an, und sprach:

»Ich weinte, da meine Mutter mich mit Schmerzen gebar.«

————

Zum erstenmale habe ich heute die unaussprechliche Seligkeit empfunden, mich außer mir selbst zu sehen. – –

Ich sah mich in einem Winkel der Stube sitzen, und schreiben, das Licht mir näher rücken, und den Schirm vorschieben. – –

Ich war ein Gott in dem Augenblick, – ich hätte mich können sterben sehen – – hätte meinen Leib zu Asche verbrennen sehen – und gelächelt. – Ich untersuchte meine Gesichtszüge; und fand erst mürrischen Ernst mit Bitterkeit vermischt darin.

Dann sahe ich mein Auge sich allmählich erheitern, – und wo war ich, da ich dies sahe? – Wo? – – ich hatte keinen Gedanken mehr für das *wo* – ich war nirgend und doch allenthalben. – Ich fühlte mich aus der Reihe der Dinge herausgedrängt, und bedurfte des Raums nicht mehr.

Nun fühl' ich mich wieder eingekerkert in dieses Beinhaus, in diese zerbrechliche Hütte von Leimen.

Süße Freiheitsstunde, wann erscheinst du wieder?

DIE NEUE CECILIA.

LETZTE BLÄTTER,
VON KARL PHILIPP MORITZ.

C'est ainsi, qu'en partant, je vous fais mes adieux.

Moritz ward durch Gefühl zu Kenntnissen geleitet. Dieses einfache Gefühl blieb, trotz der Zunahme seiner Kenntnisse, unverkünstelt. Es gab seinem Ausdruck jene Klarheit, um derentwillen er so gern von denen gelesen wird, die überall Verständlichkeit suchen. Man findet in seinen Schriften, nicht den hochunterrichteten Lehrer, welchen erreichen zu können der Wißbegierige fast verzweifeln muß; sondern den lehrbegierigen Gefährten, welchem man zutraut, daß er gute Nachrichten eingezogen habe, und mit dem man sich auf den Weg macht, fest entschlossen, ihm nicht weiter zu folgen, als es ihm gelingen werde, hinreichende Wahrscheinlichkeit für seine Meinung aufzustellen. Man geht mit ihm auf geebneten Pfaden; man verweilt sich in seiner Gesellschaft auf angenehmen Ruheplätzen; man gelangt endlich zu Aussichten, die der aufgeregten Erwartung entsprechen; man schmeichelt sich zuweilen, weiter zu sehn als er; man lächelt hie und da über Entdeckungen, die er gemacht haben will; man glaubt, ihn mit einem Wort widerlegen zu können, und wundert sich nicht selten, nach Aufstellung dieses, und mehrerer Worte, die aus dem ersten folgen, ihm nachgeben zu müssen. Wenigstens liegen seine Irrtümer oft der Wahrheit näher, als die bis dahin unangefochtene herkömmliche Meinung, oder haben doch eine so schöne Ursache, daß man an ihm lieb gewinnt und hochachtet, was man, mit gnädigem Bewußtsein, höchstens verzeihen zu können wähnte. Wie der Schriftsteller so der Mensch: denn er war immer Mensch im Schriftsteller, und jedes seiner Werke ein treuer Abdruck seines Gemüts. Er beging tausend Fehler, und fehlte gegen niemanden so sehr als gegen sich selbst. Er war den Juden ein Ärgernis, und den Griechen eine Torheit, und einige der ersten Köpfe Deutschlands hielten ihn wert. Es schien schwer sich an ihn zu gewöhnen, und niemand machte schneller Freunde aus Bekannten. Es schien leicht möglich sich von ihm loszusagen, und wer ihm nahe stand, fühlte das

Bedürfnis sich seiner anzunehmen, wenn sich gleich diese Teilnahme zuweilen, hinter Lächeln und Kopfschütteln, verbarg. Denn es ist nicht wahr, daß eine edle gebildete Seele lange mit dem scherzen kann, den sie verabscheut. Aber das Herz nimmt oft den Witz in seinen Sold, um sich vor dem Verstande rechtfertigen zu können; und fern sei es von dem Scharfsinn, eine einzige Verschanzung zu zerstören, wohinter die Gutmütigkeit sich flüchtet. Selbst daß er sie dort entdeckte, soll ihr nur Mut machen, sich dreister zu zeigen. Ach! wir bedürfen ihres beseligenden Anblicks so sehr, zu einer Zeit, wo die Verderbtheit der Klügelei, jede gefällige Tugend verdächtig zu machen, und der Härte und Grausamkeit Altäre zu errichten bemüht ist. Warum magst du draußen stehn, du Gesegnete des Himmels? Bleibe bei uns, denn es will Abend werden, und der Tag hat sich geneigt.

Von der Bildungsgeschichte dieses eigentümlichen Menschen hat er selbst, unter dem Namen Anton Reiser, die ersten Grundzüge geliefert. Zwei seiner vertrautesten Freunde versprechen dem Publikum, das Gemälde genügend zu vollenden. Ihnen sind die geheimsten Falten seines Herzens und seines Kopfes bekannt; unter ihren, zum Teil richtenden und leitenden Augen, entstanden und vollendeten sich seine vorzüglichsten Schriften; sie waren Teilnehmer, Gefährten, und Beobachter seines häuslichen Lebens. Man darf alles von ihnen erwarten, was Kritik und Menschenkunde leisten können, ohne bescheidner Schonung gegen lebende Personen zu nahe zu treten. Sie werden ohne Zweifel entwickeln, wie spät, und unter welchen Ahndungen und Bestimmungen, das Gefühl einer genußvolleren Gegenliebe, als Männerfreundschaft gewähren kann, für den Verstorbenen Bedürfnis ward; wie rasch er sich dem lebhaft empfundenen Wunsch überließ; wie er sich selbst, durch übertriebene Forderungen, unglücklich machte; wie er endlich sein Glück da fand, wo es immer wohnt, in der Zuneigung welche die Vernunft mäßigt; und wie ihm das beneidenswürdige Los zu Teil ward, Zufriedenheit empfangend und wiedergebend, von den weichen Händen einer liebenden Gattin gepflegt, mit der Welt und mit sich selbst versöhnt, sanft und liebegesegnet, in den Schlaf der ungestörten Ruhe zu sinken. Wie erquickend und heiter dieser kühle Abend für ihn war, davon geben die folgenden Blätter einen Beweis. Seine Hand schrieb sie nicht mehr. Er sagte sie seiner schönen Pflegerin in die Feder. Den Sterbenden umgaben die seligsten Erinnerungen seines Lebens, Liebe und Italien.

CECILIA AN AUGUSTA.

Hier schreibe ich Ihnen wieder, meine Beste, in meinem
väterlichen Hause, auf demselben Balkon, wo wir vor zehn
Jahren zuerst als Kinder, über die grünen Ufer der Tiber, die
Engelsburg, und die Peterskuppel in der Ferne, uns kindisch   5
freuten. Wenn ich diesen verflossenen Zeitraum übersehe,
so finde ich, daß der angebaute Boden der Freundschaft
schon jetzt für uns die schönsten Blüten trägt, und für die
Zukunft unseres Lebens eine reiche Ernte verspricht. Ich
möchte sagen, keine Stunde keine Minute unseres Umgan-   10
ges, unter den Augen Ihres verehrungswürdigen Vaters, war
für uns unnütz; selbst unsere Erholungsstunden waren unter seiner Leitung für uns lehrreich, und Spiel und Zeitvertreib wurden für uns eine Schule der Weisheit. Wie unzertrennlich bin ich durch diesen zehnjährigen Umgang von   15
unserer frühesten Kindheit an, und durch unsere gemeinschaftliche Bildung an Sie geknüpft! Gewiß, es gibt kein
festeres Band der Seelen. Sie stehen immer vor mir, Sie
müssen alles wissen, was ich denke und tue; und wenn ich
Sie gleich den ganzen Tag nicht sehe, so sind Sie dennoch so   20
wie vormals, vom Morgen bis an den Abend, mein immer-
während er Umgang; meine Gedanken beschäftigen sich
unaufhörlich mit Ihnen, und die leisesten Empfindungen
meines Herzens entfalten sich vor Ihrem prüfenden Blicke.
Ich bin daher auch sicher, daß wir nie getrennt werden kön-   25
nen. Eine Freundschaft, wie die unsrige, welche sich auf
wechselseitige Vervollkommung gründet, ist gewiß das
höchste Gut des Lebens. Aber ich bin auch wohl überzeugt,
daß wir nicht bloß für uns, und selbst nicht für unsere Vervollkommung allein leben dürfen; darum halte ich es nun   30
schon für einen nicht unwürdigen Zweck meines Lebens,
daß ich, nach dem Tode meiner Mutter, meinem alten Vater
seine Tage versüßen kann. Er ergötzt sich an meiner Musik,

meinem Zeichnen und Malen, und ob er gleich von allen diesen Sachen nur wenige Begriffe hat, so freuet es ihn doch, daß ich verstehe damit umzugehen; und diese seine Freude macht mir oft mehr Vergnügen, als der Beifall des Kenners.

5 Mein Bruder, der Secretair, ist nur des Mittags und Abends bei Tische unser Gesellschafter; die übrige Zeit geht er seinen Geschäften nach, und bleibt so einen Tag wie alle Tage in seinem Gleise, ohne sich weder zur Rechten noch zur Linken umzusehen, wobei er sich für sich selber gar nicht übel

10 befindet, aber für den gesellschaftlichen Umgang freilich ein unbeschriebenes Blatt bleibt. Es schmerzte mich, daß ich mich in meiner Erwartung getäuscht hatte, Sie gestern Abend bei uns zu sehen, um auf unserm Balkon die Erleuchtung der Peterskuppel mit uns zu betrachten. Ich saß

15 mit meinem Vater und Bruder allein, und sahe bis um Mitternacht diesem prächtigen Schauspiele zu. Hiebei traten die Zeiten meiner frühesten Kindheit lebhaft vor mein Gedächtnis, wie ich mich immer lange vorher auf diese glänzende Erscheinung freute, und wie meine kleine Einbil-

20 dungskraft sich damals in schöne Träume wiegte, bis endlich der Abend kam, wo wir alle voll Erwartung saßen, und nun in der Dämmerung die Erleuchtung anhub, und die Umrisse jenes majestätischen Gebäudes, sich nach und nach mit feurigen Zügen in der dunkeln Luft dem Auge darstellten, wäh-

25 rend die Masse in Schatten sank, und das Ganze wie eine Zeichnung mit Phosphor in der Luft schwebte. Ich muß Ihnen aber auch gestehen, daß ich unsern Balkon an der Tiber zu den Glückseligkeiten meines Lebens rechne. Wenn ich hier einsam lese und schreibe, so werde ich ganz meines

30 Daseins froh, und der Anblick der Gegenstände um mich her gewährt mir volle Genüge. Der Hafen Ripetta zu meiner Linken, mit Schiffen und Arbeitsleuten, die ein- und ausladen, macht einen lebhaften Anblick von Geschäftigkeit und Gewühl, wodurch die einsame Stille auf eine angenehme

35 Weise unterbrochen wird. An dem über den Fluß gezogenen Tau, sehe ich den Tag über das Boot zum Übersetzen unzählige Male hin und widerfahren, und wie eine bewegliche

Brücke die beiden Ufer vereinigen. Am jenseitigen Ufer der
Tiber sehe ich die von Stroh geflochtenen Hütten, welche
die prachtvollen Bäder des alten Roms in unserm neuen
Rom ersetzen. Den reizendsten Anblick gewährt in der Ferne der Montemario, mit dem dunkeln Zipressenhaine auf
seiner Spitze, und der Villa Madama an seinem Abhange.
Hinter diesem Berge sehe ich am Abend die Sonne hinab-
sinken, und freue mich des sanften Schimmers, der sich über
die ganze Gegend verbreitet. Ich kann wohl sagen, daß ich
mich freue, in einer Stadt geboren und aufgewachsen zu
sein, welche so viel Schönheiten der Natur und Kunst in sich
vereinigt, als man kaum auf dem ganzen Erdboden, den Ihr
Vater uns so sorgfältig beschrieben hat, hin und her zerstreut findet. Noch mehr aber freuet es mich, daß ich in
dieser Stadt eine Freundin gefunden habe, mit der mein
ganzes Wesen harmoniert, und da ich das Glück gehabt
habe, mit ihr, auferzogen zu werden, auch zu gleicher Zeit
mit ihr zu dem Genusse mannigfaltiger Schönheiten der
Natur und Kunst gebildet worden bin. Da wir nicht mehr
beisammen sind, so muß kein Tag hingehen, wo wir uns
nicht mündlich oder schriftlich unterreden. Das letztere
aber muß jetzt zum öftern der Fall sein, weil die heißen
Sommertage den Weg von Maria Maggiore nach Ripetta ein
wenig zu beschwerlich machen. So viel Vergnügen aber diese schriftliche Unterhaltung mir verschafft, so wünsche ich
doch noch weit sehnsuchtsvoller, meine Augusta zu umarmen, um ihr mündlich zu versichern, daß ich ewig und
unveränderlich bin

die Ihrige

Cecilia.

MARCHESE MARIO AN CARLO MARATTI, IN CESENA.

Seit acht Tagen befind' ich mich wieder in Rom, treibe mich
in den beschwerlichen vornehmen Zirkeln umher, und
schmachte sehnsuchtsvoll nach dem ersten Augenblicke,

wo ich einsam und mir selbst gelassen, den Gegenständen, die mich umgeben, meine Sinne eröffnen, und zum erstenmale lebhaft empfinden kann, wo ich bin. Ich fühle nur zu sehr das drückende der Ehre, mit dem regierenden Hause verwandt zu sein. Wie oft sehne ich mich nach unserm friedlichen Cesena, unserm stillen Sitze, und den süß verlebten Tagen zurück, die wir dort im Genuß der Freundschaft mit einander zubrachten, und den Wissenschaften und uns selber lebten.

Doch aber freue ich mich auch auf den ungestörten Genuß meines hiesigen Aufenthalts, wenn es mir gelungen sein wird, mich von den Fesseln des Zwanges loszureißen.

Ich wohne auf dem spanischen Platze, und habe einige meiner vergnügtesten Stunden auf der Villa Medicis zugebracht, wohin ich mich aus dem Taumel des geräuschvollen Lebens geflüchtet habe.

Mit wenigen Schritten aus meiner Wohnung bin ich oben auf diesem reizenden Sitze, wo sich nach allen Seiten die herrlichsten Aussichten vor meinen Blicken eröffnen. Hier genoß ich wieder den ersten Moment des ruhigen frohen Daseins, und übersah einen Teil des großen Schauplatzes, welchen ich mir zu betrachten vorgesetzt habe.

Gleich der Zukunft lagen diese Gegenstände noch dämmernd vor mir.

Aber kein Cicerone soll mich durch diese Gefilde des schönen Altertums und der bildenden Künste führen. Und voller Wollust eines ruhigen Genusses soll sich mein Geist allmählich den Eindrücken eröffnen, die auf ihn warten. Und kein Gedanke ist mir angenehmer, als der, daß nichts mich treibt und ängstiget, und daß mein Genuß mir nicht zum Geschäft gemacht wird.

Ich sehe hier eine selige Zukunft voraus, wenn mein Herz so frei und sorgenlos bleibt, wie es jetzt ist, und kein Tumult von Leidenschaften diese heitere Stille unterbricht, welche mich jetzt so zufrieden und glücklich macht.

Welch ein unübersehbares Feld von Betrachtungen, die ich anstelle, von Kenntnissen, die ich erwerben kann, er-

öffnet sich hier vor mir! mein Glück würde vollkommen
sein, wenn Du, mein Freund, mir nicht fehltest.

Ich freue mich aber schon darauf, daß ich nach Verlauf
von ein paar Jahren Dich wie in einem wohlbekannten Hause hier einführen, und dann jeden Eindruck, den ich empfand, noch einmal genießen werde, wenn Du ihn empfin-
dest.

Was für eine Welt von neuen und großen Vorstellungen
erwartet hier meinen Carlo Maratti, der seinem Namensgenossen so rühmlich nacheifert, und dereinst mit kühnerem
Fluge sich über ihn emporschwingen wird. Ich kenne Deine
Sehnsucht nach Rom, und weiß, daß Du Stunden und Minuten zählest, bis der Zeitpunkt da ist, wo Du hier Deinen
höchsten Wunsch befriedigst, der Kunst, für die Du von
Deiner frühesten Kindheit an gelebt hast, Dich mit ganzer
Seele zu widmen, und aus allem, was Dich umgibt, die Nahrung und den Stoff für Deinen Geist zu ziehen, die sich in
Umriß und Farben wieder darstellt, und ein kostbares Ver-
mächtnis für die Nachwelt wird.

Unsere Empfindungen an den Schönheiten der Natur
und Kunst stimmten von unserer Kindheit an in einen Punkt
zusammen, nur mit dem Unterschiede, daß Deine lebhaftere
Empfindung immer zu dem Triebe nach der Darstellung
überging, während daß die meinige sich mit dem ruhigen
Genuß begnügte. Du strebtest, die Rose nachzubilden, an
deren Gestalt und Duft ich mich ergötzte. Dein Genuß ging
schon früh in Schaffen und Hervorbringen über; und ob ich
gleich selber diesen Trieb nicht fühlte, so mußte ich ihn an
Dir doch lieben, und fühlte mich dadurch unwiderstehlich
an Dich angezogen.

Die Treppe nach Trinita di Monte macht einen prachtvol-
len Anblick, der noch mehr auffallen würde, wenn die
Stufen in einem fort gingen, und das Ganze nicht durch
so viele Unterbrechung zerstückt würde. So wie man diese
Treppe hinauf steigt, verschönert sich die Aussicht in die
Straßen der Stadt, bis man allmählich die Kuppeln in der
Nähe und in der Ferne hervorragen sieht, und zuletzt, wenn

man oben ist, St. Peter und der Vatikan in seinem ganzen Umfange sich dem Auge darstellt. Am Fuße der Treppe ist ein kühler Springbrunnen in der Form eines Schiffes, wovon er den Namen Barcaccia führt. Dieser Springbrunnen hat hier eine sehr gute Stelle, um demjenigen, welcher die Treppe in der brennenden Sonnenhitze hinaufsteigt oder herunter kömmt, Erfrischung darzureichen. Auf dieser Treppe lagern sich die armen Pilgrimme, welche sich aus entfernten Gegenden in dieser wohltätigen Stadt zusammen finden, und hier wenigstens vor dem Verhungern gesichert sind, weil ihnen in jedem Kloster eine Suppe gereicht werden muß.

Der Spaziergang auf Trinita di Monte selber ist schon sehr angenehm, weil man einen großen Teil der Stadt, und der reizenden Anhöhen des Janikulus übersieht.

Die schöne Aussicht oben in die Straße Condotti, welche grade vor einem liegt, lockte mich nach Ripetta an das Ufer der Tiber. Ich kann Dir nicht beschreiben, was der erste Anblick dieses Platzes für eine angenehme Wirkung auf mich machte. Weil nämlich das diesseitige Ufer der Tiber ganz mit Häusern bebaut ist, so ist es desto überraschender, wenn man diese Reihe von Häusern bei dem Hafen Ripetta plötzlich unterbrochen, und die weite und schöne Aussicht jenseit der Tiber auf einmal vor sich eröffnet sieht. Es ist, als ob man durch diesen Anblick in eine neue Welt versetzt würde. Ich stieg die Stufen bis an den Rand des Tiberstroms hinunter, und konnte mich erst von diesem Platze gar nicht wieder losreißen. Ich blickte zu meiner Rechten den Tiberstrom hinauf, und fühlte mich durch die stillen Wohnungen angezogen, welche an diesem Ufer hingebaut, und zum Teil mit Balkons versehen sind, von denen man eine herrliche Aussicht haben muß. Ich wünschte mir wohl eine solche stille Wohnung; noch mehr aber wünscht' ich, daß ich mit meinem Freunde an diesem Hafen stände, um ihm die reizenden Aussichten selbst zu zeigen, die meine Feder nur schwach beschreiben kann.

CECILIA AN AUGUSTA.

Freilich vermisse ich unsere Villa Negroni bei Maria Maggiore, die uns so nahe war, daß wir fast aus unserer Wohnung in den Garten traten. Einen solchen Platz gibt es schwerlich mehr, als den mit Cypressen und Pinien bepflanzten Hügel, wo wir im hohen Grase auf dem steinernen Bänkchen vertraulich saßen, wenn am Abend die Berge im Widerschein der untergehenden Sonne mit mannigfaltigen Farben spielten, und wir uns mit dem Bewußtsein unseres Daseins freuten, daß wir uns auf einem Fleck befanden, welcher auf diesem Erdboden gewiß einer der schönsten ist, und nun auch von der zärtlichsten Freundschaft zum Heiligtum geweiht wurde.

Immer wird dieser Platz mir heilig sein, und die Stunden, wo wir ihn gemeinschaftlich besuchen, werden die angenehmsten Erinnerungen aus den verflossenen Jahren in meine Seele zurückrufen. Die Nachbarschaft aber, worin ich mich nun in meines Vaters Hause befinde, ist auch nicht zu verachten.

Die Villa Borghese außer der Stadt, und der Palast Borghese in der Stadt, sind nun meine nächsten Lieblingsplätze, wo ich manche Stunde verweile.

Sie kennen sie beide schon; ich darf Ihnen daher die einzelnen Schönheiten, die mich rühren, nicht beschreiben; aber das kann ich Ihnen doch sagen, daß ich jetzt erst, durch die täglich erneuerte Bekanntschaft, anfange mit diesen Gegenständen vertraut zu werden. Manche Stunde hab' ich schon vor Domenichino's Bilde in dem Palast Borghese zugebracht.

Diese Abstufung von der hohen Götterbildung Dianens, zu den untergeordneten Zügen der Nymphen, die sie begleiten; das rasche und wilde in dem Blick der Jägerinnen; die mannigfaltigen Stellungen, wie sie kniend oder stehend den Bogen spannen, und den Pfeil abdrücken; die naive Lust der Nymphen, die im Wasser plätschern; dies alles hat mich

immer mehr angezogen, je länger und öfter ich es betrachtet
habe; und ich habe nun angefangen, dieses Bild mit Fleiß zu
studieren, und schon einige Gruppen daraus gezeichnet. Die
Nähe des Palastes Borghese rechne ich auch besonders mit
5 zu den Vorzügen meines jetzigen Aufenthalts. Durch den
Genuß bin ich die Besitzerin dieser Galerie, so gut wie der,
dem sie gehört, und im gewissen Sinne noch mehr, weil mir
das zu statten kömmt, was jener ungenutzt läßt.

Sie wissen, daß ich mit wenigen Schritten vor der Porta
10 del Popolo in der Villa Borghese bin. So wie ich nun fast
täglich in dem Palast Borghese, das Heiligtum der Kunst
besuche, und mit religiöser Andacht den Werken des erhabensten Genius meine Bewunderung zolle; so ist die Villa
Borghese mit ihren schattigten Wäldern auch für mich ein
15 heiliger Tempel, zu welchem ich fast täglich wallfahrte, und
durch den vollen Anblick der großen und erhabenen Natur
mich zur erneuerten Tätigkeit und zu dem ruhigen Genuß
des stillen Lebens stärke. Ich bin in dieser Villa nun schon
wie zu Hause. Jedes Fleckchen ist mir bekannt; jedes ver-
20 trauliche Plätzchen wird nun schon wie ein alter Freund von
mir gegrüßt.

Der immer grünende Wald von Eichen beim ersten Eintritt in die Villa erfüllt die Seele mit heiligen Schauer. Zur
Linken schimmert durch die Bäume der Teich mit dem Tem-
25 pel des Aeskulap in seiner Mitte, dem hier, wo man die
reinste Luft einatmet, nicht ohne Grund ein Heiligtum geweiht ist.

Der Spaziergang um diesen Teich hat mir schon manches
Vergnügen gewährt. Jetzt wandle ich hier freilich einsam, da
30 ich sonst mit Ihnen Hand in Hand an diesem reizenden Ufer
spazieren ging, als es durch die Kunst erst gebildet wurde.
Wenn ich dies bedenke, so fühle ich freilich lebhaft, daß eine
Trennung durch tausend Schritte in den Augenblicken des
Entbehrens so schmerzhaft sein kann, als eine Trennung
35 von eben so vielen Meilen. Doch ist es die Hoffnung des
baldigen und leichten Wiedersehns, die jedes mal den neu
entstandnen Kummer mildert, und die mir auch jetzt den

Trost gibt, daß ich vielleicht Morgen meine Augusta wiedersehen und umarmen werde.

MARCHESE MARIO DER VATER AN SEINEN SOHN.

Du bist nun in Rom, und mußt eine Carriere machen, mein
lieber Sohn! Es fehlt dir nicht an Stand und Vermögen; du
hast in den ersten Häusern Zutritt; du bist auf dem schnur-
geraden Wege, dein Glück in der Welt zu machen, wenn du
es nicht selber verscherzest.

Als Monsignore muß ich dich wieder sehen; ich bitte dich,
verdirb diese Hoffnung deinem alten Vater nicht! Aber ich
weiß schon, wie du deine edle Zeit verschleudern wirst; du
wirst mit den Malern herumlaufen, und alte bestäubte Bilder
begucken; du wirst verstümmelte Bildsäulen abzeichnen,
und dein schönes Papier bekritzeln. Ich weiß, wie manchen
Tag du hier mit deinem Carlo Maratti, dem jungen Schwärmer, verträumt hast.

Du mußt die Conversationen nicht versäumen; du mußt
dir keine Gelegenheit entschlüpfen lassen, wo du dein Glück
bauen kannst. Du mußt notwendig eine Carriere machen,
mein lieber Sohn, es wäre Schade, wenn du es nicht tätest!
Denn alles vereinigt sich, um dir die Bahn zu ebnen. Nur bitte
ich dich, laß den Schwindelgeist fahren, und verschwende
nicht mehr so viele Zeit mit der abgeschmackten Kunst! Du
läufst nur Hirngespinsten nach; einträgliche Stellen und
bare Einkünfte, sind doch das letzte Ziel, wonach wir streben.

Dein Glück ist es nur, daß du von dem Wahnwitze der
Liebe noch unangesteckt bist. Du muß dich in die Zeit
schicken; du mußt dich bücken, wo es nötig ist, und stolzieren, wo du darfst. Prälaten Brot ist süßes Brot; und der
violette Strumpf sitzt kühl im Sommer, und hält im Winter
warm. Wenn du erst so weit bist, wie du sein willst, so kannst
du dir Leute halten, die über das Schöne der Kunst ganze
Tage mit dir schwatzen, und alle deine Phantasien kannst du

ja dann nach Wunsch befriedigen. Was hilft dir denn bei leerem Beutel ein Kopf mit Ideen vollgepfropft? Trachte doch am ersten nach dem, wofür man alles andre haben kann, so wird dir das übrige alles zufallen.

Bewahre meinen väterlichen Rat in deinem Herzen, mein lieber Sohn: schreite nicht auf unrechten Wegen aus; versäume die Conversationen nicht; laufe den Malern und den Weibern nicht nach; strebe nach dem violetten Strumpfe; den roten aber laß das höchste Ziel deiner Wünsche sein, wenn du nicht weiter streben kannst; und erinnere dich, so oft du zum Künstler und Gelehrten herabsinken willst, daß du aus dem Hause und aus der Familie der Braschi stammst! Ich bin

Dein

wohlmeinender Vater
A. Mario.

MARCHESE MARIO AN CARLO MARATTI, IN CESENA.

Du erinnerst Dich, welche Freude uns oft in unserer Vaterstadt auf dem schönen Platze vor unserer Curie, das herrliche Ballonspiel machte, und wie die guten Bürger von Cesena einen vertraulichen Kreis um uns schlossen, und durch ihren Beifall gebenden Zuruf unsern Mut anfeuerten.

Hier sind Leute dazu bedungen, durch welche man dem römischen Volke dieses Schauspiel gibt. Auf einem großen Platze bei dem vatikanischen Palaste, ist für das Volk ein bretternes Amphitheater errichtet, für die Mittelklasse sind unten Stühle gesetzt, und der Adel befindet sich an dem obern Ende auf einer Galerie, vor welcher ein Netz gespannt ist, damit der mit Luft gefüllte Ball, welcher zuweilen mitten unter dem Volke ein plötzliches Schrecken anrichtet, nicht in irgend ein adliges Antlitz fliege.

Dein gehorsamer Diener hatte hier die Ehre, dicht neben dem päbstlichen Nepoten zu stehen, der sich zuweilen mit ihm sehr huldreich unterhielt.

Bei diesem Schauspiele waren der Adel und das Volk in zwei Parteien geteilt. Der Liebling des Volks war ein gewisser Romanone, mit den Schultern und Nacken eines Herkules. Ein kurzer stämmiger Venezianer, der den Namen Granvillano führte, war von dem Adel in Schutz genommen.

So oft nun dieser einen Fehlschlag tat, triumphierte das ganze Volk, und schrie in einem fort: gefehlt! gefehlt! Nun war es lustig anzusehen, wie der erlauchte Nepote hierüber aufgebracht wurde, und indem er zornig mit den Händen focht, mit dem ganzen römischen Volke stritt, welches durch ein fortdaurendes Geschrei alle seine Worte übertäubte.

Oben auf den Balkons an der hohen Mauer des vatikanischen Palastes, sah man hin und wieder die roten Strümpfe eines Cardinals, der aus dieser einsamen Entfernung dem Schauspiele zu sah, durch das Gitter hervor schimmern.

Das Merkwürdigste bei solchen Auftritten ist mir das Verhältnis des hiesigen Volks gegen den Adel. Nirgends kann die Ausgelassenheit des Volks weiter gehen, und nirgends ist doch der Druck und die Unterwerfung größer.

Der gemeinste Gegenstand des Gesprächs ist jetzt die Leprische Sache. Man kann es dem alten Lepri wohl freilich nicht verdenken, daß er, da ihm der Tod die große Schlafmütze aufsetzte, ehe er noch den gehofften roten Hut erhielt, sein Testament, als eine vergeblich ausgeworfne Lockspeise wieder zurücknahm, worüber nun freilich die päbstlichen Nepoten seufzen, als ob ihnen ein wirkliches Unrecht widerfahren wäre.

Die heilige Rota hat es aber doch noch nicht gewagt, zu Gunsten des Pabstes und seiner Nepoten in dieser Sache zu entscheiden. Alles was man durch höheren Einfluß bis jetzt noch ausrichten konnte, ist, die Verschiebung der Sentenz, wodurch dieser Proceß wohl möglichst wird in die Länge gezogen werden.

Überhaupt ekelt mir die Zusammenkettung von so viel Niedrigem und Kleinem in der hiesigen großen Welt. Mein

Vater hat mir geschrieben, und mir in seiner Art, die Dir bekannt ist, eine Menge von Lehren und Ermahnungen erteilt, welche mit meinen Wünschen und Neigungen, die Dir auch bekannt sind, einen sehr sonderbaren Gegensatz machen. Ich soll nicht mit den Malern laufen, keine bestäubten Bilder begucken, und mit den Zeichnungen nach verstümmelten Statuen das schöne Papier nicht bekritzeln; ich soll die Gesellschaften suchen, deren Benutzung zu einem glänzenden Glücke den Weg bahnet; ich soll mich bücken wo ich muß, und wieder stolzieren wo ich darf; und soll, da ich nun einmal in Rom bin, notwendig eine Carriere machen. Mein Lieber! Was sagst Du zu diesem allen?

So lange diese schwülen Tage nicht im August noch kühler werden, und der geisterdrückende Sirocco wehet, mag alles noch ferner gehen, wie es geht. Ich werde mich diese Tage über, noch in allen den glänzenden und langweiligen Zirkeln umher treiben lassen, die mir so herzlich zum Überdruß geworden sind.

So bald aber das erste wohltätige Gewitter wieder die Nebel verscheucht, und die Luft abkühlt, und der erste erquickende Regen wieder auf das Land säuselt, werde ich mich gewiß von diesen Fesseln losreißen, und die gelähmten Flügel wieder empor heben, um vor allen andern meines Freundes und seiner von mir gefaßten Hoffnungen wert zu sein.

Der Deinige
Mario.

CECILIA AN AUGUSTA.

Der gestrige Abend war gewiß einer der schönsten, den wir nach der schwülen Tageshitze auf unserm Corso zugebracht haben. Lassen Sie uns ja nicht versäumen, meine Beste, uns hier so oft wie möglich zusammen zu finden, so lange die heißen und schwülen Tage uns noch vom frühen Morgen bis an den Abend von einander trennen.

Unser Corso ist ein wahrer Sammelplatz des Vergnügens, und zwar noch mehr für uns, die wir leicht und unbefangen auf und nieder wandeln, als für diejenigen, die sich stolz in ihren unbehülflichen und schweren Kutschen blähen, und mehr wünschen, gesehn zu werden, als selbst um sich her zu sehen, und unbemerkt die geselligen Freuden des Lebens zu genießen.

Auch verdienen die lieben Heiligen unser dankbares Andenken, daß sie uns so manchen festlichen Abend, so manche schöne Erleuchtung in unsern dunkeln Straßen verschafft haben, die wir ohne sie entbehren müßten.

Unser römisches Volk auf dem erleuchteten Corso auf und nieder wandelnd, kommt mir oft wie eine große Familie vor, bei deren Anblick ich mich in eine Unschuldswelt hineinträume, die freilich nur noch in unsrer Phantasie wohnt.

Aber unserm gestrigen Gespräch, meine Liebe, habe ich heute früh schon sehr ernstlich nachgedacht. Sie haben eine Saite berührt, die bisher in meiner Seele fast noch gar nicht angeklungen hat.

Sollte denn wohl irgend eine Wahrheit in dem Gedanken liegen, daß wir für das wirkliche Leben durch unsere Erziehung verbildet wären? – Oder ist dieses, wie ich noch immer hoffe, nur ein leeres Schreckbild?

Ich muß Ihnen gestehen, meine Beste, daß, wenn ich nicht bei Ihnen bin, die Einsamkeit mir immer am wünschenswertesten bleibt, und daß ich mich dann am liebsten mit der Betrachtung großer Naturscenen oder erhabener Kunstwerke beschäftige, die meiner Empfindung und meiner Einbildungskraft ein vollkommnes Genüge leisten.

Denn, ach! ich habe außer Ihnen und Ihrem teuren Vater noch kein Wesen gefunden, dem ich mein ganzes Herz aufschließen könnte. Und doch fühl' ich so sehr das Bedürfnis des geselligen Lebens, und der gewöhnlichen Lebensfreuden. Wir dürfen uns wohl gestehen, daß durch die Bildung unsers Geistes unsere Körper nicht entnervt sind. Dafür hat Ihr guter Vater Sorge getragen, der durch den belebenden Genuß der freien Luft, durch die heilsamste Lebensweise, und insbesondre dadurch, daß er unsere Herzen vor wilden und heftigen Leidenschaften verwahrte, das höchste Glück des Lebens, eine feste und dauerhafte Gesundheit, uns verschafft hat.

Nun ist es natürlich, daß geheime Wünsche in unserer Seele erwachen, die wir uns unter dem Siegel des höchsten Vertrauens nur unter einander selbst gestehen.

Wie oft haben Sie schon mit freundschaftlichem Ohre meine Beichte, und ich die Ihrige angehört! Und wie oft ist durch diese wechselseitige Beichte unser Herz schon von einer großen Last erleichtert worden!

Es gibt aber gewisse Punkte des Nachdenkens, worüber ich mit keinem Menschen als mit Ihnen, mich zu reden getraue.

Ich habe einige Male eine Empfindung gehabt, die mich im innersten erschreckt hat, so süß sie auch ist. Mir war es, als ich im Anschauen der großen Natur, die mich umgab, mich verloren fühlte, als ob ich Himmel und Erde an meinen Busen drücken, und mit diesem schönen Ganzen mich vermählen sollte. Ich fühlte durch diese Empfindung mein innerstes Dasein erschüttert; es war mir, als ob ich wünschte, plötzlich aufgelöst, in dieses Ganze mich zu verlieren, und nicht länger wie eine verwelkende hinsterbende Blume einzeln und verlassen da zu stehen.

Eins muß ich Ihnen noch schriftlich sagen, was mir gestern Abend auf der Zunge schwebte, und, ich weiß nicht wie, den Weg über meine Lippen nicht finden konnte.

Gestern früh saß ich in der Villa Borghese, auf einer Bank, nicht weit von dem Teiche des Äskulap, und war in ziemlich ernsthafte Betrachtungen vertieft, als ich mich umsah, und vor der Urne, welche in einem dunkeln Gebüsche steht, und auf der in Basrelief der Tod des Phaeton gebildet ist, auf einem Zeichenstuhle sitzend, einen jungen Mann erblickte, der vom Kopf bis zum Fuße schwarz, aber nicht wie ein römischer Abbate, sondern wie ein Engländer, gekleidet war.

Er war beim Zeichnen so sehr in seinen Gegenstand vertieft, daß er mich kein einziges Mal bemerkte, welches mich endlich bewog, daß ich schnell aufstand und hinweg eilte.

Lachen Sie nicht! – Heute früh hab' ich auf demselben Fleck gesessen, dieselbe Scene gezeichnet, und den Zeichner mit, so gut mir meine Phantasie sein Bild noch vormalte. – Spotten Sie nicht über

Ihre
Cecilia.

AUGUSTA AN CECILIA.

Wie könnte Ihre Augusta wohl der schönen Beichte ihrer Freundin spotten, deren Vertrauen und Liebe ihr über alles geht! Mit Ihrem ernsten Nachdenken über unser letztes Gespräch, haben Sie die Sache wirklich zu tragisch genommen, meine Teuerste.

Die gütige Natur hat uns beiden für dasjenige, was bei unserer Bildung uns in der Zukunft schädlich werden könnte, einen Ersatz, oder vielmehr ein Gegengewicht gegeben, welches uns immer wieder in das sichere Gleis des gewöhnlichen Lebens zurück bringen wird: Ihnen den Trieb zur Kunst, und mir ein etwas leichteres Blut, und etwas mehr Gleichgültigkeit, um die wechselnden Schicksale des Lebens zu ertragen.

Ihre Empfindungen, die Ihr letzter Brief gegen mich äußerte, würden mich auch erschreckt haben, wenn der schöne Schluß dieses Briefes mich nicht getröstet und beruhigt hätte.

Sie sind Malerin und Dichterin, und können, auf jeden Fall, Ihren Kummer weg zeichnen und weg singen. Daß Sie den interessanten Zeichner mit zeichneten, freuet mich, weil ich daraus sehe, daß Ihre lebhafte Phantasie für die Zukunft immer einen wohltätigen Ableiter haben wird.

Sie wissen, wie sehr mich ein Bild entzückt, das ich doch bloß betrachten kann, und wie ich mich an dem schönen Versbau unseres Tasso und Ariost ergötze, den ich doch

nachzuahmen nie versucht habe. Daß aber demohngeachtet
die Eindrücke hiervon auf meinen Geist schwächer sind, als
auf den Ihrigen, läßt sich schon daraus schließen, weil der
Genuß, dieser Werke der Dichtkunst und der bildenden
5 Künste, noch nie einen wetteifernden Wunsch bei mir erregt
hat. Hieraus aber weiß ich auch, daß alle übrigen Eindrücke
bei mir schwächer sind, und leichter als bei Ihnen über die
Oberfläche meiner Seele hingleiten. Mir ahndet daher in der
Zukunft eben nichts trauriges, weil nichts leicht einen so
10 tiefen und unauslöschlichen Eindruck auf mich machen
wird, daß es den Frieden meiner Seele, auf sehr lange Zeit
oder auf immer, stören könnte.

Den Verlust meines Vaters und meiner Cecilia, mit denen
ich so innig verwebt bin, kann und mag ich mir nicht den-
15 ken. Und habe ihn auch nicht gedacht, wenn ich sagte, daß
nichts leicht meinen Frieden auf immer würde stören können. Diese Vorstellung bedecke ich gern, so wie den Gedanken an den Tod, mit einem undurchsichtigen Schleier.

Ich dachte vorzüglich an Wünsche, wenn ich sagte, daß
20 die Ruhe meiner Seele, nicht so leicht, durch einen Zufall
erschüttert werden könnte. Heftige Wünsche werden
schwerlich je in dieser Brust aufsteigen. Ein Glück für mich,
weil sie mich unglücklich machen würden, wenn sie uner-
füllt blieben.

25 Ein Glück für Sie, daß bei stärkeren und lebhafteren
Wünschen, auch wenn sie nicht erfüllt werden, Ihnen immer
eine Zuflucht bleibt, die mir fehlen würde. In der ausüben-
den Kunst eröffnet sich eine Welt vor Ihnen, die Ihren Geist
nie darben läßt.

30 Diese beiden Rücksichten sind es, die mich wegen unseres Schicksals in der Zukunft beruhigen. Und da ich Ihnen
durch unser letztes Gespräch, zu solchen ernsthaften Bedenklichkeiten, Veranlassung gegeben habe, so hab' ich
Ihnen auch meine Trostgründe nicht vorenthalten wollen.

35 Ihre Briefe sind mir ein kostbarer Schatz, welchen ich in
dem Archiv der Freundschaft heilig aufbewahre. Da so manches schöne Wort vom Hauche der Luft verweht wird, so

freuet es mich um desto mehr, daß ich diese schriftlichen bleibenden Zeugnisse, der schönen Empfindungen meiner Cecilia, in Besitz habe. Ich weiß auch, daß diese meine Freundin nie über irgend einen Zeichner in der Villa Borghese, oder sei es auch wo es wolle, vergessen wird   5

Ihrer treuen
Augusta.

MARCHESE MARIO AN CARLO MARATTI, IN CESENA.

Mein Vater hat wohl recht, wenn er sagt, daß ich die edle Zeit nicht mit der Kunst verschwenden, und das schöne Papier   10
nicht bekritzeln soll. Ich fühle wohl, daß ich es selbst in der Kunst nie zu etwas bringen werde, und doch kann ich mich immer noch nicht enthalten, hinein zu pfuschen.

Die Villa Borghese ist jetzt mein liebster Aufenthalt. In ihren schattigten Wäldern mich zu verlieren, ihre sonnigten   15
Anhöhen zu besteigen, und in ihren Lorbeerhainen umher zu irren, ist für mich ein Elysium. Schwerlich kann auch die Phantasie das fabelhafte Elysium in der Unterwelt sich schöner gebildet haben, als dieses wirkliche auf der Oberwelt.

Besonders hat mich ein Plätzchen angezogen, nicht weit   20
von einem durch die Kunst gebildeten Teiche, in dessen Mitte, auf einer kleinen Insel, von dem Besitzer dieser Villa, dem Gotte der Gesundheit ein Tempel erbaut ist. In einem dunkeln Gebüsche steht ein großer antiker Marmorsarg, worauf der Tod des Phaeton abgebildet ist, mit der Unter-   25
schrift: magnis tamen excidit ausis.

In Ansehung der Kunst, kann man die Arbeit an diesem Basrelief, wohl nicht unter die geschmackvollsten zählen; das ganze aber tut dem ohngeachtet, an dem Orte, wo es steht, eine vortreffliche Wirkung.   30

Man denkt sich hier den Sarg, in welchem die Asche des entschlummerten Jünglings liegt, der bei den rühmlichsten Vorsätzen, und den schimmerndsten Aussichten in die Zukunft, zu früh ein Raub des Todes wurde, und um welchen

Eltern und Freunde trauren, die in ihm ihre schönsten Hoffnungen vernichtet sehen.

Die Stille und Einsamkeit, welche um dieses schöne Grabmal herrscht, die von Bäumen beschatteten kleinen Hügel in der Nähe, der stille Teich zur Linken, die Aussicht in das Tal, und auf die gegenüber liegenden sanften Anhöhen; dies alles begeisterte mich, zu dem Entwurf einer kleinen Zeichnung, die mir nicht schlecht geraten scheint, und welche ich Deiner Prüfung vorlege.

Ich war in meinen Gegenstand ganz vertieft, und hatte an meiner Zeichnung eben den letzten Strich vollendet, als ich mich umsah, und auf einer der Bänke, nicht weit vom Teiche des Äskulap, eine weißgekleidete weibliche Gestalt erblickte, deren braunes Haar sich in natürliche Locken rollte. Sie stand in demselben Augenblicke auf, und eilte schnell hinweg.

Einen edleren Wuchs, einen schöner abgemeßnen, und doch ungezwungenen und leichten Gang, habe ich nie gesehen. Ich rollte mein Papier zusammen und meinen Zeichenstuhl, und fühlte mich unwiderstehlich angezogen, dieser reizenden Erscheinung nachzugehen. Immer vor sich hinschreitend, sah sie sich nicht ein einziges Mal um.

Sie ging in die Porta del Popolo, vor dem Obelisk vorbei, die Straße Ripetta hinauf, und ging zur Rechten, diesseits von dem Hafen Ripetta, in ein wohl gebautes Haus.

Ich suchte, noch eh sie in die Türe ging, einen Vorsprung zu gewinnen, und blickte in ihr Antlitz; ich sah unter den umschattenden braunen Locken die denkende Stirn, das sprechende Auge, und unter diesem die Morgenröte der Wangen, den Purpur der Lippen, die sanfte Ründung des Kinnes, – O mein Freund, was sah ich nicht alles! Gewiß hat mein Vater mich, wie man sagt, beschrien, wenn er mir Glück wünschte, daß ich vom Wahnwitze der Liebe noch unangesteckt sei. Mich deucht, ich fange wirklich an, etwas dem ähnliches zu empfinden.

Doch, sei unbesorgt, lieber Freund, ich werde sie kennen lernen. – Ihr Vater ist im Weinhandel glücklich gewesen, hat sein Gewerbe aufgegeben, und lebt, in seinem Alter, ruhig von seinem erworbenen Vermögen. So viel hab' ich schon erfahren. Du siehst, ich bin nicht untätig gewesen, Erkundigung einzuziehen, und fange mein ganz neues Geschäft mit vielem Eifer an.

Doch wollt' ich fast darauf wetten, durch die erste Unterredung mit meiner angebeteten Unbekannten, von dieser Schwärmerei geheilt zu sein; denn – sie ist eine Römerin. Und die Bildung und Aufklärung unserer Römerinnen, ist wahrlich nicht von der Art, daß so ungenügsame Wünsche, wie die unsrigen, hier Befriedigung hoffen könnten. Es müßte ja ein Wunder sein, wenn grade diese, welcher der bloße Zufall mich entgegen führt, von den übrigen eine Ausnahme machen sollte. Doch Du sollst mit nächstem mehr erfahren von

Deinem
Mario.

CECILIA AN AUGUSTA.

Ach meine Augusta, als ich Ihnen neulich über Schwindel und Kopfweh klagte, dachte ich nicht, daß mir ein so heftiger Anfall drohete. Doch, Sie müssen erst mein sehr sonderbares Abenteuer, und dann meine Krankheitsgeschichte hören.

Heute früh saß ich in der Villa Borghese auf demselben Fleck, den ich Ihnen schon beschrieben habe, um die Zeichnung, von der Sie auch schon wissen, zu vollenden, oder vielmehr noch einiges hinzuzufügen.

Ich war eben im Begriff, meine Darstellung mit den Gegenständen, so wie sie vor mir lagen, zu vergleichen, als ich hinter mir ein Geräusch vernahm, und da ich mich umsah, wirklich zu träumen glaubte, als ich den schwarz gekleideten jungen Mann, welcher vor zwei Tagen auf diesem Flecke saß, und dessen Züge ich eben im Bilde vollendet hatte, in Person erblickte.

Wie es mir schien, hatte er schon eine kleine Weile über meine Schulter in meine Zeichnung geblickt. Er schien eben so verlegen wie ich zu sein, und stotterte einige Entschuldigungen. Was ich ihm geantwortet habe, weiß ich wirklich nicht; denn ich bekam plötzlich meinen Anfall vom Schwindel wieder, mir wurde trübe vor den Augen, ich schwankte aufzustehen, und war nicht vermögend den Arm des jungen Mannes auszuschlagen, der sich von mir ausbat, mich zu Hause begleiten zu dürfen. Mein Vater erschrak über meine blasse Gesichtsfarbe, als er mich wiedersah.

Mein Begleiter bezeugte auf eine so höfliche und einnehmende Weise seine Teilnehmung, und bat so dringend und bescheiden, sich wieder nach meinem Befinden erkundigen zu dürfen, daß mein Vater es ihm nicht abschlug.

Indem ich nun über dieses Abenteuer nachdenke, gehen mir freilich allerlei Gedanken durch den Kopf, der mir überdem noch schwindelt. Es war doch unartig von ihm, liebe Augusta, daß er mir über die Schulter in meine Zeichnung blickte; wenn er es wirklich getan hat; denn mit Gewißheit kann ich es ihm noch nicht Schuld geben.

Freilich konnte mich wohl der bloße Zufall an eben diesen Platz führen, und in der ganzen Scene, die ich gezeichnet habe, liegt auch nichts verfängliches. Aber der Zeichner! der Zeichner! –

Wer sagt ihm denn aber auch, daß er dieser Zeichner sei? Können nicht hundert andere auf eben diesem Fleck gesessen, und eben diese Scene gezeichnet haben? Kann der Zeichner nicht ein bloßes Geschöpf meiner Einbildungskraft sein?

Wenn er aber nun seine eignen Züge darin entdeckt hat? Schwerlich wird er es zwar gewagt haben, so genau in meine Zeichnung zu blicken. – Vielleicht sah er mir auch gar nicht einmal über die Schulter. – Oder sollt' er doch wohl? – In diesen Zweifeln ängstigt sich

Ihre

kranke Cecilia.

MARCHESE MARIO AN CARLO MARATTI.

Seit gestern, mein Lieber, bin ich in einem Zustande, der mir
eben so angenehm als schmerzhaft, eben so wünschenswert
als unerträglich ist.

Ich sagte Dir in meinem letzten Briefe, daß ich ein Mädchen gesehn habe, eine Römerin, – daß ich sie würde kennen
lernen. Der Zufall selber hat nun, ohne mein Zutun, diese
Bekanntschaft gestiftet, und zwar auf eine etwas sonderbare
Weise.

Ich machte gestern früh meinen gewöhnlichen Spaziergang nach der Villa Borghese; der Sirocco mit seinen blei-
ernen Flügeln war entschwunden; der Himmel war hell und
heiter, und es wehte ein kühles Morgenlüftchen; demohngeachtet eilte ich vor den brennenden Sonnenstrahlen in
den dunkeln Schatten meiner Phaetons Urne.

Denke Dir meine Überraschung, als ich auf demselben
Fleck, wo ich vor zwei Tagen saß und zeichnete, dieselbe
weiß gekleidete weibliche Gestalt erblickte, welche damals
so schnell hinweg eilte, und jetzt in ihren Gegenstand ganz
vertieft, dieselbe Scene zeichnete, die mich so außerordentlich angezogen hat.

Ich trat leise hinzu, und so sehr ich die Unschicklichkeit
empfand, konnte ich mich doch nicht enthalten, einen Blick
über ihre Schulter in ihre Zeichnung zu werfen, wo ich in der
Mitte des Bildes eine männliche Figur erblickte, an welcher
sie eben die letzten Züge vollendet zu haben schien.

Durch die Verlegenheit, in die ich geriet, als sie sich umsah, wurde ich für meine Unbescheidenheit bestraft, und ich
weiß nicht mehr, was ich in der Angst mag für Entschuldigungen vorgebracht haben.

Die schöne Zeichnerin aber wurde totenblaß, sie hielt mit
der Hand ihre Stirn, und ein Schwindel der ihr anwandelte,
bewog sie, mir ihren Arm zu reichen, als ich bat, daß ich sie
zu Hause führen dürfte.

Unterweges wurde kein Wort gesprochen; ihr alter Vater,

Signor Brunati, bezeigte sich sehr freundschaftlich gegen mich, als er von seiner Tochter die Veranlassung unserer Bekanntschaft vernahm. Er verstattete mir sehr höflich, auf mein Bitten, die Wiederholung meines Besuchs.

Nun denke ich einsam über diesen Vorfall nach. – Es ist doch nur ein Mädchen, mir völlig unbekannt. – Ich habe noch keine zehn Worte mit ihr gewechselt; habe sie nur sitzen und zeichnen sehen; und da sie einen Anfall von Schwindel bekam, hab' ich sie zu ihres Vaters Hause geführt. – Ist es denn ihr Wuchs, ihr braun gelocktes Haar, die Rosen ihrer Wangen, die hier so selten sind, was mich an sie fesselt? – Ich glaube nicht. Ich habe dies alles an andern, ja schon an unsern blühenden Mädchen in Cesena, vielleicht noch schöner gesehn. – Aber ein schwärmerischer, melancholischer Zug ums Auge, die Züge des Denkens auf ihrer Stirn, dies ist es, was mir immer vorschwebt.

Nun ängstige ich mich in Zweifeln, wer wohl die männliche Figur in ihrer Zeichnung war, an welcher sie so sorgfältig die letzten Züge vollendete? O wer ist dieser glückliche Sterbliche? – Mir schallt der Name eines Antonio beständig in den Ohren, ohne daß ich weiß woher. Mir träumte diese Nacht, sie gingen Hand in Hand, am Teiche in der Villa Borghese, und sie verschwendete ihren ganzen Reichtum von Zärtlichkeit an den Beglückten. Ich erwachte aus dem Traume mit fieberhaftem Pulse.

Nun bitte und beschwör' ich Dich, mein Lieber, daß Du mit Deiner bittersten Laune mir dieses Fieber wegspottest und weglachest, damit ich nicht ferner mir selber ungleich oder wohl gar meines Freundes unwert werde.

Der Deinige
Mario.

So weit sprach Moritz, und einen Tag darauf sprach er nicht mehr. Die Geschichte ist nicht vollendet, aber die Darstellung ist es. Man erkennt Rom und seine Zaubergegenden, man erkennt die Eigentümlichkeiten ihrer Bewohner, und einen Jüngling und ein Mädchen, die Natur und Liebe zusammen führt. Das ist ein Ganzes für sich: niemand dürfte dem Künstler einen Vorwurf daraus machen, wenn er hier den Pinsel niederlegte, und sein Werk ausstellte. Darum wird es auch jetzt mit der Hoffnung ausgestellt, daß es dem Kenner nicht mißfallen werde, wenn er es aus dem gegebenen Gesichtspunkte betrachtet. Moritz wollte freilich ein größeres Gemälde daraus machen, oder vielmehr, die angefangene Geschichte, in einer Galerie fortlaufender Gemälde, durchführen. Hier ist der Gegenstand derselben, mit aller Trockenheit eines Verzeichnisses, aufgestellt.

Die Liebe der jungen Leute erkennt, verstärkt, und äußert sich. Des Mädchens Vater erschrickt vor den Folgen, die den bürgerlichen Teil am härtesten betreffen müssen; findet aber Mittel seine Tochter dagegen zu sichern. Das Blut der Familie Braschi empört sich, vor dem Gedanken einer Mißheirat. Der junge Marchese Mario wird ein Staatsgefangener, um ein solches Hauptstaatsverbrechen unmöglich zu machen. Trotz der Aufsicht seiner Wächter schreibt er seiner Geliebten, und empfängt Briefe von ihr. Aber die Freiheit seiner Person, deren er so schmerzlich entbehrt, kann er durch nichts erringen. Nach tausend mißlungenen Versuchen, schreibt ihm endlich Cecilia: »Du sollst frei werden, ich bin entschlossen du sollst. Noch zwei Wege dazu stehn mir offen. Bringt mich der erste nicht hin, so kann der andre nicht fehlen.« Sie wirft sich dem heiligen Vater bei einer Prozession zu Füßen, sie beschwört ihn, seinem Verwandten die Freiheit wieder zu geben, und bleibt unerhört. Nun stirbt sie durch Gift von eigner Hand. Mario wird frei.

Über die Bestimmung der Handlungen, über die Empfindung der handelnden Personen, bleibt nach dieser Anzeige noch viel zu fragen übrig, das nur Moritzens Geist
beantworten kann. Er wohnt in seinen Schriften, und
wird sich vielleicht dort nicht vergebens befragen lassen.

ERFAHRUNGSSEELENKUNDE

VORSCHLAG ZU EINEM MAGAZIN EINER ERFAHRUNGS-SEELENKUNDE.

An alle Verehrer und Beförderer gemeinnütziger Kenntnisse und Wissenschaften, und an alle Beobachter des menschlichen Herzens, welche in jedem Stande, und in jeglichem Verhältnis, Wahrheit und Glückseligkeit unter den Menschen tätig zu befördern wünschen.

Unter allen übrigen Dingen hat der Mensch sich selber seiner eignen Aufmerksamkeit vielleicht noch am allerwenigsten wert gehalten. Bloß weil das dringendste Bedürfnis der Krankheit ihn dazu nötigte, fing er an, seinen Körper genauer kennen zu lernen. Weil er dieses Bedürfnis bei den Krankheiten der Seele nicht so lebhaft empfand, so vernachlässigte er auch die Kenntnis dieses edelsten Teiles seiner selbst. Tausend Verbrecher sahen wir hinrichten, ohne den moralischen Schaden dieser, von dem Körper der menschlichen Gesellschaft abgesonderten Glieder unserer Untersuchung wert zu halten. Da diese doch ein eben so wichtiger Gegenstand für den moralischen Arzt und für den nachdenkenden Philosophen, als für den Richter ist, welcher die traurige Operation veranstalten muß.

Wie nahm die Entzündung in dem schadhaften Gliede allmählich zu? Wie hätte dem Übel noch beizeiten vorgebeugt, der Schaden noch geheilt werden können? An welcher Nachlässigkeit im Besichtigen oder Verbinden lag es, daß er so weit um sich griff, bis kein Rettungsmittel mehr fruchten wollte? In welchem Dorn hatte sich der gesunde Finger gereizt? welcher kleine unbemerkte Splitter war darin stecken geblieben, der nach und nach ein so gefährliches Geschwür erweckte?

Wie weit mannigfaltiger, verderblicher, und um sich greifender als alle körperliche Übel, sind die Krankheiten der

Seele! Wie weit unentbehrlicher, als alle Arzneikunde für den Körper, wäre dem menschlichen Geschlechte eine Seelenkrankheitslehre, die es noch nicht hat! Vielleicht deswegen noch nicht hat, weil eine solche wohltätige Wissenschaft die ganze Aufmerksamkeit des menschlichen Geistes eine lange Reihe von Jahren hindurch erfordert; weil sie noch tausendmal mehr Beobachtungen und Erfahrungen, als die Arzneikunde, voraussetzt; weil die besten Köpfe, welche ein Jahrhundert hervorbringt, sich dazu verbinden müßten; weil diejenigen, welche bisher den Krankheiten der Seele eigentlich entgegen arbeiten sollten, dieselben größtenteils durch den Schleier einer nur allzuoft mißverstandnen Religion betrachteten, wodurch ihre Augen so dunkel wurden, daß sie die so mannigfaltig verschiednen Gebrechen der Seele mit einem einzigen allgemeinen Namen benannten, und beständig ein einziges Universalmittel dagegen anpriesen, wodurch das Übel oft noch größer ward, um sich nur nicht die Mühe geben zu dürfen, über den jedesmaligen Zustand des Kranken, und über die innere Natur und Beschaffenheit der Krankheit selbst genauere Untersuchungen anzustellen.

Gäbe es doch wahre moralische Ärzte, welche so wie die phisikalischen, sich mehr mit Individuis beschäftigten, und von ihren Heilungsarten, zum allgemeinen Besten, öffentliche Berichte abstatteten! Aber leider gibt es viele moralische Quacksalber, welche die einzige Universalarznei aller Krankheiten der Seele erfunden zu haben glauben, und sie mit großem Geschrei und in einem Schwall von Worten zu Markte bringen, um dem staunenden Pöbel ein Blendwerk zu machen.

Was ist unsre ganze Moral, wenn sie nicht von Individuis abstrahiert ist? Der Grundriß eines Gebäudes im Sande, den ein kleines Lüftchen zerstört, ein ohngefährer Umriß ohne innern Gehalt, eben so wie alle Pädagogik, die sich nicht auf eigne spezielle Beobachtungen und Erfahrungen gründet.

Aus den vereinigten Berichten mehrerer sorgfältiger Beobachter des menschlichen Herzens könnte eine *Erfahrungsseelenlehre* entstehen, welche an praktischem Nutzen alles das weit übertreffen würde, was unsre Vorfahren in diesem Fache geleistet haben.

Freilich hält sich der Mensch für zu wichtig, an dem Menschen selber moralische Experimente zu machen; aber es kömmt ja hier nicht auf den Namen sondern auf die Sache an. Man macht ja diese Experimente nicht, um ihrer selbst willen, oder bloß um etwa einen Satz aufzuklären, sondern vorzüglich um einem Individuum unmittelbar dadurch nützlich zu werden; gelingt dies letztere nun, so hat man ja einen doppelten Vorteil erreicht.

Aber wenn es nicht gelingt, wenn es die entgegengesetzte Wirkung tut? – Muß man nicht bei Krankheiten, wo das Leben eines Menschen auf dem Spiele steht, eben dies befürchten, und oft zu verzweifelnden Mitteln schreiten, wenn sonst keine Hoffnung mehr übrig ist. Sagt nicht ein Vater von seinem ausgearteten Sohne: dies letzte will ich noch an ihm versuchen, und wenn das nicht hilft, dann muß ich ihn aufgeben, und ihn seinem Schicksale überlassen!

Wer aber wird solche traurige Beobachtungen, die er an Kindern, Verwandten oder Freunden gemacht hat, öffentlich drucken lassen, und dadurch jene Unglücklichen noch der öffentlichen Schande aussetzen? – Wenn der Nutzen, welcher dadurch erreicht werden kann, das Wohl der Menschheit betrifft, wer wollte sich da wohl weigern, ein solches Opfer zu bringen? schonen wir doch nicht unserer Körper nach dem Tode, sondern lassen dieselben zum Besten der Menschheit öffnen, um zu untersuchen, wo der Sitz der Krankheit war. Dann dürfen ja auch nur die Fakta ohne die Namen der Personen erzählt werden, ob es gleich in sehr wichtigen Fällen besser wäre, wenn auch diese als Belege der Wahrheit mit angeführt würden.

Befürchtet man, daß es eine widrige Wirkung tun würde, wenn manche Personen ihre eigene Geschichte gedruckt lesen sollten; könnte man denn nicht auch Stoff genug von solchen Personen hernehmen, welche nicht zur lesenden Welt gehören? Ein Prediger auf dem Lande von seinen Pfarrkindern? ein jeder Vorgesetzter von seinen niedrigern

Untergebnen? Könnten nicht der Schulmann, der Prediger, der Offizier, der Jurist zu einem solchen Werke wichtige Beiträge liefern? Schon die Geschichte der Missetäter und der Selbstmörder, was für einen reichen Stoff bietet sie dar? Die Geschichte wohlhabender in den Bettelstand geratener Leute, und solcher, die sich aus einem niedern Stande empor geschwungen haben. Die letzten Stunden großer Männer, so wie der Aufsatz von Sulzern im deutschen Museum, und das, was Leisewiz von Lessings Tode schreibt. Eigne wahrhafte Lebensbeschreibungen oder Beobachtungen über sich selber, wie Stillings Jugend und Jünglingsjahre, Lavaters Tagebuch, Semlers Lebensbeschreibung, und Rousseaus Memoiren, wenn sie erscheinen werden. Die Beßrungsgeschichte von Jünglingen und Erwachsenen in jedem Alter. Die Art und Weise, wie es jemanden gelungen ist, irgend einen besondern Fehler, als Zorn, Hochmut oder Eitelkeit abzulegen. Der Rückfall in diese Fehler. Gelungene oder mißlungene Versuche rechtschaffner Schullehrer und Erzieher an einzelnen Subjekten. Nachrichten alter Schulmänner von den merkwürdigen Schicksalen ihrer ehemaligen Schüler, die sie in ihrer Jugend genauer kennen gelernt haben. Die Geschichte der Wahnwitzigen und Schwärmer. Auffallende gute Handlungen, wie die von dem hiesigen Teichmann, mit der genauen Prüfung derselben. Auffallende böse Handlungen, wie die von Rousseau, worüber im deutschen Merkur vortreffliche Abhandlungen stehn. Auffallende oder stille Tugenden. Auffallende oder verborgene Fehler. Nebeneinanderstellung verschiedener Personen aus der Geschichte, und ihr Verhalten in beinahe ähnlichen Fällen. Karaktere und Gesinnungen aus vorzüglich guten Romanen und dramatischen Stücken, wie die Shakespearschen, welche ein Beitrag zur innern Geschichte des Menschen sind. Vorzüglich aber Beobachtungen aus der wirklichen Welt, deren eine einzige oft mehr praktischen Wert hat, als tausend aus Büchern geschöpfte.

Alle diese Beobachtungen erstlich unter gewissen Rubriken in einem dazu bestimmten Magazine gesammlet, nicht

eher Reflexionen angestellt, bis eine hinlängliche Anzahl
Fakta da sind, und dann am Ende dies alles einmal zu einem
zweckmäßigen Ganzen geordnet, welch ein wichtiges Werk
für die Menschheit könnte dieses werden! das wäre noch der
einzige Weg, wie das menschliche Geschlecht durch sich
selber mit sich selber bekannter werden, und sich zu einem
höhern Grade der Vollkommenheit empor schwingen könnte, so wie ein einzelner Mensch durch Erkenntnis seiner
selbst vollkommner wird. Wie wird nicht schon durch
Schlözers Briefwechsel, durch die Ephemeriden der
Menschheit u. s. w. die Welt mit sich selbst bekannter, warum sollte nicht eben dieses auch durch ein *Magazin der
Erfahrungsseelenkunde* geschehen können? das würde alsdann
einmal ein allgemeiner Spiegel werden, worin das menschliche Geschlecht sich beschauen könnte. Und wenn dieser
Beobachtungsgeist nur einmal rege würde, und eine dauerhafte Richtung auf diesen wichtigen Gegenstand der
menschlichen Erkenntnis behielte, was für wichtige Fortschritte könnten nicht in wenigen Jahren gemacht werden,
wenn ein jeder in seinem Zirkel Beobachtungen anstellte,
und dieselben zum allgemeinen Besten bekannt machte?

In dieses *Magazin* könnte zuerst vieles gesammlet werden,
was hin und wieder in Büchern zerstreut ist, und grade hieher gehört. Dann müßten aber schlechterdings nur wirkliche
Fakta darin abgedruckt werden, und wer sie einsendete,
müßte der Versuchung widerstehn, Reflexionen einzuweben, so würde es sich vielleicht von selber fügen, daß
mehrere nach und nach eingesandte Fakta einen bisher
zweifelhaften Satz endlich bestätigen, oder einen andern
einschränken, oder wiederum einen fälschlichbehaupteten
ganz aufheben könnten.

Wer siehet nicht ein, daß Lavaters Physiognomik immer
ein vortrefflicher Beitrag zu einer *Erfahrungsseelenlehre* bleiben wird, und daß dieselbe vielleicht nur darauf wartet, in
ein größeres Ganzes eingeschoben zu werden, um ihre völlige Nutzbarkeit zu zeigen? Einige vortreffliche Aufsätze
von Lichtenberg im Göttingschen Magazin sind ebenfalls

ein wichtiger Beitrag; so wie verschiedene Aufsätze im deutschen Museum, Merkur, den Ephemeriden der Menschheit, Schlözers Briefwechsel, Meißners Skizzen, Zöllners Lesebuch für alle Stände u. s. w.

5 Wer wird nicht gern einer so wichtigen Wissenschaft, als die *Erfahrungsseelenkunde* ist, seinen Zoll abtragen? – Kömmt eine solche Wissenschaft zur Vollkommenheit, so wird man einmal die Kenntnis des menschlichen Herzens mehr aus der ersten Quelle, als aus Erdichtungen schöpfen können. 10 Das Nachbeten und Abschreiben in den Werken des Geistes wird aufhören, und der Dichter und Romanenschreiber wird sich genötigt sehn, erst vorher *Erfahrungsseelenlehre* zu studieren, ehe er sich an eigene Ausarbeitungen wagt.

Auch das bloße Magazin dieser Wissenschaft würde auf 15 die Art schon ein Werk sein, das dem Seelsorger, dem Richter, dem Arzt, und vorzüglich dem Schriftsteller des menschlichen Herzens unentbehrlich wäre. Selbst dieses Magazin könnte wechselsweise durch wichtige Reflexionen und wichtige Fakta wachsen. Und wenn dann dies Werk von 20 den besten Köpfen Deutschlands unterstützt würde, bis zu welcher Vollkommenheit könnte es gebracht werden! keine Nazion hätte dann vielleicht ein ähnliches aufzuweisen. Diese Wissenschaft würde sich auf die Weise allmählich selber bilden, und wie fest würde dies Gebäude werden, wo die 25 Lücken nicht durch leere Spekulazionen zugestopft, sondern durch Tatsachen ausgefüllt würden!

Welch eine Glückseligkeit wäre es, die Vollendung eines solchen Werks zu erleben! – Es ist fast schändlich, daß man bis itzt noch Schneckenhäuser und Spinnen beinahe mehr 30 als den Menschen seiner Aufmerksamkeit wert gehalten hat!

Aber wie soll ein solches Werk jemals vollendet werden? – Dann ist es vollendet, wenn alle Ausnahmen bemerkt sind, wenn die Fakta sich immer so einfinden, daß sie keine Ausnahmen mehr von der Regel machen. – Das System der 35 Moral, das wir besitzen, kann immer als ein ohngefährer Grundriß betrachtet werden, damit man doch nicht ganz aufs Ohngefähr hin arbeitet; aber man muß dies System

auch so schwankend, wie möglich nehmen; bloß einige
Punkte festsetzen, aber noch nicht von einem Punkte zum
andern Linien ziehen, sondern nun warten, bis diese Linien
gleichsam sich selber ziehen.

Möchten sich doch viele finden, deren Geist ihr ganzes
Leben hindurch die beständige Richtung behielte, nur den
Menschen zu beobachten! Möchten doch viele solche ihre
Kräfte vereinigen, und zum Besten der Menschheit tausend
andere nützliche und angenehme Kenntnisse aufopfern, die
ihnen zu dem eigentlichen Studium des Menschen die Zeit
rauben!

Wer sich zum eigentlichen Beobachter des Menschen bilden wollte, der müßte von sich selber ausgehen: erstlich die
Geschichte seines eignen Herzens von seiner frühesten
Kindheit an sich so getreu wie möglich entwerfen; auf die
Erinnrungen aus den frühesten Jahren der Kindheit aufmerksam sein, und nichts für unwichtig halten, was jemals
einen vorzüglich starken Eindruck auf ihn gemacht hat, so
daß die Erinnrung daran sich noch immer zwischen seine
übrigen Gedanken drängt. Dabei müßte er aber ja nicht etwa
die Spuren seines Genies, oder dasjenige, was schon in ihm
steckte, in den frühesten Begebenheiten seines Lebens oder
in seinen kindischen Handlungen suchen wollen. Er müßte
auf sein gegenwärtiges wirkliches Leben aufmerksam sein;
die Ebbe und Flut bemerken, welche den ganzen Tag über in
seiner Seele herrscht, und die Verschiedenheit eines Augenblicks von dem andern; er müßte sich Zeit nehmen, die
Geschichte seiner Gedanken zu beschreiben, und sich selber zum Gegenstande seiner anhaltendsten Beobachtungen
zu machen; ohne alle heftige Leidenschaften müßte er nicht
sein, und doch die Kunst verstehn, in manchen Augenblik-
ken seines Lebens sich plötzlich aus dem Wirbel seiner
Begierden herauszuziehen, um eine Zeitlang den kalten Beobachter zu spielen, ohne sich im mindesten für sich selber
zu interessieren. Von dem Leben der Menschen, deren Geschichte beschrieben ist, kennen wir nur die Oberfläche. Wir
sehen wohl, wie der Zeiger an der Uhr sich dreht, aber wir

kennen nicht das innre Triebwerk, das ihn bewegt. Wir sehen
nicht, wie die ersten Keime von den Handlungen des Menschen sich im Innersten seiner Seele entwickeln. Dies bemerken wir nur so selten bei uns selber, geschweige denn bei
andern. Damit ist aber nicht ausgemacht, daß wir es nicht
bemerken könnten. Dies ist eben noch das unbearbeitete
Feld. Tausend Beobachtungen, die man hier schon gemacht
hat, sind bloß von der Oberfläche genommen, und nicht aus
dem Innersten der Seele heraus gehoben. So mancher, der
über seine Seele nachdachte, tat es vielleicht erst in einem
Alter, wo schon seine Leidenschaften ruhiger waren, und
eine dunkle allgemeine Zurückerinnerung war die Grundlage seiner Beobachtungen. Wenige nahmen sich vielleicht nur
die Zeit, ihre Seele zu beobachten, da sie noch grade in der
größten Wirksamkeit und Tätigkeit begriffen war. Freilich
scheint es mit einer widrigen Idee bei andern Menschen
verbunden zu sein, Beobachtungen über sich selber anzustellen; und man kann den Gedanken nicht gut vermeiden,
daß man seiner eignen Person eine zu große Wichtigkeit
beilegt, indem man grade selber der Gegenstand dieser Beobachtungen sein will. – Aber kann es denn ein andrer sein?
können wir in die Seele eines andern blicken, wie in die
unsrige? und opfern wir uns nicht beinahe eben so auf, wenn
wir, andern zum Besten, den Zustand unsrer Seele zergliedern, wie derjenige, der nach seinem Tode andern Menschen
durch die Zergliederung seines Körpers nützlich wird?
Kann man sich aber z. B. in einer unzufriedenen Stunde nur
einmal so sehr über sich selbst erheben, daß man über seine
eigne Unzufriedenheit reflektiert, so ist diese Reflexion gewiß weit interessanter, als wenn sie erst einige Tage nachher
angestellt wird, weil mit der Unzufriedenheit selbst auch ihr
Bild, welches sie in der Seele zurückließ, größtenteils wieder
verschwunden ist. Getreue Gemälde, die man sich selber
von seiner eignen Seele entwirft, verdienen immer die größte Aufmerksamkeit.

So müßte nun der Menschenbeobachter von sich selber
ausgehen, und dann könnten seine Beobachtungen nach

und nach zu Gesicht, Sprache, und Handlungen von Kindern, Jünglingen, Männern und Greisen übergehn. Von der geheimen Geschichte seiner eignen Gedanken müßte er durch Gesicht, Sprache und Handlung auf die Seele andrer schließen lernen. Keine Wendung im Ausdruck, kein oft gebrauchtes *Apropos,* kein oft angebrachtes *was ich doch sagen wollte?* keine Wiederholung einer und eben derselben Sache, oder gar eines und eben desselben Worts müßte ihm unwichtig scheinen, oder seiner Aufmerksamkeit entgehn: denn zuweilen sind solche oft wiederholte unbedeutend scheinende Ausdrücke im Reden, ein getreues Bild von der Schnelligkeit oder Langsamkeit, Beständigkeit oder Unstetigkeit, Ordnung oder Unordnung, im Denken und Handeln bei solchen Personen. *Aufmerksamkeit aufs Kleinscheinende* ist überhaupt ein wichtiges Erfordernis des Menschenbeobachters, und dann die Übung in der *Nebeneinanderstellung des Successiven,* weil der ganze Mensch bloß aus successiven Äußerungen erkannt werden kann. Nun wird aber dasjenige in der Nebeneinanderstellung oft zur Harmonie, was einzeln genommen, mißtönen würde: dies trifft auch bei dem Menschen ein. Welche Harmonie muß der höchste Verstand vernehmen, indem alles neben einander steht, und zugleich tönet, was uns auf einander zu folgen und einzeln zu tönen scheinet! etwas Ähnliches wird vielleicht einmal das Resultat von allen neben einander gestellten Bemerkungen des Menschenbeobachters sein. Dieser muß aber freilich auf viele andre angenehme und nützliche Kenntnisse Verzicht tun. Das Studium des Menschen muß sein ganzes Leben hindurch, und in allen Verhältnissen seines eignen Lebens seine Hauptbeschäftigung sein. Vor jedem Hang, sich in eine idealische Welt hinüber zu träumen, muß er sich äußerst hüten; er muß in keine idealische, sondern in seine eigne wirkliche Welt immer tiefer einzudringen suchen.

Aber wer gibt dem Beobachter des Menschen immer Kälte und Heiterkeit der Seele dazu, alles was geschieht, so wie ein Schauspiel zu beobachten, und die Personen, die ihn oftmals kränken, wie Schauspieler? Ja, wenn er nur nicht

selber mit im Spiele begriffen wäre, und wenn nur kein
solcher Rollenneid statt fände? – Aber was soll einer denn
tun, wenn er von Menschen oder von seinem Schicksale
unterdrückt wird, und nun nicht weiter kann? was bessers
und edlers, als sich hinaus versetzen über diese Erde, und
über sich selber, gleichsam als ob er ein andres von sich
selber verschiedenes Wesen wäre, das in einer höhern Region aller dieser Dinge lächelt – und auf die Art über sich
selber, über seine eignen Klagen und Beschwerden – lächeln – das alles wie ein Schauspiel zu betrachten – welche
Wonne, welch eine Erhebung zum alles umfassenden
Schöpfer des Weltalls!

So bald ich also sehe, daß man mir selber keine Rolle
geben will, stelle ich mich vor die Bühne, und bin ruhiger,
kalter Beobachter. So bald mir mein eigner Zustand beschwerlich wird, höre ich auf, mich für mich selber so sehr
zu interessieren, und betrachte mich als einen Gegenstand
meiner eignen Beobachtung, als ob ich ein Fremder wäre,
dessen Glücks- und Unglücksfälle ich mit kaltblütiger Aufmerksamkeit erzählen hörte.

In keinem Verhältnisse des Lebens ist die Beobachtung
seiner selbst und der Menschen um uns her etwas Unangenehmes oder Beschwerliches. Es ist vielmehr ein Trost und
eine Zuflucht vor unserm eignen besondern Kummer.

Und fehlet es uns wohl in irgend einem Stande an Gelegenheit, Beobachtungen über den Menschen anzustellen?
Möchten doch Leute aus ganz verschiedenen Ständen, diese
Arbeit unter sich verteilen, und ein jeder nur erst einige
Personen, mit denen sein Stand oder sein Amt ihn in die
genaueste Verbindung setzt, zum Ziele seiner Beobachtungen machen? – Aber auf die Art wäre ja niemand vor den
spähenden Blicken seines besten Freundes sicher, wenn dieser ihn gerade zum Ziele seiner Beobachtungen macht? –
Und was schadet dieses denn? – Sollten nicht vielmehr zwei
Freunde selber jeder in den andern wie in einen Spiegel
blicken, um desto genauer mit sich selber bekannt zu werden? Wäre es nicht gut, wenn sie sich selber ihre Gedanken

einer über den andern mitteilten, und auf diese Weise einen
desto wichtigern Beitrag zu der *Erfahrungsseelenkunde* liefer-
ten, je strenger und unparteiischer sie sich gegen einander
enthüllt hätten, und die Beobachtungen des einen von dem
andern geprüft wären.

Freilich hat der Menschenbeobachter noch viele Hindernisse zu überwinden, er muß durch den Vorhang der sogenannten guten Lebensart, durch den Vorhang der Lebens-
klugheit, und durch den Vorhang der Selbstgefälligkeit oder
Gefälligmachung seiner selbst bei andern durchblicken, ehe
er in das Innerste des Herzens dringen kann.

Besonders ist die Verstellung aus einer falschen Art von
Gefälligkeit am allerhäufigsten. So groß ist die Begierde,
auch oft nur auf eine Viertelstunde lang, einem andern mit
dem man jetzt grade redet oder umgehet, besser zu gefallen,
daß man, die Zeit über, seine Meinungen und Gesinnungen
ganz verleugnet, um in die Meinungen und Gesinnungen
des andern einstimmen zu können. Im Grunde ist dieses
Eitelkeit oder Selbstgefälligkeit, denn wir gefallen uns immer doppelt, indem wir zu gleicher Zeit einem andern zu
gefallen glauben. Beinahe ein jeder zeigt sich in einem etwas
andern Lichte, so bald er glaubt, daß er bemerkt wird, und
sobald ihm daran gelegen ist, in den Gedanken eines andern
auf eine vorteilhafte Weise zu existieren.

Auch die Nachahmungssucht unter uns ist ein großes
Hindernis des Beobachters. Man legt nach und nach seinen
originellen Karakter ab, und setzt sich aus hie und da abge-
rissenen Lappen einen andern zusammen. Dies macht die
Menschen oft so unwahr, daß man sie selber beinahe gar
nicht mehr reden hört oder handeln sieht. Diese Nachahmungssucht scheint aber daher zu entstehen, weil eine große
Eigenschaft des Menschen, der Stolz eines jeden auf sein
eignes individuelles Dasein, so sehr unter uns verloschen ist.
Die Menschen drücken sich einander ihr Gepräge auf, und
jeder verliert dadurch sein eignes. Man sollte die Wertschätzung seiner selbst und den Stolz auf sein eigentümliches
Dasein, auch bei dem geringsten Tagelöhner zu erwecken

suchen, so würde ein Stand dem andern nicht so niederträchtig nachahmen.

Die Nachahmungssucht erstreckt sich gar so weit, daß
man Ideale aus Büchern in sein Leben hinüber trägt. Ja
nichts macht die Menschen wohl mehr unwahr, als eben die
vielen Bücher. Wie schwer wird es dem Beobachter, unter
alle dem, was durch das Lesen von Romanen und Schau-
spielen in den Karakter gekommen ist, das Eigne und
Originelle wieder hervorzusuchen! Anstatt Menschen, o
Wunder! hört man jetzt Bücher reden, und siehet Bücher
handeln. Leute, die wenig Romane gelesen haben, sind noch
immer der leichteste Gegenstand für den Menschenbeobachter. Man lebt und webt jetzt in der Bücherwelt, und
nur so wenige Bücher führen uns noch auf unsere wirkliche
Welt zurück. Man sollte auch den geringsten Individuis nur
ihre Wichtigkeit erst begreiflich machen, so würde ein ganz
anderer Geist unter das Volk kommen. So ein Buch, wie
Lienhardt und Gertrud ist gerade zu diesem Endzweck eingerichtet, und kann vielleicht eines der nützlichsten Produkte
unsers Jahrhunderts sein.

Insbesondre ist es noch der äußre Zwang in der Jugend,
welcher die Verstellung am meisten befördert; und alle Vorteile, welche man durch den Zwang erreicht, können das
niemals aufwiegen, was der Mensch dadurch auf sein ganzes
künftiges Leben an Wahrheit verliert.

Auch sogar der innre Zwang oder die Überwindung unsrer selbst kann uns unwahr machen, so bald wir glauben, daß
dieselbe bemerkt wird. Drum ist es gut, sich lieber jemanden
allein, als in Gegenwart anderer in dieser Selbstüberwindung
üben zu lassen, und ihn sich seinen Freunden mit den Fehlern, die er nun einmal noch an sich hat, zeigen zu lassen, wie
er ist. Um immer wahr zu bleiben, sollte man sich sogar der
Verstellung aus Höflichkeit oder aus Freundschaft nur im
höchsten Notfall bedienen, weil die Fertigkeit, welche man
sich dadurch erwirbt, so gefährlich ist.

Bei Kindern geht die Verstellungskunst größtenteils so
weit noch nicht; denn da dieselbe eine Fertigkeit ist, so kann

sie freilich erst durch Übung und Anstrengung erlernt werden, und wenn man Zwang vermeidet, so kann man ihr bei
Kindern noch am ersten entgegen arbeiten, ob sie gleich
auch bei einigen schon tiefe Wurzel gefaßt hat, und man
diesem Laster mehr als Mutwillen und offenbarer Bosheit
entgegen arbeiten muß, wenn es nicht einreißen soll. Denn
dies macht eben die Scheidewand zwischen den Gedanken
des Lehrers und des Schülers; dieser Vorhang muß erst aufgezogen werden, damit der erstere seinen stärksten Feind in
der Seele des Jünglings zuerst entdecken, den erst überwinden, und dann mit aller Macht in dieselbe eindringen kann,
bis dem reinen Strom der Wahrheit sich kein Damm mehr
entgegen setzt.

Daß das Gepräge der Seele von dem Gesichte des Menschen schon so früh verwischt wird, daß sein Ton und seine
Mienen schon so früh die selige Übereinstimmung mit Gedank' und Empfindung verlernen: das ist die Frucht der
Üppigkeit und Verfeinerung, der auswendig gelernten Ver-
beugungen, lächelnder Blicke, und künstlichen Wendungen
in den unbedeutendsten Ausdrücken der Höflichkeit.

Es ist traurig, daß mit den Gesetzen der Höflichkeit,
welche dem Leben einige Vorteile gewähren, besonders in
großen Städten, das beinahe unvermeidliche Übel verknüpft
ist, daß der Mensch in seiner frühesten Jugend schon verstimmt, und vielleicht auf sein ganzes künftiges Leben
unwahr gemacht wird. Das Kind lernt schon leere Danksagungen und Glückwünsche stammlen, bei denen es nichts
empfindet; es lernt sich verstellen, ehe es noch weiß, daß
es Verstellung gibt, und daß Verstellung ein Laster ist; es
lernt in einerlei leerem Komplimententone seinem Vater mit
einem Handkusse, und seinem Schöpfer mit gefalteten
Händen danken; und wann die Zunge noch lallet, sind die
Worte schon gekünstelt, und hören auf, natürlicher Ausdruck der Empfindung zu sein. Dadurch wird allmählich der
dichte Vorhang gewebt, welchen am Ende der Blick des
bildenden Beobachters, oder des beobachtenden Bilders,
der Herzen nicht mehr durchdringen kann.

Wie viel Gelegenheit hat aber dem ohngeachtet ein Schulmann, Beobachtungen über den Menschen anzustellen. Er,
welcher unmittelbar auf den Verstand und das Herz wirken,
und nicht eher ruhen soll, bis er die Frucht seiner Wirkungen
siehet! Freilich hat der Erzieher den Vorzug, daß er seine
Subjekte beständig beobachten kann, da dem Schulmann
dieses nur wenige Stundenlang möglich ist. Aber der Schulmann hat wiederum den Vorteil, der Mannigfaltigkeit der
Subjekte.

Als ich meine Lehrstelle am grauen Kloster antrat, machte ich mir schon einen Plan, solche Beobachtungen bei
meinen Schülern anzustellen. Ich entschloß mich, ein eignes
Journal hierüber zu halten, welches ich auch getan, und es
bis jetzt fortgesetzt habe. Man sammlet tägliche Beobachtungen, dacht' ich, über das Wetter, und den Menschen
sollte man dessen nicht wert achten? Weil ich nun, nach
unserer Einrichtung, sowohl in den untern, als in einigen
höhern Klassen unterrichten muß, so sind diejenigen, bei
welchen ich Beobachtungen anstelle, dem Alter, der Fähigkeit, der Erziehung, und dem Stande nach sehr unterschieden, welches mir also nach Wunsch zu statten kommt.

Bei meinen Beobachtungen habe ich mir folgenden Plan
gemacht: Ich suche an einem jungen Menschen, den ich zum
erstenmale sehe, sogleich das Auffallende zu bemerken:
denn was einem oft beim ersten Anblick auffällt, das übersieht man hernach schon leichter, wenn man mit dem
Subjekte bekannter geworden ist, und sich an sein Gesicht,
an seine Mienen u. s. w. gewöhnt hat. Freilich kann man sich
beim ersten Anblick oft sehr in einer Person irren, allein
dieser Irrtum selbst hat nachher seine Vorteile; man muß nur
nicht gleich im Anfange etwas festsetzen, sondern sich nur
gleichsam erst einen ohngefähren Grundriß zu seinen künftigen Beobachtungen entwerfen. Auch kömmt dieses noch
zu statten, daß man gegen denjenigen, welchen man zum
erstenmale sieht, gemeiniglich weder ein böses noch ein
gutes Vorurteil gefaßt hat, und also seinen Beobachtungen
am besten trauen kann. Das Unterscheidende in der Ge-

sichtsbildung, das mit dieser etwa Übereinstimmende im Tone, im Gange, und jeder körperlichen Bewegung; Alter, und Erziehung, in so fern ich von dem Stande seiner Eltern, oder aus andern Nachrichten auf dieselbe schließen kann, sind mir zuerst merkwürdig. Dann werde ich erst das Zutrauen des jungen Menschen zu gewinnen suchen, um auf besondere an ihn zu richtende Fragen, unzurückhaltende und aufrichtige Antworten zu bekommen. Ich gebe auf sein Betragen Acht, wenn sich die Gelegenheit eräugnet, ihm wegen Mutwillen oder Nachlässigkeit ernsthafte Verweise zu geben, oder ihn wegen seines Fleißes, oder seiner Ordnung zu loben. Wenn ich diese Bemerkungen ohngefähr eine Woche lang in mein Buch eingetragen habe und sie dann zusammen nehme, so kömmt oft gerade das Facit heraus, was ich nach wahrscheinlichen Gründen vermutet hatte.

Auf diese Weise habe ich mir eine Tabelle von dem abstechendsten Karakter entworfen, wo die Namen oben in einiger Entfernung neben einander stehn, und wo ich unter einem jeden die täglichen Bemerkungen eintrage. Es ist ein Vergnügen, diese Karaktere da neben einander figurieren zu sehn, und ihre Nüancen bis in die kleinsten körperlichen Bewegungen, und bis zum Mienenspiele zu verfolgen.

Indem bei diesem Anblick die Mannigfaltigkeit in den Werken Gottes meiner Seele immer anschaulicher wird, erhebt sich oft mein ganzes Herz. Welch ein Abstand vom Menschen bis zum Wurme, vom Wurme bis zum leblosen Steine! und dann wieder von den weisesten unter den Menschen bis zum wilden Bewohner der Wüste; und unter dieser kleinen Anzahl von aufkeimenden, werdenden Menschen, die ich vor mir sehe, welch eine Verschiedenheit! Vom Lebhaftesten unter diesen bis zum Trägsten; von der feinsten Organisation bis zur gröbsten; vom feurigsten Blick bis zum kältesten; und von der aufstrebendsten Stärke bis zur hinfälligsten Schwäche – und doch dies alles nur verhältnismäßige Begriffe – jeder ist gut, und kann gut sein, in seiner Art. – Der Allerunterste auf der Staffel der Menschheit bliebe doch noch immer ein Meisterstück auf Erden, wenn er der einzige in seiner Art wäre.

Dieser Gedanke versöhnt mich wieder, so oft ich mich mit einem Gesichte, das ich vor mir sehe, nicht recht vertragen kann. – Bloß weil wir durch das Beßre verwöhnt sind, ist uns das Gute schlecht. Die Würde der Menschheit ganz zu fühlen, das hat mir oft Mut und Stärke gegeben, Haß und Verachtung gegen manchen in meiner Brust zu unterdrükken, gegen den sich meine ganze Seele empörte, so oft ich ihn sahe; durch diesen Gedanken gelingt es mir, mein Herz mit gleicher Liebe, einer so sehr untermischten Anzahl zu eröffnen, wie ich sie oft vor mir sehe. Ich suche meine Gedanken zu gewöhnen, daß sie nicht *besser* und *gut,* mit *gut* und *böse* verwechseln: das gibt mir oft Trost und Beruhigung, wenn mein Herz mich gerade mit dem Teile der Menschen entzweien will, auf den ich wirken soll.

Um auf die einzelnen Subjekte mehr zu wirken, stelle ich es denselben frei, mir schriftlich ihre Gedanken zu eröffnen, um mich um Rat zu fragen, oder mir von ihren Beschäftigungen Nachricht zu geben, auch es mir ohne Rückhalt zu schreiben, wenn jemand glauben sollte, daß ich ihm, vielleicht ohne mein Wissen, Unrecht getan habe. Denn so lange bei einem jungen Menschen das Gefühl noch in der Seele bleibt, daß er glaubt, sein Lehrer tue ihm auf irgend eine Weise Unrecht, so lange wird der erstre auf sein Herz auch nicht im mindesten wirken können. Und doch ist nichts leichter, als besonders unter einer großen Anzahl junger Leute einem Einzelnen Unrecht zu tun.

Vermittelst dieser Art von Korrespondenz, die ich mit meinen Schülern unterhalte, ist es mir gelungen, mit jedem Einzelnen bekannt zu werden, und auf die Individua zu wirken. Bei einigen unter denselben ist es mir gelungen, den Schleier der Verstellung ganz hinweg zu ziehen, bei andern, wenigstens durch diesen Schleier hindurch zu blicken.

Ich glaube gewiß, daß viele Schulmänner eben solche, und noch beßre Beobachtungen wie ich über einzelne Subjekte angestellt und niedergeschrieben haben; es käme also nur darauf an, daß sie dieselben auch zum allgemeinen Besten bekannt machten, und sie in ein zu veranstaltendes

Magazin der Erfahrungsseelenkunde mit einrückten; dadurch würde dieses zugleich eines der wichtigsten Werke für die Pädagogik werden. Ich zweifle nicht, daß ein jeder, der den Wert der Menschheit fühlt, zu der Entstehung und Beförderung eines solchen Werks, das Seinige beitragen werde; und hoffe daher, nicht ohne Grund, daß meine Aussichten zu einer *Erfahrungsseelenlehre* vielleicht bald erfüllet werden können.

Zu dieser Hoffnung berechtigt mich noch mehr das aufmunternde Versprechen verschiedner würdigen Gelehrten hier in Berlin, die sich erbieten, mir zu einem *Magazin einer Erfahrungsseelenkunde,* wovon das erste Stück vielleicht bald erscheinen wird, Beiträge zu liefern. Herr Moses Mendelssohn hat mir selber seine Gedanken über den Plan zu diesem Werke mitgeteilt, und die Veränderung der Benennung *Experimentalseelenlehre,* welche ich anfangs gewählt hatte, in *Erfahrungsseelenkunde* angeraten. Außer ihm darf ich noch als Beförderer dieses Unternehmens nennen: den H. Dr. Markus Herz, die Herren Prediger Zöllner und Löfler, den Herrn Dr. Biester, Herrn Direktor Gedicke, Herrn Professor Zierlein, Herrn Doktor und Stadtphysikus Pihle, Herrn Kammergerichtsreferendarius von Schuckmann, welche alle selbst Beiträge liefern werden, und teils schon geliefert haben. Je mehrere Gelehrte aus verschiedenen Fächern, und Personen aus verschiedenen Ständen an diesem Werke arbeiten, desto vollkommner kann es werden. Um desto mehr wäre zu wünschen, daß auch auswärtige Gelehrte sich zu der Beförderung eines so wichtigen Unternehmens vereinigten, und das *Magazin der Erfahrungsseelenkunde* mit ihren gütigen Beiträgen unterstützten. Doch wozu bedarf es hier noch einer Aufforderung, da die Sache selbst laut genug redet, um jeden Menschenkenner und Menschenfreund für sich einzunehmen, und auf seinen tätigsten Eifer Anspruch zu machen!

⟨VORREDE ZUM ›MAGAZIN ZUR
ERFAHRUNGSSEELENKUNDE‹⟩

Mit Zittern schreite ich zu der Ausführung eines Unternehmens, dessen Wichtigkeit und Nutzbarkeit mir von Tage zu
Tage mehr in die Augen leuchtet, wobei ich aber auch die
großen Schwierigkeiten immer deutlicher einsehe. – Was für
ein Feld ist es, wohin sich meine unsichern Schritte wagen;
welche unbetretne Pfade, welche Dunkelheit, welch ein Labyrinth! Wie leicht kann hier ein falscher Tritt, den Suchen-
den irre führen, daß er sein ganzes Leben hindurch nach
einem Blendwerke hascht, und nie den milden Strahl der
Wahrheit findet, welcher nur den beglückt, der an der Hand
der Vernunft geleitet, gleichfern von Enthusiasmus und Kälte, den Weg der ruhigen Weisheit wandelt. O möcht' es mir
gelingen, diesen sanften Strahl noch zu erblicken, ehe mich
die Nacht des Grabes deckt, wie gerne wollte ich dann mein
Haupt niederlegen, und sterben!

Aber wie kann ich den ganzen übrigen Teil meines Lebens
besser nutzen, als wenn ich ihn, neben der tätigen Ausübung
meiner Pflicht, zur Erforschung und Betrachtung desjenigen anwende, was mir und meinen Mitgeschöpfen gerade
am wichtigsten ist? Und was ist dem Menschen wichtiger, als
der Mensch? Diesem vortrefflichen Studium will ich daher
meine Zeit und meine Kräfte widmen, und in Rücksicht auf
dasselbe will ich studieren, lesen, beobachten, denken, und
leben.

Daß ich das Publikum hiervon zum Zeugen mache, ist
nicht Vermessenheit, als fände ich mich im Stande, gleichsam wie ein Repräsentant desselben, und ihm zum Nutzen,
die Tiefen einer Wissenschaft zu ergründen, welche bisher
noch von den hellsten Köpfen nicht ergründet sind: sondern ich wünschte bloß, daß mein Eifer und guter Wille bei
demselben meine Vorredner sein möchten, wenn ich es

wage, einige Materialien zu einem Gebäude zusammen zu
tragen, das seinen Baumeister noch sucht, und ihn wahrscheinlich einmal finden wird.

Was mich darüber beruhiget, daß ich die gegenwärtige
Sündflut von Büchern noch mit einem neuen Buche ver-   5
mehren will, ist dieses, daß ich Fakta, und kein moralisches
Geschwätz, keinen Roman, und keine Komödie, liefere,
auch keine andern Bücher ausschreibe.

Übrigens beziehe ich mich wegen des Plans dieses Magazins auf die ausführlichen Ankündigungen in verschiednen   10
öffentlichen Blättern und Journalen, und insbesondre auf
den Vorschlag zu einem solchen Magazine im deutschen
Museum vom Monat Junius im gegenwärtigen Jahrgange.
Bei der Herausgabe binde ich mich an keine gewisse Zeit.
Nach dem Vorschlage des Herrn *Moses Mendelssohn* werde ich   15
die Einteilungen in der Arzneiwissenschaft auf die Erfahrungsseelenkunde anzuwenden suchen, und die Aufsätze in
diesem Magazine unter die Rubriken der *Seelennaturkunde,*
Seelenkrankheitskunde, Seelenzeichenkunde, Seelendiätetik, u. s. w.
zu ordnen suchen.   20

GRUNDLINIEN
ZU EINEM OHNGEFÄHREN ENTWURF IN RÜCKSICHT
AUF DIE SEELENKRANKHEITSKUNDE.

In einem Magazine der Erfahrungsseelenkunde müssen, insbesondre anfänglich, der eingestreuten Reflexionen so wenige als möglich sein. In der Folge kann es immer mehr durch wichtige Reflexionen und wichtige Fakta wachsen, die sich wechselseitig einander zu Hülfe kommen.

Alles ängstliche Hinarbeiten aber auf ein festes System muß dabei gänzlich vermieden werden, und fürs erste muß alles nur ohngefährer Entwurf sein, worin immer noch manche Linie wieder verwischt werden kann, wenn auch sogar das Ganze darüber eine völlig andre Gestalt gewinnen sollte.

Zu einem solchen Entwurfe habe ich es gewagt, folgende Grundlinien auf gut Glück zu ziehen, und werde mit der größten Gleichgültigkeit eine nach der andern wieder auslöschen, sobald sich Fakta einfinden, welche dagegen streiten. Mit ununterbrochner Aufmerksamkeit will ich über die Unparteilichkeit meiner Gedanken wachen, und gelingt mir dieser Vorsatz, so hoffe ich, daß er mich dereinst zur Wahrheit führen wird.

Wenigstens können folgende Winke dazu nutzen, daß sie zu mehrern Arten von Beobachtungen Veranlassung geben, wodurch sich vielleicht ganz etwas anders ergibt, als worauf man zuerst bei seinen Untersuchungen ausging: denn wer ein schlechtes Stückchen Silber sucht, kann wohl statt dessen einen Edelgestein finden.

1)* Mangel der *verhältnismäßigen Übereinstimmung* aller Seelenfähigkeiten ist Seelenkrankheit.

Es kömmt daher nicht sowohl auf die Stärke oder Schwäche einer einzelnen Seelenfähigkeit, an und für sich betrachtet, an, als vielmehr, in wie ferne dieselbe, in Absicht aller übrigen Seelenfähigkeiten, entweder zu stark oder zu schwach ist.

Eine sehr starke Einbildungskraft kann daher bei einem solchen, wo Gedächtnis, Beurteilungskraft u. s. w. ihr die Waage halten, in einem völlig gesunden Zustande der Seele statt finden; bei einem andern, wo dieses der Fall nicht ist, kann sie Krankheit sein.

Hieraus folget, daß ein jeder Mensch nach dem ihm eignen Maß seiner Seelenfähigkeiten, auch seinen eignen Seelengesundheitszustand habe, und daß selbst dieser nach dem verschiednen Alter desselben abwechselt; so daß z. B. ein gewisser Grad der Beurteilungskraft, der in spätern Jahren natürlich ist, in frühern Jahren Überspannung und Krankheit der Seele gewesen sein würde.

2) Diese Zerstörungen des nötigen Verhältnisses zwischen den Seelenfähigkeiten heben sich oft von selber wieder auf, und nur, wenn sie lange und anhaltend fortdauren, sind sie eigentlich Seelenkrankheit.

Mangel an Tätigkeit, überspannte Tätigkeit, zwecklose Tätigkeit, u. s. w. sind Symptomen solcher Seelenkrankheiten, oder zerstörten Verhältnisse.

Diese Symptomen können oft gefährlich scheinen, ohne es zu sein, oft können sie es sein, ohne es zu scheinen. Zuweilen müssen sie plötzlich unterdrückt, oft nur eingeschränkt, und manchmal wohl gar befördert werden.

Wie wichtig würde die Ausführung und Bestätigung dieses Satzes in der Pädagogik sein!

---

* Wegen der auffallenden Ähnlichkeit, welche die Erfahrungsseelenkunde mit der Arzneikunde im *Ganzen* hat, ist mir des *Herrn Doktor Markus Herz medicinische Encyklopädie,* bei meinen Betrachtungen über die Seelenkrankheitskunde sehr zu statten gekommen.

3) Die tätigen Kräfte müssen mit den vorstellenden Kräften in einem gewissen Verhältnis stehen; sind sie gegen dieselben zu stark, und bekommen das Übergewicht, so ist dieses Krankheit der Seele, und eben der Zustand, wo man oft klagt, *meliora video proboque, deteriora sequor;* sind sie gegen dieselben zu schwach, so ist dieses ebenfalls Krankheit; die herrlichsten Entschließungen, die vortrefflichsten Entwürfe werden nicht ausgeführt; schwinden sie ganz oder zum Teil, so ist dieses gleichsam eine *Seelenlähmung,* ein Zustand, worin sich so mancher Unglückliche befindet, der die ausgezeichnetsten Talente durch Überspannung unbrauchbar machte.

4) Von den Ideen, welche täglich und Augenblicklich in die Seele strömen, müssen notwendig immer eine gewisse Anzahl bald wieder verdunkelt werden, wenn die Denkkraft in einem gesunden Zustande bleiben soll.

Werden zu wenige verdunkelt, so entsteht ein Überfluß von Ideen, welcher Unordnung und Verwirrung verursacht, und die Reinigkeit und Klarheit im Denken hemmet; werden zu viele verdunkelt, so entsteht Unfruchtbarkeit, Leere und Armut des Geistes.

Es scheinet, als wenn die Ideen, welche wir im Traume erhalten, ordentlicher Weise wieder verdunkelt werden müssen. Mir ist wenigstens die Erinnrung von Träumen höchst unangenehm, weil sie den ganzen Tag über einige Unordnung in meinen übrigen Ideen erweckt.

5) Der Mangel des gehörigen Zusammenhangs zwischen den Ideen scheinet die Ursach vieler Krankheiten der Seele zu sein. Im gesunden Zustande der Seele muß es immer einige gewissermaßen fixierte Ideen geben, die zwar eine Zeitlang, durch den Strom der neuen Vorstellungen, aus ihrer Lage gebracht werden können, aber doch allemal in dieselbe wieder zurückspringen; es muß vollkommen fixierte Ideen geben, die durch nichts erschüttert werden können. Bei dem Mangel des gehörigen Zusammenhangs aber springen die erstern nicht wieder in ihre Lage zurück, und die andern halten nicht stand. Wodurch Leichtsinn, Wankelmut, und die daraus entspringenden Laster entstehn.

Eben so nachteilig scheinet aber auch ein zu fester und unerschütterlicher Zusammenhang zwischen den Ideen zu sein, woraus Starrsinn und Härte entsteht. Die Seele stößt eine Menge von den hinzuströmenden Ideen zurück, und kann aus ihrem Zufluß keine wohltätige Nahrung ziehen.

6) Die Krankheiten der Seele können vielleicht, eben so wie die körperlichen, von den Eltern auf die Kinder fortgepflanzt, oder in ganzen Familien erblich sein. Wie dieses einige von den vorhergehenden Faktis zu beweisen scheinen.

Sie können bei einem Volke oder in einem Lande vorzüglich herrschen.

Sie können ansteckend sein.

Sie können heilbar oder unheilbar sein.

7) Da die Krankheiten der Seele aus verschiednen Ursachen entstehen, so gibt es auch gewiß gegen dieselben kein Universalmittel, sondern der moralische Arzt muß diese Krankheiten nach ihren Erscheinungen, nach ihren Ursachen, und Folgen studieren, wenn er es unternehmen will, sie zu heilen.

Er muß das verletzte Verhältnis zwischen den Seelenfähigkeiten, wo möglich, wieder herzustellen suchen.

Er muß schädliche Ideen zu verdunkeln, und andre wieder gehörig zu erhellen wissen.

Er muß den gehörigen Grad des Zusammenhangs zwischen dem ganzen System der Ideen bewürken, und wieder in die innersten Fugen des allzufesten Zusammenhangs derselben, wenn es nötig ist, eindringen können.

8) Kann es moralische Ärzte geben, und hat es solche gegeben?

Sokrates scheinet diese erhabenste Kunst in hohem Grade verstanden und ausgeübt zu haben.

Vielleicht haben sie mehrere in ihren kleinen Cirkeln im Stillen ausgeübt, deren Namen nur im Buche der Allwissenheit verzeichnet stehen.

Kleinjog soll zu unsren Zeiten, Personen, die sich eine Zeitlang bei ihm aufgehalten, durch seinen Umgang und durch

sein Beispiel, wirklich von moralischen Krankheiten geheilt,
und den zerstörten Frieden in ihrer Seele wieder hergestellt
haben*.

EINIGE BEOBACHTUNGEN ÜBER EINEN TAUB- UND STUMMGEBORNEN.

Es verdient wohl bemerkt zu werden, in wie ferne die Seele,
ohngeachtet des gänzlichen Mangels eines Sinnes, wodurch
sie einen so großen Zufluß von Ideen erhält, sich dennoch in
einem *gesunden* Zustande befinden kann, da überdem noch
die Sprache fehlt, wodurch der Mensch seine Ideen allein zu
fixieren scheinet.

Ich kam vor einiger Zeit auf den Gedanken, mit einem
Taub- und Stummgebornen einen Versuch zu machen, ihn
reden zu lehren, und zugleich über die Entwickelung seiner
Ideen und Geisteskräfte Beobachtungen anzustellen.

Um Ostern dieses Jahres machte ich wirklich einen solchen Versuch mit einem taubstummen Knaben von funfzehn Jahren, Namens *Karl Friedrich Mertens,* den ich in dieser
Absicht aus dem hiesigen Chariteehause zu mir nahm.

Er schien es zu wissen, daß ihm ein Sinn mangle, indem er
allemal mit dem Kopfe schüttelte, und eine betrübte Miene
machte, sobald man auf das Ohr zeigte. Auch schien er den
Mangel der Sprache zu empfinden, und bezeigte eine große
Begierde, reden zu lernen.

---

* Möchte ich doch viele Beiträge von Eltern, Erziehern und
Schulleuten, oder andern Personen, denen das Wohl der
Menschheit am Herzen liegt, erhalten, worin ausführliche und
specielle Nachrichten gegeben würden, durch welche Mittel es
jemanden gelungen ist, irgend einen verirrten nach und nach
auf den Weg der Tugend wieder zurückzubringen, oder ihn von
diesem oder jenem eingewurzelten Laster allmählich abzuziehen; wie äußerst wichtig und allgemeinnützig würde die Bekanntmachung solcher wirklich in Ausübung gebrachter Ver-
fahrungsarten sein!

Gleich anfänglich bildete er mir zwar die leichten Buchstaben *b, d, f,* u. s. w. durch die Bewegung des Mundes nach, aber er setzte keinen vernehmlichen Laut hinzu, bis ich durch Lachen und Husten, welches er mir ebenfalls nachmachte, endlich einen Ton aus seiner Kehle hervorlockte, und ihn nun in demselben Augenblick die obigen Buchstaben, mit diesem Tone verknüpft, wieder aussprechen ließ. Dies alles war das Geschäft einer einzigen Stunde.

Anstatt der Buchstabencharaktere machte ich ihm nun erstlich einige natürliche Zeichen, und fand zu meiner größten Verwunderung, daß er eine kleine Wellenlinie, gänzlich ohne mein Zutun, und von freien Stücken, sogleich mit der Volubilität der Zunge verfolgte, und dieses wiederholte, so oft ich ihm diese Linie wieder vorzeichnete, so, daß er auf die Weise zuerst das *l* aussprechen lernte. Eben so verfolgte er nachher, auch ohne mein Zutun, den vorgezeichneten graden Strich mit einem Stoß der Zunge, und lernte auf die Art das *d* aussprechen.

Ich ging nun in diesem Versuche weiter, und zeichnete ihm einen etwas großen halben Cirkel vor, welchen er, auch ohne mein Zutun, durch eine weite Öffnung des Mundes nachahmte, und auf die Weise einen lauten Schrei hervorbrachte. Ich fiel darauf, innerhalb dieses Cirkels einen kleinern, und immer einen kleinern, zu beschreiben, und bewirkte dadurch ein sehr verhältnismäßiges Fallen, und schwächer werden der Stimme. Und da sich der letzte und kleinste halbe Cirkel endlich in einem Punkte verlor, so schwand auch die Stimme bis auf einen leisen und feinen Laut, welcher mit dem *i* viele Ähnlichkeit hatte.

Ich fing nun an, ihn verschiedne Gegenstände zuerst mit einzelnen Lauten benennen zu lassen, und er konnte sogleich, ohne mein Zutun, die Dinge, welche zu einer Art gehörten, sehr wohl von andern, die verschiedner Art waren, unterscheiden. So ließ ich ihn z. B. ein gläsernes Dintenfaß *l* benennen, und zeigte darauf mit dem Finger nacheinander auf ein Fenster, auf einen Spiegel, und auf ein Trinkglas, welches er es alles ebenfalls mit *l* benannte; da ich

aber auf einen Stuhl zeigte, so schüttelte er mit dem Kopfe.
Ein Stück Papier ließ ich ihn *b* nennen, eben so benannte er
nun auch ein Buch, und einen versiegelten Brief, den ich ihm
vorzeigte; da ich ihm aber unmittelbar darauf eine Feder
wies, schüttelte er aufs neue mit dem Kopfe, und schwieg
still.

In den ersten vierzehn Tagen, da ich ihn kaum alle Tage
eine Stunde vornehmen konnte, lernte er schon Silben aus
Buchstaben zusammensetzen, und sie vernehmlich aussprechen; und nach vier Wochen konnte er schon verschiedne
zweisilbige Wörter, als *Blume, Papier,* u. s. w., obgleich mit
einiger Anstrengung, hervorbringen, wie auch mehrere Personen, die ihn bei mir gesehen haben, wissen.

Er verstand die kleinsten Merkzeichen, wodurch man
ihm eine Sache deutlich zu machen suchte. So konnte ich
z. B. die Figur des *k,* so wie es geschrieben aussieht, darzu
nutzen, um ihn dadurch zu erinnern, daß er die Zunge an
den Gaumen zurück ziehen müsse, weil diese Figur zufälliger Weise etwas Ähnliches darstellt.

Er machte nun starke Progressen, bis ich zu Pfingsten in
diesem Jahre eine Reise tat, von welcher ich erst vor Kurzem
zurückgekehrt bin, und ihn bis jetzt, vieler Hindernisse wegen, noch nicht habe wieder vornehmen können. Freilich
hat er während der Zeit das meiste wieder verlernet; ich
werde aber demohngeachtet nunmehro meine Lektionen
von neuen mit ihm anfangen, und meine Beobachtungen
über ihn fortsetzen, um sie in der Folge in diesem Magazine
ebenfalls bekannt zu machen.

Noch muß ich, das Gedächtnis dieses Taubstummen be-
treffend, hinzufügen, daß er sich nach geraumer Zeit des
Vergangnen sehr lebhaft erinnern kann, wie aus folgendem
Umstande erhellet.

Vor einem Jahre lief er noch wild auf der Straße herum,
und da ich einmal mit einem jungen Menschen auf einem
Kahne fuhr, half er nebst noch einem Knaben für Geld mit
rudern, indes ich mit dem jungen Menschen auf dem Kahne
in einem Buche las. Dieser junge Mensch besuchte mich

einmal, und ich fing an, im Beisein des Taubstummen, mit
ihm in einem Buche zu lesen, als dieser sich sogleich an alle
Umstände des Kahnfahrens zurückerinnerte, und uns durch
viele, sehr verständliche Zeichen seine Ideen deutlich machte.

Seine Einbildungskraft ist stark und richtig. Er bezeichnet
fast alle Leute, die er gesehen hat, durch Miene und Gang.

Dabei ist zugleich seine Beurteilungskraft so gut, daß ihm
nicht leicht jemand ein Blendwerk vormachen, oder ihm,
durch etwas einen leeren Schreck einjagen, und ihn aus seiner Fassung bringen könnte.

Übrigens scheint er viel Anlage zum Stolz zu haben, und
ist außerordentlich neidisch.

AUS EINEM TAGEBUCHE.

Den 18ten September 1780.
Ein unbedeutender, höchst uninteressanter Ausdruck aus
einer Arie in einer Operette, den ich selbst nur vor ein paar
Tagen von einem guten Freunde hörte, welcher ihn sich zu
wiederholtenmalen, aus Langerweile vorsang, kam mir heute Nachmittag, während dem ernsthaftesten Nachdenken,
alle Augenblick, wider meinen Willen, in den Sinn, und ich
konnte mich nicht enthalten, ihn mir ebenfalls zu wiederholtenmalen vorzusingen, ohne den mindesten Gefallen
daran zu finden.

Dieses habe ich schon öfter bei mir gespürt. Auch habe
ich zuweilen junge Leute gefragt, was sie denken, wenn
sie eine lange Strecke für sich allein gehen? und sie hatten
ebenfalls irgend einen solchen unbedeutenden Ausdruck im
Kopfe, den sie sich den ganzen Weg über ohne Zweck und
Absicht wiederholten.

Den 4ten August 1781. Abends.
Während dem *Gehen* gelang es mir, die Gedanken, die mich
traurig machten, nach und nach zu unterdrücken. Es traten

andre an ihre Stelle, welche sie verdrängten. Ich fand, wie klein und unbedeutend mein gegenwärtiger Verdruß im Verhältnis gegen meine Entwürfe sei. Diese Entwürfe rollten sich alle in meiner Seele auseinander, und der Gedanke an ihre wahrscheinliche Ausführung gewährte mir eine süße Täuschung. Dies alles aber ereignete sich erst bei mir, nachdem ich eine Weile *schnell gegangen* war.

Ich erinnere mich hiebei, daß ich im neunzehnten Jahre, da ich noch in Hannover auf der Schule, und wegen meiner schlechten Glücksumstände und traurigen Aussichten auf die Zukunft oft bekümmert war, allemal eine merkliche Veränderung in meinem Gemüte spürte, wenn ich, mit einiger Schnelligkeit, einen Spaziergang um den dasigen Wall gemacht hatte, es mochte auch für Wetter sein, was es wollte. Ich brauchte dieses zuletzt sehr oft, *mit Vorbedacht,* als ein Mittel, um mir wieder Mut zu machen, und meine gesunknen Hoffnungen wieder zu erwecken.

Den 22sten August 1781. Abends.

Als ich über die Wiese gegen die Dämmerung zu ging, dachte ich eine Reihe sehr angenehmer Gedanken, die ich mir jetzt so gut wie möglich wieder zurückrufen will:

Beschränke deine Aussichten und deine Wünsche, so kannst du hier einst wandeln, als Mann und als Greis, dein Weib an deiner Seite, und deine Kinder um dich her; kannst dann auch an diesen Abend dich zurückerinnern.

Hinter mir dämmerte die Abendröte so schön, wie ich sie lange nicht dämmern sahe – ich ging noch etwas weiter, um bei der Rückkehr ihren Anblick desto länger zu genießen –

Und nun, da ich gegen den *Glanz* der Abendröte zurückkehrte, wie ganz verändert waren auf einmal meine Gedanken! lebhaftere, stärkere Bilder traten an die Stelle der sanftern, die Freuden des Ruhms an die Stelle der ruhigen häuslichen Freuden. – Doch wurden die erstern nicht ganz verdrängt; sie milderten noch das aufwallende Streben nach den letztern, wie die zunehmende Dämmerung den Glanz der funkelnden Abendröte.

Wie sehr hängt oft die ganze Richtung unsrer Gedanken von den äußern Gegenständen ab!

Vielleicht ist es in dem Augenblicke, wo wir eine große Entschließung fassen sollen, kein unwichtiger Umstand, ob die Gegenstände, welche wir um uns her erblicken, rot oder grün sind.

ERINNERUNGEN
AUS DEN FRÜHESTEN JAHREN DER KINDHEIT.

Die allerersten Eindrücke, welche wir in unsrer frühesten Kindheit bekommen, sind gewiß nicht so unwichtig, daß sie nicht vorzüglich bemerkt zu werden verdienten. Diese Eindrücke machen doch gewissermaßen die Grundlage aller folgenden aus; sie mischen sich oft unmerklich unter unsre übrigen Ideen, und geben denselben eine Richtung, die sie sonst vielleicht nicht würden genommen haben.

Wenn die Ideen der Kindheit bei mir erwachen, so ist es mir oft, als ob ich über die kurze Spanne meines Daseins zurückschauen könnte, und als ob ich nahe dabei wäre, einen Vorhang aufzuziehn, der vor meinen Augen hängt. Daher ist es auch seit mehrern Jahren oftmals die Beschäftigung meiner einsamen Stunden gewesen, diese Erinnerungen in meine Seele zurückzurufen.

Freilich merke ich es deutlich, daß dieses oft nur Erinnerungen von Erinnerungen sind. Eine ganz erloschne Idee war einst im Traume wieder erwacht, und ich erinnere mich nun des Traumes, und mittelbar durch denselben erst jener wirklichen Vorstellungen wieder. Auf die Art weiß ich es, wie meine Mutter mich einst im Sturm und Regen, in ihren Mantel gehüllt, auf dem Arme trug, und ich mich an sie anschloß, und ich kann die wunderbar angenehme Empfindung nicht beschreiben, welche mir diese Erinnerung gewährt.

In meinem dritten Jahre zog meine Mutter mit mir aus meiner Geburtsstadt weg, die ich seitdem nicht wieder ge-

sehen habe. Ich erinnere mich aber demohngeachtet noch einiger Gegenstände, die dort einen vorzüglichen Eindruck auf mich machten. Einer dunkeln tiefen Stube bei unserm Nachbar, den wir des Abends zuweilen zu besuchen pfleg-
5 ten. Der kleinen Schiffe, welche auf der Weser fuhren, und wo ich einige Weiber am Rande sitzen sahe. Eines Brunnens nicht weit von unserm Hause, dessen Bild mir immer auf eine ganz eigne Art im Gedächtnis geschwebt hat, und wo-bei es mir noch jetzt in diesen Augenblick ist, als ob ich
10 wehmütig in eine dunkle Ferne blickte.

Sollten vielleicht gar die Kindheitsideen das feine un-merkliche Band sein, welches unsern gegenwärtigen Zu-stand an den vergangnen knüpft, wenn anders dasjenige, was jetzt unser *Ich* ausmacht, schon einmal, in andern Ver-
15 hältnissen, da war? Unzähligemale weiß ich schon, daß ich mich bei irgend einer Kleinigkeit an etwas erinnert habe, und ich wußte selbst nicht recht an was. Es war etwas, das ich nur im Ganzen umfaßte, was irgend eine dunkle ent-fernte Ähnlichkeit mit meinem gegenwärtigen Zustande
20 gehabt haben muß, ohne daß ich mir dieselbe deutlich ent-wickeln konnte.

Auch erinnere ich mich von meiner Geburtsstadt noch eines dunkeln Gewölbes, wo man, glaub' ich, durch ein Git-ter, die Särger stehn sahe; eines *schwarzen* Schranks, welcher
25 in einem der benachbarten Häuser auf dem Flur stand, und mir so ungeheuer groß vorkam, daß ich glaubte, es müßten notwendig Menschen darin wohnen; unsrer Wirtin einer bö-sen harten Frau, in einem *grauen* Kamisole, und ihres Mannes im *grünen* Rocke; der *gelben* Türe in unsrer Stube; der Treppe,
30 worauf ich oft saß, und auf und niederkletterte; eines Man-gelholzes, womit ich spielte; überhaupt aber mehr der *Far-ben,* als der Gestalten der Dinge.

Ein Umstand ist mir noch insbesondre gegenwärtig. Mei-ne beiden Stiefbrüder saßen auf einer steinernen Bank, vor
35 einem Hause, welches dem unsrigen gerade gegenüber stand, und das *Klingenbergsche* hieß, wie ich mich noch von der Zeit an zu erinnern scheine, weil ich nachher von diesem

Hause nicht wieder reden hörte. Ich lief quer über die Straße von unserm zu jenem Hause hin und wieder. Ein ansehnlicher Mann kam in der Mitte der Straße dahergegangen, und ich rannte ihm gerade auf den Leib. Nun weiß ich noch ganz genau, wie ich gegen diesen Mann anfing mit beiden Händen auszuschlagen, weil ich glaubte, er habe mir Unrecht getan, da ich doch im Grunde der beleidigende Teil war.

Nicht weit von uns gegenüber wohnte der Garnisonprediger, in dessen Garten meine Brüder oft mit mir spazieren gingen. Von diesem Garten kann ich mich weiter nichts, als der grünen Weinranken an den Seiten erinnern. – Die Eindrücke *großer sichtbarer Gegenstände,* als der Türme, Kirchen, des Umfanges der Häuser, u. s. w. sind von diesen Zeiten her gänzlich aus meinem Gedächtnis verwischt, und haben nicht die mindeste Spur zurückgelassen, nur das scheinet mir noch sehr klar zu sein, daß unsre Haustüre weit *größer* war, als die des gegenüberstehenden Hauses.

In der kindischen Einbildungskraft stellen sich die kleinen Gegenstände viel größer dar, als sie sind, und die großen faßt sie nicht.

Erinnerungen aus den frühesten Jahren der Kindheit von mehrern Personen nebeneinander gestellt, würden vielleicht erweisen, wie sich die Ideen zuerst von der Farbe, dann von der Gestalt, dann von der verhältnismäßigen Größe der Gegenstände, nach und nach in der Seele fixiert haben. Und könnte man nicht auf die Weise vielleicht dem geheimen Gange nachspüren, wie das wunderbare Gewebe unsrer Gedanken entstanden ist, und mit der Zeit die ersten Grundfäden desselben auffinden?

Den ersten starken und bleibenden Eindruck auf mich machte die freie offne Natur, als meine Mutter, während des siebenjährigen Krieges, da ich beinahe drei Jahr alt sein mochte, aus der Stadt aufs Land zog. Ich weiß noch, wie ich, in ihren Mantel gehüllt, mit ihr auf dem Wagen saß, und gewiß glaubte, daß Bäume und Hecken vor uns vorbei flögen, so wie der Wagen fortfuhr. Auch erinnere ich mich noch, wie wir über eine grüne Wiese fuhren, worauf sich oft Wasser von Regen gesammlet haben mochte, das mir damals wie lauter große Seen vorkam; und wie meine Brüder in *roten*

Röcken neben dem Wagen hergingen, die ich zu meiner
Verwundrung bald erscheinen, bald wieder verschwinden
sahe.

Von dieser Zeit an scheinet mir mein gegenwärtiges Da-
5 sein erst recht seinen Anfang genommen zu haben. Der
vorige Teil meines Lebens kömmt mir wie *abgerissen* vor. Mit
vieler Mühe kann ich ihn nur an mein eigentliches Dasein
anknüpfen, und die Erinnerungen aus demselben scheinen
mir alle nur Erinnerungen von Erinnerungen zu sein. Vom
10 dritten Jahre an aber schweben mir die Ereignisse meiner
Kindheit größtenteils noch sehr lebhaft im Gedächtnis.

⟨ZU: VERSCHIEDENHEIT UNSERER EMPFINDUNGEN
BEI DER VORSTELLUNG VOM TODE⟩

Ich erinnere mich hiebei eines beinahe ähnlichen Falles aus
15 meinem Leben. Als ich ohngefähr zehn oder eilf Jahr alt sein
mochte, hörte ich einmal der Erzählung von dem Todesfalle
eines Mannes sehr aufmerksam zu, welcher sich durch einen
Fall in den Bergwerken den *Kopf zerschmettert* hatte.

Je mehr ich hierüber nachdachte, desto lebhafter wurde
20 mir die Vorstellung davon, und desto schrecklicher zum
erstenmale das Bild des Todes. Die Empfindungen in der
obigen Erzählung stimmen größtenteils mit den meinigen in
dem damaligen Zustande meiner Seele überein; und was mir
dabei am meisten auffällt, ist, daß beinahe *einerlei* Eindrücke
25 in das Gemüt diese Empfindungen verursachten.

In meinem siebenten Jahre schien es, als ob ich die Aus-
zehrung hätte, und jedermann zweifelte an meinem Leben.
Einen jeden, der mich sahe, hörte ich, wie ich mich noch
deutlich erinnere, von meinem Tode reden, und ich empfand
30 nicht das mindeste dabei, vielmehr kam mir die ganze Sache
lächerlich vor.

Vor einiger Zeit hörte ich ein paar Bauren zusammen
reden, wovon der eine erzählte, wie er beim Aderlassen in
Ohnmacht gefallen sei. Darüber kamen sie auf den Tod zu

sprechen, und nachdem sie eine Weile ernsthaft davon geredet hatten, kam ihnen auf einmal die Sache so sonderbar
vor, daß sie in ein lautes *Gelächter* darüber ausbrachen.

Sollte selbst der Tod vielleicht wirklich auch eine *lächerliche*
Seite haben? Die Vorstellungen von demselben mögen nach
der verschiednen Denkart und Fähigkeit der Köpfe auch
erstaunlich verschieden sein. Und es würde vielleicht nicht
unnütz sein, mehrere solcher verschiednen Vorstellungen
nebeneinander zu stellen.

SPRACHE IN PSYCHOLOGISCHER RÜCKSICHT.

Daß es nützlich sei, die Sprache auch in dieser Rücksicht zu
studieren, bedarf wohl keines Beweises, da sie selbst ein
Abdruck der menschlichen Seele ist, von welcher sie uns in
ihren Fugen und geheimen Verbindungen ein getreues Gemälde darstellt.

Das Studium der Sprache zu diesem Zweck ist seit einigen
Jahren eine meiner vorzüglichsten Beschäftigungen gewesen, und ich habe in meinen kleinen Schriften, die deutsche
Sprache betreffend, schon Verschiednes davon geäußert,
worin man aber diese Absicht nicht bemerkt zu haben scheinet.

Ich glaube daher, daß dieses der schicklichste Ort sei, wo
ich jene Bemerkungen weiter ausführen, und das Urteil der
Wahrheitsfreunde darüber erwarten kann. Für jetzt will ich
also zur Probe von den Resultaten meines Nachdenkens
über die Sprache einiges herausheben.

Mir scheinen die *unpersönlichen Zeitwörter* in jeder Sprache
vorzüglich zu psychologischen Bemerkungen Stoff zu geben; weil sie die erste Empfindung ausdrücken, nach welcher jemand irgend etwas nicht für eine *freie* Handlung, die
von ihm abhängt, sondern für etwas von dem Willen des
Menschen *unabhängiges* hält.

Nun aber liegt wohl in dem ersten Ausdruck der Empfindung zuweilen mehr Philosophie, als in dem feinsten und

kältesten Räsonnement des gebildeten Philosophen. In diesem Betracht muß uns die Sprache heilig, und insbesondre die einzelnen Wörter derselben, in Ansehung ihrer Entstehung, und ihres innern Gehalts, höchst wichtig sein.

Einige Philosophen scheinen freilich zu viel und nicht das Rechte, andre aber auch wieder zu wenig in der Sprache zu suchen; im Grunde ist sie doch das einzige, woran wir uns halten können, um in das innre Wesen unsrer eignen Begriffe, und eben dadurch in die Kenntnis unsrer Seele tiefer einzudringen.

Doch ich wende mich wieder zu meinem Gegenstande und betrachte die unpersönlichen Zeitwörter erstlich überhaupt, in sofern sie entweder Verändrungen außer uns in der Natur, oder Empfindungen und Verändrungen in uns selber bezeichnen, die nicht von unsrer Willkür abzuhängen scheinen.

Ihren Namen haben sie natürlicher Weise daher erhalten, weil man sich unter denselben eine bloße Veränderung, ohne eine handelnde Person denkt, wodurch diese Veränderung hervorgebracht wird: ja man scheinet nicht einmal dabei auf eine nächste Ursach Rücksicht zu nehmen.

Denn wenn ich z. B. sage, *es donnert,* so stelle ich mir unter dem *es* doch eigentlich nichts weiter, als den Donner selber vor, und *es donnert* heißt daher nichts mehr, als *das Donnern geschiehet, oder es ereignet sich eine Veränderung in der Natur, die ich donnern nenne.* Da ich mir also das Donnern nicht als eine Handlung denke, so stelle ich mir auch kein handelndes Wesen vor, von dem es ausgeht, sondern es geschiehet, nach meiner Vorstellung, gleichsam vermöge seiner eignen Natur; und in und durch sich selber, weil ich mir keine erste Ursach, oder keinen ersten Anstoß irgend eines freien und handelnden Wesens bei dieser Naturveränderung denke.

Ich höre wohl, daß es donnert, aber wer oder was das Donnern aus *eigner Kraft* hervorbringt, weiß ich nicht: denn bis auf die erste wirkende Ursach desselben kann ich nicht zurückgehn, und die Gewitterwolken, als die nähere Ursach, kann ich mir unmöglich als handelnde Wesen denken, drum sage ich nie, im eigentlichen Verstande: *der Himmel donnert* oder *die Wolken donnern,* sondern, *es donnert.*

Woher mag es aber kommen, daß es der unpersönlichen Zeitwörter in der Sprache verhältnismäßig nur so wenige gibt, da wir uns doch bei so vielen tausend Verändrungen und Erscheinungen in uns und um uns her keiner handelnden Person bewußt sind, welche dieselben hervorbringt? Man sollte denken, daß die meisten Zeitwörter eigentlich unpersönliche sein müßten: allein weil bei uns jede Vorstellung äußerer Gegenstände erst durch die Vorstellung von uns selber oder von unserm Ich gleichsam durchgehn muß; und wir daher als lebende und denkende Wesen der leblosen Natur so gern unser Bild eindrücken; so ist es kein Wunder, wenn wir uns dasjenige, was eigentlich bloße Veränderungen und Erscheinungen sind, als Handlungen, und die nächste in die Augen fallende Ursach dieser Veränderungen, als handelnde Wesen denken, und also z. B. sagen: *die Bäume tragen Früchte,* anstatt *die Früchte entstehen auf den Bäumen,* oder *es fruchtet auf den Bäumen.*

Nur im höchsten Notfalle bedient sich die Sprache der unpersönlichen Zeitwörter, wenn uns nehmlich z. B. selbst die nächste Ursach einer Veränderung oder Erscheinung in der Natur nicht einmal bekannt ist, wie bei den Erscheinungen, die man Geistern zuschreibt, wo man z. B. sagt: *es wandelt, es geht um,* u. s. w. und auf die Weise durch das unpersönliche *es* das *unbekannte etwas* bezeichnet, welches vor uns in Dunkelheit gehüllt ist.

So sagen wir auch, *es ist helle, es ist dunkel, es ist kalt, es ist warm,* u. s. w. und befestigen unsre Vorstellungen von *helle, dunkel, kalt,* und *warm* an dem unpersönlichen *es,* weil wir sonst nichts haben, woran wir sie befestigen könnten. Als man die Kälte zuerst empfand, war vermutlich nur ein einzelner Laut, wie z. B. *kalt,* dasjenige, womit man sie zuerst bezeichnete. Da man aber nachher von der Kälte *reden* wollte, so machte das Bedürfnis die Wirklichkeit der Kälte anzuzeigen, daß man das Wort *ist* hinzufügte. Weil man nun die Kälte selbst nicht sah und nicht hörte, sondern nur empfand, so betrachtete man sie als eine Eigenschaft, welche man irgend einem andern Wesen zuschreiben müsse, und da man ein solches nicht fand, so setzte man an die Stelle desselben das unpersönliche *es,* worunter man sich aber auch im Grunde weiter nichts, als die Kälte selber dachte.

Was nun von den unpersönlichen Zeitwörtern gilt, welche eine Veränderung oder Erscheinung *außer uns* in der Natur anzeigen, das gilt zum Teil auch von denen, welche Veränderungen und Erscheinungen *in uns* selber, entweder im Körper oder in der Seele, die nicht von unserm Willen abhängig sind, bezeichnen, und diese verdienen freilich in psychologischer Rücksicht, die meiste Aufmerksamkeit. – Wie fein ist z. B. die Grenzlinie zwischen den Ausdrücken *es scheinet mir, es deucht mir, es kömmt mir so vor,* u. s. w. und dem Ausdruck *ich glaube,* wo der Wille unsrer vorher schwankenden Meinung gleichsam noch den Ausschlag gibt, so, daß *glauben* etwas gewissermaßen von unsrer Willkür *abhängiges, scheinen, deuchten,* und *vorkommen* aber etwas von ihr *unabhängiges* zu sein scheint. –

So sagen wir auch nicht ohne Grund *es schläfert mich,* aber nicht *es schläft mich,* sondern *ich schlafe,* und betrachten das Schlafen als etwas, das von uns abhängt, das Schläfern hingegen, als etwas, wovon wir abhängen: denn wenn wir gleich nicht wider Willen schlafen werden, so kann es uns doch wider Willen schläfern. Auch können wir wohl sagen, *ich will schlafen,* aber niemals, *ich will schläfern.*

Wenn wir aber nun sagen, *es frieret mich, es hungert mich, es dürstet mich, es schläfert mich* u. s. w., so denken wir uns unter dem *es* eigentlich weiter nichts, als das Frieren, Hungern, Dürsten, und Schläfern selber. Allein dieses scheinet nicht bei den unpersönlichen Zeitwörtern einzutreffen, welche von uns unabhängige Verändrungen in unsrer Seele anzeigen: wir sagen z. B. *es freuet mich, es wundert mich, es gereuet mich, es schmerzt mich, es verdrießt mich,* und wir denken uns unter dem *es* nicht nur das *freuen, wundern, gereuen,* u. s. w. selber, sondern *dasjenige, was* uns freuet, wundert oder gereuet. Daher können wir auch das *es* bei diesen Wörtern nicht füglich weglassen: wir können wohl sagen, *mich hungert, mich dürstet,* aber was würde es heißen, wenn ich sagen wollte, *mich freuet, mich wundert,* ohne noch etwas hinzuzusetzen, was mich freuete oder wunderte.

Wenn ich also sage, *es freuet mich, daß mein Freund wieder gesund ist,* so ist der ganze Gedanke von der Wiederherstellung meines Freundes in dem *es* zusammengedrängt. Nun scheinet es zwar, als ob dieser Gedanke meine Empfindung des Freuens *hervorbrächte,* und das *es* also nicht ganz unpersönlich wäre; allein er bringt sie nicht eigentlich hervor, und ist nicht sowohl die Ursach als vielmehr nur der *Stoff* zu derselben. Denn der Gedanke an irgend eine Sache, die mit unsern Wünschen übereinstimmt, und unsre Empfindung der Freude sind eins, sie ist mit ihm zugleich in der Seele da, und der Gedanke selber scheint gleichsam mit ihr zusammen zu schmelzen.

In dem Ausdruck *es freuet mich,* denke ich mir unter dem *es* eine Gedankenreihe, welche erst in meine Seele *kömmt,* unter *mich* das ganze System der Gedanken, welche schon in meiner Seele *sind,* und unter *freuet* nichts als das Verhältnis zwischen beiden, wodurch in dem letztern Zusammenhang und Harmonie auf eine dunkle und plötzliche Art befördert, oder hergestellt wird.

Um aber *freuen* in ein persönliches Zeitwort zu verwandeln, müßte man die Silbe *er* hinzusetzen. *Erfreuen* kann mich wohl eine Person, aber nicht *freuen:* denn *freuen* zeigt die Empfindung der Freude selber, *erfreuen* aber zugleich ihre Hervorbringung an. Dasjenige, was einer Person begegnet, oder was sie tut, kann uns also wohl freuen, das heißt, es kann mit unserer Empfindung der Freude eins werden, weil es in uns aus einer Reihe von Gedanken besteht, die unsrer Freude Nahrung geben, oder der *Stoff,* nicht aber die Ursach, derselben sind.

Sollte uns die Person an und für sich selber freuen, so müßte sich auch der Gedanke an sie gleichsam in unsre Freude verwandeln können, wie denn dieses der Gedanke an ihre Handlungen wirklich tut; allein wir bemerken hier einen Widerstand. Dies kömmt vielleicht daher, weil zu der Freude eine Reihe von Vorstellungen gehört, und die Person, an und für sich selber, uns nur eine einzige Vorstellung gewähren kann. Und weil wir überdem auch die handelnde

5 Kraft von der Person nicht absondern können, so kann sich der Gedanke an dieselbe auch niemals in unsre Freude so verweben, daß er *ganz* in Empfindung überginge, und daß wir uns die Person nicht zugleich auch als die hervorbringende *Ursach* unsrer Freude denken sollten.

10 Ob wir aber gleich einen Widerstand finden, wenn wir sagen wollten, *du freuest mich, ich freue dich,* so finden wir doch keinen Widerstand zu sagen, *ich freue mich über dich.* Dieses heißt soviel, als, die Person, *über* welche ich mich *freue,* bringt eine Reihe von Gedanken in mir hervor, und das Verhältnis

15 dieser Gedanken gegen den Zusammenhang derer, die ich schon habe, ist es, was ich *Freude* nenne. Nun setze ich aber mich selber, oder mein eignes *Ich* an die Stelle der Gedanken, welche durch eine andre Person in mir hervorgebracht sind, und sage, *ich freue mich* u. s. w. *Ich freue dich* aber kann ich

20 deswegen nicht sagen, weil ich mein *Ich* wohl an die Stelle meiner eignen Gedanken und Empfindungen, nicht aber eines andern, setzen kann; um einen andern zu freuen, müßte ich mich in die Gedanken und Empfindungen desselben gleichsam verwandeln können.

25 Eben so ist es mit *schämen,* welches eigentlich auch ein unpersönliches Zeitwort sein sollte, weil es eine bloße dunkle Empfindung ohne Rücksicht auf die Entstehung oder Hervorbringung derselben anzeigt, wie es denn bei den Lateinern auch unpersönlich ist. Allein wir setzen ebenfalls

30 unser *Ich* an die Stelle der Gedanken, deren Verhältnis gegen andre Gedanken, eben dasjenige ist, was wir Scham nennen, und scheinen nun das Schämen, als *etwas von uns abhängiges* zu betrachten.

Ich schäme mich über mich selber, hieße daher so viel als: ich

35 selber bin die *Ursach* einer Reihe von Vorstellungen, die in mir entstehn, und deren Verhältnis gegen andre, die schon da sind, dasjenige ist, was ich Scham nenne; an die Stelle

dieser Vorstellungen aber setze ich *mich selber,* gleichsam als
ob dieselben *gegenwärtig mein ganzes Ich* ausmachten. – So
wenig wie wir nun einen andern *freuen,* das heißt, uns in seine
Empfindung der Freude verwandeln können, eben so wenig
können wir auch jemanden, wie uns selber *schämen,* oder so
unmittelbar, wie die Scham selber auf ihn wirken. Alles, was
wir tun können, ist, daß wir ihn *beschämen,* oder solche Gedanken in seiner Seele *hervorbringen,* deren Verhältnis mit
denen, die schon darin sind, Scham heißt. Wenn wir mehr
tun wollen, so müssen wir uns ganz in ihn *hineindenken,* daher
rührt vermutlich der bedeutungsvolle Ausdruck, *sich in der
Seele eines andern schämen.*

Daß wir unser *Ich* an die Stelle unsrer jedesmaligen lebhafteren Gedankenreihe setzen, scheinet auch sehr deutlich
in folgenden gewöhnlichen Ausdrücken zu liegen: *ich freuete mich schon in meinen Gedanken* darauf, *ich* wunderte mich
in *meinen Gedanken* darüber, u. s. w. – *wundern* ist aber ebenfalls ein Verhältnis einer Reihe von Vorstellungen, die erst in
meine Seele *kömmt,* zu dem ganzen Zusammenhang derer,
die schon darin *sind,* wie in folgender Darstellung von dem
Ausdruck, *es wundert mich, daß ich einen Wagen rasseln höre.*

es	wundert	mich
Eine Reihe von Vorstellungen, die erst in meine *Seele kömmt,* daß etwas wirklich geschehen sei oder geschiehet, daß ich z. B. jetzt einen Wagen rasseln höre.	Das Verhältnis zwischen dem, was unter *es* und *mich* begriffen ist, wodurch in dem letztern durch das erstre die Vorstellung von der Unmöglichkeit des Rasselns eines Wagens, ohngeachtet ihres *schwachen Zurückstrebens,* gänzlich *aufgehoben,* und in dem Zusammenhange aller meiner übrigen Vorstellungen eine augenblickliche nicht gewaltsame Veränderung hervorgebracht wird.	Der Zusammenhang aller übrigen Vorstellungen, die schon in meiner Seele *sind,* worin auch die befindlich ist, daß jenes, was geschiehet, nicht geschehen könnte oder würde, und daß es z. B. unmöglich sei, gerade zu dieser Zeit oder an diesem Orte einen Wagen rasseln zu hören.

Wenn ich also sage, *es gereuet mich,* so denke ich mir unter dem
es eine Reihe von Vorstellungen, welche durch die Erinne-

rung an eine Handlung in mir erzeugt werden, die für mich
von schädlichen Folgen ist, und die ich nach meiner Meinung füglich hätte unterlassen können, weil ich mir aller
dunkeln Bewegungsgründe zu derselben nicht mehr bewußt
bin: unter *mich* denke ich mir den Zusammenhang aller der
Vorstellungen, die schon in meiner Seele *sind,* und unter
gereuet, das Verhältnis zwischen dem *es* und *mich,* wovon das
letztre ein unwillkürliches Bestreben hat, das erstre aufzuheben, wenn es möglich wäre. – *Gereuen* ist aber ganz
außerordentlich auf mich selber eingeschränkt, denn nicht
einmal die Handlung eines andern kann mich *gereuen,* da sie
mich doch *freuen* und *wundern* kann: wir müßten uns notwendig in eines andern *Ich* verwandeln können, wenn uns eine
seiner Handlungen *gereuen* sollte.

Daß wir aber bei den unpersönlichen Zeitwörtern den
Zusammenhang aller unsrer Vorstellungen unter *mich* begreifen, ist sehr natürlich, weil dieser Zusammenhang eben
unser persönliches Bewußtsein, oder dasjenige, was wir unser *Ich* nennen, ausmacht. – Bei den körperlichen Empfindungen aber scheinet dieses *mich* eine dunkle Vorstellung
von dem ganzen Zusammenhange unsres Körpers zu enthalten, welcher auf mannigfaltige Weise zerstört, getrennt,
und wieder hergestellt werden kann; und so wie Verwundrung, Freude, u. s. w. bloß verschiedne Verhältnisse der
Gedanken gegeneinander sind, so ist auch zu vermuten, daß
alle körperliche Empfindungen, als Hitze, Frost, Hunger,
Durst, u. s. w. ebenfalls nichts, als die verschiednen Verhältnisse der körperlichen Teile gegeneinander sind, welche sich
auf mannigfaltige Weise einander aufzuheben, zu zerstören,
und wiederherzustellen suchen.

Da nun *hungern, dursten, frieren,* u. s. w. nicht sowohl Resultate von Gedanken, als vielmehr von gewissen Verändrungen in meinem Körper sind, deren nächste Ursach, oder
das *Verhältnis,* wodurch sie bewürkt werden, außer der Sphäre meines Bewußtseins liegt, so kann ich mir, wenn ich z. B.
sage, *es hungert mich,* unter dem *es* nichts weiter, als die Empfindung des Hungerns selber denken, und kann es folglich

auch ganz weglassen, und sagen, *mich hungert,* ohne daß mein
Gedanke von seiner Vollständigkeit etwas verliert. Freilich
würde die nächste Ursach der körperlichen Empfindungen,
die wir uns allenfalls unter dem *es* denken könnten, sich auch
mit ihnen *in eins verweben,* und wir würden dadurch nur eine
genauere Kenntnis von der wahren Beschaffenheit dieser
körperlichen Empfindungen erhalten, ohne auf eine würkende Ursach zu stoßen, welche sie hervorbringt.

Aus allen diesem erhellet, daß die unpersönlichen Zeitwörter das bezeichnen, was sowohl in unsrem Körper, als in
den innersten Tiefen unsrer Seele vorgehet, und wovon wir
uns nur dunkle Begriffe machen können; und daß wir durch
das unpersönliche *es* dasjenige anzudeuten suchen, was außer der Sphäre unsrer Begriffe liegt, und wofür die Sprache
keinen Namen hat. Eine Vergleichung der unpersönlichen
Zeitwörter mehrerer Sprachen würde daher gewiß in dieser
Rücksicht eine nützliche Beschäftigung sein.

Um aber noch einmal die feine Grenzlinie zu bemerken,
welche durch die unpersönlichen Zeitwörter zwischen den
willkürlichen und unwillkürlichen Verändrungen in der Seele
gezogen wird, wollen wir die Ausdrücke *ich denke,* und *es
dünkt mich* neben einander stellen. *Dünken* ist etwas, das sich
in uns selber und aus dem vorhergehenden Zustande unsrer
Seele entwickelt. Es bezeichnet eine dunkle Erinnerung,
oder ein dunkles unwillkürliches Urteil, dessen wir uns selber noch nicht recht bewußt sind, indem wir z. B. sagen, *mich
dünkt, Sie haben recht, oder mich dünkt, ich habe Sie irgendwo gesehen.*
Wir fällen hier nicht eigentlich das Urteil, sondern es ist
beinahe, als ob es sich selber fällte, und wir uns leidend dabei
verhielten. Wenn ich sage, *ich denke,* so ist es, als ob mein
Gedanke von mir selber oder von meiner Willenskraft bestimmt wird, sage ich aber, *mich dünkt,* so ist es, als ob ich von
meinem Gedanken bestimmt werde.

ZUR SEELENZEICHENKUNDE.

Weil es einigen Materialien, die ich zu dieser Rubrik gesammlet habe, noch an Vollständigkeit fehlt, so will ich sie
bis auf ein künftiges Stück versparen, und nur jetzt im Ganzen einiges niederschreiben, was ich aus eigner *Erfahrung*
hierüber sagen kann, und wovon ich schon in meinen *Aussichten zu einer Experimentalseelenlehre* Verschiedenes geäußert
habe.

Der Schulmann und der Erzieher haben vor vielen andern Gelegenheit, Beobachtungen über den Menschen anzustellen, weil bei Kindern die Verstellungskunst größtenteils noch nicht so weit, wie bei Erwachsenen gehet. Der
Erzieher hat den Vorzug, daß er seine Subjekte beständig
beobachten kann. Aber der Schulmann hat wiederum den
Vorteil der Mannigfaltigkeit der Subjekte.

Als ich vor vier Jahren meine Lehrstelle am grauen Kloster antrat, machte ich mir schon einen Plan, wie ich Beobachtungen bei meinen Schülern anstellen wollte. Man
sammlet tägliche Bemerkungen über das Wetter, dacht' ich,
und den Menschen sollte man dessen nicht wert achten? Ich
entschloß mich also, ein eignes Journal über verschiedne der
merkwürdigsten Köpfe zu halten, welches ich auch, freilich
mit vielen Unterbrechungen, die durch meine Lage verursacht wurden, fortgesetzt habe.

Mein Plan aber ist folgender: ich suche an einem jungen
Menschen, den ich zum erstenmale sehe, sogleich das Auffallende zu bemerken. Denn was uns oft beim ersten Anblick auffällt, das übersehen wir nachher schon leichter,
wenn wir mit dem Subjekte bekannter geworden sind, und
uns an sein Gesicht, seine Mienen, u. s. w. gewöhnt haben.

Freilich kann man sich beim ersten Anblick oft sehr in
einer Person irren, aber selbst dieser Irrtum hat nachher
seine Vorteile. Wenn man nur nicht gleich im Anfange etwas
festsetzt, sondern sich gleichsam erst einen ohngefähren
Grundriß zu seinen künftigen Beobachtungen zu entwerfen

sucht, der nachher noch immer wieder abgeändert werden kann. Auch kömmt dieses noch zu statten, daß man gegen denjenigen, welchen man zum erstenmale siehet, gemeiniglich weder ein gutes noch ein böses Vorurteil gefaßt hat, und also, in Ansehung der Unparteilichkeit, seinen Beobachtungen am besten trauen kann.

Das Unterscheidende in der Gesichtsbildung, das mit dieser etwa Übereinstimmende im Tone, im Gange, und jeder körperlichen Bewegung; Alter und Erziehung, in so fern ich von dem Stande seiner Eltern, oder aus andern Nachrichten auf dieselbe schließen kann, sind mir zuerst merkwürdig.

Dann werde ich erst das Zutrauen des jungen Menschen zu gewinnen suchen, um auf zweckmäßige an ihn zu richtende Fragen, aufrichtige und unzurückhaltende Antworten zu bekommen. Dies Zutrauen aber erwirbt oft ein Blick, eine Miene, ein Händedruck, wodurch das junge Herz eröffnet wird, daß der Mund reine ungeheuchelte Wahrheit spricht.

Ich gebe sehr aufmerksam auf sein Betragen Acht, wenn sich die Gelegenheit ereignet, ihm wegen Mutwillen oder Nachlässigkeit ernsthafte Verweise zu geben, oder ihm wegen seines Fleißes oder seiner Ordnung meinen Beifall zu bezeigen. Wie mancher besteht nicht in dieser letztren Probe, der die erstre glücklich überstanden hatte!

Wenn ich diese Bemerkungen ohngefähr eine Woche lang in mein Buch eingetragen habe, und sie dann zusammennehme, so kömmt oft gerade das Facit heraus, was ich nach wahrscheinlichen Gründen vorher vermutet hatte. Jeder befundne Irrtum aber wird mir eine heilsame Lehre auf die Zukunft.

Auf die Weise entwerfe ich mir zuweilen Tabellen von einigen der abstechendsten Charaktere, wo die Namen oben in einiger Entfernung nebeneinander stehen, und wo ich unter einem jeden die täglichen Bemerkungen eintrage. Es macht mir alsdann viel Vergnügen, diese Charaktere da nebeneinander figurieren zu sehen, und ihre Nüancen oft bis in die kleinsten körperlichen Bewegungen, und bis zum Mienenspiele zu verfolgen.

Ich zweifle nicht, daß viele Schulmänner und Erzieher, ähnliche und beßre Beobachtungen, und vielleicht auch nach einer bessern Methode, über einzelne Subjekte angestellt und niedergeschrieben haben. Wollten sich mehrere entschließen, ihre Beobachtungen zum allgemeinen Besten in diesem Magazine bekannt zu machen, so würde dasselbe auch in dieser Rücksicht für die Pädagogik äußerst wichtig werden, so wie dies denn die Erfahrungsseelenkunde überhaupt schon an und für sich selber ist.

Als vor einiger Zeit eine Schrift unter dem Titel *der Jugendbeobachter* erschien, freute ich mich sehr darauf, fand aber, daß sie gerade nicht eine einzige Jugendbeobachtung enthielt. Eine solche Schrift, die ihrem Titel entspräche, möchte auch wohl etwas schwerer zu schreiben sein, und es würden nicht leicht so viele Bände aufeinander folgen können.

Garve über die Prüfung der Köpfe verdient gewiß von jedem Jugendbeobachter fleißig studiert zu werden. – Zur Seelenzeichenkunde überhaupt ist *Lavaters Physiognomik* wohl nicht ohne Nutzen. *Engels Mimik* aber, wenn sie erscheinet, wird gewiß eine vortreffliche *Seelenzeichenlehre* sein.

Eine Sammlung mehrerer eigentlicher physiognomischer *Erfahrungen,* von dem Eindruck, welchen solche Personen zuerst auf uns gemacht haben, mit denen wir nachher genauer bekannt geworden sind, wäre vielleicht sehr nützlich.

ZUR SEELENDIÄTETIK.

Ohne zu dieser Rubrik für jetzt noch Tatsachen zu liefern, will ich es wagen, so wie bei der Seelenkrankheitskunde, einige Grundlinien eines *ohngefähren* Entwurfs in Ansehung der Seelendiätetik vorläufig zu entwerfen.

1) Weil der gesunde Zustand der Seele in der verhältnismäßigen Übereinstimmung aller Seelenfähigkeiten besteht, so muß auch das Hauptaugenmerk der Seelendiätetik sein, nicht etwa eine einzelne, sondern alle Seelenfähigkeiten, *ver-*

hältnismäßig gegeneinander, in dem möglichst vollkommnen Zustande zu *erhalten.*

Sie muß folglich vorbeugen, daß nicht eine Seelenfähigkeit auf Kosten der andern, die Einbildungskraft z. B. auf Kosten der Beurteilungskraft, die tätigen auf Kosten der vorstellenden, oder die vorstellenden auf Kosten der tätigen Kräfte, zu sehr angestrengt werden.

2) Die Seelendiätetik lehrt entweder, wie der gesunde Zustand der Seele erhalten, oder der kranke Zustand derselben zum Teil gemildert oder gehoben werden kann, und in diesem letztern Falle schlägt sie in das Fach der Seelenheilkunde, wovon sie sich nur darin unterscheidet, daß die letztre sich zur Heilung der Krankheiten der Seele *reeller* würkender Mittel, die erstre aber vorzüglich nur des Gesetzes der *Enthaltsamkeit,* in Ansehung des *zweckwidrigen* oder *unordentlichen Gebrauchs* irgend einer Seelenfähigkeit, bedient.

3) Weil jeder Mensch seinen eignen individuellen Seelengesundheitszustand hat, so setzt die Seelendiätetik eine genaue Kenntnis desselben voraus. Wer also fortdaurend glücklich zu sein wünscht, muß sich aus sorgfältigen Beobachtungen über sich selber, nach und nach seine *eigne* Seelendiätetik abstrahieren, und in dieser heilsamen Wissenschaft immer vollkommner zu werden suchen.

4) Was die Nahrung für den Körper ist, das sind die täglich zuströmenden Ideen für die Seele, und so wie der erstre mit dieser oder jener Art von Nahrungsmitteln überfüllt werden kann, so kann es auch die letztre mit dieser oder jener Art von Ideen. Da nun diese aber großenteils, nach dem Standorte in der Welt, welchen sich unsre Vorstellungskraft aussucht, von unsrer eignen Wahl abhängen, so ist es nicht unwichtig für einen jeden, durch wiederholte Erfahrungen zu lernen, welcher Zufluß von Ideen für ihn vorzüglich heilsam oder schädlich sei.

5) Da ohngeachtet aller Verschiedenheit die Naturen mehrerer Menschen sehr viele Ähnlichkeit miteinander haben können, so ist es vielleicht nicht unmöglich, durch *wechselseitige Mitteilung unsrer Erfahrungen,* einige allgemeinere

diätetische Regeln für die Seele zu erfinden, welche bei jedem einzelnen Subjekt ihre gewisse Wirkung täten.

Doch, dies sei genug! Und je allgemeiner, unbestimmter, und schwankender dasjenige ist, was ich jetzt gesagt habe, desto besser, glaub' ich, ist es. – Als Tatsache scheint einiges aus dem Aufsatze des *Herrn Jördens* hieher zu gehören, welchem es gelang, durch eine glücklich gewählte *Seelendiätetik,* die Schreckenbilder seiner Phantasie zu verbannen, und den zerstörten Frieden, und das Gleichgewicht in seiner Seele wieder herzustellen.

ZUR SEELENHEILKUNDE.

Der in die ganze Natur, in so manche Quelle, und in so manches Kraut heilenden Balsam legte, um den kranken, hinfälligen Körper zu stärken und wiederherzustellen, sollte der nicht auch eine Arznei geschaffen haben, für kranke, verwundete Seelen?

Wer suchte sie, und wer fand sie?

Der Du dieses Geheimnis besitzest, glücklicher Sterblicher, o sei nicht karg damit! Versammle die edelsten Menschen um Dich her, teile ihnen, wenn Du kannst, Deinen Geist und Deine Gabe mit, und sende sie umher in allen Landen, daß sie die tätigen und die forschenden Kräfte der Menschen aus ihrem Schlummer wecken, die Lahmen gehend, die Blinden sehend machen!

Wem es je gelungen ist, irgend eine Krankheit der Seele mit der Wurzel auszurotten, o der mache doch das unschätzbare Arzneimittel bekannt, wodurch ähnliche Krankheiten können ausgerottet werden! – Was war es, als *wechselseitige Mitteilung von Erfahrungen,* wodurch man endlich eine Heilkunde für den Körper fand, und warum fand man noch keine für die Seele?

Was sind das für bleiche, entstellte, von heimlichen Sünden gebrandmarkte Gesichter, worauf die Blüte der Unschuld in der Knospe verwelkt ist?

Sie wandeln vor meinen Blicken vorüber, und ihr Bild drückt sich tief in meine schwermutsvolle Seele, die Farbe der Jugend ist von ihren Wangen verschwunden – aus dem trüben Auge blickt keine Kühnheit, keine Entschlossenheit zu edlen Taten mehr hervor.

Ich will mein Antlitz verbergen, und weinen, daß der Mensch so entstellt ist – daß von seiner frühesten Jugend an das Gift in seine Adern schleicht, welches den Keim zu edlen Taten in ihm erstickt, seine Nerven erschlafft, und ihn unter das Joch der Sklaverei darnieder drückt.

Klagen will ich, daß der Mensch sich nicht mehr unterscheidet, von dem, was ihn umgibt; daß der blitzende Edelgestein ganz in Blei gehüllt ist, welches keinen einzigen seiner Strahlen mehr durchschimmern läßt – daß auch ich Weinender und Klagender den Wert der Menschheit so lange verkannt habe, und vielleicht noch verkenne, und nach einem eitlen Blendwerk trachte, das vor mir fliehet, und immer meine sehnlichste Erwartung täuscht.

Bin ich besser, als meine Brüder, daß ich sie beweine? – Spare deine Tränen für deinen eignen Kummer, und für dein eignes Weh! meinest du, dein Herz sei ganz rein von Verstellung, und deine Seele ganz rein von Arglist? – o fließt ihr Tränen, und wischt diese Flecken meiner Seele ab, wenn ihr könnt!

AUS EINEM TAGEBUCHE.

Am letzten Abend des 1781sten Jahres. Noch saust der Wind um meine Wohnung her, aber in meiner Seele fängt es wieder an, ruhig zu werden, nach den fürchterlichen Stürmen dieses Tages.

Nachdem ich ohne Streben, ohne Zweck, von einer Begierde zur andern hin und hergeworfen, beinahe vierzehn Tage durchlebt habe, fühl' ich plötzlich meinen Mut wieder gestählt, meine Hoffnungen wieder erweckt, die Krankheit meiner Seele geheilt.

Diese Erfahrung hab' ich nun schon so oft gemacht. Müssen denn Stürme die heitern Tage vorbereiten? Ist es nötig, daß durch so viele äußre und innre Demütigungen, die von Stolz und Eigendünkel angesteckte Atmosphäre der Seele zuweilen gereinigt wird, damit sie wieder freier atmen kann?

Es ist mir wirklich am Abend dieses Tages, als ob ich, ich weiß nicht wie, von einer schweren Krankheit genesen wäre.

WILLENSFREIHEIT.

Ich stand verschiedenemal auf einem hohen Turme, wo mir das Geländer bis an die Brust ging, und ich also vor dem Herunterstürzen völlig gesichert war: demohngeachtet aber fiel mir plötzlich ein schrecklicher Gedanke ein: wie wenn ich mich notwendig gedrungen fühlte, oben auf den Rand des Geländers zu steigen, und so herunterzuspringen!

Es wurde weiter nichts erfordert, als mein Wille, dies Vorhaben nicht ins Werk zu richten, und doch erfüllte mich dieser Gedanke mit Schaudern und Entsetzen, es war, als ob ich meiner eignen Willensfreiheit nicht trauete, oder mich vor meinem eignen Willen fürchtete; ich konnte den Zustand keine Minute länger ertragen, und mußte schnell herabsteigen.

Eben so ging es mir in jüngern Jahren zuweilen in der Kirche, wo ich mir das Aufsehen und die Unordnung lebhaft vorstellte, die daraus entstehen würde, wenn ich mitten während der Predigt anfinge laut zu reden; auf einmal war es mir so, als würde ich laut reden *müssen,* ich war darüber in der entsetzlichsten Furcht, und dieser Gedanke quälte mich oft die ganze Predigt über.

SPRACHE IN PSYCHOLOGISCHER RÜCKSICHT.

Das Pronomen Possessivum.

Die Vorstellungen von dem, was wir das *Unsrige* nennen, drehen sich beständig um die Vorstellung von unsrem eignen *Ich*. Die Kreise aber, in welchen sie sich um diese Vorstellung bewegen, sind so mannigfaltig und verschieden, als die Dinge, welche uns umgeben. Und der engste Kreis verliert sich sogar in dem Mittelpunkte selber, denn wir sagen *mein ich,* und fühlen keinen Widerspruch dabei, wenn wir *uns selbst,* als *etwas außer uns selber,* denken.

Die Präposition um.

Die deutsche Sprache bedienet sich der Präposition *um* figürlicher Weise, bei unkörperlichen Dingen, sehr häufig, und vielleicht nicht ohne Grund: denn da wir doch das Unkörperliche einmal mit dem Körperlichen vergleichen müssen, wenn wir es benennen wollen, so scheinet es, als ob die *Einschließung* oder *allseitige Annäherung und Berührung,* etwas sei, wovon wir oft in unsren Vorstellungen von dem Unkörperlichen etwas Ähnliches bemerken, das wir nicht schicklicher, als mit diesem Namen benennen können, da wir keinen eigentlichen dafür haben.

Überhaupt verdient es wohl eine eigne Untersuchung, warum man bei unkörperlichen Handlungen oder Gegenständen sich oft gerade dieser oder jener Präposition bedient, warum man z. B. sagt, *über eine Sache denken,* und nicht *in* oder *um eine Sache denken?* was der Unterschied zwischen *an, auf* und *über eine Sache denken,* für eine Ähnlichkeit mit dem Unterschiede der körperlichen Verhältnisse *an, auf* und *über* habe? u. s. w.

Diese Vergleichungen unkörperlicher Gegenstände mit den körperlichen müssen sich doch aus einem natürlichen

Gefühl bei den Erfindern und Anbauern der menschlichen Sprache herschreiben. Will man einwerfen, diese ersten Erfinder und Anbauer waren keine Philosophen, so konnte jenes erste starke noch durch keine Künsteleien verstimmte Gefühl, doch wohl den Mangel dessen ersetzen, was der Mensch erst lange nachher erfunden, und Philosophie genannt hat.

Wollte man also diesen einfachsten Vergleichungen in der Sprache weiter nachspüren, so wäre dies vielleicht ein Weg, selbst in das innere Wesen unsrer Vorstellungen von dem Unkörperlichen einzudringen: und welche fruchtbare Vergleichungen mehrerer Sprachen untereinander ließen sich nicht hierüber anstellen?

Ich habe in meinen Schriften über die deutsche Sprache, auch in dieser Rücksicht, schon verschiedene Versuche gemacht, die ich hier weiter auszuführen gedenke. Zu dem Ende will ich jetzt das Wesen der Präposition *um* oder vielmehr unsrer Vorstellung bei dem Wort *um,* etwas näher zu bestimmen suchen.

Der Begriff eines Cirkels ist einer der zusammengesetztesten und schwersten Begriffe, die wir haben. Man versuche es so lange man will, wenn man nicht auf dem Meere ist, sich *rund* umher nichts als Himmel und Wasser zu denken, und man wird bemerken, daß auf einer Seite, in unsrer Vorstellung immer noch ein Stück Land übrig bleiben wird, welches wir nicht daraus verbannen können. Unser Begriff von dem unendlichen Zirkel muß sich an etwas Endlichen festhalten, wenn er nicht verschwinden soll.

Wir sagen: *die Bäume stehen um das Haus,* und ob nun gleich diese Bäume *auf einmal* um das Haus her *sind,* so können wir sie uns doch nicht auf *einmal,* als um das Haus herstehend, denken, sondern müssen sie *in unsern Gedanken* gleichsam *fortrücken* lassen, bis sie das ganze Haus umgeben haben.

Dies kömmt daher, weil *um* ein zusammengesetzter Begriff ist, der aus den Begriffen von *hinter, vor, neben* u. s. w. besteht. Ehe ich mir also denken kann, daß die Bäume *um* das Haus stehen, muß ich mir erst vorher nacheinander gedacht haben, daß sie teils *vor,* teils *hinter,* teils *neben* dem Hause stehen.

Ein Cirkel mag nun gehend oder stehend beschrieben werden, so kann ich ihn mir doch nicht *auf einmal* denken; denn wenn er an sich auch noch so stille steht, so muß er sich doch immer durch meine Vorstellung *bewegen,* oder er muß vielmehr erst in derselben durch eine Folge mehrerer Begriffe entstehen.

Eine Reihe von Personen, die um mich her *steht,* beschreibt eben sowohl einen Cirkel, als eine einzelne Person, die um mich her *geht,* indem die Reihe die *Bewegung* der einzelnen Person durch ihre *Ausdehnung* ersetzt: ob nun gleich diese Reihe von Personen zugleich *vor* mir, *hinter* mir, und *neben* mir, schon wirklich befindlich ist, so beschleunigt doch dieses meine Vorstellung von dem Cirkel, den sie beschreibt, eben so wenig, als ob sie erst nach und nach dahin kämen.

Daß man sich auf die Weise ohne Widerspruch eine Bewegung in der Ruhe denkt, ist ein sonderbares Erfordernis der Eingeschränktheit unsrer Vorstellungskraft: so sagen wir, *eine Reihe von Menschen steht den Berg hinauf,* wie, *ein Mensch geht den Berg hinauf.* Mit dem Begriff *hin* ist notwendig Bewegung, so wie mit *stehen* Ruhe verknüpft. Allein die *Bewegung* der einzelnen Person wird hier ebenfalls durch die *Ausdehnung* der ganzen Reihe ersetzt, die ich nun in meinen Gedanken, so wie die einzelne Person fortrücken lasse.

Eben so wie sich der *Standort* einer einzelnen Person, die den Berg hinauf geht, alle Augenblick verändert, so verändert sich auch der *Standort* der ganzen Reihe, indem ich sie mir denke. Das macht die ganze Reihe findet eigentlich nirgends, als in meiner Vorstellung statt: nun kann ich aber den Begriff von der Reihe *auf einmal* umfassen und festhalten, weil er aus dem besteht, was die Menschen, die ich sehe, *Ähnliches* miteinander haben; aber den Begriff von dem *Standorte* der Reihe kann ich nicht so *mit einemmale* umfassen und festhalten, weil er aus demjenigen besteht, wodurch sich alle die Menschen, die ich vor mir sehe, sie mögen sich sonst so ähnlich sein, wie sie wollen, voneinander *unterscheiden.*

Der Begriff von dem *Standorte* der Reihe muß sich also durch den Begriff von der Reihe selber gleichsam hindurch *bewegen,* und muß durch diese Bewegung demselben nachgeholfen werden. So wunderbar tönen unsre Ideen ineinander, und die anscheinenden Mißlaute lösen sich in Harmonie auf.

Doch nun wieder zur Präposition *um.* Sie ist, wie wir gesehen haben, gleichsam die Summe oder das Resultat von verschiednen andern Präpositionen, auf die wir daher auch jetzt einen Blick werfen, und uns einen allgemeinen Begriff davon bilden müssen.

Der Mensch drückt in der Sprache der ganzen Natur sein Bild auf. Und die Begriffe von *auf, an, unter,* u. s. w. sind höchstwahrscheinlich zuerst vom *menschlichen Körper* hergenommen, und bezeichnen die drei Haupterscheinungen in der Körperwelt, *Annäherung, Berührung,* und *Verlassung.*

Oben und *Unten* sind bloß von unserm Körper hergenommene Begriffe; denn wenn wir auf dem Kopfe gingen, so würde uns das oben sein, was uns jetzt unten ist. Wir bezeichnen daher die *Kopfberührung* durch *auf,* die *Seitenberührung* durch *an,* und die *Fußberührung* durch *unter:* die *Kopfannäherung* durch *über,* die *Seitenannäherung* durch *bei* oder *neben,* und die *Fußannäherung* eben so wie die Berührung auch durch *unter,* vermutlich weil wir mit den Füßen fast immer etwas berühren. Die *Verlassung* zu bezeichnen haben wir nur zwei eigentliche Präpositionen *von* und *aus.*

Zur allgemeinen Übersicht hiervon dienet beiliegende Tabelle* von den *deutschen Präpositionen,* auf die ich mich öfter beziehen werde, und mich auch jetzt in Ansehung der Präposition *um* beziehe, welche die *Annäherung oder Berührung aller Horizontalseiten,* oder *aller möglichen Seiten einer Person oder eines Dinges* bezeichnet: wenn ich also die Begriffe *auf, an, unter, hinter, vor,* oder *über, bei, unter, hinter, vor,* zusammenrechne, so wird die Summe derselben der Begriff *um* sein.

Um zeigt schon einen weit stärkern Grad der Berührung oder Annäherung an, als *auf, an, unter,* u. s. w., weil es die Annäherung oder Berührung *aller* auswendigen Seiten eines

---

* ⟨siehe Kommentar S. 1338 f.⟩

Dinges bezeichnet. Aber ein höherer Grad der Berührung läßt sich nicht denken, als wenn etwas *alle* Seiten eines Dinges zugleich berührt, und wieder von *allen* diesen Seiten zu gleicher Zeit berührt wird. Und diese reciprokalische Berührung ist es, welche durch *in* ausgedrückt wird. Daher scheint es auch zu kommen, daß die *Verlassung* in diesem Falle durch ein eignes darzu bestimmtes Wort, nehmlich durch *aus* bezeichnet wird, da sie in allen übrigen Fällen nur durch *von* oder durch Umschreibungen ausgedrückt werden kann.

Da wir nun die Präposition *um* nach ihrer Natur und ihrem Standorte unter den übrigen Präpositionen betrachtet haben, so wollen wir noch auf einige Fälle aufmerksam sein, wo man sich ihrer zur Bezeichnung des Unkörperlichen bedienet. Wenn wir uns die fortdaurende Richtung einer Handlung auf einen bestimmten Zweck vorstellen wollen, so denken wir uns diesen Zweck als den *Mittelpunkt,* um welchen sich unser Handeln drehet, und so umschreibt in unsrer Vorstellung immer ein Kreis den andern, oder einer wird wieder der Mittelpunkt des andern, wenn wir z. B. sagen: *ich lerne, um weise zu werden; ich höre, um zu lernen; ich schweige, um zu hören;* u. s. w. so lange meine Handlung *fortdauert,* erreiche ich den Zweck nicht, aber ich bleibe immer in gleicher Richtung auf denselben, wie der Kreis auf seinen Mittelpunkt.

Der Zweck, *warum* ich etwas tue, ist ein Gedanke in mir, um welchen sich meine Handlung gleichsam, wie ein Rad um seine Axe bewegt, das ohngeachtet dieser gleichförmigen Bewegung dennoch fortrückt. Wenn ich also sage, *ich gehe, um das Haus zu sehen,* so drehet sich *gehen* immer um die Vorstellung von *sehen,* demohngeachtet aber behält es auch die Richtung nach dem äußren Gegenstande, als dem Hause, das ich sehen will.

Auf die Art bewegen sich alle unsre Handlungen um einen gewissen Endzweck oder Vorsatz, der die innere Grundlage ihrer Bewegung ist, und ihnen zugleich ihre Richtung nach irgend einem Gegenstande gibt, der wenigstens außer demjenigen Umkreise liegt, welchen sie umfassen, derselbe mag nun übrigens außer uns oder in uns sein.

Aus der Präposition *um,* in diesem letztern Verstande genommen, scheinet auch die Frage *warum* entstanden zu sein,
welche sich bei allem, was wir denken unsrer Seelen auf-
dringt, weil sie ein notwendiges Bedürfnis des Denkens ist.
Denn sie ist gleichsam der Mittelpunkt unsrer Vorstellungen, nach welchem sich alle unsre Gedanken hinsenken, und
in welchem sie zusammentreffen.

Eben so wenig wie ein Stein sich in der Luft erhalten
kann, eben so wenig können wir einen Gedanken in unsrer
Seele schwebend erhalten, so daß er sich zu keinem *Warum*
heruntersenken sollte, auf dem er ruhen könnte.

Je schwerer uns freilich der Gedanke ist, desto länger wird
er auch rollen müssen, ehe er einen festen Ruhepunkt findet, und der, den er gefunden hat, wird oftmals unter ihm
einsinken, so daß er vermöge seiner ihm eigentümlichen
Schwere sich immer tiefer heruntersenken muß, bis er endlich oder niemals einen festen Grund findet, der ihn tragen
kann.

FORTGESETZTE BEOBACHTUNGEN ÜBER EINEN TAUB- UND STUMMGEBORNEN.

Da ich wegen meiner fortdaurenden Kränklichkeit meine
Versuche mit diesem Taubstummen, nicht, wie ich wünschte, fortsetzen können, so bin ich wenigstens aufmerksam auf
seine Handlungen und auf die pantomimische Äußerung
seiner Gedanken gewesen, um daraus auf die Denkart eines
solchen Menschen weiter zu schließen.

Ich habe schon von ihm angeführt, wie außerordentlich
wahr und richtig seine Erinnerung des Vergangnen, wie
stark seine Einbildungskraft, und wie gut seine Beurteilungskraft ist: nachher aber habe ich auch zu meiner größten
Verwunderung bemerkt, daß er fast alle Religionsbegriffe
von Gott und Christo, und selbst religiöse und andächtige
Empfindungen dabei habe.

So lange ich ihn kenne, hat er beständig einen großen Haß

gegen die Juden bezeigt, den ich mir anfänglich nicht erklären konnte, bis er einmal gegen einen, der mich besuchte, erstaunlich aufgebracht war, und durch Ausbreitung der Arme, wie bei einem Cruzifix, und sehr genaue Bezeichnung der fünf Wunden Jesu, sehr deutlich ausdrückte, daß Christus von den Juden gekreuziget sei. Er bildete darauf mit den Fingern eine Figur von zwei Hörnern auf seinem Kopfe, und drückte durch Pantomime aus, indem er nach dem brennenden Feuer im Ofen wies, daß der Teufel die Juden in die Hölle führen würde.

Dieses mußte ihm natürlicher Weise von seinen Eltern oder andern Leuten in der Kindheit durch Zeichen beigebracht sein. Aber nun wollte ich untersuchen, ob er auch wohl einen Begriff von Sünde oder Unrecht im religiösen Verstande habe, und zeichnete ihm in dieser Absicht ein Cruzifix aufs Papier, wo ich an dem Kopfe Hörner, und an Händen und Füßen Krallen anbrachte, mit welchen er sich nehmlich den Teufel vorstellte.

Sein Abscheu dagegen war unbeschreiblich. Er sahe mich starr und mit Entsetzen an, und das erste, was er tat, war, daß er diese Hörner und Krallen, wovon die Dinte noch naß war, so geschwind er konnte, wieder auswischte, gleichsam, als ob er den Anblick nicht länger ertragen könnte. Indem er auf mich wies und einen Bart bezeichnete, äußerte er, ich sei wohl selbst ein Jude, oder doch so schlimm wie ein Jude.

Er erzählte dieses sogleich mit eben den verabscheuenden Gebärden meiner Aufwärterin wieder, und seitdem äußert er auch beständig großen Zweifel an meiner Seligkeit. Diese bezeichnet er, indem er die Arme wie Flügel leicht emporschweben läßt, und dabei eine heitre, lächelnde Miene annimmt; da er hingegen die Verdammnis auf vorerwähnte Art durch die Gestalt des Teufels, der die Seele in seine Klauen faßt, und sie in den feurigen Ofen wirft, bezeichnet.

Frage ich ihn nun durch Zeichen, ob er wohl glaube, daß ich selig werde, so will er mich zwar nicht geradezu verdammen, aber er schüttelt doch mit dem Kopfe, und malt ein Cruzifix aufs Papier, wobei er er alsdann die Hörner und Krallen, die ich dazu gemalt, zwar mit der Feder über dem Papier bezeichnet, aber es nicht wagt, das Papier mit der Feder wirklich zu berühren, und nur einen Zug davon zu entwerfen. Die Miene, die er dabei macht, ist aus Verwunderung, Andacht und Abscheu zusammengesetzt.

So hält er auch den Selbstmord für eine große Sünde. Denn indem ich einmal in seiner Gegenwart mich stellte, als ob ich mir ein Messer in die Brust stoßen wollte, so suchte er mich durch sehr ernsthafte Mienen und Gebärden davon abzuhalten, indem er mir zugleich bezeichnete, daß mich gewiß der Teufel holen und mit Füßen zertreten würde, sobald ich auf die Weise stürbe.

Ich stellte mich darauf, wie einer, der vor Krankheit auf dem Bette stirbt, um ihn zu fragen, was denn mit mir geschehen würde, worauf er nach seiner Art zu verstehen gab, daß ich alsdenn wohl selig werden könnte. Dies war noch vorher, ehe ich die Hörner und Krallen gemalt hatte.

Wenn er glaubt, daß ihm selber Unrecht geschieht, und er sich nicht rächen kann, so zeigt er gen Himmel, und macht mit der Hand eine Bewegung, wie der Donner allmählich herankommen, alsdann seinem Beleidiger plötzlich auf den Kopf fahren, und ihn töten, oder wie Gott ihn mit seinem Donner totschlagen werde. Dies ist seine ernsthafteste Äußerung von der Bestrafung des Unrechts: bei geringeren Veranlassungen begnügt er sich damit, daß er dem, der ihn beleidigt, ein paar Hörner vormacht, als ob er sagen wollte, der Teufel werde ihn schon früh genug holen.

Die erste ernsthafte Äußerung pflegt er auch zu machen, wenn ein Stück Brot mutwillig an die Erde geworfen, oder damit gespielt und Kugeln davon gemacht werden, welches er ebenfalls für eine der größten Sünden hält.

Bedeutet man ihn, er werde wegen seiner eignen Sünden auch verdammt werden, so gibt er zu verstehen, daß er ja nicht hören könne, und daß sich Gott deswegen sein erbarmen, und ihn selig machen werde.

Dies geschahe auch einmal bei der Gelegenheit, wo er mir durch Zeichen vorwarf, daß ich nicht so fleißig in die Kirche ginge, wie meine Aufwärterin, sondern während der Zeit andre Geschäfte triebe; daß er selbst aber nicht hineinginge, entschuldigte er damit, weil er nicht hören könne.

Übrigens sind ihm auch viele abergläubische Begriffe von Hexen u. d. gl. beigebracht. Er weiß z. B. sehr genau, wenn die Hexen in der Walpurgisnacht auf den Blocksberg reiten; und hierbei habe ich eben zuerst gefunden, daß er einen sehr richtigen Kalender im Kopfe hat: denn den Abend vor dem ersten Mai beschrieb er zu meiner großen Verwunderung alle Türen und Eingänge mit Kreuzen, ohne daß ihm, wie ich gewiß weiß, irgend jemand ein Wort von der bevorstehenden Walpurgisnacht gesagt hatte.

Eben so bezeichnete er mir auch nachher, wenn es Ostern, Pfingsten, oder Himmelfahrtstag war. Es wäre doch wirklich viel, wenn er einen Tag nach dem andern zählte und sich merkte, und nun die ganze Reihe dieser vergangnen Tage im Gedächtnis behielte, wie es doch beinahe der Fall sein muß, wenn er wirklich eine Art von Kalender im Kopfe hat. Auch kann er an dem Standpunkte der Sonne sehn, was die Uhr ist, und trifft dies gemeiniglich sehr richtig.

Wenn er bezeichnen will, daß er etwas wisse oder nicht wisse, so zeigt er mit dem Finger auf die Stirne, wobei er entweder mit dem Kopfe nickt oder schüttelt. Es sieht possierlich aus, wenn er bedeuten will, daß einer verrückt sei, alsdann zeigt er ebenfalls mit dem Finger auf die Stirne, und macht dabei eine sonderbare verwirrte Miene.

Einmal hatte er sich oder jemand anders ihm in den Kopf gesetzt, daß mir der König jährlich 30 Rtlr. für ihn bezahlte; bis ich ihm diese Vorstellung aus dem Kopfe brachte, glaubte er beständig Unrecht zu leiden. Seine Kleidung, Essen, nichts war ihm gut genug, und er hatte mich bei jeder Gelegenheit im Verdacht, daß ich das Königliche Geld unterschlüge, und er darüber leiden müsse.

Gegen den König bezeigt er sehr viel Respekt. Wenn man ihm allerlei Fragen tut, was er werden will, und ihn unter andern, durch einen großen Stern, den man auf die Brust zeichnet, frägt, ob er etwa König werden wolle, so macht er dabei eine Miene, wie bei einer delikaten und gefährlichen Sache, und bezeichnet, daß ihm alsdann der Kopf werde vor die Füße gelegt werden.

Als das erste Stück dieses Magazins herausgekommen war, so zeigte ich ihm seinen Namen in demselben, den er wegen der Ähnlichkeit der gedruckten mit den geschriebnen Buchstaben sogleich erkannte, und dies tat eine ganz außerordentliche Wirkung auf ihn. Allen, die er kannte, zeigte er mit Verwundrung und Freude seinen Namen in einem gedruckten Buche. Ich bezeichnete ihm nun, daß einige Seiten bloß von ihm handelten, und er fand auch hier die Buchstaben b, d, f, u. s. w., die er zuerst hatte aussprechen lernen, besonders gedruckt, dies vermehrte noch seine Verwunderung. Als ich ihm aber am Ende des Aufsatzes die Wörter *stolz* und *neidisch* erklärte, und bezeichnete, daß sie ebenfalls auf ihn gingen, so war nun seine Ärgerlichkeit hierüber eben so groß, als vorher seine Freude darüber, daß er seinen Namen gedruckt sah.

Sobald das zweite Stück dieses Magazins herauskam, und er es bei mir auf dem Tische liegen sahe, blätterte er es gleich sehr sorgfältig durch, um zu sehen, ob er wiederum seinen Namen darin finden würde.

SPRACHE IN PSYCHOLOGISCHER RÜCKSICHT.

Um uns ein für sich bestehendes Ding, als wirklich außer unsrer Vorstellung zu denken, ist es nicht hinlänglich, seine Beschaffenheiten zu bezeichnen, die *in* oder *an* demselben befindlich sind, sondern wir müssen auch die Dinge benennen, welche *um* dasselbe her sind, damit es Festigkeit erhält, und nicht in die Luft zerflattert.

Alles dasjenige z. B. was wir *mit* einem Baume, und *um* ihn her, zu gleicher Zeit erblicken, gibt dem Baume erst seine Wirklichkeit *außer* unsrer Vorstellung, und macht es uns gewiß, daß derselbe kein Blendwerk und kein Geschöpf unsrer Einbildungskraft ist. Das kömmt daher, weil der Zusammenhang der Dinge ihnen erst Wahrheit geben muß.

Wir sehen aber hieraus, wie nötig es ist, daß die Sprache nicht nur die innern Beschaffenheiten eines wirklich für sich bestehenden Dinges, sondern auch vieles außer demselben, benenne, wenn es seine Wirklichkeit außer unsrer Vorstellung erhalten soll.

Dasjenige, woran sich nun alle unsre übrigen Vorstellungen fest halten, sind erstlich die Vorstellungen von gewissen sehr auffallenden und in ununterbrochener Ordnung wiederkehrenden Veränderungen in der Natur, die wir *Zeit* nennen: dies sind die Abwechselungen zwischen Tag und Nacht, zwischen den Jahrszeiten u. s. w.

Alles was wir in unserm Leben erfahren, pflegen wir an die Vorstellung von irgend einer solchen Abwechselung in der Natur anzupassen, die wir *Tag, Nacht, Morgen, Abend, früh, spät, Sommer, Frühling* u. s. w. benennen. Daher kömmt es nun, daß wir alle Begebenheiten und Erfahrungen unsers Lebens nach der Reihe überschauen können, die sonst ein Labyrinth für uns sein würden, aus welchem wir uns nicht herausfinden könnten.

Wenn es heißt, *jetzt war die Hütte gebauet,* so sieht man leicht, daß *jetzt* weder eine Beschaffenheit der Hütte noch des Bauens anzeigt, sondern einen äußern Umstand, nehmlich einen gewissen Zeitpunkt, woran sich unsre Vorstellung festhalten muß, wenn wir uns die Vollendung der Hütte als wirklich denken wollen.

Solcher Wörter wie *jetzt* gibt es nun mehrere, die sich aber größtenteils in Hauptwörter auflösen lassen, als *jetzt (in dieser Zeit) heute (an diesem Tage)* u. s. w.

Mit diesem Begriff von der Zeit ist der Begriff von der Zahl auf das genaueste verwandt: indem es heißt, *er lächelte noch einmal und starb,* so denke ich mir unter *mal* ebenfalls einen gewissen Zeitpunkt, woran sich meine Vorstellung von seinem Lächeln festhält, *ein* aber schreibt dem Lächeln seine Grenzen vor, daß es nicht öfter wiederholt wird; *oft* hingegen würde diese Grenzen der Wiederholung ganz unbestimmt gelassen haben.

Die regelmäßige Wiederholung einer und eben derselben Verändrung in der Natur, nach einer eben so regelmäßigen Unterbrechung, war es, welche den Begriff von Zahl zuerst erweckte: wäre die Unterbrechung nicht gewesen, so würde alles in eins geflossen sein.

Unsre Vorstellungen von den wirklichen Dingen müssen sich ferner an dem Begriffe des *Ortes* festhalten: dieses ist ein großer Begriff, welcher jedesmal die Vorstellung von der ganzen Welt in sich faßt. Wenn es von der Hütte heißt, daß sie neben einem Bache stand, so hört unsre Vorstellung da nicht auf, sondern wir müssen dem Bache wiederum neben etwas andern seinen Platz anweisen, und das geht so fort, bis wir mit unsern Gedanken die ganze Welt und den Zusammenhang aller Dinge umfaßt haben, und nun in diesem Zusammenhange aller Dinge, auch der Hütte ihren wirklichen Platz anweisen.

Indem wir sagen, *die Hütte steht da,* so schränken wir sie grade auf den Raum ein, den sie einnimmt, eben so wie wir bei *jetzt* dasjenige, was geschiehet, gerade auf den kleinen Zeitpunkt einschränken, worin es wirklich geschiehet, und uns demohngeachtet den Zusammenhang alles Vergangnen und Zukünftigen dabei vorstellen müssen, worin wir uns dasjenige, was jetzt geschiehet, allein als wirklich denken können. – *In den kleinsten Wörtern der Sprache ruhen oft die erhabensten Begriffe.*

Die kleinen Wörter, welche einen Ort im Allgemeinen bezeichnen, lassen größtenteils sich ebenfalls sehr leicht in Hauptwörter auflösen, als *dort (an dem Orte) fort (von dem Orte)* u. s. w.

Endlich müssen sich alle unsre neuen Vorstellungen an unsern eignen Vorstellungen festhalten, die schon in unsrer Seele sind, und nur im Zusammenhange mit denselben bekommen sie *Wahrheit:* nun werden aber die verschiedenen Verhältnisse unsrer Vorstellungen gegeneinander durch mancherlei Wörter ausgedrückt, die also wiederum keine Beschaffenheiten der Dinge anzeigen. Wenn es also heißt,

> die Hütte wird *gewiß* einstürzen,
> die Hütte wird *vielleicht* einstürzen,
> die Hütte wird *nicht* einstürzen,

so bezeichnen die Wörter *gewiß, vielleicht* und *nicht* weder die
Beschaffenheit der Hütte, noch die Art ihres Einstürzens,
sondern das jedesmalige Verhältnis der ganzen Vorstellung
von dem Einstürzen der Hütte, gegen eine andre Vorstellung, die schon vorher in der Seele war, die aber hier nicht
besonders ausgedrückt wird. Diese nicht ausgedrückten
Vorstellungen, wodurch die Ausdrücke *vielleicht, gewiß* und
nicht veranlaßt werden, könnten vielleicht folgende gewesen
sein:

> die Hütte *ist* baufällig,
> die Hütte *kann* gestützt werden,
> die Hütte *soll* gestützt werden.

Durch die erste von diesen drei Vorstellungen ward die Idee,
daß die Hütte gewiß einstürzen würde, bestärkt, und diese *Bestär-
kung* ward durch *gewiß* ausgedrückt, welches beinahe so viel
heißt, als *ich weiß es:* durch die zweite ward die Vorstellung
von dem Einstürzen der Hütte *schwankend* gemacht, und
dieses *schwankende Verhältnis* wird durch *vielleicht* ausgedrückt,
welches so viel heißt, als *es kann sein;* durch die dritte Vorstellung wird die Idee, daß die *Hütte* einstürzen sollte, als
unmöglich dargestellt: denn wenn sie gestützt wird, wird sie
stehen bleiben; da nun aber die Vorstellungen, daß sie stehen bleiben, und daß sie einstürzen soll, nicht nebeneinander bestehen können, so wird die letztere von der erstern
aufgehoben, und diese *Aufhebung* wird nun durch *nicht* ausgedrückt. *Nicht ist also eigentlich ein Ausdruck dessen, was wir
dunkel dabei empfinden, wenn eine Vorstellung, die erst in unsre Seele
kömmt, sich nicht in den Zusammenhang aller übrigen paßt, die schon
darin sind.* Durch das Wort *nicht* können wir uns also den
Irrtum, unbeschadet der Wahrheit, denken, indem wir ihn in
eben dem Augenblicke wieder aufheben, da wir ihn festsetz-
ten.

Die Art, wie nun eine Vorstellung, oder eine Reihe von
Vorstellungen, die andre in unsrer Seele entweder ganz oder

zum Teil aufhebt, festhält, bestärkt oder zernichtet, wird durch mehrere solche kleine Wörter, als *aber, und, auch, denn, wie* u. s. w. bezeichnet.

Diese kleinen Wörter bezeichnen eigentlich keinen Gegenstand in der ganzen Welt, und auch nicht einmal den Zusammenhang der Gegenstände, sondern bloß die Art des Zusammenhangs unsrer Vorstellungen, die wir uns von den Gegenständen außer uns machen. Man kann also auch von ihnen nicht einmal sagen, daß sie Zeichen irgend einer Vorstellung in uns selber wären: demohngeachtet aber sind sie in der Sprache äußerst wichtig, weil sie erst Wahrheit in unsere Gedanken bringen helfen, indem diese dadurch auf mancherlei Weise eingeschränkt und bestimmt werden, bis sie in den Zusammenhang aller unsrer übrigen Vorstellungen passen.

Wie oft müssen wir daher nicht zu diesen Wörtern unsre Zuflucht nehmen, insbesondre wenn wir über eine Sache urteilen, weil wir dann eine jede einzelne Vorstellung nach dem Zusammenhange aller übrigen einzuschränken und zu bestimmen suchen müssen.

In einer Erzählung kommen diese Wörter nicht so oft vor, weil darin mehr der Zusammenhang der Dinge *außer* uns, als der Zusammenhang der Vorstellungen *in* uns, dargestellt werden soll.

Das passende Verhältnis einer Vorstellung in den Zusammenhang aller übrigen, oder dasjenige, was wir die *Wahrheit* derselben nennen, bezeichnen wir nun im Allgemeinen durch das Wort *ist.* Und so wie wir bei dem Worte *da* die ganze nebeneinander bestehende Welt, und bei dem Worte *jetzt* die ganze Reihe aller aufeinander folgenden Zeiten, mit unsern Gedanken umfassen mußten, so müssen wir nun auch bei dem Worte *ist* jedesmal den ganzen Zusammenhang unsrer Vorstellungen überschauen, um denjenigen, die wir uns als *wahr* denken wollen, ihren gehörigen Platz unter denselben anzuweisen.

Dasjenige also, was wir durch das Wort *ist* bezeichnen, enthält den ganzen Grund unsres Denkens, und in so fern die Sprache ein Abdruck unsrer Gedanken ist, enthält wiederum das Wort *ist* den ganzen Grund der Sprache.

Die Fugen des Verbums, wodurch es sich nach dem Substantivum richtet, sind im Deutschen in der einfachen Zahl die Buchstaben *e, st* und *t,* und in der mehrfachen *n* und *t,* indem wir z. B. sagen, *ich liebe, du liebest, er liebet, wir lieben, ihr liebet, sie lieben.*

Sage ich, *du liebest,* so verstärkt das *st* gleichsam meine Vorstellung von der Handlung des Liebens durch die Bezeichnung ihrer *Wirklichkeit,* indem ich mir eine Person dabei vorstelle, die ich anrede, und die wirklich der Urheber dieser Handlung ist, wovon ich rede, so daß ich die Person und die Handlung nicht voneinander trennen kann.

Sobald ich mir aber in der Anrede die *Wirklichkeit* von der Handlung hinwegdenke, fällt auch das *st* weg, und ich sage im befehlenden Tone, *liebe du,* und nicht, *liebest du,* weil die Handlung des Liebens durch meinen Befehl erst *wirklich* werden soll, aber es noch nicht ist; so sage ich, *du gibst;* aber im befehlenden Tone, wo das Geben noch nicht wirklich geschieht, sage ich, *gib!*

Sage ich nun, *er liebet,* so bezeichnet das *t* ebenfalls eine Wirklichkeit der *Handlung,* aber nicht mit solchem Nachdruck, wie das *st,* weil ich hier keine Person *anrede,* sondern nur *von* einer Person rede, die der Grund desjenigen ist, was ich rede, und die ich gleichsam in einem schwächern Lichte betrachte, als die Person, welche ich anrede.

Denke ich mir aber die *Wirklichkeit* von der Handlung hinweg, und wünsche ich z. B. bloß, daß dieselbe geschehen möge, so fällt auch hier das nachdruckvolle *t* weg, und ich sage anstatt, *er geht,* oder *er kömmt,* bloß, *er gehe!* oder, *er komme!*

Daß aber *st* und *t* die *Wirklichkeit* bezeichnen, scheinet daher zu kommen, weil sie verursachen, daß die Stimme länger auf dem Worte ruhet, und am Ende gleichsam noch einen gewissen Stoß oder einen Nachdruck darauf setzt.

Wenn wir aber von uns selber reden, so scheinet es, als ob wir es für überflüssig halten, die *Wirklichkeit* desjenigen, was wir von uns *selber* reden, oder dessen wir uns selbst schon hinlänglich *bewußt* sind, noch besonders zu bezeichnen; da-
5 her sagen wir, *ich liebe,* indem wir bloß ein *e* hinzusetzen, oder von *lieben* das *n* wegwerfen, wodurch sonst eigentlich die Wirklichkeit aufgehoben wird: denn wenn ich sage, *das Lie-ben,* oder zu *lieben,* so nenne ich beinahe bloß den Namen einer Handlung, ohne mir dabei vorzustellen, daß sie *wirklich*
10 *geschiehet.*

Demohngeachtet aber heißt es nun in der mehrfachen Zahl, *wir lieben, ihr liebet* und *sie lieben:* eigentlich sollte es heißen, *wir liebent,* und *sie liebent,* wie man es auch in alten deutschen Schriftstellern findet; allein der Begriff von der
15 *Mehrheit* pflegt gern die die übrigen Begriffe zu verdrängen, und das ist auch hier der Fall; weil die Handlung nicht einer einzigen Person, sondern mehrern zugeschrieben wird, so denkt man sich auch ihre *Wirklichkeit* nicht so genau und bestimmt, als ob sie nur einer einzigen Person wirklich zu-
20 geschrieben würde.

Allein bei der Anrede wird auch in der mehrfachen, eben so wie in der einfachen Zahl, der stärkste Nachdruck auf das Verbum gesetzt, und es heißt, *ihr liebet.*

Auf die Weise haben wir gesehen, wie sich das Verbum
25 nicht nur nach dem Substantivum richtet, sondern sich zugleich als gewiß oder ungewiß, als wirklich oder nicht wirklich, in den Zusammenhang unsrer übrigen Vorstellungen fügt. –

Da sich aber alle unsre Vorstellungen an dem Begriffe von
30 der *Zeit* fest halten müssen, so muß sich das Verbum auch nach diesem Begriffe fügen. Dieses tut es nun, indem sich, um die Vergangenheit zu bezeichnen, noch ein *t* zwischen das *b* und *e* einschiebt, so daß es heißt, *ich liebte, du liebtest,* u. s. w.

35 Um das Vergangne zu bezeichnen, muß die Stimme gleichsam einen Aufenthalt finden, und darf nicht so schnell von dem *b,* als von dem letzten Buchstaben des eigentlichen

Worts, zu dem angehängten *e, st,* u. s. w. hinübergehen, als wenn die gegenwärtige Zeit ausgedrückt werden soll: denn der Begriff von der Vergangenheit schiebt sich gleichsam zwischen die Vorstellung von der Handlung und von ihrer Wirklichkeit hinein, weil das Vergangne doch eigentlich *jetzt* nicht mehr wirklich ist.

Darum fällt auch, wenn ich nur *von* einer Person rede, das Zeichen der Wirklichkeit wieder weg, und es heißt nicht, *er liebet,* sondern *er liebte.*

Allein unsre Sprache bezeichnet die Vergangenheit auch auf eine andre Art, die zwar nicht so künstlich und regelmäßig als die vorhergehende ist, aber weit natürlicher und ausdrucksvoller zu sein scheinet.

Sie verwandelt nehmlich, um die Vergangenheit zu bezeichnen, den höhern Vokal gewöhnlich in den tiefern, als, *ich singe, ich sang; ich fließe, ich floß; ich grabe, ich grub,* u. s. w.

So verhält sich nämlich die Vergangenheit in unserer Vorstellung zu der Gegenwart, wie die entferntere, gedämpfte Musik zu der tönenden und rauschenden, wie die Dämmerung zu dem Lichte – und wie Bedeutungsvoll wird dieses durch die Verwandelung des höhern Vokals in den tiefern ausgedrückt!

Freilich wird auch zuweilen der tiefere Vokal in einen höhern verwandelt, indem unsre Sprache die Vergangenheit bezeichnet, als *ich blase, ich blies; ich gehe, ich ging;* allein hieran mag wohl eine übertriebene Verfeinerung der Sprache schuld sein; und daß die Verwandlung des höhern Vokals in den tiefern natürlicher ist, sieht man auch daraus, weil die Sprache des gemeinen Volks sich wieder dahin neigt, indem man unter demselben öfter hört, *ich blus,* und *ich gung,* als *ich blies,* und *ich ging.*

Diese übertriebene Verfeinerung der Sprache macht, daß sie immer mehr und mehr von ihrer bedeutenden Kraft verliert: so vertauscht man z. B. schon das nachdrucksvolle *erscholl,* mit dem matten und regelmäßigen *erschallte,* und eben so macht man es in mehrern Fällen.

Nun ist es merkwürdig, daß man dasjenige, was nicht

wirklich ist, ebenfalls beinahe so wie die Vergangenheit bezeichnet, indem man z. B. sagt, *ich liebte dich, wenn du es verdientest.* Weil nehmlich die Vergangenheit *jetzt* auch nicht mehr wirklich ist, so hat man sich das *gar nicht Wirkliche,* und *das jetzt nicht Wirkliche* beinahe auf einerlei Art gedacht und bezeichnet.

Bei dem Verbum aber, wo der höhere Vokal zu einem tiefern herabgestimmt wird, um die Vergangenheit zu bezeichnen, als *ich trage, ich trug,* unterscheidet man *das gar nicht Wirkliche,* von dem *nicht mehr Wirklichen,* indem man den tiefern Vokal wiederum gleichsam zu einem halben, schwankenden Tone stimmt, und sagt z. B. *ich trüge deine Bürde, wenn sie mir nicht zu schwer wäre.*

Denn *ä, ö,* und *ü,* sind gleichsam unter den Vokalen das, was in der Musik die halben Töne sind, darum sind sie am schicklichsten, das Schwankende, Ungewisse, und nicht Wirkliche bei dem Verbum zu bezeichnen.

Wir sagen daher, *ich sang, ich flog, ich trug,* um etwas anzuzeigen, *das gar nicht wirklich,* sondern nur *möglich* ist –

Allein wenn ich z. B. sage, *ich sang,* so denke ich mir die Handlung meines Singens, als vergangen, und doch als *unvollendet;* ich stelle mir vor, daß sie noch *fortdauerte,* indes etwas anders anging, als, *ich sang ein tröstend Lied, da verschwand mein Kummer,* u. s. w.

Es wird uns schwer, wenn wir uns irgend etwas als *ganz vollendet,* oder als *ganz vergangen* denken wollen, weil die Folge der Dinge in der Welt einen so festen Zusammenhang hat, wie die Glieder einer Kette, wo sich immer eins in das andre schließt, und wo man sich also nicht gut eins ohne das andre denken kann.

So müssen sich unsre Vorstellungen von dem Entferntern auch an den Vorstellungen von dem Nähern und Gegenwärtigen festhalten, wenn die Kette unsrer Gedanken nicht zerreißen soll.

In unsrer Seele verdrängt ein Bild nicht plötzlich das andere, sondern schiebt sich ihm allmählich vor, und fügt sich zugleich an dasselbe hinan.

Weil es nun wegen des nähern Zusammenhanges der aufeinander folgenden Dinge am allernatürlichsten ist, sich das Vergangne *nicht als vollendet,* sondern in Ansehung desjenigen, was darauf folgt, noch als fortdaurend zu denken, so bezeichnet unsre Sprache die Vergangenheit auch bloß auf diese Art *unmittelbar.*

Wollen wir uns aber dem ohngeachtet das Vergangne als *ganz vollendet* denken, so müssen wir dieses *mittelbar* tun, indem wir zu den Begriffen von *sein* oder *haben* unsre Zuflucht nehmen, das wir uns vorher als *gegenwärtig* gedacht haben müssen, um zu dem Begriffe von der gänzlichen *Vergangenheit* zu gelangen. –

Um uns also die gänzliche Vergangenheit z. B. der Handlungen des Liebens und des Gehens zu denken, sagen wir, *ich habe geliebt,* und *ich bin gegangen.*

Durch *haben* bezeichnen wir sonst dasjenige, was *außer* uns ist, und was wir nur mit in den Kreis unsers Daseins ziehen; durch *sein* aber was in uns ist, und was mit zu userm Wesen gehört, indem wir z. B. sagen, *ich habe ein Kleinod,* und *ich bin ein Mensch:* eben so sagen wir auch, *ich habe geliebt,* und *ich bin gegangen,* indem wir uns *lieben* als eine Handlung vorstellen, die von uns *ausgeht, gehen* aber als eine Handlung, die sich gleichsam in uns selber zurückwälzt, und auf die Weise schon mehr in unser Dasein verwebt ist. So lange aber eine Handlung noch nicht *vollständig,* oder *ganz vollendet* ist, kann ich sie noch nicht zu dem zählen, was ich *habe* oder was ich *bin:* diese Vollständigkeit der Handlung nun, welche notwendig ist, wenn ich mir dieselbe, als *ganz vergangen,* denken will, wird durch die Silbe *ge* ausgedrückt, die gemeiniglich eine Zusammenfassung desjenigen bezeichnet, was auf einander folgt, so wie z. B. in dem Worte *Gemurmel,* wo ich ein oftwiederholtes Geräusch, das ich *murmeln* nenne, zusammenfasse, und mir es wie ein Ganzes denke.

Eben so fasse ich nun unter der Silbe *ge* in *geliebt,* die Vollständigkeit der Handlung meines Liebens zusammen, wie dieselbe nicht nur von mir *ausgegangen,* sondern auch schon auf einen andern Gegenstand *übergegangen* ist, und also ihre Endschaft erreicht hat; und in *gegangen* fasse ich eine wiederholte Bewegung, die ich *gehen* nenne, zusammen, und denke sie mir nun als etwas *vollständiges,* oder als etwas, das seine *Endschaft* erreicht hat.

5

Wollen wir uns nun das völlig Vergangne nicht einzeln und gleichsam abgeschnitten, sondern im Zusammenhange mit etwas darauf folgendem denken, das auch schon vergangen ist, so müssen wir sogar die Mittelbegriffe von *sein* und *haben* in die Vergangenheit zurückschieben, und sagen, *ich hatte geliebt,* und *ich war gegangen.*

Auf die Art machen wir die dunkelste Perspektive in unsrer Seele, indem wir die völlige Vergangenheit selbst noch hinter eine andere Vergangenheit zurückschieben. Die Zukunft können wir uns ebenfalls nicht unmittelbar Denken, sondern müssen sie uns erst *mittelbar* durch den Begriff des *Werdens* oder allmählichen Entstehens, vorstellen, indem wir z. B. sagen, *ich werde rufen, ich werde gehen.*

Das Werden oder *Entstehen* dieser Handlungen, indem sich meine Gedanken jetzt dazu entschließen, denke ich mir als *wirklich* und *gegenwärtig,* die Handlungen selbst aber kann ich mir unmöglich als wirklich denken, daher drücke ich ihnen auch nicht das Gepräge der Wirklichkeit auf, und sage nicht, du wirst rufest, sondern, *du wirst rufen,* u. s. w.

Ist aber auch dies Entstehen der Handlung noch nicht einmal wirklich, so bezeichne ich diese Ungewißheit durch einen halben, schwankenden Ton, und sage anstatt, *ich werde rufen, ich würde rufen,* u. s. w. –

Wenn wir nun bloß sagen, *ich werde rufen,* so rufen wir oder handeln wir noch nicht wirklich, sondern so lange die Handlung noch in uns entsteht, verhalten wir uns gleichsam *untätig.*

Daher kömmt es nun, daß wir uns durch den Mittelbegriff von *werden* auch das *untätige* Verhältnis denken, worin wir uns befinden, wenn wir nicht selbst handeln, sondern die Handlung eines andern auf uns übergeht, und daß wir also z. B. sagen, *ich werde geliebt, ich werde gerufen.*

Daß aber in diesem Falle die *übergegangne* Handlung durch die Silbe *ge* bezeichnet wird, erklärt sich sehr natürlich daraus, daß man sich, so wie bei der vergangnen Zeit, die Handlung schon wie *vollständig* oder gewissermaßen wie *vollendet* denken kann, sobald sie auf ihren Gegenstand schon wirklich *übergegangen* ist.

Weil aber das *Werden* etwas ist, was nicht von mir *ausgeht,* sondern gleichsam *in* mir selber bleibt, so kann ich auch nicht sagen, *ich habe geworden,* sondern, *ich bin geworden:* allein man sagt demohngeachtet, vielleicht des Wohlklangs wegen, nicht, *ich bin geliebt geworden,* sondern, *ich bin geliebt worden.*

Bei alle den Verbis, die auf die Art etwas anzeigen, daß mehr *in* uns bleibt, als von uns *ausgeht,* so daß wir uns mehr *leidend* als tätig verhalten, wird das *völlig Vergangne* nicht durch *haben* sondern durch *sein* bezeichnet, daher sagen wir *ich bin begegnet, ich bin gefallen, ich bin gestürzt,* weil alle diese Verba etwas bezeichnen das von uns unabhängig ist, und wobei wir uns mehr *leidend* als *tätig* verhalten.

Demohngeachtet aber sagen wir, *es hat mich gefreuet, es hat mir geahndet,* u. s. w. weil wir uns bei den unpersönlichen Verbis zwar selbst wie *leidend* verhalten, aber dasjenige, was auf uns wirkt, sich gewissermaßen *tätig* gegen uns verhält.

Wir sagen sogar, *ich habe gelitten, ich habe geruhet, ich habe geschlafen,* obgleich alles dieses eigentlich keine Handlungen sind, die von uns ausgehen, allein wir denken sie uns doch einmal, als von uns abhängig, ob wir leiden, ruhen, oder schlafen *wollen* oder nicht, kurz, wir denken uns gewissermaßen *tätig.*

Bei den *Verändrungen des Orts* aber, als *gehen, laufen, kommen,* scheinen wir uns am wenigsten *tätig* zu denken, weil die Bewegung unsern Körper gleichsam fortzieht, und derselbe sich also nur *leidend* verhält, darum sagen wir, *ich bin gegangen, gelaufen, gekommen,* u. s. w. deswegen ist auch nur ein kleiner Unterschied dazwischen, wenn wir sagen, *ich bin gefahren,* und, *ich bin gefahren worden.*

Pronomina in psychologischer Rücksicht.

Selbst unter denjenigen Wörtern, die etwas für sich bestehendes in der Natur anzeigen, als *Baum, Bach,* u. s. w. Denken wir uns doch keine *einzelne* für sich bestehende Sache,
sondern fassen z. B. unter *Baum,* alles, was in der Welt *Baum*
heißt, zusammen; wenn wir nicht durch eines von den kleinen Wörtern *der, die* oder *das,* ein einzelnes Ding, aus der
Menge aller übrigen herausheben, um es uns, nicht nur in
unsrer Vorstellung, sondern auch außer uns, als wirklich
vorzustellen, indem wir z. B. sagen, *der Baum, welcher da steht,*
das Wasser, welches dort fließt, die Wiese, die hier vor mir liegt.

Durch die kleinen Wörter, *der, die* oder *das,* denken wir uns
also eine Sache, von der wir reden, aus unsrer Vorstellung
heraus, so daß wir sie uns nicht nur in unsern Gedanken,
sondern auch *außer uns,* als wirklich für sich bestehend, vorstellen.

Wollen wir aber von einer Sache bloß als von einer Vorstellung *in uns* reden, so setzen wir vor das Hauptwort statt
der, die oder *das,* nur das Wörtchen *ein;* sagen wir also z. B. *ich*
sehe einen Baum, so reden wir von dem Baume nur, in so fern
er in unsrer Vorstellung da steht; fahren wir aber fort, *der*
Baum ist grün, so denken wir ihn aus unsrer Vorstellung heraus, indem wir ihm, außer uns, ein wirkliches Dasein beilegen; sagten wir aber, *ein Baum ist grün,* so würden wir
wiederum nur von einem Baume in unsrer Vorstellung reden.

Durch das Wörtchen *ein* heben wir also unter allen Bäumen *in unsrer Vorstellung,* und durch das Wörtchen *der* unter
allen *wirklichen* Bäumen, einen einzigen heraus, worauf wir
unsre Aufmerksamkeit insbesondre heften.

Welch ein Unterschied ist dazwischen, wenn ich sage:
dieser Baum — *du* Baum — *dein* Wipfel. —
und *welcher* (nehmlich) Baum.

Durch *dieser* bestimme ich den *Standort* des Baums, indem ich
gleichsam mit dem Finger auf denselben zeige: durch *du* lege

ich ihm gleichsam eine *Persönlichkeit* bei, indem ich ihn, als ein vernünftiges Wesen, anrede; durch *dein* wird die beigelegte *Persönlichkeit* fortgesetzt oder erhalten, ob man gleich nur von demjenigen redet, was zu dem Baume gehöret, oder was derselbe besitzt; durch *welcher,* wenn ich z. B. sage, *der Baum, welchen ich sehe, ist grün,* führe ich die Handlung meines Sehens auf eben den Baum zurück, von welchem ich sage, daß er grün ist, sonst müßte ich mich so ausdrücken, *ich sehe einen Baum, und der Baum ist grün;* wir ziehen also durch *welcher* einen Satz gleichsam in den andern hinein.

Man siehet leicht, daß *dieser* nur eine Erhöhung oder Verstärkung des Artikels *der* ist, welcher auch oft anstatt desselben gesetzt wird, wo man aber im Reden einen stärkern Ton darauf legt, indem man z. B. auf jemanden zeigt, und sagt, *der Mann da!* So wie ich nun durch *dieser, diese* oder *dieses* das Nähere anzeige, so deute ich durch *jener, jene* oder *jenes* das Entferntere an.

Was nun aber das Wort *du* anbetrifft, so wird uns dasselbe auf einige wichtige Bemerkungen in Ansehung der Sprache leiten. Durch *du* legten wir nehmlich dem Baume eine Persönlichkeit bei, oder wir betrachteten ihn gleichsam, als ob er ein Mensch wäre: eben das würden wir auch durch das Wort *ich* tun, wenn wir ihn redend einführten; und durch *er,* wenn wir von ihm, als von einer abwesenden Person sprächen.

Daß aber auch das *er* den Baum als eine Person bezeichnet, sehen wir daraus, weil man eine abwesende Person, wenn sie männlichen Geschlechts, mit *er,* und wenn sie weiblichen Geschlechts ist mit *sie* benennet, indem man z. B. sagt, *er kömmt, sie kömmt.*

Indem man also von dem Baume sagt, *er ist grün,* so redet man man von ihm, als von einer Person männlichen Geschlechts, und indem man von der Rose sagt, *sie blühet,* so redet man von ihr, als von einer Person weiblichen Geschlechts.

So drückt der Mensch auch in dieser Absicht der leblosen Natur sein Gepräge auf.

Alles leblose, was man sich als *stark, groß, wirksam,* oder auch wohl als *schrecklich* denkt, wird, wenn man ihm eine Persönlichkeit beilegt, mit dem männlichen Geschlechte verglichen; alles aber, was man sich als *sanft, leidend* oder *angenehm* denkt, vergleicht man in dem Falle, daß man ihm Persönlichkeit zuschreibt, mit dem weiblichen Geschlechte, daher kömmt es nun, daß wir z. B. sagen:

der Baum,	die Blume,
der Wald,	die Wiese,
der Zorn,	die Sanftmut,
der Haß,	die Liebe.

Wo denn auch der härtere, männlichere Artikel *der* in das sanftere *die* hinüberschmilzt.

So scheinet die Sprache auch alles leblose in der Welt zu paaren; indem sie zu etwas Größern oder Stärkern immer etwas Ähnliches aufzufinden weiß, das nur kleiner oder schwächer, aber schöner und angenehmer ist.

Was man aber in der Natur nicht so wichtig oder nicht schicklich fand, ihm das menschliche Gepräge aufzudrük-ken, bezeichnete man, wenn man davon sprach, weder durch *er* noch durch *sie,* sondern durch *es,* und schloß es auf die Art gewissermaßen von der Persönlichkeit aus, indem man es unter die *Sachen* rechnete.

Ja sogar, wenn man von Menschen mit dem Begriffe von ihrer Kleinheit redet, zählet man sie eine Zeitlang unter die *Sachen,* als wenn man z. B. sagt, *das Kind, das Männchen.*

Wir sehen, wie sich hier wiederum der Artikel nach der Vorstellungsart bequemet, und sowohl das männliche *r* als das weibliche *ie,* mit dem unbestimmten *s* vertauscht.

Wenn wir folgende Wörter untereinandersetzen, so wer-den wir sehen wie die erstern gleichsam den Keim zu den folgenden enthalten:

Mann,	*Weib,*	*Sache,*
der,	die,	das,
dieser,	diese,	dieses,
er,	sie,	es,
welcher,	welche,	welches.

Durch die ersten drei Wörter *der, die, das, denken* wir etwas erst aus unsrer Vorstellung *heraus;* durch die andern *denkt* man es *an einen gewissen Ort hin;* durch die folgenden *er, sie, es,* benennen wir nun dasjenige, was wir uns schon einmal *aus* unsrer Vorstellung *heraus,* und *an* einen *Ort hin gedacht haben.* 5

Wir lassen daher bei *er, sie* und *es* das bestimmende *d* weg, wodurch eigentlich das wirkliche Dasein außer unsrer Vorstellung angezeigt werden soll, weil dieses schon einmal vorausgesetzt ward; durch die letztern *welcher, welche, welches,* benennen wir ebenfalls etwas, das wir uns schon außer uns- 10 rer Vorstellung als wirklich gedacht haben, mit dem Nebenbegriffe irgend einer *Beschaffenheit,* welche durch das vorgesetzte *welch* bezeichnet wird.

So wie das *d* die *Wirklichkeit* desjenigen, was wir uns vorstellen, anzeigt, so zeigt das *w* die *Art der Wirklichkeit* oder die 15 *Beschaffenheit* desjenigen an, was wir uns schon als wirklich vorgestellet haben.

Wenn man folgende beide Ausdrücke nebeneinanderstellt:

der Baum, welcher da steht, ist grün; und   20
der Baum, (er steht da) ist grün,

so wird man den Unterschied zwischen denselben leicht bemerken, und sich zugleich die wahre Natur des Worts *welcher* daraus erklären können.

In dem ersten Ausdruck, denken wir uns das *da stehen* des 25 Baumes, den wir durch *er* bezeichnen, vermittelst der vorgesetzten Silbe *welch,* als eine *Beschaffenheit,* in denselben hinein, und verwandeln auf die Weise zwei Sätze in einen: der andre Ausdruck wird immer in zwei Sätze zerfallen, wir mögen es machen, wie wir wollen, weil die Silbe *welch* darin 30 fehlt.

Weil wir uns nun bei unsern Fragen gemeiniglich nach den *Beschaffenheiten* der Dinge erkundigen, so fangen sie sich auch gemeiniglich mit *w* an: als wenn wir fragen, *wer ist da?* so setzen wir durch das *er* schon das Dasein einer Person vor- 35 aus, aber durch das vorgesetzte *w* drücken wir unser Verlangen aus, etwas von der *Beschaffenheit* der Person zu erfahren, welche nun wirklich da ist.

Wir können uns also hieraus erklären, warum die Wörter *welcher, welche, welches,* auch als *Fragewörter* gebraucht werden, zu denen wir noch die Wörter *wer* oder *was* rechnen müssen; wovon das erste von Personen beiderlei Geschlechts; das

5 letztere aber nur von Sachen gebraucht wird.

Er, sie, es, sind also allgemeine Benennungen desjenigen, wovon ich rede; denn alles in der Welt kann ich *er, sie* oder *es* nennen. Setze ich nun vor jedes dieser Wörter ein *d,* als in *der, die, das,* oder in *dieser, diese, dieses,* so trage ich den Begriff

10 der *Wirklichkeit* in meine Vorstellung; setze ich aber ein *w* davor, als in *welcher, welche, welches,* und in *wer* oder *was,* so trage ich den Begriff einer *Beschaffenheit* hinein.

Durch die Frage *wer?* kann man nun die wirkliche Persönlichkeit von der figürlich beigelegten sehr gut unterscheiden:

15 denn ob ich gleich dem Baume eine Art von Persönlichkeit beilege, indem ich *er, (der Baum,) dieser Baum,* und *welcher Baum,* sage, so kann ich doch nicht fragen, *wer steht da?* sondern ich muß fragen, *was steht da?* Wenn ich von etwas in der mehrern Zahl rede, so verliert sich der Unterschied zwischen

20 *Mann, Weib* und *Sache,* in dem Begriffe von der *Mehrheit,* und wird nicht besonders mehr bezeichnet. Wir wollen nun noch nebeneinander stellen:

ich	du	er	ihr
mein	dein	sein	euer
mich	dich	sich	euch.

25

Wir wissen nun, in wie ferne *mein, dein, sein* und *euer* von *ich, du, er* und *ihr* unterschieden sind: diese letztern nehmlich zeigen bloß die Person an und für sich selber an; vermittelst der erstern aber halten wir den Begriff von der Person fest,

30 und richten doch zugleich unsre Aufmerksamkeit auf dasjenige, was der Person auf irgend eine Weise zu kömmt, ohne selbst diese Person zu sein: wir können dadurch den Begriff von der Person unendlich erweitern, und alles gleichsam mit in den Kreis ihres Daseins hineinziehen.

35 So kann ich durch das *m,* vor den unbestimmten Artikel *ein* gesetzt, alles was ich will, obgleich nur in meiner Vorstellung, in den Kreis meines Daseins hineinziehen, indem

ich z. B. sage, *mein Haus, mein Garten,* u. s. w. schließe ich nun aber alles andre aus, und sage bloß *mein Ich,* so bekomme ich dadurch den deutlichsten Begriff von mir selber, indem ich mich nun, als etwas, das *außer mir* ist, betrachte, oder mich gleichsam aus meiner eignen Vorstellung *herausdenke; mein ich* aber wird in *mich* zusammengezogen.

Auf die Weise gelangen wir erst durch den Mittelbegriff von *mein* zu dem Begriffe von *mich,* welcher uns nun im Denken sehr zu statten kömmt, so daß wir über uns selbst Betrachtungen anstellen können, indem wir uns gleichsam von uns selber absondern. Wenn wir also z. B. sagen, *ich kenne mich, du kennest dich, er kennet sich, ihr kennet euch,* so ist das eben so viel, als wenn wir sagten: *ich kenne mein ich, du kennest dein ich, er kennet sein ich, ihr kennet euer ich.*

Wir tragen den Begriff von *ich* selbst auf dasjenige, was außer uns ist, hinüber, wenn wir uns die völlige Persönlichkeit desselben denken wollen, indem wir z. B. sagen: *ich sehe dich,* welches so viel heißt, als: *ich sehe ein Ich, oder ein Wesen, das Selbstbewußtsein und Persönlichkeit hat, aber es ist nicht mein Ich, sondern das Ich dessen, den ich anrede.*

So wie wir nun Wörter haben, die Person auf das allerbestimmteste zu bezeichnen, so haben wir wieder andre, wodurch die Person, von der man redet, auf das allerschwankendste bezeichnet wird.

So sagen wir, *da ist jemand,* ohne einen Unterschied zwischen Mann und Weib zu machen: ferner, *man glaubt* ohne auf die Anzahl oder das Geschlecht der Person zu sehn, die da glauben; und es *donnert,* ohne zu bestimmen, ob es eine Person oder Sache ist, die das Donnern hervorbringt. In folgender Tabelle sieht man die Wörter, von denen wir jetzt geredet haben, nebeneinander.

Ich,	*Du,*		*Er,*	*Sie,*	*Es,*
mein	dein	sein			
mich	dich	sich (ihn)		ihr	
mir	dir	sich (ihm)		sich	

wir	ihr	sie			
unser	euer	ihr			
uns	euch	ihnen			

	der	die	das
	dieser	diese	dieses
	welcher	welche	welches
	wer?	was?	
		jemand	
		man	
		es.	

⟨EIN UNGLÜCKLICHER HANG ZUM THEATER⟩

Einer meiner Freunde hat einen Sohn, den, bei dem besten
Herzen, *ein unseliger Hang zum Theater* beinahe um die ganze
Glückseligkeit seines Lebens gebracht hätte.

Schon im 19ten Jahr hatte er nach einem zu sehr ange-
strengten Fleiß in der Geschichte einen Anfall von Hypochondrie gehabt, der einige Monate dauerte, und worauf
eine übertriebene Heiterkeit des Gemüts folgte, die ihn eine
Zeitlang zu allen ernsthaften Beschäftigungen unfähig machte.

Er fing nun an, Komödien zu lesen, und gewann diese
Lektüre bald so lieb, daß seine ganze Seele von Ideen aus der
theatralischen Welt angefüllt wurde. Nun fügte es sich, daß
eine herumwandernde Schauspielergesellschaft gerade zu
der Zeit in seine Vaterstadt kam, wo er nun das, womit sein
Geist sich schon immer bei Tage beschäftiget, und wovon er
des Nachts geträumt hatte, vor seinen Augen wirklich dargestellt sahe. –

Jetzt war er seiner nicht mehr mächtig. Die wirkliche Welt

war vor ihm verschwunden, und er lebte und webte bloß in der Theaterwelt.

Sobald er auf seiner Stube allein war, deklamierte er sich die Rollen wieder vor, welche den meisten Eindruck auf ihn gemacht hatten, und schonte dabei seine Stimme und seine Hände nicht.

Sein Vater traf ihn einmal in einer dieser Attitüden an, und bestrafte ihn durch einen Blick, welcher unsern Roscius, der ihn anfänglich nicht bemerkt hatte, in die größte Verwirrung und Beschämung versetzte. – Sein Vater lächelte, und ließ es gut sein. – Hätte er damals die sehr ernsthaften Folgen dieses Übungsspiels bei seinem Sohne voraussehen können; er würde wahrscheinlich nicht gelächelt haben.

Der Sohn meines Freundes, den wir D*** nennen wollen, bezog nun die Universität mit dem besten Vorsatze, fleißig zu sein, aber mit der schlechtesten Anlage, diesen Vorsatz auszuführen, der gar nicht recht mit dem Ideal übereinstimmen wollte, was sich seine Phantasie von seinem künftigen Leben entworfen hatte.

Übrigens kam ihm das zu statten, daß er Theologie studieren sollte. – Denn nun fing er bald an zu predigen, und konnte doch auf die Weise seinen unwiderstehlichen Hang zum theatralischen Deklamieren in etwas befriedigen.

Ein Grund, der mehr junge Leute zum Studium der Theologie antreibt, als man glauben sollte. – Die Neigungen der Jünglinge werden immer mehr durch die Zeichen der Sache, als durch die Sache selbst gelenkt. Der zierliche Husarenpelz, und der weiße Kragen machen mehr Proselyten, als der Degen und die Bibel.

D*** hatte seine Universitätsjahre vollendet, und sollte sich nun in seiner Vaterstadt zu irgend einem geistlichen Amte tüchtig zu machen suchen. Unglücklicher Weise mußte daselbst gerade zu gleicher Zeit mit ihm wieder eine Schauspielergesellschaft eintreffen. – In mehrern Jahren hatte er nicht Gelegenheit gehabt, ein Schauspiel zu besuchen. – Auf einmal erwachten nun die lange erstickten Vorstellungen und Träume wieder. Die Theaterwelt stand aufs neue in ihrem höchsten Glanze vor seiner Seele da.

Alles übrige wurde ihm verhaßt, die Freuden aus der wirklichen Welt wurden ihm schal und abgeschmackt. Er sahe keine Aussicht, seinen Wunsch zu erfüllen, ohne seinen Vater zu kränken und zu hintergehen. Auch lag bei ihm selbst die zu schwache Vernunft, mit der stärkern Phantasie, in immerwährendem Kampfe.

Während daß er es versäumte, sich auf der ihm vorgeschriebenen Laufbahn des Lebens weiter zu bringen, hatte er doch auch noch nicht den Mut für sich selbst eine andre anzutreten, die für ihn unendlich viel mehrere Reize hatte.

Verschiedene seiner Freunde, die mit ihm im gleichen Alter waren, und gleiche Aussichten hatten, machten in kurzem ihr Glück. Dies schmerzte ihn, ohne daß er sich ein ähnliches Glück gewünscht haben würde. Und doch machte er auch keine Anstalt dazu, auf seine eigne Weise glücklich zu sein.

Weil er nun kein Ziel hatte, worauf die einzelnen kleinen Handlungen seines Lebens, im Ganzen genommen, abzwecken konnten, so ging es ihm, wie einem Wanderer, der einen Scheideweg vor sich sieht, wo er nicht weiß, welchen er wählen soll, und ehe er, weil er schon müde ist, einen Schritt vergeblich tun will, lieber ganz still steht, bis er erst mit Gewißheit erfahren kann, wohin er seinen Fuß lenken soll. – Er wurde gänzlich untätig, mißmütig, traurig, schloß sich Tage lang auf seiner Stube ein, scheute sich, Menschen zu sehen, mochte keine Hand bewegen – die entschließende Kraft seiner Seele war gelähmt.

Innigst betrübt über diesen Zustand drang sein Vater einmal auf das heftigste in ihn, und brachte das lange verhaltne Geständnis von ihm heraus, er habe eine unüberwindliche Neigung aufs Theater zu gehen, und diese mache ihn unglücklich. – –

In dem Zustande reiste er zu mir, um sich einige Monate bei mir aufzuhalten. – Ich war erstaunt, als ich ihn sahe, über die Niedergeschlagenheit seines Gemüts, und die Unentschlossenheit seiner Seele. Manche Stunden war kaum ein Wort aus ihm zu bringen.

Wir bezogen zusammen einen Garten, aus welchem wir nicht weit aufs freie Feld hatten. Kein Morgen wurde versäumt, wo wir nicht spazieren gingen, und kein Abend, wo er nicht die Komödie besuchte.

Er fand allmählich wieder Geschmack an den Schönheiten der Natur, und so wie wir aus der heitern freien Luft zurückkehrten, hatte sich auch seine Seele wieder etwas ermannet, und es war wieder einige Elasticität und Festigkeit in seinen Entschließungen, sie mochten nun die theatralische oder gelehrte Laufbahn zum Augenmerk haben. – Da erwachten auch oft die Regungen der kindlichen Liebe in ihrer ganzen Stärke wieder, und er vergoß oft Tränen der Wehmut über die Kränkung, welche er seinen Eltern verursachte.

Ich tat dabei nichts weniger, als daß ich ihn von dem Entschluß, sich dem Theater zu widmen, oder von dem täglichen Besuch der Komödie hätte abraten sollen.

Oft war er am Morgen, wenn wir aus der großen, und wahren Natur zurückkehrten, fest entschlossen, seine alte Phantasie ganz fahren zu lassen, sich einem tätigen und gemeinnützigen Leben zu widmen, und seinen Eltern ihren Kummer, den sie seinetwegen erlitten hatten, auf die Weise wieder zu vergüten – – und am Abend, wenn er aus der Komödie, aus der so oft läppisch überspannten, oder winzig entstellten Natur auf dem Theater, und besonders etwa aus einem Stück, wie *die Räuber,* zurückkehrte, so war alles wieder verschwunden, die innere Unruhe, die Unentschlossenheit in seiner Seele war wieder da, sein edleres Selbst war aufs neue verdrängt.

Es kam nun darauf an, was bei ihm den Sieg behalten würde. – Denn irgend ein Entschluß mußte doch einmal gefaßt werden.

Auch durften beide Gewichte nicht zu leicht gegeneinander sein, wenn das Übergewicht sich bleibend auf irgend eine Seite lenken sollte. –

Sein Vergnügen an dem reinen und edlen Genuß der Natur nahm täglich zu – und seine Seele wurde nun ruhiger, da er von seinem Vater die Erlaubnis erhielt, aufs Theater zu gehn, wenn seine Neigung dazu schlechterdings unüberwindlich wäre.

Es hing also nun völlig von ihm ab, seinem sehnlichen Wunsch vollkommen ein Gnüge zu leisten. – Er schrieb wegen seines Engagements an die Direktion einer Schauspielergesellschaft, und während daß er die Antwort auf diesen Brief erwartete, wurden die Spaziergänge des Morgens und der Komödienbesuch des Abends immer fortgesetzt.

Die Beruhigung, welche durch seine jetzige Lage in seiner Seele entstand, schloß sein Herz immer bessern Gefühlen auf; und da ihn nichts mehr abhielt, seine Wünsche zu erfüllen, so fing er allmählich an, nicht mehr hin und hergezogen zu *werden,* sondern selbst die erneuerte Elasticität seiner tätigen Kraft zuweilen zu versuchen.

Allein ich traute diesem betrüglichen Anschein nicht, sondern suchte nun aus allen Kräften seinem Entschluß zum Theater das Übergewicht zu geben, um am Ende entweder einen vollkommnen oder gar keinen Sieg zu erhalten, da er überdem in keinen schlimmern Zustand, als diesen einer ewigen Unentschlossenheit geraten konnte.

Die Antwort der Schauspieldirektion kam an, mit dem Anerbieten eines sehr vorteilhaften Engagements, welches aber binnen vierzehn Tagen sollte angetreten werden.

D*** war zwar vergnügt hierüber, aber seine Freude war lange nicht so ausgelassen, wie ich erwartet hatte, da dieser Brief doch nun alle seine Wünsche krönte.

Auf unsern Spaziergängen, die bis zum Tage seiner Abreise fortgesetzt wurden, unterhielten wir uns nun beständig von seiner künftigen Lebensart, und der Laufbahn, die er nun antreten sollte; und ich merkte beständig, daß er immer aufmerksamer und nachdenkender wurde, jemehr ich ihm die angenehme Seite davon zu schildern suchte. – Seine Denkkraft war wieder tätig geworden – er überlegte, er verglich –.

Wir sprachen dabei von seinen Eltern – ich stellte ihm

vor, wie gut es sei, daß er doch auch nun die Erlaubnis seines
Vaters zu diesem Schritte habe – auch das machte ihn nachdenkend – die reinen, die edlen Empfindungen der kindlichen Liebe waren kräftiger in seiner Seele erwacht – er
entschloß sich, die sanften Charaktere, wozu ich ihm geraten hatte, künftig zu seinen Lieblingsrollen zu machen,
statt daß er sonst immer für das fürchterlich Tragische und
Schreckliche gestimmt war.

Er fing an, auf das Solide, auf den Unterhalt, auf das
Fortkommen im Alter bei seinem künftigen Stande zu denken.

Er kam mit Abscheu und Widerwillen zurück, da er eines
Abends die Räuber hatte aufführen sehn, und fand mehr
Geschmack an den rührenden und sanften Stücken, und
allem was der Natur näher kam, aus deren Betrachtung seine
Seele am Morgen des Tages neue Kraft und Nahrung geso-
gen hatte.

Der Tag seiner Abreise kam heran. Während diesen Spaziergängen am letzten Morgen war er erst still und nachdenkend, dann leuchtete auf einmal eine ungewöhnliche Heiterkeit aus seinem Gesicht hervor; mit dem Ausbruch der
innigsten Freude fiel er mir um den Hals und sagte: Ich gehe
nicht aufs Theater, ich reise zu meinen Eltern. – Ich traute
noch nicht, sondern suchte ihn durch die stärksten Gegen-
gründe wieder zu seinem ersten Entschluß zurückzubringen. Allein er reiste denselben Tag noch zu seinen Eltern ab,
die ihren Sohn, der nun gänzlich von seiner Phantasie geheilt war, mit offnen Armen empfingen.

DIE NATÜRLICHE RELIGION EINES TAUBSTUMMEN.

Wenn er ausdrücken will *ich weiß nicht,* so zeigt er mit dem
Finger auf die Stirn, und schüttelt dabei mit dem Kopfe. Will
er sagen *ich glaube nicht,* so ist dieselbe Pantomime mit einer
gewissen vernachlässigenden oder wegwerfenden Bewegung der Hand verknüpft.

Nun wohnte ich mit ihm in einem Garten und es war im Frühlinge. Die Bäume fingen gerade an, Blätter zu gewinnen, und das erste junge Grün keimte auf dem Boden.

Wir standen zusammen am Fenster. Ich habe schon von ihm erzählt, daß ihm durch Zeichen von seiner Mutter, schon in seiner Kindheit, fast alle religiösen Begriffe von Christo u. s. w. beigebracht waren.

Da ich nun seine Pantomime wußte, wodurch er das *Glauben* bezeichnete, so wollte ich einen Versuch machen, ob wohl eine Art Überzeugung von diesen Dingen bei ihm statt fände.

Ich machte also mit ausgebreiteten Armen, wie eines Gekreuzigten, die Pantomime, worunter er sich Christum dachte, und zeigte mit Kopfschütteln, und einer Bewegung der Hand, auf die Stirne, welche bei ihm so viel hieß, als: *ich glaube nicht!*

Seine Antwort hierauf war, daß er mit ausgespreizten Fingern die Krallen des Teufels nachahmte, welcher mich wegen dieses Unglaubens holen würde.

Ich wiederholte meine vorige Pantomime, daß ich auch nicht an den Teufel glaubte.

Dann zeigte er mit dem Finger gen Himmel, und fuhr sich mit der geballten Faust langsam auf den Kopf herab; welches so viel hieß, als Gott würde mich, wenn ich gleich den Teufel nicht glaubte, mit seinem Donner strafen.

Da er nun in der geoffenbarten Religion so fest zu sein schien, so wollte ich noch seinen Glauben in der natürlichen Religion prüfen. Ich zeigte mit dem Finger gen Himmel, und dann auf meine Stirne, und schüttelte mit dem Kopfe, zum Zeichen, daß ich auch nicht an Gott glaubte. –

Aber wie rührte mich der Anblick, als ich sahe, daß eine Träne sich aus seinem Auge drängte, und seine aus Lächeln, Wehmut und Unwillen zusammengesetzte Miene, womit er aus dem offenstehenden Fenster auf die grünen Bäume und die aufkeimenden Pflanzen hinzeigte, die Gott, wie er durch seine Pantomime ausdrückte, aus der Erde wachsen ließe; und die Blumen, indem er sich stellte, als ob er sie mit der

Hand in die Höhe führte, um daran zu riechen; und dann
wieder mit dem Finger gen Himmel zeigte, daß auch diese
Gott habe hervorwachsen lassen.

Ich suchte jetzt durch eine Pantomime ihm zu bezeichnen, daß ich glaube, die Erde bringe diese Blumen von selbst
hervor – als er mit verdoppelter Lebhaftigkeit durch ein
Geräusch mit dem Munde, und eine Bewegung mit den
Händen den herabströmenden Regen bedeutete, den Gott
schicke, um die Erde zu befruchten.

Es ging so weit, daß sein Unwille über meinen letztern
Zweifel beinahe in eine Art von Zorn und Drohung ausar-
tete; da er doch die beiden erstern Zweifel mir viel leichter
hatte hingehn lassen.

Da ich ihm nun nach einer Weile ernsthaft versicherte,
daß ich einen Gott glaubte, und er aus meiner Miene die
Wahrheit schloß, so heiterte sich sein Gesicht wieder auf, er
blickte mich lächelnd an, und zeigte noch einmal triumphierend auf den Garten und die Blüten, und von den Blüten
zum Himmel. – –

SPRACHE IN PSYCHOLOGISCHER RÜCKSICHT.

Treffende Gemälde von den mannigfaltigen Tönen in der
Natur zu liefern, scheint zwar das Ziel zu sein, wohin sich
die einfachen Laute zu ganzen Wörtern in der Sprache vereinigten.

Allein wie wenige hörbare Gegenstände werden verhältnismäßig durch die Wörter bezeichnet? Und nach was für
einem Gesetz sollen sich also die einfachen Laute z. B. in
den Wörtern Keller, Küche, Kasten, Licht, Luft u. s. w. zu
diesen Worten vereinigen, da alle diese Gegenstände mit
keinem Schalle in der Natur können verglichen werden? –
Sie können freilich mit keinem Schall verglichen werden,
den wir bloß hören.

Allein zwischen dem Schalle, den wir selber hervorbringen, und zwischen den sichtbaren Gegenständen läßt sich

ehr eine Ähnlichkeit gedenken. Wir empfinden nämlich in unserm Munde die jedesmalige Gestalt der Sprachwerkzeuge, wodurch wir irgend einen Schall hervorbringen. Doch diese Empfindung, welche vielleicht im Anfange nur äußerst
5 dunkel sein mochte, veranlaßte den Menschen, die Gestalt eines sichtbaren Gegenstandes in seine Sprachwerkzeuge überzutragen, und sie mit dem Ton zu benennen, den dieselben in dieser Lage hervorbrachten.

Die innre dunkle Empfindung von der jedesmaligen Ge-
10 stalt, und von der leichtern oder schwerern, geschwindern oder langsamern Bewegung der Sprachwerkzeuge ist es also, welche das geheime Band zwischen dem Sichtbaren und Hörbaren geknüpft hat. Daher kömmt es auch, daß wir der ganzen Schöpfung um uns nur durch den Stempel der Spra-
15 che, ein unverkennbares Bild von uns selber aufgedrückt haben; daher ist das K, z. B. womit die Zunge die tiefste Wölbung des Gaumens bezeichnet, ein Ausdruck des Tiefen und Ausgehöhlten.

Läßt es sich also beweisen, daß z. B. in unsrer deutschen
20 Sprache, nicht sowohl wie wir dieselbe zur Zeit reden, und wie sie durch ihre Verfeinerung sich immer weiter von ihrem ersten natürlichen Ursprung entfernt hat, sondern in den Überbleibseln aus dem Altertum, und den hin und her zerstreuten Mundarten, die noch am wenigsten von der Verfei-
25 nerung gelitten haben, das Hohle und Tiefe beständig durch einen Gaumenlaut bezeichnet wird, und läßt sich die Ähnlichkeit mehrerer sichtbarer Gegenstände mit der Gestalt der Sprachwerkzeuge, vermöge derer sie benannt werden, würklich entdecken, so ist es offenbar, daß sich nach dem
30 Hauptgesetze, die Sprachwerkzeuge den äußern Gegenständen ähnlich zu bilden, die einzelnen Laute zu ganzen Wörtern vereinigen. Und so wie bei den Wörtern, die aus mehrern Sylben bestehen, eine Sylbe die herrschende ist, welcher die übrigen untergeordnet sind, so ist auch bei diesen sowohl als
35 bei den einsylbigen Wörtern, ein einfacher Laut der herrschende, welchem sich die übrigen nach ihrem Range, und nach ihrer Nebenbedeutung unterordnen müssen.

Der herrschende einfache Laut ist also in jedem Worte nur ein einziger, allein durch die Laute, welche sich entweder von selber an ihn anschmiegen, als das *b* in *blöken,* oder welche durch einen Vokal an ihn geknüpft werden, als das *ch* in *lachen,* wird dieser herrschende Laut auf mannigfaltige Weise modificiert, und verändert mit seiner Bekleidung auch seine zufällige Bedeutung, obgleich seine wesentliche Bedeutung beständig zum Grunde liegt, und unerschütterlich ist.

Das *l* z. B. zeigt einen jeden Laut überhaupt an, weil es sich in der Zunge als dem Sprachwerkzeuge bildet, wodurch wir unsere Laute hervorbringen, und in deren Ermangelung uns diese Hervorbringung irgend eines Lauts unmöglich sein würde. Sobald aber ein Laut von Menschen oder Tieren hervorgebracht wird, so fügt sich dem herrschenden Laut *l* von vorne ein *b* oder *p* hinan, als in den Wörtern, *plappern, plaudern, blarren, plärren,* von Tieren: *blaffen, blöken, bellen, brüllen,* u. s. w.

Wird hingegen ein Laut vermittelst lebloser unorganischer Körper hervorgebracht, so wird der herrschende Laut *l* gemeiniglich durch den hinangesetzten Gaumenlaut näher bestimmt, als in den Wörtern, *klappern, klimpern, klopfen, klingen, Glocke,* u. s. w. Wird der Laut in den Mund zurückgezogen, so wird dem *l* vermittelst eines Vokals von vorne ein Gaumenlaut zugefügt, wie dem Worte *lachen,* wo das *l* den Laut überhaupt, und das *ch* die besondere Bildung dieses Lauts im Munde oder in der Gurgel bezeichnet.

Merkwürdig ist es immer, daß die Sprachwerkzeuge größtenteils mit dem Laute bezeichnet werden, welchen sie vorzüglich hervorbringen, als die Nase, der Mund, der Gaumen, die Lippen, die Zunge, welche in der lateinischen Sprache mit noch mehr Ausdruck *Lingua* heißt, die Zähne, u. s. w. Fast in allen Sprachen wird das Ohr, ohngeachtet der Veränderung der übrigen Buchstaben und des Vokals mit *r* bezeichnet, und was war natürlicher, als dasselbe vermittelst des Buchstabens, welcher das stärkste Geräusch anzeigt, zu beschreiben.

Vom *l* wollen wir noch bemerken, daß es vorzüglich das schnelle und flüchtige sowohl außer uns in der Natur, als den schnellen und flüchtigen Übergang der Zunge zur Bezeichnung des An- oder Unangenehmen in unsrer Seele anzeigt. Was in der Natur ist schneller und flüchtiger, als der Schall, diese schnell sich verlierende Bewegung der Luft? Was ist schneller und flüchtiger, als das fließende Wasser, die schwellende Flut, der fliegende Pfeil, das blendende Licht, und der zuckende Blitz? Was ist leichter und daher auch zu jeder schnellen und flüchtigen Bewegung geschickter, als das zitternde Blatt am Baume. Die leichttherniederfallende Flocke, und die weiche gekräuselte Wolle.

Was ist in unsrer eignen Seele, das die Zunge leichter zum Ausdruck hinüber lockt, als die angenehmen Empfindungen des Glücks, der Liebe, des Lobens, des Gefallens und des Billigens? Welches Gefühl in unserm Körper ist lockender zum leichten und schnellen Ausdruck, als das Gefühl des Lebens, des Leibes, und der Glieder?

So wie aber die Zunge beim Gefühl des Angenehmen sich schnell und leicht im Munde bewegt, eben so unwillkürlich bewegt sie sich auch obgleich langsamer und schwerer beim Gefühl des Unangenehmen, wie ein jeder aus der Erfahrung wissen kann, wenn er sich an die Bewegung der Zunge bei der Vorstellung von einer übelschmeckenden Arznei erinnert. Daher kömmt es auch, daß gerade das Gegenteil vom Angenehmen, ebenfalls durch den sonst so schnell und flüchtig nur zum Angenehmen übergehenden Buchstaben *l* ausgedrückt wird. Daher bezeichnet das *l* auch die Unmut und Leiden erweckende Leerheit, es bezeichnet die das Leere hervorbringende Kleinheit, das durch die Leere und Kleinheit hervorgebrachte Leiden, und das dem Anschein nach traurige dem Tode ähnliche *Liegen* und Schlafen.

So wie der Gaumenlaut *k* mehr die Gestalten der Dinge zu umfassen scheint, so scheint der Zungenlaut *l* vermittelst seiner untergeordneten Laute mehr die verschiednen Bewegungen der Dinge außer uns, und der Empfindungen in uns nachzubilden. Ist es also wohl eine törichte Mühe, die Wörter in ihre einzelnen Bestandteile aufzulösen, und den herrschenden Hauptlaut in denselben zu suchen? Kann uns dies nicht große Aufschlüsse über die erste Entstehung der menschlichen Begriffe geben, die damals freilich nicht so fein, aber vielleicht wahrer gewesen sind, als sie es jetzt bei ihrer höchsten Verfeinerung noch sein können?

Das Verbum sein.

Dies in seiner Art einzige Verbum, welches allen übrigen erst seine Natur und Wesen mitteilen muß, wenn sie wirkliche Verba werden sollen, und welches den höchsten und letzten aller unsrer Begriffe ausdrückt, hat in allen uns bekannten Sprachen eine *unregelmäßige* Abwechselung: die Vergangenheit wird mit einem ganz andern Worte, als die Gegenwart, und die erste Person der gegenwärtigen Zeit wiederum mit einem andern Worte, als die zweite oder dritte Person, u. s. w. bezeichnet.

Das Wort *bin* im Deutschen, wodurch wir unser eigentliches Selbstgefühl, unsre Ichheit bezeichnen, hat nicht die mindeste Ähnlichkeit mit *sein,* wodurch wir nicht sowohl das *wirkliche sein,* als vielmehr die bloße Idee des Seins, flach und allgemein benennen.

Eben so ist auch *bin* von *ist* unterschieden, worunter wir uns das Dasein eines dritten Wesens denken, das wir nicht wie uns selber, oder wie eine Person, zu der wir reden, wirklich *anschauend* erkennen, sondern es uns nur in unsrem Ideenkreise vorstellen.

bin und *bist* bezeichnet das unwillkürlich *empfindsame,* oder *anschaulich erkannte* Dasein, *ist* hingegen das durch Anstrengung der Denkkraft erkannte Dasein eines Wesens.

Ich kann daher nie sagen: *ich ist,* weil ich mein eigenes Dasein nicht anders als unwillkürlich empfinden und anschaulich erkennen kann – eben so wenig kann ich sagen: *das ist,* weil ich von einer Person, die ich anrede, auch unmöglich eine andre, als eine anschauende Erkenntnis haben kann.

Woher nun aber der erstaunliche Unterschied zwischen *bin, ist, war, gewesen* und *sein,* da alle diese ganz voneinander verschiednen Wörter doch im Grunde nur Modifikationen eines und eben desselben Begriffes ausdrücken?

5 Vielleicht ist dies gerade der einzige Begriff, dessen Modifikationen zugleich sein Wesen ändern. –

Das vergangne *sein* z. B. ist eben so wesentlich von dem gegenwärtigen *sein* verschieden, als die Vergangenheit selbst von der Gegenwart verschieden ist; was Wunder also, daß 10 man diese, im Grunde ganz voneinander verschiedne Begriffe, auch durch ganz verschiedne Wörter zu bezeichnen suchte?

Um die anschauende Erkenntnis von dem Dasein eines Dinges zu bezeichnen, bedient sich die Deutsche Sprache 15 des zirkumskribierenden, oder ein Ding auf sich selbst einschränkenden *b*

ich bin – du bist.

Woher dies *b* grade bei der ersten und zweiten Person, das nachher nie wieder vorkommt? – Die Silbe *be* vor ein Ver- 20 bum gesetzt, bedeutet, daß sich die Handlung, welche durch das Verbum bezeichnet wird, gleichsam *um etwas rund herum* erstrecken soll – als von *schneiden, beschneiden,* von *sehen, besehen,* von *leuchten, beleuchten.* – Man sieht hieraus, daß es als Wurzellaut sehr gut gebraucht werden könne, um die *isolierte,* 25 *durch sich selbst umschränkte,* und aus der Masse der übrigen Dinge herausgehobne Persönlichkeit, oder *Selbstgefühl* zu bezeichnen, welches wir durch den zweiten Wurzellaut *n* in *bin* gleichsam in uns hineinzuziehen, statt, daß wir es durch das *st* in *bist* gleichsam aus uns herausstoßen. –

30 Die zweite Person *bist* ist auf die Weise aus der ersten und dritten Person zusammengesetzt – das *b* von der ersten Person bedeutet die anschauende Erkenntnis, welche wir von einem Wesen außer uns haben, das *vor uns* da steht; und das *st* bezeichnet die Anstrengung unsrer Denkkraft, wodurch wir 35 uns dasselbe demungeachtet, als außer uns vorstellen – also ist:

bin *bist*
in uns hineingedachtes aus uns herausgedachtes
Selbstgefühl Selbstgefühl

ist
eine objektivische
Erkenntnis.

Bei *ist* fällt das zirkumskribierende persönlichmachende, aus
dem Zusammenhange der Dinge herausschneidende *b* ganz
weg – weil wir vermöge desselben *das Dasein der Dinge in
ihrem Zusammenhange,* oder die *Wahrheit* erkennen sollen – es
bezeichnet die außer sich wirkende, sich selbst vergessende
angestrengte Denkkraft in ihrer Selbsttätigkeit.

Wenn wir nun erwägen, was für eine erstaunliche Verschiedenheit zwischen unsrem Selbstgefühl, oder dem Gefühl unsres eignen Daseins, und unsrer Vorstellung von dem
Dasein fremder Wesen außer uns, ist; dürfen wir uns dann
noch wohl wundern, daß die Sprache diese so sehr voneinander verschiednen Begriffe, auch durch ganz verschiedne
Wörter bezeichnet hat?

In der *Mehrheit* verliert sich dieser festbestimmte Unterschied, und verschwimmt sich gleichsam in dem Begriffe
der Mehrheit. Indem ich mein Dasein mit dem Dasein andrer mir ähnlicher Wesen zugleich denke, und mein und ihr
Dasein gleichsam miteinander vermische; so muß sich mein
bestimmtes Selbstgefühl zu der bloßen allgemeinen Idee des
Seins herabstimmen, so daß die Vorstellung von meinem
eignen Sein, mit der Vorstellung von dem Sein der Personen
außer mir, einstimmig wird; denn ohne diese Einstimmung
würde ich nicht *wir* sagen können.

Ich bin – wir sind
sind also wirklich wesentlich voneinander verschiedne Begriffe, wovon der letzte die bloße Idee des Seins nur mit
einem schwachen schwankenden Urteile ausdrückt, welches
durch das hinangefügte *d* ausgedrückt wird. Das Urteil von
der Mehrheit muß aber notwendig *schwächer* und schwankender sein, als das von der Einheit, weil es das voneinander
verschiedne unter einen Gesichtspunkt zusammenfaßt, und

also von jedem einzelnen desto unbestimmtere Begriffe geben muß, von je mehreren es zu gleicher Zeit einen Begriff geben will.

In dem Begriffe von der Mehrheit verlieren sich die deutlichen Unterschiede. Dies kann vermöge der Natur der Sache nicht wohl anders sein: denn um uns die Mehrheit zu denken, muß die Unterscheidung der Vergleichung weichen. – Die zu bestimmten Unterschiede müssen verschwinden, wenn mehrere Sachen unter einen Gesichtspunkt gebracht werden sollen – es muß nur noch gerade so viel Unterschied übrig bleiben, als nötig ist, um die Dinge *außereinander* zu halten, und sie *zählbar* zu machen.

Darum fallen auch gemeinlich in der Sprache in der mehrern Zahl die Unterschiede weg, welche in der einfachen Zahl ausgedrückt werden. So verliert sich zum Beispiele der Unterschied des Geschlechts von dem Artikel *der, die, das,* im Plural in das am schwächsten bezeichnende *die;* – und es ist sehr merkwürdig, daß in der Deutschen Sprache die Mehrheit fast immer, wie das weibliche Geschlecht bezeichnet wird, als:

	M.	*F.*	*N.*
	der	die	das
		Plur.	
	die	die	die
	M.	*F.*	*N.*
	er	sie	es
		Plur.	
	sie	sie	sie
	M.	*F.*	*N.*
	sein	ihr	sein
		Plur.	
	ihr	ihr	ihr.

Das weibliche Geschlecht wird *schwächer* mit weniger Nachdruck als das männliche bezeichnet – das männliche stärker
und rauher klingende *r* fällt weg; das männliche Kraft und
Tätigkeit ausdrückende *der* schmilzt in das sanfte Leiden und
Nachgeben bezeichnende *die* hin. –

Indem man nun die Mehrheit bezeichnen wollte, so mußte man notwendig den *schwächsten Ausdruck* des Einzelnen
wählen; denn das Einzelne soll gleichsam in der Vorstellung
verschwinden, um dem Begriffe der Mehrheit Platz zu machen.

Daher sind auch wahrscheinlich alle abgezogne Begriffe,
die sich in *heit, keit, ung,* u. s. w. endigen, *Feminina:* denn sie
sind, so wie die Mehrheit, das Resultat von Einzelnheiten,
die gleichsam in den Schatten gestellt, nur schwach bezeichnet, und fast vergessen werden sollen, um dem Resultat, das
aus ihnen erwächst, Platz zu machen. –

Die abstrakten Begriffe grenzen selbst schon sehr nahe an
den Plural, und haben daher größtenteils keinen Plural; ich
kann nicht sagen: *die Gerechtigkeiten,* die *Güten* – denn *Gerech-*
tigkeit, Güte, sind selbst schon etwas *Zusammengenommenes, aus*
Einzelnheiten erwachsnes, und der Artikel *die,* welcher vor denselben steht, kann fast eben so gut wie ein Zeichen des
Plurals, als wie ein Zeichen des Femininums betrachtet werden.

Von dem Plural zu dem abstrakten Begriffe ist nur ein
unmerklicher Übergang.

Die Menschen sind sterblich, und
der Mensch (das Abstraktum) ist sterblich
sagt fast einerlei – und wenn der Artikel *die* im Plural nicht
statt des Pronomens steht, als *die Menschen, welche* u. s. w., so
umfaßt er ja alle Dinge einer Art, und macht daher die Mehrheit
selbst zu einem abstrakten Begriffe.

Ich kehre nach dieser Ausschweifung zu dem Plural von
ich bin zurück, wo sich also nach eben dem Gesetz des Denkens die bestimmten Unterschiede, und selbst die genauere
Bezeichnung des Daseins, in den herrschenden Begriff von
der Mehrheit der Personen verliert. Diese Mehrheit ist selbst

schon ein abstrakter Begriff, und kann daher auch nur mit dem abgezognen Begriffe des Daseins zusammenschmelzen, welcher durch *sind* ausgedrückt wird.

Ehe ich in diesen Untersuchungen weiter fortgehe, will ich mein Nachdenken erst zu einer Vergleichung mehreren Sprachen miteinander zurückrufen, um mich nicht durch einseitiges Beobachten zu Hypothesen, welche zu gewagt sind, verleiten zu lassen.

Ich will daher zuerst eine Vergleichung zwischen zwei sehr nahe verwandten, und doch in Ansehung des Verbums *sein,* sehr voneinander unterschiednen Sprachen, der Deutschen und der Englischen versuchen.

Es gibt verschiedne Wörter im Deutschen, welche im Englischen durch ganz andre Wörter, die mit denselben in Ansehung ihrer einzelnen Laute nicht die mindeste Ähnlichkeit haben, übersetzt werden müssen. Von der Art sind z. B. *sterben, die, die Art, kind* – demohngeachtet aber sind die Wörter *sterben* und *Art,* in dem Wörtervorrat der Englischen Sprache auch vorhanden, aber sie haben ihre *allgemeine Bedeutung* verloren, und eine speziellere angenommen – *starve* heißt, bloß *vor Hunger sterben,* und *thou art* heißt *du bist* – das Englische *die* und *dead* hingegen finden wir in unsrem *tot* wieder, wo es den leidenden, und *töten,* wo es den tätigen Begriff des Todes bezeichnet. Was also im Englischen nur eine spezielle Art des *Todleidens* bezeichnet, das drückt im Deutschen das *Todleiden* im Allgemeinen aus, vielleicht weil man sich die Entziehung oder Entbehrung der Nahrungsmittel als den Hauptumstand bei dem Todleiden, und alles Sterben sich auf gewisse Weise, wie im Verschmachten oder Verhungern dachte.

Das Englische *Kind* ist uns in dem Worte *Kind* übrig geblieben, wo es nun zwar nicht mehr die *Art* oder *Beschaffenheit* im Allgemeinen, aber doch immer noch die fortgepflanzte Art eines bestimmten Wesens bezeichnet; wenn wir *Kind* metaphorisch gebrauchen, als z. B. *Gotteskinder,* so heißt dies doch so viel, als Wesen seiner *Art* – der Hauptbegriff ist also immer noch derselbe.

So wie nun aber das Englische *Kind* im Deutschen eine speziellere Bedeutung erhalten hat, eben so hat das Deutsche *Art* im Englischen wieder eine speziellere Bedeutung, indem es nur das Dasein, und also auch zugleich dabei die *Art* des Daseins derjenigen Person bezeichnet, *die ich anrede, thou art, du bist.* – Der Ausdruck des Begriffes von *Art,* von *Beschaffenheit* muß also im Englischen dazu dienen, um das gegenwärtige bestimmteste Dasein, ohne eigentliche deutliche Rücksicht auf die Beschaffenheit dieses Daseins auszudrücken – wir sagen: *die Art,* der Engländer sagt: *du Art,* das heißt: *du bist so beschaffen, wie folget; – thou art good, du bist gut beschaffen, deine Art ist gut.* – Der Engländer zieht in den anschaulichen Begriff von dem *Dasein* der Person, mit der er spricht, die Art oder Beschaffenheit derselben mit hinein. Und von diesem Begriffe der Art, mit Weglassung des *t* am Ende, ist auch der Plural abgeleitet:

we are, ye are, they are.

Bei der ersten Person

I am

bleibt nur noch eine schwache Spur des Begriffes übrig; der Vokal mit dem Schluß des Mundes, vermöge des *m,* bezeichnet das eigne Selbstgefühl.

Unser *bin* aber finden wir im Englischen *been* wieder, welches *gewesen,* und *be,* welches *sein* heißt; und die Spur von unsrem *gewesen* finden wir wieder in dem Englischen, *I was, ich war;* und unser *bist* in dem Englischen *thou beest,* der zweiten Person des Konjunktivs.

Man kann sich das *sein* nicht ohne die *Art* oder Beschaffenheit des Seins, das *was* nicht ohne das *wie* denken. Es ist daher nicht zu verwundern, daß diese beiden Begriffe bei jeder Gelegenheit ineinanderfließen, und in verschiednen Sprachen einer für den andern genommen werden.

Nur ist es merkwürdig, daß in der Deutschen Sprache *Wesen* die Art des Seins oder die Eigenschaften bedeutet, und daß das vergangne *sein* ebenfalls durch *gewesen* bezeichnet wird. –

Die Silbe *ge* hat in der Deutschen Sprache eine zusam-

menfassende Kraft, so wird z. B. von Murmeln das zusam-
mengefaßte Murmeln, *Gemurmel,* von kommen das zusam-
mengefaßte vollendete kommen, *gekommen* genannt – *ich bin
gekommen – der Bach hat gemurmelt* – so heißt es also nun auch:
er ist gewesen, wenn ich mir das successive Sein als vergangen,
vollendet, und zusammengefaßt denke. –

Wir geben dem Begriffe des Seins Persönlichkeit, indem
wir *Wesen* sagen. Wesen ist das auf ein Individuum beschränkte *Sein – ein Sein* kann ich nicht sagen, weil das *sein*
nicht eins oder einzig sein kann, aber wohl ein Wesen, weil
die Art des Seins einzig sein kann.

Daß nun aber durch *gewesen* das vergangne Sein ausgedrückt wird, scheint darin seinen Grund zu haben, weil das
vergangne Sein gleichsam etwas Vollendetes, Ganzes ist: das
vergangne Sein ist gleichsam ein *Wesen* geworden, weil es
nicht mehr *wird,* sondern schon wirklich *ist,* was es sein soll.

Das Wesen eines Dinges ist also sein vollendetes, nicht
mehr werdendes, sondern von jeher vorhandenes *Sein –*

Wie? wo? was? Weise; Wesen

sind alles Wörter einer Wurzel, des die Beschaffenheit, oder
die Art bezeichnenden *w.*

Was ist ein Ding?

welches *Wesen* hat ein Ding?

auf welche *Weise* geschieht ein Ding?

In der Deutschen Sprache bezeichnet das *w* fast durchgängig
die Beschaffenheit im Gegensatz gegen die Wirklichkeit, die
durch *d* ausgedrückt wird. – Darum kann ich auch sagen: *das
Wesen eines Dinges,* aber nicht *das Ding eines Wesens;* denn die
Wirklichkeit muß der Beschaffenheit notwendig zur Unterlage dienen.

Wie sehr nun aber diese beiden Begriffe in den Köpfen
der Menschen sich vermischt und untereinander verwirrt
haben, davon mag gleich die Verschiedenheit der Englischen und Deutschen Sprache zum Beispiel dienen: wir
bezeichnen den Begriff der Beschaffenheit vorzüglich in
dem Begriffe des vergangnen Seins, der Engländer aber vorzüglich in dem Begriff des gegenwärtigen Seins; er sagt *thou
art,* und wir sagen *ich bin gewesen.*

Diese Vermischung der Begriffe aber hat einen großen Einfluß auf unsre erhabensten Kenntnisse, wo wir das *sein* selbst wieder zu einer Beschaffenheit von sich selber machen, da es doch rein und abgesondert gedacht werden, und nicht in den Begriff der *Art* übergehen soll.

Die Deutsche Sprache scheint dem Gange der Natur getreu geblieben zu sein, indem sie sich erst in das vergangne Sein die Art oder Beschaffenheit mit hineindenkt: *ich war, ich bin gewesen.* – Denn alsdann erst hat die Seele Muße erhalten, nachdem sie das Sein *empfunden* hat, auch die Art desselben zu *erkennen.* –

Das noch nicht völlig vergangne sowohl, als das völlig vergangne Sein wird beides mit dem eine Beschaffenheit ausdrückenden *w* bezeichnet: *war – gewesen.* –

Wir sagen daher nicht die *Istheit,* sondern die *Wahrheit,* weil wir uns in den Begriff der Wahrheit notwendig die Beschaffenheit eines Gegenstandes, und nicht nur sein gegenwärtiges, sondern auch sein *vergangnes* Dasein mit hineindenken müssen;

war aber bezeichnet das noch nicht völlig vergangne, abgeschnittne, sondern sich an etwas folgendes *anknüpfende* Sein – wenn ich sage: *es war Nacht,* so erwartet jedermann noch etwas hierauf folgendes, oder sich an das Nachtsein anschließendes – das Nachtsein dauerte noch fort, *während* daß etwas anders seinen Anfang nahm; das *war* knüpft und kettet das folgende unauflöslich an das vorhergehende, es bringt in die Erzählung *Wahrheit,* das ist notwendige Verknüpfung, Verbindung des Geschehenen – ich kann nicht an der *Istheit* einer gegenwärtigen Sache, aber wohl an der *Wahrheit* einer vergangnen zweifeln. – Das *ist* bei einer Sache erwecket bei mir einen anschaulichen Begriff, strengt meine Denkkraft nicht an – aber das *war* bei einer Sache läßt mich forschen, in welchem *Zusammenhange* sie mit den übrigen Dingen steht. – Um den Begriff von der Wahrheit zu erhalten, muß ich die Gegenwart halb in die Vergangenheit zurückschieben: ich muß *ist* in *war* verwandeln – oder vielmehr ich muß mir beides, wo möglich, zusammendenken –

dieser Baum ist grün

das ist wahr (war)

er *ist* grün – dieser Augenblick ist nun verschwunden – und
er *war* grün, während daß ich anfing zu denken: er ist grün.
Ich kann mich erst in dem zweiten Augenblick fassen, und
sagen: es ist wahr, daß der Baum grün ist: denn ich sehe ihn
noch eben so, wie ich ihn vor einem Augenblick sah, es ist
fast einerlei, wenn ich sage

daß der Baum grün ist, ist wahr,

und: der Baum ist grün und war grün.

Die deutsche Sprache scheint also den Begriff des Wahren
von dem Begriffe des noch nicht völlig vergangnen, in
Rücksicht auf das Gegenwärtige, herzuleiten: und diese Vorstellungsart ist schon der Natur unsrer Seele gemäß. Das
noch nicht völlig Vergangne, in Rücksicht auf das Gegenwärtige, ist gleichsam das Wiederfangen der einen Idee, die
entschlüpfen will, indes man die andre noch festhält, wodurch das Wahrheitsgefühl, oder das Gefühl, daß etwas *ist*
und *war,* entsteht – ich will mich von der Wahrheit einer Idee
von irgend einem äußern Gegenstande überzeugen, und es
ist kein andres Mittel, als daß ich den noch nicht völlig
vergangnen, sondern in der Einbildungskraft zurückgebliebenen Eindruck vergleiche, und untersuche, ob eben das,
was *ist,* auch *war,* und ob das, was *war,* auch noch *ist.*

Wenn ich unter dem übereinandergelegten Mittel- und
Zeigefinger statt eines Kügelchens zwei zu fühlen glaube, so
hat dies Gefühl zwar *Istheit,* aber keine *Wahrheit* – oder vielmehr das *war* und *ist* fließt zu sehr in eins zusammen:
dieselbe Kugel, die bis jetzt unter dem einen Finger *war, ist*
zu gleicher Zeit unter dem andern – weil nun ein und eben
derselbe Eindruck nicht zugleich vergangen und gegenwärtig sein kann, so finde ich mich genötigt zwei voneinander
verschiedne Eindrücke anzunehmen.

Ich kann also nicht eigentlich sagen, daß ich unter den
übereinandergelegten Fingern zwei Kügelchen statt eines
fühle, sondern *ich schließe* dies bloß, weil sonst immer zwei
Kügelchen erfordert werden, um dieselbe Empfindung bei

mir hervorzubringen, die jetzt durch eins hervorgebracht wird.

Das eine Kügelchen kann sonst nie *zugleich* unter beiden Fingern sein: lege ich aber beide Finger übereinander, so fühle ich eine und dieselbe Kugel zugleich unter beiden Fingern, und schließe daher, daß es zwei Kugeln sind, weil dasjenige, was war, unmöglich in demselben Augenblick, wo es *war,* auch *ist;* indem aber das Kügelchen sanft unter den Fingern *rollt,* so entschlüpft das *ist* dem *war,* und das *war* dem *ist;* der gegenwärtige Augenblick verschwimmt sich in den vergangnen, und der vergangne in den gegenwärtigen, wie Farben, die im Widerschein ineinanderspielen; – darum muß auch dasjenige, was man unter den übereinandergelegten Fingern reibt, notwendig *gerundet* sein, wenn es die Täuschung hervorbringen soll: man lege einen eckichten Körper unter die Finger, und er wird sich unsrem Gefühl nicht verdoppeln. – Die Grenzlinien zwischen dem *ist* und *war* der Berührung sind hier schärfer, sie können sich nicht ineinander verlieren.

Unser ganzes Wissen beruht auf dem genauesten Unterschied zwischen *ist* und *war.* Ein und eben dieselbe Sache ist in diesem Augenblick nicht mehr, was sie *war,* und *war* nicht das, was sie ist – ihre *Wahrheit* aber kann nur *erkannt,* die *Istheit* kann bloß *empfunden* werden.

———————

Merkwürdig ist es, daß der Engländer sagt: *I have been,* gleichsam wie, *ich habe gebinnt* – und der Deutsche: *ich bin gewesen.* – Das *bin,* welches bei dem Deutschen das gegenwärtige, eigentlich mit Selbstgefühl verknüpfte *sein* bezeichnet, drückt im Englischen das völlig vergangne *sein* aus, welches wir uns, eben so wie die Zukunft, nicht anders als *mittelbar* durch die Vorstellung von dem gegenwärtigen *sein* denken können; und daher die völlige Vergangenheit, sowohl als die Zukunft, notwendig immer durch zwei Begriffe ausdrücken müssen – *ich bin gewesen* – *ich werde sein.* – Die Silbe *ge* in *gewesen,* bezeichnet, wie wir schon bemerkt haben, das kollektive,

zusammengenommne *sein,* welches nun völlig vorbei ist,
und als ein Ganzes gedacht wird, zu dessen Rückerinnerung
wir aber unser gegenwärtiges Selbstgefühl notwendig zu-
sammennehmen müssen: wir können nicht sagen: *ich gewesen,*
sondern sehen uns genötigt zu sagen: *ich bin gewesen* – wenn
man sagen wollte:

ich bin war,

so würde sich *bin* und *war* einander aufheben. –

Die Gegenwart und die noch nicht völlige Vergangenheit,
oder der *eigentliche Übergang* des Vergangnen ins Gegenwärtige muß immer *bestimmt* und *fest* bleiben, weil hiervon unsre
Vorstellung von dem Unterschied des Vergangnen und Gegenwärtigen, und im Grunde unser ganzes Denken abhängt.
Das völlig vergangne Sein hingegen, welches gleichsam aus
der Reihe und Verkettung der wirklichen Dinge herausge-
hoben, nur noch in der Einbildungskraft statt findet, kann
schon eher mit dem gegenwärtigen, wirklichen Dasein zu-
sammengedacht werden, ohne daß eins das andre aufhebt;
ich kann nicht sagen:

ich bin war – aber wohl:
ich bin gewesen.

Der Engländer sagt: *ich habe gewesen* – er denkt sein zusammengenommenes durchlebtes *sein* mehr aus sich heraus, und
rechnet es zu dem, was er *hat,* was er *besitzt,* so wie wir auch
sagen: *ich habe gelebt,* und nicht *ich bin gelebt* – wir rechnen
unser zusammengenommenes vergangnes *Leben,* das von
Zeit zu Zeit Momentweise von uns ausgegangen, und am
Ende ganz und vollständig wieder in unser Gedächtnis zurückgefallen ist, auch zu demjenigen, was wir nun gleichsam
erst ruhig besitzen, was wir nicht erst *künftig bekommen* sollen, sondern schon wirklich *haben.*

Haben   –   *bekommen*
Vergangenheit   Zukunft.

Allein dasjenige Vergangne, was nicht sowohl von uns ausgegangen, als vielmehr in uns geblieben, oder sogleich wieder
in uns zurückgefallen ist, bezeichnet die Deutsche Sprache
lieber durch den Mittelbegriff des *gegenwärtigen seins,* als durch
den Begriff des *habens,* als

> ich bin gegangen,
> ich bin gekommen, und so auch:
> ich bin gewesen –

Gehen und *kommen* sind zwar Äußerungen unsrer tätigen Kraft, die aber immer in sich selbst zurückfallen, um sich von neuem zu äußern, ohne daß sie auf einen Gegenstand außer uns unmittelbar wirkten – Das Gehen z. B. ist vielmehr eine *Rückwirkung* unsrer bewegenden Kräfte auf sich selbst, wodurch unser Körper irgend einem Ziele, wohin sich unsre tätige Kraft richtet, näher gebracht wird. – Daher *bin ich gekommen, bin gegangen;* und das völlig vergangne *kommen,* und vergangne *gehen,* gehört mehr zu meinem gegenwärtigen *sein,* als zu meinem gegenwärtigen *haben,* weil es mehr *in mir geblieben,* als *von mir ausgegangen* ist. – Eben das findet nun auch von meinem völlig vergangnen *sein* statt, welches nie von mir eigentlich hat ausgehn können, sondern beständig *in mir geblieben* ist. Das *sein* fällt notwendig in sich selbst zurück, darum sagen wir: *ich bin gewesen.* Der Engländer denkt sich aber demohngeachtet das völlig vergangne *sein,* als etwas von ihm Ausgegangnes, und sagt: *I have been* (ich habe gewesen).

Eben so sonderbar ist, daß dasjenige, was im Deutschen das eigentlichste wirklichste Dasein, oder das Selbstgefühl bezeichnet, im Englischen die bloße schwankende Idee des seins ausdrückt.

> ich bin – *I am*
> sein – *to be.*

Unser *bin* finden wir also im Englischen *Infinitiv* wieder, wo wir es gerade am wenigsten suchen sollten.

Unsre Wurzellaute des Verbum *sein,* sind *b, w, s,* davon finden wir den Wurzellaut *w* in Ansehung der Bezeichnung der noch nicht völligen Vergangenheit, den Wurzellaut *b* in der Bezeichnung der völligen, in bloße Idee verwandelten Vergangenheit, und in dem Infinitiv wieder; der Wurzellaut *s* aber, der doch auch in dem Lateinischen Verbum *sum* der herrschende Laut ist, findet sich im Englischen gar nicht, und scheint ganz verdrängt zu sein.

An die Stelle des *b* in der ersten Person ist im Englischen der Vokal *a* mit dem Konsonant, *I am, thou art,* getreten, welcher auch im Plural die Stelle des *s* vertritt: *we are, ye are, they are;* und an die Stelle des *s* im Infinitiv ist im Englischen
5 wieder das *b* getreten, *to be,* sein: das *b* vertritt auch die Stelle des *w* in *been,* gewesen, und in *being,* einer der da ist, oder ein *Wesen.*

Welch eine Verschiedenheit zwischen zwei so nahe verwandten Sprachen, wie die Englische und die Deutsche! –
10 Derselbe Wurzellaut, welcher bei uns das eigentliche Selbstgefühl oder das empfundne sein bezeichnet, drückt im Englischen die bloße schwankende Idee oder das bloß erkannte und nicht eigentlich empfundne *sein* aus – und das empfundne *sein* wird wieder durch einen von dem unsrigen
15 so verschiedenen Wurzellaut *(I am)* angezeigt, als ob ganz verschiedene Begriffe durch das *ich bin,* und *I am* ausgedrückt werden sollten.

Sum, je suis, I am, ich bin,
alles fast ganz verschiedne Laute, welche doch ein und eben
20 dieselbe Sache bezeichnen, die doch in allen Ländern und unter allen Völkern notwendig auf einerlei Art gedacht werden müssen u. s. w.

FRAGMENTE AUS DEM TAGEBUCH EINES BEOBACHTERS
SEINSELBST.

25 Die Furcht, lieber alles in der Welt als *eitel, schmeichlerisch* und *heuchlerisch* zu scheinen, hat mich von unzähligen, wenigstens gesetzmäßigen (wenn auch nicht der Quelle nach tugendhaften) Handlungen, besonders solchen, die an Großmut grenzen, zurückgehalten. Denn der mögliche Gedanke
30 andrer, ich wolle besser scheinen, als ich sei, war mir unerträglich; lieber wollte ich in der behaglichen Mittelmäßigkeit bleiben. Aber ist nicht eben diese Furcht ein Beweis von einer raffinierten Eitelkeit, und daß ich eben deswegen den Schein derselben haßte, weil ich wirklich eitel war? Zugleich

ist's aber auch ein Beweis, daß ich mit ziemlicher Kälte viel über einen Entschluß zu denken pflegte, und über dem Denken die Wärme zum Handeln verlor.

Bei *Anton Reisers* Bemerkung (T. 3 S. 377): »Mystik und Metaphysik treffen in so fern wirklich zusammen, als jene oft eben das vermittelst der Einbildungskraft zufälligerweise herausgebracht hat, was in dieser ein Werk der nachdenkenden Vernunft ist,« fielen mir *Kants* Träume eines Geistersehers ein, in Beziehung auf seine jetzigen Schriften. Kant realisiert jetzt durch ernste, kalte Philosophie seine Phantasien und Träume; welches um so begreiflicher ist, da in jenem Buche doch ein Philosoph phantasiert hat, und diese sollen ja wohl öfters im Traume besser als im Wachen räsonieren. Vielleicht wahrer, inniger, origineller! Ob ich gleich kein Philosoph bin, so hab' ich doch oft die erhabensten, größten und befriedigendsten Blicke und Übersichten im Schlafe – vielleicht sind sie aber nur alsdann im Verhältnis zu der schwächern und mattern Denkkraft größer, erhabner und befriedigender: denn dasjenige, dessen ich mich am Morgen noch deutlich davon erinnere, hat doch bei weitem diesen Wert nicht, den ich am Abend vorher zu fühlen glaubte, vielleicht weil ich früh mehr als Abends verlangte.

Beobachtungen über meinen Charakter: Wenig feine Empfindungen – wenig Rührung – intensiv und extensiv schwache Phantasie – schweres Denken; mühsames Schreiben – abstractes und subtiles Denken, zuweilen Spitzfindigkeit – Unglaube und Zweifelsucht – Kälte, langsame Prüfung, Furcht vor Übereilung und Schwärmerei; beinahe Ärgerlichkeit über den, mit dem ich nicht sympathisieren kann. – Achtung für's Gute, so fern es recht und erhaben ist. – Gewohnheit, das Mangelhafte, die Schranken des Guten und Bösen zu bemerken. – Mäßigung in der Liebe und im Abscheu, Billigkeit, affectfreies Urteil – Gewohnheit, Unähnlichkeiten schnell zu bemerken, Scharfsinn. – Unterlassungssünden aus Mangel an Eifer. Diese halte ich meist für

schlimmer, als Begehungssünden aus Stolz und gröberer
Sinnlichkeit. – Übergewicht der vorstellenden Kräfte. –
Hang zur Sonderbarkeit. – Langsamer Wechsel der Vorstellungen. – Festigkeit einmal befestigter Neigungen und Gewohnheiten, weil solche Lagen der Vorstellungen, worin
Neigungen anfangen, selten sind, also leichter vorhandne
fortdauern, als neue entstehen. – Absondrung des Denkens
vom Empfinden und Handeln. – Feste Freundschaft. Wenn
auch äußere Ursachen Trennung veranlassen, und die Empfindung geschwächt ist, so ist doch die innerste verborgne
Neigung kaum zu erschüttern. – Wenig Eitelkeit, viel Stolz –
Lebhafte Äußerung und Gefühl eigner Mängel; Verbergung
des Guten; eine gewisse Scham, gut zu scheinen, und Empfindungen, Eifer mit Worten zu zeigen, die Beifall erhalten
könnten. – Schwierigkeit, sich jedesmal in die gehörige Stimmung zu versetzen. – Schwäche des Triebs, andern zu
gefallen, in gewissen Stücken. –

Ich *denke* mehr in Gesellschaft, und *fühle* mehr in der
Einsamkeit. Der abwesende Freund ist mir mehrenteils
wichtiger und interessanter, meine Empfindungen für ihn
zärter, zuweilen gar enthusiastisch, als der Freund, mit dem
ich eben spreche. Es ist, als wenn mich etwas gewaltsam
zurückzöge, wenn ich Freundschaftsgefühle in Worten ergießen will; ich fürchte, zu wenig zu sagen, und doch
vielleicht dem Freunde mehr sagen zu scheinen, als ich empfand. Will ich's doch, so erkaltet mit den Worten die Empfindung. Eine verworrne Empfindung von Scham unterdrückt den Ausbruch von Gefühlen für's Gute, wo ein
Zeuge dabei ist, und diese Scham schwächt auch so lange die
Empfindung selbst. In erwachsnen Jahren hab' ich auch
vielleicht nie aus eigner Rührung oder Mitleid in andrer Gegenwart *geweint,* selbst da, wo ich mit dem innersten Gefühl
den Gedanken verband, daß vielleicht eine Träne des Mit-
gefühls Trost für den geliebten Leidenden sein würde. Kaum
war ich allein, so ergoß sich das volle Herz in einen Strom
von Tränen.

Die männlichen Eigenschaften des Geistes zogen mich immer am stärksten an. Standhaftigkeit, Festigkeit, Duldsamkeit und Mut waren mir sehr bald die verehrungswürdigsten Eigenschaften eines Mannes, und ich dachte mir immer künftige Lagen meines erwachsnen Alters, wo ich diese auf eine recht auszeichnende und glänzende Art ausüben und zeigen wollte; doch lag mir an dem *Fecisse* beinahe mehr. Der Umgang mit kleinen Kindern war mir mehrenteils zu fad, und ein Erwachsner, der mich in eine ernsthafte Unterredung zog, erwarb sich dadurch meine ganze Zuneigung. Jede eigentlich *kindische* Behandlung, die manchmal *captatio benevolentiae* sein sollte, würkte grade das Gegenteil; ich fühlte mich gedemütigt. Es war mir fast immer ärgerlich, wenn ich aus der Gesellschaft der Erwachsnen unter die Kinder verwiesen wurde.

Wie kommt's, daß mich in Wissenschaften, die ich eigentlich *studiere,* nicht bloß im Vorbeigehn ansehe, beinahe nichts, was ich gearbeitet vorfinde, nur zur Hälfte befriedigt, daß mir's, wenn's Andre noch so gut finden, doch das Rechte nicht ist, und ich immer eine – oft nur dunkle, aber äußerst lebhafte – Ahndung von etwas Besserm fühle, die mir den Genuß dessen, was da ist, zur Hälfte verdirbt, und macht, daß ich's auch nicht so fortpflanze und brauche, wie es wohl gut wäre. Wo es dann geschehen muß, weil ich nichts Beßres weiß und habe, da geschieht's doch mit Widerwillen und Unlust, deren unzeitigen Ausbruch ich oft gewaltsam hemmen muß. Ist das Seelenkrankheit, oder was sonst?

An dem Mangel an Wärme und Enthusiasmus für's Gute, besonders für's Moralische, ist mein Hang zum Speculieren, zum Auflösen und Zergliedern, zum allgemeinen, abgezognen Denken, vornehmlich schuld. Gespaltne Strahlen wärmen minder als vereinte, und gespaltne Gedanken können das Herz nicht erwärmen, und ein kühles Herz kann nur aus Eitelkeit Eifer heucheln. Ich finde immer Bedenklichkeiten

gegen die Reinheit und den echten Gehalt des Guten, und
kann mich nicht schnell und feurig dafür interessieren. Ich
finde es oft verdächtig, wenn auch das Herz zu wallen anfängt, diesen Aufwallungen mich preis zu geben; besonders
hält mich aber die Erinnerung an etwas zurück, das sich
meiner öftern Bemerkung dargeboten hat. Ich meine dieses,
daß wir öfters, um das glänzende Gute zu tun, einen Teil der
Erfüllung unsrer stillen, eingeschränkten, nahen, aber deshalb nicht unheiligen Pflichten aufzuopfern pflegen. Ich bin
eingeschränkt, und fühle es, daß ich's bin, und will nicht
weiter würken, als ich kann. Es ist auch eine Art von Aufopferung, und die unedelste Art derselben wohl nicht, auf
große Tugenden Verzicht zu tun, um die kleinern zu behaupten, und es ist eine Art von geistiger Enthaltsamkeit, die
mir so wichtig scheint, als die körperliche nur immer sein
mag, welche darin besteht, seiner Sittlichkeit keinen höhern
Schwung geben zu wollen, als man, ohne Schwindel und
gefährlichen Fall zu befürchten, jetzt eben aushalten kann.
Auch der Trieb nach Erhöhung seiner edelsten Vollkommenheit, das heißt, der sittlichen, kann durch Ausschweifung und Überschnellung seinen eignen Endzweck aufhalten und hindern. – Der andre Hauptgrund meiner Kälte bei
Veranlassungen, wo ich hätte warm sein sollen, ist der Mangel an Biegsamkeit und Geschmeidigkeit meines Charakters,
die mühsame und schleppende Umschmelzung der Gestalt
und des Tons meiner Vorstellungen. Ich bin eben in andre Gedanken vertieft, in fremdartige Betrachtungen und
Gefühle hineingezogen, die meine ganze Vorstellungskraft
noch beschäftigen und fesseln. Nun kann nichts tiefe Eindrücke auf meine Seele machen, alles Heterogene wird
abgestoßen, oder in meinen vorigen Gedankenkreis hineingezogen, wo es nun ganz anders aussieht, und ganz etwas
anders würkt, als wenn außer dieser und in einer ganz andern Verbindung es mir sich darstellte. Am kältsten werde
ich, wo die Begriffe des andern, mit dem ich eben zu tun
habe, mir zu idealisch, seine Foderungen übertrieben, der
Eifer schwärmerisch und von keiner allseitigen Vorstellung

der Sache, wie sie in der wirklichen Welt ist und sein kann, begleitet zu sein scheint.

ÜBER MYSTIK.

Wenn irgend etwas verdient, psychologisch betrachtet zu werden, so sind es die Lehren der Mystik, welche auf die Gemüter der Menschen einen so erstaunlichen Einfluß von jeher gehabt haben, und noch haben.

Dieses Einflusses wegen sind sie schon der Betrachtung wert – da insbesondere die höhere Mystik gar keine Reize für die Einbildungskraft hat, sondern vielmehr alle Bilder selbst erst aus der Seele vertilgt wissen will, ehe das eigentliche Licht darin erscheinen kann, welches denn auch wieder mehr eine *verzehrende* als wohltätige Flamme ist.

Dergleichen Dinge mit Machtsprüchen an die Seite zu werfen, führt uns nicht weiter; denn sie kommen dadurch nicht an die Seite, sondern bleiben immer auf ihrer Stelle liegen, und hemmen den Weg.

So viel leuchtet freilich ein, daß die Mystik schon deswegen keinen festen Grund haben könne, weil sie die übrigen reellen menschlichen Kenntnisse und Wissenschaften nicht voraus setzt, sondern gleich das Resultat vorwegnimmt.

Es ist gleichsam eine Metaphisik ohne Physik – ein Etwas, das über einem Abgrunde schwebt und gaukelt, aber doch immer ein Etwas bleibt, woran zu zarte Gemüter sich gern festhalten mögen, weil sie durch das gröbere Irdische sich durchzuarbeiten scheuen; weil sie von der Menschenmasse gedrückt werden, und nun auf einmal ganz isoliert, in einer schönen Einsamkeit sich wiederfinden. –

GRUNDLINIEN ZU EINER GEDANKENPERSPEKTIVE.

Wir sehen gerade *durch,* und die Gegenstände reihen und ordnen sich von selber.

Wir sehen das Entferntere nicht unmittelbar, sondern *durch* das Nähere.

Das Entferntere scheint uns nur *klein,* in Vergleichung mit dem Nähern – oder, in so fern wir es uns, wie auf der Fläche eines Gemäldes, eben so nahe wie das Nähere denken; oder es mit dem Nähern gleichsam *in eine Reihe* stellen.

Daher kommt es, daß die Ferne *zusammendrängt.*

Die Gegenstände nähern sich in der Entfernung immer mehr der bloßen *Idee* von den Gegenständen; das Gesicht nähert sich immer mehr der Einbildungskraft, je weiter der Gesichtskreis wird.

Daher sind wir im Stande, uns die Gegend wie ein Gemälde, und das Gemälde wie die Gegend zu denken.

Wir wandeln die Allee hinunter; das Zusammengedrängte erweitert sich, wie wir uns nach und nach ihm nähern; die Wirklichkeit tritt wieder in ihre Rechte.

Wo das Auge durch nichts gehindert wird, da sehen wir Wölbung und Fläche. –

Das Höchste, was uns erscheinen kann, ist die Wölbung – über diese kann uns nichts erscheinen; denn die Wölbung ist über allem. –

ÜBER DEN ENDZWECK DES MAGAZINS ZUR ERFAHRUNGSSEELENKUNDE.*

Wenn man sonst in irgend einer Sache eine Zeitlang fortgeschritten ist, so ist es nötig, seine Gedanken einmal wieder auf den Hauptgegenstand zurückzurufen, und zu untersuchen, wohin der Weg uns eigentlich führen soll – dies kann aber in dem Fall, wo man Wahrheit sucht, nicht wohl statt finden, weil man sich hier das Ziel nicht selber setzen darf, sondern abwarten muß, wohin der Weg führen wird.

---

* Dieser Aufsatz möge denn auch zu der im vorigen Stück angefangnen Revision über die Revisionen des Herrn Pockels den Beschluß machen.

Dies heißt nichts anders, als die Wahrheit muß um ihrer selbst willen gesucht werden; sie muß uns das höchste Gut sein; und alles Erwünschte und Angenehme, was nicht mit ihr bestehen kann, in unsern Gedanken überwiegen.

Um nun aber das Ziel der Wahrheitsforschung sich nicht zu voreilig aufzustecken, ist der Weg der Erfahrung der sicherste, welcher freilich die Entstehung der Lehrgebäude hindert, aber dafür eine desto festere Grundlage macht, worauf man sicher fußen kann, ehe man weiter geht.

Die Erforschung unsers eigenen innersten Wesens ist nun dasjenige, was freilich näher als alles andere liegt: denn zu allem übrigen noch so weit Umfassenden müssen wir doch immer von diesem Punkt ausgehen, und immer zu diesem Punkte wieder zurückkehren.

Ob nun diese Erforschung unsers Wesens, dieser Rückblick auf uns selber, mit zu unsrer Bestimmung gehören oder nicht? kann bei denkenden Wesen wohl schwerlich noch eine Frage sein: Denn würden wir uns diesen Rückblick verbieten können, wenn wir es auch selber wollten?

Und gesetzt auch, daß aus diesen Betrachtungen sich für das eigentliche Leben kein unmittelbarer Nutzen zeigte, so würde doch dieser Gesichtspunkt immer dazu dienen, den Kreis des menschlichen Denkens überhaupt zu veredeln, und zu verschönern, und allen übrigen Dingen im Leben mehr Interesse, und Würde zu geben – allein der Nutzen davon, daß wir der Quelle aller Tätigkeit selber uns zu nähern suchen, muß auch unmittelbar sich zeigen, jemehr das Mannigfaltige sich selber auf die einfachsten und wahresten Grundsätze zurückführt, welche über die Verkettungen der menschlichen Dinge den reinsten Aufschluß geben.

Die Geschichte der Menschheit von außen, und die Geschichte des menschlichen Geistes von innen, müssen sich doch endlich auf einem Punkte begegnen, wo die wunderbaren Phänomene anfangen, sich aufzuklären; wo das Denkende und Empfindende sich selbst weniger fremde, mit sich selber vertrauter, und sich selber gesicherter wird.

Da nun das Denkende durch eine dünnere Scheidewand

voneinander abgesondert, sich ineinander wiederfindet; so
ist die Wahrheitsforschung auch ein gemeinschaftlicher
Anteil der Sterblichen, welche aus allen Zeitaltern, sich in
diesem Punkte wieder zusammenfinden, der immer reiner
und heller werden muß, je uneigennütziger sich die Gedanken mitteilen, und je weniger ein einzelner Sterblicher das
Gebiet der Wahrheiten sich zu umfassen zutraut.

Zu einer solchen Mitteilung der Gedanken soll das Magazin zur Erfahrungsseelenkunde eine fortdaurende Veranlassung geben; es soll das Mannigfaltigste von den äußern
Erfahrungen unsers Wesens sammlen, und es für den Denker und Forscher aufbewahren; die Erfahrungen sollen freilich durch Nachdenken geleitet, das Nachdenken aber auch
wechselseitig durch die Erfahrungen berichtigt werden.

Dies Magazin soll keine Strafpredigten gegen Aberglauben und Schwärmerei enthalten, sondern beide als Gegenstände der ruhigen Beobachtung aufstellen, damit ihr Grund
und Ungrund sich von selbst aufdecke.

Es soll die Geschichte von den Krankheiten der Seele
aufbewahren, und die Leiden der Unglücklichen sollen den
Arzt der Seele anspornen, der Quelle der Heilmittel nachzuspähen.

Es soll aber auch den Blick auf die Wunder heften, welche
uns so alltäglich geworden sind, daß wir nicht mehr darauf merken; auf die ganz gewöhnlichen Äußerungen des
denkenden und vernehmenden Wesens, worauf niemand so
sehr achtet, als auf die seltenen Vorfälle des Wahnwitzes, der
Erscheinungen, einer verübten schrecklichen Tat, u. s. w.
und die doch weit merkwürdiger, als diese alle sind.

Es soll daher mit diesem achten Bande, unter der Haupt-
rubrik *zur Seelennaturkunde* eine neue Rubrik anheben: *Die
Wirkungen der äußern Sinne, in psychologischer Rücksicht.* – Gewiß
wird hier durch wechselseitige Mitteilung sich manches aufklären, was uns bis jetzt noch verborgen ist, und wir werden
auf die Weise den Weg der Erfahrung und Beobachtung am
sichersten gehen.

Denn wenn das Denkende sich selbst unmittelbar erforschen will, so ist es immer in Gefahr sich zu täuschen, weil es sich in keinem einzelnen Augenblicke von sich selber absondern, sondern nur ein Hirngespinst statt seiner vor sich hinstellen kann, um es zu zergliedern. –

Die wirkliche Sache muß doch immer in dem jedesmaligen Aktus des Denkens eingehüllt bleiben, welcher sich selbst in dem Augenblick aufheben würde, wo er sein eigner Gegenstand werden wollte.

SPRACHE IN PSYCHOLOGISCHER RÜCKSICHT.

Die Idee des Fallens wird in unserer Sprache durch alle die verwandten Begriffe, die sich daran knüpfen, mit einer bewundernswürdigen Einfachheit durchgeführt. –

Der dem *Fallen* so nah verwandte Begriff des *Fehlens* wird auch beinahe mit eben dem Laute bezeichnet, nur daß der Ausdruck weniger schnell, und durch das dehnende *h* gehemmter ist. –

Was im Gewande zusammen *fällt,* heißt *Falte* – Dem Fall ist gleichsam seine Grenze vorgeschrieben – Ein Ganzes faltet sich – es fällt zusammen gleichsam mit dem Vorbehalt, sich wiederum auszudehnen, sobald es will. – Das hemmende *t* am Ende gibt erst dem Worte sein Gepräge – der negative Begriff des Fallens wird positiv.

So schießt der *Falk* auf seinen Raub. – Der Begriff des Fallens verbindet sich mit der Idee von Kraft, die ihn beseelet; das *k* am Ende hemmt den Fall, und setzt ihn in die Macht des aus der Luft herabschießenden Räubers, der davon seinen Namen führt.

Man denkt sich das, was liegt, als wie *gefallen;* die flache Ebne heißt das *Feld.* – Das *d* am Ende hemmt nur schwach den Fall. Doch ist diese Hemmung sehr bezeichnend, man nennt nehmlich das ein Feld, was in einer Einfassung, in einer gewissen Begrenzung vor dem Blick sich senkt, und flach scheint, es mag nun auf einer Anhöhe oder in der Ebne liegen.

Was aber emporstehend und dennoch schwer fallend sich niedersenkt, heißt *Fels* – Das Feld liegt da – der Fels aber steht und steigt empor. – Das *s* am Ende hebt gleichsam den Fall, und dieser einzige Laut erweckt eine Menge Neben⟨be⟩griffe, welche unvermerkt an die bezeichnete Sache erinnern.

ÜBER SELBSTTÄUSCHUNG.

In der menschlichen Natur gibt es gewiß kein unerklärbareres Phänomen, als die Möglichkeit, *sich selber zu täuschen,* gleichsam als ob man ein von sich selbst verschiedenes Wesen wäre, das zweierlei Interesse hätte.

Da nun kein Mensch leicht den andern täuscht, ohne sich irgend einen Vorteil davon zu versprechen, so scheint es auch, als ob man sich selber unmöglich täuschen könne, ohne irgend einen Vorteil von dieser Täuschung zu erwarten, oder zu genießen.

Wer aber hiebei betrogen wird, ist demohngeachtet niemand, als wir selbst; und doch wäre es ungereimt zu sagen, daß irgend ein Mensch die Absicht haben könnte, sich selbst im Ernst zu betrügen. –

Um dieses Rätsel aufzulösen sind die sonderbaren Beispiele von Selbsttäuschung in dem Leben der Menschen äußerst wichtig; und verdienen in jeder Rücksicht näher erwogen zu werden.

Offenbar findet der meiste Selbstbetrug bei den religiösen Empfindungen statt, welche man sich oft zu haben Mühe gibt, und am Ende wirklich zu haben glaubt, indem man bei leerem Herzen, in Ergießungen des Danks und der Ehrfurcht ausbricht, die man nicht mehr für erkünstelt hält, und die es dennoch sind.

Dergleichen Ergießungen finden sich häufig in diesem kleinen Buche, und dienen zum Beweise, bei welchem Grade von *Frömmigkeit* der Mensch dennoch gegen sich selber ein Heuchler sein, und bei welchem Grade von Aufrichtigkeit er dennoch sich gegen sich selber verstellen könne.

Denn wer dergleichen Empfindungen in seinen Worten und Gebärden lügt, um andre Menschen damit zu täuschen, bei dem läßt sich dies Verfahren leicht erklären; wer aber diese Empfindungen in sich selbst erkünstelt, um sie für sich zu haben, wenn auch niemand außer ihm sie bemerkte, bei dem sollte man kaum noch Verstellung ahnden, wenn dieselbe nicht noch einen Schlupfwinkel hätte, nehmlich den, daß der Mensch *auch vor sich selber* eine Rolle zu spielen, im Stande ist.

Ein jeder sucht nehmlich, mehr oder weniger in irgend einer Stellung oder Miene, die ihm an *andern* wohlgefällt, auch sich selber wohl zu gefallen, und trägt das Fremde mehr oder weniger in sich über.

Und so wie nun die Neigungen verschieden sind, so findet der eine z. B. ein vorzügliches Wohlgefallen an dem äußern Ausdruck einer tiefen Andacht; der andre an dem äußern Ausdruck einer vorzüglichen innern Stärke und Seelengröße; und wieder ein andrer an dem Ausdruck eines sanften und ruhigen Charakters, dem eine vorzügliche Liebenswürdigkeit eigen ist.

Weil nun aber dies Wohlgefallen mehr an dem äußern Ausdruck, als an der innern Grundlage, mehr an dem Schein als an der Wirklichkeit haftet; so muß auch die Übertragung des Fremden notwendig steif und erkünstelt werden, weil man dieselbigen Erscheinungen ohne dieselbe Unterlage hervorbringen will.

Denn wenn man die Wirklichkeit dem Scheine vorzöge, so würde man kein Bedürfnis haben, das Fremde in sich zu übertragen, sondern man würde in sich selbst zurücksinken, um aus seiner eigenen Grundanlage, dasjenige herauszuarbeiten, was darin enthalten ist, sei es so viel oder so wenig es wolle.

Wen nun aber seine Neigung einmal zu dem *Scheinbaren* hinzieht, dem ist der Vorzug der *Realität* freilich nicht so leicht begreiflich zu machen. – Denn wenn die Realität mehr inneres Gewicht hat, so hat das Scheinbare wieder eine größere Ausbreitung.

Und der Mensch ist in diesem Falle größtenteils so beschaffen, daß wenn sich ihm die Gelegenheit dazu darbietet,
er lieber etwas Ausgebreitetes bloß scheinen, als etwas in
sich Zurückgezogenes und Unbemerktes wirklich sein will.

Was Wunder denn, daß auch selbst religiöse und tugendhafte Empfindungen, in einem übertriebenen und überspannten Grade, lieber von den Menschen erkünstelt werden, als daß sie sich mit dem, wozu ihre Natur wirklich fähig
und ihre Fiber gestimmt ist, begnügen sollten, welches immer noch mehr sein würde, als alles, was sie durch erzwun-
gene Nachahmung in sich hervorzubringen streben.

Es ist unglaublich, wie viele Menschen an dieser Krankheit leiden, welche *das* vernachlässigen *was sie sind,* ohne *das*
je zu erreichen, wornach sie streben, weil das wornach sie
streben nur eine fremde Oberfläche und nicht das Wesentliche ist, das in ihnen so gut, wie in jedem andern verborgen
liegt, und nur Ruhe und Stille der Seele erfordert, um auf-
zukeimen, und in Äste und Zweige sich auszubreiten.

Es gehört eine gewisse Art von Verleugnung und Ertötung dazu, um gänzlich auf den *Schein* Verzicht zu tun. – Aus
dieser Ertötung selber aber keimt bei demjenigen, welcher
sich ihr unterzieht, sicher ein neues Leben hervor, das allen
Schimmer überwiegt.

Die Seele kann erst dann mit sich selber in ein dauerndes
Gleichgewicht kommen, wenn Kraft und Wille harmonisch
übereinstimmen. – Denn der Wille welcher die Kraft über-
steigt, ist grade dasjenige was zum *Scheine* zwingt.

Wünsche nach etwas Höhern sind freilich deswegen unvermeidlich, weil so viele fremde Begriffe in eins überströmen, die uns etwas kennen lehren, das wir selbst nie zu
erreichen im Stande sind. – Wer sich aber in der Republik der
Geister und mit dieser zusammen denkt, der wird auch jedes
höhere Talent als ein gemeinschaftliches Gut betrachten, das
allen verhältnismäßig zugehört, und welches selbst dem der
es besitzt, oft kein so reines und unvermischtes Vergnügen
gewährt, als dem welcher sich mit stillem Genuß daran ergötzt.

Eine jede *Seelenkraft* die sich in ihrem Maß ausbildet, ist, ganz ohne Vergleichung, für sich selbst das *Höchste*. – Niemand darf *scheinen*, um mit in Reihe und Glied zu stehen, sondern ein jeder hat den innern Gehalt und Wert dazu in sich selber.

Es ist der düstre umnebelte Blick, welcher den reichen Fond von Anlässen zu allem Großen und Schönen, der in der Menschheit schlummert nicht wahrnimmt, weil er nur auf sein Individuum sich beschränkt, und über dessen Grenzen nicht hinausgeht. –

Wer nun über das Wesentliche hinwegsieht, muß zu dem Unwesentlichen bei dem inwohnenden Triebe sich auszubreiten, notwendig seine Zuflucht nehmen. – Die eigentliche Wurzel bleibt vernachlässigt und verdorret, indes ein fremdartiges Gewebe sich umher spinnt.

Daß man nach dem alten Sprichwort so viele Bilder und Erscheinungen von Menschen, und wirkliche Menschen so wenig sieht, hat bloß in dieser Sucht das *Fremdartige in sich überzutragen,* seinen Grund, wodurch wahre innere Kraft und Würde unter den Menschen so selten werden.

Die Philosophie der Alten arbeitet daher immer auf den Satz hin, sich durch nichts *Äußeres* blenden zu lassen, nichts anzustaunen und zu bewundern, sondern in sich selber den einzigen wahren Beruhigungspunkt zu finden, der uns alle äußern Dinge in ihrem gehörigen gemäßigten Lichte erscheinen, und unsre Wünsche uns auf das, was wir uns selber geben können, beschränken läßt.

Wenn irgend etwas fähig ist, vor der Selbsttäuschung zu bewahren, so ist es eine solche ruhige Stimmung der Seele, welche wie ein heiterer Spiegel, jede Art von Affektation und falschem Streben, das in uns sich regen will, uns augenblicklich selbst bemerken läßt, und uns wieder in den Zustand versetzt, wo wir über unsre eigne Torheit lächeln. –

KOMMENTAR

ZU DIESER AUSGABE

Karl Philipp Moritz' schriftstellerisches Werk besteht keineswegs »aus zwei Büchern«, wie Arno Schmidts Rundfunkessay *Die Schreckensmänner* von 1957 behauptet. Die moralphilosophischen Aufsätze, Erziehungsschriften und Reisebeschreibungen, die mythologischen Nachschlagewerke, ästhetischen Abhandlungen und Studien zur Sprachtheorie sind gemeinsam mit dem ›Magazin zur Erfahrungsseelenkunde‹ nicht bloß ›quantité négligeable‹ neben dem *Anton Reiser* und den beiden *Hartknopf*-Romanen. Moritz' scheinbar heterogene Theorie-Interessen stehen untereinander in so engem Zusammenhang, daß sie sich nicht schadlos isolieren lassen; in ihrer Gesamtheit bilden sie vielmehr das intellektuelle Fundament der erzählerischen Hauptwerke.

Die vorliegende Edition der *Werke* bietet deshalb einen Querschnitt, der die verschiedenen Arbeitsfelder umfassender repräsentiert als bisherige Auswahlausgaben. In Einzelfällen hat die Beschränkung auf zwei Bände allerdings den Verzicht auf den vollständigen Abdruck eines Werkes erfordert; der *Versuch einer deutschen Prosodie*, die *Götterlehre* sowie ΑΝΘΟΥΣΑ sind jedoch durch in sich abgeschlossene Texte vertreten (Vorreden bzw. Einleitungen), die immerhin die jeweiligen Grundgedanken formulieren.

Leitendes Auswahlprinzip dieser Studienausgabe ist es, neben den unzweifelhaften Hauptwerken und unverzichtbaren Schriften gerade auch solche Arbeiten zu berücksichtigen, die in den bisherigen Moritz-Editionen zu kurz gekommen sind (zu Auswahl und Anordnung vgl. jeweils die Darlegungen in »Zur Konzeption dieses Bandes«).

Band 1 versammelt die poetischen Werke und die programmatischen Beiträge zur Erfahrungsseelenkunde.

Band 2 präsentiert das breite Spektrum der moralphilo-

sophischen und pädagogischen Schriften, die Reisebeschreibungen sowie die Aufsätze zu literarischen, kunsttheoretischen und mythologischen Fragen.

Da sich in der Mehrzahl der Fälle das genaue Entstehungsdatum der Texte nicht zweifelsfrei ermitteln läßt, wird
die Reihung nach ihrer Gattungszugehörigkeit (Band 1)
bzw. nach thematischen Gesichtspunkten (Band 2) vorgenommen. Das für Moritz typische Selbstplagiat, d. h. die
vielfache Wiederverwertung eigenen Textmaterials in neuen
Kontexten, hat es gelegentlich erforderlich gemacht, den
Zusammenhang von Sammelpublikationen (›Denkwürdigkeiten‹, *Die große Loge*) aufzubrechen, um die Integrität
größerer Texteinheiten (*Kinderlogik, Fragmente aus dem Tagebuche eines Geistersehers*) zu bewahren; so gehört die Logenrede
Des Maurergesellen Wanderschaft formal zur Gruppe der Freimaurer-Schriften (Band 2), abgedruckt ist sie jedoch innerhalb der *Fragmente aus dem Tagebuche eines Geistersehers* (Band 1).
In jedem dieser Fälle werden Mehrfachdrucke oder Text-
montagen im Kommentar nachgewiesen und Querverbin-
dungen aufgezeigt.

Moritz' handschriftlicher Nachlaß muß im wesentlichen
für verloren gelten. Als Textgrundlage dienen deshalb in der
Regel die Erstdrucke, sofern diese sich mit zureichender
Wahrscheinlichkeit identifizieren lassen. Wo Handschriften
überliefert sind (bei zwei kunsttheoretischen Skizzen), werden diese zugrunde gelegt. Aufschluß über die jeweilige
Situation (Druckvorlagen, Paralleldrucke etc.) gibt im Detail
der entsprechende Kommentar.

Die Orthographie wird – den Vorgaben der ›Bibliothek
deutscher Klassiker‹ folgend – in der Regel unter Wahrung
des Lautstandes behutsam modernisiert (seyn/thun zu sein/
tun, allmälig zu allmählich, aber auch Stuffen/Palläste zu
Stufen/Paläste). In Zweifelsfällen dient Karl Philipp Moritz'
Von der deutschen Rechtschreibung (Berlin 1784) als Entschei-
dungshilfe. Wo Moritz auf historisch begründeten Besonderheiten besteht, erhalten diese bei der Textredaktion den
Vorzug (Vestung anstelle von Festung; Scene anstelle von

Szene). Sprachgeschichtlich und etymologisch bedingte Schreibkonventionen werden unabhängig von ihrem Lautwert respektiert (Churfürst/karakteristisch/Tocht).

Moritz, dessen orthographische und grammatische Normen zumeist den heutigen nahestehen, schrieb nach Auskunft seines Freundes und Biographen Karl Friedrich Klischnig (1766-1811) »so unleserlich, daß er zuweilen Manches nach einiger Zeit selbst nicht mehr herausbringen konnte. Er war eine Plage der Setzer, die oft auch seine Korrekturen nicht zu lesen vermochten« (Klischnig, S. 160). Weil sich Eigenwilligkeiten und Inkonsequenzen folglich nur in Ausnahmefällen zuverlässig auf den Autorwillen zurückführen lassen, wird bei willkürlich wechselnden Schreibungen zugunsten der Duden-Konvention normalisiert (Kaffeehaus zu Kaffeehaus). Dies gilt auch für e/ä, bei denen Moritz Lautunterschiede erkennt; da die Drucke jedoch keine Regelmäßigkeit zeigen und häufig die moderne Rechtschreibung dominiert (Musäum/Museum; Merz/März), wird im Interesse der Einheitlichkeit auch dort modernisiert, wo die Druckvorlage keine Varianten aufweist (italiänisch/Italiäner). Strikt normalisiert werden darüber hinaus s/ß, i/ie und z/tz.

Bei den in allen zeitgenössischen Drucken von Moritz' Werken auffallend häufigen Verstößen gegen den aktuellen Kasus-Gebrauch und die grammatische Kongruenz handelt es sich mutmaßlich zumeist um Lesefehler des Setzers (vor allem aufgrund der im ›märkischen‹ Dialekt üblichen Vertauschung von Dativ und Akkusativ). Da sich Moritz um 1780 in mehreren Abhandlungen zur Schriftsprache mit Nachdruck für die Bereinigung von Regionalismen eingesetzt hat, sind alle Abweichungen von der heutigen Norm nach Moritz' Richtlinien behandelt worden (wo weitere autorisierte Drucke vorliegen, wurden sie in Zweifelsfällen zur Entscheidungsfindung konsultiert). Problematische Eingriffe, die nicht zweifelsfrei Druckfehler betreffen, sind im Stellenkommentar ausgewiesen und begründet.

Die Interpunktion bleibt grundsätzlich auch dort erhalten, wo die Druckvorlage gegen Moritz' Regeln zur Zeichensetzung verstößt, da sich eine durchgehende Korrektur zu vielen Unwägbarkeiten aussetzen müßte. Normiert wird nur bei offensichtlichen Versehen der Setzer sowie in den wenigen Fällen, in denen die Verständlichkeit andernfalls nicht gewährleistet wäre. Die bei längeren Zitaten zeitübliche Wiederholung der doppelten Anführung zu Beginn jeder Zeile entfällt. Grundsätzlich respektiert werden Getrennt- und Zusammenschreibung sowie Groß- und Kleinschreibung (mit Ausnahme der auf Setzerkonvention bzw. Zeitschriften-Layout beruhenden Schreibung der Anfangsworte eines Textes in Kapitälchen).

Die sonstigen Eigentümlichkeiten bei Eigennamen und Fremdwörtern, bei Komposita-Bildungen, Elisionen u. ä. bleiben unangetastet. Hervorhebungen in der Druckvorlage erscheinen einheitlich als Kursive. Der im zeitgenössischen Drucksatz übliche Wechsel von Fraktur zu Antiqua (bei fremdsprachigen Textteilen) wird nicht berücksichtigt.

Der Dank der Herausgeber gilt nicht nur zahlreichen Bibliotheken und Archiven (namentlich in Kiel, Regensburg und München) für vielfältige Unterstützung, sondern auch Kirsten Erwentraut, die u. a. die Textredaktion und die Kollationierung der ›Erstdrucke‹ des *Anton Reiser* übernommen hat, sowie Thorsten Kruse für die Hilfe beim Korrekturlesen von Band 1.

ZUR KONZEPTION DIESES BANDES

Der vorliegende Band enthält das poetische Werk von Karl Philipp Moritz sowie einen Querschnitt aus den Schriften zur Erfahrungsseelenkunde. Die Umfangsbeschränkung hat Konzessionen verlangt: etwa den Verzicht auf einen Großteil der Gedichte und auf sämtliche Briefe. Beabsichtigt ist ein repräsentativer Querschnitt, der neben dem Unverzichtbaren auch Unbekanntes bietet.

Entsprechend den editorischen Leitlinien der ›Bibliothek deutscher Klassiker‹ sind die Texte nach Gattungen geordnet.

Die Lyrik findet einerseits durch die *Sechs deutschen Gedichte*, Moritz' einzigen selbständig publizierten Lyrikband, Berücksichtigung, andererseits in den verschiedenen Werkkontexten.

Das dramatische Werk indes ist – in chronologischer Ordnung – komplett abgedruckt: die beiden Fassungen des *Blunt* ebenso wie verschiedene Entwürfe.

Die Prosa enthält neben dem textkritischen Neudruck des *Anton Reiser* die beiden *Hartknopf*-Romane sowie *Aus K . . .s Papieren*, einen bislang vernachlässigten Text aus den ›Denkwürdigkeiten‹, der den psychologisierenden Erzähler des *Anton Reiser* und den ›moralischen Arzt‹ des ›Magazins zur Erfahrungsseelenkunde‹ mit dem wandernden Studenten Karl Philipp Moritz verbindet. Die *Fragmente aus dem Tagebuche eines Geistersehers* sind ein Grenztext zwischen poetischer Prosa und philosophischer Theorie und hätten ebenso innerhalb des zweiten Bandes berücksichtigt werden können; die partielle Einkleidung der moralphilosophischen, freimaurerischen und pädagogischen Exkurse in eine fiktive Rahmenerzählung hat den Ausschlag für die Zuordnung zu vorliegendem Band gegeben. Ebenfalls enthalten ist das

postum erschienene Prosa-Fragment *Die neue Cecilia*. Die
Reihenfolge der Texte innerhalb dieser Rubrik hat mehrere
Kompromisse erfordert. Eine konsequente Werkchronolo-
gie scheidet aus, weil zu den Entstehungsdaten in der Regel
zuverlässige Informationen fehlen und die Erscheinungs-
jahre keine zureichende Hilfestellung bieten (1786 hat Moritz den zweiten und dritten Teil des *Anton Reiser*, die
Hartknopf-Allegorie und *Aus K . . .s Papieren* veröffentlicht).
Zudem sollten textliche Einheiten nicht aufgerissen werden,
obwohl die zeitliche Verflechtung der Einzelbände des *Anton Reiser* mit den beiden *Hartknopf*-Romanen hermeneutisch
ebenso reizvoll wie ergiebig erscheint. Deshalb folgen auf
den Abdruck der vier Teile des *Anton Reiser* die beiden *Hartknopf*-Romane, anschließend in strikter Publikationschronologie die drei Prosatexte *Aus K . . .s Papieren, Fragmente aus dem
Tagebuche eines Geistersehers* und *Die neue Cecilia.*

Die Abteilung ›Erfahrungsseelenkunde‹ enthält den »Vorschlag zu einem Magazin einer Erfahrungs-Seelenkunde«.
Die Auswahl der Beispieltexte aus dem ›Magazin‹ berücksichtigt einerseits die verschiedenen – in den programmatischen Darlegungen entwickelten – Kategorien, andererseits
die Urheberschaft (es sollten nur Texte von Moritz aufgenommen werden) und verzichtet auf Doppeldrucke (etwa
von Auszügen aus dem *Anton Reiser*). Die Anordnung korrespondiert ebenfalls dem chronologischen Prinzip (Abweichungen bei Fortsetzungsfolgen sind im Kommentar ausgewiesen). Verzichtet werden mußte auf den Abdruck der
Kontroverse mit dem zeitweiligen Mit-Herausgeber Karl
Friedrich Pockels, die nur vor dem Hintergrund ausführlicher Regesten oder dem Neudruck umfangreicher Fremd-
texte sinnvoll gewesen wäre.

LYRIK

SECHS DEUTSCHE GEDICHTE, DEM KÖNIGE VON PREUSSEN GEWIDMET

Textgrundlage

Erstdruck und Druckvorlage: Sechs deutsche Gedichte, dem Könige von Preussen gewidmet von C. P. Moritz. Berlin bey Arnold Wever 1781.

Textüberlieferung

Eine Handschrift ist nicht erhalten. Noch 1781 erschien eine revidierte Auflage: Sechs deutsche Gedichte, dem Könige von Preussen gewidmet von C. P. Moritz. Zweite Auflage. Berlin bei Arnold Wever. 1781 (D²). – Beide Auflagen sind nicht in herkömmlicher Fraktur gesetzt, sondern in der bei patriotischen Zeitgenossen durchaus umstrittenen französischen Schrifttype (Antiqua).

Entstehung und Wirkung

Die Gedichte dürften – den teilweise datierten Überschriften zufolge – zwischen 1779 und 1780 entstanden sein. Näheres ist dazu nicht überliefert.

Moritz' Lobgedichte auf Friedrich II. verfehlten ihre Wirkung nicht: Obschon seiner Bitte um eine Beförderung, die er offensichtlich an die Übersendung der *Sechs deutschen Gedichte* sowie zweier Abhandlungen zum Berliner Dialekt gekoppelt hatte, nicht stattgegeben wurde (vgl. Eybisch,

S. 101 f. und S. 265), erhielt er immerhin »ein sehr gnädiges Handschreiben« des gepriesenen Königs (Klischnig, S. 40):

Hochgelahrter, Lieber, Getreuer!

Mahlten alle Deutsche Dichter, wie Ihr, in Euren mir zugefertigten Gedichten mit so viel Geschmak, und herrschte in ihren Schriften eben der Verstand und Geist, welcher aus den beigelegten zwei kleinen Briefsammlungen hervorblikt: so würde ich bald meine landesväterliche Wünsche erfüllet, und die deutschen Schriftsteller an Würde und Glanz, den auswärtigen den Rang streitig machen sehen. Eure drei Schriften eröfnen mir dazu eine angenehme Aussicht. Sie haben meinen völligen Beifall, und ich ermuntre Euch zu fernerer Vervollkommnung der vaterländischen Sprache, als Euer gnädiger König.

Berlin, den 21. Januar 1781. Friedrich.

(*Anekdoten und Karakterzüge aus dem Leben Friedrich des Zweiten*. Vierte Sammlung, Berlin 1787, S. 122; »An den Magister und Konrektor Moritz«.)

Moritz wiederum scheint dieses königliche Lob entsprechend publik gemacht zu haben, denn noch im Januar 1781 veröffentlichte die ›Litteratur- und Theater-Zeitung‹ die Notiz:

Der Monarch, dem diese Gedichte, die gewis den Beifall der Kenner erhalten werden, gewidmet sind, hat den Verfasser eines ausserordentlich gnädigen Kabinetsschreibens gewürdigt. Ein neuer Beweis, wie sehr dieses gekrönte Haupt gegenwärtig die deutschen Schriftsteller aufmuntert und den Eifer für unsre vaterländische Litteratur zu erhalten und zu befördern sucht.

(Litteratur- und Theater-Zeitung. Des Vierten Jahrganges Erster Theil. No. IV. Berlin, den 27. Januar 1781, S. 61.)

Moritz' Lyrik ist bislang weder systematisch gesammelt noch analysiert worden. Neben den in diversen Zeitungen und Zeitschriften gedruckten und den – nicht selten parallel – in größere Werkzusammenhänge eingefügten Gedichten publizierte Moritz als einzigen eigenständigen Lyrikband die

Sechs deutschen Gedichte, die hier erstmals seit 1781 wieder vollständig ediert werden (lediglich das Abschlußgedicht *Friedrich* ist abgedruckt in: Karl Philipp Moritz, *Werke*, hg. v. Horst Günther, Bd. 1: *Autobiographische und poetische Schriften*, Frankfurt am Main 1981, S. 594-596).

Deutungsaspekte

Klischnig zufolge hat sich Moritz nur als Gelegenheitslyriker verstanden: »Verse zu machen, war in seiner Jugend sein größtes Vergnügen. Bei reifern Jahren sah er ein, daß er nicht zum Dichter gebohren sey, und doch – machte er bis an seinen Tod Verse, die er aber oft auf eine komische Art selbst tadelte« (Klischnig, S. 162). Das überlieferte Werk läßt sich im großen und ganzen in drei Gruppen einteilen: Zahlenmäßig überwiegen die empfindsam-sentimentalen Bekenntnisgedichte, die häufig in einen größeren Kontext integriert worden sind (vgl. z. B. *Anton Reiser*, die beiden *Hartknopf*-Romane und *Die große Loge*; Klischnigs Fortsetzung des *Anton Reiser* enthält zum Teil sogar Erstdrucke von Moritz-Gedichten). Vereinzelt findet sich abstraktere Gedankenlyrik (z. B. *Die Sprache* oder einige Freimaurer-Gedichte). Die *Sechs deutschen Gedichte, dem Könige von Preussen gewidmet* gehören aber im wesentlichen zur Panegyrik, die sich – ganz der epideiktischen Tradition verpflichtet – souverän des formalen, stilistischen und topischen Repertoires bedient. Wahrscheinlich sollte eine drucktechnische Besonderheit, die Entscheidung für die französische Antiqua, die Aufmerksamkeit des ebenso frankophilen wie frankophonen Regenten zusätzlich wecken. Mit dem Lob des militärisch und politisch erfolgreichen Herrschers, dem der Aufstieg Preußens zur Großmacht und Berlins zur Metropole zu danken sei, gibt sich Moritz gleichwohl im Tenor der Berliner Aufklärung als Patriot. Dennoch ist nicht auszuschließen, daß diese Preisgedichte zugleich dezent den Finger auf die Wunde des Preußenherrschers legen wollen: dessen Reserve ge-

genüber dem deutschen Idiom und der nationalen Kultur.
In *Die Sprache* rühmt Moritz zunächst generell deren schöp-
ferische Kraft und Dynamik:

> Du lässest auf der unumgrenzten Fläche
> Des innern Sinnes, Tal und Höhn,
> Beblümte Wiesen, Büsche, Silberbäche,
> In einem Augenblick entstehn. (S. 18)

Er verhehlt aber sein Engagement für die Muttersprache
keineswegs, so daß die Sammlung über das bloße Herrscher-
lob und Karrieretrittbrett hinaus mit den sprachwissen-
schaftlichen Bemühungen Moritz' im Einklang steht (vgl.
z. B. auch Unterhaltungen, S. 215, bzw. *Über die Bildsamkeit
der deutschen Sprache*, in vorliegender Ausgabe Bd. 2, S. 202-
205):

> Bist du's, zu welcher sich mein Ohr gewöhnte,
> Und war es reiner Silberklang,
> Der jetzt durch deine vollen Saiten tönte,
> So sei mein Lied dein Lobgesang! (S. 19)

Peter Rau indes interpretiert die *Sechs deutschen Gedichte* als
Zeugnis für »die Aufnahme und Verarbeitung der intensi-
vierten Verknüpfung von ästhetischer Anschauung, Ich-
Reflexion und Totalitätsidee« bzw. als »frühe Dokumente
der im ›psychologischen Roman‹ dargestellten ›Ichermange-
lung‹ und der autoritären Wunschvorstellungen des Autors«:
»Die Transformation zeitgenössischer literarischer Topik
verdankt sich dem ödipalen Charakter, dessen pathologi-
scher Habitus sich zur enthusiasmierten Unterwerfung des
Untertans steigert.« (Rau, S. 16 und S. 22.)

Stellenkommentar

11,3 *Könige von Preussen*] Friedrich II. (1712-1786), seit
1740 König in Preußen.

11,6 *Gemälde von Sanssouci. 1779*] Auch abgedruckt in: *Almanach der deutschen Musen auf das Jahr 1781*, Leipzig, S. 267-
269.

11,6 *Sanssouci]* Sommerschloß Friedrichs II. in Potsdam, zum Teil nach eigenen Entwürfen des Königs von Georg Wenceslaus von Knobelsdorff (1699-1753) 1745-47 erbaut: »Im J⟨ahr⟩ 1744, als *Friedrich der Große* aus den beiden ersten schlesischen Kriegen siegreich zurückkehrte, schuf Er Sich Selbst diesen Sitz der Ruhe, des häuslichen Lebens, der schönen Natur, und der Musen«. Vielleicht ist der Standort des Sprechers identisch mit dem ebenfalls bei Nicolai beschriebenen Aussichtspunkt: »Rechter Hand, ausserhalb des Gartens, liegt ein *Berg* mit einer schönen Aussicht; er hat Weinstöcke und Feigen aus Spanien, Ungarn, Griechenland, der Türkey, nebst andern Fruchtbäumen, und in seinen Terrassen gemauerte Treibhäuser für Melonen und Spargel, (auf der ehemaligen Lehmgrube)« (Nicolai, Beschreibung, S. 1200 f.; vgl. die ausführliche Darstellung, S. 1200-1230).

11,17 *schauerlich]* »auf eine weise, bei der schauer erregt wird« oder »bei der man schauer empfindet« (Grimm XIV, Sp. 2333).

11,19 *Friedrich]* Vgl. Anm. 11,3.

12,3-13 *hat* | ⟨...⟩ *schuf]* hat. | Ich sah, von Glut entbrannt, || Die Flur, die dieser König schuf (D²).

12,16 f. *ward.* || ⟨...⟩ *eingehüllt]* ward, || Und sprach: in Dämmerschein gehüllt (D²).

12,29 *Aurorens]* Göttin der Morgenröte: »Sie erscheint in der Frühe, aus der dunkeln Luft, mit Rosenfingern den Schleier der Nacht aufhebend, und leuchtet den Sterblichen eine Weile, und verschwindet wieder vor dem Glanz des Tages« (Götterlehre, S. 57).

13,4 *Jetzt Wald und Flur]* Die Thäler rund (D²).

13,9 f. *denn* ⟨...⟩ *Schoß zurück]* Anspielung auf den Bayerischen Erbfolgekrieg: Nach dem Aussterben der bayerischen Linie der Wittelsbacher versuchten Preußen und Sachsen unter Friedrich II., die Stärkung Österreichs unter Joseph II. durch den Gewinn Niederbayerns und der Oberpfalz zu verhindern. Dieser sog. »Kartoffelkrieg« wurde durch die Vermittlung Rußlands und Frankreichs hauptsächlich auf diplomatischem Wege mit dem am 15. Mai 1779 geschlossenen Frieden von Teschen beendet.

13,12 *Mai. 1779]* Ende des Bayerischen Erbfolgekrieges.

14,1 *Enthüll']* Korrigiert aus »Enthüll« nach D².

14,14 *Manöwer]* Vgl. – neben Moritz' Beitrag *Das Kriegs-heer* (Denkwürdigkeiten, S. 112) – die Interpretation Peter Raus: »Es dürfte in der Tat Moritzens Verdienst sein, inmitten des Zeitalters der Aufklärung im Medium des Lyrischen eine imaginäre Phänomenologie der Macht mitsamt einer Beschreibung des Wohlgefallens an ihren Symbolen in die deutsche Literatur eingeführt zu haben« (Rau, S. 20).

16,9 *Tempelhoffschen Berge]* Die (damals) eine Meile von Berlin entfernt liegende Ortschaft Tempelhof erreichte man über das Hallische Tor: »Vom Thore ab, führet eine vierfache Allee nach den *Tempelhofschen Bergen*« (Nicolai, Beschreibung, S. 207; vgl. auch S. 1042 f.).

16,9 *10. August 1780]* Wahrscheinlich Entstehungsdatum des Gedichts.

17,3 *Sie]* Nicht korrigiert in D².

17,8 *Arsenal]* Über das im Innenbezirk Friedrichswerder gelegene Zeughaus heißt es bei Nicolai: Es »ist eins der schönsten Gebäude in Europa. ⟨. . .⟩ Um das ganze Zeughaus sind eiserne Ketten, die von vielen aufrechtstehenden, halb in die Erde gegrabenen Kanonen getragen werden. Hinter denselben lag sonst eine große Anzahl pyramidalisch aufgesetzter Kugeln und Bomben, sie sind aber in den verschiedenen Kriegen verbraucht worden« (Nicolai, Beschreibung, S. 163 f., vgl. auch S. 912-914).

18,2 *Die Sprache.]* Unter dem Titel *An die Sprache* auch abgedruckt in: Sprachlehre, S. I-IV.

18,3 *deinem reinsten Quelle]* Adelung bevorzugt das feminine Genus: »Viele, selbst Hochdeutsche Schriftsteller, besonders Niedersächsischer Herkunft, gebrauchen dieses Wort im männlichen Geschlechte, der Quell, in welchem es unter andern auch bey den Dichtern vorkommt«. Der daraus abgeleitete Bedeutungsunterschied wird allerdings als »sehr unschicklich und willkührlich« verworfen (Adelung III, Sp. 890).

19,15 *rieselst]* Korrigiert aus »rieseltst« nach D².

19,29 f. *Und meinen Fuß ⟨. . .⟩ Herz erfreut.*] So lange soll die Opferflamme glühen, | Bis ich dir meinen Weihrauch ausgestreut! (D²).

20,16 *meiner Hand*] Korrigiert aus »meine Hand« nach D².

20,17 *Doch will ⟨. . .⟩ Waage*] Er ist es, Dessen ehrner Muth die Wage (D²).

20,20-24 *überwog.* || *⟨. . .⟩ erblickt*] überwog. || Der Erdkreiß freut sich, daß er diesen König | In seinem weiten Schooße trägt, | Und wäre gern dem Einzgen unterthänig | Der Sein Gebiet mit sanftem Joch belegt. || Sein Leben, dem die Welt Bewundrung zollte, | Hat lange schon den Geist entzückt, | So wie sein Glanz sich auseinander rollte, | Bis ihn die Nachwelt ganz enthüllt erblickt (D²).

20,25 *Selbst*] selbst (D²).

20,28 *er*] Er (D²).

DRAMATISCHES

Moritz' Faszination für das Theater spiegelt allen voran der psychologische Roman *Anton Reiser*. Dort ist auch von eigenen Dramenplänen die Rede, die offensichtlich nur zum Teil erhalten sind (vgl. S. 384 f. und S. 498 f.). Klischnig verzeichnet neben den beiden Druckfassungen des *Blunt* »zwei Skizzen zu Trauerspielen ⟨. . .⟩, wovon das eine der *Meineid* und das andre das *Lotto* heißen sollte« (Klischnig, S. 162 f.). Bruchstücke aus dem *Lotto*-Projekt sind überliefert; die Beschäftigung mit dem »Trauerspiel Siegwart« und mit einer *Meineid*-Tragödie wird im *Anton Reiser* erwähnt (diese Entwürfe sind allerdings einem ›Autodafé‹ zum Opfer gefallen; vgl. Klischnig, S. 163).

Moritz' dramatische Versuche beschränken sich auf die Anfangsjahre seiner Schriftstellerei, bevor eigene Prosaarbeiten das ursprünglich große Interesse am Theater zunehmend verdrängen. Für *Blunt* kommt als Entstehungszeit die Periode zwischen 1776 und 1780 bzw. 1781 (Buchfassung) in Frage. Schrimpf vermutet, die *Lotto*-Szenen (Erstdruck 1786) seien gleichfalls »vor 1780« zu datieren (Schrimpf, Moritz, S. 79); diese Auffassung geht allerdings davon aus, daß die Arbeiten am *Lotto* und am *Meineid* in etwa zeitgleich stattfanden. Eine zuverlässige Datierung des 1786 in den ›Denkwürdigkeiten‹ erstveröffentlichten Fragments *Aus einem ungedruckten Singspiele* ist nicht möglich: Von Moritz sind – ebenso wie von Klischnig – keinerlei Hinweise überliefert.

Textgrundlage

Erstdruck und Druckvorlage (Journalfassung): Blunt oder
der Gast. Fragment. Von Carl Philipp Moritz. In: Litteratur-
und Theater-Zeitung ⟨hg. v. Christian August von Bertram⟩.
Des Dritten Jahrganges Zweiter Theil. Mit Kupfern, Berlin,
bei Arnold Wever. 1780. No. XXV. Berlin, den 17. Juni 1780,
S. 385-399; Fortsetzung des Fragments: Blunt oder der Gast.
In: Litteratur- und Theater-Zeitung. Des Dritten Jahrganges
Dritter Theil. Mit Kupfern, Berlin, bei Arnold Wever. 1780.
No. XXIX. Berlin, den 15. Juli 1780, S. 449-456; Beschluß
des Fragments: Blunt oder der Gast. In: Litteratur- und
Theater-Zeitung. Des Dritten Jahrganges Dritter Theil. Mit
Kupfern, Berlin, bei Arnold Wever. 1780. No. XXXIII. Ber-
lin, den 12. August 1780, S. 513-527.

Erstdruck und Druckvorlage (Buchfassung): Blunt oder der
Gast. Ein Schauspiel in einem Aufzuge von Carl Philipp
Moritz. Berlin, bey Arnold Wever, 1781.

Textüberlieferung

Moritz' *Blunt*-Drama liegt in zwei Fassungen vor: Wegen der
substantiellen Differenzen zwischen Journal- und Buchfassung, die über Szenenzahl und -anordnung hinausgehen und
in einem Variantenverzeichnis nur unzureichend widerge-
spiegelt würden, werden hier beide Textzeugen in der Reihenfolge ihres Entstehens nach den genannten Drucken
ediert. Handschriften sind nicht überliefert.
Uraufführung:
    Theatergruppe man. Heidelberg: 12. Dezember 1986.
Weitere Aufführungen:
    Schauspiel Staatstheater Stuttgart: 10. November 1995.

Staatstheater Darmstadt: 8. Februar 1997.
Theater der Stadt Duisburg: 21. August 1997.
(Die für den 30. April 1994 angekündigte *Blunt*-Premiere der
Schaubühne am Lehniner Platz, Berlin, wurde annulliert;
das »Programmbuch« *Blunt. Drama und Prosa von Karl Philipp
Moritz* erschien 1994 in Frankfurt am Main.)

Entstehung

Die genaue Entstehungszeit ist nicht bekannt. Mühlher datiert das Drama auf das Jahr 1776, ohne allerdings präzisere
Gründe zu nennen als die »Zeit der Theaterleidenschaft«
(vgl. Mühlher, S. 85); Bisanz vermutet – unter Berufung auf
die Hinweise im *Anton Reiser* (vgl. S. 499) – die erste »Pla-
nung« schon während der Hannoveraner Schulzeit (Bisanz,
Ursprünge, S. 67).

Quellen

Die Frage nach den Quellen und ihrem Stellenwert hat –
nicht zuletzt durch die »Vorrede« zur Buchfassung – eine
heftige Forschungskontroverse ausgelöst. Moritz' Behauptung, sein Drama sei ohne die Kenntnis von George Lillos
(1693-1739) dramatischer Bearbeitung des Mordeltern-Mo-
tivs (*The Fatal Curiosity*, 1736) und generell unabhängig von
der reichhaltigen schriftlichen Stofftradition entstanden, ist
nach wie vor umstritten. Die mögliche Abhängigkeit des
Blunt von Lillos Trauerspiel erscheint deshalb von besonderem Belang, weil sie die Weichen für die Gattungsgeschichte
des Schicksalsdramas stellt: Es geht um die Frage, ob das
gegen Ende des 18. Jahrhunderts in Deutschland so erfolgreiche Genre der Schicksalstragödie von der englischen
Dramatik beeinflußt wurde oder ob Moritz diesen Trauer-
spieltypus selbständig begründete. Im letzteren Fall bliebe
zu klären, inwieweit sich das deutsche Schicksalsdrama tat-

sächlich an Moritz' Muster orientierte, wie Abrahamson etwa für Zacharias Werners (1768-1823) Einakter *Der vierundzwanzigste Februar* (1809) behauptet (Abrahamson, S. 219 bis 224; bes. S. 224). Nennenswerte zeitgenössische Rezeptionszeugnisse liegen jedenfalls nicht vor. Einen Überblick über die wichtigsten Forschungspositionen bieten Bisanz, Miszelle (bes. S. 56-58), und Hollmer, Blunt.

Das Motiv des unwissentlichen Verwandtenmordes hat eine lange Tradition (vgl. dazu die zahlreichen Varianten bereits in der Antike, ferner die Entsprechung zum Anagnorisis-Gebot der aristotelischen *Poetik*: Die Aufdeckung der wahren Identität des Opfers bzw. der Beteiligten führt zu einer Neubewertung des Geschehens). Der Mord am unerkannten eigenen Sohn stellt lediglich eine »in vorliterarischen Memorabilia des 17. Jahrhunderts« entwickelte Spielart dieses Themenkomplexes dar. Erstmals belegt ist diese Motivkonstellation

1618 in der englischen Fassung *News from Perin in Cornwall* und in der französischen *Histoire admirable et prodigieuse*. Die beiden Fassungen unterscheiden sich hauptsächlich dadurch, daß es sich in der englischen um einen verlorenen, aber reuigen Sohn, einen guten Vater und eine habgierige zweite Frau des Vaters, in der französischen um einen tugendhaften Sohn, einen geizigen Vater und eine schuldlose Mutter handelt ⟨. . .⟩. Die erste eigentlich literarische Fassung, G. LILLOS Drama *The Fatal Curiosity* (1736), läßt die Zurückdrängung des in den *News from Perin* überkommenen Verlorenen-Sohn-Themas und die Übertragung der Mörderrolle auf die Mutter erkennen, von der hier der Anstoß zur Tat ausgeht.

(Frenzel, S. 262 f.; dort auch weitere Motivvarianten; vgl. ferner Bisanz, Ursprünge, S. 68-72.)

Demnach steht der Plot der *Blunt*-Tragödie dem französischen Muster deutlich näher als dem englischen. Aus diesem Grund ist Moritz' Selbstaussage, eine aus der Kindheit erinnerte Geschichte dramatisiert zu haben, gerade wegen der inhaltlichen Verschiebungen gegenüber Lillo nicht grundsätzlich von der Hand zu weisen. Darüber hinaus sprechen die zahlreichen Bibelzitate bzw. -paraphrasen im Drama für die Umgestaltung einer moralisierenden Erzählung (vgl. zum Beispiel die Anlehnung an das apokryphe Buch Tobit, das allerdings zu einem guten Ausgang führt: Vermögensverlust, Aussendung des Sohnes aus finanzieller Not, böser Dämon, Vorbereitung des Grabes, feierliches Gastmahl).

Weniger als stoffliche Quelle denn als dramaturgisches Modell darf Friedrich Maximilian Klingers (1752-1831) Sturm-und-Drang-Tragödie *Die Zwillinge* (Uraufführung Hamburg 1776; Erstdruck 1776) gelten (vgl. dazu Eybischs Hinweise auf Detailparallelen; Eybisch, S. 99 f.). Wohl wegen der Funktion des Dämons wird gelegentlich auch auf William Shakespeares (1564-1616) Tragödie *Macbeth* (vermutlich 1606 uraufgeführt) als Muster verwiesen (vgl. z. B. Eybisch, S. 99; Boulby, S. 101). Moritz' euphorische Klinger-Rezeption ist belegt (vgl. S. 379 f. und S. 422 f.); die Shakespeare-Vorliebe seines fiktiven Alter ego konzentriert sich im *Anton Reiser* indes auf *King Lear* und *Hamlet*. In Gottlieb Stephanies Lustspiel *Der Deserteur aus Kindesliebe*, an dessen Aufführung Moritz mitgewirkt hat (vgl. S. 384,8 und Anm.), kehrt ebenfalls ein zunächst unerkannter Sohn zu seinen überraschend verarmten Eltern zurück; dort gelingt allerdings eine harmonische Lösung der Konflikte. – Einen alternativen Schluß (»Abänderungen für diejenigen, welche der Heldinn Camma einen glücklichen Ausgang wünschen«), der entgegen der historischen Überlieferung ein positives Ende konstruiert, enthält auch Lorenz Hübners (1751-1807) *Camma die Heldinn Bojoariens. Ein vaterländisches Schauspiel in fünf Aufzügen* (München 1784; vgl. dort S. 3 und S. 133-138; ferner Klischnig, S. 72).

Deutungsaspekte

Ästhetische Wertungen über Moritz' dramatischen Erstling, dessen Bühnentauglichkeit und Spielbarkeit erst in jüngster

Zeit entdeckt wurden, fallen in der Regel sehr verhalten aus. Eybisch schätzt das Trauerspiel gering, weil selbst der Revision (Buchfassung) »der Eindruck des leicht und sorglos Hingeworfenen« anhafte (Eybisch, S. 98); er moniert das »zwiespältige Schwanken« des Verfassers »zwischen den Nachwirkungen der Genieliteratur auf der einen und der zunehmenden Hinneigung zur Aufklärung auf der anderen Seite« (Eybisch, S. 99) und bedauert, daß das Drama letztlich über »ein rührendes moralisches ›Familiengemälde‹« nicht hinauskomme (Eybisch, S. 100 f.), wenngleich »nach der technisch-literarischen Seite« die romantische Ironie »bereits vorweggenommen« sei (Eybisch, S. 99). Auf die Antizipation der romantischen Ironie wird im übrigen mehrfach verwiesen (vgl. z. B. Abrahamson, S. 208 und S. 211-217; Witkowski, S. 203; Catholy, Ursprünge, S. 108; Boulby, S. 102; Schrimpf, Moritz, S. 24). Für Boulby entlarvt das *Blunt*-Drama Moritz' »incompetence as a playwright« (Boulby, S. 102); Rau indes sieht das »einzige Formprinzip des autistischen Psychodramas ⟨...⟩: die vielfältige Selbstbespiegelung des phantasierenden Ich« realisiert (Rau, S. 72). Mehlhose deklassiert das Trauerspiel als »primitive Vorform des modernen Schicksalsdramas« (Mehlhose, S. 10), während Ziegler diesen Gattungstypus in der Journalfassung in »fast idealtypischer Reinheit« verkörpert sieht (Ziegler, Sp. 2278). Mühlher betont dagegen — namentlich für die Buchfassung — »den Charakter des bürgerlichen Rührstücks der empfindsamen Epoche« und gibt deshalb dem Erstdruck den Vorzug (Mühlher, S. 85 f.). Bisanz interpretiert das »literarisch wenig wertvolle ⟨...⟩ Dramenfragment« als »symptomatisch für den verhängnisvollen Seelenkonflikt unseres Dichters«, weil es nahezu ungeschminkt Moritz' eigenen Vaterkomplex widerspiegele (Bisanz, Ursprünge, S. 66-96; hier S. 66 und S. 87 f.); er gibt, wenngleich aus völlig anderen Motiven, ebenfalls dem Journaldruck den Vorrang gegenüber der »recht uninteressant⟨en⟩« Revision (Bisanz, Ursprünge, S. 67; Anm. 18). Überhaupt stellt Bisanz Moritz' Absicht in den Vordergrund, »auf dem kürzesten Wege mit einem verhängnisvollen Problem seiner Jugend – dem unbewältigten Vaterkonflikt – abzurechnen«, und will *Blunt* als »ein Meisterwerk der seelischen Offenbarung« verstanden wissen (Bisanz, Ursprünge, S. 68; vgl. auch S. 74 u. a.): als »*Umkehrung* des Ödipuskonfliktes« (Bisanz, Ursprünge, S. 76, H. i. O.; ebenso S. 83 f.). Ansätze zu dieser biographisch-tiefenpsychologischen Auslegung finden sich auch bei Minder (S. 284 f., Anm. 62), bei Boulby (S. 102 f.) und bei Schrimpf (Moritz, S. 24) sowie bei Luserke, der zugleich betont: »Moritz' *Blunt* ist eines der letzten Dramen des Sturm und Drang, das Ende dieser Tendenz ist an der Um-Schreibung des ›Familienromans‹ abzulesen (worin die Aufklärung in der Rolle der patriarchal strukturierten Familie, der rebellierende Sturm und Drang in den Söhnen präsentiert werden). *Blunt* ist das Produkt einer Aufarbeitung, ein Epitaph« (Luserke, S. 69). Ebenfalls nur anhand der wechselseitigen Projektion von überwiegend auf fiktivem Material basierender Biographie und biographisch motivierter Fiktion läßt sich die mehrfach behauptete Gestaltung des Palingenesie-Gedankens belegen (vgl. z. B. Minder, S. 285, Anm. 62; Catholy, Ursprünge, S. 108 f.; Bisanz, Ursprünge, S. 82 und S. 91-95; desgleichen Schrimpf, Moritz, S. 24).

Es scheint, als habe die Problematik der Gattungsgeschichte bzw. -typologie und der Epochenzuweisung den Blick auf den Dramentext weitgehend verstellt. Insbesondere in der ursprünglichen Gestalt kreist Moritz' *Blunt* um das anthropologische Zentralproblem der ersten Berliner Epoche: um die Frage nach der Prädestination des menschlichen Seins, der Wirkungsmacht von schicksalhaften Zufällen und verhängnisvollen Verstrickungen gegenüber dem individuellen Selbstbestimmungsrecht, dem persönlichen freien Willen (s. a. *Eine Vergleichung zwischen der physikalischen und moralischen Welt*; in vorliegender Ausgabe Bd. 2, S. 39 f.; vgl. ferner Allkemper). Allkemper deutet das Drama als »ästhetische Theodizee«, weil »es Moritz schon in seinem frühen Dramenversuch nur noch mit Hilfe ästhetischer Mittel des schönen Scheins gelingt, den ›bösen Zufall‹ zugunsten der ›guten Ordnung‹ zurückzunehmen. 〈. . .〉 Von der Buchausgabe aus gesehen ist das Drama dann weder Schicksalstragödie, noch Schicksalsdrama, sondern ein aufklärerisches Lehrstück der Theodizee« (Allkemper, S. 127 und S. 134; vgl. auch Mühlher, S. 86 und S. 88). Eine derartige Deutung greift allerdings zeitlich schon voraus und negiert den pädagogischen Optimismus der ersten Berliner Jahre, der sich etwa in den mutmaßlich zeitgleich entstandenen ›Unterhaltungen mit meinen Schülern‹ (vgl. die Binnenerzählung von Allwill in *Vom Vertrauen auf Gott. Nach einem Gewitter* und *Der Kaufmann und seine vier Söhne. Oder vom rechten Gebrauch der zeitlichen Güter*) abzeichnet. Moritz bedient sich im *Blunt* der klassischen Affektdramaturgie, die den Zuschauer zunächst emotional anspricht, um ihn für die sittliche Aussage des Textes (die Warnung vor übertriebener Geldgier, vor falschem Stolz, vor effektheischender Selbstdarstellung) empfänglich zu machen. Diese Affektdisziplinierung und Fehlerdidaxe steht – auch wenn sie die Konzeption des Helden entscheidend modifiziert – noch in der frühaufklärerischen Tradition. Die Urteilsmaßstäbe des Theaterkritikers verraten ebenfalls diese aufklärerische Schulung, wenn Moritz die Schaubühne darauf verpflichtet, daß beim Zuschauer »das Gefühl vom Schicklichen und Unschicklichen, vom Zusammenhängenden und Unzusammenhängenden, vom Passenden und Unpassenden, nur *im Allgemeinen* dadurch verfeinert, und veredelt werden soll, so daß sich hernach die Anwendung dieses erhöhten und verfeinerten Gefühls auf einzelne Fälle, von selbst ergibt« (*Der politische Kannengießer – Der Bürgermeister*; in vorliegender Ausgabe Bd. 2, S. 880). Bezeichnenderweise zweifelt der Erziehungsoptimist – wie seine frühaufklärerischen Vorbilder – an der Effizienz der aristotelischen Katharsiskonzeption; wie jene greift er in diesem Dilemma auf die klassische Rhetorik zurück und verzichtet in der Buchfassung zugunsten einer poetisch-gerechten Lösung auf den tragischen Handlungsverlauf (vgl. etwa Johann Elias Schlegels *Herrmann*;

Erstdruck 1743). Die Journalfassung wählt den Königsweg,
indem sie den tragischen Ausgang mit einer wenigstens in
der Phantasie poetisch-gerechten, also moralisch befriedi-
genden Auflösung kombiniert. In diesem Nebeneinander
wiederum erhält der Appell, die Verpflichtung zu permanen-
ter Selbstkontrolle und sozialer Verantwortung, noch größeres Profil. Daß die Buchfassung ohne den tragischen
Umweg zu einem versöhnlichen Schluß findet, muß man
sich einerseits aus der Rücksichtnahme auf die Inszenier-
barkeit (und das zeitgenössische Illusionspostulat) erklären;
andererseits aus dem vorrangigen Ziel, die moralische Satis-
faktion des Publikums unter keinen Umständen in Frage zu
stellen (vgl. dazu ausführlich Hollmer, Blunt).

Stellenkommentar

Blunt oder der Gast. Fragment
(Journalfassung)

25,1 *Blunt]* Name von Millwoods Bedientem in George
Lillos (1693-1739) bürgerlichem Trauerspiel *The London Merchant: or, The History of George Barnwell* (Uraufführung London
1731; Erstdruck 1731; deutscher Erstdruck 1752; deutsche
Erstaufführung Hamburg 1754). Lillos *London Merchant* erzielte in England und in Deutschland als Bühnenstück wie
als Lesedrama außergewöhnlichen Erfolg. So zollte ihm
noch 1776 ein anonymer Rezensent in der ›Allgemeinen
Bibliothek für Schauspieler und Schauspielliebhaber‹ großen Respekt, namentlich für die Relativierung der Stände-
klausel, und bedauert zugleich, daß Lillo »der Welt gröstentheils nur durch sein rührendes Trauerspiel Georg Barnwell
bekannt ist« (*Ueber die Werke des englischen Dichters Georg Lillo,
nebst einigen Nachrichten von seinem Leben*, in: Allgemeine Bibliothek für Schauspieler und Schauspielliebhaber, ⟨hg. v.
Christian August von Bertram⟩, Des I. Bandes 3. Stück,
Frankfurt und Leipzig 1776, S. 178-187, bes. S. 181). – Der

sprechende Name ›Blunt‹ ist vermutlich weniger auf das Adjektiv ›blunt‹ (›stumpf, unempfindlich, schwerfällig, dumm, grob‹) zurückzuführen als auf die umgangssprachliche Bedeutung ›Geld‹.

25,4 *Fragment]* Vgl. dazu die Buchfassung (S. 53-76).

25,9 *umginge]* Hier im Sinne von »sich damit beschäftigen« oder »es vorhaben« (Adelung IV, Sp. 804).

25,11 f. *ich habe dir ⟨. . .⟩ gehabt]* Dativus ethicus.

25,20 *unserm Leiden]* Korrigiert aus »unsern Leiden« nach S. 25,18 und S. 56,18.

26,5 *Schwert ⟨. . .⟩ gehn]* Vgl. Lk 2,35; so auch Eybisch, der diese Parallele zwischen der Vorhersehung von Gertrudes Vater und der Weissagung des Simeon jedoch als »schwächliche Nachahmung der grandiosen Verwertung der Kainanalogie für Guelfo« in F. M. Klingers Sturm-und-Drang-Tragödie *Die Zwillinge* interpretiert (Eybisch, S. 100).

26,8-10 *Sohn gebarst ⟨. . .⟩ geboren]* Vgl. (u. a.) Jer 20,14-18 und Ijob 3,3-11.

26,12 *Husarenhabit]* Der ungarischen Nationaltracht verpflichtete Bekleidung des leicht bewaffneten Reiters (Säbel), bestehend aus Dolman, Attila und Pelz sowie der Husarenmütze (mit Kalpak).

26,24 *Tapeten]* Ursprüngl. Bezeichnung für »eine jede zierliche Bekleidung der Wand, sie bestehe nun aus gewebten oder gewirkten Zeugen, oder aus Leder, Papier u. s. f.« (Adelung IV, Sp. 531). Das *Grammatische Wörterbuch* (IV, S. 126) übersetzt ›Tapete‹ mit »Wandvorhang«.

26,24 *Schildereien]* Lt. Adelung steht der Plural für »künstliche, allen ihren Theilen nach fleißig ausgearbeitete Gemählde« (Adelung III, Sp. 1462).

26,28 *kriechende]* Pejorativ; »Verstohlenheit«, »Demuth« assoziierend, auch in der Bedeutung »sich vor andern zu sehr erniedrigen« (Adelung II, Sp. 1784).

26,32 *barbarischer]* »Wild, rauh, ungesittet« bzw. »ungebildet«, ferner »grausam, unmenschlich, hart« (Adelung I, Sp. 729).

27,4-16 *Geheimnis ⟨. . .⟩ opfern]* Lt. Eybisch Variation der

Versuchung Jesu (vgl. Mt 4,1-11; Eybisch, S. 100; Allkemper, S. 128).

27,5 *Dämon]* Vgl. dazu auch F. M. Klinger, *Die Zwillinge* III 1 (Eybisch, S. 99).

28,4 *Gesichte]* »Dasjenige, was man siehet, oder vielmehr zu sehen glaubt; in welcher Bedeutung doch nur diejenigen Vorstellungen der Einbildungskraft diesen Namen führen, bey welchen alles Bewußtseyn seiner selbst aufhöret« (Adelung II, Sp. 628). – Vgl. auch Ijob 4,12 f.

28,30 *Dose]* In Gotthold Ephraim Lessings (1729-1781) einaktigem Lustspiel *Die Juden* (1749 entstanden; Uraufführung Leipzig 1749; Erstdruck 1754) fungiert ebenfalls eine (Tabaks-)Dose als zentrales Movens der Dramenhandlung.

29,22 *Spaden]* Lt. Adelung typisch niedersächsische orthographische Variante zu ›Spaten‹ (Adelung IV, Sp. 171).

30,26 *fatale]* Hier vermutlich in der zweifachen Wortbedeutung gemeint: sowohl im Sinne von »Unglück bringend« als auch von »zuwider, widerwärtig« (Adelung II, Sp. 57).

35,15 *Herr Gott ⟨. . .⟩ abhält]* Vgl. dazu Gen 22,11 f. (Allkemper, S. 130).

36,7 f. *ich wäre ⟨. . .⟩ worden]* Vgl. F. M. Klinger, *Die Zwillinge* III 1 (Eybisch, S. 99).

37,3 *Blutgerüste]* Schafott.

37,6 f. *eine entsetzliche ⟨. . .⟩ Schlafen]* Vgl. F. M. Klinger, *Die Zwillinge* IV 5 (Eybisch, S. 99).

37,26 *Nelken]* Seit der Renaissance Symbol für die Verlobung und zugleich (wegen der Blatt- und Fruchtform) für die Passion Christi (vgl. die Bezeichnung ›Nägelein‹).

41,6 *verhehlt]* Hier im Sinne von »verschweigen«, »auf eine pflichtwidrige Art verbergen, verbergen, was man nicht verbergen sollte« (Adelung IV, Sp. 1062). – Vgl. auch Ps 32,5.

41,25 *wahnsinnig]* Lt. Adelung »sowohl Verrückung als auch Beraubung des gesunden Verstandes« (Adelung IV, Sp. 1343); Moritz publiziert im ›Magazin zur Erfahrungsseelenkunde‹ die verschiedenen Fallbeispiele hauptsächlich in der Rubrik »Zur Seelenkrankheitskunde«.

41,29 *der Trost meines Alters sein]* Vgl. dazu G. E. Lessings

Trauerspiel *Miss Sara Sampson* (Uraufführung Frankfurt/Oder 1755; Erstdruck 1755), wo Sir William Sampson bereits in der Exposition (I 1) von Sara als der »Stütze meines Alters« spricht. Möglicherweise stammt diese Metapher aus dem Buch Tobit des Alten Testaments (Tob 5,18 und 10,5), aus dem Moritz vermutlich einzelne Motive für sein *Blunt*-Drama übernahm.

41,32-42,2 *Carl schläft* ⟨...⟩ *Carl]* Hier irrtümlich »Carl« für ›Wilhelm‹. – Von Bisanz als Beleg für »die Identifizierung mit der eigenen Kindheit« aufgefaßt (»nirgends tritt das so deutlich hervor als da, wo Moritz völlig aus der Rolle des Dramatikers fällt und den ›Fremden‹ der Handlung (d. h. den Sohn), dem er bisher den Namen *Wilhelm* gegeben hatte ⟨...⟩, ganz unvermittelt *Carl* nennt«) und als nachdrückliche, mithin absichtsvolle Adresse des Autors an seinen leiblichen Vater (Bisanz, *Ursprünge*, S. 74 f., desgleichen S. 88 sowie S. 94 f.). – Unter Umständen läßt sich dieser Irrtum auch entstehungsgeschichtlich erklären, falls die Arbeit am *Blunt* tatsächlich wenigstens phasenweise parallel zu den ›Unterhaltungen mit meinen Schülern‹ stattgefunden hat: In der Geschichte vom *Kaufmann und seinen vier Söhnen* muß sich der Sohn *Carl* Willich ebenfalls nach der Verarmung seiner Eltern in einer existentiell bedrohlichen Situation behaupten.

42,6 *Bräutgam]* »Breutgam« neben »Breutigam« z. B. bei Stieler belegt (Stieler I, Sp. 225).

44,1-33 *Blunts* ⟨...⟩ *wäre]* Lt. Eybisch beweist die »Schlußszene des Fragments, die an Blunts [!] Bahre spielt und bei den ganz veränderten Bedingungen unorganisch und unbekümmert um die stärksten tatsächlichen Unmöglichkeiten eingeflickt ist, deutlich genug die Abstammung aus Klingers Drama« (Eybisch, S. 100).

44,4 *Rosen]* Symbol der irdischen und der unvergänglichen, selbst den Tod überdauernden Liebe, aber auch des Todes und des Paradieses. Darüber hinaus spielt die Rose in der Symbolik der Freimaurer eine wichtige Rolle: die drei Johannisrosen stehen für Licht, Liebe und Leben (einem verstorbenen Logenbruder legt man deshalb drei Rosen ins

Grab). – Moritz trat am 22. November 1779 der St.-Johan-
nis-Loge zur Beständigkeit bei (Eybisch, S. 306; Anmerkungen).

45,3 *Fittich*] »Flügel an einem Vogel« (Adelung II,
Sp. 174 f.); hier allgemein im Sinne von ›Flügel‹.

45,8 *da.*] Korrigiert aus »da«.

46,2 *ich hab' überwunden*] Vgl. Röm 12,21.

48,5 f. *wiedergefundner Sohn*] Vgl. Lk 15,11-32.

50,8 f. *verzeihet doch ⟨. . .⟩ Sohne*] S. das Gleichnis ›Vom verlorenen Sohn‹ (Lk 15,11-32).

51,26 *Gastmahl*] Vgl. Lk 15,23-32, ebenso Tob 11,17 f.

Blunt oder der Gast
Ein Schauspiel in einem Aufzuge
(Buchfassung)

(Kommentiert werden im folgenden ausschließlich jene
Textstellen, die nicht bereits im Kontext der Journalfassung
erläutert wurden.)

54,2 *Lillo*] George Lillo, engl. Dramatiker, Verfasser der
Erfolgstragödie *The London Merchant* (vgl. Anm. 25,1); Lillo
bearbeitete in seinem Trauerspiel *The Fatal Curiosity* (Uraufführung London 1736) das Mordeltern-Motiv.

54,2 f. *Stoff ⟨. . .⟩ zu kennen*] Vgl. dazu Frenzels Überblicksdarstellung unter dem Stichwort »Gegner, Der unerkannte«
(Frenzel, S. 253-266).

54,8 f. *Berliner Litteratur- und Theaterzeitung*] Von dem
preußischen Staatsbeamten (späteren Reichsfreiherrn) und
Berliner Theaterjournalisten Christian August von Bertram
(1751 od. 1752-1830) herausgegebene Zeitschrift, an der
Moritz mehrfach mitarbeitete. Das hauptsächlich dem zeitgenössischen Theater verpflichtete Organ erschien 1776-77
unter dem Titel ›Litterarisches Wochenblatt‹ in Berlin und
Leipzig; nach dem Wechsel des Verlegers in Berlin als ›Lit-
teratur- und Theater-Zeitung‹ (1778-84); 1785-87 ebenfalls
in Berlin als ›Ephemeriden der Litteratur und des Theaters‹
und schließlich als ›Annalen des Theaters‹ (Berlin 1788-97).

60,7 *Brillanten*] Korrigiert aus »Brillianten« nach Moritz' *Grammatischem Wörterbuch* I, S. 172.

62,1 *für ein Tor*] Korrigiert aus »für Tor« nach der Journalfassung; vgl. S. 31,6.

64,31 *Wilhelm*] Korrigiert aus »Willhelm«.

65,25 *immer*] Hier emphatisch, zur Bezeichnung einer »Art von Intension ⟨. . .⟩, wo es im gemeinen Leben und in der vertraulichen Sprechart oft zu einem Füllworte wird, welches zuweilen die Ründe der Rede befördert, zuweilen aber auch ganz müßig ist«; häufig im Zusammenhang einer »Aufmunterung«, einer »Warnung« oder einer »Bitte« (Adelung II, Sp. 1363).

65,30 *peinlich*] »Dem höchsten Grade der Unlust ähnlich, solchen verursachend, darin gegründet« (Adelung III, Sp. 682).

67,10 *Bataillen*] (Franz.) »Schlachten«.

70,2 *zuckt das Messer*] Adelung belegt ›zucken‹ auch in der seltener werdenden Bedeutung von »mit einer kurzen geschwinden Bewegung ziehen« (Adelung IV, Sp. 1744).

70,14 *konvulsivisch*] (Lat.) »Krampfhaft«; vgl. auch Goethes Beschreibung von Werthers Todesstunde.

⟨DAS LOTTO
ZWEI TRAUERSPIELENTWÜRFE⟩

Erstdruck und Druckvorlage: Monolog aus einem ungedruckten Trauerspiele: das Lotto. In: Denkwürdigkeiten, 4. Stück, Berlin 1786, S. 54-56. Noch eine Scene aus einem ungedruckten Trauerspiele: das Lotto. In: Denkwürdigkeiten, Sechstes Stück, Berlin 1786, S. 90-94.

Handschrift nicht erhalten. Zur Entstehung vgl. die einleitenden Hinweise S. 922.

77,4 *Lotto*] Ein »im 17. jahrh. zuerst in Genua eingerichtetes glückspiel ⟨. . .⟩. lotto oder zahlenlotterie, ist eine besondre art von lotterie, die zu Genua erfunden worden, und die nur aus 90 numern besteht, wovon jedesmal (von 3 wochen zu 3 wochen) 5 numern gezogen werden« (Grimm XII, Sp. 1214 f.). – Zur Konjunktur dieses Themas vgl. Claudia Albert, *Corriger la fortune? Lotterie und Glücksspiel im Urteil des 18. Jahrhunderts*, in: Lenz-Jahrbuch. Sturm-und-Drang-Studien 5 (1995), S. 118-135.

77,13 f. *Der Zufall ⟨. . .⟩ geworden]* Vgl. dazu insbesondere Moritz' Essay *Eine Vergleichung zwischen der physikalischen und moralischen Welt* (in vorliegender Ausgabe Bd. 2, S. 39 f.).

77,25 f. *alle meine Seelenkräfte sind gelähmt]* Vgl. zu dieser Diagnose neben den Parallelstellen in *Aus K . . .s Papieren* und *Anton Reiser* vor allem Moritz' Definition der ›Seelenlähmung‹ als eine spezifische Variante der Seelenkrankheit in den *Grundlinien zu einem ohngefähren Entwurf in Rücksicht auf die Seelenkrankheitskunde* (S. 812-816, bes. S. 813 f.).

78,23 *Kollekteur]* Hier in der Nebenbedeutung »Verkäufer von Lotterie-Billets« (Schweizer I, S. 150).

78,33 *Krösus Schätze]* Krösus war der letzte König von Lydien (um 560-546 v. Chr.), dessen Reichtum sprichwörtlich geworden ist.

79,31 *verstockten Sünder ⟨. . .⟩ Himmel]* Möglicherweise Persiflage einer Bibelstelle: Mk 3,5 (Heilung am Sabbat, um die ›verstockten Sünder‹ zu bekehren; vgl. auch Jer 9,13).

79,36 *Verdammnis]* Vgl. Lk 23,40.

AUS EINEM UNGEDRUCKTEN SINGSPIELE

Erstdruck und Druckvorlage: Aus einem ungedruckten Singspiele. In: Denkwürdigkeiten, 18. Stück, Berlin 1786, S. 281-283.

Die Moritz-Philologie hat das Singspiel-Fragment bislang nicht berücksichtigt. Eine Handschrift ist nicht überliefert. Auch liegen im Gegensatz zu den obigen Bruchstücken oder dem Prosa-Fragment *Aus K . . .s Papieren* keine textimmanenten Hinweise auf Moritz als Urheber vor. Dennoch darf Moritz als Autor angenommen werden, weil er den ersten Band der ›Denkwürdigkeiten‹ weitgehend allein bestritt und

Klischnig später seine eigenen, ursprünglich anonym erschienenen Beiträge identifizierte. Zudem gibt es thematische Parallelen zu manchen Gedichten (vgl. z. B. *Der Wunsch, Leben und Trennung*, in: Litteratur- und Theater-Zeitung IV 1, Nr. VII vom 24. 2. 1781, S. 115 f., bzw. IV 2, Nr. XIX vom 12. 5. 1781, S. 289 f.). Darüber hinaus wird die mutmaßliche Quelle, Ludwig Christoph Heinrich Höltys (1748-1776) Ballade *Adelstan und Röschen. 1771,* im *Anton Reiser* als Lesefrucht aus dem ›Göttinger Musenalmanach auf das Jahr 1774‹ erwähnt (vgl. S. 337 f.) sowie in den *Vorlesungen über den Styl* erörtert (Karl Philipp Moritz, *Vorlesungen über den Styl oder praktische Anweisung zu einer guten Schreibart in Beispielen aus den vorzüglichsten Schriftstellern.* Erster Theil, Berlin 1793, S. 116 f.). In früheren Textstufen heißt der männliche Held Hardiknut, und der Titel der Ballade lautet *Ebentheuer von einem Ritter, der sich in ein Mädchen verliebt, und wie sich der Ritter umbrachte* (vgl. *Ludwig Christoph Heinrich Hölty's Sämtliche Werke* kritisch und chronologisch hg. v. Wilhelm Michael, 2 Bde., Weimar 1914 und 1918, Text: Bd. 1, S. 57-61, Apparat: Bd. 2, S. 49-53).

PROSA

Der vorliegende Neudruck der ›belletristischen‹ Prosa von Karl Philipp Moritz räumt in herkömmlicher Weise der Einheit des jeweiligen Werkes Priorität gegenüber der einzelnen Lieferung ein. Deshalb folgen die beiden *Hartknopf*-Romane (1785/86 und 1790) auf die vier Teile des *Anton Reiser* (1785, 1786, 1786 und 1790); daran schließen sich in strikter Publikationschronologie die unvollendet gebliebenen Texte *Aus K...s Papieren* (1786), die *Fragmente aus dem Tagebuche eines Geistersehers* (1787) sowie *Die neue Cecilia* (postum 1794). Nach Möglichkeit werden die mikrostrukturellen und intratextuellen Bezüge zwischen den verschiedenen Textkorpora im Rahmen der Einzelkommentare wenigstens angedeutet, desgleichen die Verbindungslinien zu anderen Werkkomplexen. – Eine gerade innerhalb dieser Abteilung editorisch ebenso reizvolle wie interpretatorisch ergiebige Textanordnung in der Reihenfolge der Entstehung bleibt demnach künftigen Herausgebern vorbehalten.

Moritz' Arbeit an fiktionalen Prosatexten ist mit hoher Wahrscheinlichkeit hauptsächlich auf die Phase zwischen der England- und der Italienreise (Mai bis August 1782 bzw. August 1786 bis Januar 1789) zu datieren. Daß der nachitalienische Moritz jedoch nicht nur einen Teil seiner Bringschuld beglichen, sondern die schönen Künste und die literarische Praxis keineswegs zugunsten der bildenden Künste respektive des kritischen und wissenschaftlichen Diskurses aufgegeben hat, belegt indes der unvollendet gebliebene Briefroman *Die neue Cecilia*. Dieser weist zugleich den deutlichsten Abstand zum Lebens- und Erfahrungshorizont des Autors auf, weil er auf die direkte autobiographische Selbstreferenz verzichtet.

Die *Fragmente aus dem Tagebuche eines Geistersehers* sind wie

Aus K…s Papieren unvollendet geblieben, doch zumindest der Reiser- und der Hartknopf-Komplex sollten den Italien-Rückkehrer erneut beschäftigen. Ob beide Romanwerke in der gedruckt überlieferten Gestalt tatsächlich Moritz' Plänen entsprechen, ob derartige Zielsetzungen überhaupt existiert haben, ob unter Umständen weitere Fortsetzungen vorgesehen waren (mithin: ausschließlich Prosa-Fragmente erhalten sind), ist nach der derzeitigen Quellenlage nicht zu ermitteln. Neben Christian Friedrich Himburg, dem Verleger der *Fragmente aus dem Tagebuche eines Geistersehers* (vgl. S. 702), scheint jedenfalls mindestens ein Rezensent des vierten Teils von *Anton Reiser* gespannt auf die Fortsetzung dieser Lebensgeschichte gewartet zu haben (vgl. S. 974). Selbst Moritz' Biograph Klischnig tituliert den Roman als ›unvollendet‹ (Klischnig, S. 166; vgl. auch Eybisch, S. 280). In *Andreas Hartknopfs Predigerjahren* kündigt eine Fußnote sogar weiteres Material an (vgl. S. 665). – Die naheliegende Vermutung, daß ein erheblicher Werkkomplex Fragment geblieben ist, dürfte das Prestige des mittlerweile in den Olymp der »Lieblingsgeisteskünstler« Erhobenen kaum schmälern, im Gegenteil: »Nur die Bücher lieben wir in Wahrheit, die kein Ganzes, die chaotisch, die hilflos sind.« (Thomas Bernhard, *Alte Meister*, Frankfurt am Main 1985, S. 43.)

ANTON REISER
EIN PSYCHOLOGISCHER ROMAN

Textgrundlage

Erstdruck und Druckvorlage: Anton Reiser. Ein psychologischer Roman. Herausgegeben von Karl Philipp Moritz.
Erster Theil. Berlin, 1785. bei Friedrich Maurer.
Zweiter Theil. Berlin, 1786. bei Friedrich Maurer.
Dritter Theil. Berlin, 1786. bei Friedrich Maurer.
Vierter Theil. Berlin, 1790. Bei Friedrich Maurer.

Textüberlieferung

Eine Handschrift ist nicht erhalten. Die zweifelsfreie Ermittlung der Editio princeps war nicht möglich: Offensichtlich hat Moritz' Verleger – unter Umständen anläßlich des Erscheinens des vierten und letzten Teils – die vergriffenen Bände neu setzen lassen, so daß mindestens von den ersten drei Teilen des *Anton Reiser* Doppeldrucke existieren (und nicht nur, wie bislang angenommen, vom ersten Teil; vgl. Fritz Adolf Hünich, *Über den Selbstnachdruck der Verleger des XVIII. Jahrhunderts*, in: Beiblatt der Zeitschrift für Bücherfreunde. Neue [2.] Folge, H. 4 [1910], S. 148; ferner Hollmer/Erwentraut).

Die Kollationierung der Doppeldrucke (bei der als D^1 bezeichneten Druckvorlage handelt es sich um das Exemplar aus der Fürst Thurn und Taxis Hofbibliothek – Signatur: XLI N 3 und XLI N 4 –, bei D^2 um das Exemplar aus der Hessischen Landes- und Hochschulbibliothek Darmstadt – Signatur: 42/7181) ergab zwar eine Reihe von Abweichungen: etwa die Bevorzugung von »itzt« gegenüber »jetzt« oder von Apokopen und Synkopen sowie von Elisionen im Exemplar D^1. Eine eindeutige Hierarchie der varianten Drucke war daraus jedoch nicht abzuleiten, weil weder ein Manuskript noch ein Handexemplar existieren. Zudem fehlen plausible Hintergrundinformationen: etwa detailliertere Angaben zur Druckgeschichte (weder Moritz noch dessen Biograph Klischnig erwähnen diese Doppeldrucke) oder ein umfangreicherer – anderer – Handschriftenkomplex, aus dem Indizien über Moritz' Schreibkonventionen abzulesen wären; das schmale Briefkorpus bietet jedenfalls ein uneinheitliches Bild. Klischnigs Aussagen zu Moritz' Arbeitsstil schließen jedenfalls eine sorgfältige Manuskripterstellung sowie eine genaue Textkorrektur eher aus. Es ist mithin nicht zu entscheiden, ob die Abweichungen zwischen den Doppeldrucken tatsächlich auf die (mutmaßlich schwer lesbare) Handschrift zurückgehen oder ob es sich hierbei um Lesarten oder sogar um Eigenheiten des jeweiligen Setzers handelt. Selbst die Konsultation der Vorab- und Paralleldrucke einzelner Passagen des *Anton Reiser* hat nicht zur Entscheidungsfindung beigetragen.

Mit Rücksicht auf den Umfang ist die umfassende Dokumentierung aller Varianten nicht möglich; das folgende Korpus beschränkt sich ausschließlich auf erhebliche semantische Varianten und berücksichtigt neben D^1 und D^2 auch die verschiedenen Teildrucke. – Im Interesse einer größeren Transparenz sind Emendationen, die auf der Basis dieses Vergleichskorpus vorgenommen worden sind, ebenso wie Herausgeberkorrekturen im Stellenkommentar verzeichnet.

Anton Reiser. Erster Teil

Basis des Textvergleichs

1. D^1 und D^2

Signifikante Differenzen zwischen D^1 und D^2 (zur raschen Identifizierung):

– Die Kustode am Schluß des (unpaginierten) Vorworts (S. ⟨II⟩) heißt in D^1: »Endlich«, in D^2: »In«;
– die Paginierung für S. 174 lautet in D^2 irrtümlich »374«;
– D^1 hat anstelle von »Jugend« mutmaßlich fehlerhaft »Tugend« (Originalausgabe, S. 162; vgl. S. 171,1).

2. Vorab- und Paralleldrucke

– j, MzE: *Fragment aus Anton Reisers Lebensgeschichte, Fortsetzung des Fragments aus Anton Reisers Lebensgeschichte*, in: Magazin II 1, S. 76-95 (entspricht S. 108,11-121,27) und II 2, S. 22-36 (entspricht S. 121,28-129,20);
– j, BM: *Fragment aus Anton Reisers Lebensgeschichte*, in: Berlinische Monatsschrift. Herausgegeben von F. Gedike und J. E. Biester. Zweiter Band: Julius bis December, Berlin 1783, S. 357-364.

S. 357,14-358,10 entspricht S. 94,34-95,3;

S. 358,10-358,15 entspricht S. 96,14-96,19;

S. 358,15-358,20 entspricht S. 95,4-95,7;

S. 358,21-358,23 entspricht S. 97,9-97,37 bzw. S. 98,24-98,26;

S. 358,23-359,25 entspricht S. 87,1-89,27;

S. 359,26-361,1 entspricht S. 89,31-90,10;

S. 360,9-360,11 entspricht S. 144,10 f.;

S. 361,1-362,25 entspricht S. 90,13-91,10;

S. 362,26-363,12 entspricht S. 98,9-98,23;

S. 363,13-364,28 entspricht S. 100,5-101,8.

— Die relativ eigenständige Vorstudie *Erinnerungen aus den frühesten Jahren der Kindheit*, publiziert im ›Magazin zur Erfahrungsseelenkunde‹, ist in vorliegender Ausgabe als eigenständiger Text abgedruckt (vgl. S. 821-824).

Variantenverzeichnis

87,1-89,27 *In P. ⟨...⟩ könne]* Diese Madame Guion ist die bekannte Schwärmerin, welche zu des berühmten Fenelons Zeiten in Frankreich lebte, mit dem sie auch einigen Umgang hatte. Sie starb in der Bastille nach einer zehnjährigen Gefangenschaft, und hat sich sonst die ganze Zeit ihres Lebens über mit Bücherschreiben beschäftigt. Nach ihrem Tode fand man ihr Gehirn, wie ausgetroknet. Ihre Schriften machen eine sehr große Anzahl von Bänden aus. Antons Vater besaß bloß in der deutschen Uebersetzung an dreißig Bände davon. Ihre Lehre hat viele Anhänger unter dem Namen der *Quietisten* und *Separatisten* gefunden. Sie setzt die höchste Glükseligkeit in eine vollkommne Ruhe, in ein völliges Ausgehen aus sich selbst, und Eingehen in ein seliges Nichts, in eine gänzliche Ertödtung aller Eigenheit, und eine reine völlig uninteressirte Liebe zu Gott, bloß um sein selbst willen. Von ihren Anhängern wird sie als eine Heilige der ersten Größe beinahe göttlich verehrt, und jeder ihrer Aussprüche den Aussprüchen der Bibel gleichgeschätzt. – In P. einem Orte, der wegen seines Gesundbrunnens berühmt ist,

lebte damals der Herr *v. F.* auf seinen Gütern, der das
Haupt dieser Sekte in Deutschland geworden war, nachdem
er auf seinen Reisen in Frankreich der Madame Guion
Schriften kennen gelernt, und liebgewonnen hatte. Mit un-
ermüdetem Fleiß übersetzte dieser Mann die ungeheure
Anzahl der Guionschen Schriften ins Deutsche, ließ sie auf
seine Kosten drukken, und theilte sie umsonst unter seine
Anhänger aus, von denen er auch wieder als ein Heiliger
verehrt ward. (j, BM)

88,14 f. *hatte eine unbegrenzte]* hatte unbegränzte (D²)

89,12 *Gott sei vereinigt]* Gott vereinigt (D²)

89,32 *geheiratet, immer ein ziemlich]* geheirathet, und schon
mit dieser uneinig gelebt, sie zuweilen tyrannisch behandelt,
und dabei ein ziemlich (j, BM)

89,36-90,3 *geht ⟨...⟩ lernte. | Dieser]* geht, tiefsinnig wird,
sogenannte fromme Leute aufsucht, und zufälliger Weise
mit dem Verwalter des Herrn von F., und durch diesen bald
darauf mit dem Herrn v. F. selbst bekannt wird. Dieser (j,
BM)

90,4-6 *lesen ⟨...⟩. | Demohngeachtet]* lesen, und er trennt
sich nun, wie der Herr v. F. und seine übrigen Anhänger, von
Kirche und Abendmahl. Demohngeachtet (j, BM)

90,6-13 *heiraten ⟨...⟩ betrogen. | So]* heirathen, und er ging
in dieser Absicht auf ein benachbartes Fräuleinstift, wo er
mit Antons Mutter, die bei einer der Stiftsfräulein als Kam-
mermädchen diente, Bekanntschaft machte, und um sie
warb. Diese war im dreißigsten Jahre, und willigte bald in die
Heirath ein, das sie nie würde gethan haben, wenn sie die
Hölle von Elend vorausgesehen hätte, die ihr im Ehestande
drohete. Es schien ihr aber dunkel zu ahnden, indem sie vor
dem Altar mit Entsetzen ihre Hand in die seinige legte, als
ihr ein Gedanke von der schreklichsten Antipathie durch die
Seele fuhr. Sie ganz Weichheit und Zärtlichkeit, voll sanften
melancholischen Gefühls, gekränkt durch jede wirkliche
und eingebildete Vernachläßigung, beständig süßer Aufmunterung von Liebe und Achtung bedürftig: er ein harter,
kalter, trokner, mitleidloser Schwärmer, dessen Auge nie

eine Thräne netzte, und der nichts von alle dem geben konnte, noch mochte, was ihr weiches Herz verlangte. So ⟨j, BM⟩

90,28 f. *zunehmen.* | *Antons]* zunehmen; wodurch denn
auch die nothwendigen wirthschaftlichen Berathschlagun-
gen wegfielen, ein jeder für sich that, was er wollte, und das
Hausewesen ⟨sic!⟩ sehr bald in Verwirrung und Unordnung
gerieth. | Antons ⟨j, BM⟩

90,30 f. *Religionssystem, sie]* Religionssystem; aber dabei
blieb es denn auch. Sie ⟨j, BM⟩

90,32 f. *sei, u. s. w.* | *In]* sei und daß der fromme Lutherus
diejenigen Maulchristen nenne, die Christum nur mit dem
Munde, und nicht mit der That bekennen: demohngeachtet
aber fiel ihr selten ein, durch Sanftmuth, durch Geduld,
durch Nachgeben in ihrem Ehestande, die Lehre Christi,
von der sie so viel sprach, wirklich auszuüben. Aber in ihrem
Glauben war sie fest, wie sie meinte, und wußte, daß sie eine
arme Sünderin sei, und daß Gott sich ihrer um Christi willen
erbarmen werde. In ⟨j, BM⟩

91,1 f. *loszumachen. – Hiezu]* loszumachen, und wandte
dies oder jenes nothwendige Geschäft vor, um nur nicht
länger zuhören zu dürfen. Hiezu ⟨j, BM⟩

92,16 *Windstille ein desto]* Windstille desto ⟨D²⟩

92,18 f. *ihm sehr oft]* ihm oft ⟨D²⟩

93,3 *seine ganze Seele]* seine Seele ⟨D²⟩

93,4 *hätte alles]* hätte gern alles ⟨D²⟩

95,2 *nach einem Gespielen]* nach Gespielen ⟨D²⟩

95,3 *Buche]* Buche. Katechismus, Bibel, Gesangbuch,
Kalender, und Butter- und Käsepapier, sobald nur etwas
darauf gedrukt stand, ward mit der größten Begierde von
ihm gelesen. Insbesondre aber studirte er fleißig in dem
Kalender; eine alte Base muste ihm das Unverständliche
darinn erklären, und nun ging er ganze Stunden lang für sich
in der Stube auf und nieder, und meditirte über die Entstehung der Sonnen- und Mondfinsternisse, und wie es möglich sei, daß man sie im Voraus berechnen könne. Den
Sonnenlauf glaubte er endlich ziemlich einzusehen, über
den Mondeslauf aber zerbrach er sich den Kopf vergeblich. – ⟨j, BM⟩

96,14 f. *Im neunten Jahre las er alles, was Geschichte in der Bibel ist, vom]* Alles, was Geschichte in der Bibel war, las er vom (j, BM)

96,18 *abgestorben]* gestorben (D²)

98,17 *der ersten Freude]* der Freude (D²)

100,5-8 *Das zweite ⟨…⟩ Verfasserin. | Hierin]* Nebst diesen Liedern der Madam Guion gab ihm sein Vater ein Buch von eben der Verfasserin in die Hände, welche ⟨sic!⟩ eine *Anweisung zum innern Gebet* enthielt. Hierinn (j, BM)

101,6 *mit Gott nach seiner Art böse zu tun]* mit Gott zu expostuliren (j, BM)

102,1 *Übungen]* Uebung (D²)

106,35 f. *wahren innern]* wahren und innern (D²)

108,10-12 *Vielleicht ⟨…⟩ hätte, sich]* Antons Mutter hatte das Unglück, sich (j, MzE)

110,1 *anbleckten]* anblickten (j, MzE)

110,7 *Zaubereien]* Zauberinnen (j, MzE)

111,12 *fünften]* vierten (j, MzE)

111,23 *damalige]* ehemalige (D²)

114,8 *sahe]* besahe (D²)

114,11 *er ihm]* es ihm (j, MzE)

115,4-35 *Die Brunnenzeit ⟨…⟩ bevor.]* Die Wirthin im Hause, eine Schusterfrau, ließ sich von Anton gerne daraus vorlesen, weil es ihr so moralisch klang: moralisch hieß nehmlich bei ihr so viel als erhaben; und von einen ⟨sic!⟩ gewissen Prediger, der immer in einem sehr schwülstigen Tone sprach, sagte sie, daß er ihr gefiele, weil er so moralisch predige; auch ein Beweiß, wie sehr man sich in Büchern und Reden für das Volk dergleichen Ausdrücke zu enthalten habe, die unter uns nicht populär sind; in England weiß der ungebildetste Mensch, was *morals* heißt. | Diese Schusterfrau war übrigens eine sehr verständige Frau, und ihr Sohn, der das Handwerk trieb, ein heller Kopf, den aber seine zu starke Empfindlichkeit schon frühzeitig zu religiösen Schwärmereien verleitete, wovon er nachher durch eigne Kraft und vernünftige Ueberlegung zurückkam. Dieser Schuster ist nachher beständig für Anton eine sehr merkwürdige Person geblieben. (j, MzE)

116,32 *Amoriter*] *Amariter* (j, MzE)

117,1 f. *desselben einzudringen!*] desselben weiter einzudringen! | Auch laß Anton schon damals nach seiner Art das lateinische *ae* wie unser deutsches *ä*, welches in neuern Zeiten von verschiednen angenommen ist; damals ward er von allen seinen Mitschülern, und vom Konrektor selber darüber ausgelacht. (j, MzE)

117,31 *doppelten Lage glücklich*] doppelt glücklichen Lage (j, MzE)

118,5 *hämischlächelnd*] hönischlächelnd (j, MzE)

120,3 f. *glaubte, diesseits verweilen*] glaubte, verweilen (D²); glaubte, disseits verweilen (j, MzE)

123,14 *Affectation*] Ostentation (j, MzE)

126,16 *schien?*] schien? | Ein Prediger, der seiner Eltern Hause gegen über wohnte, stand zuweilen in seiner schwarzen Kleidung und mit dem Kragen vor der Thüre, und Anton konnte ihn stundenlang mit der tiefsten Ehrfurcht betrachten; die Knöpfe an seinem Kleide, die weissen Streifen, welche unter dem Ermel hervorguckten, alles war ihm heilig, und er konnte zuweilen im Ernst untersuchen, ob ein solcher auch wohl ein Mensch wie andre Menschen seyn möchte. (j, MzE)

127,2 f. *Abreise.* | *Der*] Abreise. | Ein Ausschlag am Kopf verzögerte dieselbe zu seinem größten Mißvergnügen: allein dieser legte sich, auch war der Schaden am Fuß aus dem Grunde geheilt, und nun weiter kein Hinderniß mehr übrig. | Es wurden alle Anstalten zur Abreise gemacht. Seine Mutter ermahnte ihn alle Tage mit Sprüchen aus der Bibel, und wie sich einer krümmen und bücken müsse, wenn er durch die Welt kommen wolle, und dergleichen mehr, daß freilich nicht die mindeste Wirkung that, weil er dasselbe schon tausendmal bis zum Eckel von ihr gehört hatte. | Seine Ausstattung von seinen Eltern war äußerst schlecht, und wären ihm nicht von guten Leuten noch einige Kleidungsstücke geschenkt worden, so wäre er wie ein Bettelknabe nach Braunschweig gekommen. | Hierüber wäre freilich nichts zu sagen, wenn nur Antons Eltern nicht mehr

hätten thun können. Allein die beständige Zwietracht brachte, bei einer mehr als hinlänglichen Einnahme für Leute von
ihrem Stande, dennoch ihre Wirthschaft so in Unordnung,
daß sie nie etwas für sich oder ihre Kinder erübrigen konn-
ten, und doch dabei nur ein kümmerliches Leben führten. |
Der (j, MzE)

127,9 f. *fort.* | *Anton]* fort. | Antons Vater war nehmlich
mit Fuhrleuten, die des Weges nach Braunschweig Kohlen
brachten, um ein geringes einig geworden, daß er und sein
Sohn sich zuweilen aufsetzen durften, wenn sie müde wa-
ren. | Anton (j, MzE)

127,12 f. *war.* | *Je]* war. | Sie schliefen die Nacht in einem
Dorfe mit den Fuhrleuten auf der Streu. | Den andern Mor-
gen vor Tagesanbruch ging es schon wieder fort, über Peine
und Fecheln nach Braunschweig zu; vor Fecheln nahmen
die Fuhrleute einen andern Weg, und nun mußte zu Fuße
gegangen werden. | Je (j, MzE)

127,14 *Erwartung. Der]* Erwartung, wie seine Beine voll
Ermüdung. | Der (j, MzE)

127,21 *setzte endlich]* setzte sich endlich (D²)

128,15 *großen Zugbrücken]* große Zugbrücke (j, MzE)

128,15 f. *die gewölbten]* die langen gewölbten (j, MzE)

128,17 *Schlosse]* grauen Hofe (j, MzE)

131,12 *baldbevorstehende]* bevorstehende (D²)

132,30 *seinem jetzigen Zustande]* seinem Zustande (D²)

135,27 *erzwungne]* gezwungne (D²)

137,18 f. *Nummern der Gesänge angeschrieben]* Nummern angeschrieben (D²)

142,10 *Woche]* Wochen (D²)

145,5 *herein]* hinein (D²)

149,18 *ein jeder Periode]* eine jede Periode (D²)

149,23 *jeder Periode]* jede Periode (D²)

149,26 *jedem Perioden]* jeder Periode (D²)

151,25 *die]* das (D²)

153,36 *der simpelste Handwerksmann]* den simpelsten Handwerksmann (D²)

156,31 *sehr etwas]* etwas sehr (D²)

158,11 *er in jedem]* er jedem (D²)
161,22 *sehen]* gesehen (D²)
166,19 *er es nun]* er nun (D²)
168,17 *dies Vergnügen versalzen]* dies versalzen (D²)
173,9 *mußte oft im]* mußte im (D²)
175,7 f. *einmal wieder eine]* einmal eine (D²)
177,33 *Gleichen]* Gleichem (D²)
182,1 *weil von]* weil er von (D²)

Anton Reiser. Zweiter Teil

Basis des Textvergleichs

D¹ und D²
Signifikante Differenzen zwischen D¹ und D²:
– Die Paginierung für S. 66 lautet in D² irrtümlich »96«;
– S. 125 ist in beiden Fällen richtig paginiert, D² hat jedoch
  einen Setzfehler: »)125)«;
– D¹ hat im (unpaginierten) Vorwort anstelle von »Urthei-
  len« mutmaßlich fehlerhaft »Urtheile« (Originalausgabe,
  S. ⟨I⟩; vgl. S. 186,1).

Variantenverzeichnis

187,18 f. *zeigen. – Dieser]* zeigen? – Dieser (D²)
189,35 f. *dies denn schon]* dieß schon (D²)
191,35 *kam; nec]* kam: nec (D²)
193,22 *hätte. – Der]* hätte? – Der (D²)
195,36-196,2 *Und ⟨...⟩ konnte.]* Ueberdem kam die Zeit
nun heran, wo er seine kleine Bedienung an einem Ort sechs
Meilen von H... antreten mußte, und sein Sohn konnte ihm
also auf keine Weise mehr zur Last fallen. (D²)
208,11 *steinern]* steinernen (D²)
215,20 *ihn]* ihm (D²)
219,37 *arbeiten!]* arbeiten: (D²)
220,24 *den]* dem (D²)

221,5 *abwarten!]* abwarten, (D²)
223,17 *unversehns]* unversehens (D²)
224,9 *Dreier Brot]* Dreierbrodt (D²)
225,21 *ihm]* ihn (D²)
226,8 *abwälzen. Er]* abwälzen? Er (D²)
247,13 *wurde]* würde (D²)
252,35 *beißend, wie]* beißend als (D²)
255,2 *Ertilgung]* Tilgung (D²)
255,37 *die Weise]* diese Weise (D²)
260,28 *nun]* nur (D²)
263,14 *sechs bis siebenzig]* sechzig bis siebenzig (D²)
264,20 *erhielte]* erhielt (D²)
264,22 *dem]* diesem (D²)
264,23 *wie]* als (D²)
267,1 *Prinz]* Prinzen (D²)
271,30 *Klarissa]* Klarisse (D²)
274,7 f. *Klarissa]* Klarisse (D²)
275,26 *bessern]* besserm (D²)
280,16 *längst]* längs (D²)
283,3 f. *herauslaufen]* hinauslaufen (D²)
283,23 *längst]* längs (D²)

Anton Reiser. Dritter Teil

Basis des Textvergleichs

1. D¹ und D²
Signifikante Differenzen zwischen D¹ und D²:
– Die Paginierung für S. 106 lautet in D¹ irrtümlich »54«;
– in D¹ steht auf S. 16 keine Kustode, in D² lautet sie »mehr,«;
– D¹ hat auf S. 159,16 »kleinen Buche«, D² indes »tragbaren Buche« (vgl. S. 369,14).

2. Paralleldruck
– j, MzE: *Die Menschenmasse in der Vorstellung eines Menschen*, in: Magazin IV 2, S. 73-80 (entspricht S. 305,23-309,21).

Variantenverzeichnis

⟨*Titelseite*⟩] Ungenaue Montage des Titelkupfers: Die Unterschrift ist durch den folgenden Text überdruckt (D²).

290,33 f. *Romanen- und Komödienwelt*] Roman- und Komödienwelt (D²)

305,23 *nun*] nur (j, MzE)

305,23 *ihn*] den Verfasser dieses Aufsatzes (j, MzE)

305,24 *entziehen*] entziehn (j, MzE)

305,24 *er*] derselbe (j, MzE)

305,33 *den Wall*] dem Wall (j, MzE)

305,36 *viele*] viel (j, MzE)

306,6 *und wo der*] und der (j, MzE)

306,24 *Schicksalen*] Schicksale (j, MzE)

306,25 *den*] dem (j, MzE)

306,33 *Fremdheit*] Ichheit (j, MzE)

306,34 *dem*] den (j, MzE)

306,35 *Schicksalen*] Schicksale (j, MzE)

307,6 *gezogen zu werden*] zu ziehen (j, MzE)

307,13 *kam ihm*] empfand er (j, MzE)

307,13 f. *das sonderbare Gefühl von dem Verlieren*] etwas von dem sonderbaren Gefühl des *Verlierens* (j, MzE)

307,22 *Kriegesheere*] Kriegsheere (D²; j, MzE)

307,23 *gebauet*] gebildet (j, MzE)

307,26 *sich nicht deutlich*] sich deutlich (j, MzE)

307,27 *vier*] ein (j, MzE)

307,28 *wurden*] wurde (j, MzE)

307,29 *nun*] nur (D²)

307,29 *vier*] einen (j, MzE)

307,29 *welche*] welcher (j, MzE)

307,30 *sollten*] sollte (j, MzE)

307,33 f. *sollte. – und*] sollte. – Und (D²); sollte – und (j, MzE)

307,34 *dieser*] dieses (j, MzE)

308,2 *tierischer*] der thierischen (j, MzE)

308,3 *Haarteig*] ✳✳*Teig* (j, MzE)

308,7 f. *bewegliche*] menschliche (j, MzE)

308,10 *der*] des (j, MzE)

308,12 *Missetäter*] Missethäters (j, MzE)

308,17 *er es bei dem Schlächter auch so oft zu sehen*] er bei einen Schlächter wohnte, wo er dieß oft zu sehen (j, MzE)

308,21 *sah*] sahe (j, MzE)

308,25 *würde*] wäre (j, MzE)

308,31 *ein*] einen (j, MzE)

308,33 *schon*] sehr (j, MzE)

309,15 *eine so*] eine eben so (j, MzE)

309,21 *Dasein lästig*] Daseyn verächtlich und lästig (j, MzE)

312,12 *Verfolg*] Erfolg (D²)

312,25 *wen*] wem (D²)

319,38 *er*] es (D²)

326,21 *folgen*] erfolgen (D²)

326,32 *hersetzte*] ersetzte (D²)

330,2 *fühlen*] führen (D²)

335,36 *Anlässen*] Anfällen (D²)

342,13 *diese*] die (D²)

352,4 f. *solle*] sollte (D²)

358,18 *damaligen*] damalige (D²)

365,22 *All, das*] All', das (D²)

368,11 *der*] die (D²)

369,14 *kleinen*] tragbaren (D²)

372,5 *es*] er (D²)

373,17 *ihn*] ihm (D²)

377,28 f. *den Schriften*] der Schrift (D²)

386,35 *Reincke*] Reinecke (D²)

390,24 *Reinicke*] *Reinecke* (D²)

391,26 *Metaphisik*] Metaphysik (D²)

391,28 *nun gemeinschaftlich*] nun an gemeinschaftlich (D²)

392,21 *Reincke*] *Reinecke* (D²)

399,12 *mache*] machte (D²)

403,14 *lautes*] lauter (D²)

406,15 *ihn*] ihm (D²)

408,9 *einem*] einen (D²)

Anton Reiser. Vierter Teil

Basis des Textvergleichs

Nachdrucke

- j¹, MzE: *Fragment aus dem vierten Theil von Anton Reisers Lebensgeschichte*, in: Magazin VIII 1, S. 90-98 (entspricht S. 473,25-478,33 und S. 481,23-26);
- j², MzE: *Fortsetzung des Fragments aus dem 4ten Theil von Anton Reisers Lebensgeschichte*, in: Magazin VIII 2, S. 7-30 (entspricht S. 481,27-482,14 und S. 483,9-497,35);
- j³, MzE: *Die Leiden der Poesie*, in: Magazin VIII 3, S. 108-125 (entspricht S. 496,20-500,20; S. 500,32-504,36 und – mit dem Zwischentitel *R...s Schreiben an seinen Freund* – S. 509,34-513,11);
- j, TM: *Warnung an junge Dichter. Ein Fragment aus Anton Reisers Geschichte*, in: C⟨hristoph⟩ M⟨artin⟩ Wieland (Hg.), Neuer Teutscher Merkur, 6. Stück 1792, Weimar und Leipzig, S. 200-208 (entspricht S. 496,22-497,35; S. 498,18-499,37; S. 503,21-504,18 und S. 510,29-512,3).

Variantenverzeichnis

473,25 f. *und die Idee des ruhigen Bleibens behielt nun]* Hier nahm nun die Idee des ruhigen Bleibens (j¹, MzE)

473,27 *da er neunzehn Jahr alt war]* in seinem neunzehnten Jahre (j¹, MzE)

475,3-6 *Reisers Wohnung ⟨...⟩ Aussicht]* Reisers Wohnung auf der Kirschlache hatte selbst, so schlecht sie war, etwas Anziehendes für ihn – es war eine Reihe kleiner Häuser, längst einem kleinen Kanale hingebaut – es war doch keine ganz eingeengte Straße, sondern das vorüberfließende Wasser, und selbst die Kleinheit der Häuser trugen dazu bei, dieser Gegend der alten Stadt ein freieres, ländliches Ansehn zu geben. | Hinter dem Hause war gleich die alte Stadtmauer, vvn ⟨sic!⟩ welcher man die Aussicht nach dem Kar-

theuserkloster hatte. | Die Mauer war oben zum Theil mit
Graß bewachsen, und an verschiedenen Orten halb einge-
fallen, so daß man bequem hinaufsteigen konnte. | Nun
hatte die Aussicht (j¹, MzE)

475,6 f. *Die Aussicht über die Gärten nach dem Kartäuserkloster
hin hatte nehmlich so etwas]* Nun hatte die Aussicht über die
Gärten nach dem Kartheuserkloster hin so etwas (j¹, MzE)

476,2 *dem]* den (j¹, MzE)

477,29 *hereinzugehen]* hineinzugehen (j¹, MzE)

478,2 *hier weder]* hier auch weder (j¹, MzE)

478,16 *den]* dem (j¹, MzE)

483,13 *sehr]* ganz (j², MzE)

484,24 f. *Gelehrten]* gewissen Doktor *Sauer* (j², MzE)

485,23 *Leuten noch die]* Leuten die (j², MzE)

485,25 *blieb, darauf]* blieb noch darauf (j², MzE)

485,32 *eigene]* einige (j², MzE)

486,24 *herrschte]* herrschten (j², MzE)

486,36 *erbot, dem]* erbot den (j², MzE)

486,37 *weil]* da (j², MzE)

488,4 *nicht]* nichts (j², MzE)

489,9 *herunter]* hinunter (j², MzE)

489,21 *andern]* Schatz (j², MzE)

489,22 *war]* wurde (j², MzE)

489,35 *jedweden]* jedem (j², MzE)

489,37 *müsse]* müßte (j², MzE)

490,30 *erlebte]* verlebte (j², MzE)

491,6 *Reiser kurz vor]* Reiser vor (j², MzE)

491,9 *da er]* daß er (j², MzE)

491,12 *Reiser in]* Reiser ferner in (j², MzE)

491,12 *seinem überspannten Stile]* seiner überspannten
Schreibart (j², MzE)

491,17 f. *Während daß nun Reiser mit den Rollen in der zweiten
Komödie beschäftigt war, fand er einen]* Während daß nun die
Veranstaltung zu der zweiten Komödie gemacht wurde, welche die Studenten in Erfurt aufführen wollten, fand Reiser
einen (j², MzE)

492,19 *Da]* Hier (j², MzE)

492,32 f. *ereignen*] vereinigen (j², MzE)

492,33 *müssen*] mußten (j², MzE)

492,38 *verschlug*] umschlug (j², MzE)

493,2 f. *entsetzlichen*] entsetzlichsten (j², MzE)

493,21 *reinste*] meiste (j², MzE)

493,29 *niedrigen*] widrigen (j², MzE)

493,33 *durchnäßt*] durchnetzt (j², MzE)

494,10 *die*] diese (j², MzE)

494,18 *er nun traurig*] er traurig (j², MzE)

494,18 *wenige*] einige (j², MzE)

494,24 *der*] welcher (j², MzE)

494,30 *Reiser*] Reisern (j², MzE)

494,31 *ihn*] ihm (j², MzE)

495,4 *scheinet*] schien (j², MzE)

495,4 f. *gleichsam ganz erschöpft*] gleichsam erschöpft (j², MzE)

495,14 f. *Demütigungen*] Demüthigung (j², MzE)

495,35 *Langenweile Zwang*] Langenweile einen gewissen Zwang (j², MzE)

496,13 *Leidensgeschichte*] Lebensgeschichte (j², MzE)

496,14 *sollen*] soll (j², MzE)

496,15 *gewiß*] gerügt (j², MzE)

496,15 *bei vielen*] bei so vielen (j², MzE)

496,27 *von ihm dargestellt*] dargestellt (j, TM)

496,27 *dargestellt*] vorgestellt (j³, MzE); dargestellt (j, TM)

496,32 f. *gewissermaßen schon*] schon gewissermaßen (j³, MzE)

496,34 *die*] seine (j, TM)

497,4 f. *das Allgemeine*] etwas *Allgemeines* (j², MzE)

497,6 *die Empfindung*] die übervolle Empfindung (j², MzE)

497,7 *auch nur ein*] auch ein (j², MzE)

497,14 *dunkle Vorstellung*] dunkle ahndende Vorstellung (j², MzE)

497,15 *sein*] sagen (j², MzE)

497,17 *Es*] Dies (j, TM)

497,18 *Dichter*] Dichten (j², MzE)

497,18 *den]* als welchen (j, TM)

497,19 *die schon]* schon die (j³, MzE)

497,26 *Jüngling]* Zöglinge (j², MzE)

497,29 *bleibt]* bleiben wird (j, TM)

497,31 *trübte]* tödtete (j², MzE); trübte (j³, MzE; j, TM)

498,18 *Hier sollte also nun]* Hier sollte nun (j³, MzE); Es sollte nun (j, TM)

498,18 *das Trauerspiel Siegwart]* ein Trauerspiel aus dem *Siegwart* (j, TM)

498,19 *seiner Einkehr bei dem Einsiedler]* der Einkehr des Jünglings *bey dem Einsiedler* (j, TM)

498,20 *Lieblingsidee, und]* Lieblingsidee war, und (j³, MzE)

498,20 f. *Lieblingsidee fast aller]* Lieblingsidee aller (j³, MzE)

499,3 *dann]* darinnen (j, TM)

499,27 f. *schon lange mit]* schon mit (j³, MzE)

500,6 *nicht mehr im]* nicht im (j³, MzE)

501,2 *Reisern wieder sehr]* R... sehr (j³, MzE)

501,3 *fand]* befand (j³, MzE)

501,23-25 *wurde, und aufs neue durch die Straßen irrte. | Indem]* wurde. | Indem (j³, MzE)

502,23 f. *er wild die Nacht]* er die Nacht wild (j³, MzE)

502,34 *ruhigerm]* ruhigem (j³, MzE)

503,36 f. *Kräfte aus der Tiefe empor]* Kräfte empor (j³, MzE)

504,32 *wiederum ganz und gar in]* wiederum in (j³, MzE)

509,35 f. *mußten auch auf]* mußten auf (j³, MzE)

510,9 *Philipp Reisern]* seinen Freund (j³, MzE)

510,29 f. *Er suchte nun zuerst sein]* So suchte er sein (j, TM)

510,34 *endlich folgende beide]* endlich beyde (j, TM)

511,2 *Ewigen]* Ewgen (j, TM)

511,34 *Über]* Unter (j³, MzE)

512,20 *gewissermaßen selbst lieb]* gewissermaßen lieb (j³, MzE)

Entstehung

Zuverlässige Hinweise zur Entstehungszeit der einzelnen
Teile des *Anton Reiser* sind ebensowenig überliefert wie detaillierte Aussagen zum Arbeitsprozeß. Von unterschiedlich
ergiebigen Tagebuch-Phasen oder von früheren Plänen zu
einer Autobiographie zeugt der Roman selbst (vgl. z. B.
S. 240 und S. 385; S. 294 und S. 312); demnach dürfte Moritz das Reiser-Projekt erstmals schon in der Pubertät und
mehr noch in der Adoleszenz-Phase beschäftigt haben. Der
konkrete Arbeitsbeginn ist vermutlich nicht vor der Jahreswende 1782/83 zu datieren. Schließlich erschienen 1782/83
u. a. die *Deutsche Sprachlehre für die Damen,* die *Anleitung zum
Briefschreiben,* die *Reisen eines Deutschen in England im Jahre 1782,*
die *Aussichten zu einer Experimentalseelenlehre* sowie der Auftaktband zum ›Magazin zur Erfahrungsseelenkunde‹. Möglicherweise war der *Anton Reiser* von Anfang an als Komple-
mentärtext und Musterstudie für Moritz' Erfahrungsseelenkunde gedacht. Sein Appell, »wahre moralische Ärzte«
sollten aus »den vereinigten Berichten mehrerer sorgfältiger
Beobachter des menschlichen Herzens« eine »*Erfahrungsseelenlehre*« ableiten (S. 794), fand jedenfalls bei den diversen
Beiträgern nicht immer in der intendierten Form Gehör, so
daß sich Moritz in einer seiner zahlreichen Revisionen zum
›Magazin zur Erfahrungsseelenkunde‹ zu einer unmißver-
ständlichen Klarstellung bemüßigt fühlte: »Ich werde mich
bei mehreren Gelegenheiten künftig auf diesen *psychologischen
Roman* beziehen müssen, weil er die stärkste Sammlung von
Beobachtungen der menschlichen Seele enthält, die ich zu
machen Gelegenheit gehabt habe« (S. 959).

Vermutlich hat Moritz streckenweise auf eigene Dokumente zurückgreifen können bzw. persönliche Aufzeichnungen verarbeitet: autobiographische Materialien (Noti-
zen, Tagebücher) sind jedoch ebensowenig erhalten wie
Konzepte oder Vorarbeiten; die Verwendung gedruckter
Quellen ist ggf. im Stellenkommentar nachgewiesen. Das

bei Klischnig überlieferte Arbeitsprocedere dürfte für den *Anton Reiser* nicht minder gelten: Demnach schrieb Moritz in der Regel gleichzeitig an mehreren Projekten und stand dabei meistens unter Termindruck: »Zu halben Bogen wurde ihm das Manuskript von den Setzern abgepreßt, und er verlor daher nicht selten den Zusammenhang. ⟨...⟩ Reiser schrieb nie etwas nieder, ehe er nicht den ganzen Plan seines Werks im Kopfe ausgearbeitet hatte. Tage lang lag er unter dieser Beschäftigung ausgestreckt auf dem Sopha und wer ihn nicht kannte, hielt es für ein unthätiges Hinbrüten. | Hatte er erst die Idee des Ganzen gefaßt, so vollendete er oft in acht bis vierzehn Tagen ein großes Werk.« (Klischnig, S. 159 f.; vgl. ausführlicher Johann Christian Conrad Moritz an Jean Paul; 22. August 1795; in: Schrimpf, Hartknopf, S. 432 f.)

Als Kernphase für die Entstehung der Teile I bis III kommen die Jahre 1783 bis 1786 in Frage, denn im August 1786 (Abreise aus Berlin) trat Moritz bereits seine insgesamt mehr als zweijährige Italienreise an. Mit der Niederschrift des ersten Teils dürfte Moritz nicht vor Anfang 1783 begonnen haben. Diesen Zeitpunkt erhärten die Vorstudien *Erinnerungen aus den frühesten Jahren der Kindheit* (vgl. S. 821-824) sowie die ersten Vorabdrucke im ›Magazin zur Erfahrungsseelenkunde‹ (1783 bzw. 1784) und in der ›Berlinischen Monatsschrift‹ (1783). Unter Umständen peilte Moritz in diesem frühen Werkstadium eine deutlichere Balance zwischen »psychologischem Roman« und (äußerer) »Biographie« an; der erste Vorabdruck in der ›Berlinischen Monatsschrift‹ (Zweiter Band, Julius bis December 1783, S. 357), das *Fragment aus Anton Reisers Lebensgeschichte*, ist jedenfalls mit dem erläuternden Verweis auf einen »Roman, oder vielmehr Biographie, woran der Verfasser itzt arbeitet« versehen (vgl. dagegen S. 86). Über die Reinschrift des 1786 publizierten zweiten Buchs sind weder zeitliche Anhaltspunkte noch druckgeschichtliche Indizien überliefert. Vom dritten Teil existiert lediglich ein ebenfalls 1786 publizierter Paralleldruck im ›Magazin zur Erfahrungsseelenkunde‹, und vom vierten Buch veröffentlichte Moritz erst post festum drei Auszüge im ›Magazin zur Erfahrungsseelenkunde‹ (1791) sowie eine Passage im ›Teutschen Merkur‹ (1792). Stichhaltige Rückschlüsse auf die Entstehungszeit sind daraus nicht abzuleiten. Der 1790 erschienene vierte Teil des *Anton Reiser* existierte vor Moritz' Italienreise möglicherweise bereits in Grundzügen und/oder Fragmenten: Als Indiz dafür sprechen jedenfalls Parallelen zum 1785 publizierten und auf 1786 vordatierten Roman *Andreas Hartknopf. Eine Allegorie* (Erfurt-Kapitel, Kritik am Selbstdarstellungstrieb). Dennoch ist der endgültige Abschluß des Manuskripts erst auf die Zeit nach dem 31. Januar 1789 (Rückkehr aus Italien bzw. Weimar) zu datieren. Schließlich markiert die insbesondere im vierten Buch des *Anton Reiser* offenbare Distanz des Erzählers zu seinem Protagonisten auch eine inhaltliche Zäsur: Fortan wird das im Diskurs mit Goethe vertiefte autonomieästhetische (und vice versa dilettantismuskritische) Theorem forciert.

Selbstaussagen des Autors und Quellen

Moritz benutzt die Vorreden zu den einzelnen Teilen des *Anton Reiser* in erster Linie für Erläuterungen, Rechtfertigungen und sogar als Interpretationshilfen. Darüber hinaus skizziert er das psychologisch-analytische Verfahren wiederholt in seinem Entwurf einer Erfahrungsseelenlehre: »Wer sich zum eigentlichen Beobachter des Menschen bilden wollte, der müßte von sich selber ausgehen: erstlich die Geschichte seines eignen Herzens von seiner frühesten Kindheit an sich so getreu wie möglich entwerfen; auf die Erinnrungen aus den frühesten Jahren der Kindheit aufmerksam sein, und nichts für unwichtig halten, was jemals einen vorzüglich starken Eindruck auf ihn gemacht hat, so daß die Erinnrung daran sich noch immer zwischen seine übrigen Gedanken drängt« (Vorschlag zu einem Magazin einer Erfahrungs-Seelenkunde, S. 799). Dem Erfahrungsseelenkundler scheint jedenfalls sein *Anton Reiser* als ideales Studienobjekt gegolten zu haben: »In einer Schrift, die ich unter dem Titel *Anton Reiser, ein psychologischer Roman,* herausgegeben, und wovon ich in diesem Magazin einige Fragmente mitgetheilt habe, sind sehr viele hierin einschlagende Beobachtungen enthalten: die Erinnerungen aus Anton Reisers frühesten Kinderjahren waren es vorzüglich, die seinen Charakter und zum Theil auch seine nachherigen Schicksale bestimmt haben. Ich werde mich bei mehreren Gelegenheiten künftig auf diesen *psychologischen Roman* beziehen müssen, weil er die stärkste Sammlung von Beobachtungen der menschlichen Seele enthält, die ich zu machen Gelegenheit gehabt habe« (*Fortsetzung der Revision der ersten drei Bände dieses Magazins,* in: Magazin IV 3, S. 4 f.).

Als Hauptquelle für den *Anton Reiser* darf unzweifelhaft der »Lebenstext« des Schriftstellers Karl Philipp Moritz gelten. Die vielfältigen Gewährsmänner für seine erfahrungsseelenkundliche Perspektive nennt Moritz u. a. im *Vorschlag zu einem Magazin einer Erfahrungs-Seelenkunde* (vgl. S. 793-809). Als Movens und pädagogisches Fundament für den *Anton Reiser* dienten vermutlich Kernideen aus Jean-Jacques Rousseaus pädagogischem Roman *Émile*: »Unser wahres Studium ist das Studium des Menschenzustandes« (Rousseau, Emil, I. Theil, 1. Buch, S. 78; vgl. auch – obschon mit deutlicher Distanz zur Selbsterfahrung und Selbstbeobachtung – II. Theil, 3. Buch, S. 384 f.: »Was gehörte also dazu, wenn Jemand die Menschen recht beobachten wollte? Ein großes Interesse, sie kennen zu lernen, eine große Unpartheylichkeit in Beurtheilung ihrer; ein Herz, das fühlend genug wäre, alle menschlichen Leidenschaften zu begreifen, und ruhig genug, sie nicht zu erfahren«). Die Technik der – seit der eigenen Kindheit vertrauten, religiös-quietistisch motivierten – Selbstbeobachtung und Seelenanalyse erhält im *Anton Reiser* eine säkulare und formal innovative Gestalt. Ob Moritz Friedrich von Blanckenburgs gattungspoetische und literaturpolitische Propädeutik, den *Versuch über den Roman,* explizit zur Kenntnis genommen hat, ist nicht überliefert.

Gleichwohl korrespondiert dessen Betonung des »inneren Zustandes« bzw. der »inneren Geschichte« eines Protagonisten Moritz' Erzählintention (vgl. u. a. Friedrich von Blanckenburg, *Versuch über den Roman*, Leipzig und Liegnitz 1774, S. 392).

Wirkung

Der *Anton Reiser* hat offenbar mindestens einen Beiträger des ›Magazins zur Erfahrungsseelenkunde‹, mutmaßlich Johann Gotthilf Probst (* 1759; vgl. Magazin II 3, S. 36-72; III 1, S. 9-41, und III 3, S. 122 f.), zur Nachahmung inspiriert: *Geschichte meiner Kinder- und Jünglingsjahre. In psychologischer Rücksicht.* Von dem Verfasser des Aufsatzes: Geschichte meiner Verirrungen. Erstes Bändchen (o. O. 1787); *Freundschaft und Liebe. Epochen, oder der Geschichte meiner Kinder- und Jünglingsjahre Fortsetzung* (Halle 1788).

Paul Schumann verzeichnet in seiner Abhandlung über *Unbekannte Wertherschriften* (in: Zeitschrift für Bücherfreunde, Neue Folge IV 2, Leipzig 1913, S. 273-284) zwei Veröffentlichungen des Berliner Taubstummenlehrers Ernst Adolph Eschke (1766-1811), der gleichfalls mehrere Artikel zum achten Band des ›Magazins zur Erfahrungsseelenkunde‹ beigesteuert hat, nämlich *Woburg. Abgerissene Scenen der Einbildungskraft, welche sich jedoch in mancher großen Stadt realisieren*, hg. v. Ernst Adolph Eschke (Halle 1791), und *Karl Reinbrecht. Eine psychologische Romaneske* (in: *Männliche Standhaftigkeit und männlicher Wankelmuth in wahren Begebenheiten*, Leipzig 1802, S. 129-268). Schumann zufolge sind nicht nur »Wertherstimmungen und Wertherbeziehungen aus ›Anton Reiser‹ geborgt«; im *Karl Reinbrecht* orientiere sich neben dem Untertitel auch die »Anlage des Ganzen« am *Anton Reiser*, »dem schon der ›Woburg‹ einiges entlehnte, aus dem das vorliegende Buch aber ganze Kapitel wörtlich ab- und ausschreibt« (S. 281 f.).

Zu den ›Reiseriaden‹ gehört wohl auch der – Karl Friedrich Klischnig zugeschriebene – Roman *Fritz Wanderers Lebensreise* (Berlin 1795).

Obschon diesen Zeitgenossen günstigstenfalls ein Mißverständnis der Moritzschen Romanpsychologie zu unterstellen ist (und ungünstigstenfalls ein beabsichtigtes Trittbrettfahren), ist der *Anton Reiser* im 19. wie im 20. Jahrhundert keineswegs nur als lesenswerter Text gehandelt worden, sondern auch als historisch relevanter Beitrag zur Geschichte des deutschsprachigen Romans. Gottfried Keller (1819-1890) jedenfalls stellt seinen *Grünen Heinrich* in eine legendäre Traditionslinie: »Wenn ich einmal eingehend das Buch charakterisieren werde (vorausgesetzt daß ich lebe), so muß ich auf die Skala zurückgreifen, welche mit dem *Simplizissimus* beginnt und zu *Anton Reiser*, *Wilhelm Meister* weiter geht« (Gottfried Keller an Emil Kuh; 17. Juni 1876; in: Gottfried Keller, *Gesammelte Briefe*, Bd. III 1, hg. v. Carl Helbling, Bern 1952, S. 207).

Trotz der mittlerweile beträchtlichen Zahl von philologischen Arbeiten zum *Anton Reiser* existiert bislang kein umfassender Überblick: Neben dem bis 1978 reichenden Forschungsbericht Schrimpf, Moritz, S. 65-82, und Jürgen Jahnkes *Versuche, »das Voluminöse kompendiöser zu machen« – Neues zu Karl Philipp Moritz. Sammelrezension mit ergänzender Bibliographie (1980-1987)* (in: Das achtzehnte Jahrhundert 12 [1988], S. 186-193) liegen nur allgemeine Literaturverzeichnisse vor: Heide Hollmer und Albert Meier, *Bibliographie*, in: Text + Kritik. Zeitschrift für Literatur, hg. v. Heinz Ludwig Arnold, H. 118/119: *Karl Philipp Moritz*, München 1993, S. 134-140, sowie Hans Amstutz, *Bibliographie neuerer Literatur zu Karl Philipp Moritz ab 1983*, in: *Karl Philipp Moritz. Literaturwissenschaftliche, linguistische und psychologische Lektüren*, hg. v. Annelies Häcki Buhofer, Tübingen und Basel 1994, S. 129-141.

Auszüge aus ausgewählten zeitgenössischen Rezensionen

Anton Reiser I:

Die Darstellung eines individuellen Charakters in einem Roman, aus natürlicher Anlage, zufälligen Verhältnissen und der ersten Richtung, die der menschliche Geist von außenher empfängt, sobald er beginnt Ideen zu sammeln und festzuhalten, welches die eigentlichen Bestandtheile, oder vielmehr die wirkenden Ursachen seiner zukünftigen Eigenthümlichkeit sind, ist ein Gedanke, der des Versuchs der Ausführung wohl werth ist, und außer dem Reiz der Neuheit noch das zum Vortheil hat, daß er speculativen Lesern eine Art solider Unterhaltung gewähret, indem sie den Blick der Seele in sich selber schärft, und auf den Gang ihrer Operationen aufmerksam macht. Hr. Prof. Moritz, der, wie bekannt, seit einiger Zeit die praktische Seelenkunde zu seinem Lieblingsstudium gewählet hat, qualificirt sich zu einem solchen Unternehmen vorzüglich, und liefert hier wirklich einen Versuch der innern Geschichte des Menschen, worinnen er den Bestimmungsursachen nachspühret, aus welchen sich urtheilen läßt, wie der Mensch das, was er ist, geworden ist. Er greift, gleichsam ohne Wahl, in den Haufen der zu dieser Absicht aus seiner Phantasie hervorgerufenen Ideale, und nimmt das erste beste rohe Naturprodukt zu seiner Bearbeitung heraus, verfolgt die Entwickelung der Seelenkräfte eines Knaben, von der ersten Zurückerinnerung seiner Besonnenheit, nebst der successiven Entstehung seiner Begriffe und Eindrücke, welche jedes Objekt nach der Lage, in welcher er sich befindet, auf ihn macht, bis zu seinen vogtbaren Jahren. ⟨...⟩ ⟨Die Vorrede⟩ ist für die nicht überflüßig, die den Plan des Verf. nicht recht ins Auge fassen, und das Buch, nach dem gewöhnlichen Gang der Romanen, welche mehr die Phantasie als den Verstand beschäftigen, beurtheilen möchten.
(Allgemeine deutsche Bibliothek. Des sieben und sechzigsten Bandes erstes Stück, Berlin und Stettin 1786, S. 458 f.)

Endlich werden wir Deutsche doch auch einmal im Stande seyn, diese Lücken unserer schönen Litteratur, wo wir so weit den Engländern und Franzosen nachstehen, mit vorzüglichen Originalprodukten auszufüllen. Herr P. *Moritz* hat hierzu einen Beytrag geliefert, der in mehr denn einer Rücksicht die Aufmerksamkeit unsers lesenden Publicums verdient. ⟨...⟩ Hoffentlich wird kein Mann von Geschmack diesen kleinen Roman ungelesen lassen, und ihn gewiß nicht eher aus den Händen legen, als bis er ihn zu Ende gebracht hat, und dann aufrichtig bedauert, daß er seinen Helden so früh verlassen muß, ohne Auskunft über sein künftiges Schicksal zu erhalten. – Wir sehen deshalb mit Ungeduld den folgenden Theil entgegen, da das Ganze gewiß einen wichtigen Beytrag zur geheimen Geschichte unsers Herzens abgeben, und für den ächten Pädagogen sehr interessant seyn wird.
(Staats- und Gelehrte Zeitung des Hamburgischen unpartheyischen Correspondenten, Nr. 122 vom 2. August 1785, unpag.)

Der schon durch mehrere Schriften bekannte Name des Verfassers – wahrscheinlich von dem Namen des Herausgebers nicht verschieden – wird vielleicht manche Leser, die durch den kläglichen Zeitverlust über deutschen Romanen zu einer gänzlichen Enthaltsamkeit von dieser losen Speise gewitzigt worden, bewegen, bey dieser Erscheinung eine Ausnahme zu machen. Die nähere Bestimmung auf dem Titel: *psychologischer* Roman, läßt ohnehin weder ein Gewirre abentheuerlicher noch gemeiner Intriguen, weder eine fade Liebes, noch eine schreckliche Heldengeschichte erwarten. Hr. Moritz wollte mehr eine Biographie, mit Beobachtungen aus dem würklichen Leben genommen, als einen eigentlichen Roman; mehr eine innere Geschichte des Menschen als eine Gallerie abstechender Charaktere geben. Sein Buch soll, wie er sich ausdrückt, die vorstellende Kraft nicht vertheilen, sondern zusammendrängen, und den Blick der Seele in sich selber schärfen. Er sieht die Schwierigkeiten dieser

Unternehmung selbst ein; und ein Schriftsteller, der nicht mit Augen, von Eigenliebe geblendet, in seine Materie einstürmt, der über Schwierigkeiten, die ihm aufstossen, und noch aufstossen könnten, reflectirt, ein solcher Schriftsteller kann nie etwas Schlechtes liefern. Was wir an seinem Plane auszusetzen haben, ist der Stand und die Situationen, worin er seine Helden geboren werden, und aufwachsen läßt. Da Hr. Moritz doch für Leute schreibt, die lesen, das heißt, nicht für Handwerker u. dgl. so hätte er sich auch für Scenen hüten sollen, deren Details seinen Lesern statt Theilnahme, Langeweile erregen müssen. Gewiß auch würde er sein Buch zugleich interessanter und lehrreicher machen, wenn er den Beobachtungen einen sichtbaren Zusammenhang, und überhaupt mehr eine philosophische, als historische Anatomie und Meteorologie der Seele geben wollte. (Gothaische gelehrte Zeitungen. Acht und sechzigstes Stück, den vier und zwanzigsten August, 1785, S. 557 f.)

Wenn dem Herrn Professor Moritz über dieses Buch, das wir für ein sehr nützliches halten, schiefe Urtheile von Männern, die ein solches Buch zu beurtheilen fähig sind, zu Ohren oder zu Gesichte kommen sollten, so hat er sich dieses allerdings selbst beizumessen. Titel und Vorrede weisen auf einen Gesichtspunct, aus dem dieses Buch betrachtet, sich unvollkommen darstellen muß. Man erwartete nichts anders unter einem psychologischen Roman, als die pragmatische Geschichte der Entwickelung der Seelenfähigkeiten eines Menschen, des Einflusses, den der Körperzustand, die Verhältnisse mit der Welt, und die Fähigkeiten selbst wechselseitig auf einander haben, durchgeführt durch das ganze Leben eines Menschen, durch alle Veränderungen der Zeit, des Ortes, der Menschen und des Menschenkörpers selbst, während dieses Menschenlebens, nach allen ihren Ursachen und Folgen. Eine solche Geschichte eines Menschen ist keinesweges jetzt unmöglich. ⟨...⟩ Doch ist leicht einzusehen, daß diese Geschichte immer nur Roman seyn würde, und zwar, weil bey einer wahren Geschichte nicht allein Möglichkeit einer Thatsache, sondern auch Beweise ihrer Wirklichkeit gefordert werden, diese sich aber unmöglich immer vollständig liefern lassen, vorzüglich wegen der dunklen Vorstellungen, die doch am häufigsten und stärksten Triebfedern unsrer Handlungen sind. Ein solcher psychologischer Roman mußte aus Theilen zusammengesetzt seyn, die an sich wahr währen, gegen deren Zusammensetzung die schärfste Kritik blos einzuwenden habe, daß es für uns eine Unmöglichkeit sey, ein wirkliches Menschenleben so vollständig und harmonisch darzustellen. Recensent und mehrere glaubten, daß Herr M. dieses Buch zu schreiben versuchen wolle und – – – doch Herr M. hat dieses nicht gewollt. Sein psychologischer Roman ist die Lebensbeschreibung eines Menschen, und so wie wir vom Herrn Verfasser mündlich gehört haben, wahr.

⟨...⟩ Herr M. giebt uns unter allen Biographen die wir gelesen haben, die größte Menge wichtiger und interessanter Nachrichten aus den Kinderjahren seines Helden, und diese in einem so schönen Lichte, daß sie auch dem stumpfsten Geist nicht entgehen können und zur Betrachtung reizen müssen. In dieser Rücksicht und wegen der Anwendung auf Psychologie, die unser Verfasser immer davon zu machen eilt, hat er diese Lebensbeschreibung ohne Zweifel psychologischer Roman genannt. Allen die mit Kindern in Verbindung stehen, vorzüglich aber den Erziehern, den theoretischen und praktischen, müssen wir dieses Buch des Herrn M. empfehlen. ⟨...⟩ Recensent hat den Anton Reiser mit vieler Aufmerksamkeit gelesen, und er hat ihm vielen Stof zu Bemerkungen über den Menschen dargereicht. ⟨...⟩

Wir wünschen, daß Herr M. bei der Fortsetzung dieser Lebensbeschreibung mehr die Geschichte der Erscheinungen, die sich bei Anton äusserten bearbeite, den Anfang der Erscheinung, das was den Fortgang hinderte, oder förderte, und das Ende immer sorgfältig anmerke. So sehr uns auch dieser erste Theil zu der Hofnung berechtiget, daß Anton Reiser die erste Biographie werden wird, auf die Teutschland stolz seyn kann, so fürchten wir doch, wir wollen wünschen

ohne Grund, daß der Verfasser etwas zu sehr dem Ungewöhnlichen nachgehe, und das, was bey jedem ist, wenn
gleich bey jedem auf eine andre Art ist, zu wenig der Beobachtung würdig halte, zumal wenn dieses allen Gewöhnliche, auch von den Biographen gewöhnlich angeführt wird.
⟨...⟩ Wir sind sehr nach dem zweiten Theile begierig.
(Ephemeriden der Litteratur und des Theaters. Neun und
dreissigstes Stück, Berlin den 24sten September 1785,
S. 205-208, und Vierzigstes Stück, Berlin den 1sten October
1785, S. 222-224.)

Dieser Roman, wovon Proben schon im Magazin des Herausgebers vorkamen, ist in der That sehr merkwürdig in
psychologischem Betracht. Der erste Theil geht bis zum
vierzehnten Jahr des Helden; wo sein bisher gewaltsam unterdrückter Wunsch, zum Gelehrten erzogen zu werden,
dem Anfang seiner Befriedigung nahe gebracht war. Bis
dahin könnte man den Inhalt auch überschreiben, Leiden
und Freuden einer von Natur sehr dichterischen, durch
quietistische Religionsschwärmerey gereizten, Imagination.
Daß es größtentheils wirkliche Geschichte sey, versichert
der Verf. in der Vorrede ausdrücklich, und ist dem Rec. so
wie vermuthlich mehrern Lesern ausserdem schon bekannt.
Ob die äusserst lebhafte Imagination des Erzählers der
Treue des Gedächtnisses nicht bisweilen hinderlich war,
entweder bey der Erinnerung, oder auch bey der ersten Anmerkung der Ereignisse; läßt freilich mitunter einige Zweifel
zurück. Immer bleibt es im Ganzen lehrreiche Seelenge-
schichte. Und wir sehen der Fortsetzung mit angenehmer
Erwartung entgegen.
(Göttingische Anzeigen von gelehrten Sachen unter der
Aufsicht der königl. Gesellschaft der Wissenschaften, 165.
Stück. Den 17. October 1785, S. 1673 f.)

Anton Reiser I und II:

Man wird hieraus ⟨d. i. aus den Vorreden zum ersten und
zweiten Teil⟩ schon vermuthen, daß es Hn. Moritzens eigne
Lebensbeschreibung seyn müsse ⟨...⟩. So viel Wahrheit und
Umständlichkeit läßt sich nur bey einer eignen Biographie
erreichen, und dennoch ist immer das Gedächtniß bewun-
dernswürdig, das Hn. M. ein so getreues Gemälde seiner
Jugendgeschichte vorhielt. Wir stellen diese Biographie unter das Fach der Pädagogik, weil sie von dieser Seite bis itzt
hauptsächlich interessant ist. Zwar fehlt es nicht an sonderbaren Begebenheiten, die zuweilen wirklich romanhafte
Scenen darbieten; zwar liefert sie überhaupt für Psychologie
manche merkwürdige Thatsachen; aber immer scheint es
uns am nöthigsten zu seyn, Erziehern und ältern Zöglingen
sie zum Lesen zu empfehlen. ⟨...⟩ Das Ganze aber ist in
dieser Hinsicht ausnehmend lehrreich, und wenn wir gleich
wünschen, daß uns der Himmel vor unglücklichen Nachahmern bewahren möge, die, ohne so sonderbare Auftritte aus
ihren ersten Lebensjahren mittheilen, und ohne sie mit so
viel Beobachtungsgeiste als Hr. M. erzählen zu können, das
Publicum mit faden Schulknabengeschichten belästigen
wollten, so sehn wir doch nicht nur der Fortsetzung der
gegenwärtigen Lebensgeschichte mit Vergnügen entgegen,
sondern hoffen auch, daß mancher andre, der die Kraft dazu
hat, auch den Muth haben möge, mit so genauen Erzählungen von dem Verlaufe einer ungewöhnlichen Erziehung, die
freylich oft *Confessions* seyn müßten, hervorzutreten. Die Erzählung ist simpel und correct; und bis auf einige Stellen, die
vielleicht ohne Schaden hätten abgekürzt werden können,
auch nicht zu umständlich; wenigstens glauben wir, daß
andre, die die Hauptabsicht des Buchs nicht aus den Augen
lassen, dieses eben so finden werden.
(Allgemeine Literatur-Zeitung. No. 96 vom 22ten April
1786, Sp. 145 f.)

Anton Reiser II:

⟨...⟩ wir versprechen dem zweiten Theil mehreres Glück bei der Teutschen Lesewelt, als der erste erhalten hat, der aber – ob sie gleich beide mit gleichem Fleiße ausgearbeitet sind – doch weit mehreren Stoff zur Spekulation und zur Sammlung von Erfahrungen darreichte. ⟨...⟩ Die Teutsche Lesewelt wird ohne Zweifel es diesem zweiten Theile zum großen Verdienst anrechnen, daß sie weniger, als bei dem ersten Theile gezwungen wird, in sich zu gehen, Beobachtungen und Erfahrungen zu machen, daß sie diesen Theil ungestört wird auslesen und nach einer Zeit von zwey Stunden aus den Händen geben können ⟨...⟩. Der zweite Theil kann bei Jünglingen, die auf Schulen sich befinden, eine sehr nützliche Lektüre seyn, da sie unstreitig dadurch werden zu Vergleichungen gereizt werden, die ihnen über ihre und ihrer Mitschüler Lage und Verhältnisse Licht geben können, welches vielleicht den Beobachtungsgeist in ihnen erregt, und die Aufmerksamkeit mehr auf sie selbst lenkt. Sollte der Lehrer nicht so über die Seele des Jünglings aus der Fortsetzung, als aus dem Anfange dieser Biographie über die Kinderseele belehret werden, so muß er darum die Fortsetzung nicht weniger werth schätzen, da die Seltenheit und Wichtigkeit der Beobachtungen über den Jüngling, die hier mitgetheilet, oder hier veranlasset werden, ihr grossen Werth geben.

(Ephemeriden der Litteratur und des Theaters. Vierzehntes Stück, Berlin den 8ten April 1786, S. 219-222.)

Reiser ist durch Natur und Erziehung ein Sonderling von der phantastischen Art, und in seiner ersten Jugend in beständigem Kampf mit Armuth, Spott und Schwermuth, und muß also durch viele und große Schwierigkeiten dringen. Die in ihm aufkeimende Tugend, hat eine sehr unregelmäßige Gestalt, und am Ende dieses Theils ist sein Zustand noch sehr zweydeutig. Um desto mehr wird man für den armen Knaben mit Mitleiden erfüllet, und es ist zu vermu-

then, daß man auch in den folgenden Theilen seiner Geschichte, Ursachen zu demselben finden werde. Herr Professor M. hat für gut gefunden, das Buch in seinem ersten Theil einen psychologischen Roman zu nennen, und diesen Titel muß er nun fortsetzen, aber es ist doch eine wahre Lebensbeschreibung, welche für die Psychologie brauchbar eingerichtet worden, jedoch nicht für die allgemeine, sondern zu der Kenntniß einer besondern Psyche oder Person, die sich merkwürdig gemacht hat.
(Anton Friedrich Büschings Wöchentliche Nachrichten von neuen Landcharten, geographischen, statistischen und historischen Büchern und Sachen. Des vierzehnten Jahrgangs Siebenzehntes Stück. Am vier und zwanzigsten April 1786, Berlin, S. 135.)

Das Interesse dieses Romanes, oder vielmehr dieser *Biographie*, wofür ihn der V. nun selbst ausdrücklich erklärt, dauert in diesem an mannigfaltigen lebhaften und lehrreichen Gemälden reichem Theile noch vollkommen fort. Nur einige male hat Rec. den Vortrag gedrungener, und etliche *Wiederholungen* weggewünscht.
(Göttingische Anzeigen von gelehrten Sachen unter der Aufsicht der königl. Gesellschaft der Wissenschaften, 156. Stück. Den 30. September 1786, S. 1576.)

Anton Reiser II und III:

⟨Der Verfasser errege durch die rechtfertigende Vorrede zum zweiten Teil⟩ die Vermuthung, daß er vielleicht seine eigene Jugendgeschichte geschrieben habe, und Leser, die von derselben einige Kenntniß hatten, fanden sie bey aufmerksamer Durchlesung des Buches bestätigt, und er selbst hat der fast allgemeinen Meynung, daß Anton Reiser kein anderer, als Herr *Moritz* selbst in seinem Knaben- und Jünglingsalter sey, nicht widersprochen. *Psychologisch* aber scheint er den *Roman* seines Lebens um deswillen genannt zu haben, weil eine so getreue Darstellung eines jugendlichen Lebens mit allen seinen falschen oder üblen Behandlungen und eigenen Verirrungen, und des Einflusses von beyden auf die Stimmung der Jünglingsseele, dem Leser zu vielen psychologischen Bemerkungen über sich selbst und seine eigene Jugendgeschichte und zur Erklärung mancher Erscheinungen in seiner eigenen Seele, als Resultaten früherer Eindrükke seiner Knabenjahre, Anlaß geben kann. Freylich ist es eine eigene Sache, darum die Geschichte seiner eigenen Jugendjahre zu beschreiben. Sie kann überaus lehrreich werden, wenn der Mann durch seine frühern Begebenheiten oder künftige Verhältnisse wichtig genug ist, und zu dieser Arbeit Aufrichtigkeit und Gerechtigkeit gegen andre, die in seine Jugendgeschichte verwickelt sind, mitbringt. Wir können nicht sagen, daß wir Grund hätten, das Gegentheil von dem Verf. zu vermuthen. Die Geschichte Anton Reisers trägt vielmehr wohl das Gepräge der Wahrheit in so fern an sich, daß Hr. M. die Sachen so beschreibt, wie er sie sich jetzt vorstellt; ob er alles das wirklich als Knabe gedacht habe, was er jetzt von sich erzählt, mag dahingestellt seyn. Ueber andre mögliche Absichten bey einer Beschreibung seiner Schuljahre, Selbstrechtfertigung durch Schilderung seiner jedesmaligen Lage, oder Ahndung des erlittenen Unrechts durch Bekanntmachung, wollen und können wir nicht urtheilen. Genug, das Buch hat für Lehrer auf öffentlichen Schulen und für junge Leute immer einigen Nutzen. ⟨...⟩

⟨Es folgt ein Inhaltsreferat, das den Rezensenten mehrfach zu Einwänden veranlaßt und schließlich sogar zur expliziten Kritik an dem Pädagogen Moritz:⟩ Von *Demüthigungen* redet er immer sehr viel. Dabey erscheint nicht wenig Prätension. *Reiser* war ein armer Knabe, war nicht fleißig, war immer excentrisch, war niemals zufrieden. Wie konnten andere mit ihm zufrieden seyn? ⟨...⟩ Wenn ein Schulmann einen seiner Schüler in seinen Stunden sitzen läßt, so muß er gewiß zu wiederholten Malen von ihm in seinen Erwartungen seyn getäuscht worden, und von ihm glauben, daß er nichts lernen wolle oder könne. Ueber einen Fehler der Unachtsamkeit straft man den Schüler nicht durch Entziehung des Unterrichts. Und dieses sieht besonders dem seel. *Balhorn* gar nicht ähnlich, den wir als einen zwar ernsthaften; aber sanftmüthigen, gewissenhaften, vorsichtigen und durchaus rechtschaffenen Mann kennen. Es scheint doch wohl, der Verf. habe hier einige Umstände verschwiegen oder vergessen. Es geschieht ihm allenthalben, seiner Meynung nach, zu viel *Unrecht*. Er hätte auch unpartheyisch untersuchen sollen, ob er etwan Gelegenheit dazu gegeben habe? ⟨...⟩ Grillen und Zurückziehung in sich selbst, veranlassen ihn zum Wandern und zum Herumreisen ⟨...⟩. Hier konnten wir uns des Gedankens nicht enthalten, daß ein Mensch, der auf Schulen die *Pflichten eines Schülers und Informators* von sich wirft, um seine *Lust zu reisen* zu befriedigen, auch wohl einmal im Stande sey, sein Amt niederzulegen, um das Vergnügen zu haben, ein fremdes Land zu Fuß zu durchwandern.

(Ag. in: Allgemeine deutsche Bibliothek. Des achtzigsten Bandes zweytes Stück, Berlin und Stettin 1788, S. 453-456.)

Recens. gesteht es Hrn. Moritz gern zu, daß manche Urtheile über sein Buch, ja daß sein eigenes, im 68 Stücke des vorigen Jahrgangs dieser Zeitung ⟨vgl. S. 963 f.⟩, über den ersten Theil gefälltes Urtheil etwas schief ausgefallen ist — aber dafür verspricht er sich auch von dem Verfasser, daß er eine Höflichkeit mit der andern vergelten und einräumen werde, daß Er selbst durch den gewählten Titel seine Recensenten zu ihren schiefen Urtheilen verführt habe. — Ich betrachtete das historische dieses Buchs als das Vehikel, die psychologischen Bemerkungen, die Hr. M. gesammlet hatte, zu einem Ganzen vereinigt, dem Publikum in die Hände zu spielen. Aus dieser Meinung erklärt sich mein Tadel, und — war ich etwa nicht zu dieser Meinung berechtigt? offenbar durch den Titel berechtigt, der, (wir nehmen die Sache, wie sie seyn sollte,) nichts anders ist, als die Ankündigung dessen, *was* der Leser und *wie* er es zu erwarten hat. Wenn Rousseau seine Bekenntnisse unter dem Titel eines psychologischen Romans herausgegeben hätte, so würden alle hieraus geflossenen Mißverständnisse so gut seine eigene Schuld gewesen seyn, als sie es, in unserm Falle, die Schuld des Hr. M. sind. Und warum nahm er nicht auch zu seinem Buche den so schicklichen Titel, den R. wählte? Freylich würde er dann genöthigt gewesen seyn, alles gerade heraus-zusagen, was man erst nur errathen konnte, was aber in kurzer Zeit jedermann erfahren muste, daß nemlich dieser Anton Reiser kein anderer ist, als – Hr. M. selbst: – allein, was würde das geschadet haben? Auf jeden Fall hätten ihm diese Bekenntnisse so viel, ja noch mehr Ehre gebracht, als dem Genfer Philosophen die seinigen. Doch schon zu viel Worte über eine Kleinigkeit. – Mit Vergnügen wiederholen wir das Gute, was wir von dem ersten Theile sagten, und setzen hinzu, daß der Held der Geschichte mit jedem Schritt, den er vorwärts thut, interessanter wird. ⟨...⟩ Ausser einer Menge höchst schätzbarer Beyträge zu einer noch so armen Wissenschaft, als die Erfahrungsseelenkunde ist, ent-hält dieses Buch unzählige praktische Regeln und feine Winke für Erzieher und Schulmänner. Freylich aber nur für solche unter ihnen, die Kopf und Herz zusammen, nicht aber etwa wie gewöhnlich, nur das eine oder das andere haben.

(Gothaische gelehrte Zeitungen. Achtzigstes Stück, den sie-benten October, 1786, S. 669 f.)

Anton Reiser III:

Je weiter diese Biographie fortschreitet, je mehr wächst ihr Intereße. Der Herr Verfaßer ermattet nicht in seiner Kunst, geringe und geringscheinende Vorfälle in das wirksamste Licht zu stellen, wichtigere mit der Würde und Wärme, die ihnen zukömmt, zu schildern, häufig die treffendsten See-lenmahlereyen aufzustellen, unterweilen Winke für Lehrer und Erzieher einzumischen.

(Ephemeriden der Litteratur und des Theaters. Dreiunddrei-ßigstes Stück, Berlin den 19ten August 1786, S. 107-109.)

⟨Ich bin⟩ mit Herrn Prof. Moritz darinn einig, daß dieses sein Buch zur Lehre und Warnung dienen könne, und dieses wird es gewiß thun, wenn die jungen Leser desselben durch seine Erzählung bewogen werden, fast von allen Grundsätzen und Character-Zügen des A. R. das Gegentheil zu erwählen. Alle Leser, werden so, wie ich, sehr besorgen, daß das Sprüchwort, jung gewohnt, alt gethan, bey dem guten Reiser in vollem Maas eintreffen werde. Doch das werden wir aus den künftigen Theilen des Buchs ersehen, denn Herr M. ist gewohnt eben so aufrichtig als gut zu erzählen, er kenne auch den A. R. so gut als sich selbst.

(Anton Friedrich Büschings Wöchentliche Nachrichten von neuen Landcharten, geographischen, statistischen und historischen Büchern und Sachen. Des vierzehnten Jahrgangs Sechs und dreyßigstes Stück. Am vierten September 1785, Berlin, S. 285 f.)

Anton Reiser IV:

Der Held der Geschichte wandert zwischen Hannover und Erfurt herum, unter mancherley Verlegenheiten, und oft in der alleräussersten Dürftigkeit; immer aufs neue durch seine lebhafte Phantasie aufgerichtet; dieselbe Phantasie, die auch die Hauptursache seiner Leiden war, als die Quelle von *Absichten* und *Erwartungen*, die mit den äussern Umständen, zum Theil auch mit den wirklichen innern Anlagen und Kräften, nicht übereinstimmten. So urtheilt der Verf. selbst über den unglücklichen Hang seines Helden zum Theater und zur Poesie – die Haupttriebfeder alles dessen, was in diesem Bande vorkömmt – zufolge eines vermeynten Berufes. Und es wird bey diesen Anlässen über die unterscheidenden Merkmale eines ächten und eines eingebildeten Berufs zum Dichter, und überhaupt zur Kunst irgend einer Art, gründlich philosophirt. Überhaupt verdient auch dieser Theil den Namen eines psychologischen Romans; so wie wenigstens dem Rec. derselbe auch vor andern Schriften des Verf. durch gefällige, simple Einkleidung und Schreibart sich empfiehlt.

(Göttingische Anzeigen von gelehrten Sachen unter der Aufsicht der königl. Gesellschaft der Wissenschaften, 153. Stück. Den 25. September 1790, S. 1534 f.)

Solche Sprünge der Phantasie eines jungen Menschen von Reisers Lage sind allerdings nicht ungewöhnlich: die Bekenntnisse des Verf. aber, durch welche Gedankenreihe oder individuelle Umstände der Uebergang von einem zum andern erfolgt ist, sind für den Menschenbeobachter überaus merkwürdig. ⟨...⟩ Hier endigt sich dieser vierte Theil, und läßt noch ein weites Feld für mehrere Theile übrig. (Nm. in: Allgemeine deutsche Bibliothek. Des sieben und neunzigsten Bandes zweytes Stück, Berlin und Stettin 1791, S. 432 f.)

Herr *Moritz* hat, in dem genannten Buch, einem der unterhaltendsten und lehrreichsten, welche die deutsche Literatur besitzt, ein besonderes Weh seines Helden aufgestellt und zergliedert. Kenner und Patienten werden das, was er darüber sagt, größtentheils sehr treffend und so natürlich finden, daß es nicht erdichtet werden konnte. Er nennt es *die Leiden der Poesie, d. i. die Leiden, welche die Poesie erwekt,* nicht diejenigen, *die sie selbst hat;* ob sie gleich von den Menschen, die an jenem Uebel erkranken, genug leiden muß. Ich nenne das Ganze, um jenen Mißverstand zu vermeiden, lieber *die Zufälle* der *poetischen Schwangerschaft.* ⟨Eine ausführliche und kritische Interpretation der genannten Passage folgt.⟩ (Friedrich Schulz, *Ueber die Zufälle der poetischen Schwangerschaft,* in: ders., *Mikrologische Aufsätze,* Königsberg 1793, S. 11-46, hier S. 11 f.)

Auszüge aus ausgewählten Leser-Zeugnissen

Anton Reiser, auf den ich laure, wird wieder ein Herbstnebel seyn.
(Caroline Böhmer ⟨spätere Schlegel-Schelling⟩ an Lotte Mi-

chaelis; Anfang 1786; in: *Caroline. Briefe aus der Frühromantik.*
Nach Georg Waitz vermehrt hg. v. Erich Schmidt, Bd. 1,
Leipzig 1913, S. 138.)

Moritz ist hier, der uns durch »Anton Reiser« und die »Wanderungen nach England« merkwürdig geworden. Es ist ein
reiner, trefflicher Mann, an dem wir viel Freude haben.
(Johann Wolfgang von Goethe, *Italienische Reise*; Rom, den
1. Dezember 1788.)

Moritz der an seinem Armbruch noch im Bette liegt, erzählte mir ⟨...⟩ Stücke aus seinem Leben und ich erstaunte über
die Ähnlichkeit mit dem meinigen. Er ist wie ein jüngerer
Bruder von mir, von derselben Art, nur da vom Schicksal
verwahrlost und beschädigt, wo ich begünstigt und vorge-
zogen bin. Das machte mir einen sonderbaren Rückblick in
mich selbst.
(Johann Wolfgang von Goethe an Charlotte von Stein;
14. Dezember 1786.)

Lies doch *Anton Reiser* ein psychologischer Roman von *Moritz*, das Buch ist mir in vielem Sinne wert.
(Johann Wolfgang von Goethe an Charlotte von Stein;
23. Dezember 1786.)

Moriz hat viel Tiefe des Geists und Tiefe der Empfindung,
er arbeitet stark in sich, wie schon sein Reiser beweist, der
einen Menschen voraussetzt, der sich gut zu ergründen
weiß.
(Friedrich Schiller an Caroline von Beulwitz; Weimar, den
10. (und 11.) Dezember 1788; in: *Schillers Werke.* Nationalausgabe, Bd. 25: *Briefwechsel. Schillers Briefe: 1. 1. 1788 - 28. 2. 1790,*
hg. v. Eberhard Haufe, Weimar 1979, S. 155.)

Sie wollten wißen, ob Moritz sich überhaupt für seinen Anton Reiser gehalten laßen will? Aus der Art, wie er davon
spricht, sollte ichs fast glauben, und überhaupt ist er der

Mensch nicht, der in solchen Dingen an sich hält. Er ist Philosoph und Weltbürger, dem es gar nicht einfällt, sein eigenes Ich zu schonen, wo es darauf ankömmt, der Wahrheit und Schönheit zu huldigen.
(Friedrich Schiller an Charlotte von Lengefeld; Weimar, den 3. ⟨2.-6.⟩ Januar 1789; in: *Schillers Werke.* Nationalausgabe, Bd. 25: *Briefwechsel. Schillers Briefe: 1. 1. 1788 - 28. 2. 1790*, hg. v. Eberhard Haufe, Weimar 1979, S. 175.)

Der Herzog brachte endlich den Moriz darauf daß er die Fortsetzung seiner Lebensgeschichte erzählte, u. wir hatten denn einen sehr intressanten Abend.
(Caroline Herder an Johann Gottfried Herder; Weimar, den 9. Januar 1789; in: Johann Gottfried Herder, *Italienische Reise. Briefe und Tagebuchaufzeichnungen 1788-1789*, hg. v. Albert Meier und Heide Hollmer, München 1988, S. 303.)

Da der Herr Moritz noch hier ist haben wir den Anton Reiser wieder beherziget und ich habe ihn mit großem Vergnügen wieder gelesen, es ist ein vortrefflicher Mensch.
(Gottfried Herder an Johann Gottfried Herder; Weimar, den 9. Januar 1789; in: Johann Gottfried Herder, *Italienische Reise. Briefe und Tagebuchaufzeichnungen 1788-1789*, hg. v. Albert Meier und Heide Hollmer, München 1988, S. 305.)

> Audiatur et altera pars.
> Mit aller Welt, im Norden und im Süden,
> Ist Anton Reiser unzufrieden;
> Sagt mir, ihr Lieben, wenn ihr's wisst:
> Ob sie *mit ihm* zufrieden ist?

(*J. W. L. Gleim's sämmtliche Werke.* Erste Originalausgabe aus des Dichters Handschriften durch Wilhelm Körte, Bd. 5, Halberstadt 1812, S. 68.)

Diese ⟨Goethe-⟩Verse sind, so viel ich weiß, in keiner Ausgabe des Fausts gedruckt, und bloß der selige Hofrat Moritz, der sie aus Goethes Manuskript kannte, teilt sie mit in sei-

nem »Philipp Reiser«, einem schon verschollenen Romane, der die Geschichte des Verfassers enthält, oder vielmehr die Geschichte einiger hundert Taler, die der Verfasser nicht hatte, und wodurch sein ganzes Leben eine Reihe von Entbehrungen und Entsagungen wurde, während doch seine Wünsche nichts weniger als unbescheiden waren ⟨...⟩.
(Heinrich Heine, *Reisebilder. Die Nordsee (1826)*. Dritte Abteilung, in: ders., *Sämtliche Schriften*, hg. v. Klaus Briegleb, München 1969, Bd. 2, S. 218.)

Seine Lebensgeschichte ist eins der wichtigsten Denkmäler jener Zeit.
(Heinrich Heine, *Zur Geschichte der Religion und Philosophie in Deutschland*, in: ders., *Sämtliche Schriften*, hg. v. Klaus Briegleb, München 1971, Bd. 3, S. 583.)

Was der gereifte Mann durch die Erfahrung seines Lebens erlangt hat und wodurch er die Welt anders sieht, als der Jüngling und Knabe, ist zunächst UNBEFANGENHEIT. Er allererst sieht die Dinge ganz einfach und nimmt sie für Das, was sie sind; während dem Knaben und Jüngling ein Trugbild, zusammengesetzt aus selbstgeschaffenen Grillen, überkommenen Vorurtheilen und seltsamen Phantasien, die wahre Welt bedeckte, oder verzerrte. Denn das Erste, was die Erfahrung zu thun vorfindet, ist uns von den Hirngespinnsten und falschen Begriffen zu befreien, welche sich in der Jugend angesetzt haben. Vor diesen das jugendliche Alter zu bewahren, wäre allerdings die beste Erziehung, wenn gleich nur eine negative; ist aber sehr schwer. ⟨...⟩ Diese Methode erfordert insbesondere, daß man keine Romane zu lesen erlaube, sondern sie durch angemessene Biographien ersetze, wie z. B. die FRANKLIN'S, den Anton Reiser von Moritz u. dgl. —
(Arthur Schopenhauer, *Parerga und Paralipomena. Kleine Philosophische Schriften*, Bd. 1, hg. v. Ludger Lütkehaus, Zürich 1988, S. 471 f.)

Heute schicke ich Ihnen gegen alle Gewohnheit ein Buch, und was schlimmer ist, ein trauriges. Ich glaube, Sie lesen es nicht, und die zweite Hälfte verlohnt vielleicht kaum. Goethe hat dies Buch der Stein geschickt und gesagt, es sei wie von einem jüngeren Bruder, aber einem unglücklichen. Ich habe nicht das Recht, etwas Ähnliches zu sagen; aber das Buch würde Ihnen manches erklären können. Sie würden sehen, in welcher Gefahr der schwebt, bei dem die Jugend Unterdrückung bedeutet. Aus solchem Labyrinth ins Freie zu finden, ist schwer, fast übermenschlich. Und wem es gelingt, der hat, glaube ich, durch diese Befreiung mehr geleistet als durch alle Wirkung nach außen. Dem Verfasser gelang es nicht ganz. Er bleibt gebrochen und bleibt Zeit seines Lebens an der Oberfläche schwimmen. Die Kraft zur Liebe ging verloren. Es hätte sich auch ein ganz anderes denken lassen, aber er war zäh, nicht stark.
(Walther Rathenau an Lili Deutsch [1912], zit. nach: Harry Graf Kessler, *Walther Rathenau. Sein Leben und sein Werk.* Mit einem Kommentar von Hans Fürstenberg, Wiesbaden 1962, S. 164.)

Karl Philipp MORITZ ⟨...⟩ steht im literarischen Gedächtnis der Nation als der Verfasser eines autobiographischen Romanes »Anton Reiser«. Man könnte diese bürgerliche Jugendgeschichte, worin der Held zwischen dem Drang zur Kanzel und dem zur Bühne hin- und herschwankt, eine Ergänzung zum Wilhelm Meister nennen; dessen vor einiger Zeit bekannt gewordener Urform steht er noch näher. Der Abstand wäre unermesslich, wollte man beide als Kunstwerke vergleichen: nur im Stofflich-Geistigen liegt die Vergleichsmöglichkeit. Der »Reiser« enthält sozusagen alle Elemente, welche bei der grossartigen symbolischen Behandlung des Lebensstoffes im »Meister« als niedrig, finster und skurril ausgeschieden wurden. Auch an die finstere Seite von Jean Pauls Welt grenzt er an, aber ohne dessen Ungeheures und Barockes. Solange die inneren Zusammenhänge der Nation aushalten, wird das Buch lebendig bleiben

als die Darstellung eigener dunkler und wunderlicher echt
deutscher Jugendzustände durch einen, der später ein tüch-
tiger Mann wurde.
(*Deutsches Lesebuch*, hg. v. Hugo von Hofmannsthal, Frankfurt am Main 1952, S. 452.)

⟨Ich besitze⟩ das bestimmte Gefühl, einem im Grunde fremden und rätselhaften Wesen nachzuspüren, und dies bewahrt vor jener pöbelhaften Eigenwärme, jener Stickluft der
inneren Wohn- und Schlafzimmer, die mir am »Anton Reiser« unangenehm ist. Es verleiht dem Zugriff eine größere
Sauberkeit, wie der Gummihandschuh den Fingern des
Operateurs.
(Ernst Jünger, *Das abenteuerliche Herz. Erste Fassung. Aufzeichnungen bei Tag und Nacht*, Stuttgart 1987, S. 13.)

Im Sommer 1930 hatte ich auf einem Bücherkarren bei der
Staatsbibliothek in Berlin den »Anton Reiser« von Karl Philipp Moritz aufgestöbert, zwei Mark dafür hingelegt und
damit ein Buch in der Tasche, das scharfbelichtete Bilder aus
dem Winkeldasein von Schustern, Gerbern, Hutmachern,
Essigbrauern um 1750/80 hinstellt, ebenso unerbittlich aber
die Sonde an sich selber legt und die fiktiven Kompensa-
tionen eines geknechteten Ichs durchleuchtet, das immer
wieder aus hereinbrechendem Dunkel ins Helle strebt, zu-
rücksinkt, sich aufs neue erhebt.
  ⟨. . .⟩ Irrwege, Umwege, Niederlage nach Niederlage – und
doch hat Moritz von jeder Talfahrt hinzugelernt und jene
»Seelenlähmung« überwunden, die ihn periodisch befiel als
das Ergebnis einer absurden, ganz auf »Vernichtung und
Auslöschung seiner selbst« gerichteten Erziehung im Geist
des Quietismus mit pietistischen Einschlägen.
(Robert Minder, *Glaube, Skepsis und Rationalismus. Dargestellt
aufgrund der autobiographischen Schriften von Karl Philipp Moritz*,
Frankfurt am Main 1974, S. 7.)

Lenore ⟨...⟩ war geübt im Umgang mit lebenden und verstorbenen Dichtern und Denkern; den Daheimgebliebenen mußte Lesen jede Art von Leben ersetzen. Sie war mit Herder von Riga nach Bordeaux gefahren, gewandert mit Anton Reiser von Hannover nach Erfurt, geflüchtet mit Schiller von Stuttgart nach Mannheim, gereist mit Heinse durch Venedig, mit Goethe heimlich aufgebrochen, über München, den Walchensee, den Brenner hinunter nach Rom, mit Hölderlin aber zurückgekehrt, verwirrt, von den Ufern der Garonne in Diotimas Gefilde.

(Arnold Zweig, *Junge Frau von 1914*, Berlin 1949, S. 293.)

ERSTER LITERAT: Aber Sie kennen doch sicher den »Anton Reiser«!

PASTOR GRUNELIUS: Den Roman von Herrn Moritz? Offen gestanden, nein. Das soll ein tristes Buch sein.

ERSTER LITERAT: Trist, allerdings. Indem es nämlich die Jugendgeschichte unseres lieben Moritz enthält.

PASTOR GRUNELIUS: Wie denn, dieser Reiser ist er? Dann kann ich mir allerdings manches zusammenreimen. ⟨...⟩

MORITZ: ⟨...⟩ Ich weiß, meine Herren, Sie können das nicht verstehen. Aber ich will Ihnen eine kleine Jugenderinnerung erzählen, die mich bei trübem Himmel noch jetzt manchmal heimsucht. Zehn Jahre war ich damals alt. Wenn dann der Himmel umwölkt und der Horizont kleiner war, fühlte ich eine Art von Bangigkeit, daß die ganze Welt wiederum mit eben einer solchen Decke umschlossen sei wie die Stube, worin ich wohnte. Und wenn ich dann mit meinen Gedanken über diese gewölbte Decke hinausging, kam mir diese Welt an sich viel zu klein vor und es dünkte mir, sie müsse wiederum in einer andern eingeschlossen sein und das immer so fort.

UNGER: Ich glaube, ich verstehe ganz gut, was Sie sagen wollen. Was hilft die schönste Aufklärung, wenn sie den Menschen unstet und friedlos macht, anstatt ihn bei sich selber heimisch zu machen.

(Walter Benjamin, *Was die Deutschen lasen, während ihre Klassi-*

ker schrieben, in: ders., *Gesammelte Schriften* IV 2, hg. v. Tillman Rexroth, Frankfurt am Main 1972, S. 645 f. und S. 656 f.)

Sehen wir von seinen Brotarbeiten ab, (obwohl sie etwas mehr sind), wie etwa der Schrift über die römischen Altertümer, oder die ‹Götterlehre der Griechen und Römer›; auch die ‹Reisen eines Deutschen in England› sind schließlich nur noch historisch zu lesen. Unvergänglich jedoch, Bücher, wie sie kein Volk der Erde sonst besitzt, gegen die alle gepriesenen Ausländereien nur Schatten bedeuten, sind der 1785-90 erschienene Bekenntnisroman ‹Anton Reiser›, zu dem unauflöslich die seltsam=großartigen, stark verschlüsselten Fortsetzungen vom ‹Andreas Hartknopß und dessen gleichnamigen ‹Predigerjahren› gehören.

Zweihundert Jahre sind es heut', am Tage der deutschen Bundestagswahlen, her, daß zu Hameln an der Weser einer unserer bedeutendsten ‹Schreckensmänner› geboren wurde. Bedeutend deswegen, weil an ihm am reinsten Gaben und Begrenzungen jener Menschenklasse darstellbar sind: Karl; Philipp; Moritz!
   ‹...› die Selbstbiographie des ‹Anton Reiser› ist ein seelisches Hochland für sich; eine ‹Mesa›, auf der – und nicht nur vielleicht – noch tertiäre Ungeheuer hausen.

An der Stelle, wo er ‹d. i. Anton Reiser› auch Erfurt wiederum hastig verläßt, ‹...› bricht diese grandioseste, nicht nur der deutschen, sondern aller Selbstbiographien ab.

Was aber durch alle Zeiten hindurch seinen Wert besitzen wird, ist einmal der ‹...› ‹Anton Reiser›, ein Buch, wie es kein anderes Volk der Erde besitzt.
(Arno Schmidt, *Der arme Anton Reiser* und *Die Schreckensmänner. Karl Philipp Moritz zum 200. Geburtstag*, in: ders., *Das essayistische Werk zur deutschen Literatur in vier Bänden. Sämtliche Nachtprogramme und Aufsätze*, Bd. 2, Zürich und Bargfeld 1988, S. 55; S. 58 f.; S. 72; S. 75.)

Kaum jemand ist in einem Buch so streng mit sich selber umgegangen wie Karl Philipp Moritz mit sich als »Anton Reiser«. ⟨...⟩ Wenn das Wort »Selbsterforschung« je am Platz war, dann bei Moritz. Und in seinen eigenen Lehr- und Wanderjahren der zweiten Hälfte des 18. Jahrhunderts hat er auch zum Beispiel die meinigen erforscht, die jetzt noch vor sich gehen, da ich mehr als zweieinhalbmal so alt bin wie sein Anton Reiser am Ende seines Umherirrens, und wohl auch die Wanderjahre nicht weniger nachfahrender Gesellen. Es ist eine fast schaurige Härte, nein, Schärfe gegen sich selbst in dem »Anton Reiser« (und mehr noch im »Andreas Hartknopf«), die zum Glück dann manchmal auch zum Lachen ist. Obwohl Moritz jünger war als Goethe, wirkt er als dessen älterer Bruder (ganz und gar nicht »verwahrlost«, wie G. gemeint hat), als uralt. Wie die Stimme dieses Uralten ständig eingreift in das Erzählen der eigenen Lebensgeschichte, scheint sie in der Tat die Rolle eines anderen Goethe zu spielen, eines gleich klarsichtigen, nur ohne Milde ⟨...⟩. Nur: Wann ist man im richtigen Alter, ihn zu lesen? Für die meisten ist zu fürchten, daß sie ihn entweder zu früh in die Hand nehmen, oder zu spät. So ging es bei meinen zwei Malen jedenfalls mir. Recht so? Ich hätte sonst nicht weiter zu schreiben gewagt, so durchschaut hat mich Moritz in sich.

(Peter Handke, *Der Selbstmaßregler. Zum 200. Todestag von Karl Philipp Moritz*, in: taz, 26. Juni 1993; vgl. auch ders., *Der kurze Brief zum langen Abschied*, Frankfurt am Main 1972.)

Deutungsaspekte

Die *Anton Reiser*-Forschung läßt sich grosso modo in zwei Sparten aufteilen: je nachdem, ob der ›psychologische Roman‹ vorrangig als sozialgeschichtlicher Materialfundus oder als autonomes literarisches Werk verstanden wird.

Die Anfänge der Moritz-Philologie widmen sich in erster Linie positivistischen Verfahrensweisen und behandeln den

Anton Reiser als biographische Quelle. Entsprechend überwiegen die Entzifferung und Entschlüsselung der Codes
und Blockaden, das »Who is who?«, die Vergleichung von
res facta und res ficta sowie die Frage nach der Gültigkeit der
Fakten. Obschon Hugo Eybisch bereits 1909 mit seinen
*Untersuchungen zur Lebensgeschichte von K. Ph. Moritz und zur
Kritik seiner Autobiographie* ein wahrhaft herkulisches Opus
vorgelegt hat, ist dieses Datenpuzzle nach wie vor nicht
lückenlos zusammengesetzt.

Als ergiebiges Reservoir dient der *Anton Reiser* darüber
hinaus allen geschichtsorientierten Untersuchungen – mit
unterschiedlichen, zum Teil auch auf Einzelaspekte redu-
zierten Fragestellungen. Schließlich bietet der Roman eine
Reihe von biographisch-empirisch fundierten Skizzen, die
für sozial- bzw. mentalitätsgeschichtliche Arbeiten überaus
aufschlußreich sind: Er erlaubt Innenperspektiven – sei es
auf Handwerker- und Unterschichten, auf spezielle Sektie-
rerkreise, auf den Schul- und Studienalltag, auf die Lektü-
reerlebnisse oder die Theatererfahrungen der Zeit usw. (vgl.
z. B. Catholy, *Ursprünge*, oder – mit weiterführenden Literaturhinweisen – Wolfgang Martens, *Zur Einschätzung von
Romanen und Theater in Moritz' ›Anton Reiser‹*, in: *Karl Philipp
Moritz und das 18. Jahrhundert. Bestandsaufnahmen – Korrekturen – Neuansätze*, hg. v. Martin Fontius und Anneliese Klingenberg, Tübingen 1995, S. 101-109).

Seit Beginn des 20. Jahrhunderts gesteht die Philologie
dem *Anton Reiser* jenseits seines dokumentarischen Wertes
aber auch ästhetische Qualitäten zu (die vielfältigen Thesen
und Ergebnisse können hier nur knapp und in Auswahl
vorgestellt werden): Robert Minder analysiert die theologischen Fundamente sowohl des *Anton Reiser* als auch der
beiden *Hartknopf*-Romane mit Hilfe der Geistesgeschichte;
ihm kommt es wie Rudolf Unger (*Zur seelengeschichtlichen Genesis der Romantik* [1930]; wiederabgedruckt in: Rudolf Unger, *Gesammelte Studien*, Bd. 3: *Zur Dichtung und Geistesgeschichte
der Goethezeit*, Darmstadt 1966, S. 144-180) auf die Sinnes-
verwandtschaft des Aufklärers mit dem Quietismus bzw.

Pietismus und der Mystik der Frühromantik (Palingenesie-Motiv) an. August Langen dechiffriert die sprachlichen Traditionen und zeigt Moritz' pietistische Prägungen bzw. deren produktive Anverwandlung auf.

Ideengeschichtliche Ansätze, aber auch gattungs- und epochenorientierte Fragestellungen konzentrieren sich u. a. auf die Parallelen bzw. Differenzen entweder zwischen Goethes Sturm-und-Drang-Roman, den *Leiden des jungen Werthers*, oder zwischen Goethes klassischem Bildungsroman *Wilhelm Meisters Lehrjahre* und Moritz' erfahrungsseelenkundlichem *Anton Reiser* (vgl. u. a. Hans-Jürgen Schings, *Agathon, Anton Reiser, Wilhelm Meister. Zur Pathogenese des modernen Subjekts im Bildungsroman*, in: *Goethe im Kontext* ⟨...⟩, hg. v. Wolfgang Wittkowski, Tübingen 1984, S. 42-68). Hans Joachim Schrimpf, mit zahlreichen editorischen und philologischen Großtaten der Nestor der Moritz-Forschung, etikettiert schließlich den Referenztext für die *Lehrjahre* als »Anti-Bildungsroman« und plädiert zugleich gegen jede unangemessene Reduktion der Textkomplexität. Für Schrimpf ist der *Anton Reiser* eben »kein Bekenntnisbuch und kein Theaterroman, sondern der Rechenschaftsbericht eines seelenkundlich geschulten Diagnostikers, eine sozialpsychologisch orientierte Pathographie«, also »zugleich ein realistisches Zeitdokument ⟨...⟩ und ein experimentalpsychologischer Roman« (Schrimpf/Wiese, S. 890). Ähnlich argumentiert Lothar Müller, der Anton Reisers Fluchten – »Lesewut«, »Empfindsamkeit«, »Theatromanie«, »Poetischer Dilettantismus und metaphysischer Egoismus« – lediglich als »Symptome der kranken Seele« gelten lassen will, die um »das pathologische Zentrum der ›Leiden der Einbildungskraft‹« kreisen (Müller, S. 321-374, bes. S. 321). Diese offenkundige »Doppelstrategie« des psychologischen Romans problematisiert wiederum Preisendörfer: Er betont, »daß hier Wissenschaft und Literatur keineswegs zur Synthese gelangen«, sondern daß »die Redeweisen psychologischen Erklärens und romanhaften Erzählens so parallel gelegt sind, daß bei Sprüngen in der psychologischen Argumentation auf Erzählung, und bei erzählerischen Lücken auf Psychologie umgeschaltet werden kann« (Preisendörfer, S. 88).

Formbezogene Untersuchungen konzentrieren sich indes auf die Genese des psychologischen Romans (Josef Fürnkäs, *Der Ursprung des psychologischen Romans. Karl Philipp Moritz' ›Anton Reiser‹*, Stuttgart 1977) und auf Gattungsdiskurse (Autobiographie vs. Roman). So gilt Müller der *Anton Reiser* als »ideale Synthese von Autobiographie und Roman«, als Muster einer »literarischen Autobiographie« (Klaus-Detlef Müller, *Autobiographie und Roman. Studien zur literarischen Autobiographie der Goethezeit*, Tübingen 1976, S. 167 und S. 169), während Nübel differenzierter argumentiert: »Es handelt sich bei dem ›Anton Reiser‹-Roman ⟨...⟩ um eine autobiographische Selbstdarstellungs- und Kommunikationsform, die einen relativ hohen Grad an Fiktionalität aufweist« (Nübel, S. 232). Die offensichtlich fiktionalen Gestaltungselemente und modulierenden Strategien – ob als Folge einer verderbten Erinnerung bzw. einer planvollen Verfälschung (vgl. z. B. die Beschreibung von Anton Reisers Seelenwinter während seiner Wanderung nach Erfurt im Hochsommer 1776; Anm. 410,22) – oder die Verschmelzung von fremdliterarischem Text mit dem eigenen Lebenstext (vgl. z. B. Moritz' Erinnerung an *Robinson Crusoe*; Anm. 240,32 f.) negiert indes Claudia Kestenholz. Sie kommt zu dem Schluß, »daß Blanckenburgs Romantheorie nur in beschränktem Rahmen für die implizite Poetik des ›Anton Reiser‹ herangezogen werden kann« (Kestenholz, S. 32), und betont, daß Moritz' Konstruktion eines wissenschaftlichen Erzählers die Autobiographie transzendiert: »der ›psychologische Roman‹ ist eher eine wissenschaftliche Abhandlung in Romanform zu nennen«, mithin vom psychologischen, nicht aber vom ästhetischen Standpunkt aus zu betrachten (Kestenholz, S. 110). »Umgangen wird die in einer Autobiographie strukturell vorgegebene Problematik der Ich-Spaltung und der Selbsttäuschung. Nur der fremde Erzähler ist frei von allen obskuren Interessen der Selbstberuhigung und Selbstlegitimation; mehr noch, er vermag sie zu analysieren« (Kestenholz, S. 110 und S. 51). Auch Lothar Müller insistiert auf den Differenzen zwischen Blanckenburgs Bildungsroman-Modell und Moritz' der Krankengeschichte verpflichtetem psychologischen Roman, der hinsichtlich der »Erzählkonstruktion in Differenz zur Gattungsgeschichte der Autobiographie« tritt und entsprechend den Abstand zwischen erzählendem Ich und Protagonisten forciert: »Der Text läßt den Standort des Erzählers nicht als die Zukunft des Helden erscheinen. ⟨...⟩ Der fragmentarische Schluß der Geschichte läßt die Zukunft des Helden offen und legt doch zugleich durch die Logik des Erzählten nahe, daß in ihr kaum mehr wird geschehen können als eine Verlängerung der wenig glücklichen Gegenwart Antons. Daß aus dem Anton Reiser des Romans der Herausgeber Karl Philipp Moritz werden könnte, deutet der Text nicht einmal an« (Müller, S. 21 f.).

Daneben widmet sich eine Reihe von Studien diversen Einzelaspekten: So wird mit dem Repertoire der Psychoanalyse der Vater-Sohn-Komplex ans Licht befördert (Bisanz, Ursprünge) oder mit Blick auf Moritz' kunst- respektive dilettantismuskritische Prämissen »das Phänomen des künstlerischen Mißlingens und seiner psychologischen Analyse« in den Mittelpunkt gerückt (Hans Rudolf Vaget, *Dilettantismus und Meisterschaft. Zum Problem des Dilettantismus bei Goethe: Praxis, Theorie, Zeitkritik*, München 1971, S. 71). In jüngerer Zeit interessiert die psychologisch-anthropologische Dimension, der Schulterschluß zwischen dem Erzähler des *Anton Reiser* und der Konzeption des »moralischen Arztes« in der Erfahrungsseelenkunde. So schlägt Lothar Müller vor, »den *Anton Reiser* als Krankengeschichte zu lesen und in Stoff und Form als zugleich individuellen und historisch-exemplarischen ›Fall‹ auszulegen« (Müller, S. 12; vgl. auch Saines Würdigung als »diagnostische Pathographie«; Saine, S. 101). Der Hautgout der Unterschichtperspektive erfährt in diesem Kontext eine radikale Umwertung: »Das wichtigste Charakteristikum von Moritzens Mikroskopie des

Elends ist, daß sie nicht nur individualisierend das *einzelne* Elend untersucht, sondern dabei auch streng ›subjektivisch‹ verfährt. Die detailgenaue literarische Lebensweltanalyse wird durchgängig als Psychologie mißglückter Identitätsbildung betrieben. Die Diagnose der kranken Seele gewinnt durch diese Verschränkung an sozialer Konkretion, die Soziologie des Mangels an subjektiver Tiefenschärfe« (Müller, S. 274). Gerade wegen seiner neuartigen Interdisziplinarität bewertet Schings den *Anton Reiser* als »Meisterstück«, das »in der schönen Literatur ebenso wie in der Wissenschaft Heimatrecht beanspruchen kann. ‹...› Der Romancier partizipiert nicht nur am Ertrag der neuen Wissenschaft, er steuert seinen eigenen Anteil bei, er wird respektabler Mitarbeiter am Geschäft der Anthropologie« (Schings, S. 36). Der *Anton Reiser* wird hier als »Schwärmerroman« gelesen, »der alle Mittel der pietistischen und der empirisch-rationalistischen Psychologie einsetzt, um den Melancholien des Schwärmers Anton Reiser auf den Grund zu kommen« (ebd., S. 226).

Zu diesem Themenkomplex gehören auch Aspekte der Körperlichkeit, der sozialen Scham und der unterdrückten Sexualität bzw. Homosexualität (vgl. zusammenfassend Wieckenberg und Müller sowie Jürgen Peters, *Eine Lücke in Moritzens Geschichte*, in: Forum Homosexualität und Literatur 28 [1997], S. 19-29). Mit der Akzentverlagerung von der Ideen- und Formgeschichte zur historischen Anthropologie und Psychologie ist Moritz jedenfalls endgültig aus dem Schatten Goethes, Werthers und Wilhelm Meisters getreten; der *Anton Reiser* gilt heute als einzigartige literarische Fallstudie, als Seelendiagramm in Romangestalt. Jutta Heinz betont jedoch, daß Moritz dem »strengen Paradigma des anthropologischen Romans« nicht genüge und eher eine »Mischform« bzw. einen »Grenzfall« dieses Genres vorgelegt habe, weil er mit seiner Erfahrungsseelenlehre »eine eher popularphilosophische Sonderrichtung der Anthropologie« vertrete und »in seiner Erzählform dem autobiographischen Schema auf der einen Seite und der medizinischen Fallgeschichte auf der anderen weit mehr verpflichtet« sei

als den orthodoxen »Formen polyperspektivischen, perso-
nalen und dialogischen Erzählens« (Jutta Heinz, *Wissen vom
Menschen und Erzählen vom Einzelfall. Untersuchungen zum anthropologischen Roman der Spätaufklärung*, Berlin und New York
1996, S. 338).

Voraussetzung für all diese Perspektivenerweiterungen ist
jedenfalls die konsequentere Berücksichtigung anderer Werke oder Werkgruppen gewesen, allen voran des ›Magazins
zur Erfahrungsseelenkunde‹ bzw. der einschlägigen Publikationen aus diesem Moritzschen Arbeitsgebiet und natürlich
der popularphilosophischen sowie der ästhetischen Schriften. So läßt sich beispielsweise der Bruch zwischen den
ersten drei Teilen und dem vierten Buch des *Anton Reiser*
plausibel machen: die Mutation vom Erzähler als morali-
schem Arzt zum autonomieästhetischen Kritiker, die »das
Thema des Dilettantismus nachträglich als das psychologische und ästhetische Hauptanliegen des Romans« heraus-
stellt (H. Rudolf Vaget, *Das Bild vom Dilettanten bei Moritz,
Schiller und Goethe*, in: Jahrbuch des Freien Deutschen Hoch-
stifts 1970, S. 1-31, hier S. 9). Saine zufolge »hört der vierte
Teil des *Anton Reiser* weitgehend auf, ein ›psychologischer
Roman‹ zu sein« (Saine, S. 148). Hierher gehört natürlich
auch die Erörterung des – keineswegs nur äußerlichen –
Fragmentcharakters, den beispielsweise Preisendörfer problematisiert: »Der ›Anton Reiser‹ gelangt nicht zur erzählerischen Herstellung einer annehmbaren Totalität. Weil er
allen großen Selbstbehauptungs- und Entlastungsprogram-
men des 18. Jahrhunderts (Geschichte, Anthropologie, Psychologie, Ästhetik ⟨...⟩) im Erzählen *einer* Geschichte zu
entsprechen sucht, gelingt ihm die Durchführung keines
einzigen« (Preisendörfer, S. 36; vgl. u. a. auch Schrimpf, Moritz, S. 54).

Die ›Modernität‹ des jüngsten deutschen Klassikers resul-
tiert nicht zuletzt aus der – mittlerweile zum Gemeinplatz
gewordenen – Offenheit und Vielschichtigkeit und, ungeachtet aller Stilisierungen, aus der Radikalität der Innenper-
spektive in Verbindung mit einer planvollen, mindestens

phasenweise ebenso analytischen wie kritischen Distanz und aus dem konsequenten Verzicht auf jedwede Harmonisierung. Dies wiederum disponiert den *Anton Reiser* für die unterschiedlichsten Lesarten: nach wie vor erlaubt der Roman die empathetisch-empfindsame Lektüre – nicht nur Heranwachsender oder sinnesverwandter Melancholiker – ebenso wie das mikroskopische »Ideenspiel« bis hin zur Dekonstruktion.

Stellenkommentar

85,1 *Anton Reiser]* Zu den Motiven für die Namensgebung existieren unterschiedliche Hypothesen; der Vorname geht möglicherweise auf Moritz' Sympathie für den heiligen Antonius zurück (vgl. S. 96), der Zuname einerseits auf den Hannoveraner Freund Philipp Reiser (vgl. S. 230), andererseits – analog zum wandernden Werther – auf den reisenden Schüler bzw. Studenten. Unter Umständen spielt der Name auch auf den Hamburger Theologen und Theaterkritiker Anton Reiser (1628-1686) an bzw. auf dessen Schrift °Ω! *Theatromania, Oder Die Wercke Der Finsterniß In denen öffentlichen Schau-Spielen von den alten Kirchen-Vätern verdammet / Welches aus ihren Schrifften zu getreuer Warnung Kürtzlich entworffen*, L. Anton. Reiser, Ratzeburg 1681 (vgl. Minder, S. 283, und Geiger, S. XIV f.).

85,2 *Ein psychologischer Roman]* Vgl. zu dieser Selbstanalyse insbesondere Moritz' Ausführungen im *Vorschlag zu einem Magazin einer Erfahrungs-Seelenkunde* (S. 799,12-802,24) sowie die Abdrucke mehrerer Auszüge aus dem *Anton Reiser* im ›Magazin zur Erfahrungsseelenkunde‹ unter der Rubrik »Seelennaturkunde«. – Zu den gattungsgeschichtlichen Traditionen vgl. Friedrich von Blanckenburgs *Versuch über den Roman*, Leipzig und Liegnitz 1774.

85 ⟨*Abb.*⟩ *Thönert del. sc.]* Vermutlich Hinweis auf Medard Thönert (1754-1814), Kupferstecher. – Die Abkürzung »del. sc.« (delineavit, sculpsit) signalisiert, daß Thönert das Fron-

tispiz gezeichnet und gestochen hat. – Die Abbildung zeigt Anton Reiser und August in der Trockenstube des Hutmachers Lobenstein (vgl. S. 143 f.).

85,3 f. *Herausgegeben ⟨...⟩ Moritz]* Diese Herausgeberfiktion haben schon viele Zeitgenossen zugunsten einer weitgehenden Identifikation Moritz' mit seinem Romanhelden Anton Reiser ignoriert. – Die folgenden Erläuterungen wollen diese Gleichsetzung Anton Reiser = Karl Philipp Moritz und die Verengung des Romans auf eine Autobiographie zwar nicht fortschreiben; sie schlüsseln dennoch wie alle vorhergehenden kommentierten Ausgaben des *Anton Reiser* die Analogien zwischen der historischen Biographie des Erzählers und der fiktiven Lebensgeschichte des Romanhelden auf (sofern die Quellenlage eine derartige Decodierung zuläßt), da Moritz ganz offensichtlich eine Vielzahl autobiographischer Details verarbeitet hat.

86,9 f. *Buche ⟨...⟩ schildern soll]* Vgl. die Parallelen zur Programmatik des ›Magazins zur Erfahrungsseelenkunde‹ (insbesondere *Vorschlag zu einem Magazin einer Erfahrungs-Seelenkunde*, S. 793-809) und zu Friedrich von Blanckenburgs *Versuch über den Roman* (Leipzig und Liegnitz 1774, S. 392), wonach »die Ausbildung und Formung, die ein Charakter durch seine mancherley Begegnisse erhalten kann, oder noch eigentlicher, seine *innre Geschichte*, das Wesentliche und Eigenthümliche eines Romans ist«.

87,1 *P.]* Pyrmont, berühmter und aufstrebender Badeort; seit der zweiten Hälfte des 17. Jahrhunderts entstand um die sog. »Brunnen-Strasse« die »Neustadt Pyrmont«, die 1720 die »Stadt-Privilegien« erhielt (Zedler XXIX, Sp. 1816). – Die beiden geschilderten Pyrmont-Aufenthalte sind nach Ulrich auf den Sommer 1766 und den Sommer 1767 zu datieren.

87,4 *Quietisten oder Separatisten]* Seit dem 14. Jahrhundert in der griechischen Kirche als Bezeichnung für »Personen belegt, die sich einer sonderbaren Gemüths-Ruhe rühmten, welcher sie unter dem Gebet theilhafftig würden«. Innerhalb der katholischen Kirche wurde der Terminus »Quietist« namentlich auf die Anhänger des spanischen Theologen Miguel de Molinos (1628-1696) übertragen; er bezeichnet generell eine Glaubensauffassung, die den eigenen Willen des Gläubigen zugunsten der Unio mystica (Vereinigung mit Gott) verwirft. Der Quietismus-Streit entzündete sich erneut, als Fénelon »seine so genannte Erklärung der Regeln der Heiligen von dem innerlichen Leben 1697 heraus gegeben, und darinnen die mystische Lehre von der reinen Liebe sehr hoch getrieben, und den indifferenten Zustand der Seele als einen Stand der höchsten Vollkommenheit gerühmet« (Zedler XXX, Sp. 257-259). – Die Bezeichnung »Separatisten« geht auf die englische Bewegung der Brownisten und Independenten zurück und erfaßte schließlich »alle diejenigen, so sich entweder aus eingebildeter Heiligkeit oder wegen besonderer Meynungen, oder aus Eigensinn von der Christlichen Gemeine, und den öffentlichen Gottesdienste entweder zum Theil oder gäntzlich, absondern« (Zedler XXXVII, Sp. 233).

87,5 f. *Mad. Guion*] Jeanne-Marie Guyon du Chesnoy, geb. Bouvier de La Motte (1648-1717), gen. Madame Guyon (Guion), franz. Mystikerin, Hauptvertreterin des franz. Quietismus. – Das ›Magazin zur Erfahrungsseelenkunde‹ enthält auch Texte von Guyon (vgl. VII 3, S. 83-91: *Konfessionen der Madame J. M. B. de la Mothe Guion aus ihrem Leben, welches von ihr selbst beschrieben ist*; IX 1, S. 104-108: *Mystische Vorstellungsart vom Fegefeuer* ⟨*Fragment aus einer Schrift der Madame Jeanne Marie Bouviere de la Mothe Guion*⟩).

87,6 *Schwärmerin*] Abwertende Bezeichnung für »diejenigen Fanatici ⟨...⟩, welche aus Mangel der Beurtheilungskraft allerley der Christlichen Religion und bisweilen der Vernunfft selbst, widersprechende Meynungen hegen, und dadurch öffentliche Unruhen anrichten« (Zedler XXXV, Sp. 1795).

87,7 *Fenelons*] François de Salignac de la Mothe-Fénelon (1651-1715), franz. Theologe und Pädagoge, ab 1695 Erzbischof von Cambrai. Fénelon stand seit 1688 in Verbindung mit Madame Guyon (vgl. Anm. 87,5 f.).

87,9 *Hr. v. F.*] Johann Friedrich von Fleischbein (1700-

1774), Quietist und Anhänger von Madame Guyon. –
Fleischbein war im übrigen ein entfernter Verwandter Goethes (vgl. Goethe an Fleischbein vom 3. Januar 1774). – Das
›Magazin zur Erfahrungsseelenkunde‹ enthält Auszüge aus
Briefen Fleischbeins, die mutmaßlich an Moritz' Vater und
an Moritz selbst gerichtet waren (vgl. Magazin VII 3, S. 53-
74, sowie VIII 1, S. 71-82).

87,14 *Dies Haus]* Das Fleischbeinsche Hauswesen (allerdings um ca. 1740 auf Schloß Hainchen) schildert Johann
Christian Edelmann, *Selbstbiographie*, Faksimile-Neudruck
der von C. R. W. Klose veranstalteten Ausgabe Berlin 1849;
neu hg., kommentiert und mit einem Nachwort versehen v.
Bernd Neumann, Stuttgart-Bad Cannstatt 1976, S. 232-234.

87,19-21 *Nichts ⟨...⟩ Eigenheit auszurotten]* Mystisch-pietistische Zentralbegriffe (vgl. Langen, Pietismus, S. 148:
»Nichts«, S. 143: »ertöten«, S. 112 f. »Eigenheit«), die auf
Madame Guyon zurückzuführen sind. – Vgl. u. a. *Christliche
und Geistreiche Briefe über verschiedene Materien Die das Innere
Leben oder den Geist und Sinn des wahren Christenthums betreffen.
Aus dem Frantzösischen der Madame Guion treulich verteutscht*,
Zwei Bände, Leipzig 1728 und 1730, speziell die Briefe
Nr. 17 und Nr. 35, Nr. 114, Nr. 230 und Nr. 238 (Bd. 1);
s. a. die Verwendung dieser Termini in den Auszügen aus
Fleischbeins Korrespondenz (vgl. Anm. 87,9).

87,28 *innre Wort]* Vgl. *Geistreiche Discurse über verschiedene
Materien, welche das Innere Leben betreffen und gröstentheils aus der
heiligen Schrift genommen sind. Aus dem Frantzösischen der Madame
Guion getreulich ins Teutsche übersetzt*, Erster Theil, Leipzig 1730,
insbesondere »12. Discurs: Oeconomie und Führung des
inneren Wortes und dessen Wirckungen«.

87,33 *Mad. Guion ⟨...⟩ Gebet]* Moyen court et très facile pour
l'oraison que tous peuvent pratiquer très aisément ⟨...⟩, Grenoble
1685. – Die Übersetzung ist nicht zu identifizieren; nachweisbar ist u. a. eine Übertragung von Gottfried Arnold
(1666-1714): *Etliche vortreffliche Tractätlein aus der Geheimen
GOttes-Gelehrtheit: Nehmlich I. Der Madame Guion Kurtzes und
sehr leichtes Mittel zu beten und Auslegung des Hohen Liedes Salo-*

monis: II. Des beruehmten Laurentii de la Resurrection Geistliche Regeln ⟨...⟩, Franckfurt und Leipzig 1701.

88,3-5 *Ertötung* ⟨...⟩ *Nichts]* Mystisch-pietistische Zentralbegriffe (vgl. Langen, Pietismus, S. 143: »ertöten«, S. 108 und S. 145: »ausgehen aus sich oder der Welt«, S. 267: »eingehen in Gott«; ferner Anm. 87,19-21).

88,6 f. *seiner ersten Gemahlin]* Petronella von Eschweiler (1684-1740), seit 1737 verheiratet mit Johann Friedrich von Fleischbein.

88,8 *Schwester, der Fr. v. P.]* Sophie Elisabeth von Prüschen⟨c⟩k, geb. von Fleischbein, Gattin des gräflich-hachenburgischen Oberhofmarschalls von Prüschen⟨c⟩k.

88,11 *Verwalter, Namens H.]* Nicht ermittelt.

88,11 f. *Haushälterin mit ihrer Tochter]* Nicht ermittelt.

88,21 f. *Schriften* ⟨...⟩ *übersetzte]* Nicht ermittelt. Eine zweifelsfreie Identifikation bzw. Zuschreibung der verschiedenen Übersetzungen scheitert nicht zuletzt daran, daß viele Texte – entsprechend dem ideologischen Programm – anonym und ohne (oder mit fingierter) Ortsangabe gedruckt wurden. Möglicherweise erinnert sich Moritz auch nicht ganz korrekt; nachweisbar ist nämlich Fleischbeins Übersetzung einer Schrift seines »Seelenführers« Charles Hector Marquis de Saint George de Marsay (1688-1753): *Freimüthige und christliche Discurse, betreffend verschiedene Materien des innern Lebens wie auch der christlichen Religion, oder Zeugniß eines Kindes von der Richtigkeit der Wege des Geistes, andern Kindern zur Aufmunterung und Warnung aufgesetzt*, 2 Theile, Berleburg 1734-35 (vgl. Max Goebel, *Geschichte des christlichen Lebens in der rheinisch-westphälischen evangelischen Kirche*, Bd. 3, Coblenz 1860, S. 195).

88,29 *uninteressierte Liebe zu Gott]* Als Übersetzung des franz. »amour désinteressé« belegt bei Langen, Pietismus, S. 367.

88,37 *Martin Luther]* (1483-1546), dt. Reformator und Glaubensstifter.

89,1 f. *eine mystische Erklärung der ganzen Bibel]* Gemeint ist die kommentierte und mehrfach – in Auszügen – ins Deutsche übersetzte Bibel-Edition von Mme. Guyon: *Le Nouveau Testament de Notre-Seigneur Jésus-Christ avec des explications et réflexions qui regardent la vie intérieure*, 6 vol., Cologne 1713; *Les livres de l'Ancien Testament de Notre-Seigneur Jésus-Christ avec des explications et réflexions qui regardent la vie intérieure*, 8 vol., Cologne 1714-15.

89,3-7 *Verfolgung* ⟨...⟩ *ausgetrocknet*] Madame Guyon wurde ihrer sektiererischen Lehre wegen mehrfach durch die katholische Orthodoxie gemaßregelt, verfolgt und verhaftet. Über den Zustand ihres Leichnams heißt es bei Zedler: »Merckwürdig ist, daß sie bey so vielen harten Zufällen ihr Leben auf ein so hohes Alter gebracht, da doch bei geschehener Eröffnung ihres Cörpers alle Theile des Leibes von der Fäule verzehret waren, und allein das Hertz und Hirn ohne Schäden befunden wurden« (Zedler XI, Sp. 1494). – Vgl. dagegen die Darstellung Johann Christoph Adelungs: »Als man sie öffnete, fand man alle innre Theile anbrüchig und entzündet, bis auf das Gehirn, welches aber doch mehr wässerig als gewöhnlich war. Auch das Herz war angegangen, und die Galle war völlig versteinert, so wie bey dem heil. Franciscus von Sales« (*Geschichte der menschlichen Narrheit, oder Lebensbeschreibungen berühmter Schwarzkünstler, Goldmacher, Teufelsbanner, Zeichen- und Liniendeuter, Schwärmer, Wahrsager, und anderer philosophischer Unholden*, Fünfter Theil, Leipzig 1787, S. 122-244, hier S. 242).

89,20 f. *Stoicismus*] Lehre von der Stoa, »welche die natürlichen Gefühle, Empfindungen und Leidenschaften zu unterdrücken, und sich über alles Zufällige, nicht von unserm Willen Abhängige zu erheben gebot« (Campe, Ergänzungsband, S. 569).

89,30 *Antons Vater*] Johann Gottlieb Moritz (1724-1788), zunächst in Hameln, ab 1763 in Hannover als Militärmusiker (Oboist) im Unteroffiziersrang in Hannoverschen Diensten; ab 1771 Lizentschreiber (vgl. Anm. 242,2) in Erichshagen/Kreis Nienburg. Auskunft über Moritz' Vater gibt auch das ›Magazin zur Erfahrungsseelenkunde‹ (vgl. VIII 1, S. 114-117, und VIII 2, S. 72-97).

89,32 *seine erste Frau*] Johanna Juliane Moritz († 1753); Eybisch schreibt den Geburtsnamen »Pottron«, Albrecht dagegen »Po(l)tter«.

90,7 *Antons Mutter*] Dorothea Henriette König (1721-1783) heiratete 1755 den Witwer Johann Gottlieb Moritz, der die Zwillinge Johann Gottlieb (um 1745-1811) und Anton (?) (um 1745 - nach 1793) in die Ehe einbrachte. Ob weitere Kinder aus der ersten Ehe zu diesem Zeitpunkt noch am Leben waren, ist nicht ermittelt. Albrecht jedenfalls nennt darüber hinaus Johanna Regina Christiane Moritz (* 1751) und Johann Peter Moritz (* 1753); letzterer starb wenige Tage nach seiner Geburt und nach dem Tod der Mutter. – Aus der zweiten Ehe stammen neben Karl Philipp (1756-1793) die Kinder Johanna Maria Juliane (1760 - um 1762), gen. ›Julchen‹; Johann Christian Conrad (1764-1828); Johann Simon Christian (1767 - zwischen 1792-1795); August Friedrich (1767-1768).

90,13 *die Lehre der Mad. Guion*] Minder weist darauf hin, »daß die Auffassung, die der alte J. G. Moritz vom Quietismus hatte, nicht einfach eine etwas vergröberte Form davon bedeutet, sondern schlechthin ein grobes Mißverständnis ist« (Minder, S. 62; vgl. auch S. 67).

90,16 *übereinstimmte*] Korrigiert aus »übereinstimmten« nach j, BM.

90,32 *Glaube ohne Werke*] Vgl. Jak 2,14-26; ausführlicher die Variante in j, BM (in vorliegendem Band S. 944).

91,11 *Anton geboren*] Karl Philipp Moritz wurde am 15. 9. 1756 in Hameln geboren.

91,32 *siebenjährigen Kriege*] Im 3. Schlesischen Krieg (1756-63) kämpfte Österreich mit Frankreich und Rußland gegen Preußen um die Wiedergewinnung Schlesiens (zugleich See- und Kolonialkrieg zwischen Großbritannien und Frankreich). Das mit der englischen Krone in Personalunion verbundene Kurfürstentum Hannover stand auf der Seite Preußens.

91,33-92,3 *ein kleines Dorf ⟨...⟩ blauen Berge*] Nicht ermittelt. Henrich Matthias Marcard bezeichnet in seiner *Beschrei-*

bung von Pyrmont (Bd. 1, Leipzig 1784, S. 5 und S. 323) den südlich von Pyrmont gelegenen Schwalenberger Wald als ›blauen Berg‹. Möglicherweise sind die »blauen Berge« ein Indiz für den Aufenthaltsort in der Nähe von Pyrmont.

91,35 f. *Hier hatte ⟨...⟩ Kindheit]* Vgl. auch S. 821-825.

92,5 *wurden]* Korrigiert aus »wurde«.

92,12 f. *Friede ⟨...⟩ in die Stadt]* 1763 endete der Siebenjährige Krieg; der siebenjährige Moritz zog mit seiner Mutter nach Hannover. Die Familie Moritz wohnte in dem »engen Häuschen des Schusters Schantz in der Calenberger Neustadt an der Bergstraße ⟨...⟩ mit dem Blick auf die Neustädter Kirche und den Kirchhof« (Eybisch, S. 8; Ulrich, S. 89 f.); vgl. auch S. 105,1 f.

92,25 *zweiten Sohn]* Johann Christian Conrad Moritz (1764-1828). – Moritz' Mutter war damals bereits 43, als die Zwillinge geboren wurden, 46 Jahre alt.

92,35 *er]* Korrigiert aus »es«.

93,21-23 *zwei kleine Bücher ⟨...⟩ enthielt]* Nicht ermittelt.

93,25 *Nebukadnezar]* Nebukadnezar II. (reg. 605-562 v. Chr.), babylonischer Herrscher (vgl. u. a. Buch Daniel).

93,25 *Abednego]* Abed-Nego (Asarja), einer der drei Gefährten Daniels am Hof Nebukadnezars, Verwalter der Provinz Babel (vgl. Dan 1,7; 2,49; 3,12-30).

95,8 f. *eine Art von auszehrender Krankheit]* Wahrscheinlich eine tuberkulöse Infektion, die sich zunächst als skrofulöses Fußleiden bemerkbar machte (Eybisch, S. 9). – Mit ›auszehrender Krankheit‹ bezeichnete man im damaligen Sprachgebrauch die »Abnahme des Körpers ohne hektisches Fieber«, die »Schwindsucht« (Adelung I, Sp. 672).

95,14 *Seine Base]* Nicht ermittelt.

96,1 *diesem]* Korrigiert aus »diesen« nach D².

96,15 f. *einer von den Hauptpersonen]* Zur Bezeichnung einer *männlichen* (Haupt-)*Person* war »früher« auch das maskuline Genus möglich (Grimm XIII, Sp. 1561).

96,16 *Moses]* Religionsstifter; nach dem Alten Testament ist Moses der Führer der Israeliten; seine Lebensgeschichte schildern insbesondere die Bücher Ex, Lev, Num, Dtn, seinen Tod Dtn 34.

96,16 *Samuel]* Nach dem Alten Testament israelitischer Priester am Übergang von der Richter- zur Königszeit (vgl. Bücher Samuel, zu Samuels Tod 1 Sam 25).

96,16 *David]* Nach dem Alten Testament von Samuel gesalbter König von Juda und Israel (reg. ca. 1000-961 v. Chr.); Davids Tod berichtet 1 Kön 2,1-11 (vgl. 1 Sam 16-1 Kön 2,11).

96,21 *Joab]* Neffe Davids und erfolgreicher Heerführer; zur Ambivalenz dieser Figur vgl. u. a. 2 Sam 3,29 und 1 Kön 2,5 f.).

96,23 f. *Davids ⟨...⟩ Gewalt]* David schonte Saul zweimal – nach der Überlieferung in 1 Sam 24 und 1 Sam 26.

96,26 *Leben der Altväter]* Vermutlich eine spätere Auflage von *Vitæ Patrum Oder Das Leben der Altväter und anderer Gottseeligen Personen. Auffs Neue erläutert und vermehret von Gottfried Arnold*, Halle 1700.

96,30 *der heilige Makarius]* Arnolds *Vitæ Patrum* enthält im 1. Teil eine Darstellung »Von dem Macario in Egypten« und einen Bericht über einen gleichnamigen Jünger des Antonius (»Von den Tugenden des andern oder jüngern Macarii / nehmlich von Alexandria«), aber auch Ausführungen zu den unten genannten Mystikern Thomas von Kempen und Johannes Tauler (vgl. S. 117,16 f. und Anm. sowie S. 138,3 und Anm.).

96,30 *Antonius]* Das Leben des Einsiedlers und Heiligen (251/52-356) wird im 1. Teil von Arnolds *Vitæ Patrum* ausführlich beschrieben.

96,34 *Namensgenossen]* Vgl. Anm. 85,1.

97,9 *ein kleines Buch]* Nicht ermittelt.

98,3 f. *das walte]* »Des walt Gott Vater, Son, Heiliger geist, Amen«: nach Luthers *Kleinem Katechismus* Einleitungsformel zum Morgen- und Abendsegen (vgl. Luthers Werke, WA XXX 1, S. 393 f.).

98,9 f. *geistlichen Lieder ⟨...⟩ übersetzt]* Die *Poésies et cantiques spirituels sur divers sujets qui regardent la vie spirituelle, ou l'esprit du vrai christianisme*, Cologne 1722 (vgl. auch Anm. 98,35-37), wurden mehrfach ins Deutsche übertragen; eine Übersetzung durch Johann Friedrich von Fleischbein war nicht zu ermitteln.

98,35-37 *Lied ⟨...⟩ Daseins]* Nicht eindeutig identifiziert. – Für die von Moritz zitierten Stichworte kommen zahlreiche Texte in Frage; vgl. z. B. *VII. Aimer Dieu seul. Quitter le moi, XXIII. Douceur de l'Amour divin, XXIV. Sur le même sujet, LXXI. Eau de source (Poesies et cantiques spirituels sur divers sujets qui regardent la vie intérieure, ou l'esprit du vrai christianisme. Par Madame J. M. B. de la Mothe-Guyon, Tome IV, Paris 1790, S. 67, S. 74 f., S. 99).

99,3 *bei dem Wirt des Hauses]* Mutmaßlich der Schuster Nikolaus Schantz (vgl. Anm. 92,12 f., ferner S. 196,10).

100,3 *Höllenstein]* Ein von »Wundärzten« verwendeter, »aus seinem in Scheidewasser aufgelösten Silber verfertigter Ätzstein, schadhafte Stellen des Leibes damit zu ätzen; Lapis infernalis« (Adelung II, Sp. 1266).

100,6 *Anweisung zum innern Gebet]* Vgl. Anm. 87,33.

101,11 f. *mit nach dem Gesundbrunnen in P.]* Vgl. Anm. 87,1 und 106,9.

102,14 *Diminutivum]* Verkleinerungsform (»Jesulein«).

102,17 *seinem]* Korrigiert aus »seinen« nach D².

102,20 *dem]* Korrigiert aus »den« nach D².

102,22 *dem]* Korrigiert aus »den« nach D².

102,35 *Acerra philologika]* Deutschsprachige Sammlung von didaktisch aufbereiteten Auszügen aus verschiedenen poetischen und philosophischen Werken sowie Anekdoten aus der griechischen und römischen Geschichte und Mythologie, erstmals von Peter Lauremberg (1585-1639) 1633 in Rostock publiziert: *Acerra Philologica. Das ist Zwey hundert außerlesene nützliche lustige vnd denckwürdige Historien vnd Discursen, Zusammen gebracht aus den berühmsten Griechischen vnd Lateinischen Scribenten ⟨...⟩.* Die *Acerra Philologica* wurde mehrfach neu aufgelegt, erweitert und revidiert; im 18. Jahrhundert hatte sie einen festen Platz im Lektürekanon namentlich der jungen Leser (vgl. auch Anm. 244,28).

102,36-103,1 *Geschichte von Troja ⟨...⟩ Heidentums]* In der *Acerra Philologica* sind u. a. ein Bericht vom Untergang der

Stadt Troja und eine Schilderung des Trojanischen Pferds enthalten, ebenso verschiedene Auszüge aus dem Leben Odysseus' oder eine Schilderung der »Ertz-Zauberin« Circe.

103,2 *Telemach*] Fénelons Erziehungsroman *Suite du quatrième livre de l'Odyssée d'Homère, ou les Avantures de Télémaque, fils d'Ulysse* (unautorisierter Erstdruck 1699; vgl. auch Anm. 87,7) wurde mehrfach ins Deutsche übertragen; erstmals 1700 von August von Bohse (Talander; 1661-1742). – Welche Übersetzung Moritz gelesen hat, ist nicht zu ermitteln; möglicherweise handelte es sich um die 1733 erschienene und im 18. Jahrhundert sehr erfolgreiche Prosaübertragung des politischen und geistlichen Schriftstellers Philipp Balthasar Sinold, gen. von Schütz (1657-1742), der selbst an verschiedenen vom Halleschen Pietismus beeinflußten Höfen tätig war und die Übersetzung unter seinem Mitgliedsnamen der Fruchtbringenden Gesellschaft (»Ludwig Ernst von Faramond«) publizierte.

103,7 *Götterlehre*] 1791 erschien Moritz' Longseller *Götterlehre oder mythologische Dichtungen der Alten* (vgl. Bd. 2 der vorliegenden Ausgabe, bes. S. 1311).

103,15-21 *Die Stelle ⟨...⟩ erschütterte*] Moritz spielt auf eine Episode des *Telemach* an (I 4; vgl. Anm. 103,2): Telemach berichtet Calypso von der Erscheinung seines Ratgebers Mentor, der ihm zur Flucht aus Cypern geraten habe, um ihn vor Wollust und Laster zu schützen.

103,37 *Jupiter*] »Vater der Götter« (Götterlehre, S. 79).

103,37 *Calypso*] Tochter des Atlas, Nymphe auf der Insel Ogygia, bei der der schiffbrüchige Odysseus sieben Jahre verbrachte. Telemach berichtet ihr von seinen Abenteuern und schicksalhaften Begebenheiten auf der Suche nach seinem Vater Odysseus. Aus seiner Verstrickung in die Liebe zur Nymphe Eucharis und vor den Intrigen Calypsos kann Telemach letztlich durch das beherzte Eingreifen seines Mentors gerettet werden (Fénelon, *Telemach* I 1-7; vgl. Anm. 103,2 sowie Götterlehre, S. 381).

104,2 *Tartarus, Pluto*] »Der *Tartarus* ⟨...⟩ war eigentlich die Wohnung der Nacht, da wo man sich die Sonne untersinkend dachte, am äußersten Ende der Erde, wo auch die Behausung des *Pluto* war«; Pluto gilt in der antiken Mythologie als »König der Unterwelt« (Götterlehre, S. 385-391).

104,21-105,27 *kindischen Spiele ⟨...⟩ konnte]* Vgl. auch S. 277,34-278,29. – Nach Gaskill, S. 113 f., Ossian-Motiv.

104,30 *blindem]* Korrigiert aus »blinden«.

105,1 *Zu Hause]* Vgl. S. 92,12 f. und Anm.

105,19 *wen es traf]* Korrigiert aus »wem es traf«.

105,30 *von geheimem Wunsche]* Korrigiert aus »von geheimen Wunsche«.

106,9 *andre Geschäfte]* Moritz' Vater spielte wahrscheinlich den Pyrmonter Kurgästen auf, um auf diese Weise sein Einkommen aufzubessern (vgl. Eybisch, S. 7; Ulrich, S. 90 f.). Henrich Matthias Marcard erwähnt in seiner *Beschreibung von Pyrmont* (Bd. 1, Leipzig 1784, S. 15 f.), daß in der Hauptallee regelmäßig Musik gespielt wurde: »Früh spazieren die Curgäste in bunter Menge darin, während daß sie trinken, und eine geschickte Gesellschaft Hautboisten musicirt dabey, die allemal Morgens früh mit einem feyerlichen Choral anhebt.«

106,13 f. *ein Engländer]* Nicht ermittelt.

106,17 *Progressen]* »Fortschritte« (Grammatisches Wörterbuch III, S. 236).

106,22 *ein silbern Schaustück]* Schaumünze oder Schaupfennig (Medaillon), d. h. eine Münze ohne Kurswert.

106,24 f. *nach funfzehn Jahren ⟨...⟩ England]* Zu Moritz' Englandreise 1782 vgl. Bd. 2 dieser Ausgabe.

107,11 *zwei Stiefbrüder]* Aus der ersten Ehe des Vaters; vgl. Anm. 90,7.

107,21 *wurden]* Korrigiert aus »wurde«.

107,27 *gehässigen]* Als Adjektiv in »leidendem Verstande, was gehasset wird, verhaßt« (Adelung II, Sp. 491).

107,35 *war, denn]* Korrigiert aus »war (denn«.

108,4 f. *Wörtern ⟨...⟩ endigten]* Nach August Langen gelten die »schon aus der mhd. Mystik sattsam bekannten Abstraktabildungen auf -ung, -heit und -keit« als »typisch pietistisches Stilmittel« (Langen, Pietismus, S. 382-384).

109,2 *die schöne Banise*] Höfisch-historischer Barockroman, der auch im 18. Jahrhundert noch viel gelesen und bearbeitet wurde (z. B. als Opernlibretto, aber auch von Friedrich Melchior Grimm als heroische Tragödie), verfaßt von Heinrich Anshelm von Ziegler und Kliphausen (1663-1697). Der Erstdruck *Die Asiatische Banise Oder Das blutig-doch muthige Pegu* ⟨...⟩ erschien 1689.

109,3 *Tausend und eine Nacht*] Die erste europäische Übersetzung der arabischen Märchensammlung *Alf laila wa-laila* veranstaltete der Orientalist Jean-Antoine Galland (1646-1725); *Les Milles et une nuit. Contes Arabes traduits en François par M⟨onsieur⟩ Galland* erschienen zwischen 1704 und 1717 in Paris und Lyon (12 Teile). Wahrscheinlich wurde bereits 1710 die erste (Teil-)Übertragung ins Deutsche publiziert; nachweisbar ist allerdings erst deren zweite Auflage: *Die Tausend und eine Nacht, worinnen seltzame arab⟨ische⟩ Historien und wunderbahre Begebenheiten benebst artigen Liebesintriguen, auch Sitten und Gewohnheiten der Morgenländer, auf sehr anmuthige Weise erzehlet werden aus Galland's französ⟨ischer⟩ Uebersetz⟨ung⟩ ins Teutsche übersetzt. Mit der Vorrede Hrn. Talander's ⟨d. i. August Bohse⟩ gedruckt zum andern Mahl*, T. 1-4, Leipzig 1712 (als Nachfolgeauflagen sind belegt: 1719-21, 1729, 1730-32, 1737, 1759, 1771-74). Die Übersetzung von Johann Heinrich Voß erschien zwischen 1781 und 1785 in Bremen, kann also dem jungen Moritz noch nicht vorgelegen haben.

109,3 *die Insel Felsenburg*] Der von Johann Gottfried Schnabel (1692 - zw. 1751-58) stammende Roman erschien 1731-43 unter dem Titel *Wunderliche Fata einiger See-Fahrer* ⟨...⟩ *von Gisandern*. Die Robinsonade wurde – unter dem Kurztitel *Insel Felsenburg* – zu einem Roman-Klassiker mit entsprechend hoher Verbreitung (auch in zahlreichen Bearbeitungen oder Nachahmungen).

109,15 f. *erst einen kleinen* ⟨...⟩ *zu ziehen*] Anspielung auf den Helden der *Insel Felsenburg*, Albertus Julius, »eines gebohrnen Sachsens, Welcher in seinem 18den Jahre zu Schiffe gegangen, durch Schiff-Bruch selb 4te an eine grausame Klippe gewoerffen worden, nach deren Uebersteigung das schönste Land entdeckt, sich daselbst mit seiner Gefährtin verheyrathet, aus solcher Ehe eine Familie von mehr als 300. Seelen erzeuget, das Land vortrefflich angebauet, durch besondere Zufälle erstaunens-würdige Schätze gesammlet, seine in Teutschland ausgekundschafften Freunde glücklich gemacht, am Ende des 1728sten Jahres, als in seinem Hunderten Jahre, annoch frisch und gesund gelebt, und vermuthlich noch zu dato lebt« (Zitat aus der Titelei des Erstdrucks des 1. Teils, Nordhausen 1731; faksimiliert in: Johann Gottfried Schnabel, *Insel Felsenburg*, hg. v. Volker Meid und Ingeborg Springer-Strand, Stuttgart 1979). – Vgl. auch in vorliegender Ausgabe Bd. 2, S. 391,36 f.

109,31 *Insel der Kalypso]* Vgl. Anm. 103,37.

110,1 *anbleckten]* Jemandem »aus Verachtung oder aus drohendem Zorne die Zähne weisen« (Adelung I, Sp. 271).

110,8 *sonderbarem]* Korrigiert aus »sonderbaren« nach j, MzE.

110,9 f. *den handlosen Mann]* Bei Grimm als scherzhafte, auch im Niederdeutschen übliche metaphorische Wendung für »Wind« belegt (Grimm X, Sp. 404).

110,22 *Ruprecht ⟨...⟩ Vorgänger des heiligen Christs]* Zum Weihnachtsbrauchtum gehörende Figur; im späten 17. Jahrhundert Begleiter des Christkinds, ab dem 18. Jahrhundert Begleiter des Nikolaus: »Knecht Ruprecht heisset eine auf allerhand Art häßlich vermummte und masquirte Person, wodurch die Weiber und Mumen die kleinen Kinder zu fürchten machen« (Zedler XV, Sp. 1094).

111,7 *der Mann seiner Base]* Nicht ermittelt.

111,16 *kleine Schwester]* Vgl. Anm. 90,7.

112,5 *seligsten Erinnerungen]* Von Moritz mehrfach und in verschiedenen Kontexten diskutiertes Thema (vgl. u. a. S. 821-824 und S. 729,16-21 bzw. S. 799,13-17 sowie Loge, S. 247-253).

112,26 *merkwürdig]* D. h. »würdig, oder werth, gemerket, d. i. im Gedächtnisse behalten zu werden; denkwürdig« (Adelung III, Sp. 183).

113,1 f. *Ich habe ⟨...⟩ sei]* Vgl. S. 95,8-13.

113,33 *Über dem Himmel]* Korrigiert aus »Über den Himmel« nach j, MzE.

114,4 *Egoismus]* Selbstsucht, Solipsismus (Campe, Ergänzungsband, S. 279). – Vgl. Christian Wolff, *Vernünfftige Gedancken von Gott, der Welt und der Seele des Menschen, auch allen Dingen überhaupt.* Mit einer Einleitung und einem kritischen Apparat hg. v. Charles A. Corr, Hildesheim, Zürich und New York 1983, S. 2 (§ 2) und S. 582 f. (§ 944). – Vgl. auch S. 590,26-28 und Anm. sowie S. 717,36.

114,17 f. *Fenelons Totengespräche]* Die erste deutsche Übersetzung von Fénelons *Dialogues divers entre les cardinaux Richelieu et Mazarin et autres* (Cologne 1700) – seit 1712 unter dem Titel *Dialogues des morts, composez pour l'éducation d'un prince* und ab 1718 in der erweiterten Ausgabe *Dialogues des morts anciens et modernes avec quelques fables composez pour l'éducation d'un prince* – erschien 1745 in Frankfurt anonym unter dem Titel *Gespräche der Todten.*

114,18 *dessen Erzählungen]* *Fables,* zuerst 1718 im zweiten Teil der *Dialogues des morts* publiziert; die deutsche Übersetzung ist nicht zweifelsfrei zu identifizieren.

114,19 *Schreibmeister]* Nicht ermittelt.

114,25 f. *Ramlers Tod Jesu]* Die Kantate *Der Tod Jesu* von Karl Wilhelm Ramler (1725-1798) erschien 1756 mit der Musik von Carl Heinrich Graun (1703 od. 1704-1759); vgl. zu Moritz' Wertschätzung Ramlers auch ›Denkwürdigkeiten‹, S. 284-286. – Moritz' Vater hat sich wahrscheinlich als Mitwirkender an Konzertaufführungen ein zusätzliches Einkommen verdient (vgl. Ulrich und Anm. 106,9).

115,1 f. *Carl v. Mosers ⟨...⟩ Löwengrube]* Friedrich Karl von Moser (1723-1798) gehörte dem Frankfurter Pietistenkreis um Susanna Katharina von Klettenberg an und verfaßte u. a. die epische Dichtung *Daniel in der Löwen-Grube. In sechs Gesängen,* Frankfurt am Mayn 1763.

115,31 *H...]* Hannover.

115,36 f. *in der öffentlichen Stadtschule]* Nach Ulrich und Eybisch handelt es sich um die öffentliche Stadtschule der Calenberger Neustadt, die seit 1670 in der ehemaligen Marienkapelle untergebracht war (vgl. Spilcker, S. 246-248).

116,2 *einen Kasum ⟨...⟩ lernen]* Mit dieser Anspielung auf die lateinische Deklination ist vermutlich der Erwerb von Grundkenntnissen des Lateinischen gemeint.

116,14 *Konrektor]* Hoffmann.

116,16 *Stutzperuque]* Bezeichnung für »eine kurze Perrükke, welche nur bis in den Nacken reicht, und einen ganz lockigen Kopf nachahmet« (Adelung IV, Sp. 492).

116,26 *den Donat]* Aelius Donatus, röm. Grammatiker und Rhetor, um die Mitte des 4. Jhs. n. Chr., Lehrer des heiligen Hieronymus und Verfasser zweier Grammatiken: *Ars minor* für Anfänger, *Ars maior* für Fortgeschrittene; bereits im Mittelalter wurde die *Ars* zur allgemein gebrauchten Schulgrammatik.

116,28 *sein Mensa]* (Lat.) »Der Tisch, die Tafel«; Beispielssubstantiv für die a-Deklination.

116,29 f. *Singulariter und Pluraliter]* (Lat.) »Im Singular und im Plural«.

116,32 *Amoriter]* Vorisraelitische Bevölkerung Palästinas.

116,32 *Jebusiter]* Bevölkerung von Jebus (vordavidische Bezeichnung für Jerusalem).

117,3 f. *amo ⟨...⟩ ames]* (Lat.) »Lieben«; Beispielwort für die a-Konjugation; 1. Pers. Sing. Ind. Präs. Aktiv – 1. Pers. Sing. Konj. Präs. Aktiv – 2. Pers. Sing. Ind. Präs. Aktiv – 2. Pers. Konj. Präs. Aktiv. – Vgl. auch in vorliegender Ausgabe Bd. 2, S. 257,23-25.

117,5 *oportet]* (Lat.) »Es muß, es ist nötig, es gehört sich«; in der *Grammatica latina Marchica* (vgl. Anm. 212,30) Beispielwort für die Flexion der unpersönlichen Verben (Wieckenberg, S. 421).

117,16 f. *Thomas von Kempis ⟨...⟩ Christi]* Der Mystiker Thomas von Kempen (1379 od. 1380-1471) gilt als Autor des seit dem 15. Jahrhundert weitverbreiteten Erbauungsbuches *De imitatione Christi* (*Von der Nachfolge Christi*); die Verfasserschaft ist allerdings umstritten. Das 18. Kapitel des ersten Buches widmet sich den »Exempeln der heiligen Alt-Väter«.

118,8 *lateinische]* Korrigiert aus »lateinischen« nach D² und j, MzE.

118,15 *Tischer]* Johann Heinrich Discher (1666-1773), nach Eybisch »Kandidat der Theologie« (Eybisch, S. 170).

118,16 *Informator]* »Hofmeister«, auch »Lehrer, Erzieher« (Grammatisches Wörterbuch II, S. 303).

118,17 *reichen Kaufmanns in H.]* Evtl. der »Kaufmann Winkelmann« (Schlichtegroll, S. 172).

118,19 *Eleve]* (Franz.) Schüler, Zögling.

119,2 *heiligen Antonius]* Vgl. Anm. 96,30.

119,2 *heiligen Paulus]* Apostel und Märtyrer.

119,2 f. *Erzvater Abraham]* Abraham gilt als ältester der Patriarchen Israels (neben Isaak und Jakob).

119,8 *Windeltreppe]* Niedersächs. für »Wendeltreppe« (Adelung IV, Sp. 1486).

120,12 *einem]* Korrigiert aus »einen« nach D² und j, MzE.

120,26 *ihm]* Korrigiert aus »ihn« nach D² und j, MzE.

122,3 f. *Pensum]* Hausaufgabe; »das Aufgegebene« (Grammatisches Wörterbuch III, S. 145).

123,14 *Affectation]* »Zwang, Ziererei« (Grammatisches Wörterbuch I, S. 97).

123,21 *demselben]* Korrigiert aus »denselben« nach D².

123,33-36 *ein Buch ⟨...⟩ beschrieben war]* Nicht ermittelt; Wieckenberg (S. 421) vermutet, es handle sich um Pierre Poirets *L'Œconomie divine. Ou Système universel et démontré des œuvres et des desseins de Dieu envers les hommes,* Amsterdam 1687 (*Die Göttliche Haushaltung,* übers. v. Johann Christian Edelmann).

124,27 *Lebenslaufe seines Vaters]* Vgl. dazu die Dokumente im ›Magazin zur Erfahrungsseelenkunde‹ (vgl. Anm. 89,30).

125,26 f. *Mutter ⟨...⟩ niedergekommen]* Johann Simon Christian und August Friedrich Moritz wurden am 22. November 1767 geboren (vgl. Anm. 90,7). Moritz scheint sich hier ungenau zu erinnern.

125,27 *der eine]* Johann Simon Christian Moritz.

125,27 f. *zu welchem]* Korrigiert aus »zu welchen« nach D² und j, MzE.

125,28 *Hutmacher ⟨...⟩ L.]* Der Braunschweiger Hutmacher Johann Simon Lobenstein (1730-1807), der dieser Dar-

stellung zufolge die Patenschaft für den jüngeren Bruder
Johann Simon Christian übernahm, wird später Karl Philipp
Moritz' Lehrherr. Albrecht weist allerdings darauf hin, daß
im Kirchenbuch drei andere Paten namentlich aufgeführt
sind, nicht jedoch Lobenstein: »Im Kreis der Beteiligten
mag Lobenstein durchaus als Gevatter angesehen worden
sein« (Albrecht, S. 152).

125,33 *seine beiden Stiefbrüder]* Vgl. Anm. 90,7; Johann
Gottlieb und Anton Moritz erlernten das Schneiderhandwerk.

125,36 *einen Burschen]* Hierbei handelte es sich formal
(noch) nicht um ein Lehrverhältnis, eher um die Option auf
einen Ausbildungsplatz, zumal man in Braunschweig erst
nach der Konfirmation bei einer Gilde als Lehrling eingeschrieben werden konnte. »Die Zulassung zur Konfirmation setzte wiederum ein Mindestalter von 13 ½ Jahren und
den ›unausgesetzten‹ einjährigen Besuch einer Oberklasse
der ›kleinen Schulen‹ voraus« (Albrecht, S. 156). – Überdies
war Lobenstein kein Handwerksmeister, da er »sein Gewerbe nicht innerhalb einer Hutmachergilde zünftig erlernt«
hatte, sondern ein »Fabricant«, der ausdrücklich von der
Mitgliedschaft in der Hutmachergilde befreit war. Allerdings dürfte das praktisch kaum Konsequenzen gehabt
haben: »Der Lobensteinsche Betrieb war dem Charakter
nach ein Handwerksbetrieb.« (Albrecht, S. 153 f.) – Aufgrund der eingesehenen Unterlagen (Zahl der Lehrlinge,
Dauer ihres Verbleibs etc.) kommt Albrecht zu dem Schluß,
»daß eine Ausbildung bei Lobenstein nicht sehr vorteilhaft
war«. Nach Aktenlage ist davon auszugehen, »daß Anton
nicht einmal ein ›französischer Hutmacherlehrling‹ war,
sondern im Hause Lobenstein bei freier Unterkunft und
Verpflegung lebte und dafür Handlangerdienste machen
mußte, die oft nach Art und Umfang die eines ordentlichen
(also älteren) Lehrburschen waren« (Albrecht, S. 157).

125,37 *ihm]* Korrigiert aus »ihn« nach j, MzE.

127,4 *Abschied]* Wahrscheinlich im Herbst 1768; der 1764
geborene Johann Christian Conrad war zu diesem Zeitpunkt

allerdings erst vier, die Zwillinge Johann Simon Christian und August Friedrich († 7. 12. 1768) waren knapp ein Jahr alt. Albrecht zufolge war Moritz von Herbst 1768 bis Frühjahr 1770 in Braunschweig.

127,14 *Andreasturm*] Der Turm der Neustädter Pfarrkirche St. Andreas, »der höchste in der Stadt, ist ein vorzüglich herrliches Gebäude und wurde ⟨...⟩ für den dritten größten in ganz Deutschland gehalten« (Ribbentrop I, S. 139; vgl. auch Zedler IV, Sp. 1137).

128,11 *deutsch*] »Offenherzig«, »(r)edlich, rechtschaffen, unverstellt« (Adelung I, Sp. 1472).

128,11 *bieder*] Nach Adelung bereits »veraltetes Bey- und Nebenwort« in der Bedeutung von »nützlich«, »aber auch fromm, tugendhaft, rechtschaffen, ehrlich, tapfer« (Adelung I, Sp. 1003).

128,15 f. *großen Zugbrücken* ⟨...⟩ *gewölbten Tore*] Vermutlich betrat Moritz Braunschweig über das »Augustthor«: »Hierauf folget eine Zugbrücke über den Graben, welcher ein Aussenwerk einschliesset. Die alsdann folgende schöne lange Brücke ist mit Völpkschen Platten belegt und am Ende derselben befindet sich wieder eine Zugbrücke« (Ribbentrop I, S. 1 f.).

128,17 *Schlosse*] Das Fürstliche Residenzschloß, der sog. »Grauehof« (vgl. Ribbentrop I, S. 189-195).

128,19 f. *langen öffentlichen Gebäude*] Das ehemalige Aegidianeum, eine Lateinschule, die zur »Trivial- und Waisenschule gesunken war« (Ulrich, S. 92); unterrichtet wurden Stadt- und Waisenkinder beiderlei Geschlechts (vgl. Ribbentropp II, S. 203-207).

128,21 *vor dem Hause*] Von August 1764 bis Ende 1775 hatte sich Lobenstein im Haus des ehemaligen Hutfabrikanten Jean Rochellois im Anwesen Hinter den Lieben Frauen (ASS. Nr. 2383) eingemietet. Erst im November 1774 erwarb er das Nachbarhaus Hinter den Lieben Frauen Nr. 7; darauf bezieht sich zwar Eybischs Beschreibung, allerdings dürften die Unterschiede zwischen den beiden Häusern nicht erheblich gewesen sein: Ein »kleines, gedrücktes Fachwerkhaus

von fünf Fenster Front in einer düsteren engen Gasse. ⟨...⟩
Nach älteren Karten floß damals dicht hinter den Häusern
ein Arm der Ocker, den man, um in die Straße zu kommen,
auf der ›Langen Brücke‹ überschreiten mußte« (Eybisch,
S. 170; die Angaben korrigiert Albrecht, S. 155).

128,26 *Ausgeberin*] Bezeichnung für »eine Person, welche
dem Gesinde die nöthigen Lebensmittel und andere Bedürfnisse heraus gibt, und zugleich die Aufsicht über die Haushaltung führet« (Adelung I, Sp. 595).

128,30 *Schilderung von den fünf Sinnen*] Insbesondere in der
niederländischen und französischen Malerei und Graphik
des 16. und 17. Jahrhunderts verbreitete zyklische Darstellung der fünf Sinne (Gesicht, Gehör, Geschmack, Geruch,
Gefühl) in Verbindung mit christologischen Szenen.

128,32 f. *Mann von mittlern Jahren*] Lobenstein war zu dem
Zeitpunkt 38 Jahre alt.

128,37 *delikates*] Hier mutmaßlich in der Bedeutung »fein,
feinsinnig«.

129,7 *Augenbraunen*] Regionale Variante zu »Augenbrau-
en«.

129,11 *blauen*] Korrigiert aus »blauem« nach j, MzE.

129,11 *Kamisol*] Bezeichnung für »ein kurzes Unterkleid
unter dem Oberrocke des männlichen Geschlechtes, welches am gewöhnlichsten eine Weste genannt wird« (Adelung II, Sp. 1476).

129,23 f. *andre Lehrbursch*] Der im Frontispiz abgebildete
August (vgl. auch S. 143 f.).

129,36 *schauerlichen*] Korrigiert aus »schauerlichem«.

130,8 *Fülle*] Bezeichnung für »ein vom ufer eines flusses
in diesen hinein gebautes, gewöhnlich aus zwei mit bretern
überdeckten balken bestehendes, über dem wasserspiegel
befindliches gerüst zum wasserschöpfen (füllen), ausspülen
u.s.w.« (Grimm IV, Sp. 492).

131,30 *sind*] Korrigiert aus »ist« nach D².

131,32 *Daß deiner ⟨...⟩ erfreue*] Alttestamentarisches Sab-
batgebet (Ex 23,12).

132,21 *lateinische Schule*] Vgl. Anm. 128,19 f.

132,25 *großen Martinsschule]* Gymnasium in der Nähe der Martinikirche am Altstadtmarkt, das sog. Martinigymnasium (vgl. auch Ribbentropp II, S. 193-196).

133,5 *Juno]* »Vermählte des Donnergottes« Jupiter (Götterlehre, S. 80 f.).

133,17 *Galimathias]* Eine »unverständliche Vermischung hochtrabender, verblümter Redensarten, eine ungeschickte Verknüpfung wider einander laufender Begriffe, aus welchen sich kein vernünftiger Verstand bringen läßt. Auf gut deutsch: Unsinn« (Grammatisches Wörterbuch II, S. 190).

133,19 f. *Psalmen Davids ⟨...⟩ Feinde]* Der Ruf nach göttlicher Rache gegen die Feinde Gottes oder gegen die Feinde des Gläubigen wird in den Psalmen mehrfach wiederholt; vgl. Ps 3: Morgenlied des verfolgten Gerechten, Ps 5: Morgengebet (bes. 5,11), Ps 9-10: Gott stürzt die Frevler und rettet die Demütigen (u. ö.).

133,25 *Geselle]* Nicht ermittelt.

133,36 *politisch genug]* Hier »klug, verschlagen, listig« (Grammatisches Wörterbuch III, S. 194).

134,4 *ein Kreuz ⟨...⟩ die Butter]* Mutmaßlich weniger als Segenszeichen denn zur Kontrolle des Personals.

134,35 f. *hypochondrischer Schwärmer]* Vgl. Anm. 87,6 und 158,10.

134,37 f. *eine alte Frau ⟨...⟩ Miete]* Nach Albrechts Recherchen handelt es sich wahrscheinlich um die am »20. Dezember 1769 im Alter von 50 Jahren ›am Jammer‹« gestorbene Soldatenwitwe »Joh. Ros. Henr. Schmidten«. – Außerdem hatte Lobenstein mehrere Untermieter (Albrecht, S. 159).

136,14 *der Leere, der Trockenheit]* Nach Langen ebenfalls pietistische Termini; vgl. »Leere des Herzens« (Langen, Pietismus, S. 232) und »Trockenheit« (ebd., S. 232 und S. 130).

137,4 *Gruß eines einwandernden Gesellen]* Die »wandernden Gesellen einiger Handwercker, wenn sie zu einer neuen Werckstätte oder Herberge kommen, müssen von dem letzten Ort, wo sie gewesen, den Gruß bringen, welcher in einem gewissen unter ihnen hergebrachten Formular beste-

het, und zwar folgendes Inhalts: Meister und Gesellen lassen
dich, oder euch, freundlich grüssen von Prag, Dresden,
Meissen, Oschatz, und andern Orten wo ich herkomme;
von dem ins Hl. Röm. ergangenen Reichs-Gutachten aber
ist solcher Gruß meisten Theils weg, und die Kundschafften
davor eingeführet worden. Solchen Gruß darf niemand vergessen, wenn er nicht in Straffe fallen will« (Zedler XI,
Sp. 1148). Bekam der Wandergeselle keine Arbeit, so hatte
er in einigen Zünften Anspruch auf Zehrgeld und Quartier
in der Zunftherberge (Albrecht).

137,19 *einem*] Korrigiert aus »einen« nach D².

138,3 *Taulerus*] Johannes Tauler, dt. Mystiker (um 1300-
1361). Der Dominikanermönch, der vor allem von Meister
Eckhart beeinflußt wurde, hinterließ zahlreiche Predigten;
diese wiederum prägten die deutsche Erbauungsliteratur
und wurden insbesondere in pietistischen Kreisen rezipiert.

138,3 *Johannes vom Kreutz*] Juan de la Cruz (1542-1591),
span. Mystiker, Kirchenlehrer und Dichter. Der Karmeliter-
mönch und Stifter der ›unbeschuhten Karmeliter‹ war mehrfach Verfolgungen, auch durch seine Ordensbrüder, ausgesetzt. – Vgl. in vorliegendem Band S. 627-629 und Anm.

138,7 *Herbem*] Korrigiert aus »Herben« nach D².

138,19 *Kabalen*] »Ränke«, »geheime, verwickelte Verbindungen, die nicht leicht zu durchschauen sind« (Grammatisches Wörterbuch I, S. 176).

139,17 *Genie*] Hier allgemein im Sinne von Fähigkeit, Begabung: »Eigentlich, die natürliche Geschicklichkeit, gewisse Dinge leichter und besser zu vollbringen, als andern
möglich ist« (Adelung II, Sp. 564).

139,21 *Applikatur*] »Fingersatz«, »Fingersetzung« (Campe, Ergänzungsband, S. 121).

139,24 f. *David beim Saul*] Nach 1 Sam 16,14-23 hat David
mit seinem Zitherspiel Saul von den bösen Geistern befreit;
zum Dank hat Saul David als Wasserträger in Dienst genommen.

139,34 f. *nachdrücklichen*] Korrigiert aus »nachdrückliche«
nach D².

140,28 *misanthropisches]* Im Sinne von »menschenfeindlich« (Campe, Ergänzungsband, S. 423).

140,33-35 *den Grundsatz ⟨...⟩ bekehrt werde]* Minder weist
auf den tendenziell calvinistischen Kern in Lobensteins
Quietismus hin (vgl. Minder, S. 72-77).

141,11 *könne]* Korrigiert aus »können« nach D².

142,10 *alle Woche]* Die Form »alle Woche« im Sinne von
»jede Woche« duldet Adelung – im Singular – eigentlich
nicht (vgl. Adelung I, Sp. 202).

142,13 *vorbeifließenden Oker]* Vgl. Anm. 128,21; über die
Wohnqualität in den angrenzenden Häusern heißt es bei
Zedler: »Es ist eine grosse Beschwehrung einen Hutmacher
zum Nachbar zu haben, wegen des täglich aufsteigenden
Dampfes, Rauches, Staubes, Gestancks, wegen des Scha-
dens so durch stettige Wärme und Feuchtigkeit an der
Scheide-Mauer geschiehet, und wegen beständiger Feuers-
Gefahr« (Zedler XIII, Sp. 1296).

143,1 *Wolle kratzen]* Arbeitsschritt bei der Hutherstel-
lung; nach Krünitz gehören zur »Zurichtung der Materien,
aus welchen die Hüte gemacht werden«, u. a. folgende Aufgaben, die offensichtlich in erster Linie von Burschen und
Lehrlingen auszuführen waren: »1. Wolle und Haare zu säu-
bern, welche fast stets mit ausgedorretem Thierkothe, mit
Sande, Erde und andern fremden Körpern verunreinigt
sind. 2. Diejenige Wolle von dem Fette zu reinigen, und zu
waschen, die dessen benöthigt ist. 3. Von den Biber- und
Kaninchen-Fellen das grobe Haar auszurupfen, welches in
die Mischung des Filzes nicht kommen darf. 4. Gewisse
Haare mit Scheidewasser zu beitzen, um sie dadurch in den
Stand zu setzen, daß sie sich filzen und zusammen gehen.
5. Das gebeitzte Haar, entweder in der Trockenstube, oder
an der Sonne, zu trocknen. 6. Dieselben Haare, welche das
Scheidewasser zusammen gebacken hat, wieder aus einander zu bringen. 7. Die Felle vom Biber und andern Thieren
anzufeuchten, welches auf der Fleischseite geschieht, wo
das Haar nicht ist ⟨...⟩. 8. Die verschiedenen Haare abzu-
schneiden und zu sortieren« (Johann Georg Krünitz, *Oeko-*

*nomische Encyclopädie, oder allgemeines System der Staats- Stadt-
Haus- u. Landwirthschaft, in alphabetischer Ordnung,* 27. Theil,
Berlin 1783, S. 43-198, bes. S. 163).

143,14 *Recitativen]* »Sprachgesang«, »Sprechgesang« (Grammatisches Wörterbuch III, S. 327).

143,28-34 *Trockenstube ⟨...⟩ Scheidewasser]* Vgl. dazu die detaillierte Beschreibung bei Krünitz, bes. S. 67-71. Um die
Felle zu beizen, wurden diese mit Scheidewasser (Salpeter-
säure), das wiederum mit verschiedenen Substanzen angereichert war (Quecksilber, Wasser etc.), behandelt. Anschließend trocknete man die Felle in der offensichtlich ganz
authentisch beschriebenen Trockenkammer über einem
Kohlenfeuer. – Für Moritz' instabile Gesundheit mußten
diese Arbeitsbedingungen fatale Konsequenzen haben, zumal schon den Zeitgenossen die einschlägigen Berufskrank-
heiten bekannt waren: »Diejenigen, welche ihre Wolle mit
Sublimat zubereiten, bekommen, von den in der Luft herum
fliegenden Theilen des Sublimates, mit der Zeit Zittern der
Glieder, Glieder-Schmerzen und Lähmungen.« Neben der
Belastung durch Quecksilber führten die schweren Arbeiten
insbesondere bei Lehrlingen zu Überbeinen und körperlichen Verwachsungen (Johann Georg Krünitz, *Oekonomische
Encyclopädie, oder allgemeines System der Staats- Stadt- Haus- u.
Landwirthschaft, in alphabetischer Ordnung,* 27. Theil, Berlin
1783, S. 43-198, hier S. 190 und S. 84).

144,11 *Separatist ⟨...⟩ Abendmahl hielt]* Aufgrund der Distanz zum orthodoxen Glauben und zur Kanzelrhetorik
nahmen Quietisten ebenso wie Pietisten in der Regel nicht
am Gottesdienst und am Abendmahl teil. – Vgl. auch S. 943
(Variante 90,4-6).

144,14 *Sonntags]* Korrigiert aus »Sonntegs« nach D².

144,21 f. *B...kirche]* Brüdernkirche der Kirchengemeinde
St. Ulrici in Braunschweig.

144,24 *P...]* Johann Ludwig Paulmann (1728-1807), seit
1767 Prediger der Braunschweiger St.-Ulrici-Gemeinde.
Eine Rede Paulmanns anläßlich der Konfirmation einer
Taubstummen enthält das ›Magazin zur Erfahrungsseelenkunde‹ (vgl. I 3, S. 99-101).

146,18 *Krieges ⟨...⟩ Belagerung]* Wahrscheinlich Anspielung
auf Paulmanns berühmte Friedenspredigt, die er 1761 nach
Aufhebung der Belagerung von Oelper hielt und später auch
im Druck verbreitete; vermutlich thematisierte der Prediger
diese Erfahrung wiederholt in seinen Ansprachen an die
Gemeinde. – Eybisch geht davon aus, daß Moritz im Dezember 1768 oder 1769 das Evangelium zum 3. Advent (Mt
11,2-10) und die passende Predigt hörte (vgl. Eybisch,
S. 170 f.). Die zitierte Anrede an die Stadt folgte mutmaßlich
Mt 11,20-24.

146,24-26 *Propheten ⟨...⟩ schalt]* Vgl. Jes 1.

147,3 *Er]* Korrigiert aus »er« nach D².

147,4 *nächsten Sonntage]* 4. Advent 1768 oder 1769 (Eybisch).

147,9-22 *ein kurzes Lied ⟨...⟩ bleiben]* Lied Nr. 409 des *Vollständigen Braunschweigischen Gesang-Buchs* (Braunschweig 1719
u. ö.) in Anlehnung an Ps 15:

HErr, wer wird in der hütten dein Die wohnung dort
erlangen, Auch in der Christlichen gemein Den ruhm
noch hier empfangen, Daß er mit glauben sey geziert,
Vom heilgen Geiste werd regiert Und sey ein kind der
gnaden.

2. Wer sich der reinen lehr befleisst, Und liebet die gerechten, Nicht fremde güter zu sich reisst Mit einem
schein des rechten, Hat kein betrug in seinem mund, Die
wahrheit sagt von hertzen-grund, Und hasset alle lügen.

3. Wer seinen nächsten nicht veracht't, Noch aus verbitt-
rung schändet, Mit seiner zung kein unglück macht, All
ding zum besten wendet, Und lobet nicht gottlose leut,
Hält aber hoch die frömmigkeit, Und alle, die GOtt fürchten.

4. Wer seine wort und zusag hält, Nicht hinterlistig
schweret, Kein'n wucher treibt mit korn und geld, Noch
wittwen-brod verzehrt, Und kein geschencke nimmet
an, Zu hindern den gerechten mann In seiner guten sachen.

5. Wer das thut, ist ein frommer Christ, Das mag man

kühnlich gläuben, Es wird ihn keine macht noch list Von
seinem orte treiben. Er wird beschützt durch GOttes
hand, Behalten seinen ehren-stand Bis an sein selig ende.
6. GOtt Vater, hilff mir kräftiglich Das böse überwinden:
O JEsu Christ, befreye mich von missethat und sünden:
O heilger Geist, durch deine lehr Ermuntre mich je mehr
und mehr Dem guten nachzustreben.

147,22 *bleiben.«*] Korrigiert aus »bleiben.«.

147,35-148,1 *Sonntagsevangelium ⟨...⟩ Christus*] Joh 1,19-28,
das Evangelium zum 4. Adventssonntag (Eybisch).

148,5-26 *Weh dir ⟨...⟩ geschworen*] Dieser Text stammt
möglicherweise von Paulmann selbst; dessen *Kleine Lieder
nach dem Inhalte einiger Kanzelvorträge* (Braunschweig und Hildesheim 1776) oder *Neue Sammlung geistlicher Lieder* (Braunschweig 1790) waren jedoch nur bibliographisch nachweisbar.

148,32 *schrecklicheres*] Korrigiert aus »schrecklicher« nach
D².

148,35 f. *ihr Berge ⟨...⟩ bedecket mich*] Vgl. Hos 10,8, Lk
23,30 und Offb 6,16.

149,1 *panisches Schrecken*] Als Neutrum bei Adelung insbesondere in der oberdeutschen Mundart und bei Luther
belegt (Adelung III, Sp. 1648 f.).

149,18 *ein jeder Periode*] Auch im *Grammatischen Wörterbuch*
(III, S. 146-161) als Maskulinum. – Bei Adelung nur als Femininum belegt: »In der Wohlredenheit, ein Theil einer
Rede, welcher aus mehrern unter einander verbundenen
Haupt- und Nebensätzen bestehet, und mit einem Puncte
geschlossen wird, ein bis zu einer gewissen Länge erweiter-
ter Hauptsatz« (Adelung III, Sp. 687).

149,22 f. *Register der Freveltaten*] Im Sinne von Sündenre-
gister, wohl in Anlehnung an den Beichtspiegel bzw. den
»Buß- und Sünden-Spiegel« des Katechismus.

149,33 *sympathetisch*] Mitfühlend, mitleidend.

149,35 *Drittehalb Stunden*] Zweieinhalb Stunden (Adelung
I, Sp. 1555).

150,5 *aufgehabenen*] Nach Adelung ist diese – bereits veraltete – Form im Oberdeutschen und bei Luther nachweisbar (Adelung I, Sp. 499).

150,15 *dessen Sohn]* Johann Ernst Lud⟨e⟩wig Paulmann (geb. 1760).

150,19 *Gemeine]* Nach Adelung sind im Hochdeutschen die Formen »Gemeinde« und »Gemeine« gleichwertig (Adelung II, Sp. 549 f.).

150,29 *von der Liebe gegen die Brüder]* Mutmaßlich an einem der Weihnachtstage 1768 oder 1769 (Ulrich).

151,2 *andern Prediger]* Vielleicht Johann Heinrich Petri (1714-1784), Prediger an der Catharinenkirche in Braunschweig (Geiger, S. XXIX).

151,11 f. *an dem Pastor]* Korrigiert aus »an den Pastor«.

151,16 f. *Danket ⟨...⟩ ewiglich]* Ps 106,1, 107,1 (u. ö.); liturgische Formel.

151,31 *Nun hatte ⟨...⟩ Spiel]* Nicht zuletzt wegen der damit verbundenen ›Vorteile‹: einerseits hätte die Konfirmation den Beginn eines ordentlichen Lehrverhältnisses ermöglicht, andererseits eine schrittweise Emanzipation vom (Lobensteinschen) Quietismus.

151,36 f. *seinem ⟨...⟩ gehobnen Auge]* Korrigiert aus »seinen ⟨...⟩ gehobnem Auge« nach D².

152,30 *melancholische]* Hier gleichbedeutend mit »traurig«, »schwermüthig« (Adelung III, Sp. 170).

152,32 *affektierte]* »Den Schein von etwas zu haben suchen, ohne übereinstimmige Gemüthsfassung im Äußern annehmen« (Adelung I, Sp. 174).

152,34 *Phisiognomie]* »Gesichtsbildung«, »Gesichtszüge«, »Gesichtsausdruck«; »in weiterer Bedeutung, der Körperausdruck oder körperliche Ausdruck« (Campe, Ergänzungsband, S. 479).

153,33 *dieser]* Korrigiert aus »diese« nach D².

154,8 *abstrahiert]* »Bezeichnung für die Handlung des Denkens, wodurch man sich allgemeine Begriffe bildet« (Grammatisches Wörterbuch I, S. 11).

154,13 *Pathetisches]* Hier allgemein für »rührend, nachdrücklich, affektvoll« (Grammatisches Wörterbuch III, S. 142).

154,20 *haranguierte*] Eine »öffentliche, feierliche Rede halten« (Grammatisches Wörterbuch II, S. 251).

155,5 *Recidiv*] »Rückfall, neuer Anstoß, wiederholter Anfall« (Grammatisches Wörterbuch III, S. 317).

155,20 *diesem*] Korrigiert aus »diesen« nach D².

156,5-7 *der nun ⟨...⟩ verderben ließe*] Jona prophezeite den Bewohnern von Ninive im Namen des Herrn den Untergang der Stadt. Anschließend zürnte Jona dem Herrn, der – durch das Fasten und die Buße der Niniviten milde gestimmt – von der geplanten Zerstörung der Stadt absah. Gott verteidigt im Disput mit Jona seine Entscheidung, das Leben der Menschen, der Kinder und des Viehs zu schonen (vgl. Jona 3-4).

156,12 *Teufel ⟨...⟩ Beelzebub*] Vgl. Mt 12,24-27 und Mk 3,22 f.

157,27 *predigte über – den Tod*] Vermutlich im Frühjahr 1769 oder 1770 (Eybisch, S. 172); der Hinweis auf das 13. Lebensjahr legt eher 1769 nahe (vgl. S. 158,7).

158,10 *Hypochondrist*] Über Hypochondrie, die Modekrankheit nicht nur der Intellektuellen der Zeit, heißt es bei Adelung ohne sozialpsychologische Relativierung: »eine der beschwerlichsten Krankheiten, welche ihren Sitz vornehmlich in dem Unterleibe hat, von einer reitzenden auf die Nerven wirkenden Schärfe herrühret, Personen, welche viel sitzen am meisten und heftigsten anfällt, und oft in Schwermuth und Melancholie ausartet ⟨...⟩. Bei dem weiblichen Geschlechte heißt diese Krankheit die Hysterik. Oft ist es ein bloßes Modewort, manche Unarten des Herzens und der Erziehung dadurch zu bemänteln« (Adelung II, Sp. 1345).

158,13 *zuvorkommende Gnade*] »Lat. Gratia præveniens, heisset diejenige Gnade GOttes, die dem Menschen begegnet, und ihn zur Bekehrung disponiret, ehe er noch einige Krafft hat, etwas Gutes zu vollbringen«, d. h., daß »diese Gnade nicht erst auf die Bekehrung folget, sondern bereits vor derselben vorgehet« (Zedler LXIV, Sp. 946). – In Johann Peter Millers *Gründlichem Unterricht in den ersten und wichtigsten Wahrheiten der Religion* (in: *Historischmoralische Schilderungen zur*

Bildung eines edlen Herzens in der Jugend, Vierter Theil, Helmstädt 1763; vgl. dazu S. 252,5 f. und Anm.) heißt es über die »zuvorkommende Gnade« in Abgrenzung zur »vorbereitende⟨n⟩« und zur »wirklich bekehrende⟨n⟩ Gnade«, daß »GOtt jedem Menschen insonderheit eine nähere Gelegenheit zum göttlichen Unterrichte durch seine ganz besondere Vorsehung verschaffet, und die Hindernisse wegnimt« (S. 376).

158,15-17 *die Natur ⟨...⟩ verdorben hatte]* Vielleicht Variation oder Anlehnung an einen Horaz-Vers (vgl. Horaz, *Episteln* I 10,25: »Naturam expelles furca, tamen usque recurret«).

159,3 *den]* Korrigiert aus »dem« nach D².

159,5 *Vorstellung des Orts]* Vgl. dazu neben der Vorstudie im ›Magazin zur Erfahrungsseelenkunde‹ (I 1, S. 65-70) bzw. Loge (S. 247-250) insbesondere Sprachlehre (S. 253 f.) sowie S. 406,35.

159,9 *Abwechselnde]* Korrigiert aus »abwechselnde« nach D².

159,18 *einer ⟨...⟩ Philosophen]* Nicht ermittelt.

159,23 *ihm]* Korrigiert nach der Kustode der Druckvorlage (D¹, S. 140) und nach D².

160,7 *der Stift]* Wohl metaphorische Rede; Stift heißt im zeitgenössischen Sprachgebrauch insbesondere »ein Pflöckchen oder Nägelchen, von Holz oder Metall, ohne Kopf, – womit man etwas befestigt« (Grammatisches Wörterbuch IV, S. 50).

162,34 *Oker]* Korrigiert aus »Oder« nach D².

162,34 f. *kleinen]* Korrigiert aus »kleinem«.

163,5 *letzen]* Bei Adelung als veraltet bzw. nur noch im poetischen Kontext übliches Verb allgemein für »vergnügen, erfreuen, belustigen« und speziell für »sich bey dem Abschiede noch Ein Mahl ⟨...⟩ vergnügen« belegt (Adelung II, Sp. 2035 f.).

163,11 f. *Predigt vom Leiden Jesu]* Wahrscheinlich im Frühjahr 1770.

163,14 f. *Vater ⟨...⟩ was sie tun]* Lk 23,34.

163,16 f. *Predigt ⟨...⟩ Aussätzigen]* Mt 8,1-13; Lk 17,11-19;

dieses Evangelium weist auf den 3. Sonntag nach Epiphanias, also auf Ende Januar.

163,25 *Heben]* Niederdeutsch für »Himmel« (Grimm X, Sp. 1332).

163,33 *Das Chor]* Hier für die Empore: »Ein erhabener Ort so wohl in den Kirchen, als auch in andern Gebäuden, von welchem gesungen oder musiciret wird.« Nach Adelung ist das Genus regional »sehr unbeständig« (Adelung I, Sp. 1328 f.).

164,4 f. *ein gewisser Turm]* Vermutlich der Turm der St.-Johannis-Kirche in der Hannoveraner Neustadt.

165,13 f. *ohne seines ⟨...⟩ gewährt zu werden]* Sinngemäß: ohne die Erfüllung seines Wunsches (vgl. auch Adelung II, Sp. 649).

166,12 *zu finden]* Korrigiert aus »zufinden« nach D².

166,23 f. *seine Ideen ⟨...⟩ ordnen]* Vgl. dazu insbesondere die Parallelen im *Versuch einer kleinen praktischen Kinderlogik* (Bd. 2 der vorliegenden Ausgabe).

166,33 *Lektüre]* Korrigiert aus »Lektür« nach D².

166,35-37 *Engelbrechts ⟨...⟩ Hölle]* *Eine Warhafftige Geschicht und Gesicht vom Himmel und der Hellen. Diß ist nun die Historie und Gesicht das erste Gesichte da GOtt der Heilige Geist mich Hans Engelbrechten hat wieder vom Tödte erwecket ⟨...⟩,* o. O. 1640 bzw. Amsterdam 1690 (Erstdruck: 1625), stammt von dem Tuchmacher und religiösen Schwärmer Hans Engelbrecht (1599-1642).

166,36 *Aller]* Korrigiert aus »Allee« nach D².

167,1-25 *Einen ärgern ⟨...⟩ beschäftigt]* Ein differenzierteres Urteil über den von Pierre Poiret (vgl. Anm. 122,33-36) geschätzten Schwärmer fällt indes Johann Georg Hamann (1730-1788; vgl. Hamann an Johann Gotthelf Lindner; 25. August 1761; in: Johann Georg Hamann, *Briefwechsel,* Bd. 2: *1760-1769,* hg. v. Walther Ziesemer und Arthur Henkel, Wiesbaden 1956, S. 105 f.); vgl. dagegen Johann Christoph Adelungs aufklärerisch-kritische Darstellung »Hans Engelbrecht, ein Fantast« (in: *Geschichte der menschlichen Narrheit, oder Lebensbeschreibungen berühmter Schwarzkünstler, Goldmacher,*

Teufelsbanner, Zeichen- und Liniendeuter, Schwärmer, Wahrsager, und anderer philosophischer Unholden, Zweyter Theil, Leipzig 1786, S. 220-259; Vierter Theil, Leipzig 1787, S. 30-48).

167,24 *losen Speise*] Allgemein für »leicht«; im übertragenen Sinn: »Nicht die gehörige innere Güte, nicht die gehörige Tauglichkeit habend, für schlecht, liederlich, elend; eine im Hochdeutschen veraltete Bedeutung« (Adelung II, Sp. 2106); Anlehnung an den Bibelton (vgl. Num 21,5).

167,31 f. *erniedrigendsten*] Korrigiert aus »niedrigensten« nach D².

167,34 *Last auf dem Rücken*] Nach Albrecht galt dies in Braunschweig als unschicklich, so daß »selbst die Dienstmädchen mehr und mehr« derart unwürdige Aufgaben verweigerten (Albrecht, S. 158 f.).

168,9 *müssen, ehe*] Korrigiert aus »müssen; ehe« nach D².

168,11 *Zeughaus*] Das Fürstliche Zeughaus (Arsenal), ein »maßives Gebäude«, entstand aus der ehemaligen Paulinerkirche und dem -kloster (vgl. Ribbentrop I, S. 195-199).

168,12 *Kommißarbeit*] Auftragsarbeit, speziell für das Militär, die tatsächlich belegt ist (Albrecht, S. 159).

169,2 f. *schwarzen Phantasie*] Vgl. Anm. 301,30 und insbes. Anm. 366,5.

170,20 *vier schönen Türme von H . .*] Vgl. das Titelkupfer zum dritten Teil (S. 285); es handelt sich um die Türme der Neustädter St.-Johanniskirche, der Kreuzkirche, der Marktkirche St. Georg und Jakob sowie der Aegidienkirche.

170,32 *aufgesprungenen*] Korrigiert aus »aufgesprungen« nach D².

171,1 *Jugend*] Korrigiert aus »Tugend« nach D².

171,16 *Namens N . . .*] Möglicherweise fehlerhafte Abkürzung, »da ein Pastor N. damals in keiner der sechs hannoverschen Parochien im Amte gestanden hat. Wahrscheinlich ist N. ein Druckfehler für S, und es verbirgt sich darunter Pastor Schlegel von der Marktkirche, dessen ergreifende Predigten auch in Iffland den Wunsch erweckten, sich dem Predigerstande zu widmen« (Ulrich, S. 95).

171,29 *Fox*] Den englischen Politiker Charles James Fox

(1749-1806) erlebte Moritz während seiner Englandreise (vgl. in vorliegender Ausgabe Bd. 2, S. 266,6, S. 278,37-280,7 und S. 384,20-385,35).

171,35 *Namens M...]* Gebhard Heinrich Marquard (1721-1794), Garnisonprediger. – Der *Allgemeine deutsche Briefsteller* enthält verschiedene Briefe Marquards an Moritz (vgl. Eybisch, S. 259 f.; Briefsteller, S. 213 f., S. 290-292, S. 318 und S. 334-336).

172,6 *diesem]* Korrigiert aus »diesen« nach D².

172,30-32 *Hiskias ⟨...⟩ gefristet sei]* Vgl. 2 Kön 20,1-11 und Jes 38; der schwerkranke Hiskias verlangt von Jesaja eine Bestätigung für die prophezeite Heilung und die Verlängerung seines Lebens; auf Hiskias' Wunsch fällt der Schatten rückwärts.

173,9 f. *sein Brot mit Tränen essen]* Zitat aus einem Kirchenlied (Text: Paul Gerhardt nach Ps 13 bzw. 80,6): »Wie lang, o HErr! wie lange soll Dein hertze mein vergessen; Wie lange sol ich jammers-voll Mein brod mit thränen essen? ⟨...⟩« (Vollständiges Braunschweigisches Gesang-Buch, Nr. 404; vgl. Anm. 147,9-22).

173,22 f. *durcharbeitete]* Korrigiert aus »durcharbeite« nach D².

174,16 *Predigten ⟨...⟩ Einteilung]* Dreigliedriger Aufbau nach den rhetorischen Prinzipien der Homiletik (Evangelientext – Thema/These – Argumentation).

174,32 *Institut]* 1751 von Ernst Christoph Böttcher gegründete »Ausbildungsanstalt für Volksschullehrer und ⟨...⟩ Freischule für die Stadt Hannover« am sog. Hundemarkte (Ulrich, S. 95); vgl. dazu ausführlich D. J. C. Salfeld, *Geschichte des Königlichen Schullehrer-Seminarii und dessen Freyschule zu Hannover*, Hannover 1800.

175,1 *nichts ⟨...⟩ durften]* Veraltet für ›nicht müssen, nötig haben‹. – Tatsächlich war die Freischule eine Armenschule, d. h., sie wurde »nur von solchen Kindern besucht, von deren Eltern sie freywillig gewählt wird. Diese freye Wahl haben eigentlich nur solche Eltern, die nicht bürgerlich ansäßig, mithin, nach der hier bestehenden städtischen Verfassung, keinem Schulzwange unterworfen sind« (Salfeld, wie Anm. 174,32, S. 293 f.). Schulgeld durfte nicht obligatorisch erhoben werden, die Eltern sollten nach ihrem Vermögen einen Beitrag zum Unterhalt der Schule leisten.

175,12 *Inspektor]* Bis 1771 Pastor Justus Christoph Koch (1737-1791), anschließend der 1801 verstorbene Ludwig Christian Dannemann (Salfeld, wie Anm. 174,32).

175,13 *Katechisation]* Katechismusunterricht (Religionsunterricht anhand von vorgegebenen Fragen und Antworten); zu den Lehrinhalten vgl. Salfeld (wie Anm. 174,32, S. 318-331).

176,8 *fort!«]* Korrigiert aus »fort!«.

176,20-22 *vom Themistokles ⟨...⟩ sed erexit]* Zitat aus Cornelius Nepos, *De viris illustribus*; dort heißt es im Zweiten Buch des *Liber de excellentibus ducibus exterarum gentium* über den athen. Feldherrn und Politiker Themistokles (um 525 - nach 460), der seines verschwenderischen und großzügigen Lebenswandels wegen von seinem Vater Neokles enterbt wurde: »quae contumelia non fregit eum, sed erexit.« (»Die Kränkung zerbrach ihn nicht, sondern stärkte ihn.«)

176,32 f. *Gesenii Auslegung ⟨...⟩ kleinen Katechismus]* Noch im 18. Jahrhundert in zahlreichen Ausgaben belegter Katechismus von Justus Gesenius (1601-1673); vgl. z. B. *Justi Gesenii Kurze Catechismus-Fragen, Uber den Catechismum des sel. Hrn. D. Mart. Lutheri, Nebenst Beyfügung derer darzu gehörigen Schrift-Sprüche, Biblischen Exempeln, darauf sich fügenden Gebethlein, und angehenktem Buß- und Lebens-Spiegel, Wornach sich Christliche Communicanten prüfen können.* Nunmehro zum sechsten mahl ⟨...⟩ heraus gegeben durch Casparem Calvör ⟨1719⟩; Erstdruck: Lüneburg 1631.

177,5 *Transsubstantiation]* Nach katholischer Auffassung werden in der Eucharistiefeier Brot und Wein in Leib und Blut Christi verwandelt.

177,5 f. *fünf Stufen ⟨...⟩ Christi]* Theologische Begriffe, die in Johann Peter Millers *Gründlichem Unterricht in den ersten und wichtigsten Wahrheiten der Religion* (in: *Historischmoralische Schilderungen zur Bildung eines edlen Herzens in der Jugend*, Vierter

Theil, Helmstädt 1763; vgl. dazu S. 252,5 f. und Anm.) im Kapitel »Von der Heilsordnung« erläutert werden. Von der Erniedrigung und Erhöhung ist im Zusammenhang mit Christi Mittleramt die Rede: »Die *Stuffen* dieser Erniedrigung sind 1) die niedrige Geburt und Kindheit; die erdultete Beschneidung, ⟨...⟩ die Reinigung und Flucht. 2) Die armselige Erziehung und Jugend; die allmählige Entwickelung seiner Kräfte; Unterthänigkeit unter seinen Eltern, und der stille und verächtliche Aufenthalt in Nazareth. 3) Das höchstmühselige Leben des Erlösers, besonders in den letzten vierthalb Jahren desselben ⟨...⟩. 4) Die ebenso äußerst schimpfliche als schmerzhafte Kreuzigung ⟨...⟩ und der darauf erfolgte Tod. 5) Das Begräbnis, und die, wegen vermutheter Betrügerey, seiner Ehre so nachtheilige Versiegelung und Bewahrung des Grabes.« (S. 371 f.) »*Der Stand der Erhöhung* bestehet darin, daß hierauf die erniedrigte Menschheit des Erlösers nach Ablegung aller Schwachheiten, und der übernommenen Schuld und Strafe, wiederum den völligen und beständigen Gebrauch und die Offenbahrung der, ihr aus der persönlichen Vereinigung mit der Gottheit, zukommenden Vorzüge und Vollkommenheiten angenommen hat. ⟨...⟩ Dahin folgende *Stuffen* gehören: 1) (nach einigen) die Höllenfahrt ⟨...⟩. 2) Die Auferstehung ⟨...⟩. 3) Die majestätische Himmelfahrt. 4) Das Sitzen zur Rechten Gottes. ⟨...⟩ 5) Die gesamte künftige Offenbahrung seiner Herrlichkeit« (S. 373).

177,7 *Alkorans]* Zeitgenössische Bezeichnung des Korans (mit dem arab. Artikel).

177,15 *zu einem Vetter]* Möglicherweise der Perückenmacher Lampe (vgl. S. 200,37).

177,22 f. *Lehre vom Ohngefähr]* Wieckenberg vermutet einen Hinweis auf Luthers *De servo arbitrio*, die Replik auf Erasmus von Rotterdams *De libero arbitrio*. Möglich ist auch, daß Moritz auf Gottfried Wilhelm Leibniz' *Theodizee* anspielt, wo Leibniz bereits im Vorwort auf Hobbes' *Of Liberty and Necessity* eingeht (zumal in der *Theodizee* auch die von Moritz angesprochene Kontroverse um die Transsubstantiation thematisiert wird). – Denkbar ist ferner, daß Moritz eine (zeitgenössische) Kasuistik-Kontroverse meint, denn: »Ohngefehr« bzw. »zufälliger Weise« wird »von einer solchen Begebenheit gesaget, welche ohne Absicht und Einrichtung einer vernünfftig würkenden Ursache entstehet« (Zedler XXV, Sp. 991).

177,37 f. *Pastor U...]* Pastor Uhle (Ulrich).

178,2 *A.. Kirche]* Aegidienkirche.

178,4 *haranguierte]* Vgl. Anm. 154,20.

178,12 *Pastor L...]* Pastor Wilhelm Lesemann wurde im Oktober 1770 als Nachfolger Göttens (vgl. Anm. 182,7 f.) an die Schloßkirche berufen (Ulrich); 1781 wurde ihm die »Curatel« für das Lehrerseminar und die Freischule übertragen (vgl. Salfeld, wie Anm. 174,32, S. 66 f.).

178,12 *C...kirche]* Kreuzkirche (Creutzkirche).

178,24 *Wonne ⟨...⟩ grief]* Kein Zitat aus Edward Youngs *Night Thoughts*, sondern aus James Macphersons (1736-1796) *Ossian*-Dichtungen; vgl. *Croma: A Poem*, in: *The Works of Ossian, The Son of Fingal*. In Two Volumes. Translated from the Galic Language by James Macpherson, vol. 1, London ³1765, s. 346 (u. ö.). – Zu Moritz' Ossian-Rezeption vgl. ausführlich Gaskill (dort auch Nachweise für eine Reihe von weiteren Ossian-Anleihen und -Paraphrasen in Moritz' Prosa) sowie Peter Richardson, *Wonne der Wehmut | Joy of Grief*, in: Archiv für das Studium der neueren Sprachen und Literaturen 211 (1974), S. 377-381.

178,33 *Namens R...]* Nicht ermittelt.

179,28 f. *Unterkleider]* In der »anständigen Sprechart« Bezeichnung der »Hosen oder Beinkleider« (Adelung IV, Sp. 913).

179,32 *Bis hieher ⟨...⟩ Gott gebracht]* Dreistrophiges Lob- und Danklied, verfaßt von der Erbauungsschriftstellerin Aemilia Juliane Gräfin zu Schwarzburg-Rudolstadt (1637-1706).

180,7 *Hübners biblischen Historien]* Johann Hübners (1668-1731) *Zweymahl zwey und funffzig Auserlesene Biblische Historien Aus dem Alten und Neuen Testamente, Der Jugend zum Besten abgefasset* erschienen ab 1714 in zahlreichen Ausgaben und Übersetzungen. Die speziell für die Jugend und für den Schulgebrauch konzipierte Anthologie enthält neben ausgewählten Episoden aus dem Alten und Neuen Testament jeweils im Anschluß an die Einzelerzählungen eine Reihe von Verständnisfragen sowie die didaktische Nutzanwendung (»Nützliche Lehren«) und abschließende »Gottselige Gedancken« in Versform.

181,18 *Lebensart]* Hier im weiteren Sinne von Beruf: »In Ansehung des Erwerbes seines Unterhaltes, die bestimmte Art und Weise, wie man Unterhalt und Bequemlichkeit erwirbt« (Adelung II, Sp. 1956).

181,37 *lateinische Schule]* Wahrscheinlich die öffentliche Stadtschule der Calenberger Neustadt (vgl. Anm. 115,36 f.).

182,1 *weil er von]* Korrigiert aus »weil von« nach D².

182,4 f. *sechs Meilen ⟨...⟩ Bedienung]* Vgl. Anm. 89,30. – Eine hannoversche Meile entspricht 7,42 km.

182,7 f. *Konsistorialrat G...]* Gabriel Wilhelm Götten (1708-1781), Theologe und Pädagoge, seit 1746 Superintendent, Hofprediger und Konsistorialrat in Hannover; Götten hat sich als Reformer des Schul- und Kirchenwesens namentlich um das Schullehrer-Seminar und um die Freischule verdient gemacht (vgl. auch Anm. 174,32).

182,15 f. *Gellerts geistlichen Oden] Geistliche Oden und Lieder* von C. F. Gellert, Leipzig ⟨1757⟩.

182,16 *Ausrede]* Der Terminus meint sowohl die »physische Beschaffenheit der Rede, von welcher die Aussprache ein Theil ist«, als auch »den ganzen äußern Vortrag einer feyerlichen Rede« (Adelung I, Sp. 623 f.).

182,34 *unterkäme]* Korrigiert aus »unter käme« nach D².

183,6 f. *einen lehrbegierigen Jüngling]* Kleanthes aus Assos; der Zenon-Schüler arbeitete nachts als Tagelöhner, um sich tagsüber dem Studium der Philosophie widmen zu können (vgl. Diogenes Laertius, *Leben und Meinungen berühmter Philosophen* VII 5,168-176).

183,13 *abwarten]* Hier mutmaßlich im Sinne von »das Ende einer Sache erwarten« (Adelung I, Sp. 130).

183,24 *diesem Mann*] Korrigiert aus »diesen Mann« nach D².

185 ⟨*Abb.*⟩] Ohne Signatur bzw. Unterschrift. Nach Geiger (S. XXXIV) Darstellung Anton Reisers »als einsamer Spaziergänger in einer ländlichen Gegend in der Nähe eines Flusses« (vgl. S. 283,22-31; ferner S. 282,15 f. und S. 214,32-34).

186,1 f. *schiefen Urteilen* ⟨...⟩ *gefällt sind*] Wahrscheinlich eine Anspielung auf die Rezension des 1. Teils in den ›Gothaischen gelehrten Zeitungen auf das Jahr 1785‹, Zweytes halbes Jahr, 68. Stück vom 24. August 1785, S. 557 f., wo die Unterschichtperspektive kritisiert wird: »Was wir an seinem Plane auszusetzen haben, ist der Stand und die Situationen, worin er seine Helden geboren werden, und aufwachsen läßt. Da Hr. Moritz doch für Leute schreibt, die lesen, das heißt, nicht für Handwerker u. dgl. so hätte er sich auch für Scenen hüten sollen, deren Details seinen Lesern statt Theilnahme, Langeweile erregen müssen. Gewiß auch würde er sein Buch zugleich interessanter und lehrreicher machen, wenn er den Beobachtungen einen sichtbarern Zusammenhang, und überhaupt mehr eine philosophische, als historische Anatomie und Meteorologie der Seele geben wollte.« – Vgl. ferner die Rechtfertigung des Rezensenten anläßlich seiner Besprechung des 2. und 3. Teils in den ›Gothaischen gelehrten Zeitungen auf das Jahr 1786‹, Zweytes halbes Jahr, 80. Stück vom 7. Oktober 1786, S. 669 f. (s. a. S. 971 f.).

186,1 *Urteilen*] Korrigiert aus »Urteile« nach D².

186,15 *werden*] Korrigiert aus »reden« nach D².

186,22 f. *Mißtönende*] Korrigiert aus »mißtönende« nach D².

187,6 *M...*] Gebhard Heinrich Marquard; vgl. Anm. 171,35.

188,7 *auch nach*] Korrigiert aus »auch, nach« nach D².

189,5 *diesem Manne*] Korrigiert aus »diesen Manne« nach D².

189,9 *Lebensart*] Vgl. Anm. 181,18.

189,15 *Sohn*] Friedrich Wilhelm Marquard († 1775).

189,16 *Lyceums]* Die Hohe Schule (Lyzeum) der Altstadt Hannover (unmittelbar an der Marktkirche St. Georg und Jakob gelegen); vgl. Spilcker, S. 255-258.

189,23 *Garnisonküsters]* St. E. Antonius (Ulrich).

189,25 *einen Stuhl setzte]* Sinngemäß für »einen Stuhl anbieten« (vgl. Grimm XVI, Sp. 656).

189,29 *im Werke]* Im Sinn von »geplant«.

190,1 *eines jungen Geistlichen]* Vermutlich der unten erwähnte Konrektor Johann Friedrich Gottfried Grupen (vgl. Anm. 211,15).

190,23 *machten]* Korrigiert aus »machte« nach D².

190,26 *kam lange nicht gegen]* Im Sinn von »nicht übereinkommen mit« jemandem belegt (vgl. Grimm XI, Sp. 1659); hier wohl in der Bedeutung von »ankommen gegen etwas«.

190,30 f. *Kinder Gottes]* Vgl. Röm 8,14-17 und 1 Joh 3,1 f.

191,9 *seine Base]* Nicht ermittelt.

191,34 f. *ersten von Virgils Eklogen ⟨...⟩ u. s. w.]* Zyklus von zehn hexametrischen Gedichten des Publius Vergilius Maro (70-19 v. Chr.), die häufig nicht als *Bucolica* zitiert werden, sondern als *Eklogen* bzw. in deutscher Übersetzung als *Hirtengedichte* oder *Idyllen*. In der von Johann Heinrich Voß (1751-1826) besorgten zweisprachigen Ausgabe *Publii Virgilii Maronis Bucolicon Eclogae Decem. Des Publius Virgilius Maro Zehn erlesene Idyllen. Übersezt und erklärt von Johann Heinrich Voss*, Altona 1797, heißt es über die 1. Ekloge: »*Meliböus*, ein Ziegenhirt aus Andes ⟨...⟩, flüchtet im Herbst ⟨...⟩ vor dem Einbruch der Veteranen über das Gebirge, wo der alte Freigelassene *Tityrus* ⟨...⟩ Virgils Rinder weidet, und sorglos unter einer weitästigen Buche mit abwechselnder Rohrpfeife singt.« Der zitierte Vers 11 lautet: »Non equidem invideo; miror magis«; in der Übersetzung von Voß: »Nicht missgönn' ich es dir; nur wunderts mich« (a. a. O., S. 15, S. 4 und S. 5).

191,35 *nec invideo]* Korrigiert aus »necinvideo« nach D².

192,18 *junger, wohlgekleideter Mensch]* Nicht ermittelt.

192,18 *seinem]* Korrigiert aus »seinen« nach D².

192,21 *ihm]* Korrigiert aus »ihn« nach D².

193,25 *Sohn des Pastor M ...]* Vgl. Anm. 189,15.

193,26 *Kornelius Nepos]* *De viris illustribus*, das 16bändige Biographenwerk *Von berühmten Männern* des römischen Geschichtsschreibers Cornelius Nepos (um 100 v. Chr. - 25 v. Chr.), gehörte damals zu den elementaren Texten im Lektürekanon des Lateinunterrichts (vgl. auch Anm. 176,20-22 und 214,14 f.).

193,26 f. *exponieren]* »In der Schulsprache, erklären, übersetzen, und zwar mit dem Nebenbegriffe: der Wortfolge nach, wie es in Schulen üblich ist« (Campe, Ergänzungsband, S. 304).

193,30 *Tochter ⟨...⟩ Prediger]* Nicht ermittelt.

194,10 *Telemach]* Vgl. Anm. 103,2.

194,19 *Konsistorialrat G ...]* Gabriel Wilhelm Götten; vgl. Anm. 182,7 f.

194,21 *Neustädter Schule]* Vgl. Anm. 115,36 f.

194,25 *die höhere Schule auf der Altstadt]* Vgl. Anm. 189,16.

194,25 f. *der Direktor]* Ludwig Wilhelm Ballhorn (1730-1777), seit 1759 Direktor des Altstädtischen Lyzeums (Hohe Schule) in Hannover, ab 1774 Superintendent und Oberprediger in Neustadt am Rübenberge.

195,18 *der Prinz]* Karl Ludwig Friedrich von Mecklenburg-Strelitz (1741-1816), Bruder der engl. Königin Sophie Charlotte; seit 1761 Führer des Regiments, in dem auch Johann Gottlieb Moritz diente; Gouverneur von Hannover, ab 1794 Herzog zu Mecklenburg-Strelitz. – Moritz widmete dem Prinzen seine *Kleinen Schriften die deutsche Sprache betreffend* (Berlin 1781).

195,20 *Rtlr.]* Reichstaler.

195,37 *Bedienung]* Amt; vgl. Anm. 89,30.

196,7 *Hautboist]* Korrigiert aus »Hauboist« nach D².

196,7 *F ...]* Lt. Ulrich ist ein Oboist Filter im Regiment von Prinz Karl von Mecklenburg-Strelitz nachweisbar.

196,10 *Schuster]* Nikolaus Schantz (vgl. Anm. 92,12 f. und 99,3).

196,11 *noch ein Hautboist]* Nach Ulrich handelt es sich um August Andreas Wiele (zugleich Pate von Moritz' jüngerem

Bruder Johann Simon Christian). – »Hautboist« korrigiert
aus »Hauboist« nach D².

196,11 *ein Hofmusikus]* Nicht ermittelt; vgl. S. 205,31-34.

196,11 *ein Garkoch]* Möglicherweise Krüger, Nachbar des
Perückenmachers Lampe (Ulrich).

196,12 *ein Seidensticker]* Nicht ermittelt.

196,20 *sein Brot mit Tränen essen]* Vgl. Anm. 173,9 f.

197,3 *einem]* Korrigiert aus »einen« nach D².

197,14 *ein armer Schuster]* Heidorn.

197,16 f. *seinen Eltern ⟨...⟩ überrechnet]* Korrigiert aus »seine Eltern mit dem Hauboisten überrechneten« nach D².

197,19 *dem Gelde]* Korrigiert aus »den Gelde« nach D².

198,5 *Hautboisten]* Korrigiert aus »Hauboisten« nach D².

198,15 f. *aus dem Benjamin Schmolke]* Der Liederdichter
und Theologe Benjamin Schmolck (Schmolcke; 1672-1737)
verfaßte zahlreiche Erbauungsschriften, die jeweils vielfach
aufgelegt worden sind, so daß eine zweifelsfreie Identifizierung nicht möglich ist. Martens vermutet, Frau Filter habe
Anton Reiser aus den *GOTT-geheiligten Morgen- und Abend-
Andachten* vorgelesen (Erstdruck in zwei Teilen: 1720/21).

199,24 *sich ⟨...⟩ nehmen]* »Sich betragen; eine nur in einigen Provinzen übliche Bedeutung, welche im Hochdeutschen unbekannt ist.« (Adelung III, Sp. 459.)

199,31 *das]* Korrigiert aus »des« nach D².

199,32 *insinuantes]* D. h. »einschmeichelnd, angenehm,
beliebt« (Grammatisches Wörterbuch II, S. 307).

200,16 *wars]* Korrigiert aus »war« nach D².

200,37 *dem]* Korrigiert aus »den« nach D².

200,37 *Peruckenmacher]* Lampe (Ulrich).

201,1 *Rock]* Als Teil der männlichen Kleidung steht
›Rock‹ für ein »langes Oberkleid« im Unterschied zur Weste
oder zum Mantel (Adelung III, Sp. 1138).

201,9 *Garnisonküster]* Vgl. S. 189,23.

201,11 *großmütigste]* Korrigiert aus »großmuthigste« nach
D².

202,18 *ihm]* Korrigiert aus »ihn« nach D².

202,18 *der Direktor des Lyceums]* Ludwig Wilhelm Ballhorn; vgl. Anm. 194,25 f.

202,35 *Pedanterie*] »Schulfüchserei. Durch den ersten Theil dieser Zusammensetzung darf man sich nicht auf den Gedanken bringen lassen, als wenn nur Schulmänner Pedanten seyn könnten. Sie sind es, wenn sie ihrer Schulwissenschaft, mit Herabsetzung jeder andern, einen übertriebenen Werth beilegen; jeder andere Gelehrte ist es aber nicht weniger, wenn er für sein Fach eben so eingenommen ist, in Kleinigkeiten einen großen Werth sucht, und sich doch bei aller Gelegenheit geschmack- und sittenlos zeigt.« (Grammatisches Wörterbuch III, S. 144.)

203,13 *Erasmus Roterodamus*] Erasmus von Rotterdam (1466 oder 1469-1536), niederländ. Humanist.

203,19 *Taulerus*] Vgl. Anm. 138,3.

203,23-27 *Periander ⟨...⟩ vorkommt*] Möglicherweise geht diese »allegorische Person« auf Periandros zurück (ca. 640 - ca. 560 v. Chr.), den Tyrannen von Korinth, den man zu den ›Sieben Weisen‹ zählt. Denkbar ist auch, daß sie auf den Schriftsteller Aegidius Periander (geb. um 1545) verweist, der das Volksbuch vom *Dil Ulenspiegel* ins Lateinische übertrug, oder auf den Fürther Prediger Karl Friedrich Lochner (1634-1697), der als Mitglied des ›Pegnesischen Blumenordens‹ den Gesellschaftsnamen »Periander« erhielt. – Für die erste Hypothese spricht, daß Fénelons *Lebens-Beschreibungen und Lehr-Sätze der alten Welt-Weisen, in das Teutsche übersetzt und mit Anmerckungen und Zusätzen vermehret* (Frankfurt und Leipzig 1748) ein Periander-Kapitel enthalten. Trotz der Reserve gegenüber dem korinthischen Herrscher sind dort mehrere Sentenzen abgedruckt, die formelhaft eingeleitet werden: »Periander pflegte zu sagen« (a. a. O., S. 88-90). – Für den Hinweis auf Fénelon danken wir Ernst-Peter Wieckenberg.

203,26 *allegorische*] Hier vermutlich in der Bedeutung von ›gleichnishaft, (sinn-)bildlich‹ (vgl. Grammatisches Wörterbuch I, S. 100).

203,27 *Bunians Christenreise*] Erfolgreiches Erbauungsbuch von John Bunyan (1628-1688): *The Pilgrim's Progress from this world, to that which is to come: delivered under the similitude of a dream. Wherein is discovered, the manner of his setting out, his dan-*

gerous journey; and safe arrival at the desired countrey (Erstdruck: London 1678; Teil 2: London 1684). Erste deutsche Übersetzung: J⟨ohann⟩ L⟨ange⟩, *Eines Christen Reise Nach der Seeligen Ewigkeit. Welche unter unterschiedlichen artigen Sinnen-Bildern Den gantzer ⟨!⟩ Zustand einer Bußfertigen und Gottsuchenden Seelen vorstellet ⟨...⟩*, Hamburg 1685.

204,9 *Herzen]* Korrigiert aus »Herze« nach D².

204,21 *in philosophischen Gesprächen]* Korrigiert aus »in philosophische Gesprächen« nach D².

204,24 *Von]* Korrigiert aus »von« nach D².

204,32 f. *Begriffe ⟨...⟩ Welt]* Vgl. die Parallelen zur *Kinderlogik* (in vorliegender Ausgabe Bd. 2).

204,36 *bei dem]* Korrigiert aus »bei den« nach D².

205,18 *einfließen zu lassen]* Korrigiert aus »einfließen lassen« nach D².

205,28 f. *Gnadenbrünnlein ⟨...⟩ verstopften]* Pietistische Bildsprache (vgl. Langen, Pietismus, S. 321 f. und S. 319 f.).

205,35-206,4 *Leuten ⟨...⟩ diese Leute]* Vermutlich die Familie von August Andreas Wiele; vgl. Anm. 196,11.

207,4 *Ökonomie]* Hier im Sinn von »Haushaltung, Wirthschafts- oder Haushaltungskunst« (Grammatisches Wörterbuch III, S. 51).

207,13 *Kommißbrot]* Wohl Teil des Soldatensolds; vgl. Ulrichs Ausführungen zum Einkommen von Moritz' Vater (Ulrich, S. 90).

207,14 *Hautboist]* Korrigiert aus »Hauboist«.

207,26 *anbetraf]* Korrigiert aus »an betraf« nach D².

208,8 f. *hohe Schule]* Mit Abstrichen in etwa dem Gymnasium vergleichbar: »Eine hohe Schule, wo die höhern Wissenschaften gelehret werden ⟨...⟩; zum Unterschiede von den niedern Schulen, wo nur die freyen Künste und die ersten Anfangsgründe der Wissenschaften gelehret werden«. Demnach gehören zu den niederen Schulen u. a. auch die »Leseschulen, Deutschen Schulen, Lateinischen Schulen, Stadtschulen, Dorfschulen, Schreibeschulen« etc. (Adelung III, Sp. 1678).

208,26 *Priesterhäusern]* Das Schulgebäude des Altstädter

Lyzeums gehörte ursprünglich zum Kloster Marienwerder (vgl. Spilcker, S. 255).

208,34-209,1 *Der Zeitpunkt ⟨...⟩ werden]* Nach Eybisch wurde Moritz »Ostern 1771 in die Sekunda aufgenommen« (Eybisch, S. 25).

208,35 *klopfendem]* Korrigiert aus »klopfenden« nach D².

209,14 *Buß- und Sündenspiegel]* Vgl. Anm. 176,32 f.

210,28 f. *Sodomiterei, stummen Sünden]* Entgegen dem heutigen Sprachgebrauch stehen »Sodomie, Sodomiterey« allgemein für »einen unnatürlichen Gebrauch der Zeugungs-Glieder, es sey mit Menschen oder Vieh«, also gleichermaßen für Masturbation, Homosexualität und Sodomie (im heutigen Sinn). Frau Filters Auslassungen wider die ›stummen Sünden‹ betreffen mutmaßlich speziell die im pädagogischen und medizinischen Schrifttum der Zeit vieldiskutierte Masturbation (vgl. Zedler XXXVIII, Sp. 328-335, bes. Sp. 328 f.).

210,29 *stummen Sünden]* Korrigiert aus »stumme Sünden« nach D².

210,33 *Inspektor]* Koch; vgl. Anm. 175,12.

211,15 *Konrektor]* Johann Friedrich Gottfried Grupen (1743-1805), seit 1765 Konrektor an der Hohen Schule, ab 1769 Lazarettprediger in Hannover; 1778 wurde Grupen zum Superintendenten und Konsistorialrat von Bückeburg ernannt, 1784 übernahm er das Amt des Pastors und Superintendenten in Neustadt am Rübenberge (vgl. Anm. 190,1).

211,16 *Kantor]* Johann Christian Winter (* 1718), Kantor und Musikdirektor der Altstadt Hannover; Dichter und Komponist zahlreicher Kantaten.

211,27 *Lehrstunden]* Vgl. zu den Lehrplänen in Sekunda und Prima ausführlich Eybisch, S. 26-37 bzw. S. 300-302; ferner insbesondere die Vorgaben von Ludwig Wilhelm Ballhorn in der *Nachricht von der jetzigen Verfassung des Unterrichts in der ersten Klasse der Großen Schule in der Altstadt Hannover* sowie in der *Fortgesetzten Nachricht* (Hannover 1771 bzw. 1773).

212,4 f. *nach einer gewissen Heilsordnung]* Nach Ulrich und Eybisch handelt es sich dabei um die Starckschen Katechismus-Tabellen; vgl. z. B. *D. Philipp Jacob Speners Catechismus-Tabellen, darinnen der gantze Catechismus D. Martin Luthers deutlich und gründlich erkläret wird. Sammt Herrn D. Joh. Georg. Pritii Einleitungs-Tabellen der zarten Jugend zum besten in Frag und Antwort verfasset von Johann Friederich Starck, Evangelischen Predigern*, Zweyte verbesserte Auflage, Franckfurt am Mayn 1729. – Ergänzend wurde der »Katechismus des Gesenius« erklärt (vgl. Ulrich, S. 99, und Anm. 176,32 f.).

212,18 *opera ad extra ⟨…⟩ opera ad intra]* Anspielung auf die »von den Lutherischen Theologen des 16. und 17. Jahrh.« vorgenommene Erweiterung der Trinitätslehre um »einige ⟨…⟩ scholastische Subtilitäten«; die opera ad extra »beziehen sich auf die eigenthümliche Wirksamkeit einer jeden Person nach Außen« (»Erlösung und Heilung«, »Schöpfung, Erhaltung und Weltregierung«), die opera ad intra auf die »Eigenthümlichkeiten einer jeden Person und ihr Verhältniß zueinander, welches sich in folgenden Formeln ausdrückt: Pater generat filium et spirat Spiritum. Filius spirat Spiritum cum Patre, Spiritus s. procedit a Patre et filio« (Ersch/Gruber I 27, S. 371).

212,19 *von dem]* Korrigiert aus »von den« nach D².

212,22 *Universalgeschichte nach dem Holberg]* Die *Synopsis historiæ universalis, methodo erotematica exposita* (Erstdruck 1733) des dän. Schriftstellers und Historikers Ludvig Baron von Holberg (1684-1754) wurde im lateinischen Original und in deutscher Übersetzung vielfach aufgelegt; vgl. etwa: *Kurze Vorstellung der allgemeinen Welt-Historie, in Frag und Antwort, zum Gebrauch der ersten Anfänger aus der neuesten Lateinischen Ausgabe ins Deutsche gebracht, und bis auf die ietzige Zeit fortgesetzet*, Berlin und Stralsund 1766.

212,23 *Geographie nach dem Hübner]* Johann Hübner (1703-1758), Jurist und Schriftsteller, verfaßte die mehrfach aufgelegte und übersetzte *Vollständige Geographie, Erster Theil, Von Europa, Portugall, Spanien, Franckreich, Engelland, Schottland, Irrland, Niederland, Schweitz und Italien*, Hamburg 1730; *Zweyter Theil, Von Dänemarck, Norwegen, Schweden, Preußen, Polen, Rußland, Ungarn, Türckey, Asia, Africa, America, und von den unbe-*

kannten Ländern, Hamburg 1731; *Dritter Theil, Von Böhmen, Oesterreich, Bayern, Francken, Schwaben, Ober-Rhein, Nieder-Rhein, Westphalen, Nieder-Sachsen und Ober-Sachsen*, Hamburg 1732. – Wahrscheinlich wurde ein im 18. Jahrhundert mehrfach modifizierter und revidierter Auszug benutzt; mutmaßlich handelte es sich um die 1764 erschienenen *Kurzen Fragen aus der alten und neuen Geographie*. Neue Ausgabe vermehrt von Gottlob Friedrich Krebel (vgl. Eybisch, S. 27).

212,30 *großen märkischen Grammatik*] Die *Grammatica latina Marchica, oder vollständigere Märkische lateinische Grammatik* (Berlin 1718) wurde im Lauf des Jahrhunderts vielfach überarbeitet und erweitert, später u. a. auch von dem Berliner Pädagogen und Schriftsteller August Ferdinand Bernhardi.

212,31 f. *Lateinische*] Korrigiert aus »lateinische« nach D².

213,1 *willen*] Korrigiert aus »Willen« nach D².

213,8 *Lateinischen*] Korrigiert aus »lateinischen« nach D².

213,10 f. *Akkusativ ⟨...⟩ Dativ*] Vgl. dazu Moritz' einschlägige linguistische Abhandlungen: *Vom Unterschiede des Akkusativ's und Dativ's oder des mich und mir, sie und ihnen, u. s. w. für solche, die keine gelehrte Sprachkenntniß besitzen ⟨...⟩. In Briefen*, Berlin 1780; *Anhang zu den Briefen vom Unterschiede des Akkusativ's und Dativ's ⟨...⟩* und *Zusätze zu den Briefen vom Unterschiede des Akkusativ's und Dativ's*, Berlin 1781, die zusammen mit zwei Abhandlungen über den »märkischen Dialekt« als *Kleine Schriften die deutsche Sprache betreffend*, Berlin 1781, wiederaufgelegt wurden.

213,12 *müsse*] Korrigiert aus »müssen« nach D².

213,14 *konnte. –*] Korrigiert aus »konnte, –« nach D².

213,34 *sein Sohn*] Georg Heinrich Winter (Ulrich).

214,4 *ihm ⟨...⟩ angewandelt*] Dativkonstruktion bei Adelung belegt (Adelung I, Sp. 400 f.).

214,6 *dem*] Korrigiert aus »den« nach D².

214,14 f. *Lebensbeschreibungen ⟨...⟩ Nepos*] Vgl. Anm. 193,26. Der überlieferte Torso des umfassenden Biographienwerks enthält – neben den Historiker-Fragmenten – die Lebensbeschreibungen nichtrömischer Feldherren. Letztere sind hier gemeint.

215,20 *furor poeticus]* Wohl im Sinne von »Schreibwut«; mutmaßlich Analogbildung zu ›furor teutonicus‹ (vgl. Lucanus, *Pharsalia* I 255 f.).

215,28 *Prosodie]* Korrigiert aus »Prosedie« nach D². – Verslehre, d. h. »die Lehre von der Länge und Kürze der Sylben einer Sprache« (Adelung III, Sp. 848); als Regelwerk diente die *Grammatica latina Marchica* (vgl. Anm. 212,30 und Eybisch). – Zu Moritz' *Versuch einer deutschen Prosodie*, Berlin 1786, vgl. in vorliegender Ausgabe Bd. 2, S. 891-907 und Anm. sowie S. 1271.

215,28 *Catonis disticha]* Disticha Catonis (Dicta Catonis); Bezeichnung einer vom Mittelalter bis ins 19. Jahrhundert intensiv rezipierten – ursprünglich anonym erschienenen – Sammlung von Lebensweisheiten eines Vaters für seinen Sohn, die irrtümlich auf den römischen Politiker und Schriftsteller Marcus Porcius Cato (234-149 v. Chr.) zurückgeführt wurde (Anfangslektüre im Lateinunterricht).

215,29 *Skandieren]* »Verse nach ihren Sylben ausmessen, oder Verse in die Füße, (pedes) aus denen sie bestehen, abtheilen« (Grammatisches Wörterbuch III, S. 396); als Lehrbuch wurde Johann Peter Millers (1725-1789) *Chrestomathia latina ad formandum tam ingenium quam animum puerilis aetatis accomodata*, Helmstedt 1755 (u. ö.), benutzt (Eybisch).

216,4 f. *einen alten Kurtius zum Prämium]* Als Belohnung erhielt Reiser eine Ausgabe der Alexander-Biographie von Quintus Curtius Rufus (1. oder 2. Jh. n. Chr.).

216,6 f. *der sogenannte alte Schulschlendrian]* Adelung kennt das Kompositum nicht. »Schlendrian« bezeichnet entweder »die Fertigkeit Handlungen einer Art auf eine gedankenlose Art zu verrichten« oder »Handlungen, welche man nach gewissen Vorschriften auf eine gedankenlose Art, d. i. ohne Bewußtseyn der Bestimmungsgründe, verrichtet« (Adelung III, Sp. 1523). Mutmaßlich ist hier nicht nur die Überbewertung des eher mechanisch einstudierten Lateinischen gegenüber der Muttersprache und den Realien gemeint, sondern darüber hinaus generell das geringe pädagogische und didaktische Niveau und entsprechend auch die Lerninhalte.

Vgl. die Verwendung dieses Begriffs in *Hartknopf/Allegorie* (S. 533 und Anm. 533,10) sowie in den *Reisen eines Deutschen in England* (in vorliegender Ausgabe Bd. 2, S. 292,17-23).

216,10 *die*] Korrigiert aus »Die« nach D².

216,16 f. *daß die Wiederholung ⟨...⟩ sei*] Übersetzung eines aus dem Lateinischen stammenden pädagogischen Grundsatzes: »Repetitio est mater studiorum«.

216,19 *Deklamieren*] Mündlicher Vortrag »mit lauter feyerlicher Stimme« (Adelung I, Sp. 1432); vgl. auch Grammatisches Wörterbuch II, S. 19 f.

216,19 f. *im deutschen Stil*] Später in einer Vorlesungsreihe an der Berliner Militärakademie und in eigenen Publikationen mehrfach aufgegriffenes Thema; vgl. z. B. Moritz' *Allgemeinen deutschen Briefsteller, welcher eine kleine deutsche Sprachlehre, die Hauptregeln des Styls und eine vollständige Beispielsammlung aller Gattungen von Briefen enthält*, Berlin 1793, oder die nach Moritz' Tod von Johann Daniel Jenisch fortgeführten *Vorlesungen über den Styl oder praktische Anweisung zu einer guten Schreibart in Beispielen aus den vorzüglichsten Schriftstellern*, 2 Theile, Berlin 1793/94 (vgl. dazu in vorliegender Ausgabe Bd. 2, S. 926-929 und S. 1272 f.).

216,26 *I...*] August Wilhelm Iffland (1759-1814), Schauspieler, Dramaturg und Theaterleiter. Iffland debütierte 1777 am Gothaer Hoftheater, 1779 erhielt er ein Engagement am Mannheimer Nationaltheater, wo er bei der Uraufführung von Schillers *Räubern* die Rolle des Franz Moor übernahm. 1796 wurde Iffland – inzwischen auch als Bühnenautor überaus erfolgreich – Direktor des Königlichen Nationaltheaters in Berlin.

216,37-217,1 *in allem übrigen*] Korrigiert aus »in allen übrigen«.

218,8 f. *ganz ohne seine Schuld*] Vgl. dazu auch S. 808,20-26.

218,31 *dann*] Korrigiert aus »denn« nach D².

218,33 *gesellschaftlich*] Gemeinsam.

218,36 f. *Meklenburgischen ⟨...⟩ Schildhaltern*] Entweder eine allgemeine Anspielung auf das mecklenburgische Wappen oder – wahrscheinlicher – speziell auf ein Element

desselben, den gekrönten Stierkopf mit Ring und heraus-
hängender Zunge. Die ›Schildhalter‹ könnten auf das Schul-
portal deuten; nach Ulrich befand sich »über der Thür ⟨...⟩
das bunt bemalte Stadtwappen mit zwei ›Wildemännern‹ als
Wappenhaltern« (Ulrich, S. 97).

219,5 *Pantomime*] Korrigiert aus »Pantomine« nach D².

219,11 *Stunde lang*] Korrigiert aus »Stundelang« nach D².

219,14 *konnten*] Korrigiert aus »konnte« nach D².

219,26 *anklebender*] Korrigiert aus »anklebenden« nach
D².

219,33 *dem*] Korrigiert aus »den« nach D².

220,7 *censor perpetuus*] (Lat.) »Ständiger Aufseher«.

220,13 f. *quem dii ⟨...⟩ fecere*] (Lat.) Wohl ironische Variation eines vielzitierten, auf Plutarch zurückgehenden Plau-
tus-Verses: »quem di diligunt, adulescens moritur« (*Bacchides*
IV 7,18 f.).

220,13 f. *paedagogum*] Korrigiert aus »paedogogum« nach
D².

220,21 *ich habe Gottes Wort an euch!*] Vgl. Ri 3,20 und Jer
5,13.

220,24 f. *Torheit ⟨...⟩ Herzen*] Vgl. Spr 22,15.

220,32 *ins Chor*] Das Chorsingen (Kurrende) war nach
Ulrich »hauptsächlich dazu bestimmt, ärmeren Schülern
eine Gelegenheit zum Erwerbe zu verschaffen«; während
der Direktor die »Oberaufsicht« (auch über die Finanzen)
führte, leitete der Kantor »die Einübung der Gesänge«. »An
zwei Wochentagen zogen die Kurrendaner in ihren fast bis
auf die Erde reichenden blauen Mänteln unter Leitung eines
älteren Primaners, des sogenannten Präfekten, durch die
Hauptstraßen der Stadt und ließen vor den Häusern der
Wohlhabenden ihre Arien und Motetten ertönen. War der
Gesang beendet, so sammelte einer der Schüler die Almosen
ein. Auch bei dem Gottesdienste der Marktkirche wirkten
die Currendaner mit. Die Verteilung des Geldes fand am
Sonnabend nach der Vesper statt« (Ulrich, S. 101; vgl. auch
S. 229,19-234,13, ferner Spilcker, S. 257).

221,14 *Wasserfall*] Der sog. »Schnelle Graben«, eine Verbindung zwischen Leine und Ihme bzw. dem Neuen und dem Calenberger Tor zum Schutz vor Hochwasser: »Über ein etwa 10 Meter hohes Wehr fällt hier ein Teil des Wassers der Leine in das Bett der Ihme und wird so außerhalb der Stadt herumgeleitet« (Ulrich, S. 302; vgl. auch Spilcker, S. 535 f.).

221,18 f. *Theoretische*] Korrigiert aus »theoretische« nach D².

223,9 f. *fremden Tischen ⟨...⟩ ließ*] Vgl. u. a. Sir 29,22-24.

223,13 *von den schlechten Zeiten*] Ernteausfälle als Folge ungünstiger Witterung führten insbesondere 1771-73 zu Teuerung und Hungersnot.

223,18 *Furie*] »*Tisiphone*, die Rächerin des Mordes; *Megära*, die drohende; *Alekto*, die nimmer ruhende; – strenge und unerbittliche Göttinnen, das Unrecht und den Frevel zu strafen, mit Schlangenhaaren auf dem Haupte, und Dolchen und Fackeln in den Händen« (Götterlehre, S. 392).

223,24 *wären*] Korrigiert aus »wäre« nach D².

224,1 *ihm*] Korrigiert aus »ihn« nach D².

224,12 *niederträchtig*] »Sehr merklichen Mangel an vernünftiger Ehrliebe besitzend, und darin gegründet, tiefe Geringschätzung eigener Würde durch seine Handlungen verrathend; ingleichen, in dieser Denkungsart gegründet« (Adelung III, Sp. 500).

224,13 *wurde*] Korrigiert aus »werde« nach D².

224,37 *Hautboist*] Korrigiert aus »Houboist« nach D².

225,7 *verunwilligten*] In der Bedeutung von »unwillig aufeinander werden« (Adelung IV, Sp. 1166).

225,8 *ruchtbar*] Auch Adelung kennt nur diese Variante (vgl. Adelung III, Sp. 1186).

225,24 *kleines Mädchen*] Nicht ermittelt.

226,3 *von dem*] Korrigiert aus »von den« nach D².

226,14 *Seelenlähmung*] Vgl. dazu S. 814,1-11.

226,29 *Angeklagten*] Korrigiert aus »angeklagten« nach D².

226,37-227,3 *eingebildeten Menschenkenner ⟨...⟩ beurteilt*] Evtl. Anspielung auf Johann Kaspar Lavaters (1741-1801) Physiognomielehre oder deren popularisierende (Fehl-)Deutungen (vgl. in erster Linie *Physiognomische Fragmente, zur Beförderung der Menschenkenntniß und Menschenliebe*, Leipzig und Winterthur 1775-78).

227,18 *Demütigendes]* Korrigiert aus »demüthigendes« nach D².

227,27 *zu retten]* Korrigiert aus »retten« nach D².

227,30 *Kaufmann in H...]* Nicht ermittelt; vgl. auch S. 264,11 (dort mit Sigle »S...«).

227,36 *meine Ihn]* Korrigiert aus »meine, ihn« nach D².

227,36 *Ihn]* Korrigiert aus »ihn« nach D².

228,1 *Ihn]* Korrigiert aus »ihn« nach D².

228,6 f. *Er ⟨...⟩ Ihn ⟨...⟩ Ihn]* Korrigiert aus »er ⟨...⟩ ihn ⟨...⟩ ihn« nach D².

228,12 *Alberne ⟨...⟩ Dumme]* Korrigiert aus »alberne ⟨...⟩ dumme« nach D².

228,31-33 *Infelix ⟨...⟩ macht]* Zitat aus Juvenal, *Saturae* I 3,152 f.: »nil habet infelix paupertas durius in se | quam quod ridiculos homines facit.«

230,4-27 *einen ⟨...⟩ Reiser]* Das Vorbild für Anton Reisers Alter ego ist mutmaßlich der Erfurter Peter Israel Reißer, der von 1771 bis 1774 und 1777 in den Primanerlisten geführt wird. – Ulrich identifiziert Philipp Reiser als den Tischler Philipp Jakob Reiß bzw. Philipp Reinhard Reiß, der 1779 Magdalene Mannfeld heiratete (Eybisch, Ulrich).

230,6 *Ausländer]* Peter Israel Reißer war gebürtiger Erfurter; Anton Reisers Freund stammt ebenfalls aus Erfurt.

230,8 *Äußere]* Korrigiert aus »äußer« nach D².

230,9 *H...r]* Hannoveraner.

230,14 *Präfektus im Chore]* Johann Kaspar Greßler aus Sachsen-Gotha leitete den Chor von 1768 bis 1772/73; Greßlers Nachfolger war Johann Michael Christoph (oder Christian) Ohlhorst (1753-1812) aus Halberstadt (Ulrich); Ohlhorst ging später als Sänger und Komponist zum Theater (vgl. Anm. 491,5).

230,19 *ihm sagte]* Korrigiert aus »ihmsagte« nach D².

230,31 f. *der Entfernung]* Korrigiert aus »die Entfernung« nach D².

231,11 f. *mechanischer Kopf*] Wahrscheinlich ist gemeint: mit einer besonderen Begabung für die »mechanischen Künste, welche das Bedürfniß der Menschen zum Gegenstande haben; im Gegensatze der schönen Künste« (Adelung III, Sp. 132).

231,22 *Forte piano's*] Hammerklavier (in Tafelform), Tafelklavier.

231,23 *Einnahmen*] Korrigiert aus »Einnahme« nach D².

232,9 *Ordnung des Lebens*] Vgl. die Parallelen zur *Kinderlogik* (in vorliegender Ausgabe Bd. 2).

232,21 *Mittwoch-*] Korrigiert aus »Mittwoch« nach D².

232,29 *Fund*] Entdeckung.

233,9 *größtenteils*] Korrigiert aus »größtenteis« nach D².

233,30 *nachdem*] Korrigiert aus »nach dem« nach D².

234,5 *Hospital für alte Frauen*] Nicht eindeutig identifizierbar; vgl. Spilcker, S. 383-388.

234,8 *Bis hieher hat mich Gott gebracht*] Vgl. S. 179,32 und Anm.

234,18 *Zephirs*] Der »gelinde warme West-Wind, nach welchem im Frühling die Gewächse aufleben, und lustig grünen« (Zedler LXI, Sp. 1349).

234,24 *Lessings kleinen Schriften*] Nicht eindeutig identifizierbar; vermutlich handelte es sich um Gotthold Ephraim Lessings (1729-1781) anonym erschienene *Kleinigkeiten*, Frankfurt und Leipzig 1751, oder um die *Schrifften*, 6 Theile, Berlin 1753-55; Theil 1 (Berlin 1753) enthält u. a. Lieder, Oden, Fabeln und Sinngedichte.

234,29 *Projekte;*] Korrigiert aus »Projekte!« nach D².

234,32 *Daniel in der Löwengrube*] Vgl. Anm. 115,1 f.

234,34 f. *Terenz*] Publius Terentius Afer (um 195-159 v. Chr.), röm. Komödiendichter.

234,37 *Phädrus*] Phaedrus (* um 50 n. Chr.), röm. Fabeldichter.

234,37 *Eutropius*] Röm. Geschichtsschreiber (4. Jh. n. Chr.). Sein im Auftrag von Kaiser Valens verfaßter Abriß der römischen Geschichte reicht von der Gründung Roms bis zum Tod Jovians (364 n. Chr.).

235,4 *alten tauben Mann]* Johann Heinrich Discher (Tischer) starb 1773 in seinem 108. Lebensjahr (vgl. Anm. 118,15).

235,12 *ihm]* Korrigiert aus »ihn« nach D².

235,22 *ermunterte ihn]* Korrigiert aus »ermunterteihn« nach D².

236,2 *Trockenheit und Leere]* Vgl. Anm. 136,14.

236,3 *Erhabnes]* Korrigiert aus »erhabnes« nach D².

236,3 *Großes]* Korrigiert aus »großes« nach D².

236,10-16 *Guionschen Schriften ⟨...⟩ die Bibel und die Lieder]* Vgl. S. 87,5-98,37.

236,21 *anfrischte]* Synonym für ›auffrischen‹, ›beleben‹, ›anregen‹.

237,5 *da]* Korrigiert aus »das« nach D².

237,12 *seinem]* Korrigiert aus »seinen« nach D².

237,20 *Rektor des Lyceums]* Johann Christoph Greve (1738-1814), Theologe, ab 1761 Konrektor, von 1765 bis 1771 Rektor, anschließend Stadt- und Garnisonprediger in Harburg.

237,21 *neue Rektor S...]* Heinrich Philipp Sextro(h) (1747-1838), Theologe, von 1772 bis 1779 Rektor, später Prediger und Professor für Theologie in Göttingen, anschließend Konsistorialrat in Hannover.

238,5 *Grille]* Entweder in der Bedeutung von »seltsamer Einfall« oder auch als Umschreibung für »künstliche mühsame Gedanken und Vorstellungen ohne Nutzen« (Adelung II, Sp. 803).

238,19-21 *Leydings Handbibliothek ⟨...⟩ Einsiedler]* Johann Dietrich (Diederich) Leyding (1721-1781), Schriftsteller und Autor bzw. Herausgeber der *Handbibliothek für Kinder und junge Leute. Zur Ausbreitung der Religion, der Tugend, der Wahrheit, der Sitten, des Geschmacks und des Witzes*, 3 Theile (Erstdruck Hamburg und Leipzig 1770 und 1772; Zwote vermehrte und verbesserte Ausgabe, Flensburg 1777, 1778 und 1779). – Gottlieb Konrad Pfeffels (1736-1809) erstmals 1761 in Karlsruhe publizierte Tragödie *Der Einsiedler ein Trauerspiel von einem Aufzuge* ist in Bd. 1 der revidierten Auflage (S. 194-221) abgedruckt.

239,2 *Theatergrille]* Vgl. Anm. 238,5.

239,13 *Primaner]* D. i. »auf Schulen derjenige, welcher in der ersten ⟨d. h. obersten⟩ Classe sitzet. Sie haben nach den verschiedenen Gewohnheiten dieser oder jener Schule auch gantz verschiedene Freyheiten vor andern ihren Mit-Schülern« (Zedler XXIX, Sp. 471).

239,28 *Hundstagen]* Nach Adelung »diejenigen Tage von dem 24sten Julii ⟨recte: 23.⟩ bis zum 23sten August, in welchen die Sommerhitze gemeiniglich den höchsten Grad zu erreichen, und die Hunde oft wüthend zu machen pflegt, welches man ehedem dem Hundssterne zuschrieb, als welcher um diese Zeit mit der Sonne zugleich aufzugehen pflegt« (Adelung II, Sp. 1325).

239,32 *Jenner ⟨...⟩ Königin]* (Sophie) Charlotte, Königin von Großbritannien und Irland, Kurfürstin von Hannover (1744-1818), geb. von Mecklenburg-Strelitz, hatte am 19. Mai Geburtstag, der am 18. Januar gefeiert wurde. – Vgl. auch S. 354,29 f.

239,32 f. *Mai ⟨...⟩ Königs]* Georg III., König von Großbritannien und Irland, Kurfürst von Hannover (1738-1820), hatte jedoch am 4. Juni Geburtstag.

239,33 *Geburtsfest]* Korrigiert aus »Geburstfest« nach D².
240,6 *Zuge mit]* Korrigiert aus »Zuge der mit« nach D².
240,14 *schöngebohntem]* Korrigiert aus »schöngebohnten«.
240,16 f. *Bildern]* Korrigiert aus »Bilden« nach D².
240,31 *Schlag der Robinsons]* Anspielung auf die Robinsonaden, die Abenteuer-Romane in der Tradition von Daniel Defoes (1660?-1731) *The Life and Strange Surprizing Adventures of Robinson Crusoe, of York, Mariner ⟨...⟩; The Farther Adventures of Robinson Crusoe ⟨...⟩* und *Serious Reflections during the Life and Surprising Adventures of Robinson Crusoe ⟨...⟩*, London 1719/20. – Im 18. Jahrhundert sehr erfolgreiches Genre (vgl. auch Anm. 109,3): »Robinson, ein gewöhnlicher Tittel von einer gewissen Art Bücher. Es war nehmlich ehedem Mode, und ist auch noch ietzo nicht gantz abgekommen, daß man allerhand abendtheuerliche Reise-Beschreibungen unter diesem Titul drucken ließ.« (Zedler XXXII, Sp. 81.)

240,32 f. *daß er ⟨...⟩ geboren sei]* Moritz erinnert die Anfangszeilen zwar im Duktus korrekt, Defoes Robinson stammt jedoch aus einer durchaus wohlhabenden Kaufmannsfamilie und gehört entsprechend dem bürgerlichen Mittelstand an.

241,24 *Metaphisik]* Korrigiert aus »Mataphisik« nach D².

241,25 *Spinozismus]* »Spinozisterey«, »diejenige Art der Atheisterey, da man nur eine und zwar materialische Substantz statuiret, folglich Gott und die Welt vor eins hält. Er hat seinen Nahmen von dem Benedicto Spinoza, dessen atheistische Lehr-Sätze sonderlich in der Ethic enthalten, worinnen er sich zu erweisen angelegen seyn lässet, daß nur eine Substantz sey, wodurch er die Natur verstehet, und sie vor eins mit Gott hält« (Zedler XXXIX, Sp. 88).

241,32 *selbst]* Korrigiert aus »sebst« nach D².

241,34 *Honoratioren]* Korrigiert aus »Honorationen« nach D².

242,2 ***schreibers]* Lizentschreibers (vgl. Anm. 89,30); »Licenten ⟨...⟩ werden die Auflagen, Imposten und Zolle auf die Victualien und Kauff-Manns-Güter genennet, Consumtions-Accise, von welcher niemand frey, falls er nicht einen Frey-Schein erlanget« (Zedler XVII, Sp. 814).

242,9 *Gott walte]* Vgl. Anm. 98,3 f.

242,14 *Türme von H...]* Vgl. Anm. 170,20.

242,18 *Cicero Buche von den Pflichten]* Marcus Tullius Ciceros (106-43 v. Chr.) ethisch-philosophische Schrift *De officiis.*

242,24 *Delikatesse]* »Zartgefühl« (Grammatisches Wörterbuch II, S. 34).

242,25 *werden]* Korrigiert aus »worden« nach D².

242,26 *von anscheinendem Mangel]* Korrigiert aus »von anscheinenden Mangel«.

242,31 *einen gewaltigen]* Korrigiert aus »einem gewaltigen« nach D².

242,34 *bei demselben]* Korrigiert aus »bei denselben« nach D².

243,8 *dem Hutmacher]* Korrigiert aus »den Hutmacher« nach D².

243,8 *L…]* Johann Simon Lobenstein (vgl. S. 125,28-170,19).

243,24 *gegeben haben]* Korrigiert aus »gegeben habe« nach D².

243,36 *Auditorium]* »Hörsaal«, »Lehrzimmer« (Campe, Ergänzungsband, S. 135).

244,10 *Nimbus]* »Heiligenschein«, »Strahlenkranz« (Campe, Ergänzungsband, S. 436).

244,26 *ihm]* Korrigiert aus »ihn« nach D².

244,28 *Acerra Philologika]* Von dieser Anthologie speziell für den Schulgebrauch waren seit 1633 zahlreiche Ausgaben und Revisionen erschienen (vgl. Anm. 102,35).

244,28 *Philologika]* Korrigiert aus »Philalogika« nach D².

245,6 *Logik]* Entsprechend dem im 18. Jahrhundert sehr verbreiteten Lehrbuch von Friedrich Christian Baumeister (1709-1785): *Institutiones philosophiae rationalis, methodo Wolfiana conscriptae,* Wittenberg 1736 (Eybisch).

245,8 *herablassend]* Hier wohl in der Bedeutung von »sich zu jemanden herab lassen, von Personen höhern Standes, wenn sie sich mit Geringern in eine Art von Gleichheit setzen« (Adelung II, Sp. 1111).

245,10 *ihm den]* Korrigiert aus »ihn dem« nach D².

245,27 *katholischen Stadt]* Hildesheim.

246,1 *Denn noch]* Korrigiert aus »Dem nach« nach D².

246,3 f. *zeremonienmäßige]* Korrigiert aus »zermonienmäßige« nach D².

246,8 *schraubte]* Jemanden »aufziehen, vexiren, ihm seine Unvollkommenheiten scherzend vorrücken« (Adelung III, Sp. 1645).

247,5 *erstenmale Prima]* Vermutlich Ostern 1772 (Eybisch).

247,7 *Famulus]* Ein »armer Student, der bey einem Professor freye Wohnung und andere Vortheile hat, in den Hörsälen die Plätze beschlägt, und das Honorarium für die Kollegia eintreibt« (Kindleben, S. 65).

247,14 *kurzen]* Korrigiert aus »kurzem« nach D².

247,26 *Cötus]* Lat. coetus, hier für »Abteilung, Schulklasse«.

247,30 *untern Katheder]* Tatsächlich gab es in der Prima zwei Katheder (vgl. Eybisch, S. 173).

248,3 *während dem]* Korrigiert aus »währendem« nach D².

248,10 *der]* Korrigiert aus »den« nach D².

248,19 *R...]* (Christian) Friedrich Rehberg, der spätere Maler und Radierer (1758-1835); ab 1787 Professor an der Königlichen Akademie in Berlin und im Auftrag von Friedrich Anton Freiherr von Heinitz (1725-1802) in Rom, wo Moritz und Rehberg, die sich in Italien wiederbegegnet waren, in freundschaftlichem Kontakt standen. – Rehbergs Moritz-Porträt (Öl auf Leinwand) ist heute im Besitz der Stiftung Archiv der Akademie der Künste Berlin. – Vgl. auch in vorliegender Ausgabe Bd. 2, S. 1292.

248,26 *schüchternem und mißtrauischem]* Korrigiert aus »schüchternen und mißtrauischen« nach D².

248,32 f. *zum Ritter ⟨...⟩ werden]* Als ironische Redewendung belegt (Grimm XIV, Sp. 1054 f.).

248,33 *an ihm]* Korrigiert aus »an ihn« nach D².

248,36 *Bravour]* »Tapferkeit« (Grammatisches Wörterbuch I, S. 172).

249,33-250,6 *Hylo ⟨...⟩ Sonne, u. s. w.]* Anfangsvers eines Liedes von Christian Gryphius (1649-1706): *Thränen bey dem Grabe Christi*; Erstdruck in: *Christiani Gryphii Poetische Wälder*, Franckfurt und Leipzig 1698. Identifikation und vollständiger Abdruck: Wieckenberg, S. 458 f.

250,5 *hieß:]* Korrigiert aus »hieß« nach D².

250,11 f. *Du verdeckest ⟨...⟩ Hütten]* Vermutlich ein – nicht identifiziertes – Lied nach Ps 61,5.

250,12 f. *lieg ich ⟨...⟩ gut]* Vermutlich ein – nicht identifiziertes – Lied nach 2 Chr 13,11 (u. ö.).

250,17 *in einem]* Korrigiert aus »in einen« nach D².

250,25 *Moses Mendelsohns Schriften]* Vermutlich Moses Mendelssohns *Philosophische Schriften*, 2 Theile, Berlin 1761; vgl. zu dem von Moritz sehr geschätzten Philosophen (1729-1786) u. a. auch den Essay »Über Moses Mendelssohn« (Denkwürdigkeiten, S. 17-24, S. 49-53, S. 97-101, S. 129-133) sowie Moritz' Rezension von »Moses Mendelssohn an die Freunde Lessings ⟨...⟩« (Königl. privilegirte Berlinische Staats- und gelehrte Zeitung vom 24. Januar 1786), ferner Klischnig, S. 62-64 u. ö.

250,25 *Litteraturbriefe]* *Briefe die Neueste Litteratur betreffend,* ⟨hg. v. Friedrich Nicolai, Gotthold Ephraim Lessing und Moses Mendelssohn⟩, Theile 1-24, Berlin (später Berlin und Stettin) 1759-65.

251,13-15 *Primaner ⟨...⟩ Komödien]* Zu den Schüleraufführungen vgl. die Recherchen von Ulrich, S. 299-301.

251,26 *Philotas]* Gotthold Ephraim Lessing, *Philotas. Ein Trauerspiel,* Berlin 1759. Unter Umständen ist hier nicht der Erstdruck gemeint, sondern der Neudruck im *Theater der Deutschen* (vgl. Anm. 256,1); der 5. Theil (Berlin und Leipzig 1767) enthält *Philotas, ein Trauerspiel von Leßing.*

252,2 *Pfenniglichtern]* Kerze zum Preis von einem Pfennig (Grimm XIII, Sp. 1669).

252,4 *Leimen]* In den »gröbern Mundarten« Bezeichnung für »Lehm« (Adelung II, Sp. 1979).

252,4 *nassen Leimen]* Nach Campe ist der Plural von »Leimen« ungewöhnlich (vgl. Campe III, S. 94).

252,5 f. *Millers ⟨...⟩ Sokrates]* Anthologie des Schriftstellers, Theologen und Pädagogen Johann Peter Miller (1725-1789): *Historischmoralische Schilderungen zur Bildung eines edlen Herzens in der Jugend,* 5 Theile, Helmstädt [3]1761-63. – Theil 2, S. 257-275, enthält die dialogische Szene *Der sterbende Socrates.* Die Rolle Anton Reisers ist nicht eindeutig zu ermitteln; es könnte sich um Criton, Euchares oder den erst später hinzukommenden Apollodor handeln.

252,8 *G...]* Nicht ermittelt.

252,16 *noch]* Korrigiert aus »nach« nach D[2].

252,32 *blöden Miene]* Einfältiger, aber auch scheuer, schüchterner Gesichtsausdruck.

252,32 *kurzen]* Korrigiert aus »kurzem« nach D[2].

253,1 f. *Spottnamen ⟨...⟩ Sokrates]* Nach der Überlieferung durch Alexander Macco soll Moritz in Rom ebenfalls den Spitznamen »Sokrates« erhalten haben (vgl. Albrecht Macco, *Der Maler Alexander Macco und der Goethe-Kreis,* in: Chronik des Wiener Goethe-Vereins 44 [1939], S. 1-13, hier S. 2).

253,15 *sehen]* Korrigiert aus »Sehen« nach D².

253,26 *T...]* Nicht ermittelt.

253,28 *schüttelte]* Korrigiert aus »schüttete« nach D².

253,30 *spottete]* Korrigiert aus »spottet« nach D².

253,33 *offenbaren]* Offenkundig, offensichtlich.

254,22 f. *menschenscheuen]* Korrigiert aus »menscheuen« nach D².

254,30 *Lesen]* Korrigiert aus »lesen« nach D².

255,2 *Ertilgung]* Korrigiert aus »ertilgung«. – Das Verb »ertilgen« ist belegt (vgl. Grimm III, Sp. 1029).

255,7 *einem]* Korrigiert aus »einen« nach D².

255,23 *lesen]* Korrigiert aus »Lesen« nach D².

255,25 *Ugolino]* Heinrich Wilhelm von Gerstenberg (1737-1823), *Ugolino. Eine Tragödie, in fünf Aufzügen*, Hamburg und Bremen 1768; in Anlehnung an eine Episode aus Dantes *Divina Commedia* (Inferno, 33. Gesang) werden die Leiden des Pisaner Grafen Ugolino sowie seiner drei Söhne geschildert (Tod im Hungerturm). – Möglicherweise ist hier der Neudruck im *Theater der Deutschen* (vgl. Anm. 256,1) gemeint; der 9. Theil (Königsberg und Leipzig 1770) enthält *Ugolino, ein Trauerspiel in fünf Aufzügen*.

255,35 *vollkommen]* Korrigiert aus »kommen« nach D².

256,1 *deutschen Theater]* Dramatische Anthologie, erschienen unter dem Titel *Theater der Deutschen*, Erster bis Zwanzigster Theil, Berlin u. a. 1766-84.

256,2 *Yoricks empfindsame Reisen]* Die erste deutsche Übersetzung von Laurence Sternes (1713-1768) *A sentimental journey through France and Italy. By Mr. Yorick* (London 1768) besorgte Johann Joachim Christoph Bode (1730-1793): *Yoriks empfindsame Reise durch Frankreich und Italien*, Hamburg und Bremen 1768.

256,4 f. *empfindsamen Reisen ⟨...⟩ von S...]* Johann Gottlieb Schummel (1748-1813), Pädagoge und Schriftsteller, Verfasser der (Laurence Sterne verpflichteten) *Empfindsamen Reisen durch Teutschland*, 3 Bände, Wittenberg und Zerbst 1770-72. Schummel, zunächst begeisterter Anhänger des Philanthropismus, wandte sich später mit einer erfolgreichen Satire

von dieser pädagogischen Reformbewegung ab: *Spitzbart.*
Eine komi-tragische Geschichte für unser pädagogisches Jahrhundert,
Leipzig 1779.

256,9 f. *den empfindsamen]* Korrigiert aus »die empfindsame« nach D².

256,11 f. *Exerzitium extemporaneum]* (Lat.) Stegreifübung
(vgl. Campe, Ergänzungsband, S. 302 und S. 306).

256,17 *Spitzbart]* Vgl. Anm. 256,4 f.

257,4 *dem Rektor]* Korrigiert aus »den Rektor« nach D².

258,6 *Dem]* Korrigiert aus »Den« nach D².

258,7 *niemand ⟨anders⟩]* Korrigiert aus »niemand«.

258,10 *wurde]* Korrigiert aus »würde« nach D².

258,18 f. *Domestique]* (Franz.) Bedienter.

259,14 f. *Ungewohnheit]* Als Abstraktum in dieser Form
bei Adelung belegt (vgl. Adelung IV, Sp. 865 f.).

259,36 *antwortete]* Korrigiert aus »antworte« nach D².

260,4 *dem Hause]* Korrigiert aus »den Hause« nach D².

260,8 *höchst traurig]* Korrigiert aus »höchsttraurig« nach
D².

260,18 *schmeichelte]* Korrigiert aus »schmeite« nach D².

260,20 *demselben]* Korrigiert aus »denselben« nach D².

260,21 *betrunken]* Korrigiert aus »Betrunken« nach D².

261,19 *den ⟨...⟩ Farben]* Korrigiert aus »der schwärzten
Farben« nach D².

261,20 *tragisch]* Korrigiert aus »Tragisch« nach D².

261,33 *Emilia Galotti]* Gotthold Ephraim Lessing, *Emilia
Galotti. Ein Trauerspiel in fünf Aufzügen,* Berlin 1772, ebenfalls
enthalten im *Theater der Deutschen,* 12. Theil, Königsberg und
Leipzig 1772 (vgl. Anm. 256,1).

261,34 f. *Tod Abels]* Salomon Heinrich Geßner (1730-
1788), *Der Tod Abels. In fünf Gesängen,* Zürich 1758.

261,35 *Geßner]* Korrigiert aus »Gaßner« nach D².

262,11 *Dispüte]* »Wenn zwei Personen mit einander über
eine Sache sprechen, und sie haben verschiedene Meinungen,
welche sie gegen einander vertheidigen, so sagt man: sie
haben einen Dispüt. Streit, auch Wortwechsel kann man
dafür sagen« (Grammatisches Wörterbuch II, S. 75).

262,18 f. *Entstehung* ⟨...⟩ *Nichts]* Grundannahme der christlichen Theologie, wonach Gott die Welt aus dem Nichts geschaffen habe: »Gott hat *die ganze Welt erschaffen*, das heißt, Gott hat allen Dingen, die da sind, ihre Existenz oder Wirklichkeit gegeben; er hat gewollt, daß sie aus ihrem Nichts hervorträten. Und alsbald standen sie da und waren, da vor dieser Schöpfung außer Gott nichts vorhanden war.« (Johann Peter Miller, *Gründlicher Unterricht in den ersten und wichtigsten Wahrheiten der Religion*, in: *Historischmoralische Schilderungen zur Bildung eines edlen Herzens in der Jugend*, Vierter Theil, Helmstädt 1763, S. 140; vgl. dazu S. 252,5 f. und Anm.)

262,19 *sie]* Korrigiert aus »Sie« nach D².

262,19 f. *Emanationssystem]* D. i. ein »philosophisches oder ⟨...⟩ religiöses System, vermöge dessen in stufenweise herabsteigenden Entwickelungen alle Dinge aus dem höchsten Wesen ausgeflossen sind, das ganze Universum also im Allgemeinen wie im Besondern nichts ist als eine Offenbarung des Ewigen, oder vielmehr eine Reihenfolge von den höchsten und reinsten Offenbarungen desselben bis zu den niedrigsten und unvollkommensten nach einer stetig fallenden Progression, deren Glieder also immer mehr von dem Wesen des Göttlichen verlieren, je weiter sie von ihrem Urquell, der Gottheit, abstehen. Dieses System liegt zunächst den indischen Religionen zum Grunde.« (Ersch/Gruber I 34, S. 1 f.)

262,31 f. *in den Wurf kam]* Hier im übertragenen Sinn für »von ungefähr begegnen« (Adelung III, Sp. 1627).

263,1 f. *Erdbeschreibung]* Geographie; vgl. dazu auch Anm. 212,23.

263,9 *Livius]* Titus Livius (ca. 59 v. Chr. - 17 n. Chr.), röm. Geschichtsschreiber.

263,9 *andrer]* Korrigiert aus »ander« nach D².

264,11 *Ihn]* Korrigiert aus »ihn«.

264,11 *S...]* Vgl. Anm. 227,30.

264,36 f. *Miß Sara Sampson]* Gotthold Ephraim Lessing, *Miß Sara Sampson. Ein bürgerliches Trauerspiel in fünf Aufzügen,*

Berlin 1755; ebenfalls enthalten im *Theater der Deutschen*, 2. Theil, Berlin und Leipzig 1766 (vgl. Anm. 256,1).

264,37 *Julie und Romeos*] Vermutlich Anspielung auf Christian Felix Weißes (1726-1804) *Romeo und Julie. Ein bürgerliches Trauerspiel in fünf Aufzügen*, Leipzig 1768. – Im *Theater der Deutschen* (vgl. Anm. 256,1) ist im 7. Theil, Berlin und Leipzig 1768, *Romeo und Julie, ein bürgerliches Trauerspiel in fünf Aufzügen von Herrn Weißen* enthalten. Am 11. Mai 1773 wurde es von der Schröderschen Truppe in Hannover aufgeführt (Ulrich). – Im Oktober 1788 besuchte Moritz in Florenz eine italienisch-sprachige Aufführung (vgl. in vorliegender Ausgabe Bd. 2, S. 833 f.).

265,21 *par nobile Fratrum*] (Lat.) »Ein edles Brüderpaar!«; Zitat aus Quintus Horatius Flaccus (65-8 v. Chr.), *Satiren* II 3,243; dort als ironisch-abfällige Anspielung auf Quintus Arrius' Söhne eingesetzt.

266,6 *vom bloßen*] Korrigiert aus »von bloßem« nach D².

266,7 *Regeln ⟨...⟩ Aussprache*] Noch vor Antritt der Englandreise publizierte Moritz die *Tabelle von der Englischen Aussprache* und die *Tabelle von der Englischen Mythologie* (Berlin 1779) sowie die *Anweisung zur Englischen Akzentuation* (Berlin 1781), schließlich nach seiner Rückkehr die *Englische Sprachlehre für die Deutschen* (Berlin 1784).

267,9 *Degen ansteckte*] Eigentlich verbotswidrig: »Das Degentragen der Studenten ist wegen besorglicher und wirklich entstandener Unruhen auf vielen Universitäten abgeschaft. Doch pflegen die Musensöhne, wenn sie verreisen oder zu Dorfe steigen, auch bei feyerlichen Aufzügen und vorzüglich bey Schlägereyen dergleichen tödliche Instrumente zu führen, welche sie Hieber nennen, und die sich gegen einen Stutzerdegen oder Petit-Degen verhalten, wie David zum Goliath.« (Kindleben, S. 51 f.) – Hier ist mutmaßlich die ungefährlichere Variante gemeint.

267,15 *ihn*] Korrigiert aus »ihm« nach D².

267,29-36 *Türme ⟨...⟩ Marktturm*] Vgl. Anm. 170,20. – Die Antipathie gegenüber dem unvollendeten, gleichwohl höchsten Turm der Stadt rührte hauptsächlich von der Nähe der

Kirche zur Schule (vgl. Anm. 189,16). Denkbar ist jedoch auch, daß Moritz die änigmatische Symbolik des Turms assoziiert: »Er ist ein hohes gemauertes Viereck, welches sich in vier dreieckigte Spitzen endigt und von dann noch einen zweiten kleinern Thurm trägt. Von den vier dreieckigten Spitzen des Hauptthurms enthalten drei jeder einen colossalen Kreis. In Westen ist die dreieckigte Fläche ganz dunkel und ohne Abzeichen, außer dem Zifferblatte, das in neueren Zeiten dahin gesetzt ist. In Süden und Norden enthalten die, die Uhr-Zifferblätter umfassenden Kreise, jeder ein doppeltes Dreieck oder ein cabbalistisches Sechseck und in Osten steht im hellen Kreise ein roth ausgemauertes colossales pythagoreisches Fünfeck. Ueber den Kreisen ist in jeder Spitze ein großes Kreuz eingemauert, und unter jedem Kreise sieht man noch zwei kleine Kreise, von denen der eine immer ein Kreuz, der andere etwas, das wie der Buchstabe Ypsilon aussieht, enthält.« Das Pentagon an der Ostseite, auch als »Drudenfuß« gedeutet, »wurde zum Schutze des Viehes etc. in der berufenen Walpurgis-Nacht mit Kreide an die Ställe gezeichnet« (Spilcker, S. 472 f.).

268,9 f. *Missetätern ⟨...⟩ vorgelesen]* In der Gerichtslaube des Alten Rathauses.

268,34 *ängstlichen]* Korrigiert aus »ängstliche« nach D².

269,3 *Schauspielergesellschaft]* Vom 13. April bis 15. Juli 1773 gab die Schrödersche bzw. Ackermannsche Truppe (vgl. Anm. 269,4) ein dreimonatiges Gastspiel in Hannover mit insgesamt 67 Vorstellungen (Ulrich); Eybisch zählte zwischen dem 13. April und dem 16. Juli insgesamt 66 Aufführungen.

269,4 *Ackermansche Truppe]* Theatertruppe von Konrad Ernst Ackermann (1710 oder 1712-1771), 1753 in Königsberg gegründet und in wechselnder Besetzung (u. a. mit Ekhof und Schröder) aktiv; trotz der Theatergründungen in Königsberg (1756) und Hamburg (1765) sowie der engen Zusammenarbeit mit Lessing war die Truppe überwiegend auf eine Wanderbühnen-Existenz angewiesen (1755: Uraufführung von *Miß Sara Sampson* in Berlin). Bereits vor Ackermanns Tod übernahmen seine Frau Sophie Charlotte Ackermann (1714-1792) und sein Stiefsohn Friedrich Ludwig Schröder (1744-1816) die Leitung des Unternehmens.

269,16 *Emilia Galotti*] Vgl. Anm. 261,33; die Hannoversche Erstaufführung fand am 21. April 1773 statt (Wiederholung am 29. April 1773); vgl. dazu auch Moritz' Hinweise in seiner Rezension einer Berliner Inszenierung: Königl. privilegirte Berlinische Staats- und gelehrte Zeitung, 140. Stück vom 20. November 1784, Sp. 1073.

269,28 *mißtröstende*] Ableitung von »mißtrösten«, d. h. »schlecht trösten, entmutigen« (Grimm XII, Sp. 2318).

270,5 *Charlotte Ackermann*] Charlotte Maria Magdalena Ackermann (1757-1775), Schauspielerin.

270,5 f. *ihre Schwester*] Dorothea Caroline Ackermann (1752-1821), Schauspielerin.

270,6 *die Reiniken*] Sophie Reinecke (1750-1788), Schauspielerin.

270,7 *Borchers*] David Borchers (1744-1796), Schauspieler, später auch Schauspieldirektor.

270,7 *Brockmann*] Johann Franz Hieronymus Brockmann (1745-1812), Schauspieler, später auch Schauspieldirektor.

270,7 *Reinike*] Johann Friedrich Reinecke (1745-1787), Schauspieler.

270,8 *Dauer*] Johann Ernst Dauer (1746-1812), Schauspieler.

270,33 f. *loszureißen*] Korrigiert aus »loß zureißen« nach D².

271,3 f. *Personen*] Korrigiert aus »Person« nach D².

271,13 *Joy of Grief*] Vgl. Anm. 178,24.

271,18-22 *Jagd ⟨...⟩ Mutter*] Christian Felix Weiße (1726-1804), *Die Jagd. Eine komische Oper* (nach der Komödie *La Partie de chasse de Henri IV* von Charles Collé), Leipzig 1769; Vertonung von Johann Adam Hiller (1728-1804), *Die Jagd; eine komische Oper, in Musik gesetzt*, Leipzig 1771; Aufführungstermine: 20. und 23. April, 3. Juni 1773. − Ulrich zufolge irrt Moritz bei der Besetzung: »Nicht Frau Reinecke, sondern Frau Ernst spielte in diesem Stücke die Mutter«

(Ulrich, S. 298). Darüber hinaus ist Hannchen nicht die Schwester Röses (Röschens), sondern deren zukünftige Schwägerin. – Die Tränen der Rührung galten mutmaßlich den pathetischen, loyal-königstreuen Erklärungen der Familie des Dorfrichters bzw. allgemein der sittlichen Integrität des Personals.

271,22 *Schröder]* Friedrich (Ulrich) Ludwig Schröder (1744-1816), Schauspieler und Schauspieldirektor.

271,22 *Reinike]* Korrigiert aus »Reineke« nach D².

271,30 *Rache von Young]* Edward Young (1683-1765), *The Revenge. A tragedy*, London 1721; die deutsche Übersetzung ist nicht zweifelsfrei zu ermitteln – nachweisbar sind Übertragungen von Simon Grynaeus (Basel 1758), von Joseph Karl Huber (Wien 1760) sowie anonym erschienene Übersetzungen (Frankfurt und Leipzig 1756; Leipzig 1767; Berlin und Leipzig 1770).

271,30 *Oper Klarissa]* Nach Samuel Richardsons (1689-1761) Roman *Clarissa; or, the History of a Young Lady ⟨...⟩*, London 1748, verfaßten Johann Christian Bock (1724-1785) das Libretto und Christian Benjamin Uber (1746-1812) die Musik zu dem Singspiel *Clarisse, oder: das unbekannte Dienstmädgen. Eine komische Operette in drey Aufzügen*, Leipzig 1770. In Hannover stand es am 31. April ⟨!⟩, am 5. Mai und am 7. Juli auf dem Spielplan (Ulrich).

271,30 *Eugenie]* Pierre-Augustin Caron de Beaumarchais (1732-1799), *Eugénie, drame en cinq actes en prose*, Paris 1767; die Übertragung ist nicht eindeutig zu identifizieren – es könnte sich um die Übersetzung von Christian Friedrich Schwan (1733-1815), *Eugenie, ein Schauspiel in fünf Aufzügen aus dem Französischen des Herrn von Beaumarchais*, Mannheim 1768, oder die von Karl Wilhelm Müller (1728-1801), *Eugenie, ein Trauerspiel aus dem Französischen*, Weißenfels 1768, handeln (daneben sind mehrere anonym erschienene Übersetzungen und Bearbeitungen belegt). – Die Aufführung fand am 18. Juni 1773 statt.

272,4 *Lichtputzer]* »mann der lichter putzt. bei der früheren talgbeleuchtung hatte jedes theater seinen lichtputzer als bedienten letzten ranges« (Grimm XII, Sp. 889).

272,6 *Vor zwei Jahren]* Im Sommer 1771 gab die Seylersche Truppe ein dreimonatiges Gastspiel in Hannover.

272,6 f. *Herkules auf dem Oeta]* Johann Benjamin Michaelis (1746-1772), *Herkules auf dem Oeta, eine Operette,* Leipzig 1772. Der Lyriker, Fabel- und Theaterdichter Michaelis arbeitete für die Seylersche Truppe.

272,7 *Grafen von Olsbach]* Johann Christian Brandes (vgl. Anm. 272,8), *Der Graf von Olsbach, oder die Belohnung der Rechtschaffenheit, ein Lustspiel,* Leipzig 1768.

272,7 *Pamela]* Nicht eindeutig identifizierbar. Es handelt sich wahrscheinlich um die, laut Vorbericht des Verlegers »von einem Mitgliede der berühmten Ackermannischen Schauspieler-Gesellschaft« besorgte, Übersetzung von Carlo Goldonis (1707-1793) Lustspiel *La Pamela* (Venedig 1750) nach Samuel Richardsons (1689-1761) Roman *Pamela: or, Virtue Rewarded. In a Series of Familiar Letters from a Beautiful Young Damsel to Her Parents* (London 1740), die 1757 unter dem Titel *Pamela, oder: Die belohnte Tugend. Ein Lustspiel in drey Handlungen, aus dem italiänischen des Herrn D. Carl Goldoni übersetzt* in Danzig erschien. Darüber hinaus sind Übertragungen von Joseph Anton Stephan Reichsritter von Riegger (1742-1795), *Pamela als Mutter. Dem Italienischen nachgeahmet* (Wien 1763), belegt bzw. von Joseph Laudes (1742-1780), *Die verehelichte Pamela. Ein Lustspiel in drei Aufzügen. Aus dem Italienischen übersetzt* von J. G. v. L. (Wien 1763).

272,8 *Eckhof]* Hans Konrad Dietrich Ekhof (Eckhoff; 1720-1778), Schauspieler, Schriftsteller und Schauspieldirektor, ab 1774 Leiter des Herzoglichen Hoftheaters Gotha, das am 2. Oktober 1775 offiziell eröffnet und – gut ein Jahr nach Ekhofs Tod – am 24. September 1779 geschlossen wurde.

272,8 *Böck]* Johann Michael Bök (Boeck; 1743-1793), Schauspieler (ab 1774 am Gothaer Hoftheater) und Schauspieldirektor.

272,8 *Günther]* Friedrich Günther (um 1750 - nach 1800), Sänger und Schauspieler, von 1770 bis 1779 in Gotha und Weimar.

272,8 *Hensel]* Johann Gottlieb Hensel (1728-1787), Schauspieler.

272,8 *Brandes]* Johann Christian Brandes (1735-1799), Schauspieler, Schauspieldirektor, Theaterdichter und Musiker; vgl. auch Anm. 272,7.

272,8 *Brandes ⟨...⟩ Frau]* Esther Charlotte Brandes (1746-1786), Schauspielerin.

272,9 *Seilerin]* Sophie Friederike Seyler, gesch. Hensel (1738-1789), Schriftstellerin und Schauspielerin.

272,16 *Truppe]* Korrigiert aus »Truppen« nach D².

273,6 f. *inkorrigible]* D. h., »was nicht zu bessern ist, wer sich nicht bessern lassen will«, »ironisch oder spottweise« für »unverbesserlich« (Grammatisches Wörterbuch II, S. 301).

273,10 f. *Johanni]* 24. Juni.

273,29 *Bürstenbinder]* Nicht ermittelt.

273,30 *Michaelis]* 29. September.

274,7 f. *Klarissa oder das unbekannte Dienstmädchen]* Vgl. Anm. 271,30.

274,31 *Bauern Sohn]* Korrigiert aus »Bauernsohn« nach D².

274,31 *Namens M...]* Möglicherweise der bei Eybisch erwähnte Primaner Mardefeld, der Hannover 1777 verließ.

274,32 *im Lateinischen]* Korrigiert aus »im lateinischen« nach D².

275,4 *dem]* Korrigiert aus »den« nach D².

275,6-12 *Arie ⟨...⟩ Hause]* Die Schlußstrophe der genannten Arie aus *Clarisse* I 4 (vgl. Anm. 271,30) lautet: »Ein jeder Stand hat seine Plagen; | So geht es auf der Welt. | Des Tages Hitze muß er tragen, | Wenn er sein Land bestellt. | Wie oftmals überfallen | Die Ungewitter ihn. | Die Blitze schießen hin, | Die Blitze schießen her, | Die wilden Donner knallen, | Und er – und er – | Und er – er schleicht, | Vom Regen durchgeweicht, | Verdrüßlich hinterm Pfluge her.« (S. 21 f.)

275,16 *Empfindsamkeit]* »Fähigkeit, leicht zu sanften Empfindungen gerühret zu werden«, ein »durch Yoricks empfindsame Reisen in Aufnahme gebrachtes Wort« (Adelung I, Sp. 1800).

276,7 *Palliativ]* »Linderungsmittel« (Grammatisches Wörterbuch III, S. 111).

276,24 *warmem]* Korrigiert aus »warmen«.

277,16 f. *Teig ⟨...⟩ gebacken wurde]* Zeitübliches Verfahren; vor der endgültigen Verarbeitung mußte Perückenhaar mehrfach präpariert und gereinigt werden. Zur Fixierung der Kräuselung wurden die Haare zunächst gekocht, anschließend gebacken: »Aus dieser Ursache übergibt der Perrückenmacher die Menschenhaare nach dem Kochen einem Bäcker, der sie auf dem Trockenofen oder über seinem Backofen trocknet, und sie nebst den Krausehölzern in einem leinenen Beutel eingenäht mit Teig umgibt.« Über die Zusammensetzung dieses Teiges heißt es weiter: »Es ist zwar gleichgültig, welchen Teig der Bäcker zu dieser sogenannten *Pastete* wählt, allein um Kosten zu sparen nimmt man hierzu beständig nur Rockenmehl. Denn der Teig ist bloß eine Hülse, die die Haare umgibt, und vor der zu starken Hitze in Sicherheit setzt. Ueberdem werden die Haare auch, ehe man sie mit Teig umgibt, in einen leinenen Beutel eingenäht, daß also der Teig keinen sonderlichen Einfluß in die Haare haben kann, sondern bloß die Hitze. ⟨...⟩ Nach dem Backen zerbricht der Perrückenmacher die Pastete, nimmt die Packete aus dieser Pastete, und wickelt die Haare jedes Packets von dem Krausestock ab.« (*D. Johann Georg Krünitz's ökonomisch-technologische Encyklopädie, oder allgemeines System der Staats-, Stadt-, Haus- und Landwirthschaft, und der Kunstgeschichte, in alphabetischer Ordnung*, 108. Theil, Berlin 1808, S. 650 f.)

277,22-24 *Virgil ⟨...⟩ Eklogen]* Die Ausgabe war nicht zu ermitteln; zu den *Eklogen* vgl. Anm. 191,34 f.

277,24-26 *Wochenschrift ⟨...⟩ Gottesleugner]* Vermutlich handelt es sich um das Gedicht von Sophie Eleonore Walthern (Waltherin, Walther; 1723-1754) *Auf die Religionsspötter und Gottesleugner*, abgedruckt in der von Rudolf Wedekind (1718-1778) herausgegebenen Wochenschrift ›Vergnügte Abendstunden, in stillen Betrachtungen über die Vorfälle in dem Reiche der Natur, Künste und Wissenschaften zugebracht‹, Zweter Teil, Drei und vierzigstes Blat, Erfurt, den 25. Oct. 1749, S. 347-352.

277,30 *dem]* Korrigiert aus »den« nach D².

277,34-278,29 *Er machte ⟨...⟩ suchte]* Vgl. S. 104,21-105,27 und Anm.

278,22 *Kirsch-]* Korrigiert aus »Kirsch« nach D².

278,24 *Züge]* Korrigiert aus »züge« nach D².

278,24 *den]* Korrigiert aus »dem« nach D².

279,1 f. *G... ⟨...⟩ Sokrates]* Vgl. S. 252 f.

279,3 *bei ihm zu ziehen]* Vermutlich dialektale Form; denn in »der Niedersächsischen Mundart erstreckt sich der Gebrauch dieser Präposition viel weiter« (Adelung I, Sp. 973 f. und Sp. 977).

279,37 *ihrem]* Korrigiert aus »ihren« nach D².

280,5 f. *ging bei sein großes Brot]* Vgl. Anm. 279,3.

280,11 f. *Werke des ⟨...⟩ Sanssouci]* Wahrscheinlich die von Johann Christoph Adelung (1732-1806) besorgte Übersetzung der *Œuvres du philosophe de Sans-Souci,* der Werke Friedrichs II., König von Preußen (1712-1786): *Werke des Philosophen von Sans-Souci. Aus dem Französischen,* 5 Theile, Erfurt 1762.

280,12 f. *Popens ⟨...⟩ Übersetzung]* Johann Jakob Dusch (1725-1787) übersetzte Alexander Popes (1688-1744) *Sämmtliche Werke, mit Wilhelm Warburtons Commentar und Anmerkungen,* 5 Bde., Altona 1758-64.

280,17-24 *Insel ⟨...⟩ Floßholz]* »Wenige Meter oberhalb der Stadt teilt sich die Leine und bildet eine Insel, auf der damals Dohmen Garten lag. Dort befand sich jenes künstlich angelegte Wäldchen mit vielen Krümmungen und sich durchschlängelnden Pfaden, und diesem Garten gegenüber lag auf dem linken Ufer der Leine der herrschaftliche Holzhof, eine ausgedehnte Holzniederlage. ⟨...⟩ Unmittelbar hinter dem Holzhofe befand sich im Bette der Leine ein Gitterwerk aus Stangenholz, vor dem das vom Harze und Sollinge heruntergeflößte Brennholz aufgefangen wurde.« Unmittelbar neben dem Holzhof lag die »sehr umfangreiche Obstpflanzung« (Ulrich, S. 302 f.).

281,7 f. *Geist des Raubes und der Gier]* Vgl. Mt 23,25 und Lk 11,39.

282,10 *Allgemeine]* Korrigiert aus »allgemeine« nach D².

283,8-10 *Tugendeifer ⟨...⟩ Selbstachtung]* Vgl. dazu auch *Beiträge zur Philosophie des Lebens*, Berlin ³1791, S. 89: »Zur Ausübung der Tugend gehört Zufriedenheit mit uns selber, und Gefühl unsers innern Werths – sobald uns dieses mangelt, verlieren wir auch den Muth zu edlen Thaten.«

283,8 *so bald]* Korrigiert aus »sobald« nach D².

283,34 *überhängenden]* Korrigiert aus »über hängenden« nach D².

285 *⟨Abb.⟩]* Im Erstdruck mit der Unterschrift »H. J. Penningh inc. et. sc.«. Der in Negapatam (Vorderindien) geborene Kupferstecher Harry John Penningh (oder: Heinrich Jan-Penningh) arbeitete bis 1805 in Berlin. – Zur Darstellung vgl. S. 170,20 und Anm.

286,1 f. *Wanderungen]* Vgl. Anm. 377,6-12.

286,4 *Jünglings-Jahre]* Korrigiert aus »Jünglings Jahre« nach D².

287,2 *Pastor M...]* Gebhard Heinrich Marquard; vgl. Anm. 171,35.

287,31 *idealische]* Korrigiert aus »idealischen« nach D². – ›Idealisch‹ steht in diesem abstrakten Sinn als Opposition zur (empirischen) Realität: »Die Einbildungskraft des Menschen macht sich Bilder und Vorstellungen von Dingen, die außer ihr nicht da sind, und von Dingen, die sich in der Natur wirklich befinden, die wirkliche Wesen sind. Im ersten Falle heißt es ein Ideal, weil es nicht in der Wirklichkeit, sondern in der Einbildungskraft des Menschen bestehet«; die heutige Bedeutung von ›ideal‹ ist im *Grammatischen Wörterbuch* (II, S. 271) erst an zweiter Stelle belegt.

288,23 *Sein Vater]* Johann Gottlieb Moritz; vgl. Anm. 89,30.

289,23 *seinem]* Korrigiert aus »seinen«.

290,28 *Angelobung]* Versprechen (vgl. Adelung I, Sp. 304).

291,9 *Bürstenbinder]* Vgl. S. 273,29.

291,10 *Schneider]* Nicht ermittelt.

291,11 *Frau F...]* Vgl. u. a. S. 196,7 und Anm.

291,12 *Hofmusikus]* Vgl. S. 196,11 und Anm.

291,18 *der Prinz]* Vgl. S. 195,18 und Anm.

292,5 f. *Gefängnisse ⟨...⟩ Tore]* Wahrscheinlich das »Gefangenhaus am Ende der Langenstraße, neben der Cavalier-Brücke« (Spilcker, S. 498).

292,34 *Strang]* Hier vermutlich allgemein für »Todesstrafe« (vgl. auch Zedler XV, Sp. 750 f.).

293,30 *sterbenden Sokrates]* Vgl. S. 252,5 f. und Anm.

294,2 *Tagebuch]* Nicht erhalten; vgl. auch Anm. 312,30.

294,5 *Vorfallenheiten]* Bezeichnung für »eine jede zufällige, besonders menschliche Begebenheit« (Adelung IV, Sp. 1264).

295,18 *Popens allgemeines Gebet]* Alexander Popes (1688-1744) *The Universal Prayer. By the author of the Essay on Man* erschien erstmals 1738 in London; vgl. auch S. 280,12 f. und Anm.

295,22 *Lebensregeln ⟨...⟩ Buche]* Nicht ermittelt.

295,23 *ausgeschrieben]* D. h. abschreiben (vgl. Adelung I, Sp. 639 f.).

295,31 f. *etwas über sechzehn Jahr]* Die Ereignisse sind demnach auf 1772 zu datieren.

296,8 *Lüderlichkeit]* Mutmaßlich nicht nur allgemeiner Hinweis auf »Ausschweifungen in den Sitten« (Adelung II, Sp. 2065), sondern – wegen der folgenden Erwähnung des ›anatomischen Buches‹ – auch sexuell konnotiert; denn »liederlich«, nach Kant speziell die Lautform »lüderlich«, steht darüber hinaus für »ausschweifend, einem unordentlichen, von genuszsucht, namentlich geschlechtlicher, beherrschten leben ergeben« (Grimm XII, Sp. 990 f.).

296,8 *einem]* Korrigiert aus »einen« nach D².

296,11 *anatomisches Buch]* Nicht ermittelt; vgl. S. 210,17-211,13.

296,12 f. *Begriffe ⟨...⟩ verworren waren]* Wahrscheinlich Anspielung auf Christian Wolffs Antithese von deutlichen vs.

undeutlichen (bzw. »verwirreten«) Begriffen; vgl. Christian Wolff, *Vernünftige Gedanken von den Kräften des menschlichen Verstandes und ihrem richtigen Gebrauche in Erkenntnis der Wahrheit*, hg. und bearbeitet v. Hans Werner Arndt, Hildesheim 1965, S. 129 (§ 14) u. ö.

296,14 f. *Komödiengehn]* Die Vorbehalte gegenüber dem Theater scheinen in Hannover besonders tief verwurzelt gewesen zu sein: »In Hannover ist vielleicht länger, als in andern deutschen Städten, eine angeerbte Abneigung gegen den Stand der Schauspieler vorherrschend geblieben« (Spilcker, S. 565).

296,17 f. *Luftspringer]* Im Oktober 1773 »kam ein ›Kunst- und Luftspringer‹ nach Hannover, der mit gnädigster Erlaubnis seine ›ganz besonders neuen Luftsprünge‹ auf dem Ballhofe vorführte. Am 10. Oktober machte er bekannt, er werde einen erstaunlichen *Salto mortale* über eine 8 Fuß lange und 10 Fuß hohe Maschine zeigen, auf der 40 bloße Degen, mit den Spitzen kreuzweis nach oben gerichtet, stehen würden. Zum Abschluß wurde eine Harlekin-Pantomime gegeben« (Ulrich, S. 303). Nach Eybisch gastierten auch im August und Ende November Luftspringer in Hannover (Eybisch, S. 174).

297,8 *Direktor]* Ludwig Wilhelm Ballhorn; vgl. Anm. S. 194,25 f.

297,9 *dem]* Korrigiert aus »den«.

297,9 *Konrektor]* Johann Friedrich Gottfried Grupen; vgl. Anm. 211,15.

297,15 f. *Luftspringern]* Korrigiert aus »Luftspingern« nach D².

297,16 f. *Markte vor der Schule]* Wahrscheinlich ist hier nicht der regelmäßige Wochenmarkt gemeint oder einer der jeweils im Mai, Juli, September und November stattfindenden großen Jahrmärkte, sondern der Christmarkt unmittelbar vor dem Weihnachtsfest (vgl. Spilcker, S. 368 und S. 240 f.).

297,28 *dem Wall]* Ehemalige Stadtbefestigung, damals mit Bäumen bepflanzt, beliebt auch wegen der verschiedenen Aussichtspunkte (vgl. Spilcker, S. 505).

298,23-29 *Eltern ⟨...⟩ tröstete]* Vgl. S. 99,3-34.

299,4 *hatte]* Korrigiert aus »hatten«.

299,10 *Gottscheds Philosophie] Erste Gründe Der Gesamten Weltweisheit, Darinn alle Philosophische Wissenschaften in ihrer natürlichen Verknüpfung abgehandelt werden, Zum Gebrauch Academischer Lectionen entworfen von Johann Christoph Gottscheden,* Erster, Theoretischer Theil, Leipzig 1733; Andrer, Practischer Theil, Leipzig 1734; nicht nur für den Schulgebrauch konzipierte Einführung in die rationalistische Philosophie Christian Wolffs (1679-1754).

299,27 *Einzelnen ⟨...⟩ Ganze]* Vgl. u. a. S. 713,18-23.

299,31 *Charte]* Adelung favorisiert die Schreibung »Karte« (Adelung II, Sp. 1505).

300,3 f. *licht ⟨...⟩ verworren]* Vgl. S. 296,12 f. und Anm.

300,10 f. *Denkkraft ⟨...⟩ Schöpfung]* Vgl. dazu insbesondere *Auch eine Hypothese über die Schöpfungsgeschichte Mosis* (in vorliegender Ausgabe Bd. 2, S. 190-197).

300,33 *meditierte]* Nachdenken; die »regelmäßige Vorstellung und Vergleichung mehrerer Wahrheiten und Bemühung, ihren Zusammenhang einzusehen« (Adelung III, Sp. 132 f.).

300,36 f. *Vorstellungen ⟨...⟩ Kraft]* Vgl. S. 159,5 und Anm. sowie *Kinderlogik* (in vorliegender Ausgabe Bd. 2, S. 146 f.).

301,12 f. *dem eigentlichen ⟨...⟩ ähnliches]* Vgl. *Kinderlogik* (in vorliegender Ausgabe Bd. 2, S. 147) und *Hypothese* (in vorliegender Ausgabe Bd. 2, S. 190-197).

301,19-22 *Dasein ⟨...⟩ Nichtsein]* Vgl. *Über die bildende Nachahmung des Schönen* (in vorliegender Ausgabe Bd. 2, bes. S. 990 f.).

301,30 *Melancholikus]* Hier vermutlich nicht in der Bedeutung von »Traurigkeit oder Schwermüthigkeit, besonders so fern sie ihren Sitz in einer fehlerhaften Beschaffenheit des Körpers hat«, sondern allgemein »für traurig, der Empfindung des Gemüthes nach, schwermüthig« (Adelung III, Sp. 170 f.); vgl. auch Anm. 152,30 und Anm. 158,10.

301,33 *romantischen]* Hier mutmaßlich mit pejorativer Konnotation: »Romanhaft, romantisch« werden umschrie-

ben mit »abentheuerlich, unnatürlich, übernatürlich, unglaublich« (Grammatisches Wörterbuch III, S. 354). – Vgl.
dagegen S. 332,15 und Anm.

301,36 f. *Wolfs Metaphysik]* Christian Wolffs (1679-1754)
*Vernünfftige Gedancken von GOTT, der Welt und der Seele des Men-
schen, Auch allen Dingen überhaupt, Den Liebhabern der Wahrheit
mitgetheilet,* Halle 1720 (Deutsche Metaphysik).

302,1 *Schuster S...]* Nikolaus Schantz; vgl. Anm. 92,12 f.,
99,3 und 196,10.

302,7-10 *B...⟨...⟩ befördert]* Vgl. Anm. 194,25 f. Ballhorns
Amtszeit endete am 22. April 1774 (Eybisch).

302,11 *Namens S...]* Johann Daniel Schumann (1714-
1787), bis dato Direktor in Clausthal; Schumann übernahm
»62jährig am 9. Mai 1774 das Direktorat der Hohen Schule«
(Eybisch, S. 46; vgl. auch Moritz' Brief an Schumann vom
29. April 1780, wo sich Moritz für eine Vakanz an seiner
ehemaligen Schule empfiehlt; in: Text + Kritik. Zeitschrift
für Literatur, hg. v. Heinz Ludwig Arnold, Heft 118/119:
Karl Philipp Moritz, München 1993, S. 10 f.). Schumanns
Lehr- und Unterrichtsplan wurde im ›Hannoverischen Magazin‹, 43. und 44. Stück vom 27. und 31. Mai 1776, publiziert: *Bemühungen der Lehrer in der großen Schule der Altstadt
Hannover, auf Verlangen entworfen von dem Director derselben*
(a. a. O., Sp. 673-702).

302,15 *Pendanterei]* Vgl. Anm. 202,35; die Schreibung geht
möglicherweise auf eine falsche Etymologie zurück (Ableitung von franz. pendant anstelle von pédant).

303,3 *dem Rektor]* Heinrich Philipp Sextro(h); vgl. Anm.
237,21.

303,11 *Schl...l]* Schlingel, d. i. »ein im höchsten Grade
träger und ungesitteter Mensch« (Adelung III, Sp. 1535).

303,21 *grobem]* Korrigiert aus »groben«.

303,28 f. *Demütigung ⟨...⟩ Guion]* Vgl. S. 88,3-5 (u. ö.).

303,35 *seinen]* Korrigiert aus »seinem«.

304,2 *wünschte]* Korrigiert aus »wunschte« nach D².

304,15 *Fleischer]* Nicht ermittelt.

305,1 f. *Terenz ⟨...⟩ Übersetzung]* Vgl. S. 234,34 f. und
Anm.; die Edition ist nicht ermittelbar.

305,9 *Youngs Nachtgedanken]* Edward Youngs Dichtung *The complaint: or, Night-thoughts on life, death, & immortality* erschien zwischen 1742 und 1745 in neun Teilen, die erste Gesamtausgabe 1747 in London; vgl. auch Anm. 271,30 und Anm. 315,18 f.

305,28 *Walle, um die Stadt]* Vgl. Anm. 297,28.

306,6 *Fleck seines Daseins]* Vgl. *Kinderlogik* (in vorliegender Ausgabe Bd. 2, bes. S. 171-173).

306,36 *Wohlstand]* Anstand (Adelung IV, Sp. 1598 f.).

307,27 f. *Einmal ⟨...⟩ wurden]* Ulrich und Eybisch datieren die Hinrichtung der »Wackermaulschen berüchtigten Diebes- und Räuberbande« an der Gerichtsstätte bei Vahrenwald auf den 3. August 1773 und korrigieren Moritz' Angaben: »Die vier Hauptkomplizen wurden ›mit dem Schwerdte vom Leben zum Tode gebracht, und folgends die Körper auf Räder geflochten‹, ›der Complice Jürgens, alias Roden genannt, welcher an ihren Einbrüchen und Diebstählen Theil genommen, mittels des Stranges vom Leben zum Tode gebracht‹« (Eybisch, S. 46); ferner ›Hannoverische Anzeigen von allerhand Sachen, deren Bekantmachung dem gemeinen Wesen nöthig und nützlich‹, 63*tes* Stück, Freytag, den 6*ten* August 1773, Sp. 1027.

307,27 *Rabensteine]* »Ein erhabener gemauerter Platz, auf welchem man die Missethäter zu enthaupten pflegt, ⟨...⟩ gemeiniglich nicht weit von dem Galgen« entfernt (Adelung III, Sp. 906).

307,33 *gefällt]* »Durch ein Geschoß tödten« (Adelung II, Sp. 31).

307,33 f. *sollte. – Und]* Korrigiert aus »sollte. – und« nach D².

308,3 *Haarteig]* Vgl. Anm. 277,16 f.

308,12-14 *Salomo ⟨...⟩ stirbt er auch]* Vgl. Ps 49,13 und Koh 3,19.

310,11 *Flusses]* Leine.

310,36 f. *Wielandsche ⟨...⟩ Schakespear]* Christoph Martin Wielands (1733-1813) Shakespeare-Übertragungen entstanden zwischen 1761 und 1766; vgl. *Shakespear Theatralische*

Werke. Aus dem Englischen übersezt von Herrn Wieland, 8 Bde., Zürich 1762-66.

311,2 *Makbeth, Hamlet, Lear]* Die Tragödien sind in Band 6 (*Das Trauerspiel vom Macbeth*), Band 8 (*Hamlet, Prinz von Dännemark: ein Trauerspiel*) und Band 1 (*Das Leben und der Tod des Königs Lear*) der Wieland-Übersetzung enthalten (vgl. Anm. 310,36 f.).

311,9 *Philipp Reiser]* Vgl. Anm. 230,4-27.

311,13 *befand. – Sie]* Korrigiert aus »befand. – sie« nach D².

312,12 *Verfolg]* Verlauf (Adelung IV, Sp. 1036).

312,30 *Tagebuch]* Als Konvolut nicht erhalten; einzelne Passagen daraus verarbeitete Moritz mutmaßlich in verschiedenen Publikationen.

313,36 f. *von Logik]* Vgl. S. 245,6 und Anm.

314,32 f. *Sohn ⟨...⟩ W...]* Georg Heinrich Winter; vgl. S. 213,34 und Anm. 211,16.

315,9-11 *Mannes ⟨...⟩ Essigbrauer]* Vgl. S. 351,32-354,25 (S. 353,33 nennt lediglich die Initiale »K...«); »wahrscheinlich Johann Christ. Kunze«, nicht Johann Heinrich Knoke (Ulrich, S. 308).

315,18 f. *Ebertschen ⟨...⟩ Nachtgedanken]* Vgl. Anm. 305,9. Edward Youngs europaweit rezipierte Memento-mori-Dichtung steht für Melancholie, Nacht- und Grabeskult sowie die Todessehnsucht der Empfindsamkeit. Die Übertragung durch den Lyriker, Übersetzer und Anglisten Johann Arnold Ebert (1723-1795) wurde mehrfach aufgelegt: *Klagen oder Nachtgedanken über Leben, Tod und Unsterblichkeit. 9 Nächte, in Hexametern*, Braunschweig und Hildesheim 1751; auch enthalten in: *Einige Werke von Dr. Eduard Young. Aus dem Englischen ins Deutsche übersetzt, und nun nach der letzten Ausgabe des sel. Verfassers verbessert von J. A. Ebert*, Erster Theil, Braunschweig und Hildesheim 1767.

315,34 *V... ⟨...⟩ G...]* Vgl. S. 252,8 und S. 279,1 f.; den Mitschüler »V...« hat Ulrich identifiziert; es handelt sich um den Hannoveraner Philipp Heinrich Verclas; vgl. neben Eybisch das »Singgedicht« auf Sextro(h) (Anm. 430,3 f.).

316,29-317,29 *Wie traurig ⟨...⟩ zusammen]* Weniger inhaltlich denn stilistisch mutmaßlich an *Eduard Youngs Klagen, oder*
Nachtgedanken über Leben, Tod, und Unsterblichkeit. In neun Näch-
ten orientiert; vgl. z. B. »Achte Nacht. Schutzschrift für die
Tugend; Oder, der beantwortete Weltmensch«: »Die Welt ist
lauter *Aufschrift*, ohne *Innhalt*; die Welt ist lauter *Gesicht*; der
Mensch, der sein *Herz* zeigt, wird, seiner Blöße wegen aus-
gezischt.« (*Einige Werke von Dr. Eduard Young. Aus dem*
Englischen ins Deutsche übersetzt, und nun nach der letzten Ausgabe
des sel. Verfassers verbessert von J. A. Ebert, Erster Theil, Braunschweig und Hildesheim 1767, S. 253.)

316,34-36 *Ist es nicht ⟨...⟩ anschreien]* Reminiszenz der
Schlußworte des Prinzen Hettore Gonzaga aus Lessings
Emilia Galotti V 8 (vgl. Anm. 261,33): »Ist es ⟨...⟩ nicht ge-
nug, daß Fürsten Menschen sind: müssen sich auch noch
Teufel in ihren Freund verstellen?«

317,1 *Satyr]* Mythologische Gestalt im »Gefolge des Ba-
chus«, ausgezeichnet durch »Hörner« und »Ziegenfüße«, der
»Schalkhaftigkeit«, »Leichtsinn« und »Spott« zugeschrieben
werden (Götterlehre, S. 315-317).

317,8-10 *O nehmt ⟨...⟩ werden]* Anspielung auf die Prophe-
tenbücher (vgl. Jes 35,6 f.; 41,18 f.; 43,20; 51,3 oder Joël 2,22)
bzw. auf Ps 23,2.

317,17-22 *So habt ⟨...⟩ verbannt]* Mutmaßlich ein – nicht
identifiziertes – Zitat.

317,30 *Und um uns ward's Elysium]* Schlußvers aus Friedrich Gottlieb Klopstocks (1724-1803) Lied *Cidli* (entstanden
1753, ab 1798 unter dem Titel *Das Rosenband*).

320,18 *ihn]* Korrigiert aus »ihm« nach D².

321,16 *dem]* Korrigiert aus »den«.

321,16 *süße Vorstellungen ⟨...⟩ Frieden]* Möglicherweise eine
Werther-Reminiszenz; vgl. z. B. den Auftakt von Werthers
Brief an Wilhelm vom 10. Mai (Goethe, Werther, S. 8-10
u. ö.).

321,29 f. *blinden Ohngefährs]* Vgl. Anm. 177,22 f.

322,13-324,27 *Dir Freund ⟨...⟩ Tor? – –]* Vgl. S. 348,10-23.

325,3 *Frühling ⟨...⟩ 1775]* Seltene exakte Datierung.

325,8 f. *Fluß* ⟨...⟩ *Wasserfall*] Vgl. S. 221,14; S. 280,17-24 und Anm., ferner S. 332,20. – Nach Haase handelt es sich um das »Ricklinger Holz« (Haase, S. 225) bzw. »die Leineaue südlich der Stadt, im engeren Sinne um die Ricklinger Masch« (Röhrbein, S. 38).

325,17 f. *Kleists Gedichte*] Ewald Christian von Kleist (1715-1759); gemeint sind wahrscheinlich die *Gedichte von dem Verfasser des Frühlings*, Berlin 1756, oder die *Neuen Gedichte vom Verfaßer des Frühlings*, Berlin 1758, u. U. auch die Werkausgabe: *Des Herrn Christian Ewald von Kleist sämtliche Werke*, Zwei Theile, Berlin 1760.

325,28-31 *Philipp Reiser* ⟨...⟩ *Mitschüler*] Tatsächlich fehlte Philipp Reiser 1775 und 1776 in den Primanerlisten, und Moritz wurde zunehmend von jüngeren Schülern überholt (Eybisch, S. 39 und S. 174).

325,37-326,1 *kleiner* ⟨...⟩ *Fluß*] Möglicherweise die Ihme (vgl. Röhrbein, S. 38); Haase vermutet Reisers Lieblingsplatz am »Landwehrgraben« (Haase, S. 225).

326,8 *Virgil*] Vgl. Anm. 191,34 f.

326,8-11 *Horaz* ⟨...⟩ *rivo*] Verweis auf zwei *Carmina* von Quintus Horatius Flaccus (65-8 v. Chr.). Die erstgenannte Ode (*Carmina* III 13) ist an die Felsenquelle Bandusia gerichtet und beginnt entsprechend mit »O fons Bandusiae«. Der bei Moritz unvollständig zitierte Vers »quid obliquo laborat | lympha fugax trepidare rivo?« (*Carmina* II 3,11 f.) lautet in der Übersetzung von Karl Wilhelm Ramler: »⟨Dort, wo⟩ der Bach geschlängelt | Über die Kiesel herunter eilet« (*Horazens Oden*. Übersetzt und mit Anmerkungen erläutert von Karl Wilhelm Ramler, Berlin 1800, Bd. 1, S. 81), und in der Übertragung von Herzlieb und Uz: »Was müht sich zu Tale | flüchtig des Baches Welle in geschäftiger Unrast?« (Q. Horatius Flaccus, *Oden und Epoden*. Lateinisch und deutsch. Übersetzt von Christian Friedrich Karl Herzlieb und Johann Peter Uz. Eingeleitet und bearbeitet von Walther Killy und Ernst A. Schmidt, Zürich und München 1981, S. 143). – Vgl. auch in vorliegender Ausgabe Bd. 2, bes. S. 607,26-32).

326,12 *sahe*] Korrigiert aus »sähe« nach D².

326,22 *gemein]* Hier im Sinne von »gewöhnlich« oder »mit dem Nebenbegriffe des Mittelmäßigen oder Schlechten« (Adelung II, Sp. 548).

327,5 f. *seinen ⟨...⟩ Sachs]* In ironischer Absicht: Die Rehabilitation des Meistersingers, Spruchdichters und Dramatikers Hans Sachs (1494-1576) sowie des Knittelverses stand zu diesem Zeitpunkt noch bevor. – Vgl. ferner Moritz' Gedicht *Nach Hanns Sachs* (Denkwürdigkeiten, S. 315).

327,21 *Sohn ⟨...⟩ M...]* Friedrich Wilhelm Marquard; vgl. S. 189,15 und Anm.

327,22 *schwindsüchtig]* Schwindsucht; »eine mit Fieber verbundene allmähliche Abzehrung des Körpers, bis die Lebenskräfte endlich völlig erlöschen« (Adelung III, Sp. 1753); vgl. auch Anm. 95,8 f.

328,24 f. *ein junger ⟨...⟩ Jahren]* Nicht ermittelt.

328,34 *machte]* Korrigiert aus »machten«.

329,4 *ihm]* Korrigiert aus »ihn«.

329,10 *braunen Nacht]* »Braune Schatten, die braune Nacht« als dichterische Ausdrücke belegt (Adelung II, Sp. 1164); »braun als epithet der nacht und des schattens drückt schwarz aus, nox atra« (Grimm II, Sp. 325).

329,15 *Aurora]* Göttin der Morgenröte, eine jener Göttergestalten, »die eigentlich als erhabene *Naturerscheinungen* betrachtet wurden, und welche die Einbildungskraft nur gleichsam mit *wenigen großen Umrissen*, als zu Personen gebildete Wesen darstellte. – Sie erscheint in der Frühe, aus der dunkeln Luft, mit Rosenfingern den Schleier der Nacht aufhebend, und leuchtet den Sterblichen eine Weile, und verschwindet wieder vor dem Glanz des Tages« (Götterlehre, S. 87). – »Dies schöne und wohlklingende Wort muß in der Dichtersprache nothwendig beibehalten werden« (Grammatisches Wörterbuch I, S. 158).

329,18 *ihm]* Korrigiert aus »ihn«.

329,22 *ihn]* Korrigiert aus »ihm«.

330,9 f. *Frauenzimmer ⟨...⟩ Bruder]* Nicht ermittelt.

331,4 *Weltmanns]* »Ein weltlich, d. i. irdisch und sinnlich gesinnter Mann« (Adelung IV, Sp. 1484).

331,7 *Überbleibsel ⟨...⟩ Nachtgedanken]* Der Weltmann und Rationalist Lorenzo firmiert als fiktiver Adressat von Eduard Youngs *Klagen, oder Nachtgedanken* (vgl. Anm. 305,9 und Anm. 315,18 f.); er soll von der Nichtigkeit des Daseins und von der Notwendigkeit des Glaubens überzeugt werden. Vgl. z. B. »Vierte Nacht. Der Christliche Triumph«: »Die Religion ist Alles.« bzw. »Ein Christ! – Siehe, das ist der höchste Titel des Menschen.« (*Klagen, oder Nachtgedanken über Leben, Tod, und Unsterblichkeit. In neun Nächten*, in: *Einige Werke von Dr. Eduard Young. Aus dem Englischen ins Deutsche übersetzt, und nun nach der letzten Ausgabe des sel. Verfassers verbessert von J. A. Ebert*, Erster Theil, Braunschweig und Hildesheim 1767, S. 92 und S. 100.)

332,15 *romantischen ⟨...⟩ Lichte]* In der Bedeutung von »verklärend, idealisierend«; vgl. dagegen S. 301,33 und Anm.

332,19 *neuen Tore in H...]* Das »neue oder Holz-Thor ist 1769 erbauet, um das auf der Leine geflößte Holz bequemer in die Stadt zu schaffen« (Spilcker, S. 11).

332,20 *Wasserfall]* Vgl. Anm. 221,14.

332,23 *zerstreuten]* Korrigiert aus »zersteuten« nach D².

332,26 *kleines Gebüsch]* Ricklinger Holz bzw. Masch (vgl. Anm. 325,8 f.).

332,32 *optischen Kasten]* Camera obscura: Guckkasten mit Vergrößerungslinsen; ursprünglich zu wissenschaftlichen Zwecken konstruiert, wurde die Camera obscura nicht nur als künstlerisches Hilfsmittel benutzt, sondern auch als populäre Attraktion auf Jahrmärkten u. ä. (vgl. Anm. 335,23-27; Adelung II, Sp. 844). – Möglicherweise liegt hier eine *Werther*-Reminiszenz vor (vgl. dazu auch S. 408,28); im Brief an Wilhelm vom 18. Juli vergleicht Werther die Welt mit einer »Zauberlaterne« (vgl. Goethe, Werther, S. 68).

333,3 f. *bloße idealische Sache]* Vgl. Anm. 287,31.

333,16 *Ausdehnung und Einschränkung]* Vgl. *Die Abenddämmerung* (Denkwürdigkeiten, S. 312-314).

333,33 f. *H...sche Magazin]* Das ›Hannoverische Magazin‹, worin kleine Abhandlungen, einzelne Gedanken, Nachrichten, Vorschläge und Erfahrungen, so die Verbesserung des Nahrungs-Standes, die Land- und Stadtwirthschaft, Handlung, Manufacturen und Künste, die Physik, die Sittenlehre und angenehmen Wissenschaften betreffen, gesammlet und aufbewahret sind‹ erschien von 1763 bis 1790 als Beilage zu den ›Hannoverischen Anzeigen‹.

334,22 *Leiden ⟨...⟩ Werthers]* Johann Wolfgang Goethes (1749-1832) Briefroman *Die Leiden des jungen Werthers* erschien erstmals 1774 – anonym – in Leipzig. Zu Moritz' Hochschätzung des *Werther* vgl. u. a. *Über ein Gemälde von Göthe* und *Der Dichter im Tempel der Natur* (in vorliegender Ausgabe Bd. 2, S. 911-918 und S. 919-925).

334,36 f. *Wer kann ⟨...⟩ vorbeifliebt?]* Paraphrase einer Stelle aus Werthers Brief an Wilhelm vom 18. August: »Kannst du sagen: Das ist! da alles vorübergeht, da alles mit der Wetterschnelle vorüber rollt« (Goethe, Werther, S. 94).

335,23-27 *Stelle ⟨...⟩ zurückschaudert]* Werther an Lotte, 20. Januar: »Ich stehe wie vor einem Raritätenkasten, und sehe die Männgen und Gäulgen vor mir herumrücken, und frage mich oft, ob's nicht optischer Betrug ist. Ich spiele mit, vielmehr, ich werde gespielt wie eine Marionette, und fasse manchmal meinen Nachbar an der hölzernen Hand und schaudere zurük.« (Goethe, Werther, S. 125.)

335,36 *Anlässen]* Gelegenheiten.

336,11 f. *kaltes ⟨...⟩ anpackte]* Vgl. Werther an Wilhelm, 8. Dezember: »Nun sitz ich hier wie ein altes Weib, das ihr Holz an Zäunen stoppelt, und ihr Brod an den Thüren, um ihr hinsterbendes freudloses Daseyn noch einen Augenblik zu verlängern und zu erleichtern«, bzw. Werther an Lotte, 21. Dezember: »Wie ich mich gestern von Dir riß, in der fürchterlichen Empörung meiner Sinnen, wie sich all all das nach meinem Herzen drängte, und mein hoffnungsloses, freudloses Daseyn neben Dir, in gräßlicher Kälte mich anpakte; ich erreichte kaum mein Zimmer, ich warf mich ausser mir auf meine Knie, und o Gott! du gewährtest mir das lezte Labsal der bittersten Thränen, und tausend Anschläge, tausend Aussichten wütheten durch meine Seele, und zuletzt stand er da, fest ganz der lezte einzige Gedanke: Ich will sterben! –« (Goethe, Werther, S. 174 und S. 186).

336,19 f. *seine Uhr ⟨...⟩ ausgelaufen war*] Werther an Wilhelm, 8. Dezember: »Ach! Mit offenen Armen stand ich gegen den Abgrund, und athmete hinab! hinab, und verlohr mich in der Wonne, all meine Quaalen all mein Leiden da hinab zu stürmen, dahin zu brausen wie die Wellen. Oh! Und den Fuß vom Boden zu heben! Vermochtest du nicht und alle Qualen zu enden! – Meine Uhr ist noch nicht ausgelaufen – ich fühl's! O Wilhelm, wie gern hätt ich all mein Menschseyn drum gegeben, mit jenem Sturmwinde die Wolken zu zerreissen, die Fluthen zu fassen. Ha! Und wird nicht vielleicht dem Eingekerkerten einmal diese Wonne zu Theil! –« (Goethe, Werther, S. 173).

336,23-25 *Laß das ⟨...⟩ kannst*] Zitat aus der Vorrede: »Und du gute Seele, die du eben den Drang fühlst wie er, schöpfe Trost aus seinem Leiden, und laß das Büchlein deinen Freund seyn, wenn du aus Geschick oder eigner Schuld keinen nähern finden kannst.« (Goethe, Werther, S. ⟨4⟩.)

336,25 *diese Worte*] Korrigiert aus »diesen Worten« nach D².

337,12 *Reminiscenzien*] Erinnerungen (Campe, Ergänzungsband, S. 526).

337,18 f. *ein Wesen ⟨...⟩ darstellt*] Vgl. Werther an Wilhelm vom 10. Mai (Goethe, Werther, S. 9 f.). – Moritz erläutert dieses Zitat in seinem Essay *Über ein Gemälde von Göthe* (vgl. in vorliegender Ausgabe Bd. 2, bes. S. 917).

337,25 f. *neue Dichterepoche*] Anspielung auf den 1772 gegründeten Göttinger Hainbund.

337,26 *Bürger*] Gottfried August Bürger (1747-1794), Lyriker und Balladendichter.

337,26 *Hölty*] Ludwig Christoph Heinrich Hölty (1748-1776), Lyriker.

337,26 *Voß*] Johann Heinrich Voß (1751-1826), Lyriker, Idyllendichter, Übersetzer.

337,26 *die Stollberge*] Christian Graf zu Stolberg Stolberg (1748-1821), Lyriker, Dramatiker und Übersetzer; Friedrich Leopold Graf zu Stolberg Stolberg (1750-1819), Schriftsteller, Übersetzer und Historiker.

337,27 f. *Musenalmanachen]* Ab 1770 nach franz. Vorbild auch in Deutschland sehr erfolgreiche Publikationsform; die in der Regel im Jahresrhythmus erschienenen Sammlungen bildeten ein wichtiges Forum für den neuen literarischen Geschmack (vor allem für lyrische Dichtungen).

337,29 *diesjährige Musenalmanach]* Gemeint ist der von 1770 bis 1804 publizierte, von Heinrich Christian Boie (1744-1806) begründete *Göttinger Musenalmanach*. Der Jahresband 1774 enthält u. a. Beiträge der genannten Autoren: neben Texten von Bürger und Hölty mehrere Gedichte von Voß und den Brüdern Stolberg sowie Klopstocks *Cidli* (S. 117; vgl. Anm. 317,30).

337,31 *Leonore von Bürger]* Gottfried August Bürgers Ballade *Lenore* (Erstdruck in: Göttinger Musenalmanach auf das Jahr 1774, S. 214-226).

337,31 f. *Adelstan von Hölty]* Zu Höltys *Adelstan und Röschen. 1771.* (Göttinger Musenalmanach auf das Jahr 1774, S. 178-184) vgl. auch S. 937 sowie Karl Philipp Moritz, *Vorlesungen über den Styl oder praktische Anweisung zu einer guten Schreibart in Beispielen aus den vorzüglichsten Schriftstellern*, Erster Theil, Berlin 1793, S. 116 f.

337,37 *Vetter]* Lampe; vgl. S. 200,37.

338,12 *Hölty ⟨...⟩ Bruder]* Levin Karl Hölty, der im Schuljahr 1775/76 in die Prima aufgenommen wurde (Eybisch) und bei der Schultheater-Aufführung im Juni 1776 mitwirkte (vgl. Anm. 389,1-20). – Ludwig Hölty kehrte nach dem Studium in Göttingen in sein Elternhaus in Mariensee bei Hannover zurück. Ab Herbst 1775 lebte Hölty in Hannover – in der Hoffnung, dort unter der Obhut von Johann Georg Zimmermann mit Molken- und Brunnenkuren sein Lungenleiden (Tuberkulose) auskurieren zu können. Hölty starb am 1. September 1776.

340,30 *Lorbeern]* Anspielung auf »die alten sinnbildlichen Ehrenzeichen der Helden, Sieger und Dichter« (Adelung II, Sp. 2099).

341,4 *hüllen]* Korrigiert aus »hülken« nach D².

341,16 *Jagd]* Vgl. S. 271,18-22 und Anm.

341,16 f. *Tod Abels*] Vgl. S. 261,34 f. und Anm.

341,18 *Tom Jons von Fielding*] Henry Fieldings (1707-1754) Roman *The History of Tom Jones, a Foundling*, London 1749, wurde erstmals 1750 ins Deutsche übersetzt: *Historie des menschlichen Herzens, nach den Abwechselungen der Tugenden und Laster in den sonderbaren Begebenheiten Thomas Jones, eines Fündlings. Moralisch und satyrisch beschrieben.* Aus dem Englischen, Hamburg 1750. Moritz las möglicherweise eine spätere Übertragung; vgl. z. B. *Geschichte des Thomas Jones, eines Fündlings.* Aus dem Englischen Heinrich Fieldings ⟨...⟩, Hamburg und Leipzig 1771.

341,18 *Hallers Gedichte*] Albrecht von Hallers (1708-1777) *Versuch schweizerischer Gedichten*, Bern 1732 (10. Auflage: Göttingen 1768).

341,33 *schuf, Natur*] Korrigiert aus »schuf Natur« nach D².

343,7 *Kleists Gedichte*] Vgl. Anm. 325,17 f.

343,26 *Siegwart*] Johann Martin Millers (1750-1814) Roman *Siegwart. Eine Klostergeschichte*, 2 Theile, Leipzig 1776, entwickelte sich rasch zum Bestseller. Die teilweise harsche Kritik der Zunftgenossen an diesem empfindsam-moralisierenden Erfolgsroman beeinträchtigte die Leselust der (überwiegend weiblichen) Fans offensichtlich nicht.

343,27 *unzähligen Liedern*] Vermutlich nicht nur Anspielung auf die Gedichte der Hainbündler, sondern auch auf die Topoi empfindsamer Lyrik im allgemeinen (Ossian-Rezeption etc.).

343,29 *blickest*] Korrigiert aus »bilckest« nach D².

344,13 f. *bedientenmäßigem*] Korrigiert aus »bedientenmäßigen«.

344,19 *der Prinz*] Vgl. S. 195,18 und Anm.

344,36-345,1 *Gedicht ⟨...⟩ Gottesleugner*] Vgl. S. 277,24-26 und Anm.

345,5 *dem*] Korrigiert aus »den«.

346,8 *Gedank'*] Korrigiert aus »Gedank« nach D².

346,10 *Seelenblick*] Eigentlich »blick, in dem sich die seele ausdrückt« (Grimm XVI, Sp. 6); hier vermutlich im Sinn von Erforschung, Introspektion der eigenen Seele.

346,22 *Vernünftigem]* Korrigiert aus »Vernünftigen«.

346,23 *schreckendem Gefieder]* Sinnbild für Krankheit; als metaphorische Rede in mehreren Varianten belegt: »geister, dämonen u. ä. mit flügeln vorgestellt« (Grimm IV, Sp. 2138).

346,28 *dein]* Korrigiert aus »dem«.

347,14 *lernte er es]* Korrigiert aus »lernte es« nach D².

347,26 *ihn]* Korrigiert aus »ihm« nach D².

348,10-23 *Gedicht ⟨...⟩ Tor?]* Vgl. S. 322,13-324,27.

348,26 f. *emporgehobnem]* Korrigiert aus »emporgehobnen«.

349,7 *hatte]* Korrigiert aus »hätte« nach D².

349,14 *freudenvollem]* Korrigiert aus »freudenvollen«.

350,1 *Gelegenheitsgedichte]* Gedichte, die speziell zu öffentlichen oder privaten Anlässen (oft als Auftragswerke) verfaßt wurden.

351,10-29 *Ich suchte ⟨...⟩ nur]* Unter dem Titel *Freundschaft* bereits in der Zeitschrift ›Olla Potrida‹ (Drittes Stück, Berlin 1781, S. 8 f.) publiziert; die zweite Verszeile (vgl. Z. 11) lautet dort: »Ich will ihm klagen meine Leiden,«.

351,32 *Essigbrauer]* Vgl. S. 315,9-11.

352,3 *sich ⟨...⟩ nehmen]* Vgl. Anm. 199,24.

352,5-7 *Osterstraße ⟨...⟩ Brauhaus]* Das Brauergildehaus und das Brauhaus befanden sich in der Osterstraße in der Altstadt von Hannover; hier wurden Bier gebraut und Essig hergestellt (vgl. Spilcker, S. 8 und S. 207).

352,6 *altfränkischen]* Veraltet (vgl. Adelung I, Sp. 240).

352,14 *ubi? ⟨...⟩ hic!]* (Lat.) »Wo?« bzw. »Hier!«

353,4 *einen]* Korrigiert aus »einem« nach D².

353,7 *Sternischer Laune]* Im Stil von Laurence Sterne (vgl. Anm. 256,2 und S. 256,4 f.); vermutlich weniger eine Anspielung auf *A sentimental journey* als auf die kühne, assoziativ-digressive und psychologisierende Erzähltechnik in *The Life and Opinions of Tristram Shandy Gentleman* (York und London 1759-67).

353,8 *Tom Jones]* Vgl. Anm. 341,18.

354,13 *sein Vetter]* Nicht ermittelt.

354,17 f. *ein junger Mensch]* Nicht ermittelt; möglicherweise handelt es sich um den auf S. 364,6 erwähnten »S ...«.

354,23 *sokratische Gespräche]* Anspielung auf die Lehrmethode des griech. Philosophen Sokrates, aus den Schülern durch geschicktes Fragen die richtigen Antworten herauszulocken.

354,29 f. *Geburtstag der Königin* ⟨...⟩ *eintraf]* Vgl. Anm. 239,32.

354,32 f. *Ziel* ⟨...⟩ *streben]* Offenbar handelte es sich dabei um ein Privileg der Primaner aus dem Lyzeum in der Altstadt (Spilcker, S. 257).

355,13 *Litteraturbriefe]* Vgl. S. 250,25 und Anm.

355,15-19 *Rezension* ⟨...⟩ *gesagt wird]* Die von Moses Mendelssohn stammende kritische Auseinandersetzung mit Zachariäs Milton-Übersetzung steht im 10. Theil der *Briefe, die Neueste Litteratur betreffend* (Berlin 1761) und kommt zu dem Schluß, »daß sich dieses Werk nicht anders als mit dem grössesten Eckel lesen läßt« (S. 368); vgl. zur Kontroverse um den Hexameter insbesondere den 173., 176. und 177. Brief (S. 327-332, S. 354-376). – Die Autorschaft Mendelssohns war Moritz offensichtlich nicht bekannt. – Eybisch verweist auf Moritz' weitgehende Orientierung an diesen Ausführungen (Eybisch, S. 174 f.).

355,16 *Zachariä's Übersetzung]* Die Milton-Übertragung des Rokokodichters Justus Friedrich Wilhelm Zachariä (1726-1777) war bereits 1760 und 1763 in Altona erschienen: *Das Verlohrne Paradies, aus dem Englischen Johann Miltons in Reimfreye Verse übersetzt, und mit eignen sowohl als andrer Anmerkungen begleitet von Friedrich Wilhelm Zachariä.*

355,16 f. *Miltons* ⟨...⟩ *Paradiese]* John Miltons (1608-1674) biblisches Blankvers-Epos *Paradise lost* (London 1667); vgl. auch S. 734 f. sowie Moritz' Hinweise auf die Milton-Lektüre während der Englandreise (vgl. in vorliegender Ausgabe Bd. 2, S. 355).

356,4-10 *Verse* ⟨...⟩ *Geschick]* Vgl. S. 344,1-4.

356,12-14 *Arie* ⟨...⟩ *strebst]* Nicht ermittelt.

356,19 *reden zu dürfen]* Vermutlich in der Bedeutung von »reden zu müssen« (vgl. auch Anm. 175,1).

357,34 *den]* Korrigiert aus »dem« nach D².

357,36 *ihn*] Korrigiert aus »ihm« nach D².

357,37 *hatte, wurde*] Korrigiert aus »hatte, hatte, wurde« nach D².

358,26 *einen Buchdrucker*] Pockwitz (Eybisch, S. 175 und S. 18).

358,33 *lateinischen Anschlagbogen*] Die Moritz betreffende Stelle lautet: »Carolus Philippus Mauritius Hamelensis carmine heroico teutonico regiae maiestati dicato omninoque suo et pietatem et poeticam facultatem benigna ingenii vena profluentem audituris probabit.« (Zit. nach Ulrich, S. 307; »Karl Philipp Moritz aus Hameln wird durch ein der Königlichen Majestät gewidmetes, selbstverfaßtes heroisches deutsches Gedicht vor den Zuhörern Zeugnis ablegen von seiner Vaterlandsliebe und von seinem aus reicher Begabung fließenden poetischen Geschick.«)

358,34 f. *zweier ⟨...⟩ Eltern*] Zum Procedere vgl. die Darstellung Ulrichs: »Vor einer zahlreichen Versammlung, welche die Spitzen der Hannoverschen Gesellschaft vereinigte, wurde zuerst ein vom Direktor Schumann verfaßtes, vom Kantor Winter komponiertes Sinngedicht vom Schulchore unter Begleitung einiger Hofmusici vorgetragen, darauf folgten die Festreden, und den Schluß machte ein Vortrag des Chors. Außer Moritz traten am 18. Januar 1776 noch zwei Primaner als Redner auf, Carl Aug. Mor. Schlegel, der in lateinischer Rede die Verdienste der Königinnen Englands um die bonae literae feierte, und Joh. Friedr. Wiese, der einen in deutschen Versen verfaßten Preis der felicitas patriae vortrug. Der Löwenanteil aber, die eigentliche Festrede, fiel Moritz zu. ⟨...⟩ Am Nachmittage wurden die drei Festredner, die nun als die Hoffnung des Staates betrachtet wurden, von dem Bürgermeister Consistorialrat E. A. Heiliger, der zugleich Scholarch war, zum Kaffee gebeten.« (Ulrich, S. 306 f.) – Zu Johann Friedrich Wiese konnte nichts ermittelt werden. Bei Karl August Moritz Schlegel (1756-1826) handelt es sich um den ältesten Bruder von August Wilhelm und Friedrich Schlegel; der Vater Johann Adolf Schlegel, Theologe sowie vielseitiger Übersetzer und

Schriftsteller, lebte in Hannover und sollte 1782 General-
superintendent der Grafschaft Hoya werden.

358,36 f. *Reiserus ⟨...⟩ vorige Direktor]* Ballhorn; vgl. Anm.
194,25 f.; ferner S. 202,19-203,15.

359,18 *seine Cour]* Einem »Vornehmen fleissig die Auf-
wartung machen«, »jemanden den Hof machen« (Grammatisches Wörterbuch I, S. 299).

359,30 *empfehlen...—Reiser]* Korrigiert aus »empfehlen.. —
Reiser« nach D².

362,1-363,11 *Welch ⟨...⟩ lebe!]* Vgl. auch S. 368,3-8; mehr
ist nicht erhalten. — Der bei Klischnig erwähnte und vermutlich auf 1782 zu datierende Separatdruck einer »Rede am
Geburtstage der Königinn von England in Hexameter« war
nicht auffindbar (vgl. Klischnig, S. 163).

362,5 *Charlotten]* Vgl. Anm. 239,32.

362,7 *Georg]* Vgl. Anm. 239,32 f.

362,28 *Ceder Gottes]* Biblische Metaphorik; vgl. Ps 80,11;
92,13; Hld 5,15; Sir 24,13 (u. ö.).

363,2 f. *Siehe nicht ⟨...⟩ König]* Anspielung auf die ameri-
kanische Unabhängigkeitsbewegung und den Aufstand der
13 amerikanischen Kolonien; am 2. Juli 1776 verabschiedete
der Kongreß die staatliche Loslösung von der britischen
Krone, am 4. Juli 1776 die Unabhängigkeitserklärung der
englischen Kolonien (vgl. auch Anm. 370,29 f.).

363,11 *Wald und Gebürg']* Vgl. Anm. 363,27.

363,21 *abstrahierte sich]* »In Gedanken absondern, besonders unselbstständige Begriffe von selbstständigen Dingen
absondern« (Adelung I, Sp. 119).

363,27 *Wald ⟨...⟩ erklang]* Werther an Wilhelm, 18. August: »Ungeheure Berge umgaben mich, Abgründe lagen vor
mir, und Wetterbäche stürzten herunter, die Flüsse strömten
unter mir, und Wald und Gebürg erklang.« (Goethe, Werther, S. 93.)

364,1 f. *Bürgermeister ⟨...⟩ Scholarch]* Ernst Anton Heiliger
(1729-1803), Jurist, ab 1767 Bürgermeister von Hannover,
Hof- und Konsistorialrat. — Von Moritz ist ein an Heiliger
adressiertes Bewerbungsschreiben um eine Lehrerstelle am

Lyzeum überliefert (Moritz an Heiliger vom 9. September 1780; in: Text + Kritik. Zeitschrift für Literatur, hg. v. Heinz Ludwig Arnold, Heft 118/119: *Karl Philipp Moritz*, München 1993, S. 11 f.). – »Scholarch« ist der Titel für den »Schulvorsteher« (Grammatisches Wörterbuch III, S. 403).

364,6 *S. . .]* Vermutlich die Initiale für den auf S. 354,17 f. erwähnten ›jungen Menschen‹.

364,12 *Logie]* »Wohnung, Behausung« (Grammatisches Wörterbuch II, S. 346).

364,20 f. *Glücks 〈. . .〉 Unglücks]* Möglicherweise Anlehnung an Werthers Aufzeichnung vom 18. August (Goethe, Werther, S. 91).

364,37 *Alles und Sein]* Mutmaßlich Anspielung auf mystisches Gedankengut; vgl. auch S. 377,28-35.

365,4 f. *Tischers 〈. . .〉 alles]* Vgl. S. 236,29-237,10.

365,23 *Seraph]* »ein engel höherer ordnung« (Grimm XVI, Sp. 618).

366,5 *schwarze Melancholie]* Nach der Temperamentenlehre Folge eines Übergewichts an »schwartze〈r〉 Galle« mit entsprechenden physiologischen und psychologischen Konsequenzen: Die Gesichtsfarbe des Melancholikers ist »schwartz und blaß«, die Sprache »männlich, rauh und langsam«, die Augen sind »mürrisch und matt«, die Statur »hager«, der Gang »geschwind und negligent«; er verfügt über »ein treflich Gedächtnis« und ist »geitzig« (Zedler XLII, Sp. 764-767). – Hier ist vermutlich nicht das somatische Krankheitsbild gemeint (»wenn nemlich jemand mit einem sehr dicken, schweren und zähen Geblüte von der Natur versehen, so daß solches zu Stockungen und Verstopfungen sehr geneigt, und besonders in der Pfort-Ader in Ansehung der fortgehenden Bewegung keinesweges recht lebhafft und munter ist«), sondern die »innere unmaterielle oder moralische Ursache der Schwermuth«: »Stösset dergleichen Personen etwas widerwärtiges zu, so fället ihnen so gleich aller Muth, sie hängen die Köpfe, wissen sich nicht gleich heraus zu wickeln oder zu fassen, und verfallen demnach auf einmal aus dem Zirckel ihrer sonst muntern, schmeichelnden und frölichen Gedancken in die Schwermüthigkeit.« Als Kennzeichen der hypochondrischen Melancholie gelten u. a. »Traurigkeit, grosse Liebe zu der Einsamkeit, wie auch zum Stileschweigen«, Furchtsamkeit, Unruhe und Schlaflosigkeit, »blasse und bleiche« Gesichtsfarbe, eine Neigung zur Selbstverstümmelung und zum Selbstmord (Zedler XXXVI, Sp. 469 f.).

368,7 *Tag*] Korrigiert aus »Tag'« nach D².

368,13 *Joy of grief*] Vgl. Anm. 178,24.

368,20 f. *neunzehnten Jahre*] Um die Jahreswende 1775/76.

368,31 *zwölf Meilen*] Eine hannoversche Meile entspricht 7,42 km.

368,31 f. *Ort ⟨...⟩ Eltern*] Erichshagen; vgl. Anm. 89,30.

369,5 *Mitschüler ⟨...⟩ Bruder*] Nicht ermittelt.

369,11 *mit der Tat*] Mit Recht.

369,14 *weißem*] Korrigiert aus »weißen« nach D².

370,22 *Prinzipals*] Herr, Arbeitgeber; »Kaufmannsdiener und Hauslehrer gebrauchen lieber das fremde Wort, obgleich die deutschen Herr und Frau ⟨für Prinzipalin⟩ eben so viel sagen«, auch »Hausherr, Handelsherr« (Grammatisches Wörterbuch III, S. 231).

370,23 *ihn*] Korrigiert aus »ihm«.

370,29 f. *Bremerlehe ⟨...⟩ waren*] Ein Teil der insgesamt 12000 Hessen, die Landgraf Friedrich II. von Hessen-Kassel (1720-1785) als Folge des im Januar 1776 mit England abgeschlossenen Subsidienvertrages bis 1784 zur Bekämpfung der aufständischen amerikanischen Kolonien stellen mußte; vgl. auch Anm. 363,2 f.

370,32 *einer*] Korrigiert aus »eine« nach D².

372,11 f. *Bremergroten*] In Niedersachsen und Bremen bedeutete ein »Grot« eine »Scheidemünze« (Adelung II, Sp. 820).

372,24 *blieb resigniert*] Mutmaßlich im Sinne von »entsagen« (vgl. Grammatisches Wörterbuch III, S. 348).

372,31 *Vegesack*] Bezeichnung für den »Hafen und Flekken der Stadt Bremen«. – »Er lieget eine und ½ Meile davon an der Weser; gegen deren Ausfluß zu, allwo die Waaren ein und ausgeladen werden, weil grosse Kauffahrtey-Schiffe nicht bis an die Stadt Bremen hinauf fahren können.« (Zedler XLVI, Sp. 940.)

374,26 *seine]* Korrigiert aus »seiner«.

375,19 f. *Samariter ⟨...⟩ unterscheiden]* Anspielung auf das Gleichnis vom barmherzigen Samariter (Lk 10,29-37), das auch im *Werther* erwähnt wird; vgl. Werthers Abschiedsbrief an Lotte, »nach eilfe« (Goethe, Werther, S. 220).

376,1 *einem]* Korrigiert aus »einen«.

376,8 *Anschlag]* List, Intrige.

377,3 *Tagen]* Korrigiert aus »Tage« nach D².

377,6-12 *Das Wandern ⟨...⟩ dichterische Idee]* Vermutlich eine *Werther*-Reminiszenz, die u. U. die Namenswahl »Reiser« mitbeeinflußte (vgl. Anm. 85,1).

377,28 f. *Schriften ⟨...⟩ Guion]* Vgl. dazu insbesondere den 1. Teil des Romans sowie Anm. 89,30.

377,31-35 *indem ⟨...⟩ Vernunft ist]* Vg. S. 893,4-8.

378,9 *diesen]* Korrigiert aus »diesem« nach D².

378,14 *die vier Türme]* Vgl. S. 170,20 und Anm. sowie Abb. S. 285.

378,23 *sein erster ⟨...⟩ Jahren]* Vgl. S. 269,3-272,5; die Schrödersche Truppe gastierte vom 9. April bis zum 14. Juni 1776 mit insgesamt 45 Aufführungen in Hannover (Eybisch).

378,24 *Schlosse ⟨...⟩ Theater]* Schröder spielte in der Oper des Schlosses, wo ca. 1300 Zuschauer Platz fanden (vgl. Spilcker, S. 440-442).

378,26 *Klavigo]* Johann Wolfgang Goethes *Clavigo. Ein Trauerspiel* (Leipzig 1774) entstand im Mai 1774 und wurde am 23. August 1774 in Hamburg uraufgeführt. Die Hannoveraner Premiere fand am 23. April 1776 statt. – Der Text ist auch enthalten im *Theater der Deutschen*, Funfzehnter Theil, Königsberg und Leipzig 1776.

378,26 *Brockmann]* Johann Franz Hieronymus Brockmann; vgl. Anm. 270,7.

378,26 *Reinicke]* Johann Friedrich Reinecke; vgl. Anm. 270,7.

378,27 *älteste Dem. Ackermann]* Dorothea Caroline Ackermann; vgl. Anm. 270,5 f.

378,27 *die jüngere]* Charlotte Ackermann; vgl. Anm. 270,5.

378,28 *Schröder]* Friedrich Ludwig Schröder; vgl. Anm. 271,22.

378,28 f. *Don Carlos]* Clavigos intriganter Freund (Don) Carlos.

378,29 *die Reinicken]* Sophie Reinecke; vgl. Anm. 270,6.

378,29 *Schütz]* Friedrich Wilhelm Schütz (1750-1800), Schauspieler.

378,30 *Böheim]* Josef Michael Böheim (um 1750-1811), Schauspieler und Sänger.

379,1 *diesen]* Korrigiert aus »diesem« nach D².

379,19 *Zwillinge von Klinger]* Friedrich Maximilian Klingers (1752-1831) Trauerspiel *Die Zwillinge* wurde am 23. Februar 1776 in Hamburg uraufgeführt, nachdem es bei einem von Friedrich Ludwig Schröder veranlaßten Dramenwettbewerb der Ackermannschen Truppe den 1. Preis gewonnen hatte. – Die Hannoveraner Aufführung fand am 29. Mai 1776 statt.

379,23 *Lambrecht]* Matthias Georg Lambrecht (1748-1826), Schauspieler und Dichter.

379,27 *Guelfo ⟨...⟩ unterdrückt]* Anspielung auf den zentralen Konflikt in Klingers Sturm-und-Drang-Drama: Der mutmaßlich zweitgeborene Guelfo fühlt sich gegenüber dem angeblich erstgeborenen Ferdinando vernachlässigt und beansprucht das Erstgeburtsrecht für sich.

379,33 f. *Die bittre Lache]* Guelfos Lachen wird mehrfach thematisiert, u. a. von Ferdinandos Braut Kamilla in II 5 (»Sie sind fürchterlich mit ihrem Lachen«) und von der Mutter Amalia in IV 3 (»Er lacht bitter«).

380,6-8 *Spiegel ⟨...⟩ schlafen]* Schlußmonolog Guelfos in IV 4.

380,14 *Schröderschen Gesellschaft]* Vgl. Anm. 269,4.

381,11 *aus ihrem Mittel]* Eigenständig (vgl. auch Adelung III, Sp. 242).

381,12 *konnten]* Korrigiert aus »konnte« nach D².

382,24 *I...]* August Wilhelm Iffland; vgl. Anm. 216,26.

382,27 f. *in Ansehung seines Kopfes]* Hinsichtlich seiner Intelligenz.

383,14 *den Text lesen]* Jemandem »eine ernsthafte Vermahnung, einen ernsthaften wörtlichen Verweis geben« (Adelung IV, Sp. 562).

383,16-20 *Ideen ⟨...⟩ können]* Wahrscheinlich Anspielung auf die Diskrepanz zwischen der Vorliebe des überaus produktiven Bühnenautors für das bürgerliche Schauspiel bzw. das rührende Familiengemälde einerseits und die damals virulenten Spannungen im gutbürgerlichen Ifflandschen Elternhaus andererseits, die wesentlich durch Ifflands früh artikulierte Theaterleidenschaft ausgelöst wurden (vgl. auch Anm. 395,8).

384,8 *Deserteur ⟨...⟩ Peter] Der Deserteur aus Kindesliebe,* Wien 1772; Lustspiel von Gottlieb Stephanie d. J. (eigentl. Gottlieb Stephan; 1741-1800), Schauspieler, Dramatiker. – Der Text ist auch enthalten im *Theater der Deutschen,* Funfzehnter Theil, Königsberg und Leipzig 1776. – Peter ist der Bruder des alten Holbeck und tritt im II. und III. Akt auf. – Die Aufführung fand am 21. Juni 1776 statt.

384,30 *der Meineid]* Vgl. S. 499,3 und 922.

385,9 *er]* Korrigiert aus »es«.

385,10 *Mitschüler]* Nicht ermittelt.

385,34-36 *Moses ⟨...⟩ Homerskopf]* Vermutlich ungenaue Erinnerung; Mendelssohns *Philosophische Schriften* erschienen 1761 bei Christian Friedrich Voß in Berlin (vgl. S. 250,25 und Anm.). In der Erstausgabe stehen auf dem Titelkupfer von Johann Wilhelm Meil (vgl. Anm. 519) Socrates und sein Schüler Alcibiades vor dem delphischen Tempel. Socrates deutet auf die Inschrift über dem Portal, die Moritz im ›Magazin zur Erfahrungsseelenkunde‹ aufgreift: ΓΝΩΘΙ ΣΑΥΤΟΝ. Die Titelvignette des ersten Teils nimmt in einer allegorischen Darstellung auf eine Textpassage Bezug: Die Dürftigkeit umarmt den betrunkenen Überfluß. Die Titelvignette zum zweiten Teil zeigt den persischen König Cyrus und seinen Feldherrn Araspes vor dem königlichen Zelt. – Vielleicht rührt die Erinnerung an den »Homerskopf« von einer anderen, im Verlag von Friedrich Nicolai erschienenen Publikation Mendelssohns her, z. B. von *Phaedon oder über die Unsterblichkeit der Seele in drey Gesprächen*, Berlin und Stettin 1767. Der Homerskopf war zeitweise Nicolais Verlagssignet.

386,7 *in Pyrmont]* Mendelssohns Kuraufenthalte in Bad Pyrmont sind für 1773 und 1774 belegt.

386,10 *Gegenwärtigen]* Korrigiert aus »Gegenwärtigem« nach D².

387,6 *jeder Nerve]* Bei Adelung hauptsächlich als Maskulinum belegt; das semantisch teilweise abweichende Femininum stehe »häufiger« für »gewisse zarte röhrartige von außen unsichtbare Fasern, welche sich aus dem Gehirne und Rückenmarke über alle Theile des Leibes erstrecken, und der Sitz so wohl der Empfindung als der Bewegung sind« (Adelung III, Sp. 468).

387,15 *Prologs 〈...〉 Kindesliebe]* Vgl. Anm. 389,1-20.

387,20 *großen 〈...〉 Operntheater]* Vgl. Anm. 378,24.

387,21 *hatten]* Korrigiert aus »hätten« nach D².

387,34 *Windmühle]* Ungenaue Angabe; wahrscheinlich die »auf dem Berge bei Linden stehende〈. .〉 herrschaftliche〈. .〉 Windmühle«, beliebt wegen der schönen Aussicht (Spilcker, S. 574). – Vgl. zur evtl. Präzisierung Haase, S. 228, und Röhrbein, S. 37.

388,5 *Wahlheim]* Vgl. Werther an Wilhelm, 26. Mai und 21. Juni (Goethe, Werther, S. 19-23 und S. 45-48).

388,9 *kleines Wäldchen]* Nach Röhrbein am Ufer der Ihme (Röhrbein, S. 38 f.).

388,11 *für]* Korrigiert aus »fur« nach D².

388,31 *siegwartisieren]* Vgl. Anm. 343,26.

388,33 f. *vorigen 〈...〉 Geburtstag]* Am 15. September 1775.

388,35 *heiligsten Gelübde]* Vgl. die »Empfindungen am Geburtstage« in den *Beiträgen zur Philosophie des Lebens*, Berlin ²1781, S. 111-115.

389,1-20 *Prolog 〈...〉 I...]* *Prolog zu der von den hieselbst Studirenden angestellten theatralischen Feierlichkeit verfasset von C. P. Moritz gesprochen von Iffland.* erster Abend, Hannover im Junius 1776. – Dem angefügten Rollenverzeichnis ist zu entnehmen, daß mehrere im *Anton Reiser* erwähnte Mitschüler mit von der Partie waren, so z. B. Timäus (vgl. S. 407,22), Winter (vgl. S. 213,34 und 314,32 f.)., Mardefeld (vgl. S. 274,31) und Hölty (vgl. S. 338,12). – Neudruck unter dem Titel *Prolog, auf einen gesellschaftlichen Theater zu Hannover gehalten, im Junius 1776,* in: Theater-Journal für Deutschland vom Jahre 1777, Viertes Stück, Gotha 1777, S. 106-108.

389,24 *Gallakleide]* Zeitgenössische Schreibung (vgl. Adelung II, Sp. 393).

390,5 *Kour]* Vgl. Anm. 359,18.

390,7 *glänzendes Elend]* Vermutlich *Werther*-Reminiszenz; vgl. Werthers Brief vom 24. Dezember (Goethe, Werther, S. 121).

390,10 *Einförmige]* Korrigiert aus »einförmige« nach D².

391,30 *wollten]* Korrigiert aus »wollte«.

392,2 *der Mann nach der Uhr]* Einaktiges Lustspiel von Theodor Gottlieb von Hippel (1741-1796), Schriftsteller und Jurist: *Der Mann nach der Uhr, oder der ordentliche Mann,* Königsberg 1765; auch in *Theater der Deutschen,* Erster Theil, Berlin und Leipzig 1766.

392,2 *der Edelknabe]* Einaktiges Lustspiel »für Kinder« von Johann Jakob Engel (1741-1802), Schriftsteller und Theaterdirektor: *Der Edelknabe. Ein Lustspiel für Kinder,* Leipzig 1774; auch in *Theater der Deutschen,* Funfzehnter Theil, Königsberg und Leipzig 1776.

392,3 *unbedeutenden Nebenrolle]* Verzerrte Darstellung; der im II. und im III. Akt präsente Peter, der Bruder des alten Holbeck, spielt durchaus eine für den Verlauf der Handlung relevante Rolle.

392,27 *Auditorium]* Vgl. Anm. 378,24.

393,2 *sein?]* Korrigiert aus »seyn.« nach D².

393,3 *sterbenden Sokrates]* Vgl. S. 252,5-253,11.

393,9 *zärtlichsten]* Empfindlichsten.

393,32 *unstet und flüchtig]* Vgl. Gen 4,12 (Weissagung Gottes über Kains Schicksal nach dem Mord an Bruder Abel).

394,2 f. *I... ⟨...⟩ wütete]* Anspielung auf die heftigen

Reaktionen von Maries Bruder Beaumarchais, der die Ehre seiner Schwester retten und Clavigo für sein nicht eingelöstes Eheversprechen zur Rechenschaft ziehen will. Als nach einer scheinbaren Versöhnung Clavigos neuerlicher Wortbruch offenbar wird und Marie aus Schmerz darüber stirbt, »wütet« Beaumarchais tatsächlich auf offener Bühne (vgl. IV. Akt: Guilberts Wohnung; V. Akt).

394,21 *Saite]* Korrigiert aus »Seite«.

394,33 *sein Vater ⟨...⟩ Bruder]* Johann Rudolf Iffland (1714-1775), Registrator und Revisor bei der Kriegskanzlei in Hannover, und vermutlich Christian Philipp Iffland (1750-1835), später Appellationsgerichtsrat und Oberbürgermeister von Hannover.

395,8 *der Jude im Diamant]* Iffland spielte die Rolle des Juden Israel in Johann Jakob Engels (1741-1802) *Der Diamant. Ein Lustspiel in einem Aufzuge, nach dem Französischen des Collé,* Leipzig 1772. – Die Aufführung fand am 21. Juni 1776 im Anschluß an den *Deserteur aus Kindesliebe* statt (vgl. Anm. 384,8). – Am 22. Februar 1777 verließ Iffland heimlich sein Elternhaus, um sich der Bühne zu widmen. Sein Debüt feierte er am 15. März 1777 am Herzoglich Gothaischen Hoftheater, das der künstlerischen Leitung Konrad Ekhofs unterstand (in der genannten Rolle).

395,11 *Eckhofs]* Vgl. Anm. 272,8 und Anm. 395,8.

395,37 *Fürsten im Edelknaben]* Vgl. Anm. 392,2. – Bei der Rolle des »Fürsten von ***« handelt es sich immerhin um die Hauptrolle dieses moralisierenden und unverkennbar von den Dialogen in Lessings *Minna von Barnhelm* und *Emilia Galotti* profitierenden Einakters.

396,1 f. *Manne ⟨...⟩ Blasius]* Vgl. Anm. 392,2. – Blasius spielt die komische Rolle des pedantischen Gelehrten (XI. und XIII. Auftritt), die mit Blick auf Anton Reisers Schicksal nicht ohne Ironie ist: Blasius erhält zwar nicht wie erhofft die Haustochter, dafür jedoch zweimal wöchentlich einen Freitisch; als Hochzeitsgabe verspricht Blasius dem glücklichen Paar Wilhelmine und Valer ein Gelegenheitsgedicht.

396,9 *sein oder nicht sein]* Auftakt des *Hamlet*-Monologs in

William Shakespeares *Hamlet*-Tragödie (III 1); in der Wielandschen Übersetzung (vgl. Anm. 310,36 f. und 311,2) in III 2.

396,9 *hertragierten*] Eigentlich in der Bedeutung von »zum Trauerspiele machen oder bearbeiten« (Campe, Ergänzungsband, S. 591); hier für tragischen Vortrag oder pathetische Rezitation.

397,26 *wurde*] Korrigiert aus »wurden« nach D².

397,27 *einem*] Korrigiert aus »einer« nach D².

397,33 *Stachel ⟨...⟩ zurück*] Evtl. Zitat aus Lessings Trauerspiel *Miß Sara Sampson* (Marwoods Monolog: IV 5); vgl. auch Anm. 264,36 f.

397,35 f. *Beifall. – Aber*] Korrigiert aus »Beifall – – Aber« nach D².

398,5 *der*] Korrigiert aus »den« nach D².

398,14 *seine Lust zu büßen*] Sein »Verlangen befriedigen« (Adelung II, Sp. 2135).

399,7 *ein junger Edelmann*] Nicht ermittelt.

399,13 *Abschiedskomplimente*] Abschiedsgruß.

399,20 *dummer ⟨...⟩ Inspektors*] Koch; vgl. S. 176,10 und Anm. 175,12, ferner S. 264,10.

399,20 *des*] Korrigiert aus »Des« nach D².

399,21 f. *ich meine ⟨...⟩ Kaufmanns*] Vgl. S. 227,30-228,5 und S. 264,11.

399,21 *des*] Korrigiert aus »Des« nach D².

399,22 *par ⟨...⟩ Primaner*] Vgl. S. 265,21 und Anm.

399,23 *Dummheit ⟨...⟩ Rektors*] Vgl. S. 264,2-7.

399,23 *des*] Korrigiert aus »Des« nach D².

399,25 *Der*] Korrigiert aus »der« nach D².

400,9 f. *bürgerliche ⟨...⟩ Menschheit*] Vgl. Werthers Brief an Wilhelm, 24. Dezember: »Was mich am meisten nekt, sind die fatalen bürgerlichen Verhältnisse«; ferner Werthers Brief vom 15. März (Goethe, Werther, S. 122 und S. 129-133). – Vgl. auch S. 733.

400,36 *Häuser ⟨...⟩ fallen*] Möglicherweise Anlehnung an eine Bibelstelle, die nicht nur im Kontext der Zerstörung der Zeichen des Götzenkults in Israel zitiert wird (vgl. Hos

10,8), sondern aus als Prophezeiung Jesu am Kreuzweg (Lk 23,30); vgl. auch Offb 6,61.

401,24 f. *Seilersche ⟨...⟩ Eckhof]* Schauspieltruppe des ehemaligen Kaufmanns und Direktors des Hamburger Nationaltheaters Abel Seyler (1730-1801); Seyler übernahm nach dem baldigen Scheitern des Nationaltheater-Projekts einen Teil des Ackermannschen Ensembles (vgl. Anm. 269,4). Neben den Aufenthalten in Hannover (1769 und 1771; vgl. auch S. 272,6 und Anm.) und am weimarischen Hof der Herzogin Anna Amalia (1771-74) befand sich die Truppe unter Seylers bzw. 1771 kurzfristig unter Ekhofs Leitung auf Wanderschaft. Mit dem Engagement in Weimar wurde Seyler zum Direktor der Hofbühne ernannt (Spielstätte: Opernhaus im Ostflügel der Wilhelmsburg). Nach dem Brand des Weimarer Schlosses am 6. Mai 1774 leiteten Ekhof und Seyler zunächst gemeinsam das in Gotha stationierte Ensemble (Beginn der Spielzeit: 8. Juni 1774), ehe am 2. Oktober 1775 unter dem Direktorat von Heinrich August Ottokar Reichard und Konrad Ekhof das Gothaische Hoftheater eröffnet wurde. Parallel veranstaltete man eine Reihe von Gastspielen. Seyler gastierte mit einem Teil der Truppe an verschiedenen Orten, ehe ihm Wolfgang Heribert Dalberg in Mannheim die Leitung des Theaterwesens übertrug (1779-81).

401,33 *öffentlichen ⟨...⟩ Stadt]* Vermutlich der Gräflich Wallmodensche Garten »nahe bei Herrenhausen an der großen Allee«. »Der edle Besitzer dieses Gartens gestattete einem Jeden den Zutritt und erhöhete den Genuß noch dadurch, daß er dem im vorderen Theile des Gartens wohnenden Gärtner erlaubte, für Geld Erfrischungen zu geben« (Spilcker, S. 530 f.).

404,11 *das Gesicht]* Blickfeld.

404,18-405,10 *Das Bild ⟨...⟩ drohte]* Vgl. S. 657,28-36.

404,23 *dem Sarge, das]* Sarg ist – im Oberdeutschen – als Neutrum belegt (vgl. Adelung III, Sp. 1282).

405,15 *Heerstraße nach N...]* Nienburg (vgl. Anm. 89,30).

406,18 *Nachtwandern]* Korrigiert aus »Nichtwandern« nach D[2].

406,29 *ordentliche Kirchhof]* Entweder der »vor dem Stein-
thore gelegene« Friedhof der Altstadt mit der »Nicolai-
Capelle« oder der Neustädter Friedhof »vor dem Clevertho-
re neben der Kavallerie-Caserne« (Spilcker, S. 528 f.).

406,34 f. *verrückten]* Doppeldeutig: hier kann sowohl die
ursprüngliche räumlich-lokale Bedeutung gemeint sein als
auch die übertragene (vgl. Adelung IV, Sp. 1111).

406,35 *Orts und Zeitideen]* Vgl. Anm. 159,5 und Anm.
204,32 f.

407,16 *Nachtstück]* Eigentlich »bey den Mahlern und
Kupferstechern, die Abbildung einer Handlung oder einer
Gegend bey der Nacht« (Adelung III, Sp. 402), schließlich
allgemein die »bildliche oder dichterische darstellung einer
nächtlichen scene, pictura opaca« (Grimm XIII, Sp. 217 f.). –
Als literarische Genrebezeichnung in Deutschland erst ab
der Romantik populär (vgl. Bonaventuras *Nachtwachen,*
1804, oder E. T. A. Hoffmanns *Nachtstücke,* Berlin 1816/17).

407,22 *T...]* Christian Friedrich Moritz Timäus (vgl.
auch Anm. 389,1-20).

408,11 *D., einem Berge]* Der Deister, »ein südwestlich von
Hannover, von Osten gegen Westen streichender Berg-
rücken« (Spilcker, S. 542).

408,17 *nachdem es fiel]* Als zeitgenössische Form belegt
(Adelung III, Sp. 367).

408,28 *Zauberlaterne]* Vgl. Anm. 332,32.

408,31 *jähnten]* Niedersächs. für »gähnen« (Adelung II,
Sp. 388).

409,1 f. *Reime zu extemporieren]* Aus dem Stegreif reimen;
vgl. Anm. 256,11 f.

409,22-24 *Weimar ⟨...⟩ Schauspielergesellschaft]* Vgl. Anm.
401,24 f.

409,33 *seinem]* Korrigiert aus »seinen«.

410,12 *alle das seinige ⟨...⟩ trug]* Dem griechischen Philosophen Bias zugeschriebene Sentenz: »omnia mecum porto
mea« (vgl. Cicero, *Paradoxa* I 1,8). – Hier möglicherweise in
Anlehnung an Matthias Claudius' Titel *Asmus omnia sua secum
portans, oder Sämmtliche Werke des Wandsbecker Bothen,* 2 Theile,
Hamburg 1775.

410,15 *Galanteriedegen]* Ein »kurzer, leichter Degen zur Zierde« (Adelung II, Sp. 390); vgl. auch Anm. 267,9.

410,17 f. *Homers Odysse]* Evtl. auch *Werther*-Reminiszenz; dort wird allerdings die Homer-Lektüre zunehmend durch die Leidenschaft für Ossian verdrängt. – Bei der griech.-lat. Ausgabe von Homers (2. Hälfte des 8. Jhs. v. Chr.) *Odysseia*-Epos könnte es sich um ein Exemplar aus der Offizin Wetstein handeln, zumal auch Werther diesen Druck im Duodezformat favorisiert und später von den *Hymnen* die Rede ist (vgl. S. 430,32): *Homeri Opera quae exstant omnia, graece et latine* ⟨...⟩ curante Jo. Henr. Lederlino ⟨...⟩ et post eum Stephano Berglero ⟨...⟩, Amstelaedami 1707, Bd. 2: *Homeri Odyssea, Batrachomyomachia, Hymni et Epigrammata, graece et latine* ⟨...⟩ curante Stephano Berglero (vgl. Werthers Brief an Wilhelm vom 28. August; Goethe, Werther, S. 98).

410,18 *Duodez]* Kleines Buchformat (Taschenformat), das durch Falzen des Druckbogens 12 Blätter ergibt.

410,22 *Mitte des Winters]* Vgl. dagegen zur Datierung die textinternen Hinweise auf den Sommer (z. B. S. 420,14 f.; S. 423,26 f.; S. 424,28-32; S. 427,37). Nach Ulrichs Recherchen handelte es sich um den 30. Juni 1776 (Ulrich, S. 309; vgl. auch Anm. 463,26-28); Eybisch datiert den Aufbruch aus Hannover ungefähr auf Juli 1776 (Eybisch, S. 59). – Fest steht das Datum von Moritz' Immatrikulation als Studiosus theologiae an der Universität Erfurt: 6. August 1776.

410,26 *drei Meilen ⟨...⟩ Stadt]* Hildesheim.

411,3 *Kokarde]* »Hutschleife« (Campe, Ergänzungsband, S. 197).

411,11 *Putzen]* Aufputzen (vgl. Adelung III, Sp. 871).

411,25 f. *So kalt ⟨...⟩ anzuklopfen]* Zitat aus Werthers Abschiedsbrief an Lotte (»nach eilfe«): »Hier Lotte! Ich schaudere nicht den kalten schröklichen Kelch zu fassen, aus dem ich den Taumel des Todes trinken soll! Du reichtest mir ihn, und ich zage nicht. All! All! so sind all die Wünsche und Hoffnungen meines Lebens erfüllt! So kalt, so starr an der ehernen Pforte des Todes anzuklopfen.« (Goethe, Werther, S. 220.)

412,5 *Rektors]* Sextro(h); vgl. Anm. 237,21.

413 *⟨Abb.⟩]* Die Darstellung Anton Reisers vor dem Erfurter Kartäuserkloster (vgl. S. 475,6-10) ist nicht signiert.

414,3 *Beruf]* Vgl. Anm. 181,18.

416,9 *G...]* Göttingen; die 1734 gegründete »Georgia Augusta« war Landesuniversität für Hannover, Braunschweig und Nassau.

417,32 f. *vor vier ⟨...⟩ Fronleichnamfest]* Vgl. S. 245,25-246,37; der Rektor ist Heinrich Philipp Sextro(h) (vgl. Anm. 237,21).

418,9 *Dukaten]* Goldmünze im Wert von »2 Rthlr. 18 bis 20 Groschen« (Adelung I, Sp. 1566).

419,10-17 *gegenwärtiges ⟨...⟩ würde]* Dieser Wunsch sollte sich nicht erfüllen, denn Moritz' spätere Bewerbungen in Hannover blieben erfolglos (vgl. Anm. 302,11 und 364,1 f.).

420,3-7 *Homers ⟨...⟩ Vergnügen]* Vgl. S. 410,17 f. und Anm.

420,9 *vielgewanderten Mann]* *Odyssee*-Zitat (I 1): »Sage mir, Muse, die Thaten des vielgewanderten Mannes« (Voß, Homers Odyssee, S. 1).

420,22 *bebte]* Allgemein für »sich hin und her bewegen« (Adelung I, Sp. 774).

421,28 *Ideenspiel]* Vgl. *Kinderlogik* (in vorliegender Ausgabe Bd. 2, S. 169-171).

422,11 *verwenden]* »Wegwenden« (Adelung IV, Sp. 1177).

422,14 *Salzdethfurt]* (Bad) Salzdetfurth.

422,18 f. *Eckhoffsche Schauspielergesellschaft]* Eigentlich die Truppe von Abel Seyler (vgl. Anm. 401,24 f.), deren künstlerischer Mittelpunkt freilich Konrad Ekhof war (vgl. Anm. 272,8).

422,34 *Beaumarchais]* Gegenspieler des Titelhelden in Goethes Trauerspiel *Clavigo* (vgl. Anm. 378,26, ferner S. 394,2 f. und Anm.

422,34 f. *Guelfo ⟨...⟩ Zwillingen]* Vgl. S. 379,19-380,12 und Anm. 379,19.

422,35 *Klingers]* Korrigiert aus »Klavigo's«.

422,37 *Hohngelächter]* Vgl. S. 379,33 f. und Anm.

423,3 f. *Spiegel ⟨...⟩ zerschmettert]* Vgl. S. 380,6-8 und Anm.

423,9 *Klavigo* ⟨...⟩ *Tränen]* Vgl. S. 392,5-394,22.

423,11 *Hamlet, Lear, Othello]* Vgl. Anm. 310,36 f., ferner S. 310,36-312,27. – *Othello, der Mohr von Venedig: ein Trauerspiel* ist in Bd. 7 der Wielandschen Shakespeare-Übersetzung enthalten (vgl. Anm. 310,36 f.).

423,12 *deutschen Bühne vorgestellt]* Die Rezeption Shakespeares auf der deutschen Bühne setzte zwar bereits im 17. Jahrhundert mit den Wandertruppen ein, breitenwirksam wurde sie jedoch erst im letzten Viertel des 18. Jahrhunderts als Folge des Shakespeare-Enthusiasmus der Stürmer und Dränger und im Sog von Wielands Übersetzung. 1772/73 wurden in Wien und Prag Bearbeitungen von *Macbeth, Othello* und *Hamlet* gegeben; 1776 nahm Friedrich Ludwig Schröder Bearbeitungen von *Hamlet* und *Othello* in den Spielplan auf, 1778 schließlich *König Lear*.

423,36 f. *zerstörten Burg]* Nach Eybisch handelt es sich um eine Burgruine in der Nähe von Staufenberg; jedenfalls deckt sich Moritz' Beschreibung mit der Darstellung in Zedlers *Universal Lexicon* (vgl. Zedler XXXIX, Sp. 1392 und Sp. 1394).

424,11-13 *Prophezeiung* ⟨...⟩ *erinnern]* Anspielung auf ein in der Italienreise erwähntes Zitat aus Martials *Epigrammen* (vgl. in vorliegender Ausgabe Bd. 2, S. 723, sowie Martial, *Epigramme* VIII 3,5-8).

424,22 *leidend]* Passiv (vgl. Adelung II, Sp. 2009).

424,29 *Jünger Christi* ⟨...⟩ *Ähren]* Vgl. Mt 12,1-8.

425,2 *einem kleinen]* Korrigiert aus »einem kleinem«.

425,2 *kleinen Dorfe]* Nicht ermittelt.

425,10-12 *Odyssee* ⟨...⟩ *verzehren]* Anspielung auf die in der *Odyssee* geschilderte Begegnung mit den Laistrygonen; vgl. Voß, Homers Odyssee, S. 175 (X 116-130).

425,37 *Minerva]* Odysseus' Schutzgöttin: »Sie ist das Ideal der vollkommensten Weisheit, des gebildetsten Verstandes und der höchsten Tapferkeit mit Klugheit und Einsicht verbunden« (Mythologisches Wörterbuch, S. 321).

427,14 f. ⟨*die*⟩ *Stadt Worbes]* Worbis (im Kreis Eichsfeld); das Franziskanerkloster St. Antonius, eine umfangreiche barocke Anlage, ging auf eine Stiftung des Kurfürsten Johann Philipp von Schönborn (1667) zurück; 1802 wurde es aufgehoben.

427,23 *eines Kartäuserklosters]* Vgl. S. 475,6-481,22; das Kloster wurde 1371 gegründet, 1728 mit einer Barockfassade ausgestaltet und 1803 aufgehoben (1805 ging es in Privatbesitz über).

428,2 *Orschla]* Niederorschel (Gemeinde im Kreis Eichsfeld).

428,3 *Reichsstadt Mühlhausen]* Seit 1180 Reichsstadt; seit 1974 Thomas-Müntzer-Stadt Mühlhausen.

428,16 *adjungiert]* Als »Amtsgehülfe« einem »andern zur Unterstützung in seinen Amtsverrichtungen zugeordnet« (Grammatisches Wörterbuch I, S. 67).

428,26 f. *alternatim]* (Lat.) Abwechselnd, wechselweise.

428,30 *Kaiserlichen und Preußischen Werbern]* Vgl. dazu auch Klischnigs Bericht von einem neuerlichen Anwerbeversuch nach Moritz' Abreise aus Leipzig und vor dem Aufenthalt in Barby (Klischnig, S. 17) sowie Anm. 676,32 f.

429,1 *leimigter]* Lehmig (vgl. Anm. 252,4).

429,22 *Handgeld]* Vgl. Anm. 674,13 f.

429,30 f. *Maynzischen Diensten]* Erfurt unterstand ebenso wie das Eichsfeld dem Kurfürstentum Mainz; Karl Theodor Anton Maria Freiherr von Dalberg (vgl. Anm. 580,6) war in kurfürstlich-mainzischen Diensten von 1772 bis 1802 Statthalter von Erfurt.

429,34 f. *lateinische Anschlagbogen]* Vgl. S. 358,33-36 und Anm. 358,33.

429,35 f. *Schulaktus ⟨...⟩ Rede]* Vgl. S. 354,26-364,9.

430,1 *Prolog]* Vgl. S. 387,15-17 sowie S. 389,1-20 und Anm.

430,3 f. *Gedicht ⟨...⟩ Lehrers]* Wahrscheinlich handelte es sich um das Begrüßungsgedicht (»Ode«) der Primaner für den neuen Direktor Johann Daniel Schumann vom 9. Mai 1774 (Ulrich; vgl. S. 302,11 und Anm.) oder um das »Singgedicht« zur Amtseinführung des Rektors Sextro(h) am 14. Mai 1772 (Eybisch; vgl. S. 237,21 und Anm.); beide Drucke sind in der Niedersächsischen Landesbibliothek Hannover erhalten.

430,22 *Jesuitenschule mit Komödie]* An den Lateinschulen und Universitäten des 15. bis 17. Jahrhunderts gehörten die Aufführungen von meist lateinischen, gelegentlich auch deutschen Dramen zum Unterrichtsprogramm. Ursprünglich am Humanistendrama orientiert, waren die Texte zunehmend reformatorischen bzw. gegenreformatorischen Tendenzen verpflichtet; daraus entwickelte sich im katholischen Bereich das Jesuitendrama als eigenständiges Genre, das – außerhalb der Schulen – zwischen 1550 und 1650 seine Blütezeit erlebte und in den Schulen bis zur Auflösung des Jesuitenordens (1772) florierte.

430,31 *Dies ⟨...⟩ Ruhe]* Bestimmte (Berufs-)Gruppen waren qua Verordnung von der Rekrutierung ausgeschlossen, u. a. auch Studenten und Reisende (vgl. Zedler LV, Sp. 78).

430,32 *Hymnen des Homers]* Vgl. Anm. 410,17 f.

432,1 *Hähnichen]* Rüdigershagen (Gemeinde im Kreis Eichsfeld).

432,9 *ihn]* Korrigiert aus »ihm«.

433,9 *Jägerhaus]* Der »an der Straße nach Mühlhausen gelegene Hüpstedter Turm« (Eybisch, S. 176).

433,36 *Holz]* Gehölz, Wald.

434,2 *alten Kalendern]* Nicht identifizierbar. Kalender – damals üblicherweise in Buch- oder Heftform – enthielten neben dem obligatorischen Kalendarium diverse Beigaben: praktische Hinweise, Lebens- und Gesundheitsregeln, Merksätze und Rezepte, Maß- und Gewichtsangaben, Himmels-, Erd- und Witterungskundliches sowie Sprichwörter, Zitate, Anekdoten, Erzählungen etc. In der Regel richteten sie sich an bestimmte Berufsgruppen oder Stände bzw. konzentrierten sich auf einzelne Themenschwerpunkte (eine Variante, die Musenalmanache, lernte Anton Reiser bereits in Hannover kennen; vgl. Anm. 337,27 f.).

434,2 *Totengesprächen]* Ernst-komischer und zeitkritisch-satirischer Dialog zwischen historischen und mythologischen Figuren in der Tradition von Lukians *Nekrikoi dialogoi*, in Deutschland nicht nur durch die Lukian-Übersetzungen Gottscheds und Wielands popularisiert, sondern in erster

Linie durch David Faßmanns (1683-1744) – französischen
Vorbildern folgende – Monatsschrift ›Gespräche In Dem
Reiche derer Todten Nebst dem Kern der Neuesten Merck-
würdigkeiten und sehr wichtig darüber gemachten Reflexio-
nes‹ (Leipzig 1718-39). Wahrscheinlich sind mehrere Lieferungen dieses überaus erfolgreichen Periodikums gemeint.

434,2 f. *Geschichte ⟨...⟩ Studenten]* Möglicherweise die Otto
Bernhard Verdion (1719-1800) zugeschriebene *Wunderbare
Begebenheit welche sich mit einem Göttingischen Studenten auf dem
alten Schloße Plesse vor einigen Jahren zugetragen hat; In dem Er bey
einem entstandenen schweren Donner Wetter in die Tiefe der Erden
geführet, sich mit derselben Einwohnern von verschiedenen Dingen
unterredet, daselbst gegessen und getruncken, und endlich wieder glücklich, reichlich beschenckt, auf die Ober-Welt gebracht worden, von Ihm
selbst beschrieben und nebst einem Theil seiner übrigen merckwürdigen
Lebens-Geschicht von dessen guten Freunde zum Druck befördert,*
3 Theile, o. O. 1744 und 1746, Franckfurt und Leipzig 1748.

434,3 f. *Erfurtischen ⟨...⟩ Bauer]* Diese Wochenschrift
konnte nur bibliographisch ermittelt werden, und zwar nach
einer Anzeige im ›Erfurter Intelligenzblatt 1775‹, 53. Stück,
S. 418: »Bey dem Herrschaftlichen Buchdrucker Hrn. Gradelmüller wird wöchentlich ein Zeitungs-Journal, der Thü-
ringische Bürger und Bauer betitelt, wovon das Stück
4 Pfennige kostet, ausgegeben« (zit. nach Eybisch, S. 177). –
In den Akten des Stadt- und Verwaltungsarchivs Erfurt
(Sachgruppe Zensur- und Pressepolizei) sind lediglich zwei
an die kurmainzische Regierung adressierte Gesuche Gra-
delmüllers um die Genehmigung zur Herausgabe einer
politischen Zeitung unter dem Titel ›Thüringischer Bürger
und Bauer‹ aus den Jahren 1775 und 1784 erhalten. Da weitere Informationen fehlen und bislang kein Exemplar dieser
Zeitung auffindbar war, ist es auch möglich, daß Gradelmüller aufgrund der Verpflichtung zur Zensur auf sein
Zeitungsprojekt verzichtete. – Über Gradelmüller waren
keine näheren Angaben zu ermitteln; nach Geiger
(S. XXXII) handelt es sich nicht um den Drucker, sondern
um den Buchbinder Hieronymus Gradelmüller. (Für diese
Hinweise danken wir Walter Blaha, Erfurt.)

435,7 *schüttelte ⟨...⟩ Füßen]* Vgl. Apg 13,51 (u. ö.).

435,8 *den letzten Schlagbaum]* Vermutlich zwischen dem Territorium der freien Reichsstadt Mühlhausen und sächsischem Gebiet; Preußen unterhielt von 1738 bis 1796 in Mühlhausen einen Residenten.

435,11 *grünen Turmspitzen]* Anspielung auf die zahlreichen Türme der Stadt.

436,12 f. *Langensalza]* Bad Langensalza (Badebetrieb erst seit 1928).

436,19 *Churfürsten]* Friedrich August III. (1750-1827), seit 1769 reg. Kurfürst, später König von Sachsen, genannt »der Gerechte«.

436,20 *Den]* Korrigiert aus »Dem«.

437,18 f. *Erfurt ⟨...⟩ Petersberge]* Der romanisch-gotische Dom St. Marien entstand ab 1154 an der Stelle einer Vorgängerkirche auf dem sog. Domberg. Bereits 706 wurde das Benediktinerkloster mit der Kirche St. Peter und Paul (Peterskloster) auf dem Petersberg gegründet; 1664 wurde dort mit dem Bau einer Zitadelle begonnen. Die anstelle des Nonnenklosters St. Cyriakus errichtete Schutzburg wurde 1631 ebenfalls zur Festung umgebaut (heute Teil des Geländes der Internationalen Gartenbauausstellung). – Erfurt hatte, der vielen Kirchtürme wegen, den Beinamen »die Turmreiche«.

437,20 *Philipp Reisers]* Vgl. S. 230,4-27 und Anm.

437,29 *große Stadt]* Die Einwohnerzahl für 1776 ist nicht exakt zu ermitteln: 1758 hatte Erfurt 13602 Einwohner und 1782 14621; zum Vergleich: für die Altstadt von Hannover sind für 1766 11874 Einwohner belegt; vgl. Erich Keyser (Hg.), *Deutsches Städtebuch*, Bd. 2: *Mitteldeutschland*, Stuttgart und Berlin 1941, S. 480; Bd. 3,1: *Nordwest-Deutschland. Niedersachsen*, Stuttgart 1952, S. 171. – Wahrscheinlich spielt Moritz in erster Linie auf die weite Ausdehnung der Stadt an.

437,31 *der Anger]* Erhaltene breite Straße mit platzartigen Erweiterungen.

438,3 *in Gotha]* Vgl. Anm. 422,18 f.

438,4 f. *Wieland ⟨...⟩ Weimar]* Christoph Martin Wieland (1733-1813) erhielt im Februar 1769 einen Ruf als Regierungsrat und Professor Primarius der Philosophie an der Universität Erfurt; am 1. Juni traf er in Erfurt ein, am 3. Juli begann er seine Vorlesungstätigkeit. Allerdings war Wieland der Aufenthalt in Erfurt bald verleidet: »Niemals ⟨...⟩ haben die Grazien dieses freudeleere Chaos von alten Steinhauffen, wincklichten Gassen, verfallenen Kirchen, großen Gemüß-gärten, und kleinen Leimhäusern, welches die Hauptstadt des edlen Thüringerlandes vorstellet, angeblickt. ⟨...⟩ Doch kein Wort mehr von diesem verhaßten Neste!« (Christoph Martin Wieland an Johann Wilhelm Ludwig Gleim, 27. April 1771.) Den Ruf von Herzogin Anna Amalia, als Hofrat und Prinzenerzieher nach Weimar zu gehen, erhielt Wieland am 17. Juli 1772; im September 1772 trat er das neue Amt an.

438,12 *angebetenen Verfasser ⟨...⟩ Leiden]* Vgl. S. 334,22-337,24 und S. 500,24 f. (u. ö.). – Goethe lebte seit dem 7. November 1775 in Weimar, ab dem 16. März 1776 mit Besoldung durch Herzog Karl August; am 11. Juni 1776 wurde Goethe zum Geheimen Legationsrat mit Sitz und Stimme in der obersten Landesbehörde, dem Geheimen Consilium, ernannt.

438,20 *erste Dorf]* Nicht identifizierbar.

438,31 *quam ⟨...⟩ kam]* Im Niedersächsischen belegte Aussprache: »im Imperfekt noch nach der alten Art ik quam« (Adelung II, Sp. 1701).

439,28-30 *Türmchen ⟨...⟩ Komödienhause]* Gemeint ist die herzogliche Residenz Schloß Friedenstein (in der zweiten Hälfte des 17. Jahrhundertes erbaut und mehrfach umgestaltet) mit ihren beiden pavillonartigen Türmen. Das herzogliche Hoftheater, später in »Ekhoftheater« umbenannt, liegt im Westturm des Schloßkomplexes; im zweiten Ostturm befanden sich Funktionalräume, nicht die Schloßkirche (seit 1646 im Nordflügel). – Hier ist nicht zu entscheiden, ob Moritz unrichtig informiert war, ob er sich falsch erinnert oder die Fakten bewußt manipuliert (Anspielung auf die Konkurrenzsituation und die Parallelen zwischen Kirche und Theater bzw. Kanzel und Bühne).

440,7-22 *Träne ⟨...⟩ verloren*] Vgl. *Über die bildende Nachahmung des Schönen* (in vorliegender Ausgabe Bd. 2, S. 985 f.).

440,12 *Lösung*] Hier vermutlich in der Bedeutung von »Losung«, Wahlspruch bzw. Motto, evtl. auch im Sinn von »Auflösung«.

440,23 *Gulden*] Silbermünze, die »im Deutschen Reiche 16 gute Groschen, oder im Reiche 60 Kreuzer gilt« (Adelung II, Sp. 844).

441,14 f. *Hoflaquai*] Hofdiener, Hofbedienter (vgl. Campe, Ergänzungsband, S. 392).

441,16 *introducieret*] Hier für »einführen« (Campe, Ergänzungsband, S. 385).

441,22 *Liebetraut*] Nicht ermittelt. – Möglicherweise diente dieser Menschenfreund als Vorbild für den Gastwirt Knapp im *Andreas Hartknopf* (vgl. u. a. S. 537,20 und Anm.).

442,34 f. *kein reiner Darstellungstrieb*] Vgl. *Über die bildende Nachahmung des Schönen* (in vorliegender Ausgabe Bd. 2, S. 976-978 und S. 982 f.).

443,21 *Lisuart und Dariolette*] *Lisuart und Dariolette, oder Die Frage und die Antwort. Eine Comische Oper in zwey Akten*, o. O. ⟨1766⟩, verfaßt von dem Juristen und Schriftsteller Daniel Schiebeler (1741-1771) nach Charles-Simon Favarts (1710-1792) *La fée Urgèle*, vertont von Johann Adam Hiller; auch enthalten in *Theater der Deutschen*, Achter Theil, Berlin, Königsberg und Leipzig 1769.

443,21-25 *Schluß ⟨...⟩ Ende bringt*] Vgl. in *Lisuart und Dariolette* (II 4) die Schlußverse der ersten Arie der alten Bäuerin, bei der es sich um die von einer bösen Fee verzauberte Prinzessin handelt: »Vielleicht ist dieß der Morgen, | Der aller meiner Sorgen | Gewünschtes Ende bringt.«

443,30 f. *Prolog ⟨...⟩ Ifland*] Vgl. S. 389,1-20 und Anm.

444,30 f. *vierzig Meilen*] Knapp 300 Kilometer; die Angabe dürfte – inkl. der Umwege – in etwa zutreffen (vgl. auch Anm. 456,15).

444,35 f. *Bibliothekarius Reichardt*] Heinrich August Ottokar Reichard (1751-1828), Schriftsteller und Übersetzer, 1774 als Bibliothekar in die Direktion des Gothaischen Hoftheaters berufen, später Aufseher über die Privatbibliothek Herzog Ernsts II. von Sachsen-Gotha; Autor und Herausgeber zahlreicher Theaterschriften.

445,2 f. *Eckhof ⟨...⟩ wohnte]* Wahrscheinlich handelt es sich um Ekhofs – zu den Liegenschaften des Schlosses gehörende – Dienstwohnung in der Schloßgasse 12 (Ecke Nonnenberg).

445,28 *ihm]* Korrigiert aus »ihn«.

445,34 *Bindrim]* Nach Hodermann handelte es sich bei Bindrims (auch: Bindriems) erfolglosem Debüt nicht um Voltaires *Zayre*, sondern um die Rolle des Don Fernando in dem am 24. Juli als Vorspiel zu den *Poeten nach der Mode* (vgl. Anm. 446,6) gegebenen Schauspiel *Zama, die junge Marokanerinn* (Bayreuth 1770) von Johann Christoph Krauseneck (1738-1799); vgl. Richard Hodermann, *Geschichte des Gothaischen Hoftheaters. 1775-1779. Nach den Quellen*, Hamburg und Leipzig 1894, S. 155.

445,34 *Vater in der Zaire]* Die Rolle von Lusignan, »Fürst von den Königen aus Jerusalem«, in *Zayre, Ein Trauerspiel, des Herrn von Voltäre*, aus dem Französischen übersetzet von M. Joh. Joach. Schwaben, in: Johann Christoph Gottsched (Hg.), *Die deutsche Schaubühne*, Zweyter Theil, Leipzig 1741. – Voltaires (eigentl. François-Marie Arouet; 1694-1778) Tragödie *Zaïre* erschien erstmals 1733 in Paris.

446,6 *die Poeten nach der Mode]* Christian Felix Weiße, *Die Poeten nach der Mode. Ein Lustspiel in drey Aufzügen. Verfertiget im Jahr 1751*, Hamburg 1756; auch in: *Theater der Deutschen*, Zweyter Theil, Berlin und Leipzig 1766. – Die Literaturkomödie stand in Gotha mehrfach auf dem Programm.

446,7 f. *Rolle des Dunkel]* Parodistische Verzerrung eines empfindsamen Dichters aus der Schule der Schweizer Bodmer und Breitinger, konzipiert als Gegenspieler des ebenfalls satirisch überzeichneten Reimreich.

446,25 *Rolle des Reimreich]* Satire auf die rationalistisch-frühaufklärerische Dichtung in der Tradition Johann Christoph Gottscheds. – Der Schauspieler war nicht zu identifizieren.

447,20 *Großmann]* Gustav Friedrich Wilhelm Großmann (1743-1796), Schauspieler, später Theaterdirektor und Dramatiker.

447,29 *Schlosse ⟨...⟩ gebauet]* Die Umbauten sind nicht eindeutig zu identifizieren: Gemeint sein könnten der bereits 1772 begonnene Abtrag der Schloßbefestigung, die Anpflanzung eines englischen Parkes oder die Errichtung einer neuen Schloßbrücke bzw. die um 1775 vorgenommenen Anbauten eines Wacht- und Pagenhauses; denkbar ist auch der auf 1776 zu datierende Neubau des Prinzenpalais in unmittelbarer Schloßnähe. (Für verschiedene Auskünfte über Gotha danken wir Elisabeth Dobritzsch, Museum für Regionalgeschichte und Volkskunde, Schloß Friedenstein, Gotha.)

447,35 *Operette ⟨...⟩ Deserteur]* Die in Europa und Amerika gleichermaßen erfolgreiche Operette – Libretto von Michel-Jean Sedaine (1719-1797), Vertonung von Pierre-Alexandre Monsigny (1729-1817) – *Le Déserteur. Drame en trois actes (en prose) mêlée de musique* wurde 1769 in Paris uraufgeführt. – Die Übersetzung ist nicht zu identifizieren: 1772 erschien in Mannheim die anonyme Übertragung *Der Deserteur eine Operette in drey Aufzügen* und 1773 in Frankfurt die Übersetzung von Johann Joachim Eschenburg (1743-1820).

447,36 f. *Neuhaus ⟨...⟩ Lilla]* Das Ehepaar Neuhaus wurde tatsächlich engagiert: Christian Ludwig Neuhaus (1749-1798) debütierte am 26. Juli 1776 als Alexis in der Operette *Der Deserteur.* Regine Neuhaus (geb. Piloti; 1757-1791) trat erstmals am 17. Juli auf, und zwar als Röschen in Christian Felix Weißes *Die Jagd* (vgl. Anm. 271,18-22).

449,23 *Schicksale der Liebenden]* Louise und der Soldat Alexis sind einander versprochen. Auf Wunsch der Herzogin spielt Louise zum Schein die Braut des Bauern Johann Ludwig Bertram. Der heimkehrende Alexis erkennt die Täuschung nicht; der völlig Verzweifelte gibt sich als Deserteur aus und wird inhaftiert. Louise besucht den Geliebten im

Gefängnis und klärt die Hintergründe auf. Das Liebespaar versöhnt sich, doch Alexis ist bereits zum Tod verurteilt. Louise erwirkt beim König Alexis' Begnadigung. Erschöpfung und Ohnmacht hindern sie jedoch an der rechtzeitigen Übergabe des königlichen Schreibens. Als Louise wieder zu sich kommt, ist die Hinrichtung durch königliche Intervention abgebrochen worden. Alexis ist frei, das Liebespaar findet sich.

449,25-27 *Homer ⟨...⟩ Schicksal]* Anspielung auf Homer, *Ilias* XVIII 28 f. und XIX 300 f.; Briseïs und Sklavinnen beweinen den von Hektor getöteten Patroklus: »Mägde ⟨...⟩ | Heulten laut mit traurigen Herzen« bzw. »Also sprach sie weinend, die andern Weiber beseufzten | Dich, Patroklus, zum Schein, in der That den eigenen Jammer« (*Homers Ilias verdeutscht durch Friedrich Leopold Graf zu Stolberg,* Zweyter Band, Flensburg und Leipzig ²1781, S. 156 und S. 192). – Vgl. zu Homer auch Anm. 410,17 f.

449,30-33 *die Scene ⟨...⟩ lehren]* Alexis will einen Abschiedsbrief verfassen (wie Anm. 447,35; III 4), doch sein betrunkener Zellengenosse Himmelssturm stört und hindert ihn daran; schließlich kommt es zu einer Prügelei zwischen dem angestrengt buchstabierenden Analphabeten und Alexis, als dieser der Aufforderung nachkommt, den Satz »Ihr seyd ein Grünschnabel« vorzulesen.

449,36 *sein Freund mit der Hutkokarde]* Vgl. S. 411,1-24.

450,24 *dem]* Korrigiert aus »den«.

450,29 *tiefen]* Korrigiert aus »tiefem«.

451,25 *einen]* Korrigiert aus »einem«.

451,37 *Rollenschreiber]* Abschreiber der einzelnen Rollenbücher.

451,37 *Lichtputzer]* Vgl. Anm. 272,4.

452,14 *laß]* Im Sinn von »träge, matt, müde, kraftlos« (Adelung II, Sp. 1910).

453,14 f. *Prediger ⟨...⟩ gefiel]* Vgl. S. 144,24 (und Anm.) bis S. 154,22.

453,30 f. *Eisenach ⟨...⟩ Barzantische Truppe]* Schauspielertruppe der Prinzipalin Anna Barzanti, die 1775 in Erfurt und wiederholt auch in Weimar gastierte. – 1777 wurde ein Gesuch, auf dem Herzoglichen Theater Altenburg spielen zu dürfen, nicht genehmigt; vgl. Hodermann (wie Anm. 445,34), S. 183.

454,4 f. *ums Tagelohn]* Im 18. Jahrhundert als Neutrum gebraucht; vgl. Adelung IV, Sp. 521.

454,10 *den]* Korrigiert aus »dem«.

454,26 *Wartenburg]* Wartburg; vgl. Anm. 456,23.

456,15 *Eisenach ⟨...⟩ denselben Weg]* Offensichtlich in völliger Unkenntnis der Geographie; denn der direkte Weg von Eisenach ins nördlich gelegene Mühlhausen wäre erheblich kürzer gewesen. – Denkbar ist jedoch auch ein Erinnerungsfehler bzw. eine planvoll verfälschte Darstellung.

456,19 *Dreier]* Scheidemünze, »welche drey Pfennige gilt« (Adelung I, Sp. 1547).

456,23 *Merkwürdigkeiten]* Bereits im 18. Jahrhundert war die Wartburg als Zufluchts- und Aufenthaltsort Martin Luthers (1483-1546) berühmt; vgl. Zedler LII, Sp. 2314-2316.

457,18 *Einlegemesser]* Klappmesser.

458,10 *ihm]* Korrigiert aus »ihn«.

458,33 *Edelmann ⟨...⟩ unterrichtete]* Vgl. S. 399,7 f.

460,10 *Doktor Barth]* Karl Friedrich Bahrdt (1741-1792), Theologe, heftig umstrittener Aufklärer und Philanthrop, 1769-71 Professor für Philosophie und hebräische Altertümer in Erfurt. Zu Moritz' persönlicher Bekanntschaft mit Bahrdt vgl. Klischnig, S. 75.

460,12 *Hofmeister]* Privatlehrer, Hauslehrer; vgl. Adelung II, Sp. 1248.

460,23 f. *Freimäurer ⟨...⟩ Orden]* Diese Mystifikation der Freimaurer durch den Prediger ist vermutlich einerseits mit dem zeitweisen Verbot der Logen bzw. deren Reglementierung (namentlich in katholischen Gegenden Deutschlands und in Österreich) zu erklären, andererseits auf das strikte Geheimhaltungsgebot der einzelnen Logen zurückzuführen, das wiederum zur Mythenbildung herausforderte (vgl. Ersch/Gruber I 49, S. 49-79, bes. S. 74 f. und S. 76; ferner ausführlich: Hanns Bächtold-Stäubli, *Handwörterbuch des deutschen Aberglaubens*, Bd. 3, Berlin und Leipzig 1930/31, Sp. 23-44). – Der Degengebrauch widerspricht an sich »dem ursprünglichen Gedanken der Freimaurerei«; lediglich dem Logenhüter war das Schwert vorbehalten: »Da der D⟨egen⟩ jedoch in Frankreich zum Gesellschaftskleide gehörte, (Galanteriedegen) ⟨...⟩, kam auch der D. oder Dolch als Ritualgegenstand in Übung« (Lennhoff/Posner, S. 326).

463,26-28 *Als nun ⟨...⟩ zurückwanderte]* Vgl. dazu Ulrichs Zeitrechnung: »Die Irrfahrt Moritzens von Hannover bis zu seiner zweiten Ankunft in Erfurt dauerte ⟨...⟩ 37 Tage. An einem Sonntage verließ er Hannover, 14 Tage darauf kam er in Gotha an, wo er sich fast drei Wochen aufhielt. Wiederum an einem Sonntage, dem fünften nach seinem Abschiede von Hannover, kam er zum zweiten Mal nach Gotha, und zwei Tage darauf, Dienstag den 6. August 1776, wurde er in Erfurt immatrikuliert. Moritz hat also am 30. Juni 1776 Hannover verlassen« (Ulrich, S. 309).

465,11 f. *Prorektor ⟨...⟩ Petersberge]* Günther III. Basting (1720-1794), seit 1773 Abt von St. Peter, 1776-79 Rektor der Universität Erfurt. – Im 18. Jahrhundert nahmen die Studentenzahlen der traditionsreichen Universität Erfurt kontinuierlich ab. Die seit 1664 kurmainzische Landesuniversität war weder für die katholischen noch für die protestantischen Studenten attraktiv; überdies beschädigten heftige (auch religionspolitische und dogmatische) Kontroversen innerhalb des Lehrkörpers das Prestige der Universität. Während Moritz' kurzer Erfurter Studienzeit waren vermutlich nicht mehr als 100 Studenten eingeschrieben; für das Sommersemester 1783 sind jedenfalls insgesamt nur 93 Studenten belegt. 1816 wurde die Universität geschlossen. – Diese historischen Hintergründe erklären die freundliche Aufnahme des Studienanfängers Anton Reiser.

465,16 *Prälaten]* Hier allgemeiner Titel für einen »Vorgesetzten« aus dem geistlichen Stand (Grammatisches Wörterbuch III, S. 212).

465,17 *dreist]* Eigentlich »kühn«; hier vermutlich im Sinn von »beherzte⟨m⟩ Betragen in dem gesellschaftlichen Umgange, welches aus einem guten Vertrauen auf sich selbst herrühret« (Adelung I, Sp. 1542).

465,29 *Bescheid]* »Antwort«, »Auskunft« (vgl. Adelung I, Sp. 893).

465,30 *zurechtzuweisen]* Den »rechten Ort zeigen« (Adelung IV, Sp. 1464).

466,2-4 *Petrus ⟨...⟩ wärmt]* Möglicherweise doppeldeutig: Während Jesus vom Hohen Rat zum Tode verurteilt wird, wärmt sich Petrus im Hof des hohepriesterlichen Hauses am Feuer (vgl. Mk 14,54). Anschließend wird Jesus durch Petrus dreimal verraten (vgl. auch Jh 18,15-27).

466,6 *Brevier]* Kirchliches Stundengebet aus Psalmen, Lesungen, Hymnen etc., für insgesamt acht Tagzeiten aufbereitet, ursprünglich in lateinischer Sprache, häufig mit ordensspezifischen Varianten; die regelmäßige Brevier-Lektüre war für den Klerus obligatorisch.

466,14 f. *Augspurgischen Konfession]* Confessio Augustana, grundlegende Bekenntnisschrift der lutherischen Kirche, verfaßt von Philipp Melanchthon (1497-1560) und 1530 auf dem Reichstag von Augsburg Kaiser Karl V. überreicht.

466,24 *Doktor Froriep]* Justus Friedrich Froriep (1745-1800), Theologe und Orientalist, seit 1771 erster ordentlicher Professor der Theologie nach dem Augsburgischen Glaubensbekenntnis und ordentlicher Professor der morgenländischen Sprachen sowie (seit 1772) Pastor an der Kaufmannskirche. 1781 nahm Froriep einen Ruf als Konsistorialrat, Superintendent und Oberprediger nach Bückeburg an. – Vgl. auch S. 580,30 und S. 606,20-25.

466,25 *sein Landsmann]* Die Landsmannschaft ist hier vermutlich nicht regional, sondern konfessionell zu verstehen; der gebürtige Lübecker Froriep studierte und arbeitete vor seiner Berufung nach Erfurt in Leipzig. – Möglicherweise handelt es sich auch um einen Erinnerungsfehler Moritz'.

466,33 *Prälat Günther]* Vgl. Anm. 465,11 f.

467,9 *Kaufmannskirche]* Am Anger (vgl. S. 437,31 und Anm.) gelegene gotische Kirche mit Renaissance-Ausstattung.

467,11 *Kollegium]* »Vorlesungen der Hochschullehrer« (Campe, Ergänzungsband, S. 199). – Frorieps Kollegien im Wintersemester 1776/77 verzeichnet Eybisch (vgl. S. 65 und S. 303).

467,17 *Hüten auf den Köpfen]* Eine plausible Erklärung dieses Verhaltens fand sich nicht; Erich Kleineidam erläutert es als »Unsitte, die von Jena nach Erfurt eingeschleppt worden war« (Erich Kleineidam, *Universitas Studii Erffordensis. Überblick über die Geschichte der Universität Erfurt, Teil IV: Die Universität Erfurt und ihre Theologische Fakultät von 1633 bis zum Untergang 1816,* Leipzig 1981, S. 185). – Unter Umständen ist diese Beobachtung als Indiz für die nicht nur von Wieland und Dalberg beklagte Disziplinlosigkeit der Erfurter Studenten zu verstehen.

467,26 *Froriep las Kirchengeschichte]* Nach Eybischs Recherchen fanden Frorieps öffentliche Vorlesungen zur »selecta historiae ecclesiasticae« im Wintersemester 1776/77 viermal wöchentlich von 13 bis 14 Uhr statt (Eybisch, S. 303).

468,12 *jesuitisch]* Vermutlich abwertend für »spitzfindig«, »verschlagen«.

469,36 *Matrikel ⟨...⟩ akademischen Gesetze]* Moritz wurde am 6. August 1776 als Student der Theologie in das Studentenverzeichnis (Matrikel) der Universität Erfurt eingetragen (vgl. Anm. 410,22); bei dieser Gelegenheit wurden ihm die Universitäts- und Fakultätsstatuten sowie die Hausordnung ausgehändigt.

470,1 *perantiqua]* Lat. perantiquus »sehr alt, altehrwürdig«. – Die Universität Erfurt wurde 1392 gegründet; sie hatte keinen spezifischen Namen (vgl. auch Anm. 465,11 f.).

470,14 f. *schönen Wissenschaften]* Im 18. Jahrhundert übliche Bezeichnung von Dichtkunst und Rhetorik sowie deren Theorie – nach dem franz. belles lettres – im Gegensatz zu den schönen Künsten (vgl. Grimm XXX, Sp. 793 f.).

470,21 *Universitätsquartiermeister]* Vermutlich der Fechtmeister Achatius Friderich Laurentius Seifert (freundliche Auskunft von Walter Blaha, Stadt- und Verwaltungsarchiv Erfurt).

470,37 *timiden]* D. h. »furchtsam, schüchtern« (Grammatisches Wörterbuch IV, S. 136).

470,37-471,1 *blöden]* Vgl. Anm. 252,32.

471,25 *Studenten Namens R...]* Nicht ermittelt.

471,26-32 *Wochenschrift ⟨...⟩ Wochenschrift]* Anspielung auf die in der Frühaufklärung nach englischem Vorbild entstandenen und sehr erfolgreichen moralisierend-didaktischen Zeitschriften, die in den 70er Jahren ihren Zenit längst überschritten hatten.

472,4 f. *Buchdrucker ⟨...⟩ G...]* Hieronymus Gradelmüller; vgl. Anm. 434,3 f. und 578,27.

472,10 *Wochenschrift ⟨...⟩ Bauer]* Vgl. S. 434,3 f. und Anm.

472,25 *Nachahmung ⟨...⟩ Horaz]* Beginn der Ode V 2: *Lob des Landlebens;* vgl. *Horazens Oden,* übersetzt und mit Anmerkungen erläutert von Karl Wilhelm Ramler, Berlin 1800, Bd. 2, S. 109-111, bzw. Q. Horatius Flaccus, *Oden und Epoden.* Lateinisch und deutsch. Übersetzt von Christian Friedrich Karl Herzlieb und Johann Peter Uz. Eingeleitet und bearbeitet von Walther Killy und Ernst A. Schmidt, Zürich und München 1981, S. 324-331 (dort: Epode 2).

472,26 f. *Gedicht über die Welt]* Vgl. S. 340,20-32.

473,4 *Kirschlache]* Hirsch- oder Kirschlache, bereits im Mittelalter angelegter künstlicher Flußlauf der Gera.

473,4 *eines Brauers]* Nicht ermittelt.

473,18 *Kartäuserkloster]* Vgl. Anm. 427,23 und 584,16. – Die alte Stadtmauer lag innerhalb der Festungswälle, die das Kartäuserkloster in das Stadtgebiet integrierten.

473,21 *Pläne]* Franz. plaine, »Ebene« (Grammatisches Wörterbuch III, S. 169; dort in der korrekten französischen Orthographie).

473,28 *seinen Freund in H....]* Vermutlich Philipp Reiser.

477,18 *O....]* Der Erfurter Kaufmannssohn Johann Friedrich Ockhard (Ockart, Ockord); vgl. Anm. 580,10.

478,16 *dem einen]* Korrigiert aus »den einem«.

478,16 f. *ein Jüngling]* Nicht identifiziert. – Vgl. auch S. 593,10-597,24.

478,35-481,16 *folgendes Gedicht ⟨...⟩ klagen]* Unter dem Titel *Das Kartheuserkloster.* | *Erfurt 1776* bereits in: Olla Potrida, Viertes Stück, Berlin 1780, S. 7-9.

479,25 *sinkende Scheitel]* Im 18. Jh. »fast durchgängig weiblichen Geschlechts« (Adelung III, Sp. 1406).

481,4 *Zephire]* Vgl. Anm. 234,18.

481,10 *Philomele]* Anspielung auf den auch in dem Essay *In wie fern Kunstwerke beschrieben werden können?* zitierten Mythos um die Tochter des Königs von Athen, die von ihrem Schwager Tereus vergewaltigt und schließlich in eine Nachtigall verwandelt wurde:

> Der wollüstige Bösewicht entehrte das schwache Geschöpf, schnitt ihr, damit sie nichts entdecken konnte, die Zunge aus und sperrte sie ein. Philomele verfertigte von ihrem unglücklichen Schicksale eine bedeutende Vorstellung in ein Gewebe, und fand Gelegenheit, es der Prokne zu senden. Diese entdeckte den Aufenthalt der leidenden Schwester; beide sannen auf die fürchterlichste Rache. Sie schlachteten den Sohn des Tereus ⟨...⟩ und setzten ihn gekocht dem Vater zur Speise vor. Zu gleicher Zeit ließ sich Philomele sehen. Tereus wollte sie hinrichten lassen; aber sie entgingen seiner Wuth und wurden von den Göttern in Vögel verwandelt. Philomele wurde zur Nachtigall und Prokne zur Schwalbe.

(Mythologisches Wörterbuch, S. 398; vgl. auch Bd. 2 der vorliegenden Ausgabe, S. 992.)

481,36 *Medon ⟨...⟩ Weisen] Medon oder die Rache des Weisen,* 1767 erstmals veröffentlichtes Lustspiel des Leipziger Universitätsprofessors und späteren Rektors Christian August Clodius (1737-1784).

482,4 *Rolle der Clelie]* Weibliche Hauptrolle in Clodius' Lustspiel.

482,17 *Rektor S...]* Heinrich Philipp Sextro(h); vgl. Anm. 237,21.

482,19 *ihn]* Korrigiert aus »ihm«.

482,27 *Gnade des Prinzen]* Karl Ludwig Friedrich von Mecklenburg-Strelitz; vgl. Anm. 195,18.

483,18-22 *Predigerkollegium ⟨...⟩ übten]* Vgl. S. 580,30-36 und Anm. 466,24. In den wöchentlich vierstündigen Übungen wurden »fast alle Gebiete der wissenschaftlichen und praktischen Theologie in seminaristischer Weise« behandelt (Eybisch, S. 65 f.). Ebenfalls im Rahmen dieses Kollegs fanden die Predigtübungen statt; Froriep erläutert sie im »Vorbericht« zu seiner *Bibliothek der theologischen Litteratur,* Erster Theil, Erfurt 1779, S. 3-16. – Zu Moritz' späterer Predigertätigkeit vgl. Bd. 2 der vorliegenden Ausgabe, S. 211-234 und S. 265,15 f.

484,24 f. *einem Gelehrten]* Der vermutlich mit dem 1770 immatrikulierten Studenten Benjamin Christoph Sauer identische »Doktor Sauer« († 1781); vgl. Anm. 578,27.

484,33 f. *Wochenschrift ⟨...⟩ Freunde]* Medon. Oder die drey Freunde. Eine Wochenschrift. Dum nihil habemus majus, calamo ludimus. Phaedr. 1. Stück, Erfurt, bey Hieronymus Gradelmüller. 1774. – Eybisch zufolge sind 1774-75 in Altenburg und Erfurt insgesamt 12 Stücke zu je 16 Seiten erschienen. – Vgl. auch S. 580,1 f.

485,9 f. *vornehmen Herrn]* Nicht ermittelt.

485,37-486,1 *Schrift ⟨...⟩ Arztes]* Von Eybisch identifiziert als der franz. Chirurg, Gynäkologe und Brunnenarzt Matthaeus Franz Alix (1738-1782); vgl. S. 579,27-32 und Anm. – Bei der erwähnten Schrift könnte es sich um *Quæstiones medico-legales ex chirurgia declarandæ,* Erfurt 1774, handeln.

486,13 *Konnexion]* »Verbindung, Beziehung«; »der fremde Ausdruck ⟨...⟩ ist aber sehr entbehrlich, und kann ⟨...⟩ sehr gut verdeutscht werden« (Grammatisches Wörterbuch I, S. 281).

486,16 f. *ein Gedicht ⟨...⟩ Amerikaner]* Nicht ermittelt.

488,23 *unbevölkerten Stadt]* Vgl. S. 437,29 und Anm.

489,8 f. *Stygischen Fluß]* In der antiken Mythologie »unterirdische⟨r⟩ Quell, dessen Wasser im nächtlichen Dunkel vom hoch sich wölbenden Felsen träufelt, und den Fluß bricht, über welchen keine Rückkehr stattfindet ⟨...⟩. Denn da, wo sich die schwarze Styx ergießt, ist der finstre Tartarus mit eherner Mauer umschlossen, und von *dreifacher* Nacht umgeben. Hier ist es, wo die Titanen im dunkeln Kerker sitzen.

Hier sind aber auch zugleich nach der alten Dichtung die *Grundsäulen* der Erde, des Meeres und des gestirnten Himmels« (Götterlehre, S. 65).

489,18 *der Argwöhnische*] Nicht eindeutig identifiziert. Es könnte sich um Johann Joachim Christoph Bodes (1730-1793) *Neueste Proben der englischen Schaubühne, oder D. Benjamin Hoadlys Lustspiel, der argwöhnische Ehemann* ⟨...⟩ *im Deutschen dargestellet*, Hamburg 1754, handeln. – Die anonyme Rezension einer Berliner Aufführung von Hoadlys (1706-1757) Erfolgskomödie in der Übersetzung von Friedrich Wilhelm Gotter (*Der argwöhnische Ehemann. Ein Lustspiel in fünf Aufzügen. Nach dem Engländischen des Hoadly*, Hamburg 1778; Hamburg ²1784) in der ›Königlich privilegirten Berlinischen Staats- und gelehrten Zeitung‹, 121. Stück vom 7. October 1784, S. 934, stammt möglicherweise von Moritz.

489,19 *der Schatz*] Gotthold Ephraim Lessing, *Der Schatz. Ein Lustspiel in einem Aufzuge. Verfertiget im Jahre 1750* (Erstdruck: Berlin 1755).

489,21 *Rolle des Maskaril*] Eigentlich »Mascarill«, Bedienter des Lelio.

489,35 *jedwedem*] Korrigiert aus »jedweden« analog zur Variante »jeden« in j², MzE.

490,1 f. *empfindsamen Reisen*] Vgl. S. 256,2-20 und Anm.

490,3 f. *Nachahmungen von Werthers Leiden*] Vgl. mit weiterführenden Literaturhinweisen Bernd Leistner, *Goethes »Werther« und seine zeitgenössischen Kritiker*, in: Goethe-Jahrbuch 112 (1995), S. 71-82.

490,9 *Buchdrucker P....*] Pockwitz; vgl. S. 358,24-32.

491,3 f. *I... ⟨...⟩ Beaumarchais*] August Wilhelm Iffland; vgl. Anm. 216,26 und 395,8 sowie S. 394,2.

491,4 *Sohn des Kantor W....*] Georg Heinrich Winter; vgl. S. 213,34.

491,5 *Präfektus ⟨...⟩ O....*] Johann Michael Christoph (Christian) Ohlhorst, von 1773 bis 1776/77 Amtsnachfolger von Johann Kaspar Greßler; vgl. Anm. 230,14.

491,6 *T...*] Christian Friedrich Moritz Timäus, der Sohn des Barsinghausener Pfarrers J. L. Timäus; vgl. S. 407,22-408,6.

491,9 *von allen diesen nachgeahmt]* Eybisch erwähnt darüber hinaus den Primaner Mardefeld aus Hannover (Eybisch, S. 59).

491,13 *Dichter Hölty]* Vgl. S. 337,26-338,25; Hölty starb am 1. September 1776.

491,14 *freue ⟨...⟩ weine]* Nicht identifiziertes Zitat; evtl. Bibelton (vgl. Offb 12,12, Röm 12,15 u. ö.).

491,19 *Namens N...]* Georg Heinrich Sigismund Neries, seit dem 10. Mai 1775 ebenfalls als Student der Theologie an der Universität Erfurt immatrikuliert.

492,13 *Jünger ⟨...⟩ Klopstock]* Die Begegnung Christi mit den Jüngern Matthias und Kleophas auf dem Weg nach Emmaus wird im XIV. Gesang von Friedrich Gottlieb Klopstocks (1724-1803) *Messias* erzählt (vgl. XIV 552-782); der Sonnenuntergang spielt vermutlich auf Vers 706 an: »Sieh, es will Abend werden; der Tag hat sich schon geneiget.« – Vgl. Anm. 493,1 f. und S. 542 f. sowie Anm. 542,35.

492,14 *Zachariäs ⟨...⟩ Hölle]* Justus Friedrich Wilhelm Zachariäs (1726-1777) Hexameter-Dichtung *Die Schöpfung der Hölle*, Braunschweig 1760; das Gedicht war insofern für die »trüben Tage« geeignet, als die Metaphorik des Lichts bzw. der Dunkelheit und der Nacht extensiv bemüht wird. – Vgl. auch Anm. 355,16.

492,21 f. *patriarchalischen]* Wahrscheinlich ironisch auf die christlichen Themen bezogen; Adelung leitet das Adjektiv von Patriarch (Erzvater) ab: »dem Patriarchen ähnlich, ihm gehörig, in dessen Würde gegründet« (Adelung III, Sp. 672); denkbar ist auch die Bedeutung »ehrwürdig« (Schulz/Basler II, S. 419). – Vgl. auch S. 509,34 f. und Anm.

492,23-493,18 *Hier ⟨...⟩ wird]* Vgl. die diagnostisch-kritische Parallelstelle in den *Reisen eines Deutschen in Italien* (in vorliegender Ausgabe Bd. 2, S. 664,23-27).

493,1 f. *Klopstocks Messiade]* Friedrich Gottlieb Klopstocks Epos *Der Messias. Ein Heldengedicht* erschien sukzessive zwischen 1748 und 1773 (vgl. S. 492,13 und Anm., ferner S. 542 f.).

493,26 *das Dort nun Hier wurde]* Neuerliche *Werther*-Reminiszenz (Erster Theil, am 21. Juny): »Und ach, wenn wir hinzueilen, wenn das Dort nun Hier wird, ist alles vor wie nach, und wir stehen in unserer Armuth, in unserer Einge-schränktheit, und unsere Seele lechzt nach entschlüpftem Labsale.« (Goethe, Werther, S. 47.) – Vgl. auch den Auftakt zur Italienreise (in vorliegender Ausgabe Bd. 2, S. 413 und Anm. 413,9).

494,12 *abzudingen]* Einen »Nachlaß ⟨...⟩ erhalten«, »ab-handeln« (Adelung I, Sp. 19).

495,8-13 *bei dem Landprediger ⟨...⟩ verlor]* Oliver Gold-smith' (1728-1774) Roman *The Vicar of Wakefield. A Tale. Supposed to Be Written by Himself* (London 1766) wurde u. a. von Johann Joachim Bode ins Deutsche übertragen: *Der Dorfprediger von Wakefield. Eine Geschichte, die er selbst geschrieben haben soll*, Leipzig 1776. Moritz spielt auf eine Szene im 2. Kapitel an. Der Titelheld verabscheut an und für sich Glücksspiele, spielt aber gelegentlich – bei niedrigem Ein-satz – eine Partie »Tocadille«. Einen außergewöhnlich glück-lichen Wurf interpretiert der Ich-Erzähler als Schicksalszei-chen: Wenige Monate später erhält Dr. Primrose tatsächlich die Nachricht, daß sein gesamtes Vermögen verloren und der verantwortliche Kaufmann bankrott sowie flüchtig ist.

495,26 *ihm]* Korrigiert aus »ihn«.

495,28 *Universitätsbibliothek]* Ursprünglich im Hauptge-bäude (Collegium maius) der Universität, seit 1768 in der kurmainzischen Waage (heute: Angermuseum).

495,29 f. *Du Halde ⟨...⟩ China]* Johann Baptista du Halde (1674-1743), *Ausführliche Beschreibung des Chinesischen Reichs und der grossen Tartarey.* Aus dem Französischen mit Fleiß übersetzet ⟨...⟩, Erster bis Vierter Theil, Rostock 1747-49, und *Zusätze zu des Johann Baptista du Halde ausführlichen Be-schreibung des Chinesischen Reiches und der großen Tartarey. Aus dem Französischen übersetzet*, Rostock 1756.

495,32-36 *Siegwart ⟨...⟩ Bände]* Vgl. Anm. 343,26. – Ur-sprünglich erschien der Roman in zwei Teilen (Leipzig 1776), in der Neuauflage (Leipzig 1777) jedoch in drei Tei-len.

495,33 *N...s]* Korrigiert aus »R...s« nach j², MzE.

496,11 *Die Leiden der Poesie]* Vgl. S. 952 sowie in den *Reisen eines Deutschen in Italien* den Hinweis auf »Unberufene dramatische Dichter« (in vorliegender Ausgabe Bd. 2, S. 710,14-18).

496,30 *Romanze]* »Singemährchen« (Grammatisches Wörterbuch III, S. 355), »eine kleinere singbare abenteuerliche Geschichte im Volkstone« (Adelung III, Sp. 1155); namentlich durch Gleim in die deutsche Literatur eingeführte, bis in die Romantik sehr populäre episch-lyrische Form.

496,30 *Elegisches Gedicht]* »Trauergedicht« (Grammatisches Wörterbuch II, S. 119), »Klagegedicht« (Adelung I, Sp. 1787) in Distichen.

497,2 f. *Klopstockschen ⟨...⟩ Punkten]* Friedrich Gottlieb Klopstocks *Oden* erschienen als eigenständige Publikation 1771 in Hamburg. – Vgl. zu Moritz' Kritik an Klopstocks Stil Christoph Martin Wielands *Musarion, oder die Philosophie der Grazien* (Leipzig 1768): »Die Herren dieser Art blendet oft zu vieles Licht; | Sie sehn den Wald vor lauter Bäumen nicht.« (II 142 f.)

497,8 *Bestimmtem]* Korrigiert aus »Bestimmten« nach j², MzE.

498,18 f. *Trauerspiel ⟨...⟩ Einsiedler]* In Millers *Siegwart* wird das Einsiedlerdasein mehrfach thematisiert: Moritz spielt hier vermutlich nicht auf den Besuch von Vater und Sohn Siegwart bei dem Kapuzinerpater Anton, die Initiation von Siegwarts Begeisterung für das Klosterleben, an, sondern auf die einschlägigen Romantisierungen (vgl. u. a. Johann Martin Miller, *Siegwart. Eine Klostergeschichte*, Leipzig 1776, S. 19-21, S. 167, S. 350-353) bzw. auf Siegwarts konkrete Begegnung mit dem Einsiedler Ferdinand, der im Affekt seine Mutter getötet hat (S. 941-962).

499,1 f. *Meineid ⟨...⟩ Trauerspiele]* Vgl. S. 384,30.

500,2 *gehoffte Unterstützung]* Vgl. S. 482,15-27.

500,24 f. *in Weimar ⟨...⟩ Bedienter zu werden]* Vgl. auch S. 438,12.

500,30 *Ettersberge]* 478 m hoher Berg nördlich von Weimar, wo sich während des Dritten Reichs das Konzentrationslager Buchenwald befand.

501,26 *Lear ⟨...⟩ out]* Zitat aus William Shakespeare, *King Lear* III 4,17 f.: »In such a night | To shut me out? Pour on; I will endure. | In such a night as this?«

502,10 *Freistatt]* »Ort, wo man Schutz und Sicherheit findet« (Adelung II, Sp. 301).

502,17 *Lethe]* In der antiken Mythologie ein Fluß der Unterwelt; »aus dem wohlthätigen *Lethe* trinken die Seelen der Abgeschiednen Vergessenheit der Sorgen und alles Kummers, der sie im Leben drückte« (Götterlehre, S. 389). – Vgl. auch Anm. 548,14 f.

502,33 *Menschen?]* Korrigiert aus »Menschen.« nach j³, MzE.

503,21 f. *Beschreibung des Chaos]* Vgl. Gen 1,2. – Adelung verweist auf den antiken Schöpfungsmythos: »der unförmliche Klumpen, in welchem alle Elemente, vor der Bildung der Welt, ohne Ordnung mit einander vermenget waren, nach der Schöpfungslehre der Griechischen und Römischen Dichter« (Adelung I, Sp. 1323).

504,20 *Idealismus]* Vgl. Anm. 287,31.

504,37 *Veranlassung]* Hier für »Anlaß« (vgl. Adelung IV, Sp. 988).

505,1 *Sp...sche Schauspielertruppe]* Über das im Juni 1776 in Naumburg gegründete, zunächst in Sangershausen, Querfurt, Eisleben, Mühlhausen und von November 1776 bis Februar 1777 in Erfurt gastierende, 16 Schauspieler umfassende Ensemble konnten keine weiteren Angaben ermittelt werden (Eybisch, S. 69).

505,2 *Ballhause]* Der Ballmeister Johann Georg Sommer erwarb 1714 das Haus »Zum Roten Hirsch« (Futterstraße 16) und richtete dort das »Universitäts-Ball- und Caffee-Haus« ein, in dem seit Mitte des 18. Jahrhunderts auch verschiedene Wandertruppen Gastspiele geben konnten. (Für diese und weitere hilfreiche Auskünfte über Erfurt danken wir Herrn Walter Blaha vom Stadt- und Verwaltungsarchiv Erfurt.)

505,6 *Principal]* Speich (mehr nicht ermittelt).

505,18 *B...]* Johann David Beil (1754-1794), Schauspieler und Dramatiker, zunächst Mitglied der Speichschen Truppe, ab 1777 am Gothaischen Hoftheater (vgl. S. 515,1) und ab 1779 am Mannheimer Nationaltheater.

505,37 *die Poeten nach der Mode]* Vgl. Anm. 446,6.

506,1-5 *Dunkel ⟨...⟩ Reimreich]* Vgl. Anm. 446,7 f. und 446,25.

506,3 *ihm]* Korrigiert aus »ihn«.

506,9 *Maskaril]* Vgl. Anm. 489,19 und 489,21.

506,9 *Magister Blasius]* Vgl. Anm. 396,1 f.

506,14 *Bemerkung]* Wahrnehmung, Beobachtung (vgl. Adelung I, Sp. 848).

506,17 *des Satans ⟨...⟩ schlüge]* Vgl. 2 Kor 12,7.

506,18 *Verlust seines Haars]* Evtl. nicht nur eine Konsequenz der Mangelernährung, sondern auch eine Spätfolge der Tätigkeit beim Hutmacher Lobenstein; vgl. dazu Anm. 143,28-34.

506,37 *Statthalter]* Karl Theodor Anton Maria von Dalberg; vgl. Anm. 429,30 f.

508,22 *W...]* Nicht ermittelt.

508,37 *Springer]* Johann Christoph Erich von Springer (1727-1798), Jurist und Nationalökonom, 1771-77 als Kurfürstlich-mainzischer Regierungsrat und Professor für Staatsrecht sowie Kameral-, Finanz-, Polizei- und Ökonomiewissenschaften in Erfurt.

509,8 *statistisches Kollegium]* Vermutlich ist Springers Vorlesung »über deutsche Geographie mit statistischen und topographischen Bemerkungen und mit Erläuterungen durch Karten und Stiche« gemeint (Eybisch, S. 66).

509,34 f. *Tone ⟨...⟩ Briefe]* Vgl. u. a. Werther an Wilhelm vom 4. May 1771, 10. May und v. a. vom 12. May: »Wenn ich da sizze, so lebt die patriarchalische Idee so lebhaft um mich, wie sie alle die Altväter am Brunnen Bekanntschaft machen und freyen, und wie um die Brunnen und Quellen wohlthätige Geister schweben« (Goethe, Werther, S. 5-11, bes. S. 11); ferner den Brief vom 21. Juni (ebd., S. 45-48).

511,1-4 *Auf dem stillen ⟨...⟩ Licht]* Vgl. Gen 1,2 f.

511,29-31 *Herkules ⟨...⟩ Pluto nahte]* Anspielung auf die letzte der »zwölf Arbeiten des Herkules« im Auftrag von Eurystheus: Herkules sollte den »dreiköpfigten Hund Cerberus, den Wächter an Plutos Thor« aus der Unterwelt »hinauf ans Licht ⟨...⟩ ziehen«. Dabei »gelang es dem Herkules, den Theseus zu befreien, nachdem er den Cerberus gebändigt hatte, der bis zum Pallast des Pluto vor ihm floh. – Und so wie Herkules ihn verfolgend sich dem düstern Pallast näherte, färbte sich der Kranz von Pappeln auf seinem Haupte schwarz« (Götterlehre, S. 225 und S. 237 f.).

512,2 *Lethargie]* »Schlafsucht«, »Todesschlaf« (Campe, Ergänzungsband, S. 396).

512,6 *ihn]* Korrigiert aus »ihm« nach j³, MzE.

512,9 *dessen Frau]* Anna Catharine Henriette Springer, geb. Frenzel (1748-1796), seit 1774 verheiratet mit Johann Christoph Erich von Springer (vgl. Anm. 508,37).

513,28 *Stück ⟨...⟩ Yariko]* Schon im 17. Jahrhundert belegte Erzählung der Geschichte von Yariko, einer schönen Wilden, die den schiffbrüchigen Christen Inkle vor der Barbarei ihres Stammes rettet. Nach gelungener Flucht verläßt Inkle seine Geliebte und das gemeinsame Kind. – Dieser Stoff ist insbesondere im 18. Jahrhundert vielfach aufgegriffen bzw. erweitert worden. Die dramatische Bearbeitung ist nicht zweifelsfrei zu identifizieren, zumal Moritz auf die Angabe des Genres verzichtet. Denkbar sind Gottlieb Konrad Pfeffels (1736-1809) oder Konrad Ekhofs Übertragungen (1766/1774) von Sébastien-Roch Nicolas Chamforts (1741-1794) *La jeune Indienne, comédie en un acte et en vers*, Paris 1764, bzw. deutsche Originaldichtungen, etwa Johann Heinrich Fabers (1742-1791) *Inkle und Yariko. Ein Trauerspiel*, Frankfurt 1768, oder Joseph Bernhard Pelzels (1745-1804) *Inkle und Yariko. Ein Trauerspiel*, Wien 1770.

513,29 *Leiden des jungen Werthers]* Die Leiden des Jungen Werthers, ein Trauerspiel in drey Aufzügen, fürs deutsche Theater, ganz aus dem Original gezogen, Frankfurt 1776 (anonym erschienen).

514,3 *Der Akteur]* Vermutlich ironische Berufsbezeichnung: »Schauspieler anstatt Acteur ist allgemein eingeführt, ⟨...⟩ und man hat sich gewöhnt, eine Art von verächtlichen Nebenbegriff mit diesem Ausdruck zu verbinden« (Grammatisches Wörterbuch I, S. 42).

514,5 f. *Deine Hände ⟨...⟩ abgeputzet]* Vgl. III. Aufzug des dramatisierten *Werthers* (wie Anm. 513,29; S. 56): »Werther allein, mit den Pistolen«.

514,6 *abgeputzet«]* Korrigiert aus »abgeputzet«.

514,8 *Schoppen ⟨...⟩ Brot]* Vgl. III. Aufzug des dramatisierten *Werthers* (wie Anm. 513,29; S. 55 und S. 57).

514,11 *Am Ende aber]* Vgl. III. Aufzug, Schlußszene (wie Anm. 513,29; S. 61): »Werther, und hernach Wilhelm«. – Entweder erinnert sich Moritz ungenau, oder er pointiert die Anekdote; die Wilhelm zugeschriebene Aussage steht jedenfalls nicht im Text. Wilhelm stürzt mit den Worten ins Zimmer: »Was ist? Was ist? ⟨...⟩ Gott! – Werther! – grosser Gott! – er ist tod! ⟨...⟩ Ach! er ist tod! er ist tod!«

514,15 f. *das ⟨...⟩ Pistol]* Neben dem überwiegenden Gebrauch als Femininum wiederholt auch als Neutrum belegt (vgl. Adelung III, Sp. 774).

515,34 *Reiser ⟨...⟩ Abschied]* »Spätestens Anfang Februar« 1777, da Moritz' Ankunft bei der Herrnhutischen Brüdergemeinde in Barby vor den 11. Februar (Eybisch, S. 69-71) und seine Immatrikulation in Wittenberg auf den 27. Februar 1777 zu datieren ist.

517,17 *fatal]* Im Sinn von »zuwider«, »widerwärtig« (Adelung II, Sp. 57).

517,20 *dem]* Korrigiert aus »den«.

518,7 f. *Niederlage]* Vermutlich für »unterkunft, herberge« (Grimm XIII, Sp. 769).

518,17 f. *zerstreuete Herde]* Vermutlich ironischer Bibelton; vgl. z. B. Jer 10,21; 23,2; Mt 26,31 und Mk 14,27.

ANDREAS HARTKNOPF
EINE ALLEGORIE

Textgrundlage

Erstdruck und Druckvorlage: Andreas Hartknopf. Eine Allegorie. Non fumum ex fulgore | Sed ex fumo dare lucem. Berlin, 1786. bei Johann Friedrich Unger.

Tatsächlich erschien der Erstdruck bereits 1785, wie die Rezensionen und ein Brief von Georg Joachim Göschen an Friedrich Schiller (Leipzig, 28. Oktober 1785) belegen.

Textüberlieferung

Die Handschrift ist nicht erhalten. Von zwei Passagen existieren Nachdrucke in Loge/Launen (*Der Logos*, S. 138 f., entspricht S. 540,15-541,5: »Das Wort ⟨...⟩ Mittagshitze«; *Thubalkain*, S. 146-148, entspricht S. 574,17-575,15: »die alte Natur ⟨...⟩ Thubalkain«). – Erstmals wieder aufgelegt wurden die beiden *Hartknopf*-Romane bei Hannes Schwenger (Würzburg 1961) in einer unkritischen, den Text stark normierenden und modernisierenden Neuausgabe. 1968 erschien ein von Hans Joachim Schrimpf besorgter photomechanischer Reprint (Schrimpf, Hartknopf); neuerlich publiziert wurden die Romane 1981 innerhalb der von Horst Günther besorgten Werkausgabe (Werke I).

Entstehung

Ein genaues Entstehungsdatum ist nicht bekannt. Moritz verarbeitete im *Andreas Hartknopf* offensichtlich seine Eindrücke vom Dessauer Philanthropin, wo er sich nach seinem Studienabbruch im Frühjahr 1778 kurzzeitig aufgehalten und mutmaßlich sogar um eine Anstellung bemüht hatte (vgl. Klischnig, S. 27-36), sowie seine Erfahrungen als Mitglied der Berliner St.-Johannis-Loge zur Beständigkeit, der er seit dem 22. November 1779 angehörte und in der er bis zu seinem Tod verschiedene Funktionen innehatte (vgl. Eybisch, S. 306; zum Stellenwert der Freimaurerei als »aufgeklärte Sozietätsbewegung« mit hoher Resonanz vgl. Schlögl, S. 39 f.). Nach anfänglicher Euphorie wandte sich Moritz spätestens seit seiner Bekanntschaft mit Goethe und Herder verstärkt der »sittlichen Dimension der Logenarbeit« zu (Meier, Unerschrockenheit, S. 97), dem ideologischen Kern der Johannismaurerei (vgl. Schlögl, S. 42 f., S. 45, S. 58); »Reiser suchte ⟨...⟩ viel in der Maurerei und war auch, bis zu seinem Tode, fest überzeugt, daß viel Gutes dadurch bewirkt werden könne, wenn man sie recht zu nutzen verstehe« (Klischnig, S. 44). Über die Entstehung des *Andreas Hartknopf* berichtet Moritz' Schüler, der vom Sommer 1783 bis zum Frühjahr 1786 die Wohnung des Lehrers teilte:

Ein Gespräch zwischen uns über *Resignation* und den höchsten Punkt der Lebensweisheit: *Unterwerfung unter die Nothwendigkeit* gab die erste Veranlassung zu Entstehung dieses Werks. Daher der Anfang: Hier *will* ich stehen bleiben etc. –

Dies ist fast das einzige von Reisers Werken, das er anfieng, ohne einen festen Plan dazu zu haben. Daher liegt in manchen Stellen, die wegen ihrer Dunkelheit und dem mystischen Schleier, womit sie verhüllt zu seyn scheinen, vielen Beifall gefunden haben, wenig von dem, was man darin suchte. – Eine Geschichte, deren Ausgang Reiser selbst noch nicht wußte, macht die Kette aus, in welche er hin und wieder einen Einschlag von *maurerischen Ideen* verwebte, wozu einige *Ausfälle auf Basedow* und das vor einem Jahrzehend grassirende *philantropinische Unwesen* das Knüpfgarn hergeben mußten. Caetera sunt verba praetereaque nihil. Doch muß ich noch anführen, daß ohngefähr in der Mitte des Buchs bei Reisern der Gedanke entstand, darauf hinzuarbeiten, daß er viel zu sagen scheinen möchte, wo er im Grunde nichts sagte; und diesen

Zweck hat er erreicht, wie mehrere Gedichte an den Verfasser des Andreas Hartknopf beweisen.
(Klischnig, S. 165.)

Der entscheidende Entstehungszeitraum ist demnach auf
die Jahre 1783 bis 1785 einzugrenzen. Möglicherweise hat
der Besuch und Kuraufenthalt bei Karl Friedrich Bahrdt
(vgl. Klischnig, S. 75 f.) Moritz erst im Sommer 1784 zum
Andreas Hartknopf inspiriert. Johann Christian Conrad Moritz bestätigt die von Klischnig skizzierte Entstehungsge-
schichte in einem Brief an Jean Paul:

⟨...⟩ es ist wahr, mein Bruder hat es ganz ohne Plan geschrieben, wodurch mancher veranlaßt werden könnte,
es für etwas ganz unbedeutendes zu halten; aber er hat alle
seine Lieblingsideen darin aufgestellt, und eben wegen
dieser Planlosigkeit um so reiner, da nun weder wahre
noch erdichtete Ordnung ihn nöthigte, etwas Fremdartiges einzumischen oder etwas Wesentliches zu übergehen.
Wenn Mspt gebraucht wurde, so dachte er sich von seinem Helden (das kann wohl immer heißen, von sich
selber,) ein Bild, wie es ihm gerade am liebsten war, ohne
sich groß darum zu kümmern, wie es sich an das vorhergehende anschlösse, oder was sich wieder daran anschließen könne. Umstände, die ihm im wirklichen Leben so
manchen Kummer machten, führte seine Phantasie nun
selbst herbei, weil sie so gerne sah, wie ihr Liebling sich
über sie erhob.
(Johann Christian Conrad Moritz an Jean Paul; 3. Oktober 1795; in: Schrimpf, Hartknopf, S. 436.)

Selbstaussagen des Autors

Wenn Ihnen der Andreas Hartknopf zu Gesichte kommen
sollte, so bitte ich Sie, ihn doch einmal durchzublättern. – Es
ist eine wilde Blasphemie gegen ein unbekantes großes Etwas.
(Moritz an Goethe; Rom, 7. Juni 1788; zit. nach Eybisch,
S. 233.)

Je mehr Achtung der Verfasser des *Andreas Hartknopf* für die Urtheile der *allgemeinen Litteratur-Zeitung* ⟨s. u., S. 1121⟩, im Ganzen genommen, hegt, um desto mehr liegt ihm daran, ein ihn betreffendes Urtheil in dieser Zeitung zu berichtigen. Der Verfasser des Andreas Hartknopf hat nämlich nicht bloß, wie der Recensent glaubt, die Form eines Romans gewählt, um gewisse Begriffe der Freymäurerey darinn einzukleiden, sondern das *Freymäurerische* in seinem Buche *ist selbst nur Einkleidung,* unter welcher er gewisse bisher noch zu sehr verkannte Wahrheiten, auch unter die Classe von Menschen, zu verbreiten wünschte, denen diese Einkleidung nun einmal lieb ist, und welche ihre Begriffe vom Guten und Schönen an Bilder zu knüpfen sich einmal gewöhnt haben. Weil der Recensent aber wahrscheinlich nicht zu dieser Zahl gehört, so hat ihn vermuthlich das Geheimnißvollscheinende in der Sprache empört, und er hat das ganze Buch darüber *sehr kurz abgefertigt,* und die Sache zugleich mit der Einkleidung verworfen. Denn für *so sehr gemein* hätte doch der Verfasser die Wahrheiten, welche er allgemeiner zu machen wünschte, nicht gehalten, daß sie nicht noch eines neuen Kleides hätten werth seyn sollen. Indeß würde er doch diese Kleinigkeit nicht für wichtig genug gehalten haben, sie gegen ein ihm unrichtig scheinendes Urtheil öffentlich zu vertheidigen, wenn sie nicht den vorzüglichen Beyfall des verstorbenen *Moses Mendelssohn* erhalten hätte, der mit diesem Beyfall nie verschwenderisch, und ein *Feind aller Schwärmerey* war.
(Staats- und Gelehrte Zeitung des Hamburgischen unpartheyischen Correspondenten, Nr. 114 vom 19. Juli 1786, unpag.)

Quellen

Möglicherweise verarbeitete Moritz einen historischen Stoff oder wenigstens Details einer überlieferten Sektierergeschichte. Unter Berufung auf Albrecht Ritschl und Joachim

Beste (*Die Geschichte der braunschweigischen Landeskirche*, Braunschweig 1889, S. 285) betonen Minder (S. 215) und Schrimpf (Hartknopf, S. 77* Anm.) die Parallelen zum Quedlinburger Goldschmied Heinrich Kratzenstein, der ebenfalls den Märtyrertod erleiden mußte. Ob Moritz tatsächlich Kenntnis davon hatte, ist allerdings nicht zu verifizieren. Kratzenstein, der sich selbst als Elias (Elija) verstand, »erklärte die Bibel für todten Buchstaben, der erst durch den Geist lebendig werde, verwarf die Kindertaufe, erkannte das Abendmahl nur als Erinnerungsact an, erklärte sich für berufenen Reformator der Kirche, er sei der Elias; endlich gab er Vorhersagungen von sich, die nicht eintrafen. Eine Hauptsache bei ihm aber war der Grundsatz, ⟨...⟩ daß die Ehe nur für die Wiedergeborenen giltig sei«. Philipp Jacob Spener legte am 12. Januar 1693 ein differenziertes Gutachten über Kratzenstein vor, der am 2. Juni 1696 im Gefängnis verstarb (Albrecht Ritschl, *Geschichte des Pietismus*, 1. Abt., Bd. 2: *Der Pietismus in der lutherischen Kirche des 17. und 18. Jahrhunderts*, Bonn 1884, S. 186). – Jahnke sieht in Details Entsprechungen zu Johann Heinrich Pestalozzis (1746-1827) Roman *Lienhard und Gertrud*, der von 1781 bis 1787 in vier Teilen in Berlin und Leipzig erschien (vgl. insbes. Pestalozzi, Lienhard und Gertrud II, § 53 und § 65; Jahnke, u. a. S. 131 f.); mutmaßlich hat Moritz lediglich die ersten beiden Bände des Romans gekannt, demnach dürfte ihm das »Hartknopfengeschmeiß« bzw. »Hartknopfengemurmel« nicht zur Kenntnis gekommen sein (Pestalozzi, Lienhard und Gertrud III, § 70 und § 71). – Neben zahlreichen biblischen Anleihen, freimaurerischen Bezügen und satirischen Invektiven gegen die mittlerweile nicht mehr ganz aktuelle philanthropische Bewegung adaptierte Moritz mehrfach Motive aus zeitgenössischen Klassikern – beispielsweise aus Jean-Jacques Rousseaus *Émile* oder aus Oliver Goldsmiths *Vicar of Wakefield* (diese sind ebenso wie die Korrespondenzen zu Moritz' Gesamtwerk im einzelnen im Stellenkommentar nachgewiesen).

Wirkung

Weder bei den Zeitgenossen noch bei den Nachgeborenen erreichte der *Andreas Hartknopf* eine dem *Anton Reiser* auch nur annähernd vergleichbare Resonanz. Dennoch fand der Roman größeren Anklang und eine weitere Verbreitung, als die einschlägigen Darstellungen vermuten lassen, die sich in der Regel auf die exemplarischen Leser Jean Paul und Arno Schmidt beschränken. Vgl. neben der Skizze der Rezeptionsgeschichte (in Schrimpf, Hartknopf, S. 11*-24*) auch Harald Kuhlmann, *Engelchens Sturmlied. Komödie* (Frankfurt am Main 1990 und 1993; Uraufführung: Zürcher Schauspielhaus, 25. 11. 1993).

Auszüge aus ausgewählten zeitgenössischen Rezensionen

Der ganze Vorbericht zu diesem sehr gut geschriebenen Werkchen, das wol viele Leser finden wird, heißt: der Buchstabe tödtet, aber der Geist macht lebendig. Statt aller Anpreisung wollen wir eine Stelle, so viel der Raum uns erlaubt, daraus abschreiben. ⟨Längeres Textzitat folgt.⟩ (Staats- und Gelehrte Zeitung des Hamburgischen unpartheyischen Correspondenten, Nr. 180 vom 11. November 1785.)

Dieses Buch, es mag nun Allegorie, oder Lebensgeschichte, oder Roman seyn, (doch Roman ist es nicht, denn es kömmt nichts von Liebe darin vor,) ist in einem ganz besondern Tone, fast möchte man sagen, in einem schwärmerischen, geschrieben. Andr. Hartknopf, ein Grobschmied und Priester, wenn man anders ohne ordinirt zu seyn und ohne eine Pfarre zu besitzen, Priester heissen kann, war auf seine erste Profeßion immer von Westen nach Osten gereist, und hatte dabey Theologie studirt; endlich kam er nach seiner Vaterstadt, Gellenhausen, zurück, wo er seinen alten Rector

emeritus, und seinen Vetter, einen Gastwirth, zwey vortreffliche Männer, wieder fand. Aber es hatten sich indessen einige Leute dort eingeschlichen, und ein Philanthropin errichtet, mit deren Charakter und Erziehungsart Hartknopf und seine Freunde sehr unzufrieden waren, und öfters mit denselben deshalb in Streit geriethen. Besonders war unter diesen Pädagogen ein gewesener ehrsamer Schuster, Namens Hagebuk, der Hartknopfen und seinen Freunden vielen Verdruß anthat, und endlich den Emeritus und den Gastwirth auf den Rabenstein brachte. Hartknopf selbst versiegelte seine Weisheit einige Jahre nachher ebenfalls mit einem Märtyrer Tode. Mehr erfährt man von Hartknopfs Schicksalen nicht. Die Weisheit, die er für die einzige hielt, und sie auch seinen Schülern lehrte, hieß *Resignation*. Wer mehr von seiner Denkungsart wissen will, lese die Scene, wo er in einem Karthäuserkloster mit einem Mönche, seinem ehemaligen Bekannten, spricht. ⟨Textzitat folgt.⟩
(Gothaische gelehrte Zeitungen, 97. Stück, 3. December 1785, S. 789.)

Ohngeachtet der Rec. nicht recht weiß, wie er mit dem Buche daran ist, und sich auch locale und persönliche Anspielungen wahrnehmen lassen, auf die er sich nicht einlassen mag: so muß er doch gestehen, daß ihn lange kein Produkt dieser Art so in Aufmerksamkeit erhalten hat und auch noch nach dem Lesen einige Tage beschäftiget hat (und das ist ein sichrer Beweis von dem Werthe eines Buches). Daß es wider eine gewisse Modeschwärmerey in der Erziehungskunst, die sich auch in die Religion erstreckt, gerichtet ist, leuchtet ein; gleichwohl ist eine andere Schwärmerey des Verf. eingewebt, eine so gute, fromme, wohlthätige, Schärmerey, mit so vieler Einsicht in das Menschenherz und den Gang menschlicher Dinge, verbunden, daß alles dieß der Erzählung und der Darstellung eine eigne Richtung, und eine eigne Farbe giebt. Es giebt Stellen, die mit einer eignen Laune geschrieben, andre die herzeindringend sind: z. B. die aufgehende Sonne, vom Galgen her; und die Rede des Emeritus; die

Scenen in Erfurt. Einige trefliche psychologische Bemer-
kungen, als beym Ziehbrunnen, in Knapps Reden und
Pädagogik, in einem dem Verf. eignen Tone abgefaßt; doch
dergleichen bieten die Handelnden selbst gar viele dar. Der
Held, Hartknopf ist ein Naturkind, voller Kraft, aber doch
mit einiger schwärmerischen Anlage, dem zwey Weltrefor-
matoren entgegengestellt werden, welche Heuchler und
Bösewichter sind; sein Vetter Knapp, der Gastwirth und sein
Rector Emeritus sind alles Originale von guten Menschen.
Nur für den abgebrochnen Ausgang der Geschichte
wünschte man mehr Aufschluß.
(Göttingische Anzeigen von gelehrten Sachen unter der
Aufsicht der königl. Gesellschaft der Wissenschaften,
203. Stück. Den 24. December 1785, S. 2048 f.)

Als Roman hat diese Schrift gewiß keine großen Verdienste;
doch in dieser Rücksicht soll sie auch vielleicht, selbst nach
des Vf. Willen, keine haben. Der Beysatz auf dem Titel: *eine
Allegorie*; die Vignette, ein Sphinx; das Motto: *Non fumum ex
fulgore, sed ex fumo dare lucem*; und der Vorbericht: *Der Buchstabe
tödtet, aber der Geist macht lebendig,* zeigen es deutlich genug,
daß er seinen Lesern hier *wichtige Wahrheiten* unter dem
Schleier eines Romans zeigen wollte; und diese Wahrheiten
sollen, wie man bald sieht, Aufschlüsse über ein Hauptthema unserer schreibenden Welt, über die Freymaurerey seyn.
Allein wer nicht schon ganz gewohnt ist, hochklingende,
aber nichtssagende *Worte* für wichtige *Sachen* anzunehmen,
welches freylich heutzutage leider! so viele sind; der wird,
wenn er dies Buch durchgelesen hat, noch immer fragen,
was denn eigentlich der Vf. unter diesem Schleier verborgen
habe, oder wohl gar vermuthen, daß der Vf. dies am Ende
wohl selbst nicht wissen mag. Denn wenn wir allenfalls auch
noch zugeben, daß wirklich etwas darunter liegen möge; so
ist das doch so etwas gemeines, das wir gar nicht begreifen,
warum das in der Freymaurerey verborgen seyn sollte.
(Allgemeine Literatur-Zeitung, No. 136, 8. Junius 1786,
Sp. 472.)

Auszüge aus ausgewählten Leser-Zeugnissen

Wie herlich ist der Hartknopf! Ich wolte wetten, der Verfasser ist Moriz in Berlin, der den Ant. Reiser schuf.
(Jean Paul an Adam von Oerthel; 28. Januar 1786; in: *Jean Pauls Sämtliche Werke*. Historisch-kritische Ausgabe, 3. Abt., Bd. 1: *Briefe 1780-1793*, hg. v. Eduard Berend, Berlin 1956, S. 194 f.; vgl. auch Jean Paul an Karl Philipp Moritz; 9. August 1792; ebd., S. 363 f.: »Ich habe Stunden, nicht Tage, wo Ottom⟨arische⟩ Ideen mich niederfällen; und in dieser Verfinsterung hab' ich kein Licht als das Angesicht eines Menschen, das zweite Ich hebt meines und das fremde Leben wächst in meines; aber ⟨?⟩ wenn ich erst in das Antliz schaue, wo einmal der Wiederschein der Schöpfung Hartknopfs war. Hier fället mir Sophia ⟨ein⟩; und verwandelt meine eigennüzigen Wünsche in uneigennüzige.«)

Liebster Freund. Wir theilten uns sonst oft etwas gutes mit; heute kann ich Ihnen eine angenehme Lektüre verschaffen. Hier haben Sie den Andreas Hartknoch in dem Sie leicht den Verfaßer Moritz erkennen werden. Wenn Sie durch sind bis ans Ende werden Sie mit Wohlgefallen das Buch aus der Hand legen. Die letzte Hälfte ist vortreflich. Die Cartheuserscene wird ihren jetzigen Cirkel wenn Sie ihn vorlesen mit Tränen und Ernst erfüllen. Schade daß so viele Besonderheiten in dem Buche sind und die bibl. Stellen zu oft gebraucht sind. Leben Sie wohl lieber und vergeßen Sie nicht Ihres Göschen.
(Georg Joachim Göschen an Friedrich Schiller; Leipzig, 28. Oktober 1785; in: *Schillers Werke*. Nationalausgabe, Bd. 33/1: *Briefwechsel. Briefe an Schiller: 1781 - 28. 1. 1790 [Text]*, hg. v. Siegfried Seidel, Weimar 1989, S. 82.)

An den Verfasser Hartknopfs.
Von einem ungenannten Frauenzimmer eingeschikt.

So hab ich endlich dich gesehn, du Mann,
dem innre Kraft und hoher Seelenfrieden
die Stirne wölben! – ach! daß ich hienieden,
nicht eines Weges mit dir wallen kann!
In meiner Brust, schlägt stark und warm und laut,
ein Herz, ganz mit dem Sinn des Buchs vertraut,
das dir sein Dasein, seine Wirkungskräfte
auf andrer Menschen Geist verdankt!
Wer so wie du, bei ähnlichem Geschäfte,
den sich gewünschten Zwek erlangt,
trägt seinen Lohn in seinem eignen Busen,
ihm huldigen die Grazien, die Musen
und jedes zum Gefühl gestimmte Herz;
ihn wünscht man sich bei Freude und bei Schmerz,
beim schnellen Stoß, in ungesehne Graben
beim Pilgrimsgang durch diese beste Welt
zum freundlichen Begleiter zu haben,
der schnell die Hand reicht, eh man fällt.

Ich! – guter biedrer Mann, – in meinem Theil,
verdanke dir, die schöne Glück und Heil
verbreitende Idee in deinem Buch – *von wahrer*
Wirksamkeit.
Ich kenn der Menschen viele, denen herzlich leid
es immer ist, daß sie nicht oben an,
auf *dem Gebäude, menschlicher Vollkommenheit*
als *Künstler stehn.* – Sie denken nicht, wie sehr der wilde
Sturm
dem wundernswürdgen, himmelhohen Thurm,
gefährlich ist und nur der sichre Grund,
vom untenstehnden arbeitskundgen Mann,
dicht, fest gemauert, bis zur heutgen Stund,
das schwankende Gebäude, stüzt und hält
daß es nicht schnell, in Schutt und Staub zerfällt.

Daß unser Glük nicht an dem Zufall hängt, –
daß in den Plan der Vorsicht fest verwebt,
sich alles reihenweise, ordnet, lenkt;
wie jedem Sterblichen, so lang er lebt
es nuzbar ist – o guter lieber Mann,
wie schön giebst du in deinem Buch dieß an; –
Nimm meinen Dank dafür – das beste Glük,
geleite dich – und bringt dich dein Geschik,
zukünftges Jahr, ins Vaterland zurük,
so müsset du in jedem hellen Blik,
es lesen, wie von deinem Buch das kleinste Blatt,
gewürkt, und reichlich Frucht getragen hat.

Nur eins erbitt ich mir von dir – Laß nicht,
am fürchterlichen Stein – am Hochgericht,
des Buches Helden bluten. – Laß sie süß,
im Arme ihrer Lieben, und des bessern Lichts gewiß,
hinüber schlummern in das Paradieß.
(Thalia I 4, Leipzig 1787, S. 95-97.)

So wie es schon schmerzt, manche Entdeckung nicht gemacht zu haben, sobald man sie gemacht sieht, obgleich
noch ein Sprung nötig war, so schmerzt es unendlich mehr,
tausend kleine Gefühle und Gedanken, die wahren Stützen
menschlicher Philosophie, nicht mit Worten ausgedrückt zu
haben, die, wenn man sie von andern ausgedrückt sieht,
Erstaunen erwecken. Ein gelernter Kopf schreibt nur zu oft,
was alle schreiben können, und läßt das zurück, was er
schreiben könnte, und wodurch er verewigt werden würde.
Solche Bemerkungen, wie Hartknopf beim Ziehbrunnen
macht, habe ich in meinem Leben sehr viele gemacht.
(Georg Christoph Lichtenberg, *Schriften und Briefe*, Bd. 2: *Su-
delbücher II. Materialhefte, Tagebücher*, hg. v. Wolfgang Promies,
München und Wien [3]1991, S. 196 f.)

Dieses Werkchen ist von meinem Bruder, und ist mehr wie
alle andren ein treuer Abdruck seines Innern.

(Johann Christian Conrad Moritz an Jean Paul; 3. Oktober 1795; in: Schrimpf, Hartknopf, S. 436.)

Ich bitte Sie blos um notas variorum zum Hartknopf, nicht um diesen selber, weil ich ihn, wie alle meine Schoos-Bücher von Herder, Göthe, Sterne, Swift etc. auswendig kan, und weil er hier nicht blos *in*, sondern auch *ausser* meinem Kopfe ist.

(Jean Paul an Johann Christian Conrad Moritz; 30. Oktober 1795; in: *Jean Pauls Sämtliche Werke.* Historisch-kritische Ausgabe, 3. Abt., Bd. 2: *Briefe 1794-1797*, hg. v. Eduard Berend, Berlin 1958, S. 124.)

Laß dir doch aus irgend einer Lesebibliothek das Buch kommen Elias Hartknopf. eine Allegorie. Moriz in Berlin hat es geschrieben lese es mit Bedacht durch und besonders denke in dem Capitel von Nägeln und Schlössern recht nach, dieß Buch das so wenige nicht verstehen ist die ganze Endekung der Mazonnerie, viel hat mir der Oncle der ein groser Mazon ist erklährt. Es wird dir sehr gefallen wenn du es verstehst.

In Halle trete ich auch ein.

(Clemens Brentano an Sophie und Kunigunde Brentano; Schönebeck, 13. März 1797; in: Clemens Brentano, *Sämtliche Werke und Briefe.* Historisch-kritische Ausgabe, hg. v. Jürgen Behrens u. a., Bd. 29: *Briefe I. 1792-1802*, nach Vorarbeiten von Jürgen Behrens und Walter Schmitz hg. v. Lieselotte Kinskofer, Stuttgart u. a. 1988, S. 70.)

Was ⟨...⟩ durch alle Zeiten hindurch seinen Wert besitzen wird, ist einmal ⟨...⟩ ⟨Anton Reiser⟩, ein Buch, wie es kein anderes Volk der Erde besitzt.

Und weiterhin das wenig umfangreiche Stück vom ⟨Andreas Hartknopf⟩, mit der noch weit sybillinisch-kürzeren Fortsetzung der ⟨Andreas Hartknopfs Predigerjahre⟩. – Über dieses wichtige und gewichtige Stück kann man, an den wenigen Stellen wo es überhaupt erwähnt wird, die absonderlichsten Urteile hören: da soll es bald ⟨mystisch⟩ gemeint

sein, bald ‹freimaurerisch›, bald eine ‹Allegorie›. In Wahrheit
ist es weiter nichts, als eine Fortsetzung des Anton Reiser;
ein ausgesprochener Schlüsselroman, wenn auch so gut wie
noch nicht entziffert. Und vor allem ist es die gehässig=ge-
niale Kampfschrift eines Schreckensmannes gegen den anderen: Moritz gegen Basedow, der darin als ‹Satan Hagebuck› erscheint; schwarzborstig, tückisch und versoffen: I
love a good hater!

Schön ist das Stück, voll tiefsinnigster Einzelheiten – die
erst ganz neuerdings langsam wieder gewürdigt zu werden
beginnen. Leider ist ohne genauestes Studium der personel-
len Verhältnisse am dessauer Philanthropin keine befriedi-
gende Entschlüsselung möglich: wer sind die gehässigen
‹Küster Ehrenpreis und Küster›; wer der einsilbig=gute
‹Gastwirt Knapp› und der befreundete ‹Grobschmied Kersting›. Daß sich unter Sophie Erdmuth Heil: Moritzens erste
berliner Geliebte verbirgt, ist klar; aber im Einzelnen spottet
die geniale Satire heute noch der Enträtselung, ebenso wie
die Orte, an denen sie spielt, Ribbeckenau oder Gellenhau-
sen=Dessau. Dennoch ist das Buch der größten poetischen
Schönheiten voll – wie es eben nur der Racheakt eines Fürsten der Schreckensmänner sein kann.
(Arno Schmidt, *Die Schreckensmänner. Karl Philipp Moritz zum*
200. Geburtstag, in: ders., *Das essayistische Werk zur deutschen*
Literatur in vier Bänden. Sämtliche Nachtprogramme und Aufsätze,
Bd. 2, Zürich und Bargfeld 1988, S. 75 f.)

Deutungsaspekte

Eine dem *Anton Reiser* auch nur annähernd vergleichbare
Resonanz haben die beiden *Hartknopf*-Romane bisher nicht
gefunden; entsprechend langsam emanzipieren sie sich aus
dem Schatten des Moritzschen Hauptwerks und aus der
Rolle als Vergleichstext. Während das Verdikt der ›Planlosigkeit‹ und ›Flüchtigkeit‹ nahezu übereinstimmend verworfen
wird, divergieren die Interpretationen erheblich: Geiger gel-

ten die *Hartknopf*-Romane noch als ein ergänzendes »Stück Selbstbiographie«, als »Vorarbeit« zum vierten Teil des *Anton Reiser* (S. IX f.), während sie Langen aufgrund der autobiographischen Elemente als eine »Art Fortsetzung des Reiser« (S. 177) versteht. Vor einer Fehldeutung als »unreife Skizzen zur Autobiographie« warnt demgegenüber Minder (S. 220). Gleichwohl begreift er Anton Reiser als »Abbild« und Andreas Hartknopf als »Wunschbild« des Autors (Minder, S. 218), um die beiden »philosophischen Erzählungen« als »Parallelgeschichte« zum *Anton Reiser*, als »symbolische Fortsetzung und das mystische Gegenstück zum psychologisch-realistischen Roman« zu interpretieren (Minder, S. 219 f.). In einer auf die Mystik von Madame Guyon zurückgehenden »écriture automatique« sei Moritz eine »einzigartige Synthese« gelungen, und zwar »vom Quietismus bis zum Rationalismus, von der ›praxis pietatis‹ bis zu den ›Maurersymbolen‹, vom Sensualismus bis zur Mystik«: »In Wahrheit gibt es keine Schrift jener Epoche, die schärfer und eindeutiger die Auswüchse der empfindsamen Aufklärung verurteilte und in seiner Karikatur des rührseligen und zugleich grobschlächtigen Bildungsphilisters die ganze romantische Polemik vorwegnähme« (Minder, S. 222 und S. 221). Langens Klassifikation – der »erste symbolische Roman der deutschen Literatur« (S. 174) – unterstreicht auch Schrimpf, der sich zugleich der These von der »*Paralleldichtung*« anschließt (Schrimpf/Wiese, S. 893 f.). Darüber hinaus betont Schrimpf die thematische Vielfalt des *Hartknopf*: »Er ist ein Freimaurerroman, ein Pastorenroman, ein Schwärmer- und ein Ketzerroman; er ist aber dazu ein pädagogischer, ein empfindsamer, ein satirischer und ein humoristischer Roman, ja er ist – nimmt man die ›Predigerjahre‹ für sich – auch ein Eheroman« (Schrimpf, Moritz, S. 57; Schrimpf, Hartknopf, S. 24*). Mit dem *Hartknopf* habe Moritz den Schritt »von der inneren Geschichte des Einzelmenschen zur gesamtgesellschaftlichen Konfrontation, formal: vom strukturierenden Erzählprinzip des psychologischen Realismus zu dem der satirisch-rhapsodischen Allegorie« (Schrimpf, Mo-

ritz, S. 60) bewältigt; Schings wertet den Roman deshalb als
»Anti-Reiser par excellence« (Schings, S. 235). Das Verhältnis zwischen dem Reiser- und dem Hartknopf-Komplex
diskutiert auch Boulby: »As different as they are«, »they ⟨...⟩
were written exactly in parallel, and they do not constitute a
sequel, but at most a complement, or conceivably an alternative« (Boulby, S. 228). Saine hingegen insistiert auf dem
»bewußten Gegensatz« und negiert entschieden jede Identifikation mit dem Autor Moritz (Saine, S. 102 und S. 25).

Horst Günthers Auffassung der *Hartknopf*-Romane als
»positiv parodistische Kontrafaktur zur christlichen Passionsgeschichte« (Werke I, S. 590) und Schrimpfs Interpretation als »blasphemisch-sakralisierende Darstellung einer
weltlichen Passion« (Schrimpf, Moritz, S. 64) widerspricht
Preisendörfer, der in Verbindung mit dem Verkündigungs-
thema den dargestellten »*Prozeß einer Sakralisierung*« akzentu-
iert, ansonsten jedoch auf die Unterschiede zu Christi
»Erlösertod« bzw. zum »Märtyrertod« hinweist, denn Andreas Hartknopf »legt nicht Zeugnis ab für die Gewißheit,
durch den Tod eines anderen schon immer Teil am ewigen
Leben zu haben« (Preisendörfer, S. 109 und S. 127). Die
mehrfach problematisierte »Heterogenität und Wider-
sprüchlichkeit« erklärt Brecht zum »Prinzip« der Texte, die
er als »semiotische Experimentalromane« begreift (Brecht,
S. 632 f.). Schings' These, die *Hartknopf*-Prosa leite »die Ära
des romantischen Romans« ein (Schings, S. 256), greift neben Brecht (vgl. S. 631 f.) u. a. auch Kestenholz auf; demnach ist der *Andreas Hartknopf* Poesie und Poetologie
zugleich, er ist »nicht nur Allegorie, sondern auch eine Theorie der Allegorie«, er »ist Roman und Theorie des Romans in
einem«: »Was Schlegel erst viel später propagiert, realisieren
die beiden Hartknopf-Bände: ein Gattungsgemisch von Erzählung, Reflexion, dramatischem Dialog und reiner Poesie«
(Kestenholz, S. 135 und S. 138).

Voges zufolge korrespondieren die *Hartknopf*-Texte dem
»Grundschema der zeitgenössischen Ordensliteratur«; analog stellt er die »Didaxe des Arcanums« in den Mittelpunkt

seiner Interpretation: »*Andreas Hartknopf* ist die gattungs-
spezifische Ausdrucksform für die spekulativ-verkündende
Grundhaltung in Moritz' Werk wie der *Anton Reiser* für die
analytisch-wissenschaftliche Orientierung. Die Parallelität
der Entstehung verweist nachdrücklich auf die komplemen-
täre Relation der beiden Texte« (Voges, S. 494; S. 474;
S. 479 f.). Die Reduktion dieses »gattungsgeschichtliche⟨n⟩
Unikum⟨s⟩« auf eine Allegorie lehnt Voges als unzulässige
Verengung, als Negation des »*instrumentellen* Charakter⟨s⟩ der
ästhetisch realisierten Esoterik« ab: »Die Besonderheit der
Hartknopf-Romane besteht gerade in ihrer historisch einma-
ligen Engführung von Kunst und Lehre: sie demonstrieren
modellhaft eine Art Erziehung durch Kunst, die zwar historisch folgenreich, aber ohne wirkliche Nachfolge geblieben
ist« (S. 472; S. 512; S. 481; S. 499). Das zentrale Lernziel ›Resignation‹ sei zwar durchaus aufklärungs- bzw. rationalis-
muskritisch angereichert: »In seiner romanhaften Lebens-
lehre entwirft Moritz das spekulative Programm einer ›wahren Aufklärung‹, die die fatalen Folgen einer instrumentell
verkürzten Herrschaft der Vernunft über Mensch und Natur
aufzuheben sucht« (Voges, S. 535). Gegenüber den innova-
tiven, auf die Romantik vorausweisenden Deutungen insistiert Voges jedoch auf der aufklärerischen Tradition: »Der
Andreas Hartknopf ist ein philosophischer Roman. Mit Hilfe
einer ästhetisch realisierten Esoterik, die durch eine Bearbeitung des Geheimbundmaterials ermöglicht wird, demonstriert er die Figur des sinnstiftenden Verbergens in pädagogischer Absicht. Der Gestus der Verkündung findet eine
romanhafte Gestaltung in der Didaxe des Arcanum. Der
Roman steht noch deutlich als Zweckform im Rahmen der
aufklärerischen Institution Kunst« (Voges, S. 482).

Weitgehend vernachlässigt worden sind bislang die diffe-
renzierten intertextuellen Strukturen beider *Hartknopf*-Ro-
mane: »Diese Texte ⟨...⟩ stellen ihren Gegenstand im Vollzug
der Darstellung erst her. Und zwar dadurch, daß sie auf
andere Texte und Textmodelle auf höchst heterogene Weise
rekurrieren« (Brecht, S. 631). Neben der Identifikation der

»allegorische⟨n⟩ Praetexte« (Brecht, S. 632) kommt es vor
allem auf den Kontext des jeweiligen Zitats in der Original-
quelle sowie auf Moritz' eigenständige Modifikation und
gegebenenfalls auf die neuerliche Dechiffrierung an (vgl.
z. B. Anm. 543,20 oder Anm. 575,16-19). Der Materialfundus an eigenen und fremden Texten reicht von pädago-
gisch-philanthropischen Traktaten und mystischer Literatur,
von biblischen und liturgischen Texten über freimaurerische
und mythologische Bildwelten bis zu den zeitgenössischen
Klassikern (eine erste Orientierung bietet hierzu Anton Reisers Lektüreprogramm). Exemplarische Vorarbeiten zur Er-
schließung dieser unterschiedlichen Textschichten leisten
Jahnke, und zwar am Beispiel von Moritz' Adaptation einzelner Elemente aus Johann Heinrich Pestalozzis *Lienhard
und Gertrud,* sowie Erwentraut mit ihrer konsequenten Entzifferung der freimaurerischen Symbolik und der zahlreichen Bibelzitate innerhalb ihres *Hartknopf*-Kommentars
(vgl. Erwentraut, Moritz). Damit stehen immerhin die
Grundlagen für eine systematische Analyse des Palimpsest-
charakters zur Verfügung. Eine Sonderrolle kommt in dieser
Reihe der literarisch-mythologischen und symbolischen
Praetexte unzweifelhaft Jean-Jacques Rousseaus pädagogischem Roman *Émile* zu, ebenso dem Genre des Prediger-
bzw. Pastorenromans (vgl. ausführlich Schrimpf, Hartknopf, S. 25*f.) in der Tradition von Oliver Goldsmiths
Vicar of Wakefield (vgl. Anm. 495,8-13). Namentlich die Anlehnungen an Goldsmith gehen weit über das empfindsame
Pfarrhaus-Ambiente oder einzelne Motivanleihen hinaus:
Der gutmütige Doktor Primrose scheitert in mehreren Be-
währungssituationen an seiner Naivität, ohne daß diese
Fehlleistungen mit beißender Satire oder Häme quittiert
werden; das menschliche Versagen wird vielmehr mit wohlwollender Ironie und Selbstironie dargestellt, das die persönlichen Grundsätze nicht erschüttert; sogar das Thema
›Selbstinszenierung‹ kommt mehrfach und bei verschiedenen Protagonisten zur Sprache: ein prestigeträchtiger Ritt
zur Kirche mißlingt ebenso wie ein den Lebensumständen

völlig unangemessenes Familiengemälde (sogar die in vermeintlich ausweglosen Situationen entworfenen Überlebensstrategien, deren sich Anton Reiser gleichfalls erfolglos bedient: Schriftstellerprojekte, Schauspielerengagements, entpuppen sich als veritable Fehlschläge). Das »Ideenspiel« greift auch auf eigene – hauptsächlich nicht-literarische – Texte zurück, die im Gegensatz zu den Fremdtexten kaum moduliert sind. Weil die dicht gestreute Freimaurersymbolik bzw. die zahlreichen Zitate aus dem Logenritual in vielen Fällen unzweideutig eingesetzt und positiv integriert sind, erscheint es fragwürdig, wie Voges die freimaurerische Dimension auszublenden bzw. unter einem abstrakten Geheimbund-Thema zu subsumieren und damit dem Text eine Sinnschicht abzusprechen. Gewiß sind die *Hartknopf*-Romane keine literarisierte Freimaurer-Bibel; sie affirmieren gleichwohl formal, strukturell und symbolisch den von Moritz beschriebenen Kern des (Johannis-)Logentums, wo »der Maurergrad als Stufe der Persönlichkeitsentwicklung«, »der Aufstieg als Entwicklungsgeschichte angelegter Talente« erfahrbar wird (Schlögl, S. 45). Dies belegt nicht nur Moritz' Selbstrezension (vgl. S. 1117), die immerhin die »Einkleidung« von freimaurerischen Postulaten konzediert, dafür sprechen auch die inhaltlichen Korrespondenzen zur eigenen praktischen Logenarbeit: »Deutet hier nicht alles auf Streben nach höherer Vollkommenheit, auf immerwährendes Fortschreiten, auf Mut und Verachtung der Gefahr, auf immerwährende Annäherung zu einem aufgesteckten Ziele, wodurch das Zaudern und der Stillstand verboten, der Müßiggang schändlich wird? – Hier wehet das Panier dem wir folgen sollen – um immer zum Aufbruch bereit zu sein, denn unser erstes Losungszeichen ist Verachtung des Todes – das zweite deutet auf Mut und Kraft zum Leben – das Zeichen, das uns näher knüpft, ist ein bedeutender Händedruck – unser erstes Losungswort macht uns aufmerksam auf das Göttliche unsers Ursprungs, das zweite auf die Kraft, die in uns wohnt. ⟨...⟩ Dazu aber ist es nötig, die Stufen der Menschenbildung zu ersteigen, Kenntnisse, wel-

che Geist und Herz erheben, sich zu erwerben, und diese
mit den maurerischen Kenntnissen zu verknüpfen, um in
den Symbolen der Maurerei den Punkt zu finden, der uns
allein den innern Frieden gibt. – Denn dieser Frieden soll
keine träge Ruhe, sondern eine feste Resignation sein« (*Die
Stufen des Gesellengrades*, in vorliegender Ausgabe Bd. 2,
S. 243 f.; vgl. auch Edward M. Batley, *Die produktive Rezeption
des Freimaurertums bei Karl Philipp Moritz*, in: *Karl Philipp Moritz
und das 18. Jahrhundert. Bestandsaufnahmen – Korrekturen – Neuansätze*, hg. v. Martin Fontius und Anneliese Klingenberg,
Tübingen 1995, S. 123-133, sowie Raimund Bezolds Erweiterung des aufgeklärten Maurertums zur »exoterische〈n〉
Freimaurerei«, in: *Einige Bemerkungen zu den Vorträgen von Wolfgang Martens, Ursula Goldenbaum und Edward M. Batley [Respon-
denz]*, ebd., S. 135-143; ferner – mit Verweis auf Gotthold
Ephraim Lessings »Gespräche für Freimäurer« *Ernst und
Falk* [Wolfenbüttel, recte: Göttingen 1778] – Meier, Unerschrockenheit). Ähnliches gilt für die Anverwandlung der
Passion Christi bzw. Andreae: Sie ist nicht nur die von Moritz selbst indizierte »Blasphemie« (vgl. S. 1116), sie illustriert darüber hinaus eine weitere Sinnschicht, die sich in
manchen Punkten mit dem Maurertum überschneidet und
sich aufgrund ihrer Binnenstruktur (Stationscharakter) in
besonderem Maße als Folie anbietet. Zweifellos sind die
Beschreibung einer Berufung, die Vorführung des Protagonisten im Windkanal seiner eigenen Prämissen und die
Rettung vor dem Verdikt der Schwärmerei die zentralen
Darstellungsabsichten der beiden Romane. Der Verzicht auf
die chronologische Erzählung, die Entscheidung für die of-
fenere Form der Montage und die Technik der Vorwegnah-
me bzw. der Rückblende, der Wechsel zwischen auktorialer
Erzählerperspektive, die das Geschehen um Andreas Hartknopf avisiert, und dem raumgreifenden Ich-Erzähler, der
seine eigene Berufung respektive Selbstfindung fokussiert,
sprengen das herkömmliche Entwicklungs- oder Bildungs-
romanschema und den traditionellen Spannungsbogen (der
Leser erfährt bereits zu Beginn Andreas Hartknopfs Märty-

rertod) des spätaufklärerischen Romans. Gebrochen wird die vordergründige Handlungsebene durch die Erzähltechnik; der mehrfach seine Perspektive wechselnde Erzähler ist, bei aller Sympathie zu seinem Helden, kein schwärmerischer Hagiograph. Er benutzt das ganze Repertoire der Komik – von wohlwollender Ironie bis hin zur bissigen Satire – und nötigt den Leser, seine parteiische Position einzunehmen: Bittere Polemik dient zur Charakterisierung der Gegenspieler, feinsinniger und sparsam dosierter Spott zur Profilierung Hartknopfs. Die als Abendmahl-Persiflage angelegte Rettichmahlzeit oder die Imagination Hartknopfs als Herkules mit Löwenhaut und Keule lösen zweifellos ›zwerchfellerschütternde‹ Heiterkeit aus (vgl. S. 1185); sie führen aber nicht dazu, daß der Leser dem Helden die Gunst entzieht. Meier führt diese Erzählstrategie auf den englischen Moralphilosophen Shaftesbury und den zeitgenössischen Enthusiasmus- bzw. Schwärmer-Streit zurück; er analysiert die *Hartknopf/Allegorie* als ein zwischen Wielands *Musarion* und Jean Pauls *Hesperus oder 45 Hundsposttage* anzusiedelndes Experiment mit Shaftesburys Theorie des Lächerlichen, wie sie im *Letter concerning Enthusiasm* (1711) formuliert wird: »I am sure the only way to save Mens Sense, or preserve Wit at all in the World, is to give Liberty to Wit. Now Wit can never have its Liberty, where the *Freedom of Raillery* is taken away: For against serious Extravagances and spleenitick Humours there is no Remedy but this« (zit. nach Meier, Schwärmer, S. 56). Shaftesburys ›test of ridicule‹ ziele »darauf ab, den Humor bzw. die Ironie für die Diagnose zu nutzen. Als eine Art Lackmus-Test dient die Probe auf Lächerlichkeit zur Unterscheidung zwischen echtem und falschem Enthusiasmus, d. h. zur Ermittlung der subjektiven Ehrlichkeit und Glaubwürdigkeit eines Menschen« (Meier, Schwärmer, S. 61). Moritz, der Shaftesburys Ironie-Prinzip zumindest indirekt – über Mendelssohn und über Wieland – gekannt haben dürfte, setzt es differenzierter ein als sein mutmaßliches Vorbild in der gewiß nicht zufällig von Andreas Hartknopf bewunderten Verserzählung *Musarion* (vgl.

u. a. S. 589,36 und Anm.): Er »denunziert ⟨...⟩ Hagebuck
und Küster als verlogen und egoistisch-bösartig«, während
»die Hauptfigur ihre streng parallel verlaufende Prüfung mit
Bravour« besteht (Meier, Schwärmer, S. 68). Der Erzähler
enttarne zwar die Schwächen seines Helden mit Ironie, doch
»ohne je einen ernsthaften Angriff auf die moralische Sub-
stanz von Hartknopfs Persönlichkeit zu unternehmen« oder
dessen »Verklärung zum modernen Märtyrer« in Frage zu
stellen; dieses Testverfahren beschränke sich im übrigen
nicht auf die Hauptfigur, es gelte zugleich für den die Passionsgeschichte variierenden *Hartknopf*-Roman in toto: »Die
›Blasphemie‹ artet nicht zur Satire aus, sondern gewinnt ihr
Pathos gerade aus der Ironie« (Meier, Schwärmer, S. 69;
S. 71). Mithin haben sich nicht nur die literarischen Figuren
diesem ›Lackmus-Test‹ auszusetzen, auch ihr ideologischer
Überbau – vom antiken bzw. biblischen Mythos bis zur
zeitgenössischen Modeliteratur – hat sich dieser Prüfung zu
stellen.

Stellenkommentar

519,1 *Andreas Hartknopf*] Schrimpf führt den Vornamen
›Andreas‹ auf den Apostel und Märtyrer zurück (»Apostel-
Allegorie«) sowie auf das Freimaurertum, insbesondere auf
das Hochgradsystem der Schottischen Loge (Andreasloge):
»In ihr ist nicht mehr vom Salomonischen Tempelbau die
Rede, sondern vom Bau des zweiten Tempels unter Nehe-
mias, der auf dem wiedergefundenen Grundstein des ersten
Tempels errichtet wurde. ⟨...⟩ Der Andreas-Meister erfährt,
daß unter diesem vollkommenen Kubus eigentlich Christus
als der eigentliche Schlußstein des Tempels zu verstehen ist«
(Lennhoff/Posner, Sp. 69). Die Bedeutung des neutesta-
mentlichen Namenszitats wäre noch zu ergänzen: Der Apostel Andreas gilt als der »Ersterwählte« unter den Jüngern
und als Schüler Johannes des Täufers (dieser wiederum ist
der Schutzpatron der Johannislogen). Schrimpf erläutert

darüber hinaus die Etymologie des aus dem Griechischen stammenden Rufnamens: ›Andreas‹ heißt »der Männliche, Mannhafte«; dies weise sowohl auf das Lebensalter als auch auf den Charakter des Helden. Der Familienname sei dagegen ambivalent zu beurteilen:

> Der Zuname Hartknopf ⟨...⟩ steht in seiner konsonantisch mißtönenden, knorrig-knorzigen Gedrungenheit, wohl auch als verächtlich klingender Kleinbürgername, im komischen, ja lächerlichen Kontrast zu Andreas. Das Hohe und das Niedrige, das Himmlische und das unbeholfen Irdische verbinden sich hier ironisch-widersprüchlich: der hohe, aber niedrig geborene Mensch. Mit starkem Knauf (= Knoten, Knopf) geht Hartknopf seinen Weg, mit seinem festen »Pilgerstab«, dem gleich zu Beginn genannten »Knotenstock« oder »Dornenstock«, prügelt er die scheinheiligen Weltverbesserer in einer derb-komischen Szene ⟨...⟩.
> (Schrimpf, Hartknopf, S. 34*-36*.)

Bei der Namensgebung könnte sich Moritz auch an einer Nebenfigur aus Pestalozzis *Lienhard und Gertrud* orientiert haben, wobei die »Negativgestalt«, der Ehegaumer und Stillständer Jakob Christoph Friedrich Hartknopf, »teils zur Lichtfigur geläutert, teils karikierend abgebildet« wird (Jahnke, S. 133 f.). Jahnke hält es darüber hinaus für möglich, daß Moritz Pestalozzis Hartknopf als »Zerrbild seines Vaters« rezipierte: »Der kreative Lösungsversuch führt zur positiven Teilidentifikation in der Andreas-Gestalt und zur Abspaltung negativer Züge des Vaterbildes, die dann bei anderen Nebenfiguren auftauchen« (Jahnke, S. 134).

519,2 *Allegorie]* »Gleichnißrede, Bildrede ⟨...⟩. Diese Gemählde sind gleichsam durchsichtige Vorhänge, durch welche man die Gegenstände wahrnimmt, die uns dargestellt werden sollen« (Grammatisches Wörterbuch I, S. 100). Dieser neutralen Definition der Allegorie (die ungenaue Abgrenzung vom Symbol ist durchaus zeittypisch) steht Moritz' Kritik der Allegorie als poetisches Darstellungsmittel gegenüber, die er als ästhetisches Prinzip der Funktiona-

lisierung wegen verwirft (vgl. *Über die Allegorie*, in vorliegender Ausgabe Bd. 2, S. 1008-1011; Erstdruck: 1789). Daß
Moritz dennoch seinen *Hartknopf* im Untertitel als »Allegorie« bezeichnet, läßt sich folgendermaßen erklären: Erstens
bildete sich Moritz' auf die künstlerische Autonomie ausge-
richtetes Ästhetik-Konzept im Detail erst in seiner römischen und nachrömischen Zeit heraus; zweitens darf der
Hartknopf-Roman nicht völlig aus dem Freimaurer-Kontext
isoliert werden, auf den die Auszeichnung als »Allegorie«
offensichtlich verweist. »Im englischen Ritual wird der Begriff der Freimaurerei wie folgt umschrieben: ›Freemasonry
is a peculiar system of morality, veiled in Allegory and illus-
trated by symbols‹ (›Die Freimaurerei ist ein eigenartiges
System der Sittenlehre, eingehüllt in Allegorien und erläutert
an Sinnbildern‹)« (Lennhoff/Posner, Sp. 44 f.).

519 *⟨Abb.⟩]* Darstellung der nach Osten gerichteten
Sphinx, die einerseits für »Stärke und Weisheit« steht, andererseits daran mahnt, »daß der Freimaurer Geheimnisse
unter heiliger Verhüllung sollen bewahrt werden, damit sel-
bige so wenig wie die Rätsel der Sphinx zu der Wissenschaft
des gemeinen Mannes gelangen möchten«« (Lennhoff/Pos-
ner, Sp. 1489; unter Berufung auf das ›Wiener Freimaurer
Journal‹ von 1784). – Zur Ausrichtung nach Osten vgl. Anm.
528,8-12. – Mußmaßlich stammt die Illustration von dem
Zeichner und Radierer J⟨ohann⟩ W⟨ilhelm⟩ M⟨eil⟩ (1733-
1805), seit 1783 Rektor der Berliner Akademie der Künste
und mechanischen Wissenschaften, der auch die Darstellung der Höhle von Castleton anfertigte (vgl. Bd. 2 der
vorliegenden Ausgabe, S. 249). – Die Unterschrift »inv⟨enit⟩
et fe⟨cit⟩ 1785« weist auf die Urheberschaft bzw. auf die
Ausführung im Jahr 1785.

519,3 f. *Non ⟨...⟩ lucem]* Horaz, *De arte poetica* 143 (*Über
die Dichtkunst/Brief an die Pisonen*): »Hier folgt das Finstre
nicht | Auf heller Blitze Glanz; der Dampf erzeugt das
Licht.« (Johann Christoph Gottsched, *Versuch einer Critischen
Dichtkunst ⟨...⟩*, Leipzig ⁵1751, S. 27.) In der Übersetzung
Wielands lautet der im 18. Jahrhundert häufig zitierte, auf

Homer bezogene und hier mutmaßlich selbstreferentiell zu deutende Vers: »Er ⟨d. i. Homer⟩ giebt kein Feu'rwerk, das in Rauch sich endet, | erst macht er Rauch, dann folgt ein rein und gleich | fortbrennend Feuer.« (*Horazens Briefe*, aus dem Lateinischen übersetzt und mit historischen Einleitungen und andern nöthigen Erläuterungen versehen von C. M. Wieland, Nördlingen 1786, S. 601 f.) – Vgl. auch Anm. 797,10 f.

520,2 f. *Der Buchstabe ⟨...⟩ lebendig]* 2 Kor 3,6; ferner 2 Kor 3,2-3 sowie Joh 6,63 und Röm 7,6. – Zur strikt freimaurerischen Interpretation dieses Bibelverses, den auch Jean-Jacques Rousseau zitiert (vgl. Anm. 566,5; ferner Rousseau, Emil, II. Theil, 3. Buch, S. 158), vgl. Bd. 2 der vorliegenden Ausgabe, S. 237,20-25. – Auf die »hinsichtlich der Logos-Auffassung« bestehenden »Verbindungen« zwischen dem Johannes-Evangelium und Goethes *Werther*, einem für Moritz zentralen Bezugstext, macht Preisendörfer aufmerksam (Preisendörfer, S. 113; vgl. auch Schrimpf, Hartknopf, S. 30*).

521,1 *Hier will ich stehen]* Möglicherweise ironische Anlehnung an einzelne biblische Verkündigungssituationen oder an Martin Luthers legendäre Weigerung, seine Lehre vor dem Reichstag zu Worms zu widerrufen: »Hier stehe ich! Ich kann nicht anders. Gott helfe mir! Amen.« Evtl. auch Parallele zum »Hier will ich bleiben« des Einsiedlers im *Siegwart* (vgl. Johann Martin Miller, *Siegwart. Eine Klostergeschichte*, Leipzig 1776, S. 952; vgl. S. 343,26 und 388,31).

521,6-9 *Staubregen ⟨...⟩ Knotenstocke]* Vgl. auch *Anton Reiser*, S. 321,12 f.

521,7 *durchnetzt]* Synonym zu ›durchnäßt‹ (Grimm II, Sp. 1651 f.).

521,13 f. *in der Gottheit vier Personen]* Häretische Variation des Trinitätsdogmas auf der Basis der Johanneischen Logos-Lehre (1 Joh 5,7-8) bzw. der Erweiterung, dem sog. Comma Johanneum; vgl. dazu auch den ironischen Kommentar Moritz' (in vorliegender Ausgabe Bd. 2, S. 287,7 und Anm.). – Zur Kontroverse um das Comma Johanneum s. a. Jahnke

(S. 141 f.). – Den pantheistischen Gehalt dieser Vierfaltig-
keitstheorie, die Absorbierung von »Pythagoreischen Spekulationen« durch die Freimaurer allgemein sowie Berührungs-
punkte zwischen *Andreas Hartknopf* und den Rosenkreuzern
zeigt Bezold auf (Bezold, S. 217-221; Anmerkungen).

521,14 f. *die ganze ⟨...⟩ geschaffen]* Naturphilosophische
Spekulation, u. a. von Paracelsus und Jacob Böhme. – Paracelsus (Theophrast von Hohenheim; 1493/94-1541) hatte in
seiner Schrift *Das Buch De Mineralibus* »sulphur, sal und mer-
curium« als »anfang ⟨...⟩ aller deren dingen, so aus den 4
mütern entspringen, das ist, aus den 4 elementen« bezeichnet und die Genesis entsprechend erweitert (Theophrast
von Hohenheim, gen. Paracelsus, *Sämtliche Werke*, 1. Abt.:
Medizinische, naturwissenschaftliche und philosophische Schriften, hg.
v. Karl Sudhoff, Bd. 3, München und Berlin 1930, S. 32 f.). –
Das »Salz der Seele« entspricht nach mystisch-pansophi-
scher Vorstellung »dem Bindemittel zwischen Körper und
Geist« (Schlögl, S. 51). – Vgl. auch Anm. 542,6.

521,27-29 *daß du verstoßen ⟨...⟩ solltest]* Vgl. Mt 8,20.

521,30 f. *an die Türen ⟨...⟩ sollten]* Negation einer Bibelstelle: Mt 7,7-8 und Lk 11,9-10 (vgl. auch Lk 13,25).

521,34 *Diamant ⟨...⟩ Kieselsteine]* Vgl. Ez 3,9. – Der Diamant gilt überdies als Christus-Allegorie.

522,20 *schmaler Steg]* Möglicherweise Anlehnung an Mt
7,13 f.

522,28-30 *womit er ⟨...⟩ schien]* Vgl. Mt 8,23-27 und Mk
4,35-41 sowie 8,22-25.

522,33 *bis zum Tode getreu]* Vgl. Offb 2,10.

522,35 *freundschaftliche Rechte]* Vermutlich Anlehnung an
die (biblische) Handsymbolik.

523,8 f. *Igel ⟨...⟩ Schildkröte]* Der Igel gilt als »Symbol der
Vorsicht, der steten Bewaffnung gegen Gefahren«; das em-
blematisch vielschichtige Bild der Schildkröte ist hier vermutlich ähnlich zu deuten (⟨Johann Gottfried Bremer,⟩ *Die
symbolische Weisheit der Aegypter aus den verborgensten Denkmälern
des Alterthums. Ein Theil der Aegyptischen Maurerey, der zu Rom
nicht verbrannt worden*, hg. v. Karl Philipp Moritz, Berlin 1793,
S. 41 und S. 86 f.). – Vgl. auch S. 655,33 f.

523,18-21 *Eulen* ⟨...⟩ *Nachtigall* ⟨...⟩ *Fledermäuse* ⟨...⟩ *Lerchen*] Vermutlich geht es hier nicht in erster Linie um die Symbolkraft der einzelnen Tiere, sondern um den Kontrast von sentimentaler Stilisierung und nüchterner Realität. Gleichwohl dürften die Eulen, die für »Weisheit« und für »Zauberey und Giftmischerey« stehen oder als Lockvögel eingesetzt werden, ebenso wie die dem Antichristen attribuierten Fledermäuse als Vorboten für Hagebuck und Küster zu deuten sein (vgl. *Die symbolische Weisheit der Aegypter*, wie Anm. 523,8 f., S. 47 f.).

524,4-6 *Die Menschenstimmen* ⟨...⟩ *Weins sind*] Vgl. Apg 2 (Pfingstwunder), bes. 2,13; ferner Evangelisches Gesangbuch, Lied 100.

524,5 *stammelnden Zungen*] Vgl. Jes 33,19.

524,15 f. *Grube* ⟨...⟩ *wurde*] Gen 37,18-24.

524,19 *Resignation*] Neben den Bedeutungen »Abdankung, Aufkündigung, Abtretung, Amts-Entsagung« auch für »das Verzichtthun, Selbstverläugnung, Aufopferung, Hingebung, Ergebung« belegt (Grammatisches Wörterbuch III, S. 348). – Vgl. *Des Maurergesellen Wanderschaft* (Loge/Launen, S. 23-35), *Die letzte Freistatt des Weisen* (Denkwürdigkeiten, S. 178-182, bzw. Loge/Launen, S. 66-71) und die *Reisen eines Deutschen in Italien* (in vorliegender Ausgabe Bd. 2, S. 428,12). – Meier betont, daß Moritz seinen, im Rationalismus der Frühaufklärung verwurzelten, »neu-stoizistische⟨n⟩ Resignationsbegriff« nach der Italienreise revidiert habe: »Seine Erfahrungen mit der antiken Kunst in Rom haben eine Abkehr vom Prinzip der Affektunterdrückung bewirkt, weil sie Moritz ein alternatives Modell vom Verhältnis zwischen Individuum und Gattung vor Augen führten« (Meier, Unerschrockenheit, S. 103).

524,28-30 *ihn* ⟨...⟩ *helfen können*] ›Helfen‹ hier in der selteneren Akkusativ-Konstruktion (Grimm X, Sp. 954).

524,32 *mit Blindheit geschlagen*] Vgl. Gen 19,11; Dtn 28,28 und 2 Kön 6,18.

525,2-4 *Ich will* ⟨...⟩ *will*] Vgl. *Des Maurergesellen Wanderschaft*: Der Freimaurer findet in der Resignation »seine höchste Freiheit. – Er findet sie darin, daß er nichts will, was er

nicht kann, aber daß er auch alles will, was er kann« (Loge/
Launen, S. 29). – Unter Umständen geht dieses Lebensprin-
zip auf Christoph Kaufmann (1753-1795) zurück (vgl. dazu
ausführlich Erwentraut, Moritz, S. 845 f.). Kaufmanns
Wahlspruch lautete jedenfalls nach dem Zeugnis von Johann
Caspar Lavater: »Man kann, was man will; | Man will, was
man kann!« (Lavater, Physiognomische Fragmente III,
S. 158-163.) Lavater führt an dieser Stelle Kaufmann als Ex-
empel an für einen »Jüngling der Mann ist«, der »kindliche
Einfalt und die Last von Heldengröße« in sich vereine
(S. 158 und S. 161). – Vgl. zu Kaufmann, der ebenfalls mit
einem Knotenstock auftrat, auch Joachim Heinrich Campe
an Johann Caspar Lavater; 15. Oktober 1785; ferner Lavater
an Campe; 3. November 1785 (in: *Briefe von und an Joachim
Heinrich Campe*, hg., eingel. und komm. v. Hanno Schmitt,
Bd. 1: *Briefe von 1766-1788*, Wiesbaden 1996, S. 400-402 bzw.
S. 410-416). – Christoph Kaufmanns Engagement für das
(Dessauer) Philanthropin skizziert Niedermeier, u. a. S. 22-
42. – Vgl. auch Johann Peter Kraft, *Was ich wil, das kan ich. Ist
mehr als Spekulazion*, in: Deutsches Museum, Leipzig, 1. Bd.:
Jänner bis Junius 1779, S. 141-146.

525,5 *Kraft ⟨...⟩ widerstrebenden]* Vgl. ›Magazin zur Erfahrungsseelenkunde‹ IV 3, S. 10 (*Fortsetzung der Revision der ersten
drei Bände dieses Magazins*).

525,21-27 *tiefsinnigen ⟨...⟩ bezeichnet]* Häufiges Motiv; vgl.
z. B. *Kinderlogik* (in vorliegender Ausgabe Bd. 2, S. 96 f.)
oder *Versuch einer Vereinigung aller schönen Künste und Wissenschaften unter dem Begriff des in sich selbst Vollendeten* sowie *Die
metaphysische Schönheitslinie* (Bd. 2, S. 943-949 und S. 950-
957). – Vgl. dagegen die Weg-Symbolik bei Pestalozzi (Jahnke, S. 136).

525,28 *Kerl]* Grimm weist auch die seltenere flexionslose
Pluralbildung nach (Grimm XI, Sp. 572).

525,31 f. *wie der böse ⟨...⟩ Kreuze]* Vgl. Lk 23,39 und 23,33;
Mt 27,38; Mk 15,27.

525,32 f. *Tugend ⟨...⟩ Mitten]* Vermutlich Anlehnung an die
Kreuzigungsszene (vgl. Joh 19,18).

525,34 f. *Weltreformatoren und Kosmopoliten*] Hier bezogen auf die Anhänger der wesentlich von Johann Bernhard Basedow begründeten philanthropischen Bewegung (vgl. dazu Anm. 531,10), deren missionarischer Eifer sich nicht auf die eigene Nation beschränkte. Im *Grammatischen Wörterbuch* übersetzt Moritz ›Cosmopolit‹ neutral mit »Weltbürger« (Grammatisches Wörterbuch I, S. 299).

525,36 *Kosmopolitenbande*] ›Bande‹ hatte schon damals eine negative Konnotation. Neben der neutralen Definition (»Mehrere zu einerley Endzweck verbundene Personen«) notiert Adelung auch: »Indessen wird es hier am häufigsten im veräch⟨t⟩lichen Verstande gebraucht« (Adelung I, Sp. 711; vgl. ferner Grimm I, Sp. 1099).

526,1 f. *vier Enden der Erde*] Vgl. Offb 20,7 f.

526,3 *Markschreier*] Seltenere Nebenform zu ›Marktschreier‹ (Grimm XII, Sp. 1644 und Sp. 1655).

526,5 f. *schwarze ⟨...⟩ Augenbraunen*] Vermutlich Anspielung auf Basedow (vgl. Anm. 531,10), dessen markante Augenbrauen mehrere Zeitgenossen thematisierten (vgl. u. a. Goethes *Dichtung und Wahrheit*, 14. Buch).

526,7 *Schweiß ⟨...⟩ Menschheit*] Ironisierung der Pseudo-Märtyrerhaftigkeit der dargestellten Philanthropen (vgl. dazu z. B. Lk 22,44: Jesus am Ölberg).

526,14-20 *der reuige ⟨...⟩ Paradiese sein*] Vgl. Lk 23,39-43. Die Erzählung vom guten Schächer ist hier verschmolzen mit Versatzstücken aus Josephs Geschichte (Gen 37,18-24) bzw. dem Bericht von Josephs reuigen Brüdern (Gen 42,21-22).

526,21 f. *die Zöllner ⟨...⟩ herbergten*] Vgl. die Analogie zu Jesus' Mahl mit den Sündern in Mt 9,10-11 und 11,19; Mk 2,15; Lk 7,34 und 15,1 f.

526,35-527,4 *laß uns ⟨...⟩ Fuß*] Montage mehrerer Bibelstellen; vgl. z. B. Jes 60,14; Dtn 9,18; Ps 95,6 und 25,7; Gebet Manasse 12-14; Ijob 14,4; Ps 25,15; Ps 121,3.

527,12 *Stubben*] »nd. wort für baumstumpf« (Grimm XX, Sp. 154).

527,24 f. *Vater ⟨...⟩ tun*] Lk 23,34 (Kreuzigung).

527,31-33 *seine offne ⟨...⟩ anblickte]* Vgl. zu dieser Stilisierung Hartknopfs auch die Darstellung des Hirtenknaben in den *Fragmenten aus dem Tagebuche eines Geistersehers* (S. 712 und Anm. 712,5).

527,33 *schlugen beschämt ⟨...⟩ nieder]* Vgl. Lk 24,16.

527,35 f. *in ⟨...⟩ begraben]* Akkusativ- und Dativ-Konstruktionen möglich (Grimm I, Sp. 1304).

528,4 *Pflaumfedern]* Flaumfedern, Daunen.

528,6 f. *herkomme ⟨...⟩ hinwolle]* Elementarfragen aus dem freimaurerischen »Katechismus der Aufnahme und der Beförderung« (Voges, S. 502). – Vgl. auch Ri 13,6; Joh 16,5 und 3,8.

528,8-12 *Er kam ⟨...⟩ gründete]* Wandern und Reisen sind in der freimaurerischen Symbolik fest verankert: Sie gelten als »⟨s⟩ymbolische Handlungen, welche den Weg vom Dunkel zum Licht, als Abbild der freimaurerischen Lebensgestaltung und Lebensweise darstellen« (Binder, S. 219). – Vgl. allgemein zu Moritz' Idealisierung des Reisens u. a. die verschiedenen Wanderungen im *Anton Reiser* sowie die entsprechenden Exkurse in den Reiseberichten. – Die Symbolik der Himmelsrichtungen ist nicht nur biblisch fundiert, sie verweist zugleich auf die Freimaurerei: »Im O⟨sten⟩, über dem in den Maurertempeln sehr oft eine strahlende Sonne leuchtet, leitet der Meister vom Stuhl die Loge, von hier aus empfängt der Suchende das ›maurerische Licht‹. ⟨...⟩ Allgemein ist es üblich, den Ort, der Sitz einer Loge ist, Orient zu nennen.« (Lennhoff/Posner, Sp. 1167.) – Die Lichtsymbolik (Sonnenaufgang) findet sich auch im Neuen Testament (vgl. z. B. Joh 1,4-9) und in der Genesis (Gen 1,3-5). – Schrimpf deutet den »Sonnenaufgang als ewiges Sinnbild der mosaischen Schöpfungsgeschichte« und verweist neben dem freimaurerischen Bildkomplex auf die Lichtsymbolik der Aufklärung (Schrimpf, Hartknopf, S. 41* und S. 43*-46*). – Vgl. auch Moritz' Essay *Des Maurergesellen Wanderschaft* (Loge/ Launen, S. 23-35).

528,16 *ersten ⟨...⟩ Sonne]* Vgl. dazu insbes. *Die Feier der Geburt des Lichts* (in vorliegender Ausgabe Bd. 2, S. 237-239).

528,30 *schüttelte ⟨...⟩ Füßen]* Apg 13,51.

529,5 *von selbst angegeben haben]* Hier im Sinne von ›sich selbst angezeigt haben‹.

529,9 *als vom Evangelium nähren]* 1 Kor 9,14.

529,12-14 *umsonst ⟨...⟩ wiedergeben]* Vgl. Mt 10,8.

529,14 *Arkanum]* »Geheimniß; der deutsche Ausdruck ist etwas allgemeiner als der fremde, worunter man sich insbesondere irgend ein Arzneimittel oder andre nützliche Erfindung denkt, wovon die Wissenschaft nur in dem Besitz eines einzigen ist« (Grammatisches Wörterbuch I, S. 128). – Im *Anton Reiser* bringt ein »mitleidiger Schuster« eine lindernde Salbe, die den Knaben vor der Amputation seines Fußes bewahrt (vgl. S. 95 und Anm. 95,8 f.). – Bezold interpretiert Hartknopfs »Arkanum« ebenso wie den »Seelenarzt« Knapp als Indizien für das Rosenkreuzertum Andreas Hartknopfs (Bezold, S. 220; Anm.).

529,20 *nervigten]* In der Bedeutung von »kräftig, stark« (Adelung III, Sp. 469).

529,34 f. *Du hörest ⟨...⟩ fähret]* Joh 3,8. – Johann Gottfried Herder wählte diesen Bibelvers als Motto für seine Abhandlung *Vom Erkennen und Empfinden der menschlichen Seele.*

530,2 *auserwählte Braut]* Gemeint ist vermutlich – in Analogie zu Salomon – die Weisheit; vgl. Weish 6-9, bes. 8,2.

530,16 *Gellenhausen]* Vermutlich fiktive Namensgebung.

530,20 *das jetzige ⟨...⟩ Pohlen]* Im Zuge der ersten Polnischen Teilung (Verträge vom 15. 1. und 5. 8. 1772 zwischen Preußen, Rußland und Österreich) mußte Polen Gebiete an Österreich und Rußland sowie an Preußen (Westpreußen – außer Danzig und Thorn –, den Netzedistrikt mit Bromberg und Ermeland) abtreten.

530,30 f. *in Inquisition gekommen]* ›Inquisition‹ »heißt die gerichtliche Untersuchung, welche über einen solchen ⟨d. i. ›ein eines Verbrechens verdächtiger und deshalb angeklagter Mensch‹⟩ von der Obrigkeit gesetzmäßig angestellet wird« (Grammatisches Wörterbuch II, S. 307).

530,34-37 *ein Prediger ⟨...⟩ Grabes]* Nicht ermittelt.

531,6 *einnisteln]* Diminutiv zu »einnisten« (vgl. Adelung I, Sp. 1726).

531,7-14 *eine herumwandernde* ⟨...⟩ *Theaterepoche]* Vgl. dazu insbesondere Moritz' Theatromanie-Kritik im *Anton Reiser*.

531,10 *Philantropin in Dessau]* 1774 wurde in Dessau mit Unterstützung von Leopold III. Friedrich Franz von Anhalt-Dessau (1740-1817) das erste ›Philanthropinum‹ nach den Vorstellungen des Theologen und Reform-Pädagogen Johann Bernhard Basedow (1724-1790) eröffnet, das mindestens anfänglich aus ganz Deutschland regen materiellen und ideellen Zuspruch erhielt (u. a. auch von verschiedenen Freimaurerlogen). Das Philanthropinum (wörtlich: ›Schule‹, ›Werkstätte der Menschenfreundschaft‹) weist deutlich aufklärerische und pantheistische Züge auf, teilweise im Sinne John Lockes (Optimismus, Glückseligkeit), teilweise im Sinne Jean-Jacques Rousseaus (kindgerechte, naturorientierte, empirische Erziehung). Die überkonfessionelle Ausrichtung und wohl auch Basedows problematischer Charakter (vgl. dazu die Selbstbezichtigung im ›Magazin zur Erfahrungsseelenkunde‹ I 2, S. 34-37) provozierten heftige Kritik an diesem Alternativschulsystem. Dennoch fand das Dessauer Modell eine Reihe von vereinzelt sogar erfolgreicheren Nachahmern (Christian Gotthilf Salzmann und Joachim Heinrich Campe). Und Basedow brachte immerhin die Notwendigkeit der Lehrerbildung, einer Unterrichtsdidaktik und -methodik sowie eines Curriculums (nebst einer Revision des Lehrplans) und entwicklungsspezifischer Unterrichtsmaterialien (kindgerechte Lehr-, Lese- und Fachbücher) zur Sprache (vgl. zu den Grundzügen dieser Erziehungsanstalt bzw. dieses Erziehungskonzepts u. a. Basedow, Philanthropinum). 1778 mußte Basedow das Direktorenamt niederlegen; 1780 schied er endgültig von der Schule, die 1793 geschlossen wurde (vgl. zum Dessauer Philanthropin ausführlich Niedermeier, bes. S. 8-22). – Moritz war ursprünglich der philanthropischen Bewegung durchaus zugetan: 1778 hatte er sich bei Basedow um die Mitarbeit als Lehrer bemüht; zunächst vereitelte eine Erkrankung die Anstellung, und anschließend kam es offensichtlich zu größeren Differenzen (vgl. Klischnig, S. 27-29 und S. 35 f.; Altenberger, S. 4). 1781 war Moritz als Lehrer für Campes Erziehungsinstitut im Gespräch, lehnte den Ruf jedoch ab. – Vgl. auch Moritz' Beitrag zu den ›Denkwürdigkeiten‹: *Dessau und Barby oder über praktischen Naturalismus und praktisches Christentum. Fragment eines Aufsatzes vom Jahre 1783* (in vorliegender Ausgabe Bd. 2, S. 52-54). – Die überlieferte Definition im *Grammatischen Wörterbuch,* die wahrscheinlich nicht von Moritz selbst stammt, bezeugt bereits die Distanz zu dieser Modellschule: »Philantropin-Erziehungsanstalt. Nach der Absicht der Erfinder dieses Ausdrucks soll dadurch freilich eine bessere, dem Zweck und der Bestimmung des Menschen gemäßere Erziehung bezeichnet werden; dieser Begriff läßt sich aber in den Ausdruck nicht hinein bringen, und kann schwerlich anders als durch Beiwörter angezeigt werden. Doch vielleicht verliert sich das neue Wort wieder, da sich der Begriff an den wenigsten Philantropinen gerechtfertigt hat.« (Grammatisches Wörterbuch III, S. 167.) – Die eigenwillige Graphie wird – aufgrund der Korrespondenz im *Hartknopf* und im *Grammatischen Wörterbuch* – beibehalten.

531,16 f. *den Leisten ⟨...⟩ vertauschte]* Variation des – als zorniger Ausruf des Apelles – bei Plinius überlieferten Sprichworts »Ne sutor supra crepidam!« / »Schuster, bleib bei deinem Leisten!« – ›Kothurn‹ ist ein »hoher Schuh, mit hohen Absätzen, dergleichen die Schauspieler bey den Griechen anzogen, um sich ein größeres und majestätischeres Ansehen zu geben; 2. hohe, schwülstige Schreibart; 3. hochtrabend in Worten und Gebehrden« (Schweizer I, S. 189). – Vgl. ferner in Pestalozzis *Lienhard und Gertrud* (II, § 65) die Kritik des Pfarrers am hochmütigen Hartknopf: »Hartknopf, du bist ein rechter Meynungen-Narr gewesen«, »du hast die gute Lehre vom stillen frommen Gottesglauben zu einer Streitlehre gemacht«. »Man muß jedermann bey seinem Handwerk lassen ⟨...⟩. Denk izt nur selber, wenn du ein fleißiger brafer Strümpfweber geblieben wärst, und deinen Kopf immer recht warm bey deinem Stuhl und Garn gehabt hättest, wärst du nicht viel ehrlicher, viel wohlhabender, viel

zufriedner, und an Leib und Seel gesünder als du izt bist, mit
allem dem dummen papiernen Kram, den du im Kopf hast?«
(Pestalozzi, Lienhard und Gertrud II, S. 236-238.)

531,18 *Küster]* Lt. Altenberger soll der Küster »ganz unverkennbar den Wolke darstellen« (Altenberger, S. 10; ebenso Geiger, der sich gleichfalls auf Schlichtegrolls *Nekrolog*
bezieht; vgl. Geiger, S. XI). – Christian Heinrich Wolke
(1741-1825) war ab 1770 zunächst Mitarbeiter, später Amtsnachfolger Basedows als Leiter des Philanthropins. Das
wenig vorbildliche Sozialverhalten der streitlustigen Philanthropen kolportieren zahlreiche Anekdoten (vgl. auch
Anm. 531,19). – Zur Namensgebung »Küster« vgl. darüber
hinaus die in der Englandreise berichtete Begegnung mit
einem »Clerk« namens »Clerck« (engl. »Küster«; in vorliegender Ausgabe Bd. 2, S. 336,32-38 und Anm. 336,36 f.).

531,19 *Hagebuck]* Nach Geiger möglicherweise Karikatur
Basedows (Geiger, S. XI), ebenso Altenberger, S. 9 f., der
überdies die oben geschilderte Prügelei – vgl. S. 527 – als
Widerspiegelung einer tätlichen Auseinandersetzung zwischen Basedow und dem Theologen, Pädagogen und Bibliothekar Karl Christoph Reiche dechiffriert. Von Reiche
stammt jedenfalls die *Getreue Darstellung der Umstände, unter
welchen Hr. Johann Bernhard Basedow, kön. Dänischer Professor,
Schläge bekommen und seinen Rock verlohren, auch mit Hrn. Direktor Wolke einen schändlichen Proceß angehoben hat,* Dessau
1783.

531,24 f. *Jakob Böhmens]* Dt. Mystiker, ursprünglich Schuster (1575-1624), dessen Hauptwerke *Aurora, oder Morgenröthe
im Aufgang, das ist: Die Wurtzel oder Mutter der Philosophiae,
Astrologiae und Theologiae* ⟨...⟩ (verfaßt 1612), *De tribus princi-
piis, oder Beschreibung der Drey Principien Göttliches Wesens* ⟨...⟩
(verfaßt 1619), *Mysterium Magnum, oder Erklärung über Das
Erste Buch Mosis* ⟨...⟩ (verfaßt 1622/23) erst postum erscheinen konnten und insbesondere in der Romantik intensiv
rezipiert wurden. – Vgl. auch in vorliegender Ausgabe Bd. 2,
S. 15-17.

531,27 *Pechdraht]* Lt. Adlung »mehrere zusammen gedrehte und mit Schusterpech bestrichene Fäden, so wie sich die Schuster ihrer zum Nähen bedienen« (Adelung III, Sp. 678).

531,27 f. *als ob ⟨...⟩ zuriefe]* Häufiges Bibelwort; vgl. z. B. Offb 12,10.

531,28 *Herr, was ists]* Bibelwort; vgl. z. B. Apg 10,4.

531,30 *Pfriemen]* Lt. Grimm »an einem hefte befestigte eisenspitze zum bohren« (Grimm XIII, Sp. 1793).

531,30 f. *gehe hin ⟨...⟩ will]* Bibelwort; vgl. z. B. Abrahams Berufung (Gen 12,1; ferner Apg 7,2-3).

531,31 *das]* Korrigiert aus »daß«.

531,35 *ihn]* Korrigiert aus »ihm«.

532,7 *Dessau]* Vgl. Anm. 531,10.

532,9 *Unterricht ⟨...⟩ genießen]* Neben der Erziehung der Kinder widmete sich das Dessauer Philanthropinum auch der Lehrerbildung.

532,10 *Basedows Elementarwerk]* Das vierbändige Elementarwerk (*Des Elementarwerks erster bis vierter Band. Ein geordneter Vorrat aller nötigen Erkenntnis. Zum Unterrichte der Jugend von Anfang, bis ins akademische Alter. Zur Belehrung der Eltern, Schullehrer und Hofmeister. Zum Nutzen eines jeden Lesers, die Erkenntnis zu vervollkommnen. In Verbindung mit einer Sammlung von Kupferstichen, und mit französischer und lateinischer Übersetzung dieses Werks*) verstand sich als aufklärerische Revision von Amos Comenius' (1592-1670) *Orbis pictus* und als Grundlagenwerk des Philanthropinums. Das *Elementarwerk* erschien 1774 in Dessau mit 96 Tafeln, die überwiegend von dem berühmten poln.-dt. Maler, Zeichner und Radierer Daniel Nikolaus Chodowiecki (1726-1801) stammten. – Bereits 1770 war in Altona und Bremen *Das Elementarbuch für die Jugend und für ihre Lehrer und Freunde in gesitteten Ständen* publiziert worden.

532,18 *tumultuarischen]* Hier vermutlich im Sinne von »ungeordnet«; »wirr, verwirrt, aufgeregt« (vgl. Grimm XXII, Sp. 1769-1771).

532,29 *Konsistorium]* »Consistorium Ecclesiasticum, ist ein geistliches Gericht, welches mit Personen, so von den

Landes-Herrn dazu geordnet werden, besetzt ist zu dem Ende, damit in geistlichen Sachen recht gesprochen werde« (Zedler VI, Sp. 1035 f.).

532,30 *Subordination]* (Lat.) »Unterordnung« (Grammatisches Wörterbuch IV, S. 67).

532,32 f. *die Basedowschen Schriften gelesen]* Basedow hat zahlreiche religionskritische und pädagogisch-didaktische Schriften verfaßt; neben dem *Elementarbuch* und dem *Elementarwerk* skizzieren die *Vorstellung an Menschenfreunde und vermögende Männer über Schulen, Studien und ihren Einfluß auf die öffentliche Wohlfahrt* (Hamburg 1768) und *Zur Elementarischen Bibliothek. Das Methodenbuch für Väter und Mütter der Familien und Völker.* Von Johann Bernhard Basedow, P. P. in Altona (Altona und Bremen 1770), die Grundzüge der angestrebten Reformen.

532,33 *spükte]* Alternativform zu ›spuken‹ (vgl. Grimm XVII, Sp. 214).

533,4 *Bouteille Pontak]* »Französischer Wein von dunkler rother Farbe und einem anziehenden herben Geschmacke, welcher in Guienne wächst« (Adelung III, Sp. 808).

533,6 f. *Basedowischen ⟨...⟩ Freundschaft]* Basedow gab anonym verschiedene Liedersammlungen heraus, darunter ein überkonfessionell-philanthropisches *Allgemein-Christliches Gesangbuch für alle Kirchen und Sekten* (Riga und Altona 1781), das mit den Nummern 152-176 eine Reihe von Texten zum Thema ›Umgang, Reden, Freundschaft, Feindschaft‹ enthält, so daß eine eindeutige Identifikation des von Moritz angesprochenen Liedes nicht möglich ist; gemeint sein könnten auch die Nummern 274-278.

533,10 *der alte Schlendrian im Schulwesen]* Vgl. dazu auch die Darstellung des defizitären Schulwesens im *Anton Reiser* (s. a. Anm. 216,6 f.) sowie Basedows Werbeschrift, die von einer Reform des Schulwesens als »einem Anliegen der Menschheit« spricht: »*Der Schulstaub* liegt seit Jahrhunderten! Jung und Alt, was darinnen wandeln und athmen muß, wird krank im Gehirn; eine zähe Rinde, wo Wahrheit und Gutes kaum durchdringt, setzt sich um die Werkstatt der Vernunft.

Und in der Brust wird eine Schwindsucht der Zufriedenheit und der Liebe zu Menschen, selbst in Frühlingsjahren«. Alternativ antizipiert Basedow die Zeit, »wo der Knab im Umschaun nach der Natur und im Horchen nach des Lehrers Weisheit, Ohr und Phantasie mit einer Sprache füllt, die« aus Latiens Quell, durch Bäche, nicht mehr ganz rein, floß«. Basedows Programm zielt auf die Symbiose von »Natur! Schule! Leben!« ab und zeichnet sich durch konsequent betriebene religiös-konfessionelle Toleranz aus (Basedow, Philanthropinum, S. IX, S. X f., S. XIII und S. XIX).

533,14-21 *eine Meritentafel ⟨...⟩ ein Ordensband*]
Nächst den Wirkungen der Religion und der väterlichen Liebe auf die jungen Gemüther unserer Schüler, sind, unseren bisherigen Erfahrungen nach, die sogenannten *Meritentafeln* als ein sehr wirksames Hülfsmittel, Fleiß und Artigkeit, Erkenntniß und Tugend befördern zu helfen, von uns befunden worden. Es verhält sich damit folgendergestalt: jeder Lehrer ist zu jeder Zeit mit einer Anzahl Billets versehen, die mit seinem Namen bezeichnet sind. Nach Endigung einer Lehrstunde, theilt er denen unter seinen Schülern, mit deren Aufmerksamkeit, Fleiß und gesittetem Betragen, er während der Stunde zufrieden gewesen ist, ein solches Billet aus. Auf gleiche Weise hat er auch, in und außer den Lehrstunden, eine Schreibtafel bey der Hand, worinn er sowohl jede *gute*, als auch jede *schlechte* Handlung, die er einen Schüler begehen sieht, aufzeichnet. ⟨...⟩
Hat nun ein Schüler 50 Billets, es sey für Fleiß, oder für tugendhaftes Betragen, erhalten: so wird ihm ein goldner Punct auf der weißen Seite, entweder der *Tafel des Fleißes*, oder der *Tafel der Tugend*, zuerkannt, und dieser Punct wird Tages darauf, nach geendigter Gottesverehrung, öffentlich bey seinem auf der Tafel stehenden Namen eingeschlagen. ⟨...⟩
Hat nun jemand auf der Tafel des Fleißes funfzig goldene Puncte erhalten: so wird er durch den Orden des Fleißes belohnt, welcher in einem feuerfarbenen, mit einer

schicklichen Devise gezierten Bande besteht, welches
dem dadurch belohnten Schüler zwischen den Knoflö-
chern auf der Brust befestiget wird. ⟨...⟩
Wer aber, (pflegen wir unsern Pflegesöhnen oft zu sagen)
wer *Tugend im Verborgenen* übt – die reinste, edelste Art
derselben, nach der wir alle streben sollen, ⟨...⟩ – dem ist
ein Lohn beschieden, den *wir* nicht geben, nicht bestimmen, mit Menschensprache nicht ausdrücken können; ein
Lohn, Kinder! den ihr selbst erfahren, selbst fühlen müßt,
um ihn euch denken zu können.
(*Pädagogische Unterhandlungen*, hg. v. J. B. Basedow und
J. H. Campe, 1stes Stück, Dessau 1777, S. 39-44; vgl. auch
die Abbildung der Meritentafel des Dessauer Philanthropins in Niedermeier, S. 43.)

533,21 f. *da galt ⟨...⟩ Person]* Röm 2,11.

533,24 *Rektor des Städtchens]* Möglicherweise Anspielung
auf einen der zahlreichen – pädagogischen – Kritiker Basedows, z. B. den Rektor aus Grimma, Johann Tobias Krebs
(1718-1782), oder den Heilbronner Rektor Johann Rudolf
Schlegel (1729-1790) bzw. den Göttinger Historiker August
Ludwig Schlözer (1735-1809). – Vgl. ausführlich Erwentraut, Moritz, S. 854.

533,25 *Klippschule]* »winkelschule für kleine kinder«
(Grimm XI, Sp. 1210); »eine Schule, worin die Kinder im
Buchstabiren und Lesen unterrichtet werden; eine Trivial-
Schule, Leseschule« (Adelung II, Sp. 1634).

533,26 *schlug ⟨...⟩ dazu]* »Zeichen des verachtenden Trotzes« (Adelung III, Sp. 1604).

533,30 f. *mit dem leidigen ⟨...⟩ hätten]* Wahrscheinlich Anspielung auf eine Erzählung aus dem Buch Daniel: Daniel
tötete den Drachen von Babel, der als Götze verehrt wurde
(Dan 14,23-27); vgl. auch den Kampf des Satans gegen das
Volk Gottes (Offb 12-13).

533,33 f. *Schneider ⟨...⟩ Friseur]* Gemeint sind hier vermutlich die von Isaak Iselin 1775 – eigentlich zur Ausbildung –
an das Dessauer Philanthropin empfohlenen, dort aber als
Pädagogen verpflichteten Johann Schweighäuser (1753-

1801) und Johann Friedrich Simon (1751-1829), die Autoren von *Einiger vom Dessauischen Philanthropin abgegangenen Lehrer Gedanken über die wichtigsten Grundsätze der Erziehung, und die darauf gegründete Einrichtung einer Erziehungsanstalt, als eine Erweiterung der dem Publikum durch Iselin bekannt gemachten philanthropischen Aussichten redlicher Jünglinge*, Leipzig 1779. – Vgl. ausführlich Erwentraut, Moritz, S. 855.

533,35 f. *auf philantropinische Art]* Ironisierung der Natur- und Körperbetonung durch die Philanthropen.

534,1 f. *Kupfer des Basedowischen Elementarwerks]* Vgl. auch S. 532,10. – Die Kupfertafeln dienten als Anschauungsmaterial für den Schulunterricht und konnten jeweils mehrfach eingesetzt werden. Christian Heinrich Wolke (vgl. Anm. 531,18) benutzte sie u. a., um »allerley brauchbare Kenntnisse in lateinischer Sprache« zu vermitteln (*Pädagogische Unterhandlungen*, hg. v. Dessauischen Erziehungs-Institut, 7tes Stück, Dessau 1778, S. 601 f.).

534,3 *Witz]* Hier ironisch gemeint; eigentlich bedeutet ›Witz‹

1. Wissenschaft im weitesten Verstande, der Vorrath von klaren Begriffen, welchen ein Mensch hat; eine jetzt veraltete Bedeutung, in welcher das Wort noch in Mutterwitz und Schulwitz gebraucht wird. 2. Der Verstand überhaupt; eine alte, noch im gemeinen Leben hin und wieder übliche Bedeutung. ⟨...⟩ 3. In der engsten, jetzt noch allein üblichen Bedeutung ist der Witz, das Vermögen der Seele, Ähnlichkeiten, und besonders verborgene Ähnlichkeiten, zu entdecken, so wie Scharfsinn das Vermögen ist, verborgene Unterschiede aufzufinden.

(Adelung IV, Sp. 1586.)

534,5 f. *lesen ⟨...⟩ lernten]* Kritik an den Vertretern der sog. ›Lautier-Methode‹ (im Gegensatz zur ›Buchstabier-Methode‹), die z. B. Samuel Heinicke empfahl: *Neues A, B, C, Sylben- und Lesebuch, nebst einer Anweisung, das Lesen in kurzer Zeit, auf die leichteste Art und ohne Buchstabiren zu lernen*. Die achte Auflage, Leipzig 1780 (recte: 1. Auflage). Unter Umständen ist hier auch eine einschlägige Publikation von

Johann Schweighäuser (vgl. Anm. 533,33 f.) gemeint: *Wieder eine neue Fibel, oder ein neuer Versuch, Kinder ohne das Buchstabiren, selbst ohne Namenkenntnis der einzelnen Buchstaben lesen zu lernen*, Basel 1780.

535,2 f. *das zu Fuß ⟨...⟩ Weltbürgermäßiges*] Vgl. dazu den Beitrag *Das gegenwärtige Gute unsers Instituts*, in: *Pädagogische Unterhandlungen*, hg. v. Dessauischen Erziehungs-Institut, 7tes Stück, Dessau 1778, S. 633 f.; ferner die Parallelen zu Rousseau, Emil, IV. Theil, 5. Buch, S. 262 f.: »Ich habe nur von Einer Art zu reisen Begriff, die noch angenehmer ist, als zu Pferde zu reisen; nämlich zu Fuß zu gehn. ⟨...⟩ Zu Fuß reisen, heißt reisen wie *Thales, Plato, Pythagoras*. Es kostet mir Mühe zu begreifen, wie ein Philosoph sich entschliessen kann, anders zu reisen.«

535,22 *ihm gleich sein*] Korrigiert aus »ihm gleich für sein«.
535,30 *niemandem*] Korrigiert aus »niemanden«.
536,7 f. *mit Luthern ⟨...⟩ mit Melanchton*] Hier wohl bezogen auf das enge theologische und private Verhältnis zwischen dem Reformator Martin Luther (1483-1546) und dem Humanisten Philipp Melanchthon (1497-1560), der von 1519 an Luthers engster Mitarbeiter war; zugleich ironischer Ausdruck der Hybris dieser beiden Kunstfiguren.

536,14-16 *wenn auch ⟨...⟩ behalten*] Geringfügige Variation eines Luther-Zitats; die Originalstelle in Martin Luthers *Eyn brieff an die Fürsten zu Sachsen von dem auffrurischen geyst* (1524) lautet: »Wenn ich gewust hette, das so viel teuffel auff mich gezilet heten, alls zigel auff den dechern waren zu Worms, were ich dennoch eyngeritten« (Luthers Werke, WA XV, S. 214).

536,37 *Viktualien*] »Eßwaaren, Lebensmittel« (Grammatisches Wörterbuch IV, S. 289).

537,10 f. *Herz ⟨...⟩ verzagteres Ding*] Vgl. Jer 17,9.
537,17 f. *im Triumph ⟨...⟩ eingeholt*] Vgl. 2 Makk 4,22.
537,20 *Knapp*] »Idealisirung des Gothaer Gastwirts« Liebetraut aus dem *Anton Reiser* (Geiger, S. X f., in Anlehnung an Schlichtegroll; vgl. *Anton Reiser*, S. 441,22). – Jahnke weist an dieser Figur »Elemente Pestalozzischer Pädagogik« nach (Jahnke, S. 134 f.).

537,21 f. *vor Alter ⟨. . .⟩ lahm war]* Vgl. Homer, *Odyssee* XVII 300–319.

537,24-27 *Cherubim ⟨. . .⟩ zukehrten]* Vgl. Gen 3,24 (Vertreibung aus dem Paradies).

537,28-30 *bleibe ⟨. . .⟩ hungern]* Travestie von Lk 24,29 (Die beiden Jünger auf dem Weg nach Emmaus); vgl. auch S. 492,13 und Anm.

538,3-5 *kurzen ⟨. . .⟩ Nein]* Mt 5,37 (Bergpredigt). – Möglicherweise inspiriert vom Kantor aus Johann Gottlieb Schummels *Spitzbart* (wie Anm. 256,4 f., S. 117) oder von Oliver Goldsmiths *Vicar of Wakefield* (vgl. Anm. 495,8-13); dort heißt es über Herrn Burchill: »Seine Art zu reden war ein wenig kurz und trocken, und Ceremonien schien er nicht zu verstehen, oder zu verachten« (Goldsmith, S. 27). – Vgl. auch S. 558,34, S. 565,24 f. und S. 718,23.

538,27 *Feldschlangen]* Ein »langes Geschütz, welches im Felde gebraucht wird« (Adelung II, Sp. 101).

538,29 *Landläufer]* »Derjenige, welcher im Lande herum läuft, aus einem Lande in das andere läuft, keinen bestimmten Sitz, oder kein bestimmtes Geschäft hat; in noch härtern und verächtlichern Verstande, ein Landstreicher« (Adelung II, Sp. 1889).

538,32 *Kamisöler]* Plural von ›Kamisol‹; vgl. Anm. 129,11.

539,7 f. *Die alten Tafeln ⟨. . .⟩ standen]* Vgl. Ex 31,18.

539,26 *die fünf Species]* Die fünf Grundrechenarten (Adelung IV, Sp. 174).

539,28 *die fünf ⟨. . .⟩ Katechismus]* Vgl. die ›Vorrhede‹ zum *Deudsch Catechismus* (*Der große Katechismus*) von Martin Luther (1529), wo »Die Zehen gepot Gottes«, »die heubtartickel Unsers Glaubens«, »das gebete odder Vater unser, so Christus gelert hat«, »Von der Tauffe« und »Vom Sacrament« genannt werden (Luthers Werke, WA XXX 1, S. 129-132).

539,31 *drei Glaubensartikel]* Glaubensbekenntnis: »*Der Glauben* teylet sich yn drey heubtstück, nach dem die drey person der heyligen gottlichen dreyfaltickayt dreyn ertzelet werden, das erst dem vatter, das ander dem sun, das dritt dem heyligen geyst zu zeugen, dan das ist der höchst artickell ym glauben, darynnen die andern alle hangen« (Luthers Werke, WA VII, S. 214). Die ›drei Glaubensartikel‹ beziehen sich folglich auf Gott Vater (Schöpfung), Sohn (Erlösung), Heiliger Geist (Heiligung); vgl. ausführlich *Der Kleine Katechismus* (Luthers Werke, WA XXX 1, S. 247-250).

539,32 *dem Vater]* Korrigiert aus »den Vater«.

539,34 f. *Schöpfer des Himmels]* Korrigiert aus »Schöpfer Himmels«.

540,6 f. *gegenwärtigen Lebensfleck]* Vgl. ›Magazin zur Erfahrungsseelenkunde‹ IV 3, S. 3 f.

540,12-14 *der Vater ⟨...⟩ werden]* Die Einheit von Vater und Sohn gehört zu den Topoi des NT; vgl. z. B. Joh 10,30, Joh 14,13 und 1 Joh 2,22-24.

540,16-19 *das Wort ⟨...⟩ gemacht ist]* Vgl. Joh 1,1-3 sowie S. 608,8 f.

540,20 f. *Wort ⟨...⟩ buchstabieren]* Vermutlich auch freimaurerisches Motiv: »Die Suche« nach dem verlorenen Wort Hirams, dem Wort Salomos bzw. Enochs »hat natürlich auch damit zu tun, daß nach der freimaurerischen Lehre nicht nur der Kandidat ein Suchender ist, sondern der Freimaurer immer ein solcher bleibt, immer um Licht, um Wahrheit ringt. Dieses stete Suchen findet auch in den immer wiederkehrenden Wanderungen, ›mystischen Reisen‹, seinen Ausdruck.« (Lennhoff/Posner, Sp. 1723.)

540,21-23 *dies Wort ⟨...⟩ hervorgerufen]* Vgl. Gen 1 und Joh 1,4-5.

540,25-27 *Viere sind ⟨...⟩ eins]* Vgl. S. 521,13 f. und Anm.

540,27-29 *Das Wort ⟨...⟩ Gottes]* Joh 1,14.

540,31 f. *Die Weisheit ⟨...⟩ Gassen]* Vgl. Spr 1,20.

540,33 *Worte des Lebens]* Möglicherweise Anlehnung an Spr 3,1 f.; Joh 6,63 oder 6,68 bzw. Apg 5,20 und 1 Joh 1,1.

541,6 *wir sind]* Vgl. dazu *Kinderlogik*: »Die ganze Sprache zerfällt also in *Wort* und *Namen* verbindende Bestandteile, und Bestandteile, die verbunden werden. Im gewissen Verstande ist in den Sprachen alles Name, und nur ein einziges wirkliches *Wort*: das ist das Wort *ist*, welches die Welt unsrer Begriffe schließt – und mit seiner belebenden und ideenverbindenden Kraft, durch die ganze Sprache herrscht, wie der Geist des Menschen durch den Körper –« (in vorliegender Ausgabe Bd. 2, S. 134 und Anm. 134,10 f.). – S. a. *Sprache in psychologischer Rücksicht. Das Verbum sein* (S. 879–892). – Vgl. ferner *Bildende Nachahmung*, in vorliegender Ausgabe Bd. 2, S. 991 und Anm. 991,13 (Hinweis auf mögliche *Werther*-Reminiszenz).

541,23 *baxte]* Variante zu ›boxen‹ (Grimm I, Sp. 1202; Grimm II, Sp. 281).

541,37 *die Käufer ⟨...⟩ treiben]* Mt 21,12; Mk 11,15; Lk 19,45; Joh 2,14-16.

542,5 *Rettiche]* Vgl. *Hartknopf/Predigerjahre*, S. 606 f. Bezold verweist neben dem lokalen Hintergrund des Rettichkultes (s. a. *Anton Reiser*, S. 472,18-20) auf »das blasphemische und parodistische Moment« (Bezold, S. 222 f.; Anm.) und zeigt – insbesondere im Hinblick auf die verfremdete Abendmahlszeremonie in den *Predigerjahren* – überdies die emblematische Vieldeutigkeit des Rettichs auf, den er als Charakterporträt Hartknopfs dechiffriert; die »emblematische Rettichkunde zeigt ⟨...⟩, daß Moritz mit durchaus gelehrter Schalkhaftigkeit seinen Andreas Hartknopf antwortende Gegenbilder – nun ja, verzehren läßt.« (Bezold, S. 222 f.; Anm.)

542,6 *Salzfaß]* Vieldeutige Symbolik: »Wie das Saltz vor Fäule bewahret, guten Geschmack machet, und denen Speisen Annehmlichkeit bringet, so soll auch unsere Rede mit dem Saltze des Hertz und Zunge regirenden Geistes gewürtzet seyn, damit keine faule Worte aus unserm Munde gehen« (Zedler XXXIII, Sp. 1303). – Das Salzwunder von Jericho wird Elijas Nachfolger Elischa zugeschrieben (vgl. 2 Kön 2,19-22 und Anm. 553,31 f.). – Die spezielle Symbolik des Salzfasses betont Treml: Es verweise »auf das bevorstehende Unheil und den Tod Christi, aber zugleich auch auf die Hoffnung auf Unsterblichkeit und ewiges Leben« (*Salz macht Geschichte. Aufsätze*, hg. v. Manfred Treml, Wolfgang Jahn und Evamaria Brockhoff, Augsburg 1995, S. 11; vgl. zusammenfassend auch Christoph Daxelmüller, *Das andere Salz. Von populären Mythen und ihren Folgen,* a. a. O., S. 371-380). – Die Korrespondenz des Salzkultes zum »Ritual der Spätrosenkreuzer« und die Verwurzelung in »pantheistische⟨r⟩ Symbolik« zeigt Bezold auf (Bezold, S. 221; Anm.; vgl. ferner Anm. 521,14 f.). – In der christlichen Liturgie gilt das Salz als »Symbol der Beständigkeit«, ihm wird »apotropäische Kraft ⟨...⟩ zugeschrieben« (Gesundheit, Weisheit) und zugleich eine reinigende Wirkung (Religion in Geschichte und Gegenwart V, Sp. 1347 f.); vgl. dazu u. a. Lev 2,13 und Kol 4,6.

542,11 *ihm*] Korrigiert aus »ihn«.

542,16 *suchte.*] Korrigiert aus »suchten«.

542,21 *sympathetischen*] Mitfühlend, mitempfindend: »Modewort der Empfindsamkeit« (Schulz/Basler IV, S. 645 f.).

542,35 *Klopstocks Messiade*] Friedrich Gottlieb Klopstocks (1724-1803) Hexameterdichtung *Der Messias. Ein Heldengedicht. Epos in 20 Gesängen* (1748-73) wurde wesentlich inspiriert durch Miltons *Paradise lost* (vgl. Anm. 355,16 f.). Trotz vielfacher theologischer und vereinzelter ästhetischer Kritik galt der *Messias* den Zeitgenossen als religiöses Erbauungsbuch und als einzigartiges literarisches Dokument (vgl. neben Goethes *Werther* auch die – allerdings bereits distanzierte – Klopstock-Lektüre im *Anton Reiser*, z. B. S. 493,1-5).

543,5-30 *Jünger von Emaus ⟨...⟩ hatte*] Vgl. Klopstock, *Messias* XIV 508-782 (vgl. auch die entsprechende Lektüreszene im *Anton Reiser*, S. 492,13).

543,6 *den einen ⟨...⟩ den andern*] Kleophas und Matthias.

543,14 f. *bleibe ⟨...⟩ geneiget*] Lk 24,29.

543,20 *Dorn im Auge*] Vermutlich ironische Anlehnung an den göttlichen Befehl, Moses solle vor der Aufteilung Kanaans die Urbevölkerung vertreiben und deren Götterbilder vernichten: »Wenn ihr die Einwohner ⟨...⟩ nicht vertreibt, dann werden die, die von ihnen übrigbleiben, zu Splittern in euren Augen und zu Stacheln in eurer Seite« (Num 33,52-55). – Vgl. auch Lk 6,41 f.

543,34 *Pickenik*] Nach dem franz. piquenique; im *Grammatischen Wörterbuch* (III, S. 168) ist nur die Form »Picknick« belegt.

544,2 *als wenn der Hahn ⟨...⟩ hätte*] Mt 26,34 und 26,74-75; Mk 14,72; Lk 22,34 und 22,60-61; Joh 18,27.

544,3 *Der Blick durchschaute*] Lk 22,61.

544,4 f. *er ging ⟨...⟩ bitterlich*] Mt 26,75 und Lk 22,62.

544,8 f. *Du wirst ⟨...⟩ stechen*] Vgl. Gen 3,15.

544,11 f. *Unsterblichkeit.*] Korrigiert aus »Unsterblichkeit«.

544,37 *Was heißt haben*] Vgl. S. 598,27 f. und Anm.

545,1 *Wir haben ⟨...⟩ vorbei ist*] Möglicherweise Anlehnung an den Schlußvers von Hagedorns (1708-1754) Fabel *Der Zeisig*: »Man muß den schönsten Tag nicht vor dem Abend loben« (vgl. *Des Herrn Friedrichs von Hagedorn sämmtliche Poetische Werke*, Zweyter Theil, Hamburg 1757, S. 121 f.).

545,6 f. *zeithero*] Als Alternativform zu ›seither‹ belegt und von Adelung bevorzugt (Adelung IV, Sp. 1677).

545,14 *ein Handwerk ⟨...⟩ Boden*] In zahlreichen Varianten nachweisbares Sprichwort. – Vgl. auch Anm. 531,16 f.

545,18 *unterwegs gelassen*] »Figürlich ⟨...⟩ so viel als unterlassen« (Adelung IV, Sp. 932).

545,22 f. *fremden ⟨...⟩ suchen*] Möglicherweise Anlehnung an Sir 29,21-28. – Vgl. auch S. 196 f. (u. ö.).

545,34 *Rektor Emeritus*] ›Rektor‹ heißt »der oberste Lehrer an einer Schule; 2. der Schulherr, der oberste Aufseher bey einer hohen Schule« (Schweizer II, S. 710), ›Emeritus‹ »ein Ausgedienter; der wegen Alters oder Schwachheit seines Amtes entlassen und in den Ruhestand versetzt wird« (Schweizer I, S. 259). – Geiger betont die Korrespondenz dieser Figur mit dem alten Schreibmeister, dem verständnisvollen Vetter und dem Schuster aus dem *Anton Reiser* (Geiger, S. X; *Anton Reiser*, S. 117, S. 276 f., S. 262 und S. 204 f.). Schrimpf zeigt vor allem die »biblische Nachfolge-Analogie« auf (Schrimpf, Hartknopf, S. 37 f.*), während Bezold die Rosenkreuzer-Tradition betont (Bezold, S. 220; Anm.).

546,4-6 *Händedruck ⟨...⟩ Tugend*] Wahrscheinlich Anspielung auf einen Maurerbrauch: Freimaurern gilt die Hand als »Symbol der Hand Gottes und der Brüderlichkeit« (Binder,

S. 217). »Die Weihe erfolgt durch ⟨die Hand⟩, im Verschlingen der Hände, der Kette, wird der bruderschaftliche Gedanke zum Ausdrucke gebracht (Lennhoff/Posner, Sp. 666). – Vgl. auch *Die Stufen des Gesellengrades* (in vorliegender Ausgabe Bd. 2, S. 243-245, bes. S. 243).

546,12 f. *Es ist* ⟨...⟩ *Mitternacht]* »Während der rituellen Arbeit herrscht im Logentempel eine rituelle Zeit-Ordnung, die mit ›Hochmittag‹ beginnt und mit ›Hochmitternacht‹ endet« (Binder, S. 221; ähnlich Lennhoff/Posner, Sp. 704). – Vgl. auch *Die Symbole der Maurerei*, in vorliegender Ausgabe Bd. 2, S. 241 f.

546,24 *So ward* ⟨...⟩ *Tag]* Gen 1,5.

546,31 *Hochgericht]* »Der Ort, wo die hohe Gerichtsbarkeit ausgeübet wird, der Rabenstein, besonders der Galgen, in der anständigen Sprechart, wo auch nur das einfache Gericht üblich ist« (Adelung II, Sp. 1225).

547,6 *Galgenhügel]* Schrimpf interpretiert diese »Golgotha-Allegorie« als »Zentralsymbol des Romans« (Schrimpf, Hartknopf, S. 36*). – Vgl. dagegen die Galgensymbolik in Pestalozzis *Lienhard und Gertrud* (IV, § 63; Jahnke, S. 136).

547,11-14 *Geschichte Simsons* ⟨...⟩ *habe]* Vgl. Ri 13-16, bes. 16,3: In der alttestamentlichen Geschichte überwindet der mit außergewöhnlichen Kräften begabte Israelit Simson mehrfach die Philister; die Szene mit dem Stadttor, die Andreas Hartknopf erinnert, gehört in die Reihe seiner Heldentaten.

547,20-549,11 *sich* ⟨...⟩ *reichten]* Hier wird die Individualbiographie zunächst als ›memento mori‹ zitiert, im folgenden dann in der psychologisierenden Absicht der ›Erfahrungsseelenkunde‹ (vgl. *Vorschlag zu einem Magazin einer Erfahrungs-Seelenkunde*, S. 793-809, bes. S. 799).

547,32 *Ziehbrunnen]* In den *Erinnerungen aus den frühesten Jahren der Kindheit* besinnt sich Moritz ebenfalls auf einen Brunnen in der Nähe seines Elternhauses (vgl. S. 821-824, bes. S. 822, sowie Loge/Launen, S. 247-253; s. a. Magazin zur Erfahrungsseelenkunde IV 3, S. 2-4); ferner *Fragmente aus dem Tagebuche eines Geistersehers*, S. 729,16-21.

548,4 *ihm*] Korrigiert aus »ihn«.

548,6 *Urquell*] Biblische Metapher; vgl. neben Jes 51,1 f. und Jer 17,13 v. a. Joh 4,7-14. – Mehrfach dient im Alten und im Neuen Testament das Quellwasser als Symbol des Lebens.

548,14 f. *Lethefluß*] In der griech. Mythologie ein »unterirdische(s) Gewässer«; »aus dem wohlthätigen *Lethe* trinken die Seelen der Abgeschiednen Vergessenheit der Sorgen und alles Kummers, der sie im Leben drückte« (Götterlehre, S. 388 f.). – Vgl. auch im *Anton Reiser* S. 502,17 sowie *Fortsetzung der Revision der ersten drei Bände dieses Magazins*, in: Magazin zur Erfahrungsseelenkunde IV 3, S. 2.

549,19 *Zugbrücke*] Vgl. S. 161 f.

549,31 f. *so war es ⟨...⟩ hätten*] Vgl. dazu den Wunsch Anton Reisers, die individuelle Isolation durch körperliche Nähe zu überwinden (S. 305-309).

549,35-550,4 *Auf diese ⟨...⟩ hält*] Vgl. dazu die entsprechenden Ausführungen zur »english conversation« in Wendeborn, Beyträge, S. 34 f.

551,10 *wie Simons ⟨...⟩ vorkam*] Vgl. S. 547,11-14 und Anm.

551,13 *Prospekt*] »Aussicht, auch wohl Ansicht« (Grammatisches Wörterbuch III, S. 294), also im Sinne von Panoramablick.

551,14 *welchem*] Korrigiert aus »welchen«.

551,18-21 *betete ⟨...⟩ Tempel*] Vgl. S. 717.

551,29-552,5 *Ach, und ⟨...⟩ können*] Vgl. dazu die verschiedenen Fallgeschichten im ›Magazin zur Erfahrungsseelenkunde‹, speziell aber den *Vorschlag zu einem Magazin einer Erfahrungs-Seelenkunde*, bes. S. 799 f.

552,6 *verborgnen Fehler*] Vgl. Ps 19,13.

552,11-555,21 *Gespräch ⟨...⟩ sein*] Auf die Parallelen zu dem Fragment *Natur* (Tiefurter Journal, 32. Stück), dessen Verfasserschaft ungeklärt ist (Johann Wolfgang Goethe oder Georg Christoph Tobler?), weist Robert Minder hin; vgl. Minder, S. 242.

552,30 *Studierlampe ⟨...⟩ Schirm*] Vermutlich Anspielung

auf den Lichtkult der Freimaurer. – Die Farbe Grün steht nicht nur für die Hoffnung, sie ist u. a. auch dem Gewand des Evangelisten Johannes vorbehalten.

553,13 *Tacht]* Oberdt., ober- und niedersächs. Lautvariante von ›Docht‹ (Grimm XXI, Sp. 8; Grimm II, Sp. 668).

553,28 *Syllogismus]* Auf Aristoteles zurückgehender logischer Fachterminus: »Vernunftschluß, Schlußrede« (Grammatisches Wörterbuch IV, S. 97).

553,29 *Elias]* Elija, Name eines israelit. Propheten aus dem 9. Jh. v. Chr., der als Vorläufer des Messias galt und über den Baal-Kultus triumphierte; während der Verklärung Christi erschien den Jüngern neben Moses auch Elija (vgl. u. a. 1 Kön 17-19; 21,17-26; 2 Kön 1 und 2,1-18; Mt 17,1-13). – Elija wird vom Kartäuserorden besonders verehrt, spielt aber auch im Rosenkreuzertum eine zentrale Rolle (vgl. Bezold, S. 220; Anm.).

553,31 f. *laß ⟨…⟩ auffährest]* Das Alte Testament berichtet, daß Elija keines natürlichen Todes starb, sondern in einem Wirbelsturm in den Himmel erhoben wurde, zuvor jedoch Elischa zu seinem Nachfolger bestimmte; beim Abschied erbat sich Elischa: »Möchten mir doch zwei Anteile deines Geistes zufallen« (in der Luther-Übersetzung: »Das dein Geist bey mir sey zwifeltig«); vgl. 2 Kön 2,1-18, bes. 2,9 und 2,15.

554,2 *Shakespear]* William Shakespeare (1564-1616). – Zur Shakespeare-Lektüre Anton Reisers vgl. S. 310,36-312,27.

554,4 *Othello]* The Tragœdy of Othello, the Moore of Venice, Eifersuchtstragödie von William Shakespeare; entstanden um 1603 (erste nachweisbare Aufführung 1604; Erstdruck 1622; dt. Erstdruck 1765; dt. Erstaufführung Hamburg 1776); vgl. Anm. 423,11 und 423,12.

554,11 *Tocht]* Variante zu ›Docht‹ (Grimm XXI, Sp. 532).

554,22 *das]* Korrigiert aus »daß«.

554,23 *im Traume]* Vgl. dazu auch die Beiträge im ›Magazin zur Erfahrungsseelenkunde‹, bes. VI 3, S. 76-89; VII 1, S. 74-127; VII 2, S. 58-92.

554,28 *dir]* Korrigiert aus »dich«.

555,20 f. *Wachen sein.]* Korrigiert aus »Wachen seyn.««

556,3 *Meisters]* Anspielung auf den höchsten Grad, den ein Johannismaurer erreichen kann.

556,4-7 *Tabor* ⟨...⟩ *bauen]* Israelit. Kultstätte; der christlichen Geschichtsschreibung zufolge Ort der Verklärung Jesu. Nach der Erscheinung von Moses und Elija wollten dort die Jünger Christi mit dem Bau von Hütten beginnen (vgl. Mt 17,1-3; Mk 9,2-5; auch Ri 4,6; 4,12; 4,14).

556,7 f. *Verwesliche* ⟨...⟩ *Unverwesliche]* 1 Kor 15,53-54.

556,28-557,7 *Die erhabne* ⟨...⟩ *vermögen]* Metaphorische Rede zur Erläuterung der Musikästhetik von Andreas Hartknopf (vgl. Anm. 586,35-588,36).

556,29 *Feuer des Prometheus]* In der griech. Mythologie entwendete Prometheus den Göttern zweimal das Feuer und brachte es den Menschen:

Prometheus befeuchtete die noch von den himmlischen Theilchen geschwängerte Erde mit Wasser, und machte den Menschen nach dem Bilde der Götter, so daß er allein seinen Blick gen Himmel empor hebt, indeß alle andern Thiere ihr Haupt zur Erde neigen. ⟨...⟩ Als es dem *Prometheus* gelungen war, die göttliche Gestalt wieder außer sich darzustellen, brannte er vor Begierde, sein Werk zu vollenden: und er stieg hinauf zum Sonnenwagen, und zündete da die Fackel an, von deren Gluth er seinen Bildungen die ätherische Flamme in den Busen hauchte, und ihnen Wärme und Leben gab.

(Götterlehre, S. 32-39, bes. S. 32 f.)

557,9 *neue Kolumbus]* Christoph Columbus, ital. Seefahrer, Entdecker Amerikas (1451-1506). – Die Wendung vom ›neuen Kolumbus‹ variiert die Metapher des ›moralischen Arztes‹ (vgl. S. 794).

557,12 *Wo ein* ⟨...⟩ *Adler]* Mt 24,28; Lk 17,37.

557,18-558,24 *mit einem* ⟨...⟩ *wieder weg]* Ironisierung des philanthrophischen Naturkultes; vgl. dazu das *Philanthropisten-Lied, beym Aufgang der Sonne,* ferner das Gedicht *An die Sonne, beym Aufgange* (in: *Pädagogische Unterhandlungen,* hg. v.

Dessauischen Erziehungs-Institut, 8tes Stück, Dessau 1778, S. 782 f.; 9tes Stück, S. 879). – Möglicherweise auch Selbstironie; vgl. etwa Moritz' *Die Schöpfungsfeier bei einem Spatziergange des Morgens* (in: Unterhaltungen, S. 149-160) und parallel Moritz an Herder vom 17. Juni 1780 (Eybisch, S. 187 f.) sowie – als Kontrapunkt – Moritz' Bericht vom fehlgeschlagenen Versuch, den Sonnenaufgang von Richmond Hill aus zu erleben (vgl. in vorliegender Ausgabe Bd. 2, S. 311 f.). – Jahnke deutet die »Morgen-Symbolik« als Verschmelzung von pietistischen und freimaurerischen Motiven und ordnet sie der »Palingenesie-Thematik« zu; demgegenüber dienten bei Pestalozzi nur die Abendstunden der Kontemplation (Jahnke, S. 137).

557,26 f. *und zeigte ⟨...⟩ Welt]* Vgl. Lk 4,5; Mt 4,8.

558,32 f. *er warnte das Volk]* Vgl. Ez 33,3 und 33,7: Der Prophet Ezechiel wird zum Wächter des Hauses Israel ernannt.

558,34 *war seine ⟨...⟩ gewesen]* Vgl. Anm. 538,3-5. – Der Bibelvers (Mt 5,37) lautet bezeichnenderweise vollständig: »Euer Ja sein ein Ja, euer Nein ein Nein; alles andere stammt vom Bösen.«

558,37 *ergrimmte ⟨...⟩ im Geiste]* Möglicherweise ironische Anlehnung an die Auferweckung des Lazarus, wo Jesus' innere Erregung thematisiert wird; vgl. Joh 11,33 und 11,38.

560,20 *Wohl dem]* Häufige Bibelrede; vgl. z. B. Psalmen.

560,31-562,26 *Eine Leichenpredigt ⟨...⟩ Emeritus]* Jahnke deutet dieses Kapitel als »Entsprechung« zu Pestalozzis »*Hunds-Treu, die eine Menschen-Empfindung veranlaßt*« (Pestalozzi, Lienhard und Gertrud II, § 30); vgl. Jahnke, S. 135.

560,33 *Wohl dir]* Vgl. Anm. 560,20.

561,16 *Epitaphium]* »Grabschrift, Grabmahl« (Grammatisches Wörterbuch II, S. 127).

562,21 *meritierter]* »Meritieren: verdienen, würdig sein«; im *Grammatischen Wörterbuch* (II, S. 370) als »überflüssig und unleidlich« verworfen.

562,27 *Beruf eines Gastwirtes]* Die Antithetik der Gasthaus-Konzepte betont Jahnke: »Während dem Wirtshaus in *Lien-*

hard und Gertrud die Funktion der Hölle zukommt, schildert Moritz im *Andreas Hartknopf* dagegen den Gasthof *Zum Paradies.*« Jahnke führt diese »Gasthof-Typologie« auf J. D. Herrnschmids *Der frome Wirth und christliche Gasthof* zurück (Jahnke, S. 135); vgl. auch S. 537,20 und Anm.

563,24 *Felleisen]* »mantelsack, mit einer eisenstange verschloszne ledertasche« (Grimm III, Sp. 1498).

563,30 *großen Glocke in Erfurt]* »Susannen-Glocke« des Erfurter Doms, »welche Erhard von Campen an. 1497 gegossen. Sie ist vier und eine halbe Elle hoch, hat in der Peripherie vierzehen und eine halbe Elle, und soll zwey hundert und siebentzig Centner wiegen« (Zedler VIII, Sp. 1606 f.).

563,31 *Münster in Strasburg]* Über das von Goethe hochgerühmte Straßburger Münster (*Von deutscher Baukunst*) heißt es im *Zedler*: »Es ist ein admirables Gebäude, welches seiner Vortrefflichkeit halber den 7 Wunder-Wercken der Welt könnte beygezehlet werden« (Zedler XXII, Sp. 442).

563,31 f. *großen Fasse zu Heidelberg]* Berühmte Sehenswürdigkeit; das sog. ›Große Heidelberger Faß‹ ist nach wie vor im ›Faßbau‹ des Heidelberger Schlosses zu besichtigen. Nach den Riesenfässern aus den Jahren 1591 und 1664 ließ Kurfürst Karl Theodor 1750 in Zimmermanns-, nicht in Küfner-Arbeit ein 8,5 m langes und 7 m breites Faß errichten, das ca. 222 000 l oder den Inhalt von 300 000 Flaschen Wein faßt.

563,34 *in Fortunens Ungnade]* Gestalt der röm. Mythologie (Glücksgöttin):

Einige halten sie für eine der Parcen, die aber ihre Schwestern weit an Macht übertroffen habe ⟨...⟩. Von andern wird sie für einen Geist (Mens) angegeben, der vom Himmel herab gesendet worden, und alles blinder Weise in der Welt regiere. Sie wurde für eine Göttinn gehalten, weil nicht bekannt war, wem die Ursache dieser, oder jener wunderbaren Wirkung zuzuschreiben sey ⟨...⟩. Jedoch erkannten sie auch andere eben daher für keine Göttinn, weil GOtt ein weises Wesen sey, und daher den Weisen

geneigter, als den Unweisen, seyn müsse. ⟨...⟩ Einige
machten sie darum mehr zu einer Dienerinn Gottes, als
selbst zu einer Gottheit, und wollten, daß Gott durch sie
ausrichte, was von ungefähr in der Welt zu geschehen
schiene.
(Hederich, Sp. 1123 f.)

563,34 *dem]* Korrigiert aus »den«.

564,19-27 *Und sein* ⟨...⟩ *aufzuhelfen]* Vgl. Lk 10,25-37
(Gleichnis vom Barmherzigen Samariter).

564,26 *anderm]* Korrigiert aus »andern«.

564,30 *Statüen]* Das *Grammatische Wörterbuch* verzeichnet
als Singularform »Statüe«, d. h. »Bildsäule, Ehrensäule,
Standbild« (Grammatisches Wörterbuch IV, S. 43). Adelung
differenziert zwischen franz. (und analog hochdt. ›Statüe‹)
und lat. (d. i. oberdt. ›Statue‹) Etymologie, Aussprache und
Orthographie (Adelung IV, Sp. 307).

565,18 *Adept]*
Diesen fremden Ausdruck durch Goldmacher zu übersetzen, würde wohl nicht anzurathen seyn, weil der deutsche Ausdruck theils zu niedrig ist, und theils den Sinn
des fremden auch nicht erschöpft, indem man sich unter
Adept einen Menschen denkt, der überhaupt höhere
Kenntnisse hat, oder zu haben glaubt, als sie sonst bei
Sterblichen möglich sind: wenn Wieland sagt,
»daß die Wahrheit ohne Schleier sich nur Adepten zeige.«
so möchte der Ausdruck Goldmacher wohl sehr unpas-
send seyn, um den Begriff zu bezeichnen, den der Dichter
hier ausdrücken wollte, weswegen er auch mit Recht das
fremde Wort beibehalten hat, das wir ohne Bedenken als
unsrer Sprache einverleibt betrachten können.
(Grammatisches Wörterbuch I, S. 46.)
Bei den Gold- und Rosenkreuzern bezeichnet der Titel
Adept(us) verschiedene Ordensgrade.

565,24 f. *sparsam* ⟨...⟩ *Worten]* Vgl. Anm. 538,3-5.

565,26-29 *wo er* ⟨...⟩ *wollte]* Vgl. Gen 1,4 und 2 Kor 4,4-6.

565,30-34 *Meisterwerke* ⟨...⟩ *gewinnt]* Vgl. *Über die bildende
Nachahmung des Schönen*, in vorliegender Ausgabe Bd. 2,
S. 975,23-34.

566,2 *neue 〈. . .〉 Verzierungen*] Vgl. *Einfachheit und Klarheit*, in vorliegender Ausgabe Bd. 2, S. 1034-1037.

566,4 *Mundus*] (Lat.) Als Adjektiv in der Bedeutung von sauber, reinlich, nett; als Substantiv für Weltordnung, Weltall, Welt.

566,5 *negativ*] Das – pädagogische und von Moritz um die ästhetische Dimension erweiterte – Negationsprinzip (vgl. in vorliegender Ausgabe Bd. 2, S. 954) orientiert sich an Jean-Jacques Rousseaus (1712-1778) Programm der negativen Erziehung, das exemplarisch in dem Roman *Émile ou de l'éducation* formuliert ist (Den Haag und Amsterdam 1762; erste deutsche Ausgabe in der Übersetzung von Johann Joachim Schwabe [1714-1784]: *Aemil oder Von der Erziehung*, Berlin u. a. 1762). Rousseaus Zivilisationskritik und Pädagogik beeinflußten die Erziehungstheorien der Zeit, in besonderem Maße die philanthropische Bewegung. – Vgl. Rousseau, Emil, insbes. I. Theil, 2. Buch, S. 365-381 (u. ö.): »Die erste Erziehung muß also bloß negativ seyn. Sie besteht nicht darin, daß man die Tugend und Wahrheit lehre, sondern daß man das Herz vor dem Laster, und den Geist vor dem Irrthume bewahre« (ebd., S. 374 f.).

566,9 *Stein des Anstoßes*] Jes 8,14; 1 Petr 2,8.

566,16 *Pestalozze*] Johann Heinrich Pestalozzi (1746-1827), schweiz. Pädagoge, Schriftsteller und Sozialreformer, dessen volkserzieherisches Wirken und speziell dessen Erziehungsroman *Lienhard und Gertrud. Ein Buch für das Volk* (Berlin, Frankfurt am Main und Leipzig 1781-87) Moritz als nützliches Instrument zur Volksaufklärung erschien: »Man sollte auch den geringsten Individuis nur ihre Wichtigkeit erst begreiflich machen, so würde ein ganz anderer Geist unter das Volk kommen. So ein Buch, wie *Lienhardt und Gertrud* ist gerade zu diesem Endzweck eingerichtet, und kann vielleicht eines der nützlichsten Produkte unsers Jahrhunderts sein.« (*Vorschlag zu einem Magazin einer Erfahrungs-Seelenkunde*, S. 804.) – Zum Einfluß Pestalozzis auf Moritz vgl. Jahnke sowie Altenberger (S. 13 f.), ferner die Rezension in der ›Königl. privilegirten Berlinischen Staats- und gelehrten Zeitung‹ (93. Stück, 3. August 1784, S. 733), die den Roman namentlich allen Bauern, Landpredigern und Dorfschulmeistern ans Herz legt (vgl. auch 109. Stück, 9. September 1784, S. 847).

566,24 *ihm ⟨...⟩ gereuen]* Auch Dativ-Konstruktion möglich (Grimm V, Sp. 3631 f.).

566,25-29 *Er hat ⟨...⟩ getröstet werden]* Vgl. die Seligpreisungen in Lk 6,20-23; des weiteren Mt 5,3-12.

567,4 *Tichten]* Oberdeutsche Variante zu ›Dichten‹ (Adelung I, Sp. 1477). Die Wendung ›Tichten und Trachten‹ stammt vermutlich aus Gen 6,5.

567,7 f. *Neid ⟨...⟩ Eigennutz]* Vermutlich Anlehnung an Jean-Jacques Rousseaus Gesellschaftskritik; vgl. ausführlicher *Das menschliche Elend* und *Kinderlogik* (in vorliegender Ausgabe Bd. 2, S. 35 f. bzw. S. 118-120 und Anm. 119, 2 f.) sowie *Des Maurergesellen Wanderschaft* (Loge/Launen, S. 25 f.).

567,13-568,9 *taub und stumm ⟨...⟩ gekannt hatte]* Vgl. dazu Moritz' Beiträge zur Taubstummen-Problematik im ›Magazin zur Erfahrungsseelenkunde‹, bes. IV 2, S. 1 f., sowie Moritz' Fallstudien (S. 816-819; S. 846-850; S. 873-875).

567,14 *Seelenverkäufer]*
Person, Mensch, ein Nahme, welchen man in Holland denenjenigen Leuten gibt, welche Matrosen für die Schiffe im voraus annehmen, sie bis zur Abfahrt unterhalten, und sie bey der Abfahrt nothdürftig ausrüsten, worauf sie sich denn von ihrem künftigen Solde bezahlt machen. Es sind eigentlich Matrosen-Mäkler, die aber wegen ihrer wucherlichen Kunstgriffe den obigen verhaßten Nahmen bekommen haben ⟨...⟩. In weiterer Bedeutung werden in Nieder-Deutschland auch diejenigen Seelverkäufer genannt, welche andere durch List oder Verrätherey zu Kriegs- oder andern schweren Diensten verkaufen. (Adelung IV, Sp. 13.)

567,31 *einäugigem und lahmem]* Korrigiert aus »einäugigen und lahmen«.

568,5 *einer eisernen]* Korrigiert aus »einer eiserner«.

568,25-35 *Und alle ⟨...⟩ gebracht]* Vgl. Lk 6,20-25; s. a. *Kinderlogik* (in vorliegender Ausgabe Bd. 2, S. 165 f.).

569,7 *Chimäre]* »Erdichtung; Einbildung« (Grammatisches Wörterbuch I, S. 185).

569,8 *Staatskörper]* Vgl. dazu insbesondere *Kinderlogik* (in vorliegender Ausgabe Bd. 2, S. 158,10-166,14).

569,28-30 *getreue ⟨...⟩ gewesen ist]* Mt 25,21; Lk 19,17.

569,32 *Emil]* Vgl. Anm. 566,5.

569,32 *Basedows Elementarwerk]* Vgl. S. 532,10 und Anm.

570,2 f. *alle Philantropine beschämen]* 1785, beim Erscheinen des *Andreas Hartknopf,* war die Faszination für die philanthropische Bewegung weitgehend erloschen. In den folgenden Jahrzehnten trat die neuhumanistische Pädagogik den Siegeszug über die aufklärerischen Erziehungsreformen an.

570,8 *Des Gastwirt Knapps Pädagogik]* Trotz Moritz' evidenter Kritik an der philanthropischen Bewegung gibt es Entsprechungen zwischen Knapps erzieherischen Prämissen und der Position des (philanthropischen) Herrn Gutmann, der seinerseits – in Campes *Gespräch zwischen dem Herrn Professor Pansophus, der freyen Künste Meister, und vieler gelehrten Gesellschaften Mitglied, und Valentin Gutmann* – gegen den auf theoretisch-enzyklopädisches Wissen ausgerichteten Pansophus polemisiert (in: *Pädagogische Unterhandlungen,* hg. v. Dessauischen Erziehungs-Institut, 6tes Stück, Dessau 1778, S. 529-565). – Darüber hinaus sind mehrfach Parallelen zu Rousseaus Pädagogik erkennbar (vgl. Rousseau, Emil, I. Theil, 1. Buch, S. 123-157, bzw. I. Theil, 2. Buch, S. 277-314).

570,17 f. *wurmstichigen Apfel]* Möglicherweise Anspielung auf den Sündenfall; die Frucht vom Baum der Erkenntnis wird in der Regel als Apfel dargestellt (vgl. Gen 3,1-6). – Das Motiv der Belohnung, die keine ist, stammt u. U. aus Goldsmiths *Dorfprediger von Wakefield*: Derjenige der Knaben, welcher das Abendgebet »am lautesten, deutlichsten und besten las, bekam dafür am Sonntage einen Dreyer, den er in den Klingebeutel warf« (Goldsmith, S. 42). – Ähnlich spielerische Übungen empfiehlt Rousseau (vgl. Emil, I. Theil, 2. Buch, S. 625 f.); das Almosengeben durch Kinder lehnt Rousseau gleichwohl ab.

571,2 f. *Seigerschlag]* Memento-mori-Symbol; ›Seiger‹ ist »ein nur in den gemeinen Sprecharten einiger Gegenden, z. B. Meißens, übliches Wort, eine jede Uhr zu bezeichnen« (Adelung IV, Sp. 34).

572,3 *größerm]* Korrigiert aus »größern«.

572,21 f. *Regel durch das Werk]* Vgl. dazu *Über die bildende Nachahmung des Schönen* (in vorliegender Ausgabe Bd. 2, bes. S. 969).

572,27 *memento mori]* (Lat.) »Denk' ans Sterben!«, »Gedenke des Todes!«; im deutschsprachigen Schrifttum erstmals im 11. Jh. nachweisbar, und zwar bei Notker dem Deutschen (N. Labeo; † 1022), von dem ein Gedicht mit dem Titel *Memento mori* überliefert ist. – Vgl. neben Ps 90,12 insbesondere *Das Skelet* (Denkwürdigkeiten, S. 73-78; mit geringfügigen Varianten auch in vorliegender Ausgabe Bd. 2, S. 141-144). Dieses Lernziel formuliert analog Rousseau (vgl. Emil, I. Theil, 2. Buch, S. 297 f. und S. 599-601). – Als Lebensprinzip dient das »memento mori« darüber hinaus auch dem Dorfprediger Primrose (vgl. Goldsmith, insbes. S. 13). – Die Parallelen zu Pestalozzis *Lienhard und Gertrud* betont Jahnke (Jahnke, S. 135).

573,6 *A B C]* »Das Lesen ist die Geisel der Kindheit ‹...›. Mein Emil wird kaum im zwölften Jahre wissen, was ein Buch sey« (Rousseau, Emil, I. Theil, 2. Buch, S. 526; vgl. auch S. 570 f. u. ö.) bzw.: »Ich hasse die Bücher« (II. Theil, 3. Buch, S. 104). – Schrimpf ordnet diese pädagogischen Grundsätze (Warnung vor verfrühter Lektüre und Religionserziehung) den »gegenmystischen Akzenten« des Romans zu (Schrimpf, Hartknopf, S. 59*). – Vgl. dagegen *Das Buch, Die Bücherwelt* sowie *Kinderlogik* (in vorliegender Ausgabe Bd. 2, S. 22 f., S. 23-25, S. 103-107).

573,7 f. *Namen ‹...› aussprechen]* Ebenfalls in Analogie zu Rousseau: »Jedes Kind, das an Gott glaubt, ist also nothwendig ein Götzendiener, oder wenigstens ein Anthropomorphit; und wenn die Einbildungskraft Einmal Gott gesehen hat, so geschieht es sehr selten, daß der Verstand ihn begreife.« (Rousseau, Emil, II. Theil, 3. Buch, S. 444 f.)

Emils Erzieher hat mit seinem Zögling bis zum 15. Lebensjahr nicht über Religion gesprochen. – Die hier formulierte Kritik am Katechismus-Unterricht inspirierte möglicherweise Moritz' Persiflage der Kinderlehre des Küsters Ehrenpreiß (vgl. S. 624 f.): »Wenn ich ein wahres Bild von verdrußerweckender Dummköpfigkeit mahlen wollte, so würde ich einen Pedanten zeichnen, der Kinder den Catechismus lehrt; so wie ich, wenn ich ein Kind närrisch machen wollte, ich es anhalten würde, das zu erklären, was es sagt, wenn es mir seinen Catechismus herbetet.« (Rousseau, Emil, II. Theil, 3. Buch, S. 450 f.)

573,9 *Nägeln und Schlössern*] Die ›Nägel und Schlösser‹ gehören im engeren Sinn zum Tubal-Kajin-Komplex; doch schon in der *Kinderlogik* hatte Moritz die Symbolkraft des ›Schlüssels‹ und des ›Schlosses‹ betont, und zwar in der Tradition Rousseaus – zur Markierung des Eigentums; vgl. *Kinderlogik* (in vorliegender Ausgabe Bd. 2, S. 118-120), ferner *Das Eisen. Ein Ideenspiel* (Denkwürdigkeiten, S. 57-60, bzw. Loge/Launen, S. 190-194).

573,18 *hielt ⟨...⟩ hart*] Nur »mit Mühe zu bewerkstelligen seyn« (Adelung II, Sp. 934).

573,32 *Grobschmied*] D. i. »ein Eisenschmid, welcher nur grobe, d. i. große Arbeiten verfertiget, ein Hufschmid, Waffenschmid, ⟨...⟩ zum Unterschiede von einem Kleinschmid oder Schlösser« (Adelung II, Sp. 809; vgl. auch Anm. 574,4).

573,33 f. *Grobschmied ⟨...⟩ Priester*] Vgl. neben Anm. 531,16 f. und Anm. 575,16-19 Moritz' Plädoyer gegen die herkömmliche (berufs-)ständische Trennung (in vorliegender Ausgabe Bd. 2, S. 30-33).

574,4 *Thubalkain*] Vgl. Gen 4,22. – Tubal-Kajin erfand »das Handwerk der Schmiede, auch das der Gold-, Silber-, Kupfer-, Eisen- und Stahlschmiede«; er gilt darüber hinaus »als Erfinder der Musik, weil die Grobschmiede im Takt hämmern« (Lennhoff/Posner, Sp. 1600 f.; vgl. auch Anm. 575,4 f.). – Nach anderer Überlieferung soll den griech. Philosophen Pythagoras das rhythmische Hämmern von Schmiedeknechten zur Erfindung der »Pythagoreischen

Hämmer« veranlaßt haben (vgl. Zedler XXIX, Sp. 1860). Die Verbindung von Musik und Affektentheorie begründete schließlich die pythagoreische Lehre von der Relevanz der Musik für die ärztliche Therapie (vgl. dazu insbes. S. 587 f.).

574,5 *Petschaft*] ›Petschaft‹ »heißt dasjenige Instrument, vermittelst dessen man einen Brief versiegelt ⟨…⟩. Es bestehet dasselbe entweder aus einem Wapen, dem zuweilen die Anfangs-Buchstaben des Namens beygefüget, aus dem verzogenen Namen, oder einer erwählten Devise, und andern sinnreichen Bilde, welches in Eisen, Stahl, Meßing, Silber, oder einen edlen Stein, zum Exempel Carniol, sauber eingegraben worden« (Zedler XXVII, Sp. 1149).

574,9 *Hammer*] Freimaurersymbol mit ritueller Funktion (Lennhoff/Posner, Sp. 664 f.).

574,9 *den*] Korrigiert aus »der«.

574,14 *unförmliches ⟨…⟩ Form*] Vgl. *Kinderlogik* (in vorliegender Ausgabe Bd. 2, S. 116 f.).

574,31-33 *Das mächtige ⟨…⟩ gesetzt*] Vgl. Anm. 573,9 sowie in vorliegender Ausgabe Bd. 2, S. 118-120. – Weil Metall »Besitz« symbolisiert, »der von anderen unterscheidet«, gibt in der Freimaurerloge »der Neuaufzunehmende für die Dauer der Weihehandlung die Metalle ab« (Lennhoff/Posner, Sp. 1029).

575,3 *Erzt*] Orthographische Variante von ›Erz‹, die jedoch als »harte Mundart« gilt (Adelung I, Sp. 1956).

575,4 f. *Ihn preisen ⟨…⟩ Flötenspieler*] Gemeint ist wahrscheinlich Tubal-Kajins Halbbruder Jubal, der als Ahnherr »der Geiger und Pfeiffer« (resp. Zither- und Flötenspieler), mithin als Erfinder der Musik gilt (Lennhoff/Posner, Sp. 1600 f.). – Vgl. Gen 4,21 sowie Anm. 574,4.

575,16-19 *Was soll ⟨…⟩ Ingenium*] Vgl. zu diesem – Rousseau eng verwandten – Plädoyer für einen handwerklichen Beruf (Rousseau, Emil, II. Theil, 3. Buch, S. 158-186, wo im übrigen der Bibelvers zitiert wird, den Moritz als Motto für den *Andreas Hartknopf* verwendet) ferner *Die Pädagogen* (in vorliegender Ausgabe Bd. 2, S. 30-33, bes. S. 33).

575,24 *Füßen*] Korrigiert aus »Fußen«.

575,24 *sog die süßen Lehren*] Vgl. S. 300,6 f.

575,28-34 *Aber ⟨...⟩ verdrängt*] Möglicherweise exemplarisch für die Ausgrenzung der Alchimie aus der Freimaurerei (vgl. Lennhoff/Posner, Sp. 621 f. und Sp. 39-41; ferner Voges, S. 510 f.).

576,15-18 *Auri ⟨...⟩ Gold*] Vergil, *Aeneis* III 57.

576,16 *Bleistift*] Vgl. Ijob 19,23 f.

576,19 *jener gefallne Geist*] Die christliche Überlieferung deutet Luzifer als gefallenen Engel (vgl. z. B. Offb 12,7-11). Möglicherweise handelt es sich hier auch um eine Anspielung auf die Geschichte Heliodors (2 Makk 3).

576,21 *Estrich*] Adelung bevorzugt die heute veraltete Lautform ›Ästerich‹ oder ›Ästrich‹, d. i. »1. Ein jedes von Steinen verfertigtes Pflaster, oder ein gepflasterter Weg. ⟨...⟩ 2. Ein von viereckten und andern Steinen gepflasteter Fußboden eines Zimmers. ⟨...⟩ In weiterer Bedeutung, welche heut zu Tage noch am üblichsten ist, wird auch ein mit Gips oder Kalk und zerstoßenen Mauersteinen überzogener Fußboden so genannt ⟨...⟩ 3. Die ausgestakte und ausgekleibete Decke eines Zimmers« (Adelung I, Sp. 455).

576,25 *Scheideweg*] Möglicherweise Anspielung auf den Herkules-Mythos; vgl. Xenophon, *Memorabilia (Erinnerungen an Sokrates)* II 1,21.

576,26 *Denn viele ⟨...⟩ auserwählet*] Mt 22,14 und 20,16.

577,7 *im Staube.*] Korrigiert aus »im Staube«.

577,8 f. *den Goldklumpen vorbeigegangen*] Auch Akkusativ-Konstruktion möglich (vgl. Grimm XXVI, Sp. 874).

577,12-14 *denn blendend ⟨...⟩ sterben*] Sündenfall-Paraphrase; vgl. Gen 3,1-6; 3,11 und 2,17.

577,22 *Weise*] Korrigiert aus »Weisen«.

577,30 *Verstopfet eure Ohren*] Anspielung auf Homers *Odyssee* XII 39-49.

577,33 *Quaderstein*] Vermutlich ebenfalls als Warnung vor alchimistischen Einflüssen zu verstehen. Moritz spielt wahrscheinlich auf eine Legende um den Salomon-Tempel und dessen geheimnisvollen Grundstein an: Demnach ist es vier schottischen Altmeistern gelungen, »in einem ausgehöhlten

Quadratstein drei goldene Schalen mit den Buchstaben I. G. und O. zu finden, den jüdischen Sinnbildern der Grundstoffe der ganzen Welt und jedes einzelnen Dings. Mit dieser Legende wurde eine entscheidende Wendung eines Teils der damaligen Freimaurerei in der Richtung zum Okkultismus, zum alchimistischen Mysterienbund angebahnt.« (Lennhoff/Posner, Sp. 40 f.)

578,3 *Gesellenjahre]* Doppeldeutig: der Begriff bezeichnet sowohl eine Stufe der handwerklich-zünftigen Ausbildung als auch einen Freimaurergrad.

578,4 *Erfurt]* Stadt und Universität Erfurt spielen im *Anton Reiser* eine wichtige Rolle (vgl. S. 437 f. und S. 463-516).

578,10 *gekostet hatte.]* Korrigiert aus »gekostet hatte«.

578,14 *Extensive ⟨...⟩ Intensiven]* Vgl. *Kinderlogik* (in vorliegender Ausgabe Bd. 2, S. 148).

578,27 *Doktor Sauer]* Erfurter Mediziner aus Gera, der bei Hieronymus Grade(l)müller (vgl. Anm. 434,3 f.) 1774-75 die Wochenschrift ›Medon oder die drey Freunde‹ veröffentlichte und zahlreiche Übersetzungen aus dem Französischen anfertigte (vgl. S. 484,24 f.; S. 484,33 f. und Anm. sowie Geiger, S. XXXII). Dieser »Doktor Sauer« ist wahrscheinlich identisch mit Johann Benjamin Christoph Sauer aus Greiz (bei Gera), der sich 1770 an der Universität Erfurt immatrikulierte († 1781).

579,10 *Märtyrerstode]* Neben der Imitatio Christi bzw. des Märtyrers Andreas auch freimaurerisch konnotiert: der Baumeister Hiram starb ebenfalls den Märtyrertod (vgl. Lennhoff/Posner, Sp. 698-700, ferner Schlögl, S. 43).

579,14 *Schurzfell]* Doppeldeutig: Teil der Berufskleidung des Schmieds und zugleich als Bekleidung des Freimaurers »Sinnbild der Arbeit« (Lennhoff/Posner, Sp. 1422).

579,16 f. *das zerknickte Rohr]* Vgl. Jes 42,3; Mt 12,20.

579,20 *Selbstzutrauen]* Schlüsselbegriff im *Anton Reiser*, wo der Erzähler Antons Scheitern mehrfach mit mangelndem »Selbstzutrauen« rechtfertigt (vgl. z. B. S. 199 f.)

579,27-32 *das elende ⟨...⟩ befördert]* D. i. lt. Eybisch der in Paris geborene Dr. der Chirurgie und Medizin Matthaeus

Franz Alix (1738-1782), der »sich um Geburtshilfe und Heb-
ammenwesen in Erfurt große Verdienste erwarb und 1775 in
die Stelle eines Oberaufsehers der Hebammenschule zu Ful-
da und Brunnenarztes zu Brückenau berufen wurde« (Eybisch, S. 68; vgl. auch S. 485,37-486,1 und Anm.).

579,30 *bei der Welt ⟨...⟩ will]* Mehrfach belegtes Zitat
(»Mundus vult decipi«), dt. zum Beispiel in Sebastian Brants
Narrenschiff oder in Luthers Predigten (Luthers Werke, WA
XXIX, S. 40).

579,32 *Brunnenarzt]* Hier im Sinne von ›Kurarzt‹. ›Brunnen‹ steht u. a. für eine »Quelle, die am Tage, oder auf der
Oberfläche der Erde ausbricht; in welcher Bedeutung es
noch am meisten von mineralischen Quellen gebraucht
wird, der Gesundbrunnen, Heilbrunnen, Sauerbrunnen,
u. s. f.« (Adelung I, Sp. 1222).

579,36 *unentgeldlich]* Nur diese Graphie belegt in Adelung
IV, Sp. 844.

580,1 f. *Wochenschrift]* ›Medon oder die drey Freunde‹ (vgl.
Anm. 578,27 und 484,33 f.).

580,2 *Buchdrucker in Erfurt herausgab]* Der Erfurter Druk-
ker Hieronymus Grade⟨l⟩müller verlegte die genannte Wochenschrift 1774-75; vgl. auch S. 434 f. und Anm. 434,3 f.
sowie S. 472,4 f.

580,6 *Statthalter von Dahlberg]* Karl Theodor Anton Maria
von Dalberg (1744-1817), dt. Kirchenfürst, 1772-1802 kur-
mainz. Statthalter von Erfurt, später Kurfürst und Erzbischof von Mainz, Erzbischof von Regensburg, Großherzog
von Frankfurt; vgl. auch Anm. 429,30 f. und S. 506,37.

580,10 *Ok..rd]* Johann Friedrich Ockhard oder Ockart
bzw. Ockord (1756-1828), Erfurter Kaufmannssohn, der
u. a. in Erfurt (ab 11. Oktober 1775) Klassische Philologie
studierte. Ockhard war später Sekretär, Bibliothekar und
Hofmeister in Dalbergschen Diensten, schließlich Kontrol-
leur und Inspekteur der Rheinschiffahrt. Dieser Erfurter
Kommilitone von Moritz wird auch im *Anton Reiser* erwähnt
(vgl. S. 477,18).

580,22 *in Erfurt ⟨...⟩ klein ist]* Die ›Alma Mater Erffordensis‹ war 1389 begründet und 1392 eröffnet worden und konnte im 18. Jahrhundert trotz erheblicher Anstrengungen den drastischen Studentenschwund nicht kompensieren. 1816 wurde die Universität aufgehoben, an der im Sommersemester 1783 lediglich 93 Studenten immatrikuliert waren (Erich Kleineidam, *Universitas Studii Erffordensis. Überblick über die Geschichte der Universität Erfurt,* Teil IV: *Die Universität Erfurt und ihre theologische Fakultät von 1633 bis zum Untergang 1816,* Leipzig 1981, S. 205); vgl. auch Anm. 465,11 f.

580,30 *Doktor Froriep]* Vgl. S. 466-470 und Anm. 466,24.

581,2-6 *Steigerwalde ‹...› macht]* Auch im *Anton Reiser* erwähntes Waldgebiet im Südwesten Erfurts (vgl. S. 492).

581,7 *Klopstocks Messiade]* Vgl. Anm. 542,35.

581,8 *die Erzählung ‹...› Emaus]* Vgl. Anm. 543,5-30.

581,10 *Indem kam Hartknopf]* Nach Voges handelt es sich hier um den ersten Schritt zu Hartknopfs Initiation (Voges, S. 492).

581,11 *blauen Sonntagsrock]* Die blaue Farbe steht für Treue, Freundschaft, Wahrheit und für den Himmel; sie gilt zugleich als die Symbolfarbe der Johannismaurer. – Möglicherweise handelt es sich hier auch um eine ironische Anspielung auf die Werther-Mode (Kombination von Blau und Gelb).

582,11 *drei Brunnen]* Eigentlich ›Dreienbrunnen‹, ›Dreienbrunnenfeld‹; Bezeichnung eines Erfurter Auengebiets an der Gera zwischen Steigerwald und Cyriaksburg (dem heutigen iga-Gelände), benannt nach den drei Hauptquellen (Philosophenquelle, Hangelichtsbrunnen und Turmgartenquelle), die hier am Nordrand des Steigers entspringen.

582,18 *Hier trafen]* Voges interpretiert diese Begegnung zwischen Andreas Hartknopf und dem Erzähler als »initiatorischen, ritualartigen Vorgang« (Voges, S. 492).

582,24 *astronomische Kenntnisse]* Möglicherweise autobiographisch: Johann Christian Conrad Moritz berichtet Jean Paul am 1. August 1795, daß Moritz seinen Brüdern in seiner Sternwarte aus der *Unsichtbaren Loge* vorgelesen habe (Schrimpf, Hartknopf, S. 431).

582,25 *Tubus]* »Seherohr, Fernrohr. Dieß hat mehrere
Gläser oder doch mehrere und längere Auszüge, als das
Perspectiv (Handtaschenfernrohr)« (Grammatisches Wörterbuch IV, S. 168). – Evtl. auch *Siegwart*-Reminiszenz; dort
heißt es über Pater Martin, daß er, um seine Mutter finanziell
zu unterstützen, seine mathematischen Gerätschaften verkaufte. Lediglich den Tubus bat er sich als Leihgabe aus (vgl.
Anm. 521,1).

582,36 *Axe]* Adelung bevorzugt die moderne Schreibung, die im Hochdeutschen überwiege und zudem der
Etymologie näherstehe; die Schreibung »Axe« für »einen
Weltkörper« im Gegensatz zur Achse als »Theil eines Wa-
gens« bezeichnet er als »Grille« (Adelung I, Sp. 148).

583,29 *Youngs Nachtgedanken]* Edward Young (1683-
1765), engl. Dichter, dessen *The complaint: or, Night-thoughts on
life, death, & immortality*, erschienen 1742-45, im 18. Jahrhundert mehrfach ins Deutsche übertragen wurde. Die Memento-mori-Dichtung in neun Gesängen erzielte als neuartiges
empfindsames Dokument rasch eine ungeheure Popularität. – Vgl. zur (kritischen) Young-Lektüre auch *Anton Reiser*,
z. B. S. 305,6-15 und 315,16-22 sowie Anm. 305,9; 315,18 f.
und 331,7.

584,13 *O wie ich damals]* Nach Voges »Szene der Einweihung« (Voges, S. 492).

584,16 *Kartäuserkloster]* Der Kartäuserorden ging aus den
von dem Reimser Magister Bruno von Köln (um 1032-1101)
gegründeten Einsiedlergemeinschaften in Chartreuse bei
Grenoble (1084) und in Santa Maria della Torre in Kalabrien
hervor; die strengen Ordensregeln sind zwischen 1121 und
1127 entstanden. – Vgl. auch S. 473,18 und S. 475-481 sowie
Anm. 427,23.

584,20 f. *in dieser ⟨...⟩ eingezwängt]* Zentralgedanke in Leibniz' Anthropologie; darüber hinaus möglicherweise Verweis
auf das Maurertum (Bruderkette).

584,26 *Alles im Moment]* Vgl. auch S. 705 f. und S. 736.

584,35 f. *ich fühlte ⟨...⟩ neugeboren]* Vgl. Joh 3,3-5.

585,35 f. *Das Licht ⟨...⟩ angebrochen]* Paraphrase des
Schöpfungsgedankens; vgl. Gen 1,3-5.

585,37 *Chaos der Ideen]* Vgl. u. a. S. 503.

586,7-13 *Die Fluten ⟨...⟩ konnten]* Vgl. Gen 1,9-13.

586,14 f. *Wahrlich ⟨...⟩ sehen]* Verschmelzung von Joh 3,5 und Joh 3,3.

586,22 *Chimäre]* »Erdichtung; Einbildung« (Grammatisches Wörterbuch I, S. 185).

586,24 *es werde Licht]* Gen 1,3.

586,34 *Der Buchstabe ⟨...⟩ lebendig]* Vgl. S. 520,2 f. und Anm.

586,35-588,36 *Hartknopf ⟨...⟩ nachahmt]* Möglicherweise Anlehnung an die pythagoreische Verknüpfung von Musik und Affektenlehre (vgl. Anm. 574,4). – Carl Dahlhaus charakterisiert Hartknopfs Musiktheorie als zunächst konventionell empfindsame: »Nicht zufällig ist es die arkadisch-melancholische Flöte, auf der Hartknopf phantasiert; und charakteristisch ist die Simplizität und Kunstlosigkeit der Melodien, die das Herz rühren.« Doch diese empfindsame »Ästhetik der Musik als Naturlaut, nicht als Kunstwerk« gehe »nahezu unmerklich in eine romantische über, sobald Musik nicht mehr als Sprache des Herzens dient, durch die ein Mensch zum Menschen redet, um ein Band der Sympathie zu knüpfen, sondern ein Ton, der unerwartet ins Innerste trifft, im Gemüt die Ahnung eines fernen Geisterreiches weckt, dem die Seele mit ›unendlicher Sehnsucht‹ entgegenstrebt« (Carl Dahlhaus, *Die Idee der absoluten Musik*, Basel, London, New York und Prag [3]1994, S. 64 f.; vgl. als Indikator für den Paradigmenwechsel S. 587,30-37 dieses Bandes). – Allerdings betont Dahlhaus auch die »Unbekümmertheit«, mit der Moritz nahezu »sämtliche musikästhetischen Ideen des späten 18. Jahrhunderts« rezipiert: »Die empfindsame Psychologie, die in romantische Metaphysik übergeht, ist im *Andreas Hartknopf* mit einem Pythagoreismus verknüpft, der ⟨...⟩ im klassizistischen Kontext der Abhandlung *Von der bildenden Nachahmung des Schönen* wiederkehrt«; darüber hinaus nehme Moritz im *Cecilia*-Fragment die romantische Idee der Kunstreligion vorweg, was Dahlhaus nicht als Beliebigkeit, sondern als »Genialität der

Antizipation« etikettiert (Carl Dahlhaus, *Klassische und romantische Musikästhetik*, Laaber 1988, S. 30-49, bes. S. 34 f.).

586,36 *Recitativ*] »Sprachgesang. Hr. Campe schlägt dafür Sprechsang, auch Redesang vor. Das letztere mißbilligt Hr. Eschenburg, weil man es leicht von einem schlechten, singenden Vortrage der gemeinen Rede verstehen könnte« (Grammatisches Wörterbuch III, S. 327).

587,28 *Kadanz*] Eigentüml., wahrscheinlich an der Aussprache orientierte Eindeutschung des franz. cadence, d. h. »in der Musik, wenn die Hauptstimme am Schlusse eines Stücks oder an einem andern schicklichen Orte durch eine Stufen-Reihe von Noten fortläuft, während die andern Instrumente schweigen« (Schweizer I, S. 117). – Moritz belegt die Schreibungen »Cadence« und »Kadenze« und bietet als Übersetzung »Schlußfall« an (Grammatisches Wörterbuch I, S. 177).

587,34 *Effekt auf die Seele*] Vgl. auch *Hephata!* (Loge/Launen, bes. S. 269 f.).

588,11-13 *Hartknopf ⟨...⟩ lernen*] Vgl. dazu Gotthold Ephraim Lessings Trauerspiel *Emilia Galotti* (vgl. Anm. 261,33) I 4 (zur Genialität Raffaels).

588,14 *Blasinstrument*] Korrigiert aus »Blaseninstrument« (ebenso in Z. 15, 18, 20, 21 f.).

588,29 *ausgedruckt*] Adelung unterscheidet zwischen »ausdrucken« im Sinne von »abbilden«, eine »deutliche Vorstellung von etwas erwecken« und »ausdrücken« (Adelung I, Sp. 584).

589,33 *Horaz*] Quintus Horatius Flaccus (65-8 v. Chr.), röm. Dichter, den Moritz bereits als Schüler kennenlernte; vgl. u. a. *Anton Reiser* (S. 326,8-11 und S. 472,25), *Aus einem Reisejournal* (in vorliegender Ausgabe Bd. 2, S. 397) sowie Klischnig, S. 28 und S. 65.

589,34 *abgemeßnem, reizendem*] Korrigiert aus »abgemeßnen, reizenden«.

589,36 *Wielands Musarion*] Christoph Martin Wielands (1733-1813) komisches Versepos *Musarion, oder die Philosophie der Grazien* erschien erstmals 1768. Moritz räumt Wieland in seiner kursorischen Literaturgeschichte *Der Dichter im Tempel der Natur* – neben Lessing als dem Verfasser *Nathans des Weisen* und Goethe als dem Urheber der *Leiden des jungen Werthers* – einen herausragenden Stellenwert ein; *Musarion* würdigt er besonders wegen der »höchsten Feinheit und Grazie« (vgl. in vorliegender Ausgabe Bd. 2, S. 921).

590,1-4 *Sokrates ⟨...⟩ bringen]* Vgl. Platon, *Phaidon* 60 d-61 b; desgleichen *Phädon oder über die Unsterblichkeit der Seele, in drey Gesprächen*, von Moses Mendelssohn. Vermehrte und verbesserte Auflage, Berlin und Stettin 1768, Erstes Gespräch, S. 58 f.

590,22 *Republikaner]* »Freistaatbürger, Freiheitsfreund, Freibürger, Freiheitsmänner« (Grammatisches Wörterbuch III, S. 346).

590,26-28 *philosophischen ⟨...⟩ Welt]* Vgl. die ebenfalls gegen den ›Egoismus‹, so der zeitgenössische Terminus für Solipsismus, gerichtete Parallelstelle im *Anton Reiser* (S. 114,4) bzw. in den *Fragmenten aus dem Tagebuche eines Geistersehers* (S. 717,35 f.).

590,35 f. *Wie gesagt ⟨...⟩ Mann]* Vgl. 1 Kor 13,11.

591,32-34 *Wielands ⟨...⟩ Weisen]* Vgl. neben Anm. 589,36 auch *Das Buch* und *Die Bibliotheken* (in vorliegender Ausgabe Bd. 2, S. 22-25 und S. 875-877).

591,32 *Homers Gesängen]* Die Lektüre des griech. Dichters (2. Hälfte des 8. Jhs. v. Chr.) ist im *Anton Reiser* mehrfach belegt; selbstverständlich gehört Homer auch zum literarischen Kanon Werthers (vgl. *Anton Reiser*, z. B. S. 410,17 f. und Anm.; S. 418,6 f.; S. 420,3-13 und S. 425,10-12). Hier könnten die *Hymnen* gemeint sein, vielleicht auch die Epen *Ilias* und *Odyssee*.

591,33 *Horazens Briefen]* Horaz' *Epistulae* (*Briefe*) sind über einen großen Zeitraum entstanden (das I. Buch zwischen 23 und 20 v. Chr., das II. Buch zwischen 23-18 oder 13-8 v. Chr.). Diese an verschiedene Adressaten gerichteten ›philosophischen Briefe‹ gelten als zentrale poetologische Texte, die – allen voran der *Brief an die Pisonen* – noch im 18. Jahrhundert Gültigkeit hatten. – Vgl. zu Horaz auch Anm. 326,8-11 sowie S. 519,3 f. und Anm.

591,33 *Rousseau's Emil]* Vgl. S. 569,32 u. ö.

591,33 f. *Mendelsohns Phädon]* Moritz' Verehrung des Berliner Philosophen Moses Mendelssohn (1729-1786) spiegelt sich mehrfach im *Anton Reiser* (vgl. z. B. S. 250,25 und S. 385 f.). Die philosophische Abhandlung *Phädon oder über die Unsterblichkeit der Seele, in drey Gesprächen* erschien erstmals 1767. – Vgl. auch Moritz' Nachruf *Ueber Moses Mendelssohn* (Denkwürdigkeiten, S. 17-24; S. 49-53; S. 97-101; S. 129-133).

591,34 *Lessings Nathan den Weisen]* Vgl. Anm. 589,36. – Gotthold Ephraim Lessings (1729-1781) Schauspiel *Nathan der Weise* (Erstdruck 1779; Uraufführung 1783) wird in *Der Dichter im Tempel der Natur* aufgrund seiner »alle Nebel des Vorurteils durchdringenden Klarheit« gerühmt (vgl. in vorliegender Ausgabe Bd. 2, S. 921).

591,35 *Youngs Nachtgedanken]* Vgl. Anm. 583,29.

591,37 *Buche ⟨...⟩ Wahrheit]* D. i. die Programmschrift des franz. Mystikers und Böhme-Anhängers Louis-Claude Marquis de Saint-Martin (1743-1803), der unter dem Pseudonym »Philosophe inconnu« publizierte. Moritz spielt auf die deutsche Übersetzung von Saint-Martins Erstling an: *Irrthümer und Wahrheit, oder Rückweiß für die Menschen auf das allgemeine Principium aller Erkenntniß ⟨...⟩.* Von einem unbek. Ph. Aus dem Französischen übersetzt von Matthias Claudius, Breßlau 1782.

592,8 *Kartäuserkloster]* Vgl. Anm. 584,16.

592,10 *memento mori]* Vgl. u. a. Anm. 572,27.

592,18 *Festtage ⟨...⟩ Bruno]* D. i. der 6. Oktober, der Todestag (und zugleich Namenstag) des Ordensstifters Bruno von Köln.

592,27 *Orangenbaum]* Korrigiert aus »Orangebaum«.

592,28 *weißen]* Korrigiert aus »weiße«.

593,1 *Scheitel]* Im »Hoch- und Oberdeutschen ⟨...⟩ fast durchgängig weiblichen Geschlechtes«; Luther verwendet beide Genera nebeneinander (Adelung III, Sp. 1406).

593,10 f. *er besuchte ⟨...⟩ Jüngling]* Vgl. S. 478.

593,26 *dem]* Korrigiert aus »den«.

594,5 *Trauben ⟨...⟩ Disteln]* Vgl. dagegen die konträre Aussage in Mt 7,16 und Lk 6,44.

594,21 f. *Stubenfenster ⟨...⟩ hinüberblickte]* Nach Eybisch Hinweis auf Moritz' Wohnung »in der Gegend der heutigen Gartenstraße« (Eybisch, S. 67).

595,11 *Fest des Ordensstifters]* Vgl. Anm. 592,18.

595,33-38 *Aber ⟨...⟩ Disteln wachsen]* Jes 5,6; 32,13; 34,13 (u. ö.).

596,34 *Wonne des Denkens]* Vgl. u. a. S. 300,6 f.

597,3 *Homers]* Vgl. Anm. 591,32.

597,3 *Miltons]* John Milton (1608-1674), engl. Dichter, Verfasser des biblischen Epos *Paradise lost* in Blankversen (1667); vgl. u. a. Anm. 355,16 und 355,16 f.

597,3 *Ossians]* Ossian ist eigentlich ein Held der schottisch-gälischen Mythologie. Der schott. Dichter James Macpherson (1736-1796) veröffentlichte 1760 unter dessen Namen die *Fragments of ancient poetry* in rhythmischer Prosa und gab sie als Übersetzungen von Ossian-Dichtungen aus; diese wurden mit ihrer Weltschmerz-Thematik in ganz Europa zu einem der größten Literaturerfolge des 18. Jhs., in Deutschland namentlich durch Goethes *Werther* (erst 1895 konnte die Fälschung zweifelsfrei nachgewiesen werden). – Vgl. auch Anm. 178,24.

597,5 *Hartknopf ⟨...⟩ Licht]* Zitat aus der Schöpfungsgeschichte (Gen 1,3).

597,16 f. *Und Hartknopf ⟨...⟩ gut]* Zitat aus der Schöpfungsgeschichte (Abschluß der Schöpfung); vgl. Gen 1,31; ferner Gen 1,4; 1,10; 1,18; 1,21; 1,25.

597,25 *wichtigen Fortschritt]* Nach Voges findet hier – frei nach dem »Meisterritual der Freimaurerei« – die »Einweihung in den dritten Grad« statt (Voges, S. 493).

597,27-30 *sterben ⟨...⟩ entblößt]* Vgl. Anm. 572,27.

597,35-38 *Also ⟨...⟩ mischt]* Vgl. Gen 3,19 und Ijob 10,9; 17,16; 20,11 (u. ö.); Ps 103,14 sowie Koh 3,20.

598,6-12 *Hinweg ⟨...⟩ dauern]* Negierung der ästhetisierenden Todesdarstellung, wie sie Lessing 1769 in Anlehnung an Winckelmann in der Untersuchung *Wie die Alten den Tod ge-*

bildet etabliert hatte: »Die alten Artisten stellten den Tod nicht als ein Skelett vor: denn sie stellten ihn, nach der Homerischen Idee, als den Zwillingsbruder des Schlafes vor, und stellten beide, den Tod und den Schlaf, mit der Ähnlichkeit unter sich vor, die wir an Zwillingen so natürlich erwarten.« Als ikonographisches Erkennungsmerkmal kodifiziert Lessing u. a. die »verloschene, umgestürzte Fakkel« (Gotthold Ephraim Lessing, *Werke und Briefe in zwölf Bänden*, hg. v. Wilfried Barner u. a., Bd. 6: *Werke 1767-1769*, hg. v. Klaus Bohnen, Frankfurt am Main 1985, S. 715-778; hier S. 723 und S. 728). – Vgl. auch in vorliegender Ausgabe Bd. 2, S. 602,31 und Anm.

598,27 f. *Das höchste ⟨...⟩ Auxiliaria]* »Grundbegriffe der Moritzschen Ästhetik sind hier zusammengefaßt: stärkster Grad des Zusammenhanges – das in sich Gedrängte – Stift im Wirbel – Mittelpunkt und Zirkel. Sie alle werden unter dem Begriff des ›Seins‹ subsumiert: dem in sich selbst Vollendeten« (Schrimpf, Hartknopf, S. 68* f.). – Vgl. auch *Grammatisches Wörterbuch* II, S. 263, ferner *Das Verbum sein* (S. 879-892) und *Kinderlogik* (in vorliegender Ausgabe Bd. 2, S. 134,10-16) sowie *Sprache in psychologischer Rücksicht* (S. 859,16-27 und S. 879-892), ferner Anm. 541,6.

598,29-599,25 *Hab' ich ⟨...⟩ sein]* Vgl. *Die Macht des Unglücks* (in vorliegender Ausgabe Bd. 2, S. 33 f.).

599,7 *mein nenne]* Vgl. »Das Pronomen Possessivum« (S. 841 und S. 866-868).

599,8 *näherm]* Korrigiert aus »nähern«.

600,21-601,16 *Lied ⟨...⟩ Teil]* Mit geringfügigen, überwiegend lautlichen Abweichungen unter dem Titel *Schönheit* enthalten im *Allgemeinen Gesangbuch für Freymäurer*, Danzig 1784, S. 99 f.

601,12 *Die]* Korrigiert aus »Dir« nach dem Druck im *Allgemeinen Gesangbuch für Freymäurer*, Danzig 1784, S. 99.

601,20 *Resignation]* Vgl. u. a. S. 524,19 und Anm.

601,27 *Mors ⟨...⟩ est]* Zitat aus Horaz' *Episteln* I 16,79: »aller Leiden Endpunct ist der Tod« (*Horazens Briefe aus dem Lateinischen übersetzt und mit historischen Einleitungen und andern*

nöthigen Erläuterungen versehen von C. M. Wieland, Nördlingen
1986, S. 277).

ANDREAS HARTKNOPFS PREDIGERJAHRE

Textgrundlage

Erstdruck und Druckvorlage: Andreas Hartknopfs Predigerjahre. Berlin, 1790. Bei Johann Friedrich Unger.

Textüberlieferung

Die Handschrift ist nicht erhalten. Von einzelnen Passagen
existieren allerdings Nachdrucke: S. 662,27 und S. 663,6-
664,26 entsprechen Klischnig, S. 114-116; die Urheberschaft an den S. 659,13-660,30 und an S. 665,15-666,20
reklamiert Klischnig für sich; vgl. Karl Friedrich Klischnig,
Blumen und Blüthen, Berlin 1794, S. 29-34. – Zu späteren Neu-
drucken der *Predigerjahre* vgl. S. 1114.

Entstehung, Selbstaussagen und Quellen

Ein genaues Entstehungsdatum ist nicht bekannt. Wie beim
– in etwa zeitgleich erschienenen – IV. Teil des *Anton Reiser*
könnte sich Moritz bereits vor dem Antritt seiner Italienreise, ggf. sogar während seines Aufenthalts in Italien (vgl.
Moritz' Aufforderung an Goethe vom 7. Juni 1788, den
Andreas Hartknopf »doch einmal durchzublättern«; S. 1116),
mit der Konzeption der *Predigerjahre* beschäftigt haben; ex-
plizite Zeugnisse dafür sind jedoch nicht überliefert. Die
endgültige Ausführung ist jedenfalls – frühestens – auf 1789
zu datieren. Dafür spricht nicht zuletzt die öffentlich aus-
getragene Fehde zwischen Moritz und Joachim Heinrich
Campe, in der das Stichwort vom ›moralischen Totschlag‹

(vgl. S. 666,34 f.) fällt. Moritz reagiert auf die Polemik seines düpierten Verlegers (*Moritz. Ein abgenöthigter trauriger Beitrag zur Erfahrungsseelenkunde*, Braunschweig 1789) mit einer nicht minder brüsken Replik: *Ueber eine Schrift des Herrn Schulrath Campe, und über die Rechte des Schriftstellers und Buchhändlers* (Berlin 1789). Darin zitiert Moritz aus einem Brief Campes, der ihm am »15. Jenner 1787« nach Rom geschrieben habe, »er werde einen Mann, dessen Namen ich verschweige, geradezu *moralisch todtschlagen*«, und folgert daraus: »Ich überlasse es nun einem jeden, der diese meine Schrift gelesen hat, zu entscheiden, in wiefern Herr Campe seine Kunst, die *Leute moralisch todtzuschlagen*, auch an mir versucht hat« (a. a. O., S. 48; vgl. auch die von Moritz stammende Anzeige in: Intelligenzblatt der Allgemeinen Literatur-Zeitung, Numero 87, 11ten Julius 1789, Sp. 729).

Direkt auf die *Predigerjahre* bezogene Selbstaussagen sind bislang nicht bekannt. Nach der Überlieferung Klischnigs verarbeitete Moritz in den *Predigerjahren* seine unglückliche Liebe zu Sophia Amalia Erdmuth Standtcke, geborene Leopold, der Frau seines Förderers und Gönners, des Berliner Bergrats August Friedrich Standtcke (vgl. Klischnig, S. 108-110 und S. 112-116; Schlichtegroll, S. 209). Als Spiegelbild seiner Beziehung zu Charlotte von Stein interpretierte Goethe, Moritz' römischer »Beichtvater und Vertrauter«, jedenfalls diese Liaison (vgl. Johann Wolfgang von Goethe an Charlotte von Stein; 14. Dezember 1786; 6. Januar 1787 und 20. Januar 1787). – Allerdings dürften diese »Leiden der Liebe« (Klischnig, S. 110) für die *Predigerjahre* lediglich bedingt eine Rolle spielen: Schließlich gelingt dort – wenn auch nur befristet – die Vereinigung der Liebenden.

Andreas Hartknopfs Mißgeschicke während seiner Kanzelpredigten könnten unter Umständen autobiographisch motiviert sein. Klischnig überliefert jedenfalls, daß es dem Prediger Moritz bisweilen an der angemessenen äußeren Haltung fehlte und ihm gelegentlich Lapsus unterliefen (»Auslassung des *Vaterunsers*«, »Herunterwerfen der Bibel«; vgl. Klischnig, S. 46).

Die mit deutlichem zeitlichen Abstand zur *Hartknopf/ Allegorie* veröffentlichten *Predigerjahre* durchbrechen die Chronologie; sie setzen die Handlung nicht fort, sondern sind als (fragmentarische) Rückblende konzipiert, die Teile aus der Vorgeschichte der *Hartknopf/Allegorie* nachliefert. – Die in den *Predigerjahren* angekündigte Ergänzung der »Lükke in Hartknopfs Geschichte« (S. 665) ist nicht erschienen. Ob Moritz tatsächlich die – von mindestens einem Rezensenten erwartete – Fortführung des *Hartknopf*-Komplexes plante, ist aufgrund der derzeitigen Quellenlage nicht zu erkennen.

Wirkung

Speziell auf die *Predigerjahre* ausgerichtete Rezeptionsbelege sind kaum überliefert; in der Regel unterscheiden die Darstellungen nicht explizit zwischen den beiden Romanen (vgl. z. B. S. 1124-1126).

Auszüge aus ausgewählten zeitgenössischen Rezensionen

Die Manier des Verf. kennt man aus der vorigen Schrift ⟨...⟩; nur ist des Schattens mehr, und der hellen Stellen giebt es weniger. Man wandert durch Tropen, Bilder, Allegorien, Mystik, eine Zeitlang fort; das fromme, gutmüthige, Schwärmerische trifft hie und da eine Saite des Herzens, welche anschlägt: wenn man aber mühsam Sinn sucht, und gar keine deutliche Vorstellung abgewinnen kann, wenn man ganze Seiten ohne Verstand liest, nicht sieht, wie es zusammenhängt, oder zu deutlich sieht, daß es nicht zusammenhängt, daß es nichts als Galimathias ist: so wird der gedultigste Leser verdrüßlich. Und doch hatte es der Verf. in seiner Gewalt, recht anmuthig und bedeutend zu schwärmen, und manche richtig gefaßte Anmerkungen einzuweben, als die vom Schlüpfrigen des feyerlichen Ernstes, der so leicht ins

Komische übergeht; die über die Trauformel. In Ansehung der Geschichte selbst treibt der Verf. das Recht, seinen Leser in der Erwartung der Fortsetzung zu erhalten, vielleicht ein wenig zu weit. Hartknoch verläßt seine Pfarre, Frau und Kind, ohne daß man weiß, warum; und das, was man ahndet, möchte man nicht gerne zur Ursache annehmen. Noch Eins: bey dem Mystischen sollte das Anständige nicht vergessen seyn, aber ⟨...⟩ bey der dargebotenen Rettigscheibe die Worte: so oft ihr solches thut s. w., sind wohl nicht jener Erforderniß gemäß angebracht.
(Göttingische Anzeigen von gelehrten Sachen unter der Aufsicht der königl. Gesellschaft der Wissenschaften, 153. Stück, Den 25. September 1790, S. 1535.)

Hartknopf, der seit 1786 keinem Leser von Gefühl und Geschmack unbekannt seyn kann, wird hier Prediger und Ehemann. ⟨Textzitat folgt.⟩ Kaum glaubt der Leser seine Glückseligkeit fest gegründet zu sehen, so hört man ⟨...⟩ auf einmal, daß *Hartknopf* von seiner Pfarrey abgesetzt, und von seiner Frau geschieden ist. Das erste wird ganz kurz daraus erklärt, daß der Küster, dessen hämischer Charakter sich schon zur Genüge an den Tag gelegt, die Gemeinde angestiftet hat, ihren Pfarrer bey dem Consistorium der Ketzerey anzuklagen; aber die Scheidung von der Frau bleibt noch unerklärt. Doch wir haben noch *Hartknopfs* vertrauten Briefwechsel zu erwarten, durch den unstreitig über das alles weiterer Aufschluß gegeben werden wird. Bald hoch einherfliegende Phantasie, bald weisheitsvolle Aphorismen, jetzt Rührung des Herzens, und dann Erschütterung des Zwerchfells, Naturzüge und Bitzarerien der Laune, Neuheit der Bilder und Kühnheit der Gedanken geben auch dieser Fortsetzung der *Hartknopfischen* Biographie das Gepräge der Originalität.
(Allgemeine Literatur-Zeitung, Numero 88, Sonnabends, den 19. März 1791, Sp. 701.)

Eine Fortsetzung der von demselben Verf. im Jahr 1786
herausgegebenen angeblichen Allegorie Andreas H. – ganz
in derselben Form und demselben Geiste. H. betritt hier die
Laufbahn eines Dorfpredigers, und sieht sich endlich durch
die Kabalen seiner Feinde, besonders seines Küsters, (der
sich freut, ihn *moralisch todgeschlagen zu haben*,) genöthigt, sie
wiederum zu verlassen, und seinen Weg nach *Osten* fortzusetzen. Genauere Auskunft hierüber erhält man nicht, an
der Stelle der Katastrophe ist eine Lücke, die Hartknopfs
vertrautester Briefwechsel ausfüllen soll. Ueberhaupt entwik-
kelt sich Hs. räthselhafter Charakter hier wenig mehr, und
im ganzen Büchelchen findet man zwischen den einzelnen
Scenen wenig, und zwischen den Ideen oft nicht den mindesten Zusammenhang. Die Phantasie des Verf. ist äußerst
lebhaft und fruchtbar an neuen Büchern und überraschen-
den Bildern und Zusammensetzungen: allein er überläßt
sich ihrem ungezügelten Flug zu sehr, und seine dem Scheine nach wichtigen und reichhaltigen Gedanken sind bey
näherer Prüfung meistens nur sinnreiche Spiele mit Worten
und Bildern, denen nichts Festes und Bestimmtes zum
Grunde liegt. Er macht bisweilen sehr feine Bemerkungen,
dadurch aber, daß er sie sogleich alle und immer zur Allge-
meinheit erhebt, raubt er ihnen alle Wahrheit, und das
Haschen nach Neuheit, verleitet ihn zu Uebertreibungen,
die seine schönsten Schilderungen verderben. ⟨Es folgt als
Beispiel die Schilderung von Hartknopfs mißglückter Antrittspredigt.⟩ Mehrere Seiten nach einander haben wir gelesen, ohne Sinn und Zusammenhang auch nur ahnden zu
können: mitunter ist man sogar zweifelhaft, ob der Verf. im
Ernst spricht, oder seine Leser nur zum Besten haben will.
Z. B. ›Da saßen wir auf der großen Treppe vor dem Dom (in
Erfurt) und sprachen ⟨...⟩ von der Verschiedenheit der Rettiche, die in Erfurt vorzüglich gut sind, und eine von
Hartknopfs Lieblingsspeisen waren, (dieß kann einigen Aufschluß über Hs. Hang zum Mysticismus geben. Die Blähun-
gen spielen oft bey eingebildeten Brauseköpfen eine große
Rolle) wobey er gewissermaßen mit Leib und Seele genoß,

wenn er die *geheimnißvollen Salzkörner* auf die runden Scheiben streute, und dann auf seiner *Zunge das innere Wesen* dieser edlen Bestandtheile in ihrer feinsten Auflösung *schmeckte.‹* Soll das auch Allegorie seyn? Und wenn das, wozu soll uns eine Allegorie, die man ohne Offenbarung nicht verstehen kann? In der That schmerzt es uns nicht wenig, zu sehen, daß der Verf. einen so sonderbaren Gebrauch von seinen gewiß nicht gemeinen Talenten macht. Wenn man ein Buch von ihm aus der Hand legt, so ist es, als erwache man aus einem Traum: das Gedächtniß hat einzelne angenehme Bilder und dunkle Vorstellungen, ohne Ordnung und Zusammenhang, aber kaum eine deutliche Idee feste halten können. Sein Genius gleicht einem boshaften Zauberer, der dem Auge des Schauenden eine reizende Aussicht zeigt, so bald er aber anfangen will, sie zu genießen, sogleich wieder einen dicken, undurchdringlichen Nebel vorschiebt, in welchem er eine Weile herumtappen muß, bis sich ihm ein neuer heiterer Blick öfnet, der aber eben so geschwind wieder entrückt wird. – Diese Manier mag ihr verborgenes Gute, und vorzüglich viel *Bequemes* haben; allein der Schriftsteller, dem es um wahren Nutzen und einen dauernden Namen zu thun ist, wird sich ihr gewiß nicht ganz ergeben. Man liest alles, was aus der Feder des Verf. kömmt; was man versteht, meistens mit Vergnügen, was man nicht versteht, mit Verdruß – man liest es einmal, und vergißt es dann. Das war von jeher und muß für immer das Schicksal aller Bücher seyn, die keinen bestimmten Plan und Zweck, keine genau verbundene, faßliche Gedankenreihe haben, ihre einzelnen Schönheiten mögen sonst noch so groß und zahlreich seyn.

(Gf. in: Allgemeine deutsche Bibliothek. Des sieben und neunzigsten Bandes zweytes Stück, Berlin und Stettin 1791, S. 425-427.)

Deutungsaspekte

In der Moritz-Philologie werden *Andreas Hartknopfs Predigerjahre* in der Regel nicht als eigenständiger Text, sondern im
Rahmen des *Hartknopf*-Komplexes als nachgelieferte Vorgeschichte zu *Andreas Hartknopf. Eine Allegorie* aufgefaßt (vgl.
ausführlicher S. 1126-1134). Nur gelegentlich finden die thematischen Differenzen Erwähnung; so betont beispielsweise Schrimpf – neben den autobiographischen Hintergrün-
den (vgl. S. 1182-1184) – die Konzeption des »tragischen
Eheromans« (Schrimpf, Hartknopf, S. 39*), die Profilierung
der – befreienden – Auseinandersetzung mit der Mystik
(S. 52*) sowie die Zunahme des »distanzierende⟨n⟩ Hu-
mor⟨s⟩« einerseits und die Intensivierung des »Leidens
durch den Kontrast mit der gänzlich humorlosen, feindli-
chen Wirklichkeit« andererseits (S. 71*). Eine deutliche,
dem nachitalienischen vierten Teil des *Anton Reiser* vergleichbare Zäsur registriert Saine, der sie auf die »entscheidenden
Einsichten der *Bildenden Nachahmung*« zurückführt; in den
Predigerjahren sei »der Charakter des Helden wenigstens in-
soweit verändert, daß ein Liebesverhältnis seine Empfin-
dungsfähigkeit beweist, was im ersten Teil des Romans
undenkbar gewesen wäre« (Saine, S. 148 f.). Dies verkennt
freilich die innere Chronologie von Hartknopfs Entwicklung: Tatsächlich sind der Ehebund und die Scheidung als
Bewährungsstationen auf dem Weg zur individuellen Vervollkommnung angelegt – sie werden lediglich in einer
Rückblende erzählt. Boulby beobachtet ebenfalls eine Pha-
senverschiebung, und zwar mit der Tendenz zur zunehmenden Verschlüsselung: »Both the *Hartknopf* books are satires,
and both stand under Masonic influence; but the *Allegorie* is
the more improvised, an expressionistic miscellany of sati-
rical and lyrical sketches, the *Predigerjahre* the more organi-
sed, and the more specifically a *roman à clef*.« (Boulby, S. 228.)
Auf die nicht nur gattungskritischen Implikationen macht
indes Brecht aufmerksam: Er will die *Predigerjahre* als »Kritik

an der Idylle« verstanden wissen und deutet die »irritierende Künstlichkeit, in der der Romantext die Ehegeschichte inszeniert, ⟨…⟩ als Medium der Selbstkritik einer Literatur, die ihren literarischen Charakter hintergehen will« (Brecht, S. 646 f.). Tatsächlich korrespondieren die *Predigerjahre* thematisch mehr dem Genre des Prediger- und Pastorenromans, benutzen ihn gleichwohl nur als dekorative Folie für die ironisch verbrämten Prüfungen des Helden auf seinem Passionsweg.

Stellenkommentar

603 ⟨*Abb.*⟩] Vgl. S. 519 und Anm.

605,2 *fatal*] »Unglück bringend«; »in der niedrigen Sprechart, zuwider, widerwärtig« (Adelung II, Sp. 57).

605,4 *Vokation*] (Lat.) »Berufung«, »schriftlicher Beruf« (Grammatisches Wörterbuch IV, S. 294); hier wahrscheinlich für Ernennungsschreiben.

605,8 *das Filial*] Im 18. Jh. als Neutrum gebraucht; d. i. »eine Kirche, welche einer andern einverleibt ist, und von den an derselben befindlichen Geistlichen besorget wird, eine Tochterkirche« (Adelung II, Sp. 150).

605,10 *der Knäuel*] Bei Grimm auch als Maskulinum belegt (Grimm XI, Sp. 1362).

605,11 f. *Schärfe des Schwerts*] Vielfach belegte biblische Wendung. – Als Freimaurersymbol erinnert das Schwert »an den Wiederaufbau Jerusalems und symbolisiert Ritterlichkeit und den geistigen Kampf zur Veredlung des eigenen Ichs, für Wahrheit und Recht, Unschuldige und Wehrlose, den Br⟨uder⟩ und den Bund« (Lennhoff/Posner, Sp. 1444).

605,17 *Klemme*] Hier für »enger Ort«, »enger Paß« (Adelung II, Sp. 1624).

605,28 *Dom*] Vgl. Anm. 437,18 f.

606,1 *Rettiche*] Vgl. S. 542,5 und Anm. sowie S. 472,18.

606,3 f. *geheimnisvollen Salzkörner*] Vgl. Anm. 542,6.

606,4-6 *Scheiben ⟨…⟩ schmeckte*] Vermutlich Travestie des

Abendmahl-Ritus (vgl. S. 606,35-607,3). – Vgl. dagegen Pestalozzis Abendmahlsszene (Lienhard und Gertrud II, § 39; Jahnke, S. 136).

606,11 *Kirschlache]* Vgl. Anm. 473,4.

606,20-25 *den Mann ⟨...⟩ geläufig sind]* D. i. Justus Friedrich Froriep (vgl. S. 580,30 und Anm. 466,24).

606,22 *Nachschreiben]* Vgl. S. 483,18-22 und Anm.

606,24 *Abbreviaturen]* »Abkürzung im Schreiben«, bloße »Schriftabkürzung« (Grammatisches Wörterbuch I, S. 9).

606,29 f. *Backelaureus ⟨...⟩ Magister]* Eigentl. lat. baccalaureus, d. i. »die unterste akademische Würde« bzw. »in manchen Städten der unterste Schulkollege« (Schweizer I, S. 93). – »Magister docens oder legens (lat.), heißt auf Akademien derjenige, welcher sich durch eine öffentliche, als Präses vertheidigte, lateinische Abhandlung oder Disputation das Recht erworben hat, öffentliche Vorlesungen halten zu dürfen« (Schweizer II, S. 478). – »Der ausgebildete Bacc. erhielt die Licenz (wurde Licentiat, dann Magister und Doctor), d. h. ohne ferner selbst unter Aufsicht der Lehrer zu stehen, hatte er von nun an alle Rechte eines Lehrers« (Ersch/Gruber I 7, S. 26).

606,30 *Weltweisheit]* Kontrovers diskutierte zeitgenössische Eindeutschung von »Philosophie« (vgl. Grammatisches Wörterbuch III, S. 168).

606,33 *Kirchengeschichte]* Vgl. S. 467,26 und Anm.

606,35-607,3 *Mit ⟨...⟩ Gedächtnis]* Abendmahl-Zitat: vgl. Lk 22,19; ferner S. 606,4-6 sowie Anm. 542,5.

607,24 *heilige ⟨...⟩ Taube]* Vgl. Mt 3,16; Mk 1,10; Lk 3,21 und Joh 1,32.

607,27 f. *böser Genius]* Schutzgott der antiken Mythologie: »Jeder hatte nach der Vorstellungsart der Alten einen doppelten Genius, einen guten und einen bösen. ⟨...⟩ Man stellte sich vor, daß er immer bei dem Menschen gegenwärtig bliebe und die Handlungen und Schicksale desselben leitete« (Mythologisches Wörterbuch, S. 171).

608,2 *Gemeine]* Vgl. Anm. 150,19.

608,8 f. *im Anfang ⟨...⟩ Wort]* Joh 1,1. – Vgl. u. a. auch S. 540,16-19.

608,14-19 *Da ⟨...⟩ einzuernten]* Vgl. u. a. S. 575,16-19 und Anm.

608,21 *tönende ⟨...⟩ Schelle]* Vgl. 1 Kor 13,1.

608,23 f. *denn er ⟨...⟩ nehmen]* Vgl. Mt 4,9; Lk 6,38 und 12,48 sowie Apg 20,35.

608,25 f. *den Zehnten ⟨...⟩ Erde]* Vgl. Lev 27,30 bzw. Spr 12,14.

608,26 f. *den Buchstaben ⟨...⟩ mache]* Vgl. S. 520,2 f. und Anm.

608,28 *erstenmale]* Korrigiert aus »erstemale«.

608,36 f. *Herzen ⟨...⟩ immer]* Vgl. u. a. Ps 17,10; Mk 3,5.

609,1 f. *Die ⟨...⟩ gezogen]* Vgl. Gen 1,4; 1,14 und 1,18, ferner Ijob 26,10.

609,9 *Weg ⟨...⟩ fanden]* Vgl. Anm. 608,36 f.

609,11 *ich ⟨...⟩ senden]* Vgl. Joh 14,6; 15,26; 16,7 und 14,16.

609,12 *Bauerknaben]* Veraltete Pluralform (vgl. Adelung I, Sp. 754).

609,35 *Küster ⟨...⟩ Miene]* Möglicherweise Anlehnung an die Andreas-Legende (vgl. Schrimpf, Hartknopf, S. 36* f.): Nach der Überlieferung in den Apokryphen befahl der römische Statthalter und Prokonsul in Patrae in Achaja, Aegeas (Aegates), das Martyrium, nachdem Andreas dessen Gattin Maximilla geheilt, bekehrt und zu ehelicher Enthaltsamkeit angehalten hatte (Passio Andreae).

609,37 *jeden Perioden]* Vgl. Anm. 149,18.

610,1 *über ihn]* Korrigiert aus »über ihm«.

610,1 f. *das ⟨...⟩ erwähnte]* Vgl. u. a. S. 521,13 f. und Anm.

610,8 *Kubus]* Der würfelförmige Stein (Kubus, kubischer Stein) gehört zu den Symbolen der Johannismaurerei: »Der behauene Stein ist das Lehrbild des Bausteins, der sich lükkenlos dem Bau einfügt, und der in fleißiger Arbeit aus dem unbehauenen Stein erstehen soll. Daher ist er das Lehrbild des in der freimaurerischen Arbeit Vorgeschrittenen, der durch Arbeit an sich selbst die Fähigkeit zu tragfähiger Einfügung erreicht hat.« (Lennhoff/Posner, Sp. 883.) – Vgl. auch Anm. 519,1.

610,14 *Conchylienliebhaber]* Liebhaber von Schalentieren;

vgl. auch *Das menschliche Elend* (in vorliegender Ausgabe Bd. 2, S. 34,28-34).

610,21 *bedurfte jemand]* Adelung belegt ›bedürfen‹ »auch zuweilen« mit Akkusativ und bevorzugt im Akkusativ die häufigere Form ›jemand‹ gegenüber ›jemanden‹ (Adelung I, Sp. 783; Adelung II, Sp. 1432).

610,22 *seinen Gift]* Auch als Maskulinum belegt (vgl. Adelung II, Sp. 686 f.).

610,26 f. *richteten ⟨...⟩ Erde]* Vgl. dagegen Bergpredigt, Mt 7,1.

610,37 f. *ihr seid ⟨...⟩ setzen]* Vgl. S. 569,28-30 und Anm.

611,3 *Polemik]* (Griech.) Allgemein »Streitlehre« (Grammatisches Wörterbuch III, Sp. 194); speziell »Lehre von den Streitigkeiten über Meinungen, besonders in Religionssachen; Wissenschaften der streitigen Religionslehren« (Schweizer II, S. 634).

611,3 *in Halle]* Vermutlich Anspielung auf die berüchtigten Kontroversen der Hallenser (Universitäts-)Theologen und Professoren: zwischen den Pietisten, namentlich August Hermann Francke (1663-1727), und den orthodoxen Aufklärern, speziell Christian Wolff (1679-1754), der 1723 auf Betreiben seiner pietistischen Gegner durch Friedrich Wilhelm I. amtsenthoben und des Landes verwiesen, 1740 durch Friedrich II. zurückberufen und 1745 zum Reichsfreiherrn ernannt wurde. – Daß an der Universität Halle (und ebenso an der Universität Göttingen) »die Liebe zur Lectüre selten« sei und »für die Kunst ⟨...⟩ Nichts« geschehe, beklagt der Verfasser von *Etwas über Halle, Göttingen und Marburg*: »Die Sitten der Studenten sind schlecht, und die Gefahren, Leib und Seele, Geist und Herz zu vergiften, beinahe unvermeidlich«. Um den »Geist der *hallischen* Sitten, den wilden rauhen Ton der Studenten zu reformieren«, schlägt er die Beschäftigung von Erziehern vor (in: Italien und Deutschland in Rücksicht auf Sitten, Gebräuche, Litteratur und Kunst. Eine Zeitschrift, hg. v. K. P. Moritz, Zweyten Bandes, erstes Stück, Berlin 1792, S. 32-61; hier S. 38 f. und S. 56).

611,11 *Ketzer]* Eigentlich Bezeichnung für eine »Person, welche Grundirrthümer in der Heilsordnung behauptet« bzw. »von dem angenommenen Lehrbegriffe nur in einem oder dem andern Stücke abweichet; beydes in hartem und beleidigendem Verstande« (Adelung II, Sp. 1562).

611,13 *spanischen Ernst]* Korrigiert aus »spanischem Ernst«. – Hier vermutlich nicht nur zur Bezeichnung des »stolzen« und »hochmütigen« Küsters, sondern zugleich als Anspielung auf die spanische Inquisition (richterliche Miene); vgl. Grimm XVI, Sp. 1887 f., sowie Anm. 609,35.

611,32-34 *Der Geist ⟨...⟩ zwiefältig]* Parodie einer häufigen Bibelrede (vgl. z. B. Gen 1,2; Jes 11,2; Lk 4,18); s. a. Anm. 553,31 f.

612,11 *grünen Holze]* »Voller Saft«, »im Gegensatze des getrockneten oder verdorreten« (Adelung II, Sp. 825); vgl. auch Lk 23,31.

612,16 *schwarz und öde]* Vgl. Gen 1,2 (u. ö.).

613,21 f. *Ganze ⟨...⟩ vollendet]* Vgl. u. a. *Über die bildende Nachahmung des Schönen* (in vorliegender Ausgabe Bd. 2, S. 969,11-19).

614,14 *über manchen]* Korrigiert aus »über manchem«.

616,5 f. *Heil ⟨...⟩ Sophie Erdmuth]* Vermutlich fiktive Personen; der Name »Sophie Erdmuth« korrespondiert hinsichtlich seiner Vieldeutigkeit durchaus dem des Protagonisten: Der aus dem Griechischen stammende Vorname »Sophie« bedeutet Weisheit (auch: göttliche Weisheit), und die vom 17. bis ins 19. Jahrhundert populäre Neubildung »Erdmut« (aus ›Erde‹ und ›Mut‹) steht für das Irdisch-Bodenständige. Möglicherweise ist dieser Name auch als Hommage an die von Moritz verehrte Bergrätin Standtcke zu dechiffrieren (vgl. S. 1183). Die theologische Dimension erweitert überdies der Familienname »Heil«. – Vgl. auch S. 645,14-16 sowie S. 530,2 und Anm. – Zur Popularität des Namens »Sophie« haben zweifellos auch zwei für die *Hartknopf*-Romane relevante Texte beigetragen: Eine der Töchter des Doktor Primrose aus Goldsmiths *Vicar of Wakefield* heißt Sophie, und Rousseau nennt die ebenbürtige Partnerin seines Émile ebenfalls Sophie.

616,28 *Taube ⟨...⟩ Ölzweig]* Vgl. Gen 8,10-11.

617,29 *die Bauren]* Oberdeutsche Pluralbildung, die »auch im Hochdeutschen allgemein geworden ist« (Adelung I, Sp. 754).

617,32 *Mauren]* »Harte Mundarten werfen das e vor dem r weg, die Maur, und setzen es im Plural vor dem n, die Mauren« (Adelung III, Sp. 114).

618,7 *Wer ⟨...⟩ höre]* Mt 11,15; 13,9 und 13,43; Mk 4,9 und 4,23; 7,16; Lk 8,8; 14,35; Offb 2,7; 2,11; 2,17; 2,29; 3,6; 3,13; 3,22; 13,9.

618,13 f. *Das Licht ⟨...⟩ nicht]* Vermutlich Anlehnung an Joh 8,12-13; Ijob 30,26; Jes 8,22-9,1; Mt 4,16 (u. ö.).

618,17 f. *Ölbaum ⟨...⟩ schweben]* Ri 9,8-13.

619,1 *Schachten]* Adelung belegt neben dem hochdeutschen Plural »Schächte« auch den oberdeutschen »Schachte« (Adelung III, Sp. 1316 f.).

619,12 *Milch und Brot]* Vermutlich biblisch assoziiert (vgl. z. B. 1 Petr 2,2; Mt 4,3-4 und Mt 26,26).

619,16 *Heils Wohnstube]* Der Teppich und die blauen Wandstreifen sind möglicherweise als Zitate der Logen-Einrichtung zu verstehen (vgl. Lennhoff/Posner, Sp. 1570, Sp. 188, Sp. 409).

619,19 *rundes Tischchen]* Unter Umständen – trotz Sophiens Anwesenheit – Anspielung auf ein Logenritual: der »Meister vom Stuhl, der die Arbeiten leitet«, wird in der Regel »von zwei Aufsehern unterstützt« (vgl. Lennhoff/Posner, Sp. 409), oder allgemein auf einen Geheimbund (magisch-mystische Zahl); der Dreizahl kommt jedenfalls in der Freimaurerei eine zentrale Rolle zu (vgl. Lennhoff/Posner, Sp. 1736-1738).

619,21 *Spiegel]* Ebenfalls freimaurerisch konnotiert: »Symbol der Prüfung in einzelnen Systemen; nicht der S⟨piegel⟩ der Eitelkeit, sondern der Selbsterkenntnis der eigenen Mängel und Schwächen, der das ungeschminkte Ich zeigt, ist gemeint« (Lennhoff/Posner, Sp. 1489). – Vgl. auch *Aus K...s Papieren* (S. 668,7 und Anm.) sowie *In wie fern Kunstwerke beschrieben werden können* (in vorliegender Ausgabe Bd. 2, S. 995,18 f.).

620,15 f. *Heil ⟨...⟩ und Segen]* Vermutlich Anlehnung an die liturgischen Segensformeln.

620,27 *sterbende Patriarch]* Jakob zitiert unmittelbar vor seinem Tod seine zwölf Söhne zu sich und offenbart ihnen ihr künftiges Schicksal (Gen 49,1-28).

620,33 *Kreuzes]* Möglicherweise Anlehnung an Freimaurer-Symbolik, denn im schottischen Ritus »versinnbildlicht die senkrechte Linie das Leben, die horizontale, das Leben kreuzende, den Tod«; das sog. »Patriarchenkreuz« im »XXXIII. Grad des A⟨ncient⟩ u. A⟨ccepted⟩ Schottischen Ritus« besteht lediglich aus »zwei Querbalken« (Lennhoff/Posner, Sp. 876 f.). Unter Umständen verweigert Hartknopf das traditionelle Kreuzsymbol auch aus aufklärerischen Motiven: »Wie aber der Mensch sehr leicht das Zeichen für die Sache selber ⟨d. i. Christus⟩ nimmt – so hat der Aberglaube das Kreuz angebetet, und also offenbare Abgötterei damit getrieben« (in vorliegender Ausgabe Bd. 2, S. 113 f.).

621,5 *hoch Mittag]* Vgl. Anm. 546,12 f.

621,5 *Herrn v. G...]* Möglicherweise Anspielung auf Herrn von Fleischbein (vgl. Minder, S. 104 und S. 242; Schrimpf, Hartknopf, S. 39*; Schrimpf, Moritz, S. 61 f.); vgl. auch Anm. 87,9 und 87,14. – Unter Umständen ironisiert Moritz an dieser Stelle auch bruchstückhafte Erinnerungen aus den Erzählungen seines Vaters. Fleischbeins Seelenführer Marsay (vgl. Anm. 88,21 f.) lebte mit seiner »Eheschwester« Clara Elisabeth von Callenberg (1675-1742) zeitweise bei Familie Fleischbein; der Guyon-Anhänger Marsay lernte und übte das Uhrmacherhandwerk aus; aufgrund des Doppelberufs (Mystiker und Handwerker) könnte er Moritz zur Hartknopf-Figur inspiriert haben (vgl. Goebel, wie Anm. 88,21 f., S. 215). – Mehlhose vermutet dagegen »Moritz' Wiederbegegnung mit Goethe Anfang November 1788 in Weimar« als Vorbild für die Empfangsszene (vgl. S. 626,13-627,4; Mehlhose, S. 94 f. und S. 49).

621,17 f. *Er ⟨...⟩ Sand]* Vgl. Joh 8,6 und 8,8 (Jesus verurteilt im Gegensatz zu den Schriftgelehrten und Pharisäern die Ehebrecherin nicht).

621,26 *Elias]* Vgl. u. a. S. 552-557 und Anm. 553,29 sowie Anm. 553,31 f.

622,10 *guter Genius]* Vgl. Anm. 607,27 f.

622,14 f. *Kelch ⟨...⟩ vorüber]* Anspielung auf eine Episode aus der Passionsgeschichte: Jesus am Ölberg; vgl. Mt 26,39 und 26,42; Mk 14,36; Lk 22,42.

622,31 *jenseit]* »In der edlern und höhern Schreibart« bevorzugte Variante zu »jenseits« (Adelung II, Sp. 1434).

623,5 *Pyramidalform]* Möglicherweise auch freimaurerisch konnotiert, weil in den Logen das Dreieck als »Symbol der Gottheit« firmiert und die Dreizahl innerhalb der Logenrituale eine herausragende Rolle spielt (Lennhoff/Posner, Sp. 379 und Sp. 1736-1738).

623,6 *Kubus]* Vgl. Anm. 610,8. – Zur freimaurerischen Deutung der Vierzahl vgl. Lennhoff/Posner, Sp. 1738.

623,11-19 *mystische ⟨...⟩ oben]* Vgl. auch *Über Mystik*, S. 897,18-28.

623,30-37 *Die Buchstabenschrift ⟨...⟩ aussahe]* Möglicherweise ist diese Schriftanalyse inspiriert von Johann Caspar Lavater; vgl. Physiognomische Fragmente III: »Von dem Charakter der Handschriften«, S. 110-118.

624,6 *erledigte Pfarrstelle]* Frei gewordene Pfarrstelle (Adelung I, Sp. 1915 f.).

624,16 *Schule des Kreuzes]* Vermutlich Anspielung auf das bevorstehende Märtyrerschicksal. – Vgl. auch S. 651,15 f.

624,18 *Kinderlehre]* Katechismusunterricht. – Vgl. die Gegenbilder zu dieser ironisch-parodistischen Darstellung: z. B. Hartknopfs Belehrung des Erzählers (u. a. S. 581-586) oder die Bekanntschaft Anton Reisers mit dem Essigbrauer (u. a. S. 351-354) bzw. Moritz' Alternativ-Vorschlag einer »Art von Kinderliturgie«, die von Johann Gottfried Herders *Ältester Urkunde des Menschengeschlechts* inspirierte *Schöpfungsfeier bei einem Spaziergange des Morgens* (in vorliegender Ausgabe Bd. 2, S. 177-182 und Anm. 177,25). – Zur Tradition dieser Kritik am traditionellen Katechismusunterricht vgl. Anm. 573,7 f. – Vgl. dagegen Pestalozzi, Lienhard und Gertrud III, § 81, sowie Jahnke, S. 139.

624,29 f. *Als ⟨...⟩ hinunter]* Vgl. Lk 10,18; Hebr 3,12; Sir 10,14; ferner S. 576,19 und Anm.

625,29 *Gehet hin in Frieden]* Liturgische Formel; vgl. auch Jdt 8,28; Mk 5,34; Lk 7,50; 8,48; Apg 16,36; Jak 2,16.

626,25 *balbieren]* Niedersächs. für »barbieren«, »den Bart abnehmen« (Adelung I, Sp. 730).

627,9 f. *Französischen übersetzt]* Welcher franz. Zwischentext als Übersetzungsvorlage gedient haben könnte, ist nicht zu ermitteln; Schrimpf (Hartknopf, S. 55*) vermutet Madame Guyon als Popularisatorin.

627,13 *Kadenz]* Vgl. Anm. 587,28.

627,14-16 *Das Wiegenlied ⟨...⟩ vorgesetzt]* *En una noche escura*; das Lied ist sowohl dem *Subida al monte Carmelo* (Alcalá 1618; *Aufstieg zum Berge Karmel*) als auch der *Noche escura del alma* (Alcalá 1618; *Die Dunkle Nacht der Seele*) vorangestellt. – Vgl. auch S. 138,3 und Anm.

627,15 *heiligen ⟨...⟩ Kreuz]* Vgl. Anm. 138,3.

627,17 *Die Ängsten]* U. a. auch bei Luther belegte, seltene Pluralform (vgl. Adelung I, Sp. 309).

628,4 *Tacht]* Vgl. Anm. 553,13.

628,9 *verborgnen Leiter]* Heimliche, geheime Führer. – Korrigiert aus »verborgne Leiter«.

628,31 *ihm Liebkosen]* Auch Dativkonstruktion belegt (vgl. Grimm XII, Sp. 966), von Adelung allerdings als »unrichtig« verworfen (Adelung II, Sp. 2062).

629,17-630,16 *Die Kadenz ⟨...⟩ Lohn]* Vermutlich von Moritz stammende (oder aus dem Französischen übersetzte?) Nachdichtung der persischen Parabel »Die Perle« (vgl. Schrimpf, Hartknopf, S. 55*). Sie ist auch in Johann Gottfried Herders (1744-1803) *Zerstreuten Blättern. Dritte Sammlung* (Gotha 1787) enthalten; möglicherweise wurde Moritz in Rom durch den persönlichen Umgang mit Herder auf diesen Text aus Sa'dis *Golestān* (*Der Rosengarten*) aufmerksam, der jedoch schon in barocker Zeit bekannt war (vgl. u. a. die Übersetzung Adam Olearius', *Persianischer Rosenthal*).

630,17 *Doktor ⟨...⟩ Tischreden]* Vielschichtige Anspielung, zunächst auf die *Tischreden oder Colloquia Doct. Mart. Luthers*,

So er in vielen Jaren, gegen gelarten Leuten, auch frembden Gesten, und seine Tischgesellen geführet (postum hg. v. Johannes Aurifaber, Erstdruck 1566). Der Titel dürfte generell die merkwürdige Tischrunde karikieren, zumal derartig mystisch-separatistische Kreise den Rationalismus und die Rhetorik des Reformators eher abgelehnt haben. Möglicherweise richtet sich die Ironie jedoch ganz konkret gegen die Liaison zwischen Herrn von G... und Fräulein St..., denn in *Tischrede Nr. 4474* verurteilt Luther derartige Altersunterschiede: »Postea dicebatur de vetulis viris et mulieribus: Ducentes puellas esse spectaculum deformosissimum. ⟨...⟩ Es ist nichts schönes noch starckes. Ideo ein alt man vnd ein jungen weib est contra naturam. Simile suo applaudit simili.« (Luthers Werke, WA, Tischreden IV, S. 332.)

630,19 f. *Frau ⟨...⟩ Tochter]* Nicht ermittelt.

630,26 *drei Brunnen]* Vgl. Anm. 582,10 f.

630,27 *Steigerwalde]* Vgl. Anm. 581,2-6 sowie S. 492,16 f.

631,23 *Rußland und Pohlen]* Wohl Anspielung auf die – letztlich auch preußische Interessen betreffenden – innenpolitischen Konflikte Polens und die Polnische Teilung (vgl. auch Anm. 530,20); die zweite Polnische Teilung erfolgte 1793.

632,10 *Losung]* Losungswort, »Ausdruck, woran sich zu einander gehörige Personen oder Parteyen erkennen« (Adelung II, Sp. 2110); vgl. auch Anm. 644,8 und 644,12.

632,11 *Wein ⟨...⟩ Gesang]* Die Verse »Wer nicht liebt Wein, Weib und Gesang, | Der bleibt ein Narr sein Leben lang« sind bei Luther zwar nicht belegt, werden dennoch seit Jahrhunderten schon dem Reformator zugeschrieben.

632,17-25 *Lied ⟨...⟩ jederzeit]* Zitat aus dem Guyon-Gedicht *Foi & abandon* (wie Anm. 98,35-37, S. 91), offenbar in der Übersetzung von Gerhard Tersteegen (vgl. *Der gottseligen Frau La Mothe Guyon geisterhebende Beschäftigungen des Herzens mit Gott ⟨...⟩*. Durch G. Teerstegen ⟨...⟩ übersetzt, Zweyter Theil, Frankfurt und Leipzig 1803, S. 222). – Vgl. Christoph Martin Wielands *Titanomachia, oder das neue Heldenbuch*. Ein bürleskes Gedicht in so vielen Gesängen als man will (in: Der Teutsche Merkur vom Jahr 1775. Viertes Vierteljahr,

Weimar 1775, S. 9-15, hier I 17 f., S. 10) und Gottfried August Bürgers Motto der *Wunderbaren Reisen zu Wasser und Lande, Feldzüge und Lustige Abenteuer des Freiherrn von Münchhausen* (London, recte: Göttingen, 1786).

632,18 *Madam]* Jeanne-Marie Guyon (vgl. Anm. 87,5 f.).

632,27 f. *Mystik ⟨...⟩ Wissen]* Vgl. *Über Mystik*, bes. S. 897,22.

632,32 *Ceder ⟨...⟩ Ysop]* Vgl. 1 Kön 5,13 (Salomos Ruhm).

632,32 *Ysop]* In der Bibel erwähntes Heil- und Salatkraut, das natürlichen gelben Farbstoff liefert und im christlich-jüdischen Ritus als Weihwassersprengel benutzt wird.

633,20 *Herr von G...]* Korrigiert aus »Herr von S...«.

633,20 *Narren]* Korrigiert aus »Namen« nach S. 632,22 und S. 635,4.

633,32 *einem seiner Briefe]* Zitat aus einem offenbar authentischen, an den Vater Johann Gottlieb Moritz gerichteten Brief von Johann Friedrich von Fleischbein vom 14. Juli 1759 (vgl. u. a. Anm. 87,9 und 89,30 sowie ›Magazin zur Erfahrungsseelenkunde‹ VII 3, S. 62).

633,33 *zu Handen gekommen ist]* Oberdeutsch für »erhalten« haben (Adelung II, Sp. 943).

633,34 *Pastor Dannemann]* Aufgrund der Datierung (vgl. Anm. 633,32) war ursprünglich jedenfalls nicht Ludwig Christian Dannemann († 1801) gemeint, ein Verwandter des Konsistorialrats Götten (vgl. Anm. 182,7 f.), der von 1766 bis 1776 als Inspektor am Schulseminar in Hannover tätig war (vgl. auch Eybisch, S. 172, sowie Anm. 175,12), sondern mutmaßlich der Oldendorfer Prediger Johann Henrich Dannemann (1698-1777) oder evtl. bereits dessen Sohn, der Braunschweiger Informator und Prediger Johann Georg(e) Wilhelm Dannemann (1734-1782).

634,10 f. *Schrift wider die Schwärmerei]* Offenbar keine Anspielung auf die Publikationen des Schweizer Theologen und Schriftstellers Leonhard Meister (1741-1811): *Ueber die Schwärmerei. Eine Vorlesung*, Bern 1775, sowie *Ueber die Schwärmerey. Zweiter Theil*, Bern 1777 (Auszüge aus dem ersten Teil wurden in Christoph Martin Wielands ›Teutschem

Merkur« publiziert und kommentiert; vgl. ›Der Teutsche Merkur‹ vom Jahr 1775. Viertes Vierteljahr, Weimar 1775, S. 134-155); denn das folgende Zitat (S. 634,20-24) ist in beiden Bänden nicht enthalten. – Die Quelle konnte nicht ermittelt werden.

634,22 *bübischer]* D. h. »nach Art boßhafter Buben« (Adelung I, Sp. 1235).

634,23 *Gleißner]* Als seltene, »der höhern und dichterischen Schreibart« vorbehaltene Bezeichnung für »Heuchler« belegt (Adelung II, Sp. 719 f.).

634,33 *übertragen]* Seltener für »ertragen«, an »einem andern dulden« (Adelung IV, Sp. 780).

634,35 *Ertötung der Eigenheit]* Vgl. S. 87,19-21 sowie S. 88,3-5 und Anm.

635,2 f. *ihm ⟨...⟩ anwandelte]* Zeitübliche Dativkonstruktion (vgl. Adelung I, Sp. 400 f.).

635,14 *broschürt]* (Franz.) Geheftet; Ableitung von »Broschure: eine kleine Schrift, die man nicht ordentlich einbinden, sondern nur heften läßt« (Grammatisches Wörterbuch I, S. 172).

636,3 f. *den alten ⟨...⟩ sehen]* Vgl. insbes. S. 552-557.

636,22 *der Seiger]* Vgl. Anm. 571,2 f.

636,35 f. *Honigtau]* Vgl. Hld 4,11.

636,36 *träuften]* Der »dichterischen Schreibart« vorbehaltener Ausdruck für »tropfenweise rinnen oder fließen« (Adelung IV, Sp. 654).

637,1-22 *Elias ⟨...⟩ Mundes]* Hartknopf erinnert sich offenbar an sein Initiationsritual (vgl. insbes. Z. 5 f.). – Vgl. zu Elias' »Hymnus auf die Erde« (Schrimpf, Hartknopf, S. 61*) die Schilderung der Initiation des Erzählers durch Hartknopf (S. 581-592) und analog in den *Fragmenten aus dem Tagebuche eines Geistersehers* die Botschaft des Vaters an seinen Sohn, den Hirtenknaben (S. 713,8-13), sowie – im Hinblick auf den pantheistischen Gehalt – die von Moritz im Rahmen des 1792 erschienenen Essays *Über ein Gemälde von Göthe* ausführlich zitierte Passage aus Goethes *Werther* (in vorliegender Ausgabe Bd. 2, S. 911 f.).

637,4 *deine Scheitel]* Im »Hoch- und Oberdeutschen ⟨…⟩ fast durchgängig weiblichen Geschlechtes« (Adelung III, Sp. 1406).

637,21 f. *Kusse meines Mundes]* Hier vermutlich in Anlehnung an das Gruß- und Erkennungszeichen der Christen; vgl. Paulus' Abschied von den Römern (Röm 16,16) bzw. von den Korinthern (1 Kor 16,20 und 2 Kor 13,12); vgl. auch Thess 5,26 sowie 1 Petr 5,14.

637,27 f. *sollte er ⟨…⟩ Fußweg gehen]* Vgl. S. 525,21-27 und Anm.

638,14 f. *das ⟨…⟩ Leben]* Vgl. dazu die kunsttheoretische Abhandlung *Versuch einer Vereinigung aller schönen Künste und Wissenschaften unter dem Begriff des in sich selbst Vollendeten,* wo die ästhetische Kategorie eine moralphilosophische Wendung erfährt: »die reinste Glückseligkeit will nur auf dem Wege zur Vollkommenheit *mitgenommen,* und nicht erjagt sein. Die Glückseligkeitslinie läuft mit der Vollkommenheitslinie nur parallel; sobald jene zum Ziele gemacht wird, muß die Vollkommenheitslinie lauter schiefe Richtungen bekommen« (in vorliegender Ausgabe Bd. 2, S. 948 f.).

639,16 *Sinfonie]* Allgemein für »zusammen klingende Töne, besonders in der höhern Schreibart«; hier wohl in der engeren Bedeutung für »ein gewisses musikalisches Stück, welches allein mit Instrumenten aufgeführt wird« (Adelung IV, Sp. 510).

639,18 *Schnitter]* Korrigiert aus »Schritter«.

639,23 *leimernen]* D. h. »aus Lehm verfertiget; im gemeinen Leben leimern« (Adelung II, Sp. 1979).

640,2 *laß]* D. h. »träge, matt, müde, kraftlos«, nur noch »in der edlern und höhern Schreibart« gebräuchlich (Adelung II, Sp. 1910).

640,15 *Eilend]* Im Hochdeutschen üblich für »eilends« (Adelung I, Sp. 1678).

640,37-641,2 *Schleier ⟨…⟩ Gewande]* Anspielung auf die von Hyperion und Thia gezeugten Gottheiten Aurora (Morgenröte), Helios (Sonne) und Selene (Mond). Aurora »erscheint in der Frühe, aus der dunkeln Luft, mit Rosenfingern

den Schleier der Nacht aufhebend, und leuchtet den Sterblichen eine Weile, und verschwindet wieder vor dem Glanz
des Tages« (Götterlehre, S. 57; vgl. auch Mythologisches
Wörterbuch, S. 89 f.).

641,9 f. *pyramidalische ⟨...⟩ Porzellain]* Möglicherweise ist
ein dekoratives Möbelstück (Vitrine) gemeint, in der das
damals sehr wertvolle Porzellan repräsentativ aufbewahrt
wurde. – Denkbar ist auch, daß hier, vermittelt über das
Mobiliar, die oben skizzierte Spannung zwischen Pyramide
und Kubus respektive Dreieck und Quadrat (vgl. S. 623,5
und S. 623,6 sowie Anm.) thematisiert wird.

641,27 f. *Grobschmied Kersting]* Vielleicht spielt Moritz mit
dieser Figur auf den Tierarzt Johann Adam Kersting (1726
oder 1727-1784) an, der zunächst in Hessen-Kasselschen
Diensten und ab 1777 in Hannover als Oberhofroßarzt und
Lehrer an der Veterinärschule tätig war. Der Verfasser des
1777 in Göttingen erschienenen *Unterrichts Pferde zu beschla-
gen, und die an den Füssen der Pferde vorfallenden Gebrechen zu heilen*
(revidierte Neuauflage des 1760 erstmals publizierten Titels
Der sichere und wohlerfahrene Huf- und Reitschmid) sowie des
Patriotischen Unterrichts für den Landmann (Rinteln 1776) wird
allerdings bei Moritz an keiner anderen Stelle erwähnt.

642,21 *Menschenarzt]* Vgl. die Parallelgestalten Andreas
Hartknopf und Gastwirt Knapp sowie Moritz' Metapher
vom ›neuen Kolumbus‹ (S. 557,9) bzw. die verschiedenen
Hinweise auf Arkana (Anm. 529,14).

643,5-10 *Seine Worte ⟨...⟩ haben]* Vermutlich als Gegenbild
zum Turmbau von Babel (Gen 11).

643,16-30 *hub ⟨...⟩ Garben]* Ps 126; das »Lied der Heim-
kehr« weist auch auf das messianische Zeitalter.

643,33 *sympathetischen Mitgefühl]* Vgl. Anm. 542,21.

644,6 *ruhte ⟨...⟩ auf ihm]* Vgl. Anm. 553,31 f.

644,8 *Worte der Erkennung]* Erkennungszeichen gehen auf
alte »Zunftgewohnheiten« zurück und »werden dem einzelnen Freimaurer bei der Weihe gegeben, um ihn als solchen
vor anderen zu legitimieren. Sie gliedern sich in Zeichen,
Worte und Griffe (auch Klopfen und Losung), sind in den

einzelnen Graden verschieden und haben symbolischen Charakter, der mit der Gesamtsymbolik der Freimaurerei in Zusammenhang steht« (Lennhoff/Posner, Sp. 446). – Vgl. Anm. 632,10.

644,12 *Humanitas]* (Lat.) »Menschlichkeit«; im »freimaurerischen Sinne bedeutet H. die Lehre vom Menschen und seiner Würde«. Konkret steht die Verpflichtung des Freimaurers zur Humanität für »die Achtung vor dem Menschen«, »die Anerkennung seiner Menschenrechte ⟨…⟩, d. i. Gedanken- und Gewissensfreiheit«, sowie für »die Verpflichtung zur Menschenliebe«. Im weiteren Sinne gehören auch »Vaterlandsliebe«, »Weltbürgersinn« und »Völkerfrieden« zu den humanitären Tugenden eines Freimaurers (Lennhoff/Posner, Sp. 717 f.).

644,17 *par nobile fratrum]* Vgl. Anm. 265,21.

644,24 *Atheisten]* »Gottesläugner« (Adelung I, Sp. 456).

644,24 *Goldmacher]* Vgl. Anm. 565,18; »derjenige, welcher das Geheimniß sucht, oder zu besitzen vorgibt, geringere Metalle oder Mineralien in Gold zu verwandeln; ein Alchymist, Adept« (Adelung II, Sp. 749).

645,1-3 *Das Abendmahl ⟨…⟩ redete]* Lk 24,32.

645,9 f. *Mir ist die Taube ⟨…⟩ Liebe]* Vgl. Hld 2,14; 4,1; 5,2; 5,12; 6,9.

645,14-16 *himmlischen ⟨…⟩ Erdmuth]* Vgl. Anm. 616,5 f. – Vermutlich in Anlehnung an die namentlich im Aufklärungszeitalter kontrovers diskutierte und u. a. von Johann Georg Hamann (1730-1788) revidierte Kondeszendenz-Lehre (›Erniedrigung‹, ›Herablassung‹ Gottes bzw. Jesu).

646,2 *Bienenkörbe]* Nicht nur in der Freimaurerei »beliebtes Symbol« für die »soziale Gemeinschaftsarbeit« (Lennhoff/Posner, Sp. 183).

646,3-5 *Rettichsamen ⟨…⟩ wollen]* Vgl. auch Dtn 11,10; 28,38.

646,20 f. *Elysium]*
Im Tartarus oder in der Unterwelt eine reizende Gegend, wo ein ewiger Frühling herrschte, die Vögel lieblich sangen und der Boden jährlich dreimal Früchte trug. Sie war

der Aufenthalt der Seligen. Pluto hatte hier einen Pallast und der Fluß Lethe durchströmte sie. Die dichterische Einbildungskraft stellt uns die Elysäischen Felder, oder die glücklichen Inseln unter den anmuthigsten Bildern dar. Alles, was das Gemüth fesseln konnte, wurde zur Verschönerung dieses Wohnortes der frommen abgeschiedenen Seelen angewandt. ⟨...⟩ Diese Vorstellungen sollten die Menschen bewegen, ein gutes Leben zu führen, daß sie dieser Freuden werth würden. (Mythologisches Wörterbuch, S. 148.)

646,31 *Chorschüler]* Vgl. S. 229,19-234,13 sowie Anm. 220,32.

646,32 *adjungierte]* Vgl. Anm. 428,16.

646,32 *Kantor]* Lehrer und Verantwortlicher für »Vocal- und Instrumental-Musik in den Kirchen und Schulen« (Adelung I, Sp. 1300).

647,5 *Wie nun ⟨...⟩ kömmt]* Dt. Sprichwort, wahrscheinlich nach einem Bibelwort (vgl. Ez 7,5).

647,6 *Emporkirche]* Die »erhabenen Sitze in der Kirche, welche gemeiniglich das Chor genannt werden« (Adelung I, Sp. 1802).

647,21 *Chor]* Mit regionalen Unterschieden als Maskulinum und als Neutrum belegt; Adelung bevorzugt ersteres (Adelung I, Sp. 1328 f.).

648,1 *Jubelpredigt]* »Jubel« wird im *Grammatischen Wörterbuch* als »Freudengeschrei« paraphrasiert, wobei »Jubel« der »höhern Schreibart angemessener« ist (Grammatisches Wörterbuch II, S. 332).

648,19 f. *Die Zeiten ⟨...⟩ Sonne]* Vgl. Koh 1,9.

649,6 *Das Halleluja]* Jubelruf (hebr.) aus Ps 113-117.

649,7 f. *Mußte ⟨...⟩ bestimmt war]* Vgl. S. 607-611 sowie (u. a.) S. 557,18-558,24 und Anm.

649,21 f. *Spreu vom Winde]* Biblische Redewendung; vgl. u. a. Jes 41,2; Jer 13,24; Dan 2,35; Hos 13,3.

650,22 f. *Veilchen ⟨...⟩ stand]* Vermutlich in Anlehnung an Goethes Ballade *Das Heidenröslein* bzw. ⟨*Das Veilchen*⟩ aus dem Singspiel *Erwin und Elmire*, Düsseldorf 1775.

651,8 *übertragen]* Vgl. Anm. 634,33.

651,9 *Evenements]* (Franz.) »Begebenheit«, »Ereigniß« (Schweizer I, S. 276).

651,15 f. *Kreuzesschule]* Vgl. S. 624,16 und Anm.

651,29 f. *Quasten und Franschen]* Unter Umständen ebenfalls auf die Freimaurerei bezogen: Zu den Zieraten einer Loge gehört auch der »Fransenbehang« (Lennhoff/Posner, Sp. 1737) bzw. die »geschlungene, mit Quasten besetzte Schnur«, die in der Regel am Logenteppich oder an den Symboltafeln befestigt ist (Lennhoff/Posner, Sp. 1165 und Sp. 1555 f.). – Adelung belegt lediglich das Diminutiv »Fränschen« (Adelung II, Sp. 265).

652,1 *erfunden werden]* Nach Adelung sowohl »im oberdeutschen Raum« als auch »in der biblischen Schreib- und Sprechart« üblich für »aus den Wirkungen erkennen, nach angestellter Untersuchung erkennen« (Adelung I, Sp. 1888).

652,1 f. *Der innere ⟨...⟩ uns]* Vgl. u. a. Tob 12,17 und Dan 10,19.

652,4 *Tanatos]* In der griech. Mythologie symbolisiert Thanatos – auch dargestellt als geflügelter Jüngling mit der gesenkten oder erlöschenden Fackel (vgl. Anm. 598,6-12) – den Tod. – Unter Umständen karikiert Moritz hier einen zeitgenössischen (Erfurter) Theologen (vgl. Erwentraut, Moritz, S. 906) oder ließ sich von einer der zahlreichen »komischen Predigergeschichten« inspirieren, wie sie einschlägige Anekdotensammlungen überliefern (vgl. S. 649,23 f.). – Denkbar ist auch eine Anlehnung an den Sisyphos-Mythos: Dem König von Korinth ist es gelungen, Thanatos zu überlisten und sein Leben zu verlängern – um den Preis der Sisyphos-Arbeit (vgl. Götterlehre, S. 396 f.; Mythologisches Wörterbuch, S. 445 f.).

652,8 *Substituten]* (Lat.) »Amtsgehülfe« (Grammatisches Wörterbuch IV, S. 85).

652,15 *Formular]* Im Sinne von Ritus, »vorgeschriebene Weise einer Handlung, Rede oder Schrift« (Adelung II, Sp. 248).

652,16 f. *Flüche des alten Testaments]* Vgl. Gen 3,14-19.

652,19-23 *Verflucht ⟨...⟩ werden]* Gen 3,17-19.

652,24-26 *Und zum ⟨...⟩ sein]* Vgl. Gen 3,16.

652,27 *bis der ⟨...⟩ scheidet]* Vgl. Rut 1,16-17 und Röm 7,3. – Schlußformel aus der Trauungsliturgie.

653,1 *Hochzeitkarmen]* Gelegenheitsgedicht (vgl. S. 350,1 und Anm.) anläßlich einer Vermählung.

653,23 *Messiade gestohlen]* Montage aus wörtlichem Zitat und Imitation von Klopstocks *Messias*-Dichtung (vgl. S. 492,13 und S. 493,1 f. sowie Anm.). – S. 653,5-9 entspricht *Messias* XX 912-914; S. 653,10 f. orientiert sich an *Messias* XVIII 7-9; S. 653,12 f. entspricht *Messias* XX 858; vgl. auch II 240 und II 382 (»Weltbau«, »Verwüstung«).

653,30 *Liebesgötter]* Hier sind entweder die »Amouretten« gemeint, »welche allenthalben in den Dichtungen unter reizenden Gestalten erscheinen«, als »Funken« von Amors Wesen, oder die drei »*Grazien*« (»Charitinnen«), die »Dienerinnen und Gespielinnen der Liebesgöttin« (Mythologisches Wörterbuch, S. 48 und S. 178 f.): »Denn durch die Grazien, in tanzender Stellung abgebildet, wird vorzüglich *der Reitz der Bewegung* im Gang, Gebehrden und Mienen ausgedrückt, wodurch die Schönheit am meisten die Seele fesselt. *Hand in Hand* geschlungen wandelnd bezeichneten sie wieder jene sanfte Empfindung des Herzens, die in Zuneigung, Freundschaft, und Wohlthun sich ergießt« (Götterlehre, S. 311 f.).

654,6 *Königin der Liebe]* Venus, in der antiken Mythologie Göttin der Liebe: »Sie war das Sinnbild der schöpferischen Kraft. Durch sie bezeichnete man den Trieb der Fortpflanzung, den Begriff der Schönheit, Jugend und aller Reize, die zur Verschönerung und Vervollkommnung unsers Wesens beitragen« (Mythologisches Wörterbuch, S. 481-484, hier S. 483; vgl. auch Götterlehre, S. 56 f. und S. 131-135, sowie Mythologischer Almanach, S. 104-118).

655,21 *Ausgehen aus sich selbst]* Vgl. Anm. 88,3-5 und S. 98,35-37.

655,33 f. *Schildkröte ⟨...⟩ Igel]* Vgl. S. 523,8 f. und Anm.

657,28-36 *Alles ⟨...⟩ mehr]* Vgl. die Parallelstelle im *Anton Reiser*, S. 404,18-405,10. – Der »Sarg« verweist u. U. auf den

»Wiedergeburtskult des freimaurerischen Rituals« (Lennhoff/Posner, Sp. 1380). Gaskill deutet die Metaphern ›Grab‹ und ›enges Haus‹ als »deliberate allusion to Macpherson's Ossian« (Gaskill, S. 111).

657,34 *scholl]* Zeitgenössische Imperfektform (vgl. z. B. Grimm XIV, Sp. 2092).

658,10 *Die Schmiede]* Vgl. u. a. S. 573-578.

658,20 f. *Löwenhaut* ⟨...⟩ *Keule]* Attribute des Halbgottes Herkules, in der griech. Mythologie Sohn des Zeus und der Alkmene (vgl. Götterlehre, S. 216-253, bes. S. 225); Herkules bezwang den Nemäischen Löwen und trug »nachher beständig die Haut des Löwen um seine Schultern; und diese wurde nun nebst der *Keule*, die er von dem Aste eines wilden Oehlbaums sich selber schnitt, das äußere Merkmal seiner unüberwindlichen Stärke, und seines unbesiegbaren Heldenmuths« (Götterlehre, S. 225).

658,22-659,3 *Die Welt* ⟨...⟩ *wie sie]* Vgl. die Analogien zu Moritz' Freimaurerschriften, u. a. *Die Stufen des Gesellengrades* (in vorliegender Ausgabe Bd. 2, bes. S. 244 f.).

658,22 f. *Aufgange* ⟨...⟩ *Niedergange]* Anlehnung an biblische Sprache; vgl. u. a. Ps 75,7 (Das große Gottesgericht).

658,23-26 *Ungeheuern* ⟨...⟩ *entriß]* Erneut Anspielung auf den Herkules-Mythos: Herkules besiegt eine Reihe von Ungeheuern (den ›Nemäischen Löwen‹, die ›Lernäische Schlange‹, den ›Erymanthischen Eber‹, die ›Stymphaliden‹, den ›Kretensischen Stier‹, die ›Rosse des Diomedes‹, den ›dreiköpfigen Geryon‹ und den ›Höllenhund Cerberus‹) und erobert die von einem Drachen bewachten Äpfel der Hesperiden; nachdem »er auf der Oberwelt die Ungeheuer besiegt hatte, hieß Eurystheus ihn hinab zu den Schatten steigen, und den dreiköpfigen Hund Cerberus« zu bezwingen. – Möglicherweise ist Andreas Hartknopfs Märtyrertod auch als Parallele zu Herkules' Tod (bzw. Moritz' Interpretation dieses Todes) zu verstehen: »Als Herkules nun den Scheiterhaufen bestiegen hatte, und die lodernde Flamme ihn umgab, da heiterte sich sein Antlitz auf; – Er hatte die Leiden der Menschheit ausgeduldet, und ihre Schwächen abgebüßt; – die sterbliche, den Schmerzen unterworfene Hülle fiel von ihm ab; – sein Schattenbild sank nur zum Orkus nieder; – sein *eigenes Selbst* stieg in die Versammlung der Götter zum Olymp empor« (vgl. Götterlehre, S. 225-253; hier S. 237 und S. 253).

659,3 *obere]* Dialektal für ›obere‹ (vgl. Grimm XIII, Sp. 1073).

659,13 *Hartknopfs Klage]* Unter dem Titel *Des Einsamen Klage* mit geringfügigen Varianten in Karl Friedrich Klischnigs *Blumen und Blüthen*, Berlin 1794, S. 29-31, wo er das Urheberrecht an diesem Gedicht für sich beansprucht: »Ich halte es für gut, jetzt mein Eigenthum zurück zu nehmen.«

659,13 f. *Hartknopfs ⟨...⟩ Heuschrecken]* Vgl. Ex 10; Jer 46,23; Dtn 28,38; 2 Chron 7,13.

660,2 *trauren]* Trauern; nach Adelung ist diese »Schreibart ⟨...⟩ nur harten Mund- und Sprecharten eigen, auch unrichtig, indem die intensive Endung ern und nicht ren lautet« (Adelung IV, Sp. 653).

660,4 *Philomelens Klage]* Von Moritz mehrfach zitierter Mythos; vgl. Ovid, *Metamorphosen* VI 455: Philomele, die Schwester Proknes, ist gegen ihren Willen von ihrem Schwager Tereus verführt und verstümmelt worden. Mit einer Webarbeit informiert sie ihre Schwester über die grausame Tat. Die beiden Frauen rächen sich an Tereus und werden in Vögel verwandelt (vgl. Mythologisches Wörterbuch, S. 398; ferner S. 481,10 und Anm. sowie Bd. 2 der vorliegenden Ausgabe, S. 992).

660,18 *Parze]* Eine der Schicksalsgöttinnen der griech.-röm. Mythologie: »Sie heißen Klotho, Lachesis und Atropos. Sie sind unerbittliche Wesen, geboren von der Nacht. Diese weiblichen Geschöpfe, die von Geburt an über das Leben der Menschen walten, spinnen den Lebensfaden und trennen ihn nach Gefallen. Klotho hält den Rocken, Lachesis spinnt den Faden, den Atropos mit der Scheere abschneidet. Sie sind immer beschäftigt, überschauen die Schicksale der Menschen von der Wiege an bis zu seinem Grabe.« (Mythologisches Wörterbuch, S. 379 f.)

661,8 *Bleib' ⟨...⟩ Nadel]* Vgl. S. 531,16 f. und Anm.

661,11 *Ohren verstopfen]* Anlehnung an Homer, *Odyssee* XII 39-54 (Kirke warnt vor den Sirenen).

661,17 f. *witzig]* Vgl. S. 534,3 und Anm.

662,15 *Hütten ⟨...⟩ gebauet]* Vgl. S. 556,4-7 und Anm.

662,31 *Angebinde]* »Geschenk« zum »Geburts- oder Nahmenstage« (Adelung I, Sp. 298).

663,6-664,26 *Zartere ⟨...⟩ eintritt]* Unter dem Titel *Hieroglyphen. Freundschaft und Zärtlichkeit* (vgl. S. 662,27) auch in Klischnig, S. 114-116.

664,18 f. *Weisheit ⟨...⟩ Vernunft]* Vgl. Phil 4,7; dort wird der »Friede Gottes« über »Herzen« und »Gedanken« gesetzt, in der Luther-Übersetzung über die »vernunfft« (Luthers Werke, WA, Die Deutsche Bibel VII, S. 223).

665,15-666,20 *Täuschung ⟨...⟩ Blick]* Hierfür beansprucht Karl Friedrich Klischnig die Urheberschaft (vgl. *Blumen und Blüthen*, Berlin 1794, S. 32-34). Das Motto »Ein Wahn, der mich beglückt, | Ist eine Wahrheit werth, die mich zu Boden drückt. | *Wieland*« fehlt bei Moritz; neben geringfügigen Varianten weicht S. 666,14 vom Nachdruck ab: »Der Knab'« lautet bei Klischnig »Der holde Knab'«. – Verschiedene Symbole verweisen auf die Arbeit des Freimaurers und dessen Bildwelt: Die Wasserwaage, das »Zeichen des Ersten Aufsehers«, verkörpert »Gleichheit, das gleiche Recht, die gleiche Würdigung aller, die Unterordnung der Vorrechte der Geburt, des Standes oder des Besitzes unter das reine Menschentum« und »den sozialen Ausgleich« (Lennhoff/Posner, Sp. 1455). – Zu »Grab«, »Mittagsstunde«, »Hütten baun« vgl. Anm. 657,28-36 bzw. Anm. 546,12 f. und Anm. 556,4-7. – Die Parallelen zu anderen, zeitlich früheren Freimaurerschriften schließen Moritz' Urheberschaft jedenfalls nicht aus; vgl. u. a. *Die Feier der Geburt des Lichts* (in vorliegender Ausgabe Bd. 2, S. 237-239).

665,30 f. *Diese ⟨...⟩ ergänzen]* Vermutlich als Hinweis auf eine geplante Fortsetzung der beiden *Hartknopf*-Romane zu dechiffrieren.

666,34 f. *moralisch tot geschlagen]* Anspielung auf die Kontroverse zwischen Moritz und Joachim Heinrich Campe, mit dem Moritz zunächst ein freundschaftliches Verhältnis verband; Campe hatte Moritz mit mehreren Vorschüssen auf eine Beschreibung der römischen Altertümer die Italienreise finanziell erst ermöglicht (vgl. in vorliegender Ausgabe Bd. 2, S. 1165-1168). Nach dem Eklat – Campe war mit dem Absatz der *Bildenden Nachahmung des Schönen* unzufrieden – löste Moritz den Vertrag; später sollen sich die Rivalen ausgesöhnt haben (vgl. S. 1182 f. sowie Klischnig, S. 116-118 und Anm.). – Diese Fehde dokumentiert auch *Moritz contra Campe. Ein Streit zwischen Autor und Verleger im Jahr 1789*. Mit einem Nachwort hg. v. Reiner Marx und Gerhard Sauder, St. Ingbert 1993.

AUS K...S PAPIEREN

Textgrundlage

Erstdruck und Druckvorlage: Denkwürdigkeiten, aufgezeichnet zur Beförderung des Edlen und Schönen. Herausgegeben von Carl Philipp Moritz. Berlin 1786. Sechszehntes Stück: Aus K...s Papieren., S. 239-244; Siebenzehntes Stück: Aus K...s Papieren. (Fortsetzung.), S. 264-270; Neunzehntes Stück: Aus K...s Papieren. (Beschluß.), S. 287 f., und Erzählung des Herausgebers., S. 289-299; Zwanzigstes Stück: Zusatz zu den Aufsätzen aus K...s Papieren., S. 303-311; Einundzwanzigstes Stück: Noch etwas aus K...s Papieren., S. 319-333; Zweiundzwanzigstes Stück: F...s Geschichte., S. 342-349; Dreiundzwanzigstes Stück: F...s Geschichte. (Fortsetzung.), S. 359-364.

Textüberlieferung

Weitere zeitgenössische Drucke sind nicht nachweisbar; die Handschrift ist nicht erhalten. Erstmals wieder veröffentlicht wurde *Aus K…s Papieren* – ohne die Ergänzung »F…s Geschichte« – im »Programmbuch« der Schaubühne am Lehniner Platz, Berlin: *Blunt. Drama und Prosa von Karl Philipp Moritz*, Frankfurt am Main 1994.

Entstehung, Quellen und Urheberschaft

Angaben zur Entstehung sind nicht überliefert. Vermutlich hat Moritz die (auto-)biographischen Zeugnisse von zwei ehemaligen Kommilitonen parallel zur Arbeit am ›Magazin zur Erfahrungsseelenkunde‹ (1783 ff.) und zum *Anton Reiser* (1785 ff.) redigiert.

Die formal und thematisch eng miteinander verknüpften Erzählungen stützen sich offensichtlich auf authentische Schicksale (vgl. Klischnig, S. 24). Wahrscheinlich handelt es sich bei den Protagonisten um persönliche Bekannte aus Moritz' Wittenberger Studienzeit (vom 27. 2. 1777 bis Frühjahr 1778; anschließend: Aufenthalt und Bewerbung am Dessauer Philanthropin bei Johann Bernhard Basedow; 23. 7. 1778: Ernennung zum Informator am Militär-Waisenhaus in Potsdam). Klischnig berichtet, daß sich Moritz in Wittenberg 1777/78 tatsächlich mit »F…« und »K…« angefreundet hatte, desgleichen mit dem Shakespeare-Kenner und Trauerspieldichter Traugott Benjamin Berger (»Mann Namens B…«).

Im *Allgemeinen deutschen Briefsteller* ist unter der Rubrik »Glückwünschungsschreiben« ein Brief eines Wittenberger Freundes abgedruckt, der den Empfänger (d. i. mutmaßlich Karl Philipp Moritz nach seinem Weggang aus Wittenberg) über die aktuelle Lebenssituation von »F*«, »K*« und »B*« informiert. Möglicherweise spielt ein in der Abteilung »Freundschaftsversicherungen« publiziertes, wahrscheinlich an Moritz gerichtetes Schreiben aus Wittenberg auf eine frühere Veröffentlichungsabsicht an: »Bei Hrn. F* hab' ich hier Ihren Auftrag noch einmal bestellt; denn das erstemal war er verreiset. Nun glaubt' er's endlich, daß Sie das Manuskript ohne des Eigenthümers Vorwissen nicht würden zum Druck befördern. Es stehn darin, wie ich mir habe sagen lassen, Sachen von Wichtigkeit.« (Karl Philipp Moritz, *Allgemeiner deutscher Briefsteller, welcher eine kleine deutsche Sprachlehre, die Hauptregeln des Styls und eine vollständige Beispielsammlung aller Gattungen von Briefen enthält,* Berlin 1793, S. 215 f. und S. 267; vgl. auch S. 667,2-4.) Demnach hat Moritz – mit oder ohne Wissen bzw. Zustimmung der Betroffenen – deren Selbstbeobachtungen und Selbstauskünfte bzw. Informationen von Dritten verarbeitet. Die authentischen Briefdokumente oder Tagebuchaufzeichnungen der betroffenen Studienkollegen sind allerdings nicht überliefert.

Formal gehört auch der am 25. August 1781 in der ›Litteratur- und Theater-Zeitung‹ (Nr. XXXIV, S. 529-536) erschienene und von Moritz namentlich gezeichnete Beitrag *Aus dem Tagebuche des unglücklichen, von der Welt verkannten P....ls* zu diesem Komplex. Dieses Dokument einer Seelenlähmung und Todessehnsucht als Folge zerstörter Hoffnungen (»Alle meine glänzenden Aussichten sind verschwunden«; a. a. O., S. 530) besteht überwiegend aus datierten Gedichten (»Den 3ten December 1779« bis »Den 11ten Merz«), zwischen die kurze Prosa-Sentenzen aus einem Tagebuch einmontiert sind. Der Text schließt mit »Seine⟨r⟩ Grabschrift«: »In ihm schlief der Keim zu großen Thaten, aber in dem angstvollen Augenblick der Entwickelung zertrat er ihn« (S. 536).

Obwohl *Aus K...s Papieren* anonym erschienen ist, darf Moritz als redigierender Verfasser gelten. Für seine (Mit-) Urheberschaft sprechen biographische Parallelen (der in Wittenberg studierende »Herausgeber« berichtet von einer Reise nach Dessau, wo sich Moritz um eine Anstellung an Basedows Philanthropin bemühte); ferner verweisen darauf die motivischen und thematischen Korrespondenzen zum *Anton Reiser* sowie die bei Klischnig überlieferten Informationen über Moritz' persönliche Bekanntschaft mit K..., F... und B.... Die für den *Anton Reiser* typische Verschmelzung von Krankenbericht und erfahrungsseelenkundlicher

Analyse, die auf den Leser abzielt und die Fallgeschichte als exemplarisches Studienobjekt benutzt, findet sich hier ebenso wie die Verflechtung von sozial- und individualpsychologischer Ursachenforschung. Die charakterlichen Defizite und Gründe für das Scheitern des Helden – mangelnde Tatkraft und Seelenlähmung – werden durch äußere Mangelsituationen in der Familie und im sozialen Beziehungsgefüge verstärkt; deshalb wird der Bruderkonflikt beispielsweise nicht zum zentralen Thema, sondern auf die Funktion eines Auslösers reduziert (vgl. insbesondere S. 680). Wie der *Anton Reiser* bricht die Auswahl *Aus K...s Papieren* unvermutet ab; die angekündigte »Fortsetzung« ist nicht erschienen.

Rezeptionszeugnisse zu dieser weder bei Schrimpf noch bei Günther bibliographisch erfaßten Prosa sind nicht bekannt. Lediglich Langen verweist in seiner Untersuchung der Symbolik im Werk von Karl Philipp Moritz gelegentlich auf diesen Text; Eybisch geht indes davon aus, daß Moritz nur »die Aufzeichnungen seiner beiden nähern Studienfreunde« mitgeteilt habe (Eybisch, S. 75).

Deutungsaspekte

Erzähltechnische, inhaltliche und wirkungsästhetische Elemente legen den Vergleich mit Goethes *Leiden des jungen Werthers* nahe, zumal sich im *Anton Reiser* mehrfach die *Werther*-Begeisterung des Autors (und mithin der Zeitgenossen) spiegelt. Eybisch jedenfalls rechnet das Textkorpus zu den »Schwärmereien im Werther- und Siegwartstil der Zeit« (Eybisch, S. 75). Trotz mancher *Werther*-Reminiszenzen – gerade »F...s Geschichte« entspricht in Einzelaspekten der äußeren Biographie Werthers (Thematisierung der unglücklichen Liebe und der beruflichen Stellung) – geht Moritz' Prosafragment auf Distanz zu Goethes Erfolgsbuch, so daß *Aus K...s Papieren* nicht ohne weiteres dem empfindsamen Genre der Wertheriaden zuzuordnen ist.

Die Parallelen beschränken sich auf Formalia: So wird

K...s Lebensgeschichte bruchstückhaft durch ›eigenhändige‹ Aufzeichnungen wiedergegeben, deren erstes Dokument auf den »3ten Mai 1778« datiert ist (Werthers erster Brief an Wilhelm stammt vom 4. Mai 1771). Wie im *Werther* skizziert ein anonymer Herausgeber die Erzählsituation (Archivfiktion) und die Wirkungsabsicht: die Adresse an den mitfühlenden Leser. Doch die Redaktor-Figur des *Werther* zielt auf »Bewunderung und Liebe« sowie »Tränen«, während der Editor von *K...s Papieren* eine Art der Teilnehmung verlangt, die gleichermaßen auf den Protagonisten und die »andern Unglücklichen« (S. 667,7 f.) gerichtet ist, also das individuell konsolatorische und unter Umständen auch kompensatorische Lektüre-Erlebnis zur sozialen Verantwortlichkeit, zur Mitmenschlichkeit hin überschreiten will. Das Verfehlen des Wirkungsziels führt die integrierte Parallelgeschichte exemplarisch und in akzentuierender Absicht vor: F... bezieht K...s Warnung (dessen Abschiedsbrief »Mein liebster F...«) irrtümlich nicht auf sich. Die Emanzipation vom *Werther*-Schema zeigt sich darüber hinaus in der Radikalisierung der Ich-Perspektive: Der Protagonist formuliert seine Selbstschau und seinen Situationsbericht überwiegend in tagebuchartigen Aufzeichnungen, kaum in empfängerbezogenen Briefen. Der auktoriale Erzählerbericht verstärkt die Selbstbeobachtung und Selbstanalyse (vgl. dazu auch Karl Philipp Moritz, *Beiträge zur Philosophie des Lebens aus dem Tagebuche eines Freimäurers*, Berlin 1780; [2]1781; [3]1791). Im Vergleich zu Goethes *Werther* wird der ästhetische Diskurs reduziert: Einerseits verzichtet Moritz auf das Thema des dilettierenden Künstlers, andererseits schwächt er Werthers identifikatorische Literaturrezeption deutlich ab. Während Goethes Protagonist Klopstock, Homer, Ossian und Lessings *Emilia Galotti* verklärt, zitiert Moritz aus Miltons religiösem Epos, und F... wird anläßlich einer Aufführung der *Minna von Barnhelm* in ein Duell verwickelt. Ferner verdrängt das Studentenlied komplizierte Rokoko-Tänze und empfindsame Menuette – überhaupt skizziert Moritz das Studentenleben, zum Teil sogar die vom jeweiligen Universitätsstandort abhängigen Unterschiede, auf anschauliche Weise.

Die thematische und motivische Eigenständigkeit gegenüber der Wertheriade und dem Universitäts- bzw. Studentenroman erweist sich vor allem in der sozialpsychologischen Erklärung von K...s Scheitern: Fluch des Vaters, Konkurrenz und Neid unter Brüdern, mit väterlicher Autorität fehlgeleitete Berufswahl (kanonische Motivstrukturen der Sturm-und-Drang-Dichtung) bilden nicht die Ursache, sondern nur den Anlaß zur seelischen Zerrüttung. Die unerfüllte Liebe zu einer Frau wird – als eines von mehreren Motiven – zur Marginalie: Die Entgleisung (Duell) führt K... zur Entsagung; F... verzichtet auf die Geliebte, weil sich die erhoffte berufliche Karriere (vorerst) nicht einstellt. Bezeichnend für die spezifische Wirkungsabsicht ist nicht zuletzt auch die Konsequenz, mit der Moritz ungeachtet seines poetischen Gestaltungswillens (z. B. in den Natur- und Landschaftsszenen) jegliche Spannung auf den Ausgang tilgt: Er informiert den Leser bereits zu Beginn über das Scheitern und den Tod der Helden.

Auf das in ästhetischer Hinsicht verklärte »Gemälde von Goethe« (vgl. in vorliegender Ausgabe Bd. 2, S. 911-918) reagierte Moritz also nicht epigonal mit einer empfindsamen Idylle oder mit einer Karikatur, sondern im Duktus des ›Magazins zur Erfahrungsseelenkunde‹ und des *Anton Reiser* als erzählender moralischer Arzt.

Stellenkommentar

667,2 *ich ⟨...⟩ mitteile]* Die biographischen Angaben zum Redaktor weisen vereinzelte Parallelen zu Karl Philipp Moritz (Studium in Wittenberg, Reise von Wittenberg nach Dessau) bzw. zum *Anton Reiser* auf (väterlicher Fluch, versuchte Soldatenwerbung).

667,11-25 *Fluch ⟨...⟩ verklagen]* Vgl. zu dieser Handlungsmotivierung – väterlicher Fluch und Bruderkonflikt – Friedrich Schillers (1759-1805) Erfolgsdrama *Die Räuber* (entstanden 1779/80; Erstdruck 1781; Uraufführung Mannheim 1782) und insbesondere Schillers eigene Zusammenfassung der Fabel in seiner Selbstrezension. – Die Motive ›Verfeindete Brüder‹ und ›Vater-Sohn-Konflikt‹ hatten im Sturm und Drang Hochkonjunktur.

667,17 *struppichtes*] Als Ableitungssuffix ist ›-icht‹ auch im *Grammatischen Wörterbuch* (II, S. 270 f.) belegt; Adelung verzeichnet sowohl »struppig« als auch »struppicht« (Adelung IV, Sp. 460).

667,27-668,3 *meine Kräfte ⟨...⟩ nutzen*] Thematischer Hinweis auf die Urheberschaft und die redaktionelle Überarbeitung authentischer Dokumente durch Moritz (so z. B. S. 669,3 und S. 674,22 f.); vgl. u. a. die zahlreichen Kommentare zur Antriebslosigkeit und Handlungsunfähigkeit Anton Reisers, die in dem Begriff ›Seelenlähmung‹ zusammengefaßt werden, ebenso Moritz' *Beiträge zur Philosophie des Lebens*. – Vgl. ferner die Entsprechungen zu Werthers Brief vom 22. August sowie den Erzählerkommentar »Der Herausgeber an den Leser« (Goethe, Werther, S. 96-98 und S. 176-179).

668,7 *Hinweg verdammter Spiegel*] Langen interpretiert dieses Spiegelmotiv »als Symbol des Subjektivismus und seiner letzten Konsequenz, der *Spaltung des Ich*« (Langen, S. 429 f.); vgl. auch S. 672,33 und S. 686,23 f. sowie S. 619,21 und Anm.

668,13 *Brandmark*] »Zeichen, welches Missethätern angebrennet wird«, auch »eine Narbe, oder ein Zeichen von einem Brande auf der Haut« (Adelung I, Sp. 1153).

668,13 *diesen*] Korrigiert aus »diesem«.

669,13 f. *schrecklichen Zweikampf*] Studentenduelle »unterscheiden sich von den Duellen anderer Stände durch eine Menge leerer und lächerlicher Formen, um so lächerlicher, da sie mit einem großen Ernste getrieben werden, als gelte es Leben und Tod, während, sieht man sie recht an, man überall grade die entgegengesetzte Absicht und den Charakter einer leeren Spielerei darin erkennt. Zwar fehlt es auch nicht an ernsten, sehr unglücklichen Ausgängen dieser Kämpfe, doch ist dies in der Regel nur die Folge grober Unvorsichtigkeiten, oder unglücklicher zufälliger Ereignisse. ⟨...⟩ Die Waffen sind bei Studentenduellen für jede Universität bestimmt. Früher, wo auf Universitäten das Fechten eifriger betrieben wurde, als jetzt, bediente man sich häufiger des Degens. Jetzt, nachdem das Degentragen unter den Civilisten abgekommen ist und die wenigsten gut fechten können, duellirt man sich gewöhnlich auf den minder schädlichen Hieb. Das Duell auf den Hieb wird in ⟨...⟩ Halle ⟨...⟩ mit *Glockenschlägern* (d. i. solchen zu Duellen besonders eingerichteten Säbeln, an denen die Hand durch eine Glocke gedeckt ist) ⟨...⟩ vollzogen.« (Ersch/Gruber I 28, S. 162 f.)

669,19 *In Halle*] Vgl. zur Situation an der Universität Halle Anm. 611,3.

669,23 *wie oft ⟨...⟩ ihm*] Lt. Adelung ist ›beneiden‹ »auch mit dem Dative der Person und dem Accusative der Sache« belegt (Adelung I, Sp. 851).

669,25 f. *Büchern verdammt*] Vgl. neben der Kritik am »Schlendrian im Schulwesen« (u. a. S. 216,6 f., S. 533,10 und Anm.) auch die rousseauistische Kritik am Bücherwissen (u. a. S. 573,6 und Anm.) sowie das Plädoyer für einen handwerklichen Beruf (S. 575,16-19 und Anm.) und die Ratschläge für eine angemessene Berufswahl (S. 414 f.).

669,32 *mit gelähmter Seele*] Vgl. Anm. 667,27-668,3; ferner u. a. S. 226,14 sowie S. 814,1-11.

670,14 f. *so rollt ein Menschenleben*] Vgl. zu dieser sprecherbezogenen Naturinterpretation durch den Ich-Erzähler die vielen Muster in Goethes *Die Leiden des jungen Werthers*.

670,16 *Krümme*] D. h. »krumme Beschaffenheit eines Dinges« oder der »krumme oder gebogene Theil eines Dinges« (Adelung II, Sp. 1806); hier metaphorisch gebraucht.

670,26 *Und wie ⟨...⟩ genützt*] Mangelnde Affektkontrolle formuliert auch Albert als Erklärungsgrund für das menschliche Versagen seines Gegenspielers Werther (vgl. Goethe, Werther, S. 78-89).

670,29 *Luthersbrunnen*] »Dieser liegt auf des Raths und der Bürgerschafft in Wittenberg so genannten grossen Lug, eine Viertel-Meile von der Stadt an der Elbe, vor dem Elster-Thore. Im Jahr 1521 legte D. *Luther* diesen nach ihm genannten Brunnen an, damit er allda mit seinen Herren Collegen in wichtigen Fällen sich in Geheim unterreden könnte. ⟨...⟩ Bey dem zweyten Reformations-Jubel-Feste 1717 wurde über diesen klaren und lautern Luthers-Brunnen, zu besonderer Hochachtung und besserer Erhaltung und Bedeckung desselbigen ein schönes Hauß und Gebäude, so bewohnet werden kan, nebst einem geräumlichen Saal ⟨...⟩ allda erbauet« (Zedler LVII, Sp. 1798 f.).

671,11 f. *die tierische* ⟨...⟩ *Menschheit*] Diese stoizistische Reflexion bestimmt Moritz' gesamtes Denken und äußert sich mehrfach auch in den literarischen Werken (z. B. im *Anton Reiser* und im *Andreas Hartknopf*) sowie in den anthropologischen Schriften (vgl. etwa *Eine Vergleichung zwischen der physikalischen und moralischen Welt*; in vorliegender Ausgabe Bd. 2, S. 39 f.; ferner Meier, Unerschrockenheit).

671,26-35 *Freilich* ⟨...⟩ *sein*] Vgl. auch Klischnigs Schilderung von Moritz' Wittenberger Studentenzeit (Klischnig, S. 25 f.).

672,28 *im*] Korrigiert aus »in«.

672,31 *außer mir selbst*] Vgl. S. 762,18-35 sowie S. 307-309.

672,33 *Ich* ⟨...⟩ *gedoppelt*] Vgl. S. 668,7 (Spiegelsymbolik) und S. 686,23 f. (Identitätsproblematik).

673,12 *gegründeten*] Vermutlich Partizip zu ›gründen‹, das in der Fachsprache der Kupferstecher das Präparieren (Aufackern) der Kupferplatte »mit dem Gründungseisen« bezeichnet (Adelung II, Sp. 831); sinngemäß wohl ein bearbeitetes (geprägtes) Stückchen Metall, eine Münze.

673,12 *Metall*] Vgl. *Kinderlogik*, in vorliegender Ausgabe Bd. 2, bes. S. 119-121.

673,25-27 *Tatkraft* ⟨...⟩ *spielen*] Vgl. Goethe, Werther, S. 179.

673,27 *dem*] Korrigiert aus »den«.

674,13 f. *elendes Handgeld*] »Zu Recruten muß man tüchtige, ungezwungene und aller Ansprache der Desertion wegen befreyte Leute annehmen, und ihnen ein gut Stück Geld auf die Hand geben, damit sie desto mehr angelockt werden« (Zedler XXX, Sp. 1568). Die Annahme des Handgeldes machte den (Werbungs-)Vertrag für beide Teile bindend.

674,22 f. *Vom Gedanken* ⟨...⟩ *gelähmt]* Vgl. Anm. 667,27-668,3 und S. 669,32.

675,20 *ihn]* Korrigiert aus »ihm«.

675,21 *aufzog]* Jemandem etwas »im Scherze oder Spotte vorrücken« (Adelung I, Sp. 556).

675,27 f. *Gaudeamus* ⟨...⟩ *sumus &c.]* Bekanntes Studentenlied, das auf einen lateinischen Bußgesang französischen Ursprungs (von 1267) zurückgeführt wird. Von diesem Lied sind zahlreiche Übersetzungen, Nachdichtungen und Parodien überliefert, u. a. auch von Johann Christian Günther, Friedrich Schiller und Johann Gottfried Herder.

675,30 *Weil]* Schon damals veraltet für »so lange als« (Adelung IV, Sp. 1454).

676,5 *dem]* Korrigiert aus »den«.

676,7 f. *F...* ⟨...⟩ *betroffen hat]* Bei F..., dessen Namen Klischnig nicht preisgibt, handelt es sich wahrscheinlich um einen Wittenberger Studienfreund und zeitweiligen Wohnungsgenossen von Karl Philipp Moritz (vgl. Klischnig, S. 24).

676,10-12 *Ich habe* ⟨...⟩ *sagt]* Zitat aus Shakespeares *King Lear* III 2: »Poor Fool and knave, I have one part in my heart | That's sorry yet for thee.« – Über Moritz' Shakespeare-Lektüre mit Berger und F... vgl. Klischnig, S. 23 f.; zur *Lear*-Rezeption vgl. u. a. S. 310 f., S. 423,11 f. und S. 501,26-37 sowie Klischnig, S. 38.

676,16 *O sei ein Mann]* Vgl. 1 Kön 2,2, wo sich der sterbende David sinngemäß mit diesen Worten an seinen Sohn Salomo wendet.

676,16 *folge mir nicht nach]* Negation einer häufigen Bibelanrede (vgl. z. B. Mk 1,17 oder Joh 8,12), in verneinter Form u. a. in Spr 1,10.

676,18 *schrecklichen Untätigkeit]* Vgl. dazu die von Klischnig offenbar übernommene Diagnose: »F... Seelenkräfte waren durch eine unglückliche Liebe gelähmt. Er hatte die Lust zu einer zweckmäßigen Thätigkeit verlohren« (Klischnig, S. 24).

676,31 *Koswig]* Coswig.

676,32 f. *Zerbstischen Truppen]* Fürst Friedrich August von Anhalt-Zerbst (1734-1793; reg. seit 1751) war in Friedenszeiten ob seiner »Soldatenspielerei« berüchtigt; er verfügte über »Truppen von allen Gattungen«, ca. »11 Obersten und 2000 Mann, deren Completirung 16 ausländische Werbeplätze besorgten«; darüber hinaus verkaufte der Fürst »1160 Mann« an die englische Krone für den Einsatz im amerikanischen Unabhängigkeitskrieg (ADB IV, S. 158 f.).

676,33 *anwerben lassen]* Vgl. Anm. 428,30.

677,13 *ihm]* Korrigiert aus »ihn«.

677,16 *dem]* Korrigiert aus »den«.

678,13 f. *für ⟨...⟩ Handgeld]* Vgl. Anm. 674,13 f.

678,37 *nach ⟨...⟩ durchreiste]* Biographische Parallele zwischen Moritz und dem Redaktor/Erzähler (vgl. Klischnig, S. 27 f.).

679,10 *Nadler]* »Handwerker, welcher Steck- und Nähnadeln verfertiget oder verfertigen lässet« (Adelung III, Sp. 409).

679,11 *dem]* Korrigiert aus »den«.

679,28 *Husar]* Leichtbewaffneter Reiter.

680,3 *betrübtem]* Korrigiert aus »betrübten«.

680,10-15 *So verlassen ⟨...⟩ sein]* Wegen der Parallelen zum *Anton Reiser* (Inhalt und Diktion) Hinweis auf Moritz' essentielle Redaktion ihm vorliegender Dokumente.

680,20-25 *Aber er zehrte ⟨...⟩ unterlag]* Vgl. dazu u. a. die wiederholten Schilderungen derartiger ›Kräftekämpfe‹ im *Anton Reiser* (z. B. S. 503 f.).

680,27 *Art von Tagebuch]* Über den hohen Stellenwert dieser Art von Selbstbeobachtung vgl. neben *Anton Reiser* (u. a. S. 294,2 und S. 312,30) vor allem Moritz' Ausführungen im *Vorschlag zu einem Magazin einer Erfahrungs-Seelenkunde* (S. 793-809) und die verschiedentlich publizierten Auszüge aus eigenen Tagebuchfaszikeln (vgl. u. a. S. 819-821; S. 839 f.; S. 892-897).

681,16 *Seiner Anlage nach]* Vgl. Anm. 669,25 f.

681,31 *Studentenorden]* Verbotene studentische Geheimgesellschaften, teilweise den Freimaurern nahestehend (ursprünglich akademische Logen, dann rein studentische Orden). Studentenorden existierten vor allem in der zweiten Hälfte des 18. Jahrhunderts und vorzugsweise an protestantischen Universitäten (die älteste bekannte derartige Loge ›Zu den drei goldenen Schüsseln‹ wurde 1743 in Halle gegründet; 1812 wurden in Wittenberg die letzten Orden aufgelöst). – Vgl. zu den »unschmackhaften studentikosen Lustbarkeiten«, an denen Moritz bisweilen gerne teilnahm, Klischnig, S. 25, und zur Kritik an den Studentenorden und am studentischen Duellwesen *Etwas über Halle, Göttingen und Marburg* (in: Italien und Deutschland in Rücksicht auf Sitten, Gebräuche, Litteratur und Kunst. Eine Zeitschrift, hg. v. K. P. Moritz, Zweyten Bandes, erstes Stück, Berlin 1792, S. 32-61, bes. S. 48 und S. 51 f.).

681,31 f. *Inviolabilistenordens]* Studentenorden, der sich dem Ordensgesetz von 1766 zufolge nachdrücklich von den Freimaurern abgrenzte. Schulze/Ssymank zitieren aus dem Inviolabilisten-Eid: »Ich ... schwöre bei der heiligen Dreifaltigkeit, bei meinem Leben und bei meiner Ehre, daß ich mich den Gesetzen willig unterwerfen, daß ich sie, *solange ich lebe*, unverbrüchlich halten will, daß mich nichts in der Welt soll bewegen, den Bund mit meinen Ordensbrüdern zu brechen, daß ich das Wohl meiner Freunde bis in die Stunde des Todes befördern will«. Das Aufnahmeritual schildert Schrader:

Dem Brauch einer Zeit entsprechend, welche an der Symbolik der Freimaurer und Rosenkreuzer besonderes Gefallen fand, wurde die Aufnahme in diesen und ähnlich in andere Orden mit großer Feierlichkeit vollzogen: vor Todtenkopf und Schläger hatte der Jünger bei der heiligen Dreifaltigkeit, bei Leben und Ehre den Ordensgesetzen unverbrüchliche Treue zu schwören, widrigenfalls er jedem Anspruch auf die ewige Seligkeit entsage. Dazu wurde Rotwein aus einem Schädel getrunken und dem neuen Mitgliede die Bundesabzeichen verliehen, welche je nach dem Orden und der Ordensklasse in einem Bande, einem Dreieck, einem silbernen Kreuze mit oder ohne Todtenkopf bestanden.

(Friedrich Schulze und Paul Ssymank, *Das Deutsche Studententum von den ältesten Zeiten bis zur Gegenwart*, Leipzig ²1910, S. 129 und S. 136; Wilhelm Schrader, *Geschichte der Friedrichs-Universität zu Halle*, Teil I, Berlin 1894, S. 597 f.)

682,1 *seinem*] Korrigiert aus »seinen«.

682,4 *ruchtbar*] Bei Adelung nur in dieser Form belegt (Adelung III, Sp. 1186); Grimm weist »ruchtbar« neben »ruchbar« nach (Grimm XIV, Sp. 1341 f.).

682,5 *relegiert*] Korrigiert aus »religirt«, da das *Grammatische Wörterbuch* (III, S. 339) nur »Relegiren«, »Relegation« verzeichnet (vgl. auch Grimm XIV, Sp. 801).

682,9 *konnten*] Korrigiert aus »konnte«.

682,21 *diesem*] Korrigiert aus »diesen«.

682,28-683,10 *Die viehische ⟨...⟩ bezieht*] Vgl. Klischnig, S. 25 f.

683,1 f. *es ist ⟨...⟩ Tollheit*] Freies Zitat nach Shakespeare, *Hamlet* II 2: »Though this be madness, yet there's method in't.«

683,2 *diesen*] Korrigiert aus »diesem«.

683,9 *Bachanalien*] Eigentlich Bacchanalien; ursprünglich Feste zu Ehren des Weingottes Bacchus, hier in der Bedeutung von »Zech-Gelage« (Schweizer I, S. 93; vgl. auch Götterlehre, S. 167-178).

684,1 *liebte ⟨...⟩ geliebt*] Möglicherweise Anlehnung an die Schlußverse von Goethes Gedicht ⟨*Willkommen und Abschied*⟩ (Erstdruck 1775): »Und doch, welch Glück! geliebt zu werden, | Und lieben, Götter, welch ein Glück.«

684,3 *seinem*] Korrigiert aus »seinen«.

685,13 *seiner*] Korrigiert aus »seine«.

685,18 f. *Don Quixote*] Ironischer Verweis auf den spanischen Erfolgsroman *El ingenioso hidalgo Don Quijote de la*

Mancha von Miguel de Cervantes Saavedra (1547-1616), erschienen in zwei Teilen 1605 und 1615, dessen idealistischer und wirklichkeitsfremder Titelheld sich gleichfalls als Sachwalter der Gerechtigkeit, als Beschützer der Beleidigten und Gekränkten versteht.

686,17 f. *Wird ⟨...⟩ deckt]* Vgl. die Schlußverse von Moritz' Gedicht *Der Wunsch*: »Noch einen Trost will ich dir sagen: | Leg deine Hand aufs Herz! – | Dies Herz, das hört einst auf zu schlagen, | Dann endet auch dein Schmerz.« (Litteratur- und Theater-Zeitung, No. VIII, Vierten Jahrgangs Erster Theil, Berlin, den 24. Februar 1781, S. 115 f.; auch in: Launen, S. 374 f.)

686,23 f. *Bin ich ⟨...⟩ eins]* Vgl. dazu S. 672,33 (Identitätsproblematik) und S. 668,7 (Spiegelszene).

687,13 *dieser ⟨...⟩ einander]* Vgl. zu dieser pessimistischen Anthropologie Anm. 671,11 f.

688,1-689,20 *Die Sünde ⟨...⟩ zu machen]* Übersetzung von Auszügen aus John Miltons (1608-1674) Blankvers-Epos *Paradise lost* (Erstdruck 1667; überarbeitete Neuauflage 1674). Diese Übertragung stammt vermutlich von Karl Philipp Moritz, während die in den ›Denkwürdigkeiten‹ im 18., 22. und 23. Stück publizierten Auszüge einer Prosaübersetzung wahrscheinlich Karl Friedrich Klischnig zuzuschreiben sind (»Adams erstes Erwachen«, »Der Uebergang vom Guten zum Bösen«). Letztere arrangierte Moritz jedenfalls zwischen den einzelnen Fortsetzungsfolgen von *K...s Papieren* in den ›Denkwürdigkeiten‹ (vgl. auch Karl Friedrich Klischnig, *Blumen und Blüthen*, Berlin 1794, S. 107-128).

688,1 f. *Die Sünde ⟨...⟩ Oberwelt]* Milton, *Paradise lost* X 235-263 (Paraphrase).

688,2-7 *und das hagre ⟨...⟩ entgegen]* Milton, *Paradise lost* X 264-269.

688,8-21 *So sprach ⟨...⟩ Beute auf]* Milton, *Paradise lost* X 272-281.

688,22-689,20 *Da nun ⟨...⟩ reif zu machen]* Milton, *Paradise lost* X 585-613.

688,26 *falbes]* D. i. »bleichgelb, blaßgelb« (Adelung II, Sp. 22 f.).

689,21-31 *Und ⟨...⟩ Täuschung]* Vgl. S. 598,6-12 und Anm. sowie *Das Skelet* (Denkwürdigkeiten, S. 73-78) bzw. *Kinderlogik* (in vorliegender Ausgabe Bd. 2, S. 141,2-144,34).

689,35-690,5 *Welche ⟨...⟩ wäre]* Vgl. auch S. 588,11-13 und Anm.

690,6-8 *im abstrakten ⟨...⟩ Erkenntnis]* Hinweis auf die von den frühaufklärerischen Philosophen Christian Wolff und Johann Christoph Gottsched popularisierte Vorstellung von zwei grundsätzlich verschiedenen Erkenntnisvermögen. Wolff unterscheidet zwischen »der figürlichen und anschauenden Erkäntniß« (vgl. Christian Wolff, *Vernünfftige Gedankken von Gott, der Welt und der Seele des Menschen, auch allen Dingen überhaupt.* Mit einer Einleitung und einem kritischen Apparat von Charles A. Corr, Hildesheim, Zürich und New York 1983, § 316).

690,34-36 *Glücklich ⟨...⟩ unglücklich]* Vgl. zu dieser Antithese Offb 3,15 f.

691,12-26 *Zu Staub ⟨...⟩ verdeckt]* Vgl. dagegen *Kinderlogik* (in vorliegender Ausgabe Bd. 2, bes. S. 141-144).

691,24 *Nichts –]* Korrigiert aus »Nichts«.

691,35 *Fieberparoxismus]* »Paroxismus – Fieberanfall oder besser Fieberwuth, weil man nicht nur die ersten Anfälle sondern die ganze Dauer des Fiebers den Paroxismus nennet« (Grammatisches Wörterbuch III, S. 116).

691,36 *Methode in dem Wahnwitz]* Vgl. Anm. 683,1 f.

692,5 *drei ⟨...⟩ Schicksals]* Unklare Metaphorik; möglicherweise Verschmelzung von mythologischer Tradition – Anspielung auf die drei Parzen, die Göttinnen des Schicksals (vgl. Götterlehre, S. 44-52: »Die Nacht und das Fatum, das über Götter und Menschen herrscht«) – und freimaurerischem Ritual bzw. Symbolik: Der Logenmeister und die beiden Aufseher »führen zum Zeichen ihrer Würde« einen Hammer; der »Dreiklang der Hämmer des Meisters und der beiden Aufseher (der Hammerführenden) regelt die Arbeit jeder Freimaurerloge« (Lennhoff/Posner, Sp. 664 f.). – Vgl. auch S. 574,8-13.

692,24 *Blumenbetten]* Adelung verzeichnet unter ›Bett‹

auch die synonyme Bedeutung zum hochdeutschen ›Beet‹ (Adelung I, Sp. 949).

693,37 *umgebendem]* Korrigiert aus »umgebenden«.

694,13 f. *er habe ⟨...⟩ übrig]* Vgl. Anm. 676,10-12.

694,18 f. *das übereinstimmende ⟨...⟩ Seelenkräfte]* Vgl. zu dieser Vorstellung von der notwendigen bzw. verfehlten Harmonie des seelischen Kräftefelds z. B. *Anton Reiser* (S. 503 f.) oder die *Grundlinien zu einem ohngefähren Entwurf in Rücksicht auf die Seelenkrankheitskunde,* die »Seelenkrankheit« als »Mangel der *verhältnismäßigen Übereinstimmung* aller Seelenfähigkeiten« definieren (vgl. S. 813).

694,26 *ihm zu einem]* Korrigiert aus »ihn zu einen«.

696,34 *Privatsekretär]* Klischnig hebt hervor, daß F... »schon bei dem Fürsten von A... Sekretär gewesen war« (Klischnig, S. 24); es könnte sich möglicherweise um einen Sekretär des Bruders von Leopold III. Friedrich Franz Fürst von Anhalt-Dessau (1740-1812; vgl. Anm. 531,10) gehandelt haben, den preußischen General und Gründer des Georgiums bei Dessau, Johann Georg von Anhalt-Dessau (1748-1811). – Vgl. auch die Ähnlichkeiten mit Werthers Lebensweg.

697,21 *Minna von Barnhelm]* Lustspiel von Gotthold Ephraim Lessing (1729-1781; entstanden 1763; Erstdruck 1767; Uraufführung Hamburg 1767), in dem das Problem der Ehre des Majors von Tellheim eine zentrale Rolle spielt. – Werther liest unmittelbar vor seinem Tod Lessings *Emilia Galotti.*

697,30 *Couteau]* Gemeint ist ein »Coûteau de Chasse, eine gewisse Art Seiten-Gewehrs, weil es fast eben also aussiehet, als wie ein Weid-Messer oder Seiten-Gewehr, dessen sich die Jäger bedienen, und auch auf solche Art getragen wird. Sonst heist im Frantzösischen Coûteau de Chasse eigentlich ein Weid-Messer, Hirschfänger« (Zedler VI, Sp. 1505). Moritz übersetzt ›Couteau‹ mit »Hirschfänger« (Grammatisches Wörterbuch I, S. 300).

698,5 *weil dort ⟨...⟩ arm ist]* Tatsächlich hebt auch Zedler hervor, daß in Wittenberg »die Gradus daselbst nicht so viel kosten, als auf andern Universitäten«, mithin die Zahl der Wittenberger Magister und Doktoren entsprechend hoch sei (Zedler LVII, Sp. 1785). Vgl. ferner Moritz' eigenen Hinweis darauf, daß »Wittenberg wirklich eine der wohlfeilsten Universitäten ist« (*Aus einem Reisejournal,* in vorliegender Ausgabe Bd. 2, S. 400 f.); ebenso Klischnig, S. 23, sowie Eybisch, S. 72-74.

698,13-15 *Mann ⟨...⟩ Schriftsteller]* Bei Klischnig identifiziert als Traugott Benjamin Berger (1754-1810), der in Wittenberg Theologie und Rechtswissenschaften studierte (Immatrikulation am 19. 5. 1773) und 1776-78 mehrere Dramen, Gedichte und Übersetzungen publizierte. Berger war von 1787 an Churfürstlich Sächsischer Obersteuersekretär (Klischnig, S. 23 f.).

699,3 *kindische Tändeleien]* Vgl. Anton Reisers Kirsch- und Pflaumenkernspiele, S. 104,21-105,27 und Anm.

FRAGMENTE AUS DEM TAGEBUCHE EINES GEISTERSEHERS

Textgrundlage

Erstdruck und Druckvorlage: Fragmente aus dem Tagebuche eines Geistersehers. Von dem Verfasser Anton Reisers. Berlin 1787. Bei Christian Friedrich Himburg.

Hinweis zur Textgestalt: In diesem Neudruck werden die Interlinearstriche entsprechend dem Erstdruck wiedergegeben, um ein eventuelles Gliederungsmerkmal nicht zu eliminieren. – Weil die rahmende Brief- bzw. Tagebuchstruktur zugunsten der Montage verschiedener Essays zurücktritt, folgen die Kolumnentitel ab S. 741 nicht mehr den Briefdatierungen, sondern den jeweiligen (inhaltlichen) Zwischentiteln.

Textüberlieferung

Die Handschrift ist nicht überliefert. Als Reprint sind die *Fragmente* Schrimpfs Edition der *Hartknopf*-Romane beigegeben; einen verderbten Neudruck enthält Horst Günthers Moritz-Ausgabe (Werke III).

Von einzelnen Passagen liegen Mehrfachdrucke vor; mit einer Ausnahme handelt es sich dabei um spätere Nachdrucke in *Die große Loge* bzw. *Launen und Phantasien*:

- S. 741,13-741,33 stammt aus ›Denkwürdigkeiten‹, S. 205,23-206 (dort unter dem Titel *Zeit und Ewigkeit*; auch in vorliegender Ausgabe Bd. 2, S. 49,18-35);
- S. 705,12-709,33 entspricht *Der Trost des Zweiflers* (Loge/Launen, S. 40-49);
- S. 710,2-711,24 entspricht *Zweifel und Beruhigung* (Loge/Launen, S. 50-53);
- S. 725,2-725,23 entspricht teilweise *Leben und Wirksamkeit. Bestimmung der Thatkraft* (Loge/Launen, S. 57,10-58,15);
- S. 725,25-726,6 entspricht *Festigkeit* (Loge/Launen, S. 59 f.);
- S. 726,8-727,11 entspricht teilweise *Leben und Wirksamkeit. Bestimmung der Thatkraft* (Loge/Launen, S. 55,1-57,9);
- S. 727,23-727,35 entspricht teilweise *Leben und Wirksamkeit. Bestimmung der Thatkraft* (Loge/Launen, S. 54,3-19);
- S. 734,7-735,33 entspricht *Milton über den Ursprung des Bösen* (Loge/Launen, S. 185-189);
- S. 736,34-739,34 entspricht *Die Unschuldswelt* (Loge/Launen, S. 240-246,11);
- S. 746,10-751,37 entspricht *Des Maurergesellen Wanderschaft* (Loge/Launen, S. 23-35);
- S. 752,2-753,29 entspricht *Die Beständigkeit* (Loge/Launen, S. 36-39);
- S. 740,1-740,27 entspricht *Wo find' ich sie wieder* (in: Karl Friedrich Klischnig, *Blumen und Blüthen*, Berlin 1794, S. 88-90).

Entstehung, Selbstaussagen, Quellen und Wirkung

Die *Fragmente aus dem Tagebuche eines Geistersehers* sind offensichtlich, wie inhaltliche Überschneidungen mit den ›Denkwürdigkeiten‹ und der *Kinderlogik* nahelegen, vor Moritz' Abreise nach Italien (August 1786) entstanden und entgegen dem ursprünglichen Plan ein Torso geblieben. Moritz hat später einzelne Passagen in seine Sammlung *Die große Loge* aufgenommen (*Die große Loge oder der Freimaurer mit Wage und Senkblei. Von dem Verfasser der Beiträge zur Philosophie des Lebens*, Berlin 1793; postum erweitert unter dem Titel *Launen und Phantasien* von Carl Philipp Moritz, hg. v. Carl Friedrich Klischnig, Berlin 1796).

Trotz der Archiv- und Herausgeberfiktion scheint Moritz in diesem Falle – im Gegensatz zu den Prosatexten *Aus K...s Papieren* – nicht auf Quellen und Manuskripte von fremder Hand, sondern auf eigene Materialien zurückgegriffen zu haben (vgl. Schrimpf, Hartknopf, S. 25*; Voges, S. 483; ebenso Nübel, S. 224; dagegen Saine, S. 184).

Möglicherweise wollten Moritz und Klischnig die *Fragmente* gemeinsam vollenden (vgl. Klischnig, S. 167). Im Streit mit Joachim Heinrich Campe um die *Bildende Nachahmung des Schönen* rechtfertigt Moritz jedoch die überlieferte Gestalt:

Er ⟨d. i. Campe⟩ sagt, derselbe ⟨d. i. der Verleger Himburg⟩ habe eine Schrift von mir, die ich nicht meinem Versprechen gemäß vollendet, als Fragment herausgeben müssen, da diese Schrift doch von mir selbst auf dem Titel nicht anders als Fragmente genannt worden ist. Daß nun Herr Himburg eine beleidigende Vorrede gegen mich zu diesen Fragmenten schrieb, beweißt ja eben so wenig, daß Herr Campe zu seinen Beschuldigungen Recht hat, als Herrn Campens Beschuldigungen gegen mich ein Beweiß sind, daß Herr Himburg zu seiner beleidigenden Vorrede berechtigt war, weil Herrn Himburgs Vorrede und Herrn Campens öffentliche Beschuldigungen beide in einerlei Ton, und zwar in einem solchen Tone geschrieben sind, dessen sich derjenige nie bedienen darf, welcher gerechte Beschuldigungen hat.

(Karl Philipp Moritz, *Ueber eine Schrift des Herrn Schulrath Campe, und über die Rechte des Schriftstellers und Buchhändlers*, Berlin 1789, S. 16.)

Ein anonymer zeitgenössischer Rezensent nimmt Moritz zwar gegen die Vorwürfe und die »Ungezogenheit« seines Verlegers in Schutz: »ein solcher Ton des *Kaufmanns* gegen den *Gelehrten*« erscheint ihm unangemessen und »niedrig«, dennoch fällt er ein überwiegend negatives Urteil über die *Fragmente*:

Eigentlich ist dies nichts, als eine Zusammenhäufung kleiner Aufsätze über Leben, Tod, Menschenelend, Menschenglück, Bestimmung, Zeugung, Zusammenhang, Wirksamkeit; kurz über alles beynahe, was dem Menschen, als Menschen werth und wichtig ist. Mit unter mischen sich in die gewöhnlichen Gemeinsätze dieser Rubriken recht artige Gedanken; doch kommen immer zehn Fragen auf eine halbe Antwort; und überhaupt ist an Zusammenhang wenig oder gar nicht zu gedenken. Um diesen abgerißnen Reflexionen und aufgehäuften Zweifeln doch jezuweilen den Schein eines Fadens zu geben, hat Herr Moriz gedichtet, als sey ein Theil dieses Werkleins aus den Papieren eines sonderbaren Manns genommen, von dessen Geschichte wir einige unbefriedigende Winke bloß erhalten; der – eine Dichtung, die freylich oft schon da war, – aus dem Geräusch der großen Welt in ländliche Stille mit seinem einzigen Sohn flüchtete; herkam, man weiß nicht woher? als halber Einsiedler lebte, man weiß nicht warum? seinen Sohn als einen Hirtenknaben erzog; ihm, als er starb, befahl, oft in die aufgehende Sonne zu sehen, wo er, man weiß nicht aus welchem Grunde, seinen Geist erblicken werde; und der endlich eine Menge handschriftliche Aufsätze, in räthselhaftem schwärmerischem Ton geschrieben, hinter sich ließ.

Viele einzelne Gedanken in diesen, so angegebnermaßen,

hinterlaßnen Papieren sind ⟨...⟩ fein, sind schön, sind wohl gar groß. Aber viele stutzt auch eine bloße hochtönende Declamation auf, und ihr Sinn ist schief, und nicht selten ganz falsch. ⟨...⟩ Am sonderbarsten ist der Abschnitt, womit das ganze Werk sich schließt; mit einer Freude nemlich über die unaussprechliche Seligkeit, daß er an diesem Tage sich zum erstenmale außer sich selbst gesehn. – ⟨Textzitat, S. 762,20-35⟩ Das heißt doch schwärmen! Und zu welchem Nutzen?
(Allgemeine Literatur-Zeitung, Nr. 273b, 14. November 1787, Sp. 413-415.)

Deutungsaspekte

In der unabgeschlossenen Gestalt, in der Christian Friedrich Himburg (1733-1801) die *Fragmente aus dem Tagebuche eines Geistersehers* während Moritz' Italienreise veröffentlichte (vgl. die sarkastische »Vorrede des Verlegers«, S. 702), stellen diese eigentlich nur das »*Fragment eines Fragments*« dar. Nach Klischnigs Mitteilung hat Himburg lediglich etwa die Hälfte des ursprünglich geplanten Textes erhalten und gedruckt, obwohl Moritz »einen sehr herrlichen Plan dazu« gehabt hätte, zumal die Rahmenhandlung in ihrer formal und inhaltlich offenen Gestalt nur als »Vehikel« dienen sollte, »um gewisse Ideen leichter unter die Leute zu bringen« (vgl. Klischnig, S. 167). Gemeint sind damit mutmaßlich die im freimaurerischen Geist verfaßten Passagen (Licht- und Sonnenmetaphorik, Symbolik etc.) und die philosophischen bzw. pädagogischen Exkurse, die dem maurerischen Ideologie-Design durchaus korrespondieren. Demnach knüpfen die *Fragmente* nicht, wie der Untertitel suggeriert, an die bis dato publizierten drei Teile des *Anton Reiser* an, sondern hinsichtlich ihres aphoristischen Charakters und der »Fragesucht« (S. 711) ebenso an die *Beiträge zur Philosophie des Lebens aus dem Tagebuche eines Freimäurers* (Berlin 1780) wie an die thematische Vielfalt der ›Denkwürdigkeiten‹. Entstehungsgeschichtlich werden die *Fragmente* von den beiden *Hartknopf*-Romanen eingerahmt, deren Themenspektrum sie schlaglichtartig beleuchten.

Die *Fragmente* sind eine Mischform aus Brief- bzw. Tagebuchroman und Essay- bzw. Aphorismen-Sammlung. Moritz hat in die Rahmensituation des melancholischen Ich-Erzählers eine Reihe von Reflexionen, Aufsätzen und Freimaurer-Reden einmontiert: »In diese textinterne Kommunikationssituation«, bestehend aus »sechs, zum überwiegenden Teil datierten Briefen einer (fiktiven) Erzählerfigur an einen bzw. mehrere ungenannte Adressaten«, ist »eine weitere (fiktive) Referenz- und Dialogebene ⟨...⟩ eingebaut: ein Tagebuch oder vielmehr eine Loseblattsammlung eines Verstorbenen mit dem allegorischen Namen ›Sonnenberg‹«, so daß die »Briefsammlung der Erzählerfigur« und das »Tagebuch der fiktiven Figur Sonnenberg« zueinander »in einem diagonal verkreuzten intratextuellen Verschachtelungsverhältnis« stehen (Nübel, S. 222 f.). Schrimpf betont, daß die *Fragmente* »aus eigenen Moritzschen Tagebuchaufzeichnungen hervorgegangen sind« und »eine Art philosophischen Briefroman ⟨bilden⟩, der sich in lockerer Form um einen Erzählkern gruppiert« (Schrimpf, Hartknopf, S. 25*). Die »Freimaurertexte, die Moritz für die Berliner Loge verfaßt hat«, weisen in die »unmittelbare Nachbarschaft« des *Andreas Hartknopf*, so daß Schrimpf den Geisterseher Sonnenberg als eine »Parallelfigur Hartknopfs« und die *Fragmente* als »unerkanntes Parallelstück« zum *Hartknopf*-Roman bewertet (Schrimpf, Hartknopf, S. 25* und S. 46*). Michael Voges zeigt ebenfalls die Verschmelzung von Autobiographie und Fiktion auf, die er als Zeichen für den »schrittweise⟨n⟩ Übergang von der reflektierenden und autobiographischen Form zur programmatischen philosophischen Erzählung« (Voges, S. 491) deutet. Im Gegensatz zu Voges, der sich auf die *Fragmente* sowie die *Hartknopf*-Romane konzentriert und neben der »Didaxe des Arcanum« und der Zuschreibung zur »pseudoesoterischen Ordensliteratur« die »Genese« der »philosophischen Narration« forciert (Voges, S. 490 f.), ordnet Peter Rau die

Fragmente gattungsübergreifend in Moritz' Gesamtwerk ein: »Die Harmonielehre aus den ›Unterhaltungen‹ wird in der narrativen Entfaltung der ›Fragmente‹, die damit zugleich das Verfahren der mythenschaffenden Phantasie freisetzen, das die ›Götterlehre‹ theoretisch reflektieren wird, weitergeführt und figural präzisiert« (Rau, S. 266). Raimund Bezold dechiffriert die *Fragmente* aufgrund ihrer ursprünglichen Konzeption als »Staats- und Erziehungsroman« und rückt sie in die Nähe von Wielands *Der goldne Spiegel* (Bezold, S. 5). Die »hagiographisch anmutende Erzählsituation« (Voges, S. 486) erlaube es Moritz, seiner problematischen Erzähler-Figur die eigenen moralphilosophischen Lösungen entgegenzuhalten und Rousseaus Kulturkritik moralistisch umzudeuten: »*Bin ich denn aus einem natürlichen zu einem unnatürlichen Zustande übergegangen?*« (S. 729.) Bei Moritz konzentriert sich diese Frage vor allem auf das Verhältnis zwischen Individuum und Gesellschaft, oder genauer: auf die Legitimation von sozialen Rollen, die offensichtlich nur der Zufall verteilt. Insofern findet der »Selbstzweifel« namentlich des Erzählers (Bezold, S. 6) in Sonnenbergs Rückzug aus der unbefriedigenden Wirklichkeit den entscheidenden Anlaß zur metaphysischen Beruhigung. Sonnenberg illustriert eine Wunschvorstellung, die Moritz im *Anton Reiser* und in den *Hartknopf*-Romanen in mehrfacher Variation reflektiert hat: die Flucht aus der ethisch und seelisch unbefriedigenden Wirklichkeit in die freiwillige Selbstbeschränkung (konkret in die Existenz des Intellektuellen als Schafhirt). Damit hat Sonnenberg, »*der Geisterseher von der edlern Art*« (S. 715) und Moritz' väterliches »Wunschbild« (vgl. Minder, S. 285), die antizivilisatorische Provokation Rousseaus umgehen können. Sonnenbergs Sohn, der bei hochentwickeltem Geistesvermögen und beträchtlichen literarischen Kenntnissen als Schäfer ein Leben in Einheit mit der Natur führt, demonstriert die Möglichkeit, zu einer stabilen Seelenruhe zu kommen. Nicht die »wohltätige Unwissenheit« (S. 707) ist das Mittel zur inneren Ausgeglichenheit, sondern die Resignation des wissenden Erziehers, der seinen Sohn in aller

Einfachheit aufwachsen läßt und doch literarisch kultiviert (vgl. hierzu – neben den *Hartknopf*-Romanen – »Die Pädagogen«, in vorliegender Ausgabe Bd. 2, S. 30-33). Der soziale Gegensatz reduziert sich auf ein moralisches Problem, da Vervollkommnung und Glück des einzelnen nicht allein von den äußeren Lebensumständen abhängen, sondern mehr noch von der existentiellen Einstellung des Subjekts: »Im Mythos vom Hirtenknaben und dessen Vater ›Sonnenberg‹ entwickelt Moritz in den ›Fragmenten‹ seine Theorie des in sich selbst Vollendeten als ästhetische Erziehungslehre des schönen Naturkinds und künftigen Prometheus der Geschichte, der die sündenfälligen Verhältnisse der menschlichen Einrichtungen neu machen kann« (Rau, S. 266).

Stellenkommentar

702,1 *Verlegers]* Christian Friedrich Himburg (1733-1801).

702,5 f. *ihm die Lust anwandeln]* Nach Adelung I, Sp. 400 f., ist Dativ erforderlich. Moritz verwendet auch Akkusativ (vgl. S. 711,6 f.), während Grimm Akkusativ bevorzugt (Grimm I, Sp. 514).

702,8 *16 Bogen]* Ein Bogen hat in der Regel 16 Seiten; tatsächlich umfaßt der Erstdruck der *Fragmente* 116 Seiten, also etwas mehr als sieben Bogen.

702,10-12 *Wenn der ⟨...⟩ haben]* Moritz verließ Berlin im August 1786 zu einer zweijährigen Italienreise und kehrte nach einem Zwischenaufenthalt in Weimar erst am 31. Januar 1789 in Begleitung des Herzogs Karl August nach Berlin zurück.

702,11 *Sirocco's]* (Ital.) Schwülheißer Wind (eigentl. »scirocco«); vgl. auch in vorliegender Ausgabe Bd. 2, S. 823 f.

703,2 *den 1sten Juni 1782]* Offenbar fiktive Datierung: Moritz befand sich zu diesem Zeitpunkt in England.

703,16 *auch ich nicht]* Korrigiert aus »auch nicht«.

704,1 f. *das Ganze ⟨...⟩ lernt]* Gleichlautend in ›Denkwürdigkeiten‹, S. 201,25-202,2; vgl. auch in vorliegender Ausgabe Bd. 2, S. 200,14-16.

704,10 *ihr]* Korrigiert aus »ihre«.

704,29 *ihren]* Korrigiert aus »ihre«.

705,5 *untergesunken –]* Korrigiert aus »untergesunken«.

705,12 *ich also]* ich (Loge, S. 40).

705,19 f. *heller wieder]* heller (Loge, S. 40).

705,35 *jede Nerve]* Nach Adelung III, Sp. 468, auch feminin gebräuchlich.

706,1 *unser Blick]* mein Blick (Loge, S. 41).

706,9 f. *nicht über das eigentlich sanfte]* nicht eigentlich über das sanfte (Loge, S. 41).

706,19 *tun]* gehn (Loge, S. 42).

706,24 *feste]* erste (Loge, S. 42).

706,26 *Gesichtspunkt]* Vgl. in vorliegender Ausgabe Bd. 2, S. 250 und Anm. 250,3 sowie Moritz' *Fortsetzung der Revision der drei ersten Bände dieses Magazins* (IV 2, bes. S. 16-19).

706,27 *aus dem]* Korrigiert aus »aus der« nach Loge, S. 42.

706,32 f. *Heiligungsmittel]* Heilungsmittel (Loge, S. 43). – Vgl. auch Anm. 529,14 (Arkanum).

707,20 *Arbeiter ⟨...⟩ Angesichts]* Vgl. Gen 3,19 (Sündenfall).

707,35 f. *säen ⟨...⟩ ernten]* Negation einer häufigen biblischen Wendung (vgl. u. a. Gen 26,12; Ps 126,5 f.) bzw. Anlehnung an Dtn 28,38; Jer 12,13; Mi 6,15.

707,36 *und säen, und säen]* und säen, (Loge, S. 45).

707,38 *sein? –]* Korrigiert aus »seyn?« nach Loge, S. 45.

708,1-709,21 *Sind nicht ⟨...⟩ machen können]* Vgl. S. 689,21-31 und Anm.

708,2 f. *das edelste ⟨...⟩ Natur]* Vgl. ⟨*Das Edelste in der Natur*⟩ (in vorliegender Ausgabe Bd. 2, S. 15-22).

708,3 *Natur?]* Korrigiert aus »Natur. –« nach Loge, S. 45.

708,5 f. *hinarbeiteten]* hinarbeiten (Loge, S. 46).

708,8-11 *die sonst ⟨...⟩ zerstörte]* Vgl. die ähnliche Formulierung in ⟨*Das Edelste in der Natur*⟩ bzw. in der *Kinderlogik* (in vorliegender Ausgabe Bd. 2, S. 16,27-34 und S. 141,30-36).

708,30 *seinen ⟨...⟩ Wachstum]* Als Maskulinum »im Hochdeutschen das Gewöhnlichste« (Adelung IV, Sp. 1326).

709,12 *großen]* Korrigiert aus »großen großen« nach Loge, S. 48.

709,26 *meinem]* Korrigiert aus »meinen« nach Loge, S. 49.

710,24 f. *Daseins]* Korrigiert aus »Daseyn« nach Loge, S. 51.

711,3 *sich]* Korrigiert aus »sich sich« nach Loge, S. 52.

711,6 f. *mich ⟨...⟩ anwandelt]* Vgl. Anm. 702,5 f.

712,5 *blickte starr ⟨...⟩ Sonne]* Variation eines bekannten Motivs: Nach der Tradition der barocken Emblematik verliert der Mensch, der in die Sonne zu blicken versucht, sein Augenlicht (»bestrafte Neugier«); lediglich der Adler erträgt das Sonnenlicht, das Erkenntnis und Gerechtigkeit symbolisiert (vgl. *Emblemata. Handbuch zur Sinnbildkunst des XVI. und XVII. Jahrhunderts*, hg. v. Arthur Henkel und Albrecht Schöne im Auftrage der Göttinger Akademie der Wissenschaften, Stuttgart 1967, Sp. 773-776 und Sp. 977 f.). – In der freimaurerischen Symbolik spielt die Sonne als Lichtquelle der Loge (neben dem Mond und dem Meister vom Stuhl) eine große Rolle (vgl. Lennhoff/Posner, Sp. 1477): »Sonne und Mond sind das Bild der *Ewigkeit*«; ein »Mann, der stets hohe, edle Zwecke vor Augen hat, gleicht dem Adler, der mit unverwandtem Blick zur Sonne hinanfliegt. Die Strahlen blenden seine Augen nicht, sondern stärken sie vielmehr. ⟨...⟩ Nach der uralten Meinung der Weisen ist unsere Seele, unser denkendes Wesen, ein Teil des allgemeinen Aethers, der nie vergeht und durch nichts aufgelöset werden kann, der in den Kreisen der Gestirne zusammengedrängt unsern Augen, den ätherischen Vehikeln, sichtbar wird ⟨...⟩. Daher die glänzende dichtrische Idee der Alten, bey denen es ein beglaubtes Dogma war, daß große Seelen unter die Sterne versetzt und selbst Gestirne würden« (⟨Johann Gottfried Bremer,⟩ *Die symbolische Weisheit der Aegypter aus den verborgensten Denkmälern des Althertums. Ein Theil der Aegyptischen Maurerey, der zu Rom nicht verbrannt worden*, hg. v. Karl Philipp Moritz, Berlin 1793, S. 7; S. 117 f.; S. 10 f.). –

Die Fixierung auf den Sonnenaufgang (Osten) korrespondiert der Symbolik der Himmelsrichtungen in den *Hartknopf*-Romanen (vgl. u. a. S. 527,31-33).

712,23 f. *Schwärmer]* Eine »Person, welche undeutliche und in noch engerm Verstande, welche verworrene Vorstellungen zum Nachtheile deutlicher und klarer zum Bestimmungsgrunde ihrer Urtheile und Handlungen macht« (Adelung III, Sp. 1717). – Vgl. auch Moritz' Gedicht gegen *Die Schwärmerei* (Denkwürdigkeiten, S. 79 f.); ferner Schings: »Das Thema Schwärmerei, vielleicht das aufklärerische Thema par excellence, wurde zu einem der populärsten der deutschen Popularphilosophie« (Schings, S. 203).

712,34 f. *Blicke ⟨...⟩ sehen]* Vgl. Anm. 712,5.

712,36 *Staub ⟨...⟩ Licht]* Verknüpfung eines Bibelverses (Koh 3,20) mit der Lichtmetaphorik – vermutlich in Anlehnung an eine biblische Redewendung (vgl. Mt 3,12).

713,1 f. *ossianschen Bilder]* Vgl. Anm. 597,3 sowie S. 178,24 und Anm. – S. a. *The War of Caros: A Poem* und *Berrathon: A Poem*, in: *The Works of Ossian, The Son of Fingal*. In Two Volumes. Translated from the Galic Language by James Macpherson, vol. 1, London ³1765, S. 144, S. 147 und S. 359. – Diese Ossian-Reminiszenz ist möglicherweise auch als Hommage an Goethes *Werther* zu verstehen.

713,3 *Meteore]* (Griech.) Wörtlich »Himmels- und Lufterscheinung«; eigentlich »Sternschnuppe, Feuerball« bzw. »Himmelserscheinung, Himmelskörper« (Schulz/Basler II, S. 106).

713,12 *Grashalmen]* Bei Grimm belegte Pluralform (vgl. Grimm VIII, Sp. 1971, und Grimm X, Sp. 237).

713,19 f. *Einzelnen ⟨...⟩ denken]* Vgl. S. 704,1 f. und Anm., ferner u. a. *Ideal einer vollkommnen Zeitung* (in vorliegender Ausgabe Bd. 2, bes. S. 863-865).

713,21 *Vervollkommung]* Als Variante belegt in Grimm XXV, Sp. 2058 f.

714,4 f. *Kindheit ⟨...⟩ erinnerlich]* Vgl. Anm. 729,16-21.

714,25 *den]* Korrigiert aus »dem«.

714,35-37 *Homer ⟨...⟩ Emil]* Diese Leseliste deckt sich

zum Teil mit Hartknopfs Lektürekanon (vgl. S. 591,32-35 und Anm. sowie S. 597,3); anstelle von Gessner werden dort ergänzend Wielands *Musarion*, Mendelssohns *Phädon* und Lessings *Nathan* empfohlen.

714,35 *Homer*] Griech. Epiker (zweite Hälfte d. 8. Jh. v. Chr.), Verfasser der *Ilias* und der *Odyssee* (vgl. u. a. S. 410,17 f. und Anm. sowie S. 420, S. 425, S. 430, S. 591).

714,35 *Ossian*] Vgl. Anm. 597,3 sowie S. 178,24 und Anm.

714,35 *Milton*] John Milton (1608-1674), engl. Dichter; vgl. u. a. S. 355,16 und Anm. sowie S. 597,3. – Moritz denkt an dessen Hauptwerk *Paradise lost* (1667-74), ein Epos über den biblischen Sündenfall, das er in Auszügen übersetzte und teilweise selbständig, teilweise in verschiedenen Kontexten publizierte (vgl. auch Anm. 688,1-689,20).

714,37 *Horatz*] Quintus Horatius Flaccus (65-8 v. Chr.). Moritz zitiert den klassischen Schulautor häufig; vgl. z. B. das Motto zu *Hartknopf/Allegorie*, S. 519,3 f., ferner S. 326,8-11; S. 472,25; S. 589,33; S. 591,33; S. 601,27 und Anm.

714,37 *Geßners Idyllen*] Salomon Gessner (1730-1788), schweiz. Dichter, Maler und Kupferstecher; seine *Idyllen* erschienen erstmals 1756. – In *Der Dichter im Tempel der Natur* heißt es über Gessner: »Durch vereinten harmonischen Natur⟨-⟩ und Kunstgenuß entstanden ⟨...⟩ Geßners Schweizeridyllen, einzig schön und unübertrefflich in ihrer Art« (in vorliegender Ausgabe Bd. 2, S. 921). – Seiner *Deutschen Sprachlehre für die Damen. In Briefen* (Berlin 1782) hat Moritz die Gessnersche *Amyntas*-Idylle als Beispieltext zugrunde gelegt.

714,37 *Roußaus Emil*] Vgl. zu Jean-Jacques Rousseaus (1712-1778) *Émile ou de l'éducation* (1762) u. a. S. 566,5; S. 591,33 und Anm. 566,5.

715,4 *Kästchen*] Hier offenbar nur blindes Motiv.

715,25 *Geisterseher*] Eigentlich pejorativ: »1. Ein Schwärmer, welcher Geister zu sehen glaubt. 2. Ein Spottnahme eines prophetischen Theologen« (Adelung II, Sp. 515). – Vgl. auch Immanuel Kant, *Träume eines Geistersehers, erläutert durch Träume der Metaphysik* (Königsberg 1766), sowie S. 893,8-14 und Anm. 893,8 f.

715,29 f. *dreien Freunden]* Möglicherweise Anlehnung an die mystische Dreizahl (vgl. Anm. 619,19 und S. 623,5).

716,10 *AN...]* Nach Ulrich handelt es sich im folgenden um einen an Moritz' (und Anton Reisers) Schulfreund Philipp Reiser gerichteten Brief (Ulrich, S. 104; vgl. auch Anm. 230,4-28).

716,13 *Losungswort]* Vgl. S. 632,10; S. 644,8 und Anm.

716,17 *sitzest ⟨...⟩ Lampe]* Vgl. S. 552 f. und Anm. 552,30.

716,18 *Tocht]* Nach Adelung I, Sp. 1507, eine oberdeutsche Variante zu »Docht«.

716,30 *alme sol ⟨...⟩ nasceris]* »Wohltätige SONNE ⟨...⟩, die du eine andere stets und stets doch dieselbe verjüngt entstehst« (Quintus Horatius Flaccus, *Sämtliche Gedichte. Lateinisch/deutsch.* Mit einem Nachwort hg. v. Bernhard Kytzler, Stuttgart 1992, S. 251; *Carmen saeculare / Lied zur Jahrhundertfeier* 9-11).

716,31 *Hail holy Light]* Zitat aus Milton, *Paradise lost* III 1 (vgl. Anm. 714,35).

716,33 *Bewunderung]* Hier im Sinne von »Verwunderung« (Grimm I, Sp. 1789).

717,30 *gelesen?«]* Korrigiert aus »gelesen?«.

717,35 *mir wandelten]* Vgl. Anm. 702,5 f.

717,36 *ehemaligen egoistischen Zweifel]* Vgl. auch S. 114,4; S. 590,26-28 und Anm.

718,1 *Geschöpf meiner]* Korrigiert aus »Geschöpf, meine«.

718,11 *Resignation]* Schlüsselbegriff der *Hartknopf*-Romane; vgl. S. 524,19 und Anm. sowie S. 601.

718,23 *Sparsamkeit mit Worten]* Vgl. dazu auch die Figur des Gastwirts Knapp, u. a. S. 538,3-5 und Anm.

718,25 *ehe]* Bei Adelung gleichwertige Alternative zu »eher« (Adelung I, Sp. 1640).

720,14 *Leimen]* »Lehm« in »den gröbern Mundarten« (Adelung II, Sp. 1979).

720,26 *Zwang,]* Korrigiert aus »Zwang«.

725,18 *Leben ⟨...⟩ Last]* Vgl. insbesondere den dritten Teil des *Anton Reiser*, u. a. S. 309,21; S. 322,1 f.; S. 336,10-16.

725,34 *Resignation]* Vgl. Anm. 718,11.

726,5 *magna voluisse juvabit]* »Es wird gut sein, Großes gewollt zu haben«, eine Modifikation von Properz, *Elegien* II 10,6.

727,18 *Saite]* Korrigiert aus »Seite«.

727,32 *denke]* bedenke (Loge, S. 54).

727,33 *höchste]* Korrigiert aus »hochste« nach Loge, S. 54.

728,9 *den]* Korrigiert aus »dem«.

728,22 *Leimwänden]* Vgl. Anm. 720,14.

729,16-21 *O die Einschränkung ⟨...⟩ vergaß]* Vgl. u. a. S. 112,5 und Anm.; S. 547-550 sowie Anm. 547,32.

730,3 f. *wo ich ⟨...⟩ kostete]* Sündenfall-Zitat (vgl. Gen 2,16).

730,5-731,4 *Sind die Menschen ⟨...⟩ Probe]* Vgl. die Korrespondenzen zur *Kinderlogik* (in vorliegender Ausgabe Bd. 2, S. 102 und S. 116-118) bzw. zu *Das Eisen. Ein Ideenspiel* (Denkwürdigkeiten, S. 57-60).

730,34 f. *zum Pflugschar]* Nach Grimm XIII, Sp. 1783, sind alle drei Genera möglich.

730,34 f. *Pflugschar oder zum Schwert]* Vgl. Jes 2,4; Joël 4,10; Mi 4,3.

732,7-24 *Sollte sie ⟨...⟩ getäuscht]* Nach Ulrich möglicherweise Gedicht auf den Tod der Mutter Dorothea Henriette Moritz (vgl. Ulrich, S. 90; ferner Anm. 90,7).

734,6-735,5 *Aus Miltons ⟨...⟩ schelte]* Milton, *Paradise lost* IX 1067-1098; die Übertragung stammt eventuell von Klischnig, auf den mutmaßlich die Milton-Übersetzungen der ›Denkwürdigkeiten‹ zurückgehen; vgl. Anm. 688,1-689,20.

734,11 *Daß]* Korrigiert aus »Da« nach Loge, S. 185.

734,15 f. *uns dadurch nur]* uns nur dadurch (Loge, S. 185).

734,20 *Böse]* Korrigiert aus »Bos'« nach Loge, S. 186.

734,30 *braune]* Nach Adelung I, Sp. 1164, dichterischer Ausdruck; sinngemäß »dunkel«, »dämmernd« (vgl. auch Anm. 329,10).

735,7 *verbotene Frucht]* Vgl. S. 730,3 f. und Anm.

736,12 *Spiel meiner Ideen]* Vgl. S. 421,28 und Anm.

736,34 f. *Aber freilich ⟨...⟩ gewesen] Wenn alle Menschen immer*

Schafe geweidet hätten, so wären sie wohl ganz glücklich gewesen (Loge, S. 240).

737,6 *tut]* macht (Loge, S. 240).

737,7 *Iliade]* Vgl. Anm. 714,35.

737,7 *Aeneide]* Lat. Epos von Publius Vergilius Maro (70-19 v. Chr.): *Aeneis*.

737,15 *Bomben]* Bombe (Loge, S. 241).

737,19 *so viele]* so viel (Loge, S. 241).

738,1 f. *Neronen ⟨...⟩ Roms]* Lucius Domitius Ahenobarbus Nero Claudius Caesar Augustus Germanicus (37-68), seit 54 röm. Kaiser. Nero soll für den Brand Roms am 18./19. 7. 64 verantwortlich gewesen sein.

738,21 *das Gott]* Korrigiert aus »des Gott« nach Loge, S. 243.

738,31 *Vergleichungssucht]* Vgl. die Parallele in den *Reisen eines Deutschen in England* (in vorliegender Ausgabe Bd. 2, S. 360,18-26).

738,32 *dem verwesenden]* Korrigiert aus »den verwesendem« (Loge, S. 244: »den verwesenden«).

738,36 *Rad des Ixion]* »Juno entflammte seine Leidenschaft, da er sie aber umarmen wollte, so stand ein Schattenbild, der Juno ähnlich, vor ihm, welches er liebkosete. Dies hatte Jupiter veranlaßt. Dieser stürzte ihn auch zur Strafe seines Frevels in den Tartarus, fesselte ihn da an ein Rad, das sich unablässig mit ihm umdrehete« (Mythologisches Wörterbuch, S. 234).

739,1 *unsinnigen]* unsinnigern (Loge, S. 244).

739,3 *ihren]* ihrem (Loge, S. 244).

739,11 f. *größer sei. ⟨...⟩ herrsche.]* größer sey. (Loge, S. 245).

740,1-27 *Wenn ⟨...⟩ verwunden]* Möglicherweise von Klischnig (vgl. S. 1227).

740,9 *Rose]* »Sinnbild der Sehnsucht des Menschen nach einem neuen höheren Leben« (Lennhoff/Posner, Sp. 1329); vgl. auch Anm. 44,4.

741,13-33 *Wenn ich ⟨...⟩ einander sieht]* Moritz illustriert hier die für die Leibniz/Wolffsche Logik zentrale Unterscheidung zwischen symbolisch-sukzessiver (menschlicher) und intuitiv-simultaner (göttlicher) Erkenntnis (vgl. auch Anm. 690,6-8).

741,13-745,34 *Wenn ich ⟨...⟩ aufopfern müßten*] Vgl. Denkwürdigkeiten, S. 205 f., bzw. in vorliegender Ausgabe Bd. 2, S. 49,18-35 sowie Anm. 49,18 und S. 430,13 sowie Anm. – Diese Passage überschneidet sich großenteils mit *Sonderbare Zweifel und Trostgründe eines hypochondrischen Metaphysikers* (Magazin VIII 2, S. 64,24-71); vgl. auch die Korrespondenzen zur *Kinderlogik* (in vorliegender Ausgabe Bd. 2, S. 145-149).

742,10 *die*] Korrigiert aus »die die«.

743,9 f. *göttlichen Verstande*] Korrigiert aus »göttlichern Verstande« nach ›Magazin zur Erfahrungsseelenkunde‹ VIII 2, S. 66.

745,8 *solchem*] Korrigiert aus »solchen«.

745,13 *eben diesem*] Korrigiert aus »eben diesen«.

746,3 *Gesellenaufnahme*] »Geselle« ist der zweite Grad eines Johannislogen-Bruders.

746,15 *sinkenden*] Korrigiert aus »sinkendem« nach Loge, S. 23.

746,17 *eröffnet*] geöfnet (Loge, S. 23).

746,24 *Doch ⟨...⟩ nicht*] Doch, wollen wir nicht (Loge, S. 24).

746,24 *m. Br.*] Abkürzung für »meine Brüder«.

746,29 *Freimaurerlehrling*] Unterster Grad eines Johannislogen-Bruders.

747,2 *soll noch*] soll aber noch (Loge, S. 24).

747,10 *lebt*] Korrigiert aus »lebe« nach Loge, S. 25.

747,12 f. *dem Gast und dem Fremdling*] Korrigiert aus »den Gast und den Fremdling« nach Loge, S. 25.

747,14 *Die Maurerei, nicht*] Korrigiert aus »Die Maurerei auf die Weltverbrüder oder Gebrüder nicht« nach Loge, S. 25.

747,19 *begehen*] bezeichnen (Loge, S. 25).

747,22 *freien Spielraum*] Korrigiert aus »freie Spielrade« nach Loge, S. 25.

747,26 *edel war nur*] edel aber ist nur (Loge, S. 26).

747,27 *z. E.]* z. B. (Loge, S. 26).

747,28 *einmal]* immer (Loge, S. 26).

747,29 *so viele Anstrengung]* weniger Anstrengung (Loge, S. 26).

748,2 *müßte]* Korrigiert aus »mußte« nach Loge, S. 27.

748,11 *dann aber]* eben (Loge, S. 27).

748,16 *kommt]* Korrigiert aus »kommen«.

748,16 *alsdenn]* alsdann (Loge, S. 27).

749,1 f. *daß er ⟨...⟩ kann]* Vgl. S. 525,2-4 und Anm.

749,1 *könne]* kann (Loge, S. 29).

749,23 *eine völlige]* Korrigiert aus »einer völligen« nach Loge, S. 30.

749,26 *Gute]* Gut (Loge, S. 30).

749,29 *gewiß sicher]* sicher (Loge, S. 30).

750,16 f. *wo das Beispiel ⟨...⟩ nimmt]* wer das Beispiel giebt sowohl, als wer es nimmt (Loge, S. 32).

750,19 *Logen]* Ursprünglich Bezeichnung des Versammlungsortes der Freimaurer, dann auch für eine Ordensgemeinschaft gebraucht; hier mit freimaurerischer Konnotation, da im folgenden das Logenprogramm erläutert wird (vgl. u. a. auch Anm. 644,12).

750,19 *zusammengedrängt]* Korrigiert aus »zu sammengedrängt« nach Loge, S. 32.

750,22 *Subjekte]* Mitglieder (Loge, S. 32).

750,24 *einen]* Korrigiert aus »einem« nach Loge, S. 32.

750,30 *sind.]* Korrigiert aus »sind,« nach Loge, S. 33.

750,35 *den andern]* dem andern (Loge, S. 33).

751,10 f. *Kürze ⟨...⟩ Lebens]* Vgl. u. a. S. 572,27 und Anm.

751,11 *menschlichen Lebens]* Lebens (Loge, S. 34).

751,18 *Band zwischen uns]* Vgl. u. a. Anm. 546,4-6.

751,22 *feierliche Pause]* feierlichen Pausen (Loge, S. 34).

751,24 *einer schönen]* Korrigiert aus »eine schöne« nach Loge, S. 34.

751,27 *wie möglich]* als möglich (Loge, S. 34).

751,30 *Brüder]* Brüder Gesellen (Loge, S. 35).

751,31 *welchen]* Korrigiert aus »welche« nach Loge, S. 35.

752,8 *in ein Bündnis]* Korrigiert aus »in Bündnis« nach Loge, S. 36.

752,8 *treten]* traten (Loge, S. 36).

752,12 *Freuden]* Freude (Loge, S. 36).

752,14 *Mögliche ihm wirklich]* Mögliche wirklich (Loge, S. 36).

752,15 *dies]* dieses (Loge, S. 36).

752,19 *diesen]* Korrigiert aus »diesem« nach Loge, S. 37.

752,19 *Bunde]* Bund (Loge, S. 37).

752,21 *unserer Seele]* unsern Seele (Loge, S. 37).

752,25 *wir statt]* wir aber statt (Loge, S. 37).

752,26 f. *Jedes Jahr | Nach]* Das Jahr nach (Loge, S. 37).

752,29 *muß]* müsse (Loge, S. 37).

753,1 *wo ⟨...⟩ davon]* was ⟨...⟩ davon (Loge, S. 37).

753,1 *⟨der Zweck⟩]* Korrigiert aus »das Ziel« nach Loge, S. 37.

753,7-9 *Eine weise ⟨...⟩ Wahrheitsliebe]* Einer weisen Unerschrockenheit, | Einer unerschütterlichen Rechtschaffenheit | Und einer unüberwindlichen Wahrheits Liebe (Loge, S. 38).

753,12 *das]* dies (Loge, S. 38).

753,15-17 *Tode | Der für die Edeln | Wer bei]* Tode – | Denn bei (Loge, S. 38).

753,22 *denn künftig wir]* wir denn künftig (Loge, S. 38).

753,23 *weiseres]* heiligers (Loge, S. 39).

753,24 *Uns einander]* Einander (Loge, S. 39).

753,26 *⟨Mit vereinten ⟨...⟩ streben,⟩]* Ergänzt nach Loge, S. 39.

753,27 *Das]* Welches (Loge, S. 39).

753,32 *den]* Korrigiert aus »dem«.

754,4-760,17 *Was ist ⟨...⟩ Mann]* Vgl. als mögliches Vorbild für diese Tugendlehre in Gesprächsform Isaac Iselins (1728-1782) *Menschenfreundlichen Catechismus* (Anm. 797,10 f.).

754,16 *diesem]* Korrigiert aus »diesen«.

754,28 *diesem]* Korrigiert aus »diesen«.

755,12 *einem Schleuder]* Bei Grimm und Adelung nur als Femininum belegt.

755,36 *den]* Korrigiert aus »dem«.

756,9 *sein Fenster]* Korrigiert aus »seinen Fenster«.

756,19 *Wen]* Korrigiert aus »Wem«.

756,19 *hälst]* Im 18. Jahrhundert mehrfach belegte Variante »mit ausstoszung des wurzelhaften t vor der flexion« (Grimm X, Sp. 275).

756,21 *unsern]* Korrigiert aus »unser«.

756,24 *Welchen]* Korrigiert aus »Welcher«.

756,29 f. *unserm Garten]* Korrigiert aus »unsern Garten«.

757,27 *ihn]* Korrigiert aus »ihm«.

758,17 *unserm]* Korrigiert aus »unsern«.

758,23 *tiefem]* Korrigiert aus »tiefen«.

759,2 *ihn]* Korrigiert aus »ihm«.

760,4 *Vorwort]* Niederdt. für »Fürsprache, Fürbitte« (Adelung IV, Sp. 1314).

760,5 *an ihn]* Korrigiert aus »an ihm«.

761,16 *ihm]* Korrigiert aus »ihnen«.

762,1 f. *seinem]* Korrigiert aus »seinen«.

762,4 *Ossian]* Vgl. Anm. 597,3. – Das Zitat »The night is long, but his eyes are heavy« stammt aus *Berrathon: A Poem* (*The Works of Ossian, The Son of Fingal.* In Two Volumes. Translated from the Galic Language, by James Macpherson, vol. 1, London ³1765, S. 373).

762,6-16 *Den Kopf ⟨…⟩ gebar]* Nach Schings »in deutlichem Anschluß an die ikonologische Tradition der Melancholiedarstellung« (Schings, S. 248); Gaskill betont demgegenüber neben dem »strong sense of *vanitas mundi* and the transience of all things« die Ossian-Affinität (Gaskill, S. 109, bzw. Ossian, *Fingal: An Ancient Epic Poem.* In Six Books, in: *The Works of Ossian* [wie Anm. 762,4], S. 81).

762,7 *dem Stamm]* Korrigiert aus »den Stamm«.

762,10 *leimicht]* D. h. »lehmig« (vgl. Anm. 720,14).

762,13 *unverwandtem]* Korrigiert aus »unverwendtem«.

762,19 *mich außer mir selbst zu sehen]* Galt als Vorzeichen des eigenen Todes. – Vgl. auch S. 672,30-36 und S. 307-309.

762,19 *mir]* Korrigiert aus »mich«.

762,34 *Leimen]* Vgl. Anm. 720,14.

DIE NEUE CECILIA
LETZTE BLÄTTER

Textgrundlage

Erstdruck und Druckvorlage: Die neue Cecilia. Letzte Blätter, von Karl Philipp Moritz. C'est ainsi, qu'en partant, je vous fais mes adieux. Zweite Probe neu veränderter deutscher Druckschrift. Berlin, 1794. Bey Johann Friedrich Unger.

Textüberlieferung

Das Prosafragment erschien postum mit einer ausführlichen Einleitung Johann Friedrich Ungers (1753-1804), der in seiner »Nachricht des Verlegers« die neue und verbesserte sog. Ungersche Frakturschrift vorstellt (dieser Passus ist als Fremdtext in der vorliegenden Ausgabe nicht enthalten; vgl. im Erstdruck S. 3-12). Die nicht namentlich gezeichnete Vorrede sowie eine Nachbemerkung verfaßte Friedrich Ludwig Wilhelm Meyer (1758 oder 1759-1840; vgl. S. 764-766 und S. 789 f.); er beschreibt im wesentlichen die Entstehungs- sowie die Überlieferungsgeschichte des Textes und skizziert den mutmaßlichen Fortgang der Handlung. Das Manuskript, das von Christiane Friederike Matzdorffs Hand stammt und mindestens orthographisch be- bzw. überarbeitet wurde, ist nicht überliefert.

Der kaum zur Kenntnis genommene Text wurde 1922 als bibliophile Pretiose wiederaufgelegt, und zwar in der Vorzugsausgabe von *Berühmte Druckschriften*, hg. v. Gustav Adolf Erich Bogeng, *I. Die Unger-Fraktur* (Heidelberg 1922); 1962 erschien eine Faksimile-Ausgabe (Schrimpf, Cecilia) dieses Fragments, das auch in Horst Günthers Werkausgabe (Werke I) nachgedruckt ist.

Entstehung und Quellen

Moritz benutzte als Anregung für *Die neue Cecilia* eine auch in den *Reisen eines Deutschen in Italien* erwähnte Geschichte, die ihm in Rom als authentische Episode zu Ohren gekommen sein soll (vgl. in vorliegender Ausgabe Bd. 2, S. 486-488), bislang allerdings nicht nachgewiesen werden konnte. – Mittelbar scheint auch die Cäcilien-Episode in Wilhelm Heinses (1746-1803) *Ardinghello und die glückseeligen Inseln. Eine Italiänische Geschichte aus dem sechszehnten Jahrhundert* (Lemgo 1787) relevant gewesen zu sein (vgl. Schrimpf, Cecilia, S. 90 f.), und Unger erwog sogar, Heinse um eine Fortsetzung von Moritz' *Cecilia*-Bruchstück zu bitten (vgl. S. 1247). – In der Titelfigur porträtierte Moritz möglicherweise den »Raffael unter den Frauen«, die Schweizer Malerin Angelika Kauffmann (1741-1807), die seit 1763 in Rom lebte; deren »Residenz auf dem Pincio« war der künstlerische und gesellschaftliche Mittelpunkt der klassischen Romreisenden (hier verkehrten u. a. auch Goethe, Moritz, Herder und die Exherzogin Anna Amalia).

Bereits bei der ersten Erwähnung des Stoffes thematisierte Moritz dessen poetische Dimension: »Eine Stadtgeschichte, mit welcher man sich jetzt hier trägt, für deren Authenticität in den einzelnen Stücken ich aber nicht bürgen will, würde, zu einer poetischen Bearbeitung, einen schönen tragischen Stoff hergeben« (in vorliegender Ausgabe Bd. 2, S. 486). Allerdings hat sich Moritz erst unmittelbar vor seinem Tod damit beschäftigt, wie neben dem Herausgeber Meyer auch Unger berichtet (der Text greift jedoch mehrfach auf Passagen oder Themen der Italienreise zurück; vgl. dazu die entsprechenden Hinweise im Stellenkommentar):

Den Morgen vor seiner Krankheit las er mir noch seine Abendarbeit vor. Er hatte sich nämlich vorgenommen einen Roman herauszugeben unter dem Titel: *die neue Cecilia.* Die Geschichte soll sich in Rom zugetragen haben, wo ein junger Mann aus der Familie des jetzigen Pabstes sich in

eine Bürgerstochter verliebt. Dies wollte sein Vater, ein
sehr stolzer Mann nicht zugeben, u. durch viele Hindernisse die ihm gemacht wurden, hatte man es dahin gebracht,
daß ihn der Pabst auf die Engelsburg setzen ließ. Das Mädchen war edel genug, ihrem Geliebten zu entsagen, so
schwer es ihr auch wurde. Er wollte es aber schlechterdings
nicht. Sie wohnte jenseits des Tiber, wo ihr Geliebter sie
durch ein Fernglas auf den Balkon sitzen sehen konnte.
(Auf diese Briefe freute er sich, wie feurig dies. sein sollten.)
Das Mädchen schreibt ihm eines Tages, sie habe ein Plan,
der gewiß gelingen würde, u. seine Befreiung bewirken
sollte. Scheiterte auch dieser, so soll er dennoch frei werden. Der Plan war nämlich, daß sie sich dem Pabst zu Füßen
warf, u. sich ihren Geliebten zum Mann aus bat. Der Pabst
aber schlug es ihr aber mit sehr harten Worten ab, u. auf dies
auch gefaßt, nimmt sie sogleich Gift zu sich.
Bis dahin, wo sich beide Liebende zuerst sahen, bis dahin
hat mein Freund gearbeitet, u. zwar recht aus Liebe u.
Eifer, sehr etwas sehr gutes zu liefern. Er war ganz begeistert, wenn er daran dachte, wie er die höchste tragische Scene lebhaft schildern wollte, u. wie die Liebe der
Beiden, die anfänglich, (besonders *seiner Seits*) sehr lau
begann, bis zum höchsten Grade steigen sollte.
⟨...⟩ Schade, daß es nun nur ein Fragment ist.
(Unger an Goethe; 29. Juni 1793; Unger, S. 8 f.)

Johann Friedrich Unger zog offensichtlich eine Fortsetzung
des hinterlassenen Fragments von fremder Hand in Erwägung. Jedenfalls bot er am 29. Juni 1793 Goethe das Manuskript zur Lektüre an (vgl. Unger, S. 9); am 27. Juli 1793
schickte er es schließlich nach Weimar:

Haben Sie es durchgelesen, darf ich gehorsamst bitten,
mir Ihren gütigen Rath darüber zu ertheilen, ob es ganz in
die Vergessenheit übergehen soll, oder ob diese Geschichte ein anderer (etwa Heinse?) fortsetzen könnte,
oder ob ich es als ein Fragment drukken lassen soll. – Er
hat dies alles, was Sie erhalten werden, seiner Frau diktirt,
daher die vielen Schreibfehler.
(Unger, S. 10.)

Über Goethes Reaktion ist nichts bekannt. Der Text erschien – offensichtlich nach einer (orthographischen) Revision von unbekannter Hand – als Fragment. Am 16. Februar 1794 konnte Unger bereits ein Exemplar des Drucks nach Weimar senden:

Den Anfang des hinterlassenen Romans von Moritz habe ich mit einer Einleitung u. kurzem Schluß von einem seiner Freunde mit meinen neuen deutschen Lettern gedruckt, u. ich bin so dreist, Ihnen ein Exemplar hier beizulegen.

(Unger, S. 17.)

Wirkung

Die in der ›Allgemeinen Literatur-Zeitung‹ erschienene Rezension der *Neuen Cecilia* spart nicht mit Kritik an dem Prosa-Fragment:

Dieser kleine Nachlaß eines geistreichen und beliebten Schriftstellers ist der Anfang eines Romans, von welchem er die ersten Züge entworfen hatte, und in dem er, wie es scheint, die Bilder, welche seine Seele erfüllten, Bilder von Rom, feinen Gegenden und Kunstwerken, aufzustellen gesonnen war. Diese Absicht verräth sich, wie es uns wenigstens scheint, in der Sorgfalt, mit welcher in den hier abgedruckten Briefen so manche Aussicht und Gegend geschildert wird; einer Sorgfalt, welche hin und wieder der dichterischen Absicht des Vf. Eintrag thut. Wenn z. B. Cecilia, eine eingeborne Römerin, an ihre Freundin, welche ebenfalls in Rom wohnt, schreibt, »Ich muß Ihnen gestehn, daß ich unsern Balcon *an der Tiber* zu den Glückseligkeiten meines Lebens rechne 〈...〉. *Den reizendsten Anblick gewährt in der Ferne der Montemario, mit dem dunkeln Cypressenhaine auf seiner Spitze und der Villa Madama an seinem Abhange* u. s. w.«; so erkennt man in dieser topographischen Genauigkeit, in dieser Erwähnung kleiner Umstände, die nur dem Publicum, aber nicht der Freun-

din, unbekannt waren, den beschreibenden Reisenden, der von einer Römerin nur den Namen geliehen hat. Ueberhaupt aber ist für die Erhaltung der Illusion viel zu wenig gethan, und der Leser wird allzu oft gewahr, daß die schreibenden Freunde eine Rücksicht auf ihn genommen haben, die er ihnen gerne schenken würde. Bisweilen wechseln die Briefe des Marchese Mario an Maratti, und Ceciliens an Augusten so mit einander ab, wie die Verse eines Duetts, bey welchem keine von beiden Personen die andre sieht, und doch jede ihre Reden nach den Reden der andern einrichtet. Uebrigens enthält das, was hier geliefert wird, nur die Exposition der Geschichte, und kann schon aus diesem Grunde kein sonderliches Interesse einflößen; denn wir sind weit von der Meynung des Nachredners entfernt, welcher glaubt, daß diese Briefe ein Ganzes für sich ausmachten, und niemand den Künstler hätte tadeln dürfen, wenn er hier den Pinsel niedergelegt und sein Werk ausgestellt hätte. ⟨...⟩
(Allgemeine Literatur-Zeitung, Numero 126, Montags, den 4. May 1795, Sp. 246 f.)

Einem Brief von Caroline an August Wilhelm Schlegel vom 15. Februar 1802 ist zu entnehmen, daß sich Goethe mit dem Cäcilia-Stoff beschäftigte. Allerdings geht aus dieser Andeutung nicht hervor, ob Goethes Projekt mit Moritz' Fragment in Verbindung steht: »Daß er einen Roman schreibt, hab ich Dir wohl nicht einmal gesagt. Er heißt Cäcilia.« (*Caroline. Briefe aus der Frühromantik.* Nach Georg Waitz vermehrt hg. v. Erich Schmidt, Bd. 2, Leipzig 1913, S. 302.) In Goethes Werk bzw. Briefen sind keine diesbezüglichen Spuren nachweisbar.

Weniger auf das in der »Nachrede« immerhin erwähnte *Cecilien*-Fragment als auf die in den *Reisen eines Deutschen in Italien* beschriebene Episode stützt sich Georg Friedrich Rebmanns (1768-1824) »Selbstmörderin aus Liebe und Großmuth« (in: *Kleinigkeiten aus der Brieftasche Peter Roberts, ehedem Geistersehers und Mitglieds der Schwarzen Brüder. Nebst Beyträgen zur Empfindsamen Reise nach Schilda,* Thorn und Dessau 1795; Altona ²1797, S. 47-92).

Deutungsaspekte

Der geringe Umfang des überlieferten Textes läßt keine eindeutige Entscheidung über die Gattungsfrage zu: Schrimpf
deutet die strenge Komposition und die symbolische Dis-
position als Indizien für eine »novellistische Erzählung«
(Schrimpf, Cecilia, S. 87-90 und S. 83), hält aber auch einen
»tragischen *Roman*« nach dem *Werther*-Muster für denkbar
(Schrimpf, Cecilia, S. 84). – Dieser Darstellung schließt sich
Boulby im wesentlichen an, der darüber hinaus die Wirkung
auf die (früh-)romantische Prosa Wackenroders, Tiecks und
Jean Pauls hervorhebt (Boulby, S. 245).

Ungeachtet des Fragment-Charakters bewertet Schrimpf
den Entwurf als Indiz für Moritz' erzählerische Reife und
für einen »neuen Romanstil«: als »das einzige Stück reiner
Dichtung« (Schrimpf, Cecilia, S. 90 und S. 85). Moritz habe
sich mit der *Neuen Cecilia* vom psychologischen *Reiser*-Ro-
man über den allegorischen *Hartknopf*-Roman zur »symbolischen Erzählung« emanzipiert (Schrimpf, S. 85). Diese
Entwicklung sei zurückzuführen auf zwei »Leitbilder«: Goethe und Italien (Schrimpf, Cecilia, S. 81 und S. 86 f.), konkret auf die Wirkung von Goethes *Werther* (vgl. dazu u. a.
S. 334,22 und Anm.) und dessen *Torquato Tasso* (vgl. Moritz
an Goethe vom 6. Juni 1789; Eybisch, S. 247-249) sowie auf
den in Rom vollzogenen ästhetischen Paradigmenwechsel.
Das römische Kolorit – Stadtimpressionen, Kunstbetrachtung – verrät indes nicht nur den Reisenden und Reisebe-
richterstatter, sondern qua Auswahl und Wertung auch den
Klassizisten Moritz. Claudia Kestenholz schließt sich dieser
Deutung als »Fragment eines *klassischen* Romans« vorbehalt-
los an: »›Die neue Cecilia‹ ist Moritz' einziger ⟨...⟩ Versuch,
die Maximen seiner Ästhetik in poetischer Praxis zu erproben«; der Typus des Briefromans liefere »die strukturelle
Basis für in sich gerundete Klassizität« (Kestenholz, S. 185
und S. 194).

Faktisch greift diese Briefprosa ein Hauptthema der italienischen und nachitalienischen Periode Moritz' auf: die substantielle Differenz zwischen dem schöpferischen Künstler (Cecilia, Maratti) und dem rezipierenden Kunst-Enthusiasten (Augusta, Marchese Mario), wobei der Text offenläßt, wieweit die Protagonisten tatsächlich den selbstgewählten Rollen entsprechen bzw. einer Bewährungsprobe standhalten können. Moritz jedenfalls appliziert diese ästhetische Ebene, die auch Wilhelm Heinrich Wackenroder (1773-1798) in seiner Musiker-Erzählung *Das merkwürdige musikalische Leben des Tonkünstlers Joseph Berglinger* (Berlin 1797) in den Mittelpunkt rücken sollte, auf die überlieferte tragische Romanze, die an der Absolutheit ständischer Grenzen scheitert. Wie in den *Hartknopf*-Romanen überlagern sich diese Sinnebenen palimpsestartig. Die Märtyrerin der Liebe könnte – nach dem Vorbild der heiligen Cäcilia, der Patronin der Musik – auch eine Märtyrerin der Kunst verkörpern: »Aus der christlichen Heiligen ist ⟨...⟩ eine weltliche Märtyrerin geworden, aus der Bekennerin des Glaubens eine Bekennerin der Liebe (Natur!) und Kunst, deren – sakrale – Signatur die *Körperschönheit* ist (Schrimpf, Cecilia, S. 86).

Am Beispiel der »Todessymbolik« belegt Schrimpf die fundierte erzählerische Komposition dieses Prosa-Bruchstücks (vgl. z. B. Domenichinos *Caccia di Diana*, den Äskulap- und den Phaethon-Mythos, die Kleidung von Cecilia und Mario; Schrimpf, Cecilia, S. 89 f.); aufgrund der »ausgeklügelten Spiegelsymmetrie« erhebe *Die neue Cecilia* »Anspruch auf symbolische Totalität« (Kestenholz, S. 194).

Trotz einzelner Verbindungslinien zu Goethes *Werther* sprechen neben dem Gewicht des ästhetischen Diskurses der mehrfache Perspektivenwechsel, die Spiegelung und Brechung der Ereignisse durch die Montage von Texten unterschiedlicher Briefschreiber, schließlich der Verzicht auf den kommentierenden Erzähler für Moritz' Eigenständigkeit. Gleichwohl dürfte ihn der Künstlerroman *Ardinghello* inspiriert haben: »Italienische Kunstatmosphäre, Maler-Freundschaft, ins Sakrale erhobene Kunst und profane Gesellschaft, weltliche Liebe als reine, geheiligte Natur, die

Geliebte Priesterin im Tempel des Schönen« könnten ebenso von Wilhelm Heinse angeregt sein wie die Namensgebung und die »Verschmelzung von römischer Stadtgeschichte und Cecilien-Legende« (Schrimpf, Cecilia, S. 90 f.). Die unglückliche, auf Entsagung und Tod verpflichtete Liebesgeschichte weist – verstärkt durch die parallele Titelwahl – unzweideutig auf Rousseaus Briefroman *La Nouvelle Héloïse*. Daß Moritz' pädagogischer Eros keineswegs erlahmt ist, legen seine Hommage auf Rousseaus Zivilisationskritik und – vermittelt – seine Vorbehalte gegenüber der Ständegesellschaft ebenso nahe wie die Thematisierung der Bedeutung von Kindheitserinnerungen oder einer charakterlich angemessenen Berufswahl.

Stellenkommentar

763,1 *Die neue Cecilia*] Schrimpf versteht den Titel als Analogbildung zu Jean-Jacques Rousseaus Briefroman *La Nouvelle Héloïse* (so der Titel der 1764 erschienenen zweiten Auflage; Erstdruck 1761 unter dem Titel *Lettres de deux amans, Habitans d'une petite Ville au pied des Alpes*); vgl. Schrimpf, Cecilia, S. 86.

763,2 *Letzte Blätter*] Das Fragment erschien postum (vgl. S. 764-766).

763,4 *C'est ⟨...⟩ adieux*] (Franz.) »Nun, da ich aufbreche, nehme ich von Ihnen Abschied.« – Nicht identifiziertes Zitat, das auf den Nachlaßcharakter des Fragments verweist.

764,6 *nicht den hochunterrichteten Lehrer*] Moritz' (zeitweiligen) Enthusiasmus als Lehrer schildert neben Klischnig (vgl. Klischnig, S. 57, S. 58 f., S. 64 f.) u. a. auch Alexander von Humboldt in einem Brief an Wilhelm Gabriel Wegener vom März 1789 (*Jugendbriefe von Alexander von Humboldt*, in: Die Gegenwart. Wochenschrift für Literatur, Kunst und öffentliches Leben, Nr. 30, Berlin, den 29. Juli 1882, S. 71).

764,29 f. *den Juden ⟨...⟩ Torheit*] Vgl. 1 Kor 1,23.

765,14 *Gesegnete des Himmels*] Bibelwort; vgl. (u. a.) Gen 24,31 und 26,29; Ps 37,22; Jes 65,23 sowie Mt 25,34.

765,14f. *Bleibe bei uns ⟨...⟩ geneigt]* Lk 24,29 (vgl. auch S. 543,14f.).

765,17 *Anton Reiser]* Diese Gleichsetzung von Fiktion und Biographie ist in zeitgenössischen Quellen – und nicht nur bei Klischnig – häufig anzutreffen (vgl. auch Anm. 85,3 f.).

765,18f. *Zwei seiner ⟨...⟩ Freunde]* Den Briefen Johann Friedrich Ungers an Goethe ist zu entnehmen, daß zunächst Salomon Maimon, der Mitherausgeber der Bände 9 und 10 des ›Magazins zur Erfahrungsseelenkunde‹, und später auch Karl Friedrich Klischnig eine Moritz-Biographie planten (vgl. Unger an Goethe; 27. Juli 1793 und 30. November 1793; Unger, S. 9 und S. 13; vgl. ferner die Selbstanzeige »Moriz Leben, von Maimon«, in: Intelligenz-Blatt des Journals des Luxus und der Moden, Nr. 10, November 1793, S. CLXXXXV f., sowie den Hinweis von Wilhelm Vieweg auf die in seinem Verlag erscheinende Klischnig-Biographie; in: Intelligenz-Blatt des Journals des Luxus und der Moden, Nr. 12, December 1793, S. CCVI f.). Jean Paul motivierte dagegen Johann Christian Conrad Moritz, ggf. in Zusammenarbeit mit Moritz' Schwager, dem Verleger Karl Matzdorff, die »biographischen Hefte« zu einer Biographie auszubauen, und bot sich selbst als Mit-Autor an. Eher despektierlich äußerte er sich indes über Klischnig, »der mein Gefühl zu oft mit seinem verlezte« (vgl. Jean Paul an Johann Christian Conrad Moritz; 17. September 1795 und 30. Oktober 1795; Schrimpf, Hartknopf, S. 434 f. und S. 437 f.; Johann Christian Conrad Moritz an Jean Paul; 3. Oktober 1795 und Winter 1795/96; Schrimpf, Hartknopf, S. 435-437 und S. 438). – Noch 1825 plante Johann Christian Conrad Moritz, eine Werkausgabe mit »einer authentischen Beschreibung seines Lebens« herauszugeben (Johann Christian Conrad Moritz an Jean Paul vom 20. April 1825 und vom 8. Juli 1825 sowie Eybisch, S. 280).

765,30 *Männerfreundschaft]* Mutmaßlich Anspielung auf Moritz' »Wohngemeinschaft« mit Karl Friedrich Klischnig (Sommer 1783 - Ostern 1786) und – nach der Rückkehr aus

Italien – mit seinen Brüdern (wahrscheinlich Johann Christian Conrad und Johann Simon Christian Moritz; s. a. Anm. 90,7); vgl. Klischnig, S. 112 und S. 136.

765,31-35 *wie rasch ⟨...⟩ Vernunft mäßigt]* Anspielung auf Moritz' Ehedrama mit Christiane Friederike Matzdorff; vgl. die bei Klischnig unter dem Titel »Reliquien eines Liebenden« überlieferten Gedichte (Klischnig, S. 146-150) sowie Unger an Goethe, 15. Dezember 1792 und 27. Juli 1793 (Unger, S. 4 und S. 10), bzw. Karl August Böttiger an Joachim Heinrich Campe vom 12. Juli 1793: »*Moritz*, sagt man in Berlin, ist an seiner sponsa bis nupta gestorben. Alas! poor Moritz!« (J. Leyser, *Joachim Heinrich Campe. Ein Lebensbild aus dem Zeitalter der Aufklärung*, Bd. 2, Braunschweig 1877, S. 189.)

766,1-6 *Gattin ⟨...⟩ Pflegerin]* Moritz verheiratete sich am 5. August 1792 mit Christiane Friederike Matzdorff (1777-1797), der Schwester des Berliner Buchhändlers und Verlegers Karl Matzdorff (1765-1839). Als diese von ihrem früheren Verlobten, dem Schriftsteller Johann Christian Siede (1765-1806), entführt wurde, holte Moritz die Flüchtige zwar zurück, ließ sich aber im Dezember 1792 scheiden. Am 27. April 1793 verheiratete er sich erneut mit seiner Exgattin (vgl. neben Unger, S. 4 und S. 10, v. a. Henriette Herz, *Ihr Leben und ihre Erinnerungen*, hg. v. I. Fürst, Berlin 1850, S. 133 f.; ferner Moritz' Briefe an Friedrich Wilhelm II., Eybisch, S. 256 f.). – Moritz' Todesstunde beschreibt Unger in einem Brief an Goethe vom 29. Juni 1793 (Unger, S. 7 f.); vgl. ferner Klischnig, S. 151-153.

766,8 *Italien]* Moritz reiste im August 1786 aus Berlin ab und kehrte am 4. Dezember 1788 zunächst nach Weimar zurück; erst am 31. Januar 1789 reiste er in Begleitung des Herzogs Karl August nach Berlin. Die dreibändigen *Reisen eines Deutschen in Italien in den Jahren 1786 bis 1788* erschienen 1792/93 (vgl. in vorliegender Ausgabe Bd. 2, S. 411-848).

767,4 *grünen ⟨...⟩ Tiber]* Vgl. in vorliegender Ausgabe Bd. 2, S. 476 f. und S. 804.

767,5 *Engelsburg]* Vgl. in vorliegender Ausgabe Bd. 2, S. 803 und Anm. 803,3.

768,13 f. *Erleuchtung der Peterskuppel]* Vgl. die ausführliche Beschreibung in vorliegender Ausgabe Bd. 2, S. 614 f.

768,16-18 *Hiebei traten 〈...〉 Gedächtnis]* Häufig wiederholtes Thema; vgl. u. a. S. 112,5 und Anm.; S. 547-550 und Anm. 547,32; S. 729,16-21; S. 821-824; Magazin IV 3, S. 2-4; Loge/Launen, S. 247-253.

768,31-769,5 *Hafen Ripetta 〈...〉 Montemario]* Vgl. in vorliegender Ausgabe Bd. 2, S. 476 f. und Anm. 476,26 f.

769,6 *Villa Madama]* 1516/17 auf dem Monte Mario nach Entwürfen Raffaels erbaute und von Antonio di Sangallo erweiterte Villa; vgl. auch in vorliegender Ausgabe Bd. 2, S. 595,11-29.

769,12 f. *Erdboden 〈...〉 beschrieben hat]* Möglicherweise Anspielung auf einen – nicht identifizierten – Geographen.

769,23 *Maria Maggiore]* Vgl. in vorliegender Ausgabe Bd. 2, S. 786.

769,31 *Cesena]* Korrigiert aus »Cena«.

770,4 *mit dem regierenden Hause]* Papst Pius VI. (Giovanni Angelo Braschi; 1717-1799; Papst ab 1775) entstammte der Familie Braschi aus Cesena (vgl. in vorliegender Ausgabe Bd. 2, S. 484-488).

770,13 *spanischen Platze]* Piazza di Spagna; vgl. in vorliegender Ausgabe Bd. 2, S. 488-491.

770,14 *Villa Medicis]* Vgl. in vorliegender Ausgabe Bd. 2, S. 491-494 und Anm. 491,12.

770,25 *Cicerone]* (Ital.) »Fremdenführer«. – Vgl. Moritz' Kritik an dieser touristischen Kunstbetrachtung (in vorliegender Ausgabe Bd. 2, S. 663,32-665,16).

771,9 f. *Carlo Maratti 〈...〉 Namensgenossen]* Anspielung auf den ital. Maler und Radierer Carlo Maratti (Maratta), gen. Carlo delle Madonne (1625-1713), dessen Wandgemälde u. a. auch Goethe wohlwollend studierte, so daß er »den heitern Maratti schätzen und lieben lernte« (Johann Wolfgang von Goethe, *Italienische Reise*; Rom, den 3. November 〈1786〉).

771,9 *seinem]* Korrigiert aus »seinen«.

771,22-25 *Deine lebhaftere 〈...〉 Genuß begnügte]* Anlehnung an eine der Kernthesen aus der Abhandlung *Über die bildende Nachahmung des Schönen*, die strikt zwischen dem schaffenden Künstler und dem genießenden Rezipienten unterscheidet.

771,31 *Treppe nach Trinita di Monte*] Die Kirche SS. Trinità dei Monti oberhalb der Spanischen Treppe beschreibt Moritz ebenfalls in der Italienreise; dort präzisiert er auch seine Kritik an der Konzeption der 1723-26 von Francesco de Santis erbauten Treppe (vgl. in vorliegender Ausgabe Bd. 2, S. 489 und Anm. 489,17).

772,3 f. *Springbrunnen ⟨...⟩ Barcaccia führt*] Vgl. in vorliegender Ausgabe Bd. 2, S. 489,22-28 und Anm. 489,27 f.

772,15 *Janikulus*] Vgl. in vorliegender Ausgabe Bd. 2, S. 523.

773,2 *Villa Negroni*] Vgl. in vorliegender Ausgabe Bd. 2, S. 714,10-15 und Anm. 714,12 sowie S. 786,12-16.

773,5 *bepflanzten*] Korrigiert aus »beflanzten«.

773,20 *Villa Borghese*] Eine umfangreiche Darstellung der Villa Borghese und ihres Englischen Gartens enthält Moritz' italienische Reisebeschreibung (vgl. in vorliegender Ausgabe Bd. 2, S. 658-663 und S. 748).

773,20 f. *Palast Borghese*] An der Piazza Borghese gelegener Palastbau aus dem späten 16. Jahrhundert.

773,28-35 *Domenichino's Bilde ⟨...⟩ plätschern*] Domenico Zampieris (1581-1641) Gemälde *Caccia di Diana* (Diana mit ihren Nymphen auf er Jagd). – Schrimpf betont, in Anlehnung an die *Götterlehre*, die vielschichtige Dimension dieser Bildbeschreibung, die einerseits eine »Charakteristik der Schreibenden« leiste, andererseits mit Blick auf den Handlungsverlauf die verschiedenen Attribute der mythologischen Figur assoziiere; die Göttin der Jagd »richtet ⟨...⟩ ihr *sanftes Geschoß*« auch »auf die Geschlechter der Menschen, die gleich den welkenden Blättern, der blühenden Nachkommenschaft allmälig weichen«; darüber hinaus firmiert sie als Göttin der Keuschheit und Jungfräulichkeit sowie der schönen Künste (vgl. Schrimpf, Cecilia, S. 89; Götterlehre, S. 135-139). – In den *Reisen eines Deutschen in Italien* beschreibt Moritz Domenichinos *Die heilige Cecilia* (recte: *Die Sibylle*; vgl.

auch in vorliegender Ausgabe Bd. 2, S. 768 f. und Anm. 768,29).

774,6 f. *der, dem sie gehört*] D. i. Marcantonio IV. Borghese (1730-1800).

774,10-13 *So wie 〈...〉 zolle*] Dahlhaus deutet diese Passage als Indiz für Moritz' Antizipation der romantischen Kunstreligion (vgl. Carl Dahlhaus, *Klassische und romantische Musikästhetik*, Laaber 1988, S. 35).

774,24 f. *Teich 〈...〉 Aeskulap*] Vgl. neben S. 783,23 die Schilderung dieses erst 1786 von Mario Asprucci errichteten Tempels in vorliegender Ausgabe Bd. 2, S. 658,23-659,9. – Zu Äskulap, dem »Gott der Aerzte«, vgl. Mythologisches Wörterbuch, S. 31-34, und Götterlehre, S. 326-328.

774,31 *als es 〈...〉 gebildet wurde*] Vermutlich Anspielung auf die Bauarbeiten: die ursprünglich barocke Parkanlage um die Villa Borghese wurde unter Fürst Marcantonio zu einem Englischen Garten umgestaltet.

775,4 *Carriere*] Vgl. dazu Moritz' Schilderung der »Staatsverfassung des neuern Roms« in vorliegender Ausgabe Bd. 2, S. 812-814.

775,9 *Monsignore*] Eigentl. ital. für ›mein Herr‹; Titel und Anrede eines katholischen Prälaten. – Vgl. auch in vorliegender Ausgabe Bd. 2, S. 823,11-19.

775,12 *bestäubte*] Verstaubte (vgl. Adelung I, Sp. 925).

775,17 *Conversationen*] Ital. conversazione, eine Art Stehempfang des röm. Adels.

775,22 *Schwindelgeist*] Bezeichnung der »Fertigkeit, unbesonnen und ohne vernünftige Gründe zu handeln« oder auch für einen »Schwindeler« (Adelung III, Sp. 1752).

775,30 f. *der violette Strumpf*] Im Kleiderkodex der katholischen Kirche ist die violette Farbe Bischöfen und Prälaten reserviert (zu den Insignien gehören u. a. Strümpfe und Schuhe).

776,9 *den roten 〈...〉 Wünsche sein*] Insignien des Kardinals sind u. a. der rote Hut und der Purpur der Kleidung.

776,13 *Braschi*] Vgl. Anm. 770,4.

776,19-777,21 *Curie 〈...〉 größer*] Moritz beobachtete das

»Ballonspiel« offensichtlich auch während seines kurzen Aufenthaltes in Cesena; vgl. in vorliegender Ausgabe Bd. 2, S. 422,22-33. Innerhalb der Rom-Berichterstattung widmet er diesem Spiel und den Zuschauern ein ausführliches Kapitel (vgl. in vorliegender Ausgabe Bd. 2, S. 650-652).

776,33 *päbstlichen Nepoten*] (Ital.) »Neffen«, Günstlinge des Papstes; als Nepoten Pius' VI. galten Luigi Onesti Braschi (1745-1816), Herzog von Nemi, und Kardinal Romualdo Onesti Braschi (1753-1817); vermutlich ist hier Luigi Onesti Braschi gemeint (vgl. in vorliegender Ausgabe Bd. 2, S. 650,29 und Anm.).

777,22 f. *die Leprische Sache*] Rechtsstreit um das Erbe des Malteserpriesters Amanzio Lepri († 1780), der Pius VI. zugunsten von dessen Neffen (vgl. Anm. 776,33) als Universalerben seines Vermögens einsetzte, um auf diese Weise »das Vergehen seines Vaters wiedergut⟨zu⟩machen, der sich als Pächter der päpstlichen Zölle unrechtmäßig bereichert hatte«. Allerdings legten Lepris Verwandte – unter Vorlage eines anderslautenden Testaments – Einspruch ein. Nach einem langjährigen Rechtsstreit kam es 1785 zu einem Vergleich zwischen der Nichte des Verstorbenen, Marianna Lepri, und den Neffen des Papstes, wonach die Erbschaft geteilt wurde (vgl. Ludwig Freiherr von Pastor, *Geschichte der Päpste seit dem Ausgang des Mittelalters*, Bd. 16,3: *Pius VI. (1775-1799)*, Freiburg ⁷1933, S. 27 f.).

777,30 *heilige Rota*] Höchstes Gericht der römischen Kurie.

777,33 *Sentenz*] Hier im Sinne von »Urtheil, Bescheid, Endurtheil« (Grammatisches Wörterbuch III, S. 437).

778,14 *Sirocco*] Vgl. S. 702,11 und Anm.

778,30 *Corso*] Vgl. in vorliegender Ausgabe Bd. 2, S. 685 f.

779,14 *Unschuldswelt*] Vgl. *Die Unschuldswelt* (Loge/Launen, S. 240-246) und den Paralleldruck in den *Fragmenten aus dem Tagebuche eines Geistersehers* (S. 736,34-739,34).

779,18 *Saite*] Korrigiert aus »Seite«.

779,20-23 *Gedanken ⟨...⟩ Schreckbild*] Anspielung auf Jean-

Jacques Rousseaus antizivilisatorische Pädagogik, die u. a. in den *Fragmenten aus dem Tagebuche eines Geistersehers* mehrfach diskutiert wird.

780,15-24 *Ich habe ⟨...⟩ stehen]* Vgl. zu dieser enthusiastischen, die Grenzen der Identität überschreitenden Naturbetrachtung u. a. S. 762,19 und Anm. sowie die Parallelen zu Moritz' Autonomieästhetik und Dilettantismuskritik.

780,31 f. *Urne ⟨...⟩ gebildet ist]* Vgl. Anm. 783,24-26.

780,35 *Abbate]* Im *Grammatischen Wörterbuch* hebt Moritz den Unterschied zum deutschen »Abt« hervor, weil »die Benennung *Abbate* im Italiänischen gar kein besonderes Amt oder Würde bezeichnet, sondern schon mit der schwarzen geistlichen Kleidung verknüpft ist, die einem jeden, der sie sich anschaffen kann, zu tragen verstattet ist, und wozu es gar nicht einmal einer besondern Erlaubniß bedarf« (Grammatisches Wörterbuch I, S. 8). – Vgl. in vorliegender Ausgabe Bd. 2, S. 717 f.

781,34 *Tasso]* Torquato Tasso (1544-1595), ital. Dichter.

781,34 *Ariost]* Ludovico Ariosto (1474-1533), ital. Dichter.

783,17 *Elysium]* »Im Tartarus oder in der Unterwelt war eine reizende Gegend, wo ein ewiger Frühling herrschte, die Vögel lieblich sangen und der Boden jährlich dreimal Früchte trug. Sie war der Aufenthalt der Seligen. ⟨...⟩ Diese Vorstellungen sollten die Menschen bewegen, ein gutes Leben zu führen« (Mythologisches Wörterbuch, S. 148).

783,23 *dem Gotte der Gesundheit ein Tempel]* Vgl. S. 774,24 f. und Anm.

783,24-26 *Marmorsarg ⟨...⟩ ausis]* In den *Reisen eines Deutschen in Italien* zitiert Moritz die deutsche Übersetzung der Inschrift: »Groß wie sein Mut war auch sein Fall« (in vorliegender Ausgabe Bd. 2, S. 659,10-15 sowie Anm. 659,11). – Phaethon, der Sohn des Sonnengottes Helios, wollte, um seine legitime Herkunft zu beweisen, einen Tag lang den Sonnenwagen lenken.

Helios ⟨...⟩ mußte die unglückliche Bitte seinem Sohn gewähren, der voller Muth den Wagen besteigend, die

Sonnenpferde antrieb, welche bald ihren Führer vermissend, aus dem Gleise wichen, zuerst dem Himmel und dann der Erde zu nahe kamen, daß Berg und Wald sich entzündete, und Quellen und Flüsse versiegten; da flehte die Erde den Jupiter um Hülfe an, welcher seine Blitze auf den Phaeton schleuderte, der in den Fluß *Eridanus* stürzte, wo seine drei Schwestern ⟨...⟩ ihn so lange beweinten, bis sie in Pappelbäume verwandelt wurden, und auch als solche noch Zähren vergossen, die sich zu dem durchsichtigen *Bernstein* in der Fluth verhärteten. – *Cygnus*, des Jünglings Freund, betrauerte seinen Tod so lange, bis durch den Schmerz sein Wesen aufgelößt, in die Gestalt des Schwans hinüberging, der immer auf der Fluth verweilte, welche den Phaeton verschlang.
(Götterlehre, S. 384 f.)

783,33 *schimmerndsten*] Korrigiert aus »schimmernsten«.

784,23 *Obelisk*] Vgl. Moritz' Beschreibung des sog. Obelisco Flaminiano aus dem ägyptischen Heliopolis (ca. 1200 v. Chr.) in vorliegender Ausgabe Bd. 2, S. 474,31-37 und S. 779 f.

784,32 *beschrien*] »An oder gegen etwas schreyen«, aber auch »⟨m⟩it Worten bezaubern« (Adelung I, Sp. 906).

785,9 *Römerinnen*] Vgl. auch in vorliegender Ausgabe Bd. 2, S. 810 f.

786,26 *diesem*] Korrigiert aus »diesen«.

787,32 *ihr anwandelte*] Vgl. Anm. 635,2 f. und 702,5 f.

788,1 *Brunati*] Vermutlich fiktiver Name.

789,15 *Verzeichnisses*] Vgl. Moritz' Skizze dieser »Stadtgeschichte« in vorliegender Ausgabe Bd. 2, S. 486,18-488,7.

ERFAHRUNGSSEELENKUNDE

TEXTGRUNDLAGEN

Erstdruck und Druckvorlagen:

– *Vorschlag zu einem Magazin einer Erfahrungs-Seelenkunde* (S. 793-809):
Vorschlag zu einem Magazin einer Erfarungs-Seelenkunde. An alle Verehrer und Beförderer gemeinnüziger Kentnisse und Wissenschaften, und an alle Beobachter des menschlichen Herzens, welche in jedem Stande, und in jeglichem Verhältniß, Wahrheit und Glückseligkeit unter den Menschen thätig zu befördern wünschen. von Karl Philipp Moriz, in: Deutsches Museum, Leipzig, Erster Band: Jänner bis Junius 1782, S. 485-503.

– Für alle weiteren Texte (S. 810-905):
ΓΝΩΘΙ ΣΑΥΤΟΝ oder Magazin zur Erfahrungsseelenkunde als ein Lesebuch für Gelehrte und Ungelehrte. Mit Unterstützung mehrerer Wahrheitsfreunde hg. von Carl Philipp Moritz, Band 1-10, Berlin, bey August Mylius 1783-93 (die Bände 5, 6 sowie – ohne Nennung auf dem Titel – das 1. und 2. Stück von Band 7 wurden von Karl Friedrich Pockels, die Bände 9 und 10 von Salomon Maimon mitherausgegeben).

Einzelnachweise der ausgewählten Beiträge:

– ⟨*Vorrede zum* ›*Magazin zur Erfahrungsseelenkunde*⟨⟩ (S. 810 f.), in: Magazin I 1, S. 1-3 (ohne Autorensigle).

– *Grundlinien zu einem ohngefähren Entwurf in Rücksicht auf die Seelenkrankheitskunde* (S. 812-816), in: Magazin I 1, S. 31-38; Rubrik: Seelenkrankheitskunde (ohne Autorensigle).

– *Einige Beobachtungen über einen Taub- und Stummgebohrnen* (S. 816-819), in: Magazin I 1, S. 39-44; Rubrik: Seelennaturkunde (ohne Autorensigle).

– *Aus einem Tagebuche* (S. 819-821), in: Magazin I 1, S. 44-47; Rubrik: Seelennaturkunde (ohne Autorensigle).

– *Erinnerungen aus den frühesten Jahren der Kindheit* (S. 821-824), in: Magazin I 1, S. 65-70; Rubrik: Seelennaturkunde (gez. »M.«).

– ⟨*Zu: Verschiedenheit unserer Empfindungen bei der Vorstellung vom Tode*⟩ (S. 824 f.), in: Magazin I 1, S. 91 f.; Rubrik: Seelennaturkunde (gez. »M.«).

– *Sprache in psychologischer Rücksicht* (S. 825-833), in: Magazin I 1, S. 92-106; Rubrik: Seelennaturkunde (gez. »M.«).

– *Zur Seelenzeichenkunde* (S. 834-836), in: Magazin I 1, S. 107-110 (gez. »M.«).

– *Zur Seelendiätätik* (S. 836-838), in: Magazin I 1, S. 111-113 (gez. »M.«).

– *Zur Seelenheilkunde* (S. 838 f.), in: Magazin I 1, S. 114 f. (gez. »M.«).

– *Aus einem Tagebuche* (S. 839 f.), in: Magazin I 1, S. 116; ohne Zuordnung (gez. »***«).

– *Willensfreiheit* (S. 840), in: Magazin I 2, S. 100; Rubrik: Seelennaturkunde (gez. »M.«; lt. Inhaltsverzeichnis »Eigne Erfahrung über Willensfreiheit *v. d. H.*«).

– *Sprache in psychologischer Rücksicht* (S. 841-846), in: Magazin I 2, S. 101-109; Rubrik: Seelennaturkunde (gez. »M.«).

– *Fortgesetzte Beobachtungen über einen Taub- und Stummgebohrnen* (S. 846-850), in: Magazin I 3, S. 76-82; Rubrik: Seelennaturkunde (lt. Inhaltsverzeichnis »v. d. H.«).

– *Sprache in psychologischer Rücksicht* (S. 850-868), in: Magazin I 3, S. 122-128 (ohne Rubrik; lt. Inhaltsverzeichnis »v. d. H.«); II 1, S. 118-126 (Rubrik: Seelennaturkunde; ohne Autorensigle); II 2, S. 111-114 und S. 114-123 (ohne Rubrik; ohne Autorensigle).

– ⟨*Ein unglücklicher Hang zum Theater*⟩ (S. 868-873), in: Magazin III 1, S. 117-125; Rubrik: Seelenheilkunde (gez. »M.«).

– *Die natürliche Religion eines Taubstummen* (S. 873-875), in: Magazin III 2, S. 89-92; Rubrik: Seelennaturkunde (gez. »M.«).

– *Sprache in psychologischer Rücksicht* (S. 875-892), in: Magazin

III 3, S. 110-115 (ohne Rubrik; ohne Autorensigle); IV 3, S. 95-115 (Rubrik: Seelennaturkunde; ohne Autorensigle).

— *Fragmente aus dem Tagebuch eines Beobachters Seinselbst* (S. 892-897), in: Magazin VI 2, S. 55-61; Rubrik: Seelenzeichenkunde (gez. »M.«).

— *Ueber Mystik* (S. 897), in: Magazin VII 3, S. 75 f.; Rubrik: Seelennaturkunde (gez. »Moritz.«).

— *Grundlinien zu einer Gedankenperspektive* (S. 897 f.), in: Magazin VII 3, S. 81 f. (mit Hinweis: »Fortsetzung folgt.«); Rubrik: Seelennaturkunde (gez. »Moritz.«).

— *Ueber den Endzweck des Magazins zur Erfahrungsseelenkunde* (S. 898-901), in: Magazin VIII 1, S. 1-5 (lt. Inhaltsverzeichnis »von K. P. Moriz«).

— *Sprache in psychologischer Rücksicht* (S. 901 f.), in: Magazin VIII 1, S. 104 f.; Rubrik: Seelennaturkunde (lt. Inhaltsverzeichnis »von K. P. Moritz«).

— *Ueber Selbsttäuschung* (S. 902-905), in: Magazin VIII 3, S. 32-37; Rubrik: Seelennaturkunde (gez. »Moritz.«).

TEXTÜBERLIEFERUNG, AUSWAHL UND ANORDNUNG

Handschriften sind nicht erhalten. Vom 1. Stück des Auftaktbandes erschien 1805 eine zweite Auflage. — Das ›Magazin zur Erfahrungsseelenkunde‹ wurde 1978/79 als vollständiger Reprint vorgelegt, den Anke Bennholdt-Thomsen und Alfredo Guzzoni besorgten; ein kompletter, unkommentierter Neudruck erschien im Rahmen von Karl Philipp Moritz, *Die Schriften in dreißig Bänden*, hg. v. Petra und Uwe Nettelbeck, Nördlingen 1986. — Einzelne Moritz-Beiträge zum ›Magazin zur Erfahrungsseelenkunde‹ sind in der von Horst Günther besorgten Werkausgabe enthalten (Werke III, S. 101-168). Dort ist auch anstelle des hier gedruckten programmatischen *Vorschlags zu einem Magazin einer Erfahrungs-Seelenkunde* eine frühere Fassung berücksichtigt, die anläßlich einer Schulfeierlichkeit gehaltene und gedruckte

Rede *Aussichten zu einer Experimentalseelenlehre an Herrn Direktor Gedike* von Carl Philipp Moritz. (Bei der Jubelfeier des Werderschen Gymnasiums.), Berlin 1782. Diese unterscheidet sich – abgesehen vom Rahmen (Redesituation) und der Schlüsselterminologie (»Experimentalseelenlehre« anstelle von »Erfahrungsseelenkunde«) – nur marginal vom späteren Zeitschriften-Druck, den Moritz offenbar favorisiert hat (vgl. S. 811,12 f.). – Paralleldrucke zu den ausgewählten Texten oder Überschneidungen werden ggf. im Rahmen des Stellenkommentars ausgewiesen.

Die hier vorgelegte Auswahl aus dem ›Magazin zur Erfahrungsseelenkunde‹ erforderte aus Umfangsgründen die strikte Beschränkung auf Texte von Karl Philipp Moritz. Sie dokumentiert deshalb nicht die gesamte Bandbreite der Zeitschrift, wohl aber die theoretischen Prämissen und das inhaltliche Spektrum der Eigenleistungen des Herausgebers (freilich unter Verzicht auf die Paralleldrucke zum *Anton Reiser*; vgl. Nachweise und Varianten, S. 941-955). Der Raumnot wegen konnten hier nicht sämtliche Beiträge von Moritz aufgenommen werden, insbesondere nicht die verschiedenen – für Moritz' Bewertung des ›Magazins zur Erfahrungsseelenkunde‹ sehr ergiebigen – Revisionen, die ohne ihre Bezugsstellen bzw. umfangreiche Regesten nicht verständlich wären (wesentliche Passagen sind im Apparat berücksichtigt).

Die Textanordnung entspricht in der Regel der Publikationschronologie; lediglich Beiträge, die aus technischen Gründen auf mehrere Lieferungen verteilt waren, erscheinen als einheitlicher Text, wobei die einzelnen Fortsetzungsfolgen durch Interlinearstriche markiert und die Zwischentitel nicht wiederholt werden (vgl. S. 850-868; S. 875-892).

ENTSTEHUNG UND SELBSTAUSSAGEN

Das ›Magazin zur Erfahrungsseelenkunde‹ erschien von 1783 bis 1793 in zehn Bänden – zunächst unter der alleinigen Herausgeberschaft des Initiators Karl Philipp Moritz. Für die Zeit während Moritz' Italienreise (August 1786 bis Januar 1789) übernahm der Pädagoge und Prinzenerzieher Karl Friedrich Pockels (1757-1814) von Braunschweig aus das Amt. Er zeichnete für die Bände 5, 6 und de facto auch für 7,1 und 7,2 verantwortlich. Für die Bände 9 und 10 firmierte Salomon Maimon (eigentl. Salomon ben-Josua; 1753-1800) als (Mit-)Herausgeber (vgl. Staats- und Gelehrte Zeitung des Hamburgischen unpartheyischen Correspondenten. Beylage zu No. 140 vom 2. September 1786, unpag.; Intelligenzblatt der Allgemeinen Literatur-Zeitung, No. 41 vom 23ten März 1791, Sp. 334).

Pro Jahr wurde ein Band, bestehend aus drei Lieferungen (»Stücken«), veröffentlicht; lediglich 1790, unmittelbar nach Moritz' Streit mit dem Interimsherausgeber Pockels, entstand eine größere Pause, so daß Band 8 erst 1791 vorgelegt werden konnte.

Die Grundlagen seines ›Magazins zur Erfahrungsseelenkunde‹ erläuterte Moritz ausführlicher erstmals 1782 in den *Aussichten zu einer Experimentalseelenlehre an Herrn Direktor Gedike* von Carl Philipp Moritz. (Bei der Jubelfeier des Werderschen Gymnasiums.), Berlin 1782 (vgl. zur positiven Würdigung dieses Projekts: Litteratur- und Theater-Zeitung, Nr. III, Berlin, den 19. Januar 1782, S. 47 f., ebenso: Allgemeine deutsche Bibliothek. Des drey und funfzigsten Bandes erstes Stück, Berlin und Stettin 1783, S. 416; ferner Moritz' *Ankündigung eines Magazins der Erfahrungsseelenkunde*, in: Berlinsches Magazin der Wissenschaften und Künste, 1. Jahrgang 1781, Berlin 1782, S. 183-187; Allerneueste Mannigfaltigkeiten. Eine gemeinnützige Wochenschrift, 1. Jahrgang 1781, Berlin 1782, S. 775-778 und S. 785 f.).

Moritz' Kontroverse mit dem ersten Mit-Editor Pockels wurde zum überwiegenden Teil im Rahmen des ›Magazins zur Erfahrungsseelenkunde‹ ausgetragen; sie offenbart die substantiellen methodischen und programmatischen Differenzen zwischen beiden Herausgebern:

An die Leser des Magazins zur Erfahrungsseelenkunde

Da ich dem Publikum angekündigt habe, daß ich die Herausgabe dieses Magazins nun wieder allein übernehme, muß ich über mein Verhältniß mit Herrn Pokels einige Worte sagen, in so fern die Leser dieses Magazins dabei interessirt seyn können, und in so fern Herr Pokels selbst mich dazu nöthigt.

Im Jahr 1786 am 19ten Julius schrieb mir Herr Pokels mit folgenden Worten: »Erlauben Sie mir gütigst eine Frage, die Ihnen vielleicht sonderbar vorkommen wird, die Sie mir aber gütigst verzeihen werden. Finden Sie es für rathsam, einen Mitherausgeber des Magazins anzunehmen, und könnte ich dieser Mitherausgeber seyn? Schreiben Sie mir hierüber bald, damit ich weiß, welchen Gebrauch ich mit denen in meinen Händen befindlichen Beiträgen machen soll, und lassen Sie mir die Bedingungen wissen, unter welchen Sie mit mir die Zugleichherausgabe besorgen wollen. Wahrscheinlich könnten wir dann jährlich *vier* Stück herausgeben, womit, wie ich glaube, der Verleger nicht unzufrieden seyn würde, da das Magazin sehr vielen Absatz hat.«

Da ich nun einige Wochen hierauf meine Reise nach Italien antrat, so nahm ich dies Anerbieten des Herrn Pokels an; habe aber während meines Aufenthaltes in Italien, wegen der Schwierigkeit des Uebersendens, keines von den Stücken, die Herr Pockels herausgegeben, zu Gesicht bekommen, auch keine Beiträge dazu geliefert. – Da ich nun aber während dieser Zeit meine erste Idee eines Magazins zur Erfahrungsseelenkunde selbst weiter verfolgt, und einen Plan habe, dieses Werk weit interessanter zu machen, als es bis jezt gewesen ist, so muß ich nach diesem entworfenen Plane, die Herausgabe des Magazins nothwendig allein wieder übernehmen, weil ich mit Herrn Pockels wegen der einzurückenden Aufsätze nicht mündliche Abrede nehmen kann, und mir auch die Revisionen, die im vierten Bande des Magazins von mir angefangen und im fünften von Herrn Pockels fortgesetzt sind, nothwendig wieder selbst vorbehalten muß, weil das Werk sonst zerstückt bleibt. Sobald wir also nicht auf eine *reelle* Weise, sondern bloß dem Namen nach, an diesem Werke ferner gemeinschaftlich arbeiten wollten; so würde ja das Werk selbst nichts dadurch gewinnen, sondern der Eifer zur Bearbeitung desselben würde immermehr erkalten. In diesem Falle ist es also für die Sache selbst weit besser, daß ein jeder seinen eigenen Gang für sich, mit einem rühmlichen Wetteifer gehe. Man zerfällt hiedurch auf keine Weise, sondern bleibt immer durch das stärkste Band verknüpft, das Menschen verbinden kan, durch das Band der *uneigennützigen Wahrheitsliebe*, wodurch ich auch mit Herrn Pockels für die Zukunft verknüpft zu bleiben hoffe, wenn gleich unser Weg eine Strecke auseinander geht. Es wird mir daher nichts weniger, als unangenehm seyn, wenn Herr Pockels ein eigenes psychologisches Journal herausgiebt, worin das meinige der strengsten Prüfung unterworfen wird; denn dadurch gewinnt stets die Sache, und man kömmt der Wahrheit näher. Mit diesen Gesinnungen, die ich Herrn Pockels geschrieben habe, scheinet derselbe nicht übereinzustimmen, sondern besteht auf der fernern Mitherausgabe des Magazins unter sehr heftigen Ausdrücken, und Drohungen von *öffentlicher* Anklage, die ich von *ihm* erwarten müsse, sobald ich darauf bestehe, dieß Magazin allein herauszugeben. Denn er habe das Magazin *vom Tode errettet, in Aufnahme gebracht*, u. s. w. welches sich nicht so verhält, denn nach dem Zeugniß der Verlagshandlung, hat der Debit dieses Magazins, von der Zeit an, da Herr Pockels es herausgegeben, mehr ab als zu genommen. Dieser Umstand bestimmt *mich* aber gar nicht, sondern die vorher angeführten Gründe, weswegen ich die Herausgabe dieses Wercks allein wieder übernehmen muß. Und eben so wenig, wie ich Herrn Pockels jemals verwehren kann, ein eigenes psychologisches Magazin herauszugeben, eben so wenig kann er mich auf irgend eine Weise zwingen, das meinige mit ihm gemeinschaftlich herauszugeben. Es thut mir

sehr leid, daß mich Herr Pockels durch seine Drohungen
zu dieser öffentlichen Erklärung genöthigt hat, da sonst
die Sache unter uns sehr wohl hätte abgethan werden
können. Die Sache sollte aber nun einmal zur Sprache
kommen, und durch diese Erklärung von meiner Seite,
ist, wie ich hoffe, allem ferneren unnöthigen Wortwechsel
vorgebeugt.

Moritz.

(Magazin VII 2, S. 125-128; vgl. auch Pockels' Stellungnahme im ›Intelligenzblatt der Allgemeinen Literatur-
Zeitung, No. 75 vom 13ten Junius 1789, Sp. 634 f.: *Ueber
Herrn Prof. Moritz Anzeige an die Leser der Erfahrungsseelenkunde am Ende des 2ten Stücks des 7ten Bandes.*)

In der folgenden Lieferung des ›Magazins zur Erfahrungsseelenkunde‹ präzisiert Moritz die Hintergründe dieses
Streits:

Einleitung ⟨zu Band VII 3⟩

Als ich vor acht Jahren zuerst die Idee faßte, ein Magazin
zur Erfahrungsseelenkunde herauszugeben, versprach
ich mir, durch die Ausführung dieser Idee, der Wahrheit
näher zu kommen, als es durch bloße Spekulation geschehen kann, die sich nur auf sich selbst stützt. –

Um sicherer zu gehen, sammlete ich in den drei ersten
Jahrgängen blos Fakta, unter gewisse Rubriken gebracht,
und fieng mit dem vierten Jahrgange eine Revision über
die drei ersten Bände an, wodurch das Ganze nun, so wie
es fortschritte, immer mehr Zweckmäßigkeit, und das
Einzelne immer mehr Beziehung auf einander erhalten
sollte.

Mit dem Schluß des vierten Bandes mußte ich den Faden
fallen lassen, den ich nun mit dem Schluß des siebenten
Bandes wieder aufnehme, nachdem ich während eines
dreijährigen Aufenthalts in Italien, von der Fortsetzung
dieses Magazins durch Herrn Pockels, keine Zeile zu Gesicht bekommen habe; und nunmehr, da ich dieses Ma-

gazin wieder allein herausgebe, mit einer Revision über die Revisionen des Herrn Pokels nothwendig den Anfang machen, und ohne Umschweife dabei zu Werke gehen muß, um über den eigentlichen Zweck dieses Magazins mich deutlich zu erklären.

(Magazin VII 3, S. 1 f.)

Revision über die Revisionen des Herrn Pockels in diesem Magazin

⟨...⟩

Ich würde über *Ahndungen* mich nicht in einem so entscheidenden Tone erklärt haben, als Hr. P. gleich in dem ersten Aufsatze gethan hat ⟨vgl. Magazin V 1, S. 1-20: *Fortsetzung der Revision der ersten drei Bände dieses Magazins*⟩, und muß mir also diesen Gegenstand zur eigenen Ausarbeitung vorbehalten.

Es läßt sich über diese Sache nicht so leicht weg räsonniren, wenn es einem um Wahrheit zu thun ist.

Es ist hier nicht die Frage, ob es den Menschen *nützlicher* sei, wenn sie an Ahndungen glauben, oder nicht daran glauben, sondern ob und in wie fern diese Erscheinung in der Natur unsers Wesens würklich gegründet oder nicht darin gegründet sei?

Ein Magazin zur Erfahrungsseelenkunde soll ja nicht unmittelbar Moral lehren, und eben so wenig unmittelbar dem Aberglauben entgegen arbeiten. – Dies ist sein *Zweck* nicht, sondern nur eine sichre *Folge*, sobald man der Wahrheit *um ihrer selbst willen* näher zu kommen sucht. –

Durch solche Revisionen aber, wie die obigen, wird dies Werk zu einer blos moralischen Schrift, wo gegen dasjenige im eigentlichen Sinn geeifert wird, wovon man glaubt, daß der Glaube daran den Menschen schädlich seyn könne. –

Es giebt eine Sucht, viele Dinge leicht erklärlich zu finden, eben so wie es eine Sucht giebt, viele Dinge unerklärlich zu finden – und man fällt sehr leicht von einem Extrem aufs andere. –

Freilich muß am Ende sich alles natürlich erklären lassen, weil es nicht wohl anders, als *natürlich* seyn kann, aber welcher einzelne Mensch umfaßt die Natur mit seinen Gedanken, die von aller Menschen Gedanken noch nicht umfaßt worden ist?

Der zu schnelle Ausruf, bei irgend einer sonderbaren psychologischen Erscheinung: *das läßt sich ja ganz natürlich erklären!* ist immer schon verdächtig, weil der Erklärer seiner Sache zu gewiß ist, und fest zu glauben scheint, daß seinem alleserforschenden schnellen Blick kein wichtiger Umstand entgehen könne. –

Die Revisionen über die gesammleten Fakta in einem Magazin zur Erfahrungsseelenkunde sind nicht dazu, um diese Fakta nur größtentheils als leere Einbildungen kurz abzufertigen, damit ja dem Aberglauben entgegen gearbeitet werde. Das geschieht auf die Weise wahrlich nicht; denn der Aberglaube nützt die Schwäche, und Oberflächigkeit, womit seine Gegner gegen ihn anziehen, und hält das Ganze desto fester, was eine zu ohnmächtige Hand ihm entreißen wollte.

Der Aberglaube will nie von vorne, sondern unvermerkt in den Flanken angegriffen seyn, wenn seine festgeschlossenen Glieder getrennt werden sollen.

Das geschieht aber von selbst, sobald die Wahrheit *um ihrer selbst willen,* gesucht wird – denn alsdann muß doch am Ende sich jeder Knoten lösen, und das Verwirrte sich auseinander wickeln. –

Die Vernunft aber, welche bei jedem Schritt den sie vorwärts thut, in Schwärmerei zu gerathen fürchtet, ist eben so wie die Tugend, welche immer bewacht werden muß, der Schildwache nicht werth. –

Wenn man über seine Resultate so gewiß ist, wie Hr. P. in den von ihm entworfenen Revisionen, so sind wir ja mit unsern Untersuchungen am Ende, und es bedarf weiter keines Magazins zur Erfahrungsseelenkunde.

Der Mensch redet freilich gar zu gern *über* Sachen, *unter* denen er steht, und welche doch eigentlich über ihm sind. –

Es läßt sich wohl *von* diesen Sachen reden, wer sie aber mit einem Blick zu *übersehen* sich einbildet, täuschet sich sicher, und wird dadurch selbst ein Gegenstand psychologischer Beobachtungen, indem er solche zu machen glaubt. ⟨...⟩

⟨Der Psychologe⟩ ist ja nicht zum Glaubensreformator bestellt; er soll nur beobachten – ihm liegt ob, Acht zu geben, wie die Dinge wirklich sind, und Untersuchungen anzustellen, warum sie so sind; nicht aber, zu bestimmen, wie sie nach seiner Meinung seyn sollen. – ⟨...⟩

Noch thörichter aber würde es seyn, ein Magazin zur Erfahrungsseelenkunde absichtlich *gegen* den Aberglauben zu schreiben.

Ein solches Werk muß ja schlechterdings *gegen* nichts geschrieben seyn, es muß gegen nichts arbeiten, wenn es seines Zwecks nicht ganz verfehlen will. ⟨...⟩

Denn was giebt es wohl Edles und Schönes, wodurch unser Auge nicht unwillkührlich auf uns selbst, und die verborgene Natur unsers Wesens zurückgelenkt würde, das noch von keines Menschen Gedanken umfaßt worden ist.

Der kühne Fuß des Menschen steigt in die tiefen Schachten der Erde hinab, und unser denkendes Wesen sollte es nicht wagen, in seine eigenen Tiefen herabzusteigen, und dem edelsten Metalle da nachzuspähen, wo es so selten gesucht wird.

Auf dem Punkte, wo unser Wesen sich vollendet, darf es wahrlich nicht vor sich selbst erschrecken; es hält in seinen innern Tiefen sich an sich selber fest, – und wo es erkannt wird, da entfliehen vor seiner leuchtenden Klarheit, alle eingebildeten Schreckengestalten – *denn nichts ist wahrhaft schrecklich als der Irrthum, welcher das Schreckliche erzeugt* – ⟨...⟩.

(Magazin VII 3, S. 3-11.)

WIRKUNG

Ein Beiträger zum ›Magazin zur Erfahrungsseelenkunde‹, der Philosoph, Theologe und spätere Diakon von Nürtingen, Immanuel David Mauchart (auch Mauchard bzw. Mauchardt; 1764-1826), publizierte 1789 nach dem Ordnungsschema der bis dato erschienenen Lieferungen einen separaten Ergänzungsband: *Anhang zu den sechs ersten Bänden des Magazins zur Erfahrungsseelenkunde. In einem Sendschreiben an die Herren Herausgeber dieses Magazins Herrn Professor C. P. Moritz und Herrn C. F. Pockels*, Stuttgart 1789. Weitere Nachfolger des ›Magazins zur Erfahrungsseelenkunde‹ verzeichnen z. B. Max Dessoir (*Geschichte der neueren deutschen Psychologie*, Bd. 1, Berlin ²1902, S. 283-300) sowie Bennholdt-Thomsen/Guzzoni (Nachwort, S. 29-32).

Die deutsche Übersetzung der ausführlichen Kritik des Utrechter Altphilologen und Regierungsrats Rijklof Michael van Goens (1748-1810), der ab 1786 zunächst in Basel, dann in Erfurt, Dresden und Wernigerode im Exil lebte, veröffentlichte Moritz im ›Magazin zur Erfahrungsseelenkunde‹ (VIII 3, S. 51-107), ebenso die – vom ursprünglichen Konzept abweichenden – Revisionen Salomon Maimons; vgl. *Einleitung zur neuen Revision des Magazins zur Erfahrungsseelenkunde* (Magazin IX 3, S. 1-28), *Revision der Erfahrungsseelenkunde* (X 1, S. 1-16), *Fortsetzung der Revision der Erfahrungsseelenkunde* (X 2, S. 1-7) sowie die (kommentierte) *Realübersicht des Magazins zur Erfahrungsseelenkunde* (X 3, S. 1-146).

Auszüge aus ausgewählten zeitgenössischen Rezensionen

Die zeitgenössischen Besprechungen beschränken sich zum Teil auf mehr oder weniger detaillierte Inhaltsreferate und allgemeine Belobigungen des Unternehmens (eine Rezension in der Londoner Zeitschrift ›The German Museum‹ zitiert Schrimpf, Moritz, S. 48). Im Einzelfall machen die

Rezensenten jedoch aus ihrer Skepsis und ihrer Kritik an der Durchführung des Projekts kein Hehl. – Die folgenden Auszüge konzentrieren sich auf Stellungnahmen zu den Prämissen und zu Moritz' eigenen Beiträgen zum ›Magazin zur Erfahrungsseelenkunde‹.

Magazin zur Erfahrungsseelenkunde I 1:
Hr. Moritz machte sein Vorhaben, gegenwärtiges Magazin herauszugeben, zuerst in seinen Aussichten zu einer Experimentalseelenlehre bekannt ⟨...⟩. Wir waren von der Wichtigkeit und Nutzbarkeit eines solchen Unternehmens schon lange überzeugt, und sahen daher mit Verlangen der Ausführung desselben entgegen. Der Hr. Konrektor eröfnet jezt seine Laufbahn, und so groß auch die Schwierigkeiten sind, die ihm auf seinem Wege aufgestossen seyn mögen, so ist doch dieses erste Stück so ausgefallen, daß jeder, dem das Studium des Menschen wichtig ist, mit uns die Fortsetzung des Werks eifrig wünschen muß. Man findet hier lauter wirkliche Erfahrungen und Geschichten, kein moralisches Geschwätz, keinen Roman. Nach dem Vorschlage des Hrn. *Moses Mendelssohn* wird Hr. *Moritz* die Eintheilungen in der Arzneiwissenschaft auf die Erfahrungsseelenkunde anzuwenden, und die Aufsätze unter die Rubriken der *Seelenkrankheitskunde, Seelennaturkunde, Seelenzeichenkunde, Seelendiätätik* u. s. w. zu ordnen suchen, wie denn auch schon in dem ersten Stück geschehen ist. Drei Stücke von diesem Magazin, jedes sieben bis neun Bogen stark, sollen allemal einen Band ausmachen. Eine gewisse Zeit der Herausgabe ist aber nicht bestimmt, weil es darauf ankommen wird, wie sehr die Materialien und Beiträge sich anhäufen werden.
(Litteratur- und Theater-Zeitung, No. II, Berlin, den 11. Januar 1783, S. 29 f.)

Magazin zur Erfahrungsseelenkunde I 1-2:

⟨Zu I 1:⟩
Dem Unternehmen selbst haben wir in dieser Bibliothek

unsern Beyfall gegeben, auch die Ausführung verdient ihn; nur wünschten wir bey manchen, schon mehr gemachten Beobachtungen genauere Bestimmungen. ⟨...⟩ Die Grundlinien zu einem ohngefähren Entwurf, in Rücksicht auf die Seelenkrankheitskunde, enthalten gute Gedanken; zur Richtung des Beobachtungsgeistes aber sind sie zu allgemein, und setzen die Gränze zwischen Gesundheit und Krankheit der Seele nicht bestimmt genug. Die Seelennaturkunde enthält neun Aufsätze, der erste: Beobachtungen über einen Taub- und Stummgebohrnen, enthält etwas von der Art solche Menschen, Töne bilden zu lehren; das Vorzüglichste, wie weit ihre Erkenntniß in abgezogenen Begriffen und Beurtheilung der Verhältnisse geht, hoffen wir zu finden, wenn diese Beobachtungen weiter fortgeführt werden. Auch wünschten wir zu erfahren, ob solche Menschen lange zusammenhängende Gedankenreihen, und Erinnerungen an die Vergangenheit haben können, ohne durch gegenwärtige Eindrücke darauf gebracht zu seyn. Der andre aus einem Tagebuche enthält, daß beym Gehen traurige Gedanken verschwinden; wir setzen hinzu, daß dadurch dem Ideengange mehr Schnelligkeit gegeben, und die Seele gehindert wird, nicht so sehr in sich selbst hineinzugehen. Die andere Bemerkung, daß am Abend das Grün einer Wiese Gedanken von häußlicher Ruhe; das Abendroth hingegen Gedanken an die Freuden des Ruhens erweckte, ist wichtig, und dient mit Zuziehung anderer Fälle, etwas allgemeines über die Richtung der Gedanken durch Empfindungen festzusetzen. ⟨...⟩ Der sechste führt Erinnerungen aus der frühesten Kindheit an, ein merkwürdiger Aufsatz. ⟨...⟩ Der achte erzählt, daß Vorstellung des Todes anfangs Lachen, hernach Angst erregt habe, und umgekehrt; hier fehlen in den letztern Fällen die besondern Gemüthslagen, welche zur Erklärung dienen mußten. Der neunte setzt fest, daß die unpersönlichen Zeitwörter die erste Empfindung ausdrücken, nach welcher jemand etwas nicht für eine freye Handlung hält; bey welcher Gelegenheit ihre Bedeutung sehr scharfsinnig entwickelt wird. Die Vergleichung j'ai faim, esurio,

mit, es hungert mich, nebst andern mehr, würden doch wohl
der Spekulation eine andere Richtung gegeben haben. Die
Artikel: Seelenzeichenkunde, Seelendiätetik, und Seelenheilkunde, enthalten diesmal noch keine Beobachtungen; blos
Wünsche sie zu erhalten, nebst einigen Gedanken des Herausgebers, den Beobachtungsgeist zu leiten. Wir wünschten
hier mehr Bestimmtheit in Angebung der Punkte, auf die es
hierbey eigentlich ankömmt.

⟨Zu I 2:⟩
Durch eine dreymonatliche Krankheit entschuldigt der Herausgeber die Verzögerung dieses Stücks. ⟨...⟩ Wir ⟨...⟩
empfehlen des Herausgebers Bemerkungen über die Präpositionen; etwas tiefere Analyse metaphysischer Begriffe würde ihnen mehr Bestimmtheit geben.
(Allgemeine deutsche Bibliothek. Des neun und funfzigsten
Bandes erstes Stück, Berlin und Stettin 1784, S. 141-147.)

Magazin zur Erfahrungsseelenkunde I 1-2:
Mit Vergnügen haben wir gesehen, daß dieses Magazin, wel-
ches schon seit geraumer Zeit angekündigt worden, der
Erwartung, welche man davon haben konnte, entspricht.
Der Herr Herausgeber hat die gelieferten Aufsätze nach den
Haupttheilen der körperlichen Arzneykunde eingetheilt.
Also zuerst: Zur Seelenkrankheitskunde, oder Pathologie,
(wir sehen nicht, warum der Hr. Herausgeber diese der See-
lennaturkunde, oder Physiologie, welche die folgende Num-
mer ausmacht, vorgehn läßt.) ⟨Es folgt ein ausführliches
Inhaltsreferat.⟩ Den Schluß ⟨...⟩ machen im ersten Stück,
Grundlinien zu einem ohngefähren Entwurf in Rücksicht
auf die Seelenkrankheitskunde; welche mit philosophischem Geiste entworfen sind.
(Gothaische gelehrte Zeitungen auf das Jahr 1784. Zweytes
halbes Jahr. Zehentes Stück, den vierten Februar, 1784,
S. 75-77.)

Magazin zur Erfahrungsseelenkunde I 3 und II 1-2:

Mit Vergnügen sehen wir die Fortsetzung dieses nützlichen Unternehmens; die meisten Aufsätze sind interessant, aber nicht alle in gleichem Grade unterrichtend. ⟨...⟩ Die fortgesetzten Beobachtungen über einen Taub- und Stummgebohrnen enthalten viel Merkwürdiges über die Vorstellungen eines solchen von nicht sinnlichen Gegenständen, Schade nur, daß man nicht sieht, wie er dazu gelangt war ⟨...⟩.

Das erste Stück des zweiten Bandes ist von verschiedenem Werthe. ⟨...⟩ Das Fragment aus Anton Reisers Lebensbeschreibung, im folgenden Stücke fortgesetzt, zeigt, wohin ein thätiger Geist mit besonders lebhafter Einbildung gerathen kann, wenn ihm gerade diejenige Thätigkeit versagt wird, welche er sich vorzüglich angemessen findet. Anton hatte vorzüglichen Hang zum Studiren, auch in der Schule in Kurzem es sehr weit gebracht, seine Eltern versagten ihm die Erfüllung seines so heißen Wunsches, er fieng nun an unmuthig zu werden und sich selbst zu verachten, wodurch auf einmal alle moralisch guten Anlagen vernichtet, und Ausschweifungen und Heucheley erzeugt wurden. Auch enthält dieser Aufsatz noch manche andere erhebliche Bemerkungen über die Denkart der ersten Jugend, worinn mancher Mann von ähnlichen Geistesfähigkeiten sich wiederfinden wird, besonders auch darinn, daß mystische und sinnlich frömmelnde Bücher sehr leicht Eingang bey der frühen Jugend finden. ⟨...⟩ Der Aufsatz über die Sprache beschäfftiget sich diesmal mit den Zeitwörtern; wir müssen den Verf. bitten, unsre Sprache mit andern in der Bildung der Zeiten zu vergleichen, sonst dürften leicht die Erklärungen zu leeren Hypothesen werden. ⟨...⟩ Viele Leute sind eitel, und lieben das Wunderbare. Wir wünschten, daß dieses Magazin nicht ferner gemißbrauchet würde, offenbare Träumereyen als Wahrheiten zu verbreiten, wie schon mehrmals geschehen ist.

(Wr in: Allgemeine deutsche Bibliothek. Des sechzigsten Bandes erstes Stück, Berlin und Stettin 1785, S. 152-157.)

Magazin zur Erfahrungsseelenkunde II 3:
Das Stück ist uns nicht ganz so reichhaltig als die vorhergehenden geschienen.
(Wr in: Allgemeine deutsche Bibliothek. Des zwey und sechzigsten Bandes erstes Stück, Berlin und Stettin 1785, S. 114-116.)

Magazin zur Erfahrungsseelenkunde III 1:
Noch immer erhält sich dieses Magazin das Verdienst, interessante Facta, und Raisonnements über Erfahrungen die menschliche Seele betreffend zu liefern. Ist gleich unter seinem Vorrathe manches Korn, das mehr scheffeln, als nähren hilft, so bleibt es im Ganzen doch, so lange es von seiner itzigen Beschaffenheit nicht merklich verlieret, immer eines der nützlichsten Lesebücher, und zugleich für den Psychologen eine schätzbare Urkundensammlung. ⟨...⟩.
(Allgemeine Literatur-Zeitung, No. 270 vom 14ten November 1785, Sp. 150 f.)

Magazin zur Erfahrungsseelenkunde III 1-2:
Auch diese beyden Stücke enthalten, unter einigen weniger erheblichen, eine beträchtliche Anzahl von sehr unterrichtenden Beobachtungen: viele von den erstern würden mehr belehrend seyn, wenn auf einige Umstände, die gerade den Schlüssel dazu enthalten, mehr gesehen wäre. ⟨...⟩ Die Geschichte des jungen Menschen, der durchaus sich dem Theater widmen wollte, bey Widersetzung seiner Eltern in Gemüthskrankheit verfiel, bey deren erhaltenen Einwilligung doch eine andre Lebensart erwählte, ist sehr merkwürdig. Schade daß man die Triebfedern zur Aenderung seines Entschlusses nicht angeführt findet. Sollte der bloße Widerstand seine Begierden zu einer solchen Höhe getrieben haben? gemacht haben, daß die Vorstellungen sich mehr auf diesen Punkt richteten? wirklich scheint das oft der Fall, die Frage könnte durch nähere Angabe dieser Triebfedern entschieden werden. ⟨...⟩ Die natürliche Religion eines Taubstummen lehrte unsers Erachtens nichts neues ⟨...⟩.

(Allgemeine deutsche Bibliothek. Des neun und sechzigsten
Bandes zweytes Stück, Berlin und Stettin 1786, S. 416-421.)

Magazin zur Erfahrungsseelenkunde III 3:
Diesmahl scheint des schon bekannten beträchtlich mehr
als des neuen und vorzüglich merkwürdigen zu seyn. ⟨...⟩
Die Bemerkungen über die Sprache in psychologischer
Rücksicht gleichen, denen des Plato in Kratylus, welchen
hernach des Brosses mehr Erweiterung gegeben hat, sie sind
sinnreich, halten aber nicht strenge Probe. Eben das l. z. B.
welches das schnelle und flüchtige ausdrücken soll, kommt
in mehreren Worten vor, wo gerade das Gegentheil von
schnellen sich findet als halten, alt, lallen, schnallen u. s. w.
Plato glaubte, das glatte, sanfte, werde dadurch bezeichnet,
und rechtfertigt sich mit Beyspielen aus seiner Sprache, die
aber in andern Sprachen nicht zutreffen. Die Sache ist wohl
diese: bey manchen Worten ist allerdings auf solche Aehnlichkeiten der Buchstaben mit den Bewegungen und Eindrücken der Gegenstände Rücksicht genommen, aber nicht
bey allen⟨;⟩ der Mensch, besonders der noch rohe und kindische, ist durchgehends so wenig konsequent, wo sollte ers
hier überall gewesen seyn? Manche Worte also sind ohne
Rücksicht auf solche Aehnlichkeiten gebildet, weil man den
ersten den besten Laut ergreift, oder einer zufälligen Ideen-
verknüpfung folgte.
(Allgemeine deutsche Bibliothek. Des neun und sechzigsten
Bandes zweytes Stück, Berlin und Stettin 1786, S. 422-424.)

Magazin zur Erfahrungsseelenkunde IV 1:
Die Revision der drey ersten Bände, mit welcher dieses
Stück anfängt, ist eine erhebliche Arbeit des Herrn Professors. Er bemerket, daß die meisten ihm zugeschickten
Artikel, Krankheiten der Seele betreffen, und daß nur wenige auf die Heilung und Zeichnung derselben gehen. Den
Grund des Uebergewichts der ersten, suchet er ganz richtig
darinn, weil sie das Gemüth am meisten bewegen und erschüttern, und ich setze noch dieses hinzu, weil es leichter

ist, die Krankheiten zu erzählen oder zu beschreiben, als sie zu heilen. Und doch ist das letzte der eigentliche Zweck des Magazins. Es betreffen auch die meisten Beschreibungen nur verschiedene Arten des Wahnwitzes, da doch der Geitz, die Verschwendungs- und Spielsucht, die Eitelkeit, Trägheit, u. s. w. auch zu den Seelen-Krankheiten gehören. Das ist freylich wahr, allein, wenn sie von andern erzählet würden, so würde man solche Erzählungen übel deuten und benennen; es müste also ein jeder, der eine der eben genannten Krankheiten gehabt hätte, selbst erzählen, wie er zu derselben gekommen sey? wie sie sich geäußert und vergrößert habe? und durch welche Mittel er von derselben befreyet worden sey? und von welchen Kranken dieser Art ist alles dieses zu erwarten? Es ist sehr der Mühe werth, dem Herrn Professor durch den ganzen Aufsatz, (der fortgesetzet werden soll,) mit Aufmerksamkeit und Nachdenken zu folgen. (Anton Friedrich Büschings Wöchentliche Nachrichten von neuen Landcharten, geographischen, statistischen und historischen Büchern und Sachen. Des vierzehnten Jahrgangs Achtes Stück. Am zwanzigsten Februar 1786, Berlin, S. 62 f.)

Magazin zur Erfahrungsseelenkunde IV 1:
Hr. *Moritz* stellt in einer Revision der drei ersten Bände, mit der dieses Stück anfängt, Betrachtungen über den Gehalt und den Einfluß auf Selbsterkenntniß an, den die Beiträge seiner Mitarbeiter an diesem Institute haben. Er findet, daß die meisten hier gesammleten Fakta Seelenkrankheiten betreffen, daß weit weniger Beiträge zur Seelenheilkunde, Seelenzeichenkunde u. s. w. eingelaufen sind, und daß endlich die eingelaufnen Beiträge zur Seelenkrankheitskunde selbst, größtentheils auf Beschreibungen von verschiednen Aeußerungen des Wahnwitzes hinauslaufen. Man hat sich noch nicht gewöhnt, sagt Hr. M., den Geiz, die Verschwendung, die Spielsucht, den Neid, die Trägheit, die Eitelkeit u. s. w. unter die Gemüths- oder Seelenkrankheiten zu rechnen, und auf specifische Mittel dagegen zu denken. Der

würdige Hr. M. wünscht und versucht nun auf einige Gesichtspunkte Aufmerksamkeit zu erregen, wodurch der Beobachtungsgeist auf dasjenige hingelenkt würde, das unsre
eigentliche Wohlfahrt am nächsten angeht, und wovon das
eigentliche Glück unsers Lebens abhängt. Er versucht, das
Wesen der Trägheit, des Neides, der Habsucht, der Verschwendung, der Wollust, der Eitelkeit auseinander zu setzen und zu zeigen, wie dieses immer in einer zur Gewohnheit gewordenen unzweckmäßigen Aeußerung der vorstellenden Kraft zu suchen sey. (Ich muß gestehen, daß ich
manches hier Gesagte mehr entwickelt gewünscht hätte –
vorzüglich, weil ich glaube, daß ich denn Hrn. *M.* weniger
oft hätte verlassen müssen.) Er wendet sich nun an alle
Erzieher, Eltern, Lehrer und Prediger, und fodert sie auf,
doch auf ihre besondre Methoden, wodurch es ihnen gelungen ist, oder noch gelingt, irgend einer Seelenkrankheit, als
Eitelkeit, Trägheit, Neid u. s. w. bey ihren Zöglingen, Freunden, oder Untergebnen, entgegen zu arbeiten, aufmerksam
zu seyn, und diese Methoden zum Besten der Menschheit in
seinem Magazin zur Erfahrungsseelenkunde bekannt zu
machen. ⟨...⟩ Über die Seelenheilkunde wird ⟨...⟩ recht sehr
viel Gutes gesagt. Der Verfasser wünscht hier sehr warm,
daß ihm viele doch, wenn auch ohne Nennung ihrer Namen,
die geheime Geschichte ihrer Verirrungen und ihrer Wiederkehr zum Guten mittheilen möchten. Die Revision erstrekket sich noch über die Beiträge zur Seelennatur- und
Seelenzeichenkunde, und wird fortgesetzet werden. Sie enthält sehr viel Gutes und Durchdachtes, und wird auch
unmittelbar dem Magazin nutzen. Man wird nun wissen,
was für Art von Aufsätzen der Herausgeber verlangt. Ein
Brief aus Jena von einem Herrn *Lenz* hat den Recensenten
empöret – in diesem Briefe wird erzählet, daß der jezt regierende Graf von Reuß zu Gera das Feuer habe besprechen
können. Sobald auf seinen Gütern Feuer war, eilte er mit
seinen Husaren zu Pferde dahin. Sobald er kam, war alles
froh, seinen Retter zu sehen. Er ließ in aller Geschwindigkeit um das brennende Gebäude rund herum einen Platz

zum Vorbeireiten machen, wo er denn mit Blitzesgeschwindigkeit herumsprengte und – das Feuer griff dann nie weiter um sich. Herr *Lenz* bedauert sehr, daß unser Graf, da er vor mehrern Jahren einmal gestürzt ist, kein Pferd mehr besteigt, und also auch seine heilsame Kunst nicht mehr in Ausübung bringt! Hier werden auch noch mehrere solche Anekdötchen mit vieler Geschwätzigkeit von diesem der Philosophie Beflissenen erzählet. Zu welchem Endzwecke ist alles dieses in diesem philosophischen Magazine abgedruckt worden? Dieses Magazin soll ein Lesebuch für Gelehrte und Ungelehrte seyn, und wird von vielen Ungelehrten gelesen. Man hat den Herrn Professor Moritz schon mehrmahlen in Journalen gewarnet, sein Journal, das Aufsätze von *Mendelssohn, Spalding, Feder* und einen solchen Herausgeber hat, nicht durch solche Alfanzereien lächerlich zu machen und zur Verbreitung der Schwärmerey, der er doch selbst so thätig entgegen arbeitet, mißbrauchen zu lassen!!!
(Ephemeriden der Litteratur und des Theaters. Achtes Stück, Berlin den 25sten Februar 1786, S. 124-127.)

Magazin zur Erfahrungsseelenkunde IV 1-2:
Beyde Stücke enthalten wichtige Beobachtungen, bey welchen nur manchmal genauere Bestimmung unserer Umstände zu wünschen wäre, als ohne welche sich zuverläßige Resultate nicht allemal ziehen lassen. Auch fehlt unsers Erachtens eine Rubrik von großer Erheblichkeit noch gänzlich, Beobachtungen über die Entwicklung der moralischen sowohl als intellektuellen Fähigkeiten der Kinder, besonders in ihrem ersten Alter, als woraus für Psychologie und Pädagogik sich sehr viel lernen ließe. Den Anfang in beyden vor uns liegenden Stücken macht eine Revision der drey ersten Bände dieses Magazins, welche in den folgenden noch soll fortgesetzt werden. Der Herausgeber äußert beym Ueberblick des bisher gelieferten Wünsche, über einige nicht berührte Materien in Zukunft Beobachtungen zu erhalten, worin wir ihm vollkommen Beyfall geben; alsdenn

stellt er über das bis hieher beobachtete Betrachtungen an, und sucht Resultate zu ziehen. Letzteres gehört wohl nicht so ganz eigentlich in den Plan eines solchen Magazins, in so fern es nämlich auf Erklärung der Erscheinungen geht; welches dem System der Seelenlehre wohl muß vorbehalten werden, und ein solches soll doch hier nicht angelegt werden. In so fern es aber auf kritische Untersuchung der Glaubwürdigkeit mancher Beobachtungen abzielt, und den Beobachtern Weisungen giebt, worauf in Zukunft hauptsächlich zu achten ist, hat es allerdings großen Nutzen. Zudem scheint uns der Herausgeber in seinen Erklärungen nicht allemal sehr glücklich zu seyn, und manches schwankende, oder nicht mehr als die Erscheinungen, selbst klare, mit unterlaufen zu lassen, worin sich denn auch manchmal hypothetisches aus bisher angenommenen Systemen mischt. ⟨...⟩

Was in der Revision am Eingange des zweyten Stücks über Taubstumme gesagt wird, enthält manches interessante; die Philosophie des Herausgebers über den Gesichtspunkt hingegen, hat uns zu viel schwankendes, und bildliches zu enthalten geschienen, als daß davon so einiger Gebrauch könnte gemacht werden. ⟨...⟩ Auch die Erinnerungen aus den ersten Jahren der Kindheit, die Menschenmasse in der Vorstellung eines Menschen, verdienen erwogen zu werden. (Allgemeine deutsche Bibliothek. Des vier und siebenzigsten Bandes zweytes Stück, Berlin und Stettin 1787, S. 475-480.)

Magazin zur Erfahrungsseelenkunde IV 2:
Der Her⟨r⟩ Professor setzet die Revision der drey ersten Bände dieses Magazins fort, und philosophirt diesmal über die Taub- und Stumm-gebornen, über welche in diesem Magazin Erfahrungen und Beobachtungen vorkommen. Er macht gleich im Anfang die wichtige Anmerkung, daß nicht die Sprache gleichsam ein zufälliger Fund des Menschen sey, durch welchen er sich vom Thier unterscheide, sondern daß seine Denkkraft an und für sich selbst ihn schon vom Thier

unterscheide, und sich unter dem Mangel articulirter Töne
eine Sprache schaffe, wie man an den Taubstummen beob-
achte, sie mögten auch die Materialien dazu hernehmen,
woher sie wollten. Der menschliche Geist kann selbst durch
die Beraubung eines ganzen Sinnes nicht unterdrücket werden, und von seinem eigenthümlichen Wesen, von seiner
eigentlichen vorstellenden Kraft, nichts verlieren. Er bestätigt auch die Bemerkungen des Herrn Oberconsistorialraths
Silberschlag, daß der Taubstumme nicht so denken könne,
wie wir, die wir durch Zusammensetzung einzelner mit Worten verknüpfter Begriffe, das Ganze einer Idee in unserer
Seele bilden; sondern, daß jeder Gedanke eines Taubstummen eine völlige Idee sey, ein Bild, in welchem sich alles, was
zu demselben gehöret, auf einmal in seinem Zusammenhange darstelle. Unter den in diesem Stücke enthaltenen Erzählungen, sind besonders diejenigen merkwürdig, welche von
dem Herrn Pockels herrühren.
(Anton Friedrich Büschings Wöchentliche Nachrichten von
neuen Landcharten, geographischen, statistischen und historischen Büchern und Sachen. Des vierzehnten Jahrgangs
Zwanzigstes Stück. Am funfzehnten May 1786, Berlin,
S. 156 f.)

Magazin zur Erfahrungsseelenkunde IV 3:
Die Bemerkungen über etliche im ersten Stücke des zwey-
te⟨n⟩ Bandes des Magazins befindliche Aufsätze, besonders
die letzte, sind sehr gut.
(Allgemeine deutsche Bibliothek. Des fünf und siebenzigsten Bandes erstes Stück, Berlin und Stettin 1787, S. 153 f.)

Magazin zur Erfahrungsseelenkunde IV:
Das erste Stück des vierten Bandes hebt mit einer Revision
der 3 ersten Bände dieses Magazins an. Zuvörderst bemerkt
der Hr. Herausgeber, daß die eingelaufenen Beyträge zur
Seelenkrankheitskunde größtentheils auf Beschreibungen
von verschiedenen Aeußerungen des *Wahnwitzes* hinauslaufen, da es doch noch andre Seelenkrankheiten, als *Geiz,*

Verschwendung, Spielsucht, Neid, Trägheit, Eitelkeit u. s. w. gebe,
die oft mehr als irgend eine körperliche Krankheit die Tage
unsers Lebens verbittern. So wahr dies letztere ist; so würden doch, nach Rec. Bedünken, in dieses Magazin gar zu
bekannte Sachen kommen, wenn diesen Artikeln so ohne
alle Einschränkung darin Raum gegeben würde: also hätte
wenigstens beygefügt werden sollen, daß, wenn Erfahrungen von solchen *gewöhnlichen* Seelenkrankheiten beygebracht
werden, sie mit besondern Umständen begleitet seyn, und
neue Aussichten in die noch dunkeln Gegenden der Psychologie gewähren müssen. Des Bekannten ist ohnedies in
diesem Magazin schon so viel. – Die Curarten, die gegen
diese gewöhnliche Seelenkrankheiten vorgeschlagen werden, haben Rec. auch wenig befriediget. ⟨...⟩. – Indessen
sind der lehrreichen Beyspiele und der treffenden Anmerkungen auch in diesem Stücke so viel, daß Rec. an der
Nützlichkeit einer solchen Lectüre keineswegs zweifelt. ⟨...⟩
Ueberhaupt haben viele ⟨...⟩ Erzählungen den von dem
Herausgeber freylich nicht leicht zu vermeidenden Fehler,
daß man die Urheber davon entweder gar nicht, oder nur
dem Namen nach kennt, und daher von dem Grad ihrer
Glaubwürdigkeit nicht urtheilen kann; und doch kann nur
ein hoher Grad von Glaubwürdigkeit die Unwahrscheinlich-
keit aufwiegen, die ein jedes sonderbares und von dem
gewöhnlichen Laufe der Natur abweichendes Factum in den
Augen aller vernünftigen Menschen hat. Wir wünschten daher, daß der Hr. Herausgeber auf dieses nothwendige Erforderniß einer jeden Erzählung, die sonderbare Begebenheiten enthält, mehr Rücksicht nehmen möchte, sonst wird
sein Buch zwar vielen Leuten eine angenehme und unter-
haltende Lectüre gewähren, aber anstatt des abgezweckten
Nutzens kann es Schaden stiften, indem es den heut zu Tage
so sehr herrschenden Hang zum Ausserordentlichen und
Uebernatürlichen unterhält. –
Das zweyte Stück dieses vierten Bandes setzt die Revision
der drey ersten Bände fort. Von S. 2 bis S. 24 kommen viel
scharfsinnige und richtige Bemerkungen aus der Beobach-

tung der *Taubstummen* über die Entstehung der Sprache vor.
In der That, wenn man diese Unglücklichen beobachtet, so
muß man sich wundern, wie sehr sich doch die menschliche
Seele ohne Hülfe der articulirten Töne entwickelt; denn
welch ein Abstand ist doch zwischen dem Taubstummen
und dem Thier! Wir zweifeln auch keinesweges, daß, wenn es
eine *Nation von Taubstummen* gäbe, sie nach etlichen Jahrhunderten die Reisenden, die sie besuchten, durch ihre Cultur in
Erstaunen setzen würde. In einigen Rücksichten würde sie
immer hinter uns bleiben, in andern würde sie uns überlegen
seyn. Wir glauben daher nicht mit dem Verf. dieses Aufsa-
zes ⟨...⟩, daß die sichtbaren Zeichen nie ganz *reine* Zeichen
seyn; dies ist allenfalls nur von den *bedeutenden* und die Sache
malenden Zeichen wahr: aber sobald unter der Nation der
Taubstummen, die wir annehmen, die *willkührlichen* sichtbaren Zeichen aufkämen, so würde diese Inconvenienz eben
so wenig Statt finden, als bey unsern artikulirten Tönen. Am
Ende dieses Aufsatzes steht die schöne und sehr wahre Reflexion: daß es, bey unserer Bestimmung auf der Erde, in der
allerletzten Rücksicht, nicht sowohl auf den Gegenstand des
Denkens, als auf das Denken selbst, und die dadurch erworbenen bleibenden Fertigkeiten der Seele ankommt. ⟨...⟩
Auch das dritte Stück ist eine Fortsetzung der Revision der
drey ersten Bände dieses Magazins. Ueber die *Erinnerungen
aus den frühesten Jahren der Kindheit* kommen feine Reflexionen
vor; nur scheint der Verf. sich den bildlichen Vorstellungen
zu sehr überlassen zu haben, und dadurch bisweilen in Non-
sens verfallen zu seyn. Nach S. 2 sind die Kindheitsideen
gleichsam *ein zarter Faden, wodurch wir in der Kette der Wesen
befestigt sind, um so viel möglich isolirte, für sich bestehende Wesen zu
seyn*. Sind die Kindheitsideen der Faden, der uns an die übrigen Wesen anknüpft, so sind wir ja nicht isolirt: und ist
dann *isolirt* und *für sich bestehend* einerley? Gleich darauf ist
unsere Kindheit der *Lethe*, aus welchem wir getrunken haben, *um uns nicht in dem vorhergehenden und nachfolgenden Ganzen
zu verschwimmen*. Was heißt das? Und wenn wir, wie es wahrscheinlich ist, vor der Geburt in dem Zustande des Nicht-

bewußtseyns waren, was hatten wir nöthig, aus einem Lethe
zu trinken? Diese Art, in Bildern zu philosophiren, die heut
zu Tage so sehr Mode ist, muß die Philosophie wieder in ihre
Kindheit zurückwerfen; und dann werden unsere Nach-
kommen keiner Lethe nöthig haben, um alles zu vergessen,
was in den Schriften eines *Leibniz*, eines *Wolffs*, eines *Mendelssohns* Gutes enthalten ist. – S. 15 wird es als etwas
besonderes angeführt, daß die *unangenehmen Vorfälle* in der
Kindheit des Verf. einen stärkern Eindruck, als die angenehmen auf ihn gemacht haben, da doch solches etwas gewöhn-
liches und natürliches ist. ⟨...⟩ In dem Aufsatze über
Sprache in psychologischer Rücksicht ⟨...⟩ kommen sinnreiche und witzige Bemerkungen vor.
(Allgemeine Literatur-Zeitung, Nr. 68ª vom 19ten März 1788,
Sp. 729-732.)

Magazin zur Erfahrungsseelenkunde V 1-2:
Das erste Stück scheint uns gegen seine nächsten Vorgänger an Interesse gewonnen zu haben. Die Fortsetzung von
der Revision vorhergehender Bände ⟨von Karl Friedrich
Pockels⟩ beschäfftigt sich bloß mit dem Ahndungsvermö-
gen, ist in sehr philosophischem Geiste geschrieben, und
enthält über die einzelnen Ahndungsgeschichten manches,
was auch Rec. schon angemerkt hatte. ⟨...⟩ Es wäre allerdings erheblich, und würde zu manchen Aufschlüssen führen, wenn die Herausgeber dieses Magazins von Hypochon-
dristen und Melancholikern Beobachtungen sammleten, zu
welcherley Phantasieen und unwillkührlichen Vorstellungen
sie bey heißem oder kalten Wetter bey feuchter oder trok-
kener Witterung, nach dem Genuß dieser oder jener Nahrungsmittel am meisten Hang haben. ⟨...⟩
Das zweyte, im Ganzen weniger erhebliche Stück, setzt die
Revision fort, und beschließt die Betrachtungen über die
Ahndungen.
(Dr. in: Allgemeine deutsche Bibliothek. Des zwey und
achtzigsten Bandes erstes Stück, Berlin und Stettin 1788,
S. 138-143.)

Magazin zur Erfahrungsseelenkunde V 3:
Seit einiger Zeit fängt diese Zeitschrift an, mehr und mehr zu sinken, und besonders bleibt gegenwärtiges Stück hinter seinen Vorgängern weit zurück. Auch von seiner anfänglichen Bestimmung, hauptsächlich Erfahrungen zu liefern, entfernt es sich beträchtlich, jetzt sind der Erfahrungen sehr wenige, der Raisonnements darüber sehr viele geliefert worden. Mit Revision der vorhergehenden Stücke, das heißt, mit Betrachtungen über das bisher gelieferte, fängt das Stück an, mit Revision schließt es. Wir geben zu erwägen, ob es nicht statt derselben, die doch ohne zu weitläuftig zu werden, die Theorien der Erscheinungen nicht vollständig geben kann, besser wäre anzuzeigen, über welche Gegenstände und auf welche Art angestellte Beobachtungen man vorzüglich wünscht. Mancher ließe sich dadurch wohl ermuntern, Beyträge zu liefern, der jetzt nicht weiß, ob das ihm Bekannte zu wissen begehrt wird.
(Dr. in: Allgemeine deutsche Bibliothek. Des vier und achtzigsten Bandes erstes Stück, Berlin und Stettin 1788, S. 124-126.)

Magazin zur Erfahrungsseelenkunde VI 1-2:
Vorliegende beyde Stücke übertreffen ihre nächsten Vorgänger an richtigen und interessanten Bemerkungen über vorgelegte Begebenheiten; besonders zeichnet sich die Revision der vorhergehenden Bände ⟨von K. F. Pockels⟩, womit jedesmal ein Stück anhebt, sehr zu ihrem Vortheil aus. ⟨...⟩
Die Fragmente aus dem Tagebuche eines Selbstbeobachters, sind sehr lesenswerth. Der Verf. frägt, wie kömmts, daß mich in Wissenschaften, die ich eigentlich studire, beynahe nichts, was ich gearbeitet habe, nur zur Hälfte befriedigt? Daher daß hohe Befriedigung nur aus Ueberraschung entspringt, und daß ganz gewöhnliche Gedanken nur eben darum auch nicht sehr vorzüglich scheinen. Den Mangel an Enthusiasmus fürs Gute leitet er her aus dem Hang zum Auflösen, gespaltene Strahlen wärmen minder. Recensent würde lieber sich auf das Verallgemeinern berufen, das Rüh-

rende ist immer etwas sinnliches, individuelles, welches beym Abstrahiren zurückbleibt. Denn was rühren, den Willen bewegen soll, ist ursprünglich etwas Angenehmes oder Unangenehmes, mithin etwas durch individuelle Empfindung uns Mitgetheiltes.
(Allgemeine deutsche Bibliothek. Des neunzigsten Bandes erstes Stück, Berlin und Stettin 1789, S. 127-131.)

Magazin zur Erfahrungsseelenkunde VI 3:
An interessanten Bemerkungen und scharfsinnigen Erklärungen mehrer Phänomene (nicht wie meistens hier geschrieben wird, Phönomene), ist das Stück reichhaltiger, als an neuen und auffallenden Erfahrungen. Voran geht wieder, wie gewöhnlich, die Revision ⟨von Pockels⟩; jetzt scheint man diese an die Geschichten mehr knüpfen zu wollen, welches im Ganzen auch das bequemste ist, da meistens die Leser bey der Revision die Geschichte selbst nicht mehr im frischen Andenken haben, oder vom gegentheiligen Eindrucke schon zu sehr eingenommen sind, als daß diese erwünschte Wirkung thun könnte. Sehr richtig wird hier bemerkt, daß Geisterseherey, Schatzgräberey und dergleichen, beym gemeinen Manne mit den schiefen Religionsbegriffen vom Teufel in der genauesten Verbindung stehen. Auch bey Gelehrten ist dies der Fall; unter den Beweisen für Phantastereyen stehen gemeiniglich die aus der Bibel oben an: es ist daher keine Hoffnung, durch gesunde Vernunft sie zu mindern, viel weniger zu vertilgen, so lange nicht vernünftige Bibelerklärung allgemein gemacht wird.
(Zb. in: Allgemeine deutsche Bibliothek. Des sieben und achtzigsten Bandes zweytes Stück, Berlin und Stettin 1789, S. 450-454.)

Magazin zur Erfahrungsseelenkunde VI 1-3:
Immer noch behauptet sich dieses Magazin in dem gerechten Anspruch an die Aufmerksamkeit solcher Leser, die das γνωθι σεαυτον unter ihre Maximen zählen.
(Allgemeine Literatur-Zeitung, No. 8 vom 8ten Januar 1789, Sp. 57 f.)

Magazin zur Erfahrungsseelenkunde VIII 2:
Bey der sichtbaren Abnahme des Werths einzelner Aufsätze,
würden wir dem Herausgeber guthmeynend rathen, die Zahl
der Stücke zu mindern, und sich an eine gewisse Zeit nicht
zu binden. In vorliegendem Stücke haben der erste und
letzte Aufsatz uns noch die erheblichsten geschienen, am
meisten jedoch der erste. ⟨...⟩ Anton Reiser, in seiner fortgesetzten Lebensbeschreibung, erscheint sehr sonderbar,
Schade daß man die Ursachen davon nicht deutlich genug
sieht.
(Tb in: Allgemeine deutsche Bibliothek. Des sieben und
neunzigsten Bandes erstes Stück, Berlin und Stettin 1790,
S. 173-175.)

Magazin zur Erfahrungsseelenkunde VIII-IX:
Das Moritzische Magazin hat sich unleugbar um die Bele-
bung des psychologischen Beobachtungsgeistes ein großes
Verdienst erworben, und wird sowohl als Sammlung von
Beyspielen, als durch einige trefliche Beyträge zur Anatomie
der dunklen Vorstellungen und des geheimen Zusammenhangs zwischen der äußern und innern Natur, für den
Psychologen immer seinen Werth behalten. Dem nunmehr
verstorbnen Herausgeber selbst scheinen diese Arbeiten
sehr geschadet zu haben: von ihnen, dünkt uns, ward ihm
unvermerkt die Lust zu künsteln und zu deuteln, und diejenige Unbestimmtheit eigen, welche in allen seinen letztern
Schriften herrscht, und welche durch einen gewissen Anstrich von Neuheit und Wichtigkeit eben so, wie durch einen
ziemlich melodischen Vortrag überaus täuschet. Auch in
den gegenwärtigen Bänden finden sich viele Proben dieser
Manier. Gleich der erste Aufsatz, der statt einer Vorrede
dient, enthält eine Menge schönklingender, aber theils leerer, theils wirklich sinnloser und falscher Tiraden. ⟨...⟩ Aber
etwas seltsameres, als seine Künsteleyen über Sprache in
psychologischer Rücksicht, wird man nicht leicht finden.
S. ⟨901 f.⟩. »Was im Gewande zusammen *fällt*, heißt *Falte* –
dem Fall ist *gleichsam* seine Grenze vorgeschrieben. Ein Gan-

zes faltet sich – es fällt zusammen, *gleichsam* mit dem
Vorbehalte, sich wieder auszudehnen, sobald es will – das
hemmende t am Ende gibt erst dem Worte sein Gepräge. So
schießt der *Falk* auf seinen Raub. ⟨...⟩ Was emporstehend
und dennoch schwerfallend sich niedersenkt, heißt *Fels* –
das *Feld* liegt da – der Fels aber steht und steigt empor – das s
am Ende hebt *gleichsam* den Fall.« Von eben dieser Manier
sind die eingerückten Bruchstücke aus Anton Reiser, der
anderswo beurtheilet, und wovon besonders das Fragment:
die Leiden der Poesie, in Schulzens Mikrologischen Aufsätzen genauer beleuchtet ist. Jeder Aufsatz von Moritz, unter-
zeichnet oder nicht, verräth sich sogleich durch seine
Gleichsams, und durch das Unstete und Schwebende der
Ideen. ⟨...⟩ Was die übrigen Aufsätze des achten Bandes
betrifft, so ist Gutes und Schlechtes, Wichtiges und Unwich-
tiges, sehr durch einander gemischt, und es wäre zu wünschen, daß jemand die im dritten Stücke eingerückten
Anmerkungen und Berichtigungen von Herrn van Goens,
mit noch mehrerer Strenge, fortsetzte. Den meisten mitge-
theilten Erinnerungen und Selbstbeobachtungen sieht man
es nur zu sehr an, daß sie der Seele erpreßt sind. ⟨...⟩
Bey dem neunten Bande ist Herr Sal. Maimon, der schon
vorher viele Beyträge geliefert hatte, als Mitherausgeber zu-
getreten. Wie Moritz allzu oberflächlich und süßlich
schwatzte: so scheint uns Hr. Maimon wieder zu trockner
und schulgerechter Metaphysiker, super-transcendental,
(wie ihn Obereit nennt) zu seyn. Er wird schwerlich so allgemein und so gern gelesen werden, wie Moritz. – ⟨...⟩
Manche gute Bemerkung enthält Grohmanns Untersuchung
der Möglichkeit einer Characterzeichnung aus der Handschrift, aber im Ganzen geht er doch zu weit, da er nicht
bloß den ganzen moralischen Menschen, sondern auch seinen Körperbau, Stimme, Farbe und Haare aus der Handschrift erkennen will. ⟨...⟩ Moritzens Deutelgeist hat Hn.
Grohmann angesteckt.
(Allgemeine Literatur-Zeitung, No. 277 vom 23. August
1794, Sp. 500-502.)

Magazin zur Erfahrungsseelenkunde X 2:
Dies Stück ist von einer solchen Menge, und solchen ungeheuren Druckfehlern verunstaltet, daß man sehr oft gar keinen Sinn entdecken kann.
(Ai. in: Neue allgemeine deutsche Bibliothek. Des siebenten Bandes zweytes Stück. Fünftes bis Achtes Heft, Kiel 1794, S. 357 f.)

Magazin zur Erfahrungsseelenkunde X 1-3:
Mit diesem Xten Bande ist dieses Magazin geschlossen. – Er enthält nichts mehr von *Moritz*, die Aufsätze sind von *Maimon*, *Grohmann*, *Veit* und einigen Ungenannten.
Im 3ten Stücke hat Hr. *Maimon* eine Realübersicht des gesammten Magazins geliefert, die sehr brauchbar ist. Man hat hier in einem gedrängten Auszuge alle die in den 10 Bänden enthaltnen Aufsätze beysammen, und kann, wo man es bedarf, sich sogleich Raths erholen, ob in dem Magazin irgend ein psychologischer Fall durch Facta oder Speculation erläutert sey. Das Ganze beschließt ein Universalregister. Eine Fortsetzung dieses Magazins, unter welcher Form sie auch geliefert werden mag, ist unstreitig für den Menschen- und Selbstbeobachter etwas sehr wünschenswerthes.
(Allgemeine Literatur-Zeitung, No. 35 vom 6. Februar 1795, Sp. 273 f.)

Auszüge aus ausgewählten Leser-Zeugnissen

Ich lese jezt das Morizsche *Magazin* der Seelenkunde. So manches Stück darin amüsirt mich, aber wie viel Gewäsche im ganzen!
(Sophie Marianne Courtan, geb. Toussaint, an Johann Georg Hamann; Königsberg, ?-7. Februar 1788; in: Johann Georg Hamann, *Briefwechsel*, Bd. 7: *1786-1788*, hg. v. Arthur Henkel, Frankfurt am Main 1979, S. 391 f.)

Mein Brief wird Ihnen sagen daß ich Moriz gesprochen habe; beurtheilen Sie ihn aber nicht gleich nach meiner ersten Schilderung. Wir waren doch nur einige Stunden bei einander, und es begegnet mir gerne, daß ich zu rasch urtheile. Erwarten sie also erst mehreres von mir über ihn. Ich denke ihn heute zu sehen.

Über ein LieblingsThema von mir, ⟨...⟩ über das Leben in der Gattung, das Auflösen seiner selbst im großen Ganzen, und die daraus unmittelbar folgenden Resultate über Freude und Schmerz, über Tugend und Liebe, über den Tod hat er ausserordentlich klare und erwärmende Begriffe.

Wegen seinem Magazin zur ErfahrungSeelenkunde *habe ich* ihm einen Rath gegeben, den Sie vielleicht auch unterschreiben werden. Ich fand, daß man es immer mit einer traurigen, oft widrigen Empfindung weglegt, und dieses darum, weil es uns nur an Gruppen des menschlichen Elends heftet. Ich hab ihm gerathen, jedes Heft mit einem philosophischen Aufsatze zu begleiten, der lichtere Blicke öfnet, und diese Dißonanzen gleichsam wieder in Harmonie auflöst.

(Friedrich Schiller an Caroline von Beulwitz und Charlotte von Lengefeld; Weimar, 12. Dezember 1788; in: *Schillers Werke.* Nationalausgabe, Bd. 25: *Briefwechsel. Schillers Briefe: 1. 1. 1788-28. 2. 1790*, hg. v. Eberhard Haufe, Weimar 1979, S. 159-161.)

Ich sahe bald, daß, wenn Psychologie eben so viel als eine brauchbare, im gemeinen Leben nüzliche Kenntnis von der geistigen Natur des Menschen, seinen Kräften, seinen Trieben, seinen Gemüthszuständen, Charakteren usw. bedeuten sollte, ihre Quellen nicht in den eigentlich psychologischen Schriften, sondern einzig und allein in der Natur und in der Lektüre solcher Schriftsteller, die Menschenkenner und Seelenmahler zugleich waren, zu suchen seien. Ich fand, da für den, der Augen für dergleichen Sachen hat, in einem Auftritt von Shakspeare's Hamlet mehr Psychologie enthalten ist als in den Bänden von Moritz Magazin zur Erfahrungsseelen-

kunde, daß es natürlicher ist, sich erst mit der Regel bekannt zu machen, ehe man die Exceptionen kennen lernt und daß *ein* Zug aus der ofenen alltäglichen Natur mit Hogarthischen Geiste aufgefaßt oft mehr Charakteristisches enthält als ein bogenlanger Kriminalbericht.
(Gottfried August Heinrich Schmidt an Georg Christoph Lichtenberg; Wernigerode, 31. August 1797; in: Georg Christoph Lichtenberg, *Briefwechsel*. Im Auftrag der Akademie der Wissenschaften zu Göttingen unter Mitwirkung von Julia Hoffmann hg. v. Ulrich Joost und Albrecht Schöne, Bd. 4: *1797-1799 und Undatiertes*, München 1992, S. 756-759.)

Unter den Dichtern stehe den weiblichen Genies *Moritz* voran. Das wirkliche Leben nahm er mit poetischem Sinne auf; aber er konnte kein poetisches gestalten. Nur in seinem Anton Reiser und Hartknopf zieht sich, wenn nicht eine heitere *Aurora*, doch die *Mitternachtröthe* der bedeckten Sonne über der bedeckten Erde hin; aber niemals geht sie bei ihm als heiterer Phöbus auf, zeigend den *Himmel* und die *Erde* zugleich in Pracht. ⟨…⟩
Eigentlich ist jede Begebenheit eine Weissagung und eine Geister-Erscheinung, aber nicht für uns allein, sondern für das All; und wir können sie dann nicht deuten.*) − −
*) Höchst wahrscheinlich hat eben darum Moritz, mehr ein Geisterseher als Geisterschöpfer, in seine Erfahrung-Seelenkunde so viele Träume, Erscheinungen, Ahnungen etc. öfter aufgenommen als darin erklärt und hinter dem Schirme eines Sammlers und Exegeten seine Geisterseherei in etwas vor der berlinischen und gelehrten Körperseherei gedeckt.

(Jean Paul, *Vorschule der Aesthetik*, in: *Jean Pauls Sämtliche Werke*. Historisch-kritische Ausgabe, hg. v. der Preußischen Akademie der Wissenschaften in Verbindung mit der Akademie zur wissenschaftlichen Erforschung und zur Pflege des Deutschtums [Deutsche Akademie], I. Abt., Bd. 11, Weimar 1935, S. 44 und S. 86.)

Für's erste ist zu bemerken, daß das eigentliche Gebiet, in dem sich die Wissenschaft des Arztes bewegt, nehmlich die Kenntniß des physischen menschlichen Organismus, wohl nicht an und für sich selbst auch den psychischen Organismus umfassen, sondern daß die Erkenntniß dieses geistigen Princips, so weit sie möglich, auf ganz andere Prämissen beruhen dürfte.

Aus diesem Grunde eignet Kant die Untersuchung des Gemüthszustandes ganz der philosophischen Fakultät zu,
(Anthropologie §. 41.)
wogegen Metzger, Reil und Hoffbauer vorzüglich deshalb protestiren, weil ein Arzt von allgemeiner philosophischer Geistesbildung, und nur ein solcher sey zum Gerichtsarzt geeignet, sich leichter die ihm zur Beurtheilung der Geisteszerrüttungen nöthige Kenntniß der psychologischen Lehrsätze und Regeln erwerben könne, als der Philosoph die eben zu diesem Behuf nöthige Kenntniß der medicinischen Doctrinen und die erforderliche Fertigkeit in der Untersuchung sich anzueignen vermöge, welche letztere der Arzt durch die Ausübung der Heilkunde überhaupt erwerbe.

Daß dies Urtheil sehr problematisch ist, leuchtet ein, und nur zu gewiß bleibt es, daß Männer von tief psychologischer Kenntniß, wie z. B. der verstorbene Moritz u. a., ohne Aerzte zu seyn, irgend einen zerrütteten Seelenzustand eines Menschen besser beurtheilen werden, als mancher Arzt, dem jene Kenntniß, die sich nur auf die durchdringen⟨d⟩ste Beobachtungsgabe und natürlichen Scharfsinn stüzt, wenigstens im geringern Grade einwohnt.
(E. T. A. Hoffmann, *Gutachten über die Mordtat des Tabaksspinnergesellen Daniel Schmolling*, in: ders., *Juristische Arbeiten*, hg. u. erläutert v. Friedrich Schnapp, München 1973, S. 90 f.)

Da ich von den philosophischen und religiösen Zuständen jener Zeit einen Begriff geben möchte, muß ich hier auch derjenigen Denker erwähnen, die mehr oder minder in Gemeinschaft mit Nicolai zu Berlin tätig waren und gleichsam ein Justemilieu zwischen Philosophen und Belletristik bilde-

ten. Sie hatten kein bestimmtes System, sondern nur eine
bestimmte Tendenz. Sie gleichen den englischen Moralisten
in ihrem Stil und in ihren letzten Gründen. Sie schreiben
ohne wissenschaftlich strenge Form und das sittliche Bewußtsein ist die einzige Quelle ihrer Erkenntnis. Ihre Tendenz ist ganz dieselbe, die wir bei den französischen
Philanthropen finden. In der Religion sind sie Rationalisten.
In der Politik sind sie Weltbürger. In der Moral sind sie
Menschen, edle, tugendhafte Menschen, streng gegen sich
selbst, milde gegen andere. Was Talent betrifft, so mögen
wohl Mendelssohn, Sulzer, Abbt, Moritz, Garve, Engel und
Biester als die ausgezeichnetsten genannt werden. Moritz ist
mir der liebste. Er leistete viel in der Erfahrungsseelenkun-
de. Er war von einer köstlichen Naivität, wenig verstanden
von seinen Freunden.
(Heinrich Heine, *Zur Geschichte der Religion und Philosophie in
Deutschland*, in: ders., *Sämtliche Schriften*, Bd. 3, hg. v. Klaus
Briegleb, München 1971, S. 582 f.)

⟨...⟩ die Beziehungen zwischen Medizin und Psychologie
drängten schon lange zu einer Synthese. In den psychologischen Wissenschaften des ausgehenden achtzehnten Jahrhunderts ist eine Unsicherheit und Abspannung unverkennbar. Die Seelenlehre hatte in Systembauten und Deduktio-
nen über die Seelenvermögen ihre spekulativen Potenzen
erschöpft. Sie sah sich nach neuen Prinzipien der Einteilung
und nach Sammlung des Materials unter neue Gesichtspunkte um. Da erschienen Werke wie das von Mauchart, das
nicht mehr eine Zusammenfassung mit einem geschlossenen System darbietet, sondern sich zurückhaltend »Materialien zu einer künftigen Seelenlehre« nennt. Er gibt nur
»Phänomene der menschlichen Seele«, deren Bearbeitung er
einer späteren und glücklicheren Zeit überlassen will. Da
tauchte sogar der Gedanke an eine Experimental-Seelenlehre auf in dem Buch von Krüger aus dem Jahre 1756, das auch
insofern bemerkenswert ist, als im Titel dieses Buches zum
erstenmal überhaupt jene beiden Worte zu einem Begriffe

zusammengefaßt wurden, die später als Name und Programm einer neuen psychologischen Richtung auftraten. Da
entsann man sich denn auch »der schwesterlichen Verbindung mit der Arzneygelahrtheit«, und daß den Freunden
beider Wissenschaften zu wenig bekannt sei, wie sehr sie zu
beider Nutzen zusammenarbeiten könnten (Snell). Man erinnerte sich auch, daß die Wahrnehmungen der Arzneyge-
lehrten den Psychologen solche Begebenheiten an die Hand
gäben, die man gewissermaßen als von der Natur selbst
angestellte psychologische Experimente ansehen dürfe.
Auch das vom Jahre 1782 an erscheinende große Sammel-
werk für die damalige psychologische Literatur, das von
Moritz herausgegebene »Magazin zur Erfahrungsseelenlehre«, ist in dieser Hinsicht beachtenswert; nach dem Vorschlag Mendelssohns wurde es nach der in der damaligen
Arzneygelahrtheit üblichen Art in Seelennaturkunde, Seelenkrankheitskunde, Seelenzeichenkunde, Seelendiätetik,
Seelentherapie eingeteilt.
(Gottfried Benn, *Medizinische Psychologie*, in: *Essays und Reden
in der Fassung der Erstdrucke*. Mit einer Einführung hg. v.
Bruno Hillebrand, Frankfurt am Main 1989, S. 25 f.)

DEUTUNGSASPEKTE

Daß Moritz' erfahrungsseelenkundlicher Entwurf als »pro-
grammatisches Manifest für eine echte psychologische Lebensbeschreibung« (Saine, S. 98) aufzufassen sei, gehört
mittlerweile zu den Standards der Moritz-Philologie, ebenso
die Deutung des *Anton Reiser* als »Beispielfall aus dem Bereich ›Seelenkrankheitskunde‹ oder ›Seelennaturkunde‹ des
›Magazins‹« (Schrimpf, Moritz, S. 35). Forschungsarbeiten
zu Moritz' psychologischer Zeitschrift konzentrieren sich
dementsprechend auf die theoretischen Vorgaben und die
dokumentarischen Beiträge des Hauptherausgebers; eine
der wenigen allgemeinen Charakteristiken der Zeitschrift
bieten Anke Bennholdt-Thomsen und Alfredo Guzzoni

(vgl. Bennholdt-Thomsen/Guzzoni, Nachwort, S. 14-29 und S. 35-42).

Der große pädagogische Nachdruck, mit dem Karl Philipp Moritz zu Beginn der 80er Jahre seinen erfahrungsseelenkundlichen Plan propagierte, fiel auf fruchtbaren und wohlpräparierten Boden. Das ab 1781 in verschiedenen Zeitschriftenbeiträgen und schließlich in den *Aussichten zu einer Experimentalseelenlehre* (Berlin 1782) bzw. im *Vorschlag zu einem Magazin einer Erfahrungs-Seelenkunde* (Berlin 1782) skizzierte Großvorhaben war als Fundament eines neuen Wissenschaftszweiges gedacht: »Moritz' geschichtliches Verdienst um die empirische Psychologie liegt nicht in der Inauguration, sondern in der Zusammenfassung und Institutionalisierung, in der Aufforderung, die empirischen Fakten zu sammeln und öffentlich zu diskutieren, um auf dieser Grundlage eine künftige eigenständige psychologische Wissenschaft auszubilden. Es ist eine sozial- und kulturpolitische Leistung. ⟨…⟩ Moritz gehört mit seinem anspruchsvollen Unternehmen in einen säkularen Prozeß hinein, der für das ganze Jahrhundert prägend ist: die Etablierung der Anthropologie und ihres Kernstücks, der ›physiologischen Psychologie‹, als Universalwissenschaft« (Schrimpf, Moritz, S. 36). Die Beweggründe für dieses Projekt formuliert zusammenfassend Götz Müller: »In seiner Spätzeit fragte das Unternehmen der Aufklärung nach der Ursache der hartnäckigen Widerstände, die den Fortschritt der Vernunft behinderten, obwohl die wesentlichen Ursachen der Verfinsterung geklärt schienen. Es war ⟨…⟩ die Sattelzeit der Psychologie« (Götz Müller, *Die Einbildungskraft im Wechsel der Diskurse. Annotationen zu Adam Bernd, Karl Philipp Moritz und Jean Paul*, in: *Der ganze Mensch. Anthropologie und Literatur im 18. Jahrhundert*. DFG-Symposion 1992, hg. v. Hans-Jürgen Schings, Stuttgart und Weimar 1994, S. 697-723, hier S. 699).

Johann Gottfried Herder beispielsweise hatte im *Journal meiner Reise im Jahr 1769* (Erlangen 1846) ein »Journal ⟨…⟩ der Menschenkenntnisse« ins Auge gefaßt, »die ich täglich aus meinem Leben« und »aus Schriften sammle«. Sein »*Jahrbuch der Schriften für die Menschheit*«, so der Arbeitstitel, sollte »ein Buch über die Menschliche Seele, voll Bemerkungen und Erfahrungen« werden – geschrieben »als Mensch für Menschen« (Johann Gottfried Herder, *Werke*, Bd. 9/2: *Journal meiner Reise im Jahr 1769. Pädagogische Schriften*, hg. v. Rainer Wisbert unter Mitarbeit von Klaus Pradel, Frankfurt am Main 1997, S. 32 f., S. 223 f., S. 33 f.). Die namentlich durch Christian Wolff etablierte rationalistische Psychologie hatte demnach im letzten Viertel des Aufklärungsjahrhunderts ihren Zenit endgültig überschritten: »Der Trend zur empirischen Beobachtung der menschlichen Seele ist Ausdruck des wachsenden Unbehagens gegenüber der spekulativen und deduktiven Vermögenspsychologie« (Schrimpf, Magazin, S. 173). Die Verdrängung des a priori argumentierenden Systematikers, der die Exempla lediglich a posteriori gelten läßt, durch den moralischen Arzt äußert sich in der Bevorzugung der induktiven Fallstudie und der wertfreien Beobachtung (»Fakta, und kein moralisches Geschwätz«; S. 811). Als Schwesterdisziplin firmiert nach diesem Paradigmenwechsel anstelle der Philosophie die Medizin mit ihrem abstrakten Ordnungssystem (vgl. neben Johann Gottlob Krügers *Versuch einer Experimental-Seelenlehre* v. a. Marcus Herz' *Grundriß aller medizinischen Wissenschaften* sowie zu Moritz' Stellung innerhalb der Berliner »Kultur des Empirischen« Martin L. Davies, *Moritz und die aufklärerische Berliner Medizin*, in: *Karl Philipp Moritz und das 18. Jahrhundert. Bestandsaufnahmen – Korrekturen – Neuansätze*. Internationale Fachtagung vom 23.-25. September 1993 in Berlin, hg. v. Martin Fontius und Anneliese Klingenberg, Tübingen 1995, S. 215-226): »Die theoretische Infrastruktur der Medizin steht Pate für die entsprechende empirische Psychologie« (Müller, S. 81). Moritz' Einteilungskriterien – »Seelenkrankheitskunde«, »Seelennaturkunde«, »Seelenzeichenkunde«, »Seelendiätetik« (eine Rubrik, die zwar vorgesehen ist, jedoch ohne Beispieltexte bleibt; vgl. auch ›Magazin zur Erfahrungsseelenkunde‹ X 3, S. 162 f.) sowie »Seelenheilkunde« – entsprechen den medizinischen Kategorien Physiologie, Pathologie, Semiotik (Herz: Materia medica) und Diätetik (Herz: Therapie). Dennoch ist die »Seelenkunde ⟨...⟩ keine Unterart der Arzneiwissenschaft, sondern hat ihren eigenen Gegenstand« (Bezold, S. 137). Die unter Moses Mendelssohns Einfluß vorgenommene Änderung der Zentralterminologie (Krügers ursprünglicher Begriff »Experimentalseelenlehre« wird durch »Erfahrungsseelenkunde«, das deutsche Analogon zu Christian Wolffs »Psychologia empirica«, ersetzt) schließt das planvolle Experiment nicht kategorisch aus, sondern verbindet beides, »Beobachtung *und* Versuch« (Bezold, S. 133-135).

Moritz' Definition von Seelengesundheit zeichnet sich in erster Linie durch die Betonung der Parameter Individualität und Entwicklung aus. Sein Modell sieht vor, »daß ein jeder Mensch nach dem ihm eignen Maß seiner Seelenfähigkeiten, auch seinen eignen Seelengesundheitszustand habe, und daß selbst dieser nach dem verschiednen Alter desselben abwechselt« (S. 813). Klarer noch betont der Herausgeber in seiner *Revision der drei ersten Bände dieses Magazins* »als einer der ersten die maßgebliche Bedeutung der frühkindlichen Prägung für das gesamte Leben« (Bennholdt-Thomsen/Guzzoni, Nachwort, S. 20): »*Das Verhältniß aller der von Kindheit auf gesammleten Ideen gegeneinander macht die individuelle Natur der menschlichen Seele aus*« (Magazin IV 1, S. 33). Analog dazu hat jedes Ungleichgewicht, jeder »Mangel der *verhältnismäßigen Übereinstimmung* aller Seelenfähigkeiten«, eine spezifische Seelenkrankheit zur Folge (S. 813):

Was dem Körper die Nahrungssäfte sind, daß ist der Seele der immerwährende Zufluß neuer Ideen, wovon einige sich nach innern gewissen Reitze oder disponierenden Ursachen festsetzen, andre wieder verfliegen.

Der Mensch scheint vor den Thieren die Kraft zu haben, den Zufluß seiner Ideen selbst zu bestimmen, ihn auf gewisse Weise an- und ableiten, die Schleusen zuzuziehen und nach Gefallen wieder öfnen zu können. —

Diese Kraft wird aber zuweilen durch den Andrang der zuströmenden Ideen gehemmt, wenn in den Ideen, die schon in der Seele sind, das gehörige Gleichgewicht aufgehoben wird, und diese alsdenn auch ihre widerstehende Kraft verlieren.

Das Wesen der Seele besteht in der Thätigkeit, so wie das Wesen des Körpers in der Ausdehnung.

Was Hunger und Durst bei dem Körper sind, daß ist der Thätigkeitstrieb bei der Seele.

Durch diesen wird sie zur immerwährenden Veränderung und Vermehrung ihrer Vorstellungen angetrieben.

Diesen Thätigkeitstrieb also gehörig zu lenken, oder wenn er erschlafft ist, ihn wieder herzustellen, ist ein Hauptgegenstand der Seelenheilkunde.

Wenn nun dieser Thätigkeitstrieb eine unrechte Richtung genommen hat, so entstehet dadurch eine Unordnung, oder Disharmonie in den von Kindheit auf gesammleten Vorstellungen; ein mißbilligendes Gefühl; wovon etwas ähnliches bei dem Körper statt findet, sobald der Nahrungstrieb sich gleichsam vergangen hat.

(Karl Philipp Moritz, *Revision der drei ersten Bände dieses Magazins*, in: Magazin IV 1, S. 34 f.)

Das minimalistische Theoriegerüst für die neue anthropologische Disziplin lieferte neben den französischen Enzyklopädisten die englische ›Moral-sense‹-Philosophie, die Moritz über Moses Mendelssohn und Johann Gottfried Herder gleichermaßen vertraut gewesen sein dürfte. Abgesehen von Alexander Popes genereller Verpflichtung jeglicher Wissenschaft auf den Menschen (vgl. *Essay on Man*) orientierte sich Moritz vor allem an Shaftesburys Definition von Seelengesundheit:

It may be said properly to be the same with the Affections or Passions in an Animal-Constitution, as with the Cords or Strings of a Musical Instrument. ⟨...⟩ The several Species of Creatures are like different sorts of Instruments: And even in the same Species of Creatures (as in the same sort of Instrument) *one* is not intirely like the *other*, nor will the same Strings fit each. The same degree of Strength which winds up *one*, and fits the several Strings to a just Harmony and Consort, may in *another* burst both the Strings and Instrument it-self. Thus Men who have the liveliest Sense, and are the easiest affected with Pain and Pleasure, have need of the strongest Influence or Force of other Affections, such as Tenderness, Love, Sociableness, Compassion, in order to preserve a *right* BALLANCE *within*, and to maintain them in their Duty, and in the just performance of their Part: whilst others, who are of a cooler Blood, or lower Key, need not the same Allay or Counter-Part; nor are made by Nature to feel those tender and indearing Affections in so exquisite a degree. (*An Inquiry Concerning Virtue, or Merit*, in: Anthony Ashley Cooper, Third Earl of Shaftesbury, *Characteristics of Men, Manners, Opinions, Times* [1711], vol. 2, Hildesheim und New York 1978, S. 3-176, hier S. 94 f.)

Mit diesem Prinzip der Seelenharmonie stand wenigstens eine Leitidee zur Verfügung, ein bewußt individualistisches Konzept für die Unterscheidung zwischen Seelengesundheit und Seelenkrankheit. Sie lieferte dem moralischen Arzt lediglich das hermeneutische Repertoire und war unter keinen Umständen als restriktives System mißzuverstehen. Anders als Pockels oder mancher Rezensent wollte Moritz die verschiedenen Seelenphänomene nicht normativ über einen Kamm scheren, sondern die ethischen Wertungen (Schuld, Sühne – Tugend, Laster) von den konkreten Einzelfällen her begründen: »Was ist unsre ganze Moral, wenn sie nicht von Individuis abstrahiert ist?« (S. 794):

⟨…⟩ trotz des proklamierten Rezeptionsmodells (»Fakta« – »Reflexionen«) beginnt Moritz das *Magazin* mit vorgreifenden »Grundlinien«, notiones directrices. ⟨…⟩ Moritz hat sich mehrmals zur gnoseologischen Stellung der Leitideen geäußert, und zwar immer dergestalt, daß er ihren dogmatischen Wert restringierte. ⟨…⟩ Im deduktiven Erkenntnismodell der ›Schule‹ wäre es Aufgabe der Erfahrung, a priori gewonnene und damit einzig sichere Wahrheiten nachträglich zu bestätigen, weil eine vollständige Induktion nicht zu erreichen und demzufolge nur ein lückenhafter Schluß (hiulca consequentia) vom Einzelnen aufs Allgemeine möglich sei. Um sich von diesem

Modell abzusetzen, deklariert Moritz die Leitideen als
Suchformeln, deren vorläufiger Status nicht vergessen
werden dürfe. Zwar ist ohne Leitideen nicht auszukom-
men, doch Moritz gibt sich alle Mühe, sie als Hypothesen
kenntlich zu halten. ⟨...⟩ Die Stellung der als notiones
directrices verwendeten Lehrstücke der Schulpsychologie
ist damit stark relativiert. Sie sind heuristische Instrumente und Horizonte einer sich als vorläufig verstehenden
Hermeneutik, ständig der Korrektur bedürftig und der
Konfrontation mit »Fakta« ausgesetzt.
(Bezold, S. 173 f.)

Moritz legt den Akzent gleichwohl weniger auf den Entwurf
einer neuen anthropologischen Disziplin als auf die Kom-
pensation der therapeutischen Defizite der rationalistischen
Schulpsychologie. Anders als Krüger oder Herder »geht es
Moritz nicht um eine systematische psychologische Wissenschaft, sondern um Psychopathologie in aufklärerisch-the-
rapeutischer Absicht« (Rau, S. 146; vgl. auch Schrimpf,
Moritz, S. 42): »Die Individualisierung des Krankheitsbe-
griffes verbindet sich mit der Vorstellung vom Seelenarzt als
einem Mechaniker, der für die sensible Balance aller Fähigkeiten in der Seele des Patienten zu sorgen hat« (Müller,
S. 82). Welche Konsequenzen sich daraus ergeben, daß psy-
chische Krankheiten vererbbar oder übertragbar, heilbar
oder unheilbar sein können, eventuell sogar regional oder
national epidemisch auftreten, läßt Moritz allerdings offen
(vgl. S. 815). Er verpflichtet den »moralischen Arzt« lediglich darauf, das »verletzte Verhältnis zwischen den Seelenfähigkeiten, wo möglich, wieder herzustellen« (S. 815).
Tatsächlich haftet Moritz' Vorschlägen zur Therapie von
seelischen Störungen etwas Naiv-Mechanistisches an, wie
seine Schilderung der Bekehrung eines Jugendlichen, der
wie Anton Reiser einen »unselige⟨n⟩ Hang zum Theater« in
sich verspürte, belegt (S. 868-873). Bisweilen überkamen
den Psychologen – etwa im Zusammenhang seiner Vorschläge zur Heilung eines eitlen Menschen – erhebliche
Zweifel ob der Effizienz seiner Kur:

Die Eitelkeit entsteht aus einer Verwöhnung unsrer Denkkraft, wo wir unser eignes *Ich* nicht nur zum *Gegenstande*, sondern auch zugleich zum *Zweck* unsres Denkens machen. Wir können und müssen unser eignes *Ich* nothwendig zum *Gegenstande* unsres Denkens machen, wenn wir je in die Natur unsres Wesens tiefer eindringen wollen; aber ein edles Gemüth wird doch vorzüglich zu dieser Aufmerksamkeit auf sich selber angespornt, um auch andern dadurch nützlich zu seyn. – Der eitle Mensch hingegen denkt nichts, als sich, und denkt sich, und alles übrige, was er denkt, auch bloß um *seinetwillen*. – Er ist immer der Mittelpunkt von allem. –
Dieser Verwöhnung der Denkkraft wird vielleicht am besten durch ein zweckmäßiges Studium der Geschichte und Astronomie entgegengearbeitet werden können. – Diese Seelenkrankheit ist übrigens vielleicht am schwersten zu heilen; sie ist zu sehr in das Innerste des Menschen verwebt; man müßte ihn gleichsam aus sich selbst herausreißen. – Wenn die Kur nicht gefährlicher wäre, als die Krankheit, so würde man sie vielleicht noch am ersten unterdrücken können, indem man bei einem sehr eitlen Menschen die vergleichende und Verhältnisse beobachtende Kraft der Seele vorzüglich zu erwecken suchte, wodurch aber wieder der *Neid* als eine neue und gefährlichere Seelenkrankheit verursacht werden würde.
(Karl Philipp Moritz, *Revision der drei ersten Bände dieses Magazins*, in: Magazin IV 1, S. 7 f.)
Die ethische Konsequenz aus diesem Harmonie-Modell, dem ein auffallend weiter Begriff von seelischen Störungen zugrunde liegt, betont Lothar Müller: »Die von Moritz vorgeschlagene Öffnung des Begriffs der Seelenkrankheit auf undramatisch-alltägliche Erschütterungen des seelischen Gleichgewichts hat einen strategischen Sinn. Die Opposition von Gesundheit und Krankheit soll die von Tugend und Laster ersetzen, der Blick des moralischen Arztes an die Stelle des Blicks der Moralisten treten. ⟨...⟩ Der moralische Arzt ist die Negation des Richters, der Seelenkranke die

Negation des Angeklagten. Auf dem Weg des Gnothi seau-
ton soll das *Magazin* von Lastern dadurch befreien, daß es
ihre Ursachen kuriert, statt sie allein den moralischen oder
religiösen Verdikten zu überlassen. Die Seelenkrankheit verlangt Heilung durch psychologische Einsicht, nicht moralische Verurteilung« (Müller, S. 84 f.).

Anstelle der traditionell wissenschaftlichen bzw. theoretischen Kompetenz tritt nun eine (autodidaktisch zu erwer-
bende) Fertigkeit, die ebenso zur aktiven Sozialarbeit
befähigt wie zur Selbsttherapie (Hilfe zur Selbsthilfe). Das
Qualifizierungsmerkmal des moralischen Arztes lautet:
ΓΝΩΘΙ ΣΑΥΤΟΝ / Erkenne dich selbst! Die Inschrift auf
dem Apollo-Tempel zu Delphi (vgl. Anm. 385,34-36) weist
der Einübung in Selbst- und Fremdbeobachtung den Primat
vor jeglicher (akademischen) Fachkompetenz zu (auch darauf zielt der Untertitel »Lesebuch für Gelehrte und Ungelehrte«): »Der moralische Arzt Moritz verbindet das Entdek-
kerpathos des wissenschaftlichen Pioniers auf dem Gebiet
der Seele mit der theoretischen Unbekümmertheit und dem
Eklektizismus des Amateurs« (Müller, S. 76).

Die Offenheit für Seelenbeobachtungen aller Art (Bennholdt-Thomsen und Guzzoni teilen die Fallgeschichten in
drei Rubriken ein: »Psychopathologisches«, »Entwicklungs-
psychologisches«, »Parapsychologisches«; vgl. Bennholdt-
Thomsen/Guzzoni, Nachwort, S. 73-79), der Verzicht auf
Expertenkompetenz zugunsten von berufenen Laien, die
unverbindliche Form des Mediums Zeitschrift und nicht
zuletzt Moritz' erfolgreiche Werbung um Leserzuschriften
haben das ›Magazin zur Erfahrungsseelenkunde‹ entscheidend geprägt. Lediglich in den ersten Lieferungen dominie-
ren die Beiträge von Fachleuten, Kollegen und Berliner
Bekannten. Bennholdt-Thomsen und Guzzoni haben neben
den Herausgeberbeiträgen folgende Gruppen ermittelt:
»Moritz' Berliner Bekannte und Freunde«, »auswärtige Gelehrte« und – zahlenmäßig überwiegend – »Leser« der Zeitschrift, die im Anschluß an die Lektüre zu bisweilen rührend
dankbaren Mitarbeitern wurden (vgl. z. B. Johann Gottlieb

Pichts »Sendschreiben«, in: Magazin III 3, S. 116-121). Auf diese Weise »entwickelt sich eine Interaktion zwischen Autoren und Lesern, die nicht nur für die damalige Zeit beispiellos ist« (Bennholdt-Thomsen/Guzzoni, Nachwort, S. 8-12). Gelegentlich zitiert Moritz allerdings aus gedruckten Texten von eigener oder fremder Hand, wobei sich aufgrund der Überlieferungssituation nicht entscheiden läßt, ob dieser Rückgriff auf bereits publizierte Materialien als Verlegenheitslösung oder als planvolle Erweiterung der eingesandten Exempla zu deuten ist. Immerhin hatte Moritz in seiner »Vorrede« das Versprechen abgegeben, »daß ich ⟨...⟩ keine andern Bücher ausschreibe« (S. 811).

Weil sich das ›Magazin zur Erfahrungsseelenkunde‹ in Moritz' ursprünglichem Konzept als vor-professionelles Sammelbecken für psychologisch Bemerkenswertes verstand und eine systematische Auswertung lediglich in Aussicht stellte, konnte es Interessenten und Beiträger gewinnen, die in institutionalisierten Unternehmungen keine Chancen hatten. Sozialisation und Qualifikation der Beiträger sind bei Anke Bennholdt-Thomsen und Alfredo Guzzoni systematisch ausgewertet (vgl. Bennholdt-Thomsen/Guzzoni, Nachwort, S. 66-73). Weibliche Autoren haben sich am ›Magazin zur Erfahrungsseelenkunde‹ nur selten beteiligt; die »unverhältnismäßig große Anzahl von Arbeiten jüdischer Beiträger« spricht dafür, »daß bei der Begegnung jüdischer Aufklärer mit Moritz und seinem *Magazin* eine für die jüdische Aufklärung charakteristische Denkweise gefördert worden ist«, daß es sich hier möglicherweise um ein »Schlüsselereignis ⟨...⟩ in der Geschichte der jüdischen Aufklärung« handle (Wieckenberg, Juden, S. 128, S. 134 und S. 137). Die Ausschlußkriterien waren offenbar anderer Natur: »In seiner Projektskizze annonciert Moritz die Erfahrungsseelenkunde als egalitäre Wissenschaft in dem Sinne, daß die Beteiligung an der Ausarbeitung ihrer Vorhaben weder an soziale Kriterien noch an akademische Bildungsvoraussetzungen gebunden ist, sondern allein die Fähigkeit zu schriftlicher Kommunikation und das Interesse an den

Gegenständen voraussetzt. ⟨...⟩ Für die Wissenschaft vom inneren Menschen ⟨...⟩ ist jeder Mensch durch sein Menschsein Experte« (Müller, S. 76 f.).

Wie hoch der Einfluß der pietistischen respektive quietistischen Seelenschau anzusetzen ist und inwiefern eine Säkularisierung genuin religiöser Techniken vorliegt, die mindestens den Herausgeber zur rigorosen Selbstforschung befähigten, wird nach wie vor kontrovers diskutiert (vgl. u. a. Rau, S. 151; Schings, S. 138; Schrimpf, Moritz, S. 40 f.; Schrimpf, Magazin, S. 177-180). Moritz hat jedenfalls die Praxis pietatis im Hinblick auf die erfahrungsseelenkundliche Methodik als fruchtbares Instrument bewertet: »Die frömmelnde Phantasie ist auf etwas von der Art gefallen, daß im philosophischen Sinn genommen, gewiß eben nicht so unvernünftig ist. – Es muß nehmlich bei den Bekehrungen der so genannten Frommen immer ein gewisser *Durchbruch* statt finden ⟨...⟩. Ueberhaupt hat sich jene frömmelnde Phantasie, ohngeachtet der unrechten Richtung, die sie genommen, doch noch weit mehr mit dem innern Seelenzustande beschäftiget, als die gewöhnliche Moral und Pädagogik« (Magazin IV 1, S. 35).

Moritz wählte für sein psychologisches Reformprojekt ein ebenso aktuelles wie florierendes Publikationsmedium: die Zeitschrift. Das als Datenspeicher angelegte, zugleich auch als unterhaltsames »Lesebuch« gedachte ›Magazin zur Erfahrungsseelenkunde‹ blieb nicht Moritz' einziges Engagement in diesem modernen Marktsegment; 1784 legte er das als Anleitung zur Reform der Tagespresse gedachte *Ideal einer vollkommnen Zeitung* vor (vgl. in vorliegender Ausgabe Bd. 2, S. 860-867). Beide Projekte des »aufklärerische⟨n⟩ Volksschriftsteller⟨s⟩« (Schrimpf, Moritz, S. 35) zeigen bei aller Verschiedenheit auch Übereinstimmungen: etwa in der Öffnung für den vierten Stand oder in ihrem popularphilosophisch-reformerischen Gestus. – Die spezifisch mediengeschichtliche Dimension betonen neben Boulby, der Moritz als »the initiator of clinical psychological journalism in Germany« bezeichnet (Boulby, S. 137), auch Bennholdt-

Thomsen und Guzzoni: »Diese Publikation gilt zu Recht als die erste psychologische Zeitschrift in Deutschland« (Bennholdt-Thomsen/Guzzoni, Nachwort, S. 8).

Der buchhändlerische Erfolg der Zeitschrift ist schwer zu rekonstruieren: Subskribentenverzeichnisse oder Hinweise zur Auflagenhöhe existieren nicht. Der hauptsächlich auf den »protestantischen Norden und Osten Deutschlands« beschränkte Absatz der ersten Bände dürfte zufriedenstellend gewesen sein, danach ist das Interesse offenbar abgeklungen (Bennholdt-Thomsen/Guzzoni, Nachwort, S. 32-34). – Wahrscheinlich war das ›Magazin zur Erfahrungsseelenkunde‹ sogar Mitte des 19. Jahrhunderts ebenso wie die *Aussichten zu einer Experimentalseelenlehre* noch lieferbar. Auf Heinrich Heines Anfrage vom 28. Januar 1852 (»ich brauche in diesem Augenblicke ein altes Buch: Erfahrungs-Seelenkunde, von dem Hofrath *Philipp* Moritz«) antwortete Julius Campe am 21. Februar 1852, beide Titel seien für »12 *Taler* 4ggr« bzw. für »2ggr« bei Mylius zu haben: »Das Magazin scheint eine Art Zeitschrift gewesen zu seyn, wo *Gutes* und *Schlechtes* neben einander sich finden mag« (Heinrich Heine, *Säkularausgabe. Werke, Briefwechsel, Lebenszeugnisse*, Bd. 23: *Briefe: 1850-1856*, bearbeitet von Fritz H. Eisner, Berlin und Paris 1972, S. 175 f.; Bd. 27: *Briefe an Heine: 1852-1856*, bearbeitet von Winfried Woesler, Berlin und Paris 1976, S. 28 f.).

Die öffentliche Resonanz war gespalten: So sehr das Projekt grundsätzlich und bisweilen auch euphorisch begrüßt wurde, so unmißverständlich galten die Vorbehalte insbesondere dem unkritischen Umgang mit dem eingesandten Material und der defizitären Methodik (vgl. die Auszüge aus den zeitgenössischen Rezensionen, die Moritz gelegentlich der Verbreitung von »Alfanzereien« beschuldigten; S. 1272-1291, bes. S. 1281). Hinzu kam, daß Moritz trotz gelegentlicher Bemühungen um eine Kurskorrektur dem Übergewicht von Beiträgen zur Seelenkrankheitskunde ebensowenig entgegensteuern konnte wie einer mißbräuchlichen Lektüre:

Da ich die in diesen drei ersten Bänden gesammleten

Fakta überblicke, so finde ich die meisten unter der Rubrik *Seelenkrankheitskunde*.

Zur Seelenheilkunde, Seelenzeichenkunde, u. s. w. sind weit weniger Beiträge eingelaufen. – Es scheinet, als ob die Krankheiten der Seele schon an und für sich selbst, so wie alles Fürchterliche und Grauenvolle, am meisten die Aufmerksamkeit erregen, und sogar bei dem Schauder, den sie oft erwecken, ein gewisses geheimes Vergnügen mit einfließen lassen, das in dem Wunsche, heftig erschüttert zu werden, seinen Grund hat.

Allein dieß kann freilich nicht im mindesten die Absicht bei dem Studium der menschlichen Seele seyn. Es kommt hier darauf an, wie diesen Krankheiten abzuhelfen ist. – Man soll ihren Quellen und Ursachen nachforschen; man soll untersuchen, wie sie aus der Aufhebung des Gleichgewichts zwischen den Seelenkräften entstehen, und wie dieß Gleichgewicht am besten wieder hergestellt werden könne.

Ferner bemerke ich, daß die eingelaufenen Beiträge zur Seelenkrankheitskunde selbst, größtentheils auf Beschreibungen von verschiedenen Aeußerungen des Wahnwitzes hinauslaufen. Freilich ist der Wahnwitz wohl eine Krankheit der Seele, ⟨...⟩ aber er ist doch bei weitem nicht die einzige Krankheit derselben. ⟨...⟩

Es scheint als habe man sich durch den Ausdruck *Gemüthskrankheit* täuschen lassen, womit man im gemeinen Leben, was ich Seelenkrankheit nenne, zu bezeichnen pflegt, und immer eine Art von Wahnwitz oder Melancholie darunter versteht.

Man hat sich noch nicht daran gewöhnt, den Geitz, die Verschwendung, die Spielsucht, den Neid, die Trägheit, die Eitelkeit u. s. w. unter die Gemüths- oder Seelenkrankheiten zu rechnen, und auf specifische Mittel dagegen zu denken. ⟨...⟩

Ich wünschte daher auf einige Gesichtspunkte Aufmerksamkeit zu erregen, wodurch der Beobachtungsgeist auf dasjenige hingelenkt würde, was unsre eigentliche Wohlfahrt am nächsten angeht, und wovon das eigentliche Glück unsres Lebens abhängt. –

Das eigentliche Glück unsres Lebens aber hängt doch wohl davon ab, daß wir so wenig, wie möglich, neidisch, habsüchtig, eitel, träge, wollüstig, rachsüchtig u. s. w. sind; denn alles dieß sind ja Krankheiten der Seele, die uns oft mehr, wie irgend eine körperliche Krankheit, die Tage unsres Lebens verbittern können.

(Karl Philipp Moritz, *Revision der drei ersten Bände dieses Magazins*, in: Magazin IV 1, S. 1-3.)

Die Kluft zwischen den wissenschaftlichen Interessen der »Wahrheitsfreunde« und den mitteilungsfreudigen Laien unter seinen Lesern, die vermutlich den Geschmack des Publikums weit mehr trafen, konnte Moritz nicht zufriedenstellend überbrücken. Mit einer Spur Resignation bekannte er parallel zu seinem ersten Rückzug vom Herausgeberamt, daß sein *Anton Reiser* – mindestens aus seiner Perspektive – das erfahrungsseelenkundliche Dokument par excellence darstelle:

In einer Schrift, die ich unter dem Titel *Anton Reiser, ein psychologischer Roman*, herausgegeben, und wovon ich in diesem Magazin einige Fragmente mitgetheilt habe, sind sehr viele hierin einschlagende Beobachtungen enthalten: Die Erinnerungen aus Anton Reisers frühesten Kinderjahren waren es vorzüglich, die seinen Charakter und zum Theil auch seine nachherigen Schicksale bestimmt haben. Ich werde mich bei mehreren Gelegenheiten künftig auf diesen *psychologischen Roman* beziehen müssen, weil er die stärkste Sammlung von Beobachtungen der menschlichen Seele enthält, die ich zu machen Gelegenheit gehabt habe.

(Karl Philipp Moritz, *Fortsetzung der Revision der drei ersten Bände dieses Magazins*, in: Magazin IV 3, S. 4 f.)

Pockels als Mit-Herausgeber wußte sich während Moritz' Italienreise aus der Misere zu helfen: Im Gegensatz zum bisherigen Usus hielt er mit seiner radikal aufklärerischen Kritik nicht zurück. Alle Spielarten von Aberglauben, Ahndungen und Schwärmereien wurden fortan rigoros »nach psychologischen Gesetzen« zerpflückt und auf ihre Glaubwürdigkeit reduziert (vgl. u. a. Magazin V 1, S. 3; VII 2, S. 11 f. und S. 18 f.). Diese Umwidmung des ›Magazins zur Erfahrungsseelenkunde‹ »zu einem Kampfblatt der Berliner Aufklärung gegen Schwärmerei und Aberglauben« (Bezold, S. 120) – kurzum: die Renaissance des Vernunftdogmatismus – mußte den früheren Zielsetzungen zuwiderlaufen, weshalb es nach Moritz' Rückkehr aus Rom zum öffentlich ausgetragenen Streit zwischen beiden Herausgebern kam (vgl. S. 1265-1271; zur Rechtfertigung Pockels' Bezold, S. 227). Trotz dieses vehementen Engagements für sein ursprüngliches Konzept des ›Magazins zur Erfahrungsseelenkunde‹ zog sich Moritz erneut bald zurück und überließ die Redaktion der letzten beiden Bände de facto dem kantianischen Philosophen Salomon Maimon (Auszüge aus der von Moritz herausgegebenen Lebensgeschichte Maimons wurden ebenfalls im ›Magazin zur Erfahrungsseelenkunde‹ publiziert). Eine Stellungnahme zu Maimons offensichtlicher Akzentverschiebung von der Fallstudie bzw. Faktendokumentation zur theoretisch-systematisierenden Reflexion und schließlich zur Korrektur von Moritz' Definition der Seelengesundheit ist allerdings nicht überliefert (vgl. Bezold, S. 138 f.; Schrimpf, Moritz, S. 46 f.; ferner Kershners Skizze einiger »methodologischer Unklarheiten«; Kershner, bes. S. 96-98, sowie die Überblicksdarstellung von Sybille Frickmann, *»Jeder Mensch nach dem ihm eignen Maaß«* – *Karl Philipp Moritz' Konzept einer »Seelenkrankheitskunde«*, in: The German Quarterly 61 [1988], S. 387-402).

Moritz' eigene Beiträge zum ›Magazin zur Erfahrungsseelenkunde‹ sind unterschiedlicher Art. Neben den programmatischen Texten einschließlich der Revisionen und räsonierenden redaktionellen Kommentaren lieferte er zahlreiche autobiographische bzw. selbstanalytische Dokumente (Tagebuchaufzeichnungen o. ä.) und rückte Auszüge aus seinem psychologischen Roman *Anton Reiser* ein. Darüber hinaus beschrieb er seine Versuche mit einem taubstummen

Zögling, die Bezold zugleich als Metatext dechiffriert, als »Experimentieren mit vorgefaßten Leitideen«: »Methodische, metaphysische und weltanschauliche Fragestellungen sind miteinander verquickt« (Bezold, S. 174). Hervorzuheben ist in diesem Kontext Moritz' Haltung zur Debatte um die Fähigkeit von Hörbehinderten, ihr Denkvermögen zu entwickeln und ohne »Wortsprache« zu sittlich-religiösen Begriffen zu gelangen:

> Die besondre Denkart der Taub- und Stummgebohrnen kann gewiß große Aufschlüsse in Ansehung der menschlichen Denkkraft überhaupt geben, weil man hier siehet, wie weit der Mensch es auch *ohne artikulirte Töne* in der Verbindung und vernunftmäßigen Zusammenstellung seiner Ideen bringen könne;
>
> *Und daß nicht die Sprache, gleichsam ein zufälliger Fund des Menschen sey, wodurch er sich vom Thier unterscheidet, sondern daß seine Denkkraft an und für sich selbst ihn schon vom Thier unterscheidet, indem sie sich selbst unter dem Mangel artikulirter Töne, so wie bei dem Taubstummen, empor arbeitet, und sich eine Sprache schaft, sie mag auch die Materialien dazu nehmen, woher sie wolle. –*
>
> (Karl Philipp Moritz, *Fortsetzung der Revision der drei ersten Bände dieses Magazins*, in: Magazin IV 2, S. 1 f.)

Moritz veröffentlichte überdies eine Reihe von Beiträgen zur »Sprache in psychologischer Rücksicht«, die freilich zu einem erheblichen Teil der 1782 erschienenen *Deutschen Sprachlehre für die Damen* entnommen sind bzw. Ideen aus dieser Briefgrammatik aufgreifen. Ob ihres spekulativen Charakters (»Künsteleyen«, »Deutelgeist«) und der Häufigkeit der »Gleichsams« hat Moritz' Sprachphilosophie nicht nur gelegentlichen Unmut der Rezensenten provoziert (vgl. S. 1289 f.), sondern auch den leisen Spott der Zeitgenossen an Moritz' psycholinguistischer Kompetenz (vgl. Friedrich Nicolai, »*Kritik ist überall, zumal in Deutschland, nöthig*«. *Satiren und Schriften zur Literatur*, Leipzig und Weimar 1987, S. 83: »Es gibt auch grammatische Mystiker. Moritz war einer«; s. a. in Johann Wolfgang Goethes *Italienischer Reise* das Kapitel »Moritz als Etymolog«).

Ungeachtet der standardisierten Etikettierung als »erste psychologische Zeitschrift in Deutschland« betonen Bennholdt-Thomsen und Guzzoni, »daß das ›Magazin‹ ⟨...⟩ das Bild der Psychologie als *Wissenschaft*« nicht oder kaum wiedergebe (Bennholdt-Thomsen/Guzzoni, Nachwort, S. 8 und S. 28). Ähnlich vermerkt Hans-Peter Ecker, »wie wenig sich die wissenschaftliche Psychologie des 19. Jahrhunderts an Moritzens erfahrungsseelenkundlichem Beglückungsprojekt orientiert« habe (Ecker, S. 182). Selbst im 20. Jahrhundert scheint Johannes Neumann eher eine Ausnahme zu sein, wenn er im ›Magazin zur Erfahrungsseelenkunde‹ einen »Vorläufer« für die neubegründete Zeitschrift ›Psyche. Ein Jahrbuch für Tiefenpsychologie und Menschenkunde in Forschung und Praxis‹ (1 [1947], S. 381) ausmacht. Eine plausible Erklärung für diese dürftige Rezeption liefert Astrid Muderlak: »Den Autoren gelingt im Magazin ausschließlich psychologisches Verstehen. Das analytische Verstehen muß ihnen verschlossen bleiben, weil dazu eine qualitativ andere Verstehensweise nötig ist« (Astrid Muderlak, *Das Magazin zur Erfahrungsseelenkunde und die Technik der Psychoanalyse*, Phil. Diss. München 1990, S. 191; vgl. auch Kershners Hinweise zur Rezeption des ›Magazins zur Erfahrungsseelenkunde‹; Kershner, S. 111-113). Gerade weil Moritz letztlich den therapeutischen Aspekt betonte (vgl. Bennholdt-Thomsen/Guzzoni, Nachwort, S. 28 f.; ebenso Rau, S. 146; Schrimpf, Magazin, S. 176), ist es naheliegend, daß die »Geschichtsschreibung der bürgerlichen Seele« (Bennholdt-Thomsen/Guzzoni, Nachwort, S. 43) von der Grenzgängerin zwischen Wissenschaft und Erfahrung (res facta) zur Grenzgängerin zwischen Erfahrung und Literatur (res ficta) mutierte. Am Beispiel eines repräsentativen Bereichs, der Selbstmord-Fallgeschichten, moniert Ecker jedenfalls die »unübersehbare Lücke« zwischen den »methodischen Standards der zeitgenössischen klinischen Psychologie und des ›Magazins‹«: »Hier wird die Kehrseite des allseits lobend hervorgehobenen individualistischen und empiristischen Leitsatzes ›Fakta, und kein moralisches Ge-

schwätz‹ sichtbar: Willkürlich und unsystematisch erhobene
Daten sind für das wissenschaftliche Ziel, Gesetzlichkeiten
aufzudecken, praktisch wertlos, entsprechend unmetho-
disch recherchierte Fälle bleiben trotz aller Anstrengungen
eines ›Revisors‹ inkompatibel. Dies gilt um so mehr, als sich
die Zuträger des Magazins zumeist für ausgesprochen ungewöhnliche, teilweise geradezu kuriose Geschichten interessieren. Wieso ausgerechnet derartige *nicht repräsentative*
Fälle das menschliche Seelenleben im Allgemeinen erhellen
sollten, bleibt Geheimnis der Verfasser, welche solches freilich wiederholt behaupten« (Ecker, S. 195 f.).
    Während Bezold die methodisch dem ›Magazin zur Er-
fahrungsseelenkunde‹ korrespondierende »Form wissenschaftlichen Erzählens im *Anton Reiser*« als »Probe des
erfahrungsseelenkundlichen Ansatzes« deutet (Bezold,
S. 176), insistiert Ecker auf der Zweitklassigkeit von Moritz'
psychologischer Datenbank (»die analytische Intensität des
Romans wird von der Mehrzahl der ›Magazin‹-Beiträge auch
nicht entfernt erreicht«; Ecker, S. 201). Ecker schlägt deshalb vor, die ›Magazin‹-Beiträge als »*literarische Phänomene*« zu
lesen: »Der individuelle, spektakuläre, nicht repräsentative
Sonderfall wird zur interessanten ›unerhörten Begebenheit‹;
das unkontrolliert in die Gegenstandsdarbietung einfließen-
de Interesse des Verfassers wird zur Betroffenheit eines
engagierten Erzählers und damit auch zum textimmanenten
Entwurf einer entsprechenden Leserrolle; die auf Kausalität
bedachten Akten-Arrangements vieler Fälle sichern dort
Sinn und Kontinuität, wo in der Realität eine irritierende
Kontingenz waltet; fehlende methodische Standards erlauben die unterhaltsame und zugleich öffentlichkeitswirksame
Thematisierung, Diskussion bzw. Integration unterschiedlicher Diskurse, wodurch etablierte Normensysteme ja mindestens ebenso wirksam in Bewegung gebracht werden
können wie durch eine wissenschaftlich argumentierende
Kritik« (Ecker, S. 197 f.). Eine positive Lesart dieses Man-
kos liefert indes Peter Rau. Er vergleicht die Dimension von
Moritz' erfahrungsseelenkundlichem Projekt, das an seinem

Gipfelpunkt »Enzyklopädie und schönes Kunstwerk zugleich« sein wolle, mit Friedrich von Blanckenburgs Romantheorie: »Wie bei Blanckenburg der Roman als bürgerliche Epopoe, zeit-paradigmatische Gattungsform und als fiktionalisierte Anthropodizee die tradierten Gattungen allesamt in sich aufnimmt und damit das romantische Konzept der Universalpoesie begründet, stilisiert Moritz das geplante ›Magazin‹ zum wahren Epos der Menschheit ⟨...⟩. Das ›vollendete‹ Magazin soll sich zum Kunstwerk runden, indem es in Nachahmung der ganzen Natur das Absonderliche und Negative in allen Gestalten ebenso integriert wie die Fälle von Vervollkommnung und Heilung. Die Perspektive des Planers der neuen Epopoe ahmt den göttlichen Gesichtspunkt nach« (Rau, S. 162 f.).

Letztlich spricht eine Reihe von Indizien dafür, daß Moritz' ›Magazin zur Erfahrungsseelenkunde‹ literarisch und literaturhistorisch fruchtbarer war als fachpsychologisch: »The impact of his *Magazin* upon his contemporaries in letters and philosophy is probably even more important than its effect upon psychology and medicine« (Boulby, S. 137). So dürfte Friedrich Schillers *Verbrecher aus Infamie* (1786) erheblich von Moritz' erfahrungsseelenkundlichem Entwurf profitiert haben (vgl. u. a. Kershner, S. 115-123). Noch Friedrich Hebbel scheint sich von der »Erfahrungsseelenlehre von Moritz« hauptsächlich »Literärische Charakteristiken früherer Jahrhunderte« erwartet zu haben (Friedrich Hebbel, *Werke*, Bd. 4, hg. v. Gerhard Fricke, Werner Keller und Karl Pörnbacher, München 1966, S. 185 und S. 943). Bereits Friedrich Ludwig Ferdinand von Dobeneck benutzt das ›Magazin zur Erfahrungsseelenkunde‹ in *Des deutschen Mittelalters Volksglauben und Heroensagen* (hg. und mit einer Vorrede begleitet v. Jean Paul, Berlin 1815, Bd. 2, S. 98 f.) zur Quellenkritik und zur Beschreibung von Überlieferungstraditionen.

STELLENKOMMENTAR

793,1 f. *Vorschlag ⟨...⟩ Erfahrungs-Seelenkunde*] Moritz wollte sein Projekt ursprünglich als Beitrag zur »Experimental-Seelenlehre« verstanden wissen (vgl. *Aussichten zu einer Experimentalseelenlehre* sowie S. 809,15-17); dieser erste Arbeitsbegriff ist mutmaßlich auf D. Johann Gottlob Krügers, »der Arzneygelahrtheit und Weltweisheit ordentlichen Lehrers auf der Julius-Carls Universität, der Römisch Kayserlichen Akademie der Naturforscher, und der Königlich Preußischen Academie der Wissenschafften Mitglieds«, *Versuch einer Experimental-Seelenlehre* (Halle und Helmstädt 1756) zurückzuführen. – Krüger (1715-1759) verstand seine empirische oder »Experimentalseelenlehre« als eine notwendige Erweiterung des bisherigen Kenntnisstandes: »Die schwesterliche Verbindung, welche zwischen der Artzneygelahrtheit und Weltweisheit ist, wird uns ein Mittel an die Hand geben, eine Experimentalseelenlehre, ohne unsere Hände mit Menschenblute zu besudeln, zu erhalten« (S. 20; vgl. auch S. 17). – Als Quellen für diese neue Wissenschaftsdisziplin kamen Krüger zufolge hauptsächlich die »Schriften der Artzneygelehrten« in Betracht (ebd., S. 21). Vgl. auch Pockels' und Maucharts Hinweise auf Krüger (Magazin zur Erfahrungsseelenkunde VI 1, S. 1; *Anhang zu den sechs ersten Bänden des Magazins zur Erfahrungsseelenkunde*, Stuttgart 1789, unpag. Vorrede). – Moritz' erfahrungsseelenkundliches Programm deckt sich darüber hinaus in einzelnen Punkten mit Johann Gottfried Herders *Journal meiner Reise im Jahr 1769* bzw. *Vom Erkennen und Empfinden der menschlichen Seele* (1778): Meines geringen Erachtens ist keine *Psychologie*, die nicht in jedem Schritte bestimmte *Physiologie* sei, möglich. *Hallers* physiologisches Werk zur Psychologie erhoben und wie Pygmalions Statue mit Geist belebet – alsdenn können wir etwas übers Denken und Empfinden sagen. Drei Wege weiß ich nur, die hiezu führen mögten. Lebensbeschreibungen: Bemerkungen der Ärzte und Freun-

de: Weissagungen der Dichter – sie allein können uns
Stoff zur wahren Seelenlehre schaffen. Lebensbeschreibungen, am meisten von sich selbst, wenn sie treu und
scharfsinnig sind, welche tiefe Besonderheiten würden sie
liefern!
(Herder, Vom Erkennen und Empfinden der menschlichen Seele, S. 340 f.; vgl. auch S. 342 f. und S. 365 f.)

793,8-10 *Unter allen ⟨...⟩ gehalten]* Häufig formuliertes
Theorem, das mutmaßlich auf Alexander Popes *Essay on
Man* (II 1) zurückgeht: »Know then thyself, presume not
God to scan; | The proper study of mankind is Man« (Alex-
ander Pope, *Vom Menschen. Essay on Man.* Übersetzt von
Eberhard Breidert. Mit einer Einleitung hg. v. Wolfgang
Breidert. Englisch/deutsch, Hamburg 1993, S. 38). – Vgl.
z. B. auch Johann Caspar Lavaters *Physiognomische Fragmente*,
insbes. V. Fragment »Ueber die menschliche Natur«: »Das
allerwichtigste und bemerkenswürdigste Wesen, das sich auf
Erden unserer Beobachtung darstellt – – ist der *Mensch.* ⟨...⟩
Vollkommneres, Höheres hat die Natur nicht aufzuweisen –
*Der würdigste Gegenstand der Beobachtung – und der einzige Beob-
achter – ist der Mensch.*« (Lavater, Physiognomische Fragmente
I, S. 33.)

793,15 *Verbrecher ⟨...⟩ hinrichten]* Vgl. S. 307,27-309,21
und *Ideal einer vollkommnen Zeitung* (in vorliegender Ausgabe
Bd. 2, bes. S. 862,16-20).

794,22 *mit Individuis beschäftigten]* Vgl. zu diesem Plädoyer
für den einzelnen Menschen u. a. *Ideal einer vollkommnen Zeitung* (in vorliegender Ausgabe Bd. 2, S. 863,15 f., S. 863,31-
864,9 und S. 865,22 f.).

796,8 *Aufsatz ⟨...⟩ Museum]* Gemeint ist wahrscheinlich
kein Beitrag *von* Johann Georg Sulzer (1720-1779), sondern
der Nachruf *auf* den Philosophen. Auf die kurze Notiz *Sulzers Tod. Aus einem Briefe, Berlin den 27⟨.⟩ Febr. 1779 (in:* Deutsches Museum, Leipzig, Erster Band: Jänner bis Junius 1779,
S. 386), folgten eine ausführlichere, mit J. J. S. unterzeich-
nete Schilderung: *Eine Abendstunde bei Sulzers Krankenbette aus
einem Briefe an* ... (in: Deutsches Museum, Leipzig, Erster

Band: Jänner bis Junius 1780, S. 72-74), sowie eine mit »B-n«
signierte *Beilage zu dem vorigen Aufsaz aus einem Schreiben an den
Verfasser desselben* (ebd., S. 75).

796,9 *Leisewiz von Lessings Tode]* Johann Anton Leisewitz’
(1752-1806) *Nachricht von Lessing’s Tod; nebst Hrn. Hofr. Sommers Zergliederung von dessen Leichnam, aus einem Schreiben des
Hrn. Landschafts-Sekr. Leisewitz an Prof. Lichtenberg* erschien
erstmals im ›Göttingischen Magazin der Wissenschaften
und Litteratur‹, hg. v. Georg Christoph Lichtenberg und
Georg Forster, Zweyten Jahrgangs Erstes Stück, Göttingen
1781, 1. Stück, S. 146-152 (vgl. auch S. 797,37 und Anm.).
Darin werden nicht nur Lessings letzte Lebenstage knapp
geschildert, sondern auch das Ergebnis der Sezierung.

796,11 *Stillings Jugend und Jünglingsjahre]* Die Autobiogra-
phie von Johann Heinrich Jung (Jung-Stilling; 1740-1817) lag
bis dato in den ersten drei Bänden vor: *Henrich Stillings Jugend.
Eine wahrhafte Geschichte* (Berlin und Leipzig 1777), *Henrich
Stillings Jünglings-Jahre. Eine wahrhafte Geschichte* (Berlin und
Leipzig 1778), *Henrich Stillings Wanderschaft. Eine wahrhafte Ge-
schichte* (Berlin und Leipzig 1778). Erst später erschienen die
Fortsetzungen *Henrich Stillings häusliches Leben. Eine wahrhafte
Geschichte* (Berlin und Leipzig 1789), *Heinrich Stillings Lehr-
Jahre. Eine wahrhafte Geschichte* (Berlin und Leipzig 1804) so-
wie *Heinrich Stillings Alter. Eine wahre Geschichte. Oder Heinrich
Stillings Lebensgeschichte Sechster Band,* hg. nebst einer Erzählung von Stillings Lebensende von dessen Enkel Wilhelm
Schwarz (Heidelberg 1817). – Im ›Magazin zur Erfahrungsseelenkunde‹ (II 1, S. 115-118) erschien ein Auszug aus
Jung-Stillings Autobiographie, und zwar mit dem erläuternden Hinweis: »Da der Professor *Jung* sich öffentlich erklärt
hat, daß Stillings Geschichte seine eigne Geschichte sey, so
ist sie auch in psychologischer Rücksicht merkwürdig.«

796,11 f. *Lavaters Tagebuch]* ⟨Johann Caspar Lavater,⟩ *Ge-
heimes Tagebuch. Von einem Beobachter Seiner selbst* (Leipzig 1771);
*Unveränderte Fragmente aus dem Tagebuche eines Beobachters seiner
Selbst; oder des Tagebuches Zweyter Theil, nebst einem Schreiben an den
Herausgeber* ⟨G. J. Zollikofer⟩ *desselben* (Leipzig 1773). – Das

›Magazin zur Erfahrungsseelenkunde‹ enthält zwei Beiträge Lavaters (1741-1801): *Ein Brief an Gaßnern* und – unter der von Pockels begründeten Rubrik »Beyträge zur Geschichte der Schwärmerey in unsern Tagen« – *Vermischte Gedanken. (Manuscript für Freunde.) Junius-December 1774* (V 1, S. 32-35; V 3, S. 96-110).

796,12 *Semlers Lebensbeschreibung]* D. Joh. Salomo Semlers *Lebensbeschreibung von ihm selbst abgefaßt*, 2 Theile, Halle 1781-82. Der Aufklärungstheologe Semler (1725-1791) rechtfertigt sich darin nicht zuletzt auch gegen die Anfeindungen seiner theologischen Kontrahenten. – Vgl. ferner *Selbstgeständnisse des Herrn Doktor Semler von seinen Charakter und Erziehung* (Magazin II 1, S. 96-114).

796,12 f. *Rousseaus Memoiren]* Jean-Jacques Rousseaus (1712-1778) Autobiographie *Les Confessions* wurde in toto erst postum veröffentlicht (Buch I-VI: Genf 1782; Buch VII-XII: Genf 1789); erste deutsche Übersetzungen erschienen bereits 1782: von Friederike Helene Unger (*Geständnisse*, Berlin 1782) bzw. von Karl Gottfried Schreiter (*Geständnisse*, Berlin 1782) sowie eine anonyme Übertragung (*Bekenntnisse*, Berlin 1782). – Kleinere Auszüge waren bereits zu Rousseaus Lebzeiten bekannt geworden (vgl. z. B. Anm. 796,24-26).

796,22 *Geschichte der Wahnwitzigen und Schwärmer]* Vgl. dazu z. B. Johann Christoph Adelungs *Geschichte der menschlichen Narrheit, oder Lebensbeschreibungen berühmter Schwarzkünstler, Goldmacher, Teufelsbanner, Zeichen- und Liniendeuter, Schwärmer, Wahrsager, und anderer philosophischer Unholden* (7 Teile, Leipzig 1785-89); ferner Anm. 712,23 f.

796,23 *gute Handlungen ⟨...⟩ Teichmann]* Moritz spielt vermutlich auf den Berliner Fleischermeister Georg Ernst Teichmann (* 1718) an, der einer Kaufmannswitwe und ihren vier Kindern beistand. Als nach dem Tod des Vaters zur Schuldentilgung das Wohnhaus der Familie Krüger versteigert werden sollte, erwarb Teichmann die Immobilie zu einem günstigen Preis. Bei dem späteren Weiterverkauf an den Speisewirt George verzichtete Teichmann zugunsten der Familie auf seinen Zugewinn. Möglicherweise kannte Moritz die von August Friedrich Cranz publizierte Schrift *Nachricht von einer Schönen That, Gedruck ⟨!⟩ zum Besten der Armen* (Berlin 1781; reprographischer Neudruck mit einem Vorwort von Ernst Frensdorff, Berlin 1905), denn Cranz' *Beytrag zur Chronika von Berlin im beliebten altteutschen Romanzenton* (Berlin 1781) rühmt die ›edle Tat‹ ohne Namensnennung. – Die von Moritz thematisierte Verpflichtung zur »Prüfung« deutet mutmaßlich auf die kontroverse Diskussion über Teichmanns Motive. Auf eine Gegenschrift (*Etwas zur Nachricht von einer schönen That 1781*) reagierte Cranz mit einer neuerlichen Replik (*Dem Prinzen Friedrich von Braunschweig gewidmetes Supplement zum zweyten Stück der Chronika von Berlin. Die Anekdote vom Schlächter Teichmann betreffend*, Berlin 1781).

796,24-26 *böse ⟨...⟩ Abhandlungen stehn*] Im ›Teutschen Merkur auf das Jahr 1780‹ veröffentlichte Christoph Martin Wieland eine Rousseau-Anekdote, die zuvor in den ›Ephemeriden der Menschheit‹ publiziert worden war (*Eine Anekdote von J. J. Rousseau, aus seinen Memoiren gezogen*, in: Ephemeriden der Menschheit, Leipzig, Erster Band: Jänner bis Junius 1780, S. 121-125; vgl. u. a. auch: *Johann Jakob Rousseau gerechtfertigt. An Herrn Sch. W....* sowie *An Herrn B. Ueber das entwandte Band*, in: Ephemeriden der Menschheit, Leipzig, Zweiter Band: Julius bis Dezember 1780, S. 1-8 und S. 539-544; vgl. ferner die Rechtfertigung *An Herrn Hofrath Wieland über die Anekdote von Rousseau in den Ephemeriden der Menschheit*, von W. G. Becker, in: Göttingisches Magazin der Wissenschaften und Litteratur, hg. v. Georg Christoph Lichtenberg und Georg Forster, Zweyten Jahrgangs drittes Stück, Göttingen 1781, S. 311-358). Diese stellte den auch in Deutschland hochgeschätzten Philosophen als sittlich problematischen Charakter dar, der als Jüngling ein prächtiges Band gestohlen, die Schuld geleugnet und ein Dienstmädchen dieser Tat bezichtigt hatte. Wielands relativierender Kommentar versteht sich als »Schuzschrift für Rousseau« und weist die Überlieferung mindestens teilweise als verderbt zurück: *Ueber eine Anekdote von J. J. Ro⟨u⟩sseau. (an einen*

Freund.), in: Der Teutsche Merkur vom Jahr 1780, Weimar,
Zweytes Vierteljahr, S. 74-90 und S. 112-151; vgl. u. a. auch
*Nachtrag zur Anekdote von J. J. Rousseau im T. Merkur vom April
dieses Jahrs* (in: Der Teutsche Merkur vom Jahr 1780, Weimar,
Drittes Vierteljahr, S. 146-156) sowie *Ueber die Frage: In wie-
fern es gut sey, die Uebelthaten vortreflicher Menschen bekannt zu
machen? als eine Fortsetzung des Nachtrags zur Anekdote von J. J.
Rousseau* (in: Der Teutsche Merkur vom Jahr 1780, Weimar,
Viertes Vierteljahr, S. 25-67).

796,29-31 *Karaktere ⟨...⟩ Shakespearschen]* Diese Auffassung entspricht durchaus dem Zeitgeist:

> Ein Charakter, von *Shakespear* geschaffen, geführt, gehal-
> ten, ist oft ein ganzes Menschenleben in seinen verborg-
> nen Quellen: ohne daß ers weiß, malt er die Leidenschaft
> bis auf die tiefsten Abgründe und Fasern, aus denen sie
> sproßte. ⟨...⟩ Daß alles Äußere nur Abglanz der innern
> Seele ist: wie tief ist nicht der barbarische gothische
> Shakespear durch Erdlagen und Erdschichten überall zu
> den Grundzügen gekommen, aus denen ein Mensch
> wächst, so wie *Klopstock* zu den geheimsten Wellen und
> Schwingungen einer reinen himmlischen Seele!
> (Herder, Vom Erkennen und Empfinden der mensch-
> lichen Seele, S. 343 f.)

Vgl. auch Anton Reisers Selbstrettung aus der »wirklichen
Welt in die Bücherwelt«, namentlich dessen Shakespeare-
Lektüre (S. 310,33-312,32), die dem Romanhelden »die Welt
der menschlichen Leidenschaften« eröffnet und zur Doku-
mentation der »innere⟨n⟩ Geschichte seines Geistes« in
einem Tagebuch motiviert. – Vgl. ferner S. 554,1-18.

797,10 *Schlözers Briefwechsel] August Ludwig Schlözer's Briefwechsel meist historischen und politischen Inhalts* (10 Bände, Göttingen 1776-82). – Moritz verwies vermutlich wegen der
thematischen Vielfalt und Internationalität auf das Journal
des Göttinger Historikers und Staatswissenschaftlers Schlözer (1735-1809).

797,10 f. *Ephemeriden der Menschheit]* Die zunächst von
Isaac Iselin (1728-1782) und ab 1782 von Wilhelm Gottlieb

Becker (1753-1813) herausgegebene Monatszeitschrift ›Ephemeriden der Menschheit oder Bibliothek der Sittenlehre und der Politik‹ (ab Heft 2 mit dem erweiterten Untertitel ›der Sittenlehre, der Politik, und der Gesetzgebung‹) erschien mit Unterbrechungen von 1776 bis 1778, von 1780 bis 1784 und schließlich 1786 (zuerst in Basel, ab 1780 in Leipzig). Die Zeitschrift gehörte zu den führenden aufklärerischen Presseorganen der Zeit und widmete sich u. a. ausführlich der philanthropischen Bewegung. – Möglicherweise diente die Zeitschrift Moritz in mehrfacher Hinsicht als Inspirationsquelle: Der programmatische erste Beitrag, der *Entwurf der Ephemeriden*, hat als Motto den Horaz-Vers, der (ausführlicher zitiert) dem *Andreas Hartknopf* vorangestellt ist (vgl. S. 519,3 f. und Anm.). Der in den ›Ephemeriden der Menschheit‹ sukzessive veröffentlichte, von Isaac Iselin stammende *Menschenfreundliche Catechismus* in Dialogform könnte darüber hinaus das Gespräch zwischen Amint und seinem Vater in den *Fragmenten aus dem Tagebuche eines Geistersehers* beeinflußt haben (vgl. S. 754,4-760,17).

797,32 *Lavaters Physiognomik]* Die *Physiognomischen Fragmente, zur Beförderung der Menschenkenntniß und Menschenliebe* von Johann Caspar Lavater erschienen zwischen 1775 und 1778 in vier Teilen in Leipzig und Winterthur (vgl. auch J. C. Lavater, *Von der Physiognomik*, Leipzig 1772; ders., *Von der Physiognomik. Zweytes Stück, welches einen in allen Absichten sehr unvollkommnen Entwurf zu einem Werke von dieser Art enthält*, Leipzig 1772). – Lavater betont ähnlich wie Moritz in der Einleitung zum Auftaktband den Fragmentcharakter seines Werkes, das er nur als offenes Sammelbecken, nicht als abgeschlossenes System verstanden wissen will: »Man weiß es schon, daß ich weder Lust, noch Kraft habe, eine Physiognomik, oder irgend eine Art von physiognomischem System zu schreiben; – daß ich nur Fragmente zu liefern gedenke, die unter sich eben keine Verbindung haben, und kein Ganzes ausmachen werden« (Lavater, Physiognomische Fragmente I, unpag. Zugabe zur Vorrede). – Vgl. auch Anm. 796,11 f.

797,35 *Ganzes]* Korrigiert aus »Ganze«.

797,36 *Einige vortreffliche Aufsätze]* Aufgrund der pauschalen Angabe sind im folgenden lediglich die Quellen identifiziert; der Nachweis konkreter Einzeltitel war nicht möglich.

797,37 *Lichtenberg ⟨...⟩ Magazin]* ›Göttingisches Magazin der Wissenschaften und Litteratur‹, hg. v. Georg Christoph Lichtenberg und Georg Forster, Göttingen 1780-85. – Lichtenberg (1742-1799) und Forster (1754-1794) legten, im Gegensatz etwa zu den Herausgebern des ›Teutschen Merkurs‹ oder des ›Deutschen Museums‹, den Schwerpunkt auf naturwissenschaftliche, anthropologische, pädagogische, philosophische, historische und statistische Beiträge; die Literatur sollte demgegenüber in den Hintergrund treten. – Vgl. auch Anm. 796,9.

798,1 f. *deutschen Museum]* Die von Heinrich Christian Boie (1744-1806) und Christian Konrad Wilhelm von Dohm (1751-1820) herausgegebene Monatsschrift ›Deutsches Museum‹ (Leipzig 1776-88) enthält neben literarischen Beiträgen auch historisch-politische und statistische Aufsätze.

798,2 *Merkur]* Christoph Martin Wielands Zeitschrift ›Der Teutsche Merkur‹ (Weimar 1773-89) wurde zunächst vierteljährlich, ab 1775 monatlich veröffentlicht. – Das erfolgreiche Organ widmete sich hauptsächlich literarischen, ästhetischen, popularphilosophischen, pädagogischen, gelegentlich auch juristischen und naturwissenschaftlichen Themen.

798,2 *Ephemeriden der Menschheit]* Vgl. S. 797,10 f. und Anm.

798,3 *Schlözers Briefwechsel]* Vgl. S. 797,10 und Anm.

798,3 *Meißners Skizzen]* Die *Skizzen* von A⟨ugust⟩ G⟨ottlieb⟩ Meißner (1753-1807), eine umfangreiche und überaus erfolgreiche Edition von kleineren Prosaerzählungen (Erste bis Vierzehnte Sammlung), erschienen zwischen 1778 und 1796 in Leipzig.

798,3 f. *Zöllners Lesebuch für alle Stände]* Der Theologe Johann Friedrich Zöllner (1753-1805) wurde 1781 zum Superintendenten in Brandenburg berufen, seit 1782 war Zöllner zweiter Diakon an der Berliner Marienkirche. Der spätere Pastor an der Berliner Nicolai- und Marienkirche sowie Oberkonsistorialrat gab u. a. von 1781 bis 1804 in 10 Teilen das *Lesebuch für alle Stände. Zur Beförderung edler Grundsätze, ächten Geschmacks und nützlicher Kenntnisse* heraus. – Vgl. auch S. 809,19 sowie in Band 2 der vorliegenden Ausgabe S. 389,30 f. und Anm.

798,19 f. *dies Werk* ⟨...⟩ *würde*] Dieser Wunsch erfüllte sich nur bedingt; zwar konnten u. a. Markus Herz, Moses Mendelssohn und Friedrich Nicolai als Beiträger gewonnen werden, generell hielt sich die literarische, philosophische und wissenschaftliche Prominenz jedoch eher zurück (so scheiterten Moritz' und Maimons Bemühungen, Immanuel Kant als Mitarbeiter zu gewinnen). – Zu den Beiträgern im ›Magazin zur Erfahrungsseelenkunde‹ vgl. Anke Bennholdt-Thomsens und Alfredo Guzzonis »Autoren-Register« (Bennholdt-Thomsen/Guzzoni, Nachwort, S. 66-73).

798,29 *Schneckenhäuser und Spinnen*] Vgl. auch in vorliegender Ausgabe Bd. 2, S. 34,28-34.

799,12 f. *Wer sich* ⟨...⟩ *ausgehen*] Vgl. Anm. 793,8-10 sowie S. 958 f. – Die Quellen dieses Theorems sind vielfältig; vgl. etwa Johann Gottfried Herders *Vom Erkennen und Empfinden der menschlichen Seele* (S. 341 f.):

Hätte ein einzelner Mensch nun die Aufrichtigkeit und Treue, *sich selbst* zu zeichnen, ganz, wie er sich kennet und fühlet: hätte er Muts genug, in den tiefen Abgrund Platonischer Erinnerung hinein zu schauen, und sich nichts zu verschweigen: Mut genug, durch sein ganzes Leben zu verfolgen, mit allem, was ihm jeder Zeigefinger auf sein inneres Ich zuwinket; welche lebendige Physiognomik würde daraus werden, ohne Zweifel tiefer, als aus dem Umriß von Stirn und Nase. ⟨...⟩ Verfolgte der treue Geschichtschreiber sein selbst dies sodenn durch alle Folgen, zeigte, daß kein Mangel und keine Kraft an *Einem* Ort bleibe, sondern fortwürke, und daß die Seele nach solchen gegebnen Formeln unvermutet fortschließe:

zeigte, wie jede Schiefheit und Kälte, jede falsche Kombination und fehlende Regung notwendig immer vorkommen und in jeder Würkung man den Abdruck seines ganzen Ich mit Kraft und Mangel liefern *müsse* – welche lehrende Exempel wären Beschreibungen von der Art! Das werden philosophische Zeiten sein, wenn man solche schreibt; nicht, da man sich und Alle Menschengeschichte in allgemeine Formeln und Wortnebel einhüllet. Jean-Jacques Rousseau orientiert sich in den *Confessions* (vgl. Anm. 796,12 f.) gleichfalls an diesem Leitgedanken:

Dies ist das einzige Bild eines Menschen, genau nach der Natur und in seiner ganzen Wahrheit gemalt, das es gibt und wahrscheinlich je geben wird. Wer Sie auch sind, den mein Schicksal oder mein Vertrauen zum Schiedsrichter über das Geschick dieses Heftes gemacht hat, ich beschwöre Sie bei meinem Unglück, bei Ihrem Innersten und im Namen der ganzen menschlichen Art; zerstören Sie nicht ein einzigartiges und nützliches Werk, das als erstes Vergleichsstück beim Studium der Menschen dienen kann, einem Studium, welches erst beginnen muß. (Jean-Jacques Rousseau, *Die Bekenntnisse. Die Träumereien des einsamen Spaziergängers*, München 1978, S. 7.)

Johann Caspar Lavaters Forderung an den Physiognomisten lautet entsprechend: »Nur nach dem Maaße als er sich kennt, wird er andere zu kennen fähig seyn« (Physiognomische Fragmente I, S. 176). – Vgl. auch Pockels' Kommentar zu den bereits veröffentlichten autobiographischen Dokumenten im *Nachtrag zur Fortsetzung der Revision* (Magazin V 3, S. 111-123).

799,13-16 *erstlich ⟨...⟩ Kindheit*] Vgl. u. a. S. 112,5 und Anm.; S. 547,32 und Anm. sowie S. 821-824.

801,14 *Aufmerksamkeit aufs Kleinscheinende*] Vgl. u. a. S. 186,9-15, ferner Herder, Vom Erkennen und Empfinden der menschlichen Seele, S. 365 f.

801,16-18 *Nebeneinanderstellung ⟨...⟩ kann*] Vgl. S. 741,13-33 und Anm.

801,30-33 *Vor jedem ⟨...⟩ suchen*] Vgl. Anm. 796,29-31.

801,34-802,12 *Aber wer ⟨...⟩ Weltalls]* Weitgehend wörtliches Zitat aus *Beiträge zur Philosophie des Lebens*, hg. v. Carl Philipp Moritz, Berlin ²1781 bzw. Berlin ³1791, S. 20 f.

802,24 *unserm]* Korrigiert aus »unsern« nach *Aussichten zu einer Experimentalseelenlehre*, S. 21.

802,35 *Spiegel]* Vgl. Anm. 668,7.

803,33-37 *eignes ⟨...⟩ Tagelöhner]* Vgl. zu diesem Interesse für die unteren Stände auch *Ideal einer vollkommnen Zeitung* sowie ⟨*Vorbereitung des Edlern durch das Unedlere*⟩ (in vorliegender Ausgabe Bd. 2, S. 861,28-31 und S. 865,4-8 bzw. S. 25-33, bes. S. 26,8-22 und S. 30,19-31,5).

804,3-6 *Die Nachahmungssucht ⟨...⟩ Bücher]* Vgl. dazu neben den Lesegewohnheiten Anton Reisers die rousseauistische Position des Gastwirts Knapp (S. 573,6 und Anm.) bzw. – kontrastierend – die positive Wertung der »Bücherwelt« in *Das Buch* (in vorliegender Ausgabe Bd. 2, S. 22-25). – Als Anregung könnte darüber hinaus die Vorrede zu Lavaters *Geheimem Tagebuch* gedient haben: »So viel ist gewiß, wie es auch von den scharfsichtigern Beobachtern schon oft genug gesagt worden seyn mag, daß eine getreue und umständliche moralische Lebensbeschreibung des gemeinsten und unromanhaftesten Menschen unendlich wichtiger, und zur Verbesserung des Herzens unendlich tauglicher ist, als der sonderbarste und interessanteste Roman.« (Lavater, Tagebuch I, S. 5.)

804,18 *Lienhardt und Gertrud]* Vgl. S. 566,16 und Anm.

804,20 *unsers]* Korrigiert aus »unser« nach *Aussichten zu einer Experimentalseelenlehre*, S. 25.

804,21 *äußre]* Korrigiert aus »äusserste« nach *Aussichten zu einer Experimentalseelenlehre*, S. 25.

805,21-34 *Es ist ⟨...⟩ zu sein]* Diese Rousseau verpflichtete Kritik an der (urbanen) Zivilisation als verderbte, inhaltsleere Äußerlichkeit korrespondiert z. B. auch der Denkweise des Odoardo Galotti und des Grafen Appiani in Lessings Trauerspiel *Emilia Galotti* (vgl. zu Moritz' Hochschätzung dieses Trauerspiels u. a. S. 261,33 sowie S. 269,16 und Anm.).

806,1-807,22 *Wie viel ⟨...⟩ verfolgen]* Diese Passage entspricht weitgehend S. 834,9-835,38.

806,5 *der Erzieher]* Einen vorbildlichen Erzieher mit dem
sprechenden Namen ›Stahlmann‹ konstruierte Moritz in seiner *Kinderlogik* (in vorliegender Ausgabe Bd. 2, u. a. S. 85
sowie S. 1087 f.).

806,10 *Als ich ⟨...⟩ antrat]* Am 23. November 1778 erhielt
Moritz die Bestallung als Zweiter Lehrer an der Unteren
Schule des Gymnasiums zum Grauen Kloster in Berlin, am
2. Dezember 1778 wurde er in sein Amt eingeführt. – Nach
dem nachträglichen Erwerb des Magistertitels an der Universität Wittenberg (30. April 1779) erfolgte Moritz' Ernennung zum Konrektor.

806,12 f. *eignes Journal]* Nicht erhalten.

806,22-807,22 *Bei meinen ⟨...⟩ verfolgen]* Vgl. zur Beobach-
tungstechnik auch *Die letzte Freistatt des Weisen* (in vorliegender Ausgabe Bd. 2, S. 43-46) sowie Johann Caspar Lavaters
Definition der beobachtenden Analyse: »Beobachten, Aufmerken, Unterscheiden, Aehnlichkeiten und Unähnlichkeiten, Verhältniß und Mißverhältniß entdecken, ist das Werk
des Verstandes« (Lavater, Physiognomische Fragmente I,
S. 173).

807,9 *eräugnet]* Mutmaßlich etymologische Schreibung;
nach Adelung ist das Verb »unstreitig von Auge« herzuleiten,
gleichwohl favorisiert Adelung die Schreibweise »ereignen«
(Adelung I, Sp. 1885).

807,17 *oben]* Korrigiert aus »eben« nach S. 835,32 und
nach *Aussichten zu einer Experimentalseelenlehre*, S. 29.

807,20 *Karaktere]* Korrigiert aus »Karakteren« nach
S. 835,35 und nach *Aussichten zu einer Experimentalseelenlehre*,
S. 29.

807,23 *diesem]* Korrigiert aus »diesen« nach *Aussichten zu
einer Experimentalseelenlehre*, S. 29.

807,36 *Staffel]* Sprosse, Stufe (Adelung IV, Sp. 271 f.).

808,20-26 *Denn so ⟨...⟩ zu tun]* Vgl. im *Anton Reiser* neben
S. 112 und S. 286 die zahlreichen Beispiele für das vom Helden (subjektiv) erlittene Unrecht.

809,13-17 *Herr Moses ⟨...⟩ angeraten]* Vgl. zum Verhältnis Moritz/Mendelssohn u. a. Klischnig, S. 62-64.

809,16 f. *Experimentalseelenlehre ⟨...⟩ Erfahrungsseelenkunde]* Vgl. Anm. 793,1 f.

809,18 f. *Dr. Markus Herz]* Der Berliner Arzt und Philosoph Marcus Herz (1747-1803) war auch Moritz' Vertrauter und Hausarzt (vgl. u. a. *Fragment aus des Herrn Professor Herz Schrift, über den Schwindel,* in: Magazin IX 1, S. 97-103, bes. S. 101-103, sowie Marcus Herz, *Etwas Psychologisch-Medizinisches. Moriz Krankengeschichte,* in: Journal der practischen Arzneykunde und Wundarzneykunst, hg. v. C. W. Hufeland, Bd. 5, 2. Stück, Jena 1798, S. 259-339). – 1785 wurde der jüdische Mediziner und Mendelssohn-Schüler durch den Fürsten von Waldeck zum Leibarzt und Hofrat ernannt. – Vgl. auch Herz' Beiträge zum ›Magazin zur Erfahrungsseelenkunde‹: einen eigenen Krankenbericht nach einem überstandenen »hitzige⟨n⟩ Nervenfieber« in Briefform, *An Herrn Dr. J.. in Königsberg* (I 2, S. 44-73), sowie die an einem Fallbeispiel erläuterte These von der *Wirkung des Denkvermögens auf die Sprachwerkzeuge* (VIII 2, S. 1-6). – Vgl. ferner *Über des Herrn Professor Herz Versuch über den Geschmack* (in vorliegender Ausgabe Bd. 2, S. 1030-1033).

809,19 *Zöllner]* Vgl. S. 798,3 f. und Anm.

809,19 *Löfler]* Der Theologe Josias Friedrich Christian Löffler (1752-1816) erhielt 1782 einen Ruf an die Universität Frankfurt an der Oder.

809,20 *Biester]* Johann Erich Biester (1749-1816), Privatsekretär des preuß. Justiz- und Kultusministers Freiherrn Karl Abraham von Zedlitz, späterer königl. Bibliothekar; eine der Hauptgestalten der Berliner Aufklärung, Gründer und Mitherausgeber der ›Berlinischen Monatsschrift‹ (1783-96 bzw. 1811); vgl. auch in vorliegender Ausgabe Bd. 2, S. 392,6 und Anm.

809,20 *Gedicke]* An den Berliner Pädagogen Friedrich Gedike (1754-1803), damals Direktor des Friedrich-Werderschen Gymnasiums, zusammen mit Biester Gründer und Herausgeber der ›Berlinischen Monatsschrift‹, sind die Briefe der *Reisen eines Deutschen in England im Jahr 1782* gerichtet; vgl. in vorliegender Ausgabe Bd. 2, S. 249, S. 251,2 und Anm.

809,21 *Zierlein]* Johann Georg Zierlein (1746-1782), Professor für Gräzistik und Hebraistik am Gymnasium zum Grauen Kloster. – Vgl. auch Klischnig, S. 53-57 und Anm.; ferner Moritz' Nachruf ⟨*Die letzten Stunden des seeligen Herrn Professors Johann Georg Zierlein*⟩ (Magazin I 1, S. 56-64).

809,21 *Pihle]* Der Mediziner Johann Theodor Pyl (1749-1794) erhielt 1779 seine Ernennung zum Stadtphysikus von Berlin und Ratsmitglied im Collegium medicum. – Pyl lieferte mehrere Beiträge zum ›Magazin zur Erfahrungsseelenkunde‹: *Gemüthsgeschichte Christian Philipp Schönfelds, eines spanischen Webers in Berlin, Gemüthsgeschichte Christian Gragerts eines Gensd'armes in Berlin, Geschichte des Kindermörders J. F. D. Seybell, Parallel zu der Geschichte des Herrn Klug* (I 1, S. 20-24; I 1, S. 24-26; I 1, S. 26-29; I 1, S. 30 f.).

809,22 *von Schuckmann]* Kaspar Friedrich von Schuckmann (1755-1834), seit 1779 im Justizdienst, zunächst Referendar beim Berliner Kammergericht, ab 1783 Assessor beim kur- und neumärkischen Tabaksgericht, ab 1790 Oberbergrichter beim schlesischen Oberbergamt. – Goethe versuchte vergeblich, von Schuckmann nach Weimar abzuwerben.

809,24 *Gelehrte ⟨...⟩ Fächern]* Vgl. die Nähe zu den im *Ideal einer vollkommnen Zeitung* genannten Berufsgruppen: »Prediger«, »Ärzte«, »Richter« (in vorliegender Ausgabe Bd. 2, S. 866).

811,6 f. *Fakta ⟨...⟩ Geschwätz]* Möglicherweise orientiert sich diese Formel an Ernst Platner (1744-1818), der in der Vorrede zu seiner *Anthropologie für Aerzte und Weltweise* (Erster Theil, Leipzig 1772, S. XVIII) seinen Stil mit der Materie und dem anvisierten Publikum rechtfertigte: »Das gegenwärtige Buch ist ein Plan, den ich nicht den Lehrlingen zum Unterricht übergeben, sondern den Kennern und Meistern der Philosophie und Arzneykunst zur Beurtheilung vorlege. ⟨...⟩ Ich habe also die aphoristische Schreibart erwählt, welche mir zu dem Entwurfe eines Grundrisses überhaupt die angemessenste zu seyn scheint, wenn nämlich die Wissenschaft, deren Plan man entwirft, mehr Fakta als Spekulationen enthält«. – Vgl. auch *Ideal einer vollkommnen Zeitung* (in vorliegender Ausgabe Bd. 2, S. 864,34-865,1).

811,10 f. *Ankündigungen ⟨...⟩ Journalen]* Vgl. S. 1265.

811,12 f. *Vorschlag ⟨...⟩ Jahrgange]* S. 793-809.

811,15 *Vorschlage ⟨...⟩ Mendelssohn]* Vgl. auch S. 809,13-17 und Anm.

813,36 *Doktor ⟨...⟩ Encyklopädie]* Gemeint ist wahrscheinlich M⟨arcus⟩ Herz, *Grundriß aller medizinischen Wissenschaften*, Berlin 1782; Herz untergliedert darin die Medizin »in vier Haupttheile«, nämlich »in die Erkenntniß des natürlichen Zustandes des Menschen, die *Physiologie*; des widernatürlichen, die *Pathologie*; der verändernden Körper, die *Materia medica*; und in die Erkenntnißart der Anwendung, die *Therapie*« (§ 10, S. 3 f.). – Vgl. auch Anm. 793,1 f. sowie Anm. 809,18 f.

814,1-11 *Die tätigen ⟨...⟩ machte]* Vgl. die entsprechenden Diagnosen im *Anton Reiser* (z. B. S. 226,14) oder in *Aus K...s Papieren* (S. 667,27-668,5 und Anm.; S. 669,32).

814,5 *meliora ⟨...⟩ sequor]* »Ich sehe und lobe das Beßre, | folge dem Schlechteren doch!« (P. Ovidius Naso, *Metamorphosen*. Lateinisch-deutsch. In deutsche Hexameter übertragen von Erich Rösch, hg. v. Niklas Holzberg, Zürich und Düsseldorf 1996, S. 235.)

815,31 *Sokrates]* Dieser Hinweis auf den griech. Philosophen (um 470-399 v. Chr.) könnte entweder von dem legendären Beinamen Jakob Guyers (vgl. Anm. 815,36) inspiriert sein oder von einer Passage aus Moses Mendelssohns *Phaedon oder über die Unsterblichkeit der Seele in drey Gesprächen*: »*Sokrates war der erste*, wie Cicero sagt, *der die Philosophie vom Himmel herunter gerufen, in die Städte eingesetzt, in die Wohnungen der Menschen geführet und über ihr Thun und Lassen Betrachtungen anzustellen genöthiget hat*« (Moses Mendelssohn, *Gesammelte Schriften*. Jubiläumsausgabe, Bd. 3,1: *Schriften zur Philosophie und Ästhetik*. Bearbeitet von Fritz Bamberger und Leo

Strauss, Stuttgart-Bad Cannstatt 1972 [Faksimile-Neudruck der Ausgabe Berlin 1932], S. 14). – Vgl. auch Anm. 354,23 und S. 590,1-4 sowie Anm.; ferner Anm. 250,25 und 385,34-36.

815,36 *Kleinjog]* Der Philanthrop und Mediziner Hans Caspar Hirzel (1725-1803) verklärte den Schweizer Landwirt Jakob Guyer († 1784), genannt Kleinjog(g), aus Wermatswill bei Uster zum mustergültigen, »philosophischen Bauern« bzw. – in der französischen Übersetzung – als »le Socrate rustique«; vgl. Hans Caspar Hirzel, *Die Wirthschaft eines philosophischen Bauers*, Zürich 1761, bzw. *Le Socrate rustique, ou déscription de la conduite économique et morale d'un paysan philosophe*. Trad. de l'Allemand ⟨...⟩, Zürich 1762. – Lavater kürte Kleinjog zum Muster »einer ganz schönen, ganz edlen Seele« (Lavater, Physiognomische Fragmente I, S. 234-238; II, S. 216 f.).

816,4 f. *Einige* ⟨...⟩ *Stummgebornen]* Vgl. auch *Zeichen und Wortsprache – Erhöhung der Denkkraft, als der letzte Zweck unsers Daseins* (in vorliegender Ausgabe Bd. 2, S. 198-201), ferner *Hephata!* (Loge/Launen, S. 265-276) sowie Moritz' *Fortsetzung der Revision der drei ersten Bände dieses Magazins* (Magazin IV 2, S. 1-24).

816,17 *einem]* Korrigiert aus »einen«.

816,18 *Karl Friedrich Mertens]* Näheres nicht ermittelt. – Vgl. neben S. 846-850 auch Moritz' *Fortsetzung der Revision der drei ersten Bände dieses Magazins* (IV 2, bes. S. 1-24); ferner Klischnig, S. 66; Eybisch, S. 115.

816,19 *hiesigen Chariteehause]* »Es liegt am äußersten nordwestlichen Ende Berlins. K. *Friedrich* I. ließ hier 1710 ein *Pesthaus* bauen ⟨...⟩. Als die Gefahr vorbey war, ward es zu einem *Hospitale* und *Arbeitshause* gewidmet. K. *Friedrich Wilhelm* widmete es 1726 zu einem *allgemeinen Krankenhause*, und zugleich zu einer *Schule für Aerzte und Wundärzte.* ⟨...⟩ 1785 ließ K. *Friedrich* II. einen Flügel dazu, an der Seite nach dem Invalidenhause, nach *Ungers* Zeichnungen, von demselben aufbauen«. Zur Charité gehörten neben einem Krankenhaus ein »Hospital, wo Elende und Abgelebte Verpflegung erhalten«, eine Entbindungsstation sowie ein »*Pavillon für krätzige und venerische Personen*« und eine »*Uebungsschule für praktische Aerzte und Wundärzte*«. Im Jahr 1785 sind im Hospital immerhin 3470 Personen verpflegt worden, ein Teil davon als »Hospitaliten, die zeitlebens darin bleiben« (Nicolai, Beschreibung, S. 47 f. und S. 631-634).

816,20-819,5 *Er schien ⟨...⟩ machte]* Vgl. auch die Parallelen zu Moritz' *Fortsetzung der Revision der drei ersten Bände dieses Magazins* (Magazin IV 2, S. 8-10).

817,13 *Volubilität]* »Geläufigkeit, z. B. der Zunge« (Campe, Ergänzungsband, S. 609).

818,20 f. *Pfingsten ⟨...⟩ Reise tat]* Moritz reiste im Sommer 1783 nach Göttingen (vgl. Eybisch, S. 116).

818,31 *folgendem]* Korrigiert aus »folgenden«.

819,14-821,6 *Aus einem Tagebuche ⟨...⟩ sind]* Mutmaßlich authentische Tagebuchaufzeichnungen, von denen im *Anton Reiser* mehrfach berichtet wird (vgl. u. a. S. 294 f. und S. 312 f.). Diese Tagebücher sind nicht überliefert; sie wurden wahrscheinlich in verschiedene Werkkontexte integriert (vgl. z. B. neben den *Fragmenten aus dem Tagebuche eines Geistersehers* oder den Reiseberichten vor allem die *Beiträge zur Philosophie des Lebens*, Berlin 1780; ²1781; ³1791). – Im September 1780 bzw. August 1781 lebte Moritz in Berlin, wo er als Konrektor an der Unteren Schule des Gymnasiums zum Grauen Kloster tätig war. – Vgl. auch Pockels' *Fortsetzung der Revision der drei ersten Bände dieses Magazins* (Magazin V 3, S. 2 f.).

820,8 f. *im neunzehnten ⟨...⟩ Schule]* Moritz schildert diese Wallspaziergänge im dritten Teil seines *Anton Reiser* (vgl. u. a. S. 297, S. 305, S. 332, S. 345, S. 357 und S. 412).

820,22-36 *Beschränke ⟨...⟩ Abendröte]* Möglicherweise auch freimaurerisch konnotiert; vgl. das Resignationsthema (Anm. 524,19) und die – allerdings auf den Sonnenaufgang bezogene – Lichtmetaphorik in den *Hartknopf*-Romanen (Anm. 528,8-12 und 557,18-558,24).

821,1 f. *Wie sehr ⟨...⟩ ab]* Vgl. als Beispiel *Verona oder die Täuschung in den ersten Eindrücken von einem fremden Lande* (in vorliegender Ausgabe Bd. 2, S. 404-409, bes. S. 406 f.).

821,7 f. *Erinnerungen* ⟨...⟩ *Kindheit]* Offenbar Vorstudie oder Paralleltext zum *Anton Reiser* (vgl. S. 942); z. T. identisch mit den ausführlicheren *Erinnerungen aus den frühesten Jahren der Kindheit* (Loge/Launen, S. 247-253). Vgl. auch Moritz' *Fortsetzung der Revision der drei ersten Bände dieses Magazins* (Magazin IV 3, S. 1-16). – Eine anonyme Leserzuschrift zu diesem Thema publizierte Moritz im Folgeband des ›Magazins zur Erfahrungsseelenkunde‹: *Erinnerungen aus den frühesten Jahren der Kindheit, ein Pendant zu denen im ersten Stück des ersten Bandes* ⟨...⟩ *enthaltenen Geschichten* (II 3, S. 103 f.).

821,28 *meine Mutter]* Dorothea Henriette Moritz (vgl. S. 90,7 und Anm. sowie S. 112,5-11).

821,33-822,10 *In meinem* ⟨...⟩ *blickte]* Vgl. S. 91,32-92,13 und S. 823,29-31.

821,34 *Geburtsstadt]* Hameln; der ländliche Aufenthaltsort ist bislang nicht identifiziert (vgl. S. 91,33-92,3 und Anm.).

822,24 *Särger]* Im »Oberdeutschen in einigen Gegenden das Sarg, ⟨...⟩ die Särger« (Adelung III, Sp. 1281).

822,24 *welcher]* Korrigiert aus »welches«.

822,27 f. *Wirtin* ⟨...⟩ *Mannes]* Nicht ermittelt.

822,30 f. *Mangelholzes]* »Maschine, mit welcher man leinwandene und baumwollene Zeuge zu glätten und zu glänzen pflegt« (Adelung III, Sp. 49; vgl. auch Sp. 47).

822,31 f. *Farben]* Vgl. Moritz' *Fortsetzung der Revision der drei ersten Bände dieses Magazins* (Magazin IV 3, S. 1-16, bes. S. 5 f.).

822,33 f. *Meine beiden Stiefbrüder]* Johann Gottlieb und Anton Moritz (vgl. Anm. 90,7).

822,36 *das Klingenbergsche]* Nicht identifiziert.

823,1-7 *Ich lief* ⟨...⟩ *war]* Vgl. S. 112,17-24.

823,8 f. *der Garnisonprediger]* Nicht ermittelt.

823,29-31 *Mutter* ⟨...⟩ *Land zog]* Vgl. S. 91,32-92,13 und S. 821,33 f.

823,30 *siebenjährigen Krieges]* Vgl. Anm. 91,32.

823,37 *meine Brüder]* Vgl. Anm. 90,7 und 822,33 f.

824,12 f. ⟨*Zu: Verschiedenheit* ⟨...⟩ *Tode*⟩*]* Moritz ergänzt mit diesem Text einen Beitrag von K⟨arl⟩ H⟨einrich⟩ Jördens: *Verschiedenheit unserer Empfindungen bei der Vorstellung vom Tode* (Magazin I 1, S. 85-90); vgl. auch Anm. 838,6.

824,15-18 *Als ich ⟨...⟩ hatte]* Vgl. S. 113,1-13.

824,26-31 *In meinem ⟨...⟩ lächerlich vor]* Vgl. S. 95,8-13.

825,10 *Sprache in psychologischer Rücksicht]* Dieser Beitrag paraphrasiert und ergänzt einzelne Abschnitte aus Moritz' *Sprachlehre* (insbes. S. 369-384); dort verwendet Moritz allerdings den Terminus »unpersönliche Redewörter«. – Vgl. auch Salomon Maimons Kommentar (Magazin X 1, S. 11-16; X 2, S. 1 f.).

825,12 f. *da sie ⟨...⟩ Seele ist]* Vgl. Sprachlehre, u. a. S. 7-9.

825,18 f. *kleinen Schriften ⟨...⟩ betreffend] Kleine Schriften die deutsche Sprache betreffend* von Carl Philipp Moritz, Berlin 1781; in der Sammelpublikation sind folgende zuvor separat veröffentlichte Einzeltitel (Berlin 1780 bzw. 1781) enthalten: *Vom Unterschiede des Akkusativ's und Dativ's oder des mich und mir ⟨...⟩ für solche, die keine gelehrte Sprachkenntniß besitzen. In Briefen*; *Anhang zu den Briefen vom Unterschiede des Akkusativ's und Dativ's ⟨...⟩*; *Zusätze zu den Briefen vom Unterschiede des Akkusativ's und Dativ's*; *Ueber den märkischen Dialekt. In Briefen*; *Anweisung die gewöhnlichsten Fehler, im Reden, zu verbessern, nebst einigen Gesprächen. Als das zweite Stück zu der Abhandlung über den märkischen Dialekt.*

825,24 *Wahrheitsfreunde]* Beliebter Terminus im Aufklärungsjahrhundert (vgl. Grimm XXVII, Sp. 915).

830,25-29 *schämen ⟨...⟩ unpersönlich ist]* Lat. pudere; pudet.

831,11 f. *sich ⟨...⟩ schämen]* In der Variante »sich in die Seele eines anderen ⟨schämen⟩« belegt; vgl. Grimm XIV, Sp. 2114.

834,6 f. *Aussichten zur Experimentalseelenlehre] Aussichten zu einer Experimentalseelenlehre an Herrn Direktor Gedike* von Carl Philipp Moritz. (Bei einer Jubelfeier des Werderschen Gymnasiums.), Berlin 1782. – Rezensionen erschienen u. a. in: Litteratur- und Theater-Zeitung, No. III, Berlin, den 19. Januar 1782, S. 47 f.; Allgemeine deutsche Bibliothek. Des drey und funfzigsten Bandes erstes Stück, Berlin und Stettin 1783, S. 416.

834,9-835,38 *Der Schulmann ⟨...⟩ verfolgen]* Vgl. S. 806,1-807,22.

834,16 f. *Als ich ⟨...⟩ antrat]* Vgl. Anm. 806,10.

834,21-24 *eignes Journal ⟨...⟩ fortgesetzt habe]* Nicht erhalten.

836,10 f. *Schrift ⟨...⟩ der Jugendbeobachter]* Der *Jugendbeobachter, zu Fortbildung des Geistes, Geschmacks und Herzens der Jugend,* 6 Bde., Hannover 1776-80; die Bde. 1-5 dieses Lesebuchs wurden von dem Pädagogen Wilhelm Christian Müller (1752-1831), Bd. 6 von dem Theologen und Pädagogen Christian Gottlieb Perschke (1756-1808) herausgegeben.

836,17 *Garve ⟨...⟩ Köpfe]* Möglicherweise verwechselt Moritz hier Juan Huarte de San Juans (um 1529-1588/89) *Examen de ingenios para las Sciencias. Donde se muestra la diferencia de habilidades que hay en los hombres y el género de letras que a cada uno responde en particular,* Baeza 1575 (Johann Huarts *Prüfung der Köpfe zu den Wissenschaften. Worinne er die Verschiedenen Fähigkeiten die in den Menschen liegen zeigt. Einer jeden den Theil der Gelehrsamkeit bestimmt der für sie eigentlich gehöret. Und endlich den Aeltern Ratschläge ertheilt wie sie fähige und zu den Wissenschaften aufgelegte Söhne erhalten können.* Aus dem Spanischen übersetzt von Gotthold Ephraim Leßing, Zerbst 1752) mit Christian Garves (1742-1798) popularphilosophischer Abhandlung *Versuch über die Prüfung der Fähigkeiten* (in: *Sammlung einiger Abhandlungen. Aus der Neuen Bibliothek der schönen Wissenschaften und der freyen Künste* von Christian Garve, Leipzig 1779, S. 8-115).

836,19 *Lavaters Physiognomik]* Vgl. Anm. 797,32.

836,20 *Engels Mimik]* Johann Jakob Engels *Ideen zu einer Mimik* erschienen 1785 und 1786 in zwei Bänden in Berlin. − Vgl. auch Anm. 392,2.

838,6 *Aufsatze ⟨...⟩ Jördens]* Unter dem Titel *Hat die Seele ein Vermögen, künftige Dinge vorher zu sehen?* publizierte Moritz einen Brief mit einer Traumschilderung sowie den separaten Beitrag *Verschiedenheit unserer Empfindungen bei der Vorstellung vom Tode* von Karl Heinrich Jördens (1757-1835); vgl. Magazin I 1, S. 82-84 und S. 85-90 sowie Anm. 824,12 f.

838,11 *Zur Seelenheilkunde]* Vgl. präziser Moritz' *Revision der drei ersten Bände dieses Magazins* (Magazin IV 1, S. 1-56) bzw. den Auszug *Zur Seelenheilkunde* (Loge/Launen, S. 254-261; entspricht Magazin IV 1, S. 3-8) sowie *Von der Heilkunde der Seele. (Aus Cicero's Tuskulanischen Quaestionen.)*, in: Denkwürdigkeiten, S. 316-318; ebenso in: Magazin VII 3, S. 120-124.

838,18-28 *Der ⟨...⟩ ausgerottet werden]* Möglicherweise Antizipation von Andreas Hartknopfs therapeutischen Fähigkeiten (vgl. u. a. S. 529,14-17 bzw. das Kapitel »Meine Zusammenkunft mit Hartknopfen in einem Kartäuserkloster«; S. 592-601).

838,23 f. *die Lahmen ⟨...⟩ sehend machen]* Vgl. u. a. Mt 11,5 und Lk 7,22.

839,25 *Aus einem Tagebuche]* Vgl. u. a. S. 819,14-821,6 und Anm.

839,30-34 *Nachdem ich ⟨...⟩ geheilt]* Vgl. u. a. S. 667,27-668,3 und Anm. sowie Klischnig, S. 60-64.

840,8 *Willensfreiheit]* Eine diese Erfahrungen bestätigende Zuschrift veröffentlichte Moritz ebenfalls im ›Magazin zur Erfahrungsseelenkunde‹ (II 2, S. 36 f.). – Vgl. auch Pockels' Kommentar in seiner *Fortsetzung der Revision der drei ersten Bände dieses Magazins* (Magazin V 3, S. 11 f.).

840,9-14 *Ich stand ⟨...⟩ herunterzuspringen]* Unter Berufung auf eine »wohlmeinende Freundin« (d. i. Henriette Herz) ist eine anekdotische Variante dieses Textes überliefert in: K. A. Varnhagen von Ense, *Denkwürdigkeiten und vermischte Schriften*, Bd. 4, Mannheim 1838, S. 155 f.

840,11 *Herunterstürzen]* Korrigiert aus »Herunterstützen«.

841,1 *Sprache in psychologischer Rücksicht]* Vgl. auch Moritz' Rechtfertigung der Sprachpsychologie als erfahrungsseelenkundlichen Gegenstand in: *Revision der drei ersten Bände dieses Magazins* (Magazin IV 1, bes. S. 45-56).

841,11 *Die Präposition um]* Anlehnung an Moritz' *Sprachlehre* (vgl. dort insbes. S. 399-404; S. 395-398; S. 426 f.).

842,14-16 *Ich habe in ⟨...⟩ gedenke]* Moritz' Anlehnungen bzw. Zitate aus der *Sprachlehre* sind im folgenden nachgewiesen.

844,16 *unserm Körper]* Korrigiert aus »unserm Körpern«.

844,26 f. *beiliegende Tabelle]* Vgl. die Reproduktion S. 1338-1339 sowie *Sprachlehre*, S. 426 f.

846,2 *die Frage warum]* Vgl. auch *Warum? und wozu?* (in vorliegender Ausgabe Bd. 2, S. 42 f.).

846,3 *denken]* Korrigiert aus »Denken«.

846,22 *diesem Taubstummen]* Karl Friedrich Mertens; vgl. S. 816-819 sowie Anm. 816,18.

849,6 *Walpurgisnacht]* In der Nacht vor dem 1. Mai, so der Volksglaube, reiten die Hexen zum Teufelskult auf den Blocksberg; die Kreuze an den Türen schützen die Bewohner vor Übergriffen von Hexen und Geistern.

849,10 *ihm]* Korrigiert aus »ihn«.

849,28 *der König]* Friedrich II. (vgl. Anm. 11,3).

849,34-37 *Gegen den König ⟨...⟩ zeichnet]* Vgl. auch in vorliegender Ausgabe Bd. 2, S. 199,4-6 und S. 201,12-14; ferner *Hephata!* (Loge/Launen, bes. S. 275 f.) sowie Moritz' *Fortsetzung der Revision der drei ersten Bände dieses Magazins* (Magazin IV 2, S. 12, S. 15 f., S. 19 und S. 24).

850,4-19 *Als ⟨...⟩ herauskam]* 1783.

850,24-855,2 *Um uns ⟨...⟩ Sprache]* Entspricht mit geringfügigen Varianten *Sprachlehre*, S. 249-261; die (kursivierten) Zitate sind teilweise Salomon Gessners *Amyntas*-Idylle entnommen (vgl. Anm. 714,37).

853,13 *ist]* Im Original nicht hervorgehoben.

854,36-855,2 *Dasjenige ⟨...⟩ Sprache]* Vgl. Anm. 541,6.

855,4-860,4 *Die Fugen ⟨...⟩ hat]* Im Original mit dem Zwischentitel *Sprache in psychologischer Rücksicht.* – Der Beitrag entspricht mit geringfügigen Varianten und Auslassungen *Sprachlehre*, S. 427-441.

856,13 *wir liebten]* Vgl. Grimm III, Sp. 445.

857,30 *ich blus]* Vgl. Grimm II, Sp. 68.

857,30 *ich gung]* Vgl. Grimm V, Sp. 2380 f.

860,6-861,35 *Wollen wir ⟨...⟩ worden]* Im Original mit dem Zwischentitel *Sprache in psychologischer Rücksicht* und einem Fortsetzungshinweis. – Dieser Abschnitt entspricht mit geringfügigen Varianten und Auslassungen *Sprachlehre*, S. 441-446.

861,1 *diesem*] Korrigiert aus »diesen« nach *Sprachlehre*, S. 444.

862,2-30 *Selbst unter ⟨...⟩ heften*] Mit geringfügigen Varianten entspricht dieser Text *Sprachlehre*, S. 223-226.

862,20 *dem*] Korrigiert aus »den« nach *Sprachlehre*, S. 225.

862,31-868,14 *Welch ein ⟨...⟩ es*] Entspricht mit geringfügigen Varianten und Auslassungen *Sprachlehre*, S. 227-241.

863,6 *führe*] Im Original hervorgehoben, ebenso in *Sprachlehre*, S. 228 (dort ist allerdings auch »zurück«, hier Z. 7, fett gedruckt).

863,36 f. *So drückt ⟨...⟩ Gepräge auf*] Vgl. dazu ausführlich *Auch eine Hypothese über die Schöpfungsgeschichte Mosis* (in vorliegender Ausgabe Bd. 2, S. 190-197).

868,15 ⟨*Ein unglücklicher Hang zum Theater*⟩] Im Erstdruck ohne Titel; die Überschrift ist dem Inhaltverzeichnis (Magazin III 1, S. 128) entnommen. – Eine Reihe von weiteren Materialien (Dankesbriefe des Jünglings, dort allerdings mit der Sigle »P**«, nach erfolgter Heilung von seiner Theatromanie, aber auch frühere Zeugnisse der grenzenlosen Theaterleidenschaft sowie eine Predigtabschrift) erschien im Folgeband des ›Magazins zur Erfahrungsseelenkunde‹: *Noch einige Belege zu dem Aufsatze: ein unglücklicher Hang zum Theater* (IV 1, S. 85-109); vgl. auch Pockels' Kommentar im Rahmen seiner Revision (VI 2, S. 11-13). Immanuel David Mauchart schickte ebenfalls ein derartig kommentiertes Dokument: *Eine Geschichte eines unglücklichen Hangs zum Theater* (VII 3, S. 106-116).

868,16 *Einer meiner Freunde*] Vgl. die biographischen Parallelen zum Anton Reiser, dem freilich kein derart weiser Seelenführer beschieden war. – Wer sich hinter Roscius D*** verbirgt, konnte nicht ermittelt werden.

869,21-23 *Denn ⟨...⟩ befriedigen*] Vgl. u. a. S. 453,13-20.

869,28 *Proselyten*] Neben Campes Übersetzung »Ueberläufer« schlägt das *Grammatische Wörterbuch* (III, S. 288 f.) »Neubekehrter« und »Glaubensüberläufer« vor.

870,26 f. *die entschließende ⟨...⟩ gelähmt*] Vgl. Anm. 814,1-11.

871,1 *welchem*] Korrigiert aus »welchen«.

Tabelle von d.

sich nähernd.

	Als dem Orte.	Als dem Ziele.
Dem Kopfe (den Kopf) einer Person, oder der (die) Spitze eines Dinges.	**über** Ueber seinem Kopfe hing ein Schwerdt.	Ueber mich stürze Himmel ein!
Der (die) Seite einer Person oder eines Dinges.	**bei.** Bei mir stand mein Freund.	**neben.** neben mich stellte mein Bruder.
Dem Fuße (den Fuß) einer Person, oder dem niedrigsten Theile (Theil) eines Dinges.	**unter.** Unter dem Himmel schwebt das Gevögel.	Unter den schattigten Bau lagern sich die Thiere.
Dem Gesichte (das Gesicht) einer Person, oder dem Theile (den Theil) eines Dinges, welcher unserm Gesichte am meisten zugekehrt seyn soll.	**vor.** Vor dem Richter stand die Tafel.	Vor die Tafel trat d Missethäter.
Dem (den) Rücken einer Person, oder dem Theile (den Theil) eines Dinges, welcher von unserm Gesichte am meisten entfernt seyn soll.	**hinter.** Hinter mir stand der Mörder.	Hinter die Wand hat er sich versteckt.
Den (die) Seiten zweier Personen oder Dinge zugleich.	**zwischen.** Zwischen beiden stand das Opfer.	Zwischen sie trat se Retter.
Allen (alle) Horizontalseiten einer Person oder eines Dinges.	**um.** Nur als dem Ziele. um den Saturnus ist ein Ring.	
Allen (alle) möglichen Seiten einer Person oder eines Dinges.	**um.** Nur als dem Ziele. um die ganze Erde wölbt sich der Himmel.	
Allen (alle) Seiten eines Dinges, das sich wiederum von allen Seiten dem nähernden nähert, den berührenden berührt, und den verlaßenden verläßt, oder: allen (alle) Seiten der Umgebung.	**in** In dem Tempel steht der Altar.	In den Tempel brach er sein Opfer.
allmälig der (die) Umgebung eines Dinges und dieselbe zugleich verlassend.	**durch.** Nur als dem Ziele. Ich gehe durch die Thüre.	

	gegen.	nach.	zu.
Einem Dinge überhaupt, ohne zu bestimmen, ob die Annäherung auf Spitze, Seite, Fuß oder Umgebung desselben gerichtet ist.	Nur als dem Ziele. Ich seegle gegen den Wind. Ich marschiere gegen den Feind.	Nur als dem Zweck. Ich gehe nach Hause. Ich reise nach Spanien.	Nur als dem Zweck Ich komme zu dir. Ich gehe zu Bette.

[de]utfchen Präpofitionen.

berührend.		verlaßend.	
auf.			
Als den Ort.	Als das Ziel.	Nach der Berührung. über — weg.	Nach der Annäherung. von.
[au]f feiner Scheitel ruhte [die L]aft einer Krone.	Auf fein Haupt fiel der Schlag.	Ueber dem Berge zog fich die Wolke weg.	Von feinem Haupte wurde der Lorbeerkranz geriffen.
an.			
Als den Ort.	Als das Ziel.	Nach der Berührung. von ab.	Nach der Annäherung. von.
[an] feiner Hüfte glänzte [der] Schwerdt.	Der Pfeil flog an den Schild.	Von den Schilde prallte der Pfeil ab.	Sein Freund ging von ihm.
unter.			
Als den Ort.	Als das Ziel.	Nach der Berührung. von ab.	Nach der Annäherung. unter weg.
[unt]er meinen Füßen wankt [der] Boden.	Unter meine Füße trat ich den Wurm.	Von den Füßen fchüttle ich den Staub ab.	Unter der Falle lief die Maus weg.
vor.			
Als den Ort.	Als dar Ziel.	Nach der Berührung. vor weg.	Nach der Annäherung. vor weg.
[vor] dem Gefichte trug er [die] Maske.	Vor das Geficht hing fie einen Schleier.	Vor dem Gefichte nahm fie den Schleier weg.	Vor dem Tifche trat er weg.
hinter.			
Als den Ort.	Als das Ziel.	Nach der Berührung. hinter weg.	Nach der Annäherung. hinter weg.
[hin]ter dem Buche ftand [der] Titel.	Hinter den Nachen fchlugen die Wellen.	Hinter dem Wagen war der Keffer weg.	Hinter mir ging mein Begleiter weg.
zwifchen.			
Als den Ort.	Als das Ziel.	Nach der Berührung. zwifchen weg.	Nach der Annäherung. zwifchen hervor.
[zwi]fchen den Klauen trug [der] Adler die Beute.	Zwifchen die Zähne nahm der Krieger fein Schwerdt.	Zwifchen den Klauen fiel dem Adler die Beute weg.	Zwifchen feinen Feinden trat er hervor.
um.			
Nur als das Ziel.		Nach der Berührung. um weg.	Nach der Annäherung. um weg.
um feine Stirne windet fich ein Kranz.		Um die Stirne ift der Kranz weg.	Um den Saturnus ift der Ring weg.
um.			
Nur als das Ziel.		Nach der Berührung. um weg.	Nach der Annäherung. um weg.
um das ganze Brodt zieht fich die Rinde.		Um das ganze Brodt fiel die Rinde weg.	Um ihn zog fich das Dunkel weg.
in.			
Als den Ort.	Als das Ziel.	Nach der Berührung.	Nach der Annäherung. aus.
dem Meere fchwimmt [der] Fifch.	In das Meer taucht fich der Schwimmer.	Aus dem Meere ftieg Aphrodite.	Aus dem Tempel trat der König.
durch.			
Nur als das Ziel.		Anm. Die Verlaßung liegt bei durch fchon mit in der Annäherung und Berührung.	
Ich fteche durch das Papier.			

Anm. Um die Berührung im Allgemeinen anzuzeigen, [gieb]t es keine eigne Präpofition.

Anm. Um die Verlaßung im Allgemeinen anzuzeigen, giebt es ebenfalls keine eigne Präpofition: denn weg kann nicht für fich allein vor einem Worte ftehen.

871,9 *mochten]* Korrigiert aus »mochte«.

871,26 *die Räuber]* Vgl. zu Moritz' Kritik an Friedrich Schillers Sturm-und-Drang-Dramen neben Anm. 667,11-25 v. a. in vorliegender Ausgabe Bd. 2, S. 853-859.

872,13 *seine]* Korrigiert aus »sein«.

873,2 *diesem]* Korrigiert aus »diesen«.

873,4 *seiner]* Korrigiert aus »seine«.

873,15 *deren]* Korrigiert aus »derer«.

873,29 *Die natürliche ⟨...⟩ Taubstummen]* Vgl. S. 816-819 und S. 846-850.

875,21-876,18 *Treffende ⟨...⟩ Ausgehöhlten]* Dieser Beitrag entspricht mit geringfügigen Varianten und Auslassungen *Sprachlehre*, S. 537-540.

875,27 *einem]* Korrigiert aus »einen« nach *Sprachlehre*, S. 537.

876,19-879,6 *Läßt es ⟨...⟩ können]* Dieser Beitrag entspricht teilweise *Sprachlehre*, S. 541-545.

876,29 *dem]* Korrigiert aus »den« nach *Sprachlehre*, S. 542.

879,8 *Das Verbum sein]* Wegen des direkten Anschlusses wurde hier der zusätzliche Obertitel des Erstdrucks *Sprache in psychologischer Rücksicht* eliminiert.

879,8-892,22 *Das Verbum ⟨...⟩ müssen u. s. w.]* Vgl. Anm. 541,6 sowie *Sprachlehre*, S. 149-151; S. 260-262; S. 269-276 und S. 443-446.

881,15 *Daseins]* Korrigiert aus »Dasein«.

882,9 *Gesichtspunkt]* Korrigiert aus »Geschichtspunkt«.

882,13-883,10 *Darum fallen ⟨...⟩ machen]* Vgl. *Sprachlehre*, S. 231.

882,13 *gemeinlich]* Nach Grimm »verstärktes gemein« (Grimm V, Sp. 3258).

883,11-16 *Daher sind ⟨...⟩ machen]* Vgl. *Sprachlehre*, S. 456 f.

883,14 *in den]* Korrigiert aus »im«.

884,9-12 *Ich will ⟨...⟩ versuchen]* Moritz unternimmt mehrfach Vergleiche zwischen der deutschen und der englischen Sprache; vgl. z. B. das »Verzeichniß einiger Wörter die das Englische mit dem Deutschen gemein hat« (*Englische Sprachlehre für die Deutschen. Nebst drei Tabellen, die englische Aussprache,*

Etymologie und Wortfügung betreffend. Von Carl Philipp Moriz, Berlin 1784, S. 128-130).

885,37-886,6 *Die Silbe ⟨...⟩ denke]* Vgl. *Sprachlehre,* S. 440 f.

887,30-888,24 *Das ist ⟨...⟩ noch ist]* Vgl. *Sprachlehre,* S. 274-278.

889,20 *dem]* Korrigiert aus »den«.

890,25-38 *ich habe ⟨...⟩ habens]* Vgl. *Sprachlehre,* S. 139.

893,4 *Bei ⟨...⟩ Bemerkung]* Vgl. S. 377,31-35.

893,8 f. *Kants Träume eines Geistersehers]* Immanuel Kants *Träume eines Geistersehers, erläutert durch Träume der Metaphysik* erschienen 1766 in Königsberg (vgl. auch Anm. 715,25). Moritz ließ sich möglicherweise von Moses Mendelssohns – allerdings bereits 1767 in der ›Allgemeinen deutschen Bibliothek‹ erschienener – Rezension inspirieren:

Ein gewisser Herr *Schredenberg zu Stockholm* ⟨recte: Swedenborg⟩, der in unsern ungläubigen Zeiten höchst unglaubliche Wunderdinge verrichtet, und acht Quartbände voll Unsinn, die er *Arcana coelestia* nennet, geschrieben, ist der Geisterseher, dessen Träumereyen Herr *Kant,* durch metaphysische Hypothesen, die er selbst *Träume* nennt, zu erläutern suchet. Der scherzende Tiefsinn, mit welchem dieses Werkchen geschrieben ist, läßt den Leser zuweilen in Zweifel, ob Herr *Kant* die Metaphysik hat lächerlich, oder die Geisterseherey glaubhaft machen wollen. Indessen enthält es den Saamen zu wichtigen Betrachtungen, einige neue Gedanken über die Natur der Seele, so wie einige Einwürfe wider die bekannten Systeme, die eine ernsthaftere Ausführung verdienen.

(Moses Mendelssohn, *Gesammelte Schriften.* Jubiläumsausgabe, Bd. 5.2: *Rezensionsartikel in Allgemeine deutsche Bibliothek (1765-1784). Literarische Fragmente,* bearbeitet von Eva J. Engel, Stuttgart-Bad Cannstatt 1991, S. 73.)

895,7 *Fecisse]* Infinitiv Perfekt von lat. facere (»gemacht, getan haben«).

895,11 f. *captatio benevolentiae]* D. h. »Gunsterschleichung«, »Gunstbewerbung«, »Bitte um geneigtes Gehör« (Campe, Ergänzungsband, S. 171).

897,3-28 *Über ⟨...⟩ wiederfinden]* Vgl. S. 623,11-19 und S. 632,26 f. – Im Erstdruck mit dem – nicht eingelösten – Hinweis »(Die Fortsetzung folgt.)«.

898,21 *allem]* Im Erstdruck mit dem – nicht eingelösten – Hinweis »(Die Fortsetzung folgt.)«.

898,32-34 *Dieser Aufsatz ⟨...⟩ machen]* Moritz setzte seine *Revision über die Revisionen des Herrn Pockels in diesem Magazin* (Magazin VII 3, S. 3-11) im Folgeband nicht fort.

900,31 f. *Die Wirkungen ⟨...⟩ Rücksicht]* Vgl. den Beitrag *Ueber das musikalische Gehör* (Magazin VIII 1, S. 99-103, und VIII 2, S. 45-51).

901,10-902,6 *Die Idee ⟨...⟩ erinnern]* Vgl. *Sprachlehre*, S. 536 f. und S. 543-545.

902,7 *Über Selbsttäuschung]* Auch in *Beiträge zur Philosophie des Lebens*, hg. v. Carl Philipp Moritz, mit einem Anhang über Selbsttäuschung, Berlin ³1791, S. 163-168. – Unmittelbar anschließend erschien eine Stellungnahme von Salomon Maimon: *Ueber Selbsttäuschung. In Bezug auf den vorhergehenden Aufsatz* (Magazin VIII 3, S. 38-50).

904,19 f. *Ertötung]* Mutmaßlich quietistisch inspirierte Metaphorik (vgl. S. 88,3-5).

905,28-33 *Wenn irgend etwas ⟨...⟩ lächeln]* Möglicherweise in Analogie zu Andreas Hartknopfs »Resignation« (vgl. Anm. 524,19).

SIGLEN- UND LITERATURVERZEICHNIS

Nachgewiesen sind lediglich die in diesem Band mit Kurztitel zitierten Werke; vgl. ergänzend das Siglen- und Literaturverzeichnis in Band 2 der vorliegenden Ausgabe, S. 1313-1323. – Soweit nicht anders angegeben, sind die Bibelstellen nach der Einheitsübersetzung zitiert und sigliert: *Neue Jerusalemer Bibel. Einheitsübersetzung mit dem Kommentar der Jerusalemer Bibel.* Neu bearbeitete und erweiterte Ausgabe. Deutsch hg. v. Alfons Deissler und Anton Vögtle in Verbindung mit Johannes M. Nützel, Freiburg, Basel und Wien ²1985.

I. Werke von Karl Philipp Moritz

Aussichten zu einer Experimentalseelenlehre
  Aussichten zu einer Experimentalseelenlehre an Herrn Direktor Gedike von Carl Philipp Moritz. (Bei der Jubelfeier des Werderschen Gymnasiums.), Berlin 1782.
Beiträge zur Philosophie des Lebens
  Beiträge zur Philosophie des Lebens aus dem Tagebuche eines Freimäurers, Berlin 1780.
Briefsteller
  Allgemeiner deutscher Briefsteller, welcher eine kleine deutsche Sprachlehre, die Hauptregeln des Styls und eine vollständige Beispielsammlung aller Gattungen von Briefen enthält. Von Karl Philipp Moritz, Berlin 1793.
Denkwürdigkeiten
  Denkwürdigkeiten, aufgezeichnet zur Beförderung des Edlen und Schönen, hg. v. Carl Philipp Moritz, Berlin 1786 (dieser erste Band wird unter der Sigle ›Denkwürdigkeiten‹ ohne weitere Bandangabe zitiert).

Götterlehre
> *Götterlehre oder mythologische Dichtungen der Alten.* Zusammengestellt von Karl Philipp Moritz. Mit fünf und sechzig in Kupfer gestochenen Abbildungen, Berlin 1791.

Grammatisches Wörterbuch
> *Grammatisches Wörterbuch der deutschen Sprache* von Karl Philipp Moritz, 4 Bde., Berlin 1793-1800 (begonnen von Karl Philipp Moritz (Bd. 1), fortgesetzt von Johann Ernst Stutz (Bd. 2), von Balthasar Stenzel (Bd. 3) und von Johann Christoph Vollbeding (Bd. 4)).

Launen
> *Launen und Phantasien* von Carl Philipp Moritz, hg. v. Carl Friedrich Klischnig, Berlin 1796.

Loge
> *Die große Loge oder der Freimaurer mit Wage und Senkblei.* Von dem Verfasser der Beiträge zur Philosophie des Lebens, Berlin 1793.

Magazin
> *Gnothi sauton oder Magazin zur Erfahrungsseelenkunde als ein Lesebuch für Gelehrte und Ungelehrte,* hg. v. Carl Philipp Moritz. Neuhg. und mit einem Nachwort versehen von Anke Bennholdt-Thomsen und Alfredo Guzzoni, 10 Bde., Lindau i. B. 1978/79 (reprographischer Neudruck der Ausgabe Berlin 1783-93).

Mythologischer Almanach
> *Mythologischer Almanach für Damen,* hg. v. Karl Philipp Moritz, Berlin 1792.

Mythologisches Wörterbuch
> *Mythologisches Wörterbuch zum Gebrauch für Schulen,* von Karl Philipp Moritz, Berlin 1793. – Nach dessen Tode fortgesetzt von Valentin Heinrich Schmidt, Berlin 1794.

Sprachlehre
> *Deutsche Sprachlehre für die Damen.* In Briefen von Carl Philipp Moritz, Berlin 1782.

Unterhaltungen
> *Unterhaltungen mit meinen Schülern.* Von M. Carl Philipp Moritz, Erstes Bändchen, Berlin 1780.

Vorlesungen über den Styl
Vorlesungen über den Styl oder praktische Anweisung zu einer guten Schreibart in Beispielen aus den vorzüglichsten Schriftstellern von Karl Philipp Moritz, Erster Theil, Berlin 1793; Zweiter Theil, Berlin 1794 (bis einschließlich S. 128 von Moritz, ab S. 129 fortgesetzt von Daniel Jenisch).

Werke
Karl Philipp Moritz, *Werke*, hg. v. Horst Günther, 3 Bde., Frankfurt am Main 1981.

II. *Quellentexte und Nachschlagewerke*

ADB
Allgemeine Deutsche Biographie, hg. durch die Historische Commission bei der Königl. Akademie der Wissenschaften, 56 Bde., Berlin 1967-71 (reprographischer Neudruck der Ausgabe 1875-1912).

Adelung
Johann Christoph Adelung, *Grammatisch-kritisches Wörterbuch der Hochdeutschen Mundart, mit beständiger Vergleichung der übrigen Mundarten, besonders aber der Oberdeutschen.* Zweyte vermehrte und verbesserte Ausgabe, 4 Teile, Leipzig 1793-1801.

Basedow, Philanthropinum
Das in Dessau errichtete Philanthropinum, Eine Schule der Menschenfreundschaft und guter Kenntnisse für Lernende und junge Lehrer, arme und reiche; Ein Fidei-Commiß des Publicums zur Vervollkommnung des Erziehungswesens aller Orten nach dem Plane des Elementarwerks. Den Erforschern und Thätern des Guten, unter Fürsten, menschenfreundlichen Gesellschaften und Privatpersonen, empfohlen von Johann Bernhard Basedow (oder in einigen Schriften Bernhard aus Nordalbingien), Leipzig 1774.

Binder
Dieter A. Binder, *Die diskrete Gesellschaft. Geschichte und Symbolik der Freimaurer*, Graz, Wien und Köln 1988.

Campe
> Joachim Heinrich Campe, *Wörterbuch der Deutschen Sprache*, 5 Bde., Hildesheim und New York 1969/70. Mit einer Einführung und Bibliographie von Helmut Henne (reprographischer Neudruck der Ausgabe Braunschweig 1807-11).

Campe, Ergänzungsband
> Joachim Heinrich Campe, *Wörterbuch der Deutschen Sprache. Ergänzungsband. Wörterbuch zur Erklärung und Verdeutschung der unserer Sprache aufgedrungenen fremden Ausdrücke*, Hildesheim und New York 1970 (reprographischer Neudruck der Ausgabe Braunschweig 1813).

Ersch/Gruber
> *Allgemeine Encyclopädie der Wissenschaften und Künste*, in alphabetischer Folge von genannten Schriftstellern bearbeitet und hg. v. J. S. Ersch und J. G. Gruber, Leipzig 1818-89.

Frenzel
> Elisabeth Frenzel, *Motive der Weltliteratur. Ein Lexikon dichtungsgeschichtlicher Längsschnitte*, Stuttgart [3]1988.

Goethe, Werther
> ⟨Johann Wolfgang Goethe,⟩ *Die Leiden des jungen Werthers*, Leipzig 1774.

Goldsmith
> Oliver Goldsmith, *Der Dorfprediger von Wakefield. Eine Geschichte, die er selbst geschrieben haben soll*. Von neuem verdeutscht ⟨von Johann Joachim Christoph Bode⟩, Leipzig 1776.

Grimm
> Jacob und Wilhelm Grimm, *Deutsches Wörterbuch*, 33 Bde., München 1984 (reprographischer Neudruck der Ausgabe Leipzig 1854-Berlin 1971).

Hederich
> Benjamin Hederich, *Gründliches mythologisches Lexikon*, Darmstadt 1967 (reprographischer Neudruck der Ausgabe Leipzig 1770).

Herder, Vom Erkennen und Empfinden der menschlichen Seele

Johann Gottfried Herder, *Vom Erkennen und Empfinden der menschlichen Seele*, in: ders., *Werke*, Bd. 4: *Schriften zu Philosophie, Literatur, Kunst und Altertum 1774-1787*, hg. v. Jürgen Brummack und Martin Bollacher, Frankfurt am Main 1994.

Kindleben

Studenten-Lexicon. Aus den hinterlassenen Papieren eines unglücklichen Philosophen Florido genannt, ans Tageslicht gestellet von Christian Wilhelm Kindleben, Halle 1781.

Langen, Pietismus

August Langen, *Der Wortschatz des deutschen Pietismus*, Tübingen 1954.

Lavater, Physiognomische Fragmente

Johann Caspar Lavater, *Physiognomische Fragmente, zur Beförderung der Menschenkenntniß und Menschenliebe.* Erster Versuch, Leipzig und Winterthur 1775; Zweyter Versuch, Leipzig und Winterthur 1776; Dritter Versuch, Leipzig und Winterthur 1777; Vierter Versuch, Leipzig und Winterthur 1778.

Lavater, Tagebuch

⟨Johann Caspar Lavater,⟩ *Geheimes Tagebuch. Von einem Beobachter Seiner selbst*, Leipzig 1771; *Unveränderte Fragmente aus dem Tagebuche eines Beobachters seiner Selbst; oder des Tagebuches Zweyter Theil, nebst einem Schreiben an den Herausgeber ⟨G. J. Zollikofer⟩ desselben*, Leipzig 1773.

Lennhoff/Posner

Eugen Lennhoff und Oskar Posner, *Internationales Freimaurerlexikon*, Wien und München 1992 (reprographischer Neudruck der Ausgabe Wien 1932).

Luthers Werke, WA

D. Martin Luthers Werke. Kritsche Gesammtausgabe, 65 Bde., Weimar 1883-1995.

Nicolai, Beschreibung

Friedrich Nicolai, *Beschreibung der Königlichen Residenzstädte Berlin und Potsdam*, Berlin 1980 (reprographischer Neudruck der Ausgabe Berlin [3]1786).

Niedermeier

Michael Niedermeier, *Das Gartenreich Dessau-Wörlitz als kulturelles und literarisches Zentrum um 1780*, Dessau 1995 (Zwischen Wörlitz und Mosigkau. Schriftenreihe zur Geschichte der Stadt Dessau und Umgebung, Heft 44).

Pestalozzi, Lienhard und Gertrud

Johann Heinrich Pestalozzi, *Lienhard und Gertrud. Ein Buch für das Volk*, Berlin und Leipzig 1781; *Lienhard und Gertrud. Ein Buch für's Volk*, Zweyter Theil, Frankfurt und Leipzig 1783.

Religion in Geschichte und Gegenwart

Die Religion in Geschichte und Gegenwart. Handwörterbuch für Theologie und Religionswissenschaft, 7 Bde., Tübingen ³1957-65.

Ribbentrop

Philip Christian Ribbentrop, *Beschreibung der Stadt Braunschweig*, 2 Bde., Braunschweig 1789 und 1791.

Ribbentropp

Carl Philipp Ribbentropp, *Vollständige Geschichte und Beschreibung der Stadt Braunschweig*, Bd. 2, Braunschweig 1796.

Rousseau, Emil

Emil oder über die Erziehung. Von J. J. Rousseau, Bürger zu Genf. Erster bis Vierter Theil. Aus dem Französischen übersetzt von C. F. Cramer. Mit erläuternden, bestimmenden und berichtigenden Anmerkungen der Gesellschaft der Revisoren ⟨...⟩ hg. v. Joachim Heinrich Campe, Braunschweig 1789-91 (Allgemeine Revision des gesammten Schul- und Erziehungswesens von einer Gesellschaft practischer Erzieher. Zwölfter bis Funfzehnter Theil).

Schulz/Basler

Deutsches Fremdwörterbuch. Begonnen von Hans Schulz, fortgeführt von Otto Basler, weitergeführt vom Institut für deutsche Sprache, 7 Bde., Straßburg 1913-Berlin und New York 1988.

Schweizer

Johann Conrad Schweizer, *Wörterbuch zur Erklärung frem-*

der, aus andern Sprachen in die Deutsche aufgenommener Wörter
und Redensarten ⟨...⟩, 2 Bde., Hildesheim 1978 (reprographischer Neudruck der Ausgabe Zürich 1811).

Spilcker

B. C. von Spilcker, *Historisch-topograpisch-statistische Beschreibung der königlichen Residenzstadt Hannover*, Hannover
1819.

Stieler

Kaspar Stieler, *Der Teutschen Sprache Stammbaum und Fort-
wachs oder Teutscher Sprachschatz*. Mit einem Nachwort von
Stefan Sonderegger, 3 Teile, München 1968 (Kaspar Stieler, Gesammelte Schriften in Einzelausgaben).

Unger

*Johann Friedrich Unger im Verkehr mit Goethe und Schiller. Briefe
und Nachrichten. Mit einer einleitenden Übersicht über Ungers
Verlegertätigkeit* von Flodoard Freiherrn von Biedermann,
Berlin 1927.

Voß, Homers Odyssee

Johann Heinrich Voß, *Homers Odyssee*. Abdruck der ersten
Ausgabe vom Jahre 1781 mit einer Einleitung von Michael Bernays, Stuttgart 1881.

Wendeborn, Beyträge

⟨Gebhard Friedrich August Wendeborn,⟩ *Beyträge zur Kent-
niß Grosbritanniens vom Jahr 1779. Aus der Handschrift eines
Ungenanten* hg. v. Georg Forster, Lemgo 1780.

Zedler

Johann Heinrich Zedler (Hg.), *Grosses vollständiges Universal
Lexicon* ⟨...⟩, 68 Bde., Halle und Leipzig/Leipzig 1732-54.

III. Literatur zu Karl Philipp Moritz

Abrahamson

Otto Abrahamson, *Ein Beitrag zur Entwicklungsgeschichte der
Schicksalstragoedie*, in: Archiv für Litteraturgeschichte IX
(1880), S. 207-224.

Albrecht
> Peter Albrecht, *Einige Anmerkungen zu Karl Philipp Mo-*
> *ritz'ens Aufenthalt bei dem Hutmacher Lobenstein in Braun-*
> *schweig*, in: Braunschweigisches Jahrbuch 61 (1980),
> S. 151-162.

Allkemper
> Alo Allkemper, *Der Schein der Rettung oder die Phantasie vom*
> *guten Zufall. Zu Karl Philipp Moritz' Drama ›Blunt oder der*
> *Gast‹*, in: Lessing Yearbook XXI (1989), S. 123-139.

Altenberger
> Wilhelm Altenberger, *Karl Philipp Moritz' pädagogische An-*
> *sichten*, ⟨Phil. Diss.⟩ Leipzig 1905.

Bennholdt-Thomsen/Guzzoni, Nachwort
> Anke Bennholdt-Thomsen und Alfredo Guzzoni, *Nach-*
> *wort*, in: Magazin X 3, S. 1-79.

Bezold
> Raimund Bezold, *Popularphilosophie und Erfahrungsseelen-*
> *kunde im Werk von Karl Philipp Moritz*, Würzburg 1984.

Bisanz, Miszelle
> Adam J⟨ohn⟩ Bisanz, *Miszelle. George Lillos Drama ›Fatal*
> *Curiosity‹ und dessen umstrittene Nachfolge in Deutschland*, in:
> arcadia. Zeitschrift für Vergleichende Literaturwissen-
> schaft 8 (1973), S. 55-61.

Bisanz, Ursprünge
> Adam John Bisanz, *Die Ursprünge der ›Seelenkrankheit‹ bei*
> *Karl Philipp Moritz*, Heidelberg 1970.

Boulby
> Mark Boulby, *Karl Philipp Moritz: At the Fringe of Genius*,
> Toronto, Buffalo and London 1979.

Brecht
> Christoph Brecht, *Die Macht der Worte. Zur Problematik des*
> *Allegorischen in Karl Philipp Moritz' ›Hartknopf‹-Romanen*,
> in: Deutsche Vierteljahrsschrift für Literaturwissenschaft
> und Geistesgeschichte 64 (1990), S. 624-651.

Catholy, Ursprünge
> Eckehard Catholy, *Karl Philipp Moritz und die Ursprünge der*
> *deutschen Theaterleidenschaft*, Tübingen 1962.

Ecker
  Hans-Peter Ecker, *»Vielleicht auch ein bißchen Geschwätz.«*
  Zur Differenz von Anspruch und Realität in Karl Philipp Moritz'
  ›Magazin zur Erfahrungsseelenkunde‹ am Beispiel der Selbstmord-
  fälle, in: *Literaturgeschichte als Profession. Festschrift für Dietrich*
  Jöns, hg. v. Hartmut Laufhütte unter Mitwirkung von Jür-
  gen Landwehr, Tübingen 1993, S. 179-202.

Erwentraut, Moritz
  Karl Philipp Moritz, *Anton Reiser. Ein psychologischer Roman*
  in vier Teilen. Andreas Hartknopf. Eine Allegorie. Andreas Hart-
  knopfs Predigerjahre. Karl Friedrich Klischnig, *Anton Reiser.*
  Fünfter und letzter Teil. Mit einem Nachwort von Benedikt
  Erenz, Anmerkungen und Zeittafel von Kirsten Erwentraut, Düsseldorf und Zürich 1996.

Eybisch
  Hugo Eybisch, *Anton Reiser. Untersuchungen zur Lebensge-*
  schichte von K. Ph. Moritz und zur Kritik seiner Autobiographie,
  Leipzig 1909.

Gaskill
  Howard Gaskill, *The ›Joy of Grief‹: Moritz and Ossian*, in:
  Colloquia Germanica 28 (1995), S. 101-125.

Geiger
  Anton Reiser. Ein psychologischer Roman von Karl Philipp Mo-
  ritz, hg. v. Ludwig Geiger, Heilbronn 1886 (Deutsche
  Litteraturdenkmale des 18. und 19. Jahrhunderts, Bd. 23).

Haase
  Carl Haase, *Karl Philipp Moritz und die Stadt Hannover*, in:
  Hannoversche Geschichtsblätter 35 (1981), S. 211-231.

Hollmer, Blunt
  Heide Hollmer, *Karl Philipp Moritz' ›Blunt oder der Gast‹ —*
  ein umstrittenes Nebenwerk, in: *Moritz zu ehren. Beiträge zum*
  Eutiner Symposium im Juni 1993, hg. v. Wolfgang Griep, Eutin 1996, S. 53-63.

Hollmer/Erwentraut
  Heide Hollmer und Kirsten Erwentraut, *Ein Klassiker ohne*
  Text. Kritische Überlegungen zu einer Karl-Philipp-Moritz-Aus-
  gabe, in: *Karl Philipp Moritz und das 18. Jahrhundert. Bestands-*

aufnahmen – Korrekturen – Neuansätze. Internationale Fachta-gung vom 23.-25. September 1993 in Berlin, hg. v. Martin Fontius und Anneliese Klingenberg, Tübingen 1995, S. 13-30.

Jahnke
Jürgen Jahnke, *Andreas Hartknopfs seltsamer Namensvetter. Karl Philipp Moritz und Johann Heinrich Pestalozzi*, in: Euphorion 77 (1983), S. 127-143.

Kershner
Sybille Kershner, *Karl Philipp Moritz und die »Erfahrungssee-lenkunde«. Literatur und Psychologie im 18. Jahrhundert*, Herne 1991.

Kestenholz
Claudia Kestenholz, *Die Sicht der Dinge. Metaphorische Vi-sualität und Subjektivitätsideal im Werk von Karl Philipp Moritz*, München 1987.

Klischnig
Karl Friedrich Klischnig, *Mein Freund Anton Reiser. Aus dem Leben des Karl Philipp Moritz*, hg. und mit Anmerkungen versehen v. Heide Hollmer und Kirsten Erwentraut. Mit einem Nachwort von Ralph Rainer Wuthenow, Berlin ⟨1993⟩.

Langen
August Langen, *Karl Philipp Moritz' Weg zur symbolischen Dichtung*, in: Zeitschrift für deutsche Philologie 81 (1962), S. 169-218 und S. 402-440.

Luserke
Matthias Luserke, *Der Abgesang auf den Sturm und Drang. Plädoyer für eine neue Lektüre von Moritz' Drama ›Blunt oder der Gast‹*, in: Text + Kritik, Heft 118/119: *Karl Philipp Moritz*, München 1993, S. 67-75.

Martens
Karl Philipp Moritz, *Anton Reiser. Ein psychologischer Roman*. Mit Textvarianten, Erläuterungen und einem Nachwort hg. v. Wolfgang Martens, Stuttgart 1975.

Mehlhose
Friedrich Mehlhose, *Karl Philipp Moritz. Begegnung eines Ber-liners mit Goethe*, Berlin ³1988 (Selbstverlag).

Meier, Schwärmer

Albert Meier, *Schwärmer auf dem Prüfstand. Shaftesburys ›raillery‹ in der deutschen Moralphilosophie und Dichtung des 18. Jahrhunderts*, in: *Festschrift für Erich Trunz zum 90. Geburtstag. 14 Beiträge zur deutschen Literaturgeschichte*, hg. v. Dietrich Jöns und Dieter Lohmeier, Neumünster 1998, S. 55-74.

Meier, Unerschrockenheit

Albert Meier, *Weise Unerschrockenheit. Zum ideengeschichtlichen Ort von Karl Philipp Moritz' Freimaurer-Schriften*, in: *Moritz zu ehren. Beiträge zum Eutiner Symposium im Juni 1993*, hg. v. Wolfgang Griep, Eutin 1996, S. 95-104.

Minder

Robert Minder, *Glaube, Skepsis und Rationalismus. Dargestellt aufgrund der autobiographischen Schriften von Karl Philipp Moritz*, Frankfurt am Main 1974.

Mühlher

Robert Mühlher, *Deutsche Dichter der Klassik und Romantik*, Wien 1976.

Müller

Lothar Müller, *Die kranke Seele und das Licht der Erkenntnis. Karl Philipp Moritz' ›Anton Reiser‹*, Frankfurt am Main 1987.

Nübel

Birgit Nübel, *Autobiographische Kommunikationsmedien um 1800. Studien zu Rousseau, Wieland, Herder und Moritz*, Tübingen 1994.

Preisendörfer

Bruno Preisendörfer, *Psychologische Ordnung – Groteske Passion. Opfer und Selbstbehauptung in den Romanen von Karl Philipp Moritz*, St. Ingbert 1987.

Rau

Peter Rau, *Identitätserinnerung und ästhetische Rekonstruktion. Studien zum Werk von Karl Philipp Moritz*, Frankfurt am Main 1983.

Röhrbein

Heinz Georg Röhrbein, *Anmerkungen zu Örtlichkeiten in Karl Philipp Moritz' Buch ›Anton Reiser‹*, in: Hannoversche Geschichtsblätter 40 (1986), S. 33-39.

Saine
   Thomas P. Saine, *Die ästhetische Theodizee. Karl Philipp Moritz und die Philosophie des 18. Jahrhunderts*, München 1971.
Schings
   Hans-Jürgen Schings, *Melancholie und Aufklärung. Melancholiker und ihre Kritiker in Erfahrungsseelenkunde und Literatur des 18. Jahrhunderts*, Stuttgart 1977.
Schlichtegroll
   ⟨Karl Gotthold Lenz,⟩ *Karl Philipp Moritz*, in: *Nekrolog auf das Jahr 1793. Enthaltend Nachrichten von dem Leben merkwürdiger in diesem Jahre verstorbener Personen.* Gesammelt von Friedrich Schlichtegroll, Vierter Jahrgang, Zweyter Band, Gotha 1795, S. 169-276; *Supplement-Band des Nekrologs für die Jahre 1790, 91, 92 und 93, rückständige Biographien, Zusätze und Register enthaltend.* Von Friedrich Schlichtegroll, Gotha 1798, Zweyte Abtheilung, S. 182-218.
Schlögl
   Rudolf Schlögl, *Die Moderne auf der Nachtseite der Aufklärung: Zum Verhältnis von Freimaurerei und Naturphilosophie*, in: Das achtzehnte Jahrhundert. Mitteilungen der Deutschen Gesellschaft für die Erforschung des 18. Jahrhunderts 21 (1997), S. 33-60.
Schrimpf, Cecilia
   Karl Philipp Moritz, *Die neue Cecilia*. Faksimiledruck der Originalausgabe von 1794, hg. mit einem Nachwort v. Hans Joachim Schrimpf, Stuttgart 1962.
Schrimpf, Hartknopf
   Karl Philipp Moritz, *Andreas Hartknopf. Eine Allegorie. 1786; Andreas Hartknopfs Predigerjahre. 1790; Fragmente aus dem Tagebuche eines Geistersehers. 1787*. Faksimiledruck der Originalausgaben, hg. und mit einem Nachwort versehen v. Hans Joachim Schrimpf, Stuttgart 1968.
Schrimpf, Magazin
   Hans Joachim Schrimpf, *Das ›Magazin zur Erfahrungsseelenkunde‹ und sein Herausgeber*, in: Zeitschrift für deutsche Philologie 99 (1980), S. 161-187.

Schrimpf, Moritz
Hans Joachim Schrimpf, *Karl Philipp Moritz*, Stuttgart 1980.

Schrimpf/Wiese
Hans Joachim Schrimpf, *Karl Philipp Moritz*, in: *Deutsche Dichter des 18. Jahrhunderts. Ihr Leben und Werk*. Unter Mitarbeit zahlreicher Fachgelehrter hg. v. Benno von Wiese, Berlin 1977, S. 881-910.

Ulrich
Oskar Ulrich, *Karl Philipp Moritz in Hannover. Ein Beitrag zur Kritik des ›Anton Reiser‹*, in: Euphorion 5 (1898), S. 87-106 und S. 290-309.

Voges
Michael Voges, *Aufklärung und Geheimnis. Untersuchungen zur Vermittlung von Literatur- und Sozialgeschichte am Beispiel der Aneignung des Geheimbundmaterials im Roman des späten 18. Jahrhunderts*, Tübingen 1987.

Wieckenberg
Karl Philipp Moritz, *Anton Reiser. Ein psychologischer Roman mit den Titelkupfern der Erstausgabe*, hg. v. Ernst-Peter Wieckenberg, München [2]1997.

Wieckenberg, Juden
Ernst-Peter Wieckenberg, *Juden als Autoren des ›Magazins zur Erfahrungsseelenkunde‹. Ein Beitrag zum Thema »Juden und Aufklärung in Berlin«*, in: Zeitschrift für Literaturwissenschaft und Linguistik, Beiheft 14: *Rahel Levin Varnhagen. Die Wiederentdeckung einer Schriftstellerin*, hg. v. Barbara Hahn und Ursula Isselstein, Göttingen 1987, S. 128-140.

Witkowski
Georg Witkowski, *Der 24. Februar*, in: ders., *Miniaturen*, Leipzig 1922, S. 198-205.

Ziegler
Klaus Ziegler, *Das deutsche Drama der Neuzeit*, in: *Deutsche Philologie im Aufriß*. Unter Mitarbeit zahlreicher Fachgelehrter hg. v. Wolfgang Stammler, Bd. 2, Berlin [2]1960, Sp. 1998-2350.

INHALTSVERZEICHNIS

DEUTSCHER KLASSIKER VERLAG
IM TASCHENBUCH

In dieser Reihe erschienen:

TB 1
Johann Wolfgang Goethe, Faust. Zwei Teilbände
Herausgegeben von Albrecht Schöne
2048 Seiten
Band 1: Texte · Band 2: Kommentare

»Goethes ›Faust‹ in Albrecht Schönes sensationeller Edition. Es
ist fast unglaublich, was allein die Textsicherung erbrachte.«
(Frankfurter Allgemeine Zeitung)

»Die ›Faust‹-Edition des Deutschen Klassiker Verlages: eine Überraschung, eine stille Sensation. ›Faust – Eine Tragödie‹ wirkt stel-
lenweise wie ein neues Stück und Goethe – als Zumutung, als
Herausforderung für den Leser.« *(Die Zeit)*

»Mit seiner neuen Lese- und Studienausgabe hat uns Schöne einen
›Faust‹ ohne den Rost der Pedanterie und ohne die Patina der kri-
tiklosen Verehrung geboten, erläutert durch einen Kommentar
voller Akribie und Ironie – mit anderen Worten: einen ›Faust‹ für
das 21. Jahrhundert.« *(Arbitrium)*

»So viele Einsichten, Lektürehinweise und Denkanstöße wie auf
den 1000 Seiten dieses Kommentars kriegt man kaum je in der
Literatur. Es fragt sich einfach, ob die Deutschen zur Kenntnis
nehmen wollen, daß ihnen hier ein atemberaubendes Stück Literatur erschlossen worden ist.« *(Süddeutsche Zeitung)*

»Kontrovers diskutierte, rätselvolle Passagen werden mit der hei-
teren Strenge der Vernunft – und vorzüglich an den Texten selbst
orientiert – faßbar; auch das lange Zeit scheinbar Eindeutige er-
schließt sich neu. Mehr als zweieinhalb Jahrzehnte der Forschung
liegen der Kommentierung zugrunde: Wenn man von einer Edition sagen kann, sie sei ein Lebenswerk – so von dieser: gewiß.«
(Neue Zürcher Zeitung)

TB 2
Hans Jacob Christoffel von Grimmelshausen
Simplicissimus Teutsch
Herausgegeben von Dieter Breuer
1136 Seiten

»Diese Ausgabe bietet nun die Gelegenheit, Grimmelshausen zu lesen, wie er geschrieben hat. Der Kommentar umfaßt an die 400 Seiten: eine kleine Enzyklopädie der Barockzeit.« *(Radio Bremen)*

»Dieter Breuer, einer der besten Kenner der deutschen Barockliteratur, übertrifft im Stellenkommentar alle seine Vorgänger.« *(Süddeutsche Zeitung)*

TB 3
Friedrich Schiller
Wallenstein
Herausgegeben von Frithjof Stock
1280 Seiten

»Schillers Opus magnum in einer opulenten Ausgabe, ausgiebig kommentiert, mit allen Varianten, Paralipomena, wesentlichen Zeugnissen ... Materialreich, in Zukunft wohl unentbehrlich.« *(Frankfurter Allgemeine Zeitung)*

»Die Herausgeber der Schiller-Ausgabe haben allesamt meisterhaft gearbeitet. Es ist eine wahre Freude, sich anhand dieser mustergültigen, mit großer Sorgfalt erarbeiteten Edition einen neuen Zugang zu Schiller zu verschaffen.« *(Frankfurter Rundschau)*

TB 4
Friedrich Hölderlin
Sämtliche Gedichte
Herausgegeben von Jochen Schmidt
1152 Seiten

»Höchst bemerkenswert, wie Schmidt Hölderlin in seiner Zeit verortet, ohne ihm dadurch irgend etwas von seiner Einzigartigkeit zu nehmen.« *(The German Quarterly)*

»Vor allem der Kommentar läßt aufmerken. Über 600 Seiten stark, ist er in vieler Hinsicht von außerordentlichem Wert.« *(Etudes Germaniques)*

mentiert kundig, präzise, aspektreich und anregend. Man vertraut sich ihm gern, beruhigt und mit Gewinn an.« *(Zeitschrift für deutsches Altertum und deutsche Literatur)*

»Besonders hervorzuheben sind Kühns souveräner Umgang mit dem Wolframschen Französisch und seine Rücksicht auf den Verstakt. Nellmanns Kommentar bewährt sich im germanistischen Alltagsgeschäft als außerordentlich kundiger und stets zuverlässiger Führer durch die Erzählwelten des *Parzival*.« *(Germanistik)*

TB 8
Karl Philipp Moritz
Dichtungen und Schriften zur Erfahrungsseelenkunde
Herausgegeben von Heide Hollmer
und Albert Meier
1365 Seiten

»Hier werden die Spannungen zwischen der kompakten Wunschbild-Fassade der deutschen Klassik und der gesellschaftlichen Wirklichkeit sichtbar.« *(Die Zeit)*

»Die Texte sind sorgfältig ediert, und alles Erklärungsbedürftige ist kenntnisreich kommentiert. Die Ausgabe dürfte bei allen in ihr enthaltenen Texten, was die Genauigkeit der Textdarbietungen und die erschließende Leistung der Anmerkungen betrifft, kaum zu übertreffen sein.« *(Frankfurter Allgemeine Zeitung)*

TB 9
Bettine von Arnim
Clemens Brentano's Frühlingskranz/
Die Günderode
Herausgegeben von Walter Schmitz
1205 Seiten

»Die erste kommentierte Bettine-Edition, die ein Desiderat war: Hier ist der konstruierte und vielfach beschworene Gegensatz von Leseklassiker und Studienausgabe aufgehoben. Und – sagen wir es ruhig – es bereitet eine bibliophile Freude, in diesen geradezu überzeugend-klassisch gestalteten schönen Bänden zu lesen.« *(Neue Zürcher Zeitung)*

»Dieser erste Band ist mit großer Sachkenntnis und Sorgfalt ediert worden. Gleiche Sachkenntnis und Sorgfalt haben auch dem Kommentar gegolten, der mehr als ein Drittel des 1200 Seiten dicken ersten Bandes ausmacht, und der Leser wird jede nur denkbare und wünschenswerte Auskunft darin finden.« *(Frankfurter Allgemeine Zeitung)*

TB 10
Gottfried Keller
Die Leute von Seldwyla
Herausgegeben von Thomas Böning
870 Seiten

»Die sorgfältig ausgestattete Edition besticht durch einen soliden Kommentarteil, der Textvarianten und philologische Anmerkungen bereithält.« *(Rheinischer Merkur)*

»Dank der konsequenten und gegenüber Fränkels Ausgabe (1927) und ihren Nachfolgerinnen sehr viel vorsichtigeren Textbehandlung stellt Bönings Edition die zuverlässigste, dem Originaltext am nächsten stehende Ausgabe der Seldwyler-Erzählungen dar.« *(Germanistik)*

Die Reihe wird fortgesetzt.